北京市哲学社会科学规划项目
北京市教育委员会专项资助

U0814028

北京市哲学社会科学研究基地成果选编 2013 上

beijingshizhexueshehuikexue
yanjiujidichengguoxuanbian

北京市哲学社会科学规划办公室
北 京 市 教 育 委 员 会
北京市哲学社会科学研究基地
编

首都师范大学出版社
CAPITAL NORMAL UNIVERSITY PRESS

图书在版编目(CIP)数据

北京市哲学社会科学研究基地成果选编．2013/北京市哲学社会科学规划办公室，北京市教育委员会，北京市哲学社会科学研究基地编．—北京：首都师范大学出版社，2013.8

ISBN 978-7-5656-1668-6

Ⅰ.①北… Ⅱ.①北… ②北… ③北… Ⅲ.①哲学社会科学－科技成果－汇编－北京市－2013 Ⅳ.①C121

中国版本图书馆 CIP 数据核字(2013)第 197192 号

BEIJINGSHI ZHEXUE SHEHUI KEXUE YANJIU JIDI CHENGGUO XUANBIAN 2013(SHANG)

北京市哲学社会科学研究基地成果选编 2013(上)

北京市哲学社会科学规划办公室
北京市教育委员会　　　　　　编
北京市哲学社会科学研究基地

责任编辑　马　岩　欧家作

首都师范大学出版社出版发行

地　址　北京西三环北路 105 号

邮　编　100048

电　话　68418523(总编室)　68982468(发行部)

网　址　www.cnupn.com.cn

北京泽明印刷有限责任公司印刷

全国新华书店发行

版　次　2013 年 10 月第 1 版

印　次　2013 年 10 月第 1 次印刷

开　本　787mm×1092mm　1/16

印　张　34

字　数　620 千

定　价　140.00 元（全二册）

编委会

主　任

王祥武　付志峰

编　委

（按姓氏笔画排序）

王祥武　车庆珍　付志峰

刘　军　刘峰杰　李建平

张庆玺　赵　清　赵胤惠

前　言

北京市哲学社会科学研究基地借助依托单位的学科优势，发挥开放、合作的平台作用，整合首都学术资源，积极承担各级各类项目，产生了一大批有影响的成果。

今年出版的《北京市哲学社会科学研究基地成果选编》共收录了 50 个研究基地的 82 篇研究成果。其中包括研究基地承担的国家级项目 15 篇，省部级项目 43 篇（其中市社科规划项目 37 篇），横向课题 2 篇，基地自设项目 22 篇。这些研究成果内容基本涵盖了北京市经济、政治、文化、社会、生态建设和党的建设等各主要领域，既有理论性，又有实践性，其中有的成果已经发表于核心期刊，引起了政府和决策部门的重视；有的研究成果获得了不同层级的奖励，产生了良好的社会反响。

党的十八大提出了全面建成小康社会的奋斗目标，首都经济社会发展进入新的阶段，建设学术之都和推动首都文化大发展大繁荣的使命，对北京市社科规划工作提出了新的更高要求。2013 年 5 月 24 日市委印发的《关于深入推进首都哲学社会科学繁荣发展的意见》中明确提出将北京市哲学社会科学研究基地作为打造新型高端智库的重要组成部分，我们希望各研究基地在今后的科研工作中，能紧紧围绕各自的研究领域和研究方向，并结合首都经济社会发展的实际，加强全局性、战略性、前瞻性问题的研究，切实拿出有质量、有影响、有分量的研究成果，为党和政府决策服务，为首都科学发展发挥理论支撑和智力支持作用，真正把研究基地建设成为市委市政府离不开、用得上、信得过的智库。

本书在编辑出版过程中得到了提交研究成果的社科研究工作者和各研究基地的大力支持与配合，尤其是得到了首都师范大学出版社的大力支持，在此表示衷心感谢！

编　者
2013 年 5 月

目　录

北京对外交流与外事管理研究基地（外交学院）

法治政府研究基地（中国政法大学）

中国都市经济研究基地

（北京大学）

基地名称：中国都市经济研究基地
依托单位：北京大学
项目类别：北京市哲学社会科学“十二五”规划项目

市场配置、扩张偏向与适度举债规模[①]
——地方政府融资平台债务管理理论框架的构建

本研究构建了有限承诺条件下的动态债务模型，引入了公共投资通过转化为生产性物质资本在弥补市场失灵方面的作用，同时从对民间投资的“挤出效应”角度分析了融资平台举债对资源配置的负面影响，最终得出了市场配置资源主导下的融资平台适度举债规模，为融资平台债务管理提供了有益的理论分析框架。同时，文中着重考察了因地方政府内在激励所导致的融资平台举债扩张偏向。最后，本研究根据各地的经济发展阶段和特点就发达地区、欠发达地区以及经济增速放缓特定时期等情况分别提出了政策建议。

一、引 言

传统的借贷理论难以解释地方政府融资平台(以下简称融资平台)的举债行为。一方面，地方政府没有提高税收的无限权力，在融资方面受到较大的约束；另一方面其主导或绝对控制的融资组织却能够大规模举债融资。传统的借贷理论通常假定只要举债人有偿还债务的财富条件，就会自觉自愿地偿还债务；而实际情况是，举债人即使有能力还款，也会存在是否愿意还款的问题。基于全社会资本边际产出等于边际成本这一实现资源最优配置的必要条件来加以判断，融资平台的举债规模与社会最优资本存量之间可能不一致，前者可能会过大。全社会资本包括融资平台债务形成的资本与民间投资形成的资本，融资平台举债投资对民间投资具有“挤出效应”(Crowding out Effect)，对政府税收带来负面影响，并不必然意味着资源配置效率的增进。

根据国发[2010]19 号文件，融资平台公司指由地方政府及其部门和机构等通过财政拨款或注入土地、股权等资产设立，承担政府投资项目融资

---

① 本文是《中关村自主创新示范区深化发展路径研究》项目的阶段成果，项目编号：11JGB019。

功能，并拥有独立法人资格的经济实体[①]。根据 2011 年 6 月 27 日国家审计署发布的《全国地方政府性债务审计结果》(以下简称审计署报告)统计，截止"十一五"末(2010 年)，我国地方政府性债务[②]总额已达 10.7 万亿元，其资金来源主要是银行贷款(79.1%)，上级财政、政府发债、其他借款等项加总约占 20%。"十一五"末期的地方政府性债务的 70%将在"十二五"期间到期，约 7.5 万亿。再加利息支出和还旧借新的因素，2011 年至 2015 年会形成总量为 12.5 万亿以上的资金需求[③]。"十二五"期间，我国地方政府公共投资需求预计在 29.3 万亿—33.9 万亿，而同期地方政府投资能力(地方政府收入与地方政府消费性支出之差)预计在 22.1 万亿—24.6 万亿，其间的缺口会构成地方政府性债务增长的重要动因(刘尚希、赵全厚等，2012)。

受到地方政府自身财力与《中华人民共和国预算法》的约束[④]，融资平台举债成为弥补地方政府资金缺口的主要途径，其举债的主要方式是银行贷款、发行债券与票据。2012 年 6 月末，融资平台贷款余额已经超过 9 万亿[⑤]。

我们将融资平台举债投资行为的特征归纳如下：一是其偿还债务的信用主要依靠政府的财政信用；如果没有政府的财政信用，融资平台凭借自身财务状况(通常资产负债率较高、盈利能力不强)难以大规模举债。二是融资平台举债投资(如基础设施项目)增加了物质资本存量，对产出有贡献。三是地方政府官员追求 GDP 的政绩动机强化了融资平台举债的意愿。

关于融资平台债务适度规模的经济学分析尚不多见。文献中关于融资平台债务正面与负面的作用均有所论述。如果融资平台举债规模适度，它对经济发展具有积极的促进作用：它有利于促使资金流向私人部门不愿投资的产业和区域，缓解产业结构、地区结构和经济总量上的失衡；融资平

---

① 2010 年 7 月 30 日，财政部、发改委、人民银行和银监会联合发出的《关于贯彻国务院关于加强融资平台公司管理有关问题的通知相关事项的通知》，进一步细化界定融资平台包括"由地方政府及其部门和机构、所属事业单位等通过财政拨款或注入土地、股权等资产设立，具有政府公益性项目投融资功能，并拥有独立企业法人资格的经济实体，包括各类综合性投资公司，如建设投资公司、建设开发公司、投资开发公司、投资控股公司、投资发展公司、投资集团公司、国有资产运营公司、国有资本经营管理中心等，以及行业性投资公司，如交通投资公司等。"2012 年国务院《政府工作报告》要求："加强地方政府性债务管理和风险防范。按照分类管理、区别对待、逐步化解的原则，继续妥善处理存量债务。进一步清理规范融资平台公司。"

② 地方政府性债务指地方政府、经费补助事业单位、公用事业单位、融资平台公司、其他单位等直接借入、拖欠、因提供担保、回购等形成的信用支持责任、因公益项目建设形成的债务等。目前，我国还没有形成标准的"地方政府性债务"统计口径，比较权威的统计核算是根据审计署公布的审计结果(审计署公告 2011 年第 35 号)。

③ 加上社会保障基金隐性负债(基本养老保险、失业保险、基本医疗保险、工伤保险、生育保险等)，其中养老保险占社保基金支出的 70%，且有上升趋势，地方政府承担了其中收支缺口的部分，这部分事实上构成地方政府性债务中的重要的隐性负债。

④ 我国《预算法》中第二十八条明文规定："地方各级预算按照量入为出、收支平衡的原则编制，不列赤字。除法律和国务院另有规定外，地方政府不得发行地方政府债券。"

⑤ 《地方融资平台发债超出去年 1500 亿，偿债压力加大》，《经济参考报》，2012 年 11 月 16 日。

台的举债投资行为具有市场性，属于准企业行为，对推动市场化进程具有正效应（洪银兴，1997），从而可提高经济欠发达地区的自我发展能力和市场化程度。然而，如果融资平台过度举债投资，可能导致宏观经济不稳定（郭庆旺、贾俊雪，2006），形成对财政的倒逼（贾康、赵全厚，2000）。融资平台举债投资降低民间投资的边际收益，提高要素价格（Aiyagari and McGrattan，1998），对民间投资具有"挤出效应"。

结合融资平台的上述特征，本研究从债务偿还能力、举债意愿以及资源配置效率等角度来构建融资平台债务规模管理的理论框架，具体构建了有限承诺条件下的动态债务模型，引入了公共投资通过转化为生产性物质资本在弥补市场失灵方面的作用，同时从对民间投资的"挤出效应"角度分析了融资平台举债对资源配置的负面影响，最终得出了市场配置资源主导下的融资平台适度举债规模。该适度规模是与市场配置主导作用相一致的长期稳态债务规模，主要反映了短期内难以被弥补的市场失灵程度。在特定的生产率水平、民间资本规模与经济波动状况条件下，为保障经济平稳运行、缩小地区间经济发展差距，部分地区融资平台可在短期内有限度地偏离上述适度水平。同时，文中着重考察了因地方政府内在激励所导致的融资平台举债扩张偏向。在信息披露与投资者保护不充分的背景下，融资平台举债依赖的是政府信用。为维护政府信用，须防止融资平台举债出现扩张偏向。从长期看，地方政府须降低对融资平台债务的依赖程度。本研究提出的融资平台债务管理框架既考虑了长期稳态发展趋势，又兼顾了短期内各地的经济发展阶段和特点，尤其针对发达地区、欠发达地区以及经济增速放缓特定时期等情况分别提出了政策建议。

本研究在模型技术方面的创新之处包括：一是考虑公共投资对生产的影响。从巴罗-李嘉图等价定理出发考察最优债务规模的文献一般认为公共投资是非生产性的，未考虑公共投资在生产中的作用。二是引入官员的政绩动机解释融资平台举债现象。官员追求政绩是融资平台存在和扩张的重要驱动因素。三是从对民间投资的"挤出效应"角度分析融资平台较大量发行债务对资源配置的负面影响。融资平台举债规模越大，资源配置方面的扭曲程度越明显——民间投资不足与全社会投资过剩的现象越突出。与刘溶沧与马拴友（2001）不同，本研究假定公共投资的正外部性与对民间投资的"挤出效应"并存。四是考察融资平台举债对税收的影响。区别于债务多期动态模型文献［比如，Barro（1990）］中往往采用的生产函数规模效应不变假设，我们假设边际产出递减，生产函数呈凹性。

本研究将两类文献联系起来，结合我国情况进行模型的重新构造。一类文献是关于有限承诺多期动态模型的文献，其代表是 Sanches 与 Williamson（2010）。与 Sanches 与 Williamson 相比，本研究的模型考虑的是两期动态模型，保留了动态模型中最相关的核心内容，而且还增加了文献没有考虑的外部性、资本投入与生产函数以及税收等问题。另一类文献是关于主权债务危机的两期动态模型的文献，其最新的代表是 Acharya 与 Rajan (2011)。与 Acharya 与 Rajan 一样，本研究采用的是两期动态模型。本研究与 Acharya 与 Rajan 模型有三方面不同之处：(1)对应于我国融资平台举债大规模进行基础设施建设的情况，我们允许融资平台债务转换为生产函数资本存量；(2)我们考察融资平台投资对民间投资“挤出效应”，Acharya 与 Rajan 未对此进行分析；(3)我们的着重点是确定融资平台举债的适度规模，而 Acharya 与 Rajan 的目的是考察主权国家偿还债务的动机。

本研究结构如下：第二部分运用有限期动态模型考察融资平台债务规模与债务偿还能力和资源配置优化的关系；第三部分探讨融资平台举债的激励约束与“扩张偏向”；第四部分分析融资平台举债适度规模；第五部分给出模拟结果；最后部分是结论。

二、融资平台债务偿还与资源配置优化：有限期动态模型

在信息披露与投资者保护不充分的背景下，融资平台举债基于财政信用，财政信用的基础是政府的财政收入(税收)，后者取决于私人部门对融资平台举债的反应方式。以下分析将说明：(1)融资平台债务所依靠的财政信用，最终依靠的是私人部门的生产率和资本规模。生产率越高，地方政府税收越多，偿债能力越强；同样，民间资本规模越大，偿债能力越强；(2)融资平台新债发行规模越大，民间资本不足和全社会资本过剩的程度越显著；(3)提高资源配置效率与减少对民间资本的“挤出效应”是一致的。

假定投入与产出是同一种商品。私人部门包括生产企业和家庭，拥有技术和禀赋，他们将禀赋的一部分作为资本投入，将未形成资本的那部分禀赋购买融资平台债务。我国融资平台举债投资希望能在短期内带来经济增长效应，其投资的目的主要是支撑生产性投资和物质资本形成(郭庆旺、贾俊雪，2006；傅勇、张晏，2007；张军、高远等，2007)。模型有两期。模型设定融资平台运用其债务进行公共投资，将其债务一比一地转化为资本，第 1 期和第 2 期融资平台分别举债 q 和 d 。社会总资本既包括民间资本，又包括公共投资形成的资本。生产企业运用资本和技术生产产品，一部分产品作为税收缴给政府，另一部分用于消费。

假定生产函数中劳动等其他投入固定，资本没有折旧。第 1 期和第 2 期的产量分别为 $f(k+q)$ 和 $f(k+q+d)$ ，其中生产函数满足 $f'>0, f''<0$。融资平台举债基于财政信用，税收是偿还债务根本的资金来源。为方便起见，我们假设税收归地方政府所有，不考虑税收在中央政府与地方政府之间的分享。假定债务期限为 1 期，随后讨论期限大于 1 期的情况。假定贴现率和毛利率均为 1，两期的所得税率相同，即 $t_1=t_2=t$ 。

（一）融资平台不发行新债（$d = 0$）的资本与生产

资本的社会成本为放弃消费的边际效用（模型中假定为1），最优的资源配置使得资本边际产出为1。图1中过原点的45°线（斜率为1）对应的是资本的边际成本。如果与生产函数曲线相切的切线斜率为1，则切点所对应的资本边际产出为1（与资本边际成本相等），该切点对应的是全社会资本（在资源配置效率意义上）处于最优的规模。

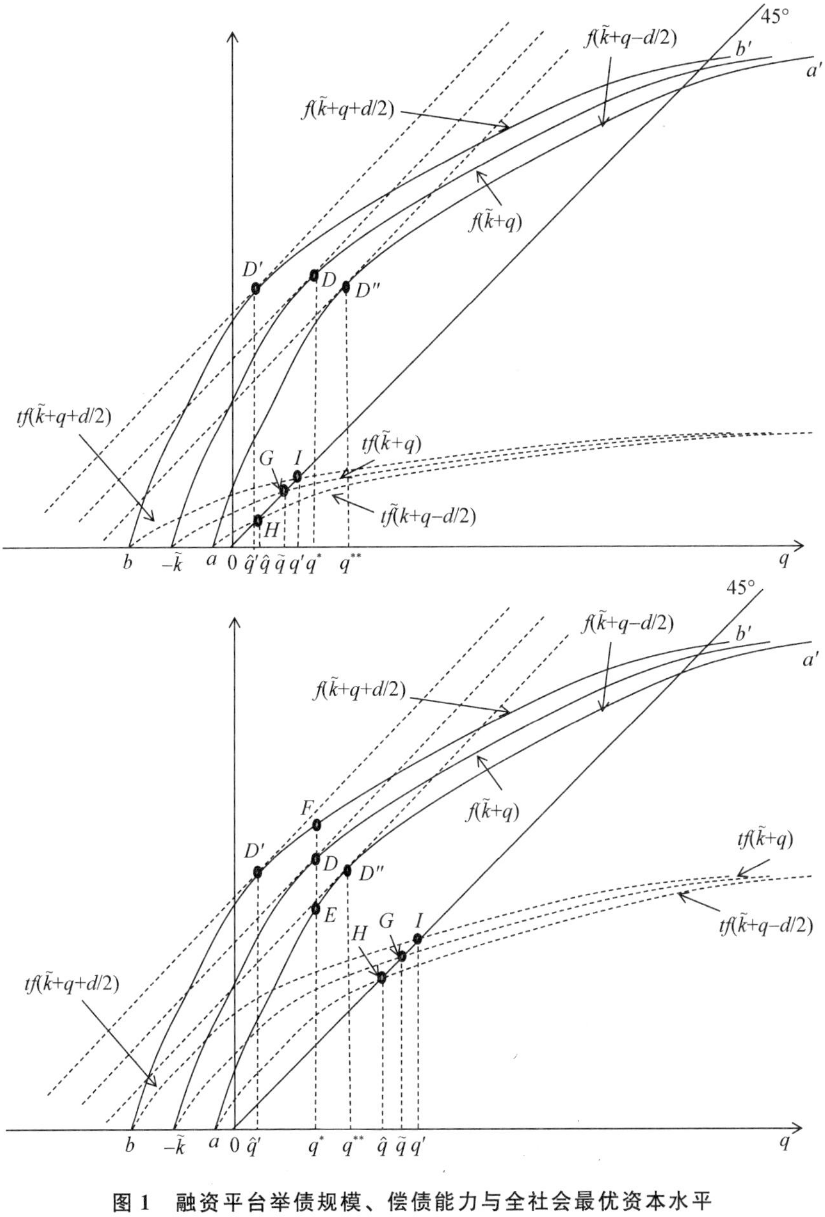

图1　融资平台举债规模、偿债能力与全社会最优资本水平

$\tilde{q} < q^*$（上图）　$\tilde{q} > q^*$（下图）

图 1 横轴的原点代表融资平台初始举债的规模为零($q=0$)。生产函数在图 1 中对应的是 aa' 和 bb' 之间的凹曲线。凹生产函数与横轴的交点在原点的左边，该交点与原点的距离代表民间投资形成的资本。假定民间资本($\tilde{k}$)处于与资源配置效率一致的水平，即 $f'(\tilde{k}+q^*)=1$ 。

这也是图 1 中 q^*（对应 D 点)的定义。满足 $f'(\tilde{k}+q^*)=1$ 意味着，在不继续举债（$d=0,q>0$）情况下，民间资本 $\tilde{k}$ 和融资平台初始举债 q^* 所形成的资本合起来达到社会最优的资本水平，即资本边际产出等于边际成本 1。

鉴于融资平台举债所基于的财政信用，若地方政府税收能偿还融资平台举债的本息，则融资平台具有偿债能力。将生产函数 $f(\cdot)$ 乘以处于 0 和 1 之间的税率 t ，得到图 1 中生产函数下方的凹税收曲线。为方便分析，计算税收时不考虑生产成本的影响。当 $d=0$ 时，图 1 中的 G 点(横轴上 $\tilde{q}$ 点)对应融资平台能偿还初始债务 $\tilde{q}$ ，满足 $tf(\tilde{k}+\tilde{q})=\tilde{q}$ 。

$\tilde{q}$ 与 q^* 的相对大小取决于税率和生产函数。根据 $\tilde{q}$ 与 q^* 的相对大小分两种情况，图 1 上图和下图分别给出的是 $\tilde{q}<q^*$ 和 $\tilde{q}>q^*$ 的情况。

(二)融资平台发行新债对税收的影响

以下探讨方红生与张军(2009)的推断——地方政府在举债投资方面的成功是以民间投资的下降为代价的。私人部门决策问题是选择资本规模 k 最大化以下利润函数：

$$\max_k(1-t)[f(k+q)-k]+(1-t)[f(k+q+d)-k] \tag{1}$$

求解(1)的一阶条件为①：

$$(1-t)[f'(k^*+q)-1]+(1-t)[f'(k^*+q+d)-1]=0 \tag{2}$$

等式(2)表明，融资平台举债投资对民间资本具有“挤出效应”。融资平台举债 d 增加，私人部门在(1)式意义上的最优资本规模 k^* 减少。

采用以下形式的生产函数：

$$f(k+q^*)=f(\tilde{k}+q^*)+f'(\tilde{k}+q^*)\times(k-\tilde{k})+\frac{f''(\tilde{k}+q^*)}{2}\times(k-\tilde{k})^2$$

$$f(k+q^*+d)=f(\tilde{k}+q^*)+f'(\tilde{k}+q^*)\times(k+d-\tilde{k})+\frac{f''(\tilde{k}+q^*)}{2}\times(k+d-\tilde{k})^2$$

其中，$f'(\tilde{k}+q^*)=1$ 。我们发现，民间资本水平 k^* 小于 $\tilde{k}$ ，两者之间

① 一阶条件(2)意味着私人部门在决定投资水平时，认为税率和融资平台债务是给定的，后者不会随着 k 的变化而变化；私人部门没有关于税收政策和债务模型的信息。

的差距与融资平台举债的规模成正比①：

$$k^{*}=\tilde{k}-\frac{d}{2} \tag{3}$$

(3)式说明，融资平台发行新债对民间投资“挤出效应”每期分别为 $d/2$，两期合计挤出的民间投资规模等于融资平台发行新债规模。

生产函数凹性不仅确保(1)式最优化时满足二次条件，而且确定了融资平台举债税收效应的大小和方向。融资平台举新债时两期的资本分别为 $\tilde{k}+q^{*}-d/2$ 和 $\tilde{k}+q^{*}+d/2$（对应图 1 中生产函数与横轴的交点第 1 期时为 a 点，第 2 期时为 b 点）；由于生产函数凹性（$f''(\tilde{k}+q^{*})<0$），举新债时平均产出水平小于不举新债的产出水平。

$$\frac{f(\tilde{k}+q^{*}-d/2)+f(\tilde{k}+q^{*}+d/2)}{2}<f(\tilde{k}+q^{*})$$

政府税收因此减少。税收减少的幅度与融资平台新债规模（d）和生产函数的凹性（$|f''(\tilde{k}+q^{*})|$）成正比。

（三）融资平台发行新债（$d>0$）时的偿债能力

融资平台债务所依靠的财政信用，最终依靠的是私人部门的生产率和资本规模。生产率越高，地方政府税收越多，偿债能力越强；同样，民间资本规模越大，偿债能力越强。

给定新债规模 d，我们能够给出第 1 期地方政府的偿债能力 $\hat{q}$；反之，给定原先的债务规模 $\hat{q}$，我们能够找到与其对应的、确保第 1 期有足够偿债能力的最大的新债规模 $\tilde{d}(\hat{q})$（图 1 当中横轴上 a 点与 b 点之间的水平距离）—— a 点使得凹税收曲线 $tf(\tilde{k}+q-d/2)$ 与 45°线交点恰好是 $\hat{q}$ 点，如果新债规模再大些，税收曲线从 a 点向右移向原点，导致凹税收曲线 $tf(\tilde{k}+q-d/2)$ 与 45°线交点向左移向原点，使得第 1 期的税收偿还能力小于原先的债务 $\hat{q}$，部分违约不偿还初始债务的情况不可避免。

定义与第 1 期偿债能力一致的初始债务水平 $\hat{q}$ 和第 2 期偿债能力一致的初始债务水平 q' 分别满足：

$$tf(\tilde{k}+\hat{q}-d/2)=\hat{q},\quad tf(\tilde{k}+q'+d/2)=q'$$

① 以下条件在得出等式(3)结论的过程中发挥了不同的作用：(1)融资平台债务发生在民间投资决策之后，债务转化为资本与其他资本一起享受递减的边际收益，私人企业不考虑融资平台举债投资的外部性收益。(2)$f'(\tilde{k}+q^{*})=1$，这是假定模型初始的全社会资本存量处于社会最优的水平，这一假设是为分析方便而设定的。(3)两期税率相等，这使得税率对民间投资的影响正好抵消。(4)贴现率和毛利率为 1，使得等式(3)右边被挤出的民间投资规模由 $d/(l+r)$ 简化为 $d/2$。(5)生产函数是凹的。

我们可以找到一个税率水平 t^* ，使得融资平台第 1 期偿债能力恰好等于与资源配置效率一致的举债水平，即满足：

$$t^* f(\tilde{k}+q^*-\tilde{d}(q^*)/2)=q^*$$

在 $t=t^*$ 情况下，(4)对应 $\hat{q}=q^*$ ；为了第 1 期能偿还债务，融资平台举新债的最大规模为 $\tilde{d}(q^*)$ 。

(四)优化资源配置与减少对民间资本“挤出效应”的一致性

私人部门考虑政府继续举债的行为($d>0$)，一方面会减少第 1 期和第 2 期的资本投入，导致第 1 期生产函数向右移动到 aa' 位置，另一方面第 2 期新债 d 转化为资本之后，第 2 期生产函数又会向左移动到 bb' 位置。图 1 横轴上 a 和 b 之间的水平距离对应新举债规模 d 。随着生产函数的移动，与最优资源配置一致的初始债务规模从基准的 q^*（对应 $d=0$ 的情况），变为第 1 期的 q^{**}（对应 aa' 曲线上面的 D'' 点）和第 2 期的 $\hat{q}'$（对应 bb' 曲线上面的 D' 点)，后两者的定义分别为：

$$f'(\tilde{k}+q^{**}-d/2)=1, f'(\tilde{k}+\hat{q}'+d/2)=1$$

D' 点与 D'' 点所对应的全社会资本总量(包括民间资本与融资平台举债形成资本)没有改变(均为 $\tilde{k}+q^*$)，生产函数的平移没有改变 D' 点与 D'' 点之间的距离(保持不变为 d)。$\hat{q}'$ 点与 q^{**} 点之间的变化幅度仍然等于 d 且满足 $\hat{q}'=q^*-d/2$，$q^{**}=q^*+d/2$ 。

假定 $t=t^*$ ，初始债务达到 q^* 的水平，第 1 期与第 2 期资源配置的扭曲程度分别为 $q^{**}-q^*$ 和 $\hat{q}'-q^*$ ，两者的绝对值均为 $d/2$ ，符号相反。融资平台举新债对民间资本的“挤出效应”与新债规模成正比，新债规模越大，第 1 期民间资本不足和第 2 期资本过剩的程度越大，资源配置扭曲程度的波动越大。

三、融资平台举债的激励约束与“扩张偏向”

改革开放以来，我国各级地方政府在推动经济发展中发挥了重要作用。与其他国家政府的低效(Easterly，2005)相比，我国地方政府官员在促进地方经济增长方面的积极性尤为突出(周黎安，2007)。为了在“晋升锦标赛”中获得有利地位(周黎安，2007)，地方政府官员需要做出政绩，融资平台负债有利于官员实现政绩目标。为什么融资平台这一现象以往没有普遍出现，近年来却迅速发展起来？这一现象可从举债意愿角度加以解释，以往在融资平台决策中没有充分引入外部性收益，地方政府官员相互竞争当前已从竞相提供税收优惠和廉价土地、招商引资的层面上升到金融层面与融资平台相对接。为了维护融资平台举债所借用的政府信用，有关部门须防止融资平台举债出现扩张偏向。

假定刻画地方政府官员基于 GDP 政绩动机的外部性收益函数 $e(\cdot)$（简称外部性收益）是社会总资本的函数，且满足 $e'(\cdot)>0, e''(\cdot)>0$。地方政府官员从私人部门的产出规模扩张中得到正向的、凸的外部性收益，抵消生产函数凹性对税收动机的影响，这为融资平台举债规模越来越大提供了一种解释。以下分析政绩动机与举债意愿之间的关系。

(一)融资平台举债的“扩张偏向”：无限承诺情况

在无限承诺的情况下，融资平台最大化收益未考虑参与约束(participating constraints)条件。给定融资平台初始债务规模 q^*，其选择新债规模 d 最大化收益的目标函数为：

$$\max_d tf(\tilde{k}+q^*-d/2)+e(\tilde{k}+q^*-d/2)+tf(\tilde{k}+q^*+d/2)+e(\tilde{k}+q^*+d/2)-d \tag{5}$$

融资平台将其对民间投资的“挤出效应”考虑在内，生产函数凹性与外部性收益凸性之间的相对大小成为关键条件。在 $e''(\tilde{k}+q^*)>-tf''(\tilde{k}+q^*)$ 条件[①]下，融资平台收益最大化所对应的新债规模为无穷大，融资平台发行新债有“扩张偏向”(方红生、张军，2009)。

(二)政绩动机与融资平台债务规模：有限承诺情况参与约束分析

在有限承诺情况下，为了决定是否偿还以往债务并确定新债规模，融资平台考虑税收以及产出带来的外部性(地方官员晋升的机会)是否满足如下参与约束条件：

$$tf(\tilde{k}+q^*-d/2)+tf(\tilde{k}+q^*+d/2)-q^*+e(\tilde{k}+q^*-d/2)+e(\tilde{k}+q^*+d/2)-d\geqslant tf(\tilde{k}+q^*)+tf(\tilde{k}+q^*)+e(\tilde{k}+q^*)+e(\tilde{k}+q^*)-q^* \tag{6}$$

上述参与约束条件进一步简化为：

$$d^2[tf''(\tilde{k}+q^*)+e''(\tilde{k}+q^*)]/4\geqslant d \tag{7}$$

根据(7)，政绩动机强弱($e''(\tilde{k}+q^*)$大小)与新债规模之间存在互补性。政绩动机越强，满足(7)的最小新债规模越小；反之，如果政绩动机较弱(但仍满足 $e''(\tilde{k}+q^*)>-tf''(\tilde{k}+q^*)$)，则满足(7)的最小新债规模越大。

如果 $d=0$，融资平台不举新债，它至少可以达到第 1 期的收益水平((7)式等号成立)。在 $d>0$ 情况下，必须满足 $d>\hat{d}>0$，融资平台第 2 期举新债的收益才能大于不举新债的水平(见(6)式)。使得(7)式成立的最小

① 这意味着融资平台发行新债的净收益(包括外部性收益在内的边际收益超过边际成本的部分)随着新债规模增加而增加。如果此条件不成立，融资平台收益最大化所对应的新债规模为零——即使存在正向的外部性收益，但生产函数的凹性仍然发挥主导作用。

(非零)新债规模 $\hat{d}$ 满足：

$$\hat{d}=\frac{4}{tf''(\tilde{k}+q^{*})+e''(\tilde{k}+q^{*})}>0 \tag{8}$$

四、市场配置、政绩动机与融资平台举债适度规模

以下将在包括市场失灵程度、政府官员考核方式、生产率与民间资本规模[①]的框架内确定与市场配置长期主导作用相一致的融资平台举债适度规模；为保障经济平稳运行，融资平台可在短期内有限地偏离该水平。融资平台应在其偿债能力范围之内举债，这毋庸置疑。这里将讨论的问题是，即使在偿债能力范围之内，融资平台债务是否越大越好？与贾康与赵全厚(2000)提出的债务规模与债务效应之间的倒 U 型关系相接近，我们提出的适度债务规模使得资源配置效率损失(融资平台债务对民间投资的“挤出效应”)尽可能小。以下区分经济发展的不同状况，综合偿债能力、资源配置状况和举债意愿等因素给出我们的答案。

与长期稳态的市场配置资源主导下的融资平台举债适度规模相比，在特定地区、特定情况下，融资平台举债规模短期内可依据合理的理由有限地偏离上述适度规模。短期偏离所依据的合理理由可能包括：生产率水平不高、民间资本规模不大、经济相对欠发达、经济处于下行期等，这些情况归纳起来大体反映同一问题：融资约束是地方经济发展的瓶颈。

(一)融资约束是地方经济发展瓶颈的短期偏离情况

在生产率水平不高、民间资本规模不大或者经济下行的情况下，地方政府财政状况较差，融资平台偿债能力不强。当举债意愿不足 $\hat{d}>\tilde{d}$ 的情况下，融资平台在偿债能力范围之内选择不举新债。此时，为促使地方政府有所作为，适度强化政绩动机可发挥积极的作用。强化政绩动机的程度仅需要使得 $\hat{d}=\tilde{d}$ 。这种做法可充分利用当地生产率水平和民间资本规模所提供的融资空间，缓解融资瓶颈，平滑跨期投资，缩小地区间、产业间的不平衡，同时不会给财政带来偿债负担。与无所作为的不举债行为相比，融资平台可持续地(在偿债能力范围内)举债更有利于地方经济的发展，否则经济欠发达地区与经济较发达地区的差距将越来越大。经济欠发达地方发展越好，融资平台偿债能力提高越快(图 2 中的 EG 线向右移到 FH 位置)，对政绩动机的依赖越弱(图 2 中 F 点对应的政绩动机小于 E 点对应的政绩动机)。在地方经济发展主要面临融资瓶颈的情况下，融资平台债务管理的重

① 具体而言，民间经济生产率水平越高，民间资本规模越大，地方政府财政状况越好，融资平台偿债能力越强(越大)；官员政绩动机越强，举债意愿越强。伴随着融资平台举债同时出现的现象还包括：融资平台债务规模越大，民间资本占社会总资本比重越低。

点是使得融资平台举债规模与最佳目标 $d^{\circ}=\tilde{d}$ 接近；在确保债务可持续性的前提下，鼓励融资平台适度增加债务。

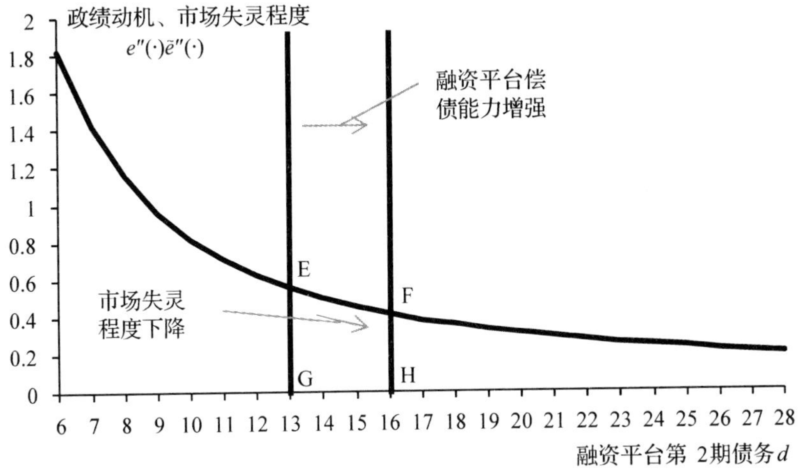

图 2　融资平台偿债能力、举债意愿与适度规模

债务期限大于 1 期指的是以下情况：初始债务 q 不需要在第 1 期结束时偿还，而是可以在第 2 期结束时与新债 d 一起偿还。放松期限约束条件，可以允许更大的新债规模（$\tilde{d}$ 可以大些）。对于我们现在讨论的这一类经济情况，期限选择比较关键。融资平台一般会选择较长的期限，以增加其举债规模。

（二）市场失灵是地方经济发展瓶颈的长期稳态情况

在生产率水平较高、民间资本规模较大的情况下，地方政府财政状况较好，融资平台具有一定的偿债能力。对于这些地区，即使融资平台本身具有一定的盈利能力，地方政府的财力又较为雄厚，是否地方政府就可以将公共投资扩大到其偿债能力的极限？我们认为，应该降低地方政府对融资平台举债的依赖性，培育民间企业成为投资和拉动经济增长的主体。合理的举债意愿替代偿债能力此时是确定适度的举债规模的关键，融资平台债务管理的重点不是充分利用偿债能力，而是在其偿债能力范围之内确定适度的举债规模①。

以下将适度弥补市场失灵的政绩动机作为融资平台合理举债意愿的决定因素；市场失灵导致的投资动机缺失是市场本应提供却未能提供的对投资的回报，令政绩动机适度弥补这部分市场失灵所产生的举债意愿因此是合理的。具体而言，私人企业投资决策时仅考虑资本对其自身带来的收益，

① 在上述经济欠发达地区分析中，隐含着这些地区合理的 $\hat{d}$ 应该很小的假设——强化政绩动机的目的不是实现合理的较小的 $\hat{d}$，而仅是使得融资平台有意愿在偿债能力范围内发行新债，从而合理发挥当地融资的潜力。

不考虑融资平台举债投资对其他方面的外部性收益(比如，基础设施建设的溢出效应(傅勇、张晏，2007))。地方政府官员基于 GDP 的政绩考核体系在一定程度上弥补了市场无法提供投资动机的不足。

假定政绩动机 $e(\cdot)$ 适度弥补市场失灵所带来的投资动机缺失 $\tilde{e}(\cdot)$，$e(\cdot)=\tilde{e}(\cdot)$，使得融资平台发新债的净收益(比不发新债的净收益)更大的最小新债规模 $\hat{d}(\tilde{e}(\cdot))$ 满足：

$$d^2[tf''(\tilde{k}+q^*)+\tilde{e}''(\tilde{k}+q^*)]/4-d=0 \tag{9}$$

融资平台债务管理的目标兼顾两方面，一方面满足融资平台合理的举债需求，另一方面避免对民间投资“挤出效应”以及由此所带来的对资源配置效率的负面影响。在这样的考虑之下，适度举债规模为 $\hat{d}(\tilde{e}''(\tilde{k}+q^*))$。审慎管理的目标是使融资平台举债规模与适度规模 $d^o=\hat{d}(\tilde{e}(\cdot))$ 接近。市场越完备(图 2 中从 E 点对应的市场失灵程度下降到 F 点对应的市场失灵程度)，越能够充分运用融资平台偿债能力所提供的融资运作空间(图 2 中在偿债能力允许范围之内允许的举债规模从横轴的 G 点右移到 H 点)。

在这种经济情况下，放松期限约束不必然会带来适度规模 d^o 的增加。换言之，即使融资平台可以发行长期限的债务，甚至采用其他方法(比如，借新债还初始债务)延长债务期限，这并不意味着融资平台举债的适度规模可以增加。

(三)进一步讨论

以下就上述未涉及的问题做进一步讨论：

1. 最终债务的偿还

以上分析没有讨论第 2 期结束时融资平台债务的最终偿还问题。融资平台在最后一期不能举债。融资平台是否偿还债务，取决于违约的成本。假定如果融资平台偿还了 $\hat{d}(\hat{d}<d)$ 之后，即使违约未偿还其余债务 $(d-\hat{d})$ 的一部分，私人部门也能够接受。如果最终债务当中没有被偿还的部分超过 $\hat{d}$，则给社会和政府带来的成本为 $z\hat{d}, z>1$。融资平台偿还最终债务的意愿取决于激励条件，以下条件保证融资平台的违约成本大于其所欠的债务规模：

$$d\leqslant z\hat{d}, z>1 \tag{10}$$

满足上述条件，融资平台为避免违约成本最后一期会偿还债务。现实当中，越是经济发达的地区，金融部门往往也越发达。如果出现融资平台债务违约的现象，对该地区金融发展的负面影响也会较大，这些地区越是有意愿偿还债务。

2. 融资平台举债与产出增长之间的关系

融资平台举债会造成经济增长的假象，这部分增长是由融资平台举债“挤出”私人部门所带来的，并非是我们所应追求的增长。具体来说，如果融资平台不举新债，经济增长速度为零。零增长仅仅是由于不考虑生产率提高这一技术性假设所带来的，引入生产率因素不会影响以下主要结论。融资平台举新债，私人部门的投资被“挤出”，导致第1期生产的资本偏少(资本边际产出大于1)，经济活动水平偏低；到第2期，新债务转化为资本，资本偏多(资本边际产出小于1)。两期之间的经济活动水平从偏低到偏高，出现了经济增长，这是由融资平台举债所带来的。如果控制融资平台举债，对经济增速的影响是降低经济增速，所获得的是更为合理和真实的经济增长。

3. 放债方的理性

融资平台的债权人似乎缺乏有效机制来防止融资平台拒绝偿还债务(方红生、张军，2009)，这与观察到的融资平台大量融资的行为相矛盾。债权人能够做的是，如果融资平台违约不偿还债务，债权人可以以后拒绝对其放债(Eaton and Gersovitz，1981；Sachs，1983)。

至于融资平台能否完全承诺偿还未来的债务，理论上有争议。从20世纪80年代末的情况来看，债务人可以与债权人对债务的偿还进行重新安排(rescheduled)[①]。涉及重新安排的债务按照较低的价格(较大的折扣)在市场上进行交易[②]。债权人需要承担部分损失。债务并没有失去所有的价值，政府实际上是部分地偿还了债务，部分地违约(Bulow and Rogoff，1989)。政府债务人与债权人之间关于偿还债务的谈判有可能是双方可以讨价还价的持续过程。对政府违约不偿还债务的行为加以宽容，可能比严厉的惩罚更有好处。从20世纪90年代以来，发展中国家并没有大规模地违约，因此既没有引发严厉的惩罚(Eaton and Gersovitz，1981；Sachs，1983)，也没有导致许多的债务重新安排(Bulow and Rogoff，1989；Acharya and Rajan，2011)。

结合我国情况，债权人知道融资平台债务人可能违约，可事实上融资平台仍然可以融到大量的资金。债权人认为政府债务人偿还债务的动机可以分为两类：“胡萝卜”和“大棒”。一方面至少部分偿还债务可以继续融资，另一方面，违约的政治成本过高。

简言之，融资平台大量举债说明，债权人一方面认为，融资平台债务人有足够的动机将其举债规模控制在其中长期税收支持的负债能力范围附近(有可能会突破中长期负债能力，但不会突破得特别过度)，另一方面认

① 20世纪80年代，许多欠发达国家对其外债进行了重新安排。1983年，18个国家对610亿美元的外债进行了重新安排。1984年，19个国家对1360亿美元的外债进行了重新安排。1985年，外债重新安排的国家有14个，涉及外债规模510亿美元(Bulow and Rogoff，1989)。

② 1987年7月27日，所罗门兄弟公司对阿根廷、巴西、智利、哥伦比亚、墨西哥、秘鲁、菲律宾、波兰、土耳其和委内瑞拉政府债务的购买价格分别为其面值的47%、55%、67%、81%、53%、11%、67%、43%、97%和67%(Bulow and Rogoff，1989)。

为，融资平台及其地方政府将为完全违约支付很高的代价，以至于他们合理的做法是避免完全违约。

4. $t<t^*$ 的情况

如果税率小于(4)中定义的临界税率($t<t^*$)。第 1 期受偿债能力限制，融资平台初始债务达不到 q^* 的水平，与偿债能力一致的初始债务水平为 $\hat{q}$(图 1 上图)，偿债能力的约束条件带来了额外的资源配置扭曲(可以用 $q^*-\hat{q}$ 来衡量)。第 2 期，以往不利的偿债能力约束条件带来了好处，资源配置效率被提升了(效率改善的幅度同样可以用 $q^*-\hat{q}$ 来衡量)。偿债能力约束使得第 1 期的资本边际产出高于边际成本，而第 2 期的资本边际产出比较合理，接近资本的边际成本。

如果在没有偿债能力约束的情况下初始债务达到 q^* 的水平，第 1 期与第 2 期资源配置扭曲的程度分别为 $q^{**}-q^*$ 和 $q^*-\hat{q}'$。偿债能力约束使得 $\hat{q}<q^*$，导致第 1 期与第 2 期资源配置扭曲的程度分别为 $(q^{**}-q^*)+(q^*-\hat{q})=q^{**}-\hat{q}$ 和 $(q^*-\hat{q}')-(q^*-\hat{q})=\hat{q}-\hat{q}'$。简言之，偿债能力约束虽然没有在平均意义上改变资源配置扭曲程度，却带来额外的资源配置扭曲程度波动。

五、模拟结果

结合我国的情况，本节设定了模型的参数和生产函数特定形式，进一步给出了数值模拟结果。

(一)参数设定

结合我国的数据特征，我们将生产函数设定为 $f(x)=\phi\sqrt{x}$。理由如下：根据马拴友(2000)测算，我国公共资本的产出弹性大约为 0.55。本研究模型中，我们将公共资本与民间资本一起放入生产函数；与公共资本 0.55 的产出弹性相接近，我们设定生产函数的资本产出弹性为 0.5— $f(x)=\phi\sqrt{x}$。其中，$\phi>0$ 代表生产率。假定外部性边际收益满足 $e'(\tilde{k}+q^*)=f'(\tilde{k}+q^*)=1$，且 $e''(\tilde{k}+q^*)=2h/\phi^2(h>0)$。除特别说明以外，税率为 0.2。

(二)特定生产函数形式下的模拟结果

假定生产率水平保证融资平台第 2 期有偿债能力，民间资本规模在上述生产率水平条件下保证融资平台第 1 期有偿债能力。图 3 中(1)和(3)分别给出了当 $t=0.2$ 和 $t=0.1$ 时生产率、民间资本与融资平台偿债能力的模拟结果：

(1)给定税率不变，融资平台举债规模越大，生产率应越高，否则融资平台第 2 期不具备偿债能力[图 3 中(1)沿实线与虚线]。

（2）给定需要偿还的第2期债务规模不变，税率与生产率之间存在互补关系——税率较低时需要生产率水平高些[图3中(1)从A点到A′点]。

(3)给定税率不变，生产率保持在融资平台能够偿还第2期债务的水平上。融资平台需要偿还的第1期债务规模越大，民间资本规模就需要越大[图3中(3)沿实线与虚线]。

(4)给定融资平台需要偿还的第1期债务规模，生产率保持在融资平台能够偿还第2期债务的水平上。税率与民间资本规模之间存在互补关系——税率较低时需要民间资本规模大些[图3中(3)从B点到B′点]。

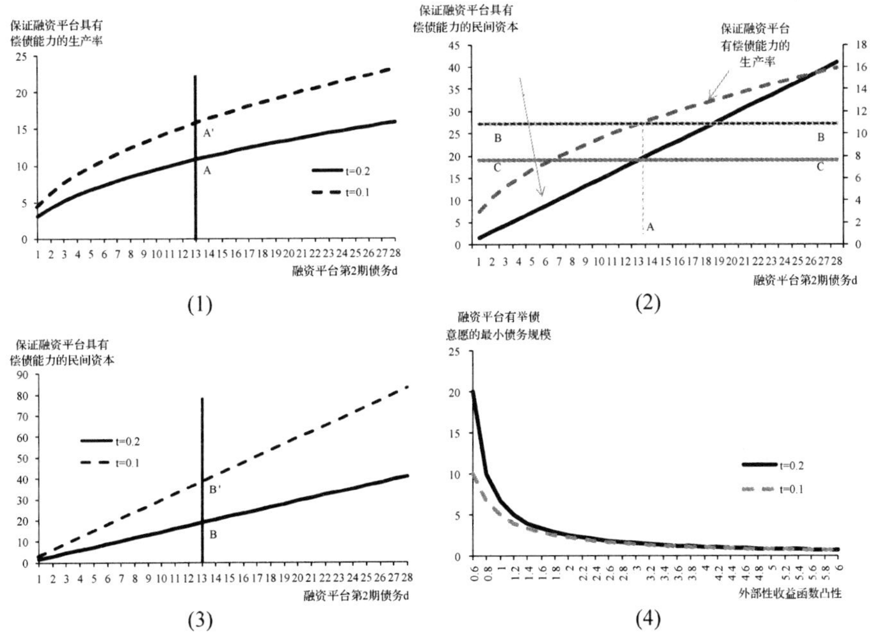

图3　模拟结果

特定地区的生产率和民间资本规模通常事先给定，在图3中(2)图中分别对应BB与CC两条水平线($\phi=10.84685$为BB线；$\tilde{k}=19.02832$为CC线)。BB线与虚线交点在横轴上的对应点为该地区当前生产率条件下融资平台第2期能够偿还的债务规模[对应图3中(2)A点，$d=13$]。CC线与实线交点在横轴上的对应点为该地区当前民间资本和生产率条件下融资平台第1期和第2期均能偿还债务时的新债规模[同样对应图3中(2)A点，$d=13$]。

在$\phi=1$的情况下，图3中(4)给出了不同税率下$e''(\cdot)$与$\hat{d}(e(\cdot))$的互补关系。外部性收益凸性$e''(\cdot)$越大，融资平台选择发行新债需要达到的最小新债规模$\hat{d}(e(\cdot))$越小[图3中(4)沿实线与虚线]。当税率较低时，需要被抵消的生产函数凹性因素$tf''(\cdot)<0$越不重要，这几乎等价于外部性收益

凸性 $e''(\cdot)$ 增强①，使得最小新债规模 $\hat{d}(e(\cdot))$ 更小[图 3 中(4)实线在虚线的上方]。

模拟结果印证了理论模型当中生产率、民间资本规模对融资平台偿债能力的影响。就偿债能力而言，税率与生产率、生产率与民间资本、税率与民间资本之间存在互补关系。就举债意愿而言，税率增加等价于外部性收益凸性 $e''(\cdot)$ 增强，外部性收益凸性 $e''(\cdot)$ 与 $\hat{d}(e(\cdot))$ 之间存在互补关系。简言之，在考虑不同生产率水平、民间资本规模与外部性收益等因素的基础上，通过区分不同地区经济发展状况来确定融资平台举债的适度规模是必要的。

六、结　论

政府财政力量长期内不应替代市场配置资源。本研究所提出的融资平台举债适度规模与市场配置的长期主导作用相一致，是一种长期内合理的规模水平。为保障经济平稳运行，政府可在短期内对长期合理的融资平台举债水平有所偏离，这种偏离是有限的、暂时的和保障性的。基于上述短期的偏离，我们可能会发现地方政府在短期内越来越依赖外部融资，地方政府主导或绝对控制的组织在短期内越来越成为重要的投资主体，但这些均不应成为长期的变化趋势。

在融资平台信息披露与投资者保护不充分的背景下，融资平台举债所依赖的实质上是地方政府财政信用。实际上也就是中央政府的财政信用。为此，有关部门有必要加强对融资平台借用政府信用行为的管理，维护政府信用，尤其须防止融资平台举债出现扩张偏向。

融资平台的巨额举债体现了政府的融资优势，通畅的融资渠道进一步帮助政府成为经济发展重要的投资主体。资源配置的优化要求投融资机制必须最终以有效的市场机制为基础，而不是以政府投资为主体，否则，即使在本轮经济增速放缓结束之后，也不存在市场力量对政府扩张性投资的财政政策替代的可能。自 2010 年 10 月之后，面临国内外经济增长放缓的双重压力，国家实施的积极财政政策取得了较显著的短期增长效应；但正是由于市场机制条件的不充分，长期代价较高(刘伟，2012)。

以政府性债务支持的公共投资基本上属于财政支出政策的范畴。融资平台债务管理一方面需要配合财政政策的进退，另一方面也要清晰地界定融资平台债务自身的适度范围。两方面有时可能出现表面上的矛盾，但实际上并非完全不可协调。将政府性债务控制在适度范围之内，本身就是对财政政策的一种配合。

---

① 生产函数凹性与外部性收益凸性均通过 $ft''(\cdot)+e''(\cdot)$ 对 $\hat{d}$ 产生影响。

融资平台债务管理的重点之一是帮助财政支出政策在区域经济不平衡、产业结构不合理、公共投资不足等市场失灵的情况下发挥作用。从长期来看，地方政府须减少对融资平台举债的依赖程度。当市场经济自身出现正常的波动时，与其增加融资平台负债，不如深化市场化改革，完善市场机制，改善民间投资的环境，降低市场失灵程度。与其鼓励地方政府追求政绩，不如鼓励地方政府集中精力保护投资者，弥补市场失灵，提高市场化程度，为自主创新提供良好的环境，而不是追求短期的超常规增长。

总之，本研究的结论对于全面认识我国融资平台举债的适度规模、加强对融资平台举债的审慎管理具有一定的借鉴和参考意义。此项研究仍有较大的拓展空间，尤其在融资平台举债相关实证分析、信息披露以及投资者保护等方面，今后可进一步深入探究。

参考文献

1. Acharya, V. V. and R. G. Rajan (2011). Sovereign Debt, Government Myopia, and the Financial Sector, National Bureau of Economic Research Working Paper Series No. 17542.
2. Aiyagari, S. R. and E. R. McGrattan (1998). The Optimum Quantity of Debt, Journal of Monetary Economics 42 (3).
3. Barro, R. J. (1990). Government Spending in a Simple Model of Endogeneous Growth, Journal of Political Economy 98 (5).
4. Bulow, J. and K. Rogoff (1989). A Constant Recontracting Model of Sovereign Debt. Journal of Political Economy 97 (1).
5. Easterly, William (2005). The Elusive Quest for Growth: Economists' Adventures and Misadventures in the Tropics, The MIT Press.
6. Eaton, J. and M. Gersovitz (1981). Debt with Potential Repudiation: Theoretical and Empirical Analysis, The Review of Economic Studies 48 (2).
7. Sachs, J. (1983). Theoretical Issues in International Borrowing, National Bureau of Economic Research Working Paper Series No. 1189.
8. Sanches, D. and S. Williamson (2010). Money and credit with limited commitment and theft, Journal of Economic Theory 145 (4).
9. 方红生、张军:《中国地方政府竞争、预算软约束与扩张偏向的财政行为》,《经济研究》,2009 年第 12 期。
10. 方红生、张军:《中国地方政府扩张偏向的财政行为:观察与解释》,《经济学(季刊)》,2009 年第 3 期。
11. 傅勇、张晏:《中国式分权与财政支出结构偏向:为增长而竞争的代价》,《管理世界》,2007 年第 3 期。
12. 郭庆旺、贾俊雪:《地方政府行为、投资冲动与宏观经济稳定》,《管理世界》,2006 年第 5 期。

13. 郭庆旺、贾俊雪：《政府公共资本投资的长期经济增长效应》，《经济研究》，2006 年第 7 期。
14. 洪银兴：《地方政府行为和中国市场经济的发展》，《经济学家》，1997 年第 1 期。
15. 贾康、赵全厚：《国债适度规模与我国国债的现实规模》，《经济研究》，2000 年第 10 期。
16. 刘溶沧、马拴友：《赤字、国债与经济增长关系的实证分析——兼评积极财政政策是否有挤出效应》，《经济研究》，2001 年第 2 期。
17. 刘尚希、赵全厚等：《"十二五"时期我国地方政府性债务压力测试研究》，《经济研究参考》，2012 年第 8 期。
18. 刘伟：《我国现阶段财政与货币政策反方向组合的成因、特点及效应》，《经济学动态》，2012 年第 12 期。
19. 马拴友：《中国公共资本与私人部门经济增长的实证分析》，《经济科学》，2000 年第 6 期。
20. 张军、高远等：《中国为什么拥有了良好的基础设施?》，《经济研究》，2007 年第 3 期。
21. 周黎安：《中国地方官员的晋升锦标赛模式研究》，《经济研究》，2007 年第 7 期。

（作者：刘　伟　中国都市经济研究基地首席专家　教授、博导
李连发　中国都市经济研究基地研究人员　副教授）

基地名称：中国都市经济研究基地
依托单位：北京大学
项目类别：北京市哲学社会科学“十一五”规划项目

北京市产业结构与经济增长的关系及原因分析[①]

本文基于格兰杰因果检验、份额偏离法等方法，研究了1979年到2011年北京市产业结构与经济增长的关系，并且从产业结构红利和需求收入弹性两个方面分析了此关系产生的原因。研究发现，北京市产业结构与经济增长之间没有明显的因果关系，其原因是北京市的产业结构红利并不显著，而且第二、第三产业之间的需求收入弹性相差不大。进而建议北京市应当将各产业内部各个行业之间的协调发展和劳动生产率的提高作为经济发展动力的源泉。

一、引言和文献综述

产业结构是指国民经济各产业部门之间以及各产业部门内部的构成。一般采用各产业的总产值占国民经济之比，或者各产业吸纳的就业人数占国民经济之比等指标作为产业结构的衡量标准。对于产业结构和经济增长的关系，最初要追寻配第—克拉克定理：随着经济的发展，人均国民收入水平的提高，第一产业国民收入和劳动力的相对比重逐渐下降；第二产业国民收入和劳动力的相对比重上升；经济进一步发展，第三产业国民收入和劳动力的相对比重也开始上升。我国正处于经济转轨时期，做好结构调整是宏观经济的五大目标之一。在这个大背景下，研究北京市产业结构与经济增长的关系具有很强的现实意义。

库兹尼茨(1949)对产业结构和经济增长做了规范的定义，即将国家的产业结构定义为其资源和最终产品在不同产业之间的分配，国民收入定义为国家该年度生产系统生产的、流向消费者或者国家资本积累的产品和服务的净产出，从而为以后的研究界定了范围。库兹尼茨(1959)对美国等18个国家的经济增长率和各个产业劳动力比例的关系进行了分析，得出劳动力从农业向生产率更高的行业转移有助于经济增长的结论，初步分析了产

① 本文是《北京产业结构优化调整路径研究》项目的阶段成果，项目编号：10AbJG365。

业结构与经济增长的关系。钱纳里将产业结构的变化分为 3 个阶段：初级产品生产，工业化和发达经济，并认为经济增长与产业结构的变化是密不可分的。一方面，产业结构主要通过产业结构红利假设影响经济增长，即由于国民经济中各个产业的劳动生产率不同，当劳动等资源由生产率低的行业向生产率高的产业转移时，国民经济就会从中享受到益处，从而获得发展。比如，Vittorio Valli 和 Donatella Saccone(2009)认为，国民经济的增长有两方面的动力，一是行业内部劳动生产率的提高，这个是经济增长的主要动力，另一个是资源在行业之间的再分配，而后者即产业结构红利假说。Marcel P. Timmer 和 Adam Szirmai(2000)利用了偏离份额法分析了东亚各国生产率提高的原因，检验了产业结构红利假说；Mario Cimoli 和 Gabriel Porcile(2011)也采用了偏离份额法分析了巴西的经济情况，得出了在巴西产业结构对经济增长的贡献率偏低的结论。另一方面，由于需求收入弹性不同，所以各产业不能均等地享受到经济增长的益处，所以经济增长会对产业结构造成反作用。

在产业结构与经济增长的关系方面，国内学者做了大量的研究。比如，付凌晖(2010)运用 ADF 单位根检验、恩格尔—格兰杰两步协整检验、格兰杰因果检验等方法，检验了改革开放以来我国产业结构高级化与经济增长的关系，得到了两者存在长期稳定的关系，经济增长带动了产业结构的高级化，但是产业结构高级化并没有明显促进经济增长的结论。王焕英、王尚坤、石磊(2010)采用面板数据模型，利用全国 29 个省、市、自治区 1978 年—2007 年的数据，研究了我国产业结构对经济增长的整体影响，以及产业内部结构变动对经济增长的影响，得出产业结构的状态在一定程度上影响着经济总量的增长的结论。另外，国内学者也对各个经济区域内产业结构与经济增长的关系进行了分析。比如，史常亮、王忠平(2011)分别计算了浙江省各个产业 GDP 和就业人数的 Moore 结构变动值指标，得出了浙江省三个产业的产出、就业结构变动与经济增长之间存在长期稳定的均衡协同关系，产出结构变动可直接引起经济总体快速增长的结论。宋薇、李娟、陆文豪(2011)利用 ADF 检验、协整检验、误差修正模型和格兰杰因果检验方法，分析了河北省产业结构和经济增长的关系，得出产业结构的变动有助于经济增长，经济增长对促进产业结构高级化作用不明显的结论。郭文、李小玉(2011)运用误差修正模型，对江西省产业结构变动的经济增长效应进行了实证分析，得出了第二产业比第三产业对江西经济的促进作用更大，同时第二产业、第三产业的短期波动对经济增长的短期波动有正向作用的结论，等等。

综合上述的文献，尽管国内学者对产业结构与经济增长的关系做了大量的研究，但是一般仅仅局限于单独的分析产业结构与经济增长的关系，或者单独利用份额偏离等方法量化产业结构与经济增长的影响，很少有学者将两者联系起来。针对此问题，本文首先研究北京市产业结构与经济增长的关系，再分析两者之间产生关系的原因，将两者综合起来考虑具有很强的逻辑性，这是本文的一大创新之处。

二、北京市产业结构与经济增长的关系

(一)变量的选择与初步分析

为了研究北京市产业结构与经济增长的关系，首先要选择恰当的指标，以分别衡量产业结构和经济增长。本文在参考之前学者研究的基础上选择了 Moore 结构变动值指标，即 $M = \frac{\sum_{i=1}^{n} W_{i,t} * W_{i,t+1}}{\sqrt[2]{\sum_{i=1}^{n} W_{i,t}^{2}} * \sqrt[2]{\sum_{i=1}^{n} W_{i,t+1}^{2}}}$（其中，$W_{i,t}$表示 t 时刻第 i 个行业在国民经济中所占的比重；$W_{i,t+1}$表示 $t+1$ 时刻第 i 个行业在国民经济中占的比重)来衡量产业结构的变化。对于经济增长的衡量，采用较为公认的方法，即采用地区生产总值的增长率进行反映。所有的数据均来自于《新中国五十年统计资料汇编和北京历年的统计年鉴》。地区生产总值的增长率采用可比价格计算。

考虑到 1978 年以前的数据准确性较差，本文选择的样本区间为 1979 年到 2011 年。首先，利用北京市历年三大产业产值的比重，根据 Moore 值的公式，计算出历年北京市产业结构变动的 Moore 值。同时，计算出可比价格下 GDP 的增长率，做出两者趋势的变动图如图 1 所示。

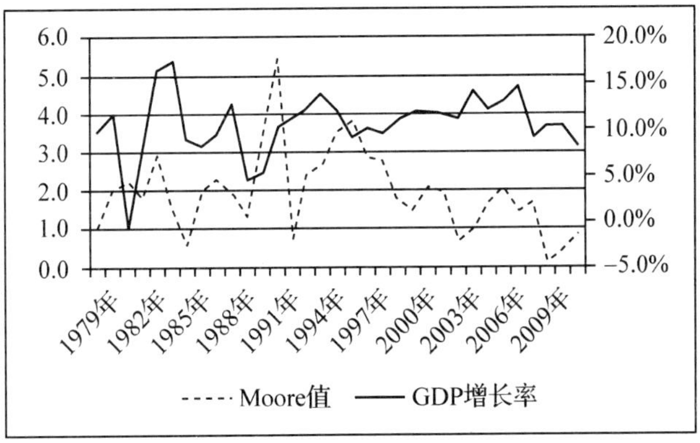

图 1　北京市 Moore 值和 GDP 增长率变动趋势图

从两者的变动图可以看出，在实行改革开放到 90 年代左右，北京市的产业结构变化较快，经济增长的波动也较大。而随着经济的发展与成熟，产业结构的变化趋于平缓，经济增长也趋于稳定。两者之间波动关系的相似性说明两者之间可能存在双向因果关系。

(二)实证分析

如前所述，理论上讲，产业结构与经济增长之间存在双向的影响关系，较为成熟的方法是格兰杰因果检验。而格兰杰因果检验方法的前提是时间序列具有平稳性，或者具有同阶单整且协整的关系。所以，在进行格兰杰因果检验之前需要对时间序列的平稳性进行检验，采用的方法是 ADF 单位根检验，检验结果如表 1 所示。

表 1　相关序列平稳性检验结果表

时间序列	检验形式	检验统计量	P 值	检验结论
Moore 值	(C，T，0)	−4.1882	0.0122	平稳
GDP 增长率	(C，T，0)	−4.2969	0.0095	平稳

检验结果显示，Moore 值和 GDP 增长率均为平稳序列，可以直接进行格兰杰因果检验。

进行格兰杰因果检验时，考虑到时间序列较短，所以选择的滞后阶数为 2 至 4 阶，检验结果如表 2 所示。

表 2　格兰杰因果检验结果表

原假设	2 阶(P 值)	3 阶(P 值)	4 阶(P 值)	检验结论
Moore 不是 GDP 格兰杰原因	0.8847	0.9522	0.8096	不能拒绝原假设
GDP 不是 Moore 格兰杰原因	0.2884	0.1978	0.2740	不能拒绝原假设

格兰杰因果检验的结果显示，Moore 值和 GDP 增长率之间没有明显的因果关系，说明北京市产业结构变化不能引起经济增长，而经济增长也不能引起产业结构的变化。

(三)小结

本小节使用 Moore 结构变动值反映产业结构的变化，GDP 增长率反映经济增长，主要选择格兰杰因果检验的方法，选取的样本区间为 1979 年至 2011 年，检验了北京市产业结构变动与经济增长之间的关系。检验结果显示，产业结构变动和经济增长之间没有明显的因果关系。

三、原因分析

在上一部分中，通过格兰杰因果检验得出北京市产业结构与经济增长之间没有明显因果关系的结论。在本部分中，将对此现象产生的原因进行深入的分析。

(一)产业结构对经济增长的影响——产业结构红利分析

在产业结构影响经济增长的方面，最主要的理论是产业结构红利假说，即由于国民经济中各个产业的劳动生产率不同，当劳动力等资源由生产率低的行业向生产率高的产业转移时，国民经济就会从中享受到益处，从而获得发展。这是产业结构影响经济增长的理论依据，但是理论在北京市是否适用，需要进行具体的检验。

首先进行趋势分析，用某产业的总产值除以该产业的从业人员，得到各产业的劳动生产率。北京市各产业 1978 年以来劳动生产率的变化如图 2 所示。

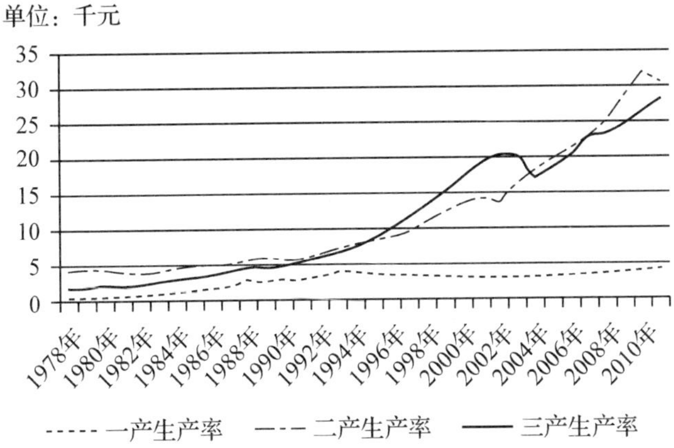

图 2　北京市三大产业劳动生产率变化图

从图 2 中可看出，北京市第二产业的生产率和第三产业的生产率大致相仿，均远远超过第一产业。如果存在产业结构红利，那么第一产业的份额应当持续下降，第二产业和第三产业的份额应该逐渐上升。

再考虑三大产业之间劳动力份额的变化，如图 3 所示。

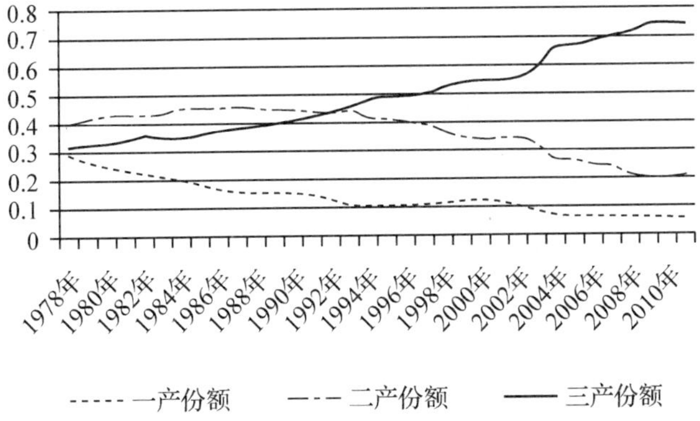

图 3　北京市三大产业份额变化图

从图 3 中可以看出，北京市第一产业的份额的确呈下降趋势。但是，这种趋势自上世纪 90 年代至今变得不明显。第三产业的份额呈上升趋势，但是这种上升主要是以第二产业份额下降为代价的。总结三大产业的实际变化与产生结构红利的变化，如表 3 所示。

表 3　产业结构红利与实际变化对比表

不同情况	第一产业份额	第二产业份额	第三产业份额
结构红利情况	逐步下降	逐步上升	逐步上升
实际情况	下降并平稳	逐步下降	逐步上升

从表 3 中可以更加明显地看出，北京市三大产业份额的实际变化情况与理论变化情况不一致，说明北京市产业结构的变化并没有对经济增长起到促进的作用。

在趋势分析之后，采用偏离—份额法具体量化北京市产业结构变化对经济增长的关系。

偏离—份额法的基本原理是把经济的某个组成部分的变化看为一个动态的过程，以其所在或者整个国家的经济发展为参考，将自身经济总量在某一时期的变动分解为三个分量，以分析出结构变化对于经济增长的贡献率。由于在表达式中显著地包含了结构变化的贡献，因此偏离份额法被广泛用于分析产业结构对于经济增长的影响。其基本形式为：

$$LP^T - LP^0 = \sum_{t=2}^{n}(LP_t^T - LP_t^T)S_t^0 + \sum_{t=1}^{n}(S_t^T - S_t^0)LP_t^0 + \sum_{t=1}^{n}(S_t^T - S_t^0)(LP_t^T - LP_t^0)$$

这是将劳动生产率分解的公式，反映了从 0 时刻到 T 时刻，构成劳动生产率变化的各个部分。两端同除以 LP^0，即可以得到劳动生产率的变化率。其中，在产业结构影响经济增长这个大背景下，右端的第一项被称为行业内生产率增长(intra-branch productivity growth)，反映的是在假设产业结构不变的前提下各行业内部生产率的提高；第二项被称为静态影响(static effect)，反映的是在初期劳动生产率的情况下，劳动力向高效率行业转移带来的生产率的提高；第三项被称为动态影响(dynamic effect)，反映的是劳动力向更具有活力的行业转移带来的生产率的提高。而产业结构对于经济增长的贡献包括第二项和第三项。

将偏离—份额法应用于北京市，采用各大产业从业人数作为产业份额的衡量指标，将第二项和第三项统称为产业结构。剔除掉 1990 年的极端数据，得到的结果如表 4 所示。

表 4 北京市产业结构对经济增长贡献统计表

时间段	1981—1985（平均）	1986—1990（平均）	1991—1995（平均）	1996—2000（平均）
产业内增长	92.14%	99.83%	98.06%	99.32%
产业结构	7.86%	0.17%	1.94%	0.68%
时间段	2001—2005（平均）	2006—2010（平均）	2011	1981—2011（平均）
产业内增长	89.30%	99.22%	88.79%	95.94%
产业结构	10.70%	0.78%	11.21%	4.06%

从表 4 结果可看出，北京市产业结构对于经济增长的贡献，基本在 10%以下，而从 1981 年至 2011 年平均数据的角度来看，产业结构的贡献只有 4%作用。说明北京市产业结构对于经济增长的贡献很小，同时也说明了为什么在上一部分中，得到了 1978 年至 2011 年样本区间产业结构不是经济增长的格兰杰原因的结论。其原因与趋势分析部分的结论相同，即 1978 年以来，北京市产业结构变化的重点是第二产业的份额向第三产业转移。但是这两大产业的劳动生产率大致相同，说明产业结构的变化并没有导致资源向更加有效率的领域流动，从而对于经济增长的促进作用不高，北京市的产业结构红利并不明显。

(二)经济增长对产业结构的影响——需求收入弹性分析

本部分主要研究经济增长是否会对不同的产业产生不同的影响。经济增长主要是通过需求收入弹性影响产业结构。各行业的需求收入弹性不同：国民收入的增长是经济发展最重要的指标之一，一般经济增长都会伴随着国民收入的增加。而各个行业的需求收入弹性是不同的，随着经济的增长，各个行业面临的需求状况在不断地改变，从而推动了产业结构的变化。选择 GDP 作为经济增长的指标，选择各产业的增加值作为衡量其需求的指标，分别对其取对数差分，即获得各个指标的增长率 DGDP、$DIND_1$、$DIND_2$ 和 $DIND_3$。分别以各个产业增加值的增长率为因变量，选择 GDP 增长率为自变量，进行一元线性回归，得到如表 5 所示的结果。

表 5 各产业一元线性回归结果表

因变量	自变量系数	P 值	R^2	D. W. 检验值
$DIND_1$	0.463	0.2404	0.044	1.18
$DIND_2$	0.928	0.0000	0.712	1.59
$DIND_3$	1.028	0.0000	0.747	1.53

检验结果显示，北京市经济增长对于第一产业的发展影响不大，自变量的系数只有 0.463，而且并不显著。北京市经济增长对于第二和第三产业的发展有明显的影响。经济增长的指示变量 DGDP 在两个回归中的系数均十分显著，R^2 较高，而且通过了 D. W. 检验。但是，DGDP 在两个回归中系数的差别不大，这说明经济增长对于第二产业和第三产业影响能力基本相仿，经济增长影响产业结构的需求收入弹性假说在北京并不成立。这也解释了为什么北京市的经济增长对于其产业结构的变化并没有明显的影响。

四、结　论

本文通过采用格兰杰因果检验等方法研究了北京市产业结构与经济增长的关系，得到了北京市 1978 年以来产业结构变动是由“二三一”逐渐演变为“三二一”格局，印证了经典的配第—克拉克定理，但是产业结构与经济增长之间并没有明显因果关系的结论。为了分析产生这一现象的原因，本文又从产业结构红利和需求收入弹性两个角度研究了北京市产业结构与经济增长的关系，发现北京市产业结构对于经济增长的贡献率基本在 10%以下，以及经济增长影响产业结构的需求收入弹性假说在北京并不成立的结论，从而解释了为什么在北京产业结构与经济增长之间没有明显的关系。

本文首先通过分析三大产业的劳动生产率和相应的份额可以看出，北京市劳动生产率最低的是第一产业，但是第一产业的份额已经很低，而第二和第三产业的劳动生产率大致相同，说明北京市产业结构红利已经基本释放完毕，再将经济发展的重心寄希望于产业结构调整是不现实的。其次，本文从产业的层面分析了北京市产业结构与经济增长的关系。北京市产业之间进行进一步调整以促进经济发展的空间不大，但是可以深入到行业内部，重视各大产业，尤其是第二、第三产业内部各个行业之间的协调发展，以进一步推动经济的发展。最后，北京市应该大力推动科技进步，提高劳动生产率。促进经济发展的动力主要有两个，一个是本文重点分析的产业结构，即各大产业之间的协调发展，另一个就是产业内部劳动生产率的提高，而后者往往又是经济发展的主要动力。北京市应当从加大科研投入、促进高新技术产业的发展、提高劳动生产率的角度，促进其经济协调健康可持续的发展。

参考文献

1. Simon Kuznets. National Income and Industrial Structure，Econometrica，1949(17).

2. Simon Kuznets. Quantitative Aspects of the Economic Growth of Nations：Industrial Distribution of National Product and Labor Force，Economic Development and Cultural Change，1959(5).

3. Vittorio Valli, Donatella Saccone. Structural Change and Economic Development in China and India, The European Journal of Comparative Economics, 2009, vol. 6, NO. 1
4. Marcel P. Timmer, Adam Szirmai. Productivity growth in Asian manufacturing: The structural bonus hypothesis examined, Structural Change and Economic Dynamics, 2000(11).
5. Mario Cimoli, Gabriel Porcile. Structural change, technology, and economic growth: Brazil and the CIBS in a comparative perspective, Econ Change Restruct, 2011(44).
6. 付凌晖:《我国产业结构高级化与经济增长关系的实证研究》,《统计研究》,2010 年第 8 期。
7. 王焕英、王尚坤、石磊:《中国产业结构对经济增长的影响》,《云南财经大学学报》,2010 年第 2 期。
8. 史常亮、王忠平:《产业结构变动与浙江经济增长》,《统计科学与实践》,2011 年第 2 期。
9. 宋薇、李娟、陆文豪:《河北产业结构与经济增长关系的实证分析》,《经济论坛》,2011 年第 4 期。
10. 郭文、李小玉:《江西产业结构与经济增长的实证研究》,《江西社会科学》,2011 年第 11 期。

(作者:张　辉　中国都市经济研究基地主任助理　副教授
李东军　中国都市经济研究基地研究人员　博士后
王　适　中国都市经济研究基地研究人员　助理研究员)

人文北京研究基地

（中国人民大学）

基地名称：人文北京研究基地
依托单位：中国人民大学
项目类别：北京市哲学社会科学“十二五”规划项目

邻里中心与城市社区公共空间建设[①]

一、公共空间在城市治理中的功能

公共空间(public space)，又称公众场所、公共场所，是指社会成员可自由进入并不受约束地进行正常活动的地方场所。作为公共活动的场所，“公共空间”这个概念最早出现于20世纪50年代的社会学和政治哲学文献之中[②]。20世纪60年代初，芒福德[③]、雅各布[④]等城市研究学者开始关注公共空间的人文和社会价值。雅各布从社会学研究角度，将公共空间视为社会生活交往的场所。欧文·戈夫曼认为，公共空间是“所有人能合法进入的城市区域”，是“陌生人碰面的地方”[⑤]。马丹尼波尔将公共空间界定为“由公共机构提供的、对全体大众开放和服务的，并被所有社会成员共享和使用的”城市空间[⑥]。

本研究所界定的公共空间，是指各类公共服务设施所提供的开放性物质空间。建设和谐社区，提升宜居水平，客观需要加强公共服务设施建设。根据功能定位不同，公共设施可分为公共服务、公益服务和商业服务三类设施。其中，公共服务设施一般由政府及其派出机构负责建设和管理，也有的委托或交由开发商负责建设和维护；公益服务设施的维护由集体或公

① 本文是《人文北京与社区公共空间建设》项目的最终成果摘要，项目编号：11CSB006。

② H. Arendt, The Human Condition. Chicago: University of Chicago Press, 1958; L. Nadai, Discourses of Urban Public Space, USA 1960－1995 a historical critique. Unpublished PhD thesis. Columbia University, 2000.

③ L. Mumford, The Social Function of Open Space. First Published in Landscape. Reprinted as Landscape and Townscape, 1960. In L. Mumford. The Highway and the City. London: Secker & Warburg, 1964.

④ J. Jacobs, The Death and Life of Great American Cities. Harmondsworth: Penguin Books, 1964.

⑤ E. Goffman, Relations in Public: Microstudies of the public order. New York: Basic Books, 1971.

⑥ A. Madanipour, Design of Urban Space: an Inquiry into a Socio-Spatial Process. Chichester, New York: John Wiley & Sons, 1996.

益机构负责；商业性服务设施以营利为目的，面向社会开放。

公共空间与居民之间存在“人造空间，空间塑人”的关系。公共空间反映了一个社会的价值观念。在不同的价值观念指导下，社区公共空间建设存在很大差异。我国传统的城市公共空间以宅院空间为典型特征，不论是官府衙门、皇家园林、宗庙社稷，还是街区小巷、市井生活，人们的日常交往都被引入封闭的院落之中，宅院空间以礼制秩序压制人际冲突。西方城市注重广场和公园建设，广场以开放性接纳各种社会冲突，以包容小冲突来化解大的社会冲突。①

公共空间为促进社会公共生活提供了重要载体，对人的行为和态度具有潜移默化的影响。公共空间不仅是展现社区环境和魅力的“橱窗”，而且是组织社区活动的重要场所，它在促进居民参与公共生活和培养公共意识方面发挥着重要作用。凯文·林奇指出：“城市物质环境形态不是造成(社会)改变的关键原因，我们的物质环境是我们所处社会的直接产物。首先是改变社会，然后环境也会跟着改变。”②

进入新世纪以来，北京市委、市政府提出建设“人文北京”、提升城市品格③。公共空间建设对于弘扬人文精神具有潜移默化的影响。随着社会的发展，需要将新的价值观念纳入到公共空间建设之中。当前，与城市建设的宏大叙事相比，北京市的社区公共空间建设相对薄弱。鉴此，可将社区公共空间建设作为构建社会主义和谐社区的重要抓手。

二、北京市社区公共空间建设管理及存在的问题

随着经济社会快速发展，北京市常住人口快速增长，社区服务需求猛增且呈现出多样化特征，对公共空间建设提出了更高要求。近年来，北京市显著提升了对各类公共服务设施的规划和建设力度，但仍不能有效满足城乡居民日益增长的社区服务需求，由于社区服务不到位引发的冲突、投诉和群体性事件数量仍较多。本研究主要聚焦于北京市社区公共服务设施建设及存在的问题。

(一)“千人指标”管理制度

为保证居住公共服务设施合理设置，提供适宜的社区公共空间和居住生活环境，不断满足居民生活方式与消费需求变化的需要，北京市对新建改建居住区公共服务设施配套建设实行指标化管理，即根据居民生活方式和消费需求变化的需要，以每千居民为单位来计算居住区各项公共服务设

① 于雷：《空间公共性研究》，东南大学出版社，2005 年，第 1 页。

② [美]凯文·林奇：《城市形态》，华夏出版社，2001 年，第 73 页。

③ 刘淇：《建设“人文北京、科技北京、绿色北京”》，《求是》，2008 年第 23 期。

施配套建设的控制标准。

1980 年，国家建委发布《城市规划定额指标暂行规定》，提出对居住区级及小区级公共服务设施实行定额指标管理。1985 年，北京市政府出台了《关于新建居住区公共设施配套建设的规定》(京政发[1985]149 号)[①]，要求集中开发新建居住区、居住小区和住宅组团必须配套建设文化、教育、体育、公共卫生等公共设施和商业、服务业等生活服务设施，并提出具体定额指标。

1993 年，建设部发布《城市居住区规划设计规范》，对各类公共服务设施用地千人控制指标做出明确规定。1994 年，北京市随之修订了《北京市新建改建居住区公共服务设施配套建设指标》(简称"1994 指标")。[②] 2002 年，北京市对"1994 指标"进行了修订，形成新的《北京市新建改建居住区公共服务设施配套建设指标》(简称"2002 指标")。[③] 2006 年，北京市再次对居住公共服务设施规划设计的"千人指标"做出调整，并发布《北京市居住公共服务设施规划设计指标》(简称"2006 指标")[④]。

目前，北京市实施的"千人指标"即为"2006 指标"。它根据居民生活方式和消费需求变化的需要，以每千居民为单位来计算新建改建居住区各项公共服务设施配套建设的控制标准[⑤]。"2006 指标"适用于北京历史文化保护区以外城镇地区新建改建居住地区公共服务设施的规划设计。旧城危旧房改造区、历史文化保护区等特殊地区的居住配套公共服务设施规划实行因地制宜，根据具体情况研究确定标准。根据"2006 指标"，北京市居住公共服务设施建设根据居住人口规模，按照千人指标原则分级进行指标配套。居住公共服务设施按使用性质分为教育、医疗卫生、文化体育、商业服务、社区管理服务、社会福利、交通、市政公用八类，分别制定配置标准。

在公共服务设施的具体布局上，"2006 指标"并未做出详细规定。在城市规划管理中，规划部门要管的是公共服务设施规划的具体指标要求，而具体布局则由开发商和设计师决定。在实际运作中，出于商业利益考虑，开发商在空间布局上往往会优先安排营利性公共服务设施，而对公益性公共服务设施采取见缝插针式布局安排。其结果是，北京市居住区公共服务

① 《北京市人民政府关于新建居住区公共设施配套建设的规定》，京政发[1985]149 号。

② 《北京市人民政府关于本市新建改建居住区公共服务设施配套建设实行指标管理的通知》，京政发[1994]72 号。

③ 根据经济社会发展的形势变化，北京市城市规划设计研究院对 1994 年市政府颁发的《北京市人民政府关于印发本市新建改建居住区公共服务设施配套建设指标的通知》，京政发[2002]22 号文件。

④ 《北京市居住公共服务设施规划设计指标》，市规发[2006]384 号文件。

⑤ 《北京市居住公共服务设施规划设计指标》，(市规发[2006]384 号文件)规定，每户平均居住人口计算值为 2.8 人。

设施（尤其是公益性公共服务设施）普遍采取分散式布局安排，各类公共服务设施受居民楼、道路、绿地的分隔，形成若干个散点，采取见缝插针式布局形式。

(二)现行管理制度存在的问题

本研究选择北京市朝阳区亚运村街道安慧里小区，海淀区曙光街道时雨园小区，昌平区东小口镇、回龙观镇进行调研，通过实地观察记录获得所需信息。根据调研结果，北京市社区公共服务设施规划、建设和管理主要存在以下问题：

1. 千人指标管理制度难以适应居民生活方式和消费需求的变化

目前，北京市居住区公共服务设施配套主要采用千人指标规划方法。为适应经济社会发展和居民消费需求的变化，自 1994 年以来，北京市先后多次修订居住区公共服务设施配套建设的千人指标。这种指标规划便于确定各类设施的面积和分级配套，不足之处是按人口定量，弹性较小，难以适应居民生活方式和消费需求的变化。随着经济社会发展，人们的生活方式和消费需求不断发生变化，而根据千人指标规划的居住区公共服务设施总面积过于刚性，一经设定就无法修改，居住区开发也没有预留土地用于未来发展，导致老旧小区公共服务设施配套落后，不能满足居民实际需求；新建小区即使按千人指标配套建设，投入使用后，也存在设计规划和现实需求不一致问题。

2. 新建居住区商业设施配套存在超大型化趋向，难以满足便民利民需求

北京市现行住宅开发项目过于注重配套建设超大型商业服务设施，而对便民利民性质的社区商业服务设施配套不足。例如北京世纪金源 Shopping Mall 提供了超大型商业设施配置的典型案例，开发商把 300 多万平方米的超大型居住区所应配套的商业设施部分集中在一起，打造成体量达 68 万平方米的大型购物中心，号称亚洲最大的单体购物中心，其规划目标是覆盖 10 千米范围内的消费群体，辐射整个北京甚至周边地区。但是市场需求却与开发商的期望发生错位，体量巨大的世纪金源 Shopping Mall 在周末的客流也只有 3 万人左右，远远达不到超大型购物中心的市场需求。开发商在单方面寻求区域性超大型购物中心的同时，却缩减了各居住小区的便民利民商业设施配置。世纪城各居住小区由于社区商业设施配套面积明显不足，生鲜菜场的价格偏高，居民日常消费缺少可选择性。

3. 公共设施配套建设缺少统一规划，分散布局难以形成公共活动中心

在现行居住区规划模式下，对于各类公共服务设施，规划管理部门只管指标和总量，而具体布局则由开发商和设计师确定。为实现利润最大化，开发商一般优先安排商业设施，采取沿人行道路或交通干道两侧展开；公共服务配套项目经常安排于居住区的偏远位置，这种分散布局难以形成人

居公共活动中心。

4. 居住区公益性设施配套建设缺口较大，难以满足公益服务需求

在居住区的各类公共配套设施中，公益性设施的公共性最为突出，但供给缺口最大。在调研中，街道办事处和居委会反映最强烈的问题是社区居委会的办公和社区服务用房紧缺，社区居民活动场地紧缺。受访者纷纷表示，现在社区居民参加社区活动的积极性强，社区组织开展唱歌、跳舞、锻炼、阅读等文化娱乐活动面临的最大困难是室内场所紧缺、室外场地难觅。在室外场地开展活动容易扰民，而市场化的休闲娱乐场所收费较高，社区组织又支付不了。究其原因，主要是社区公共设施的配套建设和移交不到位。回龙观镇城管科一位副主任介绍说："很多公共场地设施和活动用房，在规划的时候有，区建委验收的时候有，交付使用的时候就没有了。"

三、邻里中心：社区公共空间建设的新理念

（一）邻里中心的概念

邻里中心（neighborhood center），是城市公众服务中心等级结构中最低级的中心，服务仅限于本地，提供最常用的商业和公益服务。邻里中心模式对社区公共服务设施实行集中布局，在每个居住区建设一个集公益服务和商业功能于一体，有各种文化、娱乐、零售、饮食等服务设施，为居民提供日常生活所需的综合性社区服务中心。

经济社会发展促使城市居民寻求档次更高、功能齐全的服务和文化娱乐活动，人们往往需要一种既能享受各种消费、又能进行社会交流的场所，集购物、餐饮、娱乐、休闲、办公为一体的邻里中心应运而生。邻里中心实际上是社区层次的集中配套性公共空间，主要功能包括商业项目和公益项目，着眼于满足社区居民的多元化服务需求。

邻里中心摒弃了沿街为市的分散型社区商业形态，也不同于小区开发商自行规划或者居民自发形成的零散商铺，更不同于区域性的购物中心，而是立足于社区，为居民提供一站式服务的社区商业和公益服务中心。邻里中心以社区居民为服务对象，以便民、利民、满足和促进居民综合消费为目标，其定位不是社区内的商业，而是服务于社区的商业。

邻里中心通过提供公共活动空间，集文化、娱乐、便民与商业服务网点为一体，为居民提供全方位的社区服务。邻里中心依赖于其所服务的社区来获得经济效益，维持正常运转，形成规模效益，同时也有利于形成邻里和谐、守望相助的社区氛围。

（二）新加坡的邻里中心建设实践

邻里中心一词脱胎于邻里单位，顾名思义，是指邻里单位中的公共中心，包括商业、公共机构（医疗、图书馆、教堂等）、开放空间和一部分住

宅。新加坡的邻里中心规划受到邻里单位理论的影响，邻里中心的定位是社区服务，它对各类生活服务设施和市政公用设施采取集中布局，形成一个社区的大会所，不仅能够节省建设投资，提高土地利用效率，而且可以就近满足社区居民多元化的服务需求。

新加坡国土总面积 700 多平方千米，全国总人口 500 多万人，其中 86%的人口居住在住房与发展局(HDB)开发的政府组屋内，另外 14%的高收入阶层居住在私人开发商建造的住宅中。全国分为东、东北、北、西、中 5 个区域。5 个区域内共有 55 个规划区(Development Guide Plan，简称 DGP)。其中，规划区内包括 27 个新镇(new town)。每个新镇的规模一般可容纳 25000—50000 户，总人口 12.5 万—25 万人，用地 6.25 平方千米，包括 5—8 个邻里(neighborhood)；每个邻里容纳 3000—9000 户，总人口为 2 万—3 万人，用地 0.8—1 平方千米，含 6—7 个邻里组团(precinct)，范围一般由城市道路或自然界线划分，设置满足居民日常生活需要的服务设施及公共绿地；每个邻里组团一般容纳 500—1000 户，总人口为 2500—5000 人，用地 0.01—0.015 平方千米，由 4—8 幢组屋楼围合而成。①

新加坡政府向全体国民倡导五大价值观：国家至上，社会为先；家庭为根，社会为本；关怀扶持，同舟共济；求同存异，协商共识；种族和谐，宗教宽容。这些价值观构成了邻里中心规划的精神内核。邻里中心以服务居民日常活动为主，区别于城市中心商务区(CBD)以外部客流为主的功能定位。但两者并不对立，有时也有功能交叉，共同构成城市人居活动中心的完整系统。通过规划和设置邻里中心，新加坡在城市扩展的同时，既避免了发展中国家普遍出现的市区拥挤现象，又不致重蹈英美城市中心衰落的覆辙。

今天的新加坡，邻里中心实际已是一个分层次、配套的居住社区公共活动中心的中文统称。其具体的表现形式，依其服务范围从大到小，包括区域中心 (regional center)、镇中心 (town center)、邻里中心(neighborhood center)、邻里组团中心 (residential precinct center) 及各自周围的其他配套设施。

1. 区域中心

新加坡把全国划为 5 个区域，每个区域设置一个区域中心，这是新加坡全岛概念规划(Concept Plan)的一项重大内容。区域中心设有大型商业中心、图书馆、公园、公交转换站、诊疗所等服务设施，并预留公共机构用地、地铁站用地、道路用地。5 个区域中心比较均衡地分布在全岛，有效缓

① 李盛：《新加坡邻里中心及其在我国的借鉴意义》，《国外城市规划》，1999 年第 4 期，第 30 页。

解了城市中心区的交通和活动压力。

2. 新镇中心

目前新加坡已建成27个新镇，每个新镇都有镇中心，配套的公共设施主要集中于镇中心及其周围。新镇的配套公共设施主要有：学校、办公楼、商店、餐饮场所、娱乐场所、邮政部门、诊疗所、图书馆、民众联络所、安老院、游泳中心、室外体育场、室内体育馆、宗教设施、新镇公园、公交转换站等。

3. 邻里中心

邻里中心一般以3000—9000户为单位进行设置。根据所在住区的人口数量，一般建有一栋建筑面积在5000—10000平方米之间的综合楼，由住房与发展局(Housing & Development Board，简称HDB，新加坡负责公共住屋规划建设的法定机构)建设后租售给商户。邻里中心将商业和公益项目有机结合，以12项必备功能(超市、银行、邮政、餐饮、洗衣房、美容美发、药店、文化用品、维修、文体中心、生鲜菜场、卫生服务中心)为基础，以中介服务、礼品鲜花店、书店、彩扩店、饰品店等功能为补充。

4. 邻里组团中心

一个邻里中心一般包含6—7个邻里组团；一个邻里组团一般由4—8栋组屋组成，约500—1000个住户，邻里组团中心设有儿童游乐场和小型商店。

新加坡和中国合作开发的苏州工业园区，在居住建设规划上也吸收了邻里中心的规划思路。目前，苏州工业园区已经建成有湖东、玲珑、翰林、新城、贵都、师惠、沁苑7座邻里中心，总投入近4.5亿元，总建筑面积超过12万平方米①。苏州工业园区邻里中心实行规划在先，有序发展，即先把整体框架规划好，然后再建设邻里大厦。邻里中心实行商业服务和公益服务有机结合，不仅提供购物餐饮休闲娱乐服务，还提供文化、教育、体育、卫生、医疗等方面的设施。邻里中心把所有商业和服务设施集于其中，既缩短了这些设施与社区居民的距离，又满足了人们的多样化需求，提高了居民的生活质量和城市环境质量。

四、邻里中心模式的优势分析

邻里中心模式通过对社区公共服务设施和市政公用设施进行集中布局，形成了一种集消费、文化、娱乐等服务为一体的综合性社区公共活动中心。与传统的公共设施分散布局模式相比较，邻里中心模式的优势在于：

---

① 王春兰：《苏州工业园区邻里中心商业模式发展研究》，《中国商贸》，2011年第32期。

(一)合理安排公益服务和商业设施，全方位满足社区居民的服务需求

随着经济社会发展、居民生活方式和消费需求的变化，人们越来越希望获取集购物、餐饮、娱乐、休闲、社会交往为一体的社区服务。邻里中心通过对各类公共设施进行集中布局，引入超市、银行、邮政、餐饮、洗衣房、美容美发、药店、文化用品、生鲜菜场、卫生服务中心等基本服务，可以全方位满足社区居民的多元化服务需求，使居民既能就近享受各种消费，又能增进社会交往和交流。

(二)集中布局形态有利于节约土地资源，避免建筑拥挤，改善人居环境

邻里中心从宏观选点到微观布局都体现了节约用地的精神。通过制定科学的指标体系，各类公共服务设施不再见缝插针，商铺集中到邻里中心，可根据需求进行服务项目调整，减少环境污染、噪音扰民等问题。一个居住区中心的选点一般以距离服务范围内所有住宅不超过成人 5 分钟的步程(400 米)为原则。邻里中心的布局更体现出充分利用用地，各项设施集中统一安排，精心设计的思想。目前，北京市大多数居住区都设置围墙实行封闭式管理，一个组团一般只设 1－2 个出入口，这样人为拉大了住宅楼到公共设施的通勤距离。邻里中心的交通组织和建筑空间安排选择敞开的方式，住宅区和邻里中心都不设围墙，有利于改善人居环境和城市面貌。

(三)社区商业摆脱沿街模式，有利于减少交通拥堵问题

邻里中心集社区服务和商业功能于一身，它摒弃了传统的商业沿街布局模式，代之以在居住区内集中布局，使交通干道两侧不再有路边商店，保证了城市交通的快速、流畅，有效缓解了沿街商铺特别是经营餐饮娱乐的沿街商铺与住宅的矛盾，也有利于化解沿街商店停车难和消防隐患多等问题。新加坡和苏州工业园区通过规划和建设邻里中心，减少了路边小店，从根本上扭转了社区商业服务“小而散”的格局。

(四)打破房地产商主导模式，建立政府主导型社区发展模式

政府掌握邻里中心的规划和建设权，实际上就等于掌握了社区发展的主导权。基于公共活动中心集中布局的理念，通过规划和建设邻里中心，可以打破现行居住区由开发商主导规划、各类社区服务自发形成的零散商铺布局，为社区提供一站式综合性服务。既贴近了社区与居民之间的关系，也为社区发展提供了动力和保障。邻里中心集公益服务和商业服务于一体，可通过一定公有产权安排，形成政府补贴公益服务模式，形成公益服务可持续发展机制。

(五)邻里中心提供了公共活动空间，有利于培育居民的社区归属感

新加坡城市人口高度集聚，政府在社区治理中发挥主导作用，强调统筹协调，通过规划和建设邻里中心，对社区服务设施实行集中布局。邻里中心在规划、建设和运行中，遵循“国家至上，社会为先；家庭为根，社会为本；关怀扶持，同舟共济；求同存异，协商共识；种族和谐，宗教宽容”

的价值观念，注重提供公共活动空间，培育社会公共关系。邻里中心以服务于居民日常活动为主，明显区别于CBD的功能定位。通过规划和设置邻里中心，为居民提供社区公共活动空间和公共服务中心，有利于培育居民的归属感，积累社会资本，增进社会和谐。

邻里中心模式在实际运行中也存在一些问题：首先，新加坡的邻里中心模式实行商业主导，社区的公益服务容易受到挤压。其次，邻里中心模式需要统一规划居住区和社区公共活动中心，老旧小区如何嵌入邻里中心模式，涉及社区更新和社区发展重新规划，在现实中面临很大挑战。再次，邻里中心模式难以解决超大型居住区的社区服务需求。北京市现行居住区规模过大，户数一般为1万—1.5万户，人口规模4万—6万人，若引入邻里中心，在服务半径上存在问题。最后，邻里中心的店面租金较高，服务可选择性不多，商品价格与超市差别较大。

五、邻里中心视角下的社区公共空间建设

邻里中心建设实践是对城市社区服务设施集中布局模式的一种成功探索。借鉴国内外邻里中心建设实践，北京市可在当前布局的基础上，着力采取集中布局安排，构建复合型社区公共服务设施布局模式。对于新建改建居住区来讲，可直接借鉴新加坡邻里中心建设经验，统一规划、建设集公益服务和商业服务为一体的综合性社区服务中心；已经建成的居住小区在社区更新和社区发展中，可在分散布局的基础上，采取相对集中的布局形态。

随着居民生活水平的提高，人们对居住环境和生活质量产生了更高的要求，闲暇安排已不满足于传统的家庭业余生活，需要一种既能享受各种消费，又能进行广泛社会交流的场所。而邻里中心的出现，正是人们这种需求的延伸。随着城市化的发展，我国有关部门正努力在社区层面推进群众自治，这也对公益服务设施建设提出了新要求。推进邻里中心规划和建设，需要注意并把握一些基本策略：

（一）坚持政府主导，制定邻里中心规划设计指标

邻里中心是政府调控下的公共服务空间布局模式，集商业服务和公益服务于一体。为强化政府在社区发展中的主导作用，有必要制定邻里中心规划设计指标，尤其要明确公益性设施的配套标准和具体指标。借鉴新加坡邻里中心规划和建设经验，可在现行“千人指标”的基础上，专门制定《北京市邻里中心公共服务设施规划设计标准》，明确规定邻里中心必须具备的基本功能（超市、银行、邮政、餐饮、洗衣房、美容美发、药店、文化用品、维修店、文体中心、生鲜菜场、卫生服务中心、中介服务、礼品鲜花店、彩扩店等），完善好优化社区集中布局型服务类别组合，提升居民满意度和社区宜居度。

（二）坚持公益服务与商业服务并重，保障公益服务设施供给

邻里中心可由房地产开发商进行配套建设，也可通过招商途径确定投资者。邻里中心建成以后，医疗卫生、文化体育、社区管理服务、社会福利、市政公用等公益性服务设施和建筑空间，由开发商无偿移交给社区服务中心、街道办事处、社区居委会等法定机构。商业服务空间则由投资者所有，由商户负责经营。在商业设施的招商中，基层政府也要加强监管，提出招商指导意见，确保商业项目服务于社区需求，并让各种商业在档次、形式上形成互补。邻里中心建设也可考虑先招商再建大厦，按照企业的要求合理分布空间，最大限度地优化资源配置。

（三）坚持集中与散点布局相结合，提升集中布局效益

针对社区公共服务设施分散布局存在的问题，为更好地满足居民日益提升的社区服务需求，政府有必要重点推进邻里中心建设，加强对社区商业网点的布局和管理，如果条件允许，尽可能改变沿街商业布局形态，促进商业和公益服务设施适度集中和紧凑布局，集约利用土地资源。可在对居住区各类公共设施建设指标进行测算的基础上，确定邻里中心的用地面积、建筑面积和容积率。这样既可缩短这些设施与社区居民的距离，实现便民利民，又能提高居民生活质量和社区环境质量。对于已建成的居住区，为留住人气和商机，政府有必要合理安排公共服务设施的空间布局，选择一些重点项目加强建设，提升集中布局效益。

（四）考虑未来发展需求，预留邻里中心建设用地

邻里中心建设具有一定的规模要求，分期实施在实际操作中又有实际困难。新加坡住房和发展局（HDB）进行组屋开发的时序安排，一般是先建住宅，预留邻里中心用地。在居民入住达到相当规模以后，再基于居民的实际需求建设邻里中心。在邻里中心建设规划中，也会预留一定面积的土地，用于满足未来发展需求，为增设公共服务设施项目或增加公共服务设施网点的面积创造条件。这样，邻里中心的各类服务网点不仅可根据居民消费需求的变化而变化，还可根据居民消费需求的提高而增加。

（五）适应居民生活方式和消费需求变化，满足家庭延伸服务需求

邻里中心的目的在于更好地满足居民的服务需求，失却了这一点，邻里中心就没有生命力。邻里中心应秉承“便民利民”理念，以满足家庭延伸需求为功能定位，完善配套服务设施建设，邻里中心的设施群要紧紧围绕人们在家居附近寻求生活、文化交流的需要，及时调整商业服务业态，更好地满足家庭的延伸服务需求。邻里中心应采取定位招商，方便居民就近购物和休闲娱乐，从而区别于城市中央商务区（CBD）的服务功能。

（作者：杨宏山　人文北京研究基地研究人员　教授）

应急管理研究基地

（清华大学）

基地名称：应急管理研究基地
依托单位：清华大学
项目类别：国家自然科学基金重大研究计划项目

中国应急产业发展的 SWOT 分析及发展策略①

进入 21 世纪以来，中国各类突发事件层出不穷，每年因各类突发事件造成的非正常死亡人数超过 20 万，经济损失超过 6000 多亿元，严重影响国家安全和社会稳定。社会的发展，危机的增多，应急管理的复杂化、常态化、社会化，提升应急能力的内在需求必然促成应急产业的形成。原国务委员、国务院秘书长华建敏同志曾经指出："全面提高我国抵御风险、防范应对突发事件的能力，关键要靠科技和产业支撑……"这就给应急管理发展指明了一个方向：应急产业的快速发展不仅有助于应急管理体系的健全，提升政府乃至全社会的应急能力，而且还有助于带动制造业、信息业、服务业等一大批产业开拓新的市场空间，构建新的产业链，形成新的经济增长点。那么，如何才能了解和把握应急产业发展的优势与阻碍，进而推动应急产业走向规范化和持续性的发展之路，就成了当今中国应急管理迫切需要解决的一个时代课题。

一、应急产业的内涵、特性及分类

突发事件的应对离不开应急产品和服务的保障。突发事件预防所需要的感知预警类产品及预防和防护类产品、突发事件处置所需的应急救援产品、突发事件各阶段应对所需的服务都属于应急产品。当社会对应急产品和服务的需求持续增加，当与应急产品和服务相关的经济活动日益频繁，当应急产品和服务可以在市场作用下一定程度地生产供给，"应急产品"的生产与提供就开始逐渐形成"应急产业"。

从已有研究成果来看，有学者将应急产业界定为"应急救援产业"，是"将以满足突发公共事件和社会公众安全的应急救援需求为目标市场的企业

① 本文是《突发事件应急准备与应急预案体系研究》项目的阶段成果，项目编号：91024031。

与组织整合为一个产业”[①]，也有学者界定为“安全产业”，是“为以打击和预防犯罪为主要内容的社会公共安全领域提供产品、技术或服务的产业”[②]。相较于这两个概念，应急产业的范围更加宽泛。应急产业是从事与应急相关的产品生产或服务的经济活动的集合，包含的内容随着应急管理形势不断变化和丰富，主要涉及生产预防、处置突发事件的各类产品，既包括各种安防产品、应急救援设备、药品等产品，也包括辅助应急的应急平台体系、应急培训教育及各类应急救助服务等。这就表明应急产业是既包括针对突发事件救援的应急救援产业或紧急救援产业，也包括针对常态或非常态情况下维护社会安全的公共安全产业。基于此，应急产业是指为了提升突发公共事件应急应对能力而产生的、以满足国家、社会和人民公共安全需求为基础的、从事应急管理所涉及的应急产品生产及应急服务提供的政府与企业共同参与的综合性的新兴产业。

从应急产业属性来看，既有产业应有的共同属性，又有不同于一般产业的特殊属性，主要体现在：一是需求的刚性，即应急产品的使用具有极强的不可或缺性，要求在第一时间内保证产品或服务的充分供给和使用。二是应急产品的使用具有非排他性和收益上的非独占性。政府及社会的应急救助服务可以大体上归为公共物品范畴，应急产品的供给也并不完全由市场支配，多属于公共产业的范畴。三是具有不完全盈利性，即应急产业要以国家与社会的公共安全需要为主要目的，其市场利益与其产品生产目的可能会不对称，这一点也是政府制定促进应急产业发展的政策时应着重考虑的。四是具有高风险性，即一些应急产品具有很强的专业技术性，其研发、生产都要求大量的财力、物力，并且应急产品的使用时间、地点、方式都有一定的局限性。五是具有很强的综合性，即应急产业同国民经济各部门都有紧密的联系，产业的关联性大，效应性强，涉及面广，渗透性强，是一个综合性的产业。所以，应急产业需要政府与企业共同参与，既要有企业的自发参与，也要有政府的扶持引导，尤其是在目前应急产业的发展初期，离不开政府的宏观规划、指导，需要政府的政策倾斜。政府与企业只有共同参与才能推动应急产业的发展。

产业分类是依据产业的某些相同或相似的特征将各种不同的经济活动分成不同的集合。产业研究和分析的目的不同，产业分类标准也不同。现实工作中，一般依据国家工信部暂定的应急产业分类标准，将应急产业分

---

① 佘廉、郭翔：《从汶川地震救援看我国应急救援产业化发展》，《华中科技大学学报》，2008年第4期，第65—71页。

② 李彤、闫胜利：《我国社会公共安全产业化的政策设计》，《广西社会科学》，2008年第12期，第64—69页。

为感知和预警类产品、预防和防护类产品、救援和处置类产品、服务类产品四大类。可见，应急产业涉及装备制造业、教育培训业、医疗药品业等诸多产业部门，也与运输业、物流业、电子通讯等有着密切的联系，与国民经济诸多行业部门有着极强的渗透性和交叉性，是综合性极强的产业。针对不同类型的应急产品和服务，要求供给模式和方法也应该是不一样的，这为把握我国应急产业现状和对策建议提供了依据和前提。

二、我国应急产业发展的 SWOT 分析

随着我国应急管理体系的逐渐完备以及应急物资储备制度的建立，应急产业在我国已由零散的自主发展逐步趋向产业化发展，初步形成了一定的产业基础和规模效益，同时，良好的外部环境也为应急产业提供了更大的发展机遇。

(一)应急产业的优势(Strengths)分析

1. 应急产业具有新兴产业的成长优势

依据产业及其分类研究，应急产业目前在我国还属于新兴产业，还处于产业生命周期的成长期，本身就具有良好的成长优势，所以应急产业拥有新兴产业所具有的几个特殊的产业优势：一是应急产业是高新技术转化的载体。应急产业为市场提供的是新的产品或服务，通常需要利用新的技术和新的工艺，它更易成为高新科学技术转化的载体。二是应急产业具有良好的成长性。新兴产业形成的基础是对市场的理解和把握，是基于对市场的扩展，因此，作为新兴产业的应急产业，其市场空间比较广阔，成长性良好。三是新兴产业代表着未来产业发展的方向。应急产业也是产业结构转型、产业创新的结果，代表着未来产业发展的新方向。

2. 应急产业集群建设步伐加快

伴随我国应急管理体系的逐步完善，应急保障系统日趋成熟。各级政府加大了对应急产业的规划与投入，促进了政府、部门、行业之间的相关交流与合作，不断增强市场竞争力。近年来，我国应急产业通过发展产业基地、产业园区的产业集群化，为应急产业走上规范化奠定了基础(见表 1)。

表 1　我国应急产业基地、平台建设情况

筹建或建成时间	(部门、地区)拟建或建成的基地	筹建或建成时间	(部门、地区)拟建或建成的基地	筹建或建成时间	(部门、地区)拟建或建成的基地
2004 年 5 月	(南京)城市应急联动产业联盟	2008 年 6 月	(国家地震局)国家地震紧急救援训练基地	2008 年 11 月	(沈阳)国家陆地搜寻与救护基地(沈阳)

续表

筹建或建成时间	（部门、地区）拟建或建成的基地	筹建或建成时间	（部门、地区）拟建或建成的基地	筹建或建成时间	（部门、地区）拟建或建成的基地
2008 年 12 月	（涪陵）拟建水上应急救援基地	2009 年 3 月	（湖北）拟建全省应急救援系统指挥中心	2009 年 4 月	（绵阳）防灾减灾科技产业园
2009 年 4 月	（山西）拟建森林火灾视频监控系统	2009 年 4 月	（南京）拟建应急救援指挥中心	2009 年 6 月	（吉林）拟建消防应急救援训练基地
2009 年 6 月	（民政部）拟建松山湖应急救援产业园区	2009 年 6 月	（民政部）拟建应急救援产业园区	2009 年 6 月	（苏州）建成应急救援培训基地
2009 年 6 月	（承德）拟建平台项目	2009 年 7 月	（民政部）拟建空中紧急救援基地	2009 年 7 月	（四川）拟建灾后重建应急管理系统
2009 年 8 月	（国家发改委）应急综合信息通信交换车产业化项目	2009 年 8 月	（东华大学）反恐防灾应急救援用防护服项目	2009 年 9 月	（重庆）拟建陆地搜救基地
2009 年 9 月	（国家安监局）中国西部安全（应急）产业基地	2009 年 9 月	（吉林）拟建应急平台地理信息系统	2009 年 9 月	（成都）建成成都市民兵综合应急救援大队
2009 年 9 月	（安徽）拟建市级应急管理平台	2009 年 10 月	（珠海）南海陆岛空中救援网	2009 年 10 月	（浙江）国家（浙江）陆地搜寻与救护基地
2009 年 10 月	（新疆建设系统）拟建突发公共事件应急管理体系	2009 年 10 月	（北京）公路应急处置信息化系统	2009 年 11 月	（绥化）拟建应急平台和预警系统
2009 年 11 月	（邢台）地下场所应急救援队	2011 年 4 月	（石家庄）拟建国家陆地搜寻与救护基地	2011 年 11 月	（湖南）武警湖南应急救援总队
2011 年 11 月	（新疆）红十字蓝天救援队	2011 年 12 月	（北京）应急救援产业技术创新战略联盟	2011 年 12 月	（浙江）建成电梯应急救援队 248 个
2011 年 12 月	（西安）民兵应急分队	2011 年 12 月	（陕西铜川）雪原应急救援队	2011 年 12 月	（伊春）雪原应急救援队

续表

筹建或建成时间	(部门、地区)拟建或建成的基地	筹建或建成时间	(部门、地区)拟建或建成的基地	筹建或建成时间	(部门、地区)拟建或建成的基地
2011年12月	(西安)陕西省矿山垂直钻井应急救援队	2011年12月	(青海)地震监测和应急指挥中心	2011年12月	(广东)拟建应急平台项目

资料来源：作者收集整理。

3. 传统产业转型升级为新型应急产业较为容易

虽然应急产业究竟是作为一个自成体系的独立产业还是属于新兴产业仍然存有争议，但它所包含的应急救援设备制造、应急信息系统建设、应急培训服务等与生产制造业、信息业、服务业，甚至运输业、仓储业等国民经济其他部门都有很强的关联性、交叉性和渗透性。因此，我国目前相当一部分传统企业都可以在原生产线基础上进行产业结构升级转型，进入应急产业领域。不同于完全的新兴产业，应急产业这种基于原生产线的再生产，有利于降低转型成本，一定程度上加速了生产模式的转型。比如：2006年乐清市利用原有的生产高低变压器的技术和销售渠道，进行产业整合，进入应急产业生产领域，参与企业200多家，年产值100多亿元。其中生产防爆电器设备的电光集团，销售额比转型前增长30%以上，应急防爆产品占公司总营业额的80%以上①。

(二)应急产业的劣势(Weaknesses)分析

1. 应急管理人才缺乏

应急产业要长足发展不仅要求培养大批应急管理理论人才，而且还要求培养诸多应急管理实践人才。近年来，我国虽然开始加大对应急管理人才的培养，但远不能满足巨大的人才需求。就高等院校对应急管理人才的培养情况来看，国外一些发达国家早已建立了较完善的从基础教育到专业教育的应急管理教育体系；在我国培养单位还很少，培养体系还不完备，培养人才还不平衡，偏向于研究型人才培养而缺乏基础教育和应用型教育培养，专业救援等技能型人才或专门的技能培训机构也比较匮乏。据有关资料统计，2008年汶川地震中，参与救援的人员只有5200多人是专业救援人员，超过13万人没有受过专业救援培训，而能提供应急咨询、应急服务的专业人才更是少之又少。

---

① 温州乐清率先全国发展应急产业，http://finance.66wz.com/system/2009/10/02/101450849.shtml。

2. 产业结构失衡，中小企业发展不易

对于应急产业来说，良性的产业发展应该是市场中的所有企业共同参与的发展模式。虽然目前我国具备了一定的产业集群优势，但由政府行政部门或大型国有企业主建应急产业基地、产业园区还是绝大多数，自主研发、生产，进行产业化发展的中小企业还是寥寥无几。中小企业规模有限，即使有一定的设计应用能力，但缺乏自主品牌，多沦为为国内外大生产厂商代加工的命运，资金、技术相对匮乏，发展不易。而且，中小企业的外源融资比重过低，在银行信贷、信用担保等方面也存在很大困难，普遍缺乏长期稳定的资金支持，而资金上的短缺也带来技术创新上的障碍。中小企业的专利、知识产权保护意识也不强，难以成为市场创新活动的参与者，从而失去创新的动力。这些严重影响中小企业进入应急产业市场和从事应急产品研发生产的积极性，要真正实现应急产业的全社会参与，调动中小企业的积极性也是关键问题之一。

3. 应急产品研发能力不足，产品科技含量低

应急产业发展直接与国家、人民和社会的公共安全相联系，应急产品直接用来保护个体或群体免受或减少各种危害，这决定了我们必须大力提升应急产品的科技含量，加大产品研发力度。作为灾害频发的日本，其应急产品具有较高的科技性，从应用比较广泛的紧急救援箱到专业应急地理信息系统再到高科技的救援机器人，涵盖了应急管理的多个阶段和多种技术。作为新兴战略产业的应急产业既十分需要科研创新支持，但又缺乏科研创新条件。2010 年，我国就有 80％的应急通信设备处于老化或淘汰的边缘，加之我国应急产业研发创新能力不足，导致我国在应急应对中很大程度上只能依赖于国外，严重阻碍产业竞争力的提升及产业的进一步发展。

4. 应急产业资本市场支持不足

在应急管理形势日渐紧迫的今天，资本市场能否有力地支撑其发展是影响应急产业成为新的经济增长点的直接因素。一方面，目前我国应急产业发展还主要是政府财政拨款建造产业基地和一些小规模的民营企业自筹资金发展，缺少产业化的资本支持机制。这里面有两个问题：一是对应急产品生产企业的认定。目前我国尚未形成对应急产品生产企业的具体认定标准，导致对企业的财政支持、优惠措施等难以真正贯彻。二是一些可能有发展应急产业潜力的企业在筹集资金上存在困难，企业在银行贷款上也较麻烦，限制企业发展的步伐。另一方面，外部投资可以成为应急产业发展的有力助推器，但目前存在的问题较多。首先是缺乏激励制度。由于政府缺乏有利于刺激外部投资的税收等优惠政策的制度安排，外部投资十分困难。其次是外部投资机制不健全，缺乏投资进入退出机制，法律法规等方面配套机制不完善，一定程度上限制了投资。

(三)应急产业面临的机遇(Opportunities)分析

1. 产业结构转型升级的大趋势

近年来我国一直坚持科学发展观，推动技术创新和科技体制改革，加快发

展高新技术产业。在产业结构优化升级的良好环境下，应急产业具有的跨领域、整合性、高科技等产业特性正好与我国产业结构优化升级这一时机相契合。应急产业对信息系统、应急技术平台、应急设施设备等要求更先进、更专业和更实用，这就需要以科技力量为动力，以专业技术人才为依托，以应急产品供给和应急技术咨询服务为主要内容，真正达到专业应急救援的高效、快捷。例如，我国自行研制的阻隔防爆材料技术，其主要技术指标已超过美国军用标准，成为国防科技重点推广成果，达到国际先进水平。因此，在这种大环境下，我国的应急产业更应该抓住产业转型升级的契机，快速前进。

2. 国家对应急产业扶持力度加大

2006年国家发布《国家中长期科学和技术发展规划纲要》，把国家公共安全应急信息平台、重大生产事故预警与救援、食品安全与出入境检验检疫、突发公共事件防范与快速处置、生物安全保障、重大自然灾害监测与防御等公共安全领域技术列入中国未来15年内11个重点技术发展领域的优先主题。2009年9月，工信部出台的《关于加强工业应急管理工作的指导意见》提出，“应急产业是新兴产业，要加快发展”，“实施应急工业产品应用示范工程，促进应急工业产品推广。加快应急创新成果产业化，推动形成一批应急产业发展聚集园区”。2011年，国家发改委新出台的《产业结构调整指导目录》第三十九项“公共安全与应急产品”，正式将应急产业列入国家重点鼓励发展的一个产业门类。同时，全国一些地方政府也开始积极规划应急产业的发展，如2009年9月安徽合肥出台了《合肥公共安全产业发展规划(2009－2017)》；2010年吉林省工信系统开展大范围应急产业调研工作。应急产业在中央和地方高度重视及政策支持下，正快速发展成为战略性主导产业。

3. 国际竞争促进应急产业竞争力提升

经济全球化对各国经济产生了重要影响，这其中对应急产业影响尤为深远。主要表现在三方面：一方面，全球各类突发事件所产生的各种影响将会在极短的时间内迅速对其他各国产生影响。因此，我国也必须时刻做好应对全球各种风险的准备。另一方面，经济全球化为资源全球化配置提供了条件，必然带来资本、技术、产品等在全世界范围内的合理流动，有利于我国引进外资、先进管理经验及国外先进的技术，不断提升产品质量，促进产业良性发展。第三方面，经济全球化使各国市场不断融合扩大成为一个统一市场，客观上会产生产业竞争效应。面临全球性激烈的技术及产品竞争，我国必须不断改善经营管理水平，加快科技研发创新能力，不断降低产品成本，提高劳动生产率，努力实现规模经济，从而提升应急产业竞争力。

4. 应急产业市场容量大，发展空间广阔

应急设备、应急物资等物品保障是应急准备的基础性内容。随着我国应急物资储备制度的不断建立和完善，必将推动应急产业体系的形成和发展。企业需要做好应急物资储备，才能够及时有效地应对危机，保障劳动者生命安全，降低企业损失；家庭和个人的应急观念在不断普及的同时，防护用品也会成为应急产业市场一个新的拉动点；应急技术平台建设更需要通讯系统、计算机模拟系统、数据信息网络的建设等，应急培训、应急基地建设等都要依靠应急产业的发展来完善。如果按照国外一些国家的应急水平来推算，我国每年将产生数百亿元的购买力，而从事应急产业的相关人员也将增加数十万个，人员的需求带动应急培训市场的发展，加上医疗保险业务、通讯服务网络业务等，最终将形成一个庞大的产业链。国家发改委、财政部等相关部委 2006 年就曾预测，应急产业市场年容量在 500 亿—1000 亿元，如果包括所带动的相关产业链，年容量接近 4000 亿元，今后发展还远不止这个数值。"十二五"发展期间，我国确定了"纵向到底、横向到边"的应急管理体系建设目标，这必将给应急产业带来更大的发展空间。

(四)应急产业面临的威胁(Threats)分析

1. 体制性障碍制约产业扩大化

一方面，传统的经济增长方式未根除，科研创新机制未完全形成，阻碍应急产业创新能力的提升及产业竞争优势的形成。同时，产权制度不规范，私营经济的产权外部运行环境不稳定，国有企业相对封闭的产权制度也不利于生产要素的自由流动和资源的合理配置。另一方面，应急管理体系不健全，与应急产业直接相关的应急保障体系及应急物资储备制度还未完全建立。应急物资储备主体及权责划分不明确；应急物资储备资金非标准化；应急物资储备制度的地域差异，缺乏强制性约束手段，难以保障应急产业发展的规范化。

2. 国外技术竞争威胁

由于资金投入的不足，严重影响到一些安全生产和应急救援的关键性技术以及其他行业一些重大基础技术的研发能力；应急管理和救援方面的先进性技术、集成技术及其推广应用比较缓慢，监测预警、信息传输、抢险救援等技术和手段相对滞后；一些应急产品生产企业难以突破原有生产技术的瓶颈，应急救援的生产设备陈旧，缺乏自主创新能力。而国外的应急产业起步较早，应急技术更加先进。如英国生产的急救箱、照明设备、防护产品及各种常用工具，其技术含量都较高，不仅具有应急防护与救援的功能，还适用于日常生活。我国在处置突发事件时使用的应急救援设备、应急技术等很多都依赖于国外，而向国外输出的应急产品主要以急救包、医疗绷带、消毒产品等技术含量较低的产品为主。

3. 市场秩序和市场环境威胁

目前，我国应急产业还停留在主要由政府规划与采购的阶段，缺乏其他市场主体对产品需求的支撑，这与我国长期以来的政府主导应急管理的模式相关。政府被认为是应急产品的直接购买者和储备者，但实际情况是政府或公共部门不可能购买所有种类的应急产品或储备足够数量的应急产品，并且政府部门通常也是在突发事件处置过程中临时调集，这导致了应急产品的需时供不应求，不需时无法销售的情况。应急需求的不确定性，与应急产业发展的持续性相互矛盾，这也是应急产业发展所面临的最大的挑战。目前，我国的应急产业还主要靠零散的企业自主发展，产业集群度不高；应急产品生产与应急救援服务提供等方面存在重复建设；市场对各种应急产品和服务的认知大多处于自发状态；应急产品生产企业的市场准入审批缺少严格规范，这些对于尚处于发展初期的应急产业来说是不利的，容易导致应急资源的不合理配置和应急产品质量的难以保证。

三、进一步发展我国应急产业的策略思考

从上分析我们可以看出，应急产业的发展是优势与障碍并存，机遇与威胁同在，在目前形势下促进应急产业的发展，必须充分发挥优势因素，巩固发展基础，抓住发展机遇；明晰存在的阻碍因素，改善不利条件以及应对威胁，提高产业竞争力。

(一)构建我国应急产业发展的 SWOT 模型矩阵

基于对应急产业的内部优势(S)、劣势(W)及外部机遇(O)、威胁(T)的分析，可以明确我国应急产业的现状及发展前景，据此构建出我国应急产业发展的 SWOT 模型矩阵，为推进我国应急产业发展提供总体发展思路(见表 2)。

表 2　应急产业 SWOT 模型矩阵

内部能力 外部因素	优势(Strengths)	劣势(Weaknesses)
	・新兴产业成长优势 ・生产制造业易转型 ・产业基础良好	・应急管理人才缺乏 ・产业结构不平衡，中小企业发展不易 ・应急产品研发能力不足，产品科技含量低 ・应急产业资本市场支持不足
机遇(Opportunities)	SO(优势—机遇)	WO(劣势—机遇)
・产业结构转型升级 ・国家扶持力度加大 ・应急产业市场容量大，发展空间广阔 ・国际竞争促进产业竞争力提升	・扩大需求，增加市场份额 ・加强产业集群建设 ・加大政策扶持力度 ・积极促进国际合作	・合理规划产业发展结构 ・完善科技创新、资金融通等政策支撑体系 ・提升产业竞争力
威胁(Threats)	ST(优势—威胁)	WT(劣势—威胁)
・产业发展有体制性障碍 ・国外技术竞争威胁 ・市场秩序和市场环境威胁	・以内部竞争优势，缓解体制性威胁 ・促进结构优化升级 ・以产业集群为依托，实现产业市场化	・破除体制性障碍 ・改善人才培养和科技创新机制 ・加大财政投入 ・完善产业发展法律法规

(二)完善我国应急产业发展的具体建议

1. 夯实应急产业发展基础，促进我国应急事业发展

对于应急产业而言，制定产业发展规划，做好产业战略定位，明晰产业发展的指导思想、发展路径、发展主体、发展重点，才能使政府在政策制定上做到有所依据、有所侧重。同时，做好应急物资保障储备是应急产业发展的基础，要加强风险评估工作，做好储备规划，并建立多种储备方式。

2. 创造产业发展动力，促进应急产业持续发展

通过加强对应急产业的宣传认知、防灾减灾能力建设，运用政府采购增加应急产业市场需求，扩大产业市场空间；通过加大科技投入以及鼓励产研合作创新建立应急产业自主创新体系，保持产业发展动力；通过增加应急管理人才、加强应急职业教育和培训以及完善人才激励机制实现应急产业人才对产业发展要求的适应；通过政府对社会资本投入的引导以及加强金融部门的信贷力度来完善应急产业投融资体系，促进产业持续发展。

3. 健全应急产业配套措施，保障产业健康发展

要完善应急产业产权制度，提高应急产业创新的主动性和积极性，实现产业规范化发展；要建立健全应急产业创新成果的保护机制，遵守应急产品生产企业及应急产品管理、应急物资储备、风险投资等法律法规，实现产业法制化发展。

4. 加强国际合作，提升应急产业竞争力

应急产业发展要“取长补短”，积极加强国际间的交流与合作，及时了解国外应急产业的最新发展成果，在积极引进先进技术的同时加强自主创新；借助国际开放的大市场开展国际应急救援服务和应急产品的出口，融入国际市场，构建国际化发展模式；应急产业要紧紧抓住全球化所带来的发展机遇，树立迎接国际竞争的勇气，在与全球共同应对风险的同时提升产业竞争力。

总之，应急产业作为一项新兴产业，在发展过程中必然面临诸多体制、机制、法规、政策、能力等深层次因素的制约与影响，所以，应急产业的发展必将是一项长期而艰巨的任务，亟须政府大力支持，全社会参与合作，才能促进应急产业的良性快速健康发展。

(作者：王郅强　应急管理研究基地研究人员　教授)

北京现代制造业发展研究基地（北京工业大学）

基地名称：北京现代制造业发展研究基地
依托单位：北京工业大学
项目类别：北京市哲学社会科学“十二五”规划项目

北京新能源汽车基础设施建设的布局及对策[①]

随着低碳发展和生态文明观念的提出，人们逐渐认识到，发展新能源汽车是有效缓解能源和环境压力的重要手段，也是推动汽车产业可持续发展的关键所在。目前，新能源汽车在私人消费市场的推广与应用面临瓶颈，其原因主要包括三个方面：一是核心技术研发、尤其是动力系统和电池技术的研发无法满足需求；二是充电基础设施建设无法满足规模产品的使用；三是高价格问题。而在新能源汽车产业链上，基础设施是新能源汽车的动力供给源，要实现新能源汽车的普及和推广，完善的基础设施建设是必不可少的要素之一。

新能源汽车基础设施主要是指充换电站、充电桩等设备，基础设施的发展受多方面的影响，包括新能源汽车使用量、运行模式、基础设施布局，甚至是当地电网和路网的发展状况等。基础设施布局的合理与否直接关系到新能源汽车推广的进程。本文主要分析了北京新能源汽车基础设施布局的特点，结合基础设施布局规划的影响因素，提出适合北京新能源汽车基础设施布局的发展对策与建议。

一、北京新能源汽车基础设施发展及布局特点

(一)北京新能源汽车基础设施发展现状

作为中国25个新能源汽车推广示范城市之一，自试点三年以来，北京已经探索出了新能源汽车发展的一些运营和管理经验。2012年底，北京新能源汽车保有量接近5000辆。

1. 发展规模

近年来北京市加快了电动汽车充换电站的建设，目前已经建成充换电站48座、充电桩806个。其中，世界上规模最大、充换电能力最强、充换电模式最多的高安屯充换电站已建成并投入运行[②]。2008年奥运会期间，北

---

① 本文是《汽车制造供应网络的稳定性及实证研究》项目的阶段成果，项目编号：12JGC106。

② 参见何晓亮：《基础设施布局非常重要》，《科技日报》，2013年10月28日。

京市建设了国内第一个集中式充电站，可以满足 50 辆纯电动大巴车、20 辆燃料电池车的动力电池需求；2009 年，北京首科集团在健翔桥建设完成了国内第一个包含完整智能微网的北京纯电动乘用车充电站。“十二五”期间，北京市将重点建设电动公交车、环卫车、乘用车等各种新能源汽车充换电站，形成智能充换电服务网络体系。北京计划未来三年推广 3 万辆私人购买新能源汽车，这 3 万辆新能源汽车需要更多的配套基础设施。

2. 运行模式

国内外现有的运行模式主要有三种：公共充电站模式；停车场(或路旁)充电桩模式；电池更换站模式。公用充电站通常建设在高速公路、重要交通枢纽等公共场所，车辆可以选择快充也可以选择慢充。停车场(或路旁)充电桩模式通常建设在公共停车场，对于私人用户来说，充电桩还可以建设在小区停车场或私家车库。电池更换站模式主要是在充电中心对电池进行集中充电，用户可以对随车电池进行更换①。由于电池更换站模式涉及的物流比较复杂，当前仍存在管理、技术和商业上的困难②，目前国内比较常用的模式主要是公用充电站和充电桩。“十二五”期间北京新能源汽车基础设施将以慢速充电桩为主，快速充电站、电池更换站为辅，这些基础设施主要用于公交、环卫、出租等公共领域，私人领域充电设施还不够完善。

3. 发展规划

北京未来三年内将建设慢速充电桩 36000 个，达到车桩比 1 比 1.2，也就是说，每辆车都将有一套充电桩可以用，实现让消费者 8 分钟内能找到充电桩的设想。除此之外，北京还将建设快速充电站 100 座，电池更换站 1 座，电池回收处理站 2 座，专业维修服务站 10 座，信息采集处理站 2 座③。2015 年北京将建成由数十座大型集中充电站、256 座充换电站、210 座小型配送站组成的电动汽车充换电三级服务网络。

(二)北京新能源汽车基础设施布局及其特点

目前北京已建设完成航天桥、西直门、呼家楼等充换电站 48 座，充电桩 806 个。分析其布局特点主要包括：

1. 主要位于公共场所

北京新能源汽车主要用于公共交通领域，比如公交、环卫、出租等，私人用车目前不广泛。相应地，基础设施布局也主要考虑了高速路口、道路两旁、地铁转换站等公共场所，而小区、超市停车场等方便私人用户充

---

① 鲁莽、周小兵、张维：《国内外电动汽车充电设施发展状况研究》，《华中电力》，2010 年第 5 期。

② 陈源：《电动汽车充电站规划与建设思路》，《企业研究》，2011 年第 22 期，第 169－170 页。

③ 王巍：《新能源汽车配套设施雏形渐显》，《政府采购信息报》，2011 年 7 月 14 日。

电的设施不多。

2. 集中在三到五环，放射状沿环分布

由北京市充换电站布局图可以看出，这些充换电站主要分布于三环到五环之间，沿环分布，且以二环为中心，呈放射状分布，与北京市道路系统布局结构相吻合。

图 1　北京市充换电站布局图

（来源：《新京报》，郭宇制图）

3. 靠近电网企业及重要枢纽

通过百度地图查询，输入关键字“充电桩”进行检索，出现 16 条结果，通过查询可以发现，这些充电站(桩)基本上位于五环以内的电力公司和重要交通枢纽附近，比如位于奥体附近的公交电动车充电站是在地铁 8 号线和 1 号线交汇处；而另一些则位于像华能电力公司、国家电网、中国南方电网北京公司这样的电力公司附近；还有一些是与加油站合建，例如广泽桥加油站，同时也是电动汽车充电站。

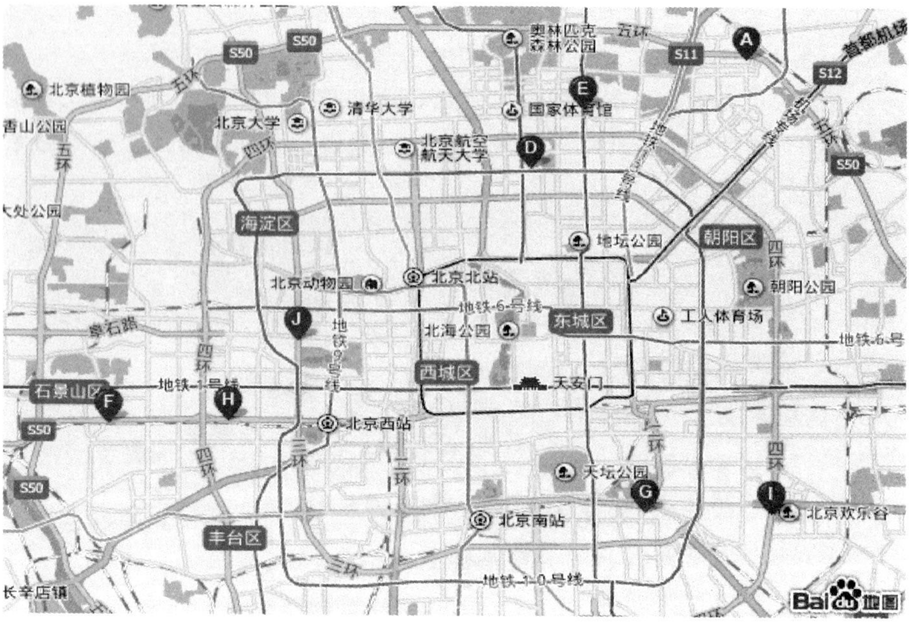

图 2　北京新能源汽车基础设施布局城区分布

（来源：百度地图）

二、国内其他试点城市基础设施发展现状

根据目前的资料显示，2011 年，全国 25 个试点城市中有 243 个充电站、1328 个充电接口正在使用。而在国家电网公布的规划中提出，2011—2015 年，电动汽车充电站规模将达到 4000 座，同步大力推广建设充电桩，初步形成电动汽车充电网络；2016—2020 年，电动汽车充电站将达到 10000 座，同步全面开展充电桩配套建设，建成完整的电动汽车充电网络。

(一)上海

上海在各类型的示范运营与世博会的推动下，新能源汽车得到良好发展，特别是世博园区内的运营给上海发展新能源汽车带来了宝贵的经验和实验数据①。2015 年上海新能源汽车产量将达到 6 万—10 万辆。

在新能源基础设施建设方面，示范区已经完成 400 多个充电桩的建设。截止到 2012 年 9 月，上海已经建成各类充换电站 12 座、充电桩 890 个，并建成 2 座沪杭高速枫泾服务区城际互联充换电站②。在“十二五”期间，上海

---

① 何维廉：《上海电动汽车及其充电基础设施运营模式的研究》，上海交通大学硕士论文，2011 年。

② 徐蒙、谢金晶：《沪牌高价“利好”新能源车市》，http://www.chinadaily.com.cn/hqgj/jryw/2013-01-20/content_8075690.html。

还计划新建公共换电站 50 座、改造或新建加氢站 5 座，并新建 5000 个充电桩用于公共、单位及个人充电。在新能源汽车基础设施运营方面，上海继续推出政策，加大新能源汽车充电站、充电桩的建设，新能源汽车配套设施已经在小区推广示范。

上海基础设施布局建设在不同区域根据不同车辆有不同的规划：

1. 公交车辆和电动工程车辆规划不同

上海公交车辆充电基础设施多分布于公交站、停车场内，且充电设施规模较大，一般可同时满足多辆公交同时充电，比如上海“825 路公交充电站”，位于该公交车站内，站内已建设完成 20 余台充电机，可一对一为多辆车充电。上海电动工程车辆充电站主要位于电力公司内，并且根据上海电力公司电动工程车辆数量的变化新建或者改造充电站。

2. 不同区域规划存在差异

上海目前划分有 16 个区 1 个县，根据每个区域新能源汽车使用量和交通情况不同制定了不同的基础设施布局规划，比如上海嘉定区，由于受上海国际汽车城等工业布局的影响，该区主要以这些示范区域为核心，建设充换电站。

(二)深圳

深圳是全国首批 13 个新能源汽车试点之一，2012 年，深圳汽车保有量达到 2571 辆，居于试点城市首位。此外，承办世界大学生运动会也给深圳发展新能源汽车带来机遇，深圳有望成为新能源汽车注册最好的城市。根据《深圳电动汽车配套充电设施规划(2010—2015)》，2015 年年底，深圳充电站数量将达到 150 座，充电桩数量将达到 22.75 万个。

2010 年，深圳启动 91 个小区安装充电桩工程，计划安装充电桩 2329 个，截止到 2011 年 6 月，47 个项目共计 782 台充电桩完成施工。

对于运行模式，深圳主要是考虑整车快充(充电站)、慢充(充电桩)两种充电模式，暂不考虑电池更换站模式①。

三、问题及建议

新能源汽车因其技术、充电设施、价格等多方面因素影响了发展速度，而解决这些问题最根本的在于充电设施建设，充电设施得不到推广，新能源汽车发展就会失去保障。就目前的发展状况来看，大部分电动车一次充电的续航里程为 120—160 公里，在一次性充电续航能力差、时间难以提高的情况下，基础设施建设的布局规划将直接影响到新能源汽车的推广。

---

① 钟良：《深圳电动汽车充电模式路线图》，《21 世纪经济报道》，2011 年 2 月 14 日。

（一）北京新能源汽车基础设施布局存在的问题

影响新能源汽车基础设施布局建设的因素很多，包括充电方式、需求数量、电网布局、运行模式等①②。

基础设施建设不仅需要大量的资金投入，而且需要在现有的城市架构内征用土地③。目前我国大部分城市土地资源稀缺，尤其是北京、上海，城市本身交通密集度高，加之城市用电量较高，布局规划不合理不仅新能源汽车得不到推广，城市本身电网等其他产业收益都会受到影响。

本文分析国内新能源汽车基础设施建设发展环境，结合北京现状，总结北京市新能源汽车基础设施布局面临的主要问题：

1. 缺少战略布局的规划与方案

目前北京市新能源用车主要集中在公共交通领域，私车消费面临困境，虽然北京市出台一系列政策刺激私车消费，但是用户充电难的问题并未得到有效解决。北京现有的公共充电设备多分布于道路两旁等公共场所；另外，公共充电站一般也会遇到高峰期，造成基础设施利用率低下。

对于私人用户充电设施的建设，国外很多城市已经实现私人用户在自己车库进行充电的方式。据调查，在美国大约 95%的私人用户日常活动会在离住处约 160 公里之内，电动汽车白天驾驶，晚上就可以在自家车库进行充电，既不占用公用设备，也方便用户自己。国内一些发达城市，比如深圳，也开始在小区停车场建设充电桩，供小区内新能源汽车私人用户充电使用。北京市委也表示，计划未来新建小区都预留充电设施空间。

然而对于北京来说，城市交通与城市空间布局和土地利用之间存在复杂的动态关系④，因此根据城市发展和经济社会建设的需求，制定合理科学的基础设施建设与布局的战略规划和方案是现阶段需要深入探讨的。

2. 商业模式不成熟

现阶段北京主要是采用充电站和充电桩模式，充电站比较适合快充，而充电桩由于使用功率比较低，适合慢充。短期来讲，一定数量的充电站和充电桩对于新能源汽车发展是十分重要的，然而从商业化运营的角度来看，电池更换站由于涉及电池企业的规模化、批量化集约管理等，是比较理想的商业模式之一。目前这种模式的推广发展还不成熟。

---

① 吴春阳、黎灿兵等：《电动汽车充电设施规划方法》，《电力系统自动化》，2010 年第 24 期，第 36－39 页。

② 徐凡、俞国勤等：《电动汽车充电站布局规划浅析》，《华东电力》，2009 年第 10 期，第 1679－1682 页。

③ 陈柳钦：《我国新能源汽车产业发展及其困境摆脱》，《郑州航空工业管理学院学报》，2011 年第 3 期，第 18－25 页。

④ 闫琰、杨新苗等：《北京交通与土地利用关系》，北京城市规划。

（二）对北京新能源汽车基础设施布局规划的建议

充电设施规划应该考虑现有的电网和城市总体规划，尽可能降低成本，提高利用率。然而不同的区域，新能源汽车使用量及交通情况有所不同，布局规划也应不同。除此之外，基础设施建设还要综合考虑停车场、小区车库的可施工情况等，为私人用户解决充电难的问题。因此提出北京新能源汽车基础设施布局与建设的建议如下：

1. 确定新能源汽车需求，需求预测为辅助的新能源基础设施布局设计原则

不同的地区新能源汽车需求量不同，用户类型及其所选用的充电方式亦不同，因而基础设施布局相应地有所差异，以此为基础，预测新能源汽车基础设施需求的规模，并结合本区域已有电网和路网现状，设计符合该区发展的布局规划。

2. 不盲目追求充电设备数量，合理规划充电站、充电桩布局

由于充电站占用面积较大，一般都会超过加油站规模，充电站建设应综合考虑其构建成本和运行效益。对于北京现阶段新能源汽车规模和城市结构来说，充电站数量不宜过多，而充电桩则多位于停车场或路边，占地面积小，在新能源汽车发展到一定阶段这种充电方式适合普及。合理分配充电站和充电桩数量及布局对于北京发展智能充换电服务网络体系的目标来说十分重要。

3. 在加强政府投入的基础上，尽快引入商业化运作模式，丰富充电基础设施网络结构

从商业化运作模式来看，电池更换站的建设在某种程度上需与电池生产与研发的企业协同发展，有利于产业链的拓展和建设，同时这种运作模式有利于政府的宏观调控。长期来讲，电池更换站模式应该重点考虑。另外，尽快引入商业化运作模式，丰富充电设施网络结构，有利于新能源汽车的推广与应用。

（作者：何喜军　北京现代制造业发展研究基地研究人员　讲师
李　静　北京现代制造业发展研究基地硕士研究生
蒋国瑞　北京现代制造业发展研究基地秘书长　教授）

基地名称：北京现代制造业发展研究基地
依托单位：北京工业大学
项目类别：北京市哲学社会科学"十二五"规划项目

新能源汽车产业发展的国内外现状与对策研究①

世界人口的快速增长和全球经济的持续发展使得能源短缺日益成为世界各国面临的严峻挑战。《BP 世界能源统计 2012》显示，截至 2011 年年底，全球石油探明储量达 16526 亿桶，以 2011 年的年开采量 305.05 亿桶计算，可供开采 54.2 年；全球探明天然气储量达 208.4 万亿立方米，以 2011 年的年开采量 3.27 万亿立方米计算，可供开采 63.6 年。目前，全球交通领域石油消耗量占全球石油消费总量的一半以上。为了应对日益突出的能源供求矛盾和环境污染问题，世界各主要汽车生产国纷纷将发展新能源汽车产业作为国家战略，加快推进技术研发和产业化建设。

新能源汽车是指采用新型动力系统，完全或主要依靠新型能源驱动的汽车，其产品类别主要包括混合动力汽车、纯电动汽车、燃料电池车、氢发动机汽车、其他新能源汽车等。目前，日本、美国等发达国家的新能源汽车产业已经取得了较大的发展，我国也将新能源汽车确立为战略性新兴产业。认真分析和总结国外新能源汽车产业的发展状况和发展经验，分析我国新能源汽车产业发展的关键制约因素，对于加快我国新能源汽车产业的发展具有重要的意义。

一、国外新能源汽车产业发展现状

(一)日本新能源汽车产业发展状况

1. 发展规划与政策

在汽车产业的发展战略上，日本在坚持提升传统内燃机汽车性能的同时，积极推进新能源汽车的研发和生产，并通过税收优惠、购车补贴、贷款支持等多种财税政策支撑新能源汽车的发展。2009 年，日本开始实施"绿色税制"，对新能源汽车予以税收优惠。2010 年 4 月，日本公布《新一代汽车战略 2010》，旨在通过总体战略、电池战略、资源战略、基础设施、系统

① 本文是《汽车制造供应网络的稳定性及实证研究》项目的阶段成果，项目编号：12JGC106。

战略、国际标准化战略的成功实施，使得日本成为未来全球新能源汽车研发生产以及产品、技术和系统输出的基地。《新一代汽车战略 2010》明确提出，到 2020 年在日本销售的新车中，电动汽车和混合动力汽车等新能源汽车总销量比例达到 50%，并计划在 2020 年前在全国建成 200 万个普通充电站、5000 个快速充电站。

2. 研发和生产现状

得益于较早起步和雄厚的传统汽车工业实力，日本在新能源汽车的各个主要类别产品领域都走在了世界的前列，尤其以混合动力汽车最具优势。丰田公司研发的 Puris 混合动力汽车全球累计销量突破 200 万辆，其全部 18 款混合动力车型的总销量也已突破 400 万辆。2009 年以后，电动车成为日本各大汽车厂商研发的重点，目前已实现了电动车的量产。日产公司的"LEAF"品牌电动车是全球最早投入量产的电动车之一，2012 年全球销量已超过 5 万辆。在燃料汽车领域，日本各汽车厂商也正在积极进行技术研发，旨在通过大幅降低燃料电池汽车的生产成本，在 2015 年之前将燃料电池汽车投入日本市场。丰田和日产等汽车公司已经研制出 6 款燃料电池车和 2 款氢发动机汽车。日本政府也计划将 2011 年至 2015 年作为燃料电池车的社会实验阶段，目前已经投入 60 辆燃料电池车进行试验。

3. 商业模式

受制于新能源汽车技术的成熟度原因，新能源汽车目前的成本和价格都要明显高于传统汽车，因而全球各国政府为了推进新能源汽车的发展，纷纷提供了相应的补贴政策，以促进新能源汽车的销售。在各国财税政策的支持下，日本的混合动力汽车顺利地进入了日本、美国、欧盟等高收入发达国家市场。相对而言，电动汽车目前的技术成熟度要低于混合动力汽车，受制于价格高、续航里程短、充换电问题等原因，电动汽车目前还难以为私人消费者大量接受。为此，日本的汽车厂商综合采取了整车销售和租赁并举的商业模式。例如，马自达公司采用租赁的方式，以日本国内地方政府部门以及法人单位为主要对象销售电动车；日产汽车的电动车在汽车租赁市场上的价格为 6 小时 8925 日元。

4. 配套基础设施现状

充电站等基础设施是混合动力汽车和电动车推广的必要条件。日本政府、汽车厂商和石油公司三方合力推进充电基础设施的建设。日产汽车公司在日本设置了 200 座充电站，三菱汽车公司也在全国 700 家店铺设置了充电器，双方可以共享这些充电设施。新日本石油公司和出光兴产石油公司在汽车加油站内设置快速充电器，进行电动车的"充电服务"试验，从而把加油站转换为"综合能源供给基地"。在日本新能源产业技术综合开发机构的支持下，日产的汽车厂商与日本东京电力公司联合成立了"快速充电器基础设施推进协议会”，共同致力于配套基础设施建设，同时也力争实现日本电动车快速充电器及充电方式标准的国际化。

(二)美国新能源汽车产业发展现状

1. 发展政策

美国是传统汽车工业强国，但是与日本相比，美国并没有在新能源汽车产业的发展上取得领先优势。为了在新能源汽车产业的国际竞争中获得优势，美国综合采取了税收优惠、财政补贴、贷款支持、法规推进、政府采购等多种扶持措施。2005 年的《能源政策法案》和《2008 紧急经济稳定法案》，为新能源汽车消费者提供税收优惠；“旧车换现金”计划为新能源汽车消费者提供总额达 10 亿美元的购车补贴；奥巴马政府又为插电式混合动力汽车的消费者提供 7500 美元的税收抵扣。美国政府还向拥有新能源汽车技术优势的汽车厂商提供了总额超过 250 亿美元的贷款。2009 年，美国能源部设立 20 亿美元的政府资助项目，用以扶持电动汽车电池组及其部件的研发。2011 年，美国环保署公布了新的更高的燃油经济标准，间接刺激各大汽车厂商加快新能源汽车技术的研发。美国政府还决定从 2015 年开始，将仅采购新能源汽车作为政府用车，以此加快新能源汽车的市场推广。

2. 研发和生产现状

美国在 20 世纪 90 年代就开始了新能源汽车的研究。但是在 90 年代，新能源汽车的产量很少，仅有少量的电动车以出租的形式租借给消费者。进入 21 世纪以后，电动车在美国重新受到政府和厂商的重视，同时混合动力汽车开始受到欢迎，混合动力汽车在美国市场上的销量快速增长，其社会保有量分别于 2007 年和 2009 年突破 100 万辆和 200 万辆[13]。目前，通用和福特等汽车公司都实现了新能源汽车的小规模量产。2012 年 1—11 月，通用在美国市场共销售新能源汽车 40090 辆，其中混合动力汽车 19262 辆，插电式混合动力汽车 20828 辆；福特公司在美国市场共销售新能源汽车 21732 辆，其中混合动力汽车 19811 辆，插电式混合动力汽车 1403 辆，纯电动车 518 辆；Tesla 公司销售豪华纯电动车 1500 辆。

美国工程院预计，氢燃料电池车将在 2015 年实现量产。目前，通用和福特等汽车公司正在积极研发，预计 2014 年以后，通用将推出 Equinox FC 和 Hydro-GEN3 燃料电池车，福特公司将推出 FC EV 燃料电池车。

3. 商业模式

在美国市场上混合动力汽车的价格一般要高于同级别的传统燃油汽车 3000—7000 美元，由于大部分州都出台了鼓励混合动力汽车使用的政策，如车辆停车和车辆登记的优先权、排放量免检、税款抵扣、退税、税收补贴等，因而混合动力汽车受到了消费者的欢迎，2007—2012 年的总销量近 190 万辆。相对而言，插电式混合动力汽车和电动车的市场价格更高，同时受制于行驶里程和充换电等原因，美国市场上这两类车的销量还比较小，年销量近2.5万辆。为了促进新能源汽车的市场推广，除了整车销售之外，汽车厂商还提供汽车租赁和分期付款、贷款等多种销售模式。美国的leasecompare.com网站上提供了在美国销售的各种新能源汽车的租赁模式和分期付款模式的各种方案选择。例如，美国市场上福特的电动车Focus Electric 4dr Hatchback售价39995美元，采用租赁的方式，在年行驶路程15000英里的状况下，使用者可以首付3000美元，每月支付682美元，租赁期为3年；如果采用分期付款的方式，在6年的时间内，在年行驶路程15000英里的状况下，使用者可以首付3000美元，每月支付573美元，年利率为2.65%。通用的插电式混合动力汽车Chevrolet Volt 4dr Hatchback美国市场售价39995美元，采用租赁的方式，在年行驶路程15000英里的状况下，使用者可以首付3000美元，每月支付875美元，租赁期为3年；如果采用分期付款的方式，在6年的时间内，在年行驶路程15000英里的状况下，使用者可以首付3000美元，每月支付573美元，年利率为2.65%。

4. 配套基础设施状况

美国的库仑科技公司(Coulomb Technologies)是一家电动车充电解决方案公司，该公司建成了世界上最大的电动车在线充电网络——充电点网络(Charge Point Network)，连接了14个国家的30000名电动车驾驶员和10000多个充电点。充电点网络为充电站的拥有者提供一整套完整的充电服务，同时还为电动车驾驶员提供在线的和无线的查询、导航和预约空闲充电站的服务。2010年，库仑科技公司投资3700万美元实施了“美国充电点项目(Charge Point America Program)”，该项目为美国10个地区的参与者提供包含4500个充电站(含商用和家用两种类型)的充电网络服务。

2009年，ECOtality公司获得美国能源部“汽车技术项目”23亿美元的资助，开始实施“电动车项目(The EV Project)”，该项目旨在美国的9个地区共16个城市以及州际公路建设和研究电动车充电设施，以此为美国大规模部署充电设施和插电式电动车提供经验支持。“电动车项目”主要有三个研究目标：一是充电设施的设置研究，包括从最大化车辆的使用者、充电设施的拥有者以及社区的利益角度出发如何系统地选择充电设施的地理位置，也包括有关充电设施不同发展阶段的代码、标准和准入等方面的研究。二是消费者的行为及变化研究，包括电动车消费者车辆驾驶和车辆充电的行为研究，以及纯电动车和增程式电动车的使用区别。三是充电设施对电网的影响研究，包括车辆充电需求对电网系统高峰和区域电力分配的影响，以及有关智能充电影响的研究。

2011年，美国国家标准协会成立了电动车标准委员会，该委员会负责为电动车和充电设施的标准和一致性计划的开发制订技术路线图，这个路线图最大限度地协调了美国国内和国际的有关标准。

(三)德国新能源汽车发展现状

1. 发展规划与政策

与日本和美国相比，德国新能源汽车产业起步相对较晚。为了保持在全球汽车工业领域的领先地位，德国政府和产业界近年来大力推进新能源汽车产业的研发与产业化。在政府层面上，德国主要由经济技术部、交通部、环境部和教育科研部联合推动电动汽车产业的发展。在新能源汽车发展的技术路线上，德国将混合动力与清洁柴油技术作为近期的过渡方案，而将纯电动车作为中远期的解决方案。

2009 年 9 月，德国发布《国家电动汽车发展计划》。2010 年 5 月，德国"国家电动汽车平台"(NPE)正式成立。《国家电动汽车发展计划》是德国发展电动汽车的纲领性文件，该计划将发展纯电动汽车和插电式混合动力汽车作为主要技术路线，提出到 2020 年，德国电动汽车保有量达到 100 万辆，并在重要的人口密集区建成全覆盖的充电基础设施；到 2030 年，德国电动汽车数量超过 500 万辆；到 2050 年，德国城市交通基本摆脱化石燃料。为了实现这一目标，德国将新能源汽车的研发经费进一步增加至 20 亿欧元，并且在税收、道路优先权、车牌号和政府采购等方面提供了一系列的优惠鼓励措施。

2. 研发与生产现状

在过去的十年中，由于德国的汽车企业一直致力于汽车柴油发动机和汽油发动机的研发和技术改进工作，因而新能源汽车产品的研制和市场推出较晚。2011 年，德国混合动力车和电动汽车销量分别为 12600 辆和 2200 辆。目前，德国的宝马、保时捷、大众、戴姆勒四家汽车企业都推出了混合动力汽车，宝马公司和戴姆勒公司也推出了电动车。2012 年，在美国市场上，这四家汽车企业的新能源汽车总销量为 3379 辆。在燃料电池车领域，戴姆勒公司正在进行燃料电池汽车的全球试验。

3. 市场推广与商业模式

目前，德国市场上新能源汽车的销量还比较小。2010 年德国市场新能源汽车的销量仅为 2.5 万辆，市场份额仅为 0.9%；2011 年德国市场共销售了将近 2000 辆电动车。为了培育市场，2011 年 10 月，德国经济技术部、交通部、环保部、教研部共同启动了"视窗工程"和"灯塔工程"项目。"视窗工程"通过组织大量的电动汽车及其技术的展示以及推广活动，促使更多的消费者了解并支持国家发展电动汽车的战略。"灯塔工程"是"视窗工程"的后继项目，旨在重点推广电动汽车的电池、驱动、城市交通电网等技术与基础设施。德国政府还计划自 2013 年起，规定联邦政府每购置或租赁的 10 辆公务车中，必须有 1 辆以上的电动汽车或碳排放低于 50g/km 的汽车。

除了整车销售之外，德国的汽车企业也采取了租赁等多种销售模式。戴姆勒公司已经开始在德国市场开展电动车的租赁业务，使用者支付较低的租赁费，就可以使用充电的电动车 。德国的不来梅市还实施了电动汽车租赁的“汽车共享计划”，使得消费者在小区、办公楼、商场、地铁站等公共场所就能方便地租到电动汽车。

4. 配套基础设施状况

德国重视从能源系统整体优化的角度看待电动汽车的发展，将基础设施与智能充电视为电动车整体解决方案的重要组成部分。目前，德国已启动 8 个区域示范项目，涉及零部件、整车、基础设施、运营系统、智能充电等多个方面。德国提出到 2014、2017、2020 年，德国充电点总量将分别达到 11.8 万、50 万和 90 万个，并计划投资 3600 万欧元，在 2014 年前建设 7000 个公共充电点。德国的电力企业和西门子、博世等设备制造商也积极参与新能源汽车的基础设施的建设工作。

5. 标准化建设

德国认为新能源汽车的国际标准化是未来产业竞争力的根基，因而大力推进国际标准化活动。2010 年 9 月，德国汽车企业宝马、保时捷和大众联合提出了电动汽车充电用模块连接器系统集成的全球标准。2012 年 5 月，美德汽车联盟公布了称为“联合充电系统”的新标准。利用联合充电系统，最短 15 分钟即可完成电动车的充电。欧洲汽车制造协会和美国汽车工程师学会已表示将采用上述系统。

二、我国新能源汽车产业发展现状

(一)我国新能源汽车产业的发展现状

1. 形成了“三纵三横”研发创新布局和创新体系

“十五”和“十一五”期间，我国累计投入 20 亿元人民币，先后启动了“863 计划电动汽车重大科技专项目”、“节能与新能源汽车重大项目”等，构建了三纵三横的新能源汽车研发布局，建立起了具有自主知识产权的电动汽车动力系统技术研发平台，初步构成了关键零部件研发体系和产业化配套生产能力，形成了以国家工程技术研究中心、国家重点实验室为主体，产学研相结合的新能源汽车研发创新体系。

2. 初步形成了新能源汽车产业链

在新能源汽车产业链的上游、中游和下游，国内已经涌现出一大批企业。其中，下游的比亚迪、江淮、安凯、长安、北汽、宇通等已经开始进入新能源汽车的产业化阶段，在原材料、动力电池材料以及电池、电机等新能源汽车产业链的中游和上游也涌现出了一批企业，如万向集团、宁波杉杉、中信国安等。在整车生产企业中，2011 年比亚迪 F3DM 双模混合动力车、E6 纯电动轿车和 K9 纯电动客车的销量共计 1200 余辆，占总销量的 0.3%，2011 年江淮汽车销售电动车 1000 辆，2012 年上汽集团推出了电动车品牌荣威 E50。

3. 新能源汽车示范运营取得效果

2008 年以来，我国在大中城市的公共服务领域开展新能源汽车的示范推广工作。从 25 个新能源汽车推广示范城市的实施效果来看，深圳、北京、杭州、合肥等城市走在了前列。目前，深圳已经投入使用 3050 辆新能源汽车，到“十二五”末，深圳市新能源汽车总量有望达到 5 万辆以上，届时将有 50%以上的公交车换成纯电动汽车。截止 2012 年 7 月底，杭州市已经投入使用 1501 辆节能与新能源汽车。截至 2012 年 9 月，合肥市共推广节能与新能源汽车 2299 辆。北京市公共服务领域共有 3500 辆新能源汽车，2012 年年底，将增至 5000 辆。

4. 新能源汽车基础设施建设取得进展

截至 2011 年年底，我国已建成投入运营 243 座充换电站、13283 台交流充电桩。国家电网和南方电网是目前电动汽车充换电装置最主要的投资建设企业，国家电网将于 2015 年在我国中东部地区建成骨干智能充换电服务网络，并将在 2015 年前建成运行充换电站 2351 座、充电桩 22 万个。

总体而言，我国新能源汽车经过近 10 年的研究开发和示范运行，基本具备了产业化发展基础，电池、电机、电子控制和系统集成等关键技术取得重大进步，纯电动汽车和插电式混合动力汽车开始小规模量产，混合动力客车进入产业化阶段。然而总体上看，我国新能源汽车整车和部分核心零部件关键技术尚未突破，产品成本高，社会配套体系不完善，产业化发展受到制约。

(二)我国新能源汽车产业发展存在的问题

2009 年，国务院公布的《汽车产业调整振兴规划》提出，三年内形成 50 万辆纯电动、充电式混合动力和普通型混合动力等新型汽车产能，新能源汽车销量占乘用车销售总量的 5%左右。然而，2012 年，我国新能源汽车的销量仅为 12791 辆，与三年前的规划相距甚远。价格高、技术不成熟、配套设施不完善、缺乏有效的商业模式是制约我国新能源汽车规模化发展的重要原因。

1. 新能源汽车价格高

价格高是限制各城市规模化推广新能源汽车的主要因素之一。目前纯电动汽车的售价高，即使去掉国家给出的购车补贴后还是远远高于同等性能的普通燃油汽车的价格。例如，在深圳，纯电动客车售价在 200 万元左右，扣除中央及深圳市政府的各 50 万财政补贴，还需要支付 100 万元，是传统燃油客车 50 万售价的两倍。比亚迪的纯电动车 E6 价格为 37 万元，通用的雪佛兰电动车沃蓝达价格为49.8万元，都大大高于传统燃油汽车。

2. 新能源汽车技术不成熟

目前，我国电控、电池、电机方面的技术还无法满足新能源汽车实现大规模产业化。在电池成组技术、燃料电池发动机技术、车用电机电力电子集成技术、强混合动力机电耦合技术等方面，我国与国际先进水平相比仍有一定差距。特别是电池问题，现有电池技术的可靠性不高、稳定性不足，产品循环寿命不长等因素都影响了新能源汽车的发展。例如，现有车辆搭载的电池寿命是3—5年，尽管车辆的使用成本非常低，但是到寿命期后就需要更换，而电池的成本却很高，电池部分的费用要占据车价的一半甚至还要更多；目前磷酸铁锂电池和材料领域的两大核心技术专利都在外国公司手中，电池的关键零部件——隔膜80%以上都需要进口。

3. 配套基础设施不完善

充电基础设施不完善，限制着新能源汽车规模化的发展。截至2011年年底，我国仅建成投入运行243座充换电站、13283台交流充电桩。这对于幅员辽阔的我国和未来汽车保有量来说，是远远不够的。而在传统燃油汽车领域，新中国成立60年来我国共建设了8万个加油站，可以充分满足需要。

4. 商业模式有待探索

新能源汽车产业化体系的形成，除了需要有关键核心技术的突破，更有待于商业模式的创新。目前，我国新能源汽车的商业模式主要有三种，即以合肥为代表的“电池融资租赁＋定向购买＋整车租赁”模式，以杭州为代表的“换电＋租赁”模式、以深圳为代表的融资租赁模式。合肥在公共服务领域的纯电动客车采用电池“融资租赁”模式，在私人购买领域的纯电动轿车采用“定向购买＋整车租赁”模式。杭州在公共服务领域的纯电动车采用换电(池)模式，此外还将推行2万辆电动汽车的私人租赁项目。深圳市新能源公交客车采用融资租赁模式，主要由充换电站运营商——中国普天、租赁公司和公交公司三方合作进行。中国普天负责出资购买电池，租赁公司出资购买裸车，整车租赁给公交公司运营8年，三方参与利益分成。

三、促进我国新能源汽车产业发展的措施

(一)加强新能源汽车核心技术研究

当前，我国政府应当引导新能源汽车企业加大研发投入，重点开展对纯电动乘用车、插电式混合动力乘用车、混合动力商用车、燃料电池汽车等关键核心技术的研发。应当着力推进动力电池技术创新，重点开展动力电池系统安全性、可靠性研究和轻量化设计，加快研制动力电池正负极、隔膜、电解质等关键材料及其生产、控制与检测等装备，推进动力电池及

相关零配件、组合件的标准化和系列化。此外，还要在动力电池重大基础和前沿技术领域开展关键共性技术研究，并且加强新能源汽车关键零部件技术研发。

(二)加快示范推广，探索商业模式

我国的新能源汽车仍然处于产业化的培育阶段，仍然需要国家政策的有力和持续的支持。当前，应当继续扩大公共服务领域新能源汽车示范推广范围，国家和各地方政府应当继续开展私人购买新能源汽车补贴试点，出台相应的措施鼓励私人消费。在借鉴美国、日本等国家新能源汽车的商业模式的基础之上，积极探索适合我国国情的整车销售、租赁、电池租赁、充换电服务等多种商业模式，同时，要培育一批新能源汽车服务企业。

(三)积极推进充电设施建设

我国应当研究制定新能源汽车充电设施总体发展规划，支持各类适用技术发展，根据新能源汽车产业化进程积极推进充电设施建设。要支持汽车企业、电力企业等开展充电设施关键技术研究，加快制定充电设施设计、建设、运行管理规范及相关技术标准，研究开发充电设施接网、监控、计量、计费设备和技术，鼓励和支持汽车企业和电力企业等各类企业开展充电设施建设。

(四)加大财税政策支持力度

新能源汽车产业的发展需要充足的资金支持。我国应当对新能源汽车的技术创新工程给予适当支持，引导企业在技术开发、工程化、标准制定、市场应用等环节加大投入力度，构建产、学、研、用相结合的技术创新体系。对公共服务领域节能与新能源汽车示范、私人购买新能源汽车试点继续给予补贴，同时发挥政府采购的导向作用，逐步扩大公共机构采购节能与新能源汽车的规模。

四、结　语

当前，日本、美国、德国等世界主要汽车强国，都将发展新能源汽车上升到了国家战略的高度，并且走在了世界的前列。我国的新能源汽车产业起步不晚，但是目前的发展还不尽如人意，还存在着许多问题。新能源汽车产业的发展是一个系统工程，它需要政府、企业和科研院所之间的统筹协调，需要整车、零部件、电池供应商、基础设施、运营系统、智能充电等多方面的综合集成解决方案。针对我国新能源汽车发展所面临的各种制约因素，当前应当重点从核心技术研发、示范推广、充电设施建设、商业模式探索以及财政政策支持等多个方面加以推进，以实现我国新能源汽车产业的健康快速发展。

参考文献

1. Statistical Review of World Energy 2012. BP 公司网站，(2013-03-06)，http：//www.bp.com/sectionbodycopy.do?categoryId=7500&contentId=7068481。

2.《美国大规模启动电动车标准化计划的启示》，电子工程世界网，(2011-05-05)，http：//www.eeworld.com.cn/qcdz/2011/0505/article_3676.html。

3.《各国新能源汽车扶持政策一览》，天能集团网，(2011-07-12)，http：//www.cn－tn.com/news/hyxwxx_1609.html。

4.《在日本体验未来汽车燃料电池车改“吃”氢》，国际新能源网，(2010-04-12)，http：//newenergy.in－en.com/html/newenergy－0857085717620043.html。

5.《日产聆风将进入租赁市场》，中国网，(2011-01-25)，http：//news.china.com.cn/rollnews/2011－01/25/content_6187177.htm。

6.《减排压力巨大日本汽车产业酝酿技术革命》，(2011-09-26)，http：//auto.sohu.com/ 20110926/n320575730.shtml。

7.《日本：新能源环保汽车产业链条正在形成》，中国经济网，(2009-08-25)，http：//intl.ce.cn/zhuanti/gcjj/xny/200908/25/t20090825_19861912_1.shtml。

8.《美德日韩新能源汽车战略及意图比较(下)》，中国经济网，(2011-04-28)，http：//intl.ce.cn/specials/zxxx/201104/28/t20110428_22390387.shtml。

9.《美德日韩新能源汽车战略及意图比较(上)》，和讯网，(2011-04-27)，http：//auto.hexun.com/2011－04－27/129089530.html。

10.《全球各国新能源汽车扶持政策汇总》，生物谷网，(2010-04-17)，http：//www.bioon.com/bioindustry/bioenergy/440164.shtml。

11.《奥巴马：到 2015 年美国政府将只采购新能源汽车》，第一电动网，(2011-03-31)，http：//www.d1ev.com/news－4480/。

12.《国内外资源合作共享中国新能源汽车未来仍可期》，网易，(2012-03-01)，http：//auto.163.com/12/0301/17/7RHD4L9D0008507T_all.html。

13. 国际能源机构：《 IA-HEV annual report 2011》，国际能源机构网站，(2012-12-01)，http：//www.ieahev.org/news/annual－reports/。

14. 《December 2012 Dashboard》，HybridCars.com 网站，http：//www.hybridcars.com/december-2012-dashboard。

15. instant car lease quotes from leasecompare.com，leasecompare.com 网站，http：//www.leasecompare.com/quick_quotes.php。

16. Chargepoint Brings Networked Electric Vehicle Charging Stations To Atlanta，充电点公司网站，(2013-02-11)，http：//www.mychargepoint.net/pr/news-press-releases-2013-0211.php。

17. ChargePoint-America-Summary，Get Ready Central Florida 网站，(2013)，http：//www.plugandgonow.com。

18. introduction to EV project，美国能源部网站，www1.eere.energy.gov.vehiclesandfuels/avta/pdfs/evproj/intro_to_evproj.pdf。

19.《美国大规模启动电动车标准化计划的启示》，21IC 中国电子网，(2011-05-06)，ht-

tp：//www.21ic.com/news/auto/201105/82538.htm。
20.《我国电动汽车发展需“政策＋技术”》，慧聪网，（2011-07-05），http：//info.electric.hc360.com/2011/07/051455371704.shtml。
21.《牵手德国纯电动车与插电式获新动力》，电子工程世界网，（2011-07-25），http：//www.eeworld.com.cn/gykz/2011/0725/article_7574.html。
22.《电动汽车发展需“政策＋技术”》，和讯网，（2011-07-05），http：//auto.hexun.com/2011-07-05/131158873.html。
23.《德确定电动车发展目标力争 2020 年达 100 万辆》，网易，（2011-06-01），http：//auto.163.com/11/0601/08/75EVOTKG00084JTK.html。
24. 胡小兵：《2011 年德国轿车销量增长近 9%》，人民网，（2012-01-04），http：//auto.people.com.cn/h/2012/0104/c234496-1006594826.html。
25.《氢燃料电池车将在 2015 年进入发达国家市场》，凤凰网，（2011-11-07），http：//auto.ifeng.com/usecar/news/20111107/708869.shtml。
26.《德国新能源车 2015 年市场份额将达到 11.5%》，盖世汽车网，（2011-07-25），http：//auto.qq.com/a/20110725/000199.htm。
27.《德国人对电动车“不感冒”电动车销量不佳》，搜狐网，（2012-08-16），http：//auto.sohu.com/20120816/n350769312.shtml。
28.《德国电动汽车最新发展规划及动向》，商务部网站，（2011-12-21），http：//www.mofcom.gov.cn/aarticle/i/dxfw/jlyd/201112/20111207892292.html。
29.《德国电动汽车发展动态分析》，中国进出口信用保险公司（2012-04-01），http：//www.sinosure.com.cn/sinosure/xwzx/rdzt/ckyj/hqcy/148433.html。
30.《企业试水电动汽车租赁业》，渠道网，（2011-01-11），http：//cy.qudao.com/news/86288.shtml。
31.《新能源汽车谋突围重点在商业模式创新》，车讯网，（2012-04-19），http：//www.chexun.com/2012-04-19/100723024.html。
32.《牵手德国新能源汽车路线明晰化》，新浪网，（2011-07-06），http：//finance.sina.com.cn/roll/20110706/095310101550.shtml。
33.《美德八厂商推出电动车充电系统标准》，陕西汽车网，（2012-05-09），http：//www.sxac.com/a/2012/chemeiguandian_0509/27205.html。
34. 赵玉海：《中国电动汽车科技发展情况汇报》，搜狐网，（2012-06-16），http：//roll.sohu.com/20120616/n345786172.shtml。
35.《比亚迪全新电动车商业模式国内外试水提速》，新华网，（2012-09-27），http：//news.xinhuanet.com/yzyd/auto/20120927/c_113223067.htm。
36.《2012 年新能源汽车将迎发展机遇》，和讯网，（2012-02-06），http：//auto.hexun.com/2012－02－06/137781670.html。
37.《比亚迪全新电动车商业模式国内外试水提速》，新华网，（2012-09-27），http：//news.xinhuanet.com/yzyd/auto/20120927/c_113223067.htm。
38. 王惜梦：《杭州纯电动公交与私人租赁将“全面换电”》，腾讯网，（2012-10-29），http：//auto.qq.com/a/20121029/000302.htm。

39.《国务院关于印发节能与新能源汽车产业发展规划(2012 — 2020 年)的通知》，中央政府门户网站，(2012-07-09)，http://www.gov.cn/zwgk/2012 — 07/09/content_2179032.htm。
40.《四部委联合调研 电动车私人市场尚未启动》，车讯网，(2013-02-25)，http://www.caam.org.cn/hangye/20130225/1405087237.html。
41. 潘明军：《深圳模式走出深圳：新能源车如何商业化》，腾讯网，(2012-03-23)，http://news.qq.com/a/20120323/000652.htm。
42. 何悦：《中国新能源汽车遭遇“政策热市场冷”尴尬》，东方网，(2012-07-19)，http://finance.eastday.com/Business/m2/20120719/u1a6716969.html。
43. 何文：《负重前行，得道多助——2012 年新能源汽车将迎发展机遇》，中国科技网，(2012-02-06)，http://www.stdaily.com/kjrb/content/2012 — 02/06/content_421680.htm。
44.《专利风险：中国电池企业待除的“心病”》，北京律师网，(2011-11-04)，http://www.lawtime.cn/info/zscq/zhuanliquan/20111114117268.html。
45. 孙韶华、桂经天：《电动汽车电池 80%核心部件竟靠进口》，新浪网，(2010-09-16)，http://finance.sina.com.cn/roll/20100916/03248665239.shtml。
46. 李毅中：《汽车工业应对国际金融危机功不可没》，搜狐网，(2011-06-26)，http://roll.sohu.com/20110626/n311681791.shtml。
47.《电动汽车风险取决于能否顺利解决电池技术瓶颈》，国家能源网(2011-10-9)，http://newenergy.in—en.com/html/newenergy—16421642831155960.html。
48.《同悦三代破茧前夜：合肥电动车能否告别“定向购买”》，网易网，(2012-06-08)，http://auto.163.com/12/0608/09/83FFJ3OS00084UA1.html。
49.《杭州纯电动公交与私人租赁将“全面换电”》，北方网，(2012-10-30)，http://auto.enorth.com.cn/system/2012/10/30/010204842.shtml。
50.《深圳融资租赁 解决公交公司前期资金问题》，搜狐网，(2011-12-22)，http://roll.sohu.com/20111222/n330001623.shtml。

（作者：韩新伟　北京现代制造业发展研究基地研究人员　讲师
何喜军　北京现代制造业发展研究基地研究人员　讲师
蒋国瑞　北京现代制造业发展研究基地秘书长　教授）

首都服饰文化与服装产业研究基地（北京服装学院）

基地名称：首都服饰文化与服装产业研究基地
依托单位：北京服装学院
项目类别：北京市哲学社会科学“十二五”规划项目

我国纺织品出口竞争力与碳排放关系的实证分析[①]

一、研究背景

在过去的一百多年里，地球的年平均温度上升了0.4—0.8度，这样的情况在过去几百年里是没有出现过的。中国气象部门发布的《气候变化国家评估报告》也显示，20世纪我国地球表面的气温平均上升了约0.7度，比全球同期的平均值要高。根据IPCC第四次评估报告结果显示，进入工业社会以来，全球温室气体排放总量中大多数是来自于人类的生产活动及生活排放，这是因为人类大量使用煤、石油、天然气等传统常规能源而产生的。2009年12月，世界各国元首聚集丹麦首都哥本哈根就全球气候问题，召开了“哥本哈根会议”，延续第三次联合国气候大会，这次会议可以看作是第四次联合国气候大会，目的是共同商讨1997年各国签订的《京都议定书》中承诺期2008—2012年结束后的安排。

据国际能源署(IEA)数据显示，中国在2005年排放了50.6亿吨的二氧化碳，约占世界排放总量的18.7%，仅低于美国的21.4%。预测20年后中国将会成为全球最大的碳排放国家。基于国内外的减排压力，在哥本哈根气候变化大会举行之前，中国按照《联合国气候变化框架公约》及其《京都议定书》的协议，主动承担中国作为发展中国家的义务进行自主减排，声明在2020年前实现中国单位国内生产总值二氧化碳排放在2005年的基础上下降40%—45%的目标，这意味着中国要为全球减排的工作做出很大的努力。

中国社科院发布的2011年《世界经济黄皮书》和《国际形势黄皮书》显示，2010年中国多项排名处于全球领先地位，中国经济总量在这一年超过日本，成为全球第二大经济体。中国海关总署数据显示，2010年，中国外贸进出

---

① 本文是《低碳经济下纺织品服装贸易与环境关系的实证研究》项目的阶段成果，项目编号：11JGB023。

口总值达 29727.6 亿美元，同期增长 34.7%，其中，出口总值达到 15777.5 亿美元，同期增长 23.8%，纺织业规模以上企业出口总值达到 769 亿美元，占出口总值约 4.87%。

纺织品出口一直都是中国进出口贸易的一个重要部分，纺织业作为中国的传统支柱产业，是一个劳动密集度高、对外依存度很大的行业。早期，由于中国市场劳动力的廉价，以及成本低等因素在世界贸易中具有很强的竞争优势。但随着全球经济的高速发展，很多发展中国家也利用本国劳动力廉价等优势赢得了出口优势，中国的相对优势就不那么明显了，经历金融危机的冲击，中国纺织业也处于结构调整的关键时期。纺织业产生的碳排放主要是指纺织业能源消费而释放的碳。面临减排压力，我国纺织业出口竞争力的提高会不会有影响？又怎样提高纺织出口竞争力呢？

二、纺织业出口竞争力和碳排放现状

(一)纺织业碳排放现状

1. *碳排放的计算*

根据 2007 年 IPCC 第四次评估报告，温室气体增加的主要来源是化石燃料燃烧。由于目前我国没有直接检测的碳排放量的数据，因此大部分的测算研究都是以能源消耗量为基础。本文的碳排放核算采用的是纺织行业终端能源消费口径的统计数据，用排放系数法核算全行业的碳排放，计算公式如下：

$$C=\sum_{i=1}^{n}E_i\times ui\ ;$$

式中，C 为碳排放量，E_i 为第 i 种能源的消费量，以标准煤计，ui 为第 i 种能源的碳排放系数，本文引用的是曹淑艳等对我国各类能源的碳排放系数的计算结果(见表 1)，其碳排放系数实际值等于其理论值[①]与氧化分数[②]的乘积。纺织业能源消耗量及构成的数据可从中国统计年鉴找到 1995 年—2009 年的数据。

表 1　各类能源的碳排放系数 (t CO_2/t 标准煤)

能源	碳排放系数	能源	碳排放系数
原煤	2.492	煤油	2.051
洗精煤	2.631	柴油	2.167
其他洗煤	2.492	燃料油	2.219

① IPCC：2006 IPCC Guidelines for National Greenhouse Gas Inventories.

② 吴宗鑫、陈文颖：《以煤为主多元化的清洁能源战略》，清华大学出版社，2001 年。

续表

能源	碳排放系数	能源	碳排放系数
型煤	2.631	LPG	1.828
焦炭	2.977	炼厂干气	1.654
焦炉煤气	1.288	其他石油制品	2.126
其他煤气	1.288	天然气	2.162
其他焦化产品	2.341	热力	3.212
原油	2.104	电力	6.113
汽油	1.988	—	—

2. 碳排放现状描述

纺织行业是我国的民生产业，也是国民经济发展的传统优势产业和十大振兴产业之一，我国现已发展成为全球主要的纺织品生产和出口的国家。但是，整个纺织行业的管理水平有差别，我国能源结构现状是以化石燃料为主的，所以，我国纺织业的温室气体排放量处于整个工业部门中较高的水平。

纺织业也是一个污染程度较高的行业，行业污水的排放主要来源于印染业，这类污染较严重而且难以处理，废水的回收利用率很低。化纤产品在生产过程中会大量使用酸和碱，产生硫类有害物质，对环境的污染非常严重。同时，化纤类产品很难溶解，不易降解，会破坏土壤结构，影响其质量。纺织机械和化纤机械消耗能源很多，相对于国外先进水平能源消耗量高出10%以上。

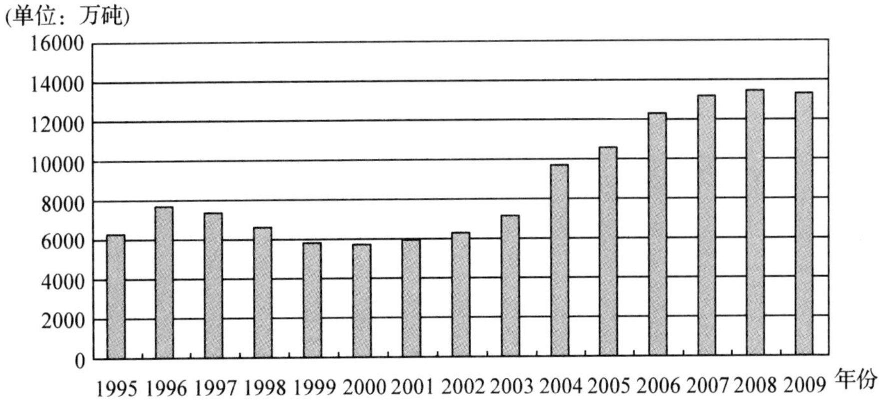

图1　1995—2009年中国纺织业规模以上企业碳排放量情况

数据来源：中国统计年鉴，由作者对相关数据进行整理。

从图 1 中可以看出 1995 年到 2009 年间中国纺织行业碳排放总体呈现增长趋势，1997 年和 1998 年国内因为自然灾害导致纺织业发展速度减缓，纺织品出口较例年同期增长较少，因此，行业碳排放量有所下降 1997－2000 年，因为自然灾害和亚洲金融危机的后续(滞后)影响导致纺织业发展速度减缓；2000 年，加入世界贸易组织，中国出口市场有了一个相对较稳定的环境，纺织品出口情况有所好转；2008 年，金融危机的影响，中国纺织业出口情况受到轻微的影响，出口额增加量较去年同期偏少，也可能是由于这几年很多国家对进口产品碳排放有所限制，这导致我国出口纺织品能源消费结构发生改变，产生的碳排放量较之前的少。

(二)纺织业出口竞争力现状

纺织业是我国传统优势产业，具有较强的经营能力和市场开拓能力，在国民经济中占有重要的地位，并且，纺织业历史悠久，多年的纺织业经营为中国纺织业的持续发展积累了经验和资金。改革开放 30 年来，我国纺织业完成了从幼稚产业向成熟产业的转变，形成了产业链上、中、下游的衔接。

1. 出口贸易现状分析

纺织品贸易一直以来都是我国重要的出口贸易产品，经历过加入世界贸易组织，金融危机等机遇和挑战，我国纺织品开始探索一条适合中国的发展道路。我国纺织品的出口规模、贸易方向、出口产品结构以及出口贸易方式都在发生着改变。

改革开放以来，中国纺织品出口额总体情况比较乐观，纺织品出口为国家的贸易顺差做出很大的贡献。纺织品出口额从 2000 年的 168.26 亿美元增加到 2010 年的 769 亿美元，其中，受 2008 年金融危机的影响，2008 年出口额为 653.61 亿美元，2009 年出口额回降到 598.21 亿美元，但是随后的一年出口额立即上升到 769 亿美元。加入 WTO 之后，对外贸易的国际环境得到了改善，纺织品出口额增幅大涨。2005 年进入后配额时代后，美欧重新设置配额限制，中欧、中美协议相继变动，纺织品出口环境相对比较稳定，出口贸易发展态势很好。

从表 2 可以看出，我国纺织品出口占货物总出口的比重总体呈现下降的趋势，这可能是因为我国出口产品结构的调整。从表中还可以看出，我国纺织品出口占世界纺织品出口比重情况，整体趋势是上升的。2000 年纺织品出口占世界比重为 10.42％，2005 年我国纺织品出口占世界比重上升到了 20.26％，2010 年的数据显示，此比重上升到 30.68％。

从总体上看，我国纺织品出口占国内出口总额的比重有所下降，另一方面，占世界纺织品出口额的比重是一路攀升。说明我国纺织业出口量增加了很多，同时，中国出口其他产品的比重相比之下也增加了很多。

表 2　2000—2010 年中国纺织品出口情况

年份	纺织业出口额（亿美元）	货物出口总额（亿美元）	比重（%）	世界出口额（亿美元）	比重（%）
2000	161.35	2492.0	6.475	1548.6	10.42
2001	168.26	2661.0	6.323	1469.8	11.45
2002	205.62	3256.0	6.315	1543.04	13.33
2003	269.00	4382.3	6.138	1724.4	15.60
2004	334.28	5933.2	5.634	1947.32	17.17
2005	410.50	7619.5	5.387	2026.57	20.26
2006	486.83	9689.8	5.024	2179.92	22.33
2007	559.68	12204.6	4.586	2381.26	23.50
2008	653.61	14306.9	4.568	2484.07	26.31
2009	598.21	12016.1	4.978	2098.2	28.51
2010	769.00	15777.5	4.874	2506.52	30.68

数据来源：世界贸易组织数据库，由作者整理。

2. 出口竞争力分析

本文使用常用的以进出口数据为基础的出口竞争力指标，分别为国际市场占有率、贸易竞争力指数、显示性比较优势指数。

根据各指标计算方法结合搜集的数据，整理出相关国家各指标值如表 3 所示，并从不同角度分析其纺织品竞争力。

表 3　2009—2010 年各国纺织品出口竞争力情况

国家 \ 指标 年份	国际市场占有率(%)		贸易竞争力指数		显示性比较优势指数	
	2009	2010	2009	2010	2009	2010
中国	28.34	30.68	0.600	0.626	2.954	2.894
印度	4.31	5.14	0.613	0.654	3.276	3.423
巴基斯坦	3.08	3.13	0.834	0.784	22.040	—
土耳其	3.66	3.58	0.242	0.156	4.486	—

数据来源：世界贸易组织数据库，由作者整理。

从表 3 可以看出，2009 年和 2010 年，中国纺织品的国际市场占有率在增长，并且占有率最高，分别为 28.34%和 30.68%。与其他国家国际市场占有率相比表明，中国纺织品在国际市场上占有很大份额，出口规模很大，并且，具有很高的竞争力。

从贸易竞争力指数看，2009 年和 2010 年中国纺织品的国际竞争力比较强，这两年的贸易竞争力指数有所增长，说明中国纺织品出口竞争力在提高。此外，从表 3 中可以看出，2009 年巴基斯坦的贸易竞争力指数最高，在 0.8 以上，竞争力最强，高于其他国家。但从 2010 年数据可看到其贸易竞争力指数有所下降，表明国家纺织品出口竞争力的下降。印度的纺织品出口竞争力在这两年里有所提高。总的来看，2009 年和 2010 年。纺织品出口竞争力最高的是巴基斯坦，其次是印度，中国低于印度，土耳其最低。

从显示性比较优势指数看，2009 年数据显示，中国纺织品的出口竞争力最低，差不多为 3，表明具有一定的竞争力，但与巴基斯坦、印度、土耳其相比，竞争力比较弱。2009 年巴基斯坦的显示性比较优势指数达到 22.04，具有非常高的竞争优势，此外印度和土耳其的显示性比较优势指数到达到 3 以上，表明，这两个国家的纺织品具有较强的国际竞争力。

综上所述，2009 年和 2010 年，相比于巴基斯坦、印度和土耳其，从国际市场占有率指标来看，中国纺织品出口具有很高的竞争力；从贸易竞争力指数来看，中国纺织品出口竞争力较强；从显示性比较优势指数来看，中国纺织品出口竞争力较弱。根据数据来看，中国纺织品在国际市场上具有一定的竞争力，但有待进一步提高。

下面观察图 2 和图 3，分别从国际市场占有率和显示性比较优势指数来描述 2000－2010 年中国纺织品出口竞争力趋势。

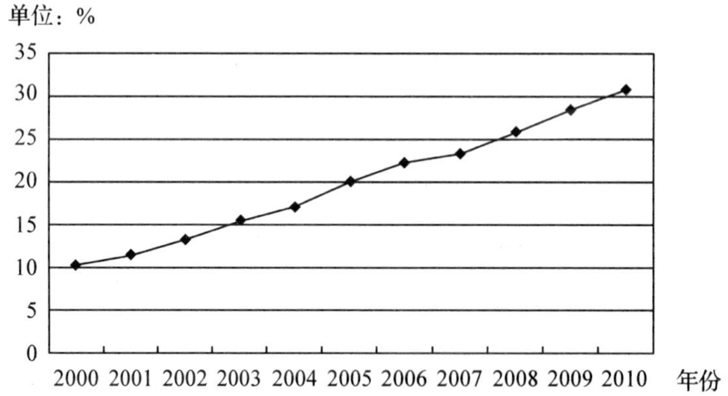

图 2　2000－2010 年中国纺织品国际市场占有率趋势图

数据来源：世界贸易组织数据库，由作者整理。

由图 2 可以看出，我国纺织品出口竞争力在逐年提高，折线的坡度比较大，说明竞争力的提高幅度较大。国际市场占有率趋势图表明，我国纺织品国际市场份额逐年增加，从 2000 年到 2010 年国际市场占有率增加了 20%左右。近些年，我国纺织品出口面临巨大的压力，如劳动力成本不再廉价，消费者反映的质量问题较多，国际上其他国家纺织业的发展。顶着

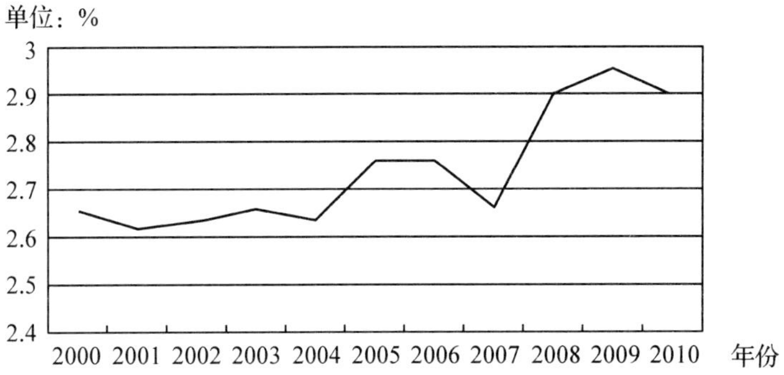

图 3　2000—2010 年中国纺织品出口显示性比较优势趋势图

数据来源：世界贸易组织数据库，由作者整理。

这些压力，我国纺织品出口市场占有率仍然在增加，这是值得高兴的事情。同时，政府与企业应该及时解决纺织品出口面临的一些压力与存在的问题。

由图 3 可以看出，2000－2010 年这段时间中国纺织品出口竞争力总体呈上升的趋势，2005 年开始进入后配额时代，对于我国纺织品出口有一定的影响，因此，从 2005 年到 2007 年，显示性比较优势指数一直没有增加，表明竞争力在此期间没有提高。随后，由于国家及时调整应对策略，出口竞争力开始有所提高。接着，金融危机由欧洲慢慢地扩散到中国，又一次影响了我国纺织品的出口情况，出口竞争力有一点下降。近些年虽然纺织出口竞争力总体呈现上升态势，但显示性比较优势指数一直没有超过 3.0，表明我国纺织品出口竞争力并不强。

结合图 2 和图 3 进行分析，我国纺织品国际市场占有率很高，但出口竞争力并不强，说明我国出口纺织品比较优势较低，具有强可替代性。

三、纺织品出口竞争力与碳排放关系的实证分析

(一)理论假定

本文所研究的碳排放是纺织行业消耗能源产生的碳排放，因此，下面的理论分析都是基于这一点。

1. 碳排放与经济收入

经济收入是反映经济发展程度的一个重要指标，本文衡量经济收入的指标选用的是纺织业人均纺织产值，剔除通货膨胀和人数变化。因此，人均纺织产值对碳排放有正向影响。

2. 碳排放与贸易竞争力指数

贸易竞争力指数反映的是我国纺织行业出口贸易的竞争力情况，出口竞争力增强，出口额会增加，一般情况下，出口方面的碳排放总量会因此而增加，行业总的碳排放量也会增加。除非产生出口减排的压力或者是国内需求减少，这样出口竞争力的高低与行业碳排放总量的关系不确定。

3. 碳排放与能源强度和能源结构

能源强度即行业能源消费总量与行业工业总产值的比值，反映的是行业单位产值能源消费量。因此，能源强度对碳排放总量有正向的关系。能源结构是化石类能源消费量占能源消费总量的比重，比重越高，越说明能源结构是以化石类能源为主，而化石类能源消费产生的碳排放都比较多，因此，化石类能源比重越高，行业碳排放总量越高。

(二)变量的界定与数据说明

本文研究的是我国纺织业出口竞争力与碳排放的关系，构建模型的变量的选取是根据已有的研究成果，本文将已有研究的变量做了一个整理(表4)，作为参考，综合分析，从而选择适合本文的变量。

表4 相关变量及其数据说明

变量类别	变　量	数据说明(来源)
被解释变量(环境指标)	人均碳排放	《中国统计年鉴》：行业能源消费量，历年全国人数，各类能源消费碳排放系数
	总产出排放	中国统计年鉴：行业产出总值，投入产出表
	环境污染程度	工业废气
	总产出排放	中国统计年鉴：行业能源消费量，各类能源消费碳排放系数
解释变量	人均国民收入	中国统计年鉴：历年人均国民收入数据，CPI
	贸易竞争力指数	世界贸易组织数据库：中国纺织品进、出口额
	能源强度	中国统计年鉴：行业能源消费总量，行业工业总产值，CPI
	能源结构	中国统计年鉴：行业主要能源品种消费量和消费总量
	对外开放度	中国统计年鉴：行业工业总产值； 世界贸易组织数据库：行业进出口总额

1. 被解释变量的选取

本文研究的是行业碳排放，人均碳排放是单位人数行业碳排放量，环境污染程度主要是反映环境污染方面的一个指标，总产出排放是从行业总产出的角度出发核算的碳排放，考虑到数据来源的方便性，尽量避免因计算繁琐而带来的误差，本文选择碳排放总量作为被解释变量。

2. 解释变量

综合已有研究的碳排放量的因素，本文整理了人均国民收入、贸易竞争力指数、能源强度、能源结构、对外开放度(贸易密度)几个指标。其中，人均国民收入是经济收入的重要指标，本文研究纺织行业碳排放，故使用人均纺织产值作为衡量经济收入的指标；贸易竞争力指数是反映出口贸易竞争力的指标；能源强度是行业能源消费量与行业总产值的比值，反映单位产值能源的消费量；能源结构是化石类能源消耗量占能源消耗总量的比重，反映的是能源结构的变化；对外开放度是反映出口贸易的一个指标，是行业进、出口总额与行业总产值的比值。考虑到数据的统一性和变量的重要性，本文选用人均纺织产值、贸易竞争力指数、能源强度、能源结构这四个变量，整理如表5。

表5　最终变量及其数据说明

变量类别	变　量	数据说明(来源)
被解释变量	碳排放总量	中国统计年鉴：行业能源消费量； IPCC数据：各类能源消费碳排放系数
解释变量	人均纺织产量	中国统计年鉴：1995－2010年人均国民收入数据，CPI
	贸易竞争力指数	世界贸易组织数据库：中国纺织品进、出口额
	能源强度	中国统计年鉴：行业能源消费总量，行业工业总产值，CPI
	能源结构	中国统计年鉴：行业主要能源品种消费量和消费总量

其中，人均纺织产量 ＝ 工业总产值 / 实际CPI(CPI以1995年为基期)

能源强度 ＝ 能源消费量 / 工业总产量

能源结构 ＝ 化石类能源消费量 / 能源消费总量

根据已定变量和数据说明，整理搜集的数据得出表6。

表6　1995—2009年中国纺织业碳排放主要影响因素指标值

年份＼变量	碳排放总量(亿吨)	人均纺织产量(亿元/万人)	贸易竞争力指数	化石类能源比重	能源强度(吨/万)
1995	0.6322	3.2632	0.1210	71.8404	89.8165
1996	0.7728	3.5813	0.0055	90.2890	76.4220
1997	0.7364	3.4760	0.0598	88.8285	72.0274
1998	0.6644	3.1906	0.0726	88.3649	71.7264
1999	0.5845	3.3206	0.0814	87.7760	60.1663
2000	0.5786	3.7301	0.1140	85.7397	53.0169

续表

年份＼变量	碳排放总量（亿吨）	人均纺织产量（亿元/万人）	贸易竞争力指数	化石类能源比重	能源强度（吨/万）
2001	0.5979	4.0146	0.1447	85.4814	52.4736
2002	0.6268	4.5550	0.2231	84.7840	51.1718
2003	0.7154	5.4249	0.3085	84.2950	49.6313
2004	0.9700	5.7539	0.3719	84.1916	61.0154
2005	1.0604	7.6472	0.4517	83.4964	49.9342
2006	1.2286	9.8453	0.4970	82.0872	44.5986
2007	1.3188	11.4309	0.5415	81.6099	41.2063
2008	1.3446	12.2636	0.6022	82.3904	39.3742
2009	1.3296	13.1954	0.6002	81.6430	35.5848

数据来源：世界贸易组织数据库，中国统计年鉴，由作者整理。

（三）模型设立及结果

本文的计量模型设定如下：

$$Y=C_0+C_1X_1+C_2X_2+C_3X_3+C_4X_4+\mu$$

其中，Y 表示我国纺织行业碳排放总量，C_0 表示常数项，X_1 表示人均纺织产量，X_2 表示贸易竞争力指数，X_3 表示化石类能源比重，X_4 表示能源强度，μ 表示随机误差项。

根据表 6 的数据进行回归分析，得到如下回归结果。

表 7　模型回归结果

Variable	Coefficient	Std. Error	t-Statistic	Prob.
C	−1.895610	0.408463	−4.640835	0.0009
X_1	0.072361	0.011182	6.471305	0.0001
X_2	0.848546	0.225475	3.763373	0.0037
X_3	0.017877	0.003822	4.677147	0.0009
X_4	0.010150	0.001609	6.306241	0.0001

R-squared	0.984117	Mean dependent var	0.877400
Adjusted R-squared	0.977764	S. D. dependent var	0.300185
S. E. of regression	0.044763	Akaike info criterion	−3.113668
Sum squared resid	0.020037	Schwarz criterion	−2.877651
Log likelihood	28.352510	F-statistic	154.900500
Durbin-Watson stat	1.192183	Prob(F-statistic)	0.000000

回归结果表明，每个估计的回归系数都是显著的，因为计算出来的P值很小，每个系数显著不为零。此外，四个变量联合统计显著，因为获得的F值154的P值几乎为0。R-squared值为0.984，非常高，说明所有变量联合解释了被解释变量98.4%，拟合度很高。综合来看，模型很好地模拟了被解释变量与解释变量之间的关系。

观察回归结果可以看出，与理论假定部分预期相同，四个解释变量与被解释变量正相关。X_1对应的斜率系数为0.0724表示，在其他变量保持不变的条件下，人均纺织产量每增加一个单位，则纺织业碳排放量增加0.0724亿吨。在其他变量保持不变的条件下，贸易竞争力指数每提高1%，纺织业碳排放量增加0.8485亿吨。同样，在其他变量保持不变的条件下，化石类能源消耗占能源消耗总量的比重每提高1%，纺织业碳排放量增加0.0178亿吨。在其他变量保持不变的条件下，纺织业能源强度每提高一个单位，纺织业碳排放量增加0.0102亿吨。

(四)模型启示

通过观察回归结果可以得到如下启示：

根据模型结果，可以分析减少碳排放的途径。模型结果表明，碳排放与人均纺织产量、贸易竞争力指数、能源结构以及能源强度呈正向关系，因此，减排的途径可以为：减少人均产量，降低出口竞争力，改变能源结构和降低能源强度。而减少人均产量和降低出口竞争力都是消极的减排途径，所以，减排的有效途径应该是改变现存能源结构和降低能源强度。目前，化石类能源还是主要的能源消耗品，可适当地利用其他非化石类能源。而降低能源强度即降低单位产量耗能量，可以通过提高能源利用效率来实现。

通过比较回归结果的变量系数，可以总结出各个变量对碳排放的影响程度不同，影响程度从大到小依次为：贸易竞争力指数，人均纺织产量，能源结构，能源强度。贸易竞争力指数对碳排放的影响程度最大，即纺织业出口竞争力的高低对其碳排放的影响很大。而通过降低出口竞争力来减少碳排放对于出口影响非常大，这两者的处理方式是矛盾的。因此，减少碳排放不能通过降低出口竞争力这个途径实现，需要从根本上寻找减排的途径。只有从本质上解决碳排放问题，也就是环境问题，才能更好地开拓发展之路。

四、政策建议

基于研究结果，本文确定了我国纺织业碳排放与出口贸易有一定的关系，出口竞争力的提高会使得纺织业碳排放量增加。哥本哈根会议已经明确规定对发达国家实行碳排放量限制，并提出发展中国家在不影响其经济发展的大前提下要适当地限制碳排放。碳排放问题即环境问题，而环境问题最终会成为影响发展的重要问题，于是，解决碳排放问题是非常重要并且紧急的问题。此外，从前文现状分析可以看出我国纺织业出口竞争力相比于其他国家较弱。因此，减少碳排放和提高竞争力这两个问题需要两手一起抓，不能忽略任何一个，不能一味地提高竞争力而忽略了碳排放问题，也不能只考虑去减少碳排放而不顾出口竞争力，这样对于正处于高速发展中的我国经济来说会带来更多的问题。所以，我国纺织业要走向一条更好地循环发展的道路，既要考虑减少碳排放的措施，也要想出一些提高出口竞争力的有效途径。本文针对我国纺织行业碳排放问题和提高出口竞争力提出两方面建议。

(一)关于碳排放问题的政策建议

1. 优化出口贸易结构和能源结构

由于我国能源价格较国际水平低，我国出口能源密集型产品占有成本优势，出口竞争力提高的同时我国碳排放量也在增加。优化出口贸易结构可以从两个方面着手：一方面，改变出口贸易产品类别，减少能源密集型产品的出口；另一方面，提高出口贸易产品的附加值。减少能源密集型产品出口需要国家与企业的共同合作执行，企业大多追求高利润目标，对于碳排放问题没有根深蒂固的意识，所以，国家需要在限制出口能源密集型产品时实行一些奖惩措施，诸如降低此类产品的出口退税，提高其出口关税等。我国每年出口贸易数量都比较大，特别是纺织品，出口技术要求不高的纺织品，价格低廉，收入却并不乐观，因此，需要提高出口产品的附加值。近些年，随着品牌观念的深入人心，品牌附加值可以为很多商家赚取高额利润。

2. 优化能源结构，更多地利用可再生能源

目前，煤炭一直是我国的主要消费能源，其产生的碳排放量比石油和天然气都要高很多。因此，应该在一定程度上限制煤炭类高碳排放燃料的使用，大力发展可再生能源。而核电是一种新型能源，其技术已经相对成熟，受外界影响较小，具有无污染、零排放的发电优势。国际上已有国家大规模使用核电，例如，法国核电的发电量占国家发电总量的比例接近 80%。

3. 通过加强低碳技术的研发与引进来提高能源利用率

IPCC 第三次评估报告声明，技术进步将会在以后的温室气体减排工作方面具有决定性影响。国际上常见的提高能源利用率的技术主要有三个，分别为二氧化碳捕获和封存技术、节能技术和可再生能源技术。

4. 向国际争取更多的碳排放空间

我国是一个发展中大国，碳排放量也是增长速度最快的国家之一。从

哥本哈根会议的情况来看，中国被其他缔约国要求承担全球减排任务，而我国经济正处于发展的一个重要阶段，碳排放限制在很大程度上会影响我国经济的整体发展速度。因此，需要向国际据理力争以获取更大的碳排放空间来缓解这个问题。

(二)提高出口竞争力的途径

1. 创立自主品牌

创立自主品牌的益处主要是能够增强知名度，创造附加值。特别是纺织业，本身生产成本比较低，初级产品出口利润微薄。创立自主品牌便可以效仿发达国家在产品销售地建厂，宣传，销售，以减少本国碳排放量，并以此作为非常时期的缓兵之计。当然，从全球角度来看，这不是一个可取的方法，只是在全球不同地区进行碳排放转移，没有从根本上减少碳排放。

2. 提高科研投入

科学技术始终是第一生产力。纺织业要提高出口竞争力，需要注意加强对机器设备的更新、研究，纺织品处理技术的研究，减排技术的研究及引进等。技术创新早期的投入是很大的，需要国家的高度鼓励与支持。

3. 提高管理水平和注重人才培养

中国纺织业内存在很多中小型企业，有些管理理念的意识比较薄弱，对人才的要求也并不高。在环境问题的压力下，全球都在走低碳之路，行业发展的低碳化将会是大势所趋。所以，中小企业的发展需要具有管理思想的人才，同时，低碳化的纺织行业对技术是有一定要求的，培养这方面的人才是具有长远意义的。

参考文献

1. 高凤林：《碳排放与出口竞争力关系的实证分析——以中美贸易为例》，《西南政法大学学报》，2010 年第 5 期。
2. 刘甲庆：《中国碳排放与出口贸易关系的实证分析》，哈尔滨工业大学硕士学位论文，2011 年。
3. Roberto Schaeffer，Andre Leal de Sá. The embodiment of carbon associated with Brazilian imports and exports. Energy Conversion and Management，1996，37(8).
4. 张金昌：《国际竞争力评价的理论和方法》，经济科学出版社，2002 年。
5. 许广月、宋德勇：《中国出口贸易、经济增长与碳排放关系的实证研究》，《国际贸易问题》，2010 年第 1 期。
6. 王海鹏：《对外贸易与我国碳排放关系的研究》，《国际贸易问题》，2010 年第 7 期。
7. 蒋金荷：《中国碳排放量测算及影响因素分析》，《资源科学》，2011 年第 4 期。
8. 张肃平：《山东省对外贸易和经济增长对碳排放影响的实证分析》，山东大学硕士论文，2011 年。

9. 郝佳：《中国纺织业出口贸易国际竞争力实证研究》，《价格月刊》，2012 年第 1 期。
10. 祈小华：《浙江纺织业的出口竞争力研究》，浙江工业大学硕士论文，2010 年。
11. 易艳春：《外商直接投资、经济增长与我国碳排放关系实证研究》，华中科技大学博士论文，2011 年。
12. 程建：《中国碳排放与经济增长的实证研究》，华中科技大学硕士论文，2010 年。

（作者：姚　蕾　首都服饰文化与服装产业研究基地研究人员　副教授）

基地名称：首都服饰文化与服装产业研究基地
依托单位：北京服装学院
项目类别：北京市哲学社会科学“十一五”规划项目

基于结构方程模型的绿色服装购买行为研究①

一、研究背景

人类对于生态环境造成的污染和破坏日益严重。针对严峻的环境问题，世界各国纷纷提出了以“可持续发展”为主题的发展战略。人类生活在地球上的各种消费行为是无法避免的，但相关研究显示人类良好的消费习惯可以在很大程度上降低自身行为对环境造成的负面影响。“绿色消费”的概念由此应运而生，并在近二三十年间成为国际环保工作的核心议题，发达国家的专家、学者们对其给予了很大的关注并开展了大量的研究。

消费者对于绿色消费的兴趣大多起始于对有机食品的消费，随着有机食品消费习惯的形成，他们逐渐会将这种可持续生活方式延伸至日常生活的其他领域，比如绿色服装。绿色服装又称“生态服装”、“环保服装”或“低碳服装”，具有加工生产过程对环境污染小、日常穿着对人体安全无害、废弃后可进行回收或再生处理等特点。消费者消费有机棉服装的调查（Hustvedt & Dickson，2009）结果显示，大约有38%的消费者回答他们会消费有机棉服装，并且这部分消费者相比较那些不会消费有机棉服装的消费者更加关注有机农业，具有很强的自我认知和社会责任感。有关“绿色服装的消费意愿”的调查研究报告（Hansen，Samuelsen，& Silseth，2008）显示，在同时面对标有“有机纤维”和“非转基因纤维”字样的产品时，消费者更倾向于消费“有机纤维”的产品。目前国内外在有机食品消费领域的学术研究数量较多且相对成熟，而在绿色服装消费领域的研究则较为少见，尚处起步阶段。

二、理论模型

计划行为理论（Theory of Planned Behavior，TPB），是社会心理学领域中非常著名的态度行为关系理论之一，是近年来从微观层面分析消费者行

① 本文是《中国与挪威可持续服装消费研究》项目的阶段成果，项目编号：09BaJG250。

为的较有代表性的理论。该理论认为行为意愿是对实际行为影响最直接的因素，而行为意愿又受行为态度、主观规范和感知行为控制的影响。计划行为理论在国内外已被广泛应用于多个行为领域的研究，并被证实其对大量不同领域的行为都具有较好的解释力和预测力。本研究依据计划行为理论来建立理论模型，但没有对实际行为的预测。

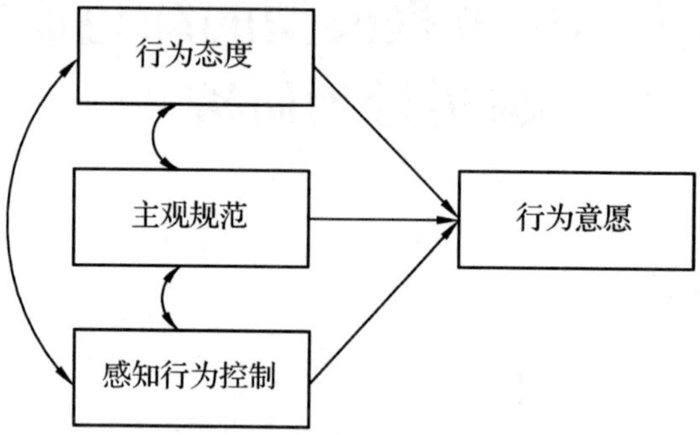

图 1　本文理论模型图

三、研究方法

本次研究采用问卷调查法，于 2011 年 10 月选择了北京、上海、大连三所城市共计 18 所高校作为调查地点。这些院校涉及理工科类、文科类、艺术类、综合类等不同类型，以保证所选取的高校具有一定的代表性。本研究采用便利抽样法对上述高校的在校大学生开展问卷调查，共收回有效问卷 784 份。受访者的背景信息如表 1 所示。

表 1　受访者背景信息

变　量		学校名称	问卷数量（份）	所占百分比（%）
大　学	北京	北京理工大学	47	6.0
		北京工业大学	43	5.5
		中国人民大学	44	5.6
		北京化工大学	50	6.4
		北京服装学院	45	5.7
		对外经贸大学	41	5.2
		北京地区问卷总数	270	34.4
	大连	大连理工大学	45	5.7
		大连工业大学	39	5.0

续表

变　量		学校名称	问卷数量（份）	所占百分比（%）
大　学	大连	大连海事大学	58	7.4
		东北财经大学	44	5.6
		大连民族学院	49	6.3
		大连地区问卷总数	235	30.0
	上海	上海师范大学	41	5.2
		上海交通大学	47	6.0
		东华大学	45	5.7
		上海中医药大学	48	6.1
		华东理工大学	18	2.3
		上海工程技术大学	35	4.5
		同济大学	45	5.7
		上海地区问卷总数	279	35.6
性别		男	335	42.7
		女	449	57.3
专业分类		艺术类、教育学、社会学	383	48.9
		理工类	401	51.1

计划行为理论的提出者 Icek Ajzen 设计出一套计划行为理论的一般问卷模式供研究者参考。一般问卷模式包含整体的直接测量和基于信念的测量，所有测量项目均采用李克特等级测评法，其中行为态度的直接测量选用语义区分法。本研究问卷设计选取的是直接测量法，问卷内容主要包括两部分：第一部分用来测量 TPB 模型的主要变量，包括行为态度、主观规范、感知行为控制和行为意愿；第二部分测量个人信息。问卷设计采用李克特七级量表。设计好的问卷首先经过了试调查，并根据试调查的情况进行了适当修改，随后才投入正式使用。在题项顺序设计方面，将各潜变量下所包含的题项穿插开来，以保证紧邻的两个题项来自于不同的潜变量。

四、研究结果

由于本研究所考察的 TPB 模型变量都无法被直接观测，且各自涉及众多方面，传统的回归模型无法解决这样的问题，因此需要引入结构方程模型的方法对其进行研究。本研究的结构方程模型分析包括三个步骤：首先是多变量正态分布检验，目的是找出那些违反多变量正态分布的观测量；其次是验证性因子分析，对每个测量模型进行验证，保证测量模型具有很好的拟合优度；最后是结构方程模型分析，验证结构模型拟合度，得出潜在变量的相互关系。

(一)多变量正态分布检验

应用模型进行分析之前，需要对观察变量进行多变量正态分布检验，因为即使单变量呈现正态分布也不能断定多变量正态分布必然成立。多变量的峰值和关键比率值通常用来作为测量多变量是否符合正态分布的测量指数，其中关键比率值(C. R. 值)显得尤为重要，在实际测量中当关键比率值大于 5.00 时表示多变量不是正态分布(Bentler，Liang，&Yuan，2005)。

经过检验，多变量正态分布检验结果显示，多变量峰值和关键比率值分别是 7.632 和 6.318，表示多变量并不是正态分布。根据数值从高到低原则，删减了其中 37 份原始数据，将删减后的数据再次运行该检验，结果显示多变量峰值和关键比率值分别为 5.337 到 4.313，所以采用删减后的 747 份数据进行后续分析。

(二)信度分析

信度又叫可靠性，是指测验的可信程度，它主要表现测试结果的一贯性、一致性、再现性和稳定性。此处运用软件 SPSS17.0 对数据进行信度测试，学术界对 Cronbach's Alpha 系数的建议值是 0.7，介于 0.7 至 0.98 之间是高信度，低于 0.35 则必须予以拒绝(Nunnally，1978)。

表 2　信度分析结果

潜变量	样本量	项目数	Cronbach's Alpha 系数(α)
行为态度	747	3	0.853
主观规范	747	2	0.718
感知行为控制	747	3	0.564
行为意愿	747	3	0.649
所有变量	747	11	0.875

表 2 中的数据显示，量表总体 α 系数值为 0.875，表明问卷具有很好的内在信度，问卷内容具有高度的一致性。但表 2 中显示出感知行为控制 α 系数值为 0.564，行为意愿 α 系数值为 0.649，都未达到 0.7 的建议值，这表明需要对感知行为控制和行为意愿的测量模型进行适当调整。

(三)验证性因子分析

验证性因子分析旨在验证测量模型的准确性，即潜变量的测度项是否可以充分的代表潜变量和问卷的综合信度及效度。卡方检验是一项全球性通用的测量指标，用来检验实际数据与模型的适配程度，不过卡方检验数值对于样本数量大小有很高的敏感性(Jöreskog，1993)，当样本容量较大时，卡方检验值显著偏大。因此，一般而言，通常认为当 RMR 值小于 0.05，RMSEA 值小于 0.07，GFI 值、AGFI 值、NFI 值、CFI 值大于 0.90 时表示模型拟合度良好(Steiger，2007；Bentler，1990；Byrne，1989；Jöreskog，1984；Bentler，& Bonnet，1980)。

首次验证性因子分析结果显示出了良好的整体拟合优度($\chi^2=281.723$，df=38 (p=0.000)，RMR=0.091，RMSEA=0.093，CFI =0.933，GFI =0.935，NFI=0.923)。但是感知行为控制(Perceived Behavioral Control，PBC)中的测量变量 PBC3 的标准化路径系数值为 0.425，行为意愿(Behavioral Intention，IT)中的测量变量 IT3 的标准化路径系数值为 0.404，未达到最低标准值 0.5(Ford，MacCallum，& Tait，1986)，所以删除 PBC3 和 IT3。

将删除 PBC3 和 IT3 之后的变量进行第二次验证性因子，结果表明模型整体拟合度有所提高($\chi^2=109.005$，df=21 (p =0.000)，RMR=0.044，RMSEA=0.075，CFI =0.973，GFI=0.968，NFI=0.967)。不过 PBC1 的标准化路径系数数值仍然较低(0.514)，所以选择删除 PBC1，这将使感知行为控制成为由单一变量测量的潜变量。为了保证测量结果的准确性，将该条单一路径系数设置为 0.9，将误差项固定为 0.19(Hansen，Samuelsen，& Silseth，2008；Bagozzi & Yi，1988)。经过修正之后的模型运行结果显示各因子标准化路径系数值都超过了 0.6，全部在 0.001 水平下显著；平均变异抽取量值分布在 0.569 至 0.667，超过了该指标大于 0.5 的建议值(Fornell & Larcker，1981)。

对调整后的变量再次进行信度分析，结果显示：各变量信度 α 系数值范围是 0.713 至 0.857，均高于 0.7，表示经过调整后各变量的内在一致性较高；总体信度值为 0.87，表明问卷的综合信度很好。第三次验证性因子分析结果($\chi^2=81.016$；$\chi^2/df=5.401$；NFI=0.973；GFI=0.974；AGFI=0.937；CFI=0.978；RMR=0.043；RMSEA=0.077)表示测量模型拟合度很好，具有很高的效度，可以进行后续的结构方程模型分析。

(四)结构方程模型分析

本研究采用最大似然法进行参数估计，结果如表 3 所示。各项指标值支持了结构模型的有效性，标准化回归系数在 0.001 的显著性水平下显著不等于零。图 2 为结构方程模型的标准化路径系数图，行为态度、感知行为控制、主观规范对行为意愿的标准化路径系数分别为 0.49、0.38、0.24。可见，相对于感知行为控制和主观规范而言，行为态度对消费者购买绿色服装的意愿影响更大。

表 3　结构方程模型指标值分析表

Model	χ^2	χ^2/df	NFI	GFI	AGFI	CFI	RMR	RMSEA
TPB	81.016	5.401	0.973	0.974	0.937	0.978	0.043	0.077

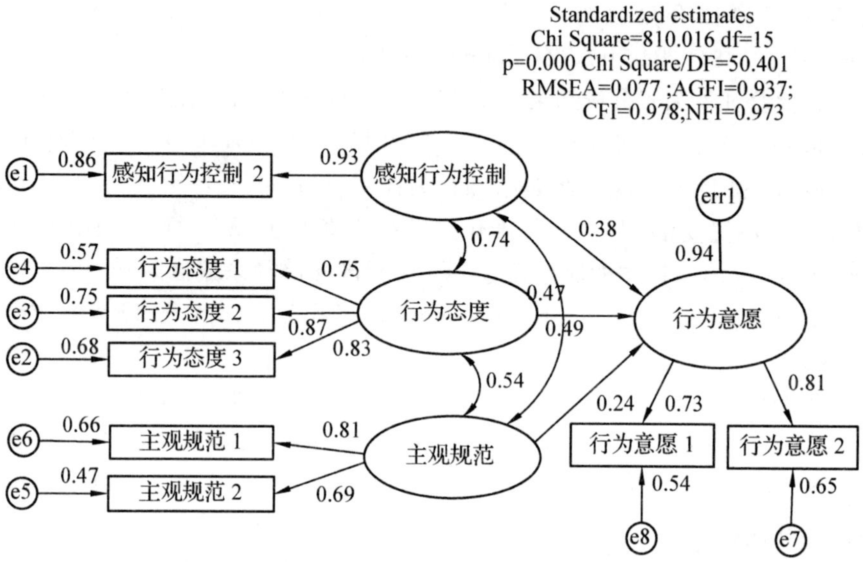

图 2　结构方程模型运行结果

五、结论和建议

本文以 TPB 为研究理论框架，选取大学在校生为研究对象，采用结构方程模型方法对消费者绿色服装购买意愿的影响因素进行研究。分析结果显示，模型中的三个影响因子对最终购买意愿都有显著性影响，其中消费者的行为态度具有最显著影响，说明消费者内心对绿色服装的认可和接受是购买绿色服装的主要原因。感知行为控制对消费者绿色服装购买意愿有显著影响，说明消费者个人的资源以及有利的外部条件也会对购买意愿的产生起到推动作用。主观规范同样会显著影响购买意愿，说明整个社会对于绿色服装消费的积极态度和认可也有利于促使消费者购买绿色服装。

本研究结果帮助读者对影响绿色服装购买行为意愿的心理决定因素和行为意愿之间的关系有了一定的认识和了解。从实用的角度来看，研究结果将会给相关政策制定者、市场营销者和绿色服装经营市场相关的利益经营者一定的建议和帮助。消费者依靠于更积极的态度帮助形成坚定的购买意愿，所以寻找有效的方式方法提高消费者对于环境友好和绿色服装的相关知识有助于帮助消费者形成积极的行为态度，而整个社会对于购买绿色服装形成一个良好积极的行为态度有利于帮助形成较高标准的消费者个人主观规范，相关企业还应该增加与消费者之间关于绿色服装的信息交流，以提高消费者对绿色服装的了解，可以增加他们购买绿色服装的感知行为控制，进而推动绿色服装购买行为的发生。从更根本的角度来看，教育应该发挥更有影响力的角色，今天所有的消费者都是昨天的学生群体，所以重视人文教育和可持续发展相关理念的灌输应该成为学校科目的一部分，可以从根本上促进消费者的行为态度，促进购买绿色服装的意愿。

当前学术领域有关绿色服装消费行为的研究文献数量较少，作者选择TPB为研究理论框架，从心理学角度对影响国内绿色服装消费者的消费行为意愿及相关因素进行实证研究，具有一定理论价值和创新性。本次研究仍有不足之处，比如，选择大学在校生为研究对象在一定程度上削弱了最终结果的概括性。但有一个事实不容忽视，今天的大学生必然会成为明日服装市场的主要消费力量，所以本研究结果仍然具有较好的现实意义。未来该领域的研究可以侧重于绿色服装消费的市场细分，而不仅仅是学生群体或者一般消费群体。另外，未来的研究还应当关注绿色服装消费的实际行为，而不再只是测量行为意愿。

参考文献

1. Hustvedt, G., & Dickson, M. A. Consumer likelihood of purchasing organic cotton apparel: Influence of attitudes and self-identity. Journal of Fashion Marketing and Management, 2009(13).
2. Hansen, H., Samuelsen, B. M. & Silseth, P. R. Customer perceived value in B-t-B service relationships: Investigating the importance of corporate reputation. Industrial Marketing Management, 2008(37).
3. Bentler, P. M., Liang, J., Yuan, K.-H. Some recent advances in two-level structural equation models: Estimation, testing and robustness// Contemporary multivariate analysis and design of experiments: In celebration of Prof. Kai－Tai Fang's 65th birthday. NJ: World Scientific, 2005.
4. Nunnally, J. C. Psychometric Theory. New York: McGraw Hill , 1978.
5. Jöreskog, K. G. Testing structural equation models//Testing structural equation models. Newbury Park. Sage Publications, 1993.
6. Steiger, J. H. Understanding the limitations of global fit assessment in structural equation modeling. Personality and Individual Differences. 2007(42).
7. Bentler, P. M. Comparative Fit Indexes in Structural Models. Psychological Bulletin. 1990(107).
8. Byrne, B. M. A Primer of LISREL: Basic Applica-tions and Programming for Confirmatory Factor Analytic Models. New York: Springer Verlag, 1989.
9. Jöreskog, K, Sorbom, D. LISREL VI: Analysis of Linear Structural Relationships by the Method of Maximum Likelihood//National Educational Resources. Chicago,

IL，1984.

10. Bentler，P. M，Bonnet，D. G. Significance Tests and Goodness-of-fit in the Analysis of Covariance Structure. Psychological Bulletin. 1980(88).
11. Ford，J. K，MacCallum，R. C，Tait，M. The applications of exploratory factor analysis in applied psychology：a critical review and analysis. Personnel Psychology. 1986(39).
12. Bagozzi，R. P，Yi，Y. On the evaluation of structural equation models. Journal of the Academy of Marketing Science. 1988(16).
13. Fornell，C.，Larcker，D. F. Evaluating structural equation models with unobservable variables and measurement error. Journal of Marketing Research. 1981(18).

（作者：韩　燕　首都服饰文化与服装产业研究基地研究人员　副教授
杜　鑫　北京服装学院 2010 级硕士研究生）

北京文化发展研究基地

（北京师范大学）

基地名称：北京文化发展研究基地
依托单位：北京师范大学
项目类别：北京市哲学社会科学“十二五”规划项目

加强高校与社区的文化共建，提升居民人文素养[①]

积极进行北京高校与社区文化共建共享的研究和探索，提高高校与社区文化共建共享的水平，这对于大力培养社区居民人文素质，迅速提升城市文化品位，增强北京城市的文化影响力和吸引力都有深远的影响，对有中国特色世界城市建设、“人文北京”建设以及“中国特色社会主义先进文化之都”建设，也具有非常积极的意义。从中央到北京市政府，一直高度重视高校与地方的共建，并采取了一系列措施，如拆除高校围墙、共享绿地等。就北京而言，中央和北京市政府多年来向在京高校提供了多方面的支持，高校的办学条件有了很大改善，在京高校理应对北京的城市发展，特别是文化建设做出重要贡献，高校与社区文化共建共享也是未来社会的发展趋势。部分发达国家在这方面已经有非常成功的典范，我国个别城市也正在进行有益的尝试，并取得了宝贵的经验。总之，本课题的研究不仅具有重要的理论意义，同时具有重要的实践价值。

一、高校与社区文化共建的重要性

(一)加强北京高校与社区文化共建共享，快速提升北京居民文明素质

随着城市化进程的加速，城市文化发展的意义日益凸显。衡量一个城市是否具有吸引力和竞争力，很重要的一点是看它的文化资源是否丰富、文化氛围是否浓厚、文化发展是否具有个性。在一定程度上，城市的竞争力最终表现为文化竞争力，因此重视文化建设，提高文化品位，以文化品位来塑造城市形象，展示城市品牌，以文化氛围来凝聚人心，推动城市发展，已成为城市建设和管理的重要内容。高校是人才荟萃之地，高校是社会的思想库，无论学科门类、规模大小还是发展目标，各个高校之间都存在差别，但其承载的科学精神、人文精神、民主自由精神、改革创新精神等，却是高校共同拥有的。高校具有超越世俗文化的优越性，在价值取向、

① 本文是《北京高校与社区文化共建共享研究》项目的阶段成果，项目编号：11WYB008。

思维方式和行为规范上具有不同于其他社会群体的团体意识和气质特征。城市拥有了高校，就如同拥有了文化的源头活水。优秀的大学，是城市的名片。高校的文化成为城市文化的重要组成部分，并以其特有的超越性、超前性和开放性特点，在城市文化建构和城市精神塑造中起着重要作用。

目前，随着全球化趋势的发展，文化的交流和冲突日益增多，携经济强势而来的外来文化对本土文化带来严重的冲击和挑战。本土文化中传统与现代的背离、传承与弘扬的困境，造成了空前复杂的文化态势。一方面，北京提出建设中国特色世界城市的宏伟目标，相当一部分的硬件设施也确实达到了世界一流水平，但是北京居民的文明素质却参差不齐，既有彬彬有礼的谦谦君子，也有大言欺人的小混混；既有衣着考究的文雅之士，也有不少所谓的“膀爷”；既有沉迷灯红酒绿的时尚“潮人”，也有固守传统的“落后分子”。虽说是文化的多样性丰富了，但是总体而言，北京居民的整体现代文明素养与其他世界城市还有不小的差距。

尽管文明素质的涵养提升非一朝一夕之事，但也不是不能适当地提速。就北京而言，高校林立，而且高水平的大学不在少数，这对北京而言是一笔巨大的、可供利用的文化资源。可惜的是，目前北京高校与社区在文化领域的共建非常有限，没有充分发挥高校在文化上辐射引领城市社区文化发展的应有功能。如果能够加强高校与社区文化的良性互动，有效地引导、培育和提升社区居民的文明素质，则有助于克服大众文化中的不良倾向，把高品位的人文精神渗透到城市的社区和人群中，对城市文化无形地起到提升和推动作用。当前，城市物质生活相当丰富，然而人们的精神世界却陷入了各种社会思潮构成的漩涡之中，大众文化中感性的、躁动的、沉靡的倾向日益突出，功利性倾向较为普遍，大学作为精英文化的创造和辐射中心，理应担负起净化城市和社区人文精神的历史责任，把高品位的人文精神渗透到城市的社区和人群中，这对于“人文北京”与和谐社会建设有重要价值，对北京建设中国特色世界城市和“中国特色社会主义先进文化之都”有巨大的促进作用。

(二)通过共建，高校帮助社区开展各类文化活动

在古代，“天下为公，苍生是念”“先天下之忧而忧，后天下之乐而乐”的思想理念，使文人志士一直把国家、民族、人类的发展视为己任，体现了目光高远的人文关怀。在现代，西方国家把大学誉为“国家人才的思想库”。在我国，大学自诞生那一天起，就肩负着比西方大学更多的社会责任，不但是人文精神的创造者和传播者，还担负着为国家救亡图存培养急需人才的重任。北京大学、北京师范大学、清华大学的成立，就是在时代召唤下应运而生的。反过来，以北京大学为代表的大学在现代新文化运动的形成和发展中，起到了至关重要的作用。在我国社会更新和改造中具有不可替代的价值。正如有学者指出的那样，北京大学对我国社会的贡献，超过了哈佛大学对美国社会的影响。可以说，我国的大学在推动社会经济文化发展方面，有优良的传统和宝贵的经验。如今，知识经济成为社会发展的重要组成部分，在北京建设有中国特色世界城市的宏伟目标中，如何一如既往地发挥大学对城市、对社区的文化影响力，为培育学习型社区，建设中国特色社会主义先进文化之都具有深远的意义。

(三)通过高校与社区的文化共建共享，高校帮助有条件的社区积极开展社区居民的继续教育

随着知识型社会的逐步确立，知识的创新和更新换代呈加速度推进，拥有一技之长，并不能保证一生不落伍，因此，每个人几乎都需要终生不断学习充电。另外，尽管现在大学的录取率不断提升，但还是不能满足所有人的学习需要，仍然有一部分青年人考不上大学。现实的情况是，一方面众多的毕业大学生找不到工作；另一方面，用人单位招不到能够胜任工作的员工，职业技能教育还远远不能满足要求。种种因素，为高校和社区的文化共建合作提供了广阔的前景和舞台。大学可以凭借自身优势，为社区举办各类培训机构，顺应知识经济的发展潮流，促进社区居民的科学文化需求，是落实中央提出的建设学习型社会的有效途径。社区居民通过在培训机构的系统研修，在提升知识含量的同时，还能助力居民的职业发展，实现连带的经济效益，有助于在社区居民中培养积极向学的进取精神。这对于北京建设中国特色世界城市的宏伟目标有深远影响。

(四)搭建统筹全市高校与社区文化共建共享的公益性管理平台

高校和社区分别隶属于不同的管理系统，二者之间缺乏沟通的桥梁和纽带，不知道该怎样和对方合作，单靠某一方的力量都不足以推动双方的深度合作。这就需要政府出面，搭建一个公益性的管理平台，建立一套行之有效的合作机制，通过这些将高校的文化资源更好、更多、更顺畅地传递到相关的社区，有助于打破现有体制机制上的障碍，让更多社区分享高校的文化盛宴，提高高校文化资源的利用率，同时也能扩大高校的影响力。在北京高校和社区文化建设中不断进行制度创新的有益尝试，开拓双方共建合作的新局面。

(五)通过共建，高校在社区定期举办各类专题文化讲座，有助于培育社区的文化氛围

大学经过长期的历史积淀，有着稳定而丰富的文化内涵，蕴涵着深厚的科学精神和人文精神。大学文化，也就具有了超越世俗文化的优越性，在价值取向、思维方式和行为规范上也更具有优越性。当今时代物质财富日益丰富，人们对于精神的渴求日益迫切，世俗文化中平面化、无深度、快餐式的消费文化，满足不了人们对文化的更高层次的需要。而大学文化的超越性，恰恰可以弥补和提升社会的文化质量。大学是人才最为密集的地方。充分利用大学的人才优势，为高校和社区共建谱写新的篇章，是完全可能的。发挥高校教师尤其是离退休教师、研究生人才优势，通过专题文化讲座的方式，将高校丰富多彩的文化知识传递给社区居民，一方面可以丰富居民的文化生活，培养积极、健康、向上的高雅文化趣味，另一方面有助于抵制低俗、不健康的低级趣味的侵蚀，对促进“人文北京”建设有积极意义。

(六)双方共建，对高校实事求是学风的培养有很大促进作用

高校与社区的文化共建，是双方共同受益的互动，不是单方面某一方对另一方的施舍。通过与社区的文化共建共享，高校能够更好、更准确地发现和研究现实问题，对于完善学科和课程设置很有帮助。例如美国一些知名大学开设的关于城市研究、城市文化研究、族裔研究以及社区犯罪、青少年问题研究等项目和课程，就是在高校对社区的关注中逐渐形成的。同时对高校“实事求是”和“理论联系实际”学风的形成有很大的促进作用，有利于高校克服当前存在的学术研究与我国现实脱节的现象。一段时期以来，我国大学中产生了某种不良倾向，言必称西方，甚至聘用教师也必须有西方教育背景，虽然西方发达国家的大学教育有比我国先进的地方，但是，我国的大学无论是研究还是课程设置首先应当考虑中国国情，西方与我国的社会基础有巨大差异，西方大学要解决的首先是西方社会面临的问题，中西方的社会问题又是不相同的，所以，事事唯西方马首是瞻，肯定会存在矛盾，最起码对解决自身问题帮助不大。例如个别项目花费大量资金取得的科研成果，因为缺少现实针对性而成效不大。所以，高校与社区文化共建，对于转变高校脱离实际的学风是一剂良药。

(七)把社区建成高校大学生的实践基地，有利于提高大学生的爱国意识，增强社会责任感和历史使命感

目前的大学生大多数是独生子女，从小生活条件较为优越，由此产生一系列的问题。如艰苦奋斗精神差，与人和谐相处的技巧弱，对民间疾苦了解不够等。同时随着经济全球化的推进，文化的碰撞交流也日益频繁，既有外来文化与本土文化的争夺，也有传统文化与现代文化的交锋。高校作为思想前沿阵地，受到的冲击也很大。通过高校与社区文化共建共享，把社区作为大学生的实践基地，引导大学生深入社区，参加社区公益活动，体察生活，深切感受人民的疾苦和幸福生活的来之不易。更好地继承我国古代“天下为公，苍生是念”、“先天下之忧而忧，后天下之乐而乐”的理想信念，从爱自己的母校到爱母校所在的社区和城市，由近及远，进而把国家、民族、人类的发展视为己任，对培养大学生的爱国思想、增强社会责任感和历史使命感意义深远。

二、目前高校与社区文化共建存在的问题

(一)管理体制和机制制约了二者的共建共享

我国高等学校目前还实行比较严格的计划管理模式，高校自主招生、自主办学的权限很小，这在很大程度上影响了高校开放办学，与社会全面融合的积极性、能动性，高校往往自成体系，相对独立，没有与社区文化共建共享的迫切要求。社区需要文化的滋养，却又不知如何与高校联系。现在已有的合作大都是自发的、零星的，具有随机性和偶然性，没有体制和机制上的保障，不具可持续性。例如，在北京市大学最为密集的海淀区，汇集了全国知名的北京大学、清华大学、中国人民大学、北京师范大学等学校。但是高校与社区双方共建合作的领域非常稀少，更谈不上什么深度，致使大学始终处于城市经济社会发展循环之外的相对独立状态，大学的智力、知识、技术资源优势得不到充分的利用和发挥。

(二)缺乏整体规划和设计

目前中国的高校与社区的关系以分离模式为主，虽然从中央到北京市政府都希望高校与社区进行文化合作，但是因为没有具体的部门对双方如何合作进行规划、协调和管理，无法有效地整合北京市丰富的高校文化资源与社区文化对接。历史悠久的高校大多集中在市区，空间上由围墙将学校与社区分割开来，只是通过校门与外界社区进行物质文化的交换和人员的流动，这是目前我国城市高校与社区空间分布的主要类型；另一种则主要体现在新兴的大学城上。大学城建立在城市郊区，在空间上远离社区，需要借助一定的交通手段才能与社区建立起联系。高校与社区不仅在空间上呈现出分离的模式，在互动关系上也呈现出一定的封闭性。学生可以通过校门向外流动，与周围的社区居民共同分享学校周边的餐饮、体育、商贸、医疗等公共设施，但是社区居民如果想要共享学校内部的设施资源就很难，社区居民参与积极性不高。高校与社区之间的共建活动经常是“时间点”活动，即：在某一特定的时间点上，高校与社区进行共建活动，过后便分道扬镳，使得高校和社区之间的互动基本上都是形式主义，没有长远的实际意义，社区居民的参与积极性也不高。

(三)互动层次和级别较低

随着时代的发展，一些大学和社区逐步意识到加强彼此合作的益处，于是展开交流和沟通。但互动仅限于一些低级别、低层次的生活琐碎事务，与合作、互动、一体化发展的要求相距甚远。文化方面的互动更加少，已有的共建仅局限于个别高校的部分学生社团和志愿者对外来务工人员及个别社区居民的服务，高校对社区开放的资源主要是一些医疗、体育设施、餐饮方面的共享。在医疗方面以中国农业大学(东区)为例，农大校医院属

于三甲医院，具备 X 光照射、传染病防治隔离、普通理疗、病房等医疗设施，不仅面对本校学生，也向附近社区居民开放；在公共设施方面，农大的体育设施，包括操场、足球场、篮球场、排球场、体育馆和网球场以及其他体育器械，除了体育馆和网球场是限定开放之外，其他场地并不限制社区居民使用。[①] 在资源共享上，受到的限制多，学校半封闭的情况让很多可以共享的资源被浪费掉；而共建活动也多为蜻蜓点水般的形式主义，很难对社区居民的生活有实质上的帮助。活动的内容并不能尽量发挥高校的文化教育职能，只是起到了高校单方面的宣传作用，内容单一枯燥，难以得到社区居民的认可。

三、高校与社区文化共建的举措

(一)由高校帮助社区建设“文化学习室”，开展“读书月”活动，建立高校与社区的文化共建共享机制

高校帮助社区建设“文化学习室”并开展与推广“读书月”活动，由高校与社区居民共同商定一个时期内的阅读书目，高校师生进行学习辅导答疑，由此带动社区居民的学习积极性，逐步形成浓郁的读书氛围，提高社区居民的文化素养。建立互动基地，加强文化交流和沟通。社区可以充分利用其资源或资金优势，创建互动基地，为互动提供较固定的空间或场所，定期组织开展系列活动，如政策法规的宣传、学习和辅导，文化团体的培训、演出，节日联欢，心理咨询，师生创业，社会实践，等等。大学应破除人为的樊篱，建立资源共享机制，师生可以深入社区生活、就业、实践等，社区居民可以到大学感受大学的文化环境和氛围，还可以参与学校的一些活动，如听教师的公共讲演、讲座，参与举办文娱活动，阅览高校馆藏的图书、杂志等。社区还可以到校园为师生组织一些义务服务活动，如理发等。这些对于加强互动、增进互信、拉近距离很有现实意义。

(二)高校帮助有条件的社区举办“社区学院”，积极开展社区居民的继续教育，拓展高校与社区的文化共建共享的合作机制

社区大学起源于 19 世纪末，首创于美国。社区大学的好处在于让知识能够被更多的人共享，增加普通人的学习机会，改变他们的命运。以往的大学往往是精英教育为核心，广大的普通民众没有受高等教育的权力和机会，使得他们很难有改变自己命运所必需的知识技能。

我国的教育体系与美国不同，我们不能照搬美国的模式。根据我国的现实，社区学院应当做到以下三个方面：

---

① 申静：《中国高校与社区的关系模式研究——以北京市海淀区学院路街道与高校为例》，《赤峰学院学报》(科学教育版)，2011 年第 1 期。

一是以培养专业技能为主。我国的大学数量近年来突飞猛进，招生数量也屡创新高，但是每年毕业的大学生却有相当一部分找不到工作，另一方面是很多用人单位招不到合适的员工。问题出在大学和用人单位的需求上的错位。一部分毕业的大学生不算是“合格品”，这与部分高校的课程设置不合理、师资力量不足有关。社区学院可以弥补这方面的缺憾，着重培养技术人才，既满足了社会需要，增加就业，也为更多的人改善生活提供了保障。

二是落实终生学习的理念。通常，人们大学毕业以后，除非有很强目的性的考研究生等之外，大部分学生难以再走近大学继续学习。我国人口中大学生的比例依然偏低，所以没有多余的条件让已经踏入社会的毕业生们随意进入校园学习。社区学院可以满足一部分希望继续学习的需要。

三是提升居民的人文素养。学习有两种，一种是为学习某种专业技能，另一种是没有什么明确的目的，仅仅是为了兴趣，为了兴趣而学才是更可贵的。社区学院可以设置人文艺术类以及科普类课程，满足人们不同层次的需要。

(三)通过高校与社区的文化共建共享，逐步搭建起统筹全市高校与社区文化共建共享的公益性管理平台

鉴于现有的高校与社区各自独立的体制机制给文化共建带来的障碍，可由北京市政府相关部门牵头组织建立统筹全市高校与社区文化共建的公益性管理机构，将北京高校的各类文化资源进行整合，根据社区的需要与社区文化进行对接，从而使高校的文化资源更好、更多、更顺畅地传递到相关的社区，让更多社区居民分享高校的文化盛宴，提高高校文化资源的利用率，同时也能扩大高校的影响力。

其实国际上已经有这样的先例。比如日本在20世纪90年代就提出了“学社融合”计划，即大学与社区的融合计划，并且将其作为新世纪教育发展的一项根本性的工程来抓。“学社融合”充分利用大学的图书馆、博物馆等资源开展社会教育，培育社会人才，共同举办学校教育活动和社区的教育、文化、体育活动等。日本的这一做法使得高校和社区达到了“双赢”的效果，很值得我们借鉴和学习。

(四)高校在社区举办各类专题文化讲座，丰富高校与社区的文化共建共享机制的内容

大学是人才荟萃之地，既有学识渊博的教师，又有大量有热情、精力充沛的大学生和研究生。高校可以充分利用老师和学生的业余时间开展各类社区讲座。不少大学的离退休教师，身体状况非常好，仍有大批愿意发挥余热、奉献自己所学知识的教师，可是他们只能闲居在家，这是最大的资源浪费。现可推行这样的制度：建立有意愿进行公益性普及讲座和文艺演出的教师和学生备案制度，根据每人的专长设计若干题目，将这些信息公开，根据社区需要，安排相应的师生演讲或演出。此措施可逐步扩展到每位教师(特别是退休教师)和研究生每年至少进行一次公益性普及讲座或演出。讲座可制成视频上网共享。将高校丰富的文化知识和娱乐活动传递给社区居民，丰富居民的文化娱乐生活。

(五)通过北京高校与社区文化共建共享，完善高校学科设置和课程设计，注重研究中国自身问题，有助于克服目前高校中存在的学术研究与我国现实脱节的现象

学科和课程是根据现实需要设置的，而现实是不断发展变化的，改革开放以来，我国的社会现实发生了巨大变化，新的问题不断涌现，这就要求高校的学科和课程设置做出相应的调整。通过高校与社区的文化共建共享，高校能够更好、更准确地发现和研究问题，对于完善学科和课程设置很有帮助。例如美国一些知名大学开设的关于城市研究、城市文化研究、族裔研究以及社区文化犯罪、青少年问题研究等项目和课程，就与对社区的关注有很大关联。同时对高校“实事求是”和“理论联系实际”的学风有很大作用。克服目前高校中存在学术研究与我国现实脱节的现象。例如个别项目花费大量资金取得的科研成果，因为缺少现实针对性而成效不大。

在中国当前城市化进程加快，流动人口剧增，新建社区如雨后春笋般拔地而出，由此带来了大量的社会问题，如户籍问题、外来务工人员待遇及子女就学问题等等，都需要认真研究。这是当前我国面临的独特问题，如果只把眼睛盯着西方，无助于解决我国自身的困难。通过与社区的合作共建，加深大学对社会的了解很有助益。

(六)通过北京高校与社区文化共建共享，把社区建成高校大学生的实践基地

自从我国实行独生子女政策以来，“421”的家庭结构已基本成型。6个成年人抚养1个子女，对于重视传宗接代传统的中国而言，对孩子的宠爱程度可想而知。“小皇帝”是对独生子女的称呼，这个称呼代表的含义在我国不言而喻。如今，在校大学生绝大多数都是独生子女，在养尊处优环境中长大的他们，最缺少的恰恰是吃苦耐劳的精神，与人融洽相处应有的宽容大度。增加大学生的社会实践，是克服这些弱点的良药。通过把社区建成高校大学生的实践基地，可规定在校大学生读书期间必须在社区完成一定时间的公益服务，社区对大学生的服务情况给予评价，该评价计入学生档案，并作为大学生评优、评先等的依据之一。这样做有助于大学生在生动的现实生活中了解社会、学会处理人与人之间的关系，体验劳动的艰辛与意义，认识真实的社会生活。

参考文献

1. 于颖：《日本研究型大学与城市的互动分析——以名古屋大学与名古屋市为例》，《比较教育研究》，2011 年第 3 期。
2. 陈艳：《德、美、日应用型大学对独立学院学生实践能力培养的启示》，《文教资料》，2011 年 3 月号中旬刊。
3. 张希胜：《英美大学与社区互动关系研究与发展的启示》，《复旦教育论坛》，2007 年第 3 期。
4. 隋成竹：《城市文化发展与大学的历史责任》，《学理论》，2010 年第 36 期。
5. 林孝信：《台湾社区大学的经验》，《教育与考试》，2010 年第 6 期。
6. 宋俊成：《论大学文化与城市社区文化建设的交融与发展》，《黑龙江教育》(高教研究与评估)，2010 年第 6 期
7. 林明地：《学校与社区关系》，《中国台湾》，五南图书出版公司，2002 年。
8. [英]约翰・亨利・纽曼著，何曙荣、徐辉、顾建新译：《大学的理想》，浙江教育出版社，2001 年。
9. 侯怀银：《高等教育学》，山西人民出版社，2007 年。
10. [美]德里克・博克著，徐辉译：《走出象牙塔——现代大学的社会责任》，浙江教育出版社，1999 年。
11. 裘克安：《牛津大学》，湖南教育出版社，1996 年。
12. [美]科恩著，李子江译：《美国高等教育通史》，北京大学出版社，2010 年。
13. [美]阿尔巴赫，伯巴尔，冈普奥特著：《21 世纪美国高等教育 ：社会、政治、经济的挑战》，北京师范大学出版社，2005 年。
14. 王英杰：《美国高等教育的发展与改革》，人民教育出版社，2002 年。
15. 乔玉全：《 21 世纪美国高等教育》，高等教育出版社，2000 年。
16. [美]劳伦斯・维赛著，栾鸾译：《美国现代大学的崛起》，北京大学出版社，2011 年。
17. [瑞士]吕埃格著，张斌贤等译：《欧洲大学史》(第一卷・中世纪大学)，河北大学出版社，2008 年。

（作者：石　峰　北京文化发展研究基地研究人员　副编审）

基地名称：北京文化发展研究基地
依托单位：北京师范大学
项目类别：北京市哲学社会科学“十二五”规划项目

民族融合与北京风俗变迁[①]

人们常说：“北京是一个民族融合的大熔炉。”由于地处中原农耕经济与西北草原经济、东北山林经济三大经济区域与地理区域的胶合地带，北京自古以来就是五方杂处之地。在游牧民族和农耕民族的常年相互冲突和融合下，北京地区的风情民俗呈现出多民族纷繁、复杂的特点。这种特点最突出的表现是少数民族风俗的汉化与汉族吸收其他民族风俗。到了近现代，西方“异族”因素又被掺杂到风俗的变迁之中。当今北京风俗就是在多民族相互借鉴与吸收过程中逐渐形成的，是中国统一多民族融合的历史见证之一。

一、汉民族主导下，开始吸收其他民族因素的燕地风俗——先秦至宋辽时期

先秦至宋辽时期的北京处于各北方民族的包围之中，西北有匈奴、突厥、蒙古；正北有东胡、乌桓、鲜卑、契丹；东北有肃慎、女真、满族等，使得这里自古以来就是汉民族和北方少数民族互相交往、彼此融合的地区。在先秦至隋唐时期，它一直都是中原地区的农耕政权对抗北方游牧民族的主要军事重镇。所以，从先秦时期开始，北方少数民族游牧文化已经开始影响北京的风俗文化，使北京地区的民风民俗与中原地区表现出较大的差异。

对于这种差异，秦汉时期的史官们即有所察觉，“蓟，南通齐、赵，勃、碣之间一都会也。初，太子丹宾养勇士，不爱后宫美女，民化以为俗，至今犹然。宾客相过，以妇侍宿，嫁娶之夕，男女无别，反以为荣。……其俗愚悍少虑，轻薄无威，亦有所长，敢于急人，燕丹遗风也。”[②]据此可知，燕地在先秦时期是一个比较著名的文化中心，有自己独特的风俗，如崇尚侠义精神、男女关系较为开放、婚姻习俗明显与中原不同等。

---

① 本文是《北京文化发展报告》项目的阶段成果，项目编号：11ZHA001。
② 班固：《汉书》卷二十八，中华书局，1964年，第1657页。

魏晋南北朝时期，周边的许多少数民族乘虚而入，幽州蓟城也不断被少数民族所占据，先后由羯族石勒建立的后赵、鲜卑族慕容氏建立的前燕、氐族苻坚建立的前秦、鲜卑慕容氏建立的后燕以及鲜卑拓跋氏的北魏所统治。民族大迁徙促使胡、汉杂居，南、北交流，出现了一种各民族风俗相互吸收、互相融合的趋势。仅以幽州地区的服饰习俗为实例可以看出一斑。

其时幽州地区的服饰形式共有三种：一是各少数民族居民穿本民族固有服饰，二是少数民族服饰与汉族服饰混杂穿着，三是幽州地区已形成的以世家大族为首的汉族留居者，维持原有的汉族服饰。[①] 进入幽州地区的少数民族主要从事畜牧业，习于骑马，所以他们的衣着多以裤为主，即上身着褶，下身着裤，称之为“裤褶服”。而且裤褶服也是官员的朝服和常服。但也有一些少数民族首领，为了炫耀身份地位，纷纷仿效汉族的华贵服装，尤其是帝王百官，更是醉心于高冠博带式的汉族章服制度，最具代表性的便是北魏孝文帝的改制。孝文帝规定皇帝服衮冕，群臣则服有严格等级制度的汉服。由于少数民族的服饰窄袖紧身便于活动，也为汉族劳动阶层所喜爱，后来连汉族上层人士也穿起了胡服。

到了隋唐时期，燕地的风俗变化并不大。《隋书·地理志》云：“前代称冀、幽之士钝如椎，盖取此焉。俗重气侠，好结朋党，其相赴死生，亦出于仁义。故《班志》述其土风，悲歌慷慨，椎剽掘冢，亦自古之所患焉。……故自古言勇侠者，皆推幽、并云。然涿郡、太原自前代以来，皆多文雅之士，虽俱曰边郡，然风教不为比也。”[②]据此可知，虽然在这一时期出现了文雅之士，但是这些文雅之士并没有从根本上改变燕地“俗重气侠”的社会风俗。

二、少数民族与汉民族博弈与融合下的京都风俗——辽至清中期

后晋石敬瑭把幽州地区割让给契丹之后，北京地区在相当长的一段时期内一直处于少数民族政权的统治之下。辽代即有大批契丹和奚族的民众来到燕京地区定居；金代又有大批女真族民众被金朝统治者迁移到中都地区定居；到了元代，北京地区居民的成分构成变化最大，既有漠北草原的大批蒙古族民众南下，又有西域地区的大批色目人东迁，还有江南地区的大批“南人”北上。因此，在这个时期，北京地区的汉民族风俗与少数民族风俗相互影响，在服饰、饮食、岁时节令、婚丧嫁娶、宗教习俗等方面表现尤为突出。

---

① 李宝成编：《北京风俗史》，人民出版社，2008年，第152页。

② 魏徵：《隋书》(卷三十)，吉林人民出版社，1995年，第553页。

(一)服饰习俗方面

辽王朝曾经规定，契丹人的服装以契丹本民族的样式为主，汉族官员和民众仍以汉族样式的服装为主。但那些被辽王朝任用的汉族人，他们既然做了辽官，为表示投效，带头穿契丹服，并学契丹“髡头”之俗。妇女则大半保持着汉族的服饰，即“俗皆汉服”。当时北宋人有记述说“衣服渐变存语言”，就是指汉族男子衣服契丹化。当时在北京地区居住的还有女真人，他们也髡发，但与契丹人髡发并不完全相同。渤海人也有编发的习俗，但服饰多仿唐制，也吸收了契丹和高丽的风格。金朝统治者在中都强制推行汉人女真化，大多数汉族男子都着女真式服饰和发式，而汉族女子仍穿汉式服装。范成大出使金国时，发现汉族民众习俗已经深受女真影响，“最甚者衣装之类，其制尽为胡矣。自过淮以北皆然，而京师尤甚。惟妇女之服不甚改而戴冠者绝少，多绾髻。贵人家即用珠珑璁冒之，谓之方髻”。① 为了维护女真人的传统，金朝政府严格规定女真人不得着南人衣装，违反者要处以刑罚。但是随着民族融合，女真人汉化已经成为一种风尚。汉族服饰和女真服饰在中都互相影响，互相借鉴。到了元朝，为了强化等级差别和民族界限，虽然统治者制定了严格的冠服制度，但在大都，汉族服饰与少数民族服饰，尤其是蒙古族服饰融合的趋势进一步加强。

(二)饮食习俗方面

历史上，燕地盛产粮食，有黍、稷、稻、麦等，燕地的汉民族及定居燕地的其他民族居民皆以米、面为主食。契丹人到了北京地区后，也逐渐适应了以米、面为主食的饮食习惯。但是，大多数契丹人仍然保留了畜牧民族以肉为主食的习惯。在辽代末年，北京城内汉族、契丹族居民的主食都是粮、肉兼用。到金代，中都城的汉、女真族居民的主食都是以米、面为主，同时食用肉类。汉、女真两民族饮食风俗共存并互为影响，许多食品上都带上了这个特点。如居民常吃的馒头、血羹、烫羊饼子、内羹、大肉饼、灌肠、枣羹、面粥、油饼、松子糖粥、腰子羹、熏鱼、糕糜等。② 蒙古贵族到了大都之后，仍然保留着游牧民族的饮食习惯，以饮酒、食肉为主。而汉族的达官显贵们，则基本上沿袭了传统的农耕地区的饮食习惯。对于生活在大都的普通居民而言，米、面就是他们的主食。

(三)岁时节令方面

辽、金、元入主中原后，受汉族的岁时节令习俗影响极大。契丹人早年并无历法，因此也没有固定的岁时节令。契丹人的原始节日就只是在一些传统的祭祖活动中举行大规模的仪式，但是举行这些仪式都没有固定的

---

① 朱瑞熙等：《宋辽西夏金社会生活史》，中国社会科学出版社，1998 年，第 57 页。

② 吴建雍等：《北京城市生活史》，开明出版社，1997 年，第 41 页。

日期。因此，严格说来，契丹人并无岁时节日。直到辽太宗攻入开封，获取后晋的各种测量仪器及图书等物品，契丹人才有历法。又因燕云地区的并入，受到汉族文化的影响，才有了固定的节日。《辽史·礼志》和《契丹国志》中所记录的岁时节日以及节日期间的各种礼仪和风俗，都是来源于燕云地区，只不过其中融入了许多契丹旧俗。女真人早年也没有历法，后来受汉族文化的影响，才有了历法，而汉族的岁时节令习俗也逐渐为女真人所接受。据《大金集礼》记载：元旦、上元、中和、立春、春分、寒食、清明、立夏、四月八(佛诞日)、端午、三伏、立秋、七夕、中元、中秋、重阳、下元、立冬、冬至、除夕等，都是金朝法定的岁时节日，各级官员还有一至三天的休假。[①] 元代定都大都后，岁时节令活动基本上遵循汉民族传统习俗，尤其是在民间，岁时节令风俗与中原地区差别不大。

在北京岁时风俗整合的过程中，虽然少数民族受汉族文化影响，接受了汉族传统的岁时节令风俗，但是，他们也一直保留着自己本民族的一些节日风俗。比如契丹人的测阴晴、掷饭丸习俗；女真人的“重九”出猎，重五、中元、重九的拜天、射柳习俗；藏族的焚藏香、跳布札习俗；山戎的玩秋千习俗；满族的冰灯、吃白肉习俗等等。这些少数民族的节令风俗在北京流传了很长时期，是北京节令风俗的一个重要组成部分。

(四)婚丧嫁娶方面

辽代以前，燕地婚俗虽然受少数民族婚俗影响，与中原地区不完全相同，但仍是以汉民族婚俗为主。契丹人占领幽州地区后，统治者为了通过血统关系维护利益，规定皇族耶律氏只能与后族萧氏通婚，辽代始终保持了这个做法。同时，统治者为了拉拢幽州地区的汉族大姓来维护他们在幽州的统治，不得不允许契丹皇族与汉人大族通婚。但是，在两族居民中，互相通婚已是很普遍的现象。此外，契丹人仍然保持着婚姻不受辈分限制的落后习俗，甚至做辽官的汉人家族为保其禄位，也这样去做。女真族人最初的婚俗是质朴的，少女可以行歌自行择婿，除统治阶级外，民间不存在混乱辈姻的现象。定都中都后，女真族人多受汉民族婚俗的影响。其主要表现为：一是两族居民互相通婚比较普遍，即使官僚阶层也存在较多的两族人互通婚姻的事实，甚至到了后来，连金朝皇帝都可以纳汉族女子为妃。二是女真族人的婚俗过多的沾染上了汉民族婚姻中的习俗，盛行聘礼，并逐渐变得奢侈。为此，统治者不得不多次对居民婚姻中的聘财做出限制，规定不同阶层居民聘财的数目。元朝忽必烈规定各族婚姻“各从本俗法”即尊重各民族的婚姻习俗。虽然各从其俗，但彼此之间不可能不发生影响。比较明显的是汉族中有人效法蒙古人多妻制，“有妻更娶妻”。蒙古人则受

① 李宝成编：《北京风俗史》，人民出版社，2008年，第8页。

到汉族婚姻礼俗的影响，也有不再从本俗的，而元代官方也未予干涉。辽代以前，幽州地区的葬俗多从汉地风俗。契丹人占领幽州后，葬俗有了较大变化，一是因为契丹族早期有火葬习俗，二是因为当时幽州地区佛教盛行，教徒、信仰者众多，佛教盛行火葬之俗。所以，火葬这种习俗就得以推广。幽州地区的居民以及降辽的汉族官员多实行火葬，但是契丹贵族则不是这样。其他葬俗受汉族风俗的影响极大，辽代帝、后死后修建陵基，葬于幽州地区的汉族高级官僚也都使用汉族传统的修建墓室习俗。下层居民死后多无棺、火葬，也有少数人实行土葬。金中都的葬俗，仍沿袭辽的传统，实行火葬比较普遍。但葬在中都的高级贵族以及皇帝、后妃，则为土葬。元代，在民族大杂居的现状下，统治者采取各依本族的方针，丧葬方式和祭奠方法因习俗不同而各异。但是对于入乡随俗的做法，及至尤其是一部分少数民族受儒家节、孝思想影响，坚持“守制”的做法，也基本上不予干涉。宫廷丧葬大体依照蒙古族传统习俗，实行土葬，但是祭祀活动则多受汉民族葬俗的影响。

（五）宗教习俗方面

北方少数民族大多信仰萨满教，契丹、女真、蒙古、满族等少数民族进入北京地区后，接受了佛、道诸教及其节日风俗。辽、金、元的统治者对佛教较为重视，当时，佛教祭祀活动十分活跃，北京的佛教节日就是在元代后逐渐定型的。但是，北京地区的一些少数民族仍然保持了本民族独特的宗教信仰以及与日常生活结合而形成的宗教风俗。这些宗教风俗也仅仅表现在各少数民族中，对北京地区其他民众影响较小。如开斋节、古尔邦节等穆斯林风俗，只在以回族为主的穆斯林聚居区流行。“藏历年”及与藏历有关的大部分藏传佛教习俗，主要是藏族群众遵行。与萨满教有关的风俗，也主要表现在满族等少数民族中。

洪武元年(1368 年)，蒙古贵族统治被推翻，建立了汉民族统治的明王朝。在大都定居的一大批少数民族民众被赶走。因此，少数民族的风俗习惯也逐渐被人们所弃置。明成祖朱棣定都北京，开始从全国各地向北京迁徙民众，主要是山西及江南地区的民众，作为北京地区的常住人口。随着人口迁徙，山西及江南地区的风俗也传到了北京城。山西地处北方，与北京地区的风俗差别不大，但是江南民众带来的南方风俗很有一些不同特色。南方的音乐娱乐方式逐渐在北京盛行，南方昆曲取代了金、元时期盛极一时的杂剧，逐渐登上演艺舞台的中心位置。南方的饮食风俗在北京也很盛行，苏菜在北京成为一种时尚。

清朝入关后，北京的风俗也有了较大变化。由于清朝统治者崇尚武功以及重视节俭的生活习俗，北京风俗一度从奢靡转为质朴。在服饰、饮食、交通习俗等方面满汉民族则相互影响、相互融合。

在服饰方面，清朝统治者强制推行汉族人剃发易服的政策，明令“衣冠悉遵本朝制度”。在服饰的形制和禁例上都做了严格的规定。男子的衣冠服饰以满族的样式和风格为主，但是在服装纹饰上，则继承了汉族礼仪文化的内涵。男子的发式依照满族传统，剃额前发，留辫子，戴帽子。汉族女子仍然着汉装，同时吸收了满族女式服装的一些特点；满族女子主要穿旗袍，但服饰也受到汉族的影响。

饮食习俗方面，满族以面食为主，并把各种各样的块状面食称为“饽饽”。饽饽最初是作为享神的贡品而制作的。随着时间的推移，饽饽虽然仍被作为供品，但是同时也成了满族的日常食品。满族入关后，也把饽饽带进了紫禁城，在宫中设立内饽饽房，专门负责制作供帝后等早晚膳食用和祭祀所用的饽饽。还设有专门供应宫廷筵宴和寺庙所用的外饽饽房。清朝灭亡后，很多饽饽品种流传民间，成为北京地区的风味糕点小吃。融合满汉特点的“满汉全席”并不是一种固定搭配的食谱，而是指一种上菜顺序。因满汉官员一起做事，宴会必不可少，但民族不同，饮食习惯也不相同，为了兼顾各方，宴会上菜品搭配一般先上烧烤为主的满人比较喜欢的菜品，俗称满席，后上烹炒焖炖为主的汉人喜欢的菜品，俗称汉席。满席在前，汉席在后，故称之为满汉席。这种尊重各民族饮食习惯的满汉席，也是满汉饮食习俗相融合的一种表现。

交通习俗方面，满族原先的乘载方式主要是骑马。平日出行、运输则多用畜力车，常见的有用牛牵引的柴车，即蒙古族和达斡尔族的勒勒车。后来皇太极仿照明朝规制设立了较为简朴的宫廷车辂制度。乾隆时，随着清政权的巩固和对汉族宫廷文化的深入把握，又参照周代和唐代典制，创立了一整套具有清代特色的车辂制度。

三、多民族融合日臻成熟、西方因素逐渐渗透下的北京风俗——清后期至民国时期

清末至民国北京的岁时节日基本上是遵循传统而传承下来，各民族的相互作用仍占据主导地位：以汉民族为主导，注入了少数民族的因素。

清末民国时期，民族融合达到成熟阶段，岁时观念的“夷夏之辨”逐渐消失，很多岁时节庆已经是北京各民族、各阶层共同庆祝的节日。与此同时，许多传统节日却逐渐式微。如清明节、重阳节、冬至节、中元节等。

（一）服饰风俗方面

服饰风俗的革新在晚清初现端倪。清王朝垮台之后，皇家垄断的明黄颜色解禁，封建社会等级森严的服饰制度成为历史陈迹。晚清至民国时期，随着北京的外国人逐渐增多，新兴知识分子留学欧美、日本。他们将西方的服饰文化带进了古老的北京城。辛亥革命推翻了清王朝的统治，资产阶级革命党人大力宣扬剪辫易服。据统计，到1935年，京城内外，仍蓄发辫的男子仅有8732人，约占总数的千分之九。他们主要居住在偏僻的郊区。

城区拖长辫的男人，仅为总数的万分之六，几乎绝迹。而北京地区缠足妇女尚残存 26241 人。城区和郊区，分别占总数的百分之四与百分之五。①

服饰的真正革新始于民国。孙中山先生曾经提出服饰制作的四原则："此等衣饰，其要点在适于卫生，便于动作，宜于经济，壮于观瞻"，② 彻底否定了服饰的等级制度，倡导实用、经济、美观。最明显的体现是中山装、西服及旗袍的出现。西装是辛亥革命前后维新人士和革命人士的典型穿着，中山装是孙中山改造英国式猎装所制。不少新派人物和青年人将新服饰与革命相连，以致竞相模仿。20 世纪 20 年代开始，旗袍开始在北京流行。旗袍设计不断变化是满汉交融、中西融合最为典型的例证。旗袍的原型是清代满族妇女的旗装，宽大、平直、下长至足。民国时期，受西方审美观念的影响，旗袍的制作发生了变化，主要表现是长度缩短、腰身缩紧、袖口变窄、开衩设计，特意凸显女性的凹凸曲线。民国时期北京服饰风俗五花八门、光怪陆离，人们根据自己的身份和喜好选择自己的着装打扮，既有长辫，又有短发；既有长袍马褂，又有西装革履；既有高跟鞋，又有平底绣花鞋；既有旗袍，又有短衫衣裤……但毕竟北京风气较为保守，他们还无法适应新服饰的大胆、革新，新服饰在北京并不像上海等城市那么风靡。1926 年北伐后，民国政府规定中山装为男子礼服，夏穿白色，其他季节穿黑色，直到 20 世纪 30 年代末在北京才逐渐流行，而且只是在上层社会中有一定市场。男性穿中式长袍马褂居多，成为旧京一景。普通的女性很少穿旗袍，旗袍只是少数趋新女性、上层贵妇、社交名媛的奢侈品。

(二)饮食风俗方面

北京饮食四方荟萃、南北兼有，既有本地特色，又博采众长。北京地方菜馆众多，兼有北京、山东、江苏、广东、四川、河南等诸多口味。如北京砂锅居、白肉馆；山东馆的鸡鸭鱼菜；济南馆的燕窝、鱼翅；四川馆的麻婆豆腐等。此外，北京风味小吃驴打滚儿、豆汁儿、萨其玛、蜜饯、果脯等深受百姓喜爱。这一时期还形成了集各地方菜系之特色的综合菜系——官府菜。其中谭家菜是官府菜的典型，当时北京的"二谭"，几乎人人知晓，即"戏界无腔不学谭(即京剧大王谭鑫培)，食界无口不夸谭(指谭家菜)"。此外，还有最著名的三大家私家菜，即财政界"王家菜"、军界"段家菜"、银行界"任家菜"。③ 可惜的是这些菜没有流传下来。

另外，随着来华外国人增多、东城使馆区的划定和外国商业金融机构

① 《北平市政府公安局户口统计图表(1935 年)》，转引自习五一：《民国时期北京社会风俗的变迁》，北京出版社，1990 年，第 208 页。

② 孙中山：《复中华国货维持会函》，转引自中国社会科学院近代史研究所中华民国史研究室编：《孙中山全集》(第二卷)，中华书局，1982 年，第 61 页。

③ 中国人民政治协商会议北京市委员会编：《北京往事谈》，北京出版社，1988 年，第 8 页。

的设置，北京出现了许多西洋、东洋菜馆。初期都是外国人自己开设的。据统计，1914 年北京较出名的西菜馆已有 4 家，到 1920 年发展到 12 家。①西方饮食具有文明、卫生、简便的一面，也有奢华、浪费的一面。中国人吃西餐、喝洋酒并非出于口味上的喜爱，而是把它当成一种追逐时髦的方式。以至于“向日请客，大都同丰堂、会贤堂，皆中式菜馆。今则必六国饭店、德昌饭店、长安饭店，皆西式大餐矣。”②

(三)居住风俗方面

四合院是北京传统民居，辽代初成规模，经金、元至明清，逐渐完善，最终形成北京特有的居住风格。四合院的形制是东、西、南、北四面房屋围在一起，形成一个“口”字。采用砖木结构，坐北朝南，房屋和院落按南北纵轴线呈对称分布。其设计与封建宗法制度相适应，讲究长幼有序。随着帝国主义侵华不断加深，因为无法供养更多的房子，只能将其出租，独门独户的居民越来越少，四合院逐渐变为多户杂居的大杂院。这成为民国后期，乃至新中国建立后北京一道独特的风景线。随着西方文化渗透，在四合院的建筑形制上，多少会受西方装饰的影响，最典型的就是圆明园式随墙门的出现。此外，北京也出现了西式风格的“洋楼”，但数量不多。传统民居基本上保持着原来的风貌。

这一时期，受西方生活习惯的影响，西洋式的浴室和浴池在北京悄然兴起，形成了北京独具特色的澡堂文化。“例如：北城地安门外大街从鼓楼到地安门门脸(大罩子)仅一里半地，就有烟袋斜街口里的鑫园澡堂，地安门桥北兴隆池澡堂，桥南德颐园澡堂。又如，王府井大街的卫生池澡堂、广浴池澡堂、海泉池澡堂、清华园澡堂……由于网店很密，所以那时不但没有洗澡者排队‘脱大筐’(指顾客无铺位，暂时将衣服脱在大竹筐里)的现象，而且可以尽情进行多方面的享乐。”③据 1935 年社会设施调查统计：北京有 125 家浴池，其中有 8 家是女浴池。1946 年 8 月 6 日《新民报》刊载的北京商号统计数字，澡堂有 110 家，而且成立了浴堂业公会，会员为 96 家，从业人员为 2642 人。④

(四)交通出行方面

清末至民国年间的北京交通开始了现代化的进程。铁路建设上：1864 年，英国商人杜兰德在宣武门外修建的长约 600 米的窄轨铁路，虽后被拆除，却开启了修建铁路的先河。1898 年修成津卢铁路。1906 年修成卢汉铁路。1899 年德国西门子公司承建永定门至马家堡的有轨电车线路，是北京

---

① 万建中、李少冰：《中国民俗史·民国卷》，人民出版社，2008 年，第 133 页。

② 胡朴安：《中华全国风俗志》(下编)，河北人民出版社，1986 年，第 2 页。

③ 常人春：《老北京的民俗行业》，学苑出版社，2002 年，第 348 页。

④ 北京市档案馆编：《北京档案史料·北平工商业概况(四)》，1987 年第 3 期。

乃至中国出现的第一条有轨电车线路。1914 年初，政府筹划环城铁路，沿线经过的各城门瓮城城墙全部拆掉，只保留箭楼和部分休整过的城墙。公路建设上：1913 年北京出现了出租汽车行业，为了适应汽车的需要，公路建设技术被引进。从 1913 年起，北京逐渐改建驿站道路、御道、官马大道，发展现代交通公路。在运输工具上：虽然引进了现代交通，但并不完善，也不足以承担所有交通运输任务。所以，当时北京交通运输还是以畜力、人力为主。人力车、马车、三轮车、骆驼等在北京大街上随处可见。譬如：人力车，被认为是老北京的文化标志，可是人力车不是北京土生土长的，而是在清末民初，由日本传入。

成群结队的骆驼队是清末北京特有的风景，它主要用来运输大宗煤炭、石灰、木材。民国后期，这些传统的运输方式面临新式运输方式的竞争，逐渐淡出视野。在现代交通运输体系的冲击下，北京原有的城市、交通建制，以及相适应的运输方式遭到破坏。方便、快捷的新运输体系成为了人们不自觉的选择。

(五)婚丧嫁娶方面

西方的平等、自由、文明等观念对北京婚丧礼俗的改良产生了推动作用。以婚姻风俗为例：传统婚姻程序受到严重冲击，婚俗中的男权主义、过程冗长、铺张繁琐逐渐被摒弃。男女双方不用通过测算八字来合婚，而是自备结婚证书，等到举行婚礼时，由证婚人、介绍人和男女双方主婚人(家长)用印就成。之后去政府部门登记。迎娶时的乐队、接新娘的马车或汽车都是租赁来的。新娘穿白色礼服长裙，披白纱，戴花冠；新郎穿黑色燕尾礼服。婚礼仪式上“新郎、新妇相向行礼，致证婚词，主婚人答词等，新人谢主婚、证婚、介绍人及亲族尊长等，行三鞠躬礼(间有跪拜者)……”①礼后可以办酒席，也可以办象征性的茶话会。当时人们称这种新式婚姻为“文明婚”。文明婚之后，北京出现了集体婚礼。1937 年 6 月 22 日，北京中南海怀仁堂举行了第一届集体婚礼。新式婚礼的仪式简约，既抛弃了传统陋俗，又减轻了男女双方的负担。但这也只是在北京少部分人群中推行，守旧老人们不愿接受新式婚礼，农村地区婚姻陋俗还很顽固。总的来说，清末民国婚事大多还是由媒人介绍，父母操办，自择配偶的还是不多。但至少结婚男女的参与性大大增强。

四、新型民族关系与新时代背景下的北京风俗——新中国成立至今

新中国成立以来，国家特别重视民族关系的发展，制定相关民族政策。

---

① 《民社北平指南》，转引自李家瑞主编：《北平风俗类征》，北京出版社，2010 年，第 225 页。

民族融合进入了一个崭新的阶段。其中有关民族风俗习惯政策的制定，一直处在不断地探索、完善中。虽然“文革”对某些少数民族风俗习惯造成了一定程度的破坏，伤害了民族感情。但是由于“文革”后及时的扭转与弥补，制定了适应各民族自身风俗习惯发展特点的新政策，我国民族关系呈现了新的状态。北京是新中国的首都，又是全国唯一拥有民族种类最齐全的城市。改革开放以来，北京力争成为有中国特色的国际大都市。在这样的时代背景之下，多民族风俗大融合、中西文化兼容并包已经成为北京城市文化的名片。新时期下，北京风俗呈现出破立并存、传统与时尚辉映的面貌。

就节日风俗来看，一方面，新中国成立后，北京对风俗习惯进行了大力整顿。一些节日祭祀或被废止，或已经改变了原来的面貌。北京旧时庙会十分繁盛。例如，白云观“燕九节”、东岳庙的“掸尘会”与“五顶二山”碧霞元君信仰是旧时北京最重要的道教风俗。新中国成立后“燕九节”、“掸尘会”被停止举办。近年来，部分旧俗有所恢复。1987年春节期间，白云观获准重新举行庙会，但时间仅延续到正月初五、初六。1990年以后开始恢复东岳庙庙会，时间也仅限于春节期间。此外，庙会的性质也发生了变化，娱乐休闲逐渐居于上风。人们逛庙会“见佛就跪、见神就拜”，更多的是对美好愿望的祝福与祈求。附属在庙会周围的店铺、地摊、各色小吃十分热闹，吸引不少游客驻足停留。

另一方面，北京也出现了许多新节日、纪念日，如女生节、父亲节、光棍节、世界读书日、心理健康日等。各类与商业或文化推广相关的“文化节”令人眼花缭乱。如北京香山红叶文化节、北京大学生电影节、北京大学民俗文化节、北京月饼文化节等。此外，外国节日也被引进来。譬如，圣诞节来临之际，北京各大商场被装饰一新，节日气氛十分浓厚。节日的多元化是北京人物质生活丰富多彩、精神生活充实幸福的体现；也是在高节奏城市生活压力下，人们放松自我的一种方式；更是北京多民族、多文化包容的体现。可是传统节日的生存空间被挤压的境遇也不可忽视。

婚姻习俗的根本变迁也以新中国的建立为转折点。民国虽然提倡新式婚姻，但旧婚俗中包办、买卖婚姻的现象大量存在。1950年中央政府颁布的《中华人民共和国婚姻法》明确规定实行一夫一妻制。北京市率先推广《婚姻法》，成立相关机构，最终废止了包办、买卖婚、重婚、早婚、纳妾、童养媳等恶习。[①] 在少数民族婚姻上，《婚姻法》第二十七条明确规定了婚姻法对少数民族婚姻的变通。1951年，中国最高人民法院也批复了汉族和少数民族通婚的要求。尽管当时还时兴媒人介绍，但要以青年自由恋爱、自愿结合为前提，这和旧时的“父母之命、媒妁之言”有了截然的区别。婚姻庆

---

① 刘宁波编著：《中国民俗大系·北京民俗》，甘肃人民出版社，2002年，第265页。

祝以简朴、热闹为原则，在酒店举行婚礼、宴会成为大多数新婚夫妇的选择。同时，教堂结婚或者旅游结婚也是不错的选择。2005 年“五一”期间，北京还出现了在四合院中举行的家庭婚礼。不仅如此，各种与婚姻相关的附属产业得到发展：各类婚庆公司热闹红火，电视相亲节目此起彼伏。虽然弊病不少，但为青年男女提供相互了解认识的平台。近年来结婚讲究排场、脸面而过分铺张、浪费现象不少，虽然无可厚非，但是不值得提倡。

北京人追求时尚，注重个性与文化品位。新中国成立以来北京服饰风俗曾经历了曲折的变化。20 世纪 50 年代以前，北京人的服饰穿着基本上延续民国。“文革”期间北京服装样式、颜色单一，男女老少差别不大。改革开放以来，随着经济的发展，人们开始追求美观、耐穿、时尚。服装款式、品种迅速增加，以适合不同年龄层次、不同经济条件人群的需求。颜色上由单一黑、灰、蓝趋向丰富多彩。各种时装展览、时装秀让人应接不暇。民族服饰更为开放，融合了少数民族元素的各类服饰深受年轻人的喜爱。汉人可以着少数民族服装，少数民族也可以穿汉族服装。

新时代之下，特别是 20 世纪 80 年代以来，北京以一种更为开放、包容的心态迎接八方友人。一方面，不同民族风俗习惯在这里得到尊重。另一方面，北京人有着强烈的国际意识。北京是中国首都，又是中国文明的窗口，面对日益增多的外国人，北京人努力提升自身素质，破除陈规陋习。

参考文献

1. [日]加藤镰三郎：《北平风俗问答》，大阪屋号书店，1939 年。
2. 胡朴安：《中华全国风俗志》(下编)，河北人民出版社，1986 年。
3. 艺兰生：《侧帽馀谭》，载张次溪编：《清代燕都梨园史料》正续编(上)，中国戏剧出版社，1988 年。
4. 吴建雍等：《北京城市生活史》，开明出版社，1997 年。
5. 朱瑞熙等：《宋辽西夏金社会生活史》，中国社会科学出版社，1998 年。
6. 林永匡、袁立泽：《中国风俗通史·清代卷》，上海文艺出版社，2001 年。
7. 常人春：《老北京的民俗行业》，学苑出版社，2002 年。
8. 刘宁波编著：《中国民俗大系·北京民俗》，甘肃人民出版社，2002 年。
9. 赵英兰：《民国生活的掠影》，沈阳出版社，2002 年。
10. 李宝成编：《北京风俗史》，人民出版社，2008 年。
11. 万建中、李少冰：《中国民俗史·民国卷》，人民出版社，2008 年。
12. 李家瑞主编：《北平风俗类征》，北京出版社，2008 年。

（作者：常书红　北京文化发展研究基地研究人员　副教授）

北京基础教育研究基地

（首都师范大学）

基地名称：北京基础教育研究基地
依托单位：首都师范大学
项目类别：全国教育科学规划重点课题

教育政策研究的民生视角①

发展教育、改善民生是当前决策层、社会公众和学术界广泛关注的一个社会问题，这表明民生不仅是教育政策的重要概念，而且是教育政策研究的重要立场。民生就是民众的谋生之道，对于寻常百姓而言，民生就是民众最关心、最直接、最现实的生活问题；而对于政府而言，民生就是用最公正的方式给予最大多数人以最大的关怀。民生问题不是无足轻重的小事情，“国计民生”的说法表明民众生计与国家大政之间具有一种内在的、密不可分的联系，因此民生视角作为一种研究教育政策的新视角，应当对推进教育发展、满足民众需要起到积极的推动作用。

一、从民生视角看教育

中国教育曾长期处于封闭的、与市场无涉的状态，学校主要听命于政府，与政府构成一种简单明了的行政法律关系。改革开放以来教育的最大变化就是，教育已经不能不面对市场。在从计划经济向市场经济转型的过程中，通过市场对教育的有限介入向社会提供教育服务，这已经成为一种重要的教育运行机制。在这种变化中，原先的政府与学校关系开始分化和改组，市场开始介入，出现了政府、市场和学校三种既互相联系又互相制约的力量，从而使传统的利益结构开始演变，逐步向多元化的利益格局过渡。这一历史性变化具体地表现在：

(一)教育开始改变原先的国家垄断性质，向着多元化的方向发展

教育最初是民间的事务，教育权由民间向国家的转移是近代以来伴随着社会的现代化进程才产生的现象。教育的社会供给由此分化出了公共途径和民间途径两种形式。公共途径主要是指由政府设置的公共教育机构所提供的教育服务，而民间途径则是由非政府的社会组织或个人举办的教育机构所提供的教育服务。民间途径又分为不以营利为目的的教育机构提供的教育服务和以营利为目的的教育机构提供的教育服务。教育的发展表明，

① 本文是《教育改革的理论研究》项目的阶段成果，项目编号：AAA090001。

如果没有公共途径这样一种社会化和国家化的组织形式，教育是很难实现普及发展、完成它的现代化转型的，这是世界各国在社会现代化进程中的一种理性选择。但在中国，1949 年以后曾对教育做了一个错误的定位，把教育看作一种由国家垄断的社会事业，是上层建筑和意识形态的组成部分，因此具有浓重的国家主义色彩。表现在教育政策上，则具有一元化的特征。直至 20 世纪 80 年代后，教育的多元化发展极大地激发了民间力量的办学积极性，办学主体的多元化使教育的规模和办学的形式都有了很大的进展。

(二)教育从一种纯粹的公共产品向介于公私之间的准公共产品过渡

由于教育能给学习者带来巨大且明显的回报，原先由政府垄断并根据社会的需要来发展的教育，正在出现某种私人消费的倾向。私人对教育的需求开始成为教育发展中的一个不可忽视的因素，教育开始兼有公共消费和私人消费的双重消费特征。作为一种公共消费，教育通常都是由国家免费提供或不以成本价格提供的。鉴于人力素质对社会发展的重要性，政策和法律都明确规定把一定程度的教育当作个人的基本权利，因而政府的公共财政支出成为教育经费的主要来源。而作为一种私人消费，教育的价格是由市场决定的。市场正在培育一类新型的消费者，他们的需要和兴趣影响着学校，促成学校根据不同的需要和兴趣实现培养目标、教育形式、课程设置和教学方式的多样化。教育的准公共产品性质表明，非市场的教育提供途径和以市场为基础的教育提供途径已成为并行不悖的教育提供形式，由此人们有了更多的选择可能性，可以从不同的途径获得教育服务。

(三)教育出现了某种介于公、私之间的性质，开始成为事关民众利益的大问题

社会的发展和教育本身的变革历史地把涉及人民群众切身利益的教育问题从社会的后台推向了前台，与医疗、就业、住房、社会保障等一起，成为受到普遍关注的社会问题。虽然教育作为一项大规模的社会事业与社会发展仍然构成一种重要的相互作用关系，但另一方面，对于公民个人而言，教育成为改变个人经济与社会地位、实现自我价值的最重要途径。因此人们开始把教育看成是与自己的切身利益密切相关的事情，通过各种渠道表达自己对于教育的愿望和诉求，并对教育机会分配不公、教育发展不均衡、教育质量不尽如人意等现象表现出强烈的改革要求。可以说，教育已经涉及千家万户，成为民心所系的社会问题，是实现社会平等、保障和改善民生的重要方面。

综上所述，在中国，经过 30 余年的社会变革，教育已经成为一个具有民生性质的社会问题，不同的人对教育有不同的利益追求，试图通过教育实现不同的目的。同时，它又是一个涉及社会公平的敏感领域，人们关注着教育的平等与效率问题、教育的公益性与营利性问题、大众教育与精英教育问题、素质教育与应试教育问题，等等。这些问题概而言之，其实质就是要实现怎样的教育发展和怎样发展教育。教育的上述变化对传统的国家本位的教育政策及其价值基础提出了严峻的挑战。

二、独具特色的教育政策研究视角

通常所谓的学术研究视角其实是一种“说角”，即进入学术研究领域，为我们所关注、所研究的问题最终都须以某种话语方式予以表达，因此学术研究视角就是研究者在进行问题研究时所确定的一种话语表达方式。就学术研究而言，学术研究视角或指某一学科、理论或者文化文本所产生的特定文化语境，或指所研究的具体事件的境遇与特定研究立场，包括语言因素如概念、范畴、术语、命题等以及与语言使用有关的非语言因素，如逻辑、方法、历史观、文化观等。学术研究视角之所以重要，是因为它是一种特有的学理表达，一旦确定就会形成某种相对固定的语境、立场。为了使学术研究变得更确定、更规范、更有针对性，任何一项规范的学术研究都应首先建立某种确定的研究视角。

一种新的研究视角的产生一般需要具备两个条件：第一是已有的研究视角在解释现实问题时存在眼界上的局限性，或者事物本身的发展已经使原有的研究视角失去或者减弱了其对新情况的解释力，因而迫切需要一种新的研究视角来解释新产生的问题；第二是学科或者理论自身的发展已经具备了可能性，即积累了有关这一新视角的相关概念、范畴、逻辑、方法等要素，有能力成为学术研究的表达方式。二者缺一不可。

与以往的教育政策研究相比，民生视角为教育政策研究提供了一个新的观察问题的角度。作为学术研究的表达方式，它在以下方面表现出自己独具特色的优势：

(一)倾听基层民意

民意是公共政策的决策基础，只有倾听基层民意，重视解决民众普遍关心和热议的、涉及民众切身利益的问题，政策才能为广大群众所认同。同样的，政策研究要保持客观、独立的立场，促进决策科学化，也必须充分尊重和仔细研究民意。一些政策研究只是为政府决策做论证和解释的工作，并因此拒民意于门外，甚至试图歪曲、操纵民意，这样的研究无助于公共政策公共性和普惠性的实现，最终必定会损害政策研究的公信力。

民生视角注重了解、分析和吸纳民意，力求在官民之间打通民意表达渠道。面对来自社会各个方面的不同意见，民生视角可以更好地处理研究中的事实与价值关系，剖析其背后的利益诉求，进而对来自社会各方面的意见、看法、情绪、态度进行价值分析，对相关的教育舆论作出客观、准确的判断，并把这种判断反映到教育政策的制定与实施中去。

民生视角注重民意背后的社会心理。在众多的教育问题中，社会热点问题以及事关重大的、突出的教育问题很容易在广泛的范围内传播，进而演变成一种隐藏于民意背后的群体性情绪、态度。因此关注热点问题和事关重大的、突出的教育问题及其背后的各种相关因素，就是民生视角的逻辑延伸。这意味着民生视角重视从社会现实中寻找问题及其解决方法，而不是从概念出发去演绎问题，因而具有鲜明的实践取向。

(二)兼顾不同利益

利益群体是指根据其所拥有的财富、收入、资源支配等差别，以及各自的政治经济地位、自我生存和发展能力的差别对社会所作的阶层划分。我国社会已经形成了若干不同的利益群体，计划经济体制下的整体利益经过分化，开始表现为不同群体的不同利益。这些利益有时可能一致，但在多数情况下并不完全一致，有时甚至会演变为不同利益群体之间的利益矛盾甚至冲突。在这种情况下，如何统筹协调个人与个人、个人与群体、群体与群体、局部与整体、当前与长远等方面的利益，就是解决社会矛盾的重要方面。

不同的利益群体对各项政策的承受能力相差很大，因此对某项政策的反应也可能截然不同。比如教育收费政策对不同的利益群体所产生的影响和后果就是截然不同的，因此一项代表群众共同利益的政策必须建立在兼顾不同利益群体的基础上，才能获得广大群众的认同和拥护。为此民生视角的教育政策研究坚持群众利益高于一切，深入社会实践，开展调查研究，从不同群体的现状出发，尊重群众的要求和愿望，兼顾社会不同群体的利益，对某些可能发生的群众利益受损的情况，要研究对策，及时给予差别和补偿对待。

(三)协调平等与效率

从逻辑上说，有关平等与效率的关系问题可以有三种不同的认知模式，即兼顾平等与效率，效率优先、兼顾平等，平等优先、兼顾效率。三种认知模式显然存在着价值上的分殊。在中国目前的社会发展中，兼顾平等与效率在大多数情况下只是一种价值企盼，教育政策制定者经常要面对的是必须在平等与效率二者之间做出某种选择。由于近年来的教育体制改革过多地强调了效率，有限的教育机会通过一种竞争和选拔制度加以分配，这种以牺牲由于社会的或地理的原因而被边缘化的阶层的权利为代价换取的效率，已经导致教育机会分配上的严重不平等。因此在当前情况下，更多地强调平等，实行一种较为刚性的教育机会分配政策和较为均衡的教育发展模式，以此保证教育机会分配过程中的平等就是一种理性的选择。

民生视角的教育政策研究以社会不同利益群体的要求和可能为基础，以公平、公正、兼顾效率为原则来理解和处理教育问题，把平等与效率作为一对矛盾来加以研究并提出解决的途径。在这一矛盾中民生视角尤其关注社会不利群体受教育权利的公正实现，认为如果社会资源无法做到平等分配，则对社会资源的分配就应适合于最少受惠者的最大利益，这就是“差别原则”。依据这一原则，教育机会的分配应当向地理位置上处于不利处境的地区倾斜，使这些地区的考生在低于统一选拔标准的情况下，同样有可能接受更高程度和更高质量的教育。在实施“差别原则”的同时，还应强调提供真正的同等机会，即“补偿原则”。补偿原则关注由于社会分层的原因而在教育机会分配方面处于不利地位的人群，主张按平等的取向补偿由非能力因素造成的不平等，即在同等条件下，教育机会应优先给予出身于社会阶层较低家庭者，让这些人有更多的接受教育的可能。

（四）沟通官方与民间

传统的政策制定流程以部门、计划为中心，按行业发展的需要先制订出部门和区县规划，然后汇总、协调，形成政策。在这一决策体制中，官方与民间的关系建立在一种简单的权利与义务分割的基础上，缺少一种正式的对话机制，民间的利益诉求在决策过程中很难得到切实的反映。官方与民间的沟通渠道一般使用互动性较差的纸质文本和广播电视传媒，主要功能是进行政策实施的宣传动员，并非双向互动交流。而民间的许多人由于信息不畅通，对官方决策经常采取不信任态度，对社会问题的判断则更多依赖自己的常识与直觉，所形成的往往只是一种贴近自我认识水平的说法，而不是客观、全面的意见，因此极易产生与官方的隔阂。在这种情况下如不能及时展开沟通、对话，就有可能产生或扩大官民矛盾，使不信任的社会心态在更大范围内传播，不满情绪进一步蔓延。总之，由于这种决策机制难以摆脱以部门、计划为中心的立场，难以反映民间的利益诉求，因此在今天这样一个利益多元化的社会中，已不能适应社会发展的需要。

民生视角的教育政策研究以自己的研究工作打消官民双方的隔阂，在官民之间建立互信以及互信基础上的沟通与理解。因此这种研究不是简单的视角转换，它可以在官民之间形成一种观照，即一方面通过民意调查、舆论分析等工作，促进官方了解民众所思所想，寻找解决问题的方法；另一方面，通过政策宣传、推广，使民众了解制定政策的目的、价值取向、现实针对性及预期效果等，最终实现官方与民间的有效沟通。民生视角强调官方和民间都不应自说自话，官方应充分认识民间日渐觉醒的公共意识和日益提升的公共素养，以积极的方式回应民众需求、实现民众愿望、满足民众需要、维护民众利益；民间也应以理性的方式监督官方，通过合理的渠道表达诉求、参与决策，不偏听偏信，不传播不实信息，努力维护公共机构的公信力，共同消除官民之间的隔阂。

三、民生视角的教育政策研究的基本思路

作为一种研究立场，民生视角的教育政策研究渗透着人本思想和人文关怀，把民众的利益作为理解和解决问题的出发点和落脚点，把普通民众视作教育政策制定的重要参与者，同时注重不同政策主体参与政策制定的机制构建。因此民生视角的教育政策研究可以弥补传统教育政策研究的缺陷与不足，充分发挥其独特的优势。

民生视角的教育政策研究的基本思路大致可以归纳为如下六个方面：

（一）价值取向

教育政策研究的民生视角既是一种研究立场，又是一种基本的价值取向。作为一种价值取向的民生视角必定会要求以民众的价值判断为自己的价值判断以民众的价值追求为自己的价值追求，以民众拥护不拥护、赞成不赞成、答应不答应、高兴不高兴为标准来衡量一切决策。

当前教育改革与发展正进入一个以追求教育的公平与质量为基本价值目标的新阶段，公平与质量已成为民众最为关注的两大教育问题，因此公平与质量就是当前民生视角教育政策研究的重要价值取向。从民生视角看，实现教育公平、提高教育质量既是教育发展新形势的目标选择，也是人民群众对教育的一种新期盼。民生视角下的教育公平问题主要是机会公平问题，为此这一研究致力于把促进教育公平推向政策议程，通过政策的力量扶持边远落后地区教育事业，合理配置教育资源，促进义务教育均衡发展。对由于地理或经济原因处于不利地位的受教育者实施差别和补偿政策，实现共同发展。

与教育公平同等重要的另一价值目标是教育质量。在有学上的问题基本解决之后，人们开始把上好学作为对教育的一种新诉求，这是教育政策面临的新问题。民众希望上好学的诉求反映了对学校教育质量的一种不满情绪。教育质量是办教育的一个基本问题，民生视角下的教育质量问题，从根本上说就是要办好每一所学校，教好每一个学生。为此民生视角主张面向全体学生，积极创新办学模式，鼓励学校办出特色，努力营造创新人才脱颖而出的氛围。

从民生视角看教育质量，加强教师队伍建设是一个重要方面。必须有一支师德高尚、业务精湛的专业化教师队伍，提高教育质量才有保障。为此必须完善培养培训体系、优化队伍结构、强化师德修养、提高教师素质。提高教育质量还必须彻底改变以往的以分数为衡量标准的质量观，树立科学的质量观是提高教育质量的又一重要方面。传统的教育质量观损害学生身心健康、阻碍创新人才培养。因此民生视角强调把促进个人发展、适应社会需要作为衡量教育质量的根本标准，探索有利于学生多样化发展的多

元评价方式，建立多方参与的质量评价机制，形成提高教育质量的长效机制。

(二)研究对象

传统的政策研究主要表现为一种宏观叙事，而较少关注民众生计，与民众生活相关的人物、事件、场景乃至个人的经验相去甚远。民生视角则试图从一个新的角度再现具体的社会生活，并探究其发生和变化的机制。因此微观化的研究对象就是民生视角最适宜的对象。但是，研究对象的微观化并不意味着结论意义的“微小化”，以小见大是民生视角的真正主旨。为此民生视角的教育政策研究倡导让政策研究向历来被忽视的人群敞开大门，用他们的知识和经验来探寻社会变迁的动因，丰富政策研究。在对教育政策进行研究时，民生视角把民众放在了重要的位置上，认为民众作为教育政策的对象，其本身并不是消极被动的，而是具有强烈主体意识的行动主体。他们积极关注并希望参与教育政策的制定，表达并争取自身的利益。虽然他们在教育政策制定方面不是专业人员，也难以成为最终的决策者，但是他们在追求自身利益的过程中，可以也应该以政策主体的身份表达自己的利益诉求，并以各种方式影响教育政策的制定。

(三)研究立场

研究民生问题最重要的是理解，理解了他者也就理解了自己。因此转换角色，设身处地地考虑不同人、不同群体的利益，正确对待不同观点甚至反对的意见就是民生视角的重要原则。民生视角中的材料因其凌乱细碎因此必须经过思考，赋予这些材料以意义，所以在研究过程中，解释是必不可少的。但是，只要是解释，就会产生研究立场和价值定位的问题。许多研究者所谓的“客观分析”在很多情况下并不客观，与历史真实有着很大的差距，问题乃在于解释。民生视角的教育政策研究认为，对民生问题妄加评判或滥施同情都不可取，正确的做法应从“他者”立场出发，亦即站在历史当事人的位置上，设身处地地加以理解和体会，然后才有可能作出合理的解释。

(四)研究内容

民生问题具有流动性和不确定性，因此民生视角注重民众的利益诉求变化、意见表达渠道和利益获得机制的运行情况。民生问题的这一特点决定了作为一种研究对象，民生问题的边界宽泛而不确定，以至于只能进行“软界定”。按照这种界定，衣食住行、人际交往、医疗与住房、教育与就业，都属于民生视角的研究内容；而民生问题所牵涉的权力关系、决策机制、政策法律等等，也都可以作为影响民生政策的因素进入民生视角的研究范围。在所有这些影响因素中，民生视角的教育政策研究最为关注民情、民意发展，分析民生现状及其变化趋势，增强对民生问题的敏感性和研究的适切性。为此民生视角把民众最关心、最直接、最现实的热点问题作为主要研究内容，探究热点问题的成因、分析热点问题的利益所在或意识形态表现、把握热点问题的发展趋势。民生视角尤其重视热点问题中的难点问题，调研这些难点问题产生的背景、症结所在，并提供多种备选解决方案。

(五)民意与决策的沟通与协调

民生视角的教育政策研究主张教育决策应当充分听取并吸收民意中的有益成分，使民意与决策可以有效沟通与协调。为此民众应当与决策者一起在教育政策制定方面发挥作用，通过直接、间接的参与方式，或者通过现代信息技术表达自己的意见，广泛地参与政策制定。民生视角的教育政策研究关注在某项教育政策的制定上，谁有资格参与决策，如何构建参与决策的渠道和机制，决策采用怎样的规则，如何通过增强社会不利群体的利益表达能力和表达机会，使他们的意见能够真正在决策时被考虑和吸收。民生视角认为，作为政策精英的决策者与民众尽管处于不同层级，但并非是对立的关系，只要能建立共同的信念系统和某一领域的共同目标追求，就完全有可能形成一个政策支持联盟。在这一联盟内部，不同层级的决策者和普通民众在共同的观念、信仰之下可以协调利益、化解矛盾，最终达到一致。[①] 因此民生视角并不否认决策者的观点及其在教育政策制定中的决定性作用，但重要的是，在民生视角中，民众并不是被动接受和麻木不仁的，他们为争取自身利益而有所作为，虽然这种作为必须在和决策者构成的政策支持联盟中才能真正实现。为此决策者和民众不应彼此割裂，而应合作共事，共同影响政策制定的进程。

(六)工作路线

民生视角的教育政策研究的工作路线可以提炼为如下五个方面：

(1)民生立场是指发现、理解和研究教育问题时的基本学术立场，即重视人民群众普遍关心和热议的、涉及民众切身利益的教育问题。侧重从老百姓的角度分析问题，寻找解决教育问题的方案。

(2)热点聚焦是指筛选、确定教育政策研究课题的基本途径和方法，即强调真正从社会现实中寻找和发现重大的教育政策问题，而反对从概念出发去演绎出所谓的问题，因而具有鲜明的实践取向。

(3)舆论解读强调对来自社会各方面的意见、看法、情绪、态度进行价值分析，处理好研究中的事实与价值关系。面对来自社会各个方面的舆论时，必须仔细剖析其背后的利益诉求，进而对相关的教育政策作出准确的

---

① [美]保罗·A. 萨巴蒂尔著，彭宗超、钟开斌等译：《政策过程理论》，生活·读书·新知三联书店，2006 年，第 14、331 页。

价值判断。

(4)学理探究是指在经验研究的基础上探索理论真谛以便更好地指导实践。政策研究者是以探究学问和追求真理为己任的学者，是以学术的形式来描述和解决有关的政策问题的，这就构成了学理这种独有的表达方式。学理对学术共同体成员的学术工作起着一种定向和规范的作用，使教育政策研究更严谨、更客观，从而具有一种理论上的说服力。

(5)资政建言是指教育政策研究所要达成的最终成果，尽管政策研究的应用性特征主要体现在为决策提供依据，但资政建言并不是对政策的简单解读和宣传。教育政策研究者为了保证资政建言的客观性、可靠性，必须时时在自己的研究中保持创造性的反应和学术的独立价值。为了保证客观、公允，资政建言不仅要能证实，而且要能证伪，真正成一家之言，才会具有决策的参考价值。①

四、民生视角下的"在家上学"现象简析

本文拟以在家上学现象为例，验证民生视角教育政策研究的必要性及其现实意义。

(一)教育发展新动向

"在家上学"现象于 2000 年后逐渐进入媒体视野，2006 年由于上海"孟母堂事件"而引起广泛关注。据报道，当前京、沪、川、浙、苏、滇、辽、琼、粤、陕、冀等十几个省份都出现了"在家上学"个案，包括从学前到高中各个阶段。至 2012 年 7 月 9 日，国内目前规模最大的"在家上学"网络论坛"在家上学联盟"注册会员达 7659 人。以"在家上学"、"在家教育"、"现代私塾"为关键词检索到 QQ 群 130 个，参与人数在 1500－1600 人间。

与义务教育发展早期的辍学现象不同的是，为子女选择在家上学的家长往往是学历层次较高、对教育具有较高要求的社会"中间阶层"。这些家长认为，目前这种以工业时代的批量生产为基本特征的学校教育在教学内容、方式、效果和评价等各方面不能满足个人发展的需求，出于对学校教育的不信任，所以采取把孩子留在家里教育的做法。因此"在家上学"的诉求不是不要教育，而是要求一种更好的、适合自己孩子天性的教育。

"在家上学"现象表明，我国义务教育发展出现了某些新动向，这些动向背后所反映的是人们对于教育的新的利益追求，反映的是公民受教育权利和国家教育权力之间的博弈。

---

① 劳凯声、李孔珍：《加强教育学学科建设 推进教育政策研究》，《教育科学研究》，2011 年第 12 期。

(二)官民之间观点歧异

截止到 2012 年 2 月 24 日，新浪网就“在家上学”进行的挂网调查中显示，有 77％的家长曾想过让孩子“在家上学”，但因条件有限未能实施，7％的家长已经在实施，仅有 16％的家长认为学校教育模式最适合孩子。数字 100 市场研究公司曾在 2011 年 9 月 5 日，通过数字 100 在线样本库在全国范围内对 449 位受访者进行了问卷调查，43％的受访者表示认可这种方式，32％的受访者表示不好说，25％的受访者表示自己不认可。这表明大多数公众对“在家上学”采取了一种较为宽容甚至支持的态度。

支持者从不同角度为“在家上学”辩护。如有人从权利角度出发，认为家长对子女有包括教育选择权在内的教育权，国家教育权的行使应尊重家庭对教育的选择权。有人从儿童成长的角度认为，“在家上学”能够实现对孩子的个性化培养，因此应予肯定。还有人从教育制度历史演进的角度提出，在家上学顺应了教育需求多样化的发展趋势，反映了人们对教育选择权的要求，应当适时应变以满足不同群体的教育需求。反对者则从儿童社会化角度提出质疑，认为在家上学缺失了社会性能力的培养，不利于儿童的发展成长。为此，曾有北京市人大代表就“在家上学”问题提交过“建议加大《义务教育法》处罚力度”的议案。中立者认为“在家上学”是一种有益的尝试，这种做法尽管不会取代学校教育，但可以成为学校教育的一种有益补充。

与上述观点形成对应的是，教育行政部门对“在家上学”基本未持肯定态度，在正式场合表态都不予认可，更不提倡。但实际做法则较为宽容，如采取默许或回避的态度。不过“在家上学”教育机构则被指涉嫌违规办学，公开招生的全日制现代私塾由于与现行规定相冲突而被取缔。

(三)“在家上学”合法性争议

“在家上学”是否合法取决于对“入学”规定如何解释。根据《中华人民共和国义务教育法》第五条的规定，儿童接受义务教育的法定形式是“入学”，但法律并未对“入学”做出明确界定。由此人们的理解产生了歧义。有人认为“入学”之“学”即学校，因此“入学”即进入符合国家规定、获得办学许可的学校教育机构。根据这一理解，“在家上学”显然违反了法律规定，因此不具合法性。另一些人则认为，由于我国现行法律并未明确规定“入学”之“学”即学校，故“入学”亦可理解为“进入义务教育法规定的学习过程”。法律旨在保障受教育权，只要能够切实保证适龄儿童以合理之学习过程接受符合规定的义务教育，并达到相应学业标准，则在家学习的方式亦是可为的实践模式。按此理解，“在家上学”应属于法律消极认可并应予保护的民事法益。

与此同时，因应“在家上学”而举办的全日制私塾的办学资质也受到质疑。《中华人民共和国教育法》第二十六条和《中华人民共和国民办教育促进法》第十条规定，有关教育组织机构、章程、师资、场所、资产、董事会等办学条件的规定都是针对规模化办学制定的，相对于仅为个别孩子提供个性化教育服务的全日制私塾而言，其适用性较低，仅就“设置标准参照同级同类公办学校的设置标准”这一规定就几乎难以达到。此外，“在家上学”使用的教材也成为关注焦点之一。教育部《中小学教材编写审定管理暂行办法》要求，教材的主要编写人员应“具有相应学科的高级专业技术职务”，所编教材应由教育部成立的全国中小学教材审定委员会或省级中小学教材审定委员会负责审定。然而，对教育内容和教材的自主选择是确保“在家上学”能够切实符合孩子个性化教育需求的前提条件，而家长一般并非专业人士，难以达到编写教材的资格。而教材审核的层级之高、条件之苛刻又使自编自选教材难以通过审定。因此，在家上学家长自编教材或选用中外经典名著等做法显然违反了法律的规定。

(四)公民受教育权利与国家教育权力的博弈

宪法第四十六条规定，公民有受教育的权利与义务，这一规定体现了公民在社会生活中的地位及其与国家的关系。简而言之，权利意味着获得，而义务则意味着付出，二者在权利与义务总量不变的前提下构成了一种反比例关系。出于法律价值取向的需要，二者的关系并不总是固定不变的，比如在某些时候，由于政治、经济、社会、文化、民主状况以及社会总体发展水平的制约，有可能更多地强调义务的调节作用；而在另一些时候则出现相反的情况，有可能更多地强调权利的调节作用。在世界各国现代化进程中都曾经历过这样一个发展阶段，在人们尚须为温饱、为生存付出极大代价的时候，是无暇顾及受教育问题的。因此为了保证公民受教育权利的真正实现，世界各国都曾经历过一个以强迫入学为主要特征的教育发展阶段，表现在政策法律上，就是更多地强调教育的义务性质。由此可见，使人们学会尊重和行使自己的受教育权利，这本身就是一个长期的、艰苦的教育过程，在某些时候甚至需要通过国家的强制力手段来加以保证。在我国，目前虽然教育事业已有了较大的发展，但还有一部分家庭因种种原因而未能依法把自己的孩子送到学校接受义务教育，为此把受教育同时规定为权利和义务，适当地强调教育的义务性质并实施较为刚性的强制性入学措施就是必要的。

把受教育同时规定为公民权利和义务这样一种法律调节形式并没有削弱或抵消国家的教育义务，实际上正是公民的受教育权利才导致了国家教育义务的产生，国家的积极作为和干预则是公民受教育权利实现的最重要保障，公民权利与国家义务在这里构成了一种主从制约关系。但是在某些特定的情况下，国家的教育义务由于其作为上的主动性、强制性，因而会具有某种权力的性质；与此同时，由于意识不到教育的重要性，公民的受教育权利在某些人身上会表现出一种被动性、他赋性，因而会具有某种义务的性质。这时，这对关系中的教育义务主体国家转变成了权力主体；与此对应，作为受教育权利主体的公民则转变成了受教育义务主体，二者的主从秩序颠倒过来，并使这对权利与义务的制约关系发生了根本性的转换。这种转换当前在义务教育领域表现得尤其明显，“在家上学”现象所反映的就是这样一种情况。当一些家长选择以私力保障子女受教育权利时，家长的主动作为由于对已经转换为教育权力的国家教育责任提出了挑战，因此构成了公民受教育权利和国家教育权力的二元对立。这时国家如何做出反应就是一件十分敏感的事情。国家提供的强制性义务教育是保障受教育权利的最有效途径，具有充分的合法性，但家长的教育选择权同样具有历史的和伦理的正当性。如何超越公民受教育权利与国家教育权力的二元对立，真正实现民意与法律的良性互动，这是“在家上学”现象面对现实提出的问题。

（五）尊重个体需要，善待家长选择

鉴于“在家上学”现象与法律法规存在不符之处，从民生视角出发，教育行政部门应当密切关注并审慎采取相应的措施。

(1)尊重家长与儿童的特殊教育需要，慎用“禁止”的刚性调节手段。除确实有损儿童受教育权利或明显有害于儿童身心发展的情况外，不轻言取缔，避免人为地将“在家上学”与义务教育相对立。

(2)研究建立相应的申请与质量保障程序的可能性。对选择“在家上学”者，应有明确的申报程序，并由监护人签署“在家接受义务教育保证书”。还应对所有在家接受义务教育的学生进行教育行政部门组织的专门测评，以保证在家上学的教育质量。

(3)通过宣传引导，进行价值整合。“在家上学”反映的是一部分人强调自主选择教育的价值诉求，在社会日益多元化的今天，这种个性化的诉求还会随着社会发展逐渐增多。在这种情况下，既要尊重多样化的价值选择，又应形成一定的价值共识。因此价值整合必须基于对多元价值的尊重，避免将价值取向上的分殊激化成价值冲突。在此过程中尤应加强官方和民间的沟通理解。

(4)加强立法研究，增进公民对教育的自主选择。可考虑借鉴国际经验，在条件成熟时认可“在家上学”，并建立准入、监督、评价、退出的政府监管机制。同时还应为在家上学与学校教育的衔接提供制度依据，以保证二者的顺利过渡。

(5)积极推进教育体制改革，建设多样化的公共教育服务体系。应大力推进教育体制改革，构建更加灵活多样的学校教育机构，尽量满足人们的教育需求，给学习者以更多的选择可能性，使人人都能得到充分发展。

尊重个体需要与家长权利，宽容、审慎地对待“在家上学”现象，加强官民之间的沟通与理解，寻找解决问题的良策，这是政策制定与政策研究的应然选择。

（作者：劳凯声　北京基础教育研究基地首席专家　教授
李孔珍　首都师范大学教育学院教授）

基地名称：北京基础教育研究基地
依托单位：首都师范大学
项目类别：教育部人文社会科学研究项目

从“蓝本”到“文本”：当代课程内容观的转变①

课程内容，一般来说是指教学得以展开的文化中介，经常被称作文章、作品、课文等，它一般以教材内容的形式呈现出来。在现实的教育教学实践中，课程内容因人们所秉持的知识观不同，因而也就呈现出两种不同的理解——“蓝本”和“文本”。研究发现，不同的课程内容观在很大程度上影响和制约着教育情景下人的生成方式和人在教育中的命运。“蓝本”观规约了人的主体性，而“文本”观则实现着人的解放。正是在这种意义上，我们说，从“蓝本”走向“文本”，是当代课程内容观的必然选择。

一、“蓝本”与“文本”：课程内容观的两种表达

（一）蓝本

蓝本一词，原是影视学的一个常用术语，是指一部影视作品所根据的底本。在教育教学领域里，蓝本的称谓是与如何理解课程联系在一起的。传统教学中，课程常常被理解为培养某种理想规格的人的一个蓝图。我们经常会看到这样的课程定义，课程是指“根据教育目标，为指导学习者的学习活动，有计划地编制的教育内容的整体计划，是旨在塑造新生代未来人格而设计的蓝图”②。于是，承载这一蓝图的课程内容或教材自然被称为蓝本，换句话说，蓝本已成为文章、作品、课文的流行称谓。

蓝本观总是与某种神圣性联系在一起的，也就是说，作为蓝本的文章、作品、课文等都是带有某种神圣光环的。正如有学者所指出的，文章是学者才子写出来的，作品是大作家、大艺术家才智的结晶，课文则是国家认定的统一教材，一般都是最优秀作家的最优作品。这些东西都与它们神圣的作者紧密地联系着，都有一种神圣不可侵犯的所谓原文原义。③我们发现，

① 本文是《从“规训”到“对话”：走向对话的教学研究》项目的阶段成果，项目编号：08JC880027。

② 钟启泉：《课程设计基础》，山东教育科学出版社，1998 年。

③ 腾守尧：《文化的边缘》，南京出版社，2006 年，第 208 页。

蓝本观对原文原义的强调是与其所秉持的传统解释学的思维方式分不开的。以施莱尔马赫和狄尔泰为代表的传统解释学认为，意义或真理早已存在于文本里，是作者赋予和给定的，读者可以越过时空的距离，去恢复文本的固有的、不变的意义，即作者原意。"理解与解释历史是对已失去的进行重建。"①在获取原文原义的途径上，施莱尔马赫要求读者首先要清除自己成见，恢复文本的历史情景和作者的个性心理，以再现作者的原意。狄尔泰更是提出了移情的方法。在他看来，理解就是从作为历史内容的文献、作品、行为记载出发，通过直觉或移情，在想象中处于作者的地位和环境，进入作者的个性，把握作者的意图、情感和观念，从而更好地理解作品的原意。②

(二)文本

文本是后现代主义理论的一个核心概念。一般而言，所谓文本，是指按语言规则结合而成的语句组合体，短至一个词、一句话，长至一篇文章、一本书。从更广泛的意义上说，所有的现象、事件都可称为文本。在后现代主义的视域中，甚至认为每一事物都是一个文本，文本不只是一种静态的存在，它更是一个鲜活的生命体。正如美学家伊瑟尔的"作品作为一种召唤结构"的理论中所指出的，"作品不再是死的和等待读者发掘的东西，而是一种召唤读者参与其中的活的结构"。③文本的"活"性使之与读者的对话成为可能。

文本是一个具有挑战性的概念。也就是说，它要打破笼罩在作品上面的神圣光环，打破作者的权威和霸权，破除所谓的原文原义。质言之，文本不再指向作品的固定的意义，也不需要对它做出意义的解释，而只需要通过阅读与之交谈，并在交谈中创造性地理解和发挥它。

与蓝本观不同的是，文本代表了一种哲学解释学的思维方式。在哲学解释学看来，阅读与理解文本就是一个人与文本的对话事件。伽达默尔认为，理解是一种以问题为中心的对话，一种在问和答的辨证过程中被揭示出来的东西。理解活动在根本上来说乃是语言性的，是一种无穷的对话过程。"理解对象的意义是依赖于理解者的，是在与理解者的对话中出现的。"④在此，文本不再被看做一堆僵死的材料，而是一个有生命的个体，一个活生生的"你"。师生对文本的阅读与理解意味着文本在向他们提问，而他们又必须不停地回答文本的提问，同时在头脑中产生新的问题，然后回

① 殷鼎：《理解的命运》，生活·读书·新知三联书店，1988年，第8页。

② 洪汉鼎：《理解与解释：诠释学经典文选》，东方出版社，2001年，第93—109页。

③ 腾守尧：《文化的边缘》，南京出版社，2006年，第83页。

④ 张法：《作为后现代思想的解释学》，《中国人民大学学报》，2000年第5期，第54—60页。

过头来又在文本中寻找答案。“理解一个文本意味着理解这个问题。”[①]在这一问一答中，双方不停地相互进入，实现着视界的融合。

二、“蓝本”取向课程内容观的特征与现实尴尬

(一)“蓝本”课程内容观的主要特征

毋庸讳言，蓝本之说非常明显地存在于现实的教育教学过程之中。这里面还有一个重要的原因，即蓝本里面包含了一个人们所期望的标准的人才模型，学生未来应该具备的知识、能力、信仰、价值观等都已经存在于这一模型之中。研究发现，作为蓝本的课程内容除了模型功能外，还具有以下几个主要特征。

1. 强调作者或编写者的意图或原义

它不是以作品中的字、词、句等要素以及这些要素之间的关系为本，而是以这些要素发生关系时所表达的种种固定的意义为本。在蓝本观看来，“含义”(meaning，又译意义)是一件意识的事，而不是词语的事。它是作者的“意欲”，像幻影般的一种精神活动，一旦被作者用一组特殊的语言符号序列固定下来，或意指出来，它就固定不变。由于意识的精神活动是作者个人的，所以，含义是作者原意。读解者只能理解无权解释，因为解释是对含义的说明，更不允许判断和批评。[②]因此，它追求的是不允许变更的所谓标准答案，毫无疑问，所带来的一定是对师生创造性智慧的忽视。

2. 坚持作者或作品中心论

蓝本观认为，作品与读者之间是一种赐予和接受的关系，作者与读者之间、作品与读者之间是不平等的。如前所述，蓝本及其作者都是带有神圣光环的，对作品里不可变更的原文原义，普通人只有顶礼膜拜、恭敬听取和无条件地接受。蓝本观强调知识的逻辑性和规范性。因此，教学中更注重教师按部就班地传授，注重学生的背诵、记忆和机械训练。这就在很大程度上忽视了知识对师生精神成长价值，漠视了知识对师生当下生活的意义。

(二)遭遇问题：“蓝本”课程内容观的现实尴尬

蓝本虽一度成为人们对课程内容的流行称谓，一度成为教育教学过程曾经秉持的主要观念。但现在看来，蓝本观已不再适合新时代对人的发展的新要求。在新一轮基础教育课程改革的冲击之下，蓝本观带来的一系列的问题日趋凸显。

---

① 刘放桐等：《新编现代西方哲学》，人民出版社，2000 年，第 501 页。

② 蒋成瑀：《读解学引论》，上海文艺出版社，1998 年，第 80 页。

1. 师生生存交往的丢失

雅斯贝尔斯认为，生存的交往是人们之间的真实的交往。在此，个人摆脱了对他人、集体和世界的依赖。个人是作为自主的、独立的个人。个人与他人的交往既不丧失于他人之中，又不与他人相对立，而是在彼此保持自己的个性、人格、自由的同时又把自己的心揭示给他人，并领悟他人之心，即做到彼此心心相印。个人正是在这种心心相印中发现自己的生存和自由。①从教学交往的角度看，真正的师生交往应是自由的独立个人之间心心相印的生存交往，是"成人世界"与"儿童世界"的充满爱和信任的真诚、平等、自由的交往。但在蓝本观支配下的教学交往恰恰相反，教师往往凭借闻道在先的知识优势，习惯把自己放在权威的位置上，并因之对学生耳提面命，颐指气使。更有甚者，当学生没有按教师的要求完成学习任务或作业出错时，就很有可能遭到教师失去理智的惩罚乃至暴力。

2. 教学蜕化为"规训"，逐渐失去生活的意义

因为课程被定为蓝图，而作为课程内容的蓝本里又包含了一个社会所期望的人才模型。因此，课堂教学便变为按图索骥，成为一种按照模型造就人才的过程。在此，教学远离了教化，蜕化为"规训"。"'规训'对个人的'造就'体现为一种操纵，一种为了'征用'而进行的训练，一种对人的多样性进行规则化和秩序化的技术。这意味着规训把人作为一种改造对象而施加外部的训练。"②结果，鲜活、丰富的知识教学失去了灵性和人性，知识理性化疏远了学生的生活世界，知识不再是真切感受的过程，知识的内容和形式、结论和过程彻底割裂开来。于是，我们看到充满人性之美，极具趣味的语文课变成了技艺之学；说真话、表真情的作文可蜕化为八股文训练；灵智生慧的哲学课演变为对条条框框的死记硬背，即便是音乐、体育也成了乐谱的记忆和运动技巧的训练课，学生在枯燥乏味的知识演练中，早已丢掉了兴趣、激情和灵性。③

3. 课程知识与人的精神自由走向对立

在蓝本观里，课程知识是"法定的"，是被挑选和设计好的，是达成某种既定课程目标的工具。获得知识的基本途径依赖于主客二分的理智认识方式。学习者的全部任务就在于利用自己的理智去占有知识。在此，课程知识与学习者的关系是对立的，是与人的精神或心灵相异的东西。一方面，知识作为学习者的身外之物，等待学习者去学习和占有；另一方面，学习

① 刘放桐等：《新编现代西方哲学》，人民出版社，2000年，第363页。

② 金生鈜：《规训与教化》，教育科学出版社，2004年，第17页。

③ 黄书光：《中国基础教育改革的历史反思与前瞻》，天津教育出版社，2006年，第295—296页。

者及其心灵又可能进一步为知识所奴役，人们为了获得更多的知识，往往放弃自己的精神和心灵自由，放弃自己的个人自主性，放弃自己对世界和人生的理解，把理智让位给既定的知识，将心灵交给外在的权威。正如有学者指出的，“我们的知识的概念将在很大程度上决定我们教育者如何思维和行动”。[①] 因此，为了达成课程目标，教育者就可能不去思考课程知识在个体成长中的价值，不去关注课程知识与人的意义关系，而是粗暴地、一厢情愿地将知识灌输或移植到学生的心灵中去。毋庸置疑，这将在很大程度上加剧课程知识与学习者的对立，使知识进一步演变为对人的精神自由的压制和强迫。

由此可见，“蓝本”观带来的是师生主体性的迷茫和思维的窒息，是教学价值的错位和生活意义的丢失，是课程知识与人的精神自由的对立。随着新课程改革的深入推行和和新教育理念的逐步确立，“蓝本”观必将让位于新的课程内容观——文本。

三、走向“文本”：课程内容观的当代选择

（一）“课程即经验”的课程本质观促成了课程内容由蓝本到文本的转化

毋庸置疑，课程本质在很大程度上影响和决定着课程内容的定位。在新课程改革的背景之下，对课程本质的理解已渐渐超越了“教学科目”或“学科知识”，“课程即经验”的观念日益深入人心，并成为共识。课程即经验，意味着课程不可以被规范，而只能在交流和互动中创生，在体验和活动中发展。也就是说，“课程不仅仅是现成的教科书，而是教师为学生提供的学习机会，是师生在互动过程中产生的经验。换言之，课程不仅仅包括了知识，而且包括了学习者占有和获得知识的主体活动过程，课程知识是在充满生机的社会性交往过程中建构生成的。”[②]这一课程本质观，预示着课程内容必然会超越预设的、静态的蓝本，而走向动态的、鲜活的文本。

（二）“文本”的特性及对“蓝本”观的挑战

把课程内容定位于文本，不仅是新的课程本质观的内在要求，同时，文本又以其独有的特性对传统教学的蓝本观提出全方位的挑战。

1. 文本是一个多层面的开放的意义结构

在“蓝本”观看来，在作为课程内容的作品或课文中，保存着作者原初的意思，而这种意思是完全可以复现出来的。读者只需找到一种工具或方法加以挖掘，就可以超越时空的间阻，从而把它们揭示出来。换句话说，

---

① [美]索尔蒂斯：《教育与知识的概念》，载瞿葆奎等：《教育学文集·智育》，人民教育出版社，1993 年，第 71 页。

② 靳玉乐：《新课程改革的理念与创新》，人民教育出版社，2003 年，第 71—72 页。

意义或真理是可以通过某种合适的方法获得的。因此，传统教学的讲授、记诵和机械训练等方法被广泛看好，而且同时有了其合法性根据。文本观则不同，它否定了蓝本观的“原义说”。它认为“理解就不只是一种复制的行为，而始终是一种创造性的行为”①。文本是一个向理解者开放的多层面的意义结构。“文本意义就像一颗多面体的宝石，从各个不同的侧面折射出五颜六色的光芒，读者用自己的智慧可以织成各种不同的意义网络，没有人能够穷尽它、完善它。”②

2. 文本与读者关系是平等的

文本观首先摆正了自己和读者的关系，不再把自己看成是神圣的和最好的作品，不再致力于对读者的教训和灌输。它打破了蓝本观所坚持的作者中心论或作品中心论，不承认作者是解释其意义的权威，认为读者同样是其意义的建构者。从而“读者不再视作者是秉天地之气，俯仰人间、训诫世人的‘教主’，或熟知历史、洞察未来的‘先知’，而把他当成自己的同辈与朋友。作者依赖读者而存在。作者不仅是读者创作动机的最初激发者，而且是创作的最终完成者。正是读者连续不断地参与阅读，给作品注入了新意，作品的艺术生命才得以长青不老”③。

3. 文本把互动与创造纳入其本质内涵之中

课程内容的文本观并不像传统的蓝本观只承认师生对作品或课文的被动接受，它必然承认师生在与文本互动过程中的能动创造。文本的这一本质属性明显继承了西方接受美学的理论精髓。在接受美学看来，任何文本都具有未定性，都不是自足性或决定性的存在，其本身并不能产生独立的意义，意义的实现要靠读者的积极参与，读者通过阅读的方式与文本互动，以之将作品中的空白填补起来，使其未定性得以确定，最终达到作品的实现。“读者对本文(即文本——引者注)的接受过程就是本文的再创造过程，也是文学作品得以真正实现的过程。文学作品不是由作者独家生产出来的，而是由作者和读者共同创造的。读者不只是鉴赏家、批评家，而且也是作家，因为鉴赏和批评的本身就是对文学作品的生产，就是文学作品的实现。”④

4. 文本具有课程与教学的整合性

在蓝本观中，课程与教学是分离的，课程外在于教学，它只是教师讲授和学生记诵的材料。而在文本观的视野中，文本兼具了课程和教学的双

① [德]伽达默尔：《真理与方法》，台湾书报出版公司，1995年，第389页。

② 蒋成瑀：《读解学引论》，上海文艺出版社，1998年，第28页。

③ 蒋成瑀：《读解学引论》，上海文艺出版社，1998年，第194页。

④ [德]N. R. 姚斯、[美]R. C. 霍拉勃著，周宁、金元浦译：《接受美学与接受理论》，辽宁人民出版社，1987年，第5页。

重属性。换言之，课程不再只是学习的材料，它同时也是师生不断创生意义、扩展经验的过程，从而也就是彰显师生主体性，实现“人”的生成的过程。在这里，目的与手段、课程与教学完美地融合在一起。这种课程与教学的融合状态，可用美国学者韦迪一个新的术语来加以概括，这就是“课程教学”①。文本的课程与教学的整合性，意味着课程内容将在以下两个方面发生显著变化：第一，它不再游离于师生的经验之外，而是与师生的个体生活密切相连；第二，教师和学生也不再仅仅是既定内容的实施者，而且还是课程的开发者和教学的设计者。

课程内容从蓝本走向文本，并不仅仅是一种称谓的变化，而是一次课程内容观的深层变革，或者说是以课程内容为主要表现形态的课程知识观的深层变革。我们相信，当这种变革为人们广为接受并成为意识自觉时，课程内容将会以更加鲜活的姿态呈现在人们的面前。

（作者：张增田　北京基础教育研究基地研究人员　教授
彭寿清　长江师范学院党委书记　教授、博导）

① Regina Weade. Curriculum Instruction: The Construction of Meaning. Theory into Practice, 1987(1).

北京体育赛事管理与营销研究基地（首都体育学院）

基地名称：北京体育赛事管理与营销研究基地
依托单位：首都体育学院
项目类别：研究基地自设项目

北京市中学校运动会的改革与创新研究[①]

教育部体育卫生与艺术教育司自 1985 年开始至今进行了 4 次总跨度为 20 年的全国青少年体质健康普查，其调查结果显示，我们国家的青少年身体素质和健康状况不容乐观，青少年体质逐年下降，包括力量、速度、耐力和肺活量等方面的指标连续 20 年呈下降趋势。面对这一严峻现实，我国政府陆续颁发了《中共中央国务院关于深化教育改革，全面推行素质教育的决定》、《中共中央国务院关于加强青少年体育增强青少年体质的意见》、《关于进一步加强学校体育工作，切实提高学生健康素质的意见》等文件，并且在 2003 年下发并实行了《体育与健康课程标准》，于 2006 年启动了“全国亿万学生阳光体育运动”工程。而学校在学生中推广体育运动的核心手段之一就是开展学校运动会，因此，学校体育工作的重中之重就是要妥善解决近年来中学举办运动会所突显出来的各种管理问题。

一、研究对象与方法

(一)研究对象

北京市中学校运动会的组织管理。

(二)研究方法

1. 文献资料法

经查询 CNKI 文献检索，1999－2011 年期间发表的学校运动会相关文献，共计查询到关于学校运动会相关文献 340 余篇，查阅相关书籍 10 余本。

2. 抽样调查法

对北京市 647 所中学的体育教师和学生进行抽样调查，以取得北京市中学校运动会基本情况、项目设置、运行机制和运作方式等研究数据，为本研究提供数据支撑。

3. 问卷调查法

为了确保问卷设计和内容符合本论文的研究核心并保证问卷填写效果、

---

① 本文是《我国中小学校运动会的改革与创新研究》项目的阶段成果。

质量，笔者请10位相关领域的专家和一线体育教师进行了问卷的效度检验，从专家对问卷设计的评价结果来看，本问卷在总体设计上能够满足本次研究主要任务的要求，具备有效性。

表1　专家对问卷的评价结果

评价内容	很完善	比较完善	基本完善	不太完善	很不完善
设计评价	4	5	1	0	0
内容评价	7	2	1	0	0
结构评价	5	5	0	0	0

本研究共发放体育教师调查问卷40份，回收39份，其中有效问卷37份。中学生调查问卷500份，回收483份，其中474份调查问卷为有效问卷，无效调查问卷为9份。

4. 数理统计法

应用Excel数据统计软件，将北京市中学体育教师和学生对运动会基本情况调查的数据进行统计分析，为论文的写作提供量化指标，以数据支撑本论文的研究内容。

5. 案例分析法

以北京市十一学校校运动会为例对北京市中学校运动会进行分析。

6. 访谈法

在本文的研究过程中，走访有关专家和一线体育教师，统计归纳和总结他们的观点、看法，将对本文的框架构建起到积极的启发作用。

二、研究结果与分析

(一)北京市中学校运动会办赛指导思想分析

在我国，学校运动会以国家的主要体育政策和方针为指导思想，北京市中学校运动会的指导思想也时刻与党中央、国务院所颁布的体育政策保持一致。

1949年到1956年，我国体育政策的指导思想旨在建设人民的新体育，目的是增强人民体质，并由此形成了学校体育培养祖国保卫者和建设者的思想，提出了“三育两有”(德育、智育、体育，有社会主义觉悟、有文化)的教育方针，开始开展课外活动和业余训练。本阶段后期形成了全面跃进、迅速提高运动水平以扩大政治影响的指导思想，以学校为重点，小型多样、加强战备，强化国防教育。“文化大革命”的十年间提出很多体育口号，比如“友谊第一、比赛第二”，“体育必须为工农兵服务”，“群众体育突出政治和占领业余文化基地”等等。

本阶段北京市中学生校运动会的指导思想随着体育指导思想的变化而转变，一直以增强体质、提高运动水平、加强国防教育等为核心思想，提倡缩短战线、保证重点。

“文化大革命”结束到1992年期间，中国体育一直以竞技体育和举国体制为主要方向，把体育当作展现国家风采的一面重要旗帜。本阶段的学校运动会以上层体育竞赛为模板和榜样，并且从学校运动会中发现优秀人才，一切以为国争光为目的。

目前，北京市中学校运动会强调全民健身、健康第一，提倡重在参与的思想意识并举办大部分人都能参加的运动会，以《全民健身计划实施纲要》和开展全国亿万学生阳光体育运动为主要指导思想，逐渐迈步走向从体育大国向体育强国转变的道路。

（二）北京市中学校运动会基本情况调查分析

在接受调查的37名体育教师和474名中学生中，对所在学校的校运动会感觉“非常满意”的体育教师人数为0，仅有8名中学生对运动会感到“非常满意”，在学生中所占百分比为1.69%；选择“不满意”和“非常不满意”两个选项的中学生共占学生人数的21.1%，说明中学校运动会并不能得到直接参与者的认可。

在调查中，有31名教师认为需要对运动会进行改革，占总人数的83.78%，这反映了北京市中学校运动会还存在一定的问题，需要进行改革。

体育节是校运动会的发展和延伸，能够更好地完成运动会的功能。目前，只有少数学校开展体育节，大部分学校仍然以竞技运动会为主，开展体育节的学校有北方交大附中、日坛中学、十一中学、八一中学、一七一中学、一七中学和杨镇一中等。

通过调查得知北京市大部分中学采用上课时间举办运动会，占学校总数的59.46%，认为所在学校减少运动会举办次数的有4名体育教师，占总教师人数的10.81%。北京市中学能够比较积极地响应国家号召，筹办运动会，但大部分学校虽然重视学校运动会却仍然存在简单应付办赛和缩短比赛时间等现象。

（三）北京市中学校运动会项目设置调查分析

从对校运动会的主要功能的调查中（如表2和表3所示），不难看出，“营造和谐校园文化”、“促进学生身体健康”、“培养学生对体育的兴趣”和“培养学生集体荣誉感”四个选项得到了大部分体育教师和学生的赞同。同时，大部分中学生也认为培养集体荣誉感的同时还能够培养体育锻炼的热情和培养班级文化，这比发展学校竞技体育更重要。

表2 学校运动会的主要功能(体育教师)

选择项	n=37	百分数
学校体育工作的评价与检测	24	64.86%
营造和谐校园文化	25	67.57%
促进学生身体健康	27	72.97%
培养学生对体育的兴趣	28	75.68%
选拔体育苗子	13	35.14%
促进体育教学	15	40.54%
发展学校竞技体育	13	35.14%
培养学生集体荣誉感	22	59.46%

表3 学校运动会的主要功能(学生)

选择项	n=474	百分数
学校体育工作的评价与检测	149	31.43%
营造和谐校园文化	231	48.73%
促进学生身体健康	309	65.19%
培养学生对体育的兴趣	263	55.49%
选拔体育苗子	92	19.41%
促进体育教学	93	19.62%
发展学校竞技体育	99	20.89%
培养学生集体荣誉感	232	48.95%

在关于校运动会需要改革的原因的调查中，共有31名教师和198名学生选做了该题，如表4所示，同意“项目太单调，缺乏趣味性”选项的体育教师有15人，占31名认为校运动会需要改革的教师的48.39%；同意“运动项目难度太大”选项的教师有10人，占总人数的32.26%；同意“集体项目太少”选项的教师有9人，占总人数的29.03%。如表5所示，接受调查的学生对于本题的选择更说明了校运动会项目设置的问题，在选做本题的198名学生中，认为“项目太单调、缺乏趣味性”的学生有90人，占总人数的45.45%；同意“集体项目太少”选项的学生也有49人，占总人数的24.75%。关于项目设置的3个选项中不难发现，现在学校运动会的项目设置存在较大问题，项目单调，竞技性强，组织形式单一，从而导致了目前学校运动会的项目设置不能调动大部分学生的积极性，并且存在有些同学

想参加集体项目但由于集体项目过少而无法参加的情况。从中可以看出项目设置是引起目前中学校运动会“少数人比、多数人看”局面的根本原因。如果想把运动会办成全校学生的运动会，完成运动会除竞技体育之外的诸多群众体育现实作用，学校运动会的项目设置必须接受改革。

表 4　关于贵校运动会需要改革的原因的调查(体育教师)

选择项	n=31	百分数
项目太单调，缺乏趣味性	15	48.39%
运动项目难度太大	10	32.26%
组织形式太单一	11	35.48%
不能与体育教学相结合	11	35.48%
集体项目太少	9	29.03%
经费紧张	13	41.94%
参赛人数越来越少	2	6.45%
其他	0	0%

表 5　关于贵校运动会需要改革的原因的调查(学生)

选择项	n=198	百分数
项目太单调，缺乏趣味性	90	45.45%
运动项目难度太大	18	9.09%
组织形式太单一	60	30.30%
集体项目太少	49	24.75%
参赛人数越来越少	11	5.56%
其他	13	6.57%

在希望校运动会中开展的比赛项目的调查中，如表 6 所示，趣味性强的项目和集体参与的项目在学生中广受欢迎，是大多数学生期望开设的项目。笔者认为此类项目中比较具有代表性的是 10×400 米接力赛跑。

表 6　希望在校运动会中开展的比赛项目的调查(学生)

选择项	n=474	百分数
常规竞技项目	112	23.63%
趣味性强的项目	289	60.97%
集体参与的项目	193	40.72%

续表

选择项	n=474	百分数
部分竞技性强的项目	88	18.57%
师生互动项目	172	36.29%
其他	28	5.91%

(四)北京市中学校运动会组织结构与运行机制调查分析

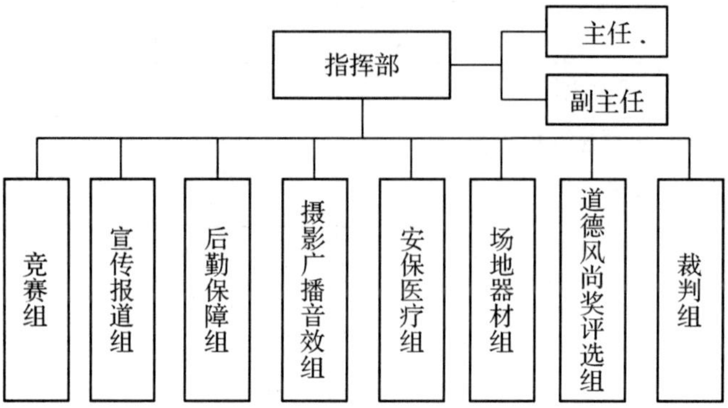

图 1　部分北京市中学校运动会组委会组织结构图

1. 北京市中学校运动会的组织结构

北京市中学校运动会的组织结构特征为行政管理特征，组委会下设机构一般有指挥部、竞赛组、宣传报道组、后勤保障组、摄影广播音效组、安保医疗组、场地器材组、道德风尚奖评选组和裁判组，如图 1。竞赛组是学校运动会组委会的核心部门，其他部门根据竞赛组的要求和需要提供相应的支持，在运动会期间各个小组互相交流沟通，并各司其职。

目前的北京市中学校运动会组织结构各部门之间的沟通和配合积极性非常高，在接受调查的 37 名北京市体育教师中，有 36 名体育教师表示学校其他各个部门积极配合体育部门进行校运动会的筹备工作。但北京市中学校运动会的纵向汇报和沟通渠道不是很乐观，具体见表 7 所示，说明在社会认识到体育教育的重要性的同时，在以读书升学为主要目的的中学校园中，学校运动会以及体育工作并不能够将校领导的注意力完全吸引过来。

表 7　校领导对校运动会是否重视

选择项	n=37	百分数
非常重视	4	10.81%
比较重视	20	54.05%
一般重视	12	32.43%

续表

选择项	n=37	百分数
不重视	1	2.70%
非常不重视	0	0%

2. 北京市中学校举办运动会的目标机制

北京市中学校举办运动会的目的是动态的和多元化的，校运动会可以实现竞技体育可持续发展，除此，校运动会还有诸多现实功能。第一，有融合全校大团结的功能；第二，还可以培养班级等小集体的内部凝聚力；第三，培养学生的竞争意识，培养学生敢于争先、敢于拼搏的意志品质；第四，中学校运动会的作用还包括调动学生参加体育锻炼的积极性；第五，参加运动会可以培养学生的公平竞争意识、法制精神和吃苦抗压能力。

3. 北京市中学校运动会的财务机制

通过调查，北京市中学校运动会的资金大部分来自于学校的财务拨款，只有小部分可以从市场开发中得到赞助，在本研究的体育教师问卷调查中，接受调查的37名体育教师只有顺义区杨镇一中的1名体育教师认为该校运动会的主要资金来源于企业赞助，只有2名体育教师表示该校有面向社会的市场开发，占参加调查教师总数的5.41%，而大部分学校的经费来源仍然主要是学校的财政拨款。

4. 北京市中学校运动会的激励机制

通过调查，北京市中学校运动会的奖项有团体总分前3名、个人单项前3名、开幕式表演前三等奖和道德风尚奖等。各项目前6名或前8名能够获得单项积分和获奖证书，各项目前3名颁发纪念品和奖品。学校发放筹办人员津贴的比例占54.05%，另外49.95%的筹备人员属于义务办赛，体现了部分学校领导并不重视校运动会。

(五)北京市中学校运动会操作流程调查分析

北京市中学校运动会的操作流程大同小异，首先由负责人制定运动会工作方案，上报主管校领导，待校领导同意后下发通知，进入运动会筹备阶段。

1. 赛前筹备阶段

筹备阶段的第一步是确定组织工作人员名单，成立筹委会；宣传部门通过板报等途径对校运动会进行宣传；竞赛部门确定竞赛规程、参赛办法、奖励办法，研讨比赛项目，准备场地器材；后勤部门准备比赛用品；在赛前两周选拔裁判员和志愿者，并且进行培训；组织报名，进行开幕式、入场式方阵训练。在运动会开幕前一周，竞赛部门将所统计的报名信息编订成册并下发；比赛前一天准备比赛器材，布置赛场和会场，进行统一的表演彩排等。

2. 赛时比赛阶段

赛时阶段以竞赛部门为核心，各个部门各司其职，协调配合。

开幕式作为校运动会中各班级展示本班风采的舞台，有入场方阵表演和开幕式节目表演；闭幕式和颁奖仪式是校运动会赛时阶段除开幕式和竞赛外比较重要的环节，一个好的颁奖仪式是对获奖同学和班级在全校师生见证下的肯定。调查得知，没有单独颁奖仪式的学校占 37.84％。

3. 赛后总结阶段

本阶段的主要工作内容有整理场地和器材，整理比赛成绩和比赛记录，编制成绩册存档备案，做好运动会工作总结为下次运动会提供借鉴。

(六)北京市中学校运动会运作方式调查分析

1. 封闭式运作方式

封闭式运作方式是北京市目前大部分学校正在使用的校运动会办赛模式。封闭式运作方式的主要特点有以下三点：

第一，封闭式运作方式完全以学校体育部门和体育教师为主要运作主体。

第二，封闭式运作方式以学校行政办赛为运作方式。

第三，封闭式运作方式以学校行政拨款为运作资金的主要来源。

其优势是可以集中学校力量和教师资源，统一指挥，组委会整体性较好。其劣势是并没有给大多数学生作为组织者组织比赛的机会；资金完全来自于学校，给学校造成的压力较大。

2. 开放式运作方式

开放式运作方式目前在北京市中学范围内应用较少。其运作主体可以是校外机构外包，也可以是学生社团或团体竞标。

开放式运作方式的主要特点有以下三点：

第一，开放式运作方式以学校各部门以外的机构和群体为运作主体。学校各部门不参与办赛活动或只参与其中一部分工作。以学校各部门以外的机构和群体为运作主体。其运作主体主要是学生、学生社团或学生集体，教师只做指导或顾问。

第二，全部或大部分抛弃学校行政办赛。

第三，资金来源有两种，第一种是向社会企业或学校企业拉取赞助、募捐和学生家长支持等；第二种资金来源是募集到的资金不足以支持把校运动会办好，筹委会向学校申请剩余的经费缺口。

开放式运作方式的优势是可以节省学校的人力资源和资金资源，并且能够借助运动会让广大有志学生尽早接触实践，提高学生的组织和动手能力。

案例：北京市十一学校运动会分析

“十一”校名源于我国国庆。该校的价值理念为：在素质教育方面主张主体性教育，主张学生能做的，教师不包办。

十一学校属于校运动会开放式运作中比较成功的典范，每年有两次大型运动会：秋季运动会和趣味运动会。该校成立了很多学生社团和组织，如学生内阁、HCC电脑社团、卡拉尔漫城、心理协会、橄榄枝、谏客社、志愿者协会、社团联合会、学生会、早安十一等。学校通过了解和招标的方式将校运动会交给通过竞标的学生社团或学生会，教师作为顾问加入到筹委会中，具体的实施工作完全由学生负责操作。该校运动会脱离行政管理办赛的模式，趋向于市场办赛，学生代表学校向社会企业拉取赞助。北京市十一学校通过创新代表队名和参赛主题等方式让校运动会更加新颖且更具有吸引力，如“北京市十一学校五洲城市运动会”，要求运动会各代表队除班级名称之外另想一个主题城市名，如“西安代表队”、“墨尔本代表队”、“汉城代表队”、“罗马代表队”、“莫斯科代表队”等，该代表队就以所选择城市为主题，包括入场式和开幕式表演都体现了浓浓的城市风情。此举不仅能让学生学习到很多关于城市历史、人文等方面的知识，更能提高运动会的观赏性，使运动会更加丰富多彩。此外，在项目设置上更是推出了桌游等新兴娱乐项目。十一学校五洲城市运动会曾经拉取过士力架巧克力等企业的赞助。

3. 复合式运作方式

复合式运作方式是封闭式运作方式和开放式运作方式的结合。在运作主体方面，复合式运作方式采用教师指导、学生执行的方式，发挥教师指导作用的同时调动学生的积极性，让学生参与其中并执行重要的组织工作。复合式运作方式以学校行政拨款为主，兼顾企业赞助和社会筹款。

三、研究结论与建议

（一）结论

第一，目前的学校运动会不能满足中学校运动会直接参与者的需求，大部分校运动会的直接参与者期待对中学校运动会进行改革。“项目太单调，缺乏趣味性”和“组织形式太单一”是两大主要原因。

第二，在实际操作过程中，大部分北京市中学校运动会仍然以竞赛为主，并没有将全民健身指导思想和开展全国亿万学生阳光体育运动指导思想深入落实。

第三，学校运动会的功能为培养学生对体育的兴趣，促进学生身体健康，营造和谐校园文化和学校体育工作的评价与检测，培养学生集体荣誉感。

第四，北京市大部分中学校运动会项目难度大，项目设置不利于大部分同学参与到运动会中；学生最希望开设的三类项目依次是：趣味性强的项目、集体参与的项目和师生互动的项目。

第五，在社会认识体育教育的重要性的同时，在以读书升学为主要目的的中学校园中，学校运动会以及体育并不能够将校领导的注意力完全吸引过来。北京市中学校运动会的激励机制也不够完善，不能有效调动学生参加运动会的积极性。

第六，三成多的学校没有单独的颁奖仪式。此类学校的颁奖方式是运动员分单项到主席台或指定地点领奖。

第七，封闭式的运作方式是北京市目前大部分学校正在使用的校运动会办赛模式；体育节作为新兴的办赛模式虽然优点较多但难于推广普及。

(二)建议

第一，建议北京市中学校运动会设置趣味性的项目和兼顾竞技性与趣味性的集体项目，并创新组织形式，探索学生办赛和体育节等新的组织形式。

第二，深入落实《全民健身计划实施纲要》和开展全国亿万学生阳光体育运动两大指导思想。

第三，以培养学生体育锻炼兴趣、促进学生身体健康和营造和谐校园文化为主要目的，改革北京市中学校运动会。

第四，完善北京市中学校运动会的纵向汇报机制，调动学校领导对校运动会的关注度。完善北京市中学校运动会的激励机制，重视颁奖仪式。

第五，推广北京市中学校运动会的开放式学生办赛模式和体育节办赛模式，并加强学校运动会的市场开发力度，增加学校办赛资金来源的多元化。

参考文献

1. 黄超：《学校体育运动会及学生体育竞赛组织管理实务全书》，教育出版社，1999 年。
2. 黄浙平：《运动会也要有趣味性》，《中国学校体育》，1999 年第 2 期。
3. 曲宗湖、杨文轩：《课余体育新视野》，人民体育出版社，1999 年。
4. 高岩松等：《日本中学运动会的考察与思考》，《中国学校体育》，2001 年第 1 期。
5. 富嘉贞：《校运动会向体育节转轨的研究》，《成都体育学院学报》，2000 年第 2 期。
6. 王守恒、叶庆晖：《体育赛事管理》，高等教育出版社，2007 年。
7. 孙康林、樊智军、霍建新、谢鸣：《体育赛事的组织与管理》，人民体育出版社，2007 年。
8. 杨贵仁：《中国学校体育改革的理论与实践》，高等教育出版社，2006 年。

9. 王蒲：《运动竞赛方法学》，人民体育出版社，2001 年。
10. 毛振明：《让校运会永远欢乐感人》，《中国体育报》，2002 年 4 月 18 日。
11. 周斌花：《让学校运动会促进学校体育工作发展》，《内江科技》，2009 年第 12 期。
12. 石冰冰：《学校运动会的改革创新与组织管理》，《体育教学》，2009 年第 12 期。
13. 钱克明：《构建健康、和谐、全面发展的学校运动会》，《南京体育学院学报》，2003 年第 12 期。
14. 王则珊：《中国学校体育改革新思索》，人民体育出版社，2003 年。
15. 胡靖平：《学校体育竞赛现状与构想》，《上海体育科研》，2003 年第 1 期。
16. 吕兵文等：《怎样组织中小学校园体育文化节》，《体育教学》，2008 年第 6 期。
17. 林思超：《中学运动会改革探析》，《南昌教育学院学报》，2011 年第 8 期。
18. 杨涛：《浅析学校运动会改革》，《内江科技》，2010 年第 10 期。
19. 卫荣辉：《陕西省中小学学校运动会改革创新之探讨》，《体育世界・学术》，2009 年第 5 期。
20. 李宏图：《试论学校运动会的改革与对策》，《山东体育科技》，2002 年第 1 期。
21. 王则珊、卢元镇：《群众体育学》，北京体育学院出版社，1989 年。
22. 朱波涛：《现行学校体育运动会的异化现象及其发展趋势研究》，《南京体育学院学报》，2007 年第 6 期。
23. 庞毓恩：《学校运动会改革之我见》，《体育科技》，2004 年第 1 期。
24. 周登嵩主编：《学校体育热点 50 问》，高等教育出版社，2007 年。
25. 赖天德：《中国学校体育改革评述》，高等教育出版社，2007 年。
26. 丰建明：《学校运动会的标准和要求》，《体育教学》，2008 年第 3 期。
27. 卢元镇：《体育运动——现代人生命质量的守护神》，《体育科研》，1998 年第 3 期。
28. 李海：《浅析学校中的非正式体育群体》，《中国学校体育》，2000 年第 5 期。
29. 金钦昌：《学校体育学》，高等教育出版社，1994 年。
30. 孙汉超、秦椿林：《实用体育管理学》，人民体育出版社，2004 年。
31. 于小霞：《学校体育教育手册(下)》，天津人民出版社，1997 年。
32. 秦椿林、王凯珍、肖林鹏：《体育健身活动的组织与管理》，北京体育大学出版社，2008 年。
33. 柳东哲、张雅玲、田晓玉：《日本学校“运动会”的演变及特点的启示》，《沈阳体育学院学报》，2004 年第 2 期。

（作者：王庆伟　北京体育赛事管理与营销研究基地研究人员　副教授
田　野　首都体育学院　硕士研究生）

北京旅游发展研究基地

（北京第二外国语学院）

基地名称：北京旅游发展研究基地
依托单位：北京第二外国语学院
项目类别：国家旅游局重点项目

旅游业现代服务业的科技支撑体系研究[①]

旅游科技是促进旅游业转型升级、提升产业发展质量的重要内生因素和推动力量。旅游科技的重要性源于其直接与实践结合，并推动产业实践创新。正是由于这一特点，在实践中，旅游业应对发展中的一系列重大趋势，解决发展进程中的重大难题，很大程度上依赖于科技的进步。国务院《关于加快发展旅游业的意见》将旅游业定位为国民经济的战略性支柱产业和人民群众更加满意的现代服务业[②]，尤其是现代服务业的目标定位对旅游业创新发展提出了更高的要求。旅游业转变发展方式、提高发展质量、提升发展效益，走内涵式和可持续发展道路，关键之一就是要提高科学技术含量。目前为止，尚无文献从现代服务业的角度，对旅游科技发展的主要特征和技术体系进行系统研究总结。

文章在分析现代服务业概念基础上，对零售、物流、金融等服务业现代化之路进行了分析解构。以此提出，旅游业的现代化发展必须充分利用现代科技创新尤其是现代信息化科技，提升资源开发、运营管理、服务供给、市场交易等各环节的效率和质量，革新商业运营模式和产业发展方式。在此基础上，进一步总结出我国旅游科技具有较明显的现代科技应用、技术二次开发与集成融合、阶段性发展与技术升级换代、业内创新主体少等特征，梳理出我国旅游科技的四大类技术群——旅游信息化科技、旅游展示陈列科技、旅游装备制造科技和旅游资源环境保护科技，并尝试构建了产业现代化的技术支撑体系。最后，重点对旅游信息化科技创新提出了发展建议。需要首先界定的是，本文所指的旅游科技，主要针对以技术为核心的研发、应用和管理等创新，并不涉及广义的旅游科学研究。

一、相关服务业现代化借鉴

从现代服务业的概念入手，通过对相关服务业现代化发展的模式和路

---

① 本文是《中国旅游大辞典》项目的阶段成果，项目编号：10TAAK001。

② 中共中央国务院：《关于加快发展旅游业的意见》，国发[2009]41号。

径探索，提出旅游业现代化的路径和概念。

（一）现代服务业概念

如果旅游业战略性、支柱性主要是从产业的规模、体量和社会功能来定位，那么对旅游业现代服务业的定位，则是对产业发展的未来性、先进性和发展路径进行的定位，因为现代服务业是中国产业经济发展的重点方向，并且有一套较为明确的概念和标准。

目前关于现代服务业的定义使用较多的是："现代服务业是伴随着信息技术和知识经济的发展产生，用现代化的新技术、新业态和新服务方式改造传统服务业，创造需求，引导消费，向社会提供高附加值、高层次、知识型的生产服务和生活服务的服务业。"①社会普遍认为，现代服务业是具有智力要素密集度高、产出附加值高、资源消耗少、环境污染少等特点的第三产业。从我国历史追溯，我国对现代服务业的提法最早出现在 1997 年的"十五大"的报告中，到 2000 年中央经济工作会议明确提出："既要改造和提高传统服务业，又要发展旅游、信息、会计、咨询、法律服务等新兴服务业"。从世界范围看，现代服务业初步发展于工业革命到第二次世界大战期间，确立于 20 世纪 80 年代。从产业体系看，普遍认为现代服务业是指"三高三新"的产业（"三高"是高人力资本含量、高技术含量和高附加价值，"三新"是新技术、新业态和新方式）。世贸组织的服务业分类标准界定了现代服务业的九大分类体系，即：商业服务、电讯服务、建筑及有关工程服务、教育服务、环境服务、金融服务、健康与社会服务、与旅游有关的服务、娱乐、文化与体育服务。

（二）相关服务业现代化借鉴

在以上定义和分类中，旅游业是被纳入现代服务业体系中的。从目前发展现状看，我国旅游业离现代服务业的标准还有一定差距，产品和服务的供给还难以满足市场日益多样和不断演化的消费需求。旅游业要实现现代化发展，还需充分借鉴相关服务业的现代化发展经验。

1. 现代零售业

零售业是指以向最终消费者（包括个人和社会团体）提供所需商品及其附带服务为主的行业。历史上，零售业曾经历四次变革（见图 1）。第一次变革：百货商店的诞生；第二次变革：超级市场的诞生；第三次变革：连锁商店的兴起；第四次变革：信息技术孵化现代零售业。前三次变革中，零售业商业模式的创新和产业的规模化发展，主要源于产品和设备的工业化生产和工业化管理模式的应用，工业技术创新是产业发展进步的主要内生动力。而第四次变革，则主要得益于电子信息技术的应用尤其是现代互联

① 《我国服务业发展》，http://zhidao.baidu.com/question/187358659.html。

网络的发展。

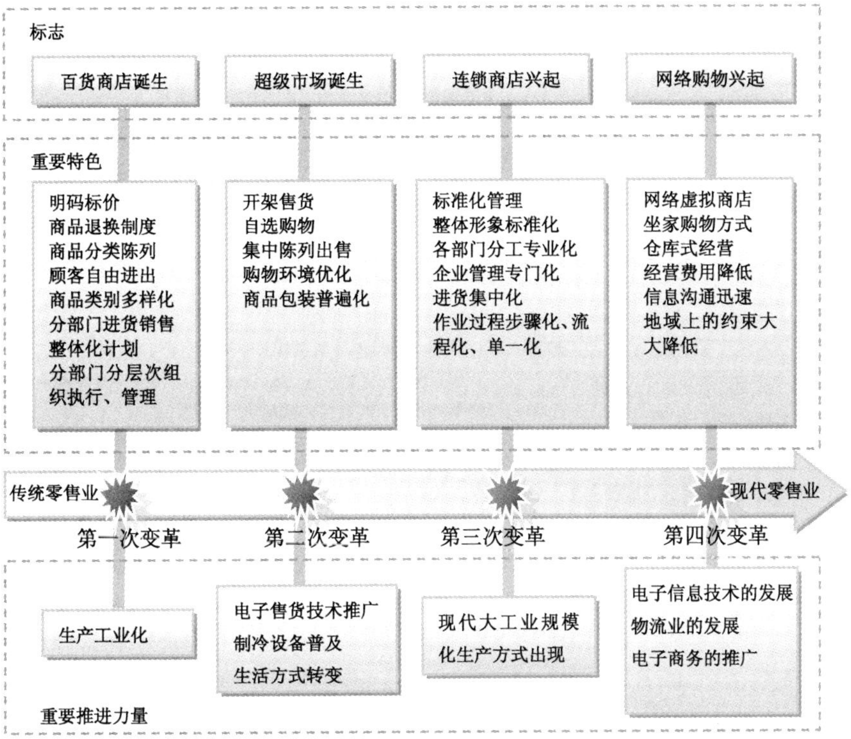

图 1　零售业变革进程

2. 现代物流业

现代物流产业是指将运输、仓储、装卸、加工、整理、配送、信息等有机结合，形成完整的供应链，加速原材料、产成品流动，为用户提供多功能、一体化、综合性配送服务的行业。随着信息化技术的突飞猛进，对现代物流业的发展产生巨大的推动作用，其中，有两次可称为革命性的进步(见图 2)。

第一次革命：条形码的运用。早在 20 世纪 50 年代，约瑟夫·任德兰和伯纳德·西尔维发明了条形码技术并逐渐得到认可，现代真正的技术识别阶段来临。目前，条码技术仍然是物流管理的基石。我国于 20 世纪 90 年代初大力推进条码技术的应用，仅仅 20 年的时间，它已广泛用于交通运输业、商业、医疗卫生、制造业、金融业、仓储业等领域，目前中国物品编码中心已经有系统成员 10 万多家。

第二次革命：无线自动射频识别与物联网。利用射频自动识别(RFID)技术，通过计算机互联网实现物品的自动识别和信息的互联与共享。现代互联网技术与 RFID 技术同步发展，开启了物联网时代。在物联网时代，感应器装备到铁路、公路、桥梁、隧道、建筑、供水系统、电网、大坝、油气管道等各种设施中，通过感应信息与互联网的整合，实现人与物之间的信息沟通。在条形码技术得到广泛应用的基础上，这一技术进一步实现了对物品的“透明”管理，供应商、制造商及客户间通过信息网络交换货品订单等多项商务内容，直接由配送中心、物流企业来衔接生产、批发和零售各环节。

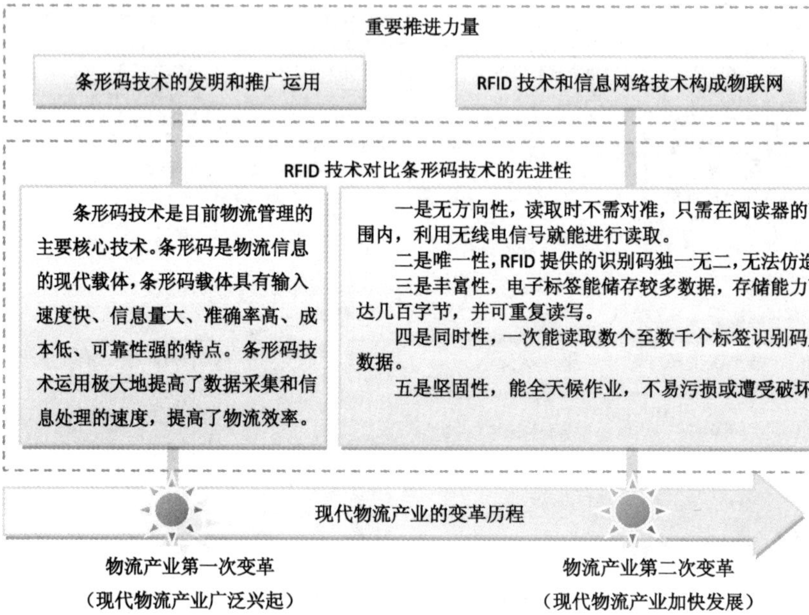

图 2　物流业的两次变革

3. 现代金融业

金融业经过长时间的历史演变，从古代社会比较单一的借贷形式，逐步发展成多种门类的金融机构体系。中央银行的建立是金融业发展史上的一个里程碑。在现代金融业中，中央银行处于主导地位。

现代金融业的科技应用：电子计算机的普及和互联网络的发展，大大丰富了现代金融业的经营手段。在数字时代，货币形式的虚拟化推动了支付渠道的扩大和延伸，信用卡、电子货币等新的支付工具不断出现，跨地域、跨机构的网上结收也降低了金融交易的风险，并大幅提高了服务效率。尽管金融业是应用数字技术的先锋，然而在数字技术席卷全球的过程中，越来越多的“外行”凭借着信息渠道和商业渠道的优势，涌入原本戒备森严的金融业。

现代金融业的产业体系：除银行外，依托新的技术和商业模式，现代金融业不断产生新的衍生产品和增值服务，已形成了包括保险业、信托业、证券业和租赁业等多个行业的产业体系。其中的服务机构包括中央银行、各种商业银行和合作性金融组织（如合作银行、互助银行、信用合作社等）、财务公司、贴现公司、保险公司、证券公司、金融咨询公司、专门的储蓄汇兑机构(储金局、邮政储汇局等)、典当业、金银业、金融交易所(证券交易所、黄金交易所、外汇交易市场等)和资信评估公司等。

(三)旅游现代服务业的内涵

总结起来，以上服务业现代化进程基本都遵循这一模式，即依托现代科技发展和应用，创新商业模式和发展方式，降低生产成本和交易费用，走产业融合和增值发展之路。其中，现代信息科技是以上各类服务业发展的核心要素和初始推动力，成为商业模式创新和产业发展变革的基础力量。

与以上服务业类似，旅游业也具有信息量大、流动性强、主体多元、环境复杂和社会化、分散化发展等特点。因此，依托现代制造和信息科技发展，以旅游装备制造提升和产品、服务创新为基础，借鉴零售业的电子商务交易、物流业的精确流动管理和金融业的信息化运营模式，融合各类资源，开发增值服务，应是旅游业现代化发展的重要路径选择。从旅游业现代化发展的概念角度，可以认为：现代旅游服务业应该是以满足现代旅游需求为目标，以现代信息科技等科技创新为核心支撑，进一步革新商业模式和发展方式，提升资源开发、产品建设、运营管理、服务供给、市场交易等各环节的效率和质量，从而形成附加值高、综合效益好的服务型产业。

二、我国旅游科技发展特征

以上分析表明，旅游业要实现现代化发展，需充分利用现代科技发展成果。目前为止，尚无文献对我国旅游业的科技应用和发展特征进行分析总结。在综合考察现代科技和旅游业的科技发展基础上①②，总结出我国旅游科技创新主要具有以下四个方面特征。

(一)以现代科学技术在旅游业领域的应用性创新为主

旅游科技创新由两方面力量共同推动：一方面，伴随中国经济增长和大众收入水平提高，国民旅游消费需求提升，尤其是旅游大众化和消费升级趋势日益明显，旅游产业规模发展和服务质量提升对现代科技的需求增强，从而在需求层面拉动旅游科技不断创新；另一方面，面对快速发展的巨大旅游市场，一批新兴科技企业敏锐捕捉到现代科技应用于旅游业所产生的巨大商机，这种背景下，携程网、去哪儿旅游网、e 龙网等旅游电子商务企业、三特索道等旅游装备制造企业、探路者等户外运动装备企业迅速

① 冯凌：《〈中国旅游研究 30 年〉专题六：旅游科技发展 30 年》，中国旅游出版社，2009 年。

② 石培华、冯凌：《现代旅游业科技支撑与创新体系建设研究(一)：基础研究与基础构架》，中国旅游出版社，2011 年。

发展，从而在供给层面不断推出科技型产品、服务和运营管理系统。我国旅游科技需求与供给示意图见图 3。

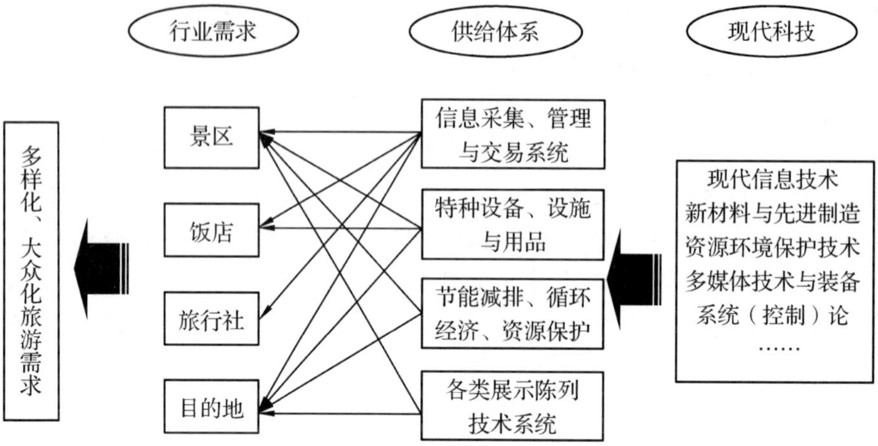

图 3　现代旅游业的科技需求与供给

(二)技术二次开发和集成融合特征明显

由于旅游科技主要依赖现代科技的产业化应用，因此表现出明显的二次开发特征。如无线射频识别(RFID)技术，作为一类无方向性、远距离、信息贮量巨大而又具有识别信息唯一性的自动识别技术，主要应用在身份识别与票务系统、公共交通管理、供应链与物流管理、实时安全监管、标识追踪与防伪以及图书馆管理等方面。但由于旅游业与这些领域分别具有一定的功能需求叠合，因此目前已逐渐进行二次开发、不断应用到旅游业中：如旅游景区的门禁、票务与监控系统，旅游商品的供应链管理，旅游场馆、文博系统的管理等。而且，随着现代信息技术、新材料与先进制造、节能环保技术、声光电多媒体技术与控制系统、组织系统理论等科技发展，已日渐呈现出多技术融合发展、技术群不断催生，并以累进式甚至爆炸式加速应用于旅游业的整体特征。这一特征在旅游电子商务系统中表现最为显著，目前旅游电子商务系统结构和功能体系日趋复杂，系统集成和技术融合发展的趋势明显，逐渐融合了旅游信息基础网站、旅游报表信息中心、旅游目的地营销系统、网络数据库与后台开发、管理等各个功能模块，具有强大的信息采集、贮存、加工、交易、管理和二次开发等功能，已经成为一个复杂的旅游信息技术群。

(三)具有较明显的阶段性和技术升级换代特征

总体分析，在我国旅游业的发展历程中，现代科技的推动主要有三次浪潮。第一次浪潮是交通科技的进步改变了旅游市场的格局。我国航空、铁路等交通科技的进步改变了原先的旅游出行方式，不仅使旅行更加快捷和安全，而且人们出游的选择多样化，中远程旅游蓬勃发展，使得现代航空科技普及推动了国际旅游飞速发展、铁路尤其是高铁技术促使国内中远程旅游空前繁荣。第二次浪潮是以互联网为代表的信息化技术，它革新了旅游交易、管理和生产的方式，形成了一系列的旅游新业态。互联网信息技术的发展为旅游发展注入了强大活力，以互联网为平台，酒店、景区、旅行社等企业的运营模式得以彻底革新，服务效率飞速提升，同时，以网上预订、网上交易和网上结收为代表的新的交易方式逐渐普及，交易的广度迅速扩展，交易的安全性和便捷性大幅提高。第三次浪潮是节能减排科技和循环经济模式在旅游业中的应用，大幅减少了旅游发展对资源的依赖和对环境的破坏，同时也降低了企业的运营成本，在生态化和低碳化的趋势引领下，旅游业走上了一条更可持续的发展道路。

旅游科技应用发展的阶段性和升级换代特征在酒店信息化管理领域最为明显(见表1)。

表1　酒店管理信息化技术升级换代历程

	应用程度	技术系统
升级换代历程	简单应用	前台系统
	前后台整合应用	前台系统＋后台系统
	单体酒店信息一体化	前台系统＋后台系统＋ CRM 系统＋接口系统＋ OA 系统
	集团化管理	单体酒店信息一体化＋集团管理平台
	互联网集成化应用	单体酒店信息一体化＋集团管理平台＋CRS 系统＋移动办公＋自助服务

当前，旅游业中的科技应用已经明显表现出技术升级换代发展的新特征。在应对金融危机、政府投资公共交通的发展浪潮中，中国支线航空、高速铁路和高速公路发展迅猛，同城化、近城化与区域一体化趋势日益显著，在大幅压缩旅游者时间距离同时扩大了出行的空间范围，旅游生产力布局、产品与线路组合等将进一步调整优化；在信息化科技创新不断的浪潮中，互联网、无线移动网、有线电视网的“三网融合”，将促进信息之间相互渗透、互相兼容，在很大程度上将改变游客消费方式、旅游管理方式，直至改变旅游业产业形态；在气候变暖、中国主动承担减排责任、制定节能减排计划背景下，各类节能减排技术、循环经济模式和绿色低碳理念在旅游业中将迎来新的应用发展高潮，以实现到 2015 年将星级饭店、A 级景区用水量用电量降低 20％的目标。而且毫无疑问，未来的生物科技、航天

科技和海洋科技的浪潮将会对旅游业从更深层次造成巨大冲击，科技与旅游结合更加紧密，从而构建一个新的旅游产业。

(四)作为核心创新主体的旅游企业创新能力较弱

旅游业是一个创新十分活跃的领域，但旅游科技创新相对较少，其中尤其是旅游业内的企业技术创新能力较弱。一方面，在地方竞争、市场竞争的环境中，由需求拉动的产品、服务、市场营销等创新不断升级：由传统的观光游览到休闲、度假与特种旅游复合发展，各类新产品与新业态层出不穷；星级服务、金钥匙服务、高质量的体验式和参与式等人性化服务日益体现出旅游业"以人为本"的服务业特征；金旅工程、目的地营销系统、全球化网络营销、地区形象推广、事件与节事营销等，不断推动旅游营销创新升级。但另一方面，在旅游行业内，大量的市场主体——旅游企业，由于局限于行业发展惯性，研发投资与科技创新能力较弱，没有成为技术创新主体，在市场竞争压力下，主要依靠行业外的技术转移和扩散，属于被动式创新；而在旅游研究领域，传统的旅游研究主要集中于社科和地学领域，旅游科技创新研发不仅成果少，而且成果转化应用率也较低。

三、旅游业技术支撑体系

现代科技在旅游中的应用，已基本是无所不包。但纵观我国旅游科技发展历程，四大领域的科学技术在旅游业中的应用发展，构成了推进旅游业升级发展的主要技术支撑体系。

(一)旅游科技的四大技术群

1. 旅游业信息化科技

通过现代电子信息和网络信息技术手段，实现旅游活动各环节的电子化和信息化，包括通过网络发布、交流旅游产品信息和旅游商务信息，以电子手段进行旅游宣传促销、开展旅游售前售后服务，进行电子旅游交易，以及旅游企业内部流程的电子化及管理信息系统的应用等。此外，以"3S"技术(GIS、GPS、RS)为代表的地球空间信息技术应用、"3G 网络"的信息融合等将是旅游业应用信息技术的重大新趋势。

2. 旅游陈列展示科技

主要包括各类图像、实物的展示陈列技术，声光电展陈技术、多媒体技术和虚拟现实技术等。而其中，可以进行全景展示的虚拟现实技术是近年来一个十分重要的发展新方向，它以互联网为载体，能够对旅游产品和景观进行 360 度全景观察，而且通过交互式操作，可以实现远程自由体验三维的旅游世界。此类技术在观光、餐饮等旅游业领域中已逐渐推广应用，随着技术的进一步成熟和普及推广，将可能形成"虚拟旅游"的新浪潮。

3. 旅游装备制造科技

主要是现代制造技术在旅游交通、安全和特种设备设施等领域应用形成的技术体系。具体包括现代机械技术、计算机技术、自动控制技术、传感检测技术、伺服传动技术、安全监控技术等，其功能主要是改良或制造新的旅游交通设施、安全救援设备、旅游安全监控系统、各种门禁系统、旅游展馆及陈列设备，以及旅游商品加工、户外运动产品和照相摄影器材生产等。

4. 旅游资源环境保护科技

主要包括自然景观与文化遗产保护、节能减排和节水等工程技术，用于旅游活动场所节约能耗、减少排污、节约用电用水，提高资源保护的能力和每单位能耗的生产力，促进旅游业可持续发展。可细化为对景区等旅游活动场所的环境保护、植被及景观恢复、水热循环利用、废弃物回收利用、空气洁净、照明节能、制冷保暖节能等技术。

（二）旅游业技术应用的系统分类

根据以上旅游科技的四大类技术群，我国旅游业技术支撑体系一级分类为：一是现代信息化科技在旅游业中的重点应用，创新了旅游生产、管理、消费各个环节的方式和模式，大幅提升了发展效率，包括旅游互联网信息技术、旅游管理信息系统、旅游公共服务信息系统、信息化安保系统、旅游空间信息系统；二是各类现代展陈科技在旅游业中的应用，提升了旅游质量，推动互动化、参与式、体验式旅游，包括模拟仿真展示、虚拟展示系统、多媒体展示系统、声光电技术展示等；三是现代装备制造科技在旅游业中的发展应用，使旅游活动更加快捷、安全并产生了一系列特种旅游新业态，主要包括现代高速旅游交通、旅游特种设备设施、各类户外用品装备等；四是现代资源环境保护科技在旅游业中的应用，推进了旅游业可持续发展，使其真正成为资源节约型和环境友好型产业，包括低碳旅游和旅游循环经济模式、各环节的节能减排技术、各类文物保护技术等。

根据以上对旅游科技的系统分析，考虑一级分类主要考察现代科技在旅游业中应用的主要类型，二级分类主要梳理各类技术在旅游业中的重要应用领域，三级分类主要遴选各领域的关键技术。则旅游业发展的现代技术支撑体系如表 2 所示①。

---

① 冯凌、于锦华：《〈中国旅游大辞典〉之“旅游科技与信息化”专题词条》，中国旅游出版社，2012 年。

表 2　我国旅游科技的系统分类与技术体系

一级分类	二级分类	三级分类
旅游信息化科技	旅游互联网信息技术	旅游网站 旅游电子商务网站 旅游电子政务网站 专业旅游服务网站 旅游网络社区 旅游在线服务 网络旅游频道 旅游电子杂志 旅游搜索引擎 网络旅游超市 网络虚拟旅游 旅游终端信息系统
	旅游管理信息系统	旅游资源管理信息系统 旅游政务管理信息系统 酒店管理信息系统 数字化景区 电子票务系统 景区管理信息系统 旅行社管理信息系统
	旅游公共服务信息系统	金旅工程 目的地营销系统 旅游呼叫系统 旅游信息化安全监测系统 旅游信息化救援系统 旅游电子地图 旅游公共网络知识库
	信息化安保系统	智能监控系统 信息化识别(门禁)系统 磁卡系统 条形码系统 接触式 IC 卡 无线射频识别技术
	旅游空间信息系统	旅游地理信息系统 旅游空间定位与导航系统 旅游遥感系统

续表

一级分类	二级分类	三级分类
现代展陈科技	模拟仿真展示 虚拟展示系统 多媒体展示系统 声光电技术	旅游信息咨询系统 语音导览导游系统 网络虚拟现实技术 360度全景展示技术 信息触摸屏 电子沙盘 旅游影视
旅游装备制造科技	现代高速交通 特种设备设施 户外用品装备	高速铁路 高速公路 主体公园游乐设施 索道、缆车技术 观光电梯 造雪技术 旅游房车、越野车 邮轮游艇 特种旅游保障设备 高尔夫运动装备 野营旅游户外用品 户外运动装备器材 户外运动休闲用品
旅游资源环境保护科技	节能减排技术与低碳旅游 旅游循环经济模式 文物保护技术	旅游业节能材料应用 旅游业清洁能源应用 旅游企业设备租赁 旅游能源合同管理 智能空调系统技术 照明智能化管理技术 水、热回收利用技术 免水冲厕所 文物检测技术 文物防护技术 文物修复技术

四、以信息科技为龙头推进旅游科技创新

信息可以降低交易成本、提高管理效率、提升服务质量，是最可首先突破的新兴要素。而且实践已经证明，信息科技运用于旅游业中已经实现了以预订为标志的交易革命，还须利用信息化科技推动旅游服务革命和管理革命，实现三大革命同步。发挥现代信息科技的聚合能力，以信息科技为纽带整合资源、连接市场、高效运行，把散落在汪洋大海中的分散产业要素整合成体系。具体工作可以考虑以下六个方面：

第一，借鉴物联网，探索旅联网。借助 RFID 和信息网络技术的物品身份证管理方式，在物流系统形成的物联网几乎全面革新了传统物流业。在旅游业中，也可以研究探索类似的身份证管理系统，有助于建立全要素、全过程的监管和服务体系。

第二，探索旅游信息化管理城市试点。旅游流量大、业态丰富、产业综合性强的城市对产业运行的信息监管需求较大，因此可以考虑在港澳、上海、杭州等城市进行旅游信息科技运用与创新试点。

第三，探索旅游信息化企业试点。据《中国旅游集团发展报告》调查①，携程每年的营业收入达到了 200 亿，在非国有企业里排在首位，携程等旅游信息化企业的巨大成功证实了旅游业对信息的巨大需求和其中所蕴藏的巨大发展前景，因此可以考虑与类似企业联系建设一批企业试点，具体工作可以从合作研究开始起步。

第四，公共信息服务平台。除 12301 旅游热线之外，还可以考虑建设基于互联网和基于手机等移动终端的公共信息服务平台。第五，基于网络交易的行业应用。由于不受实体投入的成本控制，当前基于互联网交易的商业模式升级换代很快，高度市场竞争迅速提升了产业素质，例如淘宝网、阿里巴巴等网络交易效率、交易诚信都很高，旅游业也可以参考这一模式。

第五，前瞻性设立一批旅游信息化重大科技研发专项。当前一些新趋势需要尽快立项研究，如旅游行业管理与中国移动合作研究终端信息整合、基于 3G 的旅游信息传播体系、虚拟旅游的实现等，从而前瞻性地布局构建旅游业的现代信息科技体系。

（作者：冯　凌　北京旅游发展研究基地研究人员　副教授）

---

① 中国旅游研究院课题组：《中国旅游集团发展报告》，中国旅游研究院，2009 年。

基地名称：北京旅游发展研究基地
依托单位：北京第二外国语学院
项目类别：国家哲学社会科学基金青年项目

文化创意旅游产业发展模式及北京市发展策略研究[①]

当前中国和很多发达国家的文化创意产业与旅游业都在快速发展，展现出广阔的发展前景，也受到了政府与社会的高度关注。这两个产业(或者称产业群)的发展特征总体上符合我国建设文化软实力、满足人民精神生活和走可持续发展道路的要求，二者融合而成的文化创意旅游产业因而具有特殊的发展意义。

一、实践背景与理论探索

文化创意旅游也称为创意旅游，是用创意产业的思维方式和发展模式整合旅游资源、创新旅游产品、锻造旅游产业链。联合国教科文组织全球创意城市联盟(UNESCO Creative Cities Network)给出的定义为："参与导向的、真实体验旅游地的艺术、遗产或特色风情的旅行。[②]"20 世纪 90 年代以来，在体验经济成熟、知识经济发展、文化和创新得到全球重视的时代背景条件下，创意产业迅速发展起来。旅游与创意产业结合成为文化创意旅游产业，其发展前景得到了英国、世界旅游组织、欧盟旅行委员会等的重视。国内外发展实践表明，文化创意旅游产业发展迅速、前景广阔，但也面临着文化和经济的双重风险，出现了过度投资、大量复制、恶性竞争、文化破坏等严重问题。

关于文化创意旅游产业的基本特征，已有的研究指出，文化创意旅游是文化创意产业在旅游领域的传承、延伸和重组，具有较高的体验性、参与性、高附加值和高连带效应。文化是创意旅游的基础，创意互动是其关键，同时它又有高流动性、依附性、不确定性等特征。

---

① 本文是《我国文化创意旅游产业发展模式与对策研究》项目的阶段成果，项目编号：12CGL058。

② http：//potal. unesco. org/culture/en/ev. php－URL _ ID＝35257&URL _ DO＝DO _ TOPIC&URL _ SECTION＝201. html。

关于文化创意旅游产业的发展机制，研究指出文化创意旅游将文化视作一种发展资本要素，通过重组旅游要素实现产品的动态活化，拓展了产业链；游客身担创意消费者和创意生产者两职，是一种合作生产，游客在其中充分参与和体验创意。

关于文化创意旅游产业的发展模式，国外研究指出了重大标志性或旗舰项目、大型事件活动、主题化产品以及遗产的开发四类发展模式。国内学者关注了旅游创意园区的构建、动漫和影视发展、旅游节庆活动发展，以及一些地方发展实践等方面。

关于产业发展中存在的问题，已有研究指出，主要是高附加值与高风险特征并存，其开创性、扩张性和投机性造成了很大的不确定性因素，容易复制，流动性强，遗产过度开发容易造成了巨大的资金浪费和文化资源破坏。

由于文化创意旅游产业的发展时间很短(从 20 世纪 90 年代算起)，中国与发达国家的差距很小。甚至中国出现的以“印象系列”为代表的旅游演艺模式在国际上居于领先水平。① 当前，英国、新加坡、东京、纽约等国家或城市均高度重视文化创意旅游产业的发展。

二、文化价值主张的构建与输出——文化创意旅游的核心问题

(一)“文化”与“创意”——概念再探讨

文化创意旅游的发展历史很短，其该概念与范畴也没有一致和通用的表述。国内最早研究文化创意旅游的学者之一厉无畏指出文化创意旅游也称为创意旅游，同时使用了两个称谓。一些其他学者和机构也提出了不同的称谓和定义。关于“文化创意旅游”和“创意旅游”两个提法，有必要讨论“文化”两字是否必要及其含义。本项研究主要拟从三个方面入手，逐步寻找文化创意旅游之显著不同于“一般旅游”的特征，以及其最为重要的价值所在，试图构建起一种更为合理和简明的概念体系，并据此初步的开展相关理论的建构工作：第一，从英国(创意产业特别工作小组及其工作)、美国(SOHO)、桂林(“印象刘三姐”演出)、北京(798 艺术园区、新年倒计时庆典)、杭州(宋城、“印象西湖”演出)、张家界(“天门狐仙”演出)、台湾(民宿和主题酒店)等涉及主题公园、旅游演艺、创意旅游设施、创意旅游活动案例入手，探究其共同的核心要素与特征；第二，从文化创意旅游的游客(如北京的主题风情酒店与台湾民宿等)入手，探究文化创意旅游需求

① 中国于 2003 年出现“印象刘三姐”，随后不到十年中在杭州、丽江、张家界、武夷山、海南岛等知名旅游目的地相继出现了大型实景旅游演艺产品，不仅丰富了旅游体验，增加了旅游收益，也改变了旅游者的行为。这一模式还向柬埔寨等国进行了输出。

中的关键要素与核心价值；第三，从文化创意旅游的生产者或供给者入手，探究产品构建过程的核心动机与所赋予产品的核心价值。

一方面，创意与创造或创新词义接近。我们知道，凡是非遗产类的旅游产品或活动，均含有创意成分，这显然不能将传统的旅游与现代所指的文化创意旅游区分开来。另外，纯粹技术创新也并不当归在其中，“印象刘三姐”带给人们的固然有新的视觉技术与模式①，但人们欣然接受一大批技术手段相似但内容不同的演出则表明，精神与文化因素要比技术因素更加重要。从对游客的调查中我们了解到，内容而非技术才是此类产品的核心，而这种内容既可以是忠实原著的，也可以是另辟蹊径的另一件艺术品。

另一方面，就“文化”一词而言，旅游中有基于依托资源属性而做的文化旅游与自然旅游的区分。在前述的研究案例中，我们认识到文化创意旅游可以同时基于文化和自然两类旅游资源，更应当说是一种在自然与人文相融合的资源，因而文化创意旅游中的“文化”并非指与“自然”相对的那个概念。

（二）文化为核心内容，创意和旅游为实现模式

再从文化创意产业的概念和范畴入手。在文化创意产业中，有创意产业、文化产业、内容产业、知识产业等相关概念。文化产业与内容产业在本质上属于知识生产，而创意产业属于知识服务，是知识生产的一种模式。所谓内容产业包含了录制或提供下载的音乐、视频、多媒体服务、影视制作等。其概念提示我们，内容本身才是关键，它本质上显然不是指技术上的创新，例如一些新的音视频播放硬件的发明和网络服务的革新等，而是在于不断创造的音乐、文学、影视等精神产品。因此，文化创意旅游中的创意应当也不包括一般的技术创新。而文化创意中的文化，是为创意提供的平台与资源，包含了文化价值、生活方式等内容，或者说是一种包含精神价值和生活方式的生态共同体②。因此也可以说，文化创意产业或文化创意旅游产业所生产的不只是知识，而是精神。

再结合需求层次理论和体验经济理论，由于体验已经成为一种新的高阶的需求内容和经济形态，生产“精神”的文化创意产业自然成为当下供需两旺的发展热点。旅游本身又是一种体验，自然成为与文化创意自然结合的一个绝好的点。

综合上述理论，我们将文化视作一种生活方式和价值观，将创意视作一种生产、解读和构建过程，将旅游视作一个供需交易的平台或模式，则

① 陆军、王林：《创新：民俗文化旅游整合开发的原动力——以桂林阳朔“印象刘三姐”为例》，《桂林旅游高等专科学校学报》，2006 年第 4 期。

② 余秋雨：《何谓文化》，长江文艺出版社，2012 年，第 6 页。

文化创意旅游的概念与范畴可以做重新的解释——文化创意旅游是以旅游的方式构建和输出文化价值，它具有显著文化价值内涵和很高的创意含量。文化是指文化价值主张，它并非与自然相对的概念，而是包含了自然元素的人的生活世界，是文化创意旅游中核心的内容。文化创意旅游的称谓中已保留文化二字为宜。创意就是创造、生产、构建，是人们基于现实条件（例如遗产资源等）对于美好生活，对于智慧、美、合理性、意义等一种追求、构建和探索。旅游是一种方式，既是人们体验到那些“美好生活”的方式，也是文化价值构建者的对外输出其文化价值主张的方式。

（三）文化价值的寻找、构建与输出

文化创意旅游所提供的文化价值并非在其他生产过程中不存在。实际旅游体验的许多功能能够被读书、艺术活动、社交等其他活动所替代。但旅游活动有与其他活动截然不同的特征，即异地性（对于供给方来说则是本地性）和参与性。也就是说，文化创意旅游产品则需要消费者到生产地来消费，且消费过程具有同时性、参与性等特征。这个产品不能被售卖到异地的原因在于它依托了不能移动的自然元素和与自然融为一体的庞杂的文化有机体。而且，许多文化创意型的产品如主题文化社区、创意酒店（如某些台湾民宿）、文化艺术街区、文化村镇聚落等，它提供给人们的是“一段完整的生活”，而非一两件“生活要素”。它需要人们在那里生活，感受它全部的吃、住、行，品位全部的视觉、听觉、嗅觉、触觉，完整经历和实践当地的仪式、娱乐和生活细节，例如人们沉浸在宋代都城生活（杭州宋城）、艺术情调生活（北京的 798、美国的 SOHO）、中国式乡村田园梦的生活（北京山吧、那里、枫情山水）之中的一种“完整的”生活。

在这种生活过程中，人们体验了生活所需的精神元素，这里包含了智慧、美、合理性和意义。在访谈调查中，北京山吧的创始者指出，他们建设山吧就是想圆了自己的田园梦，这个梦想里包含了优美的风光、简单而健康的生活、舒适的木屋别墅、朴素而和谐的人际关系，他们进而将这个梦想呈献给亲友和所有的知己朋友，最后是奉献给大众。这就是一种文化价值主张的构架与输出过程，这与一些台湾民宿的发展也是十分相似的。

三、发展文化创意旅游的价值和意义

（一）文化创意旅游带来一种新的生产和生活模式

文化创意旅游不只是一种新业态，而是可渗透于生活消费的方方面面。“旅游”与“文化创意”融合为文化创意旅游，包括两大基本模式：一是旅游的创意化，二是创意的旅游化，其核心均是生活方式和文化观念的输出。旅游的创意化又包括旅游产品的创意附加和创意新旅游产品两种类型。旅游产品的创意附加是指在原有旅游产品的基础上附加文化创意内容以提升

产品价值，或改变产品价值的构成和实现方式。创意的旅游化是指文化创意产业或活动产生的产品、空间、社区等成为新的旅游吸引物，既增加了旅游的对象和范围，又扩展了旅游体验的方式和内容。伦敦、新加坡等城市提出的所谓“创意城市”，也是一种生活方式的构建和输出。文化创意旅游可能成为未来人们获取幸福感的基本生活方式之一。

（二）文化创意旅游大大扩展了旅游业的发展空间和意义

文化创意旅游的核心在于构建和输出文化价值主张，其产品不再是一两种生活要素，而是生活本身。它以梦想的方式去满足人类无限的梦想，由此旅游体验的深度化、个性化、高品质和高附加值真正成为了可能。一旦“生活”本身具有吸引力和价值，则全部相关产品也就占据了价值的高端，能够为一个地方（城市、民族或者国家）带来强大而持续的感召力、影响力和竞争力。这正如古时极盛的罗马或长安，以及现代西方的“美国梦”一般，很多人以一生中去过罗马、长安、纽约为荣。因此，文化创意旅游的发展可以成为构建城市和国家综合影响力，输出文化价值的一种重要方式，因而不难理解伦敦、新加坡、东京、巴黎等城市把发展文化创意旅游和打造创意城市作为城市发展的战略选择。

四、部分特殊问题的探讨

（一）范畴界定

国外有研究将文化创意旅游划分为重大标志性或旗舰项目、大型事件活动、主题化产品以及遗产的开发四类发展模式。国内学者则提出还应包括旅游创意园区的构建、影视旅游、旅游节庆活动等。“印象刘三姐”的成功启示了我们，当前文化创意旅游发展的很多方面均是实践超前于理论的，且存在很多不能预测的偶然因素（如张艺谋的创作天才和勇气及其他创造因素的完美结合）。与其我们从理论上勾勒出其范畴与类型，并指导实践的发展，不如就实践发展现状来梳理其范畴和类型。

综合目前相关研究，被指为文化创意旅游的大体包括：主题公园、旅游演艺、创意地标、创意型景观、创意设施、遗产的创意开发、具有旅游功能的文化创意园区和影视文化基地、主题酒店、旅游节庆、创意型旅游活动等。根据前述定义，以及保留核心内容并尽可能缩窄的原则，我们认为宜将文化创意旅游的范畴界定为：具有显著文化价值内涵并且创意含量高的旅游产品或形式，主要包括文化主题公园、旅游文化演艺、文化创意体验社区、文化创意旅游设施、文化创意旅游活动五种类型。

其中文化主题公园主要指大型的文化题材主题公园，如杭州宋城、西安大唐芙蓉园、北京大观园等，不包括纯粹的科技和自然类等主题公园（如各类科技馆、海洋馆、植物园，以及小型微缩景观等），也不包括仍以影视为主要功能的影视基地（如北京中影影视基地）。

旅游文化演艺指主要为旅游者表演的大型创意型演出，不包括传统歌舞和戏剧表演，也不包括一般的城市音乐、戏剧和其他舞台表演。

文化创意体验社区包括以旅游体验为主体功能的富含文化创意元素的城市街区和乡村聚落，如北京 798 艺术休闲街区、南锣鼓巷文化休闲街区（以“过客”等创意休闲设施为核心）等，不包括一般意义的城市历史文化街区和古村古镇。

文化创意旅游设施主要指文化价值主张明确和艺术创造含量高的文化精品酒店、度假村等，如台湾民宿苗栗鲜绿奇园、北京古北水镇、北京山吧附近的山村风情酒店群等。文化创意旅游设施可以是前述文化创意体验社区的一部分，但以其较小的规模，更便于集中、统一和深刻的构建文化价值主张。

文化创意旅游活动主要指注入丰富的文化创意内容的大型旅游节庆或营销活动，如哈尔滨冰雪节、青岛啤酒节等，不包括一般意义的传统节庆活动。

（二）主动性与被动性

文化价值的感知基于个体，也因人而异。产品的文化价值主张越明确，其市场也越明确或者越狭窄。一些产品经由创作者构建出来，会在旅游者的体验过程中发生再次构建的过程，生成不同的新的内容，正如同一首音乐可能同时使两个人感动流泪，而两人的心中产生的是不同的故事，不同的感情。文化价值在被“再构建”的过程中可能发生重大变化，进而改变原有文化系统。例如北京什刹海文化休闲街区和南锣鼓巷文化休闲街区等地方，西方游客带来的西方文化（咖啡、酒吧、爵士乐、摇滚乐等）从设施、休闲方式、社交方式、景观、居民行为等方面改变了其原有文化系统，这几个案例最终成为中国人眼中很西方，西方人眼中很中国的一个文化融合空间。一些中国人学会并习惯了“泡吧”以及经营旅游生意的生活，这就是一种文化价值构建的主动与被动的问题。而在一个被群体构建，甚至是被供需双方与政府力量共同构建起来的新的文化系统里，有些主体是有意识的，有些主体则是无意识的。

（三）个体与整体

1992 年北京怀柔“山吧”的创建者开始寻找实现“回归田园”的生活方式，2000 年创始人兄妹 4 人在北京北部怀柔的一个山沟里建起了“山吧”的雏形，随后扩建对外经营。很快在“山吧”旁边出现了一个山村田园度假村“那里”，之后“泰莲庭”、“枫情山水”等数十家外在风格不同但内涵相似的度假酒店聚集起来，整个山谷形成了一种整体风格，随后又在市场的推动和政府的扶持下改善了基础设施条件，形成了市场品牌——雁栖不夜谷。从山吧到雁栖不夜谷的发展历程中，存在着由个体价值主张到整体价值主张的多元双向的构建过程。在这个过程中，区域的自然环境和本地文化元素均主动或被动的融合进来，形成了具有显著地方特征的地格[①]系统。其中，政府无疑在为社会提供公共产品中发挥了不可替代的作用。值得思考的是，作为一个群体意志的代表的政府，在创意性的活动中是否会失掉个体的思想，而失于肤浅和混乱？毕竟，我们很难想象书画作品能够由多个人去合力完成。

五、流动性问题及其解决——一个发展模型的探讨

(一)流动性问题与文化资本固化机制

文化创意旅游产业高度依赖资本和创意因素，同时面向广阔的外部市场，又具有强烈的“人为创造”特征，而资本、人力(创意)和市场等要素又具有“流动”特征，因而造成了文化创意旅游产业的“流动性”问题。从国内文化创意旅游产业的发展实践来看，近年来出现的“印象系列”演出产品的大量复制移植以及主题公园投资风潮，以及北京的798艺术家群体向宋庄乃至更远的地区迁移都印证了这种流动性。可以说，产业要素的流动性是文化创意旅游发展的核心问题之一。

流动性给地方文化创意旅游的发展带来了巨大的困难，它导致产品的大量移植、过度开发和无序竞争，带来资本和文化的双重风险。文化、资本、智力要素及其创造出的文化创意资本如何在一个地方固化下来成为产业可持续发展的关键。构建文化资本的固化机制应当从三个方面入手，一是强化文化资本根植性，即注意从地方背景文化中挖掘创意要素并加工成旅游产品，二是在开发过程中保持背景文化系统的有机发展，三是使新生成的文化要素有效反哺融入原有文化系统。通过以上三个方面的努力，使得地方背景文化系统的一部分转化为用以开发的“文化资本”，文化资本与背景文化系统相“融合”，并通过“存活着”的文化系统的有机生长而更新，开发产生的文化产品和要素的一部分再转化并融入地方背景文化系统，成为可投入再生产的资本要素。在上述“融合”、“转化”和“融入”过程中，实现地方文化资本的固化。

(二)文化创意旅游系统模型探讨

将文化创意产业生产系统和旅游系统模型相结合，构建如图1所示的文化创意旅游系统模型，使之同时符合两类产品生产消费过程规律的系统模型。

该系统模型包括文化资源、生产平台和市场三大子系统以及和两大连接通道(旅游通道和文化资源产品转化通道)。从文化资源产品转换通道来看，在文化资源系统中，一部分地方文化资源被遴选挖掘出来成为文化创

---

① 邹统钎指出地格是区域的一种灵魂，是旅游发展的命脉。见《旅游学术思想流派》，南开大学出版社，2008年，第1页。

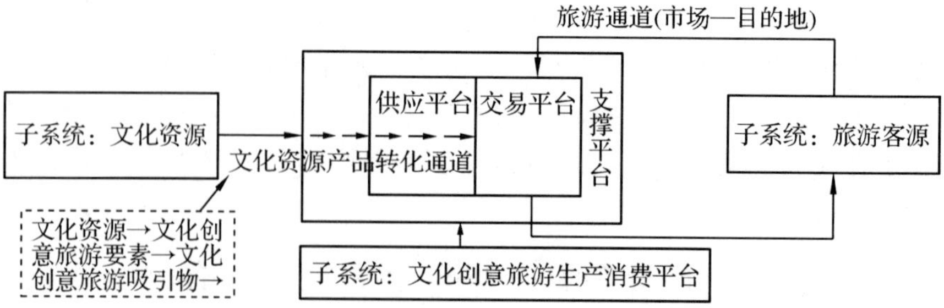

图 1　文化创意旅游系统模型

意旅游要素，这些要素的一部分具备成为文化创意旅游吸引物的条件，再被加工为文化创意旅游产品，进入生产平台被游客消费，产品又成为新产生的文化要素融入地方文化系统。从旅游通道来看，旅游客源地的游客进入文化创意旅游生产平台，消费的同时也参与生产，也就是在享用文化创意旅游产品的同时影响地方文化系统。三个子系统通过两大通道相互运动影响。

该系统模型的核心部分是文化创意旅游生产消费平台。这个平台明确了旅游活动的范围是有限的，而不是在整个地方文化系统中无限制的活动，又参照“舞台化理论”分为前后台和支撑平台，将旅游者的活动与文化系统既连接又区隔开来，使“游客深入参与体验”和“文化有机更新”以及“文化资本固化”同时成为可能。这个平台包括相互支撑循环的三个子平台：第一，交易平台——“前台”，包括经营者、游客、产品及它们所依托的空间，同时包含“体验”活动所需要的场景(景观和文化地标等)和剧本(体验建构、营销)等内容；第二，供应平台——“后台”，包括经营管理系统(投资、人力资源建设、研发)、文化创意元素聚集和加工、文化创意旅游社区管理等内容；第三，支撑平台，核心是从前述文化资源子系统向生产消费平台转化输出的通道，同时包括服务设施、基础设施、交通通道、上游供应链等内容。

支撑、供应、交易三个平台依次支撑，双向循环反馈。文化资源源源不断转化为产品向市场输送，产品要素再向文化资源系统注入，持续内化、生长、更新。平台为游客参与生产和体验提供空间载体。构建功能完整和有活力的文化创意旅游生产消费平台是产业可持续发展的保障。

六、北京发展文化创意旅游的策略与建议

(一)从建设世界城市文化感召力高度认识文化创意旅游的发展

一座创意城市就是“人们想去的地方”，而创意旅游就是“去到人们想去的地方”。北京提出建设“世界城市”的目标，就应当建设成为世界人民向往的地方，为全人类提供有意义、有品位、有示范价值的生活，在这个过程

中输出文化价值观。北京要成为真正的世界城市，不仅要掌握足够的财富和科技，更关键的是要占据人类文化价值的高地。就旅游业而言，业界公认未来全球竞争之核心在于文化，而北京旅游之最大优势也在于文化，这两点便标明了北京旅游的前进方向。北京是中国文化中心和世界文化名城，具有发展文化创意产业和旅游业的独特优势。目前北京以南锣鼓巷等为代表的文化体验街区，以798、宋庄等为代表的艺术文化体验区，以天桥地区等为代表的文化演艺区，以长城脚下的长城公社、古北水镇等为代表的文化创意设施等均具有发展文化创意旅游的良好基础和发展前景，应根据产业发展的内在规律，加强研究和引导，制定有效的发展政策，促进产业可持续发展。

(二)系统保护和构建北京文化价值，注意文化资本的固化

提升文化、规划和旅游等部门及业界对北京和中国文化的认知与自信。主动干预文化系统，保护文化遗产，扶持和保护文化系统中的重要而脆弱的要素(如老城社区、民间文化艺术组织、传统生活仪式和技艺、生活服务业老字号等)，编列名录和生存状态报告，形成预警和挽救机制，确保其长期生存与发展，并实现在现代环境中的价值发挥。以全球受众的视野重新审视北京城市规划建设中的文化价值体现。在新建项目、景观打造、环境更新等方面均应注意地方文化的传承体现。应在发展中注意文化资本的固化，克服流动性带来的文化和资本风险。集中打造具有中国文化根植性的项目，避免西方文化旅游项目占据市场中心。应把握好开发中的力度和方式。提供游客深入社区的机会并进行严格限制，社区型旅游开发项目(什刹海、南锣鼓巷等)均应当直接向社区居民分配发展红利(通过就业分享利益在北京是不现实和不公平的)。积极引导社区自治管理，稳定社区居民结构，协调社区内、社区与游客、社区与经营者的矛盾。

(三)具体措施建议

在组织方面，由北京市旅游发展委员会牵头组织，协调北京市规划、建设和文化部门。将发展文化创意旅游作为旅游委的核心职责之一。组织力量进行相关理论和实践问题的系统研究，从北京城市精神进一步中挖掘出城市文化价值的体验内容。

在空间布局方面，近期以东城、西城两区为核心，以朝阳为重要辅助板块，大造大城区文化创意旅游体验空间。使得北京城市旅游由点线式的游览区向完整连片的生活体验空间转变。近期还可以“两轴两片联合发展项目”形式启动东、西城的旅游发展工作的整合，集中打造纵横两轴(中轴线和朝阜文化景观轴)和南北两大片区(皇城和京都会)，最终整体构建“东方文化之都”的核心区。

在产品开发方面，扩大胡同游的体验内容、深度和空间，打造系列主题胡同；以“北京人家”和“皇城精舍”等提升和锻造北京民宿品牌；整合南城的会馆文化设施集群资源，打造北京会所特色品牌；在多年“一村一品”项目基础上进一步推出“创意聚落”项目；以天坛、鸟巢、居庸关等为载体，推出真正代表北京的标志性演出。创新首都剧场联盟功能，规划朝阳区和天桥文艺夜生活集聚空间，打造“东方百老汇”。以“皇城”整合什刹海、南锣鼓巷、南新仓和皇城根等片区，以“老北京”整合前门、大栅栏、天桥等会馆、演出和文化老字号资源，将朝阳的商务、酒店、艺术、娱乐元素整合为“时尚北京”品牌，编制发展规划，贯通自助体验旅游线路，统一引导系统和营销工作。

在城市体验美感和自由度方面，应设计更具体验美感的城市文化夜景系统，设计和实施覆盖前述“皇城”等大片区的国际化自助体验引导系统和服务设施。

参考文献

1. 厉无畏、王慧敏、孙洁：《创意旅游：旅游产业发展模式的革新》，《旅游科学》，2007年第6期。
2. Ray C. Culture, Intellectual Property and Territorial Rural Development. Sociologia Ruralis, 1998 (1).
3. Richards G, Wilson J. Developing creativity in tourist experiences: Asolution to the serial reproduction of culture? . Tourism Management, 2006(6).
4. 冯学钢、于秋阳：《论旅游创意产业的发展前景与对策》，《旅游学刊》，2006年第12、13期。
5. 周钧、冯学刚：《创意旅游及其特征研究》，《桂林旅游高等专科学校学报》，2008年第3期。
6. Richards G. , Raymond C. , Creative Tourism, ATLAS News, 2000(23).
7. 李勇、佟连军、张娜：《吉林省旅游创意产业发展研究》，《人文地理》，2008年第4期。
8. 金元浦：《我国文化创意产业发展的三个阶梯与三种模式》，《中国地质大学学报》(社会科学版)，2010年第10期。
9. Russo A. P. The"Vicious Circle"of Tourism Development in Heritage Cities. Annals of Tourism Research, 2002 (1).
10. 厉无畏、王慧敏、王玉梅、孙洁等：《创意产业导论》，学林出版社，2006年。
11. 原勃、白凯：《创意旅游理论及实践》，《城市问题》，2008年第11期。
12. 厉无畏、王慧敏：《创意产业新论》，东方出版中心，2009年。
13. 王欣、邹统钎：《非惯常环境下体验的意义》，《旅游学刊》，2011年第7期。

（作者：王　欣　北京旅游发展研究基地研究人员　副教授）

首都传媒经济研究基地

（中国传媒大学）

基地名称：首都传媒经济研究基地
依托单位：中国传媒大学
项目类别：研究基地自设项目

对社会化媒体盈利模式及功能局限性的思考[①]

——以新浪微博为例

随着 Web2.0 技术和社会化网络的不断发展，各种新型的媒体应用层出不穷，社会化媒体也渐渐走进了人们的视野。新浪微博，作为社会化媒体的代表之一，更是在我国产生了巨大的影响，一些诸如腐败、拆迁、打拐、突发灾难救助等社会问题在微博上引起了广泛的关注，并最终通过传统媒体的报道而得到解决。于是，有研究者称：微博的出现在很大程度上改变了媒体生态，新闻已成为社会各方参与的共同产品，以微博为代表的社会化媒体彻底颠覆了传统媒体"一言堂"的状况，传统话语的主导权正悄然发生变化，甚至有媒体称，作为舆论监督的新平台，十八大后微博将成为我国官场反腐的主战场。

事情果真如此吗？学者们是否有过于乐观的倾向？

本文即以新浪微博为例，试图通过对其盈利模式和功能局限性的探究，对目前国内围绕社会化媒体而掀起的种种热潮做些许理性的反思。

一、文献综述与概念界定

社会化媒体(Social Media)这个新术语最先出现在一本叫做《什么是社会化媒体》的电子书中，作者安东尼·梅菲尔德(Antony Mayfield)将社会化媒体定义为一种给予用户极大参与空间的新型在线媒体，具有参与、公开、交流、对话、社区化、连通性等特征[②]。

美国公共关系协会在其 2008 年的年会出版物《关于社会化媒体要点的讨论》中，从趋势和技术两个方面对社会化媒体进行了界定：从趋势的角度来看，社会化媒体是人们通过使用去中心化的、以人为基础的网络来获得他们所需要的东西，而非传统的商业或者媒体体制；从技术的角度来看，社会化媒体是指支撑那些网络的工具和服务。一般来说，社会化媒体是免费

---

① 本文是《社会化媒体商业模式及社会功能研究》项目的阶段成果。

② Antony Mayfield，What is Social Media，2007.

的或者使用费用很低，作为平台，它们可以为每个用户所定制①。

鉴于新媒体技术的不断发展，社会化媒体的形式和特点也在不断发生变化，这就使得我们很难给社会化媒体下一个精确的定义。从目前社会化媒体的传播特点来看，也许我们可以把社会化媒体定义为“基于用户社会关系的内容生产与交换平台”②。

当前，最常见的社会化媒体应用有七种基本的形式，分别是博客、维基、播客、论坛、社交网络、内容社区和微博③。

博客(Blog 或 Weblog)：是一种通常由个人管理、不定期张贴新的文章的网站。一个典型的博客结合了文字、图像、其他博客或网站的链接及其他与主题相关的媒体，能够让读者以互动的方式留下意见。

维基(Wikis)：类似一个公共数据库，人们可以在上面添加内容，或对现有的内容进行修订和增补。最著名的维基站点是维基百科，在国内，亦有百度百科、互动百科等，百度知道、新浪爱问等也应算为此类。

播客(Podcast)：指一种在互联网上发布文件并允许用户订阅以自动接收新文件的方法，或用此方法来制作的电台节目。国外的播客网站有 YouTube 等，国内的播客网站有优酷、土豆、酷 6 等，相对而言，视频类网站较多。

论坛(BBS)：用来进行在线讨论的平台，通常围绕着特定的话题。论坛是最早出现的社会化媒体，同时也是最强大、最流行的在线社区平台。

社交网络(SNS，Social Network Service)：人们可以在这类站点上建立个人的主页，在朋友之间分享内容并进行交流。目前，最著名的社交网络是 Facebook，国内有人人、开心网等。

内容社区：以内容为主并加强交互分享互动功能的网络社区。最流行的社区一般集中于照片(www. Flickr. com)、书签(www. del. icio. us)视频(www. YouTube. com)等相关内容。

微博(Micro-Blog)：是基于有线和无线互联网终端发布精短信息供其他网友共享的即时信息网络，由于用户每次用于更新的信息通常限定于 140 个字符以内，故得名。微博创始于美国，最早的微博网站是美国的 Twitter，于 2006 年 7 月面向公众开放，2007 年 4 月开始独立运营。④

---

① PRSA 2008 International Conference，The Point of Connection Social Media Discussion.

② 尹韵公主编，《中国新媒体发展报告 No. 3(2012 版)》，社会科学文献出版社，2012 年，第 80－82 页。

③ 方冰：《基于社会化媒体营销的品牌内容传播》，中国科学技术大学硕士论文，2011 年。

④ 喻国明、欧亚、张佰明、王斌：《微博：一种新传播形态的考察——影响力模型和社会性应用》，人民日报出版社，2011 年，第 1 页。

二、微博的盈利模式尚不明朗

社会化媒体的广泛应用改变了人们的媒体使用习惯，也使得基于社会化媒体平台进行营销、销售、公共关系处理和客户服务维护及开拓的社会化媒体营销成为一种新趋势。

其中，以 Twitter 为代表的微博网站以其独特的理念和良好的发展态势，吸引了众多模仿者。中国的微博网站创始于 2007 年，饭否网的上线带动了多个同类网站的发展，如随心微博、叽歪网、嘀咕网。依托庞大用户群的腾讯网也于 2007 年 8 月推出了腾讯滔滔。2009 年，国内微博又掀起了一股热潮，继同学网转型微博客网站、聚友网推出微博网站 9911 网、中国移动凭借手机运营商的先天优势推出 139 说客后，在中国互联网业内最具影响力的新浪网也于 2009 年 8 月开始进行新浪微博内部测试，并于 10 月正式向公众开放。至此，经过多个网站的先期预热，微博正式进入广大公众的视野。①

随着中国成为全球微博用户和微博网站第一大国，新浪微博已成为社会化媒体领域最火热的议题。

虽脱胎于 Twitter②，但与 Twitter 来自于一个新兴的公司不同，新浪微博由发展比较成熟的中国四大门户网站之一的新浪网推出。在新浪的计划中，微博是一个核心元素，最终是要打造出一个综合的社交平台，包含游戏、电子商务、各种应用等，类似一个 Twitter 和 Facebook③ 的混合体。

现在，业界经常拿新浪微博与 Facebook 做比较，然而，二者存在诸多不同④。简言之，Facebook 是在社交功能强大的基础上开始逐步增加其他功能，而新浪微博则是在媒体属性强化之后，开始逐步增加其社交功能和营销功能。

---

① 喻国明、欧亚、张佰明、王斌：《微博：一种新传播形态的考察——影响力模型和社会性应用》，人民日报出版社，2011 年，第 2 页。

② Twitter 是即时信息的一个变种，它允许用户将自己的最新动态和想法以短信息的形式发送给手机和个性化网站群，而不仅仅是发送给个人。2006 年，博客技术先驱 blogger. com 创始人埃文·威廉姆斯(Evan Williams)创建的新兴公司 Obvious 推出了 Twitter 服务。在最初阶段，这项服务只是用于向好友的手机发送文本信息。2006 年年底，Obvious 对服务进行了升级，用户无需输入自己的手机号码，而可以通过即时信息服务和个性化 Twitter 网站接收和发送信息。

③ 一个社交网络服务网站，2012 年 5 月 18 日，Facebook 正式在美国纳斯达克证券交易所上市。

④ 《Facebook 与新浪微博的对比》，http：//finance. stockstar. com/JC2012052800002834. shtml，2012 年 5 月 28 日。

表 1　新浪微博和 Facebook 的对比

	新浪微博	Facebook
属性	媒体＋SNS[①]；高盛公司对其定义为 70%社交媒体属性和 30%社交网络属性	SNS＋媒体＋游戏平台＋开发者平台＋广告平台
功能	获取资讯；朋友沟通；企业营销	获取资讯；休闲娱乐；朋友沟通；企业营销；开发者发布产品并获取收入
盈利模式	广告＋微量开发商佣金	广告＋虚拟货币服务＋自有支付系统＋开发商佣金

从本质上说，新浪是一家利用互联网技术来做传统媒体的公司，换言之，它通过低廉的成本，将传统媒体生产的内容集成为一个网站，通过低价甚至免费的内容资源来赚取广告费，这种业务模式使新浪与传统媒体存在很多相似的成分。

传统媒体的特点是一点对多点的单向传播，而互联网的特点是多点对多点的双向互动式传播。在“新浪化”后的微博身上，这种双向互动式的社交特性被最大限度地淡化了，拥有众多粉丝的名人微博具有类似“广而告之”的功能，发布一条微博会得到很多粉丝的转发或评论，但发布微博的人基本不知道那些粉丝都是谁，传播在大多数情况下是单向的。

根据瑞信的报告[②]，新浪微博的用户最喜欢的功能是“获取最新消息”，占所有功能的 23.24%，排名第二位的是“状态更新”和“好友聊天”功能。

新浪用户的使用偏好，强化了新浪微博的媒体属性，微博逐渐成为民众获知信息的一个主要渠道。

对于传统媒体属性比社交属性更强的新浪微博来说，广告就成为了现阶段最主要的盈利点。[③]

从网上流传的一张有效时间为 2012 年 4—6 月的“新浪微博广告报价单”来看，新浪微博虽已开始全面启动商业化运作，但走的仍是门户网站广告模式的老路。

但在笔者看来，微博广告的前景实在不算明朗。

---

① Social Network Site，即“社交网站”或“社交网”。

② 《瑞信：新浪微博核心用户 70%为女性　盈利靠广告》，http：//tech.xinmin.cn/2011/05/19/10816844.htm，2011 年 5 月 19 日。

③ 吴伯凡：《新浪微博将走向何方：本可别开生面 却迷途难返》，http：//it.sohu.com/20121206/n359654389.shtml，《21 世纪商业评论》，2012 年 12 月 6 日。

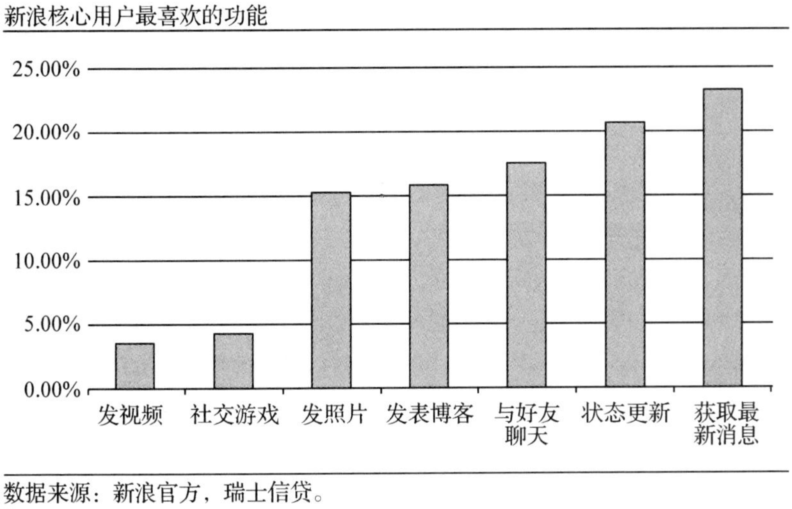

图 1　新浪核心用户最喜欢的功能

有人曾这样形容微博的媒体影响力——“如果你的粉丝数量超过 100，你就是一本内刊；超过 1000，你就是个布告栏；超过 1 万，你就像是一本杂志；超过 10 万，你就像是一份都市报；超过 100 万，你就像是一份全国性报纸；超过 1000 万，你就像是一家电视台。”

说这话的人，可能混淆了“媒介拥有率”与“广告到达率①”这两个概念。

在微博上，粉丝仅仅意味着可以收到所关注对象的更新信息，这与拥有一台电视机，打开可以看到“新闻联播”是一个道理。但是，需要注意的是：首先，这台电视机需要被打开，也就是说，在手机等终端上，需要打开“微博”软件，在电脑上，需要登录“微博”网页；其次，需要在合适的时间，恰好看到所“关注”对象更新的信息——做到这一点其实也并不那么容易。

如果一个用户关注的对象有五百个，而这五百个人每天转发或发布至少 3 条信息，那么，一天中，在这最少一千五百条的信息中，恰好被该用户看到的那几条信息，才算是有效地达到了传递信息作用。概言之，一个人所关注的对象越多，他所能看到的某个对象所发信息的概率愈小。当然，按照“六度分隔”②理论，人们可能不需要通过关注某人，即可通过多人的转发辗转看到最初的那条信息，但是，由于无法精确测量微博平台上的有效到达率，微博广告的效果在现阶段仍旧难以评估。不过据说，广告只是微博常规性的盈利方式之一，新浪首席执行官兼总裁曹国伟曾指出，微博可能存在的六大商业模式分别是：互动精准广告、社交游戏、实时搜索、无

① 根据收视率的定义，指在特定时段，收看过该广告的不重复的观众人数占观众总数的百分比。

② 该理论认为，世界上任意两个人之间建立联系，最多只需要 6 个人。

线增值服务、电子商务平台以及数字内容收费。但是，在微博这个平台上，且不说有效地吸引粉丝们的注意，即便只是想确定自己究竟有多少个真实的粉丝，都不是件容易的事。

在微博的环境中，粉丝的多少通常是用来衡量博主影响力的标志性数据，于是，围绕着粉丝数量的买卖日益猖獗：营销公司制造粉丝卖给企业微博，企业再把这些"注了水"①的粉丝数量当作与广告商家议价的筹码，其中，粉丝因活跃度不同而有不同的价码，部分名人名博也因粉丝数的不同而有转发微博的不同报价。说到底，当影响力成为稀缺资源，当粉丝数量在微博世界里成为衡量影响力的主要标准时，粉丝数量便具有了类似于货币在现实世界中的功能，不断被炮制出来的虚假粉丝不啻恶性通胀，其最终结果只能导致整个衡量体系的彻底崩溃。

三、微博的话语权并不平等

相较于把关严格的传统媒体，微博可以让一些在传统媒体上无法看到的信息广为流传，并通过媒介间的议程设置最终引起传统媒体的注意，于是，有研究者称：社会化媒体的出现赋予了人们平等的话语权，在很大程度上改变了新闻的生产方式，甚至宣告着一个"全民记者时代"的到来。这样的说法恐怕过于乐观了。

新浪沿袭博客的名人路线，自推出微博伊始便致力于将 IT 行业人士、演艺界名人、媒体、企业家等一批具有影响力与号召力的名人、名企网罗到新浪微博，以名人的相关内容造成轰动效应，② 以期短时间内大量吸聚用户。这种方法虽取得了一定成效，然而，成也萧何，败也萧何，如此路径依赖，难免造成意想不到的后果。

从下列排行榜中可以看出，在新浪微博中受关注程度排在前 10 名的多为演艺圈名人，而在使用新浪微博的名人中，影响力排在前 10 名的人士集中在娱乐界和商界。

表 2　2012 年 12 月 8 日新浪微博人气总榜

排名	昵称	认证说明	粉丝数
1	姚晨	演员，代表作电视剧《武林外传》、《潜伏》	27654856
2	王力宏	知名歌手、导演、演员	27318699

① 据网友统计，新浪微博上的名人平均约有 17% 的僵尸粉（指通过系统自动注册生成的虚假粉丝），腾讯微博的"僵尸"规模达到了 56%。

② 喻国明、欧亚、张佰明、王斌：《微博：一种新传播形态的考察——影响力模型和社会性应用》，人民日报出版社，2011 年，第 90 页。

续表

排名	昵称	认证说明	粉丝数
3	谢娜	知名主持人	26855299
4	赵薇	著名演员，代表作《画皮》、《还珠格格》	25452598
5	小S	台湾知名主持人	24579494
6	何炅	湖南卫视知名主持人	24541603
7	陈坤	演员，代表作有《云水谣》、《花木兰》	23972250
8	周立波	海派清口创始人	21995138
9	林心如	台湾演员	21939157
10	李开复	创新工场董事长兼首席执行官	21680597

表3　2012年12月8日新浪微博名人影响力榜

排名	昵　称	认证说明
1	李开复	创新工场董事长兼首席执行官
2	何炅	湖南卫视知名主持人
3	谢娜	知名女主持人
4	薛蛮子	天使投资人，微博打拐发起人之一，新浪微公益爱心团成员
5	姚晨	演员，代表作电视剧《武林外传》、《潜伏》
6	阿信	五月天乐队主唱
7	陈坤	演员，代表作有《云水谣》、《花木兰》
8	俞灏明	歌手
9	梦想家林志颖	台湾知名演员、歌手
10	任志强	知名地产商

在一项基于新浪微博所作的报告中，“微博意见领袖”的形象被概括为：“一位四十不惑的男性学者或商人”。调查发现，尽管社会化媒体被视为普罗大众和弱势群体得以发声的平台，但至少在这份首发名单中，“意见领袖”仍以传统媒体所看重的社会精英为主，都是掌握经济、社会或文化资源的人士，如商界人士、媒体人、学者、作家等。①

这些“意见领袖”们原本便是受到传统媒体关注的公共人物，他们在微

① 陈迎竹：《微博话语权深度调查——首份百人意见领袖榜出炉》，http://news.m4.cn/1156607.shtml，2012年3月12日。

博中的言论，有时甚至仅仅是几个无意义的语气词，都会反过来成为传统媒体的新闻素材。粉丝们通过窥探他们的吃穿住行、绯闻趣事达到自我满足，并将其作为社会交往的谈资，而他们则通过全方位的展示塑造自己更多元化的形象，以赢得更多的认同。

有的学者提出了一个形象的比喻：微博的用户总是以 45 度仰角在仰望着那个他所“关注”的用户，大部分的微博用户除了自己发布信息，就是接收来自他所仰望的人的信息，并且转发给其他同样用 45 度仰角看着自己的人①。

与人们最初认为的不同，拥有说话的“权利”并不意味着必然获得“权力”，微博的出现，貌似赋予了普通民众更多的话语权，实则进一步拉大了精英与草根的差距。那些拥有比普通人更强大话语权的“意见领袖”，正渐渐成为微博平台的权力中心。人们理想中的所谓去中心化，不过是一个去除某些专业媒体的中心地位而赋予某些“意见领袖”的“再中心化”的过程。②一方面，在“马太效应”的作用下，精英们的一举一动都被微博瞬间放大，牵动着千万粉丝的心，如：名人离婚本稀松平常，但王石的离婚在微博的助力下，直接把长江商学院推上了八卦界的最前沿；另一方面，普通人发布的信息往往要冠以“最牛××”的标题或当事人遭遇具有代表性的不幸，方能获得较多关注。

从这个角度来看，微博的出现并没有颠覆原有的话语体系，虽然任何人和机构都可以注册微博并发表言论，但是话语的影响力各不相同。作为一个媒体公共平台，微博与当下社会阶层、社会结构和权力组织密不可分，已经成为了一个话语权分配的新领域。

四、微博的反腐效果被高估

微博平台上的“意见领袖”们不仅影响了信息传播的强度，也可以影响信息流动的方向，他们对某些信息的关注或不关注在一定程度上影响着他们的粉丝所获得的信息的范围，与此同时，在他们周围形成的强势“意见气候”甚至会使那些持不同意见的人们逐渐“沉默”下去③。值得我们特别注意的是，这种舆论趋势的过度放大，往往会模糊背后的真实，有时还会走向失控的极端。

① 周根红：《微博 45 度仰望与话语权》，http：//media.people.com.cn/BIG5/192301/192359/192370/16083556.html，2011 年 10 月 31 日。

② 尹韵公主编：《中国新媒体发展报告 No.3(2012 版)》，社会科学文献出版社，2012 年，第 83－90 页。

③ 尹韵公主编：《中国新媒体发展报告 No.3(2012 版)》，社会科学文献出版社，2012 年，第 83－90 页。

在面临社会转型的当下中国，社会矛盾愈来愈尖锐，从前在传统媒介环境中无法得到充分表达的民间诉求找到了微博这个最佳的宣泄出口，数量庞大的粉丝们出于相同或近似的情绪、意见与态度在微博上遥相呼应，于是，微博平台上几乎每一起重要的公共事件，最终都发展为集体的道德批判，个体之间的矛盾也更多地被转化为群体之间的矛盾——特权阶层与草根群体、“富二代”与“穷二代”等，相较于复杂的现实社会，这是一个充满了强与弱、邪与正、穷与富之类二元对立标签的简单而极端的世界。

微博构建了一个迥异于主流媒体宣传语境的世界，在这里，各种风格、各种类型的信息、新闻和热点实现了碎片化发布和无界化传播，民间舆论获得了前所未有的表达空间。

政府与公民的沟通也进入前所未有的积极互动的时代，有的政府机关已经在微博上开通了“微博新闻发布会”，受到众多粉丝的肯定，与此同时，“微博检举”、“微博问政”也异常火爆，通过微博的放大和倒逼作用，官员的腐败问题、百姓的诉讼问题得到了更高效的解决。在微博这个人人都可参与的舆论场里，“微博检举”借助速度快、影响大、低成本、低风险的技术优势，更容易形成舆论热点，以原重庆市北碚区委书记雷政富为例，自其不雅视频被曝光到其被免职，仅仅过了63个小时。

在过去的三年中，作为一个意见表达的公共平台，微博推动了诸多事件走向公开和透明，对中国的政治生态、社会生态和媒介生态都产生了重要的影响。从社交工具到舆论监督利器，微博在国内扮演着和国外完全不一样的角色。难怪有媒体甚至称：十八大后微博成为我国官场反腐主战场[①]。

然而，微博反腐取得胜利的积极意义固然不可小觑，但静心想来，民众对微博反腐取得胜利的欢呼，究其本质，与当年对“焦点访谈”的欢呼并无二致，作为新兴的社会化媒体，微博所起到的舆论监督作用，或许正是今日的传统媒体所欠缺的，随着微博用户话语权分配的固化和新浪管理员审查的日趋严格化，微博的明天，与“焦点访谈”的今天，可能并无二致。

事实上，舆论监督从来无法根治腐败，多个国家的历史经验表明，反腐败的制度建设首要在于建立官员财产申报和公开制度，而微博反腐的局部性胜利，也许恰恰转移了人们有限的注意力，最终使人们再一次迷失在二元对立的简单表象里。

---

① 王向前、齐亚琼：《媒体称十八大后微博成为我国官场反腐主战场》，《河南商报》，2012年12月8日。

五、结　语

新生的事物总是容易受到人们的关注，每个人都能成为信息的传播者更是令人激动，然而，微博究竟在多大程度上改变了这个世界，人们究竟能用社会化媒体达到怎样不同于以往的营销效果，似乎都没有一个明确的答案。以微博为代表的社会化媒体可以让用户方便、快速、简捷地通过电脑网页或手机等移动终端来更新和发布信息，但是，社会化媒体并不能营造一个人人平等的伊甸园，现有的社会关系和社会阶层结构均会投射在这个信息的公共平台上。在一定程度上，社会化媒体的确改变了我们的生活，只是，这变化可能并没有我们想象的那么大。

（作者：汪　彦　首都传媒经济研究基地研究人员　博士研究生）

北京财经研究基地

（中央财经大学）

基地名称：北京财经研究基地
依托单位：中央财经大学
项目类别：教育部人文社科研究项目

高等教育引领昌平区竞争之路①
——基于中关村路径的启示

一、中关村基本情况

中关村是我国科教智力和人才资源最为密集的区域，拥有以北京大学、清华大学为代表的高等院校近41所，以中国科学院、中国工程院所属院所为代表的国家(市)科研院所200多所；拥有国家级重点实验室67个，国家工程研究中心27个，国家工程技术研究中心28个；大学科技园26家，留学人员创业园33家。中关村是中央人才工作协调小组首批授予的“海外高层次人才创新创业基地”，留学归国创业人才超过1.5万人，累计创办企业超过6000家，是国内留学归国人员创办企业数量最多的地区。

目前，北京市共有中央“千人计划”引进人才770人，其中80%就业在中关村地区。“北京海外人才聚集工程”的368名人才，80%聚集在中关村地区。两院院士人数占全国院士总数的36%。培养、成长出以联想的柳传志、百度的李彦宏、博奥生物的程京、中星微电子的邓中翰、科兴生物的尹卫东、碧水源的文剑平、神雾热能的吴道洪、创新工场的李开复等为代表的一批国内外有影响的新老企业家。

中关村企业获得国家科技进步一等奖超过50项，承接的“863项目”占全国的四分之一，“973项目”占全国的三分之一；创制了TD－SCDMA、McWill、闪联等86项重要国际标准，798项国家、地方和行业标准。拥有大学科技园、科技企业孵化器、留学人员创业园等各类创业孵化服务机构超过百家，其中，国家级大学科技园14家，占全国总数的16.3%；国家级科技企业孵化器25家，占全国总数的7.3%。国家级孵化器在孵企业2894家，累计毕业企业3286家。活跃在中关村的协会组织超过40家，企业会员数量1万余家。新成立产业联盟16家，总数达到65家，涵盖了新一代信息

① 本文是《教育对区域软实力贡献度：理论与方法——基于25个城市的研究》项目的阶段成果，项目编号：11YJA880049。

技术、生物医药、节能环保、新材料、新能源、文化创意、高端装备制造等多个领域。

截至 2011 年，中关村示范区境内外上市公司总数达到 200 家，其中境内 122 家，境外 78 家。境内上市公司中，主板市场 50 家，中小板市场 28 家，创业板市场 44 家。其孵化器、科技企业加速器、检测检验中心、生产力促进中心、技术转移机构机构数量远高于成都上海、武汉等地区的国家级高新区。2011 年中关村完成技术合同成交额超过 2300 亿元，同比增长约 40%，技术交易额达到全国的三分之一以上，其中 80%以上输出到北京以外地区。2011 年，中关村企业总收入 1.96 万亿元，约占全国高新区的七分之一，同比增长 23.2%，对北京市经济增长的贡献率达到 24%。

2011 年 3 月 4 日，中组部、国家发展改革委、教育部等 15 个中央和国家部委与北京市委市政府联合发布《关于中关村国家自主创新示范区建设人才特区的若干意见》(简称《中关村人才特区若干意见》)，提出了到 2015 年在中关村全面建成国家级人才特区的总目标。2011 年 8 月 23 日，北京市教育委员会、中关村科技园区管理委员会联合发布《关于加强北京高校与中关村国家自主创新示范区企业人才互动工作的意见》，中关村加快了建设人才特区的步伐。中关村目前实行“一区多园”的空间格局包括海淀园、丰台园、昌平园、电子城、亦庄园、德胜园、雍和园、石景山园、通州园、中关村大兴生物医药基地等十个园区。

二、中关村人才竞争之路

(一)学历结构不断优化

北京中关村是我国知名的人才高地，一直以优越的创新创业环境吸引着全国乃至全世界的人才源源不断地向园区聚集。

2011 年年底示范区从业人员总数达到 138.5 万人，比上年净增 22.7 万人。其中大学本科及以上学历的人员有 68 万人，占示范区从业人员的比重达到 49.1%，比同期硅谷地区高出约 6%。其中拥有硕士学历人才 13.2 万人，博士 1.4 万人，均比上年同期增长 17%以上。人才数量、规模总量、质量规模总量均高于上海、深圳、江苏等地国家级高科技园区，居全国 56 个国家级高新区之首。(见图 1)

(二)高端人才聚集迅速

自 2008 年年底中央“千人计划”实施以来，已分 7 批引进 2263 名海外高层次人才，其中北京地区共有 629 人入选，占全国的 27.8%，约 80%在中关村地区工作。2011 年，中关村人才特区引进海内外高层次人才 1962 人，其中引进海外高层次人才 436 人。根据入统企业填报的统计数据，2011 年中关村示范区留学归国人员数量再创新高，达到 1.4 万人，同比增长 41.1%。(见图 2)

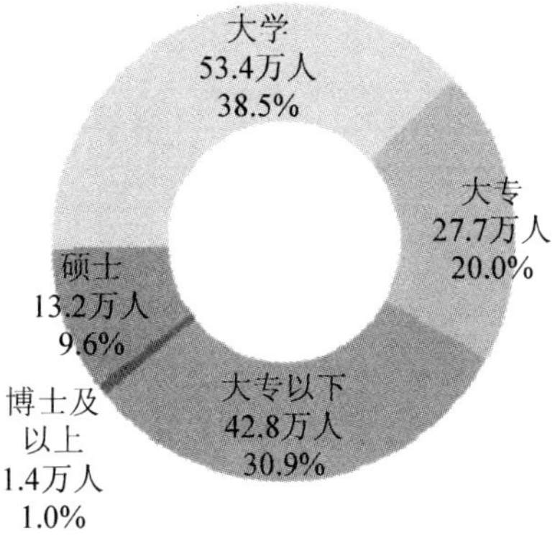

图 1　2011 年中关村从业人员学历结构

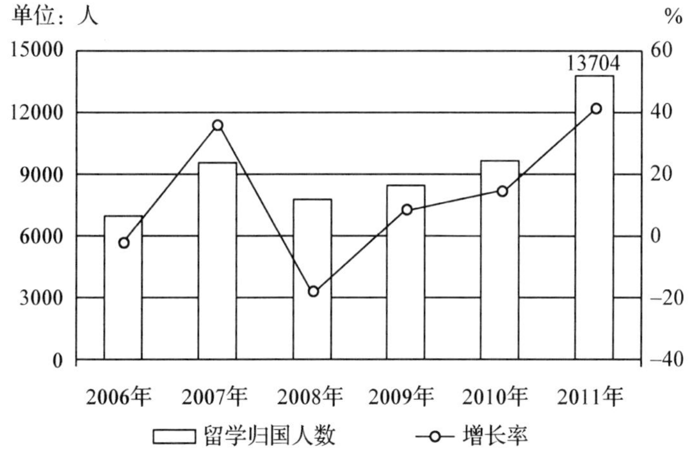

图 2　2006—2011 年中关村留学归国人员数及增长率

中关村获得职称人员数量近年来保持一个较为平稳的发展态势，截至 2010 年底中关村共有技术职称从业人员(含高级技术工人)35.7 万人，占总从业人员数量的 30.35%，其中获得高级职称人员 5.99 万人，占总从业人员的 5.17%；中级职称 12.38 万人，占从业人员总量的 10.69%；初级职称 13.15 万人，占总从业人员的 11.36%；高级技术工人 3.64 万人，占总从业人员的 3.14%。(见图 3)

在获得职称的从业人员数量保持稳定的情况下，中关村从业人员总量近年来保持较快增长态势，因此，获得技术职称人员占从业人员总量比例保持下降态势。2008 年占比为 31.51%，2009 年下降到 30.50%，2010 年为 30.15%。(见图 4)

(三)年龄结构趋于年轻化

2010 年，中关村从业人员平均年龄为 32.59 岁，比 2006 年降低了 0.47 岁。其中，29 岁及以下从业人员为中关村从业人员的主力，规模达到 57.67 万人，

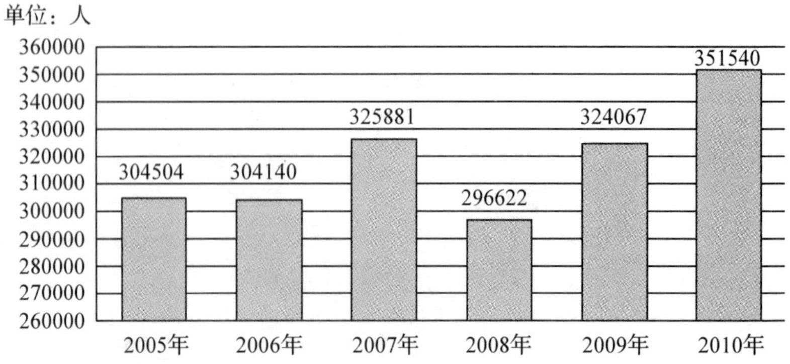

图 3　2005—2010 年中关村获得职称人员数量

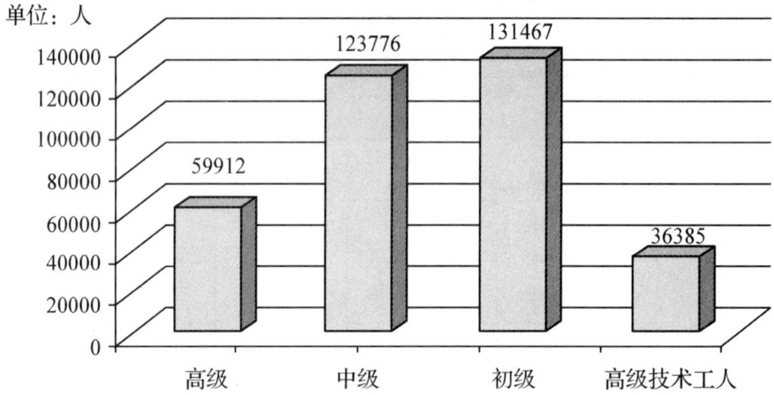

图 4　2010 年中关村人才技术职称构成图

占总从业人员的 49.80%；39 岁以下从业人员占从业人员总量的 80.45%。年轻人才更加容易接受新事物，创新意识和承受工作负荷能力都比较强，更适应园区创新创业的氛围，有利于高新技术产业的发展。（见图 5、图 6）

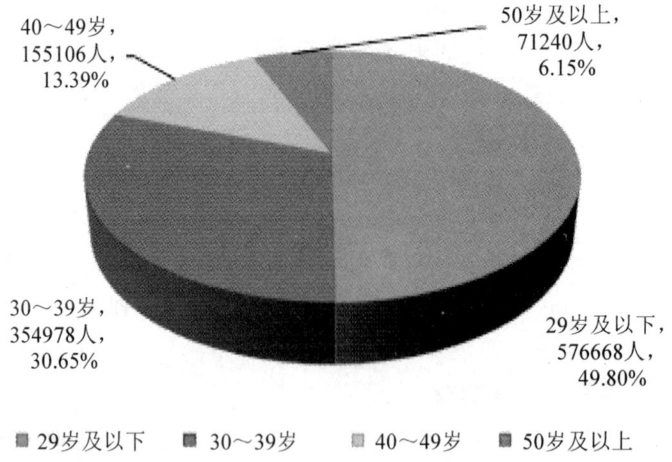

图 5　2010 年中关村从业人员年龄构成图

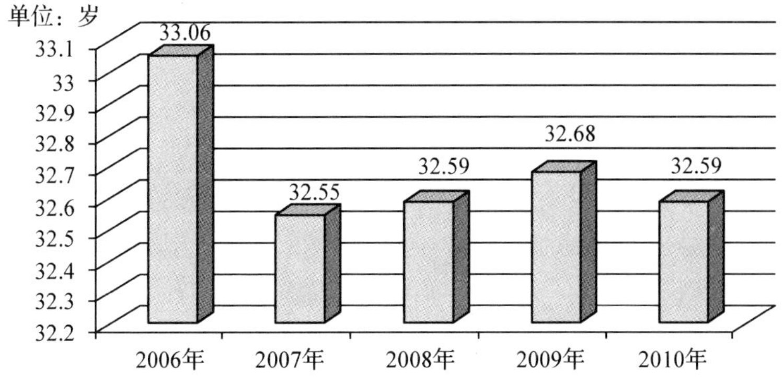

图 6　2006—2010 年中关村从业人员平均年龄图

三、中关村产业竞争之路

(一)经济指标名列前茅

2010 年，中关村企业人员数量、总收入、工业总产值、实缴税费、净利润等主要经济指标均位列国家高新区之首。其中，从业人员 115.8 万人，占全国的 12.06%；出口总额 227.4 亿美元，占到全国的 8.59%。工业总产值、实缴税费、净利润分别以 4988 亿元、767.2 亿元、1106.4 亿元，占到全国的 14.1%、14.09%和 16.14%。(见表 1、图 7)

表 1　2010 年中关村与国家高新区经济指标比较

项目 区域	企业数（个）	从业人员（万人）	总收入（亿元）	工业总产值（亿元）	实缴税费（亿元）	出口总额（亿美元）	净利润（亿元）
中关村	15720	115.8	15940.2	4988	767.2	227.4	1106.4
全国高新区合计	55243	960.4	105917	84318.2	5446.8	2648	6855.4
中关村占比	28.46%	12.06%	15.05%	5.92%	14.09%	8.59%	16.14%

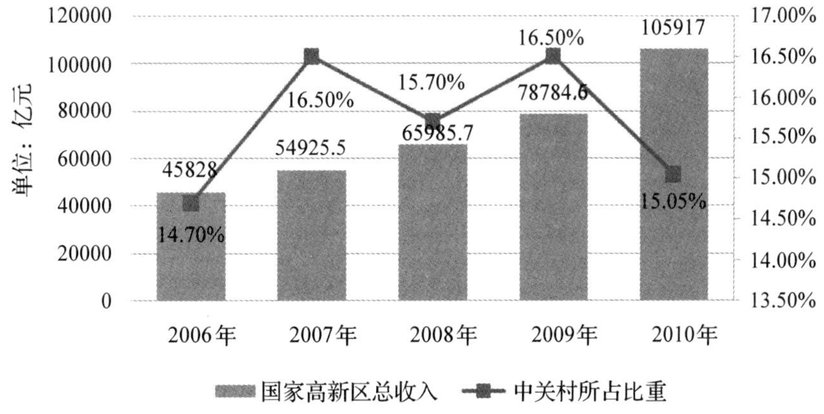

图 7　2006—2010 年中关村总收入在国家高新区中所占比例

(二)信息产业领跑 500 强

2010 年，中关村 500 强的信息产业收入合计 12624 亿元，占示范区的 79.20%；出口创汇 201 亿美元，占示范区的 88.55%；利润总额 956 亿元，占示范区的 73.6%。

从分布领域来看，在中关村 500 企业当中，六大重点领域企业有 425 个，占 85%，实现收入 10558.1 亿元，占 86.4%。其中，电子信息企业 209 家，实现收入 5821.2 亿元；先进制造企业 86 家，实现收入 1628.1 亿元；新材料企业 57 家，实现收入 982.4 亿元；新能源与节能企业 38 家，实现收入 1571.7 亿元；生物医药企业 23 家，实现收入 447.8 亿元；环保企业 12 家，实现收入 106.9 亿元。(见图 8)

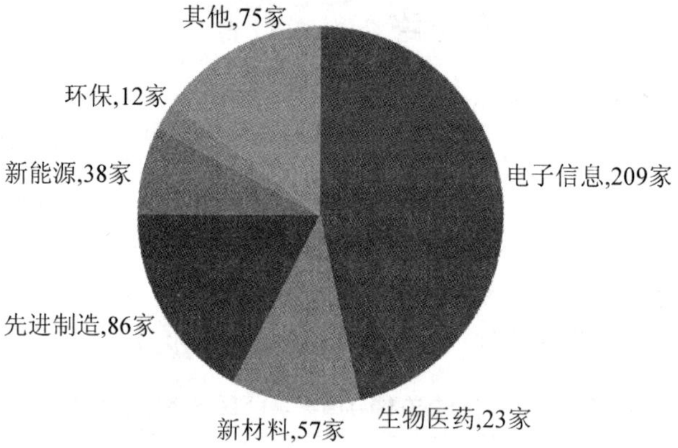

图 8　2010 年中关村 500 强企业领域分布情况

2011 年，示范区实现总收入 100%增长的企业有 539 家，比 2010 年增加 86 家。近几年示范区 100%增长企业稳定在 500 家左右，且占示范区企业总数的比重呈上升态势。(见表 2、图 9)

表 2　中关村不同规模企业个数　　单位：个

企业分规模	总和	大于100亿	10亿—100亿	1亿—10亿	5000万—1亿	1000万—5000万	500万—1000万	100万—500万	小于100万
2011年	15026	31	251	1366	921	3162	1485	3117	4693
2010年	15720	22	222	1169	832	3050	1633	3437	5355
2009年	16947	无	＞10亿 194家	1057	761	3114	1797	3983	6041

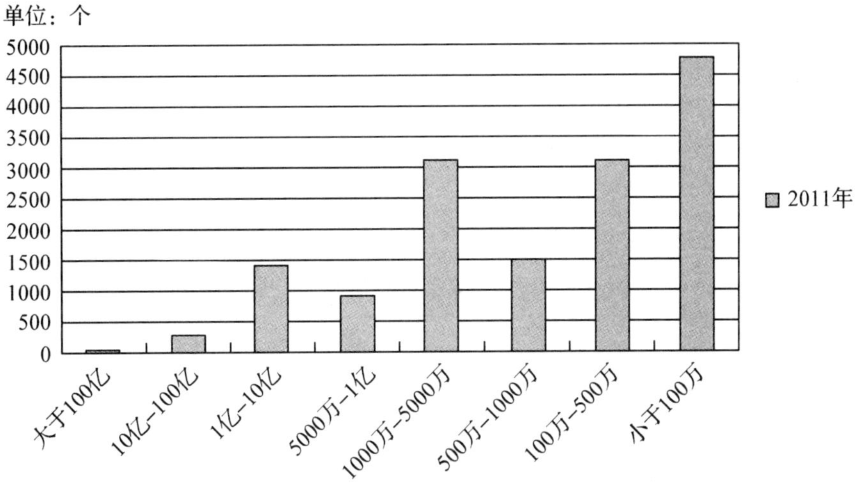

图 9　2011 年各企业规模发展态势

(三)引领科技发展方向

中关村在软件信息服务领域、集成电路设计、计算机网络、通信、生物医药、新能源以及新材料等领域表现出了极强的生命力和蓬勃发展的态势，在应用软件、互联网服务等传统领域创新创业活跃、优势更加明显，云计算、LBS(基于位置的信息服务)、电子商务、新媒体(微博、网络视频)4G、数字家电、消费电子、存储、智能卡、通信、多媒体等成为产业发展的热点领域，出现了一批国内具有领先水平的高端产品，其销售总收入增加较快。(见表 3)

表 3　各产业总收入　　单位：亿元

技术领域 / 年份	总和	电子与信息	生物医药	新材料	先进制造	航空航天	现代农业	新能源	环境保护	海洋工程	核应用	其他
2011 年	19646.0	7948.3	793.2	1895.5	2727.3	176.8	169.8	2595.2	511.9	20.5	26.3	2781.2
2010 年	15940.2	7378.5	621.6	1072.8	1894.5	98.7	120.5	1742.4	231.8	27.6	27.4	2724.4

四、中关村创新发展竞争之路

创新是发展的灵魂。中关村已完成了从科研中心向创新中心的转化，形成了包括技术创新、商业模式创新、产业组织创新、体制机制创新、综合创新的发展模式。2011 年，中关村示范区实现增加值 3062.6 亿元，占全市的 19.1%，2011 年同比增长 17.1%，对全市经济增长贡献率近 24%。2011 年中关村示范区实现总收入 1.96 万亿元，同比增长 23.2%。示范区总收入较 2005 年提高了 3 倍多，年均复合增长率为 26.2%。

中关村创新产出继续保持上升趋势，在专利、标准、技术交易以及商标等方面均处于领先地位。

(一)创新人员和经费投入大幅增长

2011 年，示范区拥有科技活动人员 35.95 万人，较上年增加 5 万人左右，科技活动人员规模为历史最高值。2010 年，示范区企业科技活动经费支出总额为 616.98 亿元，同比增长 8.2%。(见表 4、表 5)

表 4　中关村示范区创新科技人员情况　　单位：个

技术领域 年份	总和	电子与信息	生物医药	新材料	先进制造	航空航天	现代农业	新能源	环境保护	海洋工程	核应用	其他
2010 年	307370	196838	13722	14939	30219	4893	2859	14216	5792	631	1511	21750
2011 年	359475	216491	16024	16336	50291	5613	3243	17959	8067	335	943	24173

表 5　中关村示范区创新科研经费支出情况　　单位：亿元

技术领域 年份	总和	电子与信息	生物医药	新材料	先进制造	航空航天	现代农业	新能源	环境保护	海洋工程	核应用	其他
2009 年	569.95	380.2	20.31	21.98	45.74	19.34	4.72	28.83	8.56	0.71	2.76	36.81
2010 年	616.9	395.3	26.5	26.5	55	21.7	5.3	35.8	9.8	0.9	2.5	37.6

(二)园区专利数量不断增长

园区专利申请数量不断增长，2010 年，示范区专利申请量为 14806 件，连续多年突破万件。从专利类型分布看，2010 年中关村园区发明专利申请量为 9128 件，占示范区专利申请总量的 61.7%。(见表 6)

表 6　中关村园区专利申请情况一览表　　单位：项

技术领域 年份	总和	电子与信息	生物医药	新材料	先进制造	航空航天	现代农业	新能源	环境保护	海洋工程	核应用	其他
2010 年	14806	7968	1033	1010	2173	141	174	949	469	15	52	822
2009 年	17226	8365	1196	1536	2465	194	276	1327	675	18	188	986
2008 年	16547	8287	2869	858	1183	65	191	706	438	14	126	1810

电子信息领域领先。作为示范区的优势主导产业，电子信息领域专利发展迅速。2010 年，电子信息领域专利申请量为 7968 件，是 2006 年的 2.33 倍。但与 2008 年、2009 年相比，总量有所下降。“十一五”期间，电子信息领域专利申请量达到 31016 件，利申请量半数以上，成为中关村专利最密集的技术领域。(见图 10)

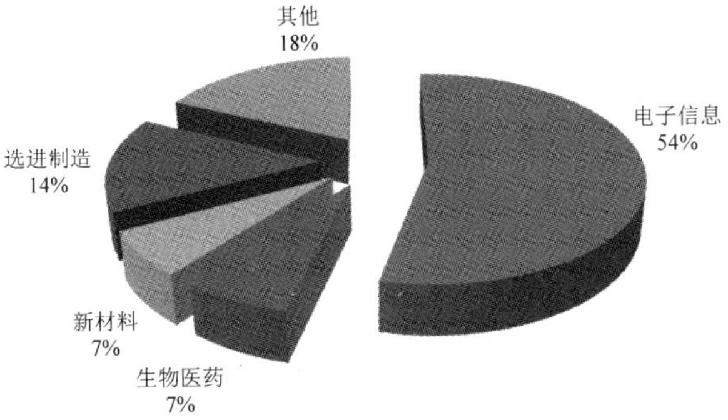

图 10　2010 年中关村技术领域专利申请数量比

(三)新兴产业发展迅猛

2011 年，示范区文化创意、生物医药、新材料、新能源、环境保护等新兴产业快速增长，总收入增幅均在 25%以上，且增速较上年同期均有不同程度提高。新能源、新材料、环保等产业表现抢眼，总收入增速均在 45%以上，增速较上年同期均提高 10%以上。(见图 11)

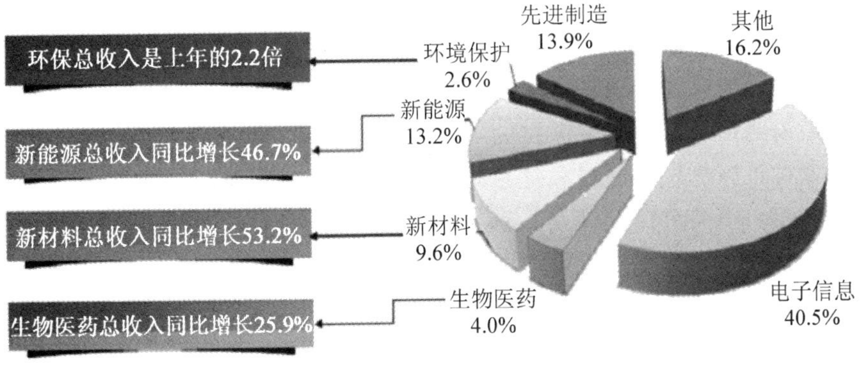

图 11　2011 年中关村主要技术领域总收入占比

五、中关村高等教育服务提升昌平区竞争力的主要经验

综上所述，中关村在人才政策、创新环境、产业布局等方面创新了一些卓有成效的方法，积累了丰富的经验。

(一)依托富有创新创业精神的大学

北京中关村拥有清华、北大等各类高等院校 40 多所；以中科院研究院所为代表的各类科研机构 200 多所。知识和技术的密集程度居全国之首。这些高校和研究机构特别注重新理论、新工艺、新结构的研究与开发，不仅积极与企业组成各种专业化的新型联合体，共同研究新技术、开发新产品，使得学校和企业共同受益，形成“双赢”局面；而且还为小企业提供重要的

技术成果、高科技人才，并且帮助其培养和培训人才，以应付快速变化的技术环境。高校内的许多研究合同来自企业，研究成果可以非常及时地按合同规定转让给企业，有效地形成物质生产力，并转化为具有竞争力的商品。

(二)区位优势吸引丰富的人力资源

北京作为中国的首都，是中国的政治、文化、经济、教育中心，中关村坐落于北京具有独特的先天优势，人才是中关村兴盛的核心要素，中关村是我国的人才高地，她汇聚了中国各行各业的精英，以北京中关村为代表的高新技术园区充分利用本地科技人才资源，长期与北京大学、清华大学等 40 多所中国著名高校，以及中国科学院、中国工程院等 200 多家科研院所建立长期合作关系。截止 2009 年年底中关村从业人数 106 万多人，科技人员近 413825 人，理工类本科以上人员近 40 万人，两院院士人数占全国院士总数的 36%。另外，中关村又吸引着国际高端人才，2010 年年底，港澳台和外籍人员 7608 人，中关村园区与美国硅谷、美国斯坦福大学、法国索非亚科技园、韩国大德科技园等世界知名研究机构和科技园区建立了战略合作关系。留学归国人员 8478 人，他们为企业发展带来了先进的技术和理念。

(三)政府政策的创新引导

政府的引导策略在中关村的顺利发展中起着重要的宏观调控作用，特别是基础设施建设、法规和优惠政策的制定、市场形成方面，政府起到重要的作用。中关村在吸引人才和基础设施、创业政策方面都提供一系列优惠政策。北京的高科技园区均在众多的高校科研机构附近，容易形成创新信息人才的流动和交流。政府积极搭建各种科技信息平台，促进科技创新信息的广泛流动，同时北京市政府高度积极为科技创新企业营造良好的、公平的创新环境。

中关村的创新意识一直引领全国，无论在技术创新、制度创新、组织创新、商业模式创新和文化创新方面，都独树一帜。尤其近年来，北京市围绕吸引和集聚创新资源，把改革推向深入，在全国率先开展了法制建设、工商登记注册、投融资、信用体系建设、知识产权、股权激励、现代企业制度、企业产权制度、人才培养和引进、行政管理等方面的改革试点工作。特别是经国务院批准，在中国证监会、科技部的支持下，开展了“非上市股份公司进入证券公司代办股份转让系统进行股份报价转让”的试点；开展了中小企业信用体系建设和高新技术企业集合发债试点；与中国人民银行营业管理部、北京银监局启动了中小企业信用贷款试点。中关村不仅是我国技术创新的发源地，也是探索科技成果转化的改革的直接产物，更是深化改革、扩大开放的试验田。中关村的先行先试，其目的就是不断探索我国激发自主创新活力、实现科技与经济有机结合的路径和方式。

(四)自由学术氛围的引领

中关村在高技术产业形成的特殊环境中逐步形成的自己的独有文化，这种文化即是中关村敢于创业和冒险、崇尚创新、能者至上的精神，这种文化一旦形成，即为中关村企业注入强大的活力。中关村文化中不以失败为耻，而把失败作为宝贵的财富，激发了员工大胆尝试、勇于探索的创新热情，孕育了中关村独特的创业精神，锻造了中关村生态系统内在、无限的创新动力和繁衍生息能力。这种文化使得中关村研发出一批世界领先的生物和医药技术和产品。中关村 40 岁以下者占到从业人数的 80.17%，受过高等教育人员占到中关村从业人员的 52%，他们大多富有创新意识和敢于面对失败的探索精神。

(五)灵活而富有弹性的组织结构

中关村的工作组织结构灵活、可渗透、易流动。中关村的企业组织模仿自然界的适者生存的戒律，随时形成一个新的组织以迎接最新的挑战。与传统的企业相比，中关村企业不是用组织结构确定工作，而是用工作来确定组织结构，大多数企业采用的组织方式是松散联系的班组结构，能够有效地鼓励企业各部门之间以及各部门与企业以外的供应商和消费者之间进行充分的交流，极大地提高了生产效率。

(六)完善的孵化功能和专业化服务体系

一系列有效的非技术性制度，也是中关村成功的重要因素。在中关村，围绕科技发明，高科技产品的市场化过程，形成了形形色色的专业化服务企业，进而构成了中关村的“孵化器区域”。中关村的服务型企业数量庞大，门类齐全，大致归为以下四类：金融服务类行业、中介服务类行业、商业服务类行业、生活服务类行业。这样，中关村人有了新的概念，新的设计思想，不需自己劳心费力，服务型企业便可以在短期内做出商品化的样机，并且提供全套的生产工艺，质量检测和成本核算资料，大大缩短了梦想变为现实的周期。

(七)健全的科技金融体系，提升催化自主创新能力

高等教育为科技创新提供了科技资源和创新人才、先行的改革理念，但持续的资本支持是一个重要的条件。良好的科技创新与金融创新环境，为实现科技资源与金融资本多层次、多层次合作，增强自主创新能力为核心创新战略的实施提供了外部条件。风险投资在中关村园的发展过程中发挥了重要的作用，政府建立了完善的风险投资体系，为企业提供风险投资、风险保险、风险担保业务，形成由传统金融机构、风险资金市场和证券市场组成的完善的金融市场体系。

六、中关村高等教育服务对昌平区的启示

随着知识经济的出现，在区域内科研院所与大学成为知识与智力资产，具有更高的价值；昌平区处于北京北部，陆地辐射范围广泛。在昌平区的创新区域内，大学与科研院所建立起市场经济活动的良好接口，在区域内发挥强大的辐射作用。而且随着知识经济的发展，高等学校为地方经济建设服务的内容由单一向全方位转变的趋势明显加强；服务的形式从松散型向紧密型转变；高等学校知识生产和人才培养的模式都出现更为务实的变化。

(一)地方政府开明的政策定位

政府对于高技术企业成长与发展所提供的最重要、最基本的资源就是适当的政策和法律体系。即是在发展高技术产业过程中，政府不再直接组织高技术产业，直接介入高技术企业的管理过程，而是要着重为创业人员和企业建立规范的和非规范的制度环境，打破行政性垄断，创造公平竞争的环境，制定鼓励创业创新，吸引人才和鼓励人才合理流动的政策，依法保护知识产权等等，从而有利于发挥人力资本的积极性和创造力。

(二)重视生产要素市场的培育

为了更好地促进高技术企业的成长与发展，要特别重视培育资本市场、技术市场、人才市场等生产要素市场。比如，资本市场要在完善短期资金建设的同时，积极稳妥地发展长期资本市场，形成庞大的风险资金支持和成熟的风险投资机制；人才市场重点是要建立合理的人才流动和劳动就业制度，尤其注重培育企业家市场，逐步形成对企业家能力的客观评价体系；技术市场要通过完善市场交易价格体系、建立技术经纪人队伍等途径，繁荣技术贸易与交流，充分发挥先导市场的作用，实现资源优化配置。

(三)立足本地面向全球，找准科技创新的定位

昌平区的高等教育应成为科技创新城的主要力量，成为该地区重要的研发和产业化中心，成为科技创新、推动科技进步、带动东部启动的生力军。昌平区具有发展实力和发展优势的产业的能力和潜力，该区内拥有 43 所高校、区域内汇集了 1500 多家高新技术企业，103 家科研机构、6 个国家级产业园区和 4 个市级产业园区，以及沙河大学城等国家级和市级重点功能区，2 万多名从业高素质科技人才。目前昌平全区汇集了九华山庄、温都水城等星级会展类企业近 50 家，年承接会议会展项目数量占北京会展市场的 25%，其中千人以上的大型会展项目占北京市总量的 40%以上，已成为继朝阳、海淀之后的北京市第三大会展产业集群所在地。电子信息业等优势产业可以有选择地与周边国家和地区合作，建立属于昌平区的研发和产业化优势。

(四)建立宽松和谐的创业文化环境，培养和提升高等教育的服务能力

高技术企业必须同时培养和提升技术创新能力和制度创新能力，使得技术创新推动制度创新，制度创新保障技术创新功能的发挥，从而实现其成长与发展的目标。高等教育服务应从文化的层面为其发展提供深厚的基点，营造良好的人文环境。应摒弃中国传统文化重守旧、中庸、惧怕冒险的弊端，培养企业的冒险精神，培养其不安于现状，不循规蹈矩的创业精神。

(五)面向科学探索，建立知识自由流动通道

加快建设知识自由通道，第一，建立起富有吸引力的国外人员暂住制度、一年多次往返的签证制度、医疗制度、子女入学制度等。第二，建立整个地方主导产业输出与引进并举的机制，将优秀的科技成果、专利技术输出，在更多的国家和地区实现最大价值的知识收益。第三，协调研究规划，有关国家或地区科研机构等部门共同制定研发规划，提高新技术研发的水平和成功率。第四，联合开放实验室，建立联合建设、使用实验室制度，针对特殊课题的研究采用共享机制。

(六)强化专利意识，率先实现行业标准化

北京在科技创新环节中高度重视创新成果的产权保护，对行业中领先的科技创新技术和产品率先推出行业标准，一系列的政府保障制度和知识产权法律体系建设值得昌平区借鉴和学习。标准建设对于一个行业的发展起到至关重要的作用，科技创新企业如果在企业核心技术上强化产权保护意识，并凭借专利技术领先优势制定相关行业的技术标准，将形成产品和行业的领导者。在知识产权保护方面政府需要有所作为，一是要制定和完善本市科技创新专利成果的制度建设，保护科技创新企业的利益；二要加强专利产权保护的广泛宣传，营造一个相对公平的创新环境；三要协调各方推进标准化建设，将科技创新的规范化纳入到科技创新体系建设中。昌平区的新材料产业蓬勃发展，根本动力来自科技力量支撑。在新材料领域，昌平区通过产学研结合，科研院所与新材料企业结成了紧密的合作伙伴关系，为企业生产排忧解难，为产业发展出谋献策，成为新材料产业健康发展的坚强后盾。2011 年，全区专利申请量与授权量分别为 4424 件和 2172 件，分别比上年增长 41.6％和 20.5％；其中发明专利申请量与授权量分别为 1884 件和 449 件，分别比上年增长 58.5％和 69.4％。全年共签订各类技术合同 1271 项，技术合同成交总额 52.5 亿元，比上年增长 2.7％。

(七)产学研模式创新探索，发挥金融支撑作用

如何通过产学研协同创新释放创新资源活力，是建设全球新兴创新中心的关键。多年来中关村在产学研协同创新方面进行了大量的探索：一是出台了一系列鼓励和支持园区产学研合作政策，促进产学研联合创新、创新型人才开发与培养。二是通过开放实验室工程、组建产学研合作网等搭建产学研合作平台，促进科技资源的开放与共享。三是围绕核心技术研发、标准创制和产业化，推进产业联盟和技术联盟建设。同时注重发展科技创新成果中介单位，一方面发挥既有的公共平台建设，促进科技创新活动信息沟通，另一方面鼓励中介参与创新活动平台建设，将中介服务纳入产学研一体化进程。同时，北京积极发挥金融对科技创新活动的支持性作用，对产学研一体化过程中的每一个环节给予政策保障和金融资本支持。

昌平区的产学研过程中，政府除了充当创新主体外，还是连接科研院所与企业的桥梁。企业、高校科研院所、政府三个创新主体中政府推动科技创新的积极性最强，科研院所不太关注成果的研发连续性，而企业提供的创新平台需要企业的连续创新技术支持，特别要注意创新平台建设的公共性，扩大平台的辐射范围。同时昌平区的政府、企业、科研院所、中介服务机构等创新主体在创新活动中的参与呈现相对割裂状态。因此应该积极学习北京科技创新产学研一体化新模式，特别是要大力发展中介服务机构，树立中介的创新主体地位。另外，昌平区应该充分发挥金融机构和信贷机构的作用，引入先进的风险投资模式，缓解中小企业融资难的问题，条件成熟的情况下，政府可间接参与科技创新企业融资，和企业共担风险，坚定科技创新企业的信心促进其快速发展。

参考文献

1.《北京市昌平区国民经济和社会发展第十二个五年规划纲要》，http：//www. bjchp. gov. cn/tabid/282/InfoID/57414/frtid/254/Default. aspx。

2.《昌平区 2010 年暨“十一五”期间国民经济和社会发展统计公报》，http：//www. bjchp. gov. cn/tabid282/InfoID/59347/settingmoduleid/742/frtid/159/Default. aspx。

3.《昌平区 2011 年国民经济和社会发展统计公报》，http：//www. bjchp. gov. cn/tabid/282/InfoID/154242/settingmoduleid/742/frtid/159/Default. aspx。

4. 年报数据：中关村 2011 年数据，http：//www. zgc. gov. cn/tjxx/nbsj/2011nsj _ nb/。

5. 年报数据：中关村 2010 年数据，http：//www. zgc. gov. cn/tjxx/nbsj/2010nsj2/。

6. 年报数据：中关村 2009 年数据，http：//www. zgc. gov. cn/tjxx/nbsj/2009nsj/。

7. 年报数据：中关村 2008 年数据，http：//www. zgc. gov. cn/tjxx/nbsj/2008nsj/。

8. 数据报告：中关村指数 2012 分析报告，http：//www. zgc. gov. cn/document/20121210114429250005. pdf。

9. 数据报告：中关村指数 2011 分析报告，http：//www. zgc. gov. cn/document/20120109154648453009. pdf。

10. 数据报告：中关村指数 2010 分析报告，http：//www. zgc. gov. cn/document/20121210120203968186. pdf。

11. 数据报告：中关村指数 2009 分析报告，http：//www.zgc.gov.cn/document/20110121165716968113.pdf。
12. 数据报告：中关村指数 2008 分析报告，http：//www.zgc.gov.cn/document/20100608161405062848.pdf。
13. 文峰：《美国硅谷企业文化掠影》，《现代企业文化》，2008 年第 1 期。
14. 许颖、张浩：《硅谷与中关村的互动》，《科技创新与生产力》，2011 年第 2 期。
15. 李开复：《微博：改变一切》，《电子产品世界》，2011 年第 3 期。
16. 佘凌：《美国硅谷：创业环境和园区文化》，《江南论坛》，2010 年第 8 期。
17. 高坡、嵇元、李仲勋、周铮、潘朝晖：《看"创新链"怎样造就"苏州硅谷"》，《高新技术企业》，2010 年第 4 期。

（作者：李　军　北京财经研究基地研究人员　研究员）

基地名称：北京财经研究基地
依托单位：中央财经大学
项目类别：北京市哲学社会科学“十一五”规划项目

北京市上市公司货币资金使用效率问题研究①

一、引言及文献综述

上市公司货币资金的留存比率和使用效率，是上市公司经营管理水平的重要体现，也是现代公司理财学研究的重要问题之一。合理控制货币资金留存比率，提高货币资金使用效率，对于提升上市公司盈利能力和股东回报水平，增强上市公司实力和市场竞争力，具有重要意义。北京市有160多家上市公司，分布在全市各个行业，且大多为各自行业的骨干企业，具有较广泛的代表性。基于此，本文试图通过对北京市上市公司货币资金运作机制和使用效率问题进行深入剖析研究，揭示我国上市公司货币资金运作机制和使用效率的现状及存在的问题，并在此基础上探讨我国上市公司改进货币资金运作机制，提高货币资金使用效率的方法和途径。

国外关于公司货币资金留存比率及其影响因素的研究，最主要的理论成果有权衡理论和代理成本理论。权衡理论认为，在公司管理层以股东利益最大化为原则的情况下，公司货币资金留存比率是货币资金持有成本和收益二者权衡的结果。这一理论以Baumol(1952)、Tobin(1956)的交易成本模型为代表。Baumol(1952)认为，公司货币资金持有量增加，交易成本下降，但机会成本上升。当交易成本与机会成本之和最小时，公司货币资金持有量和留存比率为最佳。代理成本理论(Jensen，1986)认为，在现代公司中，影响公司货币资金留存比率的重要因素之一是委托—代理关系。由于所有权与经营权的分离，产生了公司管理层与股东之间的利益分化，管理者并不一定是股东的完美代理者，他们之间存在的利益冲突，使管理者往往以牺牲股东利益为代价而追求一己私利，代理成本便随之产生。正是由于代理成本的存在，使得管理者往往会为了自身利益而持有较多货币资金。

国内对企业货币资金留存与使用效率问题的研究大多集中于对上市公

① 本文是《北京市上市公司货币资金运作机制与使用效率研究》项目的最终成果摘要，项目编号：09AbJG307。

司货币资金持有量影响因素的研究，而且这些研究大多属于对外国研究成果的消化、吸收和借鉴。主要研究成果有：张献华(2004)利用交易成本模型及代理成本理论分析了公司筹集外部资金的交易成本、投资机会、货币资金循环周期的长短、股权结构等因素对货币资金持有量的影响，得出了公司内部治理结构对公司货币资金持有量、股利政策和资本结构决策具有重要影响的结论。张凤(2006)从公司股权集中度、经理人所有权、董事会构成、外部投资者受保护程度等方面分析了公司货币资金持有量与公司治理结构的关系，并结合我国特殊的制度背景，通过实证分析提出了我国上市公司在货币资金持有和使用上可能因公司管理层的自利行为而发生过度投资问题的观点，并建议约束股东及管理层的自利性行为，加强对过量货币资金进行管理，有效使用货币资金，降低融资成本。

本文在上述国内外研究成果的基础上，以北京市上市公司为典型案例，采用统计分析方法，从货币资金的使用及来源两方面对北京市上市公司于2005—2009年货币资金的留存和使用情况及存在的问题进行较深入的研究剖析，在此基础上从公司内部治理和经营管理、外部市场环境及宏观政策与制度等多角度全面分析产生这些问题的原因，并对合理控制货币资金留存比率、提高上市公司货币资金使用效率的方法和具体措施提出可操作性的建议。

二、北京市货币资金留存比率与使用效率分析

截至2010年10月，北京市共有161家上市公司，均为各行业的龙头企业，在北京市的经济发展中发挥着重要作用。我们首先根据北京市上市公司在2005—2009年公开披露的财务数据，对北京市上市公司货币资金留存情况进行研究分析。在样本公司选取上，本文按照以下标准：(1)经中国证监会批准发行股票并上市的、在北京市注册的上市公司；(2)首发上市时间为2005年1月1日之前；(3)剔除金融类上市公司。因为金融类上市公司由于其自身的经营特点，会持有大量货币资金；(4)剔除ST类上市公司。因为此类公司处于亏损经营状态，而本文研究的对象是正常经营情况下的上市公司货币资金使用情况。北京市全部上市公司在按以上标准筛选后，得到符合条件的77家上市公司。我们首先计算这77家样本公司在2005－2009年间的货币资金留存比率，并与美国标准普尔500指数成分股中符合以上(2)、(3)两项条件的上市公司相比较。

货币资金留存比率，是指一个企业留存货币资金与当年营业收入之比，其计算公式为：

货币资金留存比率＝全年平均货币资金/年度营业收入

全年平均货币资金数额采用季度数据的平均值。计算及比较结果见图1

和表 1。

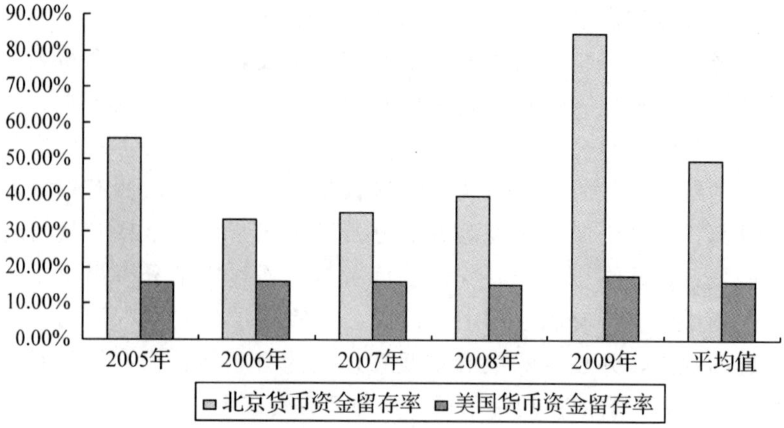

图 1　北京市及美国样本上市公司的货币资金留存率情况

表 1　北京市样本上市公司货币资金留存率分布状况

货币留存率	2005 年		2006 年		2007 年		2008 年		2009 年	
	数目（家）	占比（%）	数目（家）	占比（%）	数目（家）	占比（%）	数目（家）	占比（%）	数目（家）	占比（%）
2.5%以下	2	2.60	3	3.90	2	2.60	1	1.30	1	1.30
2.5%～10%	10	12.99	2	2.60	13	16.88	12	15.58	18	23.38
10%～20%	20	25.97	28	36.36	27	35.06	24	31.17	16	20.78
20%～100%	33	42.86	29	37.66	30	38.96	30	38.96	33	42.86
100%以上	12	15.58	5	6.49	5	6.49	10	12.99	9	11.69

可以看出，2005—2009 年美国上市公司的年平均货币资金留存率在 10%～20%之间，五年的平均值为 16.22%；北京上市公司的年平均货币资金留存率在 30%～90%之间，五年的平均值为 49.73%。此外，通过国际比较可以发现，货币资金留存率低于 10%的美国上市公司约占公司总数目的一半，而北京市上市公司中该比率低于 10%的仅占 1/6 左右。显而易见，北京市上市公司的货币资金留存率较高①。

既然北京市上市公司货币资金留存比率远高于美国同类企业水平，那么其大量留存的货币资金用于何处？使用效率如何呢？企业留存的货币资金，不外两个用途：一是用于投资，二是用于分红。我们根据投资活动现

① 如无另外说明，本文数据均来源于 wind 数据库。

金流出额/(投资活动现金流出额+股利分配现金支出额)、股利分配现金支出额/(投资活动现金流出额+股利分配现金支出额)，计算其2005—2009年投资和分红各占留存货币资金的比重，得到投资比例依次为68.07%、65.19%、66.8%、69.24%和69.53%；分红比例依次为31.93%、34.81%、33.2%、30.76%和30.47%。

因此，在北京市上市公司留存的货币资金中用于投资的部分大约是分红部分的两倍左右，北京市上市公司货币资金的处理模式是投资远远超过分红。一个公司把较多的货币资金用于投资，这本身并不一定是坏事，如果该公司投资回报率较高，通过投资能给公司和股东带来较大价值，那么把较大一部分货币资金用于投资就是可取的。但如果投资回报率较低，却又把大量货币资金用于投资，这种做法就有问题。那么，北京市上市公司的投资回报率如何呢？(见表2)

表2　北京市样本上市公司投资资本回报率分布状况

投资资本回报率	2005年		2006年		2007年		2008年		2009年	
	数目(家)	占比(%)	数目(家)	占比(%)	数目(家)	占比(%)	数目(家)	占比(%)	数目(家)	占比(%)
5%以下	46	59.74	39	50.65	32	41.56	40	51.95	37	48.05
5%～8%	16	20.78	14	18.18	15	19.48	15	19.48	16	20.78
8%以上	15	19.48	24	31.17	30	38.96	22	28.57	24	31.17

通过计算可以得出，2005—2009年北京市样本上市公司的投资资本回报率①依次为3.46%、5.37%、7.13%、6.25%和6.77%，平均值为5.8%。因此，其投资资本回报率总体来看并不高，在3%～7%之间徘徊，且5%以下的比率较高，约占50%左右。相比之下，同期银行的一年期贷款利率在5.31%～7.47%之间，也就是说北京市大部分上市公司在这一期间的投资资本回报率还不及一年期银行贷款利率高。如果把投资资本回报率为负数的ST公司加进来，投资资本回报率低的上市公司所占比率会更高。由此看来，北京市上市公司货币资金留存比率较高就是不经济的。由于投资资本回报率较低，大量留存的货币资金用于投资，就是对资金的滥用和浪费。

为了能够全面深入地分析研究北京市上市公司货币资金使用效率较低的原因并探讨改进对策，还有必要分析北京市上市公司较多的留存货币资

① 投资资本回报率，指上市公司新增投资所创造的利润与其投资额之间的比率，反映上市公司的投资能力。若该比率低于银行贷款利率，则说明上市公司货币资金的使用效率过低。本文在计算投资资本回报率时使用公式：投资资本回报率=扣除调整税的净营业利润/投入资本。

金的来源及构成。一个公司的货币资金来源无非是两方面：筹资和经营收入。那么北京市上市公司所留存的这些货币资金到底有多少是来源于筹资、多少来源于经营收入呢？根据 2005—2009 年北京市上市公司数据，通过计算筹资活动现金流入额/(筹资活动现金流入额＋经营活动现金流量净额)、经营活动现金流量净额/(筹资活动现金流入额＋经营活动现金流量净额)发现，前者依次为 68.56％、64.87％、70.56％、57.01％和 64.80％，后者依次为 31.44％、35.13％、29.44％、42.99％和 35.2％。因此，北京市上市公司留存的货币资金的主要来源不是企业的日常经营活动，而是包括 IPO、配股、增发新股以及银行贷款等在内的外部筹资活动。

至此，我们可以清晰地看到北京市上市公司货币资金运作机制的大致轮廓及货币资金使用效率状况：利用外部融资的种种便利条件大量"圈钱"，将圈来的货币资金连同很大一部分经营所得的货币资金用于低效率的投资，其投资回报率甚至不及银行贷款利率高。如此不合理的货币资金运作机制和低效率的货币资金使用方式，降低了公司的盈利能力和股东回报水平，影响了公司的长远发展及市场竞争力的提升，也造成了社会资源的巨大浪费，妨碍了北京市经济的更好更快发展。

三、上市公司货币资金效率低的原因剖析

北京市上市公司在货币资金运作和使用方面存在的问题是货币资金使用效率很低，但货币资金留存比率却很高，那么这种现象是北京市上市公司独有的特点还是普遍存在于全国上市公司中的呢？我们按照同样的样本选取方法对全国上市公司进行筛选并以同样的数据分析思路对全国上市公司的货币资金留存和使用情况进行统计得到表 3。可以发现，货币资金使用效率较低但留存比率却偏高的现象普遍存在于全国上市公司中。因此，以北京市上市公司为研究对象，深入剖析造成这一现象的原因并探讨解决这一问题的对策，不仅对提高北京市上市公司货币资金使用效率和盈利能力意义深远，而且对全国上市公司改进经营管理也具有重要意义。

表 3　2005—2009 年全国上市公司留存货币资金情况　　单位：％

项目＼年份	2005 年	2006 年	2007 年	2008 年	2009 年
货币资金留存率	109.31	27.58	45.16	30.47	41.43
投资资本回报率	2.11	3.92	8.97	4.92	5.84
投资/留存货币资金	67.45	68.28	67.95	67.82	68.18
分红/留存货币资金	32.55	31.72	32.05	32.18	31.82

续表

项目 \ 年份	2005 年	2006 年	2007 年	2008 年	2009 年
筹资/留存货币资金	74.56	62.09	74.57	74.74	73.03
经营收入/留存货币资金	25.44	37.91	25.43	25.26	26.97

那么，是什么原因使得我国上市公司货币资金使用效率如此之低，却又如此热衷于大量留存货币资金呢？经过深入调研分析，我们认为其主要原因有以下六点：

1. 公司治理结构不够完善

由于公司改制上市的特殊历史条件和背景，我国许多上市公司的治理结构存在诸如“一股独大”、“内部人控制”等问题，董事会和监事会未能发挥有效的约束制衡作用，使得上市公司的大股东或管理层实际控制企业的生产经营活动，公司经营管理不是以增加公司价值和股东回报为主要目标，而是以增加控股股东或管理者控制的资源、做大公司规模显示政绩等为目标，由此就导致了上市公司倾向于大量留存货币资金并将其用于投资，尽管投资回报率很低但仍乐此不疲，使得上市公司投资效率低下。

2. 政府干预现象普遍

由于我国相当部分上市公司的控股股东或实际控制人为国有企业，因此公司日常经营管理较容易受到政府行政干预，或受政府意图的引导。在我国各级政府政绩考核主要看 GDP 以及主要依靠投资来拉动 GDP 增长的状况下，政府往往希望上市公司扩大投资规模，以拉动当地经济增长，甚至支持和鼓动上市公司通过各种渠道大量融资圈钱用于扩大投资，扩大公司规模。这样一来上市公司对地方 GDP 增长做出了贡献，管理层在公司规模扩大方面也做出了政绩，但却往往会导致公司货币资金使用效率低下，损害了公司及其股东的利益。

3. 资本市场相关制度不完善

由于我国资本市场发展历程很短，许多基础性制度存在缺陷。尤其在 20 世纪 90 年代我国资本市场初创时期，股票发行上市实行额度管理制度，每年由国家有关部门将股票发行上市额度分配至各地方政府及行业主管部门，再由地方政府和行业主管部门选择企业发行股票并上市。这种体制使资本市场的资源配置功能受到严重扭曲，一些没有很好发展前景甚至濒临破产的企业在地方政府或行业主管部门的支持下得以发行股票并上市，这些公司发行股票募集来的资金找不到能够带来较高回报的投资项目，致使投资效率低下。

4. 上市公司分红压力过小，分红意愿淡薄

既然我国上市公司投资资本回报率如此之低，甚至低于一年期银行贷款利率，那么按理应当把较多的留存货币资金用于给股东分红，由股东自主选择更有效的使用方向。但我国的上市公司却没有这样做，现金分红比例非常低。我们认为其主要原因是我国上市公司现金分红压力过小，因而分红意愿淡薄。在现代公司的委托代理关系中，公司管理者的利益与公司及其股东的利益并不总是一致的。在公司分红问题上，由于将货币资金通过分红返还给股东会减少管理者所能控制的公司资源，而在约束和激励机制不完善的情况下，公司管理者总是希望通过控制更多公司资源来实现公司规模扩张和个人权力增加，因此如果没有足够的外部压力，管理者把货币资金用于分红的动力极小。而在目前我国上市公司中，国资委、证监会、机构投资者等相关机构对上市公司施加的分红压力很小，因此许多上市公司分红极为吝啬，却将大量货币资金用于低效率的投资，从而使得货币资金使用效率低下。

5. 上市公司融资约束机制欠缺

我国上市公司外部融资的主要渠道有二：一是通过增发、配股等形式从股票市场再融资，二是银行贷款融资。从第一条渠道来看，由于中国证监会等机构对上市公司再融资设置的门槛较低，使得货币资金使用效率很低的上市公司也能轻松达到再融资圈钱的目的。从第二条渠道来看，我国商业银行的主要收入来源于存贷款利差，因此各商业银行普遍存在贷款冲动。而由于上市公司一般都有较好的现金流，偿还贷款本息较有保障，且大多上市公司都可以获得政府或母公司的支持，是商业银行最理想的放贷对象，因此上市公司从商业银行取得融资也就没有太大约束，甚至商业银行还会主动投怀送抱，为上市公司提供融资便利。这就使得上市公司圈钱投资的冲动具备了较宽松的外部条件，由此导致我国上市公司尽管货币资金使用效率较低，但货币资金留存比率却长期偏高。

6. 机构投资者对上市公司行为的制约作用没能有效发挥

在发达国家证券市场上，证券投资基金、保险机构、养老基金等机构投资者通过参与上市公司股东大会、董事会等形式，对上市公司的经营管理发挥着重要的影响和制约作用，使得上市公司管理层损害公司和股东利益的行为能够受到很大程度的制约。而在我国，机构投资者对上市公司的这种影响和制约作用却没能得到很好发挥。究其原因，一方面是由于我国上市公司的治理结构尚不完善，“一股独大”、“内部人控制”等现象使得机构投资者的制约作用无法有效发挥，机构投资者在上市公司发生问题时只能采取“用脚股票”的被动措施防范风险。另一方面，我国机构投资者本身力量不够强大，投资理念和投资行为不够成熟，持股时间较短、交易比较

频繁、换手率较高等现象较严重，使得很多机构投资者不关心上市公司基本面，因此也就难以对上市公司发挥影响和制约作用。

四、改进对策与建议

通过以上分析，我们可以发现，我国上市公司货币资金使用效率较低而留存比率偏高问题的主要根源，有些存在于上市公司内部，有些则是外部制度和市场环境存在缺陷所致。因此要解决这些问题，也必须从上市公司内部和外部一起着手。我们针对问题产生的内外根源，提出以下改进对策和建议：

1. 进一步完善上市公司治理结构，促进上市公司更加规范的运作

近二十多年来，我国上市公司内部治理结构不断完善，运作规范化程度大大提高。但由于我国上市公司改制上市的特殊历史和体制背景，上市公司仍存在"一股独大"、"内部人控制"、政府及大股东干预过多、约束和激励机制不健全等一系列问题，使得上市公司大股东和管理层侵害公司和中小股东利益以自肥等行为常常发生。我国上市公司货币资金使用效率低下，只是这些问题的表现之一。因此，要有效提高上市公司货币资金使用效率，最主要的举措之一就是通过相关制度建设，进一步完善上市公司治理结构，健全上市公司制衡与激励机制，使上市公司大股东与中小股东利益相一致、管理层与公司和股东利益相一致，把增加公司价值和提高股东回报水平作为管理层经营管理的核心目标。只有这样，才能有效地防止货币资金过度留存和低效率使用的问题，提高货币资金使用效率。

2. 国资委等上市公司主要出资人应强制上市公司现金分红

针对上市公司分红吝啬、投资大方、投资回报率低的问题，我们建议国资委等上市公司主要出资人应强制上市公司在投资资本回报率达不到一定水平的情况下，将货币资金向股东现金分红，由股东自行选择更有效的资金使用方向，以限制上市公司的轻率投资行为。

3. 中国证监会等相关权力机构应约束上市公司再融资行为，限制上市公司无节制的圈钱和低效率的投资冲动

近几年来，中国证监会为了遏制上市公司重圈钱轻分红、募集资金使用效率低下等问题，出台了一系列法规，将上市公司再融资与现金分红挂钩，并督促上市公司规范募集资金使用。这些法规对上市公司货币资金使用效率提高发挥了重要作用。但从目前我国上市公司的情况来看，这些问题并没有从根本上解决，甚至在有些上市公司情况仍相当严重。因此我们建议中国证监会等相关机构应进一步完善相关制度法规，更大力度地迫使上市公司慎重融资，慎重投资，重视分红，有效使用货币资金，把增加公司价值和股东回报作为公司经营的首要目标。

参考文献

1. [美]斯蒂芬·A. 罗斯等著，吴世农等译：《公司理财》，机械工业出版社，2007 年。
2. 张凤、黄登仕：《上市公司现金持有自利性动机的实证分析》，《统计与决策》，2007 年第 3 期。
3. 张献华等：《影响企业现金持有量的经济学诠释》，《经济问题探索》，2004 年第 3 期。

（作者：韩世君　北京财经研究基地研究人员　研究员）

北京企业国际化经营研究基地（对外经济贸易大学）

基地名称：北京企业国际化经营研究基地
依托单位：对外经济贸易大学
项目类别：国家哲学社会科学基金重大项目

所得税改革与中国企业技术创新[①]

一、问题提出

随着“十二五”期间中国经济增长方式从粗放型向集约型转变，企业作为创新主体，在推动国家技术进步中扮演着重要角色。国务院颁布的《工业转型升级规划(2011—2015年)》提出，把加强企业自主创新和技术进步作为转型升级的关键环节。然而，创新能力不强，缺乏核心技术仍然是我国企业当前面临的突出问题，主要体现在：我国企业拥有的自主知识产权少，重大关键技术自给率低，核心技术缺乏。目前，我国在航空设备、精密仪器、医疗设备、工程机械等具有战略意义的高技术含量产品方面，80%以上需要依赖进口。重大装备制造业中，70%的数控机床、76%的石油化工装备、80%以上的集成电路芯片制造装备、100%的光纤制造装备为国外产品[②]。众多产业缺乏自主核心技术，严重制约着我国经济建设和产业发展，突破全球价值链“低端锁定”的任务仍然十分艰巨。中国本土企业迫切需要通过提升创新能力，实现由“中国制造”向“中国创造”的转型。

在经济转型的过程中，税收作为一种重要的政策工具，通过税种的调整、税目的增减、税率的调整以及税式支出等形式在宏观调控中发挥着越来越重要的作用，并逐渐成为我国经济结构转型的重要推手。中国改革开放30年来，税收体制改革大致经历了三个阶段，即：1978—1993年进行的有计划的商品经济时期的税制改革、1994—2000年进行的社会主义市场经济初期的税制改革、2001年至今进行的社会主义市场经济完善期的税制改革[③]。税制改革是一项艰难的改革，影响范围大，社会关注度高。它既涉及

---

① 本文是《全球金融危机下我国先进制造业发展战略研究》项目的阶段成果，项目编号：08&ZD039。

② 财政部：《促进提高企业自主创新能力》，www.mof.gov.cn/pub/qiyesi/zhengwuxinxi/diaochayanjiu/200806/t20080620_47268.html。

③ 国家税务总局：《中国税制改革30年回顾与展望》，www.chinatax.gov.cn/n8136506/n8136593/n8137681/n8733545/8741479.html。

现行的经济体制和机制，又与政治体制相联系，关系到社会各个阶层的利益，是企业经营决策过程中的重要参考因素。因此，在中国处于经济转型时期的背景下，考察税收政策及其变化对于企业行为的影响具有重大的理论和现实意义。

2007 年 3 月 16 日，第十届全国人民代表大会通过了新的《中华人民共和国企业所得税法》，并于 2008 年 1 月 1 日开始执行。新税法统一了内、外资企业的所得税税率。税改前，一类企业的所得税税率为 33%，主要为内资企业，税改后该类企业税率降低到 25%；另一类企业税率为 15%，主要包括外商投资企业以及其他享受产业和地区优惠政策的企业，税改后部分企业的所得税税率提高到 18%①。新税法规定了研究开发费用的加计扣除政策，企业在技术创新过程中"按照研究开发费用的 50%加计扣除；形成无形资产的，按照无形资产成本的 150%摊销"。在职工教育经费方面，为鼓励企业加强职工教育投入，新税法规定"企业发生的职工教育经费支出，不超过工资薪金总额 2.5%的部分，准予扣除；超过部分，准予在以后纳税年度结转扣除"。与国外所得税改革相比，这次所得税改革使得部分企业税率提高，也使部分企业税率降低，并且这次所得税改革还涉及"研发和职工教育费用"抵扣政策变化。这些外生的政策变化为我们提供了难得的研究契机。本文发现：(1)税率降低的企业表现出了更高的创新水平。(2)研发和职工教育费用抵扣产生的税盾效应显著影响了所得税改革后企业的创新水平。(3)所得税改革对企业技术创新的影响存在一定的区域、行业和规模差异。这意味着发挥好税收的职能作用对于推动企业转型升级具有重要影响。

本文的研究可能在以下两个方面丰富了现有文献：

(1)理论界对于政府税收扶持政策与企业创新之间的关系远远没有取得一致结论，存在巨大争议。对于政府税收扶持政策持"正面效应"的观点认为，政府税收扶持政策可以弥补创新过程中的市场失灵(Cropper 和 Oates，1992)，带动企业层面的创新投入(Mamuneas 和 Nadiri，1996)，促进企业技术创新活动(Klassen 等，2004)。对于政府税收扶持政策持"负面效应"的观点认为，政府选择性的扶持政策对企业创新投入产生了挤出效应(Wallsten，2000)，降低了激励效果(Rodrik，2004)，企业所释放的虚假信号很可能达到欺骗政策制定者的目的(安同良等，2009)。更为引人关注的是，这种争议也引发了对于政府税收扶持政策及其相关政策合理性的诸多疑问。这使得政府税收扶持政策对创新活动的影响依然是一个需要进一步研究的

① 根据全国人民代表大会 2007 年 3 月 16 日审议通过《中华人民共和国企业所得税法》规定：对于原先享有所得税优惠的企业将获得五年的缓冲期，由 15%的所得税税率逐步提高到 25%，缓冲期内逐年的税率分别为 18%、20%、22%、24%、25%。

重要问题。本文研究样本企业共有332572个，其产值在中国经济中占有很大比重，无论是从数量还是从经济影响力来看，都具有很强的代表性。本文基于2007年企业所得税改革这一外生的政策变化，研究了税收政策对于中国企业技术创新活动产生有效影响的重要问题。这丰富了宏观经济政策与微观企业行为领域的研究内容，对于我们认识税收政策与企业创新之间的关系具有重要价值。

(2)现有文献研究了税收政策与企业创新投入之间的关系，但很少有研究涉及税收政策与企业创新产出之间的关系。而创新投入作为企业创新活动的度量具有很大的局限性。本文利用从国家知识产权局搜集整理的企业专利活动的详细数据，考察了税收政策变化如何影响企业的技术创新活动，在一定程度上揭示了税收政策在推动经济转型中的重要作用，为理解政府行为和经济增长之间的联系提供了一个独特的视角。

二、理论分析与研究假说

现代经济增长理论表明，技术进步和知识积累是决定经济增长的重要推动因素。但由于技术创新活动具有明显的外溢性，容易受到来自外部环境因素的影响。Romer(1986)的研究发现，知识和技术活动存在的溢出效应导致企业创新收益率低于社会平均创新收益率，在不存在政府干预的市场环境下，企业会主动减少创新投入，从而降低了创新活动对于社会发展的正面作用。在这种情况下，Romer(1986)进一步指出政府对于创新活动的适度干预和引导是必要的，有利于引导社会生产要素和资源流向研究开发等创新部门。Cropper 和 Oates(1992)总结出政府纠正创新活动外部性的主要公共政策有税收、公共支出、产权保护体系和技术规制等手段。在国内的研究方面，庄子银(2007)进一步总结出，要提高经济中研发投入水平，进而提高技术创新水平以及经济增长率，就必须通过政治、经济、法律和文化制度创新，营造激励创新的报酬结构，促使企业家更多地从事生产性的创新活动。

税收政策作为政府的一种宏观调控手段，是影响企业经营行为的重要渠道。它通过价格机制传递给市场主体，引导其在追求自身利益最大化的同时按照政府调控的预期目标进行生产经营活动。现有研究发现税收优惠对于企业投资行为特别是研发投资的促进作用十分明显。Hall 和 Jorgenson (1967)利用1963年美国设备制造业数据发现，政府减税措施带动了企业投资，7%的投资税抵减幅度可以带动企业40%的投资增幅。Feldstein 和 Fane(1973)对英国宏观经济数据研究发现，投资税税率每降低1%，投资将会增加大约0.6%。其中，公司所得税增减对经济增长的影响最为明显，企业所得税每下降1%，投资总额将提高2.13%。在随后的研究中，政府减税措施具有激励企业增加研发投入的作用的观点得到更多经验数据的支持。Mamuneas 和 Nadiri(1996)利用美国工业企业数据，发现以减税为代表的税收优惠政策对于私人研发投入的作用显著为正。Klassen 等(2004)对比了美国和加拿大的税收激励政策效果差异，发现每一单位的税收减免可以带动加拿大企业研发投入增加 1.3 个单位，而每一单位的税收减免可以带动美国企业研发投入增加 2.96 个单位。

另一部分学者则从税盾的角度对于税收政策影响企业行为进行了研究。1963 年，Modigliani 和 Miller(1963)提出债务利息可以带来税盾价值(Debt Shield)，并影响公司的融资决策。学者还发现税盾对企业经营具有广泛影响，例如债务税盾提升公司价值(Kemsley 和 Nissim，2002)、就业税盾提高企业劳动力需求(Hamersma，2008；王跃堂等，2012)等方面。相对于债务税盾，研发费用抵扣属于“非债务税盾”(Non-Debt Tax Shields，NDTS)，可以在所得税前扣除，降低企业所得税负担。Mansfield(1986)以美国 110 家企业为样本发现，在无税收抵扣优惠的情况下，企业的当年研发支出减少的幅度约为 1 至 2 个百分点，验证了税收抵扣所能够发挥出的重要作用。在随后的研究中，Berger(1993)以美国 1975—1989 年的 263 家企业为样本，发现研发投资抵减带来的税盾可以刺激研发投资，平均而言，政府每减少 1 元的税收可带动 1.74 元的企业研发支出。Czarnitzki 等(2011)利用 1997—1999 年 3562 家制造业企业数据发现，加拿大联邦政府的抵扣政策促进了企业新产品开发。基于不同国家的数据所得出结论也呈现出一定的差异性。在跨国数据的比较方面，Bloom 等(2002)利用 OECD(经济合作与发展组织)国家 1979 到 1997 年的数据发现，税盾激励提升了企业的研发强度，具体表现为税收抵减每上升 10%，短期内可以带动研发水平提升 1%，长期则可以带动研发水平提升 10%。按照 Scholes 等(2005)提出的“有效税务筹划理论”，企业有动机通过增加“非债务税盾”来实现合理避税。

对于政府的税收扶持政策在企业创新中的作用，学术界不是没有争议的。对于政府税收扶持政策持“负面效应”的观点认为，政府扶持政策对企业创新投入存在“挤出效应”，结果本该由企业或市场承担的开支变成了由政府承担。Rodrik(2004)的发现表明，政府不可能拥有关于产业的完全信息，来甄别出哪些产业可能从创新活动中产生最大的知识产出，政府现有的选择性的创新扶持政策降低了对企业创新的激励效果。另一部分学者就政府在企业创新扶持方面的遴选机制提出了质疑。Wallsten(2000)基于 1990—1992 年美国政府对 367 家中小企业创新扶持计划数据，发现政府出于对财政资金负责的考虑，在扶持对象遴选方面，更倾向于风险小、回报率高、市场前景好的项目，这样的选择机制忽视了一大批对长期社会发展有益但短期回报较低的项目。Wallsten(2000)认为，以盈利为导向的扶持政策更容易对企业创新投入产生“挤出效应”。在国内研究中，安同良等(2009)通过建立动态不对称信息博弈模型发现，企业技术能力信息的不透明加剧了寻租行为，企业可以通过释放将要进行原始创新的虚假信号来获取政府在创新政策方面的扶持。聂辉华等(2009)利用2004年在东北地区实行的增值税转型事件研究发现，增值税转型产生的正效应小于负的替代效应，增值税转型政策并没有显著提高企业技术创新水平。

由此可见，政府以税收政策为主要方式实施的创新扶持对企业技术创新的影响存在两种相反的可能：一种为“互补效应”，即政府科技扶持政策促进了企业的创新活动(Hall和Jorgenson，1967；Mamuneas和Nadiri，1996)；另一种为“挤出效应”，即政府科技扶持政策抑制了企业的创新活动(Wallsten，2000；Rodrik，2004)。由此可见，政府税收扶持政策对于企业技术创新的影响存在两种相反的可能。根据以上分析，我们提出一组对立假说：

1. 政府税收扶持政策促进了企业技术创新；
2. 政府税收扶持政策抑制了企业技术创新。

三、数据来源与数据描述

(一)研究样本与数据来源

本文企业层面的专利申请数据来自2007—2009年国家知识产权局出版的《中国专利数据库》。盈利水平等企业财务指标来自于国家统计局编制的全国工业企业数据库。本文中地区税费水平的数据来自世界银行公布的调查报告《政府治理、投资环境与和谐社会：中国120个城市竞争力的提高》。在初始样本的基础上，我们对数据进行了如下处理：(1)删除数据库中标记非正常营业状态的企业；(2)删除了本文中所涉及的变量数据存在缺失的企业；(3)对变量在1%和99%分位进行了Winsorize处理。最终我们获得332572个企业观测样本。本文在参照国家统计局的行业分类标准基础上，将通用设备制造业、专用设备制造业等行业归入为装备制造业①。

表1列出了本文样本企业的专利数量、研发比例、营业收入、职工人数、地域分布和企业所有制的基本特征。从专利数量来看，年专利产出少于10个的企业占样本总数的99.58%。而年专利产出超过10个的企业所占比例不足5%，这反映出我国企业总体的专利产出比较少。从研发投入比例来看，研发投入比例超过1%的企业约占样本总数的4%，而研发投入比例

① 在参照国家统计局的行业分类标准(GB/T4754)基础上，本文将以下行业归入装备制造业：通用设备制造业，专用设备制造业，交通运输设备制造业，电气机械及器材制造业，通信设备、计算机及其他电子设备制造业，仪器仪表及文化、办公用机械制造业。

低于1%的企业占样本总数的96.17%，这反映出我国企业总体研发投入仍处于较低水平。根据我国大中小型企业的划分标准，本文样本中绝大多数企业都属于中小企业，大型企业约为4%。从地区分布来看，样本企业主要分布于东南、环渤海和中部地区，各占样本总数的49.48%、17.61%和13.86%，其他地区企业所占比例约为19.06%。从企业所有制类型来看，民营企业最多，占样本总数的52.71%。外商和港澳台企业分别约占样本的10.54%和9.52%。国有和集体企业分别约占样本的2.86%和3.84%。

表1　制造业样本企业的基本特征分析

特征	分类	数量（个）	占比（%）	特征	分类	数量（个）	占比（%）
专利数量（个）	<10	331168	99.58	研发投入比例（%）	<1%	319846	96.17
	10—100	1320	0.40		1%—10%	12460	3.75
	≥100	84	0.03		≥10%	266	0.08
营业收入（万元）	<2000	137803	41.44	职工人数（人）	<300	281559	84.66
	2000—40000	181641	54.62		300—1000	40322	12.12
	≥40000	13128	3.95		≥1000	10691	3.21
地域分布	东北	23594	7.09	企业所有制	国有	9512	2.86
	环渤海	58544	17.60		集体	12782	3.84
	东南	164558	49.48		民营	175286	52.71
	中部	46106	13.86		外资	35051	10.54
	西南	24160	7.26		港澳台	31650	9.52
	西北	15610	4.69		其他	68291	20.53

注：样本数量为332572。东北包括：黑龙江、吉林和辽宁；环渤海：包括北京、天津、河北和山东；东南包括：上海、江苏、浙江、福建、海南和广东；中部包括：河南、湖北、湖南、安徽和江西；西南包括：重庆、四川、云南、贵州和广西；西北包括：山西、陕西、甘肃、宁夏、内蒙古、新疆、青海和西藏。研发比例为研发投入占销售额的比重。根据财政部发布的《关于印发中小企业划型标准规定的通知》规定，从业人员1000人以下或营业收入40000万元以下的为中小微型企业。

(二)变量定义与检验模型

企业技术创新一般指以获取自主知识产权、掌握核心技术为宗旨进行的创新活动(OECD，2005)。专利作为企业创新活动的主要产出和成果代表，是企业自主知识产权的集中体现。因此，专利数一直被学者和OECD

官方统计机构指南[①]用来作为衡量技术创新能力的指标(Comanor 和 Scherer，1969；Griliches，1990；OECD，2009)。本文以税改前后企业专利申请数的变化程度作为被解释变量；把税率下降为税率变化的虚拟变量，企业所得税法定税率降低为 1，否则为 0；研发税盾为企业 2007 年研发费用的对数值；教育税盾则为企业 2007 年职工教育费用的对数值；解释变量为税改前 2007 年的企业数据。我们应用倍差回归模型来估计税收政策变化对于企业技术创新的影响。模型如下：

$$Change = \gamma_0 + \gamma_1 Dummy_{2007} + \gamma_2 R\&D_{2007} + \gamma_3 Edu_{2007} + \gamma_4 Firmcontrol_{2007} + \gamma_i + \gamma_j + \gamma_k + \varepsilon$$ [②]

我们控制了以下变量：(1)全要素生产率。全要素生产率反映了企业的技术能力、管理能力、组织效率和自主研发能力，也是企业间异质性的一个综合反映。企业的全要素生产率越高，越有利于带动企业创新活动的组织运营。因此，我们预计全要素生产率的回归系数为正。(2)规模。由于规模经济效应，企业规模与企业技术创新之间可能存在正向关系。(3)负债水平。技术创新活动带有较高的风险和不确定性，银行等外部融资机构通常不愿意对企业的创新项目提供融资。因此，企业在更多时候需要通过自有资金进行创新投入，从而表现为较低的负债水平。我们预计负债水平的回归系数为负。(4)盈利水平。盈利水平代表了企业的绩效表现。较差的绩效会激发企业通过创新来走出低谷。当盈利能力下降时，企业往往会通过加大创新力度来提升企业技术水平和市场竞争力。因此，我们预计盈利水平的回归系数为负。(5)年龄。年龄用来观测企业技术创新与年龄之间的关系。随着经营延续，企业的整体技术水平可以得到不断积累和逐步提升。因此，我们预计年龄的回归系数为正。(6)补贴。补贴用来控制政府的财政支持对促进企业创新的作用。政府补贴会缓解企业融资约束状况，促进企业创新投入。因此，我们预计补贴的回归系数为正。(7)出口。出口企业在国际市场竞争环境下会更有动力提升企业技术水平。因此，我们预计出口的回归系数为正。(8)产品竞争度。产品竞争度用来反映市场竞争程度对于企业技术创新的影响，适度的竞争有利于倒逼企业通过技术创新来提升自身竞争力。我们预计产品竞争度的回归系数为正。具体变量定义如表 2 所示。

---

① 《专利手册》(OECD Patent Statistics Manual)由经济合作与发展组织和欧盟统计署联合开发，已经成为国际上实施创新统计调查过程中国际标准化和规范化的统计指南。

② 文中γ_i、γ_j、γ_k分别表示省份、行业、产权等因素的影响，ε为随机扰动项。

表 2 变量定义

变量名	中文简称	计算方法
因变量		
$Change_0$	专利总产出的变化	ln(2009 的专利申请总数+1)−ln(2007 的专利申请总数+1)
$Change_1$	发明专利数的变化	ln(2009 的发明专利申请数+1)−ln(2007 的发明专利申请数+1)
$Change_2$	新型专利数的变化	ln(2009 的新型专利申请数+1)−ln(2007 的新型专利申请数+1)
$Change_3$	外观专利数的变化	ln(2009 的外观专利申请数+1)−ln(2007 的外观专利申请数+1)
解释变量		
Dummy	税率降低	企业法定所得税税率降低为 1，否则为 0
R&D	研发税盾	ln(研发投资额)
Edu	教育税盾	ln(职工教育费用)
公司控制变量		
TFP	全要素生产率	本文采用 LP 法来计算全要素生产率(Levinsohn 和 Petrin，2003)
Size	规模	资产/员工总数
Lev	负债水平	负债/总资产
Roa	盈利水平	利润/总资产
Age	年龄	企业成立年数
Subsi	补贴	获得政府补贴标记为 1，否则标记为 0
Export	出口	出口企业为标记为 1，非出口企业标记为 0
Hhi	产品竞争度	产业中所有企业占全行业销售额比重的平方和

(三)描述性统计

表 3 主要变量的描述统计

	均值	中位数	最小值	最大值	标准差
专利总产出的变化	0.028	0	−6.182	6.822	0.359
发明专利数的变化	0.012	0	−5.833	4.585	0.198
新型专利数的变化	0.022	0	−4.331	4.419	0.258
外观专利数的变化	0.003	0	−5.617	6.820	0.215

续表

	均值	中位数	最小值	最大值	标准差
税率降低	0.799	1	0	1	0.400
研发税盾	0.598	0	0	8.684	1.859
教育税盾	1.204	0	0	6.387	1.774
全要素生产率	7.468	7.404	5.144	10.190	0.988
规模	0.328	0.177	0.015	3.081	0.463
负债水平	0.550	0.566	0.008	1.251	0.279
盈利水平	0.111	0.046	−0.188	0.997	0.195
年龄	8.187	6	0	49	8.480
补贴	0.122	0	0	1	0.327
出口	0.236	0	0	1	0.425
产品竞争度	0.025	0.016	0.003	1.192	0.032

注：样本数为332572。

表3列示了有关变量的描述性统计结果。由表3可知，专利总产出变化均值为0.028，最大值(6.822)比最小值(−6.182)大13.004。发明专利数变化均值为0.012，最大值(4.585)比最小值(−5.833)大10.418。新型专利数变化均值为0.022，最大值(4.419)比最小值(−4.331)大8.75。外观专利数变化均值为0.003，最大值(6.820)比最小值(−5.617)大12.437。从总体上看，2008年所得税改革后，企业的专利产出有升高，也有下降。这为我们研究税率变化对企业创新产出的影响提供了难得的机会。

税率降低的均值为0.799，表明税改后，大部分企业的所得税法定税率降低。研发税盾的均值为0.598，标准差为1.859，说明不同企业的研发投入规模差异很大。教育税盾的均值为1.204，标准差为1.774，说明不同企业对职工教育投入规模差异很大。在控制变量中，全要素生产率、规模、负债水平、盈利水平、年龄、补贴、出口、产品竞争度的最大值和最小值都差异较大，表明样本中不同企业在经营特征方面存在较大差异。

四、估计结果与分析

(一)估计结果

1. 税收敏感性对创新的影响

观察表4模型(1)中，在不考虑税盾因素情况下，税率降低的影响系数为0.534，在1%的水平上显著为正。观察表4模型(2)中，在加入研发税盾和教育税盾因素情况下，税率降低的影响系数达到 0.274，在 1%的水平上显著为正。这表明税改后，相比税率提高的企业，税率降低企业的创新水平显著提高，这意味着企业技术创新活动对于税率变化具有敏感性。观察表 4 模型(2)的结果可知，研发和教育税盾的影响系数分别为 0.268 和 0.108，都在 1%的水平上显著为正。这表明在 2008 年进行的所得税改革过程中，研发和职工教育费用抵扣产生的税盾效应也是影响企业技术创新的重要政策因素。其他控制变量的回归结果与预期基本一致。表 4 模型(3)至模型(5)报告了基于不同类型专利税收敏感性的检验结果。结果显示，税率降低对三种专利产出变化的影响，都在 1%的水平上显著大于 0。这意味着，减税促进了企业多种类型专利的开发。在研发和职工教育费用抵扣方面，税盾效应的影响系数在 1%的水平上显著为正。这表明研发和职工教育费用抵扣产生的税盾效应对企业多种专利活动产生了正面推动作用。实证结果支持了假设 1。

表 4　税收敏感性的检验结果

被解释变量	专利总产出变化	专利总产出变化	发明专利数变化	新型专利数变化	外观专利数变化
模型类别	模型(1)	模型(2)	模型(3)	模型(4)	模型(5)
税率降低	0.534*** (0.044)	0.274*** (0.043)	0.221*** (0.043)	0.281*** (0.047)	0.274*** (0.087)
研发税盾		0.268*** (0.005)	0.219*** (0.004)	0.232*** (0.005)	0.282*** (0.010)
教育税盾		0.108*** (0.007)	0.087*** (0.007)	0.116*** (0.007)	0.076*** (0.014)
全要素生产率	0.566*** (0.013)	0.344*** (0.013)	0.299*** (0.014)	0.330*** (0.014)	0.392*** (0.029)
规模	0.329*** (0.021)	0.190*** (0.023)	0.263*** (0.020)	0.131*** (0.025)	−0.190*** (0.056)
负债水平	−0.344*** (0.044)	−0.133*** (0.044)	−0.180*** (0.045)	−0.144*** (0.048)	−0.028 (0.094)
盈利水平	−1.669*** (0.076)	−1.359*** (0.079)	−1.004*** (0.079)	−1.129*** (0.084)	−1.808*** (0.174)
年龄	0.013*** (0.001)	−0.000 (0.001)	0.001 (0.001)	−0.000 (0.002)	−0.006** (0.003)
补贴	0.959*** (0.030)	0.562*** (0.030)	0.466*** (0.030)	0.514*** (0.033)	0.659*** (0.060)
出口	0.684*** (0.030)	0.391*** (0.030)	0.191*** (0.030)	0.335*** (0.032)	0.877*** (0.059)

续表

被解释变量	专利总产出变化	专利总产出变化	发明专利数变化	新型专利数变化	外观专利数变化
产品竞争度	2.935***	1.397***	0.041	2.003***	2.471***
	(0.341)	(0.384)	(0.406)	(0.413)	(0.678)
常数项	−12.411***	−10.459***	−8.777***	−10.426***	−16.211***
	(0.180)	(0.177)	(0.174)	(0.196)	(0.610)
Pseudo−R^2	0.085	0.117	0.143	0.135	0.096
F	489.119	700.036	478.696	581.369	159.296
N	332572	332572	332572	332572	332572

注：***、**、*分别代表在1%、5%和10%水平上显著，括号内是标准误差，标准误差按异方差调整。产业、区域、产权效应已控制。

2. 税收敏感性对创新的影响：地域、行业和规模因素的影响

所得税改革作为全国层面的政策调整，在影响企业技术创新活动方面是否存在地区差异呢？我们根据世界银行 2007 年发布的调查报告《政府治理、投资环境与和谐社会：中国 120 个城市竞争力的提升》中公布的中国各省税费水平调研数据，以各省税费水平的均值为参照把样本企业所在省份分为两组(高于税费均值为高税费组，低于均值为低税费组)，来考察本次所得税改革影响的地区差异。从表 5 的模型 1 和 2 的结果看，对于税费较高的地区企业而言，税率降低的影响系数为 0.454，在 1%的水平上显著为正。对于税费较低的地区企业而言，税率降低的影响系数为 0.267，在 1%的水平上显著为正。这表明，不论是在税率水平高的地区还是税率水平低的地区，税盾效应对当地企业创新产出的影响都显著为正。税率降低对于企业技术创新的影响存在明显的地区差异。在税费水平较高的地区，减税效应对于企业创新活动的影响更为明显。

表 5　税收敏感性的检验结果：地域、行业和企业规模因素的影响

	被解释变量：专利总产出变化					
	税费高地区	税费低地区	装备制造业	其他行业	大型企业	中小企业
模型类型	模型(1)	模型(2)	模型(3)	模型(4)	模型(5)	模型(6)
税率降低	0.454***	0.267***	0.568***	0.060	0.430***	0.287***
	(0.137)	(0.046)	(0.058)	(0.064)	(0.113)	(0.047)
研发税盾	0.278***	0.265***	0.209***	0.293***	0.128***	0.291***
	(0.013)	(0.005)	(0.006)	(0.008)	(0.011)	(0.005)

续表

	被解释变量：专利总产出变化					
	税费高地区	税费低地区	装备制造业	其他行业	大型企业	中小企业
教育税盾	0.092***	0.111***	0.098***	0.112***	0.033**	0.120***
	(0.018)	(0.007)	(0.009)	(0.010)	(0.017)	(0.007)
其他控制变量	已控制	已控制	已控制	已控制	已控制	已控制
常数项	−8.835***	−10.700***	−7.307***	−11.306***	−6.897***	−11.122***
	(0.370)	(0.207)	(0.164)	(0.235)	(0.522)	(0.226)
Pseudo−R^2	0.134	0.115	0.080	0.110	0.075	0.111
F	84.944	622.352	333.392	310.264	33.985	602.581
N	42503	290069	88331	244241	10498	322074

注：***、**、* 分别代表在 1%、5%和 10%水平上显著，括号内是标准误差，标准误差按异方差调整。产业、区域、产权效应已控制。根据财政部发布的《关于印发中小企业划型标准规定的通知》规定，从业人员 1000 人以下的为中小型企业。

在行业因素方面，我们主要考察了所得税改革对于装备制造业的影响。从表 5 中的模型 3 和 4 的结果看，对于装备制造业企业而言，税率降低的影响系数为 0.568，在 1%的水平上显著为正。对于其他行业企业而言，税率降低的影响系数为 0.06，为正但不显著。这表明，税率降低对于企业技术创新的影响在装备制造业和非装备制造业之间存在明显差异。相对于一般性制造业，税费降低对于装备制造业企业创新活动的影响更为明显。在税盾效应方面，研发和职工教育费用抵扣产生的税盾效应对于装备制造业和其他行业的创新活动都产生了显著的正面影响。

从表 5 的模型 5 和 6 的结果看，对于大型企业而言，税率降低的影响系数为 0.430，在 1%的水平上显著为正。对于中小企业而言，税率降低对企业创新的影响系数为 0.287，在 1%的水平上显著为正。这表明，税率降低对于不同规模企业创新影响存在明显差异。大型企业对于减税政策的反应更加敏感。在研发费用抵扣方面，大型企业和中小企业的研发税盾效应的影响系数分别为 0.128 和 0.291，在 1%的水平上显著为正。在职工教育费用抵扣方面，大型企业教育税盾效应的影响系数为 0.033，在 5%的水平上显著为正；中小企业教育税盾效应的影响系数为 0.120，在 1%的水平上显著为正。这意味着，税率降低和税盾效应对于企业技术创新的影响在大型企业和中小企业之间存在明显差异。

(二)分析与讨论

1. 所得税改革对于企业技术创新影响：减税的作用

本文研究表明，税率降低有利于企业技术创新。基于专利种类的考察发现，税率降低对于发明专利、新型专利和外观专利都具有显著影响。在影响强度方面，税率降低对于发明专利的影响最为明显。这意味着税收作为经济杠杆，在推动产业结构升级、提升企业技术创新能力方面发挥着重要作用。考虑到现有文献中关于政府科技政策可能产生的“互补效应”和“挤出效应”，本文认为减税政策促进了企业技术创新，即“互补效应”大于“挤出效应”。这一结论与文献中大部分相关研究的发现是一致的。究其原因，我们认为减税政策对于中国企业技术创新的“互补效应”来源于以下几个方面：

第一，长期以来，创新投入不足严重制约了中国企业技术创新的步伐。发达国家大企业研发费用一般不低于销售收入的 5%。国家统计局公布的信息显示，中国工业企业的这一比例为 0.06%①。在这样的背景下，国家的减税政策对于企业创新投入的“挤出效应”也相对较小，使其对我国企业的技术创新活动产生了正向的净影响。

第二，企业是否愿意创新，取决于创新能否给企业带来实际效益。征收企业所得税导致税后资本收益率和资本分配份额下降(郭庆旺、吕冰洋，2011)。对于税改后税率提高的企业，资本成本上升，企业的投资积极性下降，将抑制企业的创新活动。而对于税改后税率降低的企业，资本成本下降，盈利状况获得改善，企业的投资积极性上升，促进了创新投入的增长。减税为企业加大技术创新力度，提升产品的技术含量和质量水平提供了有利契机。

第三，近年来中国各地频繁出现的“用工荒”现象表明，中国廉价劳动力“无限供给”的时代将逐步成为过去。不仅如此，土地、能源、水资源等一系列要素资源价格也在大幅上升。当中国企业在人才建设、技术升级等方面都面临着巨大的资金需求的情况下，各种要素资源价格的快速上升直接挤压了中国制造业企业有限的利润空间。减税有利于缓解各种原材料和工人薪酬上涨带来的成本压力，为产业转型升级赢得了更多空间。获得减税的企业将会有更多资金投入到设备更新、人才培养等与创新活动密切相关的项目中去，促进了企业技术创新。

基于以上分析，减税促进了企业技术创新活动。但随之而来的问题是，减税是否会导致政府税收的减少？一方面，改革开放 30 年来，中国经济实

① 国家统计局：《企业自主创新投入主体地位提升》，http：//finance. people. com. cn/GB/71364/5179594. html。

现了年均 9.9%的持续快速增长①。技术进步在推动经济增长中扮演了重要角色。过去 20 多年技术进步对我国经济增长的贡献率高达 39%。减税有助于推动企业技术创新来加快转型升级步伐，增强中国经济的内生增长动力。经济的持续健康发展将成为国家税收收入持续增长的重要基础。另一方面，“拉弗曲线”表明税率越高，政府的税收就越多，但当税率的提高超过一定的限度时，企业的经营成本提高，收入下降，即税基减小，反而会导致政府的税收减少。“拉弗曲线”意味着，减税也并不必然导致财政减收，特别是从长期来看，减税将增加企业盈利，进而扩大税基，为财政持续增长打下坚实基础。

2. 所得税改革对于企业技术创新影响：税盾的作用

本文研究表明，研发和教育税盾对企业技术创新产生了正面影响。在研发投入方面，我国企业存在着基础研究经费比例过低、原始创新能力薄弱等问题。在人才队伍建设方面，我国企业存在着创新人才短缺、人才结构不合理，既缺少引领创新的高端人才，又缺少高技能的技术工人等突出问题。本次所得税改革新增了“研发费用的 50%加计扣除”和“职工教育经费分年度结转扣除”等政策。研发和职工教育费用抵扣产生的税盾效应提供给企业一个与前期创新投入存在一定比例关系的抵税工具。研发和教育经费由企业利用自有资金先行投入，开展研究开发和人才培养活动，然后再进行税收抵扣，具有“事后补助”的特征。从创新成本的角度来看，研发税盾降低了资本、人才等创新要素的投入价格，增加了企业当期的经营现金流量，有助于企业投入更多资金进行研发投入和人才建设。在这样的背景下，更高水平的人力资本将会有助于企业在“干中学”过程中提升技术水平。从税收筹划的角度来看，研发税盾属于非债务税盾。企业有动机通过增加非债务税盾进行合理避税，这将激励企业加大研发投入力度，有利于企业的技术开发和产品升级。

基于以上分析，研发税盾对企业技术创新兼具引导和激励作用，将增加企业创新开发过程的税前抵扣空间，降低企业的创新成本，有助于弥补技术创新带来的私人与社会收益间的差额给企业造成的损失，可以矫正企业在创新活动中的负外部性问题。创新相关费用抵扣所带来的杠杆效应提升了企业税后投资报酬率，有助于降低开展科技创新活动的风险，提高企业开展创新活动的积极性，促进社会资源更多的流向创新项目，使其对我国企业的技术创新活动产生了正向的净影响。

① 新华网：《改革开放 30 年我国经济增长稳定性越来越高》，http://news.xinhuanet.com/fortune/2008-06/04/content_8312526.htm。

3. 所得税改革对于企业技术创新影响：地区、行业和企业规模因素的作用

基于地域特征的考察发现，税率降低对企业创新的促进作用在原有税负水平较高地区表现得更加明显。一方面，在中国，税率和税种由中央政府统一制定。以税法制定为例，税法的制定要经过国税总局提出方案、财政部审核、人大有关部门立法、人大表决通过等几个法定程序。地方政府没有权限开征或者取消税种。但是，地方政府依然可以调整税收征收力度来影响企业的税负水平，这使得地区间在税负水平方面产生较大的差异。另一方面，企业所得税是我国的一个主体税种，在收入规模上已成为我国现行税制中第二大税种，仅次于增值税。以 2007 年为例，全国企业所得税为 9675 亿元，占全国税收总收入的 19.56%。基于以上分析，企业所得税本身的重要地位使得本次所得税税率的调整对于缓解企业税收负担的作用十分明显。对于原本税收负担较重地区的企业而言，税率的降低有利于改善地区整体税费负担状况，引导地区中生产要素向技术创新部门流动。在这部分地区中，减税政策对于当地企业技术创新活动的促进作用更加明显。

基于行业特征的考察发现，税率降低促进了企业创新产出，这种促进作用在装备制造业中表现得更加明显。一方面，装备制造业属于资金密集型产业，其特征是单位劳动占用资金较多，投资大，容纳劳动力相对较少，资金周转慢，取得投资效果慢。另一方面，装备制造业属于技术密集型产业，其特征是在投入的劳动与资本两要素中凝结了高度的技术，工艺过程复杂，在其产品中体现了大量的研发活动。与发达国家相比，中国装备制造业发展严重落后，存在的主要问题表现为技术创新能力弱以及经济效益差等问题。因此，相对于其他行业，中国装备制造业的转型升级面临着更大的资金需求。所得税改革所产生的减税效应降低了内资装备制造业企业的资本使用成本，有利于企业生产设备和科研仪器的更新，提升创新产出水平。

在企业规模因素方面，我们主要考察了所得税改革对于大型企业和中小企业的影响。改革开放以来，我国 65%的发明专利、75%以上的技术创新、80%的新产品是由中小企业完成的[①]。基于减税效应的考察发现，减税促进了大型企业和中小企业的创新产出。基于税盾效应的考察发现，研发和教育税盾促进了大型企业和中小企业的创新产出，这种促进作用对于中小企业表现得更加明显。一个有趣的现象是，相对于税盾效应，减税对于大型企业创新的作用最为明显。我们认为这是由于不同创新模式造成的。

---

① 中国政府网：《工业和信息化部发〈"十二五"中小企业成长规划〉》，http：//www.gov.cn/gzdt/2011－09/23/content_1955213.htm。

一般而言，大型企业建立了较为系统和完整的技术创新体系。在技术引进、设备更新等方面，大型企业创新的综合投入力度都超过了中小企业。这些研发以外的项目构成了企业创新过程的重要保障。但受到税法对企业研发费用认定的限制，这些项目成本往往无法直接计入研发成本。这意味着，固定成本成为大型企业创新活动前期投入的主要部分。因此，相对于研发和职工教育费用抵扣等个别项目带来的抵扣效应，减税政策有助于直接降低大型企业创新的综合成本，因而对于大型企业创新的促进作用也更加明显。中小企业的技术创新能力在总体上无法与大企业相比，同时在创新过程中面临着融资渠道狭窄、融资成本高等问题。但由于中小企业灵活的决策机制从而使其技术创新表现出较强的效率性，表现为创新成本低，创新模式更加灵活，多选择一些短、平、快的开发项目。这意味着，短期内的变动成本成为中小企业创新费用的很大一部分。因此，基于研发和职工教育费用抵扣政策可以对中小企业短期内的创新投入进行针对性的扶持和引导。这意味着，由于创新模式和成本结构的差异，不同类型的税收政策对于大型企业和中小企业的影响幅度存在着差异。

五、结论、政策含义与展望

(一)结论

改革开放以来，传统的通过单纯依靠生产要素的大量投入和扩张的发展模式在很长一段时间内推动了中国经济的高速增长。然而，随着传统要素禀赋比较优势逐渐减弱，这种高投入、高排放、低效率的粗放型增长模式已经显现出越来越多的弊端。我国“十二五”规划提出把科技进步和创新作为加快转变经济发展方式的重要支撑。从中央到地方，各级政府不断推出促进和支持创新的政策。政府税收政策的变化对于理论研究和经济影响的重要性，吸引了大量学者对其进行研究。然而，关于政府税收扶持的政策与企业创新活动的关系，理论上存在两种相反的可能，相关实证研究也没有取得一致结论，这使得政府税收扶持政策对企业创新活动的影响依然是一个需要进一步考察的重要问题。本文利用 2007 年企业所得税改革这一重要契机，实证检验了税收政策变化对于企业技术创新活动的影响。研究发现：(1)税率降低的企业表现出了更高的创新水平。(2)研发和职工教育费用抵扣产生的税盾效应显著影响了所得税改革后企业的创新水平。(3)所得税改革对企业技术创新的影响存在一定的区域、行业和规模差异。这意味着，发挥好税收的职能作用对于推动企业转型升级具有重要影响。

(二)政策含义

根据本文的研究，新所得税法在促进企业创新方面的积极意义在于：内资企业所得税税负的降低，有利于促进中国本土企业的技术创新。研发和职工教育费用抵扣产生的税盾效应，缓解了过去企业生产经营成本税前扣除不足的问题，从研究经费、人才培养等方面增强了企业技术创新投入的动力。因此，在改变经济增长方式以及建设创新型社会过程中，应当发挥出税收政策在激励企业技术创新方面的重要作用，通过政策工具的优化组合，发挥政策的最佳效应。

(1)本次所得税改革后的2008年到2011年，我国GDP的增长速度分别达到9.6%、8.7%、10.3%、9.2%，规模以上工业企业总产值增速分别达到25.24%、8.05%、27.40%、29.44%。而同期我国税收增长幅度分别为18.80%、9.10%、22.64%、22.60%①。国民经济和税收的增长基本实现了宏观调控的计划目标，我国经济呈现出健康的发展态势。所得税改革以来的四年中，我国税收年平均增收达到1.11万亿的规模，使我国的财政能力大大增强，为下一轮税制改革的启动提供了财力上的良好保障。

(2)政府应当加大结构性减税力度，实现藏富于企、让利于企，增强企业的发展后劲和创新活力。税收扶持政策在完善国家创新体系建设方面发挥着不可替代的作用，可以考虑在时机和条件具备的情况下进一步降低所得税税率，例如降低到20%左右的水平。应当提高减税的针对性，完善促进高科技企业发展的税收政策体系，加大对小型和微型企业所得税优惠力度。鼓励企业把投资引导到有利于节能减排且附加价值较高的产业中。对工艺落后、高污染、高消耗的企业实施惩罚性税收政策，鞭策企业加大技术改造投入和升级步伐。

(3)发挥不同税收政策工具的功能，提升税收政策的协调性。政府推出促进创新的政策时，应该发挥政策的杠杆效应，以合理的利益机制引导企业加大创新投入力度，激发市场这只“无形的手”的作用，进而激发创新主体的积极性。应当继续完善和合理使用税收抵扣等政策，充分运用企业技术研发投入加计扣除、科研仪器设备加速折旧、进口环节税收减免和提高职工教育培训经费计提比例等政策工具，鼓励企业加大创新投入和加快人才培养，加快培育劳动力、金融、技术等中高级创新要素，进一步改善创新环境。

(4)运用差别税收手段，提升税收政策灵活性。充分考虑企业所在行业、地区和规模差异，完善政策体系，重点调整完善支持战略性新兴产业的税收优惠政策。加强部门间的政策协调，形成合力，通过税种的调整、税目的增减、税率的调整以及税式支出等方式把各种政策工具科学组合成为有机的整体。

① http://www.stats.gov.cn/。

（三）展望

本文对于税收政策与企业技术创新的研究尚有进一步拓展的空间。(1)扩大时间跨度。我们只考察了所得税改革前后两年企业专利产出的变化情况。基于更长观测周期的企业数据有助于我们得出更稳健的结论。(2)所得税改革本身内涵丰富，给企业税务筹划、内部治理以及发展战略带来了深远的影响，理论界对其的讨论也在不断进行当中。进一步研究所得税改革对于企业其他经营决策行为的影响，应当成为下一步研究工作所需要努力的重要方向。(3)所得税改革在税率调整方面有 5 年左右的缓冲期。进一步研究在改革不同阶段企业创新行为的演变及其差异将是很有意义的课题。(4)我们只评估了所得税改革对于企业创新指标的影响，而未研究对利润等绩效指标的影响。对后者的研究可以进一步深化对我国转轨时期企业技术创新行为的理解。

参考文献

1. Mamuneas, T. P. and Nadiri, M. Public R&D Policies and Cost Behavior of the US Manufacturing Industries. Journal op Publicics, 1996, 63(1).
2. Wallsten, S. J. The Effects of Government-industry R&D Programs on Private R&D. RAND Journal of Economics, 2000, 31(1).
3. Berger, P. G., Explicit and Implicit Tax Effects of the R&D Tax Credit. Journal of Accounting Research, 1993, 31(2).
4. Bloom, N., Griffith, R., Van Reenen, J. Do R&D Tax Credits Work? Evidence From a Panel of Countries 1979～1997. Journal of Public Economics, 2002, 85(1).
5. Cropper, M. L., Oates, W. E. Environmental Economics, a Survey. Journal of Economic Literature, 1992, 30(2).
6. Czarnitzki, D., Hanel, P., Rosa, J. M. Evaluating the Impact of R&D Tax Credits on Innovation, A Microeconometric Study on Canadian Firms. Research Policy, 2011, 40(2).
7. Comanor, W. S., Scherer, F. M. Patent Statistics as a Measure of Technical Change. Journal of Political Economy, 1969, 77(3).
8. Feldstein, M., Fane, G. Taxes, Corporate Dividend Policy and Personal Savings, The British Postwar Experience. Review of Economics and Statistics, 1973, 55(4).
9. Griliches. Zvi. Patent Statistics as Economic Indicators, a Survey. Journal of Economic Literature, 1990, 28(4).
10. Hall, R. E., Jorgenson, D. W. Tax Policy and Investment Behavior. American Economic Review, 1967, 57(3).
11. Hamersma, S. The Effects of an Employer Subsidy on Employment Outcomes, A Study of the Work Opportunity and Welfare-to-Work Tax Credits. Journal of Policy Analysis and Management, 2008, 27(3).

12. Kemsley, D., Nissim, D. Valuation of the Debt Tax Shield. Journal of Finance, 2002, 57(5).

13. Klassen, K. J., Pittman, J. A., Reed, M. P., Frotin, S. A Cross-national Comparison of R&D Expenditure Decisions, Tax Incentives and Financial Constraints. Contemporary Accounting Research, 2004, 21(3).

14. Levinsohn, J., Petrin, A. Estimating Production Functions Using Inputs to Control for Unobservables. Review of Economic Studies, 2003, 70(2).

15. Mansfield, E. The R&D Tax Credit and Other Technology Policy Issues. American Economic Review, 1986, 76(2).

16. OECD, OECD Patent Statistics Manual. Paris, OECD Publications, 2009.

17. Romer, P. M., Increasing Returns and Long～run Growth. Journal of Political Economy, 1986, 94(5).

18. 安同良、周绍东、皮建才:《R&D补贴对中国企业自主创新的激励效应》,《经济研究》, 2009年第10期。

19. 郭庆旺、吕冰洋:《政府间税收分权的配置选择和财政影响》,《经济研究》, 2011年第6期。

20. 王跃堂、王国俊、彭洋:《控制权性质影响税收敏感性吗?——基于企业劳动力需求的检验》,《经济研究》, 2012年第4期。

21. 庄子银:《创新、企业家活动配置与长期经济增长》,《经济研究》, 2007年第8期,

22. 聂辉华、方明月、李涛:《增值税转型对企业行为和绩效的影响——以东北地区为例》,《管理世界》, 2009年第5期。

(作者:林汉川　北京企业国际化经营研究基地首席专家　教授
林洲钰　北京企业国际化经营研究基地研究人员　博士)

基地名称：北京企业国际化经营研究基地
依托单位：对外经济贸易大学
项目类别：国家哲学社会科学基金项目

国际品牌价值成长驱动因素研究①

经济界专家学者在研讨中国企业应对国际金融危机策略时，开出的“药方”竟然高度一致，即中国企业必须借此“契机”，加快发展国际知名品牌。在中国亟须发展国际品牌的大背景下，理论界对国际品牌的界定尚无定论，而这是加快发展国际品牌迫切需要解决的基础性问题。而加快发展国际知名品牌，其核心在于提升国际品牌价值，因此探索国际品牌价值驱动因素是培育和发展国际品牌的关键。但是，目前国内学术界对国际品牌价值驱动因素的研究比较少，我国企业在培育和发展国际品牌方面长期缺乏理论指导。因此，对国外研究成果和国际品牌价值成长的成功经验进行总结，提出国际品牌价值成长的关键驱动因素是非常迫切的，这将对我国企业快速发展国际品牌提供理论指导。

一、国内外研究现状

据文献检索结果可知，国内外大多数学者主要从消费者视角对国际品牌价值驱动因素展开研究。Martin 和 Brown(1990)提出品牌价值包含感知和行为两个层面的含义，但品牌价值最终取决于消费者对品牌的感知，感知品质、感知价值、品牌形象、可信赖感和品牌认同感则是品牌价值感知层面的 5 个驱动因素。Aaker(1991)则提出品牌价值受品牌忠诚度、品牌知名度、感知品质、品牌联想和其他专属的品牌资产 5 个驱动因素的影响。Rust 等(2000)提出品牌资产的三个价值驱动因素是顾客的品牌认知度、顾客对品牌的态度以及顾客对品牌道德的感觉。Keller(1992，1993，1998)提出品牌价值主要来源于消费者，具体来说就是消费者对一个品牌形成的知识会影响其对品牌的感知与态度，这种态度最终表现在消费者的实际行动上，即真正驱动品牌资产形成的因素是消费者。黄斌元(2003)提出品牌价值来源于消费者价值，而消费者价值的实现则源于沟通、产品和服务质量、购买流程和客户关系管理等一系列要素的驱动。程鸣(2006)在比较服务品

---

① 本文是《我国企业发展国际品牌的战略模式研究》项目的阶段成果，项目编号：10CGL023。

牌与产品品牌差异的基础上，提出品牌沟通、顾客体验、员工管理、企业文化和品牌价值观等因素为服务品牌价值的驱动因素。王永贵(2005)等研究表明品牌忠诚、品牌认知/品牌联想、品牌感知质量、品牌满意是品牌资产4大关键驱动要素。

还有少数学者从企业视角研究了品牌价值的驱动因素。Chaudhuri(2002)、Kimelman(1993)、Mizik 和 Jacobson(2003)研究表明广告是创造品牌价值的重要因素。Chu 和 Keh(2006)探讨了广告、促销和创新对品牌价值创造的影响作用。Eng 和 Keh(2007)则研究了广告和品牌价值交互作用对企业未来经营绩效产生的影响。李向辉和周刺天(2007)利用品牌资产引擎模型测量了品牌价值，提出该模型可以帮助企业了解品牌的显性和隐性驱动因素以及最大化品牌资产。

综上所述，国内外学者对品牌价值驱动因素的研究主要从以下几个方面展开的：(1)侧重于消费者视角研究品牌价值驱动因素，而从企业视角探索品牌价值驱动因素的研究相对较少，专门从企业视角对国际品牌价值驱动因素的研究更少；(2)很多学者运用定性分析方法提出了驱动因素模型或分析框架，较少学者对其进行实证分析。任何一个国际品牌的成长和发展都是以企业载体的，从企业角度着手研究国际品牌价值驱动因素，并以《全球品牌100强》为研究对象进行实证分析，得出的研究结果对我国企业加快培育和发展国际品牌更具有实践价值和指导意义。

二、国际品牌价值驱动因素指标体系的构建

(一)构建驱动因素指标体系

Chu 和 Keh(2006)在 Keller(2003)品牌价值链模型基础上，选取了广告投入、促销投入和创新投入三个变量对品牌价值创造的贡献进行了实证研究，结果表明这三个变量只有在各自最佳投入量区间才能对品牌价值的创造发挥较高效率。本章将借鉴他们的研究结果来构建国际品牌价值驱动因素指标体系，选取营销活动和创新能力为指标体系的两个自变量，其中营销活动利用企业投入的广告费用来衡量，因为大多数企业的广告费是企业营销活动投入最主要的部分；创新能力则通过企业投入的创新来衡量。国内外学者更多的研究了品牌价值对企业经营绩效提升具有的重要影响，那么反过来，经营绩效是否也会对国际品牌价值成长具有驱动作用呢？为了更深入地探寻国际品牌价值的驱动因素，本研究将引入企业经营绩效这一变量到国际品牌价值驱动因素指标体系中，通过营业利润和净利润两个指标衡量。因变量国际品牌价值直接采用 Interbrand 评价《全球品牌100强》的品牌价值。最终构建如表1所示的国际品牌价值驱动因素指标体系。

表 1　国际品牌价值驱动因素指标体系

	变量名称	衡量指标	指标含义
因变量	国际品牌价值	Y_i	衡量国际品牌未来收益的折现
自变量	营销活动	X_1：广告费用	衡量企业开展的营销沟通活动
	创新能力	X_2：研发费用	衡量企业产品研发、设计活动
	经营绩效	X_3：营业利润	衡量国际品牌直接带来的经济绩效
		X_4：净利润	衡量国际品牌的盈利能力

(二)样本数据说明及研究方法

本研究以国际品牌为研究样本，因变量国际品牌价值直接采用 Interbrand 发布的《全球品牌 100 强》的品牌价值。自变量来自 37 个样本国际品牌 2001—2008 年年度报告公开披露的财务数据，其中摩托罗拉在 2006—2008 年、任天堂在 2007—2008 年、欧莱雅在 2004—2008 年未披露广告费用；星巴克在 2005—2008 年没有披露研发费用。因此，将缺失数据的观测值直接剔除，最后获得 263 个有效样本量，如表 2 所示。

表 2　部分研究样本基本情况

序号	品牌名称	国别	行业	序号	品牌名称	国别	行业
1	高露洁	美国	日常消费品	20	亚马逊	美国	信息技术
2	雀巢	瑞士	日常消费品	21	飞利浦	荷兰	信息技术
3	欧莱雅	法国	日常消费品	22	诺基亚	芬兰	信息技术
4	雅芳	美国	日常消费品	23	任天堂	日本	信息技术
5	宝洁	美国	日常消费品	24	摩托罗拉	美国	信息技术
6	家乐氏	美国	日常消费品	25	甲骨文	美国	信息技术
7	卡夫	美国	日常消费品	26	黑莓	加拿大	信息技术
8	百事	美国	日常消费品	27	松下	日本	信息技术
9	妮维雅	德国	日常消费品	28	戴尔	美国	信息技术
10	金佰利	美国	日常消费品	29	惠普	美国	信息技术
11	星巴克	美国	非必需消费品	30	IBM	美国	信息技术
12	奔驰	德国	非必需消费品	31	思科	美国	信息技术
13	本田	日本	非必需消费品	32	谷歌	美国	信息技术
14	百胜	美国	非必需消费品	33	雅虎	美国	信息技术
15	阿迪达斯	美国	非必需消费品	34	易趣	美国	信息技术
16	丰田	日本	非必需消费品	35	SAP	德国	信息技术
17	BMW	德国	非必需消费品	36	微软	美国	信息技术
18	大众	德国	非必需消费品	37	佳能	日本	信息技术
19	哈雷	美国	非必需消费品				

本章首先利用探索性因子分析方法对构建的国际品牌价值驱动因素指标体系进行评价，检验该指标体系是否合理；然后进行多元回归分析，以《全球品牌 100 强》中国际品牌的相关数据实证分析营销活动、创新能力和经营绩效是否对国际品牌价值有驱动作用以及影响作用有多大。

三、国际品牌总体样本实证分析

(一)探索性因子分析

本研究运用 KMO 检验模型与巴特利特球度对样本数据进行检验，其 KMO 值为 0.667；巴特利特球体检验显示，χ_2 的统计值为 828.81，显著性水平 $P<0.01$。可见，样本数据均通过两项验证性检验，表明其适合进行因子分析。本研究利用 SAS9.0 采用主成分法提取 3 个公共因子，公共因子是对原始变量指标进行浓缩后提取的，其累积方差贡献率为 99.03%，能够解释原始变量指标的因子。由旋转前因子载荷阵可知(详见表 3)，不能赋予三个公共因子合理的经济解释。为了解决各个公共因子的典型代表变量不突出的问题，本研究将进行因子旋转分析，利用最大方差正交旋转法进行旋转，得到旋转后因子载荷矩阵，如表 3 所示。其中 F_1 在 X_3(营业利润)和 X_4(净利润)上的载荷较大，载荷量分别为 0.937 和 0.948，将 F_1 命名为经营绩效因子；F_2 在 X_1(广告费用)上的载荷较大，载荷量为 0.958，将 F_2 命名为营销活动因子；F_3 在 X_2(研发费用)上的载荷最大，载荷量为 0.893，将 F_3 命名为创新因子。可见，本文构建的国际品牌价值驱动因素指标体系合理。

表 3　旋转前后因子载荷矩阵

	旋转前因子载荷矩阵			旋转后因子载荷矩阵		
	F_1	F_2	F_3	F_1	F_2	F_3
X_1	0.632	0.715	0.299	0.163	0.958	0.234
X_2	0.824	0.240	−0.513	0.348	0.284	0.893
X_3	0.923	−0.333	0.131	0.937	0.177	0.265
X_4	0.907	−0.377	0.124	0.948	0.132	0.252

由于公共因子是不可观测的隐变量，需通过计算因子得分给提取的公共因子赋值。因子得分求解的过程就是以原始变量的线性组合来表示公共因子，因子得分系数是原始变量的权重。本研究利用回归法估计因子得分，因子得分函数为：

$$F_j = \beta_{j1}X_1 + \beta_{j2}X_2 + \cdots + \beta_{jp}X_p \quad (p = 1,2,3,4,5\cdots; j = 1,2,3\cdots)$$

其中 β 为回归法得出的因子得分系数，如表 4 所示。

表 4 公共因子得分系数

	F_1	F_2	F_3
X_1	−0.097	1.138	−0.324
X_2	−0.321	−0.271	1.330
X_3	0.587	−0.022	−0.217
X_4	0.608	−0.075	−0.218

由此可得到经营绩效因子(F_1)、营销活动因子(F_2)、创新因子(F_3)三个公共因子得分的计算公式为：

$$\begin{cases} F_1 = -0.097X_1 - 0.321X_2 + 0.587X_3 + 0.608X_4 \\ F_2 = 1.138X_1 - 0.271X_2 - 0.022X_3 - 0.075X_4 \\ F_3 = -0.324X_1 + 1.330X_2 - 0.217X_3 - 0.218X_4 \end{cases} \quad \text{(公式 1)}$$

这三个公共因子是否是国际品牌价值的驱动因素，对国际品牌价值成长的影响程度是多大，需要进一步进行回归分析进行验证。建立多元回归方程，如下所示：

$$Y_1 = \beta_0 + \beta_1 F_1 + \beta_2 F_2 + \beta_3 F_3 + \varepsilon_1 \quad \text{(模型 1)}$$

(二)实证分析过程

由于 F_1、F_2 和 F_3 是通过探索性因子分析得到的公共因子，不能直接获得观测值，因此，它们的取值利用公式 1 计算得到，即因子得分。首先利用 SAS9.0 计算各个变量之间的皮尔森相关系数，检验各个变量之间的相关关系。如表 5 所示，三个自变量 F_1、F_2、F_3 与 Y_1 有显著正相关关系，三个自变量之间是完全不相关或相关系数小于 0.3，因此，自变量之间不会存在多重共线性的问题，可以直接进行多元回归分析。

表 5 皮尔森相关系数矩阵和描述性统计分析

		Y	F_1	F_2	F_3
皮尔森相关系数矩阵	Y	1.000			
	F_1	0.648*** (0.000)	1.000		
	F_2	−0.013 (0.419)	0.071 (0.469)	1.000	
	F_3	0.316*** (0.000)	−0.193*** (0.001)	−0.112** (0.035)	1.000

续表

		Y	F_1	F_2	F_3
描述性统计分析	均值	136.473	3513.176	1768.891	578.573
	标准差	134.285	4012.386	3273.838	2242.820
	样本量	263	263	263	263

注：*** 表示在1%水平下显著，** 表示在5%水平下显著，* 表示在10%水平下显著。

利用SAS9.0对样本数据进行多元回归分析，模型1的回归系数如表5所示，模型1的 $R^2=0.622$，调整 $R^2=0.618$，表明模型1的拟合优度较好；$F=142.28$，$P<0.01$，表明多元回归模型1通过显著性检验。由表5可知，F_1 和 F_3 的回归系数在显著性 $P<0.01$ 水平下通过 t 检验，分别是0.737和0.456，表明 F_1 和 F_3 对国际品牌价值成长具有显著的正向影响作用，而 F_2 没有通过显著性检验。

由此可知，国际品牌价值成长的两个驱动因子分别是企业经营绩效因子和创新因子，贡献率分别为0.737和0.456。而营销活动因子没有通过显著性检验，说明营销活动对国际品牌价值的驱动作用不能确定，这似乎与大多数学者的研究结果不一致；另外，由杨明刚(2007)的研究可知，不同行业国际品牌成长轨迹存在着较大的差异，这主要是因为国际品牌成长存在着明显的行业演进特征，在不同行业国际品牌的创建方式是不同的。F_2 对国际品牌价值成长影响不显著是否由行业差异导致的呢？不同行业国际品牌价值驱动因素是否也存在差异呢？这是一个值得深入研究的问题。因此，本研究将总体样本按行业分为两个分样本，进一步探索不同行业国际品牌价值的驱动因素。

四、不同行业国际品牌价值驱动因素研究

(一)探索性因子分析结果

为了探索不同行业国际品牌价值驱动因素，本研究将上述的总体样本根据行业特征将其分为两个分样本：消费品国际品牌样本[①]和信息技术国际品牌样本，其样本量分别为144和119，它们的KMO值分别为0.644、0.660，都大于0.5；根据巴特利特球体检验显示，其 χ_2 统计值分别为566.867、409.469，显著性水平 $P<0.01$，表明这两个分样本也适合进行因子分析。其因子分析结果由表6所示，消费品国际品牌的公共因子 F_4 在 X_3(营业利润)和 X_4(净利润)上的载荷较大，载荷量分别为0.935和0.950；

① 消费品国际品牌包括非必需消费品和日常消费品行业的国际品牌。

F_5 在 X_1(广告费用)上的载荷较大，载荷量为 0.924；F_6 在 X_2(研发费用)上的载荷最大，载荷量为 0.815。信息技术国际品牌的公共因子 F_7 在 X_3(营业利润)和 X_4(净利润)上的载荷较大，载荷量分别为 0.939 和 0.950；F_8 在 X_1(广告费用)上的载荷较大，载荷量为 0.966；F_9 在 X_2(研发费用)上的载荷最大，载荷量为 0.877。因此，把 F_4 和 F_7 命名为经营绩效因子，F_5 和 F_8 命名为营销活动因子，F_6 和 F_9 命名为创新因子，如表 6 所示。

表 6　两个分样本旋转前后因子载荷矩阵

	消费品国际品牌样本						信息技术国际品牌样本					
	旋转前因子载荷矩阵			旋转后因子载荷矩阵			旋转前因子载荷矩阵			旋转后因子载荷矩阵		
	F_4	F_5	F_6	F_4	F_5	F_6	F_7	F_8	F_9	F_7	F_8	F_9
X_1	0.759	0.584	0.288	0.211	**0.924**	0.319	0.578	0.773	0.260	0.130	**0.966**	0.222
X_2	0.866	0.351	−0.357	0.353	0.460	**0.815**	0.846	0.210	−0.490	0.382	0.290	**0.877**
X_3	0.905	−0.403	0.021	**0.935**	0.191	0.266	0.925	−0.332	0.128	**0.939**	0.130	0.289
X_4	0.891	−0.429	0.080	**0.950**	0.199	0.203	0.915	−0.347	0.160	**0.950**	0.127	0.254

由因子得分系数可得到两个分样本的产品市场绩效因子、营销活动因子、创新因子三个公共因子得分的计算公式 2 和计算公式 3：

$$\begin{cases} F_4 = -0.102X_1 - 0.303X_2 + 0.570X_3 + 0.626X_4 \\ F_5 = 1.350X_1 - 0.489X_2 - 0.123X_3 + 0.004X_4 \\ F_6 = -0.715X_1 + 1.627X_2 - 0.107X_3 - 0.340X_4 \end{cases} \qquad \text{(公式 2)}$$

$$\begin{cases} F_7 = -0.053X_1 - 0.361X_2 + 0.587X_3 + 0.625X_4 \\ F_8 = 1.121X_1 - 0.269X_2 - 0.034X_3 - 0.011X_4 \\ F_9 = -0.347X_1 + 1.384X_2 - 0.215X_3 - 0.298X_4 \end{cases} \qquad \text{(公式 3)}$$

按照总体样本的实证分析过程，进一步检验两个分样本得到的公共因子是否对其国际品牌价值成长具有驱动作用，故建立如下两个回归模型：

$$Y_2 = \alpha_0 + \alpha_1 F_4 + \alpha_2 F_5 + \alpha_3 F_6 + \varepsilon_2 \qquad \text{(模型 2)}$$

$$Y_3 = \delta_0 + \delta_1 F_7 + \delta_2 F_8 + \delta_3 F_9 + \varepsilon_3 \qquad \text{(模型 3)}$$

(二)实证分析结果

由于 F_4、F_5、F_6、F_7、F_8 和 F_9 是通过探索性因子分析得到的公共因子，不能直接获得观测值，因此，它们的取值利用公式 2 和公式 3 计算得到，即因子得分。国际品牌价值(Y_i，$i=2$，3)的取值来自 2001－2008 年 Interbrand《全球品牌 100 强》发布的样本国际品牌价值。

首先利用 SAS9.0 对多元回归模型的变量进行相关分析，计算各个变量之间的皮尔森相关系数，检验各个变量之间的相关关系。F_4、F_5、F_6 三个

自变量之间以及 F_7、F_8、F_9 三个自变量之间分别是完全不相关或相关系数小于 0.3，因此，自变量之间不会存在多重共线性的问题，可以分别直接进行多元回归分析，回归结果如表 7 所示。

表 7　三个模型的回归结果

模型 1		模型 2		模型 3	
变量	回归系数	变量	回归系数	变量	回归系数
F_1	0.737*** (<.0001)	F_4	0.727 (<.0001)	F_7	0.844 (<.0001)
F_2	−0.014 (0.7175)	F_5	0.408 (<.0001)	F_8	−0.029 (0.5682)
F_3	0.456*** (<.0001)	F_6	0.418 (<.0001)	F_9	0.381 (<.0001)

注：*** 表示在 1%水平下显著，** 表示在 5%水平下显著，* 表示在 10%水平下显著。

由不同行业国际品牌价值驱动因素分析结果可知，消费品和信息技术国际品牌价值驱动因素存在着较大差异，如表 7 所示：消费品国际品牌价值有 3 个驱动因子，而信息技术国际品牌价值只有 2 个驱动因子，其中前者的驱动因子分别是经营绩效因子、创新因子和营销活动因子，贡献率分别为 0.727、0.418 和 0.408；后者的驱动因素包括经营绩效因子和创新因子，贡献率分别为 0.844 和 0.381。

营销活动因子对信息技术国际品牌价值成长的驱动作用不显著导致其对总体样本不显著。而其对信息技术国际品牌价值的驱动作用不显著可能的原因是：信息技术国际品牌中近半数品牌尽管也涉及 B2C 市场，但是它们的主要客户都来自 B2B 领域，比如 IBM、佳能、惠普、思科、甲骨文和 SAP 等，即近半数信息技术国际品牌是 B2B 品牌，而营销活动对 B2B 品牌价值成长驱动的作用不明显。

五、结论与不足

本研究基于企业视角，以《全球品牌 100 强》中的国际品牌为研究样本，实证分析了国际品牌价值增长的驱动因素，研究结论如下：

1. 经营绩效是国际品牌价值成长最重要的驱动因素

经营绩效既是企业发展国际品牌的动因，也是国际品牌价值成长的坚实基础。国际品牌为企业在国际市场销售产品、占有国际市场、提升国际知名度等方面提供了强大的竞争力，为企业带来巨大的经济效益。同时，企业的经营绩效反过来对国际品牌价值的提升有重要驱动作用。可见，提高企业的经营绩效是发展国际品牌的重中之重。

2. 企业的创新能力是国际品牌价值成长的主要驱动因素

企业的创新投入是国际品牌价值持续成长的动力，企业要通过持续不断的创新，与时俱进，成为引领所在行业技术、管理和产品创新的典范，从而不断提升国际品牌的价值。

3. 营销活动是消费品国际品牌成长的主要驱动因素，却不是信息技术国际品牌成长的主要驱动因素。

营销活动是消费品国际品牌成长的主要驱动因素，这与消费品领域的品牌较易成长为国际品牌这一行业特征是一致的。而其对信息技术国际品牌价值的驱动作用不显著可能的原因是：信息技术国际品牌中大部分品牌尽管也涉及 B2C 市场，但是它们的主要客户都来自 B2B 领域，比如 IBM、佳能、惠普、思科、甲骨文和 SAP 等，即大部分信息技术国际品牌是 B2B 品牌，而营销活动对 B2B 品牌价值成长的作用不明显。因此，不同行业企业应综合考虑国际品牌的行业特征来制定其国际品牌价值成长相应策略。

本文的不足之处：鉴于本研究以 2001—2008 年连续入围 Interbrand《全球品牌 100 强》37 个国际品牌为样本，样本数量较小；且样本国际品牌主要分布在消费品和信息技术两大行业，从而可能会导致本研究结果具有一定程度的局限性。未来研究可以扩大样本量，并更深入地探索国际品牌价值驱动因素，比如关注企业在金融市场的表现（如市值、股价和市盈率等因素）对国际品牌价值成长的影响作用。

参考文献

1. Aaker, D. A. and Joaehimsthaler, E. The Lure of Global Branding, Harvard Business Review, 1999, 77(6).

2. Alan M Rugman, and Alain Verbeke. A Perspective on Regional and Global Strategies of Multinational Enterprises. Journal of International Business and Studies, 2004, 35(1).

3. Alashban, A. A., Hayes, L. A., Zinkhan, G. M. and Balazs, A. L. International Brand-name Standardization/Adaptation: Antecedents and Consequences. Journal of International Marketing, 2002, 10(3).

4. Anthony Pecotich, and Steven Ward. Global Branding, Country of Origin and Expertise, An Experimental Evaluation. International Marketing Review, 2007, 24(3).

5. Andersson, S. and Wictor, I. Innovative Internationalization in New Firms: Born Globals-the Swedish Case. Journal of International Entrepreneurship, 2003, 1(3).

6. Cheng, J. M-S., Blankson, C., Wu, P. C. S. and Chen, S. S. M. A Stage Model of International Brand Development: The Perspectives of Manufacturers from Two Newly Industrialized Economies-South Korea and Taiwan. Industrial Marketing Management, 2005, 34(5).

7. De Chernatony, L. , Halliburton, C. and Bernath, R. International Branding: Demand or Supply Driven Opportunity? . International Marketing Review, 1995, 12(2).
8. Dennis A. Pitta, and Frank J. Franzak, Foundations for Building Share of Heart in Global Brands. The Journal of Product and Brand Management, 2008, 17(2).
9. Holt, D. B. , Quelch, J. A. and Taylor, E. L. How Global Brands Compete. Harvard Business Review, 2004, 82(9).
10. Janell D Townsend, Sengun Yeniyurt, Mehmet Berk Talay. Getting to Global: An Evolutionary Perspective of Brand Expansion in International Markets. Journal of International Business Studies, 2009, 40(4).
11. Jeryl, Whitelock, and Fernando, Fastoso. Understanding International Branding: Defining the Domain and Reviewing the Literature. International Marketing Review, 2007, 24(3).
12. Johanson, J. and Vahlne, J. E. The Internationalization Process of the Firm: A Model of Knowledge Development and Increasing Foreign Market Commitments. Journal of International Business Studies, 1977, 8(1).
13. Johanson, J. and Weidersheim Paul, F. The Internationalization of the Firm: Four Swedish Cases. Journal of Management Studies, 1975, 12(3).
14. Julien Cayla and Giana M. Eckhardt. Asian Brands without Borders: Regional Opportunities and Challenges. International Marketing Review, 2007, 24(4).
15. Levitt, T. The Globalization of Markets. Harvard Business Review, 1983, 61(3).
16. Oviatt, B. M. and McDougall, P. Toward a Theory of International New Ventures. Journal of International Business Studies, 1994, 25(1).
17. Pitcher, A. E. The Role of Branding in International Advertising. International Journal of Advertising, 1985, 4(3).
18. Alan M. Rugman and Alain Verbeke. A Perspective on Regional and Global Strategies of Multinational Enterprises. Journal of International Business Studies, 2004, 35(1).
19. Sorenson, R. Z. and Wiechmann, U. E. , How Multinationals View Marketing Standardization. Harvard Business Review, 1975, 53(3).
20. Simon Collinson and Alan M Rugman. The Regional Nature of Japanese Multinational Business. Journal of International Business and Studies, 2008, 39(1).
21. Aaker, D. A. , Managing Brand Equity: Capitalizing on the Value of a Brand Name. Free Press, 1991.
22. Keller, Kevin Lane and David A. Aaker. The Effects of Sequential Introduction of Brand Extensions. Journal of Marketing Research. 1992, (29).
23. RustR T, ZeithamlV A, Lemon K N. , Driving Customer Equity: How Customer Lifetime Value is Reshaping Corporate Strategy. The Free Press, 2000.
24. Keller, K. L. Conceptualizing Measuring and Managing Customer-based Brand Equity. Journal of Marketing, 1993, (57).
25. Kevin Lane Keller, Susan Heckler, and Michael J. Houston, The Effects of Brand

Name Suggestiveness on Advertising Recall. Journal of Marketing，1998，(62).
26. Chaudhuri，Arjun，How Brand Reputation Affects the Advertising-brand Equity Link. Journal of Advertising，2002，(42).
27. Kimelman，John，Free Tony the Tiger. Financial World，1993，(9).
28. 杨忠、张骁、陈扬、廖文彦：《"天生全球化"企业持续成长驱动力研究——企业生命周期不同阶段差异性跨案例分析》，《管理世界》，2007 年第 6 期。
29. 孙莉：《同仁堂："中医药旗舰"海外扬帆》，《今日中国》(中文版)，2010 年第 12 期。
30. 杨明刚：《国际知名品牌发展规律及特征探讨》，《国外社会科学》，2007 年第 1 期。
31. 王永贵等：《品牌资产如何驱动顾客关系管理绩效——基于分解法视角的实证研究》，《管理学报》，2005 年第 6 期。

（作者：王分棉　北京企业国际化经营研究基地研究人员　讲师）

北京现代物流研究基地

（北京物资学院）

基地名称：北京现代物流研究基地
依托单位：北京物资学院
项目类别：研究基地自设项目

北京市仓储设施发展状况及趋势①

仓储是指利用仓库及相关设施设备进行物品的入库、存贮、出库的活动。② 仓储活动是国际、国内商品及货物的流转中不可或缺的环节，是现代物流活动的两大支柱之一。以仓库为主体形成的仓储设施网络，构成了一个城市、地区，乃至一个国家物流系统中的重要设施基础。

在最近的十年间，全球范围内的商品生产和流通模式发生了巨大的变化，北京市也不例外。许多企业采取了多种措施来降低库存，包括在整个供应渠道中推行适时管理、时间压缩管理和快速反应管理等措施，但事实却是企业仓储管理的对象越来越复杂、范围越来越大，依托仓储管理而展开的延伸服务也越来越深入。2010 年，北京现代物流研究基地开始采用 GIS(Geographic Information Systems，地理信息系统)技术及卫星地图对北京地区仓储资源进行跟踪调查，建立了“北京地区仓库地理信息数据库”。本文将运用该数据库信息介绍目前北京市仓储设施的现状以及未来的发展趋势。

一、北京市仓储设施现状

(一)空间布局

过去的十年间，北京市仓储设施的空间布局趋势是逐步由内向外迁移，且集中度不断提高。

1. 向外迁移逐步完成，空间布局更加合理

2002 年北京市统计局对北京市仓储设施进行了较为全面的调查，在被调查的 4544 家企业中，共有仓库 13418 个，面积 1355.1 万平方米(包含货场面积)。其中，制造和流通等企业自有仓库 11189 个，面积 1094.7 万平方米，约占仓储总面积的 80%；专业物流企业拥有仓库 2229 个，仓储面积 260.4 万平方米，约占仓储总面积的 20%。仓库聚集区主要有：百子湾地区、青年路地区、姚家园北部地区、十八里店地区、广安门外地区、三间

---

① 本文发表于 2013 年《北京市物流蓝皮书》。

② 资料来源：2005 年《北京物流蓝皮书》调研资料。

房地区、双桥地区、首都机场天竺工业园地区、丰台五里店地区和大兴黄村地区等。[①]

随着北京城市建设的快速发展，原来的百子湾、广安门、青年路、姚家园、三间房仓库聚集区已经发展成为商业、居住中心。根据《北京市"十五"时期商业物流发展规划》，北京市规划了空港、通州马驹桥和房山良乡三大物流基地，引导全市物流资源由城市中心区向城市外围集中发展。在《北京市"十一五"时期物流业发展规划》和《北京市"十二五"时期物流业发展规划》中，逐步调整为顺义空港、平谷马坊、通州马驹桥、大兴京南四大物流基地。目前"北京地区仓库地理信息数据库"显示北京市有 595 个企业仓库聚集区，2611 座规模以上[②]仓库，仓库总投影面积约为 1024 万平方米。

2001 年，北京市二环以内仓库面积占总仓储面积的 13%，二环至三环间占 28%，三环至四环间占 12%，四环以外至各区县占 47%[③]。而至 2011 年，北京市二环内已经没有成规模仓库存在，二环和三环之间仓库分布仅占北京市仓库分布面积的 0.3%，三环至四环之间占 1.0%，四环至五环之间占 20.3%，五环至六环之间占 56.1%，六环之外占 22.4%。（见图 1）

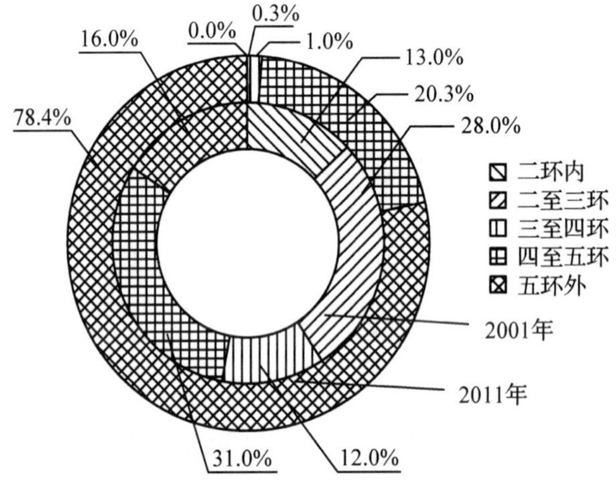

图 1　北京市 2001 年与 2011 年仓库分布对比情况

2. 三大区域已经形成，集中度不断提高

目前，北京市仓库布局已经在西南、东南、东北三个方向形成了相对集中区域。西南方向自丰台五里店，沿五环至西红门，再沿京开高速至大兴，形成了块状分布。东南方向在马驹桥形成了一个非常密集的仓库集中区域，自十八里店向东到朝阳区黑庄户，再到双桥形成了一个比较密集的

---

① 资料来源：2005 年《北京物流蓝皮书》调研资料。

② 北京市仓库地理信息数据库设定筛选的规模以上仓库为单体投影面积为 1000 平方米的仓库。

③ 数据来源：北京现代物流研究基地北京地区仓库地理信息数据库。

带状分布。在空港区域则以首都机场为依托，在机场北侧到西侧形成了集中的仓库分布。(见图 2)

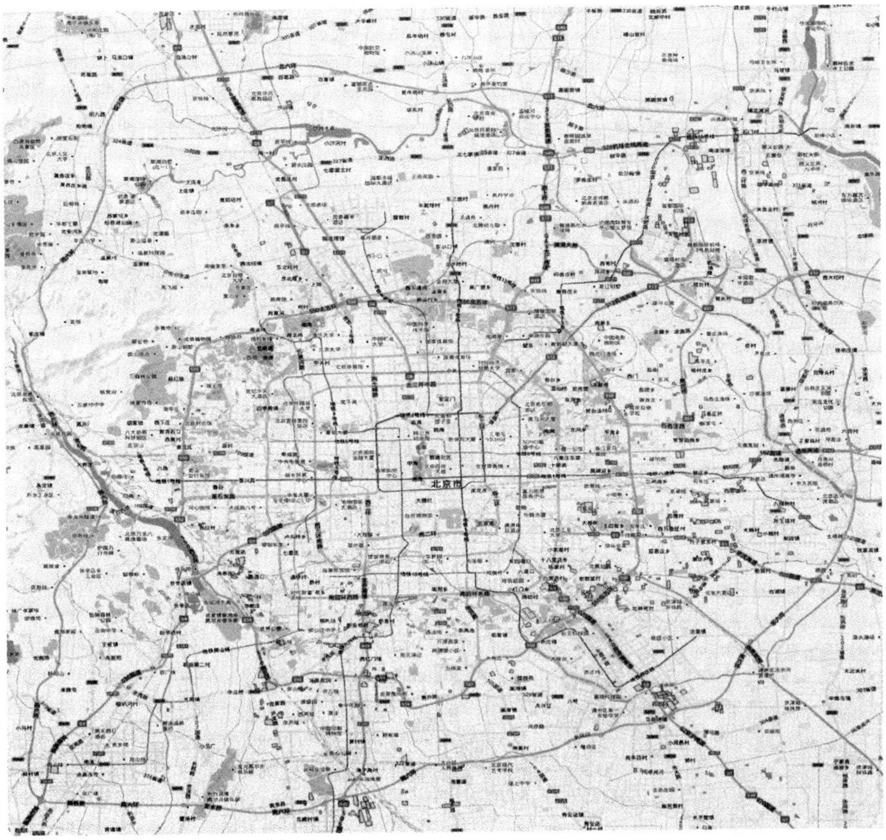

图 2　2012 年北京市仓库分布图

如果以长安街和中轴线为参照，将北京市分为东北、东南、西南、西北四个方向，分布仓库座数和面积及比例如表 1 所示：

表 1　北京市仓库区域方位分布

方向	仓库座数(个)	个数比例(%)	面积(万平方米)	面积比例(%)
东北	680	26	286	28
东南	719	28	332	32
西南	969	37	349	34
西北	243	9	57	6

(1)首都机场为中心的空港区域。该地区是北京市规划的四大物流基地之一，区域物流主要依托首都机场。机场西侧的天竺工业园区、北侧的北

京空港物流基地，仓库分布都比较集中。尤其在北侧的空港物流基地，集中了奥运物流中心、TNT、顺丰、宝供物流、国航货运等知名的大企业。该地区仓库分布详图见图 3。

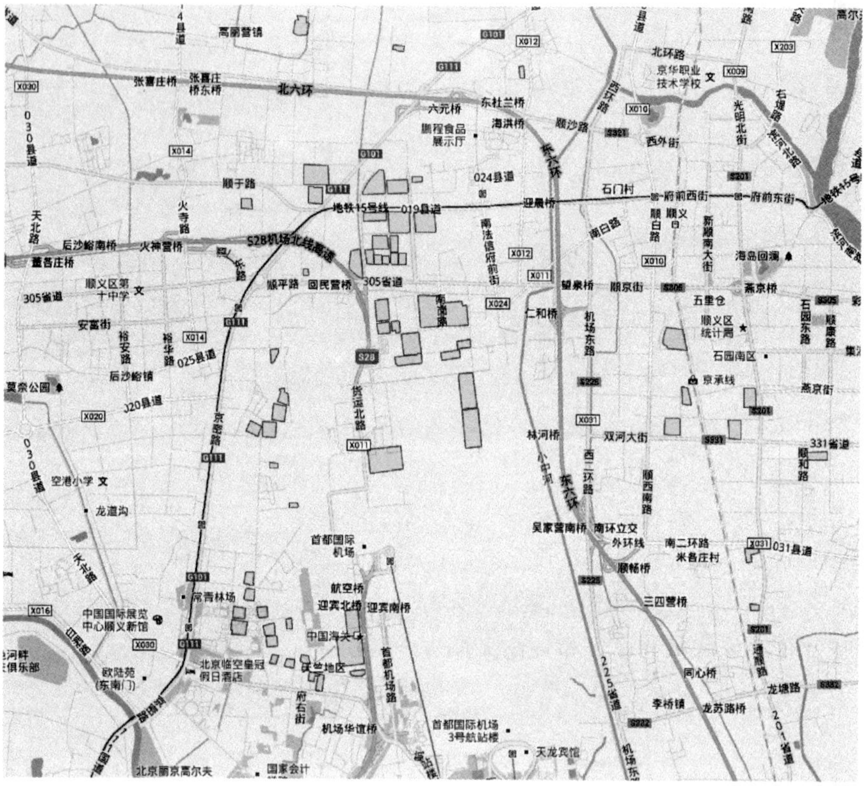

图 3　空港区域仓库分布详图

(2)通州马驹桥—十八里店—黑庄户—双桥沿线区域。通州马驹桥物流基地为北京市规划的四大物流基地之一，自 2000 年开始建设，仓库密度高，设施条件良好，入住企业包括苏宁物流、招商局物流、普洛斯等大型企业；十八里店地区是朝阳口岸所在地，也是北京市传统的仓库集中地，但最近几年仓库在逐渐的外迁之中；黑庄户为近年来自发形成的物流聚集地，已经有大量企业入驻，如京东、国美的配送中心。自黑庄户向北至双桥铁路货运场，也有大量仓储设施存在，如京客隆、宅急送的配送中心等。该区域仓库分布详图见图 4。

(3) 大兴京南—丰台新发地—五里店区域。大兴城南区域是北京市传统的仓库基地，拥有完善的铁路货运站和大型仓储设施，最近几年发展良好，被列入北京四大物流基地——京南物流基地，该地区有包括百利威、普洛斯等在内的大型仓库；新发地区域依托新发地农产品交易中心、汉龙货运等企业形成的聚集效应，吸引了一大批物流企业在此集中；丰台五里店地

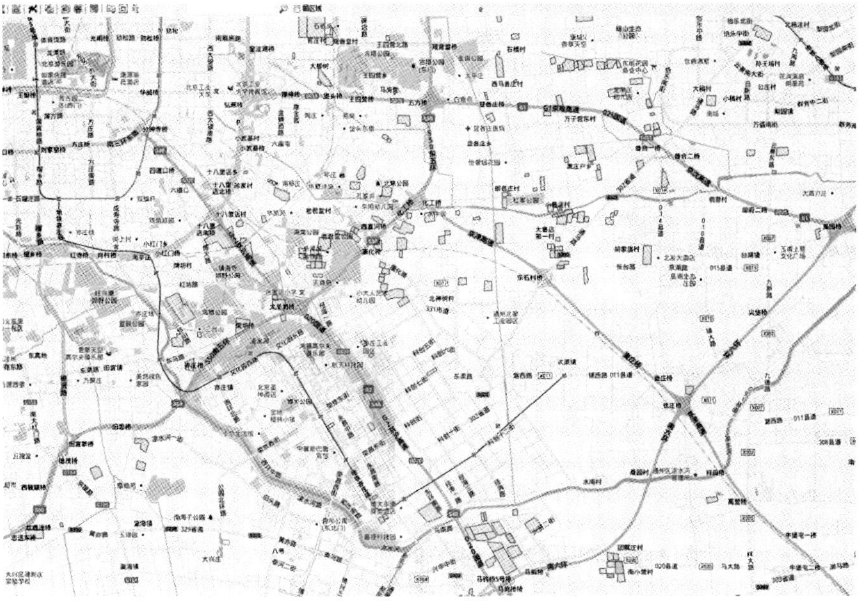

图 4　通州马驹桥—十八里店—黑庄户—双桥沿线区域仓库分布详图

区也是北京市传统的仓储基地，是北京陆运口岸所在地，主要有北京外运等企业在此入驻。另外，沿芦求路新建设了一批仓库，形成了比较明显的带状分布。该区域仓库分布详图见图 5。

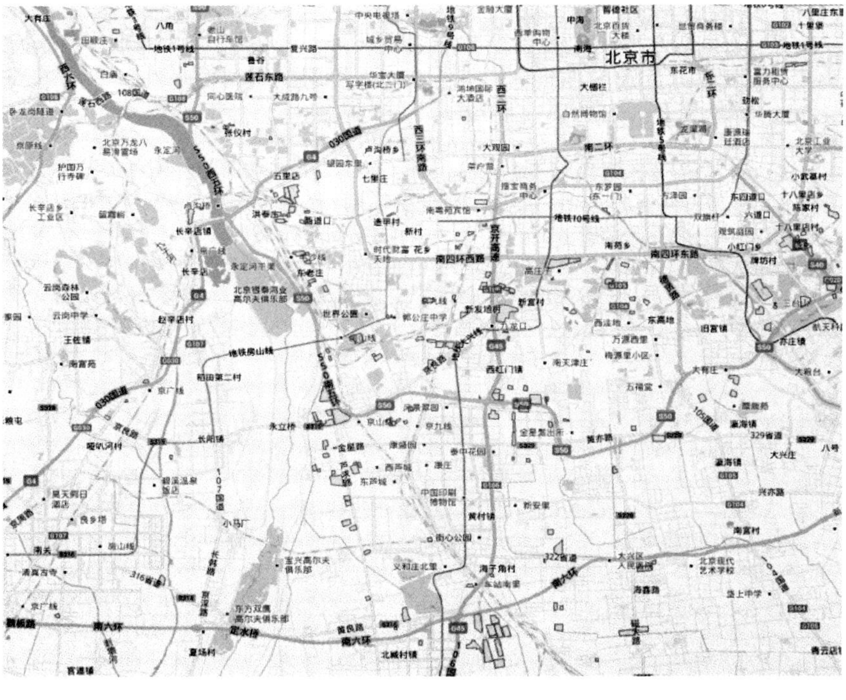

图 5　大兴京南—新发地—五里店区域仓库分布详图

(二)设施条件

近年来，北京市仓库结构逐步优化，技术要求不断提高。

1. 设施逐年更新，结构类型不断优化

北京现代物流研究基地 2011 年调查数据显示，北京市现有仓库存量资源主要为 2004 年之后新建、改建，总面积约 872 万平方米①。具体数据如图 6 所示。

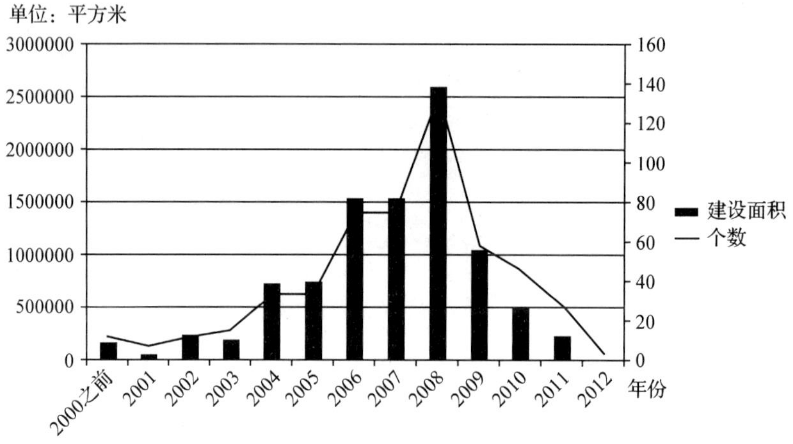

图 6　北京市现有仓库建设年代分布

图 6 还显示，现有的仓库存量资源中 2000 年之前建设的存量资源已经很少，2004 年之后是一个仓库建设加速期，于 2008 年建设达到顶峰，2008 年之后建设面积和数量都有所下降。②

总体上看，大型仓库在北京市的仓库总体资源比重越来越大，因为在 595 个企业仓库聚集地的 2611 座仓库中，10000 平方米以上的仓库有 190 座，数量占仓库总数的 7.3%，但其面积却占到了 33.6%。北京市仓库面积总体情况如表 2 所示。

表 2　北京市现有仓库面积分布表

类型	仓库座数（个）	个数比例（%）	面积（万平方米）	百分比（%）
10000 平方米以上	190	7.3	344	33.6
5000—10000 平方米	396	15.2	269	26.3
2000—5000 平方米	1009	38.6	294	28.7
2000 平方米以下	1016	38.9	117	11.4

① 数据来源：北京现代物流研究基地北京地区仓库地理信息数据库。

② 编者注：由于 GIS 信息更新的滞后性，数据存在偏差。

从区域上看，10000 平方米以上仓库在靠近六环的四大物流基地密集分布，尤其是空港物流基地最多。另外在西红门，以及十八里店到黑庄户也有大量分布，具体见图 7。

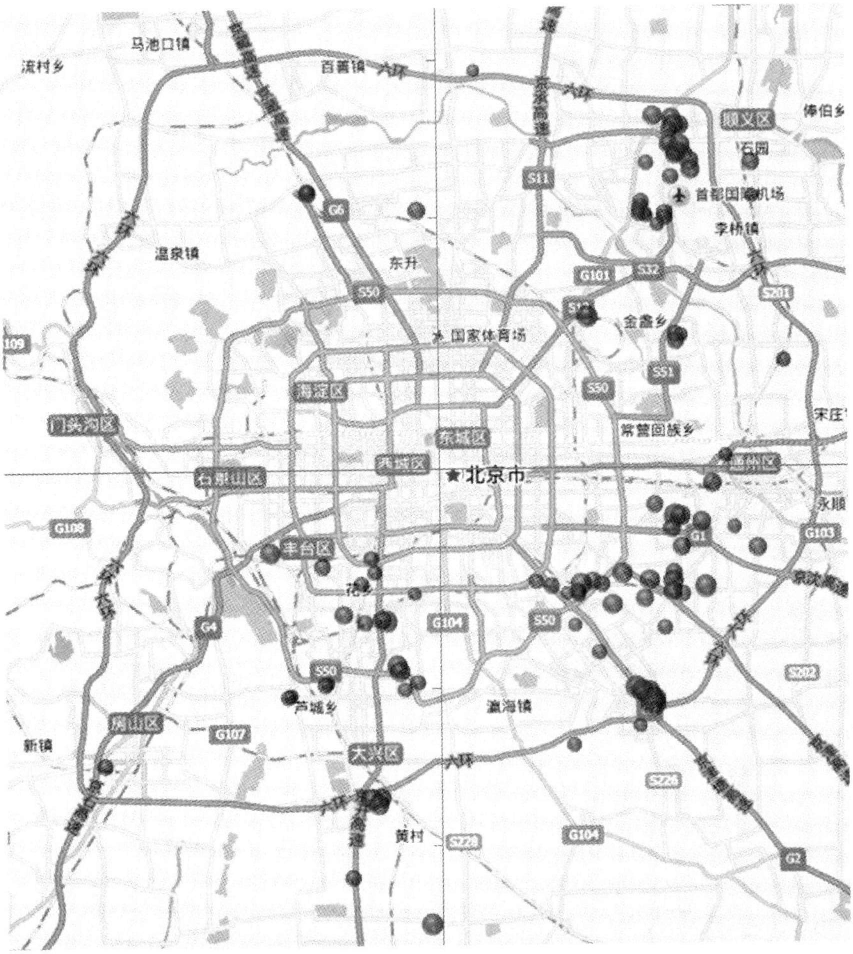

图 7　北京市大型仓库布局图

2. 需求差异化增强，设施及技术要求不断提高

最近 10 年间，北京市产业结构有了较大幅度的调整，消费品及生产物流需求结构随之发生了很大的变化。快消品物流、农产品物流、服装物流、图书物流、医药物流、电商物流、会展物流、汽车零部件及整车物流等行业物流成为北京地区物流需求中最重要的组成部分。而行业物流最突出的特点就是无论在商品特性、商品流量、商品流向上，还是在服务水平、时效性以及成本控制等各个方面，对仓库设施条件和设备技术水平的要求都有巨大的差异。以下介绍几家行业物流重点企业的仓储设施资源情况。

(1)粮食及快消品物流仓储网络覆盖面广、吞吐能力不断增强。

①北京环京物流有限责任公司物流中心网络。北京环京物流有限责任公司是由京粮集团等 8 家企业共同出资成立的有限责任公司，主营粮油专业仓储及配送。目前，该公司已在海淀田村、海淀杏石口、丰台张仪村、朝阳西直河、大兴亦庄、顺义南法信、昌平沙河、怀柔庙城建成了 8 个物流中心，仓库面积达 100000 平方米，运营车辆 300 多部，日运力超过 600 吨，配送网络不仅覆盖北京地区，还开展干线运输和异地快速配送业务。

②京客隆配送中心。京客隆配送系统由一个普通商品配送中心和一个生鲜食品配送中心组成。普通商品配送中心位于朝阳区双桥，总占地 100000 平方米，库房面积 30000 平方米；生鲜食品配送中心 2005 年 3 月正式投入使用，位于朝阳区姚家园路，库房面积约 20000 平方米，总投资 5400 万元，目前是北京地区科技含量较高的低温物流中心。

③北京朝批商贸物流配送中心。该中心位于朝阳区老君堂，现有仓库面积 180000 平方米，14.4 万个货位，可储存商品 720 万件。采用日本电子标签模式的自动拆零设备和大型自动化分拣系统，可实现每小时 9000—10000 件商品的自动分拣，年吞吐量达 9000 万件。

(2)医药物流仓库设备先进，配送范围广、服务水平高。

①国药集团医药物流有限公司北京物流中心。该中心地处亦庄开发区，占地 27000 平方米，仓库面积 20000 平方米，库区全部采用中央空调和温湿度自动实时监控系统，药品分别储存于冷藏库和冷冻库中。库区主要由自动立体库存储区、重型货架存储区、流利式拣选货架存储区和进出库装卸作业区构成，采用了先进的 ERP、WMS 软件，AS/RS、电子标签、RF、SPS、条形码等设备和技术，并配备近 60 辆包括冷藏车在内的各种运输车辆，较好地满足了北京市内收货、送货需求，配送已覆盖北京市 1500 多家医疗机构和连锁药店等商业客户。

②嘉和嘉事药业医药物流中心。该中心地处通州区光机电一体化产业基地，紧临五环路，东邻京沈高速路，仓库总面积 41000 平方米，35000 个储位，年配送能力 100 亿元，整体引进世界知名物流设备商日本大福医药物流设备及信息系统，是华北地区规模最大、运营水平最高的现代化、专业化医药物流中心。

(3)图书物流仓库规模更大，服务功能更加丰富。

①北京出版发行物流中心。该中心 2007 年年底在通州区台湖开业，由 80000 平方米的北京国际图书城、45000 万平方米的配套服务中心，以及 125000 万平方米的物流配送仓库组成。目前是国内规模较大，而服务功能最完善的出版物集散中心，这里不仅为业内提供各种服务，同时也为普通读者提供了购书的好场所。

②北京西南物流中心。该中心始建于2000年9月，是北京市规划成立的专业特色物流园区之一，坐落在丰台区花乡榆树庄村，是专业图书仓储物流企业。现有仓库面积170000平方米，规划仓储面积250000平方米。该中心已与百家出版社或公司合作，负责其图书发送和运输，具有较强的整合公路、铁路、航空、邮政等各种运输方式及中转仓储功能为一体的一体化服务能力。

(4)服装、汽车物流专业化仓库数量增多，增值服务更加深入。

①北京德利物流有限公司。2005年北京德利得物流有限公司位于北京通州区的40000平方米的综合物流仓储配送中心正式启用，中心地理位置优越，拥有京沈高速、京津塘高速、京通快速、103国道、五环路立体交通路网，交通快捷方便，内有平面仓、立体月台仓、保温仓、快速分拨中心，设施完善，更配有现代化的仓储管理系统，可以为客户提供集仓储、配送于一体的一站式综合物流服务。目前，该公司除为雀巢(中国)有限公司、松下电器(中国)有限公司、通用医疗电气有限公司等客户提供仓储配送服务外，更为多家运动品牌提供仓储及快速分拨补货服务，更为某高档服装品牌提供商品在库保养，及发货前整理的延伸服务。

②全球国合国际货运(北京)有限公司。该公司由德国辛克和北京国际技术合作中心成立的合资公司投资兴建，辛克在其中占有70%的股权。该公司在北京首都机场附近建立的物流中心于2005年9月正式落成，仓库面积13000平方米，托盘储位超过10000个，有13个起卸区，曾是北京2008年奥运会供应方的主要物流基地，目前该中心是德国宝马汽车在中国的最主要的零部件配送中心，不仅担负宝马零部件的仓储，更重要的是对其供应链进行一体化的管理。

(三)运作模式

从仓储活动的运作方来看，北京市目前的仓储运作模式主要为企业自有仓储、租赁仓储和合同仓储。

1. 企业自有仓储

(1)企业自有仓储的含义。

企业自有仓储是指用户企业自己修建仓库进行仓储管理的运作模式。北京市拥有自有仓储资源的企业很多，涉及医药、烟草、钢铁、建材、农产品、批发、零售等生产与流通的各个领域。

(2)企业自有仓储的优缺点。

对于用户企业来说，自建仓库仓储具有以下优缺点：

优点：可以更大程度地控制仓储；管理更具灵活性；长期仓储时成本低；可以为企业树立良好的形象。

缺点：仓库固定的容量和成本使得企业的一部分资金被长期占用；固定位置和结构的局限性，使企业失去了战略性优化选址的灵活性；如果市场的大小、位置和客户的偏好经常变化，采用自有仓储的企业则很难在仓库结构和服务上适应这种变化，将因此失去许多商业机会。

大多数采用该模式的在京企业，自建仓库选址时都充分考虑了仓库的用地性质，且仓库的设施技术水平和运作管理水平都比较高。

2. 租赁仓储或地产型仓储

(1)租赁仓储或地产型仓储的含义。

租赁仓储是从用户企业角度看的仓储运作模式，是指用户企业从仓库所有者手中租赁仓库，付给仓库所有者租金，但库存商品或货物由企业自行管理。地产型仓储是从仓库所有者角度看的仓储运作模式，是指仓库所有者将仓库租赁给用户企业，收取仓租，仓储活动由用户企业自行组织。北京目前此类仓储模式占相当大的比例。

(2)租赁仓储或地产型仓储的优缺点。

优点：从财务角度上看，最重要的是用户企业不需要大量的资本投资；从业务管理上看，可以满足企业在库存高峰时大量额外的库存需求，便于企业根据市场需求增减仓储空间，控制仓储成本。

缺点：租赁客户的不确定和不稳定，导致仓库所有者在仓库设计时缺乏针对性，对仓库空间利用率水平影响很大，导致仓储单位成本过高；此模式下，仓库租赁合约常常是不稳定的，续租谈判成为其中至关重要的活动。

采用该模式的在京企业，大多数为中小企业，其企业物流都具有物流总量小、需求不稳定和市场密度分散的特点。

3. 合同仓储

(1)合同仓储的含义。

合同仓储一方面指用户企业将仓储等所有物流业务都外包给专业物流公司管理的仓储管理模式，同时也指仓储型物流企业依托自身仓库资源及其网络资源为用户企业提供一体化的综合物流服务的仓储管理模式。

也就是说，提供合同仓储服务的仓储型物流企业不仅仅只是提供储存服务，还要为货主企业提供一整套专业化的高效、经济和准确的物流服务。从本质上看，合同仓储的供需双方是战略伙伴关系。

(2)合同仓储的优缺点。

优点：长期稳定的战略合作关系，使合同仓储企业能依据货主企业的需求为其设计专门化的空间、人力、设备和服务流程，因此，具备合同仓储服务能力的仓储企业通常仓储设施的技术水平更高、服务能力更强，仓储企业的持续发展也更有保障。

缺点：长期稳定的合作既是优点也是缺点，如果只有较少的、甚至单一的合作伙伴，那么风险将是巨大的。

采用该模式的在京企业，大多数为大型国有企业、跨国公司等面对全球市场实施供应链一体化运作的企业。

(四)租金水平

1. 平均仓租有较大幅度上涨

2001年时，北京市仓库供需矛盾总体并不突出，仓库租金一般分布在0.40—0.60元/日·平方米，其中百子湾、十八里店地区租金分布在0.30—1.00元/日·平方米。最低0.15元/日·平方米，最高3.00元/日·平方米。

尽管近年来北京地区仓库建设规模在不断增加，但相对于高速增长的物流服务需求来看，建设依然滞后于需求，仓库供应不足，见表3。

表3 2010—2011年度北京市仓库供需指数

年度	仓库需求面积（万平方米）	实有仓库面积（万平方米）	其中公共仓库面积（万平方米）	供需指数
2010	1655.9	1462.5	585	0.883
2011	1995.0	1657.5	663	0.831

数据来源：根据中国仓储协会2011年度、2012年度“全国仓储业发展指数”整理。

仓库供需指数为1时，表明社会仓库供求平衡；供需指数大于1时，表明供过于求，此时仓库出租率较低，租金下降，指数越大说明仓库建设发展的市场空间越小；供需指数小于1，表明供小于求，此时仓库出租率较高，仓库租金会上涨，指数越小说明仓库建设发展的市场空间越大。

近年来北京市对仓库建设规范用地等政策措施不断加强，使得仓库外迁所期望的土地成本相应降低的优势被相应削弱，同时交通拥堵等社会成本则在不断增加，推动了北京地区仓库平均仓租的逐步上涨，尤其是通用仓库中普通仓库平房库2011年较2010年上涨了近23%，见表4。

表4 2010—2011北京市通用仓库仓租变动情况

年度	平房库租金（元/日·平方米）	立体库租金（元/日·平方米）
2010	0.553	0.910
2011	0.680	0.900

注：立体库因其对库存货物有着单元装载要标准、进出库频率要稳定等多种要求，因而在北京地区使用范围较窄，供求间依赖性强，从而导致租金变动不大。

数据来源：根据中国仓储协会2011年度、2012年度“全国仓储业发展指数”整理。

2. 优质仓储资源供不应求

上述平均租金并不能准确地表现北京市仓库资源的匹配现状。根据北京现代物流研究基地的调查，距离市区客户近、交通便捷的地区，仓租明显高于其他地区。

从空间分布上看，靠近市区的仓库，如新发地和十八里店的仓库、空港物流基地、马驹桥物流基地、京南物流基地仓库平均租金水平较高。

根据北京现代物流研究基地对北京市 388 家仓库进行的租金实地调查，租金在 2 元/日・平方米以上的有 57 家，以冷库为主；1—2 元/日・平方米的有 232 家；1 元/日・平方米以下有 99 家，总体平均租金为 1.21 元/日・平方米。总体而言，五环沿线仓库租金一般为 1.0—1.2 元/日・平方米，向外租金水平逐渐降低，六环沿线仓库租金则大多在 1 元/日・平方米以下，部分仓库租金低到 0.5 元/日・平方米左右，参见图 8(图中气泡大小对应代表租金从高到低)。

从仓库的技术条件看，冷库的租金最高，均在 2 元/日・平方米以上，其次是单体面积比较大、带有月台、地面承重高、仓库净空比较高、仓储条件比较好的高等级仓库，一般都在 1 元/日・平方米以上，其他的普通仓库则多数在 1 元/日・平方米以下。

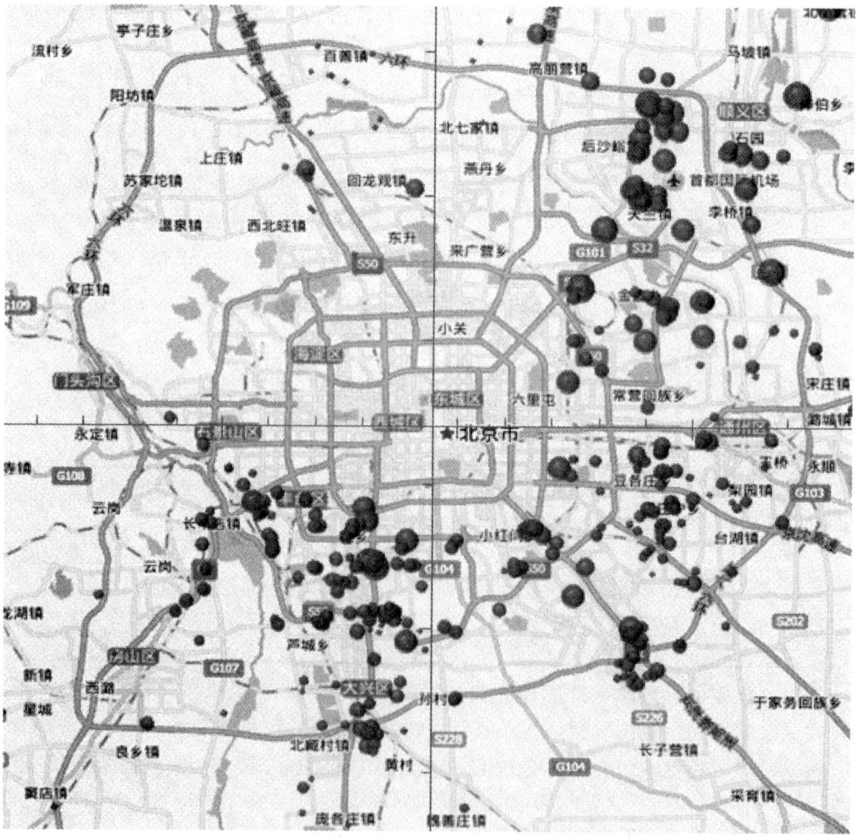

图 8　北京市仓库租金水平区域分布图

资料来源：北京地区仓库地理信息数据库。

二、北京市仓储设施发展趋势

(一)存量资源整合

尽管北京地区仓库供需指数小于1，仓租也有较大幅度上涨，仓库利用率也逐步提高，见表5。

表5　2010—2011年北京市仓库利用率情况

年度	平房库利用率		立体库利用率	
	(%)	同比(±百分点)	(%)	同比(±百分点)
2010	94.9	2.7	90.0	5.4
2011	96.4	1.3	96.8	1.2

数据来源：根据中国仓储协会2011年度、2012年度"全国仓储业发展指数"整理。

但根据中国仓储协会所做的2011年全国26个城市仓库利用率调查，北京市仓库利用率排名第8位，且与国内其他城市相同，也存在新建成仓库空置的现象。而北京现代物流研究基地所做的调查显示：2008年北京奥运会使北京市仓储资源的基数达到了顶峰，后续建设的仓库都不再以面积为主要竞争能力，而是以冷库、高层库等新兴科技手段为支撑，以安全、准确、快速为目标，从量的提升转向质的跨越，在城市发展空间正逐步饱和的条件下，未来对北京市现有仓库资源的整合利用将是一项重大任务。

总体来看，北京市仓储设施建设未来的趋势是：依托机场、口岸等货运枢纽，继续以顺义、通州、大兴地区为主要发展方向，并向远郊扩散发展，同时以物流园区或工业园区为中心，形成规模化的集团效益，整合存量仓储资源，提高设施利用率。此外，更要大力发展完善物流信息化建设，引进先进设备，提升服务水平，以便更好地为首都经济建设服务。

(二)服务水平提升

2011年北京市又建成投产了一批重点项目，其中新一代移动通信、软件、集成电路、生物医药等产业集群效应初步显现，此类高新科技产业对物流服务的需求较之食品、服装、汽车等又有更高的标准，不仅仅体现在对仓储设施设备的要求更高，更重要的是物流服务的广度和深度的要求更高。这些变化将使北京市的仓储经营者与管理者面对更多的机会与挑战，未来仓储管理的重点也将从仓库空间利用率的提升向仓库空间价值率的提升转变。

但无论是高端商品物流需求，还是一般商品物流需求，物流总成本的控制都是其最终目的，因此，以服务创新满足客户服务差异化与低成本战略的需求将是未来北京仓储服务提供商们的竞争焦点。

(三)龙头企业培育

根据中国仓储协会的调查，截止到 2011 年，全国有规模以上通用仓储企业[①] 74 家，总仓储面积 1739.685 万平方米，其中北京市的企业 6 家，约占总数的 8.1%，仓储面积 209.76 万平方米，约占总仓储面积的 12%。尽管北京的企业数量及仓储面积占比都不低，但与第一名普洛斯投资管理(中国)有限公司的 632 万平方米相比较，则有着绝对巨大的差距。

普洛斯投资管理(中国)有限公司成立于 2003 年，总部设在上海，是全球领先的现代物流设施提供商，在中国与日本都是仓储等物流设施市场的领导者。目前，该公司在中国的 29 个城市拥有并管理着 103 个综合性园区，形成了一个覆盖主要物流枢纽、工业园区和城市配送中心等战略节点的高效物流网络，截至 2012 年 6 月 30 日可租赁面积已达 1150 万平方米，较 2011 年的 632 万平方米增加了将近一倍，较 2010 年的 326 万平方米增加了近四倍。该公司依托标准仓储设施开发、定制仓储设施开发、设施收购与回租等灵活的解决方案制定，为全球最具活力的制造商、零售商和第三方物流公司提供高效、优质的服务。[②]

而北京市规模以上通用仓储企业近年来仓库面积的增加值年均约为 10%，且高端设施资源严重不足，这不仅直接影响了这些企业自身的竞争力，也在一定程度上阻碍了北京经济建设的发展。

因此，未来北京市仓储设施建设与发展过程中，相关行业管理部门应重视龙头企业的培育，以龙头带动行业，使之成为首都经济发展的有力支撑与保障。

(作者：刘　俐　北京现代物流研究基地研究人员　副教授
郑进科　北京现代物流研究基地研究人员　高级工程师)

① 根据中国仓储协会《全国规模以上仓储企业排名办法》，规模以上指仓库面积达到 5 万平方米。

② 资料来源：普洛斯(中国)官网，www.glprop.com.cn。

基地名称：北京现代物流研究基地
依托单位：北京物资学院
项目类别：北京市哲学社会科学“十一五”规划项目

北京市危险品物流发展现状与协同对策研究①

随着我国工业化进程的加快，危险品的生产和物流量急剧增加。我国每年通过道路运输的危险品已超3亿吨。其中，危险品运输占年货运总量的30%以上，并呈上升趋势。与此同时，道路危险品物流事故时有发生，且事故频率和危害程度越来越严重。因此，如何加强对危险品物流的监管是一个十分重要的课题，本文结合北京的城市特点，从政策法规、物流管理、管控技术应用等方面来分析北京危险品物流的发展状况并提出相应对策。

一、危险品物流概述

(一)危险品的概念

危险品是“危险物品”、“危险货物”等的通称。凡具有爆炸、易燃、毒害、腐蚀、放射性等性质，在运输、装卸和储存保管过程中，容易造成人身伤亡和财产损毁而需要特别防护的货物，均属危险品。危险品物流危险性、危害性和社会影响大，技术要求严，操作程序复杂，管理难度大，是所有专业物流门类中重要而特殊的一种。

(二)危险品物流的特征

危险品物流指的是针对国家公布的爆炸性、压缩气体和液化气体，易燃液体、固体，自燃物品和遇湿易燃物品，氧化剂和有机过氧化物，毒害品和感染性物品，放射性物品，腐蚀品及其他具有危险源的产品的运输、装卸和存储保管等过程。危险品物流具有以下特征：

1. 品类繁多，性质各异

按照危险货物的危险性，《危险货物分类与品名编号》(GB 6944—2005)将危险品分为9类，共22项。每一项中又包含具体的危险货物，《危险货物品名表》(GB 12268—2005)中在册的已达2763个品名。2763种危险货物和每年不断新增加的危险品，其物理和化学性质差异很大。

---

① 本文是《北京市危险品物流发展现状与协同对策研究》项目的阶段成果，项目编号：09BaJG258。

2. 危险性大

危险货物作为一种特殊品类，在道路运输中具有很大的危险性，容易造成人员伤亡和财产损失。在 9 类危险货物中，每一类都具有自己独特的危险性，对外界条件有着严格的要求。

3. 运输管理方面的相关规章、规定多

危险品运输是整个道路货物运输的一个重要组成部分，除要遵守道路货物运输共同的规章，如《中华人民共和国道路交通管理条例》和《高速公路交通管理办法》等外，还要遵守许多特殊规定。

4. 专业性强

危险品运输不仅要满足一般货物的运输条件，严防超载、超速等危及行车安全的情况发生，还要根据货物的物理和化学性质，满足特殊的运输条件。其专业性主要表现为：业务专营、车辆专用、存储专区、人员专业等要求。

5. 仓储场地专储

危险品的储存和保管也必须加以特别的管理。因此，仓库和场地必须符合所储存货物的要求，如干燥通风、防火。仓库内照明等必须使用防爆灯具并须与货物保持一定距离，开关等应该设置在安全地方。仓库周围按规定要求装置避雷针。铺设场地的水泥必须按规定配料以防止引起火星。

二、北京市危险品物流发展的总体状况

北京作为我国的政治、文化中心和国内、国际交往中心，存在着城区人口密度高、资产集中、环境特殊等特点，截至 2011 年年末全市常住人口 2018.6 万人，比上年末增加 56.7 万人。在防范有毒有害化学品运输事故和尽可能降低由此引发的人员伤害和经济损失上责任重大。北京城区及周边地区各类化学品生产经营单位数量众多，由于这些单位生产、使用危险化学品的需要，根据有关资料显示，北京市每日配送成品油一项就需 1 万多吨。危险品运送的车辆一旦发生事故，后果要比一般的交通事故严重。另外，危险品储存设施的泄漏、火灾事故，可危及周边居民的生命和财产安全。因此，为了确保危险品物流的安全性，需要对物流全程进行依法管理。北京市各级政府高度重视危险品物流管理相关工作，并采取了一系列措施，同时也取得了一定突破。

（一）危险品物流需求快速增长

自从改革开放以来，我国危险化学品的生产、运输和使用每年都在以 10％以上的速度迅速增加。与近年来化工物流行业整体高速成长态势相适应，包括危险品物流在内的相关化工物流需求均呈现出快速增长的态势。

北京作为首都，石油和化学工业是北京传统的重要基础产业之一，因

此，北京市危险品发展也相应带动了我国危险品的发展。经过80年的建设，北京已形成了以燕山石化公司为龙头，涵盖炼油、石化、化工三大领域，拥有30多个门类、上千个品种的比较完整的石油化工生产体系。全市的石油和化学工业由石油化工、炼焦及核燃料加工、化学原料及化学制品制造业、化学纤维制造业、橡胶制品业组成，现有石油和化学工业生产企业分布在房山、通州、大兴等12个区县。目前北京石油和化学工业拥有炼油加工能力800万吨/年，乙烯、合成橡胶、合成树脂、苯酚丙酮、丙烯酸等产品在国内市场占有率位居前列。其中，2009年和2008年北京市重点产品的产量及生产企业数量情况如表1所示。

表1　2009年和2008年北京市重点产品的产量及生产企业数量情况

种类	企业数量(个)	2009年产量(吨)	比2008年增长(%)	全国排名
原油加工	2	11612799	4.64	12
汽油	2	2725525	26.45	11
煤油	1	1116121	30.95	6
柴油	2	3642357	−2.42	12
润滑油	36	556185	9.92	5
乙烯	2	841349	−1.50	4
涂料	73	175646	−0.31	14
合成树脂	11	1208077	−0.72	10
合成橡胶	5	276869	3.09	4

资料来源：中国经济网统计数据。

其中，北京市重点企业各类危险品产量也在不断增长。中国石油化工股份有限公司2010年及2011年生产经营数据比较如表2所示。

表2　中国石油化工股份有限公司2011年生产经营数据

指标名称	单位	2011年	2010年	同比变化(%)
原油产量	百万桶	321.73	327.85	−1.87
中国	百万桶	303.37	302.18	0.39
海外	百万桶	18.36	25.67	28.48
天然气产量	十亿立方英尺	517.07	441.39	17.15
原油加工量	百万吨	217.38	211.13	2.96
汽油产量	百万吨	37.10	35.87	3.43

续表

指标名称	单位	2011 年	2010 年	同比变化(%)
柴油产量	百万吨	77.17	76.09	1.42
煤油产量	百万吨	13.73	12.42	10.55
化工轻油产量	百万吨	37.38	35.00	6.80
乙烯产量	千吨	9894	9059	9.22
合成树脂产量	千吨	13652	12949	5.43
合成纤维产量	千吨	1388	1393	−0.36
合成橡胶产量	千吨	990	967	2.38
尿素产量	千吨	780	1223	−36.22
境内成品油总经销量	百万吨	151.16	140.49	7.59
零售量	百万吨	100.24	87.63	14.39
直销量	百万吨	33.22	32.40	2.53
批发量	百万吨	17.70	20.47	−13.53

注：上表所列的 2011 年生产数据反映公司目前的统计结果。

总体上看，北京市危险品生产及需求量均在不断增长，这也促使了北京市危险品物流的需求快速增长，并保持着强劲的发展势头。

(二)危险品物流企业数量增多，规模逐步扩大

随着危险品物流需求的快速增长，危险品物流企业数量逐年增多，企业规模逐步扩大。大多数危险品物流企业侧重于危险品运输，是原本具备危险品运输资质的运输企业、车队等发展而来。其余危险品物流企业或是由原来的危险品仓储企业进行转型，或是目前国内领先的大型物流企业集团在现有领域上进行扩展的结果。

作为危险品生产及消耗大市，北京市危险品物流量也较大，北京城区及周边地区各类化学品物流单位数量众多。危险品物流量比较大的三个企业，如表 3 所示。

表 3　北京市危险品主要运输企业状况

公司名称	公司规模	主营项目	备　　注
中石化北京石油分公司	有 300 余辆油罐运输车辆及 500 余座加油站网点	储、运、销一体化	公司年吞吐量逾 700 万吨

续表

公司名称	公司规模	主营项目	备　　注
中国石化北京燕山分公司	拥有生产装置 88 套，辅助装置 71 套。原油加工能力为 1000 万吨/年，乙烯生产能力达 80 万吨/年	可生产欧Ⅳ标准的清洁汽油、柴油等 120 种 494 个牌号的石油化工产品	生产树脂及塑料、合成橡胶、基本有机化工产品，是国内最大的生产商之一
北京市公交集团燃料供应分公司	有加油站 22 座，投入使用的加气站 17 座，油罐车 67 辆，天然气转运车头 38 辆，长管拖车 62 辆	担负着公交集团 8000 余部公共汽车燃油、燃气的供应工作	危险化学品运输车辆数和运量在北京市都占有举足轻重的位置

通过上述北京市危险品主要物流企业发展规模状况可以看出，北京市危险品物流企业数量在逐渐增多，规模逐步扩大。

（三）危险品物流技术水平快速提升

相对于普通物品物流而言，危险品物流需要更高和更加专业的技术，相关标准也普遍高于普通物流。在实践发展过程中，与危险品通关有关的信息技术，与危险品运输、仓储、装运等相关的技术，以及国内外通行的现代物流技术，如 RFID（Radio Frequency Identification，射频识别）等，针对军队车辆、危险车辆及卡车的运输提供远程信息服务等均开始得以应用，以监控运输车辆及货物在途中的状况，实现突发事件的实时报警监控，易燃、易爆、泄漏等严重事件的提前预警。一批与物流相关的电子政务平台，例如电子口岸系统、危险品运输监管系统等也开始投入使用。同时，北京市许多物流企业以及物流技术供应商也开始强强联合，为危险品物流提供有力的保障。

《北京市"十二五"时期安全生产规划》中明确规定，全市危险化学品、烟花爆竹、民用爆炸物品等道路运输专用车辆，旅游包车和三类以上班线客车以及重型载货汽车、半挂牵引车等运输车辆，全部安装使用具有行驶记录功能的卫星定位装置。轻质燃油、成品油、液化石油气汽车运输罐车安装阻隔防爆装置。

北京市相关监管单位将危险化学品的安全管理作为安全生产工作的重中之重，加强对危险化学品运输车辆的监管和过程控制，特别是对如经过官厅水库、密云水库等水源保护区以及五环路以内城区等敏感区域车辆严格监控。

中国石化北京石油分公司自 2006 年起，其公司近 300 辆成品油配送车辆率先应用由天泰雷兹科技（北京）有限公司研究和开发的"危险品道路运输车辆运行安全监控管理应用系统"，实现了安全运输监控及车队运营管理。

提高了安全监管能力，减少漏洞，降低事故发生，为企业的专业化和垂直化管理，提供了技术保障。同时，规范作业员工自律行为，确保各项安全制度落实。

中国石化北京燕山分公司在 2010 年，为提高油品配送保障能力，新研发了“宝石花”GPS 终端，根据各单位需求，新增功能 10 余项，对客户端进行了重大改动，全面提升了监控客户端的功能和结构。通过车辆 GPS 卫星定位系统，公司调度可以实现定位实时跟踪、请求定位、轨迹回放、历史行程跟踪、报警提示等实时管理，有效地提升了车辆的运行效率。通过网络信息化管理，使油品配送公司能够“点对点”配送，合理安排区域性配送，优化资源配置，有效降低了油库库存成本，公司运输配送保障能力得到有效提升。2010 年 3 月下旬，新建成的统一全国 31 个省、市、自治区网络平台的北京 GPS 调度中心管理系统在北京顺义投入试运行；新开发扩容 10 倍以上的“宝石花”GPS 监控系统投入使用。各分公司彻底告别了一省多个网络平台，统一维护难、效率低的状况，提高了运输效率。

北京市公交集团燃料供应分公司自 2002 年开始联合相关科研单位研发应用基于 GPS 技术的危险品运输安全监控系统，对公司近 100 辆配送车辆进行安全监控。后续进一步对危险品运输安全监控系统进行升级优化。

天泰雷兹科技(北京)有限公司为北京市 75 辆烟花爆竹运输车全部安装了车载监控系统和防静电熄火装置，并利用天泰网协助北京市政府建立了烟花爆竹监控系统平台，将全市分布在各区县的 11 个烟花爆竹仓库的相关信息、运输车以及司机和押运人员的信息都存入系统，作为突发事件的应急救援基础信息，为北京市烟花爆竹“禁改限”工作的圆满完成奠定了基础。

上述系统的运用，从技术手段上(如各种关键技术的运用等)为北京市危险品物流的安全性以及科学管理提供了保障。但是，归结起来北京市危险品管控技术的运用还存在一些不足：第一，各种危险品管控技术手段及监管解决方案多是在单个企业的基础之上进行的，没有进行多个企业协同监管，缺少北京市危险品公共监管平台的建设；第二，方案多针对市内公司以及车辆进行有效监管，对外来危险品运输车辆进行监管的力度不够；第三，监管以各管理部门为实施基础，缺乏对危险品物流的七大功能要素全流程的纵向协同监管。因此，在积极推广各种先进技术保证危险品物流安全的同时，北京市应在以上三个方面加强管理。

(四)标准化体系与相关法律法规正在逐步健全

良好的政策法规环境是保证危险品物流顺利发展和运作的重要因素。北京市政府为了保证危险品物流企业的顺畅运作，在抓紧危险品物流基础设施的建设，启动危险品物流运输需求的同时，也陆续出台了有关政策措施，为本市区物流发展创造积极条件。

目前，危险品物流行业同时受到公安、交通、质检、环保、卫生以及工商、税务、海关等部门的监督和管理，危险品行业链示意图如图1所示。

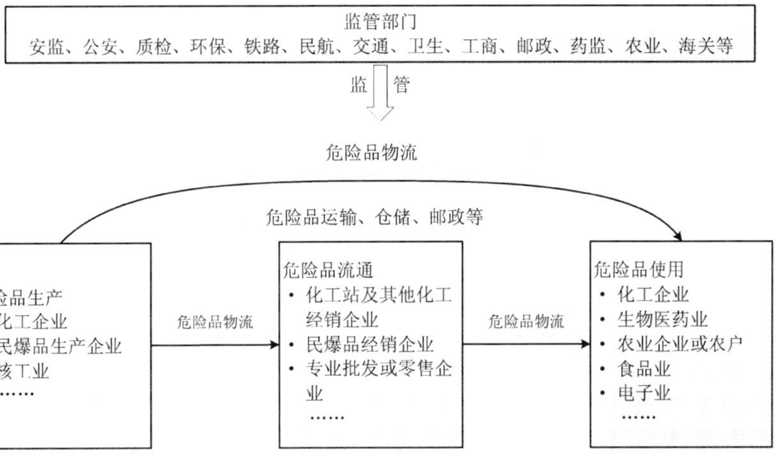

图1　危险品行业链示意图

2006年3月北京市安全生产监督管理局下发通知，要求北京市所有危险品运输车辆均要安装GPS安全监控系统，凡未安装GPS系统的车辆，各区县运输管理部门对车辆不予年审和换发《道路运输证》，这意味着这些车辆将被禁止上路行使。2007年4月16日北京市发布了《关于修改〈北京市危险化学品经营许可证管理办法〉的通知》。北京市相关管理部门已计划建设全市统一的危险化学品运输安全监控平台，统一监控管理，并与110、120等系统实时对接，完善城市应急联动指挥系统。使各级政府主管部门和企业能够实现统一多级监管，既可以实时监控本市车辆在全国的运行状况，又可监视外埠进京的危险品运输车辆在北京地区的运行状况，一旦发现异常情况，立即报警并采取相应的措施。

为进一步提高北京市生产安全事故应急物资保障能力，2011－2012年度，北京市安全监管局认真研究、强化调研，推进重点工作落实。一是起草制定了《北京市生产经营单位应急物资储备管理办法》，对本市矿山、危险化学品、烟花爆竹和机械、冶金、建材、轻纺、烟草等重点行业生产经营单位的应急物资储备进行规范管理；二是结合应急物资储备使用应遵循政府和社会储备相结合的原则，组织专业机构起草了《市级危险化学品生产安全事故应急物资储备管理办法》，对市级5座危险化学品应急物资储备库的管理，以及过期、失效物资的更换和资金保障等进行规定；三是对各区县生产安全事故应急物资库建设、物资管理和调度、使用、更新以及补充情况进行了调研摸底；四是积极协调落实市级5座危险化学品应急物资储备库过期、失效物资的更换和资金保障等工作；五是组织专业机构研究制定北京市危险化学品应急物资储备管理地方标准，对应急物资配备及管理进行规范化管理。

2012 年初，北京市公安消防总队推行“消防监督员五到位工作法”，取得了良好的效果。适时将“消防监督员五到位工作法”应用于危险品物流行业消防安全管理工作中，充分调动企业和广大群众的积极性，在行业各环节和各领域实现基础工作、分析研判、组织推动、宣传培训、监督检查五个方面工作到位，全面落实社会化消防工作责任制，对于排除危险品物流行业火灾隐患，提升行业消防安全管理水平具有重要意义。

三、北京市危险品物流协同对策

危险品物流是物流行业中的一个特殊组成部分，更加需要全面、准确、可靠的信息管理和控制。如：安全性贯穿物流全程，要有整体解决方案；依靠科学技术解决方案，如加固措施、电子保护、可视化监管等；领袖企业关注标准体系建设。实际上，现在急需明确物流信息化发展方向：一是横向整合，形成公共物流信息平台体系；二是纵向整合，形成专业化的整体解决方案。具体对策如下：

(一)完善政策法规及行业标准

(1)适时出台适合北京国际大都市特点的《北京市危险品物流管理法规》，对危险品物流进行综合管理，明确各部门职责，加速法制化进程，与国际管理接轨。建立统一、规范的危险品物流行业标准，实现各政府部门的政策法规和管理的协同管理。

对比欧盟化学品管理的实践经验，北京应尽快建立保障风险信息获取的制度，加强发挥风险信息通报的作用，进一步完善实施风险降低措施的法律制度和手段，同时发展非法律手段的综合运用，进一步明确和加强化学品生产企业的责任，严把从业资格，推动执法体制改革，进一步制定和健全危险品安全法规和管理制度。

(2)将危险品物流的立法和监督管理适度分开，真正做到责、权、利的统一。由于危险品物流运输的特殊性，使得危险品物流的各项作业分属于不同的部门管理，其安全管理还要受到公安、消防、交通、环境及卫生等部门的监管。各个部门都制定了推动本行业发展的有关法规和规定。出于对自身利益的考虑，各部门制定的法规标准难以统一，加大了危险品物流运输管理的难度，影响了整体运作的效率。因此，各部门之间应该协同合作，共同建立危险品物流运输的相关法律法规，实现危险品物流监管标准的统一。

(3)改革当前危险货物运输申报制度，建立完善的政府监督、企业负责制度，完善危险品物流管理一体化的备案制度，从而确保危险品物流快速、安全、有效地进行。

实行对危险货物运输报备或通知制度，企业和个人对自己的运输行为直接向法律、法规负责，只要在法律、法规规定允许的范围内就可以正常运输，监督部门主要是监督其经营行为是否符合法律、法规的强制规定；建立完善的政府监督、企业负责制度，完善建立港口、海事、消防一体化的备案制度，从而确保危险货物运输快速、安全、有效地进行；加快建设基于互联网的危险品信息管理系统，为危险货物作业人员和管理人员提供全面技术支持和应急处理指导，对危险货物进行有效的监测和跟踪管理，为危险品申报备案提供信息管理平台。

(二)进一步改进物流技术

以物联网等先进技术作为支撑，加快北京市危险品物流统一监管平台建设工作。

(1)进一步合理规划北京市危险品物流配送网络，将单个企业对危险品物流安全监管，以及外地进京或途经北京的危险品运输车辆及零散危险品运输车辆纳入北京市危险品物流统一监管平台管理。强化以“信息流”主导“危险品流”，将危险品物流的危险性降到最低。

建立北京市危险品物流管理信息平台，实现北京市区域内的横向协同管理。同时考虑多家企业、多个业务实体数据传输的标准问题。目前，北京市监控网都是独立运行，即由单个企业进行监控管理，只能监控本地区、本企业内部的危险品运输车辆。从以往发生的事故分析可以看出，就一个地区网而言，对于外地驶入的车辆，无论是否安装了GPS都缺乏监控，一旦这些车辆在本地区发生事故，不容易在第一时间调动本地区内的应急部门进行处理。因此，实现各地区网和各企业网之间的连网，实现信息连通，做到事故在第一时间就近、就地处置。

(2)通过示范工程促进RFID、GPS(Global Positioning System，全球定位系统)、ZIGBEE(无线网络协议)、GIS(Geographic Information System，地理信息系统)等先进技术在危险品运输车辆管理、危险品仓储、运输、搬运等环节安全监管中的应用。

按照物流系统的七大功能要素实现危险品物流业务流程程序化、规范化、制度化，完善安全操作规程、岗位责任制。实现危险品物流的整个物流过程各环节的纵向协同发展。物流企业在实施危险品物流活动中，对危险货物的包装、运输、仓储及配送等方面使用多种先进技术，严格规范包装技术，规定装备行车记录仪、GPS，综合各种因素来选择不同路线使风险最小化，为危险品物流的安全性提供技术支持和保障，解决危险货物运输空载率高以及配载率低造成运输成本高的技术问题。

(三)建立完善的危险品应急救济体系及机制

(1)增强相关部门的职责，构建北京市危险品物流应急反应中心，对外提供全面技术支持和应急处理指导，建立一个完整和完善的危险品物流事故应急反应体系来及时控制危害源，救援受害者，消除次生危害等。

(2)强化对重大危险源生产、仓储、运输、使用过程的应急协同管理。危险品物流包括诸多环节，应急管理也应涉及物流的每个环节。虽然各个环节分属不同的部门执行，但是应急管理中心应做到协同管理，而不应由各个部门分别管理。由应急中心统一调度，协同各部门进行管理，把握全流程的管理情况，从而能够及时有效地进行危险事故处理，将危险程度降至最低。

(3)完善危险品管理人员上岗和培训制度。危险品应急管理不应从事故发生时开始，而应该从源头管理。即完善危险品管理人员上岗和培训制度，建立一套完整的应急管理培养方案，应急中心适时开展危险品管理人员培训，提高一线工作人员的技术水平与应急能力，以便在突发事件的现场能够做出及时合理的紧急救援处理和补救措施。

总之，无论从政策导向还是行业发展趋势而言，北京危险品物流都有着良好的发展环境。随着北京重化工业化的进一步推进，北京化工产业将保持长期的快速增长。如同中国将成为全球化工大国一样，北京的危险品物流也将借此机遇在近期内获得飞跃性发展。

展望未来，北京危险品物流问题将进一步获得社会的高度关注，危险品第三方物流业将得到快速推进，政府将会发挥更大作用，法规体系和管理体制将有所完善，标准化、信息化和技术水平将进一步提升，市场结构和市场主体结构将发生较大变革。北京市危险品物流的未来发展，应通过学习发达国家的先进经验、加强相关技术和政策研究、健全法规标准体系和管理体制、加强执法力度、规范市场行为、强化政策引导、加快专业物流企业发展、推动先进技术应用等方法，来解决或缓解目前所存在的各种问题。

参考文献

1. GB 6944—2005，危险货物分类和品名编号。

2. GB 12268—2005，危险货物品名表。

3. JT 617—2004. 汽车运输危险货物规则。

4. 刘玉瀛：《中国危险品物流发展和风险管理问题研究》，《现代管理科学》. 2010 年第 9 期。

5. 尹新：《国内外危险品物流发展的差距分析》，《交通企业管理》，2009 年第 11 期。

6. 王海燕、张秀珍：《基于区域协同的危险品物流事故应急管理》，《东南大学学报》(哲学社会科学版)，2011 年第 1 期。
7. 志欣：《危险品物流发展对策分析》，《市场周刊》，2009 年第 4 期。
8. 王雅杰：《危险品物流管理的瓶颈与对策》，《物流时代》，2008 年第 1 期。
9. 李俊韬、刘丙午：《中外危险品物流管理比较研究》，《中国流通经济》，2010 年第 11 期。
10. Bureau Veritas：《危险货物的运输与管理》，《进出口经理人》，2010 年第 9 期。
11. 王海燕：《危险品物流安全管理及事故应急管理研究》，《东南大学学报》(哲学社会科学版)，2009 年第 1 期。

(作者：刘丙午　北京现代物流研究基地研究人员　教　授
李俊韬　北京现代物流研究基地研究人员　副教授)

CBD 发展研究基地

（首都经济贸易大学）

基地名称：CBD 发展研究基地
依托单位：首都经济贸易大学
项目类别：国家哲学社会科学基金项目

我国主要 CBD 集聚现代服务业发展对策研究①

CBD 现代服务业的发展程度，直接决定着都市现代产业发展在全国乃至全球的层次、能级和影响区域。现代服务业集聚主导着国际大都市 CBD 的发展，也决定着城市经济的繁荣及其区域竞争力的高低。现代服务业的集聚涉及产业组织、产业结构、产业布局和产业政策等方面的内容。根据 CBD 现代服务业集聚的特点，本文对我国主要 CBD 现代服务业提出集聚发展建议。

一、弱化同区域内竞争，为集聚发展创造前提条件

目前，我国 CBD 现代服务业集聚发展中都面临分散化的问题，导致分散化的主要原因是同区域现代服务业集聚区过多，区域内竞争激烈。应对分散化的主要措施是：定位差异化，弱化竞争，促进合作交流，可以从以下四个方面着手：

（一）发展高端制造服务业和都市产业

“退二进三”并不是完全退出第二产业的生产，具有高附加值、高技术含量、低污染的高端制造服务业仍是大城市应该大力发展的。大城市较大的人流、信息流、资金流是高端制造服务业发展的基础，高端制造服务业良好的经济效益、持续增长能力、较高的产业关联度是大城市经济发展的引擎和动力，因此，要想走出现代服务业集聚区恶性竞争的困境，大力发展高端制造服务业是最根本的解决办法。另外，都市产业是大城市发展不可或缺的产业，所以也应该大力促进其发展。都市产业是以满足都市特有的市场需求、居民消费需要和环境要求，与城市功能和生态环境相协调，能够在城市中心区域生存和发展的现代绿色产业。从国际上来看，发达国家的大都市都发展了相当规模的都市产业。如：美国的 IBM 公司由过去的

① 本文是《我国主要中央商务区现代服务业集聚研究：国际比较与中国特色》项目的阶段成果，项目编号：07BJY121。

硬件制造商发展为全球最大的信息技术和业务解决方案公司；耐克公司由运动产品制造商通过研发设计、物流配送转型为服务提供商。由此可见，传统制造业通过服务业信息化实现制造业服务化的变革，它的发展为城市发展做出了贡献。

(二)突出各行政区功能的差异性

目前，我国诸多城市内各行政区都在发展经济，而且往往是产业同质化严重，极易造成恶性竞争。减少这种状况的办法之一是对不同的行政区进行功能划分，凸现各行政区功能特色。另外，要增强财政支出的再分配效应，对一些税收源较少、主要承担公共服务职能的行政区加大财政支持力度。以北京市为例，有些明显不具备发展现代服务业、文化创意产业条件的郊县地区，可以发展都市工业，壮大县域经济。而西城区、海淀区是国家机关、高校聚集之地，这些机构通常不具有创造税收的能力，所以不能仅以 GDP 和税收总额的大小对两区的经济发展水平进行比较。

(三)突出政府支持政策的重点

我们认为政府支持政策不能采取一刀切方式，要突出重点，仅扶持有潜力、发展条件优越的现代服务业集聚区，比如城市的主要 CBD，而且支持政策和力度公开化、透明化，充分体现政府对该集聚区的重视，以促进主要 CBD 现代服务业的集聚发展，成为城市经济的增长极。

(四)妥善处理功能区域竞争关系

在 CBD 现代服务业集聚发展的过程中，应处理好 CBD 与各功能区之间的关系，促进它们保持互相依存、互相补充、共同发展的关系。以北京 CBD 为例，北京 CBD、金融街以及王府井商业街、中关村科技园、空港加工区等功能区均为北京市重点项目，这些功能区的建立和发展会对 CBD 现代服务业集聚造成一定的冲击。梳理好与这些功能区的关系是北京 CBD 现代服务业集聚提升与发展的关键所在。

1. 与中关村科技园区的关系

中关村科技园区以中国的“硅谷”而闻名于世。北京 CBD 的资本优势、信息优势、人才优势，在中关村研发能力与全球的产业资本、风险资金之间架起一座桥梁，使科学技术及时实现产业化、规模化发展。

2. 与空港加工区及其他经济技术开发区的关系

空港加工区及其他经济技术开发区具有自己独特的区位优势和资源优势，国内外许多著名的制造企业入驻其中。北京 CBD 国际金融业、专业服务业、中介机构的集聚发展将会吸引这些制造企业的公司总部集聚于 CBD，对企业的战略发展进行控制和管理，为企业发展提供资金和信息支持。

3. 与金融街的关系

北京金融街是中国人民银行、国内各大商业银行、保险公司总部集聚地。北京CBD是北京对外开放的重要窗口，对跨国商业银行、投资银行、保险机构、证券机构和基金公司等具有较大的吸引力。因此，金融街是国内金融资本的集聚地，北京CBD是外国资本集聚、扩散的核心地。

4. 与王府井商业街的关系

王府井商业街区的主体功能是商业，CBD的主体功能是商务，两者具有相辅相成、优势互补、相互促进的关系。

二、打造交流平台，为集聚发展提供智力支撑

CBD作为现代服务业的汇集之地，一定程度上引领和支撑着城市经济的发展，成为区域经济发展的一个重要地标。由于CBD往往处于中心城市的核心地段，这里寸土寸金，其产业只能向天空发展，最终使得摩天大楼成为CBD的一个显著特征。但CBD的发展，绝不应该仅仅是简单的高楼林立，而应该处处弥漫着“知识创新”的气味，只有如此，CBD才能具有持续发展的动力，拥有无限的生机与活力，为此，我们要积极打造交流平台，创造宜居环境，不但能培养人才，而且能吸引人才、涵养人才，形成高素质人才“高地”，以人才集聚促进产业集聚，以人才高地打造创新高地，以人才优势创造发展优势。

(一)注重行业商会建设，搭建交流平台

商会作为地区某些行业自发组成的非盈利性中介组织，代表该行业的共同利益，在代言、协调、自律、维权、服务等方面发挥着重要作用，因此，组建行业商会并切实发挥其作用，是促进CBD现代服务业发展的一项重要措施。行业商会除了发挥与政府对话的参政作用、维护行业自身权益的代表作用、调节内部成员之间关系的协调作用外，还应该切实在组织行业培训的服务作用、搭建交流平台的信息作用方面发挥重要作用。为此，行业商会应积极开展CBD区域内热点行业的培训工作，通过学习、参观、考察等方式，提高企业人才的综合素质，推动行业共同进步；此外，行业商会还应顺应时代发展要求，组建行业信息网络，搭建信息交流平台，通过计算机网络等现代化技术，既可以及时发布最新行业信息，又可以提供相关经济技术、法律、管理、人才等方面的信息，做到全方位、多角度地为会员企业提供服务。

(二)召开各种形式论坛会议，增强思想交流

CBD现代服务业的发展，离不开思想、技术的创新。定期或不定期地举办各种形式的论坛、会议，是增强相关行业从业人员集聚与交流的重要方式之一。CBD是高端人才集聚之地，通过高层次的论坛、会议，许多重要的观点、思想获得聚散与交流，创新性知识、信息得到扩散与传播，这无疑会有力助推高层次人才和创新性思想在CBD汇集，促进其现代服务业

的发展。论坛、会议的组织可以根据具体内容和参加人员灵活选择多种方式，如当政府权威官员、顶级管理专家、业界精英人士针对政策动态、前沿问题、经典案例要进行深入探讨时，可以采用主题报告会的形式；当国内外著名企业家、学者想围绕当前某一热点问题或切身感受传授经验时，可以采用专题研讨会的形式；当与会者想在一种宽松的非正式环境中敞开心扉、自由交流时，可以采用主题宴会的形式等。

（三）加强信息发布，打造信息中心

CBD 作为城市发展的核心和前沿，是人流、物流、资金流和信息流的汇集之地。随着商品经济的发展和市场竞争的加剧，信息已成为一种重要的战略资源，可以有效引导人流、物流、资金流朝着更合理的方向运动，从而降低成本，创造效益。多个著名 CBD 的发展实践也表明，信息的集聚能够起到引领和带动的作用，推动其他各种资源不断汇集，如日本东京之所以近几年"内容产业"发展迅速，享有"动漫之都"、"时尚之都"、"设计之都"的美誉，其中一个重要的原因就是由于许多动漫、时尚、设计相关的最新信息在这里发布。世界上最有影响力的动漫展——"东京动漫展"、亚洲最大的游戏展会——"东京电玩展"、当今世界九大 A 级电影节之一的"东京国际电影节"以及亚洲规模最盛大的设计活动之一的"东京设计周"等一系列世界级顶尖文化产业交流平台，成为发布最新业界发展和潮流前沿的权威信息交流中心，正是这种信息交流的及时性和便捷性，吸收了数以万计的全球顶尖文化产业相关人才和企业集聚东京，缔造了东京这个东方国度文化中心的发展。为此，CBD 地区要加强信息发布功能，通过打造品牌化的信息发布平台，塑造行业权威信息发布中心，以此来促进相关产业人、财、物的集聚，推动 CBD 所在城市的经济社会发展。

（四）发挥高校优势，推动知识创新

高校有两个最重要的职能，其一是新思想和新知识的发源地，其二是人才培养基地，这两项职能对 CBD 现代服务业的集聚和发展都具有重要作用。高等学校不仅能为 CBD 提供商务人员培训、市场咨询、企业策划和输送高质量的经济、技术人才，而且还能营造一种高校文化、学术气氛，通过知识扩散效应和网络协同创新效应，极大地促进 CBD 地区的经济社会发展，这也成为当今社会衡量高校能力的一项重要指标。高校作为许多重要知识创新、科技创新的发源地，其为 CBD 发展所提供的思想、智力支持是任何其他培训、咨询机构所不能替代的，也正因为如此，许多企业集群都扎堆在高校的周围、因高校的存在而存在。为此，CBD 地区一定要注重并加强与高等院校在科学研究、人才培养、信息咨询等方面的合作。在科学研究方面，积极搭建高校与企业的合作平台，探索和建立高校与企业全面合作的长效机制，如合作创办研究中心，建立科学园区、孵化器等；在教育培养方面，可以采用“订单式”培养的模式，通过签订协议，培养专门性高水平人才，为CBD产业发展提供充足的人力资本；在信息咨询方面，探索弹性机制，开辟“柔性流动”的绿色通道，吸引高等院校的优秀专家、技术人员到CBD企业兼职，做到“不求所有，但求所用”，通过这种方式把创新性思想、技术直接带给企业。

三、提升商业集聚，以高档业态升级集聚水平

（一）积极培育高端商业业态

CBD作为城市高端产业集聚区，在一定程度上引领着城市经济的发展，成为城市发展的窗口和标志。作为商业消费的顶级地段，CBD地区具有明显区别于其他地区的昂贵的租金和商品，这就决定只有生产高附加值产品、创造高利润的企业才能在此区域生存和发展下去。同时，CBD地区还聚集了来自世界各地的不同语言、不同肤色的各界精英，形成了一个巨大的高端消费群体，他们虽然消费习惯不同、消费偏好各异，但他们有着共同的特点，就是收入水平高、消费水准高、消费欲望强，不但对商品的质量要求较高，而且注重商品的国际化品牌、独特品味以及由此带来的消费感受，如注重顾客的身体健康、节省顾客的宝贵时间、增加愉快的购物体验等都一定程度上会增强他们的消费热情。因此，CBD区域要针对以上消费特点，积极培育高端商业业态，如高档次的百货商场、购物中心、专卖店、旗舰店、形象店等，并注重品牌化、国际化、体验化、时尚化，以高端商业为龙头，提升区域内商业业态水平。

（二）适度发展中小规模商务型商业业态

CBD是大量商务活动集聚之地，商务活动是CBD的主旋律，因此，其商业业态的选择应围绕商务活动这一核心，以满足商务活动需要、为商务活动的顺利进行提供保障和支撑为主要目的。与传统的商业中心不同，大型超市、大型商场、大型购物中心等大规模经营的商业业态均不太适合在CBD地区生存和发展。这是因为：一方面，大规模经营业态一般都具有占地面积大、经营成本高的特点，而CBD地区又是寸土寸金，这无疑会给企业在CBD地区的生存和发展带来困难；另一方面，大规模经营业态一般以大规模消费需求为前提，且辐射半径较大，其入驻会造成人流、物流的大量流动，给原本饱和的CBD地区在交通方面带来更大的压力，恶化CBD的商务环境和商务氛围。因此，适合CBD地区发展的商业业态为中小规模的商业业态，而非大型综合性商业业态，其主要目的是满足在CBD内工作和生活的白领阶层的商务需求和少量的日常生活方面的不时之需，为其工作和生活提供便利。

(三)大力发展小型精品业态

商务功能是成熟 CBD 的核心功能，而高标准、现代化的商业配套设施不但是高效、便捷地展开高层次商务活动的重要保障之一，而且是 CBD 地区集聚人气和保持活力的重要因素之一。由于 CBD 内的商业配套设施主要是面向区域内高消费人群这一特定顾客群体，为其商务活动的顺利进行提供便利，因此，CBD 地区内的商业业态应以提供高品质、高附加值、个性化产品和服务的小型精品业态为主，突出其便捷性、精品性、专业性、高端性。如一些小巧精致的服饰珠宝店、医疗保健店、图书音像店、文具用品店、餐馆、咖啡厅、酒吧、健身房以及各种便利店、概念店、精品店、专卖店等，不但能给区域内的消费者提供快速、便捷的专业化服务，很好地满足其基本的商务工作、日常生活方面的需求，而且能给消费者带来高品位的物质享受乃至于精神享受，使消费者获得额外的消费收益和消费者剩余，从而激发消费者的消费热情，打造良好的商务氛围和商务环境。与此同时，由于小型精品业态一般具有占地较小、投资较少、成本较低、利润较高的特点，且注重自身的品牌塑造和形象展示，因此更适合在繁华的 CBD 地区生存和发展。

四、加强金融业集聚，以主导产业引领集聚发展

如前所述，我国 CBD 现代服务业的发展在商业发展的基础上，更侧重于区域内金融业的发展，尤其是常常以国际金融类企业的集聚程度和金融类建筑大厦的进展程度来衡量 CBD 现代服务业的发展规模和活力。但 CBD 金融区的未来，不仅在于金融本身，还需要多功能、多层次的人性化服务，为人们创造安居乐业的环境，让人们愿意留在这里愉快地工作和生活，才能确保金融业和相关产业的可持续发展。

地理空间上的金融中心建设确实是金融城可持续发展的重要变量，但人性化的商业配套、符合条件的人力资源、相关产业的引进以及管理体制的合理构建等因素也相当重要。基于以上考虑，提出发展建议如下：

(一)加强宏观管理和区域金融产业集群研究

1. 完善政府管理体制

从上海、北京、重庆、深圳、广州等地 CBD 来看，其发展比较好的重要原因是有一个相对独立的管理机构。该机构依托于当地所在区，如深圳 CBD 依托福田区，广州 CBD 依托天河区，北京 CBD 依托朝阳区，重庆 CBD 依托渝中区等。它的优点在于：一是能协调区发改委、财政局、税务局、公安局等行政单位工作，解决 CBD 发展中的问题，如施工、交通、户口、税收等。二是通过当地区委、区政府得到市领导及各部门的支持。因此，理顺政府管理体制是 CBD 发展的基础性工作。

2. 发展CBD区域金融产业

目前，很多CBD都把发展金融业，强调金融机构集聚作为经济发展重点。这种做法的后果往往出现产业发展的同质化，从而产生过度竞争或恶性竞争。CBD金融产业应该结合本区域区位特点和产业特征，发展区域金融，形成特色金融集聚。比如，上海陆家嘴CBD发展以国际金融及航运金融为特点的区域金融；深圳CBD发展以各类基金为重点的区域金融；重庆发展以结算中心为优势的区域金融等。这样，CBD不仅能形成特色金融业，而且能促进本区域经济的可持续发展。

3. 建立CBD金融业集群生态环境评价体系

综合金融业、文化创意产业、商务服务业等重点行业的发展状况，辅之以资本支持动向、政策扶持方向和政府管理组织、商协会等多方面，逐步形成CBD现代服务业发展测算指标体系，进一步构建集群生态评价。

(二)完善产业扶持政策，加快金融产业集群速度

1. 进一步加大对跨国公司总部的扶持力度

在审批、规划、土地、税收、贷款、资金、技术等方面坚持把有限的综合资源如环境、能源、土地指标向总部项目倾斜的同时，腾出的资源优先支持总部经济的发展。

2. 建立政策引导型投资基金，引导和孵化相关企业形成集群

有条件的地区可以考虑建立金融企业房屋补贴基金吸引金融后台服务类企业在CBD集群；建立社区金融服务补贴基金，优化CBD社区金融服务环境；建立文化创意产业基金，以吸引广告、出版、动漫企业在功能区的集群。

3. 争取政策扶持，发展国际金融、综合金融业务

可充分利用CBD外资企业资源充沛的优势，大力吸引外资保险企业、外资独立法人银行、金融经纪公司和机构，形成国际金融集群优势；有条件的地区，如广州(或深圳)、武汉、重庆、北京等地CBD，可以争取国家的相关政策，建设全国性的货币市场(包括同业拆借市场、票据贴现市场、国债交易市场)。

(三)加强政府协调，优化金融服务效能

1. 建立有助于社会资本形成的公共服务标准

比如推广英语的使用；形成安全、便捷、共享的交通、通讯、电子网络；鼓励企业之间的交流、社区文化的发展；做好统计调研工作等。

2. 强化政府的金融服务意识

可借鉴上海、北京、广州等地经验，对入驻CBD的金融机构实行审批代办制；管理机构通过联系制度、定期听取金融机构的意见和要求，让企业参与CBD的建设，及时解决经营、发展中遇到的问题。总之，要按照国

际化的标准，为金融企业提供透明、规范、高效的服务。

第一，大力发展专业服务，制定发展规划，探索专业服务领域的功能性政策创新和试点；大力引进法律、会计、审计、咨询、知识产权、资信评估与认证、技术与产权交易、公共关系、市场调研等领域的国际顶级专业服务机构、行业内领军服务企业。积极发展以房地产管理服务、房地产发展及销售服务、质量评估、产权管理与租赁为主的产权和房地产服务业。第二，完善生活配套服务。可根据已有的建筑物群，选择方便、恰当的地点，如在大厦门联系廊中增设一些餐饮茶室，在大楼低层或地下开设一些服务设施，大楼非主要入口处可允许开一些小店或餐饮，或在下沉式广场开设快餐店。实施“青年金融人才宿舍”工程，为金融人才建设一批单身人才公寓且配套餐饮、网络、文化等软环境服务，给予金融机构及其工作人员以生活上的便利。第三，完善政府公共服务。利用多种方式，借助网络，编辑有关优惠政策法规的汇编册子，加大对优惠政策的宣传力度；积极探索联合审批，缩减审批流转时间，针对企业设立“一站式、一条龙、一体化”服务方式，提高审批工作效率，为企业在政府各部门办理事项提供便捷，如在办理项目上项、企业变更、设备和商品进出口、护照签证、税收缴纳等各方面提供绿色通道和专门服务；对企业在实际运营中(如办公面积扩张、外区业务开展等)遇到的难题有关部门要给予主动协调和服务。

五、促进楼宇经济，引导产业集约发展

楼宇经济是以城市经济为基础，以商务办公及生产服务等性质的商务楼、功能性板块和区域性设施为主要载体，以出租出售或开发经营为目标，通过楼宇内高度集聚的高密度、高附加值性企业的生产经营活动形成的现代经济形态。在 CBD 发展楼宇经济对促进现代服务业集聚具有一定的促进作用。

(一)CBD 楼宇经济发展应具备的发展要素

1. 以办公楼宇为基本载体

随着城市改造和升级，城市中可用土地，特别是交通便捷、区位条件好的地段土地基本上已经用完，而且土地成本日益增高。因此，土地集约化使用，向楼宇和空间要效益是城市经济发展的必然。在较为发达城市的CBD，商业楼宇和商务楼宇往往连接在一起，特别是这十几年，为使 CBD 更加有活力，国内外 CBD 都很重视商业楼宇的建设与发展，从而形成了良好的商业、商务生态环境。在城市功能区，办公楼宇往往集聚着大量产业。因此，这些商业、商务和办公楼宇成为产业发展的载体。

2. 以服务业和新型都市产业的发展为依托

CBD 是高端现代服务业集聚之地，该地区应是服务业和都市产业的发

达区。CBD楼宇经济一定是依托该区域的产业而存在的。这些产业范围广泛，包括金融企业、会计、审计、律师事务所、咨询、广告、影视、传播、网络、科技、通讯、地产、旅游、贸易、娱乐等国内外各类企业和公司。由于这些企业的大量经营活动，增加了区域经济的辐射力和吸引力。因此，从某种意义上讲，楼宇经济就是税源经济、人才经济、信息经济、物流经济，是一个城市服务业和新型都市工业的重要集结地。

3. 以产业集聚为经济发展基础

CBD所在的城市应是金融、商务、咨询、中介、文化、传媒、广告等行业的发达区。在这种行业背景下，CBD的楼宇经济才有赖以生存的产业基础。因此，商务楼宇就像一个磁场，当大的企业、集团纷纷入驻后，会带来大量的商品流、贸易流、信息流和资金流。由于这些不同属性的经济流在这里汇聚，通过循环、交换和增值，形成一个互相交织的发达网络，产生巨大而显著的财富效应。据统计，北京CBD区域内89座楼宇中，税收过亿元的“亿元楼”有23座；深圳福田CBD一商务大厦年税收上缴30亿元；上海陆家嘴的金贸大厦88层观光层每年收入几亿元。高端产业集聚，产生较高的经济效益也是显而易见的。

4. 以政府推动为迅速发展前提

目前，我国CBD楼宇经济的发展与政府推动是分不开的。由于楼宇经济产生较高的经济价值，许多地方政府通过规划引导、楼宇定制、政策鼓励等多种措施，大力招商引资，引进商家入驻，从而迅速推动地方楼宇经济发展。比如，长沙市出台《长沙市芙蓉区人民政府关于加快楼宇经济发展的实施意见》、大连市《大连西岗区发展楼宇经济扶持奖励办法》、天津市《天津市河东区加快楼宇经济发展实施意见》、西安市《碑林区发展楼宇经济扶持奖励(试行)实施细则》、郑州市《郑州市二七区人民政府关于加快楼宇经济发展的意见》等。

(二)根据不同地区情况，CBD可选择不同的发展模式

1. 多核、多中心发展

纽约、东京、伦敦、香港等国际大都市以及我国北京(CBD、金融街、丰台丽泽金融商务区等地的楼宇逐渐各自成核发展)、上海(浦东、浦西两大商务商业集聚区)、广州(天河和越秀商务区)等城市已经形成了多核、多中心分散发展的特点。

2. 结合交通枢纽发展

楼宇经济往往结合地铁、公交路线等主要交通干线延伸发展。车站枢纽站容易聚集大量人流，所以往往形成商业集聚和商务集聚。根据产业经济学燕翅发展理论，产业发展在空间上不是均衡布局的，而是沿着交通主要干线向外逐渐扩展。从楼宇经济角度看，商务中心大多为交通集散枢纽地，例如新宿、曼哈顿、拉德芳斯 CBD 等都是以地铁网络为基础、以地铁站点为节点构建成的楼宇经济网络。

3. 多元化业态发展

我国不少城市中各行政区域为求发展以及出于产业竞争的需要，易于形成楼宇经济多元化业态发展，表现出不同的产业特征。以北京为例，金融街主要集中了四大国有银行总部、大公司集团总部，主要功能为金融决策监管、资产管理等；CBD 则以国际金融、国际传媒、高端商务企业为主导产业；丰台总部基地则主要吸引国内大企业集团总部、办事机构，以及大公司销售中心、采购中心、结算中心等。这种错位竞争在客观上呈现出多元化业态发展模式。

4. 规划引导发展

我国主要城市 CBD 发展楼宇经济，大都以规划引导发展，注意把空间规划与产业规划结合起来，通过政策激励推动楼宇经济发展。南京 CBD、郑州金水区 CBD、长沙 CBD 及成都锦江 CBD 等都对发展楼宇经济进行了规划，取得了较好的效果。

（三）对 CBD 因地制宜发展楼宇经济，促进现代服务业集约成长的建议

1. 着力提升楼宇经济的高端发展水平

在区域内，统筹考虑人口密度、交通需求、产业发展等因素，体现绿色、低碳的生态化建设理念。对楼宇的高度、规模、外观、附属设施等进行"量身定做"，主动向更集约的空间配置、更低碳的运行模式、更高效率的结构形态发展。

2. 建设主题示范楼

依托商务楼宇资源，积极培育商务服务业集聚区、商务服务主题楼宇，形成有利于商务服务企业发展的配套环境。借助楼宇品牌，增强集聚效应。上海陆家嘴的"金贸大厦"、北京 CBD 的"渣打大楼"、杭州市的"民营经济大厦"等，就是较好地运用主题楼宇品牌，吸引相关著名企业入驻。

3. 加快制定写字楼等级分类和界定标准

目前，社会上对写字楼物业档次的看法不完全一样，政府管理部门也没有评定写字楼分级的客观依据和统一标准。智能化建筑的 3A 标准（通讯自动化 CA、办公自动化 OA、建筑管理自动化 BA）和 5A 标准（通讯自动化 CA、办公自动化 OA、建筑管理自动化 BA、火灾消防自动化 FA、建筑维护自动化 MA），只是侧重按写字楼内部设施的先进程度对写字楼品质进行等级划分，没有全面考虑各种因素。写字楼的分类及标准对于写字楼经济学的结构性分析、项目投资决策、市场营销、物业管理和统计分析工作至关重要。为防止造成决策和判断上的偏差，建议加强对写字楼结构分类和分类标准的研究，加快制定写字楼等级分类和界定标准。

4. 提升楼宇承载能力

加强对楼宇业主的服务力度，指导业主提高招商和物业管理水平，帮助效益低下的楼宇逐步进行“腾笼换鸟”，达到高水平、高入驻、高效益“三高”标准，提高对区域经济的贡献率。对新建和在建商务楼宇服务关口前移，提前介入，协助业主进行入驻企业和项目的招商工作，发展具有产业导向和集聚效应的专业化、特色化楼宇，形成信息、中介、商贸等专业楼宇品牌。

5. 加强精细化楼宇管理

楼宇智能化程度水平低与设施落后是目前部分楼宇半闲置或效益不高的主要原因。对于硬件配置落后、空置率高的楼宇，要进一步优化细化配套服务功能。一是加强对楼宇经济的综合研究和有关配套服务，构建高品质的居住环境和完善的公共设施体系，提高楼宇的生活品质和生产竞争力。二是加快现有楼宇项目的改造工作，切实解决停车、电梯等诸多实际问题，让其符合现代企业需要。三是完善商务配套设施，实行人性化服务。例如，楼宇员工日常工作用餐问题，可以策划实施“绿色午餐”工程，加快高档快餐业的引进，鼓励有条件的企业兴办面向楼宇白领的商务快餐店，改善商务楼宇内企业员工用餐条件。通过以上措施，既可解决大楼的管理困难，解决垂直交通拥堵、进出人员复杂等通病，又可开辟就业岗位，实现改善楼宇环境和提高就业率的双赢。对于空置率高的楼宇，要综合规划，加大招商引资的力度，使闲置楼宇资源充分发挥经济效益。

六、促进文化创意产业集聚，以新经济增长点推动集聚发展

目前我国文化创意产业发展的一个显著特点，是通过集聚区的方式进行产业推动。这既和文化创意产业本身的集聚特征有关，也是地方政府竭力推进新的经济增长点的主要举措之一。针对文化创意产业集聚区的发展对策，提出以下建议：

(一)政策动态优化管理模式，针对集群阶段出台政策

文化创意产业集聚区的形成过程是从“文化创意企业在空间上简单集聚”到“企业之间建立业务协作关系，打造创意产业链”，再到“形成具有创新能力和竞争优势的产业集聚区”的过程。有效的集群政策意味着研究者、产业引导者、决策者和科学家之间的互动，以及创造一个建设性、阶段性对话的平台。政府对文化创意产业集群的政策模式与管理模式要动态优化。随着文化创意产业集群的发展，政府的干预政策也要随之变化。

1. 初级阶段

在初级阶段，政府政策主要是改善创业环境，比如提供专业化服务(组织参观、培训以及金融支持等)、支持企业合作、提供信息等。为此，政府

要提高企业对集群潜在优势的认识，鼓励企业建立对话机制，加强合作（比如联合购买原材料或共同雇佣专家顾问等），发挥外部规模经济的作用。政府要注意培育集群代理机构和代理人，但不能强加政府意志。

2. 中级阶段

在中级阶段，政府主要是创造环境，激励和支持集群学习、创新和产业不断升级。政府要加强商业协会等集群代理机构的功能建设，使集群代理机构更加职业化（比如雇佣更多更好的职业人员）。为此，政府要采取以下措施：(1)创建有利于私营企业发展的外部环境；(2)促进企业间合作；(3)提供信息和咨询服务；(4)提供培训服务；(5)支持企业研发和技术创新。

3. 高级阶段

在此阶段，为了促进和深化此类文化创意产业集群的发展，政府应该采取以下措施：(1)吸引更多的外国直接投资（Foreign Direct Investment，简称 FDI）。新投资可以深化本地生产系统，促进价值链上的劳动分工，强化正的经济外部性。为此，政府要建立透明的非歧视性投资规则、普惠的政策框架和功能合理的基础设施，吸引更多的外国直接投资。(2)培育更多的本地企业成为供应商。政府要鼓励本地企业提升技术能力，加入集群供应商网络，但是要对内外资企业采取公平的政策。(3)激励外国企业与本地企业合作，促进国外先进技术在本地企业间的转移与扩散。文化创意产业集群的发展是连续的，所以发展阶段的划分是人为的。因此，针对文化创意产业集群不同发展阶段的政府政策不但要有阶段性，而且要有持续性和前瞻性。

(二)成立 CBD 文化信息中心，建设集聚园区研发平台

目前我国大部分 CBD 文化创意产业集聚区的发展阶段，基本上相当于前文所述美国 20 世纪 80 年代美国文化创意产业集聚区的发展阶段，集聚区大都有政府参与或支持色彩，但尚未提供信息和网络的支持。同时，政府部门、企业界、研究教育机构、社会团体开始全面协作，集聚区经营主体转向多元化的阶段。

为促进文化创意产业集群发展，建议积极推动成立文化创意产业集聚区信息中心，积极筹建集聚区研发平台。

文化创意产业集聚区应该是个开放动态的系统，各种信息在集聚区内部和集聚区内外可以畅通、高效地流动。为了降低单个企业获取信息的成本，集聚区需要建立信息中心专门为群内企业提供信息服务。包括提供新技术信息、人才信息、管理知识和行业咨询。该信息中心可以为集聚区内每一个企业公开免费提供信息，但考虑到信息中心自身资金问题，也可以采用商业化运作模式，集聚区内企业以入会方式支付一定的信息使用费用，使用费用要确定在一个合理的水平，不宜过高。

研发平台利于创意企业的孵化，降低创业企业的进入门槛。新兴的文化创意产业催生了一批文化创意企业，它们富于创意，却缺少研发设施和技术能力，平台的构建降低了成本，弥补了创业企业在技术和研发方面的不足，加速了创业企业的成长。此外，研发平台作为集群孵化的重要支撑，增强了区域或基地的招商吸引力，特别是在文化创意产业集聚区形成的初始阶段而不是在形成之后构筑公共研发平台，更可发挥其促进集群快速形成的催化作用。

园区研发平台对产业集群的作用已经逐渐得到认可，西方国家文化创意产业集聚区在建设过程中很注重研发平台的研究和建设。张江文化科技创意产业基地是上海较为成熟的一个以动漫画、网络游戏的创意、设计、制作，高科技影视后期设计、制作，多媒体软硬件研发和制作，以及产品工业造型设计为主要发展内容的文化创意产业集聚区。集聚区内设立了两个文化创意产业公共研发服务平台：一个是上海动漫研发服务平台，另一个是影视后期制作服务平台。

（三）吸收社会组织参与管理，促成集聚区域创新网络

加利福尼亚多媒体产业集聚区的成功经验之一就是逐渐形成了区域创新网络。无独有偶，英国谢菲尔德市政府于2000年成立了一个名为“文化创意产业区服务机构”（Cultural Industries Quarter Agency，简称CIQA），负责制定和实施推动文化创意产业集聚区的相关政策和发展规划。机构成员由市议会委任，由一些商界人士出任董事，吸收企业家擅长经营的长处。台北市华山艺文特区是展演艺术的集聚区，由台湾地区文化处委托艺文环境改造协会经营。这个协会是一个非盈利的社会组织。

参考上述经验，建议文化创意产业管理部门容纳官、产、商、学、研各类人员，促成社会组织参与集聚区管理，以尽快形成区域创新网络。

在文化创意产业集聚区的形成发展中，创意环境和区域创新网络对其而言是生存的基本条件。集聚区的创意环境是由软、硬基础设施共同组成的，机构、研究中心、文化设施、建筑和支持性服务（运输和娱乐）等是硬环境，为集聚区的发展提供物质环境和连续性保障；软环境由联合的结构和区域创新网络、加强和鼓励个体和机构之间思想流动的关系和人的交互作用所组成。在文化创意产业集聚区的建设中，经常更多关注的是硬环境的建设，至于软环境在管理计划及政策干预中却很少被提起或干脆被忽略。软环境的核心即是区域创新网络，因此区域创新网络的建立理应成为文化创意产业集聚区建设考虑的重要条件。

文化创意产业是个高风险的行业，易受到文化政治变迁的冲击，对不稳定的行情很敏感。文化生产者处于创新、灵活、企业化和对时尚、趋势及技术的变化做出响应的压力之下，基于集群的区域创新网络能帮助文化生产者减轻这种不确定性。

(四)完善创意人才吸引政策，建立知识产权保护体系

1. 建议尽可能取消阻碍人才流动的制度性障碍

制定各种优惠政策，减少集聚区内的各种阻碍创造力发挥的制度性障碍，积极营造一个宽松的环境，积极引进各类急需的专业技术人才和复合型人才，特别是那些既有深厚传统文化底蕴同时又具有宽阔国际视野的海外留学归国人才。

2. 为创意人才的培养提供基础性支持

利用地方科技和教育优势，在有条件的高校设立专门的文化创意产业学院，并为其提供与海外一些相关的高校和研究机构交流合作的机会，提供足够的经费支持，以期培养出具有中国特色高层次的创意产业的设计、策划和制作人才，为文化创意产业发展提供大量高素质的人才资源。

3. 建立 CBD 知识产权保护联盟

知识产权是指法律赋予公民或法人对其在科学、技术、文化等知识领域内创造的智力成果所享有的权利。知识产权是一种无形财产，它与有形财产一样，能为权利所有人带来经济收益。围绕知识产权进行的竞争日益成为全球化背景下企业竞争的最高级形式。随着各国文化创意产业集聚区的发展，知识产权保护已经成为文化创意产业集聚区发展的核心关注点。上海市泰康路田子坊文化创意产业集聚区内的“田子坊知识产权保护联盟”可为其他文化创意产业集聚区中知识产权保护体系的建立提供一些借鉴。“田子坊知识产权保护联盟”是由政府推动，集聚区内 23 家创意企业自发建立的行业自律组织，是国际上一种通行的知识产权管理和保护模式。

4. 构筑创意产业发展链条，促进集聚园区持续发展

文化创意产业集聚区要确保持续发展，集聚区内必须构筑较为完整的产业链条。文化创意产业集聚区中的创意成果有着巨大的经济效益和社会效益潜能，而这些效益的实现必须建立在创意成果转化为经营资源，并通过产业链的整合与延伸深度开发的基础上才能得以实现。

大凡成功的文化创意产业集聚区都有较为完整的产业链条。深圳大芬油画村的成功就在集聚于此的众多中小企业分工协作形成了一条完整的产业链。从事油画创作与生产的龙头企业，专门负责承接订单以及市场营销的经销代理商，以及衍生的艺术教育，国画、版画、漆画、雕刻、刺绣等相关产业，绘画材料、装裱配套产业的发展，形成了一个环环相扣的产供销一体化的完整产业链条。再如纽约百老汇戏剧产业集聚区形成了与演出相关的创意、制作、表演、宣传、售票、融资投资、法律服务、人才培训、行业管理等完整的产业链。

因此在进行文化创意产业集聚区建设时，一定要为其搭配相关的产业

链条，将创意部分通过产权交易或其他方式形成市场化运作，从而形成一种业态，并带动相关行业、相关经济的快速发展。

七、加强风险防范，科学推进 CBD 发展

目前，CBD 服务业集聚及建设需要防范的风险有三个方面：

(一)超高建筑的影响

从美国“9·11”事件发生后，世界各国很多 CBD 已停止建设超高建筑物。一是超高建筑一旦发生灾害，如火灾，就很难控制。当前，我国很多 CBD 积极建设超高层建筑，除上海建成的高度 492 米、101 层环球金融中心，北京国贸三期办公楼为 330 米高外，上海中心大厦于 2008 年 11 月 29 日在陆家嘴开工建设，该大楼主体建筑结构高度为 580 米，总高度 632 米，共 121 层，武汉拟建设高达 606 米的绿地国际金融城，北京也宣布在 CBD 核心区要建成 500 米高的综合大楼。建筑物高层一旦发生火灾，如 2009 年中央电视台发生的大火，其后果不堪设想。二是由于各种原因导致的人为灾害，包括恐怖袭击，也往往选择这些地标式建筑，因为它造成的影响更大、范围更广。

(二)自然灾害的影响

自然灾害具有自然和社会的双重属性，而在城市中该属性表现得更为突出。因此，某些自然灾害对城市的破坏作用远远大于对郊区或农村的危害，如地震。城市不合理的资源开发、工程建设与密集的人流往往是自然灾害的导火索或者是起到加强作用。城市自然灾害主要发展趋势包括：一是种类繁多。包括洪水、地震、风灾、火灾、雹灾和海啸等危害，而且城市中地面沉降、海水入侵、酸雨、沙尘暴等自然灾害也考验着城市脆弱的生态系统。并且，一个灾害往往伴有其他的并发灾害，比如地震可能引发火灾。二是危害范围不断扩大。随着人类经济活动的不断发展，城市密集程度越来越高，特别是 CBD 地带，往往是金融中心、总部聚集地和人流密集区，高层建筑也比较多，自然灾害对其危害性更大。由于城市中各种活动联系紧密，自然灾害不仅危害人身健康，造成财产损失，而且危害到各种产业活动，直接损失和间接损失巨大。

(三)技术灾害的影响

与自然灾害不同的是，技术灾害的发生往往比较突然和迅速，很少像气象、地震等有预警和预报时间。人们几乎不可能对技术灾害进行准确预报，因此其危害性从某种角度上看更大。CBD 是高端现代服务业集聚地，公司总部、金融机构入住比较多，他们对计算机网络、现代信息通讯技术高度依赖。在北京 CBD 有一家跨国公司曾提出，为确保公司运营安全，如办公楼停电维修，需要提前 2 年通知，以便使公司做好应对准备。大型金融

银行、证券公司如停电或网络出现故障几分钟，都会造成巨大的损失。

建设 CBD，集聚产业发展的同时，要考虑到风险防范问题，包括降低建筑高度、增加技术备灾措施、制定相关法律、提高救灾能力等。如果 CBD 发生破坏性灾害，将会使该地区社会经济出现倒退。因此，关注 CBD 防灾、减灾措施，加强风险意识，是 CBD 发展中不可回避的问题。

参考文献

1. 王缉慈等：《创新的空间：企业集群与区域发展》，北京大学出版社，2001 年。
2. 张杰：《北京 CBD 金融业发展特色及对策分析》，《首都经济贸易大学学报》，2007 年第 3 期。
3. 张廷海：《CBD 商业集聚研究述评》，《经济管理研究》，2009 年第 6 期。
4. 王曼怡：《中国特大城市金融功能区竞争力研究——基于波特钻石理论的分析》，《经济与管理研究》，2011 年第 12 期。
5. 王曼怡：《特大城市金融业发展研究——基于产业集聚的视角》，《人民论坛》，2011 年第 11 期。

（作者：蒋三庚　CBD 发展研究基地执行主任　教授、博导）

首都社会安全研究基地

（中国人民公安大学）

基地名称：首都社会安全研究基地
依托单位：中国人民公安大学
项目类别：研究基地自设项目

首都重点单位突发事件应急能力评价[①]

近年来，各种突发事件频繁发生，造成了严重的人员伤亡和经济损失。突发事件应急处置的重要性日趋显现。在突发事件应急处置过程中，作为应急处置的第一反应，基层单位的应急处置能力具有重要的作用。首都作为全国的首善之区，不仅需要政府具有强大的应急能力，而且必须加强基层单位的应急能力建设，重点单位的应急能力建设更应成为基层应急能力建设的重点。随着社会的发展与国家应急处置工作要求标准的不断提高，需要对应急能力有一个客观的评价指标体系，以此来指导首都重点单位应急能力的建设。

一、重点单位的界定

本研究所称的重点单位，是指治安保卫重点单位，即关系全国或者所在地区国计民生、国家安全和公共安全的单位。国外通常使用的与重点单位相近的概念是重要基础设施，即可以对国家安全、经济命脉及公众的健康和安全造成严重损害的有形或无形的系统和设施。

根据《企业事业单位内部治安保卫条例》（以下简称《内保条例》）的规定，重点单位的范围包括：广播电台、电视台、通讯社等重要新闻单位；机场、港口、大型车站等重要交通枢纽；国防科技工业重要产品的研制、生产单位；电信、邮政、金融单位；大型能源动力设施、水利设施和城市水、电、燃气、热力供应设施；大型物资储备单位和大型商贸中心；教育、科研、医疗单位和大型文化、体育场所；博物馆、档案馆和重点文物保护单位；研制、生产、销售、储存危险物品或者实验、保藏传染性菌种、毒种的单位；国家重点建设工程单位。

二、首都重点单位的特点

重点单位在应急能力建设方面具有自身风险高、易受侵害等特点。这

① 本文是《首都重点单位突发事件应急能力评价》项目的最终成果摘要。

些特点不仅要求单位自身应加强安全风险管理，提高突发事件应急处置的能力，而且要求包括公安机关在内的政府相关部门加强对重点单位安全的监督和指导，以保障公共安全和社会经济的稳定发展。

（一）性质重要

重点单位事关国计民生、国家安全和公共安全，一旦受到攻击、破坏、被摧毁或失灵、失效使之失去功能，则对公众的健康和安全，对政府和社会的正常运转，对国家的声望和公众对国家的信心，都会产生极大的影响。也正是由于此，恐怖分子、暴力犯罪分子往往将重点单位作为攻击的对象，以造成重大的损失和影响。

（二）脆弱性强

重点单位的运行大多依赖于现代信息社会的管理手段，不仅管理系统的结构复杂，而且系统的关联性也非常紧密。一个环节出现问题，可能导致整体失效；一个系统发生问题，可能产生连带效应，从而导致其他系统产生多米诺骨牌效应。导致重点单位安全保障失灵、失效的原因并非只是由于破坏、攻击等行为引起，自然灾害、人为失误、技术故障等均可能引发重点单位的安全问题。

（三）自身存在多种风险

重点单位的性质和特点决定了重点单位往往存在多种不可避免的危险。有些重点单位在生产、经营、储存、运输等过程中大量使用各种危险物质和物品，如容易导致火灾、爆炸、中毒事故发生的易燃、易爆物品和化学危险品，传染性菌种、毒种，放射性物品与物质等。这些物质和物品是导致事故灾难类突发事件的物质基础，也是其他突发事件产生连带反应的物质基础。此外，一些重点单位特别是企业单位在改革、改制过程中由于利益格局调整，也可能出现罢工、上访、冲击办公场所、哄抢集体资产或打砸抢烧等现象，进而引发、形成社会冲突，影响社会稳定。

（四）易受侵害

重点单位不仅自身的风险较高，对公共安全造成严重的威胁，如引发次生灾害，造成环境污染，而且在突发事件发生的情况下，有些重点单位容易成为被侵害对象，并引发严重的后果。如在地震发生的情况下，犯罪分子可能趁机对金融单位实施抢劫。因此，针对重点单位易受攻击的特点，在加强重点单位安全保护的同时，也需要加强应急能力的建设。

三、首都重点单位应急管理的特点

在应急管理中，重点单位是各种突发事件的事发地和第一反应力量。美国“9·11”事件调查委员会在所提交的报告中有一段令人深思的话：“对紧急事态的(及时)反应必须建立在充分准备的基础之上。2001 年 9 月 11 日上午，对于工作在世贸中心或者造访世贸中心的人们来说，最后的也是最好的希望不是寄托于国家的政策制定者，而应寄托于私人公司和地方公务员，特别是那些第一批紧急事态反应人员：消防队员、警察、医疗急救人员和负责建筑物安全的专业人员。”这说明，减少突发事件所造成的损失和做出第一反应的能力是紧密相关的。重点单位的应急管理是整个应急管理体系的基础和重点。重点单位的应急管理具有基础性、综合性的特点。

(一)基础性

在对突发事件最初的反应过程中，除政府的公共资源外，重点单位或单位所在建筑物内人员的自身应急管理能力也是减少损失、降低危害非常重要的因素。重点单位应急管理的基础性特点主要体现在以下几个方面：

1. 联合反应中的第一反应力量

在应对大规模的危机事件过程中，如果重点单位加入其中，其应急资源应在各级政府应急力量和社会组织等联合反应之前，在第一时间、第一现场作为第一力量做出第一反应，以最快的速度和效率控制事态的蔓延扩大并对受害人进行救援，就可以最大限度地减少损失。

2. 应急处置的基础力量

在参与应急救援的过程中，重点单位的职工由于熟悉单位的情况，不仅能在潜在危险识别、例行安全检查、安全隐患排除、矛盾纠纷梳理调解等方面发挥重要作用，还能在突发事件发生之后的重要财产保护、重点区域控制、引导人员疏散、恢复正常秩序、组织自救互助等方面发挥重要作用。

3. 全过程应急管理的主力

从应急管理的全过程来看，预防、准备、反应、恢复是一个整体。如果重点单位能主动做好风险评估、安全检查、队伍训练、预案制定、训练演习、信息收集、安全知识与素质的培训等工作，整个社会应急能力的提高就有了基础和保障。

(二)综合性

重点单位应急管理的综合性特点体现在以下三个方面：

1. 全过程的应急管理

重点单位的应急能力不仅仅体现在突发事件发生之后做出应急反应一个环节上，而是体现在全过程管理的各个环节，既包括事前的预防、预警、准备，也包括后期的恢复。这既体现了现代国际社会在危机管理方面的先进理念，也体现了我国关于突发事件应急处置的原则和立法精神。

2. 全方位的应急管理

重点单位所应对的突发事件的范围是全方位的，即不仅要应对自然灾害、人为的事故灾难，还需要应对公共卫生事件和社会安全事件。因为这些事件不仅会直接对重点单位的安全和稳定造成威胁，而且重点单位的安全和稳定还会直接影响到社会，从而产生叠加效应。特别是在发生了拉萨“3·14”事件和乌鲁木齐“7·5”事件之后，重点单位更容易成为犯罪分子攻击的目标。

3. 多职责的应急管理

重点单位应急机构和力量承担着应急管理的多重职责。重点单位的应急机构和力量一方面要承担多方面的工作职责，具备多方面的综合性的能力，如日常安全检查、隐患排除、矛盾化解、组织职工群众自救、人员疏散转移、维护现场秩序、信息收集整理分析等；另一方面要求重点单位在人力资源的组织上不仅要有专职的人员，同时也要重视发挥职工的作用特别是兼职人员的协助作用。

四、重点单位面临的风险

不同地区、不同类型、不同规模的重点单位面临的风险不完全相同，因而对单位应急能力的要求也不一样。例如，广播电台、电视台、通讯社等重要新闻单位可能遭受的风险主要是电力中断、自然灾害、恶意围攻等外侵型风险，危险物品生产、储存单位面临的风险则是火灾、爆炸等内生型风险。风险识别就是对特定单位面临的各种潜在危险类型进行辨识。重点单位面临的风险是多样的，从应急处置能力建设的角度，按照风险的来源，可以将其划分为内生型风险和外侵型风险两类。

(一)内生型风险

内生型风险是由于重点单位自身的各种危险因素引发的，在应急处置方面具有较高的可防性。内生型风险主要表现形式为发生于单位内部的各种事故灾难和违法犯罪。事故灾难包括火灾、爆炸、建筑坍塌、群体性挤踏、建筑施工事故、生产安全事故等，其原因可能是由于人为的失误，也可能是技术故障或职工的玩忽职守行为所致；单位内部违法犯罪包括工作场所暴力、盗窃、破坏、重大刑事案件、重大不安定事端等。在社会安全事件方面，内生型的风险包括罢工、集体上访请愿、扰乱生产与办公秩序、哄抢单位的财物、报复性伤害单位领导等。此外，一些偶发事件也可能连带产生严重的风险。例如，员工出走、自杀或其他非正常死亡以及外部因素的影响等。

(二)外侵型风险

外侵型风险是重点单位面临的主要风险之一。如果没有充分的应急准备和监测预警，重点单位在面临外侵型风险时的应急处置工作将会十分被动。外侵型风险又可分为自然风险、人为风险和恐怖袭击。

1. 自然风险

自然风险是由于自然力引发的风险。常见的自然风险包括地震、强风、暴雨、雷电等。自然风险是所有风险中可控性最低的风险，也无法采取预防措施使其不发生，因此对应急准备、现场处置和恢复等方面的要求也最高。

2. 人为风险

人为风险是由于人的故意或者过失引发的风险，包括技术风险和违法犯罪。

(1)技术风险。一般来说，技术风险是偶发性的，不是人为故意造成的。技术风险的主要表现形式包括火灾、爆炸、污染等等。

(2)违法犯罪。针对重点单位的违法犯罪包括破坏性盗窃、故意破坏等，其中最主要、最普遍的是具有破坏性的盗窃行为。犯罪分子可能没有故意破坏的企图，只是为了盗窃一些可以销售的物资，但在客观上对重点单位的正常运转造成了严重的威胁。

3. 恐怖袭击

在国际恐怖活动频繁的大背景下，恐怖袭击也是重点单位可能遭受的外侵型风险之一。恐怖分子总是选择那些最容易攻击、获罪风险最小，但攻击效果最大的目标实施恐怖袭击行为。恐怖袭击是一种蓄意破坏行为，对公共安全具有很大的威胁。恐怖分子会利用一切可能的手段对各类目标实施攻击，如爆炸、纵火、暗杀、投毒，甚至实施化学、生物、核攻击等。

五、首都重点单位的风险识别

风险识别是对研究对象进行全面的潜在风险的调查。本课题在研究过程中，大量走访了不同类型的重点单位，如高等学校、自来水集团、燃气集团、城建集团、危险物品生产使用单位、大型商场市场等。通过收集资料、现场访谈、问卷调查等形式对首都重点单位面临的主要风险进行了研究。在本课题的调研中，共发出调查问卷 25 份，收回 21 份，其中有效问卷 19 份。

(一)当前首都重点单位在应对突发事件方面面临的总体形势

在收回的 19 份问卷中，认为当前首都重点单位在应对突发事件方面面临的总体形势比较严峻的有 10 份，占总数的 52.6%；认为形势非常严峻的有 4 份，占总数的 21.1%；认为形势一般的有 5 份，占总数的 26.3%。从调查结果看，各单位的管理人员在对当前形势的判断上较为一致，认为突发事件应急处置的形势比较严峻，这也反映了不同类型的重点单位由于其自身的重要价值和高风险，在当前风险社会的大背景中，确实面临着严峻的挑战。

(二)首都重点单位突发事件应急能力的总体水平

对于当前首都重点单位突发事件应急能力的判断，被调查者中有 11 人认为重点单位的总体水平还可以，占总数的 57.9%；6 人认为总体水平较高，占总数的 31.6%；2 人认为较低，占总数的 10.5%。从调查问卷中分析，被调查者对重点单位的应急能力有较高的评价，除去可能的主观因素，可以认为大部分重点单位对面临的形势认识比较到位，在过去的单位管理实践中已经建立了处置突发事件的组织力量，具备处置不同类型突发事件的必要能力。值得注意的是，被调查者中来自商业部门和高等院校的管理人员认为当前重点单位的应急处置能力较低，分析其原因，单位性质的不同构成了管理人员判断差异的重要因素。大部分重点单位是比较封闭的，而商业单位和高校恰恰是开放的，因此，面临的突发事件种类与其他单位有很大不同，对单位的应急能力有多方面的要求。

(三)重点单位面临的主要风险

重点单位面临的风险类型是多种多样的，从调查的结果看，由于单位性质、规模的不同，各单位的管理人员对风险类型的判断有较大的差异。其中，事故灾难是最主要的风险类型(11 人)；单位群体性事件也是当前重点单位面临的主要风险(9 人)，单位刑事治安案件、自然灾害、公共卫生事件的比例基本相当；还有一份问卷认为重点单位面临的重要风险是恐怖袭击和个人极端行为。

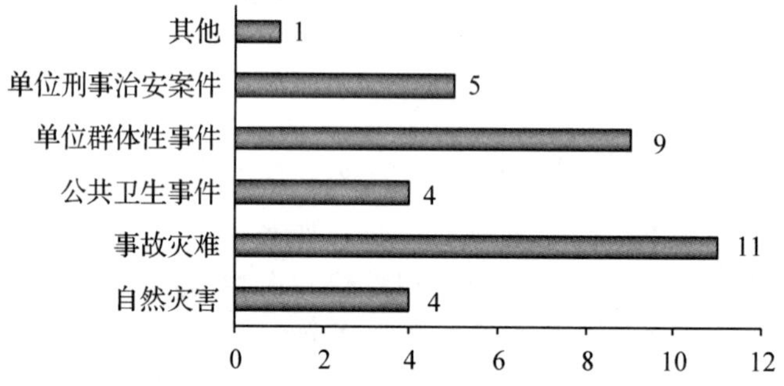

图 1　重点单位面临的风险类型

根据风险识别的结果，本研究重点对首都高等学校面临的风险进行了分析，根据实际情况分为重大群体性事件、重大治安刑事案件、涉外突发事件、重大传染病疫情、食品安全与职业危害、安全事故、地震灾害与气象灾害等小类。

表 1　北京某大学可能存在的主要风险分析

风险大类	风险小类	具体分类
校园安全事件	重大群体性事件	政治性、群体性大规模聚集、游行
		校园内及校园网络出现大量有害信息
		不良信息引起的群体性恐慌
	重大治安刑事案件	重大刑事案件
		重大恐怖案件
		大规模群体性械斗、殴斗事件
		师生出走、自杀案件
	涉外突发事件	涉外突发公共事件
公共卫生事件	重大传染病疫情	SARS、流感、霍乱、鼠疫、炭疽等
	食品安全与职业危害	群体性食物中毒事件
事故灾难	安全事故	校园火灾、火险
		校内重大交通事故
		校内电梯事故
		校园通信线路和通信设施事故
		校园供电、供热事故
自然灾害	地震灾害	破坏性地震
	气象灾害	强雷电天气

六、重点单位应急能力的基本构成

与突发事件应急管理的不同阶段相对应，重点单位突发事件应急能力应包括预防能力、应急准备能力、先期处置能力、善后恢复能力等。

(一)预防能力

预防能力包括风险评估能力和日常管理能力。风险评估就是根据单位的实际情况，采取科学有效的风险评估方法，对单位可能出现的各种风险进行识别和评估，为预防提供明确的对象。风险评估应包括对单位存在不稳定因素、事故隐患和各种意外事件的识别和评估。日常管理能力则是通过建立完善的安全检查制度、隐患排除制度、矛盾化解制度、人员教育训练制度、突发事件预警制度、应急设施的日常维护制度等安全管理制度，从根本上预防突发事件的发生。除了考察这些制度的科学性和完整性之外，还要对单位制定落实制度的能力和水平进行分析，以保障这些制度能够确实发挥其作用。

(二)应急准备能力

应急准备是指在风险评估的基础上，针对可能发生的突发事件，在人员、物资、行动计划等方面进行精心设计，为反应和恢复奠定基础。应急准备的针对目标是突发事件本身，主要内容包括制定应急预案、应急队伍建设与训练、应急保障能力等方面。

1. 制定应急预案

对应急预案的评估应考察单位是否制定了书面的应急预案，应急预案是否以本单位的基本情况为出发点，是否建立了统一的决策指挥系统，是否有保障突发事件信息传递渠道畅通的措施，各部门的职责分工是否明确，针对不同紧急状况的处置措施是否详细可行等。此外，应急预案的制定是一项长期的工作，在应急预案中应对预案的演练做出规定，并能够通过演练对预案进行定期的修订和完善。

2. 应急队伍建设与训练

应急队伍是实施各种应急行动的主体。根据相关法律的要求，重点是建立由专职或兼职人员组成的应急队伍，并进行必要的训练。人员训练包括专职人员的训练和兼职人员的训练，以及所有员工的训练。

3. 应急保障能力

高效的应急处置离不开完备的后勤保障。应急处置所需的后勤保障是多方面的。重点单位应急处置的应急保障应包括经费保障、常用器材(通讯、照明、防毒面具等)保障、专用器材(应急电力设备等)保障。

(三)先期处置能力

重点单位的先期处置能力首先是处置人员的能力，包括决策领导层的现场决策能力、专职人员的处置能力、工作人员组织疏散引导的能力、工作人员的逃生自救能力等。其次，初期处置措施的有效实施对控制事态蔓延有至关重要的作用，如现场风险评估能力、现场控制能力、人员疏散能力、现场救助能力、报警能力等。

(四)善后恢复能力

重点单位在善后恢复方面主要承担工作秩序恢复和职工心理恢复两方面的职责。工作秩序恢复首先应在损失评估的基础上制订具体的恢复计划，并根据计划开展工作条件的恢复和工作场所秩序的恢复。职工心理恢复也应制订相应的恢复计划，确定需要进行心理恢复的人员范围，组织具备危机干预能力的人员开展心理恢复。此外，在恢复过程中，还应及时对突发事件应急处置工作进行总结，完善安全管理制度和应急处置预案，不断提升突发事件应急处置的能力。

七、重点单位应急能力评价的指标体系

对重点单位突发事件应急能力的评价有两种方式，一种是动态检验，另一种是静态评估。动态检验是通过开展不同层面的演练，考察应急处置方面还存在哪些薄弱环节。但是，演练需要动用一定的人力、物力资源，而且由于预设场景必然存在与真实状况的差别，很难对重点单位的应急能力进行客观评价。静态评估则是建立应急能力评价的指标体系，选择适当的评价方法，对重点单位突发事件应急能力进行评价。

根据突发事件应急能力的特点，采用层状结构能较明确、客观和准确地反映出重点单位应急能力在不同阶段的具体水平。在进行指标筛选时，应在实地调研和文献分析的基础上，遵循系统性、层次性、可行性的原则，建立重点单位突发事件应急能力评价指标体系，具体见表 2。

表 2　重点单位应急能力评价指标

一级指标	二级指标	三级指标
预防能力	风险评估能力	不稳定因素的评估
		事故隐患识别和评估
		意外事件风险评估
	日常管理能力	安全检查制度
		隐患排除制度
		矛盾化解制度
		人员教育训练制度
		突发事件预警制度
		应急设施的日常维护制度
		制度执行能力
应急准备能力	应急预案	是否有书面的应急预案
		应急预案的针对性
		决策指挥系统
		突发事件信息传递渠道
		职责分工
		预案的演练
		预案的定期修订与完善

续表

一级指标	二级指标	三级指标
	应急阶段建设与训练	专职人员的训练
		兼职人员的训练
		所有员工的训练
	应急保障能力	经费保障
		常用装备
		专用装备
先期处置能力	处置人员的能力	决策领导层的现场决策能力
		专职人员的处置能力
		工作人员组织疏散引导的能力
		工作人员逃生自救的能力
	初期处置措施	现场风险评估能力
		现场控制能力
		人员疏散能力
		现场救助能力
		报警能力
善后恢复能力	工作秩序恢复能力	损失评估能力
		工作秩序恢复计划
		工作条件恢复能力
		工作场所秩序的恢复能力
	职工心理恢复能力	心理恢复计划
		危机干预人力资源
		危机学习能力

八、评价指标权重值和评价标准的确定

根据层次分析法和模糊综合评判法的相关要求，本课题选取了对首都重点单位突发事件应急管理情况比较熟悉的北京市公安局内保局、文保局的相关人员和各类重点单位的管理人员作为确定评价指标权重值的专家。通过构造判断矩阵，利用 Matlab 计算出各指标的权重值。

为了提升评价指标体系的实用性，评价标准分为三个级别，分别根据指标内容的不同确定了不同的评价标准。

表 3　首都重点单位突发事件应急能力评价体系

一级指标	二级指标	三级指标	权重值	评价标准		
预防能力 Y	风险评估能力 Y_1	不稳定因素的评估 Y_{11}	0.0619	1 没有评估	2 简单评估	3 科学评估
		事故隐患识别和评估 Y_{12}	0.0619	1 没有评估	2 简单评估	3 科学评估
		意外事件风险评估 Y_{13}	0.0619	1 没有评估	2 简单评估	3 科学评估
	日常管理能力 Y_2	安全检查制度 Y_{21}	0.0198	1 没有制度	2 基本满足要求	3 较为完善
		隐患排除制度 Y_{22}	0.0098	1 没有制度	2 基本满足要求	3 较为完善
		矛盾化解制度 Y_{23}	0.0045	1 没有制度	2 基本满足要求	3 较为完善
		人员教育训练制度 Y_{24}	0.0045	1 没有制度	2 基本满足要求	3 较为完善
		突发事件预警制度 Y_{25}	0.0021	1 没有制度	2 基本满足要求	3 较为完善
		应急设施的日常维护制度 Y_{26}	0.0021	1 没有制度	2 基本满足要求	3 较为完善
		制度执行能力 Y_{27}	0.0198	1 弱	2 中	3 强
应急准备能力 Z	应急预案 Z_1	是否有书面的应急预案 Z_{11}	0.0476	1 否	2 是	
		应急预案的针对性 Z_{12}	0.0108	1 弱	2 中	3 强
		决策指挥系统 Z_{13}	0.0108	1 未规定	2 基本明确	3 非常明确
		突发事件信息传递渠道 Z_{14}	0.0049	1 未规定	2 基本畅通	3 良好
		职责分工 Z_{15}	0.0049	1 不明确	2 较明确	3 很明确
		预案的演练 Z_{16}	0.0476	1 未规定	2 仅规定演练时间	3 详细规定
		预案的定期修订与完善 Z_{17}	0.0234	1 未规定	2 规定不详细	3 详细规定
	应急队伍建设与训练 Z_2	专职人员的训练 Z_{21}	0.0215	1 从未开展	2 偶尔开展	3 经常开展
		兼职人员的训练 Z_{22}	0.0215	1 从未开展	2 偶尔开展	3 经常开展
		所有员工的训练 Z_{23}	0.0071	1 从未开展	2 偶尔开展	3 经常开展
	应急保障能力 Z_3	经费保障 Z_{31}	0.0165	1 未考虑	2 不足	3 充足
		常用装备 Z_{32}	0.0165	1 无	2 不足	3 充足
		专用装备 Z_{33}	0.0165	1 无	2 不足	3 充足
先期处置能力 X	处置人员的能力 X_1	决策领导层的现场决策能力 X_{11}	0.0469	1 弱	2 中	3 强
		专职人员的处置能力 X_{12}	0.0469	1 弱	2 中	3 强
		工作人员组织疏散的能力 X_{13}	0.0156	1 弱	2 中	3 强
		工作人员逃生自救的能力 X_{14}	0.0156	1 弱	2 中	3 强

续表

一级指标	二级指标	三级指标	权重值	评价标准		
先期处置能力 X	初期处置措施 X_2	现场风险评估能力 X_{21}	0.0193	1 弱	2 中	3 强
		现场控制能力 X_{22}	0.0450	1 弱	2 中	3 强
		人员疏散能力 X_{23}	0.0450	1 弱	2 中	3 强
		现场救助能力 X_{24}	0.0193	1 弱	2 中	3 强
		报警能力 X_{25}	0.0080	1 弱	2 中	3 强
善后恢复能力 S	工作秩序恢复能力 S_1	损失评估能力 S_{11}	0.0234	1 弱	2 中	3 强
		工作秩序恢复计划 S_{12}	0.0703	1 无	2 基本可行	3 科学可行
		工作条件恢复能力 S_{13}	0.0703	1 弱	2 中	3 强
		工作场所秩序的恢复能力 S_{14}	0.0234	1 弱	2 中	3 强
	职工心理恢复能力 S_2	心理恢复计划 S_{21}	0.0268	1 无	2 基本可行	3 科学可行
		危机干预人力资源 S_{22}	0.0088	1 弱	2 中	3 强
		危机学习能力 S_{23}	0.0268	1 弱	2 中	3 强

九、结　论

在基层应急能力建设中，如何科学评价单位和社区应急能力的现状和水平是一项极其重要的工作。通过本课题的研究可以得出如下结论：

(1)首都重点单位在突发事件处置方面面临的总体形势较为严峻。

(2)首都重点单位性质重要、脆弱性强、自身风险多、易受侵害，重点单位的应急管理具有基础性和综合性的特点，因此，做好重点单位的应急处置工作具有重要的现实意义。

(3)当前重点单位面临的风险类型多样，发展趋势复杂，需要进一步细分重点单位的类别，才能获得对不同重点单位风险识别的科学结论。

(4)首都重点单位应急能力的评价可以通过本课题建立的指标体系进行评估，从而对特定单位应急能力进行量化，进而为提高基层应急能力提供依据。

(5)对重点单位应急能力的评价指标还可根据单位性质的不同进行适当调整，充分利用各种技术设备，提升评价的准确性和可操作性。

参考文献

1. 营强主编：《中国突发事件报告 NO. 1》，中国时代经济出版社，2009 年。

2. 美国“9·11”独立调查委员会编，赵秉志等译：《“9·11”委员会报告——美国遭受恐怖袭击国家委员会的最终报告》，中国人民公安大学出版社，2004 年。
3. 刘红：《美国对关键基础设施的技术保护》，《国际技术经济研究》，2004 年第 4 期。
4. 张强：《美国保护关键基础设施和资产的战略部署及对我国的启示》，《国际技术经济研究》，2007 年第 3 期。
5. 马建文：《单位内部治安突发事件的防控与处置原则》，《中国人民公安大学学报》(社会科学版)，2010 年第 2 期。
6. 杨文祥：《汶川地震 15 天》，中国发展出版社，2008 年。
7. 梅建明：《反恐情报与危机管理》，群众出版社，2007 年。
8. 刘晋伦：《能力和能力培养》，山东教育出版社，2001 年。
9. 夏保成：《美国公共安全管理导论》，当代中国出版社，2006 年。
10. David J. Brower & Charles C. Bohl，Principles and Practice of Hazards Mitigation，National Emergency Training Center，Emergency Management Institute，Emmitsburg，Maryland，March 2000.
11. Emergency Management Australia，Australia Emergency Management Glossary ，Better Printing Service，Commonwealth of Australia，1998.
12. 林建伟：《城市突发公共事件应急管理能力评价研究》，厦门大学硕士学位论文，2009 年。
13. 兰继斌：《关于层次分析法优先权重及模糊多属性决策问题研究》，西南交通大学博士学位论文，2006 年。

（作者：郭太生　首都社会安全研究基地首席专家　教授、博导
寇丽平　首都社会安全研究基地研究人员　副教授）

基地名称：首都社会安全研究基地
依托单位：中国人民公安大学
项目类别：研究基地自设项目

新时期北京市流动人口服务管理体制完善研究①

近年来，随着我国流动人口服务管理理念、服务管理政策的发展变化，北京结合自身的人口与经济社会实际，不断地对流动人口服务管理体制、服务管理政策和管理方法等予以改革。通过分析北京市现行流动人口服务管理体制的优点与缺点，进一步探索完善流动人口服务管理体制与政策，对于在当前新形势下加强对北京市流动人口的服务管理、预防流动人口违法犯罪、促进首都经济社会发展均具有重要的理论与现实意义。

一、北京市流动人口管理体制及其演变

所谓流动人口，是指未依法改变法定住址而在常住地之外的市区或乡镇滞留过夜的移动人口。在北京，根据北京市城市化水平比较高、城乡差别不大的人口社会特点，流动人口管理的管理对象一般是指北京市行政区域内无北京市常住户口，从其他省、自治区、直辖市来京暂住的人员(亦称来京人员)。

(一)北京市流动人口管理工作发展的历程

改革开放以来，北京市流动人口管理工作发展的大致历程，总体说来，前半期与国家流动人口管理工作发展历程基本一致；近年来，特别是北京奥运会举办以后，随着流动人口和社会经济的迅猛发展，北京市流动人口(服务)管理工作进入了快速变革时期，走在了全国的前列，逐步由严格计划管控向依法科学调控管理转变。大体说来，经历了以下四个阶段：

1. 1978—1984 年，计划经济体制下流动人口(以探亲访友为主)管理阶段

我国实行严格限制、强制遣送的迁移流动政策，农民被牢牢地束缚在土地上。北京市流动人口数量少，以探亲访友为主。与全国一样，北京市流动人口管理，依据 1958 年《中华人民共和国户口登记条例》，实行计划经济体制下以暂住户口管理与旅馆登记管理为主、收容遣送管理为重要手段

① 本文是《新时期北京市流动人口管理体制创新与犯罪预防对策研究》项目的阶段成果。

的传统管理制度与管理方法。

2.1985—1995 年，流动人口管理工作全面展开阶段

以 1985 年公安部颁布《城市暂住人口管理暂行规定》，正式实施取消暂住时间上限的流动人口暂住管理制度为标志，北京市流动人口管理工作全面展开。与前一时期相比，这一时期主要管理制度的变化是，在继续实行暂住户口登记的基础上，取消了暂住时间上限的限制，并试行暂住证管理制度，收容遣送制度则继续沿用。

3.1995—2006 年，流动人口综合管理的工作格局初步形成阶段

从 1995 年至 2004 年年底，依据全国流动人口管理会议精神，北京市确定了“规模控制、严格管理、加强服务、依法保护”的工作方针，制定了比较完善的管理制度，确立市、区县、街乡三级管理体制，组建了相应的管理队伍，初步形成了流动人口综合管理的工作格局。这一时期的变化主要体现在：流动人口主要管理制度中，暂住登记与暂住证制度正式建立并规范实施，但随着 2002 年党的十六大的召开，“以人为本、执政为民”的理念逐步深入，这一时期前半阶段实行的流动人口流动就业证、婚育证明被逐步取消，2003 年收容遣送制度正式取消，流动人口(服务)管理工作逐步进入新阶段。

4.2006 年至今，流动人口服务管理工作进入全面变革的新时期

随着 2005 年 3 月《北京市外地来京务工经商人员管理条例》及相关配套规章废止，北京市流动人口管理工作进入全面变革管理理念、管理思路、管理措施的新阶段。2006 年，北京市流动人口服务管理工作实现了体制创新与机构整合，成立流动人口和出租房屋管理委员会及其办公室(流管委与流管办)，流动人口综合服务管理体系正式形成。

(二)北京市流动人口管理体制的演变历程

为适应流动人口管理工作的开展，北京市除了遵循国家的流动人口管理基本制度并建立了适合自身工作需要的具体制度外，在流动人口管理体制上也逐步实现了相应的转变，其具体演变历程大体可以分为三个阶段。与流动人口管理工作发展阶段相比，流动人口管理体制的第一阶段大体相当于流动人口管理工作发展的第一与第二阶段，即 1978—1995 年间，期间管理体制变化不大，可称为公安专业管理体制阶段；第二阶段，大体相当于流动人口管理工作发展的第三阶段，即 1995—2006 年间，是流动人口综合管理体制初步形成阶段；第三阶段，大体相当于流动人口管理工作发展的第四阶段，即 2006 年至今，是流动人口综合管理体制正式形成阶段。

各阶段流动人口管理体制具体情况及其特点表现如下：

1.1978—1995 年间为公安专业管理体制阶段

在这一阶段，与流动人口管理的法律和政策一致，流动人口的管理主

要由公安机关根据《中华人民共和国户口登记条例》第十六条的规定：“公民因私事离开常住地外出、暂住的时间超过三个月，应当向户口登记机关申请延长时间或者办理迁移手续，既无理由延长时间又无迁移条件的，应当返回常住地”，对离开常住户口地的流动人口进行暂住登记，而在京流动人口因不具有北京户口而无法获得生存必需的粮油票证供应，事实上很难在京居住 3 个月以上。1985 年以后，由于居民身份证制度的实行，开始对流动人口实行暂住证制度，以证明流动人口的暂时居住情况。适应这一管理制度需要，流动人口管理体制主要是公安机关专业性的暂住管理体制，以及与这一体制相联系的治安管理体制，二者合二为一；其他部门则基本不涉及流动人口的管理。当然，在这一阶段后期(即 1985 年以后)，由于流动人口规模的日益扩大，其他部门特别是计划生育部门也开始大力加强流动人口的业务管理，但部门之间尚未形成政策、制度和执法上的有效整合与协作机制体制。

2.1995—2006 年间，流动人口综合管理体制初步形成阶段

1995 年，中央在厦门召开“全国流动人口管理工作会议”，提出了“服从大局，加强管理；因势利导，兴利除弊”的流动人口管理工作方针。北京市根据自身实际制定了“规模控制、严格管理、加强服务、依法保护”的工作方针，颁布实施了《北京市外地来京务工经商人员管理条例》和一整套涉及户籍、治安、房屋、务工、经商、卫生、防疫、计划生育、收容遣送等方面的配套地方性法规，逐步建立了市、区县、乡镇(街道)三级管理体制和流动人口问题综合治理机制，组建了相应的管理队伍，初步形成了流动人口综合管理的工作格局。同时，建立了各级党委政府领导负责，公安、劳动与社会保障、教育、民政、工商、城建、共青团等众多部门参与的综合治理机制——流动人口综合治理领导小组，并在公安部门设立领导小组办公室，作为各级党委、政府领导流动人口管理工作的协调和办事机构。在公安以及其他部门内部都依托相应机构在市、区县、乡镇(街道)三级机构建立了相应的管理机构，特别是依托公安部门社区警务工作的开展，在社区一级逐步建立了流动人口管理工作站，并充实了相应的协管员队伍，使管理触角深入基层社区。同时，在出租房屋的管理上，北京市按照国家和公安部的相应规定，建立了出租房屋管理和治安管理制度，但流动人口与出租房屋管理机构分置，突出表现为基层社区(村)流动人口管理站和出租房屋管理站分设，未能实现力量和职能整合。

3.2006 年至今，流动人口综合管理体制正式形成阶段

2005 年年底，北京市委、市政府联合下发了《关于进一步加强流动人口管理与服务工作的若干意见》，按照这一文件精神，从 2006 年起，按照中央的要求，针对北京市流动人口发展的基本状况，从维护北京市社会稳定、

保障流动人口合法权益，以及保障北京奥运会成功举办的角度出发，历经一年多的调研和准备，2007年年初，由各级党委政府统一领导的市、区县、街乡流动人口服务管理专门管理机构——“北京市流动人口和出租房屋管理委员会”正式成立。这一新体制的突出特点是将现有的流动人口、出租房屋管理体制合一，建立党委政府统一领导，专门机构统一协调，各部门分工负责，条块结合、以块为主的属地管理工作体制，形成市、区(县)、街道(乡镇)、社区(村)四级流动人口和出租房屋管理服务组织体系。一是突出了党委政府对流动人口工作的统一领导和统筹规划；二是将流动人口管理与出租房管理体制合二为一，突出了以房管人的工作思路；三是突出了以街乡、社区(村)为重点的实有人口属地管理和以社区(村)服务站和专职管理员队伍建设为核心的基层基础建设。根据北京市编委批复，正式成立“北京市流动人口和出租房屋管理委员会”及办公室(简称“流管委”和“流管办”)分别与综治委和综治办合署办公，市流管办做好区县、街道(乡镇)组织机构以及社区(村)服务站、管理员队伍建设的指导工作，各区县参照市里机构组建模式，建立区县、街乡、社区(村)管理机构和基层组织，确保四级管理组织网络体系顺利开展工作，同时积极探索在纵向、横向两个方面建立起科学的运行机制，确保体制调整工作的顺利进行。

二、北京市现行流动人口管理体制的主要优势与存在的主要问题

如前所述，2007年年初，北京市出台了流动人口和出租房屋服务管理体制改革的重大举措，即成立由各级党委政府统一领导的市、区县、街乡流动人口服务管理专门管理机构——“北京市流动人口和出租房屋管理委员会”及其办公室，并分别与综治委和综治办合署办公。在基层社区(村)设立流动人口和出租房屋管理服务站，配备专职管理员，形成市、区(县)、街道(乡镇)、社区(村)四级流动人口和出租房屋管理服务组织体系。

(一)北京市现行流动人口管理体制的主要优势

北京市流动人口服务管理的这一体制变革是一个巨大的进步，解决了长期以来制约流动人口管理工作发展的一些体制性问题。首先，实现了流动人口服务管理由公安管理向政府管理的初步转变，为综合治理的管理机制初步形成奠定了基础。流动人口流动过程和管理涉及生产、生活、居住、治安诸多方面，它们之间相互联系，构成流动人口管理的整体。北京市2007年之前的传统流动人口管理体制，虽然也提出要在流动人口管理工作中建立党委政府领导、各部门齐抓共管的综合治理机制，但由于这一机构并非实体部门，其办事机构(“流管办”)设在公安部门，实际执行中公安部门作为政府流动人口的管理职能部门之一，难以真正承担起协调各部门工

作的重任，综合治理机制并未真正形成。2007 年后，北京市新的“流动人口和出租房屋管理委员会”及其办公室的设立，由于其分别与综治委和综治办合署办公，使流动人口服务管理工作的领导和协调办事机构实体化，成为事实上的流动人口和出租房屋管理工作的真正协调机构，基本能够发挥协调涉及流动人口管理的诸多部门之间工作的本质职能，为综合治理的管理机制初步形成奠定了基础。

其次，流动人口社区一体化管理的根基基本形成。流动人口管理工作的重心和基础在其居住、工作的最基层单元——社区(村)和就业单位特别是社区(村)。北京市新的流动人口和出租房屋管理四级体制，将原来的三级管理体制继续向基层社区(村)延伸，并在基层社区(村)设立流动人口和出租房屋管理服务站，配备专职管理员，基本形成了流动人口社区一体化管理的根基。

再次，基层社区(村)流动人口和出租房屋管理服务站的管理队伍实现了从兼职协管员到专职管理员的转变，基层管理队伍得到了强化。北京市新的流动人口和出租房屋管理体制规定，基层社区(村)流动人口和出租房屋管理服务站的站长原则上由街道(乡镇)流管办选配，副站长原则上由社区(村)负责流管工作的干部和社区民警共同担任。服务站按照本地区实有流动人口 3‰—5‰或出租房屋 50—100 户/人的比例，配备专职管理员，克服了以往流动人口和出租房屋协管员力量分散使用、人员流动性大的弱点，基层管理队伍得到了强化。同时，专职管理员职责明确，工作任务明确、工作规范化程度提高，强化了流动人口和出租房屋管理基层基础工作。

最后，管理经费保障机制基本落实。北京市新的流动人口和出租房屋管理体制规定，基层社区(村)流动人口和出租房屋管理服务站工作经费和人员经费统一纳入区县财政预算，根据流动人口和出租房屋管理工作需要予以保障，克服了以往流动人口和出租房屋管理工作经费和协管员工资待遇主要来自派出所公安业务经费或者罚没款项且难以有效保障的弊端。

(二)北京市现行流动人口管理体制存在的主要问题

虽然，北京市新的流动人口和出租房屋管理体制克服了旧体制在上述诸多方面的弊端，但这一新体制在制度本身层面还存在不少问题，主要体现在以下三个方面：

一是新的流动人口和出租房屋管理体制在街乡以上的相关管理机构依然存在对流动人口的服务管理“重管理轻服务”的趋向。这一管理体制的具体内容规定，北京市市级流动人口和出租房屋管理委员会及办公室的管理职能主要是“做好区县、街道(乡镇)组织机构以及社区(村)服务站、管理员队伍建设的指导工作；帮助协调解决一些实际问题；负责制定全市流动人口和出租房屋基础信息采集、登记、录入统一规范标准；建立健全统一规范的基础工作台账；指导流动人口和出租房屋摸底登记工作开展。”从以上可以看出，这种管理体制由综治委牵头，主要办事机构与综治办合署办公。因此，其对流动人口的服务管理强调治安及相关的管理工作优先，即强调对流动人口的综合管理，而对涉及流动人口服务的相关政策则难以进行有效的协调与控制，难以摆脱政府行政控制的色彩，只不过由以往的“公安管理”转变为“政府管理”，而流管委与流管办则主要起到协调管理的作用。因此，有学者①将这种管理体制称之为“治安管理拓展型”管理体制(北京模式)是不无道理的。

二是基层社区(村)流动人口和出租房屋管理服务站存在性质与工作职责的矛盾性、运作单一性等弊端，制约了新体制优势的发挥。北京市新的流动人口和出租房屋管理体制，在对街乡以上相关管理机构的定性上基本不存在问题，即街乡以上相关管理机构基本上可认为是同级政府的行政机构，而对于基层社区(村)流动人口和出租房屋管理服务站，其管理机构与职能定位为“依托社区(村)，对原有的基层流动人口(出租房屋)管理组织有效整合，在全市社区和流动人口较多的村成立流动人口和出租房屋服务站，纳入城市社区和农村统一管理服务组织体系，落实经费保障，使其充分发挥作用”。通过上述规定，并结合我国城市社区和农村地区村级组织的性质可以看出，北京市基层社区(村)流动人口和出租房屋管理服务站从性质上看应该不属于政府的行政部门，而是协助街乡以上相应行政管理部门开展流动人口和出租房屋管理工作的辅助组织。这一点从基层社区(村)流动人口和出租房屋管理服务站基本不具有相应的行政执法权也可以得到佐证。另一方面，从我国流动人口和出租房屋管理工作的性质看，这无疑应属于政府行政管理工作的一部分。从这一意义上说，北京市基层社区(村)流动人口和出租房屋管理服务站又具有行政部门的工作特色，这一点从国外大多数国家流动人口和出租房屋管理工作主要由相应的人口身份管理部门(如法国的国民身份管理局)和房屋管理部门来承担可以得到印证。因此，北京市基层社区(村)流动人口和出租房屋管理服务站性质与工作职责上的矛盾性，制约了流动人口和出租房屋管理工作的有效开展，制约了这一体制优势的发挥。此外，北京市基层社区(村)流动人口和出租房屋管理服务站运作上也存在单一性弊端。基层社区(村)流动人口和出租房屋管理服务站是针对流动人口和出租房屋管理工作而设立的，其职能相当单一，而事实上社区(村)的服务管理工作涉及面非常广泛，涉及人群既包括流动人口也包括常住人口，以及市内人户分离人员。社区(村)流动人口和出租房屋管理

---

① 尹德挺：《流动人口服务管理体制的改革创新与未来设想——基于社会融合的视角》，北京社科规划办，2010-12-10。

服务站管理职能和管理对象的单一性，从社区服务管理的角度看，显然带来了外部的不经济，即对流动人口和出租房屋管理而言，社区服务站具有较高的工作效率，而对整个社区服务管理工作而言则提高了管理成本，体现出不经济性的一面，制约了新体制优势的发挥。

三是基层社区(村)流动人口和出租房屋管理综合治理的有效管理机制并未真正形成。北京市新的流动人口和出租房屋管理体制规定，基层服务站的基本职责任务是："负责本地区流动人口和出租房屋登记检查和统计汇总上报工作，定期进行巡视，及时变更信息，全面掌握本地区流动人口和出租房屋基本情况，为政府决策和职能部门管理提供基础支持与服务。及时发现和上报社区(村)内流动人口和出租房屋中的各类违法问题和安全隐患，督促进行整改。"由此可见，基层服务站主要是负责信息收集和信息提供工作，而相应的执法权还是在原有的相关部门手中。在这种情况下，各个管理部门在涉及流动人口的管理上还是各自为政，难以实现真正意义上的综合协调管理。

四是基层管理员的执法权缺失，导致管理工作出现困境。与基层社区(村)流动人口和出租房屋管理服务站的性质及其基本不具有相应的行政执法权相适应，基层服务站的工作人员(包括管理员)，除社区民警(其执法权来自民警的公务员身份)外，一般都不具有行政执法权。实际工作中，这已成为基层流动人口和出租房屋管理工作有效开展的最大制约。一方面，基层服务站工作人员缺乏执法权，使一些流动人口和出租房主形成有恃无恐的心理，从而不配合管理工作；另一方面，如果赋予基层服务站工作人员一定程度的执法权，又与基层服务站的性质、其工作人员(特别是管理员)的不具有行政执法权的身份产生矛盾，从而陷入法律上的尴尬境地。

三、完善北京市流动人口服务管理体制的对策建议

北京市流动人口服务管理体制的完善，主要是在国家流动人口服务管理基本政策与指导思想的指导下，总结分析北京市现行流动人口服务管理体制的利弊，进一步完善流动人口管理体制。这既是强化流动人口服务工作、保障流动人口合法权益的需要，也是预防流动人口违法犯罪的需要。北京市流动人口管理体制的完善应主要从以下几个方面着手：

(一)调整流动人口和出租房屋管理机构职能和机构设置

针对现行体制在街乡以上的相关管理机构依然存在对流动人口的服务管理"重管理轻服务"的趋向，调整流动人口和出租房屋管理机构职能，即从强调其对流动人口的综合管理，调整为"管理与服务并重"，加强其对涉及流动人口服务的相关政策特别是部门政策的有效协调与控制。为此，在流动人口和出租房屋管理机构设置上，可以考虑改变这种由综治委牵头、

以治安与社会管控色彩浓厚为突出特征的管理体制，将流动人口和出租房屋管理领导机构及其主要办事机构从综治委和综治办脱离。考虑到北京市在社会建设和社会管理改革创新领域取得的主要进展，可以将流动人口和出租房屋管理机构——“流管委”和“流管办”分别设置在“中共北京市委社会工作委员会”和“北京市社会建设工作办公室”中，在后者的领导下，履行协调政府各部门流动人口和出租房屋服务管理政策和工作的职能。为此，要在这一机构的协调下，积极推进与户口挂钩的一系列劳动就业、社会保障和文化教育等相关社会经济政策的改革，有效保障流动人口合法权益。这既是建立首都和谐社会的需要，也是相关部门改善流动人口行政管理工作的重要举措。这些领域的改革，应该充分遵循党的十六大提出的“以人为本”，以及公正公平、法律和政策面前人人平等的基本原则，适应建立社会主义市场经济体制的需要，按照就业、社会保障及义务教育等社会福利政策与户口脱钩的要求，加速相关领域的政策改革，依法赋予流动人口应有的平等就业权、社会保障权和受教育权利。

(二)整合系统平台，完善流动人口综合服务管理信息系统，实现信息共享

针对当前“流管委”和“流管办”的“北京市流动人口和出租房屋综合管理信息平台”与公安、劳动、房管、计划生育等部门流动人口(出租房屋)管理信息系统不兼容、信息难以共享的弊端，在理顺流动人口和出租房屋服务管理体制和综合协调机构的基础上，由负责综合协调工作的相关机构牵头，整合公安、劳动与社会保障、教育、计划生育等部门管理资源，建立统一的全员流动人口基础信息采集、更新和动态管理信息系统，实现流动人口基础信息的统一采集，跨部门、跨系统、跨地区共享。为此，应逐步推进流动人口信息社会化采集工作，强化流动人口管理基础工作。针对流动人口服务管理工作涉及政府和社会诸多部门、人口信息具有社会分散性的特点，通过多种工作途径实施流动人口信息社会化采集。首先是政务网系统采集。将公安、计生、社保、民政等相关部门的业务信息与建立在社区、村委会的流动人口综合服务管理信息系统信息采集点采集的信息予以整合。其次是社会服务部门采集。将电信、供水、供电等社会服务部门业务服务工作中采集的人口信息，通过政府信息中心数据交换平台，与流动人口综合服务管理信息系统进行整合、更新。最后是互联网系统采集。通过行政手段推动、督促用工企业建立内部流动人员信息采集制度，通过互联网和政府信息中心数据交换平台，与流动人口综合服务管理信息系统进行整合。

(三)明确社区(村)流动人口和出租房屋管理服务站的行政派出机构性质

针对基层社区(村)流动人口和出租房屋管理服务站在机构性质与工作职责上的矛盾性，从而制约了现行体制优势发挥的弊端，明确社区(村)流动人口和出租房屋管理服务站为街乡流动人口和出租房屋管理办公室的行政派出机构性质。具体做法可以考虑为：结合政府部门服务管理人员力量下沉、进村进社区，将涉及流动人口服务管理的街乡以上政府部门的人员力量下沉到社区(村)，辅以部分专职管理员(协助管理)，组建社区(村)流动人口和出租房屋管理服务站，作为街乡流动人口和出租房屋管理办公室的行政派出机构，具体承担流动人口和出租房屋管理的服务与执法工作，并将相应的行政执法权赋予具有公务员身份的社区(村)流动人口和出租房屋管理服务站工作人员，服务站管理员则不具有独立的行政执法权，而仅具有协助执法权。

(四)整合社区服务管理机构和人员队伍

针对基层社区(村)流动人口和出租房屋管理服务站在管理业务和管理对象上具有单一性，从而影响社区服务管理的效能这一弊端，一是按照“统一、精简、效能”的原则，将社区(村)流动人口和出租房屋管理服务站进一步扩展为社区(村)人口综合管理服务站，统一承担社区涉及实有人口的各类行政管理与公共服务协管职能，并在条件成熟时，与社区其他类型的工作站，如综治工作中心、维稳工作站、社区调解工作站等有效整合，设立社区(村)综合管理服务站，统一履行社区服务管理职能。二是规范社区综合管理(协管)队伍建设。可以采用政府购买服务的方式，按照统一招聘、统一培训、统一考核的要求，由乡镇、街道负责招聘组建社区(村)综合管理(协管)员队伍，统一、全面负责社区(村)的实有人口以及实有房屋信息采集与维护、各类行政管理与公共服务协管工作。

(五)加强基层管理站人员队伍配备，改善人员待遇

针对当前社区(村)服务站管理员的配备数量、整体素质、工资待遇都存在不少问题，成为制约暂住登记工作落实主要因素的弊端，严格落实社区(村)服务站管理员的数量配备标准，提高工作的覆盖面；通过加强培训，提高社区(村)服务站管理员的整体素质，提高其工资待遇，基本达到其他社区工作者的待遇水平，提高社区(村)服务站管理员的工作积极性。

参考文献

1. 嘎日达：《流动人口服务管理创新及困境研究——以北京市为例》，《行政管理改革》，2011 年第 1 期。
2. 丁宪浩：《打破新二元社会结构 促进农民工社会融入》，《农业现代化研究》，2007 年第 5 期。
3. 姚苹、王景芝、张磊：《流动人口服务管理与和谐社区建设——以北京市东城区为例》，《中共银川市委党校学报》，2009 年第 1 期。
4. 周永康：《深入推进社会矛盾化解、社会管理创新、公正廉洁执法，为经济社会又好又快发展提供更加有力的法治保障》,《求是》,2010年第4期。
5. 伍先江:《论流动人口服务管理创新》,《中国人民公安大学学报》(社会科学版),2011年第2期。
6. 揭明、张勇敏:《社区化服务管理:流动人口管理新模式探索》,《三江论坛》,2008年第1期。
7. 国家人口和计划生育委员会流动人口服务管理司编:《中国流动人口发展报告2010》,中国人口出版社,2010年。
8. 公安部政治部编:《户政管理教程》,中国人民公安大学出版社,1996年。
9. 公安部治安管理局编:《2009年全国暂住人口统计资料汇编》,群众出版社,2009年。
10.《北京推出新机制:流动人口与出租房屋管理合一》,http://www.law-lib.com/fzdt/newshtml/gddt/20070123085316.htm。

(作者:伍先江　首都社会安全研究基地研究人员　教授)

北京影视艺术研究基地

（北京电影学院）

基地名称：北京影视艺术研究基地
依托单位：北京电影学院
项目类别：研究基地自设项目

跨界融合与全面渗透：数字时代电影的游戏化风格[①]

一、概　述

安德烈·塔可夫斯基（Andrei Tarkovsky）曾强调指出："一般人看电影是为了时间：为了已经流逝、消耗或者尚未拥有的时间。"[②]在这里，塔可夫斯基所指出的"时间"，实际上是指人的生命体验。

和其他物质的消费不同，故事的消费有着这样一个特点：人在消费中向故事生产者付费的同时，也在向另外一个商品的持有者支付另一笔费用，以购买另一种商品。这笔商品的费用指的就是人的时间，而商品的持有者就是这个人自己，而获得的商品则是故事虚拟出来的人的生命体验。

人的时间和人的经历是两个不同的概念：时间是生命的长度，而经历是生命的密度。时间并不能和经历画等号，拥有时间也并不代表拥有经历。对于两个同样年龄的人来讲，我们会认为经历丰富的生命更有存在的价值。电影是占用空闲时间、用消费故事获得生命体验的一种最好的方式。我们观看电影或者进行其他故事的消费活动，主要是为了从中获得一定质量的生命体验，从而令人的生命更有价值。

美国心理学家亚伯拉罕·马斯洛（Abraham Maslow）于 1943 年在《人类激励理论》（*Hierarchy of Needs Theory*）中提出了从低到高依次排列的人的需求的五个层次。它们分别是：生理需求、安全需求、社交需求、尊重需求和自我实现共五大类需求。他认为，需求是人类内在的、天生的、下意识存在的，而且是按照先后顺序发展的。当需求被满足之后，就不再具有激发动机的力量。在漫长的时间中，人首先要满足马斯洛需求中低层次的需求，然后再满足自己对社交、尊重及自我实现等高层次的需求。在满足

① 本文是 2012 年度《中国影视学术创新理论》项目的阶段成果。

② ［苏］安德烈·塔可夫斯基著，陈丽贵、李泳泉译：《雕刻时光——塔可夫斯基的电影反思》，人民文学出版社，2003 年，第 64 页。

高层次需求的过程中以及下一次满足低层次的需求前，人会有很多的“空闲”时间。在这些闲暇时间中，生命的本能会要求人去最大限度地追求经历、接受刺激来获得更多的生命体验，使时间的度过更有意义和更有价值。因此，人类在从事谈恋爱、冒险等刺激性的活动时，实际上都是在追求更多的生命体验和刺激的表现。

游戏性是人的生命活动本能带来的自足性。惯常意义上的游戏是指自给自足的休闲娱乐活动。伊曼努尔·康德(Immanuel Kant)曾将狭义的“游戏”看作是以情感体验为内在目的的活动。荷兰文艺理论家约翰·赫伊津哈(Johan Huizinga)则将人类的活动划分为“游戏”和“非游戏”两大类。按照他的分类，艺术在发展过程中，作为一种游戏渐渐地获得了非游戏性，即严肃性。对电影艺术来说，游戏性和严肃性是其凝结着文化与艺术因素的两大基本属性。

在电影一个多世纪的发展历程中，人们已习惯于将电影划分为商业片与艺术片、类型片与文艺片、精英电影与大众电影等二元对立的范畴，似乎这样才能够更好地理解电影的属性。其实这种分类方法的重要依据是观众的多寡。到了现代，由于快节奏的都市生活使得电影的观众年龄已呈现出了明显的低龄化特质。比如，美国主流电影的观众的平均年龄是 16－18 岁。于是，电影中的游戏性开始占据上风。纵观世界影坛，大批电影出现了游戏化与动漫化相结合的风格倾向，如《海扁王》(马修·沃恩导演，2010 年)、《源代码》(邓肯·琼斯导演，2011 年)、《保罗》(格雷格·莫托拉导演，2011 年)等等。好莱坞的漫画英雄系列也从《超人》系列发展成了《海扁王》(马修·沃恩导演，2010 年)与《歪小子斯科特》(埃德加·赖特导演，2010 年)等等。

飞速发展的电影制作工艺和技术，更是使得电影的表现能力大大超越以往。游戏化的电影与数字化的电影技术发展相辅相成、相得益彰，呈现出了丰富的表现力和感染力。其主要特性主要呈现于风格形式、情节结构和人物塑造三个方面。

二、风格形式中的游戏性

对于一个真正优秀的作家来说，将他从众多作家中区分出来的标志既不是故事，也不是人物，而是他独特的腔调、笔触、语言风格和表达形式。对于电影制作者来讲亦是如此。电影作为视听艺术，电影创作者是通过创造性的视听元素带给观众感官直观而生动的生理刺激。因此，能否创造出与众不同的视听风格和形象体系，是判断一个电影创作者是否具备独特而富有创造性的能力的关键。

电影发展至今，现实主义风格的电影正在逐渐淡出大众视野，写实的电影也在向艺术化的境地逐渐靠近，其原因是其在当代已不具备大众观影的基础。对于当代中国的电影观众来讲，社会的现代化转型给人们带来了极大的生存压力，各种现实困境纷至沓来，导致人们疲于应付。所以人们到影院中去观影，需要的只是幻想的刺激和精神的慰藉。他们更希望能在电影中获得视觉奇观、窥探明星、放松心情并移情幻想，在释放现实生活中遭遇的压力的同时，通过茶余饭后的插科打诨，分享影片产生的话题性，在社交生活中占据一席之地，而并不希望花费金钱去影院中感受平淡而沉重的现实生活。纵观世界电影发展史，意大利新现实主义便是在好莱坞电影大肆入侵意大利的电影市场后日渐式微、走向衰败。可见，人们需要的不是物质现实的还原，而是展示现实生活的奇迹。

现代的影院电影需要风格化的电影，需要电击观众幻想神经的电影。于是风格化的电影便为观众提供了减压的功能。所谓风格化的电影，是指利用电影的视听特质和假定性原则，形成独特且区别于现实世界的电光幻影。对于一部电影来讲，只要建立了电影自身的逻辑形式，树立起独特的风格样式，成功建构出银幕的假定性，就能够与观众达成观影中的心理默契。在此之后，只要影片超越了观众的想象力，观众就会进入到电影世界的内部跟着电影的逻辑走，而不会用现实的逻辑去要求电影。因为这时候作用于观众的是情感逻辑，而非现实逻辑。

《罪恶之城》(罗伯特·罗德里格斯导演，2005 年)便是利用风格化的视听元素建构出独特世界的杰出的都市黑色电影。漫画式的形象体系并不是这部电影的独创，在此之前早有华伦·比蒂(Warren Beatty)导演的《至尊神探》(1990 年)。可与后者不同的是，《罪恶之城》借助了高科技的数字绘景技术(Matte Painting)，不仅使电影的制作过程更加便利，而且在制作效果上也是更胜一筹，让黑暗中的都市场景显得惟妙惟肖。

2009 年拍摄的《歪小子斯科特》则呈现出一种电子游戏与动漫化的美学风格。导演和摄影师通过数字技术手段实现了画幅比和取景的极端转变。片中不仅运用了非变形镜头拍摄强烈现实感的场景，还采用了 Phantom HD 的高速摄影机来拍摄战斗场景的升格镜头。这部影片的摄影师曾经提出："这部影片中没有鲜血，唯一表现极大力度的方法就是演员们的面部表情或是他们头发的颤动。我们采用风力机和空气驱动仪(air canons)加强效果，根据动漫与游戏美学设计每个镜头，依赖慢速升格拍摄和定格拍摄营造气氛。"[①]因此，在这部影片中其每一场对决、打斗、升级、赚钱、拿装备、打 Boss，都仿佛过关斩将的动作游戏。而每一场打斗戏都制作得相当赏心悦目。出色的配乐、完美的剪辑以及各种花哨的动作和特效让影片的决斗场

① 参见《美国摄影师杂志》(American Cinematographer)，2010 年第 8 期，第 42—55 页。

面充满令人眼花缭乱的高潮。

1982年出品的《电子世界争霸战》，由于当时数字技术发展并不完善，其中大部分的视觉特效是通过辛苦的人工逐格动画技术来实现的。进入到21世纪以后，数字技术有了高速的发展。到了2011年《电子世界争霸战》的续篇《创战纪》(Tron：Legacy)，为了区分开现实生活世界与虚拟网络世界，采用了立体视觉效果拍摄其中的场景，并将所拍摄的2D与3D影像进行有机的结合用于处理激烈密集的动作场景。这部影片讲述了主人公萨姆·弗林意外闯入了父亲凯文·弗林编程的电子世界中，经过战斗推翻了掌控电子世界的邪恶程序克鲁，重新回到了真实世界。这部电影中反抗程序的头领克鲁有着和凯文·弗林一模一样的面容。在操作中，面部捕捉与人脸替换技术将克鲁的表情处理的与1982年影片中的凯文·弗林一模一样，让影片在充满延续感的同时，逼真地展现出了网络虚拟世界的幻想风格。

数字技术为风格化气氛的营造和逼真的视听冲击提供了强大的支撑。可以说，没有数字技术在电影领域的高速发展，电影的表现形态是根本无从更新的。数字化技术为前期影片摄制工作提供了众多便利与可控性。首先，它能够实施现场监看与回放工作，更易掌控制作的进度并精确控制每一个环节。其次，数字化技术手段加快了现场的制作过程，由此便节省了传统电影制作工艺在前期设置上的准备时间。最后，也是最重要的一点。前期制作和后期制作中的数字化技术让电影在风格形式上充满了更多的可能。

中国电影目前的游戏化风格趋势也与数字技术的发展保持同步。2011年上映的影片《李献计历险记》(郭帆、李阳导演)中的主人公李献计只要能够打穿一个游戏，就能够使时光倒流，回到他的女友王倩出车祸前的一秒，从而避免悲剧的发生。影片主人公李献计患有“差时症”。这是一种被虚构出的病症，其临床症状表现为在感觉上将一段短暂的时间漫长化或者将一段漫长的时间瞬间化。影片运用数字摄影机的升格和降格动作表现“差时症”病发时被放大和缩小的时间，同时运用数字绘景技术完成了李献计的心理时空，增强了影片的游戏性和观赏性，同时还表现了李献计的意识流与心理动态。假设该片没有使用数字技术，则肯定无法用视听来表现出“差时症”的病症。这样，便会使影片的表现力大打折扣。数字技术下，“差时症”游戏化的设计大大增强了电影在时空体验上的丰富性。同时，可以通过加快或放慢时间的方式来影响影片叙事节奏的变化，从而表达出“与时间赛跑”的主题。

对于中国电影来讲，观众总是用真实性来衡量电影的视听方式，其重要原因便是中国电影的风格化程度不高。由此，妥善并创造性地运用数字化技术，借鉴国外成功作品中成熟的类型风格与造型模式，在影片中呈现游戏性的因素，将使电影的游戏化风格充满更多的可能，必将成为中国电影未来发展的新方向。

三、情节结构中的游戏性

游戏是人类对待生命的一种态度，它是人类的天性。赫伊津哈曾用四个词来概括游戏：玩、争、赛、让。在古代中国，几乎每一个活动都呈现出仪式性竞赛的形式，涉水、登山、伐木、采花都表现出游戏的成分。① 在中国人的性格深处充满着对世俗和生活的热爱，使其经常愿意在惯常的生活中注入游戏性动作。比如中国杂技中的翻跟头、顶碗、飞盘子等绝技的灵感最早起源于餐馆服务生的工作。这便是中国人热爱生活和善于转化事物性质的重要体现。一般来讲，中国人善于将沉重游戏化，而日本人则将一切严肃化。插花玩成了花道，喝茶成就了茶道，相互比试变成了剑道，而互相博弈的下棋则成了棋道。连泡个茶都要讲究规矩、追求严肃的"道"，令人半点轻松不得。虽然在技艺上有了极大提高，但是也堵死了生活的余地。沟口健二(Kenji Mizoguchi)在《武藏野夫人》(1951 年)中，借角色之口感慨日本文化：日本太平的时间太久，等儒家文化占了上风，权力关系稳定周密，个人就消失了。在日本，表现自我的方式只有两种，自杀和通奸。②

在中国电影发展史上，电影情节结构的游戏性一直具有非常重要的地位，却也被中国众多电影大师所忽略。中国电影史上诞生过如《地道战》(任旭东导演，1965 年)、《地雷战》(唐英奇导演，1962 年)等娱乐日本兵的游戏性电影，形成了当时娱乐片的一种新思路。可惜这种思路尚未形成势力，便被反思的声音和文以载道的传统文化定式所压制。在 20 世纪 80 年代"伤痕文学"的反思风潮下，第五代电影人开始了乡土叙事和历史叙事，所拍摄作品也在国际电影节上频频得奖；而第六代电影人则是以城市/当代为叙事时空，以"警察妓女黑社会、穷山恶水长镜头"的叙事风格消解电影中的游戏性，从而抢占话语权的制高点。

事实上，在所有的类型电影和大众电影中，喜剧片是最能让人获得认同的类型片，所获得的大众认同度也最高。其生理原因是不同的人在笑的时候，面部表情结构极其相似，从而减少了差异性，获得了最大层面的认同。

在众多的喜剧中有一种结构喜剧，是指在结构的比较中构建起一个荒诞的局面，在这个局面下让剧中人去做一件正常的事。结果是内容越严肃

① 参见[荷]约翰·赫伊津哈：《游戏的人：文化中游戏成分的研究》，花城出版社，2007 年。

② 参见徐浩峰：《座头市的中国心》，《刀与星辰》，世界图书出版公司，2012 年，第 139 页。

便越具游戏性。如在黄建新导演的《埋伏》(1997 年)中，主人公叶民主在埋伏点支撑不下去时，总会拨通一个陌生的号码听从电话另一头一位从未谋面的智者的指点。在影片结尾，当他与这位智者见面时，才发现所谓的智者只不过是个聋子。而这个聋子只要看到灯一亮便会抓起手边的电话一通乱讲。让人意外的是，他电话底下居然压着一本《马克思主义思想宝库》。于是，这就使得荒诞的情境与严肃的动作产生了错位，并改变了严肃的叙事策略，从而产生出强烈的游戏感。所以说，结构喜剧是情境建构的艺术，往往通过游戏化的形式来表达对制度化的社会所产生的质疑。

影片《疯狂的石头》(宁浩导演，2006 年)通过几组人物对一块价值连城的宝石的争抢，折射出了社会的异化现状，并引申写出了当代的下岗工人问题，写出了保安队长的自尊心。有人说，《疯狂的石头》借鉴了盖里奇的《两杆大烟枪》(1999 年)和《偷拐猛抢》(2000 年)。事实上，这两部影片中的多线叙事策略也并不是盖里奇的原创。在中国古典戏曲《花田错》、《风筝误》等名作中早就有过“偶然巧合”与“盲打武装”等戏剧性的喜剧因素了。

结构上的匠心设计很容易给观众制造出一种恍然大悟的快感，并不断地为观众制造观影期待，突破自己的想象，完成认同。如在《让子弹飞》(姜文导演，2010 年)中，张麻子抓到了黄四郎的替身，果断枪决，而后宣布已经铲除真黄四郎了。这段情节张弛有力，在结构的讲述中层层递进，给观众制造出悟道般的游戏快感。

数字化的剪辑手段，开拓了凌厉的快节奏剪辑方式，并使影片的情节结构与时空关系充满了更多可能性。在影片《歪小子斯科特》中，女主人公斯科特要战胜女主角的七个邪恶前男友。所以，每当主人公战胜一个对手后，对手就会被打成流星飞离天际，并从身上掉落出大量金币。因此，整个电影的故事进展仿佛是电子游戏过关斩将的过程。

数字技术使电影的情节讲述与结构安排不再需要按照现实时空的蒙太奇法则去处理，而是做到了想怎么来就怎么来，只要能在情感上讲得通。在台湾电影《杀手欧阳盆栽》(李丰博、尹志文导演，2011 年)中，处理的是陌生人危机。盆栽作为一个不杀人的杀手，利用骗术瞒天过海，一直扮演着某种近似于上帝的角色。他每“杀”一个人等于是给对方带来一次“重生”的机会。骗术本是都市人在陌生人时代抵御外在陌生环境与陌生人的常用手段，但是盆栽却反其道而行之，运用骗术救人，从而体现出了盆栽身上的一种“温柔的冷”的特质。这部影片旨在表明，尽管在当代迫于生存的压力很多城市人在隐藏、在欺骗，但人与人之间心底的善念与信任却是一直存在的。而影片的游戏化结构主要体现在它的两版结局中。在第一版结局中，盆栽在与老大的战斗中失败，银幕上则出现了“Game Over”的字样，但随即盆栽原地满血复活，继续与老大战斗。而在第二版结局中，当盆栽用炸药将反派老大冷面佛炸上天爆炸成礼花后，后者居然也只是腿部受伤，仿佛是“打不死”的动漫游戏人物。其结构设计上的游戏感，对于数字时代培养的观众来讲并不存在接受与认知困难。数字技术让电影叙事真正进入了后现代时代。在影片中适当呈现游戏性的因素，用恶趣味和冷幽默修饰人物，将成为中国电影未来发展的新方向。

四、人物塑造中的游戏性

电影故事源于作者对他人生活的好奇心。观众看故事不是看情节如何推进，而是看人物的意念如何实现。“表面上，人们看电影是看故事，但实际上他们是在体验情感。这种情感体验因对剧中人物的命运而生，因电影的视听节奏来实现和传递给观众。人类七情：喜、怒、忧、思、悲、恐、惊分别化作不同的电影类型样式，这才有了喜剧、正剧、感伤剧、心理剧、悲剧、恐怖片、惊险片等等的分野。”①影片中的人物塑造实质上与观众建立了某种对话关系。

数字时代的电影制作对电影人物塑造提出了“扁平人物”的要求：特征明显、易于辨识。所谓“扁平人物”，其“最大的优势之一就是不论他们何时登场都极易辨识——被读者的情感之眼认出……第二个优势是，他们事后能够很容易被读者记牢”。② 在电影中，风格化的扁平人物主要指人物的职业、招牌动作、口头禅等设定，具有明显的特质。通常来讲，角色人物的风格化将会超越电影的写实性。在电影艺术创作中，只要故事生产者的想象力超越了观众，观众便会跟着电影故事走，而不会用生活的写实逻辑去要求电影。比如，在《歪小子斯科特》中，对于女主角七个前男友的设置是：自恋的印度宝莱坞舞男、只吃素食的无敌超人、行为怪异的女同性恋、操纵音浪的 DJ 双胞胎兄弟……每个人物都是扁平化的风格人物。通过服装、动作和台词表现出每个人的特点，让观众看得淋漓畅快。2012 年，由九把刀担任编剧的影片《杀手欧阳盆栽》讲述了一个不杀人传奇杀手——盆栽的故事。片中，骗术大师、割包皮的医生、保险公司诈骗者、高科技黑客等众多人物一一粉墨登场，在风格化的基础上还为影片增设了游戏性。在盆栽用炸药将反派老大冷面佛炸上天爆炸成礼花后，后者居然也只是腿部受伤，仿佛是“打不死”的动画片与游戏人物。

国产影片《人在囧途》(叶伟民导演，2010 年)是一部票房与口碑双丰收的电影。片中的牛耿(王宝强饰)第一次出现在“2B”出口时，观众就明确了这是一部荒诞喜剧影片；而《硬汉》中老三的画外音：“有一种力量，是专门

① 刘一兵：《电影与情感》，《大众电影》，2006 年第 19 期，第 1 页。

② [英]E. M. 福斯特：《小说面面观》，人民文学出版社，2009 年，第 58 页。

为了消灭邪恶而存在的，那就是，我。”响起时，观众便会迅速地与影片达成观影默契，不再用现实的逻辑去要求这部影片中的人物形象。当把观众对影片的想象与现实隔离，电影就可以发挥出一切想象，创造出超现实的情节，反过来满足观众的观影体验。

《疯狂的石头》虽然是一部中小成本的电影，但是其人物塑造却值得商业大片学习和借鉴。影片中的每个形象都具备风格化的扁平特质，令人记忆犹新。如被精神和生理问题双重折磨的主角——保卫科老包，最终克服了自身的弱点，在众多怀疑的声音中不仅保住了厂子，更是解决了前列腺的困扰。可见电影不是物质现实的复原，而是心灵的复现。电影要有超越观众的想象力，就需要高于现实，就需要在人物塑造上向游戏化和扁平化做功。

观众需要在电影中释放快节奏的社会生活压力。互联网和新媒体的普及令中国社会的价值判断与精神领域迅速与世界同步。无论男女观众，新世纪以来的最普遍的诉求便是能在电影中获得一种离经叛道的体验式快感，以化解现实中的生存压力。离经叛道的人物，表明人物是不按常规出牌的，他会超越观众的想象力，从而产生游戏感。《让子弹飞》的票房与口碑双丰收，似乎成了2011年中国最受瞩目的电影：铺天盖地的消息轰炸、影院前长长的队伍，让导演姜文不仅“站着把钱挣了”，还像影片中的“青天大老爷”受到鹅城居民顶礼膜拜般受到现实中的各种追捧。这恰恰表明了观众心中存在受虐和被征服的心理，受虐也是有快感的。这种受虐的游戏感，令人叹为观止。

五、结　语

电影的诞生经历了从无声到有声、黑白到彩色、胶片到数字的技术发展过程。而每一次的技术变革都引发了电影的美学革命，革新了表现形式，并拓展了电影艺术的内涵与外延，为电影的游戏性表现提供了强有力的硬件支撑和思维启发。

在数字技术飞速发展的当下，我们迎来了全媒体的时代。楼宇电视、移动电视、3G无线网络、移动终端，如平板电脑和智能手机让电影银幕的概念已不再局限于影院的银幕。这对于电影的数字化进程无疑是另外一种强大的推动作用。在数字技术的蓬勃发展中，伴随着电影观众日趋低龄化的特点，当代电影的动漫化与游戏化风格将达到一个崭新的高度，在技术飞速发展时完成又一次的电影美学革新。

（作者：姚　睿　北京影视艺术研究基地助理研究员　博士
姚国强　北京影视艺术研究基地秘书长　教授）

北京学研究基地

（北京联合大学）

基地名称：北京学研究基地
依托单位：北京联合大学
项目类别：北京市哲学社会科学“十二五”规划项目

城市文化日历构建及其相关问题的思考①

伴随着人们生活水平的提高以及文化的认同、审美、经济等多种价值日益受到国家和社会的普遍重视，尤其是“文化强国”战略的实施，文化建设的重要性已被提到前所未有的高度。如何更好地推进文化建设是一个重大的时代课题。笔者以为，构建文化日历，不失为推进城乡文化建设的一条可行路径，同时它也是文化建设的重要内容。

就目前情况来看，已有一些学者和地方使用文化日历的概念并制作特定时期或特定地方的文化日历，比如露希·史密斯(Lucie-Smith)著有《20世纪文化日历》一书，对20世纪重要的文化活动事件进行了有序编排；晋城在线载有《2011晋城文化日历》；2011年12月31日《北京晨报》上以《跨新年文化日历》为题，列举了2011年和2012年之交北京地区的重要文化活动。另有一些著述，虽然未冠以文化日历之名，但具有文化日历的性质，如中国旅游出版社出版的《中国节庆会展旅游商务手册》系列出版物；2012年第1期《文化月刊》上刊登的《过年北京文化游》等。但总体上看，文化日历还是一个新鲜词汇，文化日历构建工作尚未引起有关部门的重视，学术界也尚未展开对这一问题的专门探讨。笔者不揣浅陋，拟对文化日历的基本理论问题，如文化日历的概念、文化日历构建与文化建设的关系，文化日历的构成要素和构建原则等进行思考，以期引起对这一工作的重视。

一、文化日历的概念和类型

时间是人类社会存在的一种维度。基于生产生活的需要，人类必须对时间进行度量。历法就是度量时间的方法，或曰一套计时系统，它推算年、月、日的时间长度和它们之间的关系，并制定出时间的序列。历法能使人类确定特定时间在无限的时间中的确切位置并记录历史。由于度量的参照、标准等的不同，形成了不同的历法。历书是历法应用的结果，它将年、月、日等信息按顺序编排形成特殊的文本，以服务于人们的生活。由于在中国

① 本文是《北京文化日历构建研究》项目的阶段成果，项目编号：12ZHB013。

人的思想观念中，时间具有伦理特性，许多活动都要选择所谓的吉日良辰，这样才能保证吉利，避免不祥；换句话说，在特定的时间里，有些事是可做的，有些事则不可做。基于此，我国的一些历书就不是时日的简单排序，而有着更为丰富的内容，至迟在唐代，包括行事宜忌的具注历书就大行其道了。后来，出于美观的目的，或者出于教化的目的，制历者还将一些图片或者一些谚语警句乃至《三字经》、《百家姓》、《千字文》、《朱子治家格言》等印于历书之上，从而使历书的内容更加丰富，功能也更为多样和强大。

（一）文化日历的概念

文化日历可以认为是一种特殊的历书。就表现形式而言，文化日历是将某个城市或地区的文化活动按举办日期的先后和空间分布，将相关信息进行有序编排而形成的文本。它用简明的方式揭示出该城市或地区文化活动的时空安排和丰富性程度。当然，根据某个城市或地区重要文化活动的举办日期，将其相关信息遵循一定的规则标注于日历上该日期之下而形成的文本，也是一种文化日历。

（二）文化日历的类型

就性质和取向而言，存在两种不同的文化日历：一种以过去为取向，立足于当下向后看，制作、发布于文化活动完成之后，是对特定区域特定时间段落（比如一个历年）内开展文化活动的简单总结或系统梳理，其实质是文化活动的大事编年。前文所举《20 世纪文化日历》以及《2011 晋城文化日历》即采用这一取向。另一种是以未来为取向，它立足当下向前看，制作、发布于文化活动进行之前，是对特定区域特定时间段落（比如一个历年）内拟开展文化活动的预告，以吸引社会组织与社会成员的关注和参与，具有鲜明的服务性，是一种生活指南。前文所举《跨新年文化日历》、《中国节庆会展旅游商务手册》系列出版物即采用这一取向。笔者下文重点论述和提倡的是后一种取向的文化日历及其构建问题。

二、构建文化日历的必备条件和文化日历的构建原则与构成要素

（一）构建文化日历的必备条件

精神文化需要是人的根本需要之一，文化活动作为满足人的精神文化需要，以文化享用、文化消费、文化传播为主要目的，是经由特定人组织并在特定时间和特定地点开展、由一定数量人员参与的系列行动的总和，是社会生活的重要组成部分，在每个人群聚居的地方都会举行。因此，大到整个世界，小到一个村落，都可能拥有以文化活动为主要表述内容的文化日历。

然而，“可能拥有”并不意味着“现实拥有”，文化日历并非生而有之，

必须经由专门的建构才可以生成，而这需要具备三个条件：首先，需要有建构文化日历的自觉意识；二是预先掌握当地特定时间段落内拟举办文化活动基本情况的准确信息。三是具有将信息进行合理构建的方法。这三者缺一不可。其中，建构文化日历的自觉意识起着关键作用。如果没有这种自觉意识，即便后面两个条件都具备，仍然不会有文化日历的生成。而如果充分认识到建构文化日历的必要性和重要性，具备了自觉意识，相关人员自然会积极寻找、发掘相关信息，也会努力探求合适的构建方法。

(二)文化日历的构建原则

1. 服务性原则

文化日历构建的主要目的是为了日用民生，即为社会成员获得文化活动的相关信息以便于从中选择以参与其中、满足自身的文化需求而服务的。因此，文化日历的构建必须贯穿服务性原则，在构建的过程中要时刻想着社会成员的需求，一方面要保证基本信息(如举办时间、举办地点)的准确和完整，另一方面则尽量提供文化活动概况、特色等知识介绍。

2. 因地制宜原则

因地制宜原则，是指根据文化日历所涉区域的实际情况来决定该区域文化日历的内容和形式。文化日历所涉区域范围大小不同，根据我国目前现有行政区划制度，可以一个省级行政区域为构建单位，也可以一个地级行政区域或县级行政区域为构建单位，甚至可以一个县级以下的基层行政区域——乡或镇为构建单位。不同构建单位的区域范围不同，文化活动的丰富性程度不一，构建者对特定时间段落内文化活动各项信息的掌握情况也有差别，因此，文化日历的构建必须贯彻因地制宜原则。如果一个区域内文化活动数量较少，就可以将所有掌握信息的文化活动都列入其中；如果一个区域内文化活动非常多，则有必要依据一定的标准加以筛选，也即要建立文化日历的准入标准。

文化日历的准入标准可以设立几个衡量指标，比如：(1)文化活动的连续性，即是否周期性举办，已经举办了多少次；(2)文化活动的持续性，即每次文化活动持续的时间；(3)文化活动的吸引力和影响力，可以通过参与人次数和媒体报道情况加以衡量；(4)文化活动的地方特色，即在多大程度上显示了地方性，可以通过分析文化活动的要素加以判断，等等。

3. 重点突出原则

重点突出原则，指在文化日历构建过程中，要将构建区域内的重点文化活动进行重点推介。同是一个地方的文化活动多有不同：有的历史悠长，有的新生不久；有的众所周知，有的鲜闻寡见；有的内涵丰富，有的浅薄无味；有的地方色彩浓厚，有的则充满异乡元素……构建者有必要对进入文化日历的文化活动的重要性程度进行判断，并在科学判断的基础上分别对待，一般的文化活动可以只提供基本信息，重要的文化活动则重点介绍，提供的信息要丰富、全面和美观。

4. 连续性原则

连续性原则是指文化日历的构建要连续进行。这首先是由文化活动本身的常发性所决定的。文化活动与人类社会的基本需求相关，因此，在人类群居的特定区域，往往只存在文化活动的多寡之别，而不存在没有文化活动之忧。在当前和至少未来较长时期文化大发展大繁荣的形势下，文化活动的举办正在呈现并将继续呈现十分活跃的状态。文化活动的常发性，使得以特定时间段落(一年或一个季度或一个月份)内的文化活动为关注对象的文化日历，必须随着文化活动的不断展开不断构建，才能真正实现文化日历的服务性。

其次是由文化活动本身的动态性所决定。从目前的文化活动看，许多是具有周期性的，无论是在传统节日的时间段落里举行的约定俗成的文化活动，还是在新兴节庆的时间段落里举行的文化活动，都往往以年度为周期在相对固定的日子里不断重现，然而也有许多文化活动是一过性的，今年办过，明年不再，或者去年没有，今年新生。文化活动的动态性要求文化日历必须不断构建，并在构建的过程中不断更新。

再次是由服务对象的动态性所决定。就一个地方的文化日历而言，虽然它涉及的区域范围确定，但它的服务对象却处在变化中。随着城市化进程的加快，尤其是旅游生活方式的崛起，人口流迁现象日益普遍。流迁到某一地方的人口对该地方文化活动的参与热情往往比该地原居民更高涨，对当地文化活动信息的了解却弱得多，因此，他们更加需要文化日历。这也决定了必须不断构建文化日历，才能适应那些在不同时期来到该地方的人群参与文化活动的需求。

(三)文化日历的构成要素

文化日历有繁有简，构成要素也有所不同。但最简单的一份文化日历也应该包括如下几方面的内容：

(1)一个醒目的名称：如××市(区/街道/社区/县/乡/村等)××年(或××年×季或××年××月)文化日历；

(2)收入文化日历的文化活动的内容(可以该文化活动的名称加以表现)；

(3)收入文化日历的文化活动举办的具体时间；

(4)收入文化日历的文化活动举办的具体地点；

一种优秀的、未来取向的文化日历应该具有信息准确、内容精致、内涵丰富、安排合理、服务性强等特点，这种文化日历具有更为复杂的构成要素，除了上述 4 点外，还可以包括文化活动的具体内容、文化内涵、特色、到达文化活动举办地点的交通方式和具体线路等多种信息，如果该文化活动是周期性举办的，它的历史渊源、社会评价以及社会影响力，甚至往年活动的图片、周边环境（人文环境、自然环境）以及提供该活动权威信息的网址、图书等，均可以成为文化日历的有机组成部分。

三、构建城市文化日历的意义

21世纪被称为城市世纪或城市时代，城市将成为人类社会发展的最基本载体，成为社会全面发展的关键，成为国与国之间竞争的重要舞台。城市化的快速发展是当代中国社会发展的重要特征，城市建设的好坏直接关系着中国社会的健康、稳定、和谐发展。而在城市建设中，文化建设的重要性越来越受到关注，这也是之所以提出构建城市文化日历话题的现实基础。在笔者看来，城市文化日历的构建对于城市建设，尤其是城市文化建设具有重要的意义。

(一)城市文化日历的构建和应用，可以有效解决城市文化需求与有效供给之间的矛盾

城市文化需求与文化供给之间的矛盾是我国城市文化建设中的主要矛盾，它具体表现为城市文化的有效供给无法充分满足市民日益增长的文化需求。而这中间既有有效供给绝对不足的原因，也有供给与需求不能及时对接的原因。随着当前文化日益走向繁荣，各地的文化活动蓬勃兴起，供给与需求不能及时对接的矛盾日益突显。一方面是有关部门动用大量人力、物力、财力组织了文化活动，一方面是广大民众并不知道这些文化活动举办的具体时间和地点，甚至连有这些文化活动的信息都不知道。城市文化日历是在认真调查研究、充分掌握相关信息的基础上，将特定时间的文化活动依据一定准入标准，按照其拟举办时间的先后进行合理编排而成，这就为广大公众参与文化活动提供了一种方便适用的行动指南。读者可以根据文化日历提供的信息以及自己的实际情况（如时间条件、经济状况、兴趣爱好等）加以选择，确定是否行动。

(二)城市文化日历的构建和应用，有助于营造良好的城市形象

城市形象是指能够激发人们思想感情活动的城市形态和特征。城市内部与外部的公众总是通过可观、可听、可嗅、可感的事物、景象、声音、气息及其音像记录、文字描写等形成对一个城市的具体感知、总体看法和综合评价。历史文化、风土人情、规模风格、服务设施、景观建设、市民的精神面貌、城市的规划与管理以及该城市在国内外分工体系中的地位和作用等，均构成一个城市形象的侧面。良好的城市形象可以使市民产生强烈的自豪感、认同感和归属感，可以提高该城市在外来人口中的美誉度和吸引力，从而事实上成为城市发展的重要动力和支持力。

城市形象是客观城市实体形象与主观感受形象的统一，良好的城市形

象必须有意识地加以塑造和建设。“城市的形象建设，是一个涉及多方面因素的巨大的系统工程。既涉及政治的、经济的因素，也涉及文化的、社会的因素；既涉及历史的因素，也涉及现实的因素；既涉及硬件的因素，也涉及软件的因素。”[①]应该说，城市文化日历与城市形象的塑造密切相关，一份制作精美、内容丰赡、具有指南性的文化日历，将对良好城市形象的塑造产生积极作用。这一方面是因为，好的文化日历承载着大量的文化信息，它必然会展示这个城市多种多样的文化活动场所和丰富多彩的文化活动，成为向本地人士和外来人员展示当地浓厚的文化底蕴和文化建设成果的重要窗口，从而使其阅读者们对这个城市的若干方面形成良好的印象。另一方面是因为，一份好的文化日历一定是以人为本、以百姓的需求为基础的，因此会让一个市民，尤其是一个想在短时间内了解这个城市、参与这个城市生活的外来者感受到这个城市的规范有序、较高的人文素质和人本关怀，感受到来自这个城市细心的呵护和贴心的温暖，对这个城市的好感因而大大增加。因此，构建城市文化日历是建设良好城市形象的方法和路径之一，一本好的文化日历也是城市良好形象的典型代表。

(三)城市文化日历的构建和应用，有益于城市特色的生成和维护

由于所处自然环境和人文环境不同，在长期的发展历程中，不同的城市往往形成了自己的特色。城市特色“是城市的物质形态特征和社会文化特征的综合反映，它是特定条件下城市文化符号系统(即城市艺术形象构成要素)所提供的差异性特征和关系。通过对这些特征和关系的感知以及在此基础上展开的联想和想象，观赏者能获得对该城市作为文化所特有的意义的理解和解释”[②]。特色是一个城市的灵魂，也是一个城市在众多城市中得以存在的重要标志。一个有魅力、有活力、有吸引力的城市一定是具有个性特色的城市。伴随着城市特色之于城市发展的重要性日益被认知，特色已成为许多城市共同的自觉追求。城市文化日历是对一个城市文化活动及其活动场所的集中展示，尤其会将具有标志性和独特性的内容纳入其中，由此便突显了这个城市在物质形态和文化方面的特色。

(四)城市文化日历的构建和应用，有助于城市文化品牌的打造

文化品牌是文化活动的经济价值与精神价值的双重凝聚。优秀的文化品牌是民族文化精神的高度提炼和人类美好价值观念的共同升华，倡导着和谐共生、健康向上的社会理念和人生信条，凝结着时代文明发展的精髓，并在很大程度上体现着地方文化的特色；优秀的文化品牌具有强大的生命力和影响力，不仅可以改变人的生活方式，甚至可以塑造人的价值观。文

① 梅保华：《关于城市形象问题的思考》，《城市问题》，2002 年第 5 期，第 15 页。

② 马武定：《论城市特色》，《城市规划》，1990 年第 1 期，第 33 页。

化品牌的打造有助于良好城市形象的建立和城市软实力的提升，并对城市的经济实力产生实际的影响。越来越多的城市已经重视当地文化活动品牌的打造。

一个城市的文化活动往往有多种，如何对其中的若干种活动进行有意识的打造，使其突出出来，为更多人所接受并不断参与，成为一种名牌，不仅与文化活动自身的形式、内容和内涵有关，也与对它的推介宣传有关。城市文化日历的构建和应用，对于纳入其中的文化活动而言，是最佳的宣传路径之一，它以指南的方式而并非广告的方式，扩大了知名度和美誉度，并引导着人们对它的参与和消费。如果贯穿重点突出原则对城市文化日历加以构建，那些在文本中得到格外关注、予以重点表述的文化活动无疑会给读者留下更为深刻的印象，使其产生消费欲望并付诸实践，且有可能将消费体验传递出去，引发更多人的关注与认可。文化品牌正是经由消费群体的不断扩张及对它的重复消费而逐渐树立起来的。

（五）城市文化日历的构建，可以在一定程度上促进城市文化建设的计划性和自觉性，并提升文化活动的内涵和品质

城市文化建设需要科学规划，具有指南性的城市文化日历得以构建的一个基本条件是，已有若干文化活动被有计划地安排在特定的时间和空间中了。因此当构建城市文化日历的意义受到重视并成为一种文化自觉时，人们自然会更加有意识地对文化活动提前做有计划的安排，而这必然促进城市文化建设的计划性。与此同时，在对文化活动进行安排时，相关人员也会更加尊重城市的历史文脉，充分整合利用历史文化资源，提升文化活动的内涵和品质，使其成为该城市形象和特色的重要载体。

（六）城市文化日历的构建可以发现城市文化建设中存在的若干问题，从而有助于优化文化活动的时间、空间布局

一方面，由于基层政府、社区等参与文化活动组织的自觉性，文化资源（包括基础文化设施、可用于举办文化活动的地点场所）多寡等的不同，文化活动在同一个城市的不同行政区划单位中的分布并不十分均匀，有的区域文化活动丰富多彩，有的区域则十分寡淡。另一方面，由于缺乏从宏观上对文化活动举办时间的总体考虑，文化活动在时间方面、分布方面也不尽均衡合理，有的季节、月份过多，有的则过少。无论是空间上的分布不均还是时间分布上的不够合理，都会影响部分或全部市民文化生活的质量。由于构建城市文化日历的过程也是对该城市拟开展文化活动进行普查、综合观察、比较分析和宏观把握的工作过程，因此，有心的构建者会发现不同区域、不同时间段落内的文化活动在内容、形式、时空间分布等方面存在的某些问题，并能够针对这些问题提出有建设性的意见和建议，乃至进一步设计新的文化活动，促进城市内文化活动的科学建设和理性发展。

(七)城市文化日历的连续编制，还具有存史价值

每一种优秀的城市文化日历都包含着特定城市在特定时期举办的文化活动或重要文化活动的大量信息，而城市文化日历的连续编制，事实上就构成了该城市文化活动的编年史，从而具有重要的史料价值。

总之，城市文化日历的构建与应用具有多重价值，而这也是当前构建城市文化日历的合法性和合理性所在。

四、结　论

随着我国城市化进程的加快和城市规模的扩大，城市建设尤其是城市文化建设日益受到各个方面的重视；与此同时，城市的文化活动更加频繁。在这种情况下，依据一定的原则构建具有多重价值的指南性城市文化日历，既有必要性，又有现实的可能性。一个城市的文化主管部门，既负有促进该城市文化建设之责，又掌握较多文化活动信息，理应在文化日历的构建中发挥主导作用，并充分借助学者智慧和社会力量，尽快构建出一种信息准确、内容精致、安排合理、服务性强、彰扬城市特色、代表城市形象、显示城市品位的文化日历，并不断适时加以更新。在这一过程中，研究当下文化活动的基本形态和时空分布特征，就如何进一步提升城市文化活动的内在品质，优化其时间、空间布局，强化其在培育、弘扬城市精神、社会主义核心价值观等方面的积极作用，提出政策建议，必能切实助益于城市文化建设工作。

参考文献

1. Lucie-Smith，Cultural Calendar of the 20th Century，Oxford：Haidon，1979.
2. 《中国节庆会展旅游商务手册》编写组编：《中国节庆会展旅游商务手册》，中国旅游出版社，2010 年、2011 年。
3. 文化月刊编辑部：《过年北京文化游》，《文化月刊》，2012 年第 1 期。

（作者：张　勃　北京学研究基地研究人员　副教授）

北京党建研究基地

（中共北京市委党校）

基地名称：北京党建研究基地
依托单位：中共北京市委党校
项目类别：北京市哲学社会科学“十一五”规划项目

中共党史研究的人文性问题①
——兼论反思的“人文史观”

任何学术都需要通过深入的学术史反思检讨其得失，不断丰富学术研究的内涵，使学术逐步趋向成熟。相对于中国历史研究，中共党史研究则是一门年轻的学术，它更需必要的反思。本文涉及的“人文性”是笔者多年进行学术史研究发现的中共党史研究中存在的重要问题。

发现中共党史研究的人文性问题绝非偶然。2005年，我曾著文《论中共党史研究的历史文化取向》，明确指出了文化研究与中共党史研究的内在联系，对研究对象做出了历史文化的界定，并且希望党史研究者重视文化研究乃至跨文化研究。为提示研究者关注，文章特别指出：“我们应该从历史学的角度出发，更深入地思考中共党史研究中的问题。就学科性质而言，进行文化取向的反思是一个必要的关键环节。文化与历史是一个整体，两者相互依存，互为存在条件。作为人文学科范畴的历史学，在学科性质上有其不容忽视的特殊性，这种相对于自然科学、社会科学呈现出的独特超然于普遍的法则、规律之外，它所联系的人物、事件无一不具有丰富而深刻的文化内涵和鲜明的文化特征。

既然历史与文化的联系如此紧密，那么，在中共党史学理论体系和中共党史研究的各个领域中就需要展示文化的存在，厘清中共历史与文化的理路。我们强调的文化存在、文化理路并不仅仅在于给中共党史研究增添一些‘文化史’的素材，或者是对中国共产党所领导的‘文化工作’做一般化的梳理，而是倡导一种反思的、开放的历史观念。”②

如今，已七年过去了。这些论述仍然不乏学术价值和时代意义，值得研究者深思。近年来，我的学术研究兴趣主要集中于文化理论研究，它促使我秉持“反思的、开放的历史观念”，进一步深入思考中共党史研究的文

---

① 本文是《中国共产党理论史》项目的阶段成果，曾发表于《中共党史研究》2012年第11期，项目编号：09AaKD085。

② 侯且岸：《论中共党史研究的历史文化取向》，《中共党史研究》，2005年第3期。

化缺失所在。通过一系列具体的历史分析，我从中发现了一个具有根本性意义的问题——“寻找缺失的人文性”。也就是说，现存的研究没有能体现历史研究所不可或缺的人文性，不利于学术发展。其原因何在？如何认知并解决这个问题？下面，我从两个方面进行初步的探讨。

一、从学科性质审视“人文性”被弱化的根本原因

早在 20 世纪 80 年代中期，党史学界就开始了对中共党史学科性质的讨论。当时争论的焦点问题就是中共党史是否属于历史学科？今天想来，由于讨论的中断，不仅使得刚刚确立的学科观念迅速消解，而且还放过了深入探讨党史与文化的关系的难得机遇。我们千万不要忘记同时代兴起的“文化热”和深刻的“文化反思”。毕竟，经历了“文革”灾难的学人已不满足于对这场文化浩劫做情感化的控诉。从当时的论题可见一斑，如党史学界召开了以“反思‘联共(布)党史’对中共党史研究的影响”为主题的学术讨论会，试图从中找到问题的症结所在。

事实上，讨论虽然被迫中断，但党史学界对学科性质问题的思考并没有随之终止。我所选择和坚持的取向是：通过对学科性质的阐发，梳理出党史与历史文化的逻辑关系。中共党史隶属于历史学科，它与中国历史文化有着不容割裂的内在联系，所谓政党的政治特征虽与研究对象和内容有关，却不能、也不应被归入学科性质的范畴。假如这一观点成立，我们就在逻辑上完成了关键的一步，扫清了它与文化关系的人为制造的思想障碍。

但是，如果从广义的学科规范看，在逻辑上也还是有一个问题需要解决。目前，在学科门类归属上，中共党史被列入政治学，而严格意义的政治学属于社会科学。那么，究竟什么是社会科学(Social Science)？在我国，对社会科学这一概念的理解有误，其中最大的误解就是将社会科学和人文学科(Humanities)加以混同，称之为所谓“广义的社会科学”(亦有所谓“大社会科学”的说法)。作为人文学科的知识(如文学、历史、哲学等)，被人为地强行归入社会科学。人文学科的研究长期隶属于社会科学的主管部门、团体，至今亦未见改变。造成这种状况的原因十分复杂。我注意到《现代汉语词典》中有关“社会科学”的解释，“研究社会现象的科学，包括政治经济学(还不是经济学——引者注)、法律学、历史学、文艺学、美学、伦理学等。社会科学是人们对阶级斗争经验的总结，属于上层建筑范畴”(此种表述在该词典 1994 年修订本中被删去，但它所造成的潜在影响却难以根除——引者注)。从这段解释可以清楚地看出时代的印迹，在“阶级斗争扩大化”的年代只能讲阶级性，不允许讲“人性”和“人文”，原因在于它们具有典型的资产阶级性。因此，人文学科的位置也就被换成人文科学，并由社会科学取而代之。道理很简单，社会科学是关于社会事物的本质及其规律

的科学。今天，在以人为本的理念指导下，着实应该认真反思历史教训，给人文学科正名，承认它的学科独立性，尊重它的学科发展规律。这应当是人文知识普及的重要前提。

给人文学科正名，正确的做法应该是强调人文知识的定位与普及，这对于提升中华民族的人文素质至关重要。而与此相联系，首先需要给予界定的便是人文概念。之所以提出这个问题，就是因为在我所接触的普通人当中，几乎没有人能够把“人文北京”的真实内涵讲清楚，一些人凭着感觉对其意虽有所揣摩，但更多的人对“人文”处于茫然不解的状态。其实何止是普通的人们困惑，就是《现代汉语词典》也没有能把“人文”、“人文科学”和“人文主义”解释清楚（与之联系的很多词语都有必要重新修订，比如“人道”、“人道主义”，等等）。其原因不难寻找，除了上面讲到的历史原因、政治原因外，这些概念原本都不是产生于中华文明的概念。即使在西方文化中，也同样令人费解，歧义颇多。翻译家董乐山在翻译《西方人文主义传统》一书时指出了问题的实质：在中国人的思维中，“一些抽象名词，一旦译成汉语以后，人民对它的理解往往绝对化了，或是根据中国特殊的文化背景，衍生了与原意有所出入甚至背离的含义”。显然，我们需要做好深入的研究，在研究的基础上才能讲普及。

应当指出，深入的研究就包括从中国文字和历史出发，确立基本定义。“人文”二字最早见于《周易·彖传》。《贲卦·彖传》曰：“刚柔交错，天文也；文明以止，人文也。观乎天文，以察时变；观乎人文，以化成天下。”从文字意义上看，这里的文所体现的是变，人世之变，其人文性的本质是人自身的变化过程。对这一过程的正确认识，离开历史是无法完成的。我们从事中共党史研究，必须确立这种基本观念。

这里还有必要指出，肯定人在创造历史中的作用，亦是马克思主义唯物史观的本义。形象地说，它既要见物，又要见人。因为在社会历史领域内进行活动的，全是具有意识的、经过思虑或凭激情行动的、追求某种目的的人。“通过每一个人追求他自己期望的目的而创造自己的历史，却不管这种历史的结局如何，而许多按不同方向活动的愿望及其对外部世界的各种各样影响所产生的结果，就是历史。”①

在人们创造历史的同时，也随之产生了对历史的认知和评价，形成特有的史识，而与史识相联系的便是历史认识论。在中国近现代史学发展中，对历史认识论的探讨始终是一个薄弱环节。在中国现代，正是李大钊全面开启了对历史认识论的探究，其代表作便是《史观》。

李大钊对历史认识论的探讨所涉及的问题主要包括：史观、史观与历

① 《马克思恩格斯选集》第4卷，人民出版社，1972年，第243－244页。

史、史观与人生观、今古论与历史之价值。他提出，要探求“活泼泼的有生命的历史”。“活历史”的内涵就是：历史的进步性、历史进程中的人性、历史学家的自律性。他指出：“实在的事实是一成不变的，而历史事实的知识则是随时变动的；记录里的历史是印板的，解喻中的历史是生动的。历史观是史实的知识，是史实的解喻。所以历史观是随时变化的，是生动无已的，是含有进步的。”在他看来，历史的进步性从史观的演进也可以体现出来：“历史观本身亦有其历史，其历史亦有一定的倾向。大体言之，由神权的历史观进而为人生的历史观，由精神的历史观进而为物质的历史观，由个人的历史观进而为社会的历史观，退落或循环的历史观进而为进步的历史观。”

对今天的人来说，实现真正知史，就要树立科学的历史观和认识论，实现理性的复归；从历史中寻找人生、寻找世界，寻找自己的追求；从人文历史知识中发现社会发展变化的本质，完善自我的思想修养。

需要特别指出，深化学科意义的人文性，必须努力确立反思的人文史观。这一史观建立在中国传统史学和马克思主义史学有机结合的基础之上，不仅为中国共产党历史研究提供重要的方法论指导，也有利于学术的交流与学术的普及，促进中外学术的相互理解。

那么，反思的人文史观究竟包含哪些内容呢？肯定见仁见智。结合中共党史研究存在的问题，我认为，至少有以下六方面内容值得予以高度重视。其一，重新认知人的本质，辨识人与历史的关系。离开人，便没有历史可言。然而人又是十分复杂，且充满矛盾的。司马迁所谓“通古今之变”的前提是“究天人之际”。大凡有成就的史学家，都具有历史人物研究的专长，已是不争的事实。其二，将历史视为人类文明的发展演变过程，寻求人类共通的价值取向。要知道：人类文明史不仅仅是阶级斗争的历史，将阶级斗争夸大为全部文明史的内容完全不符合历史的逻辑和历史的内在规律。其三，党性与人性、民性并不构成根本的对立面，党性的内涵需要随着时代的变化而“与时俱化”，赋予符合时代潮流的内涵。其四，“以人为本”与“实事求是”不可脱节，坚持“实事求是”的历史主义原则，尊重中华民族的文化创造力，尊重中华文化的历史传统。在儒学传统中，“实事求是”的重要前提不容忽视，这就是“修学好古”、“述而不作”。其五，在史学研究中，深刻反思“以论代史”的危害，笃信“理在事中”的古训，负责任地写出信史。其六，全力摈弃人为的、主观的斗争性，凸显历史过程的矛盾性、复杂性、客观性和偶然性。

反思的人文历史观不是凭空臆断，它的理性前提是文化自觉。通过历史反思，实现文化自觉，认知“人文性”的实际存在及其重要价值。

长期以来，由于斗争理念的驱使，在文化上，人为地设置了许多对立面，立足于“革命”的、“触及人们灵魂”的批判。今天，虽然“革命”的年代已经过去了，“革命”人物也逝去了，但这种“革命”的批判意识，却并没有完全消失。相反，它仍然对现实生活发生着潜移默化的影响，产生着消极的社会作用。而对先进文化建设而言，其特有的危害乃至破坏性，更不应低估。

痛定思痛，在文化建设上，我们理应从审美意义的角度看文化，应当向全民族倡导继承中国传统文化的精髓：“过犹不及，以和为美”，并将其发扬光大。因为，这种理念是以人为本的理念，是体现多样性统一的理念，她更符合人性的要求，文化与人性永远不可脱离，人文之魂在于和。

今天，对这个问题的正确理解，还是需要回到近代思维活动中去考察。在五四新文化运动中，在理性审视文化差异的基础上，一些思想家识时地提出“调和思想”。在这方面，以李大钊的思想有其代表性。

有关文化的包容性，从认知到实践，都是中国文化特别是中国近代文化发展过程中的一个难解之题。在五四新文化运动时期，它更是文化争论的焦点。从当时的文化讨论看，涉及文化的包容，又有一个最为凸显的问题有待解决，这就是关于新旧文化的相互关系。当时，很多人机械地把新与旧截然对立起来，割断了两者之间的内在联系，并且企图从根本上否定后者，将其视为罪恶，彻底抛弃(这种认识在中国现代文化史上颇具代表性，其持续的时间亦相当长，影响很难根除)。针对这种非理性认识，李大钊敏锐地察觉到其中的误断。他明确表示：“宇宙的进化，全仗新旧二种思潮，互相挽进，互相推演，仿佛两个轮子运着一辆车；又像一个鸟仗着两翼，向天空飞翔一般。我确信这两种思潮，都是人群进化所必要的，缺一不可。我确信这两种思潮，都应知道须和他反对的一方面并存同进，不可妄想灭尽反对的势力，以求独自横行的道理。我确信万一有一方面若存这种妄想，断断乎不能如愿，徒得一个与人无伤、适以自败的结果。我又确信这两种思潮，一面要有容人并存的雅量，一面更要有自信独守的坚操。”①

处在中国近现代文化的转型时期，尤其是伴随着各种外来思潮的大量输入，如何正视新与旧的存在，的确困扰着很多人，而最能激励人心的恐怕就是要彻底“推翻旧习惯旧思想”。当时“学时髦的人，对于旧习惯，不论是非善恶，都主张推翻，说这个就是新思想”②。难能可贵的是，与普遍流行的看法不同，李大钊并没有如此简单化地认识问题、认识文化。他把新

① 这段话出自《新旧思潮之激战》一文，该文收入《李大钊全集》第2卷。李大钊在题目中使用了“激战”一词，其中之“贬义”值得玩味，如果用现今流行的惯性思维来理解的话，很容易造成误断。

② 杜亚泉：《对蒋梦麟〈何谓新思想〉一文的附志》，载《东方杂志》第17卷2号。转引自《杜亚泉文存》，上海教育出版社，2003年，第415页。

与旧看成是一个不可脱节、相互作用的整体，力主两者“并存同进”，以理性的态度审视新与旧。从整体文化意义上讲，他所阐释的确是一种科学的、具有包容性的、合乎思维逻辑的、建设性的认知理路。如果沿着这条理路进行思索，肯定会将历史(传统)与现实更为有机地联系在一起，从而全力避免堕入武断的思维歧途，形成僵化的思维定势。但令人遗憾的是，事实上，在中国现代文化发展进程中，有很多人为造成的悲剧，大致上都根植于对新与旧的扭曲认识，从而留下了惨痛的历史教训。

新旧文化的共存，同样是今天世界文明发展进程中遇到的关键性问题。《世界文化报告 2000》(联合国教科文组织年度报告)指出：“人们日益认识到，全球化不仅表现在经济和技术方面，而且探索全球化在社会和民族等方面的影响，不可避免地会导致文化问题。现在，文化的特征(identity)和表达、文化的多样性和多元文化共存、文化的发展和遗产成为联合国教科文组织所管文化领域中的核心问题。”我们要“找到的方法是对所有文化的特征都建立起尊重，使文化交流重新恢复生气”。“通过尊重所有文化的特征，平等相待，通过承认各种文化的相互依赖，那么文化多元共存的种种方法(方法本身就有多种)，就会在容忍其他文化和保持文化多样性的结构中保护各种文化的特征。”总之，通过“保护文化多义性、促进文化多元共存的方法，我们就能使文化在 21 世纪中完成它最重要的功能：把和谐的方法带入我们的生活”。

二、从对具体研究内容的反思感悟“人文性”价值

反思以往的中共党史学理论研究，存在着明显的缺憾：研究者往往只是坐而论道、泛泛空谈，缺乏具体的研究范例说明问题，因而使得理论、观念与研究内容相脱节。反思的人文史观坚持实事求是，讲求对具体研究内容的思辨，从中感悟“人文性”的重要价值。因此，我主张从研究范例入手，用例证剖析问题，摆事实、讲道理。

(一)关于马克思主义中国化问题

在中共党史研究领域，由于人文性与思辨性的关联，对人文性的感悟必然会触及思想理论研究层面。对中国共产党思想史、理论史的研究，同样需要树立起对反思的人文史观，将马克思主义看作“时代的产物”。对马克思主义中国化的理解一定不能超越特定的历史环境，也一定不可脱离民族思维形成的特殊的历史语境。从这个意义上，应当把马克思主义中国化看成一个人文过程、历史过程。

对马克思主义在中国传播的研究，一直是中共党史研究的重点内容。现在的问题是如何把这种思想的传播还原成具体的人文历史过程，而不是单纯以阶级斗争为导向的生硬说教，使其更令人信服。这个问题的确困扰

着很多研究者。“问题与主义论战”就是一例。尽管近年来学术界对此拨乱反正，澄清了事实。但要真正弄清其中的人文性内涵恐怕绝非易事。

我看到的事实是：通观《每周评论》，胡适在文章中重点剖析了“主义”，但并没有提到“马克思列宁主义”，倒是抨击了“王揖唐的社会主义”。他对当时所流行的“空谈主义”一直存有极度的反感，再加上北洋皖系政客们的参与，就使得这种反感更为强烈，从而直接导致了关于“问题与主义”的讨论。今天，这个历史背景需要讲清楚，否则便无法对事件做出合乎逻辑的、历史的澄清。胡适很重视李大钊和知非的意见，将他们视为挚友。恐怕只有五四时代的学人才会有如此的气度，毕竟那是一个“百家争鸣”的时代。如今，那个时代已经远去，今天的我们已经完全习惯于用“两军对垒”的思维去看待一切，也就很难理解那时的人文风气了。

从与胡适的讨论中，李大钊特别意识到理论与实际相结合的特殊重要性。他鲜明地提出，作为“一个社会主义者，为使他的主义在世界上发生一些影响，必须要研究怎样可以把他的理想尽量应用于环绕着他的实境”。当然，李大钊也耐心纠正了胡适的“偏颇”，他坚信主义和问题是不可分的，问题的根本解决，需要主义的指导。“所以我们的社会运动，一方面固然要研究实际的问题，一方面也要宣传理想的主义。这是交相为用的，这是并行不悖的”。至于对问题的“根本解决”，李大钊也没有绝对化。他并不否认，在问题的“根本解决以前，还须有相当的准备活动才是”。

通过对历史的复原，才使我们终于明白：“问题与主义”是当时进步知识分子内部一次对现代中国思想发展和现代中国历史命运的理性讨论。在讨论中，李大钊和胡适的分歧并不大，甚至可以说共识大于分歧。即便是分歧，也并非根本性的、不可调和的对立，正如李大钊向胡适清楚地表白的那样：其实，我的观点，“有的和先生完全相同，有的稍相差异”，“如有未当，请赐指教”。

“问题与主义”争论的关键所在是认识论问题。在很大程度上，争论所揭示的是如何正确地认知中国社会的特殊性？如何使主义、理论与实际更紧密地结合？从这个意义上，可以说胡适与李大钊共同开创了如何使马克思主义中国化的认识史，他们向中国共产党人尖锐地提出了必须直面的、迫切需要解决的问题。这些问题直到今天也还在困扰着我们。

从人文性的角度着眼，在研究中，应当格外重视启蒙思潮对马克思主义传播和马克思主义中国化的深刻影响。尤其应注意，五四新文化运动之后，启蒙的内涵随着时代的演进而变化，它直接促成了中国思想界新的觉醒。而抗日战争所引发的民族救亡又进一步刺激了启蒙的深化。所以才会有人说中国文化有了“新启蒙”(亦可称之为“后五四思想启蒙”)。按照当时张申府的说法：“在文化上，这个新启蒙运动应该是综合的。如果说五四运动引起一个新文化运动，则这个新启蒙运动应该是一个真正新的文化运动。所要造的文化不应该只是毁弃中国传统文化，而接受外来西洋文化，当然更不应该是固守中国文化，而拒斥西洋文化；乃应该是各种现有文化的一种辩证的或有机的综合。一种真正新的文化的产生，照例是由两种不同文化的接合。一种异文化(或说是文明)的移植，不合本土的土壤，是不会生长的。新思想新知识的普及固然是启蒙运动的一个要点，但为适应今日的需要，这个新启蒙运动的文化运动却应该不只是大众的，还应该带有民族性。”①今天，实在有必要对这种突出“民族性”的后启蒙意义的“新启蒙”本身做出反思，连接起已遭遇“断裂”的近世乃至现代的思想传统。

思想上的“新启蒙”促使中国学术界出现了新的人文气象，也使各种主义与具体的研究实践在各个基础性学科实现有机的结合。新一代学者(这里特指20世纪初年出生的一代学人)在这一结合中则更加关注着对中国社会文化发展的特殊性的探索，更为关注使西方文化与中国文化进一步融合的尝试。② 在历史学研究中，中国马克思主义史学独树一帜，比如侯外庐的以“亚细亚生产方式”理论为重要参照的中国古代社会史研究，以及在此基础上进行的中国早期启蒙思想研究。在哲学研究中，张申府全力主张发展“实学”，以推进学术的“中国化”。新儒家的代表人物之一贺麟则提出了中国文化的发展方向：“华化、儒化西方文化”。在经济学研究中，王亚南在翻译《资本论》的基础上，着力探究“中国社会经济发展的特殊规律”及其特有的“文化事象”——“中国官僚政治”。

在这一特定的人文历史背景下，毛泽东关于马克思主义中国化概念的提出，体现了“新启蒙”氛围中孕育出现的思想进步潮流。这一点，恐怕还是张申府说得明白：毛泽东提出的“马克思主义中国化”反映了思想界的进步潮流，“更可以象征出来中国最近思想见解上的一大进步”。毛泽东的话，“意思与新启蒙运动的一个要求完全相同”。因为“新启蒙运动很可以说就是民族主义的科学，民主的思想文化运动”③。

毛泽东将马克思主义中国化看作是“民族主义的科学”，也是中国共产党人最需要关注解决的重大理论问题。为此，他做了艰辛、系统的理论探索。从1938年到1942年，他在《论新阶段》、《新民主主义论》、《改造我们的学习》、《整顿党的作风》、《反对党八股》等文章中集中论述了如何使“马克思主义中国化”。

---

① 1937年5月2日《北平新报》，载《张申府文集》第1卷，河北人民出版社，2005年，第192页。

② 参见笔者：《从抗日战争时期的学术个案看全民族的思想启蒙》，《教学与研究》，2005年第8期。

③ 张申府：《论中国化》，《张申府文集》第1卷，河北人民出版社，2005年，第304页。

毛泽东在反思和总结历史的教训基础上，要求把马克思主义真正看作一门能够联系中国国情，解决中国实际问题的科学理论，用以指导中国革命。“中国共产党人只有在他们善于应用马克思列宁主义的立场、观点和方法，善于应用列宁斯大林关于中国革命的学说，进一步从中国的历史实际和革命实际的认真研究中，在各方面做出合乎中国需要的理论性的创造，才叫做理论和实际相联系”①。为此，他提醒全党：必须“要有目的地去研究马克思列宁主义的理论，要使马克思列宁主义的理论和中国革命的实际运动结合起来，是为着解决中国革命的理论问题和策略问题而去从中找立场、找观点、找方法的。这种态度，就是有的放矢的态度”。要“使马克思主义在中国具体化，使之在其每一表现中带着必须有的中国的特性，即是说，按照中国的特点去应用它，成为全党亟须解决的问题。洋八股必须废止，空洞抽象的调头必须少唱，教条主义必须休息，而代之以新鲜活泼的、为中国老百姓所喜闻乐见的中国作风和中国气派”②。今天，在我们培育先进文化，进行文化创新的过程中，迫切需要科学的理论指导，也特别需要端正对理论与实际的关系、共性与个性的关系的认识，毛泽东的上述论断仍有其不可忽视的理论价值和现实意义。

对于中国共产党人，研究当代中国马克思主义，自然包含有马克思主义当代化的含义。但现实的问题在于：究竟对“当代”如何理解？对“当代”的背景又怎样去把握？我以为，研究当代中国马克思主义一定要回归到“20世纪80年代”，一定要反思作为这一思想时代关键背景的“文化大革命”。如果没有这种认知取向的话，我们又怎么能从心底珍惜构建“社会主义和谐社会”理念的特殊的珍贵?!

应该明确承认：当代中国马克思主义主要的人文性特征之一就是从思想、理论到实践彻底告别“以阶级斗争为纲”，彻底摆脱斯大林主义的影响，向真正的马克思主义回归。实际上，逻辑和历史是一致的。经历了“文化大革命”灾难的中国共产党人从痛苦的磨难中开始了深刻的反思，这种反思的理性成果之一就是《关于建国以来党的若干历史问题的决议》。如今，“决议”已经发表30多年了。实有必要联系现实的问题，认真重温它的基本宗旨，弘扬其理性精神。

研究马克思主义中国化和当代中国马克思主义的发展绝不能离开“决议”，更不能从“决议”退步。从方法论意义着眼，“决议”既充分肯定了中国共产党人在中国社会主义建设中对马克思主义的发展，也明确指出了对马克思主义的曲解、背离，及其产生的思想理论误区。“决议”勇于承担历史

① 《毛泽东选集》第3卷，人民出版社，1991年，第799页。

② 《毛泽东选集》第2卷，人民出版社，1991年，第534、813页。

责任，毫不讳言党在实践当中的重大失误，而对于毛泽东的错误亦进行了深入的解析。“决议”不仅从根本上否定了“文化大革命”，否定了“以阶级斗争为纲”，而且从理论上彻底否定了“无产阶级专政下继续革命的理论”。这就为当代中国马克思主义的健康发展开辟了新的境界。也正是在这样的理性认知基础上，中国共产党人在新的历史时期的理论探索中才有可能逐步提出了“邓小平理论”、“关于‘三个代表’的重要思想”，以及“构建社会主义和谐社会”的科学理念。

今天，随着时代的变化，在马克思主义中国化的进程中，在完善理论时仍然需要对理论进行创新，这是毫无疑问的。但我以为，有必要确立对理论和创新的认知取向，构建必要的方法论原则。理论创新要具有现实性和实践性，它必须回答现实中提出的问题，在实践中创新。理论创新要讲求历史继承性，离开历史，根本无法认识文化，而对于文化的茫然，则必然导致对历史的虚无。理论创新要注重开放性，马克思主义本身就是开放的理论体系，它所体现的精神同样应该是开放的。理论创新要含有逻辑理性，遵循逻辑和历史相统一的原则。

(二)关于党的自身建设中的人文性问题

在中国共产党党史研究中，将党的历史和党的建设有机地结合起来，在研究中注入人文性，对党的自身建设进行深入的反省同样非常必要。因为与一般化的党的建设研究不同，它所展现的是政党发展过程中颇具理性特色的内容，即对党自身特点的认识，对自身经验教训的总结。它不仅开辟出一个新的视角，也在很大程度上增加了理解党的建设问题的深度。

理解党的建设中的人文性，自然离不开具体的历史过程和具体的历史人物，也离不开党内斗争(包括所谓的党内“路线斗争”)。在中国共产党历史上，对党的自身建设、党员修养的思想理论研究多有建树者，应属刘少奇。以至于到今天，当我们在新的社会文化条件下进行“保持共产党员先进性教育”活动时，如果从党的思想理论层面寻求人文性范例的话，恐怕首先想到的还是刘少奇和他的政党建设理论。这里，我仅以此为例证，根据对他的党的建设思想的理解，针对习惯性的党内斗争和非理性认识，着重分析其主要的理论特征：“理性”和“修养”，并试图从中显示其深刻的人文性内涵，进而充实反思的“人文史观”。

刘少奇的理论精华集中表现在他对党的自身特点的剖析。他对中国共产党历史上严重存在的“左倾”顽症的揭示，透露出其鲜明的理性，在党内少见。他敏锐地从“党内斗争”问题切入，深入剖析了其得以产生的“特殊环境与特殊条件”。同时，具体分析了“党内斗争”的“偏向”。他说：“我们党建立时期的这些特殊条件与特殊情况，是发生两方面影响的：一方面是好的，使我们一开始就建立了一个列宁式的中国共产党，在主观上严格遵循着列宁的原则，这个党一开始就有严格的自我批评与党内斗争，这是推动我党进步的一种原动力，使我党进步很快。但是另一方面，又使我们的同志常常走到另一个极端，犯了另一个错误，就是常常使我们党内的斗争进行得过火，斗争得太厉害，毫无限制地斗下去，走到了另一个偏向，‘左’倾的偏向。”这是“在中国党内特别严重的(在外国党内虽然也有)一种偏向”，从而招致“党的组织上的‘左’倾机会主义(否定党内民主，否定原则上一致的党内和平，否定工会及其他群众组织的相对的独立性，否定党员的个性及其自动性、创造性等)”①。

刘少奇又从完善党内民主的角度，揭示了党内民主生活不健全的主客观原因：主要是“由于中国是一个没有民主生活的国家，我党在过去大部是处在极端秘密环境中，同时还由于某些同志有不正确的思想和对于党内民主的不正确了解，所以在党内民主生活上还没有养成一种习惯，以至在客观条件可能时，亦不能很好的很正确的实现民主生活”②

在研究中，我发现：刘少奇在分析问题和阐述理论见解时，非常看中的是联系历史，从历史中寻求智慧，从历史中展开思想，从历史中总结教训，将历史作为理论联系实际的一个重要的中间环节。这是他留给后人宝贵的认知方法之一。在《中国历史的发展离不开中国共产党》一文中，刘少奇借着分析“党的理论准备不足”的问题，对如何实现马克思主义中国化，谈了自己的认识。他说：“马克思、恩格斯、列宁是欧洲人，讲的是欧洲话，用欧洲文字写书，讲的是欧洲资本主义国家的事情，也讲到中国的事情，但讲得很少，所以现在把马克思主义搬到中国来，不是翻译一下就可以解决问题，而必须把马克思主义中国化，不仅变成中国字，而且与中国的历史，中国的革命，中国社会的实际情况相结合，只有这样才能取得成功。”刘少奇的这段话告诫我们的不仅仅是一个命题，而且是一条将马克思主义中国化的认知理路，一条赋予历史智慧的认知理路。

毫无疑问，中国共产党的主体是党员。自然，党员的修养体现着党的基本形象。这一点，刘少奇最为看中。因此，他所探究的党的建设的根本性问题之一就是如何加强共产党员的修养，并且在异常艰苦的条件下撰写出了专著《论共产党员修养》。

与众不同的是，刘少奇把共产党员的人格修养问题放到中国传统文化的传承中去理解，提倡在继承当中的“扬弃”。他的这种分析方法触及到人的精神世界和人生历程，富有典型的人文性。他举例说：“孔子说：‘吾十有五而志于学，三十而立，四十而不惑，五十而知天命，六十而耳顺，七

① 《刘少奇论党的建设》，中央文献出版社，1991年，第237—239页。

② 《刘少奇论党的建设》，中央文献出版社，1991年，第198页。

十而从心所欲，不逾矩。'这个封建思想家在这里所说的是他自己修养的过程，他并不承认自己是天生的'圣人'。另一个封建思想家孟子也说过，在历史上担当'大任'起过作用的人物，都经过一个艰苦的锻炼过程，这就是：'必先苦其心志，劳其筋骨，饿其体肤，空乏其身，行拂乱其所为，所以动心忍性，增益其所不能。'共产党员是要担负历史上空前未有的改造世界的'大任'的，所以更必须注意在革命斗争中的锻炼和修养。"①总之，"我们的修养不能脱离人民群众的革命实践"，这是我们超越古人的地方。

针对党内斗争存在的问题与非理性的思想状态，刘少奇提出了共产党人对待缺点和错误应有的理性态度。在他看来，这是共产党人必须具备的态度，也是共产党人应有的修养。其中，他特别提倡："冷静的辨识和思考"，"不盲从，不随波逐流"；"不抱机械的绝对的态度"，"不是主观地、机械地、捕风捉影地在党内乱斗一阵，也不是有'斗争'嗜好"。②

然而，颇具讽刺意味的事实是：刘少奇本人后来就成了这种"党内乱斗"的牺牲品。"文化大革命"中，毛泽东与美国新闻记者埃德加·斯诺谈到"文革"的起因时，就提到两个理由，即刘少奇不同意"四清"的目标是"整党内走资本主义道路的当权派"，而且他还曾经写过毒害共产党人的"黑修养"。③

上述分析所揭示的是一个党的自身建设历史的显例。它告诉我们：人文性并不是抽象的概念，而是具体的认知理路。相对于习惯的斗争性，尤其是中国共产党历史上残酷的党内斗争，人文性饱含着理性和修养，代表着风范和境界，体现着文明和包容。运用人文性，我们能够深刻认识党的特点，乃至弱点；可以率真地总结党的经验与教训，向挫折学习；可以不断提高自身的修养，实现人生价值。

从人文性出发，结合党的自身建设，很有必要研究党性。今天，党性这一概念应该如何界定？党性与人文性是何种关系？党性是否包含着理性和科学性？都是值得共产党人进一步深入思考的问题。由此，也自然会导引出党员的理性修养问题。本质上，关于共产党员的理性修养并不仅仅是现实问题，也是历史问题。理性修养亦看成是一个人文历史概念。提高共产党员的理性修养的重要途径之一是对党员开展必要的历史文化教育，对党员注入不可或缺的人文性和理性，使他们掌握理解、分析、判断问题的历史观、方法论，养成史识，才能对所遇到的问题本身产生深刻的认知。

---

① 《刘少奇论党的建设》，中央文献出版社，1991 年，第 96—97 页。

② 《刘少奇论党的建设》，中央文献出版社，1991 年，第 157 页。

③ 《毛泽东会见斯诺的谈话纪要》，《建国以来毛泽东文稿》第 13 册，中央文献出版社，1998 年，第 173－174 页。

(三)关于国外现代中国与中国共产党研究问题

在多年的研究实践中，我还深切感觉到人文性与开放性的紧密联系。自20世纪80年代以来，随着中国改革开放的深入，国外中国研究，尤其是现代中国研究受到学术界的广泛关注。由此，兴起了国外中国学研究，它的主要对象国是美国，重点集中于现当代研究。今天，从学术史的角度反思，对国外中国学的研究仍囿于"规范认识"的束缚，未能超越阶级斗争分析和意识形态批判的窠臼，因而无法从对方的研究中得到应有的参照和借鉴。当然，也就难以发现他们的研究价值所在，以及我们的问题所在。

如果我们运用人文史观，确立独立的学术视角，必然会视野开阔，看到完全不同的历史画面，得出迥然有别的历史结论。事实上，美国学者也从人文主义立场出发，怀疑他们的意识形态和官方研究。20世纪60年代中期至70年代初，美国的中国研究进入特殊的发展时期。伴随着"越战"期间整个美国学术界的思想动荡，整个中国学界形成了一股反思的人文思潮，新一代学者公开批判战后美国中国研究的传统，批评具有"官学"色彩的"费正清学术模式"。

新一代学者对传统学术的反思和批判主要集中于如下几个方面。第一，地区研究(the regional studies)带有强烈的"冷战"色彩，完全服务于美国政府的内外政策，严重制约了学术研究的发展。有批评者认为："由于麦卡锡时代的伤害，学者们一直对卷入富有争议的政治问题心有余悸"。这种在"麦卡锡时代产生的恐惧几乎使美国失去了整整一代对美国的越南政策持批评态度的学者"。就中国研究本身而言，"一旦政府确定了政策参数，中国学学者在情报收集方面是有用处的。他们领会了冷战的意图，不需要提出任何批评性的意见"。为迎合政府的需要，"中国问题专家们要停止他们试图研究的与文化有关的课题，使所有的中国研究都服务于收集情报"①。第二，摈弃历史偏见，构建新的亚洲观和中国观。他们认为，与早期启蒙思想家不同，美国人形成了"救世主"的思维范式。因此，消除种族偏见，建立非殖民化的研究理念是必要的。"最理性的途径就是以相互学习为先决条件，我们可以从与世界主要文明的交流中学习到很多解决人类基本问题的有益经验。实际上，无论任何民族都要通过斗争克服自己固有的局限性。这种斗争将为整个人类提供巨大的创造力和教诲"。因此，美国人完全可以从中国研究中得到激励，"因为很多问题都是人类共同面临的问题，美国存

---

① Judith Coburn, Asian Scholars and Government: The Chry Santhemum on the Sword, America's Asia: Dissenting Essays on Asian-American Relations, Random House, 1977, p.77, pp.93—95.

在的问题也是第三世界的批评家现在所面临的问题”[①]。第三，关注中国的“文革”，以“文革”为社会批判的参照系。20 世纪 60 年代是美国社会大动荡的年代，特别是越南战争的爆发，诱发了民权运动和反战运动。美国青年对资本主义文明的价值观产生了怀疑，迫切寻求思想出路。中国的“文革”恰好适应了美国青年的精神需要，为他们提供了进行社会批判的参照系。因此，他们便把中国视为理想国，中国研究遂成为“显学”。

令人感兴趣的是：“文革”确实牵动了美国学者，他们把研究“文革”看作“现代中国学的入门阶，是认识当代世界的首要部分”，认为“1968—1969 在学术领域上是真正的中国年”。他们重视对“文革”本身的研究，把红卫兵的造反运动和西方的学生运动做详细的比较和严格的社会人类学分析。注意研究“文革”本身提出并试图解决的问题。他们甚至提出：“共产党中国代表着一种衡量我们所存在的问题的有效模式。”他们特别关注“文革”对所谓新的社会模式的探索。他们说：“我们并不直接关注乌托邦梦想，但是一旦它们将梦想变为行动，成为社会生活的一部分，我们就必须关心。”“因为社会人类学不仅仅研究科学的命题，而且也在探索实现人类行动的可能性。”[②]

今天，饱受“文革”创伤的中国人是很难想象“文革”居然对美国人所产生的强烈震动。然而在我看来，“文革”之所以会使美国产生回应是因为：美国自身的社会问题突出，而“文革”本身确实提出了很多“人类共同面临的问题”，当然也正是美国的问题。但遗憾的是，依靠“文革”的方式最终无法解决这些问题，它们依旧困扰着我们，使我们陷入思想的困境。

在所有“文革”呈现的问题中，“民粹主义”问题是至今最令人困惑和争议的问题之一[③]。应当指出，最早提出这一问题的是美国学者莫里斯·迈斯纳(Maurice Meisner)。1967 年，他在《李大钊与中国马克思主义的起源》一书中提出中国马克思主义者具有民粹主义倾向。在迈斯纳看来，“文革”是一个马克思主义领域中的新问题。这引起了他的好奇，但用马克思主义又很难解释中国发生的革命，这又着实使他感到困惑。这种文化心理在美国的中国学家中是普遍存在的。在这种文化心理的驱使下，他将自己的视角延伸到民粹主义，把民粹主义视为“文革”中出现的许多社会现象的思想根源。例如：知识青年上山下乡问题、毛泽东对青年的特殊信任、相信和鼓励群众的自发性、反对官僚主义、企图绕开资本主义走向社会主义，等等。迈斯纳认为，这些问题“在马克思列宁主义的历史上是前所未有的”，它们

---

① Edward Friedman & Mark Selden，America's Asia：Dissenting Essays on Asian-American Relations，Random House，1971，Introduction.

② Maurice Freedman，Why China？The Study of Chinese Society，Stanford University Press，1979，pp. 1407—1422.

③ 20 世纪 90 年代，党史学界曾由这个问题引发争论，并对迈斯纳的研究进行过“批判”。现在看来，批判者并未真正理解这位最早把中国马克思主义研究引入美国高等学府的严谨学者。

在“文革”中获得了戏剧性的表现。借助于民粹主义取向，可以理解这些问题。他还强调：“民粹主义成分是一种土生土长的中国现象，这种现象的形成，尽管有布尔什维克革命在政治上和思想上的影响，但却不是因为这种影响才形成的。”我们应该在研究这种现象时，“注意那些促进了民粹主义式的思想和运动的典型条件”①。

自20世纪80年代开始，中国社会所发生的重大变化，使美国学者深感“中国研究失去了它的紧迫性”。以至于费正清在谈到中国研究的降温时，特别鼓励研究者切莫短视，并指出了方向：“我们在研究中国的50年之后想提供的启示不是其他，而是继续努力研究中国。”②不可否认，当年，推动美国的中国研究者关注中国的动因，表面上看是因为“文革”使乌托邦幻觉变为现实主义的行动，但在很大程度上则是源于两国文化上的巨大差异。这是一个不争的事实。因此，20世纪90年代，美国的中国学家更关注的是“文化的中国”。著名学者史华慈(Benjamin I. Schwartz)辞世前，就曾发表了一系列文章，面对当时的中国发出了种种引人困惑的“人文疑问”。

近10年来，美国的中国研究又呈现出新的特点。他们关注中国和平崛起的同时，更重视对中国共产党自身的研究。这一新取向以沈大伟(David L. Shambaugh)为代表。2008年，沈大伟推出其新著《中国共产党：收缩与调适》③。与“冷战”时期的中国共产党研究不同，沈大伟将关注点聚焦于“后共产主义时代的中国共产党”，探究它能继续存在和发展的内在动因。他在书中强调：“1949年以来，最重要的因素就是中国共产党。本书分析了中国共产党作为执政党所具有的优势、弱点、持久性和调适性，以及长期执政的潜力。”他特别提醒读者：我“关注的是作为一种建制(Institution)的中国共产党，而不是政治体制”。因此，他的研究理路与传统的比较共产主义研究相悖，更侧重于党对历史经验教训的总结、党内改革的重要举措、重塑意识形态的尝试、党的宣传部门的作用、加强执政能力建设、加强党外协商监督、党校与党员培训、党的动态稳定，等等。沈大伟的研究反映了美国中国学家研究兴趣的转变，表明美国严肃学者对中国共产党的认识趋于理性化。相比较而言，我国学术界对这种学术变化尚缺乏应有的敏感和反应，也就很难有正常地、深入地对话。

（作者：侯且岸　北京党建研究基地首席专家　教授）

---

① ［美］莫里斯·迈斯纳著，中共中央文献研究室《国外毛泽东思想研究资料选辑》编辑组编译：《毛泽东与马克思主义、乌托邦主义》，中央文献出版社，1991年，第114页。

② ［美］费正清著，黎鸣等译：《费正清自传》，天津人民出版社，1993年，第584页。

③ 中译本由中央编译出版社2012年出版。

北京交通发展研究基地

（北京交通大学）

基地名称：北京交通发展研究基地
依托单位：北京交通大学
项目类别：北京市哲学社会科学“十一五”规划项目

资本构成多元化的北京市轨道交通补贴机制与方法研究①

随着城市化进程加快，北京市机动车数量增长快速，交通建设和管理面临严峻挑战。为有效缓解交通压力，北京市高度重视轨道交通建设，轨道交通建设成为近年来城市基础设施发展的重点，建设速度和发展成就令人瞩目，到2020年预计北京轨道交通线路将达到1000公里左右，随之投融资也将追加1500亿，达到5000亿元左右。但是，仅凭单一的政府财政支出已经难以维持城市轨道交通修建及日常运营所需资金，所以如何减轻政府负担，有效吸引社会资本参与城市轨道交通项目建设，实现投资主体多元化是一个很现实的问题。但是随着社会资本进入城市轨道交通项目，其发展又面临着新的问题，因为私人资本是逐利的，如果不能得到适当的投资收益，这部分资本是绝对不会进入项目建设的，这就需要项目本身具有一定的赢利性来保证，但是城市轨道交通的公益性弱化了其盈利能力，为了吸引足够的社会资本进入，政府就不能不对城市轨道交通企业给予补贴。因此，政府对于城市轨道交通的财政补贴是城市轨道交通可持续发展的重要手段和保障措施。本项目的研究目的在于分析现有补贴模式，力图得到一定共性的规律，以期能够对建立一种新的、满足多元化投资要求的财政补贴机制和模式产生积极的作用。

一、投资多元化的城市轨道交通补贴分析

城市轨道交通补贴模式较多，内容广泛，每种补贴模式所产生的激励效果不尽相同。对于这个问题的一般理解是：由于信息不对称，政府和企业之间会产生委托—代理问题。这种理解虽然注重机制本身的激励效果，但是却忽略了对企业本身所有制的探讨，因为目前轨道交通正朝着投资主体多元化的方向发展，按照社会资本是否参与企业管理可分为两种情况：

① 本文是《资本构成多元化的北京市轨道交通补贴机制与方法研究》项目的最终成果摘要，项目编号：10AbJG399。

(1)社会资本进行事前投资，即投资于轨道交通基础设施，不参与运营，企业所有权不变；(2)社会资本进行事中或事后投资，并且参与企业经营决策，此时所有权有所变化。本研究对这两种情况进行逐一分析。

(一)多元投资主体不参与运营企业决策

如果社会资本参与城市轨道交通项目基础设施建设，在建成之后按一定份额领取报酬而不参与企业的经营管理，即多元投资主体只是企业的“债权人”而非“股东”，运营企业仍然由政府全额出资，企业所有权性质不变。在对城市轨道交通补贴的过程中，政府与运营企业之间存在委托代理关系：政府为委托人，企业为代理人；政府代表公众，追求社会利益最大化，企业追求其自身利益最大化。两者信息不对称，企业掌握着关于自身更多的信息，处于信息优势一方，政府则出于维护公众的利益对其进行管制。世界上绝大多数轨道交通运营企业与政府的关系即为如此。

实践中，我国政府对轨道交通运营企业的方法有很多，主要有四种：政府统包法、政府包干法、按客运量补贴以及加入服务及成本监督补贴法。本报告利用委托代理模型对上述四种方法分别进行分析评价，分析每种补贴政策下运营企业的行为，以及对该行为产生的后果进行评价。

1. 财政统包补贴模型分析

政府对运营企业进行财政统包补贴指的是政府根据企业申报的上年度财务决算和本年度运营计划确定补贴额，直接对公交企业的实际亏损情况进行全额补贴。这种补贴方式一般出现在计划经济时代，那时候政府对企业一管到底，企业完全没有自主权，收入全部上缴政府，但是运营企业仍然有自己的经营目标，即最大化自身利益，政府认为自己可以掌握企业的完全信息，因此不存在激励相容约束。但是两者之间仍然存在着严重的信息不对称，因为运营企业作为独立理性的个体，其仍然以追求自身利益最大化为行为导向，当其得到政府补贴时，对于它是否按照政府的意愿去努力降低成本，为公众提供优质价廉的轨道交通服务，政府是不得而知的。

根据对模型的分析，得出政府财政统包形式下的补贴方式存在着政府对运营企业“棘轮效应”，弱化激励，甚至负向激励的问题。其后果是企业经营效率低下，成本上升，补贴支出不断膨胀，不仅加重了政府财政负担，还浪费了社会资源，增加社会成本。

2. 政府包干补贴模型分析

随着我国经济市场化改革的深入，政府对城市轨道交通企业的体制也进行了相应的改革，主要是打破计划经济运行机制，对统包补贴进行了改革。政府主管部门对运营企业实施了一种“补贴包干”的模式，即由政府和运营企业进行协商，根据企业的运行环境和历年运营状况，给企业一个包干补贴额度，企业不必再上缴所得收入，这样企业就可以支配自己的利润，除非政策有重大改变或者较大外部环境的改变，补贴额度不变。在这种补贴模式下，政府和企业共同分担风险：政府承担政策风险，企业承担经营风险。该模式下仍然存在着信息不对称，但是由于企业的所有制仍未发生变化，政府依然认为自己可以让企业做任何自己想让它做的事，即激励相容约束还是不存在的。政府最优化过程可以表述为两个阶段：

第一阶段是政府与运营企业协商补贴额度，这一阶段与政府统包补贴基本一致，由于面临着以后固定的补贴额度，运营企业为了多给自己争取补贴，最大化自身利益，也会出现激励弱化，甚至是负向激励的问题，因为如果自己表现“过好”，政府极有可能会降低补贴额度，而这一补贴度一旦确定，巨大的协商成本将使其很难改变。相反，如果前面运营企业表现得足够糟糕的话就能够为其争取到更多的补贴。

第二阶段为运营企业决策阶段，该阶段政府补贴额已经确定，企业将根据政府的补贴额度确定自己的最优努力水平，实现自身利益最大化。该阶段可以认为是一个无限期决策阶段，由于政府的补贴额度事先已经确定好，企业的努力水平也会随之确定，而且与补贴额度无关。此时如果政府满足于企业现有努力水平，则政府承担有限风险，但是企业也只会选择一个固定的努力水平以最大化自身效用。

如果政府希望利用更高的补贴资金来提高对运营企业的激励程度，则其将承担额外风险。倘若运营企业想通过高努力水平换取更高的收益，补贴额度不增加的情况下，其将独自承担经营风险，这对于理性的运营企业来说是不可能的。和政府统包补贴模式下企业完全不承担风险相比，在此种补贴模式下企业将必须承担一定的经营风险，即如果它不能很好地经营，达不到最优化条件，它将不能实现自身利益的最大化。这就是有非对称信息导致的激励与风险的取舍。

因此政府包干补贴相当于事先支付确定金额，不论补贴多少，一旦确定企业将不再改变自身的努力水平，激励效果有限。当然，使用包干补贴相对于统包补贴来说是一种进步，同时在包干补贴的第二个阶段不存在负向激励，也即“棘轮效应”。但是该补贴模式也存在着正向激励不足的问题，随着补贴度的确定，运营企业也随之失去了对更高努力水平追求的动力。

3. 基于客运周转量的财政补贴模型分析

虽然政府财政包干补贴模式能在一定程度上解决统包补贴的负向激励问题，但是该补贴模式仍然存在着激励弱化等问题。而且政府包干补贴和统包补贴，所参照的变量都是消费者剩余，但是该变量一般难以观测，只能通过一些其他变量来间接推算，如果变量选择得准确，就能将消费者剩余衡量得较为准确，这样制定政策依据也较为贴近实际。城市轨道交通一般被政府定义为公共性很强的产业，即保证绝大多数人能够享受轨道交通服务的便利是其主要目标，所以近些年政府在衡量消费者剩余时，采用了客运周转量这一指标。具体的基于客运周转量的财政补贴为：按照企业运营里程和客运量的综合水平确定补贴额度。政府则在其中扮演着类似于公共服务“购买者”的角色，而且此时政府更是可以制定类似于“任意的强制合同”，所以激励相容约束并不起作用

一般情况下，政府给予运营企业的补贴价格是较高的，所以在这种补贴模式下出现的激励弱化的问题表现得不是非常突出，能够在很大程度上起到激励企业的作用。但是这种激励效果或者政策目标是借助企业追求自身利益最大化才能够实现，往往会使企业的行为偏离政府目标，而使政策效果打上折扣。例如既然补贴额度是按照客运周转量来计算的，运营企业完全有理由将努力的主要精力放在增大客运量上，而忽视了衡量企业努力水平很关键的其他指标，如服务质量，成本控制等，加重政府财政负担；甚至有企业偏向客源充足的线路，而对较为偏远的线路弃之不顾，使政府的公益性目标打上折扣。因此，如何在保证公益性的前提下，兼顾成本和服务质量，全面科学地衡量运营企业努力程度的问题被提了出来。

4. 服务及成本监督下的补贴模型分析

在基于客运周转量补贴的模式中，企业将大量的精力放在如何增加客运量来获取更多的补贴的活动上，对城市轨道交通产品的其他方面关注不够，这主要是因为政府在衡量企业绩效或者是企业努力水平的主要指标就是客运周转量。这样有可能会导致激励过度，增加财政负担，会起反作用。为了解决这一问题，人们又在思考如何更加准确地衡量消费者剩余，或者反过来说就是如何衡量企业努力水平 a。为了模型计算方便，将 a 假定为一个一维连续变量，实际上 a 的衡量维度是多方面的，除了单纯地客运量，还应该有其他方面，这就是说如果单纯地增加客运周转量而不顾及其他方面，运营企业实际努力水平有可能是不变的。

这样，为了更好衡量企业业绩，服务及成本监督下的补贴便产生了。服务及成本监督下的补贴模式指的是政府对运营企业的补贴额度，不仅参考企业的客运周转量，还会与其服务质量成本控制等其他努力相挂钩。政府每年都会对运营企业的服务质量和成本控制进行监督检查，对成本来说，如果企业按照要求，将企业运营成本控制在规定的范围内则予以适当额外补贴，如果超过该范围则减少补贴以示惩罚；对于服务质量来说亦是如此，即达到要求给予额外补贴，未达标则减少补贴。

在服务及成本监督下的补贴模式中，政府和运营企业之间虽然仍然存在着一定的信息不对称，但是由于事先订立好的合同中已经明确规定了补贴指标，而且政府获取相关数据成本不高，所以信息租金大大降低了。同时在该模式下，政府仍然可以与企业签订类似于任意的“强制合同”，所以

激励相容约束是自动满足的。

从模型分析的结果看，和基于客运周转量补贴模式一样，这种补贴方式仍然存在着激励不足的情况，但是政府的财政负担却大大加重了。如果想进一步提高运营企业的激励程度并不能简单地增加补贴力度，这样做非但不能解决问题，反倒会进一步提高补贴支出。问题的实质在于信息是不完全的，因此也不存在完备的契约，政府与运营企业签订了服务和成本监督的补贴合同，但是仍旧不能将补贴中涉及的所有细节都包括进去，正如上文中已经分析的那样，衡量消费者福祉指标的其他因素始终是未知的，所以解决问题的关键在于，假如不计监督成本的话，让合同尽量多的包括一些考核因素是一定有利于提高运营企业的激励程度的。

基于上述分析可知，基于客运周转量的补贴模式是城市轨道交通补贴方法的一个重大改进，而服务及成本监督下的补贴模式则是对已有模式的又一次完善。尽管信息经济学的基本结论告诉我们完善的契约是不存在的，但是人们仍然可以在实践中不停地改进补贴合同，使之趋向于完美，这样政策效果也就可能达到最优了。

5. 对不同补贴模式的比较分析得出的结论

推论一：在运营企业风险态度不变的情况下，政府绝对风险规避程度越高，边际补贴支出的公益性就越差。在城市轨道交通补贴中，如果政府过于担心政策的风险性，有可能会导致轨道交通服务公益性的下降。这一结论并不应该让人感到惊讶，因为这也正是微观经济学关于市场失灵理论的一个基本结论：由于公共物品和外在性等其他因素的存在，市场配置资源有可能不能产生帕累托最优结果。所以政府介入经济的原因除了监督并维护市场秩序外，还有一条很重要：用于承担私人难以承受的风险，为社会提供公共物品。需要指明的是，这一结论并不是要求政府应当完全弃风险于不顾，而给运营企业以大胆的补贴，因为报告在讨论政府财政统包模型时已经说明，若政府带有轻微的风险偏好时会给企业产生负向激励，反而会使问题变得更加糟糕。因此，政府在进行轨道交通补贴时对待风险的态度至少应当是风险中性，甚至是轻微的风险规避，但是为了保证轨道交通产品公益性的前提下到底在多大程度上规避风险，这仍然是一个悬而未决的难题。

推论二：在同一种补贴模式下，政府风险规避度量的增加能够严格增加对运营企业的激励程度。在同种补贴模式下，政府如果对于运用补贴资金风险的态度愈加审慎，对运营企业的激励水平将愈高。就好比私人总是很重视何如支配自己的收入，以使自身效用达到最大化一样，政府如果像私人一样行动，审慎的使用补贴资金就能够提高对运营企业的激励水平。

推论三：在每种补贴方式下，政府绝对风险规避度量的增加将是一个卡尔多—希克斯改进(Kaldor-Hicksim-Provement)①。

(二)多元投资主体参与企业运营决策

多元投资主体参与企业的运营管理的投融资模式指的是多元投资方(主要指社会资本)不仅投资于轨道交通建设项目，还参与运营企业的日常经营管理，此时运营企业的所有权结构有所变化，进而导致整个组织内部委托代理关系发生了一定的变化，因为其中掺杂了私营股权。在该种投融资模式下，多元投资主体与政府建立长期的合作关系，不仅能够减轻政府在项目建设上的财政负担，还能引进先进的管理理念，有助于提升经营效果。由于运营企业的股本构成发生了变化，不再是单一的政府资金，还有一部分私人资本，此时企业的所有权性质也不仅仅是国有经济，还有私营成分在内，当私人资本超过总股本的一定数量时，企业的主要决策力量将会是私人股东，运营企业有着更加独立的市场经营主体地位，政府不能像在完全国有制时对企业制定“强制合同”那样给现有企业实施。

1. 不考虑内部治理时的政府企业补贴分析

不考虑政府与运营企业的内部治理问题意味着二者内部配置已经达到最优，由于信息不对称仍然存在，故无效率主要来自两者外部的委托代理关系。仍然采用前面的假设，同时使用参数化分析方法，政府面临的问题为：

$$\max_{a,b(s)}\int v(s-b(s))f(s)ds$$

$$s.t.\ (IR)\int u(b(s))f(s)ds+r(a)-c(a)\geqslant\bar{u}$$

$$(IC)\int u(b(s))f_a(s)ds=c'(a)-r'(a)$$

a 假定为努力水平的一维连续变量；$r(a)$ 为企业的运营收入；s 表示消费者剩余；政府的补贴额度为 $b(s)$ ；$c(a)$ 代表运营企业的经营成本。假定政府和运营企业的 $v-N-M$ 期望效用函数(也即冯·诺依曼-摩根斯坦效用函数)分别为 $v(s-b(s))$ 和 $u(b(s))-c(a)$ ，其中 $v'>0,u'>0$ 。在此假定企业为风险规避者：$u''\leqslant 0$ ，且政府的效用函数 $v(s-b(s))$ 就是社会福利函数。

其中，激励相容约束采用了“一阶条件方法”(first-order approach)；写出该问题的拉格朗日函数为：

$$L(a,b(s))=\int v(s-b(s))f(s)ds-\lambda\left(\int u(b(s))f(s)ds+r(a)-c(a)-\bar{u}\right)$$
$$-\eta\left(\int u(b(s))f_a(s)ds-c'(a)+r'(a)\right)$$

① 如果一种变革使受益者所得足以补偿受损者的所失，这种变革就叫卡尔多—希克斯改进。

一阶条件为：

$$\frac{v'(s-b(s))}{u'(b(s))}=\lambda+\eta\frac{f_a}{f}$$

为了更方便解释结果，不妨把运营企业努力水平简化为两个值：高努力 a_H ，低努力 a_L ，并将激励相容约束改写为：

$$(IC)\int u(b(s))f_H(s)ds+r(a_H)-c(a_H)$$

$$\geqslant\int u(b(s))f_L(s)ds+r(a_L)-c(a_L)$$

一阶条件为：

$$\frac{v'(s-b(s))}{u'(b(s))}=\lambda+\eta(1-\frac{f_L}{f_H}) \tag{1}$$

如果 $\eta=0$ 则最优补贴合同与多元投资主体不参与企业运营时的结果相一致，但是霍姆斯特姆(Holmstorm，1979)证明，在信息不对称的条件下 $\eta>0$ 严格成立，这就意味着多元经营主体参与企业运营时与其不参与运营时政府最优补贴合同不同。

具体的，令 $b(s)$ 表示由条件(1)得出的最优补贴合同，$b^*(s)$ 表示由条件 $-v'+\lambda u'=0$ 得出的最优补贴合同，有如下结果成立：

$$b(s)\leqslant b^*(s)\text{ , if } f_L\geqslant f_H$$

$$b(s)>b^*(s)\text{ , if } f_L<f_H$$

就是说，给定 s 的值，如果 s 在运营企业低努力($a=a_L$)时出现的概率大于高努力($a=a_H$)时出现的概率，那么政府对运营企业的补贴额度就应该向下调整；反之，如果 s 在运营企业低努力($a=a_L$)时出现的概率小于高努力($a=a_H$)时出现的概率，那么政府对运营企业的补贴额度就应该向上调整。一般情况下，分布函数 F 满足单调似然率特征，这样就保证了 $b(s)$ 对 s 的单调性，即随着企业努力创造的 s 增加，政府补贴额度 b 也是增加的，同时 s 是企业努力程度 a 的增函数，故 b 也是 a 的增函数，所以在多元投资主体参与经营的补贴模式中负向激励一般是不存在的。因此运营企业就有动力努力经营，创造更多的消费者剩余 s ，以争取更多的补贴，企业也可以将增加的效益用于企业发展和员工奖励，形成良性循环。

2. 多元投资主体参与营运是对组织效率的提升

在这种公有制经济中，初始委托人的最优监督积极性和最终代理人受监督下的最优工作努力都随共同体规模的扩大而严格递减(张维迎，2004)，同时由于所有权共同体的分割将使得等级体系变得更为平坦，缩短了从委托人到代理人之间的距离，监督成本因为委托人—代理人链中直接地、专门地和对剩余没有直接贡献的监督人员减少而大大降低了，所以对于一个一定规模的经济，所有权共同体的分割将使委托人的监督积极性和代理人监督下的工作积极性严格增大(张维迎，2004)。

从这个角度看，城市轨道交通运营企业由原来单一的公有制转变为政府占主导，多元投资主体参与运营的混合所有制模式确实能够增加企业的激励程度：多元投资主体参与运营事实上形成了对原有公有制所有权的分割，而这种分割能够严格减少原来所有制下企业的委托代理链条的长度，增加了政府对企业的监督积极性，也增大了企业工作的积极性，就整体而言，组织的运行效率是增加的。

3. 有用信息的增加将严格增加组织效率

按照上面的分析，运营企业为公众创造的福祉如果越高，政府就应当为其支付更高的补贴额度；反之，如果其经营不善，给公众福利带来损害时，政府就应当削减补贴以示惩罚。问题在于，即使在完全的公有制经济(多元投资主体不参与运营)，政府可以在很大程度上控制企业的行为的情况下，政府和运营企业之间依然存在着很大的信息障碍，在运营企业成为一个完全或准市场经营主体、企业所有权有所变化(多元投资主体参与运营)时，信息不对称的情况可能更加严重，公众福祉 s 考量的准确度将直接影响政府补贴的效果。一种可行的解决办法是新加入一个观测变量 x，假设其观测成本为零且其能够带来有用信息。$H(a,x,s)$，$h(a,x,s)$ 分别为相关变量的联合分布函数与密度函数，则政府面临的问题为：

$$\max_{a,b(s)}\int_s\int_x v(s-b(s))h_H(s,x)dsdx$$

$$s.t.(IR)\int_s\int_x u(b(s))h_H(s,x)dsdx+r(a)-c(a)\geqslant\bar{u}$$

$$(IC)\int_s\int_x u(b(s))h_H(s,x)dsdx+r(a_H)-c(a_H)$$

$$\geqslant\int_s\int_x u(b(s))h_L(s,x)dsdx+r(a_L)-c(a_L)$$

最优化一阶条件为：

$$\frac{v'(s-b(s,x))}{u'(b(s,x))}=\lambda+\eta\left(1-\frac{h_L}{h_H}\right)$$

又因为 x 提供的是有用信息，所以有

$$\frac{h_L}{h_H}\neq\frac{f_L}{f_H}$$

根据霍姆斯特姆(Holmstrom，1979)的结论，此时最优补贴合同 $b(s,x)$ 相对于原有补贴合同来说是一个严格的帕累托改进，即给定运营企业的参与约束和激励相容约束，政府从补贴合同 $b(s,x)$ 获得的期望效用严格大于从 $b(s)$ 中获得的期望效用。

由于观测变量 x 能够提供有用信息，所以如果将其写入补贴合同中，政

府主管部门能够排除掉一些外生因素对推断的干扰，对运营企业的状况有一个更加准确的判断，这样补贴合同的激励效果也就更好，从而能使社会福祉达到更高的层次。

二、北京城市轨道交通补贴机制的政策建议

(一)基于多元投资主体补贴模型的政策建议

(1)政府介入经济的原因除了监督并维护市场秩序外，还有一条很重要：承担私人难以承受的风险，为社会提供公共物品。这并不是要求政府应当完全弃风险于不顾，而给运营企业以大胆的补贴，本研究在讨论政府财政统包模型时已经说明，若政府带有轻微的风险偏好时会给企业产生负向激励，反而会使问题变得更加糟糕。因此，政府在进行轨道交通补贴时对待风险的态度至少应当是风险中性的。

(2)在同一种补贴模式下，政府风险规避度量的增加能够严格增加对运营企业的激励程度。这就是说，在同种补贴模式下，政府如果对于运用补贴资金风险的态度愈加审慎，对运营企业的激励水平将愈高。就好比私人总是很重视如何支配自己的收入，以使自身效用达到最大化一样，政府如果像私人一样行动，审慎地使用补贴资金就能够提高对运营企业的激励水平。

(3)在每种补贴方式下，政府绝对风险规避度量的增加将是一个卡尔多—希克斯改进，即受益者所得足以补偿受损者的所失。随着政府绝对风险规避度量的增加，企业努力水平将趋近于社会最优值，社会福利也将趋向于最大值。这样，政府绝对风险规避度量的提高将严格降低政府补贴的公益性，即消费者剩余是减少的。

(4)多元投资主体参与运营是对组织效率的提升。城市轨道交通运营企业由原来单一的公有制转变为政府占主导，多元投资主体参与运营的混合所有制模式能够增加企业的激励程度：多元投资主体参与运营事实上形成了对原有公有制所有权的分割，而这种分割能够严格减少原来所有制下企业的委托代理链条的长度，增加了政府对企业的监督积极性，也增大了企业工作的积极性，就整体而言，组织的运行效率是增加的。

(5)有用信息的增加将严格增加补贴所产生的社会福利，即有用信息的增加对整个组织来说是一个帕累托改进。有用信息使政府部门能够排除掉一些外生因素对推断的干扰，对运营企业的状况有一个更加准确的判断，这样补贴合同的激励效果也就更好，从而能使社会福祉达到更高的层次。

(二)PPP模式下的政府资金支持后补偿模式

PPP(Public-Private Partnership)泛指公共部门与私人部门为提供公共产品或服务而建立的各种合作关系。作为典型的多元投资主体参与轨道交

通运营管理的投融资模式，PPP 模式是多元投资主体与地方政府投资主体长期双赢的合作模式，不仅可以引入城市轨道交通发展所需资金，还能够引进相关投资主体先进的管理理念和经验。

PPP 融资模式的实质是政府与社会投资者共同参与轨道交通项目的投资、建设、运营，共担风险、共享收益。政府对轨道交通项目的资金支持可以分为两种方式：前补偿模式(又称建设期补偿模式)，即 SB-O-T(Subsidize in Building，Operate and Transfer)和后补偿模式(又称运营期补偿模式)，即 B-SO-T(Build，Subsidize in Operation and Transfer)。后补偿模式的基本思路是在建设期，政府只投入项目总投资中的资本金部分，其余由项目公司通过政府信用的支持采用债务融资解决；在运营期，通过建立科学合理的运营补偿制度，建立一定的激励约束机制，解决项目公司在票款收入和三产收入无法收回全部投资的问题。具体做法是政府部门以预测客流量和实际票价为基础，预先核定项目公司的运营成本和收入，对产生的运营亏损给予相应补贴。政府以运营期内客流量的年平均增长率 a%为控制标准，项目投入运营后，若实际客流量比预测客流量减少的幅度超过 a%，则政府按照合同规定给予项目公司相应的补贴；如果实际客流量达到了预测客流量的 1+a%以上，那么超出部分将由政府部门和项目公司按照一定的比例分享。在此模式中，预测客流量以 3 年为 1 个周期进行调整。总之，就是要控制项目公司产生超额利润，但要保证其正常收益。特许期结束后，企业无偿将项目全部资产移交给政府。此模式的实质是在项目的运营过程中，通过科学合理的运营补贴，并建立一定的激励约束机制，保证项目的良性运转，达到项目公益性和经营性的统一。

后补偿模式在我国现行固体资产投融资体制、政府补贴制度基础上，结合我国基础设施市场化融资的实际进行了创新，具有一定的优点和适用性。在此模式下，客流量风险由政府部门、项目公司、社会运营商共同分担，特许经营期比较灵活，不可预见因素少，可控性强；通过区分政策性亏损与经营性亏损，避免简单的"多亏多补、少亏少补"，激励项目公司、运营商努力降低成本，提高运营管理水平。

(三)引入长期激励机制

对于城市轨道交通企业的政府补贴主要是建立在轨道交通运营的票价能够符合公共利益需要，满足普遍服务的基础之上。在低价格条件下，政府采取各种补贴政策维持企业的正常运营；但如果给定政府长期补贴，运营企业具有减少努力降低经营成本的动机，形成"逆向选择"行为。因此研究城市轨道交通补贴的机理，将企业降低成本的激励纳入到补贴机制的设计之中，在符合社会利益目标的同时，维持有效率的运营，即将政府的补贴视为一种激励设计，从政府补贴机制的层面来推动城市轨道交通企业提

高效率就成为非常重要的理论和现实问题

从目前各国的经验来看，政府采取各种补贴政策维持运营企业的正常运营，这种补贴实际上就是政府用补贴向运营企业购买“普遍服务”，采用事前长期补贴方式是一种有效的激励策略。事前长期直接补贴的方式，即政府根据业主经营绩效，确定在未来几年内的补贴额度（定额或者分成），一般为 4—5 年，它避免了政府与企业每年都要为补贴大小讨价还价，避免了每年都要核算企业经营成本的真实程度，也避免了每年企业在降低成本之后要面临减少补贴的现象，可以在合理经营周期内，给企业提供长期降低成本的激励动机。其目的就是在符合社会利益目标的同时，维持一个有效率的运营企业。

（四）借鉴香港轨道交通盈利模式

政府给予轨道交通企业交叉补贴或者间接补贴。间接补贴包括某些政策维护运营企业的线路独占权，推进轨道交通网络化规模，构建以轨道交通为核心的公共交通体系以保证足够的客流量，不同程度的调价权等；交叉补贴核心就是用非主营业务的收益补贴主营业务，如赋予企业地面或地下的土地和商业开发权等。这种补贴核心就是“给政策”，通过相关业务开发使城市轨道交通的外部效应内部化，从而增加企业盈利，它不需要政府直接承担沉重的补贴压力，但由于政策的制定、实现和维持都受到了政治周期的影响，因此，以合同的方式，明确政府与企业长期承诺关系是非常必要的。

参考文献

1. Daniel J. Graham，Antonio Couto，William E. Adeney，Stephen Glaister，Economies of scale and density in urban rail transport：effects on productivity，Transportation Research Part E，2003(39).
2. Holmstrom B.，Moral Hazard and Observability，Bell Journal of Economics，1979(10).
3. Jan K. Brueckner，Transport subsidies，system choice，and urban sprawl，Regional Science and Urban Economics，2005(35).
4. K. Obeng，R. Sakano，Public transit subsidies，output effect and total factor productivity，Research in Transportation Economics，2008(23).
5. Mas-Colell，Microeconomic theory，Oxford University Press，1995.
6. Mirrlees J.，The Optimal Structure of Authority and Incentives within an Organization，Bell Journal of Economics，1976(7).
7. Nils Fearnley，Jon-Terje Bekken，Bard Norheim，Optimal performance-based subsidies in Norwegian intercity rail transport，International Journal of Transport Management，2004(2).
8. Rainald Borck，Matthias Wrede，Commuting subsidies with two transport modes，Ur-

ban Economics, 2008(63).

9. Sock－Yong Phang, Urban rail transit PPPs: Survey and risk assessment of recent strategies, Transport Policy, 2007(14).

10. http://www.china.com.cn/news/txt/2007－10/08/content_9013035.htm.

11. 陈云、王浣尘、田澎、薛博：《城市轨道交通建设的扶持政策与补贴方式研究》，《城市轨道交通研究》，2005 年第 1 期。

12. 陈云等：《城市轨道交通建设的扶植政策与补贴方式研究》，《百家论坛》，2005 年第 1 期。

13. 刁心宏、李明华：《城市轨道交通概论》，中国铁道出版社，2009 年。

14. 费方域等：《城市轨道交通的外部性及其盈利模式的探讨》，《百家论坛》，2004 年第 5 期。

15. 郝成、李静：《北京、香港、纽约城市轨道交通投融资模式对分析》，《城市轨道交通研究》，2009 年第 1 期。

16. 郝记秀、周伟、黄浩志、关宏志：《城市公共交通财政补贴测算模型研究》，《交通运输系统工程与信息》，2009 年第 2 期。

17. 何宁、顾保南：《城市轨道交通对土地利用的作用分析》，《城市轨道交通研究》，1998 年第 4 期。

18. 黄卫、张宁、陈晖、陈光：《基于收入成本比的城市轨道交通运营理念》，《城市轨道交通研究》，2009 年第 2 期。

19. 贾腾、欧国立：《城市轨道交通补贴依据与方法》，《学理论》，2010 年第 7 期。

20. 贾腾、欧国立：《庇古税失灵：基于凡勃伦效应的城市交通拥堵定价理论研究》，《北京交通大学学报》(社会科学版)，2011 年第 3 期。

21. 姜一军：《日本城市轨道交通商业化经营概述》，《中国市政工程》，2008 年第 1 期。

22. 蒋惠园、王燕妮：《城市轨道交通的票制模式分析与启示》，《铁道运输与经济》，2008 年第 10 期。

23. 雷书华等：《公共物品理论对我国铁路改革的启示》，《石家庄铁道学院学报》，1999 年第 3 期。

24. 李红昌、荣朝和：《城市轨道交通特性及价格管制模式研究》，《铁道运输与经济》，2009 年第 1 期。

25. 李巧如、马涛峰等：《城市公交企业与政府博弈研究》，《系统工程》，2004 年第 6 期。

26. 李瑞敏：《国外城市公共交通财政补贴政策研究》，《城市发展研究》，2002 年第 3 期。

27. 李一龙：《基于绩效水平的城市轨道交通企业补贴机制研究》，《城市轨道交通》，2009 年第 8 期。

28. 廖维：《城市轨道交通投融资模式研究》，重庆大学硕士学位论文，2009 年。

29. 林晓言等：《城市轨道交通建设对地价影响的评估模型与实证——以北京市轨道交通为例》，《北京交通大学学报》(社会科学版)，2005 年第 9 期。

30. 苗启虎、何小竹、费方域：《城市轨道交通的外部性及其盈利模式探讨》，《城市轨道交通研究》，2004 年第 8 期。
31. 欧国立：《轨道交通运输经济》，中国铁道出版社，2011 年。
32. 欧国立：《运输产品性质论》，《中国铁路》，2004 年第 10 期。
33. 钱璞：《建立我国城市公共交通的补贴机制》，《城市公用事业》，2008 年第 2 期。
34. 宋晓满、王遐昌、张超伟：《基于可持续发展的城市轨道交通投融资模式研究》，《城市轨道交通研究》，2009 年第 12 期。
35. 孙章、蒲琪：《城市轨道交通概论》，人民交通出版社，2010 年。
36. 汤薇、陈森发、仇向洋：《基于生命周期客流分摊成本的城市轨道交通定价方法》，《系统工程理论与实践》，2007 年第 5 期。
37. 王镜：《公共交通定价及补贴的理论与方法研究》，北京交通大学博士学位论文，2008 年。
38. 王艳艳：《城市轨道交通企业绩效评价与补贴机制研究》，北京交通大学硕士学位论文，2008 年。
39. 王玉国、王稼琼：《城市轨道交通投融资模式比较及演进》，《北京交通大学学报》(社会科学版)，2004 年第 12 期。
40. 吴小莉：《城市公共交通补贴机制探讨》，《交通科技与经济》，2007 年第 6 期。
41. 徐小玲：《城市轨道交通投融资模式比较及其对武汉的启示》，武汉科技大学，2007 年。
42. 杨天薇：《对城市轨道交通补贴方式的探讨》，《现代城市交通》，2008 年第 6 期。
43. 杨则海：《城市公共交通的二重性及补贴机制研究》，《城市公交规划与管理》，2000 年第 4 期。
44. 叶海行、杨浩：《城市公交企业补贴机制探讨》，《内蒙古科技与经济》，2003 年第 2 期。
45. 叶霞飞、蔡蔚：《城市轨道交通利益计算方法》，《同济大学学报》，2002 年第 4 期。
46. 张定胜、黄有光：《高级微观经济学》，上海人民出版社，2008 年。
47. 张天然：《快速道路交通和城市轨道交通关键参数比较及相关问题探讨》，《城市轨道交通研究》，2007 年第 2 期。
48. 张维迎：《博弈论与信息经济学》，上海人民出版社，1997 年。
49. 张维迎：《公有制经济中的委托人代理人关系：理论分析和政策含义》，《企业改革》，2004 年第 20 期。
50. 张维迎：《造就真正的企业家》，《人民日报》，1986 年 9 月 19 日。
51. 赵源、欧国立：《城市轨道交通补贴机制研究》，《北京交通大学学报》(社会科学版)，2008 年第 2 期。
52. 周春燕、王琼辉：《公众参与城市轨道交通补贴机制探讨》，《价格理论与实践》，2009 年第 3 期。
53. 周耀东：《补贴轨道交通运营企业有讲究》，《中国国情国力》，2006 年第 5 期。

（作者：欧国立　北京交通发展研究基地研究人员　教授）

基地名称：北京交通发展研究基地
依托单位：北京交通大学
项目类别：北京市哲学社会科学“十二五”规划项目

中国新能源公交车的推广政策和现状研究①

一、引　言

新能源汽车是指除汽油、柴油发动机之外所有其他能源汽车。包括燃料电池汽车、混合动力汽车、氢能源动力汽车和太阳能汽车等。2010 年，我国全年石油消费量达到 4.55 亿吨，同比增长 11.4%，石油对外依存度 55%②。可见，能源已成为制约我国汽车行业发展的制约因素，而发展新能源汽车不仅是车企获得自身发展的重要途径，也是政府促进经济与环境协调发展的重要手段。

2009 年 1 月，财政部、科技部、工业和信息化部、发展和改革委员会四部委共同启动“十城千辆”工程，主要内容是，通过提供财政补贴，计划 3 年左右的时间，每年发展 10 个城市，每个城市推出 1000 辆新能源汽车示范运行，涉及这些大中城市的公交、出租、公务、市政、邮政等领域，力争使全国新能源汽车的运营规模到 2012 年占到汽车市场份额的 10%。截至目前，参与“十城千辆”的城市共有 25 个。首次确定参与“十城千辆”工程的城市有 13 个，分别是：北京、上海、重庆、长春、大连、杭州、济南、武汉、深圳、合肥、长沙、昆明、南昌。第二批确定参与的城市有 7 个，分别是：天津、海口、郑州、厦门、苏州、唐山、广州。第三批确定参与的城市有 5 个，分别是：沈阳、成都、呼和浩特、南通、襄樊。随后国家和地方政府出台了一系列政策促进新能源汽车的发展。

到 2012 年，“十城千辆”工程已经到了第三年，期间国内许多学者对我国政府出台的相关政策进行了研究。陈柳钦（2012）总结了我国从 2009 年以后出台的新能源汽车的相关政策；李印香（2011）、郭琨焜（2011）分别重点梳理了北京市和吉林省出台的关于新能源汽车的相关政策；曾耀明、史忠良（2011）比较了中外新能源汽车的政策措施，并从中得出了推广新能源汽

① 本文是《北京城市交通体系中新能源汽车发展对策研究》项目的阶段成果，项目编号：11JGB033。

② 数据来源于《2010 年国内外油气行业发展报告》。

车发展的政策建议；马超英(2012)主要总结了新能源汽车发展的技术现状并对政策进行了一定的归纳，提出了发展新能源汽车的政策性建议；朱鋐瑛、郭乃幸(2012)主要从能源方面阐述了发展新能源汽车必要性，并提出对策建议；孙庆洁(2011)在分析我国新能源汽车发展现状的基础上，分析我国新能源汽车产业税收政策存在的问题，对比发达国家的所实施的税收政策的基础上，对我国新能源汽车产业税收政策提出建议和对策。

国内外学者虽然对政策进行了大量研究，但是研究的重点大多集中在宏观政策的梳理上，对政策的分类研究以及对新能源汽车的燃料类型或应用类型等方面的分类研究并不细致。并且对新能源汽车的推广现状研究较少，并不能反映出现行政策是否对推广新能源汽车有效。

不论是国家还是地方政府，都将新能源汽车的推广重点放在公共交通领域，本文在研究新能源公交车的政策现状和发展成果的基础上，对政府政策进行了梳理和对比并对政策的有效性进行了讨论。首先，本文主要介绍了新能源汽车的发展背景及研究现状；文中第二部分从国家和地方(主要是深圳、上海和北京三个城市)两个层面，对政府关于新能源公交车的政策进行了总结和对比；第三部分主要从技术和推行数量两方面阐述了新能源公交车的发展现状。第四部分对政府政策的有效性、政府政策与推行成果的相关性，以及油价上涨对新能源公交车发展的影响进行了讨论；最后得出结论：政府需首先明确新能源汽车的发展方向及推广方式，避免资源的浪费，其次具体详细的政策是推广新能源公交车的重要力量，最后油价的上涨会成为新能源公交车推广的助力。

二、推广政策

(一)国家层面

1986年11月，面对世界高技术的蓬勃发展，我国启动实施了“高技术研究发展计划(‘863’计划)”，旨在提高我国的自主创新能力，充分发挥高技术的先导作用。“863”计划主要通过国家划拨科研经费、开展计划内扶持政策等吸引科研机构和科研人员、高校、企业等投入到前沿技术的研究发展中。节能与新能源汽车也成为“863”计划的重要研究发展领域之一，目前已有包括大金龙“增程/插电式重型商用车动力系统总成开发”和“中度混合动力汽车产业化技术攻关”项目、宇通“面向新型商业模式示范城市的电动客车与支撑平台综合示范”、中通“串联混合动力客车产品开发”和“纯电动豪华旅游客车”等新能源客车企业被纳入到“863”计划中，并且项目涉及电池开发、动力系统开发以及支持系统等各方面。

2009年1月，四部委共同启动了“十城千辆”示范工程，随后国家下发包括《财政部、科技部关于开展节能与新能源汽车示范推广试点工作的通知》《财政部、科技部、工业和信息化部、国家发展改革委关于扩大公共服务领域节能与新能源汽车示范推广有关工作的通知》等相关文件促进新能源汽车在公共交通领域的推广。表 1 是 2009 年国家对十米以上城市公交客车示范推广补助标准。

表 1　十米以上城市公交客车示范推广补助标准　　单位：万元/辆

节能与新能源汽车类型	节油率	使用铅酸电池的混合动力系统	使用镍氢电池、锂离子电池/超级电容器的混合动力系统	
			最大电功率比 20%—50%	最大电功率比 50%以上
混合动力汽车	10%—20%	5	20	—
	20%—30%	7	25	30
	30%—40%	8	30	36
	40%以上	—	35	42
纯电动汽车	100%	—	—	50
燃料电池汽车	100%	—	—	60

注：资料来源于政府官网。

由此可见，我国对新能源公交车的发展提供了强大的资金支持。以纯电动公交车为例，纯电动公交车的单价平均在 100 万元左右，而国家对十米以上公交客车补助为 50 万元，达到了 50%。在无地方政府补贴的情况下，消费者都将享受到半价购车，充分说明了国家对新能源公交车的投入力度和推广强度。

在各个地方相继成立新能源汽车产业联盟的基础上，2010 年 8 月，国资委牵头成立“央企电动车产业联盟”，联盟有长安、东风、一汽、上汽等汽车企业联合普天等国有能源企业组成。联盟分为三组，一个是包括各大车企的整车组，一个是电池组，另外一个是包括国家电网、中海油、中石化等在内的能源供给和服务组，承担充电站建设；同时联盟还获得了国资委 20 亿的资金支持。央企电动车产业联盟的成立是我国对新能源汽车产业规划迈出的实质性的一步。联盟不仅明确联盟的发展重点——电动汽车，而且央企电动车产业联盟的成立有望推动其他地区和企业成立新能源汽车联盟，并且为产业联盟提供可参考模板和规范。

综上所述，从国家层面来看，我国对新能源汽车的支持贯穿从研发到消费的整个链条中。

(二)地方政府

由于“863”计划主要由国家审批和资助，因此在地方政府层面，本文主要研究地方政府推出的新能源公交车推广政策。自“十城千辆”工程启动以来，各试点城市都发布了节能与新能源汽车示范推广方案，由于深圳、上海和北京是推行成果较好的中国经济发展最快的三个城市，地区内的汽车制造厂商较多而且三个城市对外开放程度较高，为新能源公交车的发展提供了广阔的平台，因此我们选取深圳、上海和北京作为“十城千辆”示范工程的代表城市进行深入研究。表2、表3为部分城市的推广方案归纳表。

表2 部分城市新能源公交车推广方案归纳表 单位：辆

城市	汽车类型	2009年	2010年	2011年	2012年	合计
深圳	混合动力及纯电动公交大巴	380	470	930	2220	4000
上海	混合动力大巴	150		550		1709
	纯电动大巴	120		883		
	燃料电池大巴	6		—		
北京	纯电动乘用车	—	1000	4000	18000	30000
	混合动力	—	—	1000	6000	

注：资料来源于地方政府官网。

从表2中可以看出，从计划推广的公交车数量来看，深圳市的计划推广数量较大，而且推广计划明晰，重点较为突出，为混合动力及纯电动大巴。上海市的推广计划中还包含了燃料电池大巴，但是计划推广数量较少，仅为6辆。

表3为深圳和北京的配套设施规划(笔者没有搜集到完备的上海配套设施规划)。

表3 部分城市新能源配套设施规划表 单位：个

城市	基础设施类型	2009年	2010年	2011年	2012年
深圳	公交慢速充电站	5	5	7	8
	公交快速充电站	5	5	7	8
	公务车慢速充电桩	500	600	700	700
	社会公共慢速充电桩	1625	2500	2750	3125
	社会公共快速充电站	36	46	54	64
北京	充电桩	1200	6000	28800	36000
	充电站	5	20	75	100
	电池更换站	0	1	0	1
	电池回收处理站	0	0	2	2
	维修服务站	1	3	6	10
	信息采集处理站	1	——	1	2

注：资料来源于地方政府官网。

深圳市和北京市对配套设施的规划有明显的差别，深圳市仅将充电站(桩)纳入配套设施规划，并且对充电设施的分类及规划数量非常明确。北京市对充电设施的分类并不明确，但将电池更换站、回收处理站等后期维护设施全部纳入规划体系。

深圳市是最早对推广新能源汽车提供明确的地方资金补贴的城市。表4是深圳市政府对新能源汽车以及配套设施的补贴体系。从表中可看出，深圳市政府对推广新能源汽车的资金补贴规划相当明确。而这样明确的、公开的补贴规划在北京和上海却没有找到。

北京出台的补贴方案并没有深圳市的推广方案详细，其中提及，北京市将按照电池3000元/千瓦时给予补助，配套设施方面将给予充电站(桩)不超过建设投资30%的财政补贴。上海的地方政府补贴政策则更加模糊而且其出台的政策大多是新能源汽车产业化方面的政策。

表4　深圳市政府对新能源汽车以及配套设施的补贴标准　单位：万元

	2009年	2010年	2011年	2012年	合计
混合动力及纯电动公交大巴	8697	9870	9300	26328	54195
公交慢速充电站	3180	3180	4452	5088	15900
公交快速充电站	1500	1500	2100	2400	7500
公务车慢速充电桩	500	600	700	700	2500
社会公共慢速充电桩	1625	2500	2750	3125	10000
社会公共快速充电站	7200	9200	10800	12800	40000

注：资料来源于地方政府官网。

三、发展现状

(一)技术现状

新能源汽车包括混合动力汽车、纯电动汽车、燃料电池汽车等采用非常规的车用燃料作为动力来源的汽车。其中燃料电池汽车等由于能源来源困难、维护成本高、配套设施不完善等原因并不受到汽车生产厂商的青睐，目前国内大中型客车厂将新能源汽车的开发重点放在混合动力和纯电动汽车上。表5为国内大中型客车厂生产的新能源公交车与普通燃料公交车基本参数对照表。

表 5 新能源公交车和普通燃料公交车基本参数对照表

	生产厂家	型号	外形尺寸（长/宽/高 mm）	额定功率（kw）	总质量（kg）	最高车速（km/h）	座位数（个）
新能源公交车	中大汽车	YCK6128BEVC	11980 * 2490 * 3250	150	9270	75	44
	北汽福田	BJ6123C6B4D	11850 * 2540 * 3300	100	18000	≥80	27
	常隆客车	YS6128EV	12000 * 2550 * 3225	160	18000	100	46
		YS6120DG	12000 * 2530 * 3080	160	18000	80	44
	中通客车	LCK6121GHEV	11990 * 2500 * 3200	150	18000	70	40
普通燃料公交车	中大汽车	YCK6128HC	11980 * 2500 * 3250	191	11500	90	44
	北汽福田	BJ6123C7MJB	11980 * 2550 * 3050	206	17400	≥80	36
		BJ6123SHEVCA	11980 * 2550 * 3150	168	17400	≥80	24
	常隆客车	YS6100G	10490 * 2460 * 3000	—	—	85	33
	中通客车	LCK6103G	10670 * 2500 * 3170	188	—	90	34

注：资料来源于各企业官网。

从表 5 中可以看出，新能源公交车与普通燃料公交车在一些基本参数差别并不大，普通燃料公交车能够达到的基本功能，新能源公交车也能达到。但是，据不完全统计，纯电动公交车在爬坡度方面略显不足。普通燃料公交车的爬坡度大多集中在 20%—30%之间，而新能源公交车的爬坡度基本都在 18%左右。对于经常在城市和良好公路上行驶的汽车，最大爬坡度在 17%左右即可。因此对于在大中型城市良好的公路环境中运行的公交车，在配套设施完善的前提下，新能源公交车现有的技术已经能够保障和普通燃料公交车同样的运行水平。

(二)推广成果

2010 年“中国(杭州)节能和新能源客车示范应用高峰论坛”指出，目前在公交领域新能源汽车示范应用正全面铺开，到 2010 年年末，全国新能源公交客车保有量达到 4000 辆，预计到 2012 年年末，新能源公交客车保有量有望达 15000 辆。图 1 是 2011 年部分公交公司新能源车的保有量及保有比例。

从图 1 中不难看出，虽然各城市推行的成果距离推广方案还有差距，但是仍然取得了不错的效果。到 2011 年，北京和深圳的公交系统中，新能源车的比例已经达到了 6%，然而上海的推行成果与其他两个城市还有差距。

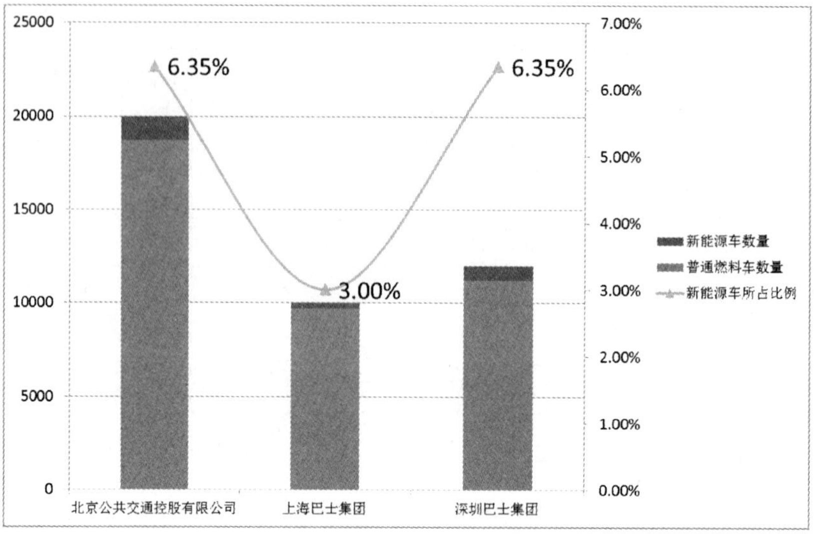

图 1　2011 年大型城市公交集团新能源车保有情况

注：资料来源于企业官网。

四、讨　论

(一)新能源公交车发展缓慢，与计划目标相差甚远，政府政策是否有效?

新能源公交车的推广确实取得了一定的成果，从笔者现有的数据来看，目前新能源公交车的基本技术指标已与普通燃料公交车达到相近水平，说明我国对新能源汽车科研的投入与产出是基本一致的，但是其推行成果却与目标相差较大。

新能源公交车虽然在技术方面已基本达标，但是其商业前景很模糊。各地方政府出台的政策大多将重点放在补贴上，但是对新能源公交车的商业模式很少提及。多数地区的商业模式是靠当地的车企自己探索，政府并未参与其中，无疑又为车企增加了沉重的负担。在新能源公交车还未发展成熟的情况下，并行多种商业模式有可能导致市场混乱。

政府出台的补贴政策多数是基于新能源公交车的制造成本及其节油量，从其补贴政策上来看，并不能看出政府对新能源公交车的发展类型有所引导。引导方向不明确就会导致资源的分散和浪费。

因此政策对于新能源公交车研发方面的支持是较为有成效的，但是由于方向不明确以及商业模式的模糊，导致了推广缓慢，效果不佳。

(二)新能源公交车的发展状况相差较大，是否与政府政策有关?

从国家层面上来看，各地区内，国家对购买新能源公交车的补贴是相同的。但是，列入“863”计划中的新能源汽车项目所属地区并不相同，从而也就导致了各地区的研发水平和科研资金有所不同。同时，政府牵头成立的电动汽车联盟并不能覆盖所有的推广城市。从这个方面来看，国家对各城市的扶持力度仍是有所偏颇。

本文中重点列举的三个城市——北京、深圳和上海在国家扶持方面差距并不大，然而三个城市的推行成果相差很大。

从地方政府层面来看，各地方政府虽然都将推广重点放在公交、出租等公共交通系统中，但是各地方政府对新能源公交车的推广措施和扶持力度是不同的。同时，由于各地区拥有的汽车生产厂商不同、科研机构有差别等因素导致了新能源公交车的推广存在较大差距。

“十城千辆”工程启动后，各城市分别发布了节能与新能源汽车推广方案，然而深圳是首个将地方财政用于新能源汽车推广并给出详细推广计划的城市。从政策现状分析中可看出，深圳市不仅对各类新能源公交车的补贴标准、补贴计划列出了详细的计划，对新能源公交车的充电设施也列出了详细的补贴计划。各使用单位在明确自身能够获得的补助的情况下，自然能够更容易地有所取舍。同时，深圳市政府对新能源汽车的补贴达到了汽车成本的7%以上，大大减轻了使用单位的负担。

北京则积极探索新能源汽车的推广方式，以期更好地解决新能源汽车的电池使用、维护保养等问题，并且在规划中将电池回收、处理等一并列入新能源汽车规划和补贴范围，完善了新能源汽车的配套体系。此外北京于2008年成立北京新能源汽车设计制造产业基地，2009年3月成立了我国第一个新能源汽车产业联盟——北京新能源汽车产业联盟。联盟由北汽控股公司、北京公交集团、北京理工大学等单位共同发起成立，整合了包括研发、生产、消费等各项资源，尤其是北京公交集团的加入，有力地推动了新能源公交车的研发和应用。类似的城市还有济南市。2009年，济南公交承接了“863”项目——“济南市工况下代用燃料汽车运行考核研究”并与东风南内和潍柴动力等合作，进行CNG单燃机发动机改装试验，并成功大规模应用。仅2009年一年，济南公交部门就推广了CNG公交车1130辆。

上海市对“863”计划中的新能源汽车规划与扶植政策较为清晰，但对新能源公交车的扶持并没有明确的规划和方向，推广的类型也较为分散。

因此，新能源公交是否能够得到有效推广与地方政府的政策是密切相关的。深圳市详细的补贴政策和北京市对推广方式等的积极探索促进了当地新能源公交车的发展。

五、结　论

本文主要从国家和地方两个层面研究了关于新能源公交车的推广政策，并且分析了“十城千辆”的代表城市——深圳、上海和北京的推广成果。在此基础上，本文讨论了政府政策的有效性问题、不同政策对新能源公交车推广的不同影响以及油价上涨对新能源公交车发展的影响。

经过分析和讨论，笔者认为：(1)政府政策在促进新能源公交车的研发方面还是有效的，但是由于方向不明确等因素导致推行的实际成果与计划差距较大。目前的状况表明，新能源汽车无论是在技术的发展方向上还是在商业模式的发展方向上，各地政府的态度都不是非常明确，从而造成了实际结果与计划的巨大差距。(2)政府政策越明晰，对推动新能源公交车发展的作用越明显。明晰的政策能够使生产者、消费者等明确政府的态度，从而明确自身对新能源公交车的态度。

综上所述，政府应当在相关研究和经验的基础上，对新能源公交车的技术发展方向和商业模式有所引导。比如基于城市的资源要素，在某个试点城市推行某种新能源公交车，不仅有助于明确发展方向，而且便于数据的归纳和整理，总结新能源公交车的研究和发展经验。此外，以政府主导的商业模式的探索和创新也能够最大限度地整合资源，同时极大地促进新能源汽车在公共交通领域中的发展。不仅如此，政府出台的政策应当尽可能具体明细，并且内容应该涵盖从新能源公交车的生产、购置、配套设施建设、维护等过程中的方方面面，使这些政策能够成为生产企业和消费企业做决策时切实的依据。

参考文献

1. Liu Y. &Kokko A., NEV Technology in China, Chinese Management Studies, 2012 (6).
2. 陈柳钦：《中国新能源汽车政策盘点》，《汽车工业研究》，2012 年第 3 期。
3. 郭琨焜：《关于吉林省新能源汽车产业发展的政策分析》，《知识经济》，2011 年第 19 期。
4. 李印香：《北京新能源汽车产业发展策略探析》，《前线》，2011 年第 5 期。
5. 刘颖琦、高宏伟：《中国新能源汽车产业联盟创新趋势及对策》，《科学决策》，2011 年第 2 期。
6. 刘颖琦：《新能源汽车产业联盟中企业一大学关系对技术创新的影响研究》，《管理世界》，2011 年第 6 期。
7. 马超英：《新能源汽车产业"十二五"发展规划思路和政策建议》，《中国工程咨询》，2012 年第 2 期。
8. 曾耀明、史忠良：《中外新能源汽车产业政策对比分析》，《企业经济》，2011 年第 2 期。

（作者：刘颖琦　北京交通发展研究基地研究人员　教授）

首都高等教育发展研究基地（北京航空航天大学）

基地名称：首都高等教育发展研究基地
依托单位：北京航空航天大学
项目类别：研究基地自设项目

我国科技场馆展览设计人才知识结构和能力结构研究[①]

一、引　言

胡锦涛总书记2006年1月在全国科技大会上宣布，我国要在2020年进入创新型国家行列，并要求"在全社会广为传播科学知识、科学方法、科学思想、科学精神，使广大人民群众更好地接受科学技术的武装，进一步形成讲科学、爱科学、学科学、用科学的社会风尚"。中国科协从1992年起开展了8次全国公众科学素养调查，结果显示，公众科学素养水平从1996年的0.2%提高到2010年的3.27%，尽管提升幅度很大，但比发达国家仍然落后20年[②]。

为落实建设创新型国家的战略部署，尽快缩小我国与发达国家的差距，国务院发布了《全民科学素质行动计划纲要(2006－2010－2020年)》，国家发改委、科技部、财政部、中国科协联合制定了《科普基础设施发展规划(2008－2010－2015年)》。两份文件都提出加强科技类博物馆建设，到2010年，城区常住人口100万人以上的大城市至少拥有1座科技类博物馆，各直辖市、省会城市和自治区首府至少拥有1座大中型科技场馆。实际上，截止到2010年，据不完全统计，我国科技类博物馆数量为721家，在已有统计的721家科技类博物馆中，自然类博物馆(简称自然馆，包括地学类博物馆、生物类博物馆和标本室、天文馆、自然史博物馆等)287个，占总数的40%；科技馆280个，占总数的39%；行业(专题)博物馆(简称行业馆)154个，占总数的21%；而从科技类博物馆数量与人口总数的比例看，我国

① 本文是《我国高校科普专门人才培养模式研究》项目的阶段成果。

② 《第八次中国公民科学素养调查结果发布》(2010年11月25日)，《科技传播》，2010年第23期。

大陆地区仅相当于美国的 1/6、英国的 1/3、日本的 1/11 和台湾地区的 1/9[①]。科技类博物馆的人才队伍也存在结构不合理、专业素质有待提高、观念和知识需要更新等问题。

由此可见，未来我国科技场馆有很大的发展空间。预计到 2015 年，还要建成大量国家和省级科普基地，以及一批具有鲜明特色的行业科普教育基地。这对科普专门人才队伍的规模和整体素质都提出很高的要求，提高科普人才素养，加强科普专门人才知识结构和能力结构建设已迫在眉睫。

科技场馆主要包含科学教育活动人才、展览设计人才、科普管理人才、科学传播人才，其中以教育活动人才、展览设计人才为主。科学教育活动人才，主要负责教育活动方案的组织与实施，教材教案的设计与制作，常设展览和临时展览的导览讲解。展览设计人才，主要负责展览的策划、展示内容设计、展示方式(含展品、辅助展示手段、展厅环境)设计。目前我国科技场馆最缺乏的科技场馆专门人才是展览设计人才，因此，本课题的把研究对象重点放在了展览设计人才。

二、展览设计部门现状

(一)调研背景

本文以职业为主线，从全国各省的科技场馆中选择中国科技场馆、西部九省科技场馆、广东科学中心、浙江省科技场馆、上海科技场馆、湖北省科技场馆、武汉科技场馆，对这些科技场馆的负责人和教育活动骨干人员、展览设计骨干人员进行了访谈，以此来了解我国科技场馆的人才结构和发展中存在的各种问题。具体调研状况如表 1 所示。

表 1　访谈对象概况

时间	场馆名称	人数	部　　门
2012—4—12	中国科技场馆馆	7 人	科研规划部部长、展览设计部部长、教育活动骨干员工、展览设计骨干员工
2012—4—18	中科院科普教育研究生班	23 人	江苏馆、山东馆、四川馆、安徽馆等教育活动部门、展览设计部门骨干员工
2012—4—19	西部九省科技场馆	9 人	馆长
2012—5—9	广州科技场馆	6 人	办公室主任，展品设计研发部、教育活动部门的骨干员工

① 此数据均来源于 2009 年中国自然科学博物馆协会承担中国科协《我国科技类博物馆现状与发展对策研究》项目的调查数据。此次数据仅为中国大陆地区的科技类博物馆，不包括香港、澳门特区和台湾地区的科技类博物馆。

续表

时间	场馆名称	人数	部　　门
2012－5－10	湖北科技场馆	20 人	馆长、教育活动部门、展品设计与制作部门、管理部门
2012－5－10	武汉科技场馆	6 人	馆长，展品策划部，科普部门，制作部门
2012－5－10	上海科技场馆	8 人	馆长，展品策划部，教育活动部门
2012－5－9	浙江科技场馆	6 人	馆长，展品策划部，教育活动部门
2012－7－18	山东科技场馆	4 人	馆长、总工程师、副馆长

(二)人员构成与职责现状

目前，我国各个省馆的展览设计部门一般员工在 10 人左右，展览设计人员偏少。各馆人员普遍以女性为多，约为总数的三分之二。学历以专科和本科为主，有少量的高中生和研究生。目前在馆人员以理工科背景为多，如电子、机械、生物、建筑等，同时兼有少量的经济学、教育学、传播学、财会、法律、艺术学等领域员工。展览是一个整体，需要多种专业、一个团队整体的智慧，不是哪个专业人员就可以单独完成的。但从大体而言，理工科专业背景、具有实践经验的人员更适合展览设计工作。

目前，我国大部分科技场馆的展览设计的主要职责有：前期策划与创意设计、展示内容设计、展品设计(展品初步设计、展品深化设计)、展厅环境设计。一般情况下都采取项目负责制，展览策划人员提出展览的创意设想和展览主题，项目组根据这个创意和主题进行可行性研究，决策和设计展示内容。设计人员根据策展人的思路将展览设想用构图的方式直观地表达出展品的初步设计。后期的展品深化设计和展厅环境设计一般与制作公司共同探讨，在实施过程中配合相对合理。展品制作主要由社会机构来完成。另外，展览设计人员一般还承担着部分展品的维修、维护，展区环境设计，科普纪念品的设计等项工作。

(三)知识结构和能力结构问卷设计

本课题针对展览设计人员，设计了知识结构和能力结构问卷。通过问卷调查，旨在了解目前科技场馆展览设计员工从自身所从事的工作出发，判断一个合格的展览设计人才需要哪些知识结构和能力结构。问卷分为四个部分。

通过问卷调查，了解科技场馆展览设计员工对知识结构和能力结构的认识。问卷分为四个部分。

第一部分为员工自然情况调查，包括科普人才的年龄、学历、职称、专业、工作年限、主要工作职责等，以及所在场馆的日均流量、场馆所在地、场馆工作人员数量等。

第二部分为展览设计人才的知识结构调查，共分为 28 个题项，调查对象根据日常工作任务，对知识的重要程度从“不重要、不太重要、一般重要、比较重要、非常重要”进行选择。

第三部分为展览设计人才的能力结构调查，共分为21个题项，调查对象根据日常工作任务，对能力的重要程度从“不重要、不太重要、一般重要、比较重要、非常重要”进行选择。

第四部分为展览设计人员目前工作现状的调查，共6个题项，主要包括目前最急需掌握的三种知识结构、能力结构，以及获取新知识的方式和曾经参加过哪些培训等。

三、展览设计人才知识结构和能力结构调查问卷分析

2012年4月至2012年5月，在全国范围内发放调查问卷，14个科技场馆：上海科技场馆、广东科学中心、武汉科技场馆、湖北省科技场馆、浙江科技场馆、中国科技场馆、江西省科技场馆、松江市科技场馆、东莞市科技场馆、安徽省科技场馆、江苏省科技场馆、无锡科技场馆、盐城科技场馆、吴江市青少年科技文化中心。

(一)样本基本情况分析

调查以问卷为主，采用随机抽样的方式进行，为使作答人根据自己的真实情况作答，问卷特意注明使用无记名方式，调查对象为各省科技场馆的在职员工，调查问卷共发放135份，收回问卷135份，回收率为100%。经过严格筛选，将填答不完整和未按规定填答的问卷剔除后，剩下120份有效问卷，作为分析的样本。

针对科技场馆展览设计人员的年龄结构，本次调查发现，30岁以下、30—35岁、36—40岁和41—50岁的员工数量差距不大，均为25%左右，如图1所示，这与教育活动人员差异较大，教育活动人员30岁以下的员工占到了43.9%。相对教育活动员工的年龄结构，展览设计人员的年龄分布比较平均，相对较合理。

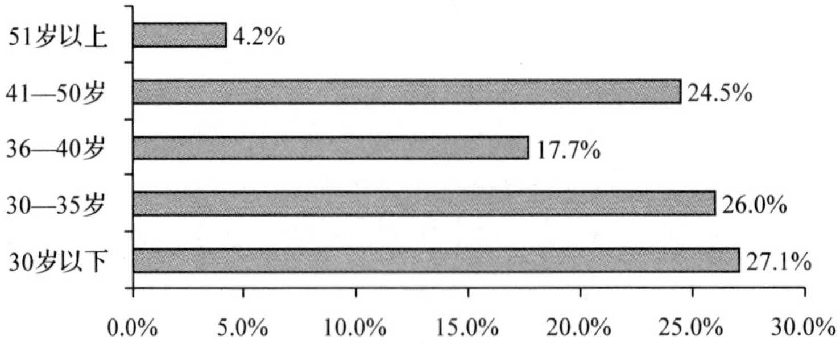

图1　展览设计人员的年龄结构

针对科技场馆展览设计人员的职称序列，本次调查发现，目前科技场

馆展览设计职工的职称比较混乱，各个职称系列都有，如研究院系列、工程师系列等，其中工程师系列的职称的展览设计人员较多，占到了60%左右，工程师为28.3%；还有18.5%的展览设计人员职称不在设定的职称系范围内，如图2所示。

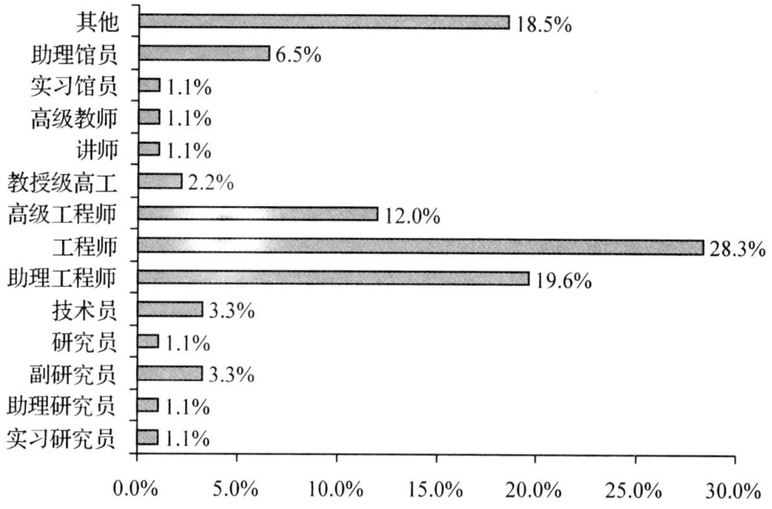

图2　展览设计人员的职称序列

本次调查，对展览设计人员的学历结构从"博士及博士研究生在读、硕士及硕士研究生在读、本科及本科在读、大专、大专以下"五个层次进行了调查，调查结构表明：展览设计人员本科学历的人数约占67.0%，相对科学教育活动人员而言，本科学历高出12%；研究生学历为16%，大专学历为2.1%，如图3所示。

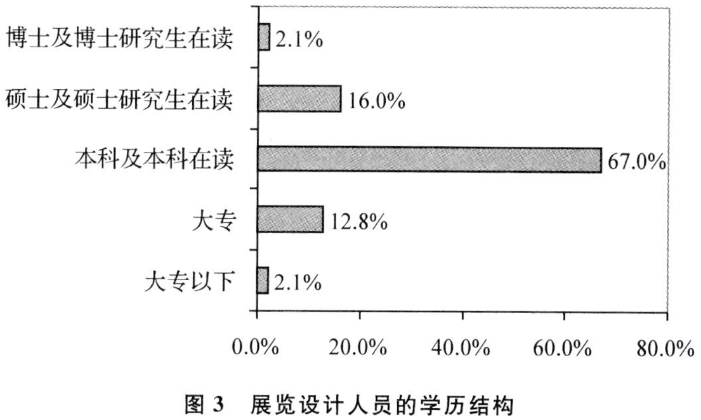

图3　展览设计人员的学历结构

(二)知识结构分析

对获得的数据进行因子分析，获得了展览设计人才应该具备的知识结构图如表2所示：

表 2　展览设计人员知识结构

展览策划与展示内容设计	科技场馆展览的常用展示技术手段
	展示内容设计
	科技场馆展品的特点与设计思路
	展览选题策划与总体规划
	展览设计思路与规范
	科技场馆展览的特点与展教理念
教育活动实施与管理	市场营销与策划
	演讲与口才
	科普产品创作与鉴赏的知识
	教育活动的开发与实施
	数字化科普基础知识
	项目管理
展示方式设计	辅助展示手段设计特点与要求
	展示环境设计特点与要求
	展品设计要求与规范
	工程设计的相关知识
教育学与科学教育	教育心理学的基本概念和理论
	科学教育基本理论
	教育技术的基本理论与实践
	教育学的基础理论与知识
技术方法类	教育科学研究方法
	常用软件设计
	工程技术类知识与方法
科学传播与科学普及	中外科普场馆概论
	传播学
	科技史、科技与文化

1. 科学传播与科学普及知识

包括传播学基本理论、科技史、科技与文化。展览设计人才需要掌握科技发展过程中的科学思想、科学精神、科学技术的社会功能，以及中外科技场馆及其展教思想发展历程与趋势、科技场馆的性质、功能、展教形式及特点、科学本质，理解科学、技术与社会的辩证关系、科技前沿专题知识。

2. 教育学与科学教育知识

由于科技场馆的展品大多要通过各种教育活动的策划与实施向观众传播科学技术知识和各种科学精神和科学理念，因此，展览设计人员除了掌握教育学、心理学等理论科学知识之外，还要了解教育活动的设计与实施的思路和原则，在展品设计过程中，明确科学教育活动的特点与模式，掌握展品的说明书或技术手册上的编写与开发。这类知识主要包括教育心理学的基本概念和理论、科学教育基本理论、教育学的基础理论与知识、教育技术的基本理论与实践。这样在展品设计过程中才能充分发挥展品的科学传播和科学教育方面的潜力，实现科普教育的功能。

3. 技术方法类知识

在掌握教育学、心理学等理论基础知识基础上，还必须把科学的概念和知识点转化为产品。这就需要展览设计人员掌握教育科学研究方法、工程技术类的知识与方法、常用设计软件(例如 Auto CAD、Photoshop、3ds Max 等)。这些知识结构是展览设计人员必须具备的重要知识。

4. 教育活动开发与实施

一个合格的展览设计人才，如果缺乏科学教育活动的开发与设计知识，那么他的知识结构是不完整的。科学的展览设计与教育活动开发是不能分离和割裂开的。因此展览设计人才必须要掌握科学教育活动那个开发思路与规范、科技场馆科学教育活动特点与模式、教学活动效果评估、科普作品创作与鉴赏类知识。

5. 展示方式设计

展示方式设计知识主要有科技场馆展览的常用技术手段、科技场馆展品的特点与设计思路、展品设计要求与规范、辅助展示手段设计特点与要求、展厅环境设计特点与要求等知识。

6. 展览策划与展示内容设计

展览策划与展示内容设计主要包括展览设计思路与规范、展览选题策划与总体规划、展示内容设计、展览效果评估。

展示方式设计、展览策划与展示内容设计是科技场馆展览设计人才的“必备知识”，对展览设计人员而言是关键性的、必不可少的，处于职业知识的核心地位。

(三)能力结构分析

根据问卷的结构构成，本课题对展览设计人才的能力结构进行了整理，整理后的能力结构如表 3 所示。

表 3　科普教育人才能力结构

教育活动开发能力	教育活动的开发与实施能力
	熟练掌握语言的表达、互动、沟通、交流技巧
展品策划与设计能力	对科普产品的创意策划和概念设计有较强理解能力
	对科普产品的创意策划和概念形成，具备结构设计能力
	了解科普产品设计趋势，对未来态势具有长远预测能力
	具有一定的科普产品的项目定位能力
	能够提出创新性展品的概念创意
	能从各种历史与现实需求中，策划展览选题
	掌握展览设计与制作的项目管理制度
工程技术与设计能力	掌握机械、电子、计算机、视频、场景等展示技术手段
	较强的计算机辅助设计的能力
	能通过各种技术手段，将科学概念、知识点转化为科普展品
	具有良好的沟通交流能力和设计表达能力
科技素养	具备科学意识和理性精神，能以科学的、理性的眼光来关注科学技术的发展过程
	能够理解科技教育的理念和内涵
	能够从纷繁的知识、事件、人物及背景中，抽取各种科学概念和知识点
	能从公众关心的热点和潜在的兴奋点中，捕捉科普契机
	能够跟踪学科的前沿知识和发展动态
学习能力	能对未知事物表现出一定的兴趣、好奇心和求知欲
	能主动学习需要掌握的知识和技能
	能对以前的工作进行反思，总结出经验或教训

1. *展品的策划与设计能力*

展品的策划与设计能力主要包括：(1)具有一定的科普产品的项目定位能力。这主要是指能够了解了解科普产品设计趋势，对未来态势具有长远预测能力；能从各种历史与现实需求中，以及公众关心的热点和潜在的兴奋点中，捕捉科普契机，策划展览选题；能够从相关科技、经济和社会发展的历史与趋势中，以及各种纷杂的知识、事件人物和背景中，抽取各种科学概念和知识点；明晰产品设计趋势，有很强的创新能力，能够提出前瞻性的设计建议。(2)对科普产品创意设计具有较强的理解能力。(3)展示内容设计能力。(4)展示方式设计能力。(5)展览设计与制作的项目管理能力。

2. 教育活动开发能力

科技场馆最基本、最核心的功能是展示教育，因此要求展览设计人员也必须具备一定的教育活动开发与实施能力，在掌握教育理论和开发能力基础上，进行的展品设计才会对观众产生良好的教育和启发效果。教育活动开发与实施能力包括熟悉教育活动开发的基本程序、熟悉教育器材制作的质量要求、熟悉教材教案的编写与开发、掌握科学实验的设计与开发、启发式教学和探究式教学设计能力。

3. 整合能力

在展品的创意或者概念设计定下来后，展品设计师开始进行展品内容设计和展示方式设计。展品内容设计与展示方式设计是由技术与特定的学科知识(或教学内容)相互作用产生的，具体而言就是将工程技术、教育学心理学等理论知识，以及艺术设计知识如何最有效地整合，来实现受众对展品主题的理解。

只有恰当地运用相关教育学、心理学知识，并把它们运用到实际的教育活动策划、学习活动实施的过程中，才能创造出真正优秀的展品。在展示目标设定时，充分考虑目标观众(青少年学生)的知识结构与需求，在展示内容设计上，能够结合课程论与教学设计理论对展示内容进行设计。在进行展示内容设计时，要考虑受众的群体特征，对主题知识重新组织与加工，并分析如何根据具体的展示(教学)情景的需要对知识主题进行传输与呈现，对受众体验或学习中的困难或错误进行诊断、分析与纠正，以及对学习进行合理的评价等，实现展示内容的教育功能。

在技术整合上，设计师要寻求能体现设计意图的技术和表达方式来进行设计表现。在工程技术上，能通过机械、电子、计算机、视频、场景等展示技术手段，将科学概念、知识点转化为科普展品。在展示方式上，具有“图示语言”表达能力，例如快速手绘能力、专业工程制图能力、三维建模渲染能力，以及模型制作能力等设计表达能力，达到展示方式的艺术实现效果。

4. 科学技术素养

科技素养是科普教育人才能力结构中的有机组成部分。主要包括能以科学的、理性的眼光，又能以人文的、历史的视野来关注科学技术的发展过程；具备科学意识和理性精神，以及探索精神和求实精神；能够理解科技教育的理念和内涵，并能对历史、文化知识有一定的了解，有一定的文化底蕴，能把人文知识、社会科学知识及自然科学知识等糅合于方案设计的能力。

5. 自主学习能力

由于科普教育的广博性，因此要求展览设计人才能够不断地补充知识，扩展知识的广度，因此展览设计人才的自主学习能力是科技场馆人员必备的能力。自主学习能力就是自己有自觉、主动的学习态度，能够运用学过的知识和相关资料去思维、去探究、去分析、去阅读、去思考的能力。主要包括在工作过程中能对未知事物表现出一定的兴趣、好奇心和求知欲，能主动学习需要掌握的知识和技能，能对以前工作进行反思，总结出经验和教训。同时，展览设计人才还应具备跟踪国际国内最新动态的学习能力，以及时捕捉热点，把握观众的兴趣所在。

(四)最急于提升的知识和能力

本课题从教育学与科学教育、科学传播与科学普及、博物馆学、科学场馆概论、科学教育活动开发与实施、展览策划与内容设计、展示方式设计、数字化科普、工程设计基础、科技史、其他相关知识 11 个知识结构出发，分析目前科技场馆展览设计人员最急于提升的三种知识结构。调研数据表明(见图 4)，目前科技场馆展览设计人员最急于提升的知识是展览策划与展示内容设计、展示方式设计、教育活动开发与实施类知识。

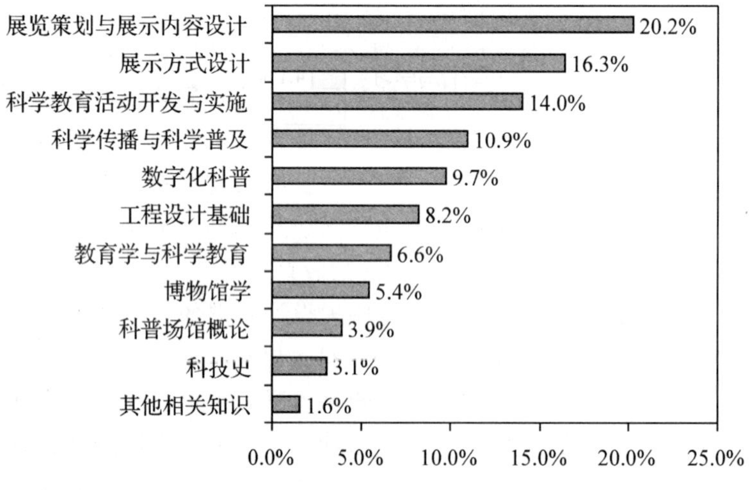

图 4　展览设计人员最急于提升的知识

关于目前科技场馆展览设计人员的能力结构现状，本课题从基本的科技素养、探究式学习活动设计能力、启发式教学能力、教育活动开发与管理能力、敏锐洞察能力、技术实现能力、项目管理能力、知识整合能力、创意设计能力、科普作品创作能力出发，分析目前科技场馆展览设计人员最急于提升的三种能力结构。调研数据表明(见图 5)：目前科技场馆展览设计人员最急于提升的能力是创意设计能力、知识整合能力、技术实现能力。

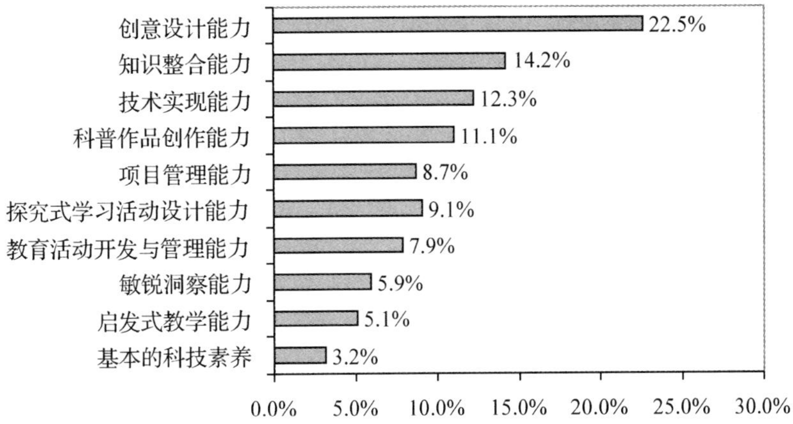

图 5　展览设计人员最急于提升的能力

(五)培训方式

关于展览设计人员通过何种方式提升自己的知识和能力，调查数据表明(见图 6)：35.8%的员工选择“短期进修”的方式，24.3%的员工认为“在职培训”更适合自己，选择“学历教育与学习”的员工仅有 4.1%。

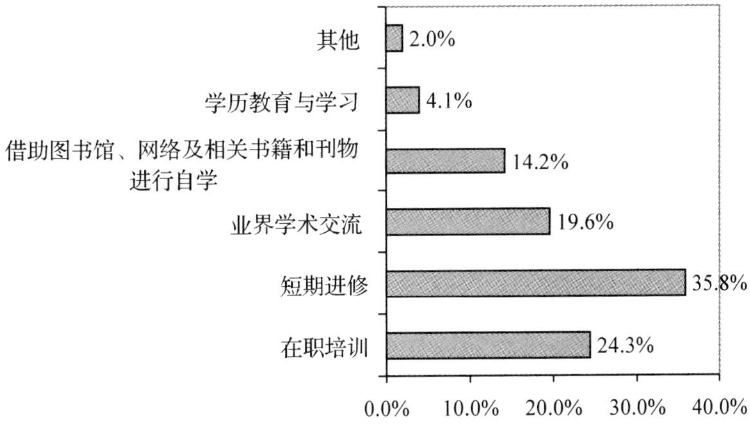

图 6　展览设计人员选择的进修方式

四、结　论

(一)展览设计人员知识和能力结构亟待提高

我国科技场馆的展览设计人员普遍存在专业素质不高、知识结构老化、缺乏创新意识等问题，这些都很难适应现代科技场馆工作的需要，严重制约着科技场馆的可持续发展。主要表现在以下几个方面：第一，展览设计知识老化与欠缺。大部分展览设计人员对先进的展教思想、展览展品设计的先进理念知之不多；同时，设计的展品缺乏人文思想，不能向观众传播各种科学精神和科学理念。第二，展览设计人员策划能力整体较弱，我国展览设计人员的展品仿制能力强，但是，把展览科学性、趣味性、艺术性有机结合在一起的展品创意策划能力差。第三，知识的转化和整合能力欠缺。目前的展览设计人才基本上都具备了一定的科学知识素养，但是在展品设计过程中，把科学知识转化为具有趣味性的科普展品的能力还有待加强；同时，把人文知识、社会科学知识及自然科学知识糅合于展览方案的能力明显欠缺。

（二）高等院校设置科普场馆所需的专业课程

针对目前展览设计人才知识结构和能力结构现状，急需从人才培养角度，在高校设立科普场馆所需的专业课程。目前，国家相关部门也已经意识到这个问题，已经计划从 2013 年起，我国部分高校开始招收专门针对科普教育人才培养的专业方向，鼓励有实力的科技馆与相关大专院校（如设有科学教育、科学传播、博物馆展陈设计专业的大专院校）建设科技馆专业教育和基础理论研究基地，合办科技馆展览设计方向的正规教育，培养一批科普展览规划设计和科技馆展览理论研究的专门人才。但是从目前调研现状来看，展览设计人才较缺乏，员工对在职进行学历学习积极性不高，更多其倾向于在职培训。因此科技场馆如何解决在职员工工作与学历教育的冲突，也是当下必须考虑的问题。

（三）开发专业、系统性的培训教材

科普人才普遍没有受过科学传播和大众教育专业的专门培训，究其原因：一是由于目前辅导员多为文科专业，在掌握科学原理方面有一定难度，讲解的知识专业化程度有待提升。二是目前国内的科技场馆的教育活动团队成员很少参与到展览和展品设计制作过程，产品的维护和开发由产品开发部进行的。三是由于缺乏理论与实践相结合的在职业务学习渠道。四是由于目前的高等院校中缺乏科技场馆所急需的专业课程设置。在这种现实状况下，科技场馆培训就变得相当重要。但是目前我国科技场馆的培训，没有系统的培训教材，多数根据自身场馆实际情况编写了一些培训手册。在培训的师资上，多为馆内的人员，这些人员往往是实战经验丰富，而理论基础较薄弱。从目前刚刚结束的中国科学院的研究生培训班来看，授课教授多来自高校的博物馆学专业，于科普教育而言缺乏针对性。因此，开发适合我国科技场馆展览设计人才培训教材是目前亟待解决的问题。

参考文献

1. 王志勇、季荣：《新疆少数民族地区科普教育人才队伍现状及建筑途径》，《新疆师范大学学报》（自然科学版），2012 年第 6 期。
2. 林爱兵、刘颖：《全国科普教育基地人才队伍建设现状及发展策略研究》，《科普研究》，2008 年第 2 期。
3. 朱幼文：《创新展品的设计思路与制度性制约因素》，《科普研究》，2011 年第 4 期。
4. 崔希栋：《科技馆展品的教育设计》，《2004 年科技馆学术年会论文选编》，2004 年。

（作者：任秀华　首都高等教育发展研究基地研究人员　副教授
雷　庆　首都高等教育发展研究基地负责人　教授）

基地名称：首都高等教育发展研究基地
依托单位：北京航空航天大学
项目类别：北京市哲学社会科学“十一五”规划项目

北京高校数字媒体艺术本科专业的现实基本模式研究①

作为文化创意产业最为典型的产业形态的数字创意产业，在20世纪末得到迅速发展，国内相关产业的启动与发展几乎与国外同步。我国数字媒体艺术专业的快速发展始于21世纪，2003年北京广播学院(现在中国传媒大学)经教育部批准，成为国内开展数字媒体艺术专业教育的第一所高校。随后，各高校艺术院系纷纷成立数字媒体艺术专业，截至2011年年底，全国高校中有数字媒体艺术专业的高校有80余所，北京有相关专业的高校29所。其实，更多的高校早已开始了数字媒体艺术的专业教育，相关的专业有动画、艺术设计、数字游戏、戏剧影视美术设计等，已为国家输入了大量的专业人才。

本文研究的基本模式形成于北京开展数字媒体艺术专业及相关专业教育的高校进行调研的基础上。问卷调研得到北京市19所高校数字媒体艺术专业或相关专业的响应，占北京市相关高校总数的66%，回收有效问卷976份，本文运用SPSS9.0版本进行了调研问卷的数据分析。重点访谈6所高校的院长、专业负责人、专业教师、学生共30人。

一、问卷的基本情况

(一)问卷的构成

调查问卷是针对北京高校中开设数字媒体艺术专业或相关专业的高校，问卷设计包括三部分：一生源与师资、二课程体系设置、三毕业形式与走向。通过调研希望了解北京数字媒体艺术专业目前发展的基本现状，从而可以较为全面地了解我国数字媒体艺术专业的整体状况。

(二)问卷样本的数据分析

发放调查问卷的高校有19所，涉及“985”工程高校、“211”工程高校、

---

① 本文是《基于首都文化创意产业发展的数字媒体艺术本科专业构建模式与定位研究》项目的阶段成果，项目编号：09AbJY062。

普通高校和独立学院等不同层次。问卷发放数量1100份，收回问卷1000份，其中有效问卷976份。

二、问卷内容的数据分析

(一)数字媒体艺术专业本科生源与师资

从调查问卷来看，84.18%考生是艺术类考生，可见绝大部分高校对数字媒体艺术专业以“艺术教育”为核心的本质认同。数字媒体艺术专业教育要首先符合艺术人才培养的规律，在此基础上教授数字技术，实现技术为艺术创意服务，艺术与技术的融合。但15.20%的考生是普通高考生，说明少部分高校对数字媒体艺术专业教育生源选择是非艺术优先的，在这些学生未来的学习中，如何激发对于艺术学习的兴趣和有深度的艺术理解将需要针对性考量。

从学生选择该专业自觉性上来看，54.33%的考生从个人喜好选择数字媒体艺术专业，说明选择该专业的学生主体是自觉选择，有利于该专业的长期和健康发展。但其他考生的日后学习兴趣是否能够转化，需要教师在教学中真正做到因材施教，激发学生的潜力和兴趣方有助于学生成才。

在专业教师构成中，近一半的高校聘请国内行业知名人物担任专业教师，这对学生开阔视野，及时接触和了解较先进的数字媒体艺术作品和产品能够起到积极的作用。近一半高校从数字媒体制作企业外聘专业技术人员，说明高校对数字媒体技术的偏重。

(二)数字媒体艺术本科专业教育模式

1. 课程设置及教学

调查问卷显示，“数字技术类课程和艺术类课程各自占有的比例是否合理”选题中，44.23%的学生认为“合理”，成为选项之首。在专业基础课程中，“计算机软件应用”以82.92%的高比例占选项之首，且近80%的高校通过课堂来讲授计算机软件，说明高校对数字媒体技术的重视，也符合大部分高校艺术教育历史悠久但自身技术教育相对薄弱的特征。在学生自认为应该主要掌握的知识中，79.12%的学生首选“计算机软件”。“素描”、“艺术类基础课”和“色彩”紧随其后，且相互相差不大，也反映了高校对艺术教育的重视。但仅有50%的学生认为“本专业艺术的内容是能用目前计算机技术很好表达出来的”。说明技术的发展，以及艺术与技术的融合还有很长的路要走，同时也隐含着很大的发展空间。

在专业课程教学中60%以上的高校该专业没有指定教材，各高校根据自身历史渊源和发展目标自编教材授课，虽说有利于学生的因材施教，同时也反映出各高校对数字媒体艺术专业的认知并未达成共识。

专业课程中有近50%的高校认同教师讲授与学生动手创作并重，有50%以上的学生也认为理论与实践两者同等重要，说明学生有较为理性和科学的认知，这对数字媒体艺术专业的长足发展提供了可能性。在重视项目驱动教学上，从数字来看，学校是学生参与实践的主要场所，校外的实践基地和与企业合作的场所较少，可拓展空间较大。

学生何时分专业进行专业学习，各高校也并非一致。从调查问卷统计的数字来看，35.15%高校在一入学就开始分专业方向所占比例最高，选择一年级末和二年级末的高校比例稍低于35.15%且相互差别不大。反映出各高校对如何培养数字媒体艺术专业人才的认识上并不一致，在分专业方向上没有固定的模式可寻，各高校需要在实践中不断探索发展，从而找到分专业方向的最佳时间。但一入学就进行专业学习，势必会影响到以提高学生全面素质的通识教育的开展，理论课程和专业基础课程学习有利于学生的长期发展和真正有创意艺术人才的培养，数字媒体艺术专业的创意还是在观念驱动技术下的艺术创意，该专业艺术本质毋庸置疑。

2. 数字媒体艺术专业实践

学生专业实践是对前期学习知识和技能的综合展示，近90%高校认同数字媒体艺术专业是一门实践性很强的专业，赞同学生进行实践，且70%以上的高校都有至少一个学期的专业实践时间。从数据来看，27.73%的高校专业实践在三年级，占各选项之首，二年级末和一年级末所占比例分列第二和第三，且差别不大。说明高校普遍比较认同该专业的基础教育，符合数字媒体艺术专业复合型人才的培养目标，也符合学生的认知规律。

但不同的高校对学生进行专业实践在具体操作上表现不一，其中，近50%的高校主动提供条件，35.98%的高校并不提供条件，5%的高校只认同学校自己提供的实践。在学生参加校外赛事的实践上来看，70%以上的学生认为没有参加过与本专业相关的比赛，这从一定程度上反映出学生对数字媒体艺术专业的发展现状不甚了解，对该专业的本质认识还不清晰。也多少反映出高校在办学上存在一定的盲目性，还有较大的理性发展该专业的空间。从项目实践来看，只有8.73%的学生经常参与教师项目，而50%学生从来没有参与过教师项目，一方面说明教师实践项目可能较少，另一方面说明学生实际动手能力也有待于提升。从兼职情况来看，近50%的学生表示从来没有兼职机会，而40%以上的学生表示很少有兼职机会，一方面反映出社会对该专业实用型人才的需要，另一方面也反映出社会对该专业学生进行实习锻炼岗位提供不足。数字媒体艺术专业是社会市场发展需求的产业，培养出来的人才未来也要更好地服务于社会发展，但仅仅依靠学校的力量就直接培养出艺术与技术完美结合的复合型人才并不是很现实，需要学校和社会联合起来，不论是校内还是校外，设立实践基地，才能培养出既有理论基础，动手能力又强的数字媒体艺术人才。

3. 学生课外自主学习

大学生学习的特点是自主性强，尤其是对那些有了奋斗目标的学习来说，学习很自觉。但大学生的公共平台课也并不少，在完成课堂学习之余，还有多少时间自由支配，可从调查问卷略见一二。70％的学生只有1—2天的时间投入艺术创作，反映出数字媒体艺术专业与纯粹艺术专业的区别，对数字技术的学习和掌握也会使学生投入较多的时间。44.32％的学生有1—3天的课外时间去学习专业，近一半的学生有3天及以上的时间去学习专业，反映出绝大多数学生都较为勤奋，也可以看出数字媒体艺术专业这一交叉学科对学生多方面知识的要求，课外学习对理解和实践课堂所学都起到了良性发展的作用。

(三)数字媒体艺术本科专业学生毕业形式及走向

从调查问卷情况来看，60％以上的高校毕业形式是论文答辩和作品评比相结合，说明大部分高校对数字媒体艺术专业学生的培养不仅注重艺术创作，也重视理论提升，有利于实现对该专业人才全面素质的培养。

对于学生毕业的走向中，位居前三位的是影视制作机构、广告公司和动画公司。为了能够顺利进入理想的就业单位，75％的学生愿意参加社会上与本专业相关的资格证书类考试。这也反映了社会对该专业资格证书与学生水平较为一致的认同，因为有证书的学生在就业上比没有证书的学生有更大的优势。

三、数字媒体艺术本科专业基本模式构成

(一)基本模式

数字媒体艺术本科专业形成的基本模式是从问卷教研中的最高选项形成的，包括专业生源师资、数字媒体艺术专业教育模式和毕业形式及走向三部分，结合文本、重点访谈进行分析。并实际形成了基本模式结构图(见图1)，其基本模式中的关键要素的情况见表1。

表1　从调查问卷中最高比例选项中反映出的数字媒体艺术本科专业现实基本模式

	选择题目	最高选项	所占比例
1. 生源及师资	生源	艺术类	84.18％
	选择数字媒体艺术专业的原因	自己喜欢	54.33％
	专业教师构成	国内行业知名人物	45.68％

续表

	选择题目	最高选项	所占比例
2. 课程设置及教学	专业课程教材是否指定教材	否	61.33%
	专业基础课程包括	计算机软件应用	82.92%
	该专业学生应该掌握哪些知识	计算机软件	79.12%
	实践学习与理论学习孰为重	同等重要	55.28%
	专业课教学教师讲授与学生动手创作孰为主	二者时间差不多	48.17%
	计算机软件应用	专门课程，教师讲授	76.93%
	专业课程设置中，数字技术类课程和艺术类课程各占比例是否合理	合理	44.23%
	本专业艺术的内容是否能用计算机技术很好表达	能	50.16%
	何时分专业	一入学	35.15%
3. 数字媒体艺术专业实践	是否参加过与本专业相关的比赛	没有	70.83%
	学校对学生自己寻找实践机会的态度	支持并提供可能的条件	48.01%
	参与教师项目	从来没有	50.00%
	专业实践形式	本校教学实验室	44.14%
	参与过的专业实践形式	本校工作室	40.16%
	何时开始专业实践	三年级	28.39%
	专业实践时间长度	两个学期	28.94%
	是否得到过与专业相关的兼职机会	有，但很少	47.79%
4. 学生课外自主学习	课外投入专业学习的时间	平均每周 1—3 天的课外时间投入到专业学习	43.80%
	课外投入艺术创作时间	平均每周有 1 天的课外时间投入到艺术创作	37.77%

续表

	选择题目	最高选项	所占比例
5. 毕业形式及走向	毕业考核形式	论文答辩与作品评比结合	65.52%
	是否愿意参加与本专业相关的资格证书类考试	是	70.13%
	就业方向较为合适的是	影视制作机构	74.69%
	毕业生就业优势	丰富的想象力	72.53%

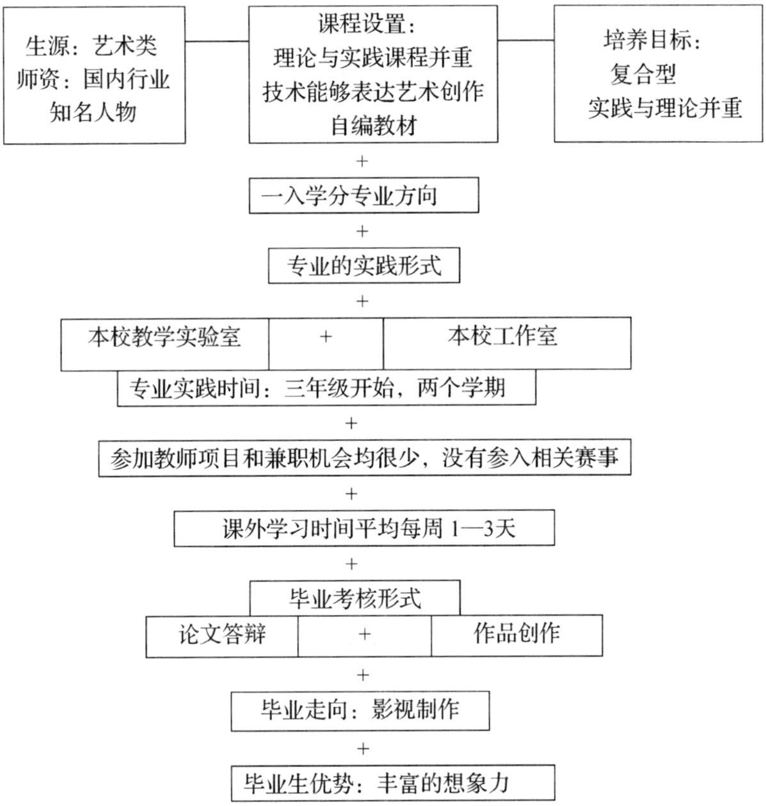

图 1　基本模式结构图

(二)与数字媒体艺术本科专业理想模式的对比

基于数字媒体艺术专业的本质思考，即数字媒体艺术专业是数字技术与艺术创作相结合，运用以计算机为核心的数字媒体技术和设备来实现艺术创意的一门新兴交叉学科，该专业在学科本质上属于艺术学科范畴，所以在课程设置上首先要符合艺术学科的特点和教育规律。谈及符合专业本质的理想模式，同时借鉴国外已较好开展数字媒体艺术相关专业的高校办学模式，笔者认为可以包括以下关键要素，并提出一个基本的理想模式结构(见图 2)以供参考比较，即：数字媒体艺术专业的生源全部是艺术类考生，专业教师由国内外行业知名的人物构成。课程设置目标要着眼于学生全面的素质教育和长期发展，要注重学生通识教育的培养，注重艺术理论和专业基础课程的学习，培养技术与艺术融合的创意艺术人才。在二年级末进行专业划分后，专业课程要侧重艺术与技术融合类课程，要有课程是项目驱动教学。学校要支持并提供可能的条件让学生进行专业实践，和校外相关高校或企业合作，设立固定实践基地，锻炼学生的综合能力，即一、二年级的通识教育和艺术理论教育，与三、四年级技术与艺术教育相融合的专业教育以及高年级进行多样专业实践三者的有机结合。鼓励学生多参加国内外的专业赛事和积极参与国际交流。学生毕业形式是论文答辩和作品评比相结合，学生素养全面，就业方向和数字媒体艺术专业相关。

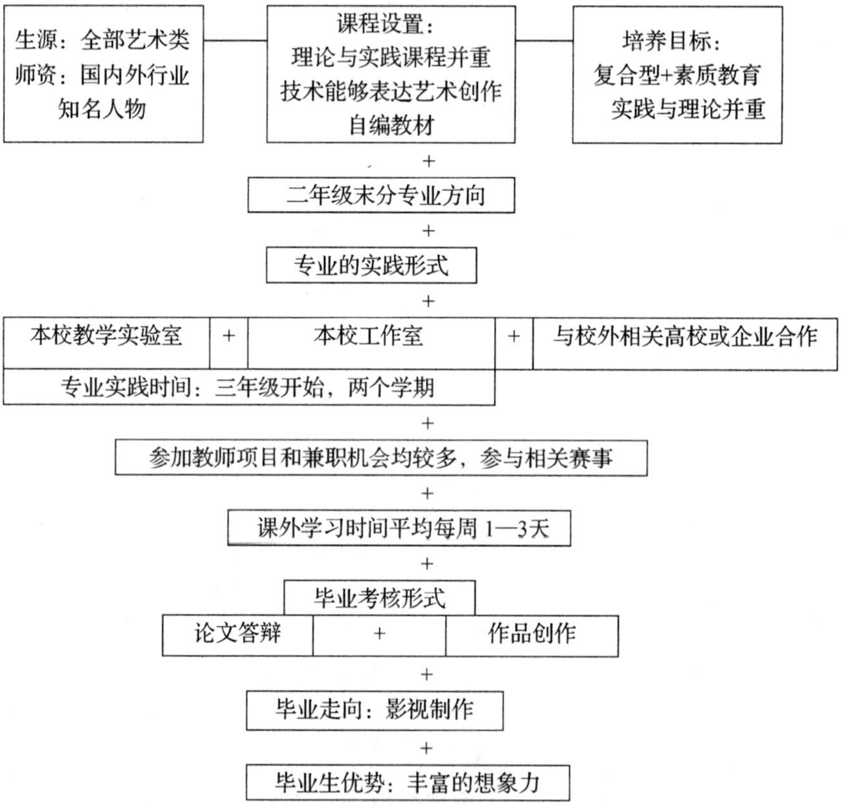

图 2　理想模式结构图

从表 1 问卷数据显示来看，大于或等于 50%的选项只有 14 个，其他 12 项均低于 50%。和理想模式对比，吻合理想模式的数值也非占很大优势，而有些与理想模式相悖的反而成为了基本模式。从调查问卷形成的基本模式来看，与理想模式还存在一定差距。通过图1与图2的比较，且结合表1基本模式的数据比例来看，主要体现在：

(1)专业生源中部分高校以普通高考生招生，可能会不利于对数字媒体艺术专业本质的认识；专业教师构成均以国内教师为主，多少会对该专业前沿性及国际性的发展和交流有一定影响。

(2)由于高校对专业方向划分时间上存在多样性，对学生培养目标、课程设置和专业实践的认识和开展将各有不同。基本模式中的一入学就进行专业划分，不利于学生通识教育的开展和真正艺术创意人才的培养。在课程设置上，基础课程与专业课程、理论课程与实践课程合理度不高，说明教学内容和教学形式需要提高的空间还较大。在专业实践上，学生参与实践的形式较为单一，机会较少，对学生自身理论与实践相结合能力的学习，对数字媒体艺术专业本质的认识和综合素质的提高都不利。

学生对赛事的关注和参与、高校国际交流开展的程度均不高，这些都不利于学生国际化视野的开阔和西式思维方式的培养，也会对数字媒体艺术专业这门建立在高科技应用技术之上的前沿性专业的发展不利。

(3)部分高校对毕业形式中的论文写作重视程度不够。高校教育毕竟不等同于职业培训，不能仅仅是技术的培训。专业理论写作对梳理学生的理性认识和引发思路都十分重要，也是对学生运用所学的专业知识分析和解决问题能力培养的重要途径。通过论文写作环节，让学生学会和掌握一种比较思考、分析范式、逻辑推理、辨析结论的科学认知方法，可为学生一生的专业实践打好基础。

四、从高校渊源来分析基本模式

从北京29所高校数字媒体艺术相关专业不同历史渊源来看，可分为三类：第一类是该专业从理工科背景学院独立出来的高校；第二类是目前该专业仍隶属计算机学院或工业设计专业的高校；第三类是本身就是从美术专业发展起来或独自成立该专业的高校。此部分就针对选择异于最高选项的三类高校进行分析，以期深入对基本模式的研究。(见表2)

(一)数字媒体艺术专业生源及师资

在专业教师构成中，“国内行业知名人物”是三类高校教师构成的主体，选择比例分别是41.35%、40.00%和49.65%，其中第二类和第三类高校把“国内行业知名人物”作为首选。反映出三类高校都重视数字媒体艺术专业教学中艺术与技术知识的掌握，且对该专业实践性强的特点的认识较为一致。第一类高校在注重艺术与技术相结合的专业教师构成同时，也积极开展“外聘一般数字媒体制作企业的专业技术人员”的教学活动，比例是56.39%，

表 2　不同渊源高校的最高选项与基本模式的对比

	选择题目	基本模式选项 分类高校最高选项	所占比例	第一类	第二类	第三类
1. 生源及师资	生源	艺术类	84.18%	96.99%	60.50%	90.44%
	选择数字媒体艺术专业的原因	自己喜欢	54.33%	47.29%	51.27%	55.79%
	专业教师构成	国内行业知名人物	45.68%	41.35%	40.00%	49.65%
		外聘一般数字媒体制作企业的专业技术人员		56.39%		
2. 课程设置及教学	专业课程教材是否指定教材	否	61.33%	89.06%	53.05%	55.78%
	专业基础课程包括	计算机软件应用	82.92%	87.97%	81.25%	82.69%
	该专业学生应该掌握哪些知识	计算机软件	79.12%	72.18%	72.50%	83.39%
		外语		78.20%		
		艺术创作技能			73.33%	85.87%
	实践学习与理论学习孰为重	同等重要	55.28%	53.44%	50.43%	58.21%
	专业课教学教师讲授与学生动手创作孰为主	二者时间差不多	48.17%	46.21%	44.54%	50.45%
	计算机软件应用	专门课程，教师讲授	76.93%	62.41%	77.54%	79.89%
	专业课程设置中，数字技术类课程和艺术类课程各占比例是否合理	合理	44.23%	49.07%	34.65%	48.46%
		不合理			41.23%	
	本专业艺术的内容是否能用计算机技术很好表达	能	50.16%	70.97%	48.07%	46.77%
	何时分专业方向	一入学	35.15%	9.92%	31.60%	41.32%
		二年级末		38.17%		
		一年级末			33.77%	

续表

	选择题目	基本模式选项 分类高校最高选项	所占比例	第一类	第二类	第三类
3. 数字媒体艺术专业实践	是否参加过与本专业相关的比赛	没有	70.83%	82.64%	63.16%	75.54%
	学校对学生自己寻找实践机会的态度	支持并提供可能的条件	48.01%	28.24%	52.14%	51.79%
		鼓励，但不提供条件		36.64%		
	参与教师项目	从来没有	50.00%	63.91%	40.00%	49.47%
		有，但很少			51.06%	
	专业实践形式	本校教学实验室	44.14%	33.08%	56.25%	43.11%
		本校工作室				46.82%
	参与过的专业实践形式	本校工作室	40.16%	26.32%	46.25%	45.76%
		本校教学实验室		30.83%		
	何时开始专业实践	三年级	28.39%	25.55%	30.05%	27.73%
		其他		39.77%		
	专业实践时间长度	两个学期	28.94%	22.22%	30.81%	29.45%
		其他		44.44%		
	是否得到过与专业相关的兼职机会	有，但很少	47.79%	70.45%	46.52%	42.91%
		从来没有			46.96%	48.11%
4. 学生课外自主学习	课外投入专业学习的时间	平均每周 1—3 天的课外时间投入到专业学习	43.80%	43.18%	42.92%	44.32%
	课外投入艺术创作时间	平均每周有 1 天的课外时间投入到艺术创作	37.77%	34.35%	41.74%	37.48%

续表

	选择题目	基本模式选项 分类高校最高选项	所占比例	第一类	第二类	第三类
5. 毕业考核形式及就业走向	毕业考核形式	论文答辩与作品评比结合	65.52%	83.08%	60.09%	62.98%
	是否愿意参加与本专业相关的资格证书类考试	是	70.13%	57.58%	66.06%	70.00%
	就业方向较为合适的是	影视制作机构	74.69%	85.71%	65.00%	77.18%
	毕业生就业优势	丰富的想象力	72.53%	78.95%	67.08%	72.97%
		实际操作能力		81.20%		

较之第二类和第三类高校高出 15.00%左右。反映出第一类高校由于综合性大学的缘故，开展的国内交流活动更加丰富，和由对数字媒体技术的重视而较为密切地与外界行业技术人员合作。但总体来看，三类高校专业教师构成中“国际行业知名人物”都较为匮乏，说明数字媒体艺术专业与国外该专业的交流和合作亟待加强。

(二)数字媒体艺术专业教育模式

1. 课程设置及教学

在“数字媒体艺术专业学生应该掌握哪些知识”问题中，从基本模式看，首选是“计算机软件”，占 79.12%，反映出高校对数字技术的重视。从具体渊源来看，三类高校选择计算机软件的比例分别是：72.18%、72.50%和 83.39%，相互之间差别不大。从最高选项来看，第一类高校首选“外语”，占 78.20%；第二类高校和第三类高校学生均首选“艺术创作技能”，比例分别是：73.33%和 85.87%。第二类和第三类高校学生分别选择“计算机软件”和“艺术创作技能”之间的比例很接近，只相差 1%—2%，反映出第二类和第三类高校学生在重视数字媒体技术的同时也重视对艺术教育的学习。尤其是第三类高校自身艺术教育资源较为丰富，数字技术相比第一类和第二类较为薄弱，对艺术和技术同时注重也就在情理之中。第一类高校在对数字技术的重视的同时，也重视外语知识，一方面反映出第一类高校国际交流频繁，需要学生有较好的外语听说能力；另一方面也是数字媒体艺术专业发展的必然，欧美国家该专业的技术发展有很多值得我们学习和借鉴的地方，这就需要学生有查阅和理解第一手资料的能力，故学生对外语学习较为重视。

当问到在专业课程设置中，“数字技术类和艺术类课程各自占有的比例是否合理”选项中，从基本模式反映的“合理”，比例是 44.23%。从具体渊源分类看，三类高校的比例分别是：49.07%、34.65%和48.46%，其中第二类高校选择首选41.23%选择“不合理”。整体反映出，数字媒体艺术专业在教学中存在一定问题，尤其是第二类高校，可能是没有理想的办学或教学环境等现实问题，也可能是第二类高校对数字媒体艺术专业本质认识中技术为主，艺术为辅，因为通过高校访谈和第二类高校公布的资料分析发现，第二类高校艺术类课程开课比例要低于数字技术类课程，而对数字媒体艺术专业学生的培养，技术只是基础，艺术才是最终目标。反映第二类高校学生可能在实际的艺术创作中遇到了困难或疑惑，因为没有艺术创新思维、没有艺术审美的素养，技术也无用武之地。

在“何时分专业方向”问题中，第一类高校以“一年级末”和“二年级末”为主，第二类高校和第三类高校以“一入学”和“一年级末”为主。具体来看，第一类高校以“二年级末”为首选，比例为38.17%；第二类高校以“一年级末”为首选，比例是33.77%；第三类高校以“一年级末”为首选，比例是41.32%。以上比例值较小且均没有超过50%，这一现象反映出各高校对专业划分没有较为统一的认知，专业划分时间存在多样性和随意性；另一方面也反映出各高校对数字媒体艺术专业本质的不同认识和对大学生通识教育认知上的差异。

2. 数字媒体艺术专业实践

在学校对学生自己寻找实践机会的态度选项中了解，第一类高校以36.64%的“鼓励但不提供条件”为首选，“支持并提供可能的条件”占28.24%，第二类和第三类高校的最高选项“支持并提供可能的条件”比例分别是52.14%、51.74%。在“是否得到过与专业相关的兼职机会”选项中，第一类高校以70.45%的高比例选择“有，但很少”，其他两类高校选择“从来没有”和“有，但很少”的比例均为45%左右。第一类高校在学校得到较少实践的情况下，70.45%的学生主动积极地向外寻找兼职机会；第二类和第三类高校老师和学生都表现出对实践的重视。在“是否有机会参与教师的创作项目”上，基本模式以50%的比例表示三类高校均“从来没有”，虽然其中第二类高校以“有，但很少”的选项为首选，比例只是51.06%。一方面反映出可能教师自身创作项目较少和得到实践项目的机会较少，这就需要学校和社会的支持和关注；另一方面也可能是没有有效机制来引导学生积极主动地参与教师项目。

在“专业实践形式和学生参与过的专业实践形式”中，三类高校均以本校的工作室或教学实验室为主，即使这两者或有侧重，但比例显示差别也不大，说明三类高校均以学校为实践主要场地。在何时开始专业实践和专业实践的时间上，第一类高校均首选“其他”，不同于其他两类高校首选的“三年级”开始专业实践和“两个学期”的专业实践时间，说明有些第一类高校可能没有专业实践，也多少整体反映出高校与产业结合不密切，没有从社会得到有效的利用资源。

(三)毕业形式及走向

在“毕业生就业中所具有的优势”中，“丰富的想象力”是主体选项，占72.53%。第二类和第三类首选了“丰富的想象力”。第一类高校在肯定“丰富的想象力”的同时，也选择了“实际操作能力”，两者的数值均高于其他两类高校。一方面反映出三类高校对艺术教育的重视，另一方面也反映出第一类高校对数字技术的重视。

五、结　语

从以上基本模式与理想模式的分析及渊源探索中，不难看出数字媒体艺术专业在我国的发展还需要一个较长的过程，需要得到学术界、教育界和社会的支持和关注。虽然学校的专业学习不能够以市场为风向标，但探究数字媒体艺术专业产生的背景，该专业是数字创意产业发展的催生物，而创意产业能够持续和健康发展的关键所在就是未来高层次专业人才的培养。所以对数字媒体艺术专业的本质认识和合理的课程设置是对该专业健康发展的重点。但目前来看，各高校对数字媒体艺术本科专业的认知可发展和上升的空间还很大，这也是我国数字媒体艺术专业向前发展，走向成熟和完善的一个必经阶段。从长远看，数字媒体艺术本科专业的发展，要不断总结发展中的经验教训，瞄准国际前沿的该学科专业的发展趋势渐近数字媒体艺术专业的理想模式，使数字媒体艺术专业早日走向成熟。

参考文献

1. [美]尼葛洛庞帝著，胡泳等译：《数字化生存》，海南出版社，1997 年。
2. 宫凡迪、马永红等：《北京高校数字媒体艺术本科专业教育现状实证研究》，《中国法学教育研究》，2012 年第 3 期。
3. 李慧敏、马永红：《新数字媒体艺术教育：域外借鉴与启示》，《中国政法大学教育文选》，中国政法大学出版社，2012 年。
4. 龙全：《融合与拓展——与时俱进的新媒体艺术学科》，湖南美术出版社，2010 年。
5. 廖祥忠、范敏、董九歌：《我国数字媒体艺术类专业课程设置问题初探》，《兼容·合而不同》，北京航空航天大学出版社，2009 年。

（作者：宫凡迪　首都高等教育发展基地研究人员　讲师
马永红　首都高等教育发展基地研究人员　教授
任秀华　首都高等教育发展基地研究人员　副教授
龙　全　首都高等教育发展基地研究人员　教授
景　于　首都高等教育发展基地研究人员　讲师
刘瑞萍　首都高等教育发展基地研究人员　硕士研究生
李汉邦　首都高等教育发展基地研究人员　教授）

首都流通业研究基地

（北京工商大学）

基地名称：首都流通业研究基地
依托单位：北京工商大学
项目类别：国家自然科学基金应急项目

我国乳品质量安全问题频发的原因与对策①

一、有关乳制品质量与安全的概念

乳制品质量与安全是既相互关联又有所区别的两个概念。乳制品安全的标准是由国家相关部门制定和颁布并由政府有关管理机构监督强制实施的，它是保证消费者食用安全的最低质量标准或称准入标准，未达到该标准的乳制品(或原料)将被禁止上市销售(或禁止作为原料进入食品加工环节)。而乳制品质量与乳制品安全的概念不同，在乳制品安全标准之内，乳制品质量允许存在一定的差别，这种质量上的差别往往可以通过市场价格反映出来，既质量优良的产品价格稍高，而质量一般的产品价格相对要低一些。最近国家颁布的(较原有旧国标更低的)生鲜乳新的国家标准(简称“生乳新国标”)，业界存在一些争议，并被媒体放大，使消费者对国内乳品消费的信心再次受到打击。争议主要集中在生乳的蛋白质含量从原来的2.95％调低到了2.8％，而细菌总数设定在每毫升200万个，低于西方国家蛋白质含量3％和细菌总数每毫升10万个的标准。专家学者在媒体上的争论使消费者将“新国标”错误地理解为：生乳较低的蛋白质含量与较高的细菌总数就意味着中国所有乳制品的低质量，并再次对饮用的安全性与营养功效产生质疑。

应该指出，“生乳新国标”是考虑到我国奶牛普遍分散饲养，奶牛品种和饲料不统一与收奶的分散性等具体国情，在短时间内难以达到西方国家执行的生乳标准而制定的一个过渡性标准。这一标准从饮用安全的角度没有任何问题，用达标的生乳经高温灭菌加工出的常温液态奶及制成的奶制品食用一定是安全的。至于蛋白质含量稍许低一点，对牛奶营养产生的影响很小。当然，一些大的乳品企业，如果能够从规模较大和现代化的奶牛场获得蛋白质含量更高、细菌含量更低的生乳，则可以生产出更加优质的

① 本文是《我国食品安全体系的优化策略：选择与实施》项目的阶段成果，项目编号：71141017。

巴氏杀菌奶和质量更好的其他乳制品，它们在市场上可以以更高的价格出售。

总之，乳制品安全是要由政府管控的，而在乳制品安全标准范围内的产品质量差异，包括原料和产品的质量分级标准，则可由行业内部的有关协会来确定。但行业内部专家学者的争论，不应传递给消费者“只要不是最优质的奶源，生产出的乳制品就是不安全和缺乏营养的”错误信息，以影响公众的信心。

二、国内乳制品安全问题频发对乳品生产、消费与进口的影响

以鲜牛奶、酸奶、奶粉为主的乳制品，是极富营养且易被人体吸收、人们普遍喜爱消费的食品。根据《2011 年中国奶业统计摘要》的统计，到 2010 年我国牛奶产量已经达到 3570 万吨（2011 年有望突破 4000 万吨），乳制品产量已经达到 2160 万吨。城镇居民人均鲜奶、酸奶、奶粉的购买量分别达到 13.98 公斤、3.67 公斤和 0.45 公斤。农村居民由于大多数乡村收入水平仍然较低，乳制品消费仍处于一个较低的水平。受到近年来国内乳品安全事件频发的影响，居民对国内乳制品消费的信心受到严重打击，人均乳品消费呈现出了明显下降的趋势（见图 1）。

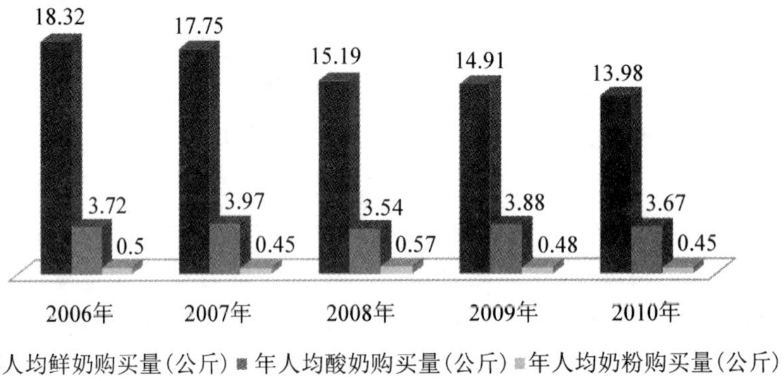

图 1　近年来我国城镇居民乳制品消费的变化

资料来源：农业部奶业管理办公室、中国奶业协会：《2011 年中国奶业统计摘要》。

消费者对国内乳制品信心下降，给了国外乳制品进入中国市场以有利时机。据有关数据统计，2010 年我国进口大包装奶粉 41.40 万吨，同比增长 67.8%，相当于国内同期奶粉产量 140 万吨的 29.6%，较 2009 年增加了 8.4%。奶粉主要进口来源地集中在新西兰、澳大利亚和美国，约占我国进口奶粉的 90%以上。由于消费者对国产奶粉失去了信心，中等收入以上家庭消费的奶粉特别是婴幼儿奶粉，几乎都被进口奶粉所替代。近年来我国

进口奶粉增长状况可参见图 2。

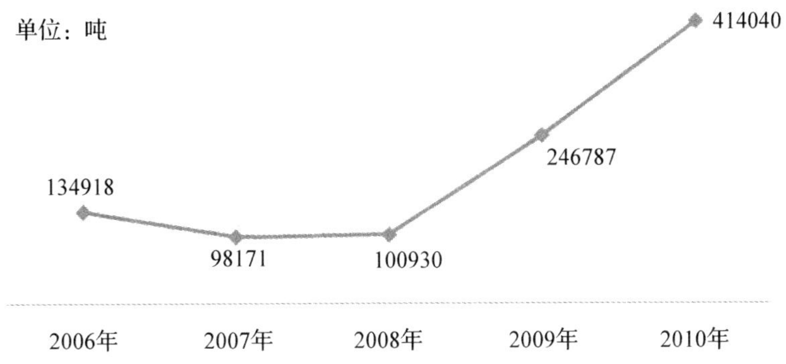

图 2　近年来我国奶粉进口量的变化

资料来源：农业部奶业管理办公室、中国奶业协会：《2011 年中国奶业统计摘要》。

如果说进口奶粉只是对国内市场的一个补充，对乳业的影响有限还好，但是如果随着进口量的增大，对本土乳业产生冲击并最终抑制国内奶业的发展后果将是十分严重的。从目前来看进口奶粉甚至进口液态奶的数量还在增长。尽管进口奶粉价格较高，但是城市中大量的年轻父母宁愿月支出千元以上购买更加放心的进口婴幼儿奶粉。不仅如此，外资企业正趁势迅速进军我国液态奶、奶源和婴幼儿奶粉市场。据媒体报道，亚洲最大的乳制品企业日本明治乳业投资 30 亿日元进入中国的高端液态奶市场；新西兰的恒天然奶业今年 11 月准备投资 2.6 亿元在在河北建设第 3 个 5000 头牛的大型牧场。该牧场建成以后恒天然在中国的牛奶年产量将达到 9000 万升，相当于 3.6 亿杯牛奶；专门生产婴幼儿奶粉的五大外资企业之一的雅培公司，最近又宣布将在浙江嘉兴投资 2.3 亿美元建立新厂，计划 2013 年投产。至此包括雀巢、惠氏、多美兹、美赞臣、雅培等 5 大进口品牌致力于在中国实现本土化发展的目标基本实现。所以，全面提升国内乳品质量，加强乳品安全的监管，是恢复消费者信心、促进我国奶业健康发展的重要保证。

三、我国乳制品安全问题频发的主要原因

(一)食品安全问题长期存在的社会基础

应该承认，在一个拥有着千千万万个食品生产者的国家，在这样一个人人逐利、道德上几乎没有禁忌的时代，包括乳制品在内的食品安全问题的存在是一种必然。从社会层面上分析，食品安全问题长期存在主要有以下原因：首先，一部分生产者和销售者利欲熏心，会为逐利而“奋不顾身”；其次，企业之间的恶性竞争会使企业为了自身生存或打败竞争对手而“不择手段”；再者，还存在着别有用心者，即以损害公众利益和酿成事端报复他

人或报复社会为目的。此外，还有一些意外和自然风险导致的食品安全问题(如欧洲曾经发生过的疯牛病和新近出现的毒黄瓜事件等)。所以，食品安全问题是包括发达国家在内的各国都必须面对的一个长期、一刻都不能放松的问题，需要政府、企业、消费者即全社会共同努力才能尽可能避免。当然，目前我国因生产分散、法制不健全、监管资源不足、检测技术与成本的限制等多方面的原因，使食品安全的形势更加严峻。

(二)奶业食品安全问题频发的特殊原因

尽管近年来包括粮食、蔬菜、水果、肉类和各种加工类食品，都有因农药残留、加入过量的添加剂、加入食品中不应加入的有毒有害物质等食品安全问题而被媒体曝光的情况，但是，相比之下奶业的问题更加严重，影响也更加广泛。近年来，我国乳品安全事件频发，从安徽阜阳的假奶粉事件，到2008年的三聚氰胺事件，再到皮革奶事件和2010年的激素门事件，奶业食品安全事件几乎总是出现在公众视野中，使消费者信心一次又一次地受到越来越严重的打击，并构成对国内奶业发展的重大影响，时至今日消费者的信心仍然没有得到恢复。为此人们不禁要问：为什么奶业总是出问题？问题到底出在哪里？

客观地讲，奶业产业链与原料性质所具有的特殊性，使产品质量安全的保障与监管具有一定的难度。

1．奶业的产业链长，影响乳品质量与安全的因素多

从饲料的生产到奶牛的育种和喂养，再到挤奶、收奶运到乳品加工厂，这才完成了原奶的生产过程，后面还有乳制品的加工、仓储、运输、销售各个环节。而原奶的质量在一定程度上决定着乳制品的质量。原奶的生产过程，其安全隐患与风险要远大于其他食品加工行业原料的生产。

影响原奶质量安全的因素很多。在奶牛饲养过程中，饲料中农药的残留、饲料是否受到污染、奶牛的健康状况(如是否有乳房炎和其他传染病)、兽药的使用状况(如是否存在抗菌素残留)、养殖区环境是否存在污染等因素，都决定着挤出的牛奶的质量与安全。而挤奶与收奶过程操作是否得当，同样决定着送入乳品加工企业原奶的质量与安全。因为牛奶是一种营养全面的食品，包含有丰富的脂肪、蛋白质、维生素、矿物质等，还有一些非脂乳固体。这些丰富的营养也让牛奶成为一个天然的“培养皿”，如果挤奶的过程不注意卫生、挤出的牛奶放置不当或时间过长、贮存与运输工具清洗不彻底等，都会导致牛奶受到微生物的污染，使原奶腐败变质。如果在收奶和将奶送至加工企业的过程中，少数奶农或者奶站利欲熏心，故意向牛奶中加入一些本不应加入的物质甚至是有害物质(如水、豆浆、芒硝、淀粉、尿素、洗衣粉、食盐、蔗糖、水解蛋白、植脂末、胶体物质、三聚氰胺，还有甲醛、水杨酸、亚硝酸各类防腐剂等)，也会降低原奶的质量甚至

酿成严重的食品安全事件。

合格的原奶进入乳制品加工过程后，乳制品加工企业仍然面临着产品质量与安全的种种风险。例如，车间内输送牛奶的管道、加工器具和设备的清洗与消毒是否到位，产品配方是否科学合理，加工过程中生产设备与工艺的技术水平与操控状况，产品是否被添加了不符合国家规定的添加剂，最终产品检验是否严格等都决定着加工出厂的乳制品的质量与安全。

在乳品的流通过程中，质量安全风险仍然存在。乳品具有易腐和不耐储藏的特性，除超高温杀菌的乳品和奶粉外，大量的液态奶都需要冷链运输、低温冷藏销售，如巴氏杀菌奶。所以，运输与销售过程中的温度控制(一般要求在 0℃—4℃保存)与乳品质量有直接关系，稍有不慎就会导致乳品变质。

2. 我国目前奶牛分散饲养为主的方式导致质量安全控制难度大

与发达国家几千甚至上万头牛的大规模、现代化、集约化的奶牛饲养方式不同，目前我国奶牛仍以分散饲养为主，为此原奶质量差异大，质量监管难度相对也大。如果将我国奶牛饲养按规模分为年存栏量 1—4 头(称为兼业奶户)、年存栏量 5—19 头(称为专业农户)、饲养 20—99 头(称为专业大户)和饲养 100 头以上(一般称之为规模化饲养场，包括饲养小区、养殖合作社、大规模饲养场)等四大类，经研究发现 2008 年兼业奶户奶牛存栏数占全部奶牛存栏总数为 32.42 %；专业农户奶牛存栏数占全部奶牛存栏总数为 31.53 %；专业大户位居第三位，奶牛存栏所占份额为 16.51 %；饲养 100—1000 头被称为规模化的饲养场，其奶牛存栏所占份额只有 14.09 %；存栏头数超过 1000 头以上的大规模饲养场，仅占全国存栏总数的 5.54%。可见仅饲养 1—20 头奶牛的农户就占了全国奶牛总存栏数的 64%，饲养 100 头奶牛以下的农户就占到全国奶牛总存栏数的 80%以上。如此极度分散的奶牛饲养，虽然在一定程度上增加了国内的奶源，并对个体农民特别是对草原上分散居住的广大牧民增加收入和摆脱贫困有着一定的帮助，但是这种养殖方式，在奶牛品种、饲料、喂养方式、奶牛的防疫用药等难以实现标准化，每头奶牛挤出的奶就会有较大的质量差异，加之集中挤奶、收奶、鲜奶运输等环节可能由多个经营者参与，使原奶质量控制存在一定的难度。

3. 原奶及加工过程中违法添加的有害物质难以被发现

国家制定的牛奶质量标准，其质量检测一般就确定为蛋白质含量、脂肪含量、细菌总数、抗菌素、激素、三聚氰胺等若干基本指标，收奶站和加工企业无论是通过物理的方法还是化学的方法都只能检测规定的项目或者是人们能够想到的可能掺假的项目，至于奶中混入了不在检测项目中的有害添加物，则无法通过正常检测发现(如三聚氰胺在“三鹿事件”发生前就不属于牛奶质量的检测项目)。如何确定检测目标，即用技术手段筛查、识别出不明添加物，再对该不明添加物进行分析，这也是保障乳品安全的又一个难题。由于包括企业、个人在内的整个社会过度追求利益的心态，同时企业之间竞争日益残酷，这都使一些不法分子随时有可能想尽一切办法甚至是使用“高科技”手段向牛奶中掺杂使假，从而酿成重大的食品安全事件。防范这一风险需要科技检测手段上的不断进步。

此外，乳制品行业竞争过度，企业为生存争相抢奶源从而放松原奶质量监管，政府对食品安全违法行为监管与打击的力度不够等，也是促成近年来原奶质量普遍下降的重要原因。

四、控制乳制品质量和安全的关键环节与具体措施

应该看到，与西方国家相比我国奶业的发展还很不成熟，而且现在实行的以分散饲养为主的原料奶生产方式是与我国目前畜牧业较低的发展水平相一致的。这种生产方式或将需要很长时间才能够彻底改变。因此，我们只能就目前的现状来谈控制乳品质量与安全的对策，而不能像有些学者提出的以美国的模式解决当前中国的问题。具体来说，以下环节与措施对于提升我国乳品质量和保障乳品安全或许更加关键。

（一）采取有效措施控制原奶质量

生鲜牛乳作为加工乳制品的原料，其质量在一定程度上决定着乳制品的质量。因为只有优质的原料才能加工出优质的产品，而且以往发生的大量的乳制品的安全事件，往往都来自于低质或劣质的原奶。所以，要提升乳制品质量和保证乳制品的安全，首先就要提升原奶的质量，起码要保证原奶品质达到国家标准。

1. 有实力的乳品企业要逐渐扩大自有牧场规模，打造安全奶源

要真正保证原料奶的质量与安全，最好的办法就是乳品企业建立现代化的自有牧场。从牧草的种植，到奶牛的育种，再到科学的饲养与疾病的防疫，直至挤奶并送入加工企业车间，全部过程都由乳品企业自己控制。目前全国一些较大的乳品企业（如蒙牛乳业、伊利集团、飞鹤乳业、三元乳业、新希望乳业等）都建有一定数量的自有牧场。这不仅是为了获得安全的奶源，同时也是提升乳品企业竞争力的重要方面。伊利集团目前已经建成拥有千头以上的现代牧场 14 座，未来 5 年还将投入建设 30 座大型生态牧场，使其 70％的奶源来自大型生态牧场和现代化养殖小区。蒙牛乳业，在其自建的澳亚国际牧场中，引入“动物福利”的人性化饲养理念，不仅依靠科学喂养让奶牛吃得好，还为奶牛创造了舒适、愉快的生活环境，包括引进为牛净身、按摩和搔痒的设备。这种人文关怀的饲养方式，目的就是让牛多产奶、产好奶。优质的奶源是生产高端乳制品的原料，未来乳品企业之间的竞争或许主要就看谁掌握更多的优质奶源。

2. 主要依靠分散饲养的奶农提供原料奶的企业，要尽量自建挤奶站以控制原奶质量

尽管自建牧场有利于保证乳品质量与安全，但是从目前我国的现实来看，由于企业自建牧场投资规模大、管理难度大、经营成本高、资金回收慢，让所有的乳品企业都自建牧场经营全产业链短期内很难实现，即使是实力很强的乳品企业也都只能量力而行(近期飞鹤乳业以1.3亿美元的价格出售旗下重金打造的两大欧美国际示范牧场的股权，成为“奶源大战”中出现的首个撤退者，说明了这一点)。为此，大多数乳品企业都不得不从分散的奶户那里采购原料奶，扩张比较快的企业更是如此。为了确保原奶的质量，乳品企业必须有专业人员对分散饲养的奶农加强指导与管理。要通过奶农小区、合作社，为奶农提供专业化的养殖培训，对零散的原料奶供应商要进行资格审核与评价，只有资格审核合格才可以向其采购原料奶。此外，乳品企业在具有一定规模的饲养小区、养殖合作社要尽量投资建设机械化、自动化与检测设施完备的挤奶中心，以实现奶源的集约化管理，用自建挤奶中心实施对奶源质量的严格控制。

3. 乳制品企业要强化对原奶质量的检验，确保质量安全

乳品企业无论是从自建牧场，或是自建奶站，还是从非乳品企业所属奶站(需经政府行政许可)收奶，都必须在原奶进入加工前进行严格的质量检测，这是保证质量与安全的关键。对于自建牧场，由于奶牛饲养在选种、饲料的配方、防疫用药直到挤奶全过程都是标准化的管理，而且在奶牛的养殖与挤奶过程中始终在对各个环节进行质量监控，因此对原奶的检测可将重点放在常规质量指标上。而对于自建或其他形式的奶站，收奶时的检测一定要严格，不仅要进行常规质量指标的检测，还要对可能出现的有害添加物进行检测。最后在进入加工前乳品企业要在化验室对每一车原奶样品的质量与可能掺杂使假指标进行全面检验与分析，以确保原奶的质量与安全。

4. 政府应资助乳品检测技术和方法的研究与普及

政府、企业对乳品安全的监管是要依靠科学的技术手段与方法。据调查，国内目前牛奶掺假比其他各种食品掺假的现象更为普遍和严重，而且掺入杂物的原奶若不经过特殊的检测很难发现其中存在问题，因为一般按常规检测，其各项指标检测也都在正常值范围以内。因此，要从原奶中筛查出低质甚至劣质奶，保证乳品的安全，检测技术与方法需要不断地探索与创新，企业的检测设备也需要不断更新，而且要对每一缸、每一车的原料奶和每一个批次即将上市的乳品进行频繁地检验，事必会增加乳制品的生产成本。目前我国市场上能够见到的检测试剂大部分和一些实验室中的检测仪器都是从国外进口的，高昂的检测成本最终将以提高乳品市场价格

的方式转嫁给消费者。而当市场竞争到奶站、乳品企业利润极低的情况下，为节约过于高昂的检测费用，原奶的质量与安全有可能会打折扣。为了避免上述情况的发生，建议政府以大力资助检测技术研发与普及的方式(即资助检测研发项目，降低各种检测试纸、试剂、检测分析仪器的价格)为消费者的安全买单。

(二)乳品加工企业应建立完备的质量控制体系

乳品加工企业是保证消费者能够喝上安全放心的牛奶的关键部门。从这一意义上讲优质安全的牛奶不是政府监管出来的，而是乳品企业生产加工出来的。只有包括乳品企业在内的所有食品企业都具有保证消费者安全与健康强烈的责任感，在企业内部建立起科学合理的生产工艺流程和完备的质量控制体系，食品安全才可能得到保障。雀巢公司在企业内部质量监管体系的建设方面为我们提供了可以借鉴的经验。首先，雀巢公司在所有员工中树立“质量是企业追求的最高价值，是成就雀巢成为世界领先食品公司，致力于营养、健康与美好生活的基础”的信念。其次，沿整个生产过程设计质量控制体系。在产品的研发阶段，他们奉行“质量是设计出来”的理念，对产品配方与工艺设计对产品质量安全的影响进行评价，并对加工过程中可能产生的风险进行评估，以使产品与工艺设计环节符合法规、保证安全，并尽可能地排除质量安全的隐患。再者，是在生产过程中的质量控制。雀巢从加工环境(对主要有害细菌)、加工过程(配料、加热、包装)和最终产品(主要质量指标)三个环节进行质量控制。并且值得注意的是雀巢公司将实验室能力看作是乳品质量安全的重要保障，不断加大投入进行实验室建设。公司实验室分为“工厂实验室”和“中心实验室”两个部分，原料、生产环境、中间产品的质量监控和最终产品的检测等都设在每一加工企业内的实验室进行，而对于那些比较复杂的监控项目或者非常前沿性的检测，则由中心实验室来完成。通常雀巢公司产品要经几十项(最多达到 70 多项)的检测才能投放市场。此外，雀巢公司相信质量是由人来掌控的，再科学的质量管控系统和科学的检测方法，都要依靠具有强烈责任感的专业技术人员与管理人员进行操控。为此，雀巢公司十分重视员工培训，并建立起了一支专业化的检验人员队伍。总之，雀巢依靠控制关键环节与关键控制点，全方位、多层次地保障食品安全。

(三)加强乳制品质量安全监管，严厉打击食品制假、掺假、售假行为

尽管每一次食品安全事件发生的原因各不相同，有些并不一定是政府监管方面的责任。但从整个市场的角度看，“食品质量安全是政府监管出来的”是有一定道理的。目前我国乳品质量安全问题风险最大、而且最难控制的就是原料奶掺杂使假问题。而这一风险的防范主要依靠政府主管部门的监管。具体来说，政府需要采取以下措施加强监管：

首先，要不断地完善食品安全的相关法律、法规体系的建设。从2009年国家食品安全法出台以后，伴随乳品质量安全问题不断出现，国家质检总局2010年发布了《关于企业生产婴幼儿配方奶粉许可条件审查细则》和《企业生产乳制品许可条件审查细则》，2011年国家工商总局又下发了《关于进一步完善与规范流通环节乳制品市场主体准入有关工作的通知》，之后国务院办公厅又下发了《关于严厉打击非法食品添加行为，切实加强食品添加剂监管的通知》。此外政府还颁布了《食品添加剂使用标准》和生鲜乳新的国家标准。可以看到，相关法规频频出台，为整顿乳品市场、保障乳品安全起到了至关重要的作用。

其次，提高乳品行业进入的门槛，对上市乳品实施经常性的质量抽检，并以此记录为依据建立企业诚信档案，规范乳品企业的行为。依照国家质检总局2010年发布的《关于企业生产婴幼儿配方奶粉许可条件审查细则》和《企业生产乳制品许可条件审查细则》，政府对乳制品生产企业重新提出的生产许可申请进行审核，到2011年6月底，全国1176家乳制品企业中(其中婴幼儿乳粉企业145家)，有688家企业通过了生产许可重新审核(其中婴幼儿乳粉企业117家)，56家停业整改，432家未通过审核而停止生产乳制品。这次对乳品企业资质的重新审核，提高了乳制品行业的进入门槛，从企业设施等基本生产条件的角度为乳品质量安全提供了基本保证。另外，国家质检部门应委托第三方检验机构，依据国家强制性标准对市场上的乳品进行经常性的抽检，并将检测结果公之于众。对那些存在问题产品的企业，一方面要求整改，另一方面也要记录在企业的诚信档案中，以此督促乳品企业加强内部质量与安全的监管。

再者，政府必须加大打击食品质量安全违法行为的力度，提高违法者的违法成本。近年来，我国食品安全事件频发的重要原因一方面是制假、售假者缺乏起码的行为底线，追逐利益甚至不惜损害公众的健康和忽视消费者的生命安全；另一方面，政府监管不严、打击力度不够，以至让违法的成本甚至低于企业守法的成本。无论是对违法的企业还是个人，不仅要追究责任人的刑事责任，而且一定要通过产品召回、加倍赔偿消费者等方式增加其违法成本。

总之，乳品安全关乎所有消费者的健康。要建立与维护一个安全的乳品消费环境，需要政府和奶牛饲养者、原奶运输者、乳品加工企业、乳品销售企业即全产业链参与者的共同努力。我们相信随着消费环境的改善，消费者对国内乳品的信心会不断恢复，中国奶业也将逐渐走出危机，健康发展。

参考文献

1. 刘昕：《乳业“新国标”引发质疑》，《国际商报》，2011 年 6 月 28 日。
2. 宋亮：《中国乳业陷外资控制奶源危局》，《国际商报》，2011 年 8 月 25 日。
3. 耿莉萍：《我国流通环节中食品安全隐患及其有效监管》，《北京工商大学学报》(社会科学版)，2009 年第 4 期。
4. 杨红梅、夏世仁：《原料掺杂使假的检验》，《第二届中国奶业大会论文集》(下册)，2011 年。
5. 杨伟民、胡定寰：《食品安全背景下的乳业产业链与组织模式创新研究》，《内蒙古大学学报》(社会科学版)，2010 年第 6 期。
6. 任远：《创新型奶源模式是原奶质量的保障》，《第二届中国奶业大会论文集》(下册)，2011 年，第 84 期。
7. 泽文：《行业领军企业打造安全奶源》，《消费日报》，2011 年 8 月 11 日。
8. 刘峰：《对赌遭清算，飞鹤乳业全产业链遇考量》，《消费日报》，2011 年 8 月 11 日。
9. 邱雪枫：《雀巢：严格实验室管控，保证乳品质量安全》，《第二届中国奶业大会论文集》(下册)，2011 年。
10. 周清杰：《 论我国当前食品安全监管体制的制度困局》，《北京工商大学学报》(社会科学版)，2008 年第 6 期。

（作者：耿莉萍　首都流通业研究基地研究人员　教授）

基地名称：首都流通业研究基地
依托单位：北京工商大学
项目类别：研究基地自设项目

基于产业关联效应的我国现代服务业实证研究[①]

自20世纪末以来，随着国际分工和知识经济全球化的发展，以服务业与服务贸易为主要内容的服务经济在全球范围内异军突起、发展迅速，科技含量高、经济效益好、资源消耗低、环境污染少的服务业得到了各国的高度重视。我国“十二五”规划提出：加快发展服务业，促进经济增长向依靠第一、第二、第三产业协同带动转变；把推动服务业大发展作为产业结构优化升级的战略重点，营造有利于服务业发展的政策和体制环境，拓展新领域，发展新业态，培育新热点，推进现代服务业规模化，不断提高其在服务业比重和水平。鉴于作为服务经济时代下支柱产业的现代服务业在国民经济中的地位与作用日益增强，已成为各国竞争水平的决定因素和经济增长的强大支撑。为了适应国内转变发展方式和提升产业结构的需要，顺应国际服务业发展趋势，我国应充分利用后发优势，不失时机地培育和发展现代服务业。

一、我国现代服务业产业关联效应研究的现实性

现代服务业是在工业化比较发达的阶段产生的，它依靠高新技术和现代管理方法、经营方式及组织形式发展起来。主要由为生产者提供中间投入的知识、技术、信息相对密集的新兴服务业，以及一部分由传统服务业通过技术改造升级和经营模式更新而形成的服务业组成。这种基于新兴服务业成长壮大和传统服务业改造升级而形成的新型服务业体系，即具有高人力资本含量、高技术含量、高附加值“三高”特征，发展上呈现新技术、新业态、新方式“三新”态势，又具有资源消耗少、环境污染少、就业容量大的“两少一多”的优点。基于现代服务业在产业组织结构中的特殊地位，凸显出其在促进企业专业服务外包化趋势，进而形成产业关联、带动经济发展的比较优势。

---

① 本文是《北京流通业发展方式转变研究》项目的阶段成果。

由于现代工业的形成过程，每一个环节都伴生服务需求。即现代工业的发展对现代服务业产生强大的市场需求，而现代服务业的发展又为工业提供了全方位服务的有力支撑。为此通过加强产业关联，构建现代服务业与制造业等传统产业的互动发展机制，实行“主辅分离”，推动企业内置服务市场化、社会化、降低运营成本，实现关联产业间的“无缝式对接”，必将拉动国家宏观经济增长和促进产业协调、健康发展。

在我国现代服务业包括九大门类：信息服务业(信息传输、计算机服务和软件业的简称)、金融业、房地产业、商务服务业(租赁和商务服务业的简称)、科技服务业(研究与实验发展、综合技术服务的简称)、环境管理业(水利、环境和公共设施管理业的简称)、教育培训业(教育的复称)、医疗社保业(卫生、社会保障和社会福利业的简称)、文体娱乐业(文化、体育和娱乐业的简称)。纵观这几年的经济数据，我国现代服务业呈现出加速扩张、高速增长的发展态势，同时推动了整个第三产业和宏观经济的快速发展。2010 年我国国内生产总值达到 403260 亿元，其中第三产业及服务业总产值达到 173087 亿元，占据国内总产值 43.1%的比例，其中现代服务业在第三产业的比重高于 50%。2009 年全国行业增加值达到 340902.8 亿元，其中服务业总行业增加值达到 148038 亿元，现代服务业增加值达到 74775.1 亿元，近些年的现代服务业年均增长率达到 20%，是服务业增长的重要贡献力量。2010 年全社会固定资产投资总额达到 278121.9 亿元，其中现代服务业相关固定资产投资达到 105832.6 亿元，占全社会大约 40%的比重；2010 年全社会城镇新增固定资产达到 136970.3 亿元，其中现代服务业占到了 35.4%比例，达到 48452 亿元。现代服务业已经成为我国缓解就业压力、提高人才素质的重要渠道。2010 年年底统计的全国城镇就业人员数量达到 13051.5 万人，其中现代服务业城镇就业人数达到 4034.4 万人，占全国比重达到 30%，其中涵盖了金融、信息、通讯、咨询、设计等领域的专业性强、技术含量高的就业人员①。这一发展趋势为我们进一步推动传统产业与现代服务业相互关联奠定了良好基础。现代服务业与其他产业间的关联效应主要表现在两个方面：一方面是现代服务业内部各产业间技术经济联系；另一方面是现代服务业与传统产业间已投入品和产出品为连接纽带的技术经济联系。通过分析和研究现代服务业的产业关联效应，能够深刻地揭示现代服务业内部和与相关传统产业的技术经济联系和产业前后向关联效应，从而对于制定国家现代服务业发展规划、应用现代服务业提升传统产业、促进产业结构优化升级和推动经济增长都具有重要的指导和参考价值。

---

① 以上数据是根据《2011 年中国统计年鉴》数据整理并计算得到。

二、我国现代服务业部门间的产业关联效应分析

根据《2007 年中国投入产出表(42 部门)》的数据整理得到现代服务业部门间的投入产出流量表，即表 1，本部分的实证研究就是基于该表。表中H_1指代信息服务业(信息传输、计算机服务和软件业)、H_2指代金融业、H_3指代房地产业、H_4指代商务服务业(租赁和商务服务业)、H_5指代科技服务业(科学研究、综合技术服务)、H_6指代环境管理业(水利、环境和公共设施管理业)、H_7指代教育培训业(教育)、H_8指代医疗社保业(卫生、社会保障和社会福利业)、H_9指代文体娱乐业(文化、体育和娱乐业)。表中矩阵$(x_{ij})_{9\times 9}$是基本流量矩阵，x_{ij}是指第 j 产业部门生产时所消耗第 i 产业部门提供的产品数量，或者是第 i 产业部门提供给第 j 产业部门生产时的需要量。

表 1　2007 年全国现代服务业部门投入产出流量表　　单位：万元

序号	H_1	H_2	H_3	H_4	H_5	H_6	H_7	H_8	H_9	合计
H_1	3403184	4943905	419316	422233	277782	142259	1832300	1477352	389377	13233901
H_2	1388203	12505567	3667171	4715803	1305539	804033	4557581	791157	726897	30399652
H_3	2019444	5145476	1317707	1544694	459324	46741	800112	276067	610819	12165277
H_4	3473565	8672255	3232714	4786218	697080	236695	3550929	1063260	954324	26555897
H_5	362910	274772	188332	117648	2274434	77609	787795	248949	73733	4406182
H_6	25252	125004	33532	849167	16735	396302	277644	38865	44027	1798627
H_7	249806	1197945	65266	139552	217453	64792	2510970	397293	130141	4860955
H_8	30889	219803	37431	21494	98612	74729	427657	375877	99401	1339997
H_9	437114	1136696	568393	503208	294492	116399	1307964	203348	1705278	6193817
合计	11262493	34038863	9509192	13048304	5641451	1942938	15639277	4803967	4684321	99869567

资料来源：根据《2007 年中国投入产出表》数据整理，H_i(i=1～9)分别代表 9 个现代服务业部门。

(一)现代服务业部门间的完全消耗分析

如果把现代服务产业整体看作一个相对独立的系统，那么在现代服务业系统中各个部门的子系统之间存在着产品、技术和劳务等的各种联系，并且各个现代服务业部门之间是彼此相互影响、相互支撑和协调发展的。我们分别用部门间的投入系数(直接消耗系数)和完全消耗系数来解释现代服务业部门之间的技术经济联系和结构。直接消耗系数又称投入系数，其经济含义是第 j 产业部门单位产量所直接消耗的第 i 产业部门的产品或服务

的价值，其直接消耗系数的计算模型为：

$$a_{ij}=\frac{x_{ij}}{X_j}(i, j=1, 2, \cdots, n)$$

式中 a_{ij} 代表第 j 产业部门对第 i 产业部门的直接消耗系数，x_{ij} 是第 j 产业部门生产时所消耗第 i 产业部门生产的产品或服务的价值，X_j 是第 j 产业部门的总产出。由直接消耗系数组成的矩阵称为直接消耗系数矩阵，用 A 表示，即：

$$A=\begin{bmatrix} a_{11} & a_{12} & \cdots & a_{1n} \\ a_{21} & a_{22} & \cdots & a_{2n} \\ \vdots & \vdots & \cdots & \vdots \\ a_{n1} & a_{n2} & \cdots & a_{nn} \end{bmatrix}$$

根据相关计算模型，基于投入产出基本流量表，我们得到全国现代服务业部门间的直接消耗系数，建立了现代服务业部门间的直接消耗系数表，即表 2。

表 2　2007 年全国现代服务业部门间直接消耗系数表

序号	H_1	H_2	H_3	H_4	H_5	H_6	H_7	H_8	H_9
H_1	0.0339	0.0254	0.0028	0.0036	0.0100	0.0066	0.0140	0.0133	0.0110
H_2	0.0138	0.0642	0.0248	0.0400	0.0328	0.0373	0.0349	0.0071	0.0205
H_3	0.0201	0.0264	0.0089	0.0131	0.0131	0.0022	0.0061	0.0025	0.0173
H_4	0.0346	0.0445	0.0219	0.0406	0.0214	0.0110	0.0272	0.0096	0.0270
H_5	0.0037	0.0011	0.0013	0.0011	0.0501	0.0029	0.0061	0.0021	0.0021
H_6	0.0003	0.0006	0.0002	0.0072	0.0008	0.0184	0.0021	0.0003	0.0012
H_7	0.0025	0.0061	0.0004	0.0012	0.0105	0.0030	0.0192	0.0036	0.0037
H_8	0.0003	0.0011	0.0003	0.0002	0.0045	0.0035	0.0033	0.0034	0.0028
H_9	0.0044	0.0058	0.0038	0.0043	0.0106	0.0054	0.0100	0.0018	0.0482

资料来源：根据《2007 年中国投入产出表》数据整理并计算得到。

由于各产业部门在生产过程中除了与相关产业有直接联系外，还与有关产业有一定的间接联系，从而各产业在生产中除了直接消耗外，还存在着间接消耗，完全消耗系数则是产业间直接消耗联系与间接消耗联系的全面反映。完全消耗系数等于直接消耗系数与间接消耗系数之和，则该系数的计算模型表示为：

$$b_{ij}=a_{ij}+\sum_{k=1}^{n} b_{ik}a_{kj}\ (i, j=1, 2, \cdots, n)$$

式中，b_{ij} 是完全消耗系数，a_{ij} 是直接消耗系数，等式右边第二项是间接消耗系数，其中 k 为中间部门，该系数表示第 j 部门生产过程中通过第 k 中间部门对第 i 部门的全部消耗量。产业部门间的完全消耗系数集也可用矩阵 B 表示，$B=(I-A)^{-1}-I$。其中 A 为产业部门间的直接消耗系数矩阵。通过计算可得到现代服务业部门间的完全消耗系数表，即表 3。

表 3　2007 年全国现代服务业部门间完全消耗系数表

序号	H_1	H_2	H_3	H_4	H_5	H_6	H_7	H_8	H_9
H_1	0.0424	0.0318	0.0060	0.0156	0.0283	0.0151	0.0220	0.0243	0.0201
H_2	0.0398	0.0834	0.0352	0.0822	0.0957	0.0654	0.0620	0.0456	0.0524
H_3	0.0271	0.0330	0.0120	0.0240	0.0280	0.0092	0.0135	0.0113	0.0266
H_4	0.0519	0.0582	0.0287	0.0664	0.0578	0.0275	0.0436	0.0341	0.0483
H_5	0.0107	0.0047	0.0037	0.0126	0.0603	0.0090	0.0127	0.0145	0.0102
H_6	0.0014	0.0017	0.0008	0.0093	0.0035	0.0201	0.0036	0.0023	0.0031
H_7	0.0037	0.0074	0.0010	0.0031	0.0138	0.0045	0.0210	0.0054	0.0054
H_8	0.0018	0.0020	0.0008	0.0027	0.0086	0.0053	0.0050	0.0059	0.0048
H_9	0.0071	0.0082	0.0051	0.0084	0.0172	0.0084	0.0133	0.0057	0.0537

资料来源：根据《2007 年中国投入产出表》数据整理并计算得到。

结合表 2 和表 3，可以看出加入间接消耗量，产业部门之间联系得更加紧密。由于完全消耗系数比直接消耗系数更本质、更全面地反映部门内部和部门之间的技术经济联系，所以在这里，我们主要对部门间完全消耗系数进行分析。通过现代服务业部门间完全消耗系数表，我们可以得到以下结论：(1)总体看来，现代服务业各部门间的联系不是很紧密，没有一个系数超过 0.1，说明各产业部门相对其他部门都比较独立，各部门相互制约的程度不高；(2)金融业(H_2)和商务服务业(H_4)与其他部门的关联度较高，特别是金融业可以算是现代服务业中间产业，其他产业的发展对其依赖度较高，可以考虑优先发展和重点扶持；(3)科技服务业对金融业的完全消耗系数更是达到表中最大值 0.957，即科技服务业每带来一万元的产值就要消耗金融业近一千元的产品或服务，可见科技服务业的发展格外需要金融业的支持；(4)商务服务业对金融业的完全消耗系数是达到 0.0822，同时金融业对商务服务业的完全消耗系数也有 0.6 之多，可见金融业和商务服务业的产业关联较紧密；(5)以环境服务业、教育培训业、医疗卫生业和文体娱乐业作为投入的完全消耗系数均比较小，大部分不到 0.01，一方面这些部门之间以及和现代服务业的其他部门之间的关联度甚小，另一方面也说明这些产业中有的没有得到足够的发展。

（二）现代服务业部门间的关联结构分析

现代服务业部门间的关联结构包括需求结构和投入结构，分别用中间需求率和中间投入率指标来反映。根据赫希曼的“非平衡增长理论”，某产业的中间需求率和中间投入率越大，说明该产业与其他产业的联系越紧密，这些“关键部门”能将初始增长冲动扩散到整个经济中，其增长效果对经济的整体增长起重要作用。

从现代服务业产业部门的需求角度，对每个部门产出的总需求包括中间需求和最终需求之和。中间需求率是分析投入产出表中中间需求和最终需求构成比例的重要经济指标，它等于各产业对某产业产品或服务的中间需求之和与整个国民经济对该产业部门产品或服务的总需求之比。其计算模型为：

$$G_i = \frac{\sum_{j=1}^{n} x_{ij}}{\sum_{j=1}^{n} x_{ij} + Y_i} \quad (i = 1, 2, \cdots, n)$$

其中，G_i是各产业部门对第 i 产业部门产品和服务的中间需求率，分母就是各产业部门对第 i 产业部门产品和服务的中间需求之和以及最终需求部门之和的加总。该指标反映了各产业部门的总产品或服务中有多少作为中间产品或服务，该指标越高，表明该产业部门就越带有中间（原材料）产业的性质；反之，由于存在“中间需求率＋最终需求率＝1”的关系，则如果一个产业部门的中间需求率低，则这个部门也就带有提供最终产品和服务的性质，更多的是提供最终需求。

从现代服务业产业部门的投入角度，各个产业的总投入是中间投入与最终投入（毛附加值）之和。某产业部门的中间投入率是指该产业部门在一定时期内，生产过程中的中间投入与总投入之比。其计算模型为：

$$F_j = \frac{\sum_{i=1}^{n} x_{ij}}{\sum_{i=1}^{n} x_{ij} + D_j + N_j} \quad (j = 1, 2, \cdots, n)$$

式中，F_j为第 j 产业部门的中间投入率，D_j 和 N_j 分别指代第 j 产业部门的折旧总计和创造的价值总和。该指标反映各产业在自己生产过程中，为生产单位产值的产品或服务需从其他各产业购进的原料在其中所占的比重。中间投入品是各产业部门持续增长的基本保证，中间投入率越高，表明该产业所消耗的其他产业提供的投入越多，消耗水平越高，可以增加对其他产业部门的需求，有效地带动其他部门的发展。

通过投入产出表，我们得到现代服务业部门间的一系列中间需求率和中间投入率，整理成表 4。我们应该格外重视现代服务业的中间需求结构，通过表 4，可以看到金融业和商务服务业都有较高的中间需求率（分别是 0.4036 和 0.3468），因此整个现代服务业部门生产产品和服务容易受到金融业和商务服务业的影响和制约，这两个部门的发展缓慢将会破坏整个现代服务业产业供应链，从而削弱现代服务业整体的竞争力，其他产业诸如信息服务业和科技服务业也有较高的中间需求率。我们也发现现代服务业部门的中间投入依赖程度比较低，排序靠前的金融业(0.1494)、文体娱乐业(0.1174)以及教育业(0.1092)的中间投入率都比较小，但是这三个部门尤其是金融业可以较多地消耗其他产业部门产出，在某种程度上可以增加对其他现代服务业部门的需求并带动其他部门的发展。

表 4　全国现代服务业部门的需求结构和投入结构指标

指标 产业部门	中间需求率	排序	中间投入率	排序
信息服务业(H_1)	0.2221	3	0.1020	4
金融业(H_2)	0.4036	1	0.1494	1
房地产业(H_3)	0.1002	7	0.0606	8
商务服务业(H_4)	0.3468	2	0.1000	5
科技服务业(H_5)	0.2080	4	0.0942	6
环境服务业(H_6)	0.1117	6	0.0850	7
教育培训业(H_7)	0.0405	8	0.1092	3
医疗社保业(H_8)	0.0131	9	0.0429	9
文体娱乐业(H_9)	0.2008	5	0.1174	2

综合分析，见表 5 的现代服务业产业群划分，金融业的中间需求率和中间投入率都排在最前，是典型的中间产品型现代服务业，处于现代服务业体系的中心，在整个现代服务业的产业链中也起着重要的联结作用，地位十分关键。商务服务业可以被看作是现代服务业的中间产品型基础产业，处于现代服务业产业链的前端，前向关联效应较强，是现代服务业的瓶颈产业。教育培训业属于最终需求型现代服务业，处于产业链的后端，后向关联效应较强，对其他产业有一定的拉动作用。医疗社保业和房地产业的中间需求率和中间投入率都排在后面，属于典型的最终需求型基础现代服务业，在整个现代服务业系统中的地位相对不重要。

表 5　按部门中间需求率和中间投入率大小划分的现代服务业产业群

指标	中间需求小	中间需求率大
中间投入率大	Ⅱ 最终需求型产业 教育培训业	Ⅰ 中间产品型产业 金融业
中间投入率小	Ⅲ 最终需求型基础产业 医疗社保业、房地产业	Ⅳ 中间产品型基础产业 商务服务业

三、现代服务业与传统产业间的关联效应分析

(一)现代服务业对传统产业的完全消耗分析

根据上部分提到的公式，笔者计算出现代服务业对传统产业的完全消耗系数(见表 6)，因为完全消耗系数能够全面反映一个产业部门的生产与其他产业部门发生的投入产出关联，所以我们这里用完全消耗系数来进行分析。表中 $H_i(i=1, 2, \cdots, 9)$分别指代现代服务业的 9 个产业部门，同上文。

表 6　2007 年全国现代服务业对传统产业的完全消耗系数表

行　业	H_1	H_2	H_3	H_4	H_5	H_6	H_7	H_8	H_9
农林牧渔业	0.025	0.029	0.014	0.073	0.135	0.098	0.052	0.074	0.105
煤炭开采和洗选业	0.017	0.009	0.007	0.028	0.048	0.027	0.023	0.043	0.022
石油和天然气开采业	0.025	0.019	0.016	0.062	0.091	0.052	0.036	0.075	0.040
金属矿采选业	0.016	0.005	0.006	0.026	0.051	0.018	0.011	0.021	0.013
非金属矿及其他矿采选业	0.003	0.002	0.002	0.006	0.012	0.007	0.005	0.017	0.007
食品制造及烟草加工业	0.025	0.030	0.014	0.069	0.098	0.044	0.050	0.055	0.137
纺织业	0.011	0.009	0.007	0.045	0.059	0.023	0.018	0.038	0.039
纺织服装鞋帽皮革羽绒及其制品业	0.008	0.007	0.006	0.025	0.025	0.020	0.009	0.022	0.039
木材加工及家具制造业	0.007	0.006	0.004	0.016	0.021	0.021	0.036	0.024	0.033
造纸印刷及文教体育用品制造业	0.052	0.054	0.015	0.151	0.078	0.028	0.088	0.057	0.159
石油加工、炼焦及核燃料加工业	0.035	0.028	0.023	0.092	0.129	0.074	0.051	0.092	0.055
化学工业	0.095	0.053	0.049	0.116	0.419	0.186	0.097	0.717	0.198

续表

行　业	H_1	H_2	H_3	H_4	H_5	H_6	H_7	H_8	H_9
非金属矿物制品业	0.013	0.005	0.007	0.019	0.043	0.029	0.021	0.032	0.024
金属冶炼及压延加工业	0.095	0.031	0.033	0.150	0.239	0.099	0.064	0.112	0.071
金属制品业	0.025	0.010	0.016	0.060	0.101	0.027	0.022	0.032	0.026
通用、专用设备制造业	0.042	0.019	0.015	0.066	0.114	0.061	0.035	0.116	0.041
交通运输设备制造业	0.029	0.019	0.014	0.087	0.080	0.065	0.038	0.031	0.035
电气机械及器材制造业	0.106	0.019	0.019	0.120	0.161	0.053	0.032	0.040	0.035
通信设备、计算机及其他制造业	0.282	0.028	0.020	0.217	0.320	0.073	0.057	0.041	0.056
仪器仪表及文化办公用机械制造业	0.025	0.009	0.006	0.017	0.116	0.020	0.035	0.016	0.015
工艺品及其他制造业	0.005	0.003	0.002	0.012	0.016	0.008	0.007	0.008	0.007
废品废料	0.011	0.006	0.003	0.021	0.024	0.010	0.011	0.015	0.016
电力、热力的生产和供应业	0.079	0.039	0.025	0.097	0.171	0.093	0.095	0.135	0.080
燃气生产和供应业	0.002	0.001	0.001	0.003	0.004	0.002	0.002	0.004	0.003
水的生产和供应业	0.003	0.002	0.001	0.004	0.008	0.004	0.005	0.004	0.004
建筑业	0.003	0.003	0.013	0.003	0.009	0.020	0.009	0.027	0.013
交通运输及仓储业	0.050	0.041	0.017	0.097	0.147	0.050	0.062	0.065	0.070
邮政业	0.002	0.004	0.001	0.003	0.005	0.002	0.004	0.002	0.004
批发和零售业	0.050	0.017	0.011	0.060	0.087	0.036	0.034	0.076	0.053
住宿和餐饮业	0.028	0.050	0.017	0.086	0.100	0.030	0.052	0.030	0.055
居民服务和其他服务业	0.014	0.011	0.009	0.029	0.030	0.032	0.021	0.019	0.025
公共管理和社会组织	0.001	0.001	0.001	0.001	0.001	0.001	0.001	0.001	0.001

资料来源：根据《2007 年中国投入产出表》数据整理计算。

表 6 反映了现代服务业的 9 个产业部门的单位产值对不同传统产业的完全消耗量。信息服务业(H_1)主要需要通信设备、计算机及其他电子设备制造业(0.282)和电气机械及器材制造业(0.106)的中间品投入；金融业(H_2)、房地产业(H_3)和教育培训业(H_7)没有明显的依赖中间产业；商务服务业(H_4)依赖于通信设备、计算机及其他电子设备制造业(0.217)，造纸印刷及文教体育用品制造业(0.151)，金属冶炼及压延加工业(0.150)以及电气机械及器材制造业(0.120)；科技服务业(H_5)生产的产品和服务严重依赖了化

学工业(0.439)，通信设备、计算机及其他制造业(0.320)以及金属冶炼及压延加工业(0.239)，同时也不可或缺的消耗品供给产业是电力、热力的生产和供应业等；环境服务业(H_6)比较需要化学工业(0.186)提供的消耗品；医疗社保业(H_8)严重依赖于化学工业(0.717)，同时电力、热力的生产和供应业(0.135)也不可或缺；文体娱乐业主要需要化学工业(0.198)，造纸印刷及文教体育用品制造业(0.159)和食品制造及烟草加工业(0.137)。

通过整理现代服务业的 9 个产业部门对其他产业的完全消耗率，可以得出不同现代服务行业对传统产业的依赖程度和所需要的不同产业的投入程度，这对于区域性的现代服务业培育和发展有一定的指导和参考价值。由于各区域发展水平和产业结构不尽相同，不同地区可以根据本地区的区位和产业优势和特色，选择一两个子类现代服务业部门进行重点培育和扶持，可较快取得成效。

(二)传统产业对现代服务业的完全消耗分析

根据相关的产业关联效应公式，笔者计算出传统产业对现代服务业的完全消耗系数(见表 7)，表中系数反映了不同传统产业的单位产值对现代服务业的各子类产业部门的中间品的消耗量。

表 7　2007 年全国传统产业对现代服务业的完全消耗系数表

行　业	H_1	H_2	H_3	H_4	H_5	H_6	H_7	H_8	H_9
农林牧渔业	0.009	0.027	0.004	0.013	0.015	0.003	0.002	0.002	0.002
煤炭开采和洗选业	0.012	0.055	0.008	0.020	0.020	0.003	0.004	0.006	0.005
石油和天然气开采业	0.009	0.036	0.005	0.013	0.020	0.002	0.002	0.002	0.003
金属矿采选业	0.012	0.052	0.007	0.021	0.025	0.002	0.003	0.006	0.007
非金属矿及其他矿采选业	0.012	0.051	0.008	0.021	0.020	0.004	0.005	0.005	0.008
食品制造及烟草加工业	0.010	0.039	0.008	0.032	0.014	0.003	0.002	0.003	0.004
纺织业	0.012	0.057	0.011	0.024	0.015	0.004	0.002	0.003	0.005
纺织服装鞋帽皮革羽绒及其制品业	0.014	0.052	0.019	0.041	0.014	0.003	0.002	0.003	0.006
木材加工及家具制造业	0.014	0.053	0.014	0.029	0.013	0.002	0.002	0.004	0.005
造纸印刷及文教体育用品制造业	0.013	0.053	0.013	0.029	0.016	0.004	0.002	0.004	0.005
石油加工、炼焦及核燃料加工业	0.013	0.043	0.006	0.020	0.018	0.002	0.002	0.003	0.004
化学工业	0.015	0.059	0.011	0.037	0.021	0.003	0.002	0.004	0.005

续表

行　业	H_1	H_2	H_3	H_4	H_5	H_6	H_7	H_8	H_9
非金属矿物制品业	0.013	0.068	0.010	0.025	0.016	0.002	0.003	0.006	0.006
金属冶炼及压延加工业	0.024	0.057	0.007	0.020	0.019	0.002	0.002	0.005	0.005
金属制品业	0.018	0.054	0.012	0.023	0.018	0.002	0.002	0.007	0.005
通用、专用设备制造业	0.018	0.053	0.011	0.029	0.022	0.002	0.003	0.007	0.006
交通运输设备制造业	0.016	0.052	0.011	0.038	0.030	0.002	0.003	0.007	0.005
电气机械及器材制造业	0.019	0.060	0.012	0.043	0.023	0.002	0.002	0.006	0.006
通信设备、计算机及其他制造业	0.029	0.085	0.014	0.043	0.030	0.002	0.002	0.004	0.006
仪器仪表及文化办公用机械制造业	0.020	0.060	0.015	0.039	0.026	0.002	0.003	0.006	0.006
工艺品及其他制造业	0.017	0.051	0.015	0.027	0.015	0.002	0.002	0.003	0.005
废品废料	0.002	0.009	0.001	0.003	0.002	0.000	0.000	0.001	0.001
电力、热力的生产和供应业	0.018	0.088	0.008	0.023	0.021	0.004	0.003	0.005	0.007
燃气生产和供应业	0.011	0.061	0.007	0.019	0.017	0.032	0.002	0.006	0.005
水的生产和供应业	0.014	0.092	0.008	0.021	0.010	0.054	0.004	0.003	0.007
建筑业	0.029	0.057	0.009	0.025	0.024	0.002	0.002	0.004	0.006
交通运输及仓储业	0.018	0.080	0.010	0.021	0.010	0.002	0.003	0.003	0.005
邮政业	0.027	0.040	0.020	0.050	0.009	0.001	0.004	0.002	0.010
批发和零售业	0.018	0.066	0.031	0.076	0.011	0.002	0.004	0.001	0.008
住宿和餐饮业	0.012	0.046	0.020	0.034	0.009	0.002	0.002	0.002	0.006
居民服务和其他服务业	0.013	0.054	0.038	0.034	0.010	0.003	0.002	0.002	0.008
公共管理和社会组织	0.030	0.044	0.014	0.026	0.008	0.004	0.025	0.006	0.018

资料来源：根据《2007 年中国投入产出表》数据整理计算。

通过表 7 可以看出，金融业（H_2）与传统产业有着较高的关联度，不同的传统产业都依赖金融业提供不同程度的消耗品，许多产业对金融业的完全消耗系数都大于 0.05，即每产出 1 万元的产品或服务就需要金融业 500 元以上的中间投入，显然，金融业对大部分传统产业存在着一定程度上的关联带动作用，是重要的战略中间投入部门。科技服务业（H_5）和相关的制造业部门的关联度较高。商务服务业（H_4）和房地产业（H_3）则与传统服务业部门如邮政业、批发和零售业、住宿和餐饮业有较高的关联度，由于商务服务业涉及租赁业，它与许多制造业部门也有一定的关联。此外，燃气、水的生产和供应与环境服务业（H_6）有着较为紧密的联系，通信设备、计算机及其他制造业与信息服务业（H_1）有较高的关联度。最后，传统产业对教育培训业（H_7），医疗社保业（H_8），以及文体娱乐业（H_9）的完全消耗系数均比较小，可见三个产业的发展也并不会为传统产业的升级和改良提供足够的支持。

四、结论及政策建议

（一）基本结论

通过以上研究，归纳得出以下结论：

（1）总体看来，我国现代服务业的不同部门特点各异，差别明显，相互制约的程度并不显著，同时也相对独立。

（2）金融业无疑是这个现代服务业中的核心部门。一方面，金融业不仅与其他现代服务业部门有比较紧密的前后向关联，同时在投入与需求结构上面也扮演着中间产品基础产业的角色，通过需求拉动和供给推动两方面影响整个现代服务业；另一方面，金融业对传统产业的依赖程度不高，发展并不会受到传统产业落后的桎梏，但金融业却对大部分传统产业都有比较大的关联带动作用，可以向相关传统产业提供中间产品或服务以及相关支持，从而带动传统产业的改造和升级，提高产业附加值和竞争力。

（3）商务服务业也是现代服务业中的重要的产业部门。该部门不仅与其他现代服务业部门保持较紧密的联系，同时也是重要的中间产品部门，附加值较高，而且还和其他传统服务业以及一部分制造业部门均有一定的关联效应。

（4）信息服务业和科技服务业也表现出较高的产业附件值，信息服务业对通信设备计算机与电气器械等制造业部门的投入有较高的需求，科技服务业依赖化学工业、通信设备计算机及电力热力等制造业部门，它们都与相关现代服务业有一定的关联；另外，医疗社保业显著地依赖于化学工业。

（5）其他的现代服务业部门无论基于整个现代服务业，还是其他传统产业均表现出较弱的关联作用，并不适合作为主导产业发展。

但是，我们必须认识到，运用产业关联理论来评价现代服务业各部门也有一定的局限性。这种分析方法基于产业间投入和产出这种数量关系，并没有考虑到某些现代服务业部门如医疗社保业和教育培训业等带来的不能被量化的社会效益，这一点对于现阶段我国的经济社会协调发展也是很重要的。

（二）相关建议

根据以上结论，笔者提出以下政策建议：首先，国家应该制定相应的现代服务业发展战略，起到基于顶层设计的对发展现代服务业的引导和规划作用，尤其是将政策支持倾向于正经历产业转型的地区；同时格外重视金融业这样有着重要战略地位的现代服务业部门，优先发展、重点培育。其次，现代服务业的发展要摒弃传统的"政府强势主导"模式，采用市场主导与政府宏观调控双管齐下的办法，即政府进行辅助的宏观引导和规划，进行"市场主导、企业主体"的现代服务业发展模式。再次，地方政府应该结合本地区位优势和产业特色，优先发展起一两个支柱性质现代服务业部门(金融业优先考虑)，比如传统制造业实力雄厚的地区可以考虑优先发展科技服务业，信息技术发达地区可以重点培育信息服务业，服务业占比重较高的地区可以主要扶持商务服务业等，同时以其辐射带动其他现代服务业部门甚至相关传统产业持续发展，协助建立起现代服务业发展的长效机制。

参考文献

1. 苏东水：《产业经济学》，高等教育出版社，2010 年。
2. 赵玉林：《产业经济学》，武汉理工大学出版社，2009 年。
3. 刘起运、陈璋、苏汝劼：《投入产出分析》，中国人民大学出版社，2006 年。
4. 朱晓青、寇静：《北京现代服务业的现状与发展路径研究》，经济管理出版社，2011 年。

（作者：姜　竹　首都流通业研究基地研究人员　教授
安　然　中国人民大学财政金融学院　博士研究生）

北京出版产业与文化研究基地（北京印刷学院）

基地名称：北京出版产业与文化研究基地
依托单位：北京印刷学院
项目类别：北京市哲学社会科学“十二五”规划项目

互联网视听节目监管现状与对策研究①

互联网正急剧改变着人们的生活方式、行为方式和思维方式，成为人们生活中不可缺少的一部分。世界大国需要强大的互联网行业作为支撑，一个朝气蓬勃的网络行业可以提升国家的传播力和国际影响力，加速大国的崛起，促进产业的发展。国家文化是民族的灵魂，需要互联网的传播。网络文化是大众文化的有机组成部分，由于其独特的传播机制，在少年儿童的文化意识形成过程中起着特殊而重要的作用。因此，互联网行业健康、稳定的发展对于正确树立国家理想、发扬民族文化、弘扬国民精神，以及提升国家竞争力，尤其是正确引导青少年成长，有着至关重要的影响。

作为互联网内容产业的重要组成部分，互联网视听节目的影响力、号召力和传播效果是一般的图文不可比拟的，如果互联网视听节目的发展没有有效的规划、限制与监管，将会产生一系列问题。诸如，淫秽色情内容泛滥、暴力视频增多、知识产权和版权纠纷频发、个人隐私受到侵犯、恶搞持续不断、行业竞争无序、产业发展受阻，等等。因此，我们必须以积极的态度、创新的精神和前瞻的眼光看待互联网视听产业的发展，对互联网视听节目进行有力、有节地规范、引导和监管，大力发展健康向上的网络文化，同时为产业发展提供宽松的环境。

一、互联网视听节目监管现状与问题

(一)互联网视听节目的政策性监管现状

广电总局是网络广播影视和视听节目(包括影视类音像制品)网上传播活动的主管部门，负责对传播境外有害广播电视节目的网站进行监控、提出封堵意见，并通知原信息产业部实施。地方广电管理部门负责本区域内网络广播影视和视听节目(包括影视类音像制品)网上传播活动的监管工作。各级广电管理部门按照分工，切实履行职责，加强与信息产业、互联网新闻宣传等其他互联网管理部门的协调配合，形成合力，共同做好互联网监

① 本文是《北京数字音像产业创新性商业模式研究》项目的阶段成果，项目编号：12ZHB012。

管工作。

2003 年，广电总局颁布了第 15 号令《互联网等信息网络传播视听节目管理办法》，首次明确对视听节目的网络业务实行许可证管理方式。2004 年，广电总局颁发了对第 15 号令修订的 39 号令，规定许可证由广电总局按照视听节目的业务类别、接收终端、传输网络等项目来分类核发，并对准入机制和资质认证做了详细的规定，还从业务监管的角度提出了监管的范围并制定了系列罚则。2005 年 5 月，广电总局又颁布了第 39 号令的实施细则，进一步明确了管理方式。2007 年 12 月 29 日下午，原信息产业部网站发布第 56 号令《互联网视听节目服务管理规定》。该规定由国家广播电影电视总局、原信息产业部审议通过，自 2008 年 1 月 31 日起施行。

国家广电总局于 2004 年 7 月颁发的《互联网等信息网络传播视听节目管理办法》，对包括互联网、手机、电视等不同终端在内的视频内容给予了诸多规定，其中明文规定，“从事信息网络传播视听节目业务，应取得《信息网络传播视听节目许可证》”，并根据业务类别、接收终端、传输网络等项目分类核发《许可证》。《许可证》有效期为 3 年。

《互联网视听节目服务管理规定》除要求从事互联网视听节目服务的单位要拿到《信息网络传播视听节目许可证》外，从事广播电台、电视台形态服务和时政类视听新闻服务的，还应当持有广播电视播出机构许可证或互联网新闻信息服务许可证。《互联网视听节目服务管理规定》还要求，网络视频企业“必须具备法人资格，为国有独资或国有控股单位”。

在 56 号令出台前，国内视频网站大多持有的是由信息产业部颁发的门槛相对较低的“增值电信业务经营许可证”和文化部颁发的“网络文化经营许可证”。而此次颁发的“信息网络传播视听节目许可证”统一由国家广电总局颁发，只有持有许可证的视频网站，才能够经营从事互联网视频业务。56 号令颁布后不久，国家广电总局和信息产业部的有关负责人做出解释：只要符合“国有独资或国有控股”的前提，《规定》发布之前依法开办、无违法违规行为的互联网视听节目服务单位，可重新登记并继续从业。

随着互联网的发展，互联网视听节目除了作为一种新的信息服务形式广为普及外，其运营平台也成了一种新的媒体形式，在我国，任何媒体形式都要纳入监管范围。事实上，一部分人没有善用视听平台，网络上出现了黄、赌、毒等现象，这是需要管理和控制的，行业整顿可谓刻不容缓。56 号《规定》加强了对互联网视听行业的规范性管理和控制。

（二）互联网视听节目的行业自律现状

为促进互联网视听节目服务产业的长远发展，营造健康有序的互联网视听节目服务环境，维护国家利益和公共利益，根据《互联网视听节目服务管理规定》要求，开展互联网视听节目服务必须实行行业自律。2008 年 2 月

22日，央视国际、人民网、新华网、中国网、国际在线、中青网、中国经济网、中国广播网共八家中央网络媒体，发起成立中国互联网视听节目服务联盟，在京签署了《中国互联网视听节目服务自律公约》。《公约》倡议，各缔约单位应共同遵守国家关于互联网文化建设和管理的法律、法规和政策，依法开展互联网视听节目服务，积极传播健康有益、符合社会主义道德规范、体现时代发展和社会进步、弘扬民族优秀文化传统的互联网视听节目。公约内容包括影视剧、动画片，共同抵制腐朽落后的思想文化，不传播渲染暴力、色情、赌博、恐怖等危害未成年人身心健康、违背社会公德、损害民族优秀文化传统的互联网视听节目；应尊重和保护著作权人和互联网视听节目服务单位的合法权益，创造和维护公平、有序的网络视听节目版权环境；应建立互联网视听节目信息的行业共享互助机制，保持信息的有效沟通，共同净化网上空间，形成共建共享的精神家园。缔约单位同意将在适当的时机设置《公约》的执行机构并服从该机构的监督管理。《公约》欢迎所有在中国境内从事互联网视听节目服务的单位，在自愿接受《公约》的条件下申请加入。

《中国互联网视听节目服务自律公约》由八家中央网络媒体发起并举行签约仪式后，得到了社会各界的普遍好评以及业界的广泛响应，不断有网站申请加入《公约》。

(三)互联网视听节目管理模式存在的问题

国家对互联网视听节目的管理，并不是为了封杀这个新兴产业，而是为了更好地使这个行业健康发展，希望市场得到规范，希望从业者能更好地自律，也希望这个行业能进入良性发展的轨道。为了能更好地对互联网视听节目进行监管，公安部、中宣部、文化部、国家广电总局、全国“扫黄打非”工作小组办公室等部门曾在全国组织开展打击网络淫秽色情专项行动，规范这一行业的健康发展。

为了实现有效的管理，广电总局已经建立了比较先进的信息网络视听节目监管中心和分中心，并和各个省市的技术监管系统联合，以形成及时有效的监管体系。

但仅靠加强内容的监控，就能使互联网视听节目的发展一马平川吗？答案是否定的。例如，在现有的管理模式下，对于巨大的视频资料库来说，不可能完全确保侵权视频能彻底移除，也不能避免用户再次上传侵权作品。况且，由于视频的提供者通常是匿名的，人们很难鉴别上传内容的真伪和来源的可靠性，也很难判断它是原创还是侵权。同样，尽管视频网站的使用条款中规定禁止上传带有暴力、色情、种族主义的内容，但是由于任何视频都可以上传，暴力和色情视频也普遍存在。这主要表现在以私营和外资的“UGC派”(用户产生内容)为代表的视频分享网站中。再者，由于视听节目网站基数多，很难做到面面俱到地监管，因此，互联网视听节目需要探索更适合的管理模式。

由于互联网视听节目涉及节目制作商、节目供应商、网络运营商、技术和设备供应商等众多利益集团，而这些利益集团可以通过互联网打通整条产业链。因此，如何有效、及时地阻止国内外色情、暴力以及反动视听节目内容通过互联网传播就成了监管的重点。

（四）互联网视听节目与传统视听节目监管的差异性——公众参与

传统视听节目的本质功能是传播功能，简要来说，包括四点：监测社会环境、协调社会关系、传承文化和提供娱乐。互联网视听节目除了拥有传统视听节目的本质功能外，还有其独特的优势，这主要表现在互动性上，即通常所说的交互性、兼容各种传播活动的融合性、信息传播的灵活性、信息传播的即时性、信息表现形式的多样性和信息的海量存储等等。互联网视听节目作为网络媒体领域的一朵奇葩，其视听形式具有无与伦比的表现效果，网络视听节目可以不受时间、空间和地域的限制，随时随地可以充分利用。互联网视听节目的核心特点和优势是内容的分众化、用户的自主性和播放的灵活性。

此外，互联网视听节目借助互联网的传播形式，改变了传统的传播方式和收听方式，用户可以根据自身的需求和爱好，不受时间和空间的限制，收看或收听自己喜欢的节目。用户可以通过互联网进行网络浏览、视频点播、收发电子邮件、支持数字电视平台，在一个综合的网络服务平台上享受互动娱乐和服务。此外，互联网拥有众多频道和内容，可以满足用户大量的、不同层面的需求。

总之，互联网视听节目与传统视听节目的差异集中地体现在公众的参与上，传统的视听节目通过广播的方式进行传播，因此对其监管只需要控制核心环节，但是互联网的发展是开放式的，而且正以我们想不到的速度前进。例如，短短的几年，互联网的发展从 Web1.0 飞速发展到 Web3.0。Web1.0 是一个厂商发布了内容给很多人看，Web2.0 是把发布的权利同时放给普通人，而 Web3.0 是以网络化和个性化为特征，使用户可以随时通过互联网获得自己需要的信息。但无论怎么发展，公众的参与性没有变。因此，如何将公众参与的力量纳入对互联网视听节目的管理中，是需要重视的问题。

二、互联网视听节目监管模式的转型与创新

互联网视听节目隶属于互联网产业，对互联网视听节目的管理需要纳入整个互联网管理的范围或体系内，结合国家政策或法律法规对互联网管理模式的探讨对互联网视听节目管理模式进行转型与创新更有意义。

(一)国外互联网管理模式的启示

国外对互联网的管理模式，有三个方面值得我们借鉴：

1. 以立法为依据，实现政府监管

美国有关互联网管理的立法包括联邦立法和州立法。美国有关互联网的法律涉及的范围相当广泛，但重点是解决六个方面的问题：版权问题、域名管理问题、成人网站管理和儿童互联网权利保护问题、垃圾邮件问题、隐私权保护与反诽谤问题、对公民互联网通信监控问题。有关这些问题的法律条款都非常具体，一旦触犯，惩罚是很严厉的。

同时，美国政府意识到，政府管理模式不仅具有合宪性上的致命缺陷，而且执法机制本身也面临管辖权冲突、调查取证困难、反应速度缓慢、人员训练不足、协调联络障碍等多方面的困难，难以对网络传播内容实施全面有效的控制，必须充分动员企业和社会资源，即自我控制模式。美国网络传播自我控制模式具有鲜明的特点，概括地说，是在私营部门领导下，通过广泛的公众教育，在充分保障公民言论、隐私及其他权力的前提下，赋予终端用户以有效的技术和方法，使其自觉自愿地对网络传播内容进行有效的控制。该模式包括五个内在关联的基本构件，即私营部门主导、宪法权力至上、公众教育、内容控制技术以及终端用户责任。

新加坡则从互联网准入、渠道管理和法制建设三方面着手净化网络空间。新加坡的《广播法》明确规定：新加坡三大电信服务供应商负有屏蔽特定网站的义务。政府有权要求供应商删除网站中宣扬色情、暴力及种族仇视等内容的言论。

2. 国家立法管制和民间机构治理相互配合

世界各国对互联网的管理大多数采取国家立法管制和民间机构配合治理的模式。加强业内自律并落实业务规范，开发和运用防范网络问题的新技术，让公众自发地监督和举报互联网的不法行为，是互联网民间管理的杀手锏。

加拿大、英国等都采取以行业自律为主的管理方法。在互联网管理方面，加拿大政府主要扮演一个政策制定者和倡导者的角色，具体工作由网络相关行业依靠自律性的业界道德规范加强自身管理，如网络服务商联合会(CAIP)与政府合作，制定行业规范，实行网络过滤和自愿分级系统技术；依靠非政府机构和组织对公众进行互联网教育和引导等。英国政府对互联网采取的行业自律和协调管理策略，通过分级认定和分类标注技术，使互联网用户自行选择想看的内容，并对外开设热线，接待公众投诉。1996 年 9 月，英国网络服务提供商自发成立了半官方组织——网络观察基金会，在贸易和工业部、内政部及城市警察署的支持下开展日常工作。为鼓励从业者自律，与由 50 家网络服务提供商组成的联盟组织、英国城市警察署和内政部等共同签署了《"安全网络：分级、检举、责任"协议》。网络观察基金会以此为基础，制定了从业人员行为守则，主要内容包括网络服务提供者有责任确保内容的合法性等。其中有对外开设热线，接待公众投诉；设立内容分级和过滤系统，让用户自行选择需要的网络内容等条款。经过 11 年的努力，其成效显著，2006 年公布的报告显示，英国网上源自本土的非法内容，特别是与儿童色情有关的内容，已经从 1996 年的 18%下降到了 2006 年的 0.2%。在被举报的网上非法信息源中，来自英国本土的只占 1.6%。

3. 重点保护未成年人

世界各国在互联网管理中，都把保护未成年人放在了重要的位置，从立法、民间机构的监督到新技术的开发等都会首先考虑保护青少年，使其免受来自网络的不健康内容的侵害。

美国《未成年人互联网保护法》规定，中小学校、公共图书馆等必须在其网络服务程序的目录上提供过滤器，确保未达 17 周岁的未成年人接触不到含有色情内容的成人网站。美国政府部门还成立了专门机构保护未成年人网上安全。

韩国是世界上互联网应用最普及的国家之一，网络的普及使青少年在日常生活中经常接触和使用互联网，为保护青少年，韩国政府从立法、监督和教育几个方面采取行动，加强对网络的管理。

(二)公众的力量促使互联网视听节目监管模式转型

互联网给人们带来种种便利的同时也向各国政府管理者提出了挑战。网络言论自由与社会安全之间、网民的知情权与信息安全之间、网络文化与社会健康文化之间，诸如此类关系，均需要在政府、网络运营商和网民之间形成良性的互动。信息社会中，一方面，政府不能通过简单的行政命令管控信息，需要根据现实需求，通过政策法规、经济手段和技术监督等形式进行间接监管；另一方面，由于网络运营商的非国有控制，即市场化运营，往往使以往的行政命令方式不能见效，而且由于网络运营商群体相当广泛，监管的成本也相当巨大。

国外的经验表明，互联网监管需要三者并重，即依法监管、行业自律、公共监督。依靠行政力量自上而下的管理模式和监管方法，会使经营者成为管理对象，但自觉遵守和被动服从效果是有很大差距，何况巨额的利益驱使，会使经营者行走在政策的边缘。同时，行政力量上的人力、物力和财力的投入也是有限的，行政的监管总会有空白，但是公众却无处不在，我们并不缺少公众舆论和公众监管，公众为了树立健康的网络视听文化总是和违法行为相斗争，但是公众缺少一种有组织、有效率并且便利的监督平台。

(三)我国互联网视听节目监管模式的创新和转型

国外有完善的法律法规和有效的组织协会对互联网行业进行监管，其对互联网视听节目的管理是纳入整个互联网管理范围内的。但是我国有具体的国情，在我国相关法律制度不健全的情况下，我们可以引导、组织和强化行业、组织以及公众的力量，探讨适合我们自己的管理模式，进行互联网视听节目监管模式的调整和创新。

具体来说，结合互联网视听节目而言，这种管理模式的创新和转型集中地体现在：

第一，组织和引导全民参与管理，利用公众力量将政策的管理触角延伸到各个角落。

第二，建立以政府管理为龙头、以行业自律为中坚、以公众监督为主体的金字塔式的管理模式。

第三，建立管理互联网视听节目的虚拟企业，并搭建适当的组织结构和管理体系。

总的来说，是加强行业自律以及公众的参与力度。世界不少国家建立起较为完善的网络行业自律模式，美国以立法管理为主，但也强调行业自律和公众的执行力量。行业自律是道德层面的约束，而公众的参与则可以促进行业自律的进一步深化，起到事半功倍的效果。因此，互联网视听节目的管理模式集中地体现在公众参与的便利性、管理流程和激励措施等方面。

参考文献

1. 李晓明：《我国互联网管理模式的创新与转型》，人民网，2008 年 3 月。
2. 国家广播电影电视总局令[第 15 号]：《互联网等信息网络传播视听节目管理办法》。
3. 国家广播电影电视总局：《关于进一步加强互联网管理工作的意见》。
4. 国家广播电影电视总局、中华人民共和国信息产业部令[第 56 号]：《互联网视听节目服务管理规定》。
5. 李建华：《美国如何对互联网进行立法管理》，人民网，2006 年 7 月 21 日。
6. 潘天翠：《透视国外互联网管理》，《网络传播》，2007 年第 5 期。

（作者：魏　超　北京出版产业与文化研究基地研究人员　教授
刘千桂　北京出版产业与文化研究基地研究人员　教授）

首都卫生管理与政策研究基地（首都医科大学）

基地名称：首都卫生管理与政策研究基地
依托单位：首都医科大学
项目类别：研究基地自设项目

北京市新农合医疗费用变动影响因素分析[①]

北京市新型农村合作医疗制度（以下简称新农合）自 2003 年推行以后，至 2005 年在 13 个涉农区县实现 100%的村覆盖，参合农民人数稳步上升。2004—2011 年，新农合参合率由 74.7%增长到 97.7%，参合农民人均筹资水平由 107 元增加到 637 元，参合农民受益面逐渐扩大，受益水平不断提高，年度补偿人次由 122.6 万人次增加到 631.5 万人次，实际住院补偿比由 33.7%提高到 49.0%。新农合制度运行 10 年来，有效减轻了农民疾病经济负担，缓解了看病贵问题，但新农合医疗费用呈现出快速增长趋势，参合农民次均住院费用由 2004 年的 6332.5 元增加到 2011 年的 10498.8 元，增长了 65.8%，如果新农合医疗费用快速上涨趋势不能得到有效控制，新农合筹资水平增长效用的一部分将被医疗费用的快速增长所抵消[②]，从而影响到参合农民的实际受益水平。

到目前为止，北京市新农合实行区（县）级统筹，不同区（县）同一年度人均筹资标准、补偿方案不尽相同，考虑到同一区（县）不同年度政策的连续性与可比性，本文采集北京市 S 区参合农民医疗服务利用的相关数据，实证分析新农合医疗费用变动趋势和变动特征，并据此提出控制新农合医疗费用快速增长的对策建议。

一、新农合医疗费用变动趋势及变动特征

S 区新农合自试点之日起住院医疗费用实行统筹补偿模式，门诊医疗费用在 2006 年之前实行家庭账户补偿模式，自 2007 年起实行统筹补偿模式。北京市新农合年度住院补偿基金支出占全部基金支出的 60%以上，本文重点分析新农合住院医疗费用的变动趋势以及住院医疗费用的影响因素。

---

① 本文是《市级统筹背景下北京市新农合补偿方案设计研究》项目的阶段成果，项目编号：12JD01。

② 蔡永芳、顾昕、高梦滔：《第三方购买机制、医疗费用控制与新型农村合作医疗的可持续发展》，《中国卫生经济》，2007 年第 9 期，第 11—14 页。

（一）参合农民次均住院费用变动情况

2004 年以来，随着城镇化水平的推进，S 区参合人数略有下降，但参合率逐年增加，筹资水平不断提高，住院医疗服务利用率呈递增趋势，次均住院费用上涨迅速，详见表 1。

表 1　S 区新农合筹资与住院医疗服务利用状况

年份	参合人数（万人）	人均筹资（元）	住院人次（万人次）	住院利用率（%）	次均住院费用（元）
2004	23.09	79.50	0.86	3.72	6343.85
2005	28.66	78.80	1.36	4.73	5619.55
2006	30.77	113.39	1.49	4.85	5962.32
2007	32.52	135.50	1.60	4.93	6966.65
2008	31.82	327.21	1.84	5.77	7843.92
2009	31.41	420.00	2.02	6.42	8854.37
2010	31.34	624.20	2.05	6.54	10123.33
2011	29.85	672.62	1.93	6.46	11505.70

数据来源：根据北京市新农合统计年报（2004—2011 年）数据计算整理。

如表 1 所示，S 区新农合人均筹资水平呈现出较快的增长趋势，2011 年人均筹资水平是 2004 年的 8.5 倍，参合农民次均住院费用也呈现出快速增长趋势，2011 年次均住院费用是 2004 年的 1.8 倍，参合农民的住院服务利用率在 2007 年前呈平稳增长趋势，2008 年较 2007 年有了大幅增长。对比该区历年新农合补偿方案，2004 年到 2007 年，除了非定点医院住院补偿比下降 10 个百分点外，该区住院补偿方案没有调整，2008 年和 2009 年，住院补偿起付线逐年下降，分段费用补偿比和封顶线逐年提高。

（二）参合农民次均住院费用和补偿基金在各级医院间的分布

表 2 为 S 区 2004—2011 年住院患者在不同级别医院间的流向，实际补偿比为参合农民的实际取得补偿金额与次住院总费用的比值，反映了自付诊疗费用、起付线和封顶线对参合农民实际受益水平的影响。

表 2 患者流向计算结果显示，从 2005 年开始，参合农民对一级医院的住院利用率趋于下降，对三级医院的住院利用率逐年上升；参合农民在一级医院和二级医院的次均住院费用逐年增加；2008 年前，参合农民在三级医院的住院费用缓慢增加，2009 年出现明显的上涨；2008 年以后，补偿基金流向三级医院的比例明显增加，流向一级和二级医院的比例表现为有升有降。图 1 和图 2 较为直观地描述了住院患者人次和补偿基金在各级医院间

的分布。

表 2　S 区新农合住院费用和补偿基金在各级医院间的分布

年份	医院级别	住院人次（人次）	次均住院费用（元）	实际补偿比（%）	补偿金额（万元）	患者流向（%）	补偿基金流向（%）
2004	一级	1544	3024.15	22.83	106.59	18.00	7.24
	二级	5887	5211.23	25.31	776.51	68.62	52.77
	三级	1148	16616.81	30.85	588.49	13.38	39.99
2005	一级	4354	1651.75	25.85	185.92	32.10	8.79
	二级	7769	5420.00	26.17	1101.79	57.29	52.12
	三级	1439	18702.28	30.70	826.27	10.61	39.09
2006	一级	3744	1813.31	26.24	178.12	25.10	6.65
	二级	9483	5494.95	30.61	1595.01	63.59	59.54
	三级	1687	17797.52	30.17	905.80	11.31	33.81
2007	一级	2569	2425.46	47.03	293.04	16.03	5.23
	二级	11325	5942.72	51.93	3495.28	70.67	62.34
	三级	2132	17877.72	47.72	1818.69	13.31	32.44
2008	一级	2944	2438.38	46.86	336.39	16.03	6.04
	二级	12655	7033.34	41.60	3702.86	68.91	66.53
	三级	2766	17305.89	31.89	1526.43	15.06	27.43
2009	一级	3153	3829.75	58.03	700.66	15.64	7.24
	二级	13944	7532.55	60.21	6324.60	69.10	65.24
	三级	3070	20020.74	43.34	2663.55	15.23	27.51
2010	一级	3165	4555.13	56.78	818.65	15.45	7.98
	二级	13981	8450.94	54.09	6390.84	68.26	62.27
	三级	3337	22411.33	40.84	3053.94	16.29	29.76
2011	一级	2492	5537.28	55.16	761.17	12.92	7.09
	二级	12781	9314.52	52.84	6290.24	66.26	58.58
	三级	4016	22182.67	41.37	3685.56	20.82	34.33

数据来源：根据北京市新农合统计年报(2004—2011 年)数据计算整理。

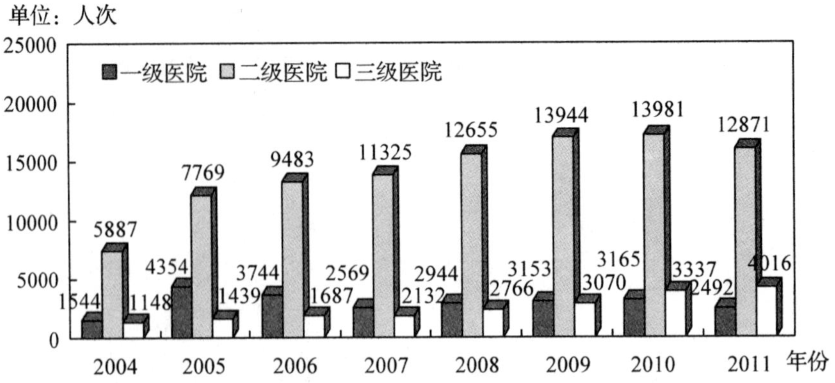

图 1　新农合住院患者在一、二、三级医院间的分布

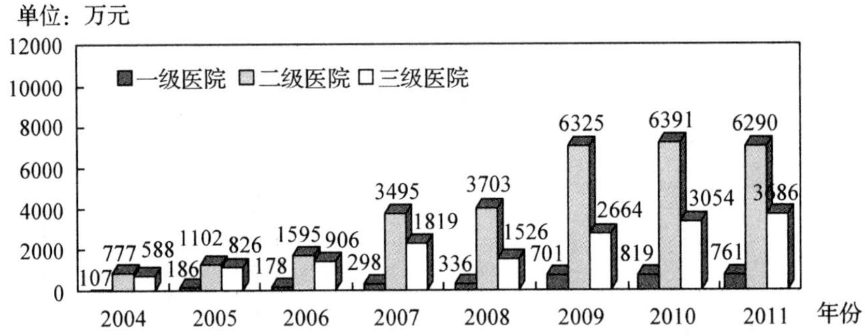

图 2　新农合住院补偿基金在一、二、三级医院间的分布

二、新农合医疗费用变动的影响因素分析

根据 S 区参合农民住院医疗费用相关指标数据变动趋势进行分析，住院医疗费用快速上涨的原因主要包括两方面：一是参合农民对住院服务的利用不断加大，住院利用率在 2008 年明显增加，参合农民医疗服务需求被充分释放；二是住院患者流向三级医院的比重不断加大，医院级别越高，次均住院费用越高。虽然 S 区新农合补偿方案规定医院级别越高，补偿比例越低，但随着居民收入和补偿方案规定补偿比的逐年增加，参合农民对医疗费用的敏感度逐渐下降，说明新农合补偿方案设计对医疗费用变动的影响不容忽视①。

描述统计分析结果表明，医院级别、实际补偿比可能影响次均住院费用的变动，为分析可能的影响因素对次均住院费用实际影响大小与方向，本文采用分层抽样方法，抽取 S 区 156 名住院患者进行调查，收集被调查者

① 祝芳芳、杨金侠、江启成：《新型农村合作医疗补偿方案实证分析》，《中国卫生经济》，2010 年第 8 期，第 30—32 页。

性别、年龄、文化程度(用以说明健康意识)、是否患有慢性病、人均年收入、住院费用实际补偿比、住院级别、住院天数、次均医疗费用等变量信息,构建路径分析模型,实证分析医院级别、实际补偿比对次均住院费用的影响。本文拟合的路径分析模型形式如下所示:

$$\begin{cases} \ln d = \alpha_2 + \beta_{2i} X_i + u_2 \\ \ln exp = \alpha_1 + \beta_{2i} X_i + \beta_{2(i+1)} \ln d + u_1 \end{cases}$$

上式中,d 代表住院日,X 为相关影响因素,exp 代表次均住院医疗费用。

模型拟合结果详见表 3 和表 4。表 3 结果表明,只有性别和实际补偿比变量对住院日的影响具有统计学意义,在其他影响因素不变的前提下,平均而言,男性平均住院日高于女性;随着实际住院补偿比增加,平均住院日增加。表 4 结果表明对次均住院费用影响具有统计学意义的变量包括性别、实际补偿比、年龄、文化程度、医院级别和住院日。所有可能的影响因素中,医院级别对次均住院费用的影响最大,其次为文化程度(健康意识)。拟合模型中,包含住院日在内的各影响因素能够解释次均住院费用平均变动的 64.3%,模型中自变量之间不存在多重共线性,拟合模型效果较好。

表 3 参合农民患者住院日影响因素分析结果

	非标准化系数		标准化系数	t	P	VIF
	系数	标准误差				
常数	4.587	0.728		6.305	<0.001	
性别(男性=1,女性=0)	0.380	0.207	0.235	1.834	0.074	1.038
实际补偿比	0.608	0.249	0.362	2.436	0.019	1.396
调整 R 方	0.175					
$D-W$ 值	2.291					

表 4 参合农民住院费用影响因素分析结果

	非标准化系数		标准化系数	t	P	VIF
	系数	标准误差				
常数	4.591	0.792		5.799	<0.001	
性别(男性=1,女性=0)	0.514	0.211	0.222	2.429	0.019	1.119
补偿比	0.416	0.217	0.188	1.917	0.064	1.589
年龄	0.017	0.007	0.250	2.489	0.017	1.347

续表

	非标准化系数		标准化系数	t	P	VIF
	系数	标准误差				
文化程度(小学及以下=0，初中=1，高中及中专=2，大专及以上=3)	0.412	0.126	0.318	3.268	0.002	1.268
医院级别(一级医院=0，二级医院=1，三级医院=2)	0.844	0.192	0.436	4.398	<0.001	1.352
对数住院日	0.386	0.150	0.270	2.579	0.014	1.470
调整R方	0.643					
D—*W* 值	1.999					

采用样本数据拟合的路径分析模型的标准化系数绘制出路径分析图如图3所示。图3表明，性别和实际住院补偿比变量不仅直接影响次均住院费用，而且通过对住院日的影响间接影响次均住院费用。其中，性别变量对次均住院费用的直接影响系数为0.222，通过对住院日影响进而对次均住院费用的间接影响系数为0.064，性别变量对次均住院费用的最终影响系数为0.286，说明其他影响因素不变的前提下，男性比女性的次均住院费用平均高0.286%；实际住院补偿比变量对次均住院费用的直接影响系数为0.188，通过住院日影响进而对次均住院费用的间接影响系数为0.098，实际住院补偿比变量对次均住院费用的最终影响系数为0.286，说明其他影响因素不变的前提下，实际住院补偿比每增加1个百分点，次均住院费用平均增加0.286%；年龄、文化程度、医院级别变量对住院日的影响不具有统计学意义，对次均住院费用的直接影响系数分别为0.250、0.318、0.436。

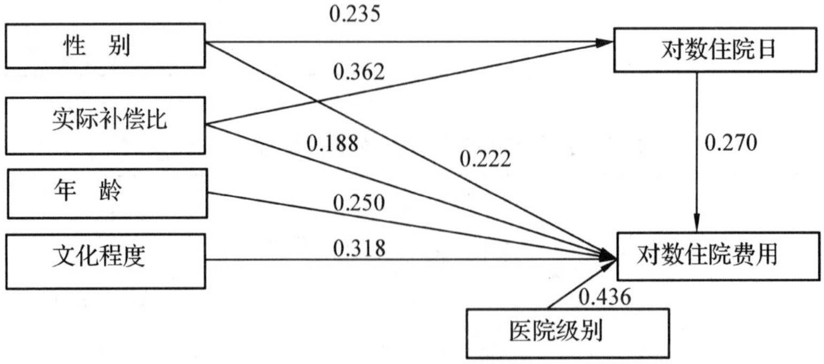

图3 次均住院费用影响因素路径图

三、控制新农合住院医疗费用快速增长的对策建议

(一)科学设计新农合补偿方案，引导农民患者合理就医

S区新农合补偿方案在2008年降低起付线、提高封顶线与补偿比后，住院利用率明显增加，不排除住院患者存在非理性就医选择从而发生不合理医疗费用的现象。患者的非理性选择主要表现为两方面，一方面盲目追求大医院的治疗，在缺乏专业就医咨询指导的情况下，患者对大医院盲目的信任，结果导致人为的“看病难”现象和医疗费用的虚高；另一方面盲目追求诊疗上的高消费，无论在治疗方法还是药物使用上，认为高新技术仪器设备、贵的药物效果就好，很少考虑治疗对身体损伤的情况①。

医疗知识的专业性极强，减少农民患者的非理性选择还需从制定科学合理的新农合补偿方案入手，一方面合理拉开乡镇、县、市等不同级别医疗机构的补偿比，鼓励农民患者在基层医疗机构就医，这样既可以缓解大医院人满为患、看病难的现状，又可以有效降低次均医疗费用；另一方面确定适宜的患者个人自付比例，目前一些经济发达城市新农合住院名义补偿比已达到90%左右，即起付线以上、符合报销范围诊疗费用的90%左右由新农合基金负担，患者只需承担报销范围内诊疗费用的10%左右，较低的个人自付比例使得患者对医疗服务价格的敏感度降低，因道德风险导致新农合不合理医疗费用增长的可能性加大。我国台湾地区的全民健康保险制度曾以其为几乎所有居民提供了平等和高补偿水平的健康服务而受到高度评价，但由于医疗费用快速上涨、道德风险和资源滥用，2007年，台湾全民健康保险安全准备金首次出现赤字，严重影响全民健保制度的正常运行②。因此，科学制定新农合补偿方案，有利于增强患者对医疗价格和费用水平的敏感程度，限制过度需求，通过科学的补偿方案引导患者合理利用医疗资源，减少医疗资源的浪费。同时，在新农合制度建设过程中，必须将对基层医疗机构的建设、对基层医疗机构医务人员技术水平的培训和提高参合农民医疗保障水平建设结合起来，切实提高基层医疗机构服务能力，实现“小病在基层”的建设目标，使参合农民真正受益，降低不合理医疗费用的发生比例，减少新农合基金的浪费。

(二)提高经办机构监管水平，实现制度约束和监督

S区参合农民患者流向三级医院的比例逐年增加，说明新农合运行实践

---

① 刘西国、刘毅、王健：《医疗费用上涨诱发因素及费用规制的新思考》，《经济经纬》，2012年第5期，第142—146页。

② 潘杰、徐菲、刘国恩等：《台湾地区全民健康保险制度建立对内地医改的启示》，《中国卫生经济》，2011年第7期，第32—34页。

中转诊制度未能很好地执行。经办机构监督落实新农合各项管理制度，加强对定点医疗机构和农民患者的监管，是控制不合理医疗费用的根本途径。受新农合信息化建设和经办机构人员不足所限，目前经办机构对新农合规章制度落实情况监督检查力度不够，对定点医疗机构是否严格按照入院标准对农民患者进行资格审查、医务人员的检查化验与用药是否符合规范、是否存在过度医疗现象、参合农民是否履行转诊手续等的监管仍存在空白地带，缺乏对平均住院日、次均诊疗费用等指标的测算与分析，使得新农合监管制度难以落到实处。

2011 年北京市平谷区在 13 个涉农区县中率先引入商业保险公司参与新农合管理并取得一定的成效。目前在经办机构人力无法满足工作需求的前提下，建议经办机构考虑以适宜的方式引进商业保险公司参与新农合的经办与管理，借鉴商业保险公司成熟的管理经验，完善新农合制度的监管和落实，从制度层面对定点医疗机构和参合农民进行约束和监督，通过制度监督和检查加强定点医疗机构和参合农民的自律，以控制不合理医疗费用的发生，提高新农合基金运行的安全性。

(三)加强对定点医疗机构的管理，减少供方道德风险的发生

道德风险的存在常引起次均医疗费用的增加。新农合制度运行中的道德风险是指定点医疗机构利用其拥有的信息优势执行农民患者无法观测或判断的行为，从而导致出现不合理医疗费用的可能。目前北京市仅有少数医疗机构实行医药分开试点，对大多数医疗机构的补偿政策仍是依靠医疗机构的服务收入和药品加成收入为主，现行补偿政策极大地提高了定点医疗机构发生道德风险的可能性。

定点医疗机构不合理费用的发生意味着新农合基金的浪费和参合农民受益水平的下降。不合理医疗费用的发生是由定点医疗机构在提供医疗服务各个环节中的不规范行为导致的。由于医疗服务提供者技术水平、管理能力存在差异，医疗服务中不规范行为的发生有主观故意和客观无知两种原因。受技术水平等因素影响，患者在基层医疗机构就医时，医生通常询问患者想要什么样的治疗，农民患者担心疾病影响正常的工作和生活，大多数情况下要求输液治疗，这也导致农村基层医疗机构抗生素滥用现象较为突出。对医务人员客观无知导致的不合理费用的控制，建议卫生行政部门加强对基层医疗机构医务人员服务过程的监督检查，加强《抗菌药物临床应用管理办法》落实状况的监督检查，规范医务人员的服务行为，控制不合理医疗费用的发生。

对医务人员主观故意行为导致的不合理费用的控制，通过改革新农合医疗费用支付方式，可以帮助规范医务人员的医疗行为。目前我国大部分地区实行按项目付费支付方式，少数地区进行了付费方式改革探索，云南省禄丰县新农合实行“门诊总额预付，住院单病种付费与床日付费相结合”。按项目付费对于提高我国医疗技术水平、提升医务人员工作积极性、增加卫生服务供给起到非常重要的作用，但按项目付费方式带来医疗费用急剧上涨是新医改亟待解决的问题之一。总额预算管理调动了定点医疗机构参与费用控制的积极性，且不需要复杂的测算，易于管理，但可能引发医务人员服务质量下降，减少一些必要的服务项目。按病种付费保障了患者费用知情权的实现，有利于促使医院主动寻求最合理的治疗流程，增强成本意识，提高工作效率，但医生可能通过让患者增加住院次数以获得多次补偿，同时按病种付费需要大量统计数据支持才能测算出各类各级疾病的诊疗费用，管理难度与成本高①。不同费用支付方式各具优缺点，混合支付方式不仅便于管理，而且能够消除单一支付方式的不足而保留综合优势。在新农合实现全覆盖且经过十年运行后，可以尝试实行混合付费方式同时建立并完善支付方式的评价和监管措施，以进一步控制不合理医疗费用。

（作者：张　柠　首都卫生管理与政策研究基地研究人员　副教授）

① 王阿娜：《医疗费用的控制与医疗保险支付方式的改革》，《宏观经济研究》，2012 年第 5 期，第 76—79 页。

基地名称：首都卫生管理与政策研究基地
依托单位：首都医科大学
项目类别：北京市哲学社会科学“十一五”规划项目

临床路径实施前后的成本——效果分析研究①

临床路径(Clinical Pathway，简称 CP)是一种新兴的临床诊疗规范化管理模式，是医院里某治疗专业的一组人员，针对某一病种或手术制订的一个有严格工作顺序、准确时间要求的诊疗计划，是医疗管理者用来改善服务质量及控制医疗成本的方法之一。

一、资料收集与研究方法

(一)一般资料来源

本研究选取北京市某三甲综合医院为研究对象。该院是卫生部 2010 年全国临床路径管理首批试点医院，于 2010 年 3 月各临床科室正式进入临床路径的实施阶段，实施医院临床路径专家组审批后的临床路径。

本研究采用对比分析的方法，从研究医院病案首页程序中调取癫痫、短暂性脑缺血发作(Transient Ischemic Attack，简称 TIA)、股骨颈骨折和乳腺癌四个病种实施临床路径前(2008.3－2009.8)与实施临床路径后(2010.3－2011.8)的数据进行研究。

1. 癫痫

研究医院住院的癫痫患者按治疗方案分为药物治疗和手术前癫痫灶定位两类，故分别制定了一般性癫痫(药物治疗)和难治性癫痫(手术前评估)两条临床路径。本研究按临床路径实施前(2008.3－2009.8)与临床路径实施后(2010.3－2011.8)两个时间段共纳入研究病例 709 例，各组病例构成见表 1。

2. TIA

研究选取 2008 年 3 月－2009 年 8 月(路径实施前)与 2010 年 3 月－2011 年 8 月(路径实施后)两个时间段 TIA 入院患者，共计 219 例，其中路径实施前 130 例，路径实施后 89 例。

---

① 本文是《相关病种临床路径实施前后的成本效果分析研究》项目的最终成果摘要，项目编号：10AaZH196。

表 1　癫痫临床路径实施前后期病例构成

	CP 实施前		CP 实施后		合计
	例数	构成比	例数	构成比	
一般性癫痫	84	53.50%	73	46.50%	157
难治性癫痫	280	50.72%	272	49.28%	552
合计	364	51.34%	345	48.66%	709

研究数据依托于医院信息网络，严格摘自病案文本，必要时对关键数据多方进行核查，可行度较强。同时，为保证入径前、后期数据的一致性和可比性，研究以该病种临床路径标准中的入、出径的标准为依据，参考临床路径制定委员会专家意见，研究制定了该病种入径前期数据的纳入排除标准，见表 2。

表 2　研究选取的纳入排除标准

纳入标准	排除标准
1. 第一诊断 ICD 编码范围为：G45.901/45.102/45.003/45.801/804； 2. 突发、一小时内恢复、做过检查。	1. 椎基底动脉供血不足(VBI)； 2. 头颅 MRI 发现新病灶； 3. 发作时间超过 24 小时。

3. 股骨颈骨折

选择 2008 年 3 月—2009 年 8 月在研究医院住院的股骨颈骨折行髋关节置换术患者 93 例为对照组，2010 年 3 月—2011 年 8 月在研究医院住院的患者 91 例为临床路径组。纳入标准：大于 65 岁；GARDEN 分型Ⅲ、Ⅳ；术前生活良好；有其他诊断，但不影响流程实施的。排除标准：有严重合并症、病理性骨折或其他合并症影响流程实施的。对照组年龄为 65—99 岁，平均年龄为 78.51 岁，其中男 64 例、女 29 例；临床路径组年龄为 65—92 岁，平均年龄为 78.16 岁，其中男 50 例、女 41 例。

4. 乳腺癌

研究选取 2010 年 3 月—2011 年 8 月在研究医院住院治疗并进入乳腺癌路径管理的 175 名乳腺癌患者作为临床路径组；选择 2008 年 3 月—2009 年 8 月在研究医院住院治疗，符合该临床路径纳入标准但未应用临床路径管理的 166 名乳腺癌患者作为常规治疗组。

病例的纳入排除标准以及医务人员和患者表单均以 2009 年卫生部医政司下发的乳腺癌临床路径标准流程及表单为准。纳入排除标准见表 3。

表 3　病例的纳入排除标准

纳入标准	排除标准
1. 第一诊断为乳腺癌行乳腺癌切除术； 2. 根治性乳腺切除术、改良根治术、部分/全乳腺切除术； 3. 合并其他疾病，但不影响第一诊断治疗。	1. 乳房再造类整形手术； 2. 合并其他疾病，且影响诊断方案，不能进入路径的其他情形。

(二)研究方法

本研究采用历史同期对照，对相关费用、住院天数和医疗质量指标进行对比分析。为保证前后期数据的可比性，本研究以该病种临床路径标准中的入径和出径标准为依据，参考临床路径制定委员会专家意见，研究制定了病种入径前期数据的纳入和排除标准。数据从病案首页中直接调取。采用 SPSS17.0 软件进行统计处理，计量资料用均数±标准差表示，并采用 Shapiro-Wilk 方法对计量资料进行正态性检验；非正态资料采用中位数、四分位数间距和秩和检验进行统计描述和推断。计数资料用具体数值表示，用卡方进行统计检验。检验水平 α 取值为 0.05。

(三)分析指标

医疗费用指标：包括次均费用、医疗费用(包括治疗费、手术费、麻醉费、输血费、输氧费、护理费、床位费等)、药品费用等。

医疗效率指标：主要是指平均住院日，是一项体现医院医疗效率的综合性指标。

医疗质量指标：包括治愈率、好转率、死亡率、未愈率、再入院率、并发症发生例次等指标。

二、研究结果

(一)癫痫

1. 癫痫(药物治疗)

CP 实施后癫痫(药物治疗)患者次均住院费用较 CP 实施前减少 872.49 元，医疗费用减少 661.75 元，检查费用比例上升 15.5%，耗材费用比例降低 0.99%，平均住院日较 CP 实施前减少 2 天，均达到统计学差异。药品费用与人均药费比例均较 CP 实施前降低，但未达到统计学差异。医疗质量指标分析显示好转率与实施路径前相比有所提高，未愈率降低，但无统计学差别(见表 4、表 5)。

表 4　癫痫(药物治疗)医疗费用指标及医疗效率指标分析

项　　目	CP 实施前	CP 实施后	P 值
次均费用(元)	4374.13	3501.64	0.005*
医疗费用(元)	1838.25	1176.50	0.000*
药品费用(元)	422.52	354.64	0.176
人均药费比例(%)	9.95	9.72	0.623
检查费用比例(%)	32.54	48.04	0.000*
耗材费用比例(%)	6.22	5.23	0.011*
平均住院日(天)	9.00	7.00	0.006*

注：医疗费用包括治疗费、手术费、麻醉费、输血费、输氧费、护理费、床位费。

* 为有统计学差异，$P \leqslant 0.05$(下同)。

表 5　癫痫(药物治疗)医疗质量指标分析

项　　目	CP 实施前	CP 实施后	P 值
治愈率(%)	0	0	0.268
好转率(%)	89.29(75/84)	95.89(70/73)	
未愈率(%)	5.95(5/84)	1.37(1/73)	
其他	4.76(4/84)	2.74(2/73)	
并发症例次	0	0	

2. 难治性癫痫(手术前评估)

CP实施后难治性癫痫患者次均住院费用增加 2034.16 元，医疗费用增加 1445.00 元，药费增加 230.95 元，人均药费比例增加 1.40%，检查费用比例增加 27.34%，与 CP 实施前相比具有显著差异($P<0.05$)。在医疗质量方面，该病种的好转率显著提高，未愈率降低与 CP 实施前相比具有显著差异($P<0.05$)。平均住院日较 CP 实施前减少 1 天，但未达到统计学差异(见表 6、表 7)。

表 6　难治性癫痫(手术前评估)医疗费用指标及医疗效率指标分析

项　　目	CP 实施前	CP 实施后	P 值
次均费用(元)	6217.98	8252.14	0.000*
医疗费用(元)	2815.50	1370.50	0.000*
药品费用(元)	404.05	635.00	0.000*
人均药费比例(%)	6.21	7.61	0.006*
检查费用比例(%)	38.07	65.41	0.000*

续表

项　　目	CP 实施前	CP 实施后	P 值
耗材费用比例(%)	8.24	8.39	0.477
平均住院日(天)	12.00	11.00	0.099

注：医疗费用包括治疗费、手术费、麻醉费、输血费、输氧费、护理费、床位费。

表 7　难治性癫痫(手术前评估)医疗质量指标分析

项　　目	CP 实施前	CP 实施后	P 值
治愈率(%)	0	0	0.009*
好转率(%)	83.57(234/280)	93.01(253/272)	
未愈率(%)	12.5(35/280)	4.78(13/272)	
其他	3.93(11/280)	2.21(6/272)	
并发症例次	0	0	

(二)TIA

1. 路径前后基本情况比较

路径实施前，平均年龄为 59.33 岁，其中有 95 名男性，已婚人士 125 位，有 32 例急性住院，医保为主要付费方式；路径实施后，平均年龄为 59.30 岁，其中男性 68 名，已婚人士 88 位，出现 1 名危症入院，医保为主要付费方式，具体数值见表 8。可见，除付费两组出现一些差异外，其他因素可比性较强。

表 8　两组病例基本情况比较

基本情况		路径实施前	路径实施后	x^2/T	P 值
样本量	n	130	89	—	—
年龄	$\bar{x}\pm s$	59.33±13.10	59.30±12.24	0.016	0.988
性别	男	95	68	0.307	0.579
入院情况	危	0	1	4.952	0.084
	急	32	32		
	一般	98	56		
付费方式	医保	104	81	4.884	0.027*
	其他	26	8		
婚姻	未婚	5	1	1.470	0.405
	已婚	125	88		

2. 路径前后费用指标比较

从表9可知，短暂性脑缺血发作CP实施后组患者次均住院费用较CP实施前组增加了555.59元，增长4.9%，具有统计学差异。同时，医疗费用平均增加562.51元，其中检查费用比例上升31.91%，次均增长了794.8元，是医疗费用增长的主要因素；治疗费用有超出50%的比例下降，材料费用下降金额较多，高达次均806.25元。药品费用略有降低，两组基本持平。

表9 TIA两组住院费用构成及其增减比较

指标项目	路径实施前(元)		路径实施后(元)		增长率%	P值
	M	Q	M	Q		
次均住院费用	11342.88	5541.66	11898.47	3778.00	4.90	0.000*
医疗费用	6889.95	3747.86	7452.46	3270.02	8.16	0.000*
其中：检查费用	2491.05	1891.25	3285.85	1879.50	31.91	0.000*
治疗费用	315.91	153.25	148.24	109.00	−53.08	0.143
材料费用	2531.64	1889.44	1725.39	1752.27	−31.85	0.005*
药品费用	4452.94	2779.32	4430.47	1513.08	−0.50	0.69
其中：西药费用	4417.26	2773.87	4397.69	1423.93	−0.44	0.717

3. 路径前后效果比较

从TIA的疾病转归来看，路径实施后的患者全部治愈或者好转，路径未实施前也就只出现1例未愈患者，差别不大。从并发症发生例数来看，虽然路径实施后出现了1例并发患者，但由于处理得当，未对患者造成大的疾病损害和经济损失。临床诊断与病理相符合，不存在统计学差异。对于平均住院日，路径实施前平均为9.34天，路径实施后，规范了诊疗方案，统一了治疗流程，使得平均住院日有效缩短了2.27天。数据见表10。

表10 短暂性脑缺血发作医疗质量指标分析

项　目	路径实施前	路径实施后	P值
治愈好转率(%)	99.23(129/130)	100(89/89)	—(约等于1，无差异)
未愈率(%)	0.76(1/130)	0	
死亡率(%)	0	0	
并发症例次	0	1	—
临床与病理符合(%)	99.23(129/130)	100(89/89)	0.409
平均住院日(天)	9.34	7.07	0.000*

(三)股骨颈骨折

入院和出院情况比较见表 11：CP 前后入院情况分层和出院治愈率无差别。

表 11　股骨颈骨折 CP 前后出入院情况比较

组别	例数	入院情况分层(例数)		出院治愈率
CP 后	91	危	2	100%
		急	51	
		一般	38	
CP 前	93	危	0	100%
		急	51	
		一般	42	
P 值		0.463		

CP 前后费用指标正态性检验均为非正态分布，采用中位数和上下四分位数描述并秩和检验，住院总费用增加但医疗费用无增长。结果见表 12。

表 12　股骨颈骨折 CP 前后费用指标比较

组别	例数(人)	描述	住院费用(元)	医疗费用(元)	药品费用(元)	药费占比(%)	检查费占比(%)	耗材费占比(%)
CP 前	93	25th	30120.47	4788.39	3059.94	0.0945	0.0206	0.5673
		50th	37605.41	6108.01	4021.84	0.1219	0.0354	0.6638
		75th	43863.52	7382.04	7148.62	0.1883	0.0530	0.7195
CP 后	91	25th	38451.74	4942.05	5157.01	0.1179	0.0296	0.6138
		50th	41086.10	5811.49	6363.85	0.1538	0.0389	0.6611
		75th	50903.80	7227.69	8116.89	0.1848	0.0491	0.7035
P 值			<0.001	0.936	<0.001	0.009	0.104	0.890

CP 前后效率指标比较，总住院天数缩短，术前住院日无变化，见表 13。

表 13　股骨颈骨折 CP 前后效率指标比较

组别	例数	描述	住院天数	术前住院日
CP 前	93	25th	14.00	4.00
		50th	17.00	7.00
		75th	21.50	11.00
CP 后	91	25th	13.00	5.00
		50th	15.00	7.00
		75th	18.00	8.00
P 值			0.016	0.846

(四)乳腺癌

1. 两组基本资料比较

临床路径组的年龄区间为 24—87 岁，平均年龄为 56.07 岁，全为女性，有 116 人享有医保，有 3 例急性入院；常规治疗组的年龄区间为 20—93 岁，平均 56.30 岁，其中有 102 人享有医保，6 例急性入院，两组具有可比性。具体数据见表 14。

表 14　两组病例基本情况比较

基本情况		临床路径组	常规治疗组	P 值
样本量	n	175	166	—
年龄	$\bar{x}\pm s$	56.07±13.08	56.30±13.11	0.87
入院情况	急	3	6	0.33
	一般	172	160	
付费方式	医保	116	102	0.35
	其他	59	64	
婚姻	未婚	2	2	0.96
	已婚	173	164	

2. 两组医疗费用比较

医疗费用指标经正态性检验显示为非正态分布。从表 15 可知，常规治疗组的次均住院费用为 13504.20 元，而实施临床路径后，次均住院费用为 13383.28 元，减少了 0.9%。次均医疗费用有所上升，路径实施后为 10787.05 元，增长了 12.55%，检查、手术和材料费用是医疗费用的主要构成部分，都有不同比例的上涨，其中材料费增长了 53.71%，增长较快。药品费用下降数额较多，人均下降了 1332.49 元，减少比例达到 33.99%。

表 15 两组住院费用构成及其增减比较

项目指标	常规治疗组(元)		临床路径组(元)		增长率(%)	P 值
	M	Q	M	Q		
次均住院费用	13504.20	7112.65	13383.28	4325.75	−0.90	0.081
医疗费用	9584.50	3441.78	10787.05	3003.53	12.55	0.000*
其中：检查费用	3005.48	1139.25	3158.08	1840.00	5.08	0.047*
手术费用	1401.97	528.50	1534.89	884.30	9.48	0.003*
材料费用	2295.30	974.44	3528.05	1074.82	53.71	0.000*
药品费用	3919.70	2919.78	2587.21	1414.49	−33.99	0.858
其中：西药费用	3867.05	2787.10	2545.92	1410.51	−34.16	0.816

3. 两组效果比较

从乳腺癌的病情转归来看，两组治疗效果差别不明显，治愈率路径组比常规组高出 8.3 个百分点。从临床与病理符合来看，两者没有统计学差异。对于住院日，路径组相较于常规组具有统计学差异：路径组平均住院日为 15.81 天，术前平均住院 6.22 天；常规组平均住院 20.25 天，术前平均住院 7.20 天。可见，乳腺癌临床路径的实施，平均缩短了 4.44 天的住院滞留，手术也提前了将近 1 天。具体数据见表 16。综合看来，路径的实施既保证了疾病转归等治疗质量，又缩短了住院天数，规范了住院流程，提升了医疗效率。

表 16 两组治疗的效果及质量比较分析

项目指标	常规治疗组	临床路径组	P 值
治愈率(%)	71.7%(119/166)	80.0%(140/175)	0.071
好转率(%)	27.1%(45/166)	19.4%(34/175)	
死亡率(%)	0.6%(1/166)	0.6%(1/175)	
其他(%)	0.6%(1/166)	0	
临床与病理符合	96.4%(160/166)	98.3%(172/175)	0.275
平均住院日(天)	20.25	15.81	0.000*
术前住院日(天)	7.20	6.22	0.017*

(五)员工满意度

为进一步说明路径运行情况，改善路径诊疗流程，研究对路径涉及临床人员和管理人员进行了路径实施的满意度问卷调查，其中临床人员回收有效问卷 380 份，回收率为 79.17%；管理人员回收有效问卷 28 份，回收率为 75.68%。问卷总回收 408 份，回收率也达到数据分析要求。此外，对问卷进行内部一致性检验，Cronbach's a 系数分别为 0.97 和 0.88，可信度良好。

临床人员调查问卷中，以工作量、工作效率、个人收入、业务水平、医患关系、医护关系、文本内容、信息系统、医保报销、奖励分配和推广使用共 11 个维度来对临床路径的实施现状进行医务人员满意度测评。调查结果显示，受调查人群基本遍布本院路径实施的所有科室，其中有 8.2%(31/380)的人对路径的实施感到非常满意，有 37.9%(144/380)的人比较满意，有 46.1%(175/380)的人持中立态度，不满意的占 7.7%(29/380)。运用 1—5 分分值进行表示，5 分最为满意，1 分表示很不满意，其满意度得分结果如表 17 显示。可见临床人员总评分在 2.63—4.25 分之间，其中工作量、奖励分配和个人收入三项评分最低，特别是工作量的增大已引起人员的不满，而在路径文本内容和工作效率的提高方面，临床人员表示相对比较满意。具体得分见表 17。

表 17　临床人员满意度得分

测量维度	$\overline{X}\pm S$	测量维度	$\overline{X}\pm S$
工作量	2.04±0.74	文本内容	3.56±0.78
工作效率	3.51±0.79	信息系统	3.49±0.79
个人收入	3.10±0.45	医保报销	3.38±0.76
业务水平	3.42±0.61	奖励分配	3.01±0.99
医患关系	3.40±0.66	推广使用	3.41±0.80
医护关系	3.30±0.60	总体得分	3.44±0.81

医务管理人员调查问卷中，主要从组织框架和路径实施流程两方面进行分析。28 名管理人员中中级职称占 60.7%(17/28)，硕士学历占 64.3%(18/28)，男性占 46.4%(13/28)，本院工龄 121.71±64.65 个月，基本情况见表 18。从总体满意来看，有 82.1%(23/28)的管理人员对路径开展表示满意，有 64.3%(18/28)的管理人员认为路径值得推广，其余人群持中立态度。从组织框架部分来看，有 90%以上的人群对小组人员和科室构成以及管理制度表示满意，有 80%以上的人群对小组会议制度和表单项目内容表示认可，且没有出现不满意与非常不满意的情形；从路径的实施流程来看，流程的规范性和可操作性得到普遍认同，工作量的相对增大也表示相对可以接受，有 92.9%(26/28)的人群认为整个流程实施流畅，有 60%以上的人

群认为医患沟通、患者自身认知、医院科研教学功能得到增强，另外有70%以上的管理人群感到路径对降低医疗费用、提升医疗质量有影响、有帮助。

表 18 管理人员基本情况构成表

<table>
<tr><th colspan="2">属性</th><th>数值</th><th colspan="2">属性</th><th>数值</th></tr>
<tr><td rowspan="4">职称</td><td>初级及以下</td><td>10.7%</td><td colspan="2">本院工龄(月)</td><td>121.71±64.65</td></tr>
<tr><td>中级</td><td>60.7%</td><td colspan="2">从业工龄(月)</td><td>137.18±71.19</td></tr>
<tr><td>副高</td><td>21.4%</td><td rowspan="3">学历</td><td>本科</td><td>10.7%</td></tr>
<tr><td>正高</td><td>7.1%</td><td>硕士</td><td>64.3%</td></tr>
<tr><td>性别</td><td>男</td><td>46.4%</td><td>博士</td><td>25.0%</td></tr>
</table>

三、讨　论

(一)癫痫

本研究显示 CP 实施后癫痫(药物治疗)患者住院次均费用较 CP 实施前下降，其中药品费用与人均药费比例均有所降低，而检查费用比例则有所上升。平均住院日较 CP 实施前缩短，医疗质量指标分析显示与实施路径前相比，降低住院费和缩短平均住院日并未导致医疗质量下降。这一结果有力地说明了癫痫(药物治疗)临床路径的实施达到了缩短平均住院日，控制医疗费用，规范诊疗行为的目的。难治性癫痫临床路径实施的效果并不尽如人意，虽然平均住院日略有缩短，但次均住院费用明显增加，其中药费和检查费用均有所增加，但检查费用比例增加更为突出，可喜的是实施临床路径后医疗质量得到了显著提高。通过进一步分析，我们认为：难治性癫痫是近年来医学界的研究热点和前沿方向之一，新的诊疗技术和药物层出不穷，为提高难治性癫痫手术前致痫灶的准确性，数字化视频脑电图长程监测、功能核磁共振、经颅磁刺激、脑磁图等新型检查手段的应用必然造成医疗费用的增长。此外，难治性癫痫患者由于疾病本身的特点，传统抗癫痫药物多难以控制其发作，随着新一代抗癫痫药物(如：奥卡西平、拉莫三嗪、左乙拉西坦)的应用日益广泛，药品费用也会随之增长。本研究所制定的临床路径以循证医学为根据，广泛参考了多个国家和专业机构的诊疗指南，纳入了一些新的检查手段和治疗选择，研究结果显示路径的实施明显提高了医疗质量，为患者带来了更大的利益。

(二)TIA

本研究显示 CP 实施后患者平均住院日明显缩短，在保证医疗质量的前提下，这是一个显著的进步。平均住院日的降低加快了周转率，一定程度上减少了患者等候住院的时间，使更多的患者得到了规范诊断治疗的机会。但与此同时，CP 实施后患者的次均费用较 CP 实施前上升 21.56%。经过进一步分析显示：尽管住院次均费用有所上升，但其中人均药费比例显著降低，检查费比例也有明显上升，使医疗费用分配更为合理。研究医院是以神经内科专业为特色的三级甲等综合医院，收治的短暂性脑缺血发作患者与其他医院相比情况更为复杂，治疗更为困难。针对该特点，我们在卫生部颁布的短暂性脑缺血发作临床路径标准住院流程的基础上进行了修改，经过多次讨论及专家论证，制定了适合该科室实际情况的临床路径。该路径以循证医学为根据，广泛参考了多个国家和专业机构的诊疗指南，纳入了一些新的检查手段和治疗选择，例如随着近年来心脏卵圆孔未闭导致的短暂性脑缺血发作逐渐被认识，经食道心脏超声已成为明确短暂性脑缺血发作患者病因的一项重要检查。此外，DSA 检查是诊断脑血管狭窄和闭塞的金标准，频繁脑缺血发作需行此项检查的患者在因该病住院的患者中也占较大的比例。由此，我们认为不能简单地从费用的增减上来评判临床路径实施效果的优劣。每个疾病都有自身的特点和规律，每位患者也在一般状况、病因、症状表现、疾病的严重程度、治疗效果等多个方面存在差异。临床路径的实施能够在一定程度上控制住院费用的增长，但一味强调实施临床路径来降低住院费用是不现实的。时代的发展、医学技术的不断进步正在为患者带来更多的获益，新技术的应用在提高医疗质量的同时，大多伴随费用的上涨，以牺牲医疗质量的提高为代价，片面追求降低费用，将会阻碍医学的发展和进步，导致医患两败俱伤的局面。此外，临床路径完善了诊疗规范，对患者入院后的检查、医嘱均制订了详细的计划；而路径实施前，医生是根据个人习惯制定诊疗方案的，与路径的诊疗计划相比，多有缺漏。因此，在实施临床路径后，人均住院费用可能会有一定程度的上升。

(三)股骨颈骨折

本研究临床路径组较对照组住院时间缩短且有统计学意义，术前平均住院日没有明显变化，说明缩短部分主要来自术后治疗阶段。CP 执行缩短了患者的平均住院时间，提高了床位周转率，有利于现有资源的充分使用，特别是术后住院日缩短有利于股骨颈骨折病人恢复。费用指标临床路径组较对照组差异且有统计学意义，住院费用增加但医疗费用没有增长，药品费用增加，药费占比增加，耗材费占比没有明显变化。分析原因是因为收治的股骨颈骨折病人呈高龄、合并症增多的趋势，如合并冠心病、高血压、糖尿病，甚至痴呆的病人逐渐增多，围手术期并发症发生机会增加，治疗合并症和并发症费用不断上升，拉高了次均费用和药费支出。同时由于骨科耗材占比高这个特殊性，随着新技术应用和材料费增长而床位费和劳务费一直保持偏低，因此缩短的住院日的费用被新技术材料费用的增长所掩盖。医疗费用无增长反映了 CP 实施后节约了卫生资源，提高了社会效益。

(四)乳腺癌

临床路径组与对照组间患者治疗转归的治愈、好转、死亡情况差别无统计学意义，两组的医疗质量是相当的。两组间住院总费用差别无统计学意义，但是临床路径组药费占比下降明显。临床路径的实施促使医生重新审定乳腺癌围手术期药物的使用。对于部分无确定疗效或缺乏循证医学证据的中成药不再予以选用。对于术后预防性应用抗生素的种类和时限也都给予明确规定，避免了长期、无效或过高级别抗生素的使用，减少了西药费用。临床路径组的住院总天数特别是术后住院天数下降明显，但是耗材费占比上升明显，这与新材料、新器材、新技术的应用关系密切。如泰绫止血纱布、薇桥缝线、硅橡胶引流管的使用，有效减少了术后患者的创面出血量、切口引流量，同时减少了患者的卧床时间，提高了患者的舒适度，在一定程度上减少了术后并发症的发生，从而缩短了术后住院天数，但是也引起耗材费用占比上升明显。另外，术中放置放疗定位钛夹的技术提高了保乳手术术后放疗的精准性，改善了患者的生活质量，也是耗材费用占比上升的原因之一。临床路径的实施能够在一定程度上控制住院费用的不合理过快增长，但一味强调实施临床路径来降低住院费用是不现实的。时代的发展、医学技术的不断进步正在为患者带来更多的获益，新技术的应用在提高医疗质量同时，大多伴随费用的上涨，以牺牲医疗质量的提高为代价，片面追求降低费用，将会阻碍医学的发展，导致医患两败俱伤的局面。

(五)员工满意度

医护人员是路径组织和实施的执行人，他们作为患者和路径文本之间的中间环节，起着难与比拟的沟通纽带作用，对路径的完整有效实施作用至关重要。临床人员是实施者，管理人员是监督者，两类人员分工合作、互为犄角，保证了路径的顺利实施。

本研究中，临床人员对路径实施的总体评价为 3.44 分(五分制)，总体评价一般；对于路径文本的相关内容临床人员还是相对比较满意的。其主要不满因素是工作量的加大(平均分仅为 2.04 分)以及薪酬激励机制的相对不完善。工作量的增大，影响了医疗人员的工作积极性，加上工作增多了，激励分配制度还相对缺乏公平有效，更是致使部分人员产生抱怨甚至是抵触情绪。管理人员中有 82.2%(23/28)的人员对路径开展表示满意，总体满意度较高，对组织框架的搭建表示赞同；但是对于其他方面，如工作量变动、可操作性等相关条目，则存在着低比例(约 7%)的不满意评价。可见，下一步工作重点是转变路径工作模式，将路径诊疗冗余重复的工作整合到常规治疗中来，并发展和规范常规治疗模式，配套相应激励政策，不断提高医护人员的满意度水平。

四、结　论

(一)临床路径的规范作用充分体现医学科学的严谨性，保证临床专业有序发展

临床路径是一种可实施的临床疾病诊疗标准，并具有确定的法规性质，也就是说，它是预先制定的诊疗过程具体实施的“医嘱”，执行者必须严格执行。例如，对何时该做哪项检查、治疗及护理，病情达到何种程度，何时可出院等目标进行详细的描述说明与记录。在这项工作中，治疗过程不再是随意的、体现医生个性化的行为，而是有计划、有预见性的进行诊治工作，以保证治疗效果和效率，同时对以往容易忽视的内容如健康教育等进行了严格要求，病人亦了解自己的医疗护理计划目标，主动参与整个治疗过程，起到双方相互促进的作用。

有些医务人员认为 CP 制订的是僵化的计划，而患者的病情千差万别，所以对患者的诊断和治疗制定统一的标准是不可能的。如果医务人员没有完全按照 CP 实施，患者得了并发症，就会面临医疗事故和医疗纠纷的风险。也有部分医务人员认为这种“简单化”的医疗方式可能会影响医生的决策和独立思考。

医学科学的发展离不开医务工作者的开拓创新，针对疾病的治疗并不是一成不变的，只有不断改进才能提高诊疗效果。CP 的核心并不是阻碍甚至禁止诊疗方法的改进，也绝不是不顾病人个体情况坚决封杀个体化治疗，而是将已经成熟的适用于大多数病人的诊疗策略形成规范来加以强调，以督促医生在诊疗过程中选择最优且最有利于病人的医疗计划和活动，从而保证诊疗效果，同时降低了整个社会医疗成本的消耗。在强调规范化、流程化的同时，CP 也允许部分病人存在病情和诊疗的变异，为个体化治疗留出了空间。因此 CP 工作充分体现了医学科学的严谨性，并从更高层面保证了临床专业的有序发展。

(二)临床路径工作需要强有力的协调机制

以病人为中心，由现行的多个部门面向病人的部门性医疗服务模式向由多个部门共同面向病人的整体医疗服务模式转变，其中最为重要的是团队医疗概念的转变。这种整体医疗护理模式是使病人的整个住院过程成为一个衔接严密的无缝隙过程，体现了医院“以人为本”的服务理念。服务模式的转变需要打破旧有的诊疗程序和思路，这就需要强有力的协调机制和管理保障。

研究医院在实施 CP 之初便成立了院级领导小组，同时要求科室配套成立了临床路径工作管理小组，科主任领导专人负责，存在问题院内协调解决，把各个医疗、护理、药理、医技和管理的独立环节整合在一起，明确每个环节的职责，不仅要与患者及其家属主动沟通，而且也需要与相关辅助科室进行沟通，使 CP 理念达成共识，保证后期 CP 工作顺利开展。

(三)临床路径的实施控制了住院费用的增长，药品、耗材、检查依然是影响费用的重要因素

研究医院在临床路径实施前，研究涉及的病种次均住院费用年增长31.1%，即 2009 年次均住院费用比 2008 年次均住院费用上涨 31.1%，而实施临床路径后，次均住院费用两年中只上涨了 1.45%，可见临床路径的实施在一定程度上控制了住院费用的增长。但是试图仅靠临床路径降低住院费用是不现实的。一方面，临床路径将临床诊疗行为进行分析、优化，通过合理的资源配置，以较高的效率为患者提供医疗服务，所减少的收费项目仅为压缩的床位费等定价较低的项目，同时减少了严重不合理的收费项目，而对于北京市的三级综合医院，这种情况出现的频率是很低的，因此临床路径的实施并没有很大程度地降低住院费用。另一方面，时代的发展、医学技术的更新为患者带来了更多的获益，应用新技术在提高医疗质量，达到医患预期的同时，大多也伴随着费用的上涨，片面追求降低费用而忽视医疗质量，将会导致医患两败俱伤的局面。如何在保证医疗质量前提下，使医疗费用更加合理，是值得进一步研究的问题。

由于我国目前医疗服务按项目付费，在财政对医院投入不足，同时政府定价过低的背景下，医疗费用在全部住院费用中所占比例较低，本研究中仅占 22.9%，而药品、耗材等费用则成为影响住院费用的关键。通过研究结果可以发现，由于医疗费用的收费标准均为政府定价，实施临床路径以后，通过缩短平均住院日的方式降低了医疗费用，并通过菜单式的诊疗计划控制住了药品费用的增长，但严格地实施路径后，患者在治疗期间的检查更加完整，这致使检查费大幅增加。因此，在付费模式不变的情况下，即使通过临床路径的方式控制住一部分费用的增长，也很难从根本上达到整体减少住院费用的目的。

随着诊疗过程逐渐规范，应当进一步理顺医疗服务比价关系，改革医疗服务价格形成机制。在规范医疗服务价格项目的基础上，科学制定国家基本药物、高值耗材及大型医用设备检查价格，适当提高临床诊疗、护理、手术等医疗服务价格，从而使医疗费用更趋合理，减轻患者负担，并真正体现医务人员、医疗技术的价值。

(四)实施临床路径相关病种的平均住院日和术前平均住院日等医疗效率指标有不同程度的优化

医疗效率反映了治疗一种疾病的成本(称为治疗成本)和产出质量。医疗效率指标包含平均住院日、术前平均住院日、床位使用率、床位周转次数和诸如门急诊人次/卫技人员数、出院人数/CT台数、每名医生年门诊人次等衍化指标。在以病种为研究对象的临床路径管理中，床位的不确定性造成床位使用率和周转次数等指标的提取困难。故本文中仅讨论四个病种临床路径实施前后住院日和术前住院日指标的变化。

平均住院日是反映医疗资源利用率和医院总体医疗服务质量的综合指标。医院通过缩短平均住院日，可以有效增加医院资源的利用率，提高医院的工作效率。同时，缩短平均住院日也是减少医疗费用增长，减轻患者经济负担，提高医院整体效益的有效手段。通过合理安排病种诊治流程，临床路径可以使缩短平均住院日有科学、实际的操作依据；医务部门协调下临床、医技科室共同协作、强大的执行力是使缩短平均住院日得以实现的前提条件。本研究通过相关病种实施临床路径前后各15个月的平均住院日变化，证实了上述观点的正确性。临床路径通过每日表单的形式，使诊治相对程序化，这也不难理解除难治性癫痫外的四个病种平均住院日的离散程度较实施前明显减小这一事实。但是，临床路径并不适用于临床所有病种。比如胰腺炎，这类复杂病种的病人之间的个体差异较大，规定统一的标准治疗方案非常困难，而且在实施中要处理大量的变异，将大大增加医务人员的工作量；安全性难以科学界定，产生的成本效益可能反而会降低。本研究中，难治性癫痫的平均住院日在实施临床路径前后并没有统计学差异，这一方面说明研究医院难治性癫痫的诊治流程在时间效率安排上可能已经比较合理，另一方面说明如果结合病种变异率方面的数据，可以对是否有必要推广难治性癫痫的临床路径做出评价。

缩减术前平均住院日可以减少住院过程中病人的无益等待时间。在中国现阶段的医疗市场，完全将所有手术的术前诊察评估安排在入院前进行的难度很大，缩减术前平均住院日有其迫切的实际意义。本研究中仅有乳腺癌和股骨颈骨折是手术病种。对比发现，乳腺癌在试行临床路径后术前平均住院日减少近1天，而股骨颈骨折术前平均住院天数的离散程度在实施临床路径后明显减小，但7天的术前平均住院日并没有显著变化。结合前述股骨颈骨折的平均住院日在实施临床路径后缩减2天，可以推断该病种主要通过缩减术后康复时间来缩减了平均住院日。术前平均住院日能否通过合理更改路径流程进一步规范，尚有待进一步研究。

总而言之，临床路径对病种的诊疗程序进行了标准化、规范化和程序化规定，医务人员可以按照标准流程指导为病人提供医疗服务，有助于弥补由于医师水平不同而导致的治疗效果不同，增加了医疗服务的恰当性，减少不必要的医疗服务，并控制临床处理的随意性，从而有效抑制过度医疗现象的蔓延，提高医疗资源的利用效率，有利于建立和谐的医患关系，符合我国当前的卫生改革政策。临床路径管理模式通过标准的诊疗流程，医务人员有序、有效、有预见的工作，不仅提高了工作效率，缩短了住院天数，同时也降低了医疗成本，减轻了患者的经济负担，并加强了医患沟通，满足了患者的知情权，以最低的收费让患者获得最佳的医疗服务，使患者的满意度上升；此外，还提高了医院的品牌形象，增加了社会效益和经济效益，有利于医院在当前激烈的医疗市场竞争中处于优势地位。临床路径是一种跨学科的、综合的、深化整体医疗改革和整体护理水平的模式。医务人员要使服务对象能够受到有效、有序的照顾，必须加强沟通合作、提高工作效率，才能达到这一目的。通过引入临床路径，可以增强多专业的合作意识，培养团队精神和提高凝聚力。同时，通过实行持续监测和定期评价，不断完善临床路径，以标准化的医疗文书及信息管理不断提高医疗质量，也有利于医疗服务质量的控制和持续改进。

参考文献

1. 袁剑云、英立平：《临床路径实施手册》，北京医科大学出版社，2002 年。
2. 宁宁、李箭、曾建成等：《临床路径实施于膝关节镜术的效果评价》，《护士进修杂志》，2002 年第 4 期。
3. 尚庆娟、甘秀妮、骆文龙：《临床路径的应用现状与前景》，《重庆医学》，2007 年第 12 期。
4. 邹婧瑜：《临床路径的发展与应用现状》，《中国卫生事业管理》，2008 年第 6 期。
5. 中华医学会编著：《临床诊疗指南癫痫病分册》，人民卫生出版社，2007 年。
6. 陶红兵、余瑶、方鹏骞：《基于临床路径控制住院费用》，《中国社会保障杂志》，2007 年第 10 期。
7. 田玲、赵国光、李小莹等：《临床路径质量管理中的应用与思考》，《中国病案》，2010 年第 9 期。
8. 贾建平：《神经病学》(第六版)，人民卫生出版社，2008 年。
9. 郭鸣、马欣、王彩荣等：《卵圆孔未闭患者并发缺血性脑血管病的影响因素》，《中国康复理论与实践》，2010 年第 16 期。
10. 高晓坚、李敏清、李芳等：《单病种管理的探索》，《现代医院》，2007 年第 4 期。
11. 董军：《临床路径的特点与应用》，《中国医院管理》，2003 年第 23 期。
12. 兰喜梅：《应用临床路径对股骨颈骨折患者实施健康教育的效果观察》，《护理实践与研究》，2010 年第 10 期。
13. 刘昌平、陈峥、王玉波等：《老年股骨转子间骨折 DHS 内固定临床路径实施效果分析》，《首都医科大学学报》，2008 年第 3 期。
14. 刘鹏熙、李幸运、钟少文：《乳腺癌围手术期中西医结合临床路径实施分析》，《岭南现代临床外科》，2007 年第 5 期。
15. Gyldenvang H , Mertz BG , Ankerson L , Quality management—improving the clinical pathway for breast cancer patients. Eur J Oncol Nuts2005; 9(1).

16. Kubota T，Nakmura A，Wakiva—Matsuo L，et al. Effects of implementing clinical pathways for the care of patients undergoing ophthalmic surgery for cataract，glaucoma，and vitreoretiual disorder. Nippon Ganka Gakkai Zasshi2006；110(1).

17. Taylor WJ，Wong A，Siegert RJ，et al. Effectiveness of a clinical pathway for acute stroke care in a district general hospital：an audit. BMC Health Serv Res，2006，23(6).

18. Andtbacka RH，Babiera G，Singlerary SE，et al. Incidence and prevention of venous thromboembolism in patients undergoing breast cancer surgery and treated according to clinical pathways. Ann Surg2006；243(I).

（作者：王力红　首都卫生管理与政策研究基地研究人员　教授）

北京对外交流与外事管理研究基地(外交学院)

基地名称：北京对外交流与外事管理研究基地
依托单位：外交学院
项目类别：北京市哲学社会科学“十二五”规划项目

城市精神与城市对外交往[①]

一、城市对外交往的兴起

在当前的全球体系中，国家虽然仍是主要的行为体，但已越来越受到其他国家及非国家主体的行为和政策等的影响。[②] 全球化的一大结果就是促进了国际关系向多个层次发展，将原本属于国家的权力一部分向上转移给一些跨国的政府组织，如联合国、欧盟；一部分向下转移给各级地方政府[③]，即所谓国际政治领域中的次国家行为体，而城市是当今次国家行为体的典型。

冷战结束以后，安全问题退居次位，经济问题成为全球发展的重心，跨国公司借机在全球迅速扩张，提升了作为资本扩张节点的城市的地位；另外，全球性问题不断涌现，不同地域人们之间的相互依赖不断加深，增加了城市参与国际活动的可能性；而且，在成熟的市民社会中，地方市政当局也必须主动拓展城市的国际联系，以满足市民不断增长的经济、社会、文化、教育等多重需要。上述多个因素令城市在国际关系中承担了越来越重要的角色。[④] 另一方面，作为国家对外交往的有益补充，以城市为代表的地方政府可以发挥国家难以发挥的作用，一些依靠国家关系难以解决的问题，可以依靠地方政府灵活、务实、有效的对外联系找到解决之道。[⑤] 在这一背景下，城市对外交往的影响力日益凸现。

在本研究中，城市对外交往主要是指城市为了满足本地发展的需要，与其他国家或其城市以及各种跨国组织开展的交往活动。一方面，城市对

---

① 本文是《国际视野中的“北京精神”：文化传播与影响力研究》项目的阶段成果，项目编号：12ZHA001。

② 参见[日]星野昭吉：《全球化时代的世界政治》，社会科学文献出版社，2004 年。

③ 陈志敏：《全球多层治理中地方政府与国际组织的相互关系研究》，《国际观察》，2008 年第 6 期，第 6—15 页。

④ 杨勇：《全球化时代的中国城市外交》，暨南大学博士学位论文，2007 年，第 4 页。

⑤ 陈志敏：《次国家政府与对外事务》，长征出版社，2001 年，第 172 页。

外交往是国家总体外交的重要组成部分，服从并服务于总体外交；另一方面，城市对外交往又强调为城市的发展服务，所以比较务实。通常，城市对外交往涉及的是国际政治和国际安全等“高(级)政治”领域之外的“低(级)政治”领域，如本地政治、经济、社会文化等方面。其主要形式包括：国际友好城市(国外又称之为姊妹城市)，这是最显见、最普遍的形式①；城市间的国际组织，比如目前影响最大的“地方政府国际联盟”(成立于 1913 年，2004 年 5 月，该组织与联合城镇组织合并组成新的地方政府国际组织，即“联合城市和地方政府世界组织”)；以及城市的对外直接交往，比如举办国际会议、在海外设立常驻代表处等。②

城市对外交往一方面有利于提高该城市对外交流的效益，主要途径有三：其一，治理经验的互鉴。韩国首尔曾向东京派出考察团学习其市政管理经验，日本东京都与欧美发达国家交往也以学习、引进先进技术为主。东京都的城市建设很大程度上是以友好城市纽约为蓝本的。其二，文化教育的互通。东京都与亚洲及拉美的友好城市之间就偏重文化交流。其三，经济发展的互助。“21 世纪亚洲主要都市网”(Asian Network of Major Cities 21，ANMC 21)每年定期召开，讨论一些重大课题，还在城市自来水管理经营和公共交通设施规划方面相互支援。③ 另一方面通过城市的对外直接交往可以有效提升城市的国际知名度和影响力。比如奥运会对提升北京形象，世博会对提升上海形象，国际园艺博览会对提升台湾形象等所发挥的作用。

二、城市精神对城市对外交往的影响

一座城市的对外交往受区域经济地位、交通位置、自然资源等条件制约，可谓城市对外交往的“地利”因素；除此之外，还受到当地文化传统、市民社会的成熟度和活跃度等条件影响，可谓城市对外交往的“人和”因素。城市较难左右“地利”因素，但“人和”因素往往是可控的，其正体现为一座城市所具有的精神。

城市精神是以城市为依托，以城市公共组织和居民为载体的群体认同感、反映共同价值取向和共同意志的一种城市意识形态。④ 城市精神一旦形

---

① 据统计，中国自 1973 年开展友好城市活动以来，目前共有 30 个省、自治区、直辖市(不包括台湾省及港、澳特别行政区)和 391 个城市与五大洲 130 个国家的 422 个省(州、县、大区等)和 1307 个城市建立了 1871 对友好城市(省州)关系。

② 龚铁鹰：《国际关系视野中的城市——地位、功能及政治走向》，《世界经济与政治》，2004 年第 8 期，第 37—42 页。

③ 周萍萍：《日本东京都城市外交的特点——以友好城市交流为例》，《太平洋学报》，2010 年第 8 期，第 49—57 页。

④ 郭晓君等：《城市文化竞争力问题研究》，中国人事出版社，2005 年，第 140 页。

成，就以共同的价值取向规范人们的行为，在全社会形成共同的理想和精神支柱，营造良好的社会风气。[①] 城市精神对内有凝聚、激励和导向作用；对外有助于树立城市形象，培养城市的软实力。积极的城市精神可以为一座城市的对外交往提供了良好的内部环境，有效凝聚民众的情感与责任感。这与城市所依托的国家的国际舆论环境内外呼应，内部环境是获得良好外部环境的基础，外部环境为形成良好的内部环境提供各种支持。

城市精神的凝聚离不开城市的有效治理。正如一国内政是其外交的前提一样，一座城市的"内政"同样是其对外交往活动的前提，它直接关涉其能否为市民提供物质生活和价值理念等吸引力，从而赢得市民的认同。若非如此，城市的对外交往势必失去坚实的基础，并会间接影响城市对外交往的非物质诉求，即城市的美誉度或国际形象——这是城市参与国际社会协作的重要条件。新德里与里约热内卢就是因为城市治理失当，而在城市对外交往活动中陷入窘境。

三、失败的教训

(一)新德里的贫民窟问题

提到印度，很难不让人联想到"贫民窟"。2009 年奥斯卡最佳影片《贫民窟的百万富翁》向我们展现了印度城市的典型形象。虽然故事以孟买为背景，但却具有相当大的代表性，印度的贫民窟可谓"世界闻名"，几乎成了印度一些主要城市形象的缩影。官方数据显示，印度约有 8 亿人口仍在每天 50 美分的贫困线上挣扎，而最富有的 10%的人口占有了 33%—50%的国民财富。[②] 印度的基尼系数早就超过了 0.4 的警戒线(2004—2005 年印度城市基尼系数为 0.43)。作为印度首都的新德里虽然整体状况好于印度的平均水平，但同样难逃"贫富极化"的危局。

新德里的人口在全世界排名第八。一方面，新德里有华丽的总统府、壮观的议会大厦、繁华的拉姆斯广场、光鲜四射的 Emporio Mall——该商场拥有金碧辉煌的屋顶、极具异域风情的喷泉，商场外的安保人员有效地将穷困人群阻于门外，从拥挤喧嚣的街道进入这个用空调打造的小天堂需要花费 5 美元，这差不多是印度十多亿人口中 80%的人一个星期的收入，这让我们见证了"印度首个奢侈商场变身成为印度经济'种族隔离'符号"的过程，同时显示了印度贫富人群鸿沟的进一步加深。另一方面，除了市中

① 刘世军:《城市精神及其上海传统之再确认》,《文汇报》,2003 年 2 月 8 日。

② "Delhi per capita income doubles to Rs 1.16 lakh in 6 yrs", Business Standard, Nov 10, 2011, http://www.business-standard.com/india/news/delhi-per-capita-income-doubles-to-rs-116-lakh-in-6-yrs/455032/

心以外，随处可见帆布、油布搭建的棚户区。在新德里，较大规模的贫民窟有 6 处，据统计约有三分之一的人口仍生活在贫民窟中。他们的主要居所就是棚户。在那里，厕所是露天的，人们甚至把街道拐角当作公厕，露天下水道里的污水散发着恶臭，孩子们光着脚在垃圾堆里跑来跑去。除此之外，新德里还在遭受严重的污染，包括路尘、工业、汽车尾气、无法处理的固体垃圾、噪音等，已严重危及当地人的生存健康。由于环境污染，新德里每年约有 10000 人"英年早逝"。①

外来移民是构成城市贫困人口的重要部分，在发展中国家外来移民主要指涌入城市的农村移民。根据 2009—2010 年的统计，农业生产只占新德里 GDP 的 0.6%。农业生产的低附加值推动印度人向城市大迁徙。在新德里，每天都有大量人口从贫瘠的农村涌入城市。他们通常就聚居在以棚户为标志的贫民窟。这里的人群深受"贫困文化"②的影响，再得不到政府的充分援助，很可能陷入无穷的贫困循环之中。

印度城市的贫困问题很大程度上是城市化的副产品，这也是很多国家都面临的难题。而新德里的这一问题以及对该问题的治理"乏术"已经极大地影响了其内部的凝聚力以及对外的美誉度。

2009 年，为了美化市容迎接英联邦运动会，印度新德里市拆毁了政府用地上的大量棚户区建筑，成百上千人无家可归，只能露天过夜。③ 印度非政府组织桑茶尔基金会哈查德中心的罗伊表示，这样的"强拆"很可能导致暴力。紧接着 2010 年，政府为了修建高速公路而进行大面积征地，上万失地农民聚集新德里，封锁了通往新德里的数条交通要道，通往国会大厦的主要道路全部瘫痪。印度总理辛格已深刻地意识到这些活动的危险性，他直言，日益悬殊的贫富差距是国家的不稳定因素，亟待解决。

内部的不稳定因素会直接作用于一个城市的对外交往。比如印度新德里在申办 2014 年亚运会时惜败韩国仁川，就是最直接的例证。包括印度体联部长在内，一些参与投票的国家亦认为，除了污染和交通拥堵等问题，市政府的钱应该首先用于改善穷人的生活设施。

---

① Faiz, A., P. J. Sturm. "New Directions: Air Pollution and Road Traffic in Developing Countries". In Jill Austin, Peter Brimblecombe, William Sturges. Air pollution science for the 21st century. Elsevier, 2002. pp. 241—244.

② 奥斯卡·刘易斯认为"贫困文化"(Poverty Culture)指的是一套穷人具有的规范和价值观。其特点包括屈从意识、不愿意规划未来、没有实现理想的能力以及怀疑权威，像任何一个文化传统一样，贫困文化能使自身永久存在，从而使贫困者及其家庭陷入贫困的恶性循环之中(Lewis O., The Culture of Poverty. Scientific American, 1966, p. 219)。

③ "India razes slums, leaves poor homeless", CNN. com/asia, January 14, 2009, http://edition. cnn. com/2009/WORLD/asiapcf/01/14/india. slums/index. html

(二)里约热内卢的暴力问题

与新德里一样，里约热内卢同样深受贫民窟问题的困扰，今天的里约是全球贫民窟最多的城市。那密密匝匝的“贫民火柴盒”通常傍山而建，所以乍看上去有一种贫民窟堆积如山的感觉。它们与风景如画的海滩、富丽堂皇的饭店形成鲜明的对比。也许因为深受宗教和种姓制度的影响，印度人更可能安于贫困，可里约的贫民窟则需要处理一个似乎比贫穷更挠头的衍生问题——“暴力”。

里约的确是一个矛盾之所。一说起里约热内卢，估计多数人会想到两种极端的形象：热情与暴力。而后一种形象在贫民窟中又被极度放大。著名电影《上帝之城》就再现了里约贫民窟中混乱与凶险的真实场景。毒枭们在贫民窟划分管辖区，他们有自己的“章法”，可以随意处置可疑之人。要想进入贫民窟，必须事先征得各地界老大的同意，否则就可能凶多吉少。连治安警察对此都望而却步。贫民窟的男孩子在十二三岁就开始荷枪贩毒。年轻人很容易死于非命。贫民窟中的“罪恶”还有很强的向外辐射性。在里约的旅游胜地和市中心，游客每年被抢、被盗的案件高达 3000 多，而破案率仅为 1%，每天都有人成为枪下冤魂。警方与黑帮之间的武装冲突时有发生。里约的贫民窟之所以成为暴力犯罪的载体，很大程度上与政府在城市化过程中疏于对其进行经济管理与社会控制所致。同时又因为社会分配不公的问题与贫富悬殊的问题不断加剧，为黑帮用不义之财在贫民窟笼络人心创造了条件。[①]

暴力问题极大地影响了里约的国际形象，直接削弱了里约旅游业的竞争力。里约在申办 2016 年奥运会的过程中，也深受治安问题的困扰。尽管里约最后险象环生赢得了第 31 届奥运会的举办权(不排除投票国家有对从未举办过奥运会的拉美国家的情感倾斜)，但里约频发的暴力事件，让不少人对里约是否能在 2016 年奥运会举办前整顿好治安，以确保运动员和游客的安全表示质疑。甚至有运动员已经对是否赴里约参加奥运会表示了疑虑。2009 年，国际奥委会执行主任费利也表示，国际奥委会将在未来七年内密切关注 2016 年奥运会举办地里约热内卢的治安问题。

新德里与里约热内卢的教训告诉我们，城市治理的现状是城市对外交往的基础，它直接影响着城市是否可以形成凝聚市民的向心力，是否可以塑造良好的国际声誉；而这一切都离不开城市有效的内部治理，特别是能否满足市民对经济与安全的需求。

---

① 沈孝辉：《激情、浪漫与恐怖之城——游里约热内卢，读巴西与巴西人》，《人与生物圈》，2007 年第 4 期，第 26—41 页。

四、成功的经验

有良好精神支撑的城市，必将展现出鲜活的生命力，吸引全球观众的目光。所以一座智慧的城市除了有较好的市政，还应懂得如何准确提炼其独特的城市精神，以及如何积极维护和有效传播。城市精神就像一座城市的品牌，它融入城市的管理和经营理念之中，可以激发更大的想象力和创造力。比如阿姆斯特丹人引以为豪的“I am sterdam”，“华盛顿，美国人的体验”(Washington，the American experience)，“帆船之都奥克兰(Auckland，city of sails)”，“约翰内斯堡，非洲的世界级城市(Joburg，A world Class African City)”。努力为自己的城市赋予一个有价值的品牌，有助于塑造积极的国际形象，从而达到更好的经济和社会效应。纽约和新加坡在这一点上为我们提供了颇有助益的经验。

(一)多元的纽约

纽约不仅是外国人眼中的国际大都市，纽约人也甚为他们多元的文化、高度的融合力而自豪。

纽约被公认为是最能体现美国精神的城市，那高耸在纽约哈德逊河口的贝德洛岛上的自由女神，是美国精神的象征，也是纽约城市精神的象征。这种自由精神很大程度上体现为纽约对于多元文化的包容性。纽约一直是美国城市中移民人口最多，移民来源最广的城市。它以其海纳百川的胸襟迎接着来自世界各地的人们，由此带来多元的文化、习俗、宗教，打造出一个多姿多彩的纽约。

美国的移民政策被称为“大熔炉”，该政策因忽视文化多样性而颇受指责，但纽约对多元文化的尊崇可以称之为“马赛克”，大家虽拼接在一起，但可以保持自身的底色。纽约有超过230个种族，来自120个国家的移民和115种语言，各个种族往往聚集而居组成自己的小社区。纽约市有800多个社区，很多都有族裔背景，比如中国城、日本城、意大利区、希腊街、小印度等。这些有共同族裔背景的社区，经常举行民族节庆活动。这类活动，被称为街坊节，是纽约“文化之都”的重要特色。每一个外来民族都可以在这里找到展示自家文化的舞台。这些活动都是民间活动，既是纽约人多元文化的体现，也是纽约自治参与精神的体现。

此外，纽约每年都要举办民族文化节，比如亚裔文化节、拉美裔文化节，甚至举办各种种族文化周和文化月活动，以期维护这种文化上的多元性。在公共设施上，纽约也注重为多民族人口提供便利，比如图书馆会提供多语种服务；博物馆包括了黑人文化、亚洲文化、犹太文化等。纽约的社区发展是基于邻里进行的规划。社区居民可以参与从社区规划到社区各项具体事务的活动，这些活动能深入社区之中，包括那些低收入社区和非白人社区，广涉住房、环境、公众健康及社区服务等方方面面。①

纽约市多元共融的特质为其赢得了良好的国际声誉。作为全球商业经贸的重心、全世界最重要的金融中心，许多大型企业都在纽约市设立总部，财富 500 强中就有 45 家公司总部位于该市。纽约与其他美国大城市相比，拥有较高比例的外国公司，平均每十个工作之中就会有一个是外国公司的工作。作为一直排名首位的世界城市，纽约在招商引资和吸引游客方面成绩斐然。同时，作为联合国总部的驻地，又为纽约的对外交往提供了得天独厚的条件。

(二)开放的新加坡

新加坡比较特殊。新加坡是个国家，因此用以讨论城市对外交往貌似不妥，不过众所周知，新加坡是个城市国家，在很大程度上仍在我们探讨的范畴之内。

“花园之城”新加坡，作为一个没有资源的岛国，在经济和社会发展方面能取得举世瞩目的成就，离不开开放、兼容的新加坡精神。新加坡获得成功的一个关键因素是她比绝大多数国家更早认识到经济全球化的重要性。在战后反殖民主义以及冷战背景下，更多国家抵制甚至敌视全球化，排斥外国公司。但新加坡却坚持通过吸引跨国公司投资来帮助自己实现工业化，通过利用国际人才来弥补本身人才匮乏的短板；并且利用国际环境来拓展国内市场。正是这种开放的姿态，令新加坡经济在短期内得以迅速提升。

不过，在社会和文化价值观方面，新加坡政府对全球化却持保留态度，认为西方的经济现代化社会成本太高，因此主张维持亚洲自己的文化和价值观。20 世纪 80 年代，新加坡在华人中提倡儒家价值观，强调家庭的重要性；90 年代又提倡更具包容性的亚洲价值观，希望以此维护各个种族文化的和谐。

总之，新加坡在处理经济全球化和文化价值本土化方面，展现了与众不同的思路。新加坡政府有效驾驭了各种压力和张力，坚持走自己的路。几十年来，新加坡的经济发展成就斐然，社会发展也相当成功。新加坡的家庭收入一直稳步增长，失业率也保持着极低水平。2008 年，82%的新加坡人住在政府组屋之中，其中 95%的人拥有他们居住的组屋，这真正实现了“居者有其屋”的理想。加上新加坡高效、廉洁的形象，令其在国际上享有极好的声誉，其发展模式也呈现出很强的吸引力。② 比如我国早在 1978 年邓小平出访新加坡时就表现出借鉴新加坡经验的浓厚兴趣，当时主要学习其改革开放的经验。之后，从 90 年代开始，我们开始系统学习新加坡的

---

① 奚洁人等：《世界城市精神文化论》，学林出版社，2010 年，第 70—104 页。

② 参见黄朝翰、赵力涛：《新加坡社会发展经验》，八方文化创作室，2009 年，第 1—8 页。

社会治理经验，“中国市长班”就是这个时候启动的。我国广泛实践的公积金制度正是这一阶段学习新加坡的成果。新世纪以来，新加坡又尝试向东盟国家推广自己的治理模式，这一举措不仅为新加坡开拓了新的国际商机，也打造了新加坡在国际关系及国际经济发展中可信赖伙伴的形象。①

五、结 语

全球化促进了国际行为体的多层化趋势，在这一背景下，作为次国家行为体典型代表的城市，作用越来越重要。一方面作为国家外交的有益补充，一方面有的放矢地致力于满足城市本身的经济与社会发展等需要。而一座城市对外交往活动的有效性有赖于其城市精神对内的凝聚力和对外的吸引力。这特别体现在城市的内部治理和对城市精神的培养。一座治理失灵的城市，无法获得市民的认同，自然很难发展凝聚民心的城市精神。良性治理是培育城市精神的沃土，而准确提炼与精心培护是城市精神生根发芽的养料。这样才能让城市对外交往获得较好的效果。

（作者：陈雪飞　北京对外交流与外事管理研究基地研究人员　讲师）

① 陈雪飞：《新加坡公共外交内因模式》，《公共外交季刊》，2011 年第 7 期，第 98—104 页。

基地名称：北京对外交流与外事管理研究基地
依托单位：外交学院
项目类别：北京市哲学社会科学“十一五”规划项目

权力、财富、文明
——当代西方国际思潮评析[①]

冷战以后，尤其是进入21世纪以来，西方在国际关系方面出现了许多新的观点和新的争论，思想纷繁，流派迭起。本文试图从权力、财富和文明三个视角，捕捉几个与国际关系高度相关的重点问题，追溯西方社会的思考和论争，并做简要评析。

一

权力是世界政治中的核心概念。政治学认为，权力之于政治犹如货币之于经济。权力是政治生活中的基本要素，也是世界政治中任何时候都无法避免的讨论问题。但是，对于权力的认识也不是一成不变的。随着时代的发展、世界的变化，权力的性质发生了变化，人们对权力的认识也发生了重要的变化。西方国际关系学界对权力的认识表现出与原来不同的取向。总的来说，权力呈现了一种流散的趋势。

传统国际关系理论对权力的定义包含了几个关键内容。首先，权力是集中的。也就是说，世界政治中的权力是高度集中的权力，是国家权力，国家是权力的拥有者和使用者。虽然大家都承认，任何国际行为体都具有一定的权力，都会影响其他行为体的判断和行为，比如，跨国公司可以通过金钱的力量颠覆外国政权，国际组织可以对某个国家实施制裁等等，但是，国家在实施权力方面有着其他任何行为体都无法替代的能力。这显然是与权力的极端强制性相关的：国家是唯一可以合法使用有组织暴力的组织。我们知道，国家主权的原则规定了国家对内代表了最高权力，对外不对任何其他权威负责。国家可以拥有军队、警察，可以对外发动战争，对内可以实施镇压，这都是国家合法使用暴力的典型表现。任何一个其他组织都是没有这种合法能力的。联合国安理会可以采取军事行动，但是必须

① 本文是《后金融危机时代的国际思潮对中国的影响》项目的阶段成果，项目编号：10AbKD108。

经过联合国安理会成员国的同意，尤其是五个常任理事国的一致同意。说到底，还是国家的力量发挥作用。

其次，权力是强制性的。权力被定义为“迫使他人做其原本不会做的事情的能力”，这一经典定义被无数次引用，也被视为对权力的精准界定。如果一个国家可以迫使另外一个国家屈从、做自己原本不愿意也不会做的事情，那么，这个国家相对于另外一个国家就是具有权力的一方，因为它的能力可以影响对方的行为。这种能力是强制性的，因为它迫使对方采取某种行动，并且是违背对方意愿的情况下实施的。现实主义国际关系理论高度重视物质性能力，反映了对权力强制力的重视。冷战时期，美苏两个超级大国角力的主要方面就是毁灭性最强的武器——战略性核力量。

再次，权力是刚硬的。世界政治中权力的核心是军事能力。由于权力是强制性的，是国家使用的暴力，所以，它的核心必然是具有暴力能力的成分。在世界政治中，这显然是军事实力。国际政治现实主义认为，军事实力是国家权力的最典型表现。国家综合能力的提高显然会使一个国家的影响能力增强，但仅凭综合实力是不够的。只有当综合实力能够转化为军事实力的时候，才能够说这个国家具有强大的权力。比如，根据综合实力的数据，美国在 19 世纪末已经是世界第一强国，但由于美国采取了孤立主义政策，不愿意将自己的实力以军事实力的方式投射到世界其他地方，所以美国的权力并没有成为影响力。没有产生影响力的权力只能称为潜在权力，而不是实际权力。

这三个特点说明了传统国际关系学对权力的基本理解。权力是集中的、强制性的、刚硬的。而当代人们对权力认识的变化首先是在这三个主要方面发生的。西方国际关系学界和政治学界开始讨论权力的流散、权力的非强制性质、权力的非军事内容。一方面，我们应该看到，传统的权力观在西方并没有消失，高度集中的强制性权力仍然受到特别的关注，并且在不同场合得到实施。冷战之后，发动和参与战争最多的国家是美国。无论是反恐战争，还是伊拉克战争和阿富汗战争，都充分表现了权力的集中性、强制性和刚硬性。任何一个国家都不可能放弃这种权力，并且各个大国似乎都在提升这种权力。另一方面，人们也发现，在当今的世界上，这样的权力似乎并没有真正解决问题。反恐战争非但没有消灭恐怖主义，而且在某种意义上是越反越恐。美国不得不从伊拉克和阿富汗收缩兵力乃至撤军，而这些国家的恐怖主义依然猖狂。

权力的流散，指权力从国家层面向其他层面分散。从世界政治的领域来看，主要是向两个方面流散。一是权力的横向流散，即权力从冷战初始的超级大国美国向其他国家流散，也就是说多极化趋势更加明显。冷战刚刚结束的时候，由于苏联的解体，美国成为世界上唯一的超级大国，在某种意义上讲，美国的权力比二战结束的时候更加强大，因为没有一个国家有能力与美国分庭抗礼。这实际上是美国新保守主义兴盛的一个原因：既然没有对手，美国就应当以无以匹敌的军事实力推行自己的价值理念。二十年过去了，美国的相对权力比起冷战结束的时候明显降低。虽然美国唯一超级大国的地位没有变，世界一超多强的基本格局也依然存在，但是在这个框架之内，权力消长明显，美国相对实力下降，其他国家相对实力上升。这一点最明显地表现在“金砖”国家的群体崛起上面。二十年里，中国、俄罗斯、印度、巴西、南非等金砖国家迅速发展，成为世界政治的重要力量。权力由霸权国向其他大国流散的趋势已经十分明显。西方出现了“多极世界”、“两强共治”、“无极世界”等各种说法，虽然观点不一，但都表现出对权力从霸权国向其他国家分散的趋势。

二是权力向非国家行为体流散。如果说以前人们认识到的非国家行为体主要是从事国际活动的国际组织和跨国公司的话，那么，当今的非国家行为体更多是指国际社会的力量。一方面，国际组织在当今世界政治中的作用得到了重新的重视。西方对国际制度的重视和国际关系学界对制度和治理研究的关注，都使得国际组织的影响力比冷战时期有较大程度的提升。欧盟作为迄今为止能量最大的国际组织已经在欧洲一体化道路上发挥了极其重要的作用，在一定程度上替代成员国家行使主权，自然，成员国家对其让渡的主权也最明显。另一方面，非政府组织，也就是市民社会力量已经成为公认的世界政治的重要成分。如果我们看一下当今世界政治的主要议题，无论是气候变化还是经济发展，无论是民主还是人权，无论是全球化还是反全球化，非政府组织的作用都是极其重要的。弗里德曼称当今世界是扁平的，一个重要原因就是这种权力流散的现象和影响。①加上当今通讯等技术的发展，市民社会力量的权力更加扩大，中亚的颜色革命、中东的民主运动等，都与国际社会市民力量的作用密切相关。

权力的流散对于传统权力概念产生了冲击。首先，权力流散说明权力已经不是高度集中，国家虽然在权力方面仍然具有极大的掌控力，但非国家行为体拥有的权力大大超出了冷战时期。国际社会力量不但有着极大的活动能力，而且在不少时候可以掌握世界政治中的重要议程的设定，可以促成一个国家内部的政治活动，可以通过舆论形成有力的跨国联盟。进而，权力流散说明权力已经不可能高度集中在霸权国或是几个大国手中。虽然国际体系原有的大国仍然具有强大的权力，比如美国，但是其他国家的相对权力上升，西方和非西方的权力差距大大缩小，世界格局的发展越来越

---

① Thomas L. Friedman，The World is Flat：A Brief History of the Twenty-First Century，New York：Farrar，Straus and Gioux，2005.

反映出一种权力在更多国家之间趋向平衡。

其次，权力的强制性和刚硬性也都得以削弱。强权历来是国际政治的重要内容，一些西方大国在历史上是以强权为荣的，冷战时期苏美两个超级大国的争夺在某种意义上是争夺强权，是试图以自己的强权压倒对方的强权。由于权力的流散，尤其是向非国家行为体的流散，作为国家特权的强权自然会被削弱，不同性质的权力和权力表现形式纷纷呈现。约瑟夫·奈系统地论述了软权力的概念。虽然同样是权力，软权力不是强迫对方做原本不愿意做的事情，而是文化。政治、经济等方面的吸引力，是吸引对方做你愿意他做的事情。[①]这说明软权力从根本上说不是以强制性为手段的，是非刚硬性权力。不少非政府组织通过跨国联盟的形式，在一些国家动员民众，发起种种人权进程、环境进程等，也是使用了一种非强制性的权力，通过塑造政治环境、动员民众参与，形成影响力。结果不但能够组织一国国内的民众，甚至可以颠覆一个国家的政权、改变一个国家的政治制度。

再次，虽然人们对权力的认识已经随着时代的发展而发生了变化，在现实国际政治中，延续和变化是共同存在的。以国家实力，尤其是军事实力为主的硬权力依然是极其重要的权力因素。同时，软权力的影响力也是不可低估的，政治制度和经济制度都可以成为吸引他国的东西。所以硬权力和软权力往往是相互结合使用的，只有软权力不行，因为权力政治的实际仍然是国际政治中的经常现象；只有硬权力也不行，在应对跨国威胁的时候，比如在讨论气候变化问题上面，强制性、刚硬性的权力也是很难以使用的。大国政治往往要在两个方面同时设计，理想状态是形成巧权力（smart power），即通过软硬兼施的方式，达到自己的战略目的。

权力的流散是一个趋势，传统权力观和新权力观在全球化进程中被现实结合在一起，形成了当今世界政治中对权力的理解和认识，而作为政治的核心概念，权力的性质和功能仍然处于不断发展和变化之中。

二

财富同样是一个世界政治的重要概念。获取财富、保持财富、积累财富关系到一个国家乃至整个世界的命运，这就不仅仅是经济问题，而且是重大的政治问题。对财富的这种认识已经成为一种共识。但是，具体到如何获取、保持、积累财富，则出现了不同的观点和流派，书中我们梳理了西方知识界认为比较有影响的三种模式，他们将其界定为英美自由资本主义模式、欧陆社会资本主义模式、亚洲国家资本主义模式。简单地说，就

① Joseph S. Nye, Jr., Soft Power: The Means to Success in World Politics, New York: Public Affairs, 2004.

是完全市场模式、政府协管模式和政府引导模式。

英美自由资本主义属于完全市场模式。这并非是说在实际经济运行完完全全依赖市场，但这种模式背后的理念是完全的市场，因为英美自由主义在这两个西方国家中是有着深厚的历史和思想渊源的。从亚当·斯密的放任自由主义经济经典著作开始，“看不见的手”已经成为英美经济思想中一个至关重要的因素。在美国，自由资本主义一直是其经济发展的重要思想支柱，与凯恩斯主义形成了对垒的两种主流学派，犹如国际关系中的自由主义与现实主义。20世纪80年代，当时的美国总统里根与英国首相撒切尔一并大力推行自由资本主义，在冷战结束、苏联解体之后，由于经济的地缘界限被打破，自由资本主义经济模式也被推向了世界。俄罗斯采用的“休克疗法”就是一个典型的例子。

英美自由主义模式有着几个明显的特点，或称为自由资本主义三原则。首先，市场第一原则。这是英美自由资本主义的根本原则，是对“看不见的手”理论的最大化阐释。“大市场、小政府”是最好的制度设计，市场不用也不容调解，政府干预越少越好，自由市场的基础是自由个人主义，自由市场的自我调解效力超出任何人为干预能力。其次，财富私有原则。由于自由市场的基础是自由个人，自由个人完全掌握的财产才能够在自由市场的调解之下实现利润的最大化。反过来，私有化又保证了个人的最大自由，是他们能够在市场上根据个人的意志进行自由的买卖。公有制保护既得利益的垄断性，赋予既得利益不公平竞争优势，具有先天的不稳定性。再次，全球自由经济原则。实现经济要素的自由流通，反对任何形式的保护主义。经济领域的国际经济组织，比如世界贸易组织、国际货币组织、世界银行应该是英美自由资本主义的有力执行机构，负责在全球范围内实施和推行以自由资本主义理念为核心的战略和政策。

英美自由资本主义模式的集中体现是1990年形成的“华盛顿共识”。冷战结束伊始，美国与世界经济金融领域的国际组织，国际货币基金组织、世界银行等，在华盛顿召开国际经济研讨会。在当时苏联解体的现实和“历史终结”的思维意识之中，会议达成了高度的共识。虽然许多属于政策性建议，但这些政策建议的基础是英美资本主义的思想和理念。美国经济学家约翰·威廉姆森对会议成果进行了总结，称之为“华盛顿共识”(Washington Consensus)。“华盛顿共识”虽然涵盖了几个方面的内容，但其基本理念依旧是上面讨论的自由资本主义三原则：充分发挥市场作用，经济活动领域要充分自由化；大力弱化政府功能，加大财政改革，否定政府宏观调控的作用，保护私人财产，将国有企业转变为私人企业等；国际贸易、投资、汇率等进一步自由化，降低或取消贸易壁垒。

欧陆资本主义模式虽然在大的范畴内坚持资本主义市场经济，但在资本主义市场经济的作用和运行方面与英美自由主义资本主义模式有着一些明显的不同。简言之，可称为国家协管模式。也就是说，欧陆国家认为市场是重要的，但政府也是重要的，政府的重要性就表现在它是经济生活中重要的调节因素。欧陆资本主义经济也有三个原则。首先，社会公正的原则。在英美自由资本主义模式中，市场效率是最主要的考虑因素，而社会正义被认为是不在经济学的思考之中。而欧陆资本主义模式虽然也在尽力追逐效益，但欧洲大陆的马克思主义、社会主义、工人运动等传统使得欧陆的资本主义发展与英美的模式出现了理念上的差异，在模式运作上也就比较强调社会效益和市场效益并重的政策。高税收、高福利就是一个明显的例子。其次，国家作用原则。英美模式是尽量弱化国家在经济活动中的作用，而欧陆模式则强调国家在宏观调控、社会公正、经济秩序等各方面的重要作用。比如欧陆国家已经形成了一整套劳资讨价还价的机制，国家在这一体系中的作用就是无可替代的。再次，私有公有混合原则。英美模式中，最大程度的私有化是保障经济发展的根本条件，没有私有财富便没有真正的自由市场经济。但在欧陆国家，虽然私营企业仍然是经济生活的主体，但国营企业的比例要大大高于英美，尤其是对于一些重要的企业，政府的作用更为明显。

在西方，引起争议最大的是所谓的亚洲市场经济模式。虽然英美的自由资本主义和欧陆的资本主义模式有着一些明显的不同，但在许多大的理念以及重要政策方面，还是有着高度的一致性，比如市场的主导作用、私有财产在经济生活中的主体性等，所以，习惯上很多人还是称之为欧美模式。但亚洲的市场经济发展模式表现出很大的不同。首先是“亚洲四小龙”的崛起，然后是中国经济的迅速发展，其中有些东西是相似的，而这些经济体恰恰又是在儒家文化圈之内。所以，这些国家的经济发展模式就成为西方高度关注的对象。

亚洲经济发展的模式被称为国家引导型的发展模式。它与英美和欧陆模式都有着明显的不同。这种不同主要表现在政府作用上面。在亚洲各个发展迅速的经济体中，政府的作用都是不可或缺的，从某种意义上讲，是政府主导下的市场经济。这种经济发展有着几个明显的特点。首先，政府制定经济发展战略。从“亚洲四小龙”开始，一直到后来东亚的其他经济体迅速发展，都是由政府制定的经济发展战略引导整个国民经济的发展。比如东亚的出口导向发展模式，就是根据东亚地区的实际情况确立的。从宏观角度，只有政府才能够做出这种全面的发展战略。其次，政府具有强势干预能力。政府不仅要重视经济发展，引导经济发展，而且要具有干预经济的强势和管理内外经济关系的强势能力。中国香港、中国台湾、新加坡和韩国都是通过少数几个战略出口工业的发展来促进其他工业的增长和更多的就业，政府动员和调动经济资源的权力在此过程中被不断强化，实现经济重构，改变国内、地区内经济结构和在世界市场中的地位，实现高速和相对平等的发展。中国在面临内外经济出现重大问题的时候，也是由政府制定宏观调控政策，保证经济的顺利发展。再次，国有经济占据重要地位。韩国的经济是在朴正熙时期开始起飞的，政府是典型的威权主义政府，不仅直接控制和管理着大量的国有企业，还采用各种长期发展计划、短期管理政策和措施影响和控制私营企业。中国的大型国企也是中国经济发展中最具实力的行为体。除此之外，政府在保证安全稳定方面为经济发展提供政治保障，从而为促进投资、贸易、生产等各方面的发展提供有利的环境。从某种意义上讲，乔舒亚·雷默(Joshua Ramo)所写的《北京共识》在一定程度上反映了这种模式的主要特点。①

完全市场型、政府协管型、政府引导型是当今经济领域存在的三种经济发展模式。应该说，三种模式的极端形式都会影响经济的发展。完全市场模式很可能导致宏观监管不到位，2008 年起始于美国的金融危机就是这方面的一个例子。政府协管模式可能会导致福利负担过重，改革步履艰难，最终引发经济和政治的双重危机。至今仍在发展中的欧债危机也许是这方面的一个例子。政府引导性模式则可能使得各级政府将主要经历集中在单纯的经济发展上，使大型经济利益集团迅速扩张，使社会的其他方面得不到应有的关注，甚至出现不可持续发展的局面。对三种模式的比较研究也许可以启发人们更好地获取财富、保持财富、积累财富。

三

文明和文化研究是当今国际思想界高度重视的领域，并且越来越引起人们的关注。其实，我们在上一部分讨论的不同的经济发展模式，这些模式的背后都有着一定的文化理念在起作用。自由主义的思想是英美两个国家根深蒂固的传统，社会主义思想也一直是欧洲大陆国家的重要精神理念，而儒家文化对于东亚来说也是具有重大影响的。进而，行为体的政治行为和社会行为也深受它深嵌于其中的文化的影响。文明和文化作为世界政治的研究内容显然是一种思想趋势和学术趋势。

当今的文明文化研究，仍然要在很大程度上归功于美国学者塞缪尔·亨廷顿在冷战结束伊始所写的文章《文明的冲突》。亨廷顿在这篇文章里提出了两个重要的观点。第一，文明是多元的。世界上不仅仅只有一个文明，而是存在多个文明。这些文明具有差异，在许多方面表现出根本的不同。

① 参见 Joshua Ramo，“The Beijing Consensus”，Foreign Policy Centre，http://fpc.org.uk/fsblob/244.pdf，2012-08-25.

第二，文明之间的关系是冲突关系。由于文明之间存在重大差异，尤其是价值理念方面的差异，文明之间的基本关系是冲突。比如基督教文明和伊斯兰文明之间，基督教文明、伊斯兰文明和儒家文明之间，等等不一。亨廷顿有功有过，一般来说，"功"在承认多元文明，"过"在坚持文明冲突。但是，亨廷顿确实有一个很大的功劳，那就是将多元文明和文明议程代入了世界政治的思考范畴。我在这里不想讨论文明文化在世界政治研究议程中的方方面面，只是想谈一下西方世界对文明文化的几种主要认识。

总的来看，当今世界上对于文明之间的关系有着三种观点。一是文明冲突，二是文明分治，三是文明融合。文明冲突观是一种比较典型的西方式思维。如上文所说，冷战结束不久，亨廷顿提出了"文明冲突论"，引起了高度关注和激烈的辩论。①他将世界分为中华、日本、印度、伊斯兰、西方、拉美以及"可能存在的非洲文明"等多个文明单位，由这些单位构成一种世界文明结构。他认为，这些文明的基本思想理念和价值观念是不同的，差异巨大的不同文明在后冷战时期必然相遇。西方文明本质属性的总结包括：古典遗产、天主教和新教、政教分离、法治、社会多元主义、代议机构和个人主义。这些基本的理念构成了西方文明，而且是不会发生变化的。伊斯兰文明的一个核心理念就是忠诚：对家庭、部族和部落的忠诚，对文化、宗教和帝国统一体的忠诚，这种政教合一的忠诚高于一切。进而，这些观念也是不会改变的。伊斯兰政教合一的基本生活方式与基督教的政教分离形成根本差异。亨廷顿认为，差异导致冲突，儒家文明和西方文明也有巨大差异，所以，也会发生冲突。由于西方和非西方文明本质属性的差异，冲突是不可避免的。因此，他断定，冷战时期的意识形态和两大阵营冲突必将会被不同文明单位之间的冲突所代替。

第二种观点是文明分治观。这是由英国学派的重要学者巴利·布赞提出来的，主要表现在他对层次国际社会的阐释。英国学派分析国际社会的三种观点，即先进社会观、统合社会观和层次社会观。先进社会观认为西方国际社会的扩展是单向的。随着西方国际社会规范、价值和制度的发展，全球国际社会应该是一个扩大了的西方国际社会。统合社会观认为各种文明文化必然相遇，所以西方国际社会的扩展必须解决其他文化、文明、价值及制度等方面的不统一问题。两种观点虽然在西方社会与其他社会相遇问题上似乎持不同观点，但它们之间实际上是存在一致性的，即都认为国

① 塞缪尔·亨廷顿1993年在《外交》季刊上发表的文明冲突的文章引起关注，1996年亨廷顿基于此文撰写的著作出版。参见 Samuel Huntington, "The Clash of Civilizations?", Foreign Affairs, 1993, Vol. 72, No. 3, pp. 22—49; Samuel Huntington, The Clash of Civilizations and the Remaking of World Order, New York: Simon and Schuster, 1996。

际社会应该有一个文化扩展和形成统一的形态模式。布赞提出的第三种模式是所谓的层次国际社会，重点是在全球和地区两个层次考虑国际社会的形成和发展。层次国际社会的观点仍然认为形成一个全球性国际社会存在巨大困难，这主要是因为文化理念的不同并且难以调和。比如说，具体到中国与国际社会关系问题，层次国际社会的观点认为中国在地区层次的国际社会更容易发挥作用，因为东亚各国拥有更多共享的价值观、文化和制度，可以形成一个东亚国际社会；但是东亚的“国际社会”和欧洲的“国际社会”是不同的，因此是很难融合的。这实际还是一种“非此即彼”的思维模式。它其实只是英国学派在其思维框架中可以提出的一种权宜之计：从信念上讲，英国学派学者认为不可能把自我和他者融为一体，所以欧洲国际社会仍然是欧洲的，东亚国际社会也依然是东亚的。由于文明之间难以融合，所以可行的解决之道是文明分治：欧洲文明管辖欧洲，东亚文明管辖东亚。因此我将这种观点称为文明分治观。①

第三种观点是文明融合观。美国学者卡赞斯坦是一个有代表性的人物。这类学者首先承认文明是多元的，多元指的是在世界的文明结构中，存在不同的文明单位，它们经历不同、实践活动不同，因此也就成为不同的文明形态。比如现在世界上的文明大致可以分为美国、亚洲、伊斯兰、欧洲和印度，认为美国文明的本质属性是世俗自由主义，亚洲文明是亚洲价值(儒家思想在其中占很大成分)，伊斯兰文明是原教旨主义，欧洲文明是启蒙运动价值观念，印度文明则包含了对不同宗教、不同世俗思想、不同自由主义和非自由主义流派的容忍。其次，他们认为不同文明之间是可沟通、可合作、可协调、可融合的。卡赞斯坦进而认为，文明之间是一种互予互取的关系。并且，各种文明的交流会建构一个“吸收融合的世界：本土文化有选择地吸收外来文化，其规范与实践则因此而发生变化…… 这是一种欲予欲取的文明进程，即信息、思想、价值、规范、认同等文化资源的交流吸收”②。在这个意义上，文明融合观具有积极的意义，因为它否认了那种西方文明是先进文明、非西方文明是落后文明的观点。再次，卡赞斯坦还提出了一个重要观点，即文明是多元的，又是多维的。多维文明指即便是在同一文明之中，也存在不同传统，也会出现文明内不同群体的互动问题，比如西方文明中的纳粹德国，还有美国文明内部的差异和竞争。这样就否认了多元文明并存并且必然冲突的结构冲突论观点。最后，文明融合观反

---

① 参见秦亚青：《关系与过程：中国国际关系理论的文化建构》，上海人民出版，2012年，第三章。

② [美]彼得·卡赞斯坦：《多元与多维文明构成的世界》，《世界经济与政治》，2010年第11期，第45—53页。

对任何文明认为自己的文明是优势文明，具有超过其他文明的优越性。任何文明，都有自己的传统，都有精华和糟粕，文明之间通过对话相互借鉴、取长补短才是文明融合的道路。

四

从当今西方国际思潮的发展来看，有三个问题需要引起特别的关注。首先，西方原有的一些重要国际思想在后冷战时代受到了不同程度的挑战。冷战结束伊始，西方总体上认为其制度和价值取得了全面的胜利，苏联解体就是一个典型的标志。但是，随着世界局势的发展，随着非西方国家在国际事务中日益增长的作用，西方知识界开始进行反思。美国在冷战以后的单边行为和战争活动受到了很大的质疑，西方经济发展出现的问题也使得不同发展模式产生了一定的影响。其次，现代化思想和后现代思想。两者之间的冲撞比冷战前更为明显。虽然我们还很难说现在以美国为代表的现代性文明与欧洲为代表的后现代文明之间会发生最为激烈的冲突，但是，在意识上，这两种不同的观念可能在一定程度上表现了国际思潮发展的一个方向。以理性主义、物质主义、科学主义为基本理念的现代性思潮越来越受到后现代思潮的挑战，人们越来越怀疑这些现代性要素是否真正关切人和人的生活质量，是否真正关切国家之间的和睦相处，是否真正关切全球社会的进步与发展。再次，多元文化和文明已经成为一种基本的共识。回顾人类社会五百年的发展历史，毋庸置疑，西方文明在现代化过程中做出了巨大的贡献。即便是学术性最强的西方国际关系杂志也开始关注非西方国际体系的研究，学界也在认真思考非西方国际思想会对人们的知识产生什么积极的意义。

思想总是发展的，总是在辩论中前行的。我们梳理西方的国际思潮，不仅希望更好地了解西方当今的思想发展，也希望启发我们自己，思考我们的文化能够为世界提供什么有价值的精神理念，思考我们的思想如何积极地影响世界。

（作者：秦亚青　北京对外交流与外事管理研究基地学术委员会主任　教授）

法治政府研究基地

（中国政法大学）

基地名称：法治政府研究基地
依托单位：中国政法大学
项目类别：北京市哲学社会科学“十一五”规划项目

北京城市应急机制的法律问题研究①

作为一座日益国际化的特大型城市，北京面临众多突发性事件的考验，2003年的SARS危机、2004年的密云踩踏事故，2012年北京数次暴雨所引发的交通瘫痪、人员伤亡等事件均暴露了北京市在应急管理方面的缺陷与不足。如何应对各种自然灾害、事故灾难、突发公共卫生事件和社会安全事件，已成为整个城市发展所面临的重要课题。基于这一现实需求，本文以北京城市应急机制的具体问题为研究导向和关注中心，着重对北京城市应急预防机制、城市应急协调联动机制、城市应急决策指挥机制以及城市应急问责机制所存在的问题和完善路径进行研究和分析。

一、北京城市应急预防机制的法律问题研究

(一)北京城市应急预防机制所存在的问题分析

目前北京市在城市应急预防机制方面所存在的问题可以归结为三个方面：“缺乏”、“不足”、“空泛”。“缺乏”是指相关应急预防制度的缺失；“不足”是指已有应急预防制度的不健全；“空泛”是指相关应急预防制度虽已确立，但缺乏具体的落实及执行措施。

第一，相关应急预防制度的缺失。客观地说，北京市已经建立了较完整的城市应急预防制度体系，然而，就应急准备阶段问责制缺失与人们忽视应急预防之间的因果关系以及互联网背景下信息系统建设对突发事件应对的特殊作用而言，北京城市应急预防制度体系至少还缺乏两个关键性的应急预防制度：应急准备阶段问责制和关键领域信息备用系统建设制度。互联网在给人们带来便捷的同时，也在时刻提醒人们注意互联网安全问题，因此，在建设计算机系统时需要在军事、证券、银行等涉及国家安全、经济安全、社会安全事项的关乎国计民生的关键领域里建立信息备用系统。而现行的《中华人民共和国突发事件应对法》(以下简称《突发事件应对法》)、《北京市实施〈中华人民共和国突发事件应对法〉办法》(以下简称《北京市办

① 本文是《北京城市应急机制的法律问题研究》项目的阶段成果，项目编号：10AbFX081。

法》)等规范都缺乏关键领域信息备用系统建设制度的规定。

第二，已有应急预防制度的不健全，这种不健全主要体现在应急资金保障制度的不健全、应急预案制度的不健全、应急物资保障制度的不健全以及应急管理培训制度不健全等方面。

第三，相关应急预防制度缺乏具体的落实和执行措施：(1)巨灾风险保险制度缺乏具体的落实和执行措施，商业保险在管理巨灾风险方面的作用远未发挥；(2)应急宣传教育制度缺乏具体的落实和执行措施，对全社会的应急宣传教育工作多停留在口号层面，具体要求和措施不明确，可操作性不强；(3)应急城乡规划制度缺乏具体的落实和执行措施；(4)风险评估制度缺乏具体的落实和执行措施。

(二)北京城市应急预防机制的完善路径

完善北京城市应急预防机制应从以下三方面入手：

1. 建立相关应急预防制度

一是建立应急准备阶段的责任追究制度，使城市应急预防的各项制度得到切实落实，有效避免或减轻突发事件的社会危害，关于这一点，本文第四部分将有详细论述；二是建立关键领域信息备用系统建设制度，维护互联网系统安全，政府应当在诸如国防、证券、银行、电力等关系国计民生的关键领域建立信息备用系统，以维护国家安全、经济安全和社会稳定。

2. 健全和完善已有应急预防制度

一是进一步完善应急预案制度。一方面应加强对应急预案的审查和管理，各地各部门制订应急预案后要报上级相关部门审批，上级相关部门对报批的预案要从合法性、合理性、可操作性、语言准确性等方面进行审查。另一方面，应建立应急预案修订与应急预案演练相联系的机制，明确预案演练主体与预案修订主体之间的沟通与反馈机制，建立预案演练时的应急专家跟踪考察制度，确保预案修订的及时性、针对性、有效性。

二是进一步完善应急资金保障制度。目前，由政府财政独立承担应急资金的状况一方面加重财政负担，另一方面也不利于公共财政资金的利用效率。因此，应尝试优化应急资金的构成，在财政资金的基础上吸纳社会捐款、企事业专项应急资金。同时，需要进一步明确规定应急资金在政府财政中的法定提取比例，实行应急资金年度自动流转制度，优化应急资金管理制度，建立灾区统计信息与应急资金拨付相联系的机制，有效保障应急资金的充足。

三是进一步完善应急物资保障制度。完善应急物资保障制度的关键是要解决应急物资“收得上来”、“运得出去”、“发得有效”。为了确保“收得上来”，要建立完善应急物资目录及需求标准、应急物资储备制度、应急物资征收程序及补偿标准等。为了确保“运得出去”，要建立完善应急物资“绿色通道”制度、应急物资区域布局与规划制度、应急物资调运保障制度等。为了确保“发得有效”，要加强对应急物资发放的动态管理，建立灾情信息及时反馈与应急物资发放的关联机制、应急物资发放监督检查制度，保障应急物资的发放既足额、及时，又不会产生腐败与浪费。

四是进一步完善应急管理培训制度。要建立针对不同对象的不同层次、多元化的应急管理培训安排，并进一步完善培训方式，坚持理论与实践相结合，坚持多元培训方式，在不断完善课堂教授、专题研讨、案例分析、视频观摩等传统培训方式的同时，更加突出情景模拟、实际演练等更富实践性的方式。同时，还应当对公职人员设置严格的应急管理培训考核制度，将培训考核结果与官员政绩考核相挂钩。考核方式除了传统的笔试、面试外，也应注重实际演练中的能力与表现。

3. 健全相关应急预防制度的落实和执行措施

一是健全巨灾风险保险制度的落实和执行措施。应当将巨灾风险保险制度落到实处，明确巨灾风险保险的保险人、被保险人、保险对象、保险费率、保险事故的情形、财政对巨灾风险保险的保障力度等细则，真正发挥保险在巨灾风险应对中的作用。

二是健全宣传教育制度的落实和执行措施。应急管理宣传教育要突出实效、注重实际，将防灾、避险、自救、互救的方法用社会公众喜闻乐见的方式加以展现，而不能仅仅追求口号化，应当通过带有实践性的应急教育来有效提高人们的危机管理意识与突发事件应对能力。

三是健全风险评估制度的落实和执行措施。现代社会的风险已不仅仅局限于某个领域或某个方面，而多是交叉性的、综合性的风险，因此，应该与时俱进，建立综合性风险评估机制，明确规定综合性风险评估的主体、程序、指标体系、评估结果运用等内容。在主体方面，要保证评估主体的独立性，遵循公平、公开、公正的原则，引入第三方评估机制，开展应急管理过程、灾后损失和需求等方面的评估，以查找、发现工作中的问题和薄弱环节，提出防范和改进措施，不断完善应急管理工作。在程序方面，要建立公平、公正、公开的评估程序，建立包含成立评估主体、制定评估方案、确定评估事项、识别风险、形成评估报告、确定风险等级、进行风险监控等一系列内容的风险评估程序。在指标体系方面，要在区别不同的突发事件种类的基础上，建立科学、合理、有针对性、符合现实的风险评估指标、评分标准等。在评估结果运用方面，要规定综合性风险评估结果的法律效力，各地各部门要根据评估报告加强相关应急管理工作。

二、北京城市应急协调联动机制的法律问题研究

(一)北京城市应急协调联动机制所存在的问题分析

由于北京作为首都的特殊地位，北京市政府在应对突发性事件时面临着比其他地区更为复杂的局面，其实际上很难协调、统筹辖区内的中央在京单位、军队单位和外地驻京机构。[①] 这就对北京市的应急协调联动机制提出了更高的要求。而从目前的实际情况看，北京市的应急协调联动机制尚存在以下不足：第一，缺乏强有力的协调机构，导致资源整合率较低；第二，北京市实行的是以“3＋2”为基本框架的综合应急管理模式，但是各应急专项指挥部与其他部门之间缺少有效的沟通途径，导致在突发事件的处理中无法第一时间开展协作；第三，在地区间应急管理的协调联动中仍缺乏有效手段；第四，社会动员机制尚不够成熟，北京市目前在突发事件发生后的群众性参与和志愿者队伍组织主要还是取决于行政命令，缺乏常态性的社会动员机制；第五，军地应急协调联动机制的运行不顺畅，这种不顺畅一方面体现在军队与各级政府之间的信息沟通机制不够畅通，另一方面体现在军队与各级政府在突发事件应对中的配合机制不顺畅。

(二)北京城市应急协调联动机制的完善路径

第一，应当强化专项协调机构在应急管理中的协调能力，树立其权威地位，进一步强化目前已经确立的一元化管理模式。北京市过去长期强调单项灾种的条块管理，尚缺乏综合管理的实践经验，作为协调机构的应急办成立时间不长，能力有待提高。为了提高应急管理机构的权威性和协调能力，国际上常见的做法是将应急管理机构的级别作适当的提升。[②] 这一做法值得被北京市所借鉴。因此，应当在现有的基础上更进一步，依托和整合现有资源，赋予应急办更高的行政级别和法律地位，树立其在应急管理过程中的权威地位，使其在应急管理过程中对政府的其他部门能够进行有效的调度和管理，从而真正形成以应急办为中心的多部门协同的综合应急管理模式。

第二，北京应当以协议等方式与周边省市建立应急区域协作制度。2006 年 9 月出台的《全国地震应急区域协作联动工作方案(试行)》中规定了在全国范围内建立地震应急区域协作联动机制，将 31 个省级地震局分为 6 个地震应急联动协作区，整合各省级地震部门应急队伍、装备、车辆等各

---

① 李程伟、张德耀：《大城市突发事件管理：对京沪穗邕应急模式的分析》，《国家行政学院学报》，2005 年第 3 期。

② 国务院发展研究中心课题组：《我国应急管理行政体制存在的问题和完善思路》，《中国发展观察》，2008 年第 3 期。

种应急资源。该方案出台后，6 个区域的牵头单位先后组织召开了本区域的地震应急联动协作联席会议，并针对各区域自身的地理、社情、民情等特点，分别制定了区域性应急联动实施方案和工作计划。这项措施对于中国的防震救灾工作具有重大的现实意义，同时也应当被推广至整个应急管理领域。而协作制度的开展可以通过协议的方式进行，也就是说，北京市可以通过与周边地区进行协商，共同拟定长期性的应急协作协议，整合区域性资源，对地区间的应急物资调拨、信息共享和救灾援助等问题作出书面规定。这一点在国外也有经验可循，如东京为了强化其应急能力，与其他地方政府签订了相互援助合作协定，在协定中对救灾物资的提供和调拨、公务员的派遣、救援车辆和船只的供应、医疗机构和教育机构的辅助性等都进行了详细的规定。①

第三，应当进一步完善社会动员机制。北京市政府应当为公众参与应急管理搭建平台，拓宽社会民众的参与渠道，动员一切社会力量参与到应急管理工作中来。在日常的宣传教育中，政府应当采取多样化的手段，充分提高个人和家庭的危机应对能力，如效仿日本，为每个家庭配发灭火器和防灾用品，并教导公民如何在灾难来临时正确使用这些工具。同时，北京市应当与各类民间组织建立长期稳定的合作伙伴关系，并为二者之间的合作提供制度上的保障。② 在对志愿者的培训方面，政府应当更加强调专业化和系统化，使志愿者在接受培训后能够真正成为危机应对中的有生力量。在突发事件的应对过程中，政府应当对志愿服务进行统一安排和管理，及时向社会公告志愿服务信息。针对突发事件中发生的自发性志愿服务行为，政府应承担起管理志愿者的责任，志愿者、志愿服务组织应当接受突发事件发生地人民政府的统一指挥、安排和管理。

第四，应当建立专门的、常态化的军地协调机构。尽管北京市应急委的组成人员中包含有北京卫戍区和武警北京市总队主要负责人，但是这种制度安排在实践中并未发挥良好的沟通作用，相关军队负责人很少参与到日常的应急管理工作中来。而常态化军地协调机构的设置一方面可以使军队和地方政府保持长期的沟通和联系，使双方互相适应对方的管理模式，从而避免在突发事件来临时的无所适从；另一方面也可以为军队和北京市消防、公安等部门创造更多共同演练的机会，增加他们在救灾行动中配合的默契度。北京市可以就军地应急联席会议、军地灾情信息共享、军地联

① 张智新、周萌：《北京与三大世界城市应急管理体制比较》，《行政管理改革》，2011 年第 2 期。

② 万鹏飞、于秀明：《北京市应急管理体制的现状与对策分析》，《公共管理评论》第四卷，清华大学出版社，2006 年，第 58 页。

合指挥、军地联合应急值守、军地灾害联合会商、军地联合行动、军地综合保障、军地应急演练等各方面的制度和配套措施与北京卫戍区和武警北京市总队达成共识，从而逐步提高部队与政府在应对突发事件方面的联合指挥、科学行动、快速反应、兵力投送、专业保障等方面的能力。[①]

三、北京城市应急决策指挥机制的法律问题研究

（一）北京城市应急决策指挥机制存在的问题分析

第一，北京市目前的集中式应急指挥体系与分散化部门权责之间存在着冲突。北京市的应急决策指挥机制是以应急委和专项指挥部作为决策中心的集中式应急指挥模式。但是，由于我国目前在日常行政管理过程中采取条块管理模式，各职能部门习惯于对其上级部门负责，服从上级部门的命令和指挥。当发生突发事件后，政府部门仍然习惯于接受其上级部门的领导，而非听从与其同级的应急委和专项指挥部的命令。北京市所确立的"3＋2"应急管理模式应有的组织、协调作用事实上无法得到完全的发挥，应急工作实际开展还需依靠目前高度统一和一元化的党政领导体制来完成。[②]

第二，决策指挥机构间的权限划分不够清晰。目前北京市对于市应急委、区县应急委和专项指挥部的决策指挥权以突发事件的严重程度为划分标准。但是"较大"、"重大"和"特别重大"等词均是典型的不确定法律概念，尽管相关规定中给出了概念界定，但是在实践中仍然很难准确区分，如何理解在很大程度上取决于决策者的自由裁量。

第三，在应急信息管理，特别是信息公布制度中尚存在着制度导向的误区。从《北京市总体预案》第 4.8 条的规定上可以看出，目前北京市对于应急信息公开的基本立场并不是向社会全面、准确和迅速地公开相关信息，而是更加强调政府对舆论的有效控制。第 4.8 条的规定在应急信息公开中设置了层层的批准手续，对于新闻发布方的主体资格也作出了严格限制，这种规定方式显然有悖于现代行政的信息公开之理念，且最终公开的信息在经过层层过滤后究竟掺杂了多少"水分"也不免令人生疑。

第四，在应急决策过程中缺乏专家参与制度。尽管目前北京市在《北京总体预案》中规定了专家顾问组在一定条件下的事件应对参与权，但这种参与并非强制性要求，而是取决于突发事件应对的主责部门是否提出建议。

---

① 卓力格图：《我国应对突发事件的军地协调联动机制建设》，《中国应急管理》，2009 年第 10 期。

② 参见张平：《我国城市应急联动运行机制建设面临的挑战与重构》，《中国人民公安大学学报（社会科学版）》，2008 年第 5 期。

(二)北京城市应急决策指挥机制的完善路径

1. 强化应急决策机构的权威性

应急决策指挥系统的流畅性是应急管理中的核心问题。在面对突发事件时，事态往往十分紧急，决策指挥系统能否在第一时间对事件作出准确的反应往往决定着整个事件应对过程的成败。因此在应急决策指挥中，应当建立单一的决策指挥机构，统筹决策智力，树立和维护决策权威，防止多元决策导致决策互不协调，各自为政，政出多门，使具体执行人员无所适从，造成应急工作陷于混乱。目前，北京市应急委和各应急专项指挥部由于层级较低，独立性较差，在应急管理过程中难以发挥绝对的决策作用。因此，有必要对北京市目前的应急管理机构体系作出调整：

一是赋予北京市应急办公室更为独立的法律地位，不再将其设于市政府办公厅之下，使其与其他各职能部门处于平等甚至更高的行政位阶，特别是在机构编制、人员配备和经费管理等方面实现相对独立。

二是将各应急专项指挥部的常设机构设在应急办之下，而非设于各职能部门之下，使应急办真正实现对专项指挥部的日常管理和领导，如此才有可能打破目前条块分割的行政管理局面，真正实现行政决策指挥的单向性，从而确保决策的有效落实和应急工作的高效开展。

2. 完善应急信息管理制度

一是应当建立统一的应急信息平台系统，使相关政府部门能够在第一时间获取有关突发事件的全面信息。目前北京市尽管已经建立了自己的应急信息平台，但是该平台仍有需要进一步完善之处：一方面应当为该平台提供充分的技术支持，使该平台的运作更加符合现代化的要求；另一方面应当进一步拓宽该平台的覆盖范围，将应急办和专项指挥部之外的更多的政府部门也纳入到该信息平台中，实现应急信息全方位、深层次的共享。

二是应当重构应急管理中信息公开的理念、范围和方式。目前北京市的相关规定在公开的范围和公开的时效性等方面均存在不足。在突发事件，特别是重大的突发性事件发生后，政府有责任确保公众对事态发展的现状有一个清晰的认识，这种认识一方面可以避免公众因为盲目猜测而造成的恐慌，确保公众情绪的稳定；另一方面也可以确保公众对突发性事件作出准确的反应，充分发挥公众在应对突发性事件中所能够起到的作用。因此，北京市应当在应急管理过程中做到信息公开的全面、及时、准确。

3. 完善应急决策指挥过程中的监督机制

由于突发事件的紧迫性，导致应急决策指挥程序非常态化。而在程序约束薄弱的情况下，难免让人忧心于行政权可能发生的滥用。因此，有必要设置一定的外部监督机制，对应急决策指挥机构施加压力，确保其在法制轨道内行使权力。

一是应当完善《突发事件应对法》第 16 条所规定的应急决策备案制。该项制度要求县级以上人民政府在作出应急决定、命令时，报本级人大常委会备案。这种备案制可以被认为人大常委会对应急决策指挥机构的一种监督方式。但是，对于如何备案、备案的时限以及全国人大常委会的审查权限等问题，目前的法律均无明确规定，从而导致了备案制在实践中未能得到有效贯彻。因此，有必要对这项制度进行完善，以法律法规的形式对其实施程序作出详细规定，确保人大常委会对应急决策的监督作用落到实处。

二是应当充分发挥社会监督的作用，北京市应当将应急决策指挥的过程尽可能地向社会公开，并在现有的紧急报警中心电话和非紧急求助服务中心电话外设置专门的应急投诉电话，负责受理社会因对应急工作开展的不满而进行的投诉，充分听取民众的意见，并及时反馈给应急决策指挥机构。

4. 明确专家参与机制

在突发事件应对过程中，应急委和专项指挥部等决策指挥机构很可能无法在短时间内掌握全部与事件有关的知识和讯息，包括突发事件的规模、强度以及发展趋势等。这种不确定性将会直接影响决策指挥工作的准确性和适当性。为了确保应急决策同时具备效率和准确性，有必要将专家顾问组的参与作为应急决策指挥过程中的强制性要求，吸纳各领域的专家进入决策层，及时听取他们的意见，从而实现不同学科、不同部门间的互补和优势综合。《北京市实施〈中华人民共和国突发事件应对法〉办法》第 24 条中规定“市和区、县人民政府应当建立突发事件应对专业人才库，根据实际需要聘请有关专家组成专家组”，而根据该条规定所成立的专家组除了在日常工作中参与应急政策的制定外，同样也可以在应急响应阶段对实际发生的事件的处理方式提供建议。

四、北京城市应急问责机制的法律问题研究

（一）北京城市应急问责机制存在的问题分析

在《北京总体预案》中，没有提到“问责”[①]，这说明北京市没有明确将问责作为应急管理的一种手段；在 2011 年颁布的《北京市行政问责办法》中，有关问责情形的诸多规定中没有提到“突发事件”，这说明该办法也没有将问责作为应急的管理手段。《北京市办法》第 66 条在表面上规定了相应的应急准备阶段问责制，但在实际运作中应急准备阶段的问责制仍然缺失，北京仍将应急问责问题留给《关于实行党政领导干部问责的暂行规定》（以下简称《问责暂行规定》）去解决，但《问责暂行规定》本身仍存在一些问题，尤其

① 事实上，《天津市突发公共事件总体应急预案》（津政发[2006]36 号）中就明确提到“问责”。

是它的事后问责规定也难以作为城市应急问责机制建设的规范性依据：一是《问责暂行规定》第5条中有关突发事件的四种要追究的责任都是典型的“因果责任”，就结果而言，即必须“造成重大损失或恶劣影响”，但“造成重大损失或恶劣影响”标准难以把握；二是问责主体和问责对象的问题，《问责暂行规定》第11条规定问责主体是必须是对问责对象享有“管理权限”①者，这是典型的按照干部管理权限而实施的权力问责，尽管能够促使对突发事件担有直接领导责任和重要领导责任者认真对待自身的责任，但仅仅问责党政领导并不利于突发事件的应对，必须有恰当的机制能对突发事件应对活动的其他主体的责任进行有效过问或追究，才能保证应急过程中的所有责任环节都有可落实的责任人。

(二)北京城市应急问责机制的完善路径

1. 加强应急过程问责

第一，应当转变问责观念。现在对“问责”的理解是将“问”理解为“追究”，将“责”理解为“应承担的过失”，“问责”就是“追究过失之责”，这种理解其实与责任追究制并无本质区别，对于“责”而言都是结果性的；如何使“责”表现出过程性从而与突发事件应对过程相协调呢？不妨将“问”理解为“过问”和“监督”，将“责”理解为“职务、职责”或“分内应做的事”，这样问责就可理解为“监督责任的落实，过问职责的履行”。事实上，如此转变问责理念不仅使应急问责成为可能，而且也与国际通行的问责理念相一致。另外，我国地方政府的问责实践也能证明上述问责理念转变之必要。例如，我国很多地方都在探寻新的问责模式，比如“隐患问责”就是一种关注过程责任的问责机制。所以，构建一套以“监督责任落实、过问职责履行”为主要目的的应急问责制，并将之作为以责任追究为主要形式的当前问责制的前置程序应该是必要和可行的。

第二，应当明确应急问责制的主要内容。构建应急问责制的主要目的在于加强应急管理和有效落实应急过程中的责任，为此，提出应急问责制应遵循三大原则：问责与改进工作、落实责任相结合原则；过程监督与结果追责并重原则；政府主导与社会参与相结合原则。同时，构建应急问责制应考虑以下五类法律关系：基于政治责任的政治问责关系、基于职务责任的行政问责关系、基于职务责任的社会问责关系、基于行政责任的法律问责关系，以及基于道德责任的伦理问责关系。

第三，应当完善应急问责程序。为保证问责法律关系实质内容都能得以实现，以“责任的实现”为中心来设计突发事件应急问责程序具有合理性。责任能否实现，问责主体只需关注：政府部门或有关单位有没有落实责任；

① 所谓“管理权限”，即中央和地方各级党委、政府及其工作部门管理干部的职权范围。

具体应对工作是否恰当进行。问责程序正是从问责主体的“要求落实责任”和“要求改进工作”开始。程序设计遵循闭合原则和效率原则，因此，具体程序可构建两类，一是简易程序，一是普通程序；程序适用，以简易程序为原则，以普通程序为例外。

2. 加强安全监管问责

第一，建立健全社会监督机制。社会监督机制的建立应强调以下两点：①监督主体不需要任何限定条件，只要事关安全，任何单位、团体和个人均可参与监督；②要保证社会监督获得足够重视，一方面要保证监督所反映的问题被提供给了恰当的问责主体，另一方面要有相关的制度来保证监督的问题得到解决。

第二，加重问责制度。社会监督所反映的安全问题能否得到足够重视，取决于有关部门(含有关负责人)对所反映的安全问题的态度。如果消极对待，那么这不仅会挫伤监督主体的积极性，而且也让安全问题得不到有效解决，如果因此造成安全隐患继续存在或事故灾难的发生，应该将这作为加重问责的典型情形。当然，加重问责不仅指要加重问责有关部门，也要加重问责对有关部门有管理权限的上级部门。因为只有将这种消极对待社会监督的行为视为严重的违法行为，才能真正保证安全监管的实效。另外，加重问责情形也应该表现在其他方面，比如监管者与被监管者存在权钱交易的、打击报复监督者的、严重干扰事故调查的等。

第三，贯彻合理推定原则。不能仅凭监管对象的偶然的违法行为就判断直接监管者监管不力，要使必要条件转化成充分条件，从而使问责行为变得合理，必须是监管对象的违法行为长期存在，那么，“长期”何以判断，就需要一个合理推定的方法，而且，这个推定必须是依据了合理的推断标准。这个标准应该体现在如下方面：①监管主体从未进行过监督检查，即使监管对象的违法行为仅这一次，也视为长期存在。②监管对象的违法行为多次被发现，视为长期存在。③监管对象违法行为存续于监管主体两次或两次以上的例行监督检查期间，可视为长期存在。④监管对象的某些违法行为一经发现，即可视为长期存在，比如监管对象违背行政审批等相关规定的。

第四，建立联合督查制度。一是应当在当前多头监管体制之上设立一个安全监管督查机构，二是应当围绕设立的督查机构来构建联合督查制度。督查机构应由地方政府首长兼任负责人，接受地方政府和上级机构的双重领导。

第五，设置“问”与“责”分离制度。“一头督查，多头分管”制度已基本表明：“问”与“责”分开进行。督查主体只负责“问”，而“责”是按照管理权限进行。[①] 之所以设计这种问责主体制度，是基于如下想法：①安全监管问责的主要目的是“管”，而非“责”。如果让督查主体同时行使督查权和问责权，必然影响监管主体的积极性，且督查机构无法像监管单位一般行使专职监管权。②如果督查机构同时兼顾问责职能，则实施“一头督查”所设计的联合督查制度时，督查小组成员中必须要有督查对象的监管单位或上级。因此，在联合督查制度中执行回避原则是必要的。

第六，设置连带问责制度。连带问责制度是整个安全监管问责制的基础，其设计主要针对监管主体的违法情形，即当监管主体违法，对其有管理权限者应当被连带问责。问责的重要性正是体现于问责的本质属性——连带性。监管对象违法问责监管主体，监管主体违法问责其上级管理者的问责思路，就是遵循连带问责理念来设计的。

（作者：马怀德　法治政府研究基地首席专家　教授）

① 应该说明的是，如果按照过程应急问责理念，督查机构的“问”也可理解为“问责”，这里是为了分析问题，将“问”与“责”分开理解，“问”强调的是对监管责任是否履行到位的一种“判断过程”，而“责”强调的是在“问”的基础上对问责对象所给予的“处理结果”。

基地名称：法治政府研究基地
依托单位：中国政法大学
项目类别：北京市教育委员会共建项目

北京公立高校信息公开实践观察[①]

公共信息的公开是信息时代发展的必然趋势，也是现代民主法治社会的基本要求。高校信息公开的实质是政府信息公开在教育领域中的延伸，是建立现代大学制度，实现依法治校和民主管理，推动高等教育改革的必由之路。在《高等学校信息公开办法》(以下简称“《办法》”)实施一年之际，为深入了解北京公立高校信息公开制度的建设情况，课题组选择位于北京市的46所公立高校进行信息公开状况的观察。观察的对象包括：“211工程”高校26所、教育部及其他部委所属院校8所、北京市属市管高校12所。[②] 当然课题组观察的46所高校并不能代表北京公立高校的全部，样本的选择也带有一定的局限性，但是这些高校信息公开工作的现状能够在很大程度上反映北京公立高校信息公开工作的大致情况，这些高校在高校信息公开工作开展中所面临的问题与不足、所累积的经验与启示也带有一定的普遍性。由于2011年是《办法》实施的第一年，高校的信息公开制度建设尚处于起步阶段，课题组以《办法》为依据制定了《高校信息公开评估指标》(以下简称《评估指标》)以及《高校信息公开评估指标细则》(以下简称《指标细则》)，分别从组织机构、制度规范、主动公开、依申请公开、监督和保障五个方面制定了具体的考察项目。同时，为了对高校信息公开做全面的了解，课题组还专门针对年报公开、决策征求意见、规章制度汇编上网、

① 本文是《北京公立高校信息公开理论与实践研究》项目的阶段成果。

② 具体如下：26所“211工程”高校有：北京大学、中国人民大学、清华大学、北京交通大学、北京工业大学、北京航空航天大学、北京理工大学、北京科技大学、北京化工大学、北京邮电大学、中国农业大学、北京林业大学、北京中医药大学、北京师范大学、北京外国语大学、中国传媒大学、中央财经大学、对外经济贸易大学、北京体育大学、中央音乐学院、中央民族大学、中国政法大学、华北电力大学、中国矿业大学(北京)、中国石油大学(北京)、中国地质大学(北京)；8所教育部及其他部委所属高校有：外交学院、中国青年政治学院、北京电子科技学院、中国劳动关系学院、中华女子学院、中国人民公安大学、国际关系学院、中央戏剧学院；12所北京市属市管高校有：北京电影学院、中国戏曲学院、首都经贸大学、首都师范大学、北京工商大学、北京服装学院、北京农学院、北京第二外国语学院、首都医科大学、北京联合大学、北京印刷学院、北京交通职业技术学院。

检索完备性四个项目进行专项评估，该部分作为鼓励项目单独计分。根据《评估指标》，测评体系包含 6 项一级指标，17 项二级指标和 28 项三级指标具体分值比重见下图：

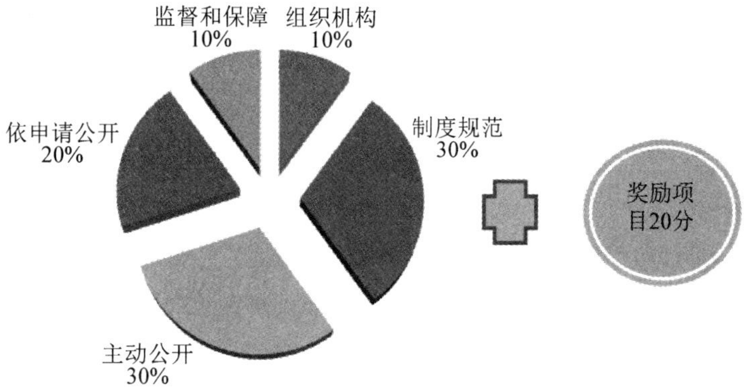

图 1　高校信息公开评估指标组成及分值图

课题组对 46 所高校经过测评后的得分情况如下：

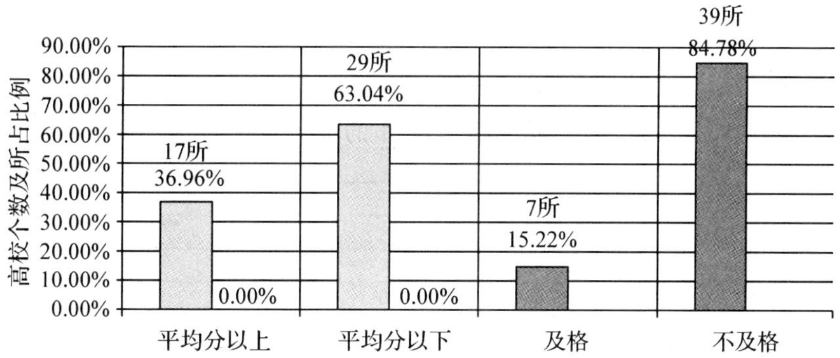

图 2　高校分数分布情况

注：平均分为 25.83 分；60 分以上为及格。

我们发现目前大多数学校的信息公开制度建设处于“尚未起步”和“刚刚起步”阶段，整体水平较低。46 所高校的平均分仅 25.83 分，只有 7 所学校及格，及格率仅 15.22%，17 所学校在平均分以上，这意味着在《办法》实施以后，仍有半数以上高校未对信息公开工作给予足够重视，相应制度并未建立。此外，各高校信息公开工作的实施情况差异巨大。如本次测评排名第一的高校为北京科技大学，总分为 86 分，而排名最后的学校仅得 5 分，最高分与最低分之间的分差达 81 分。可见各高校对于《办法》的实施程度差距巨大。

汇总 46 所高校的平均得分率①详见下表：

表 1　测评项目得分一览表

测评项	指标满分	平均分	满分学校数量	零分学校数量	平均得分率
A 项 组织机构	10	3.02	3	25	30.22%
B 项 制度规范	30	5.87	0	26	19.57%
C 项 主动公开	30	11.41	0	0	38.04%
D 项 依申请公开	20	2.52	0	34	12.61%
E 项 监督和保障	10	3.00	6	27	30.00%
总分	100	25.83	0	0	25.83%
F 项 鼓励项目	20	4.72	0	9	23.59%

根据测评学校得分情况，可从各一级指标的平均得分率入手，进行宏观、整体的对比分析(具体见下图)：

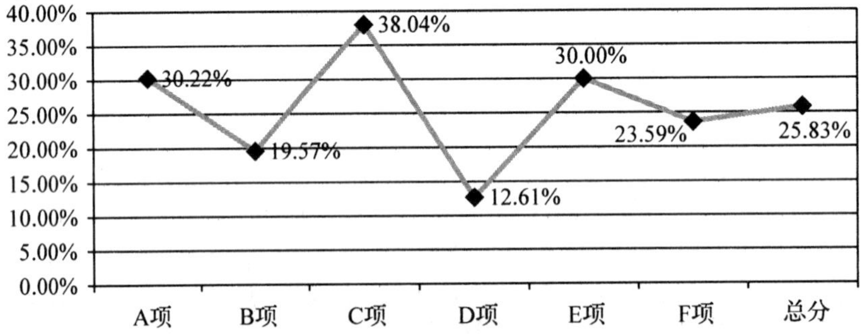

图 3　一级指标平均得分率走势图

上图一级指标中，A 项组织机构、C 项主动公开、E 项监督和保障和 F 项鼓励项目的平均得分率在总分的平均得分率之上；B 项制度规范、D 项依申请公开的平均得分率在总分平均得分率之下。可以看出：第一，C 项的平均得分率最高，反映出高校比较重视高校信息的主动公开；第二，D 项的平均得分率最低且远低于总分平均得分率，说明我国高校信息公开的着重点放在主动公开方面，忽视了依申请公开制度的建设；第三，B 项制度规范的

① “平均得分率”是指 46 所高校在每一项中的平均得分率。

平均得分率较低且也在总分平均得分率之下，说明高校在信息公开的制度建设方面还停留在较低水平，基本的制度建设还没有完成。

在所观察的46所高校中，A—E项得分在60分以上的学校共有7所，具体见表2。

表2　7所学校各项得分分析表

名次	学校	A项	B项	C项	D项	E项	总分	F项
1	北京科技大学	10	27	22	19	8	86	14
2	北京林业大学	9	26	18	19	5	77	6
3	华北电力大学	6	25	17	7	8	63	7
	北京电影学院	10	17	18	8	10	63	4
4	中国人民大学	9	9	14	19	10	61	1
	国际关系学院	9	17	18	7	10	61	1
5	中央戏剧学院	8	15	22	5	10	60	5

根据上表排名，可以看到26所“211工程”高校中只有北京科技大学、北京林业大学、华北电力大学、中国人民大学4所高校的分数在及格以上。其他20所院校(8所教育部及其他部委所属院校、12所北京市属市管高校)中也只有北京电影学院、国际关系学院、中央戏剧学院3所高校的分数在及格以上。从总体上看，高校信息公开程度并不理想。

为了对“211工程”高校和其他学校的情况进行对比，课题组将这两大类学校的得分总体情况进行横向比较(具体见图4)：

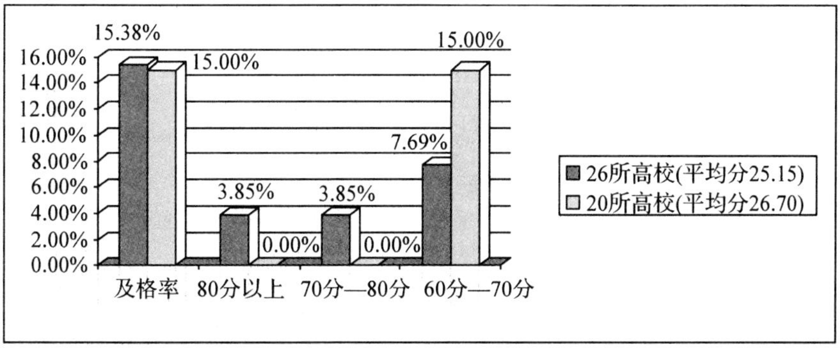

图4　两类高校得分分布图

从上图可以看到，26所“211工程”高校和其他20所高校的及格率均不高。从平均分的角度看，其他20所高校的平均分略高于26所“211工程”高校，但都为较低分数。只有北京科技大学和北京林业大学这两所“211工程”高校的总分在70分以上。以上情况在一定程度上反映出“211工程”高校比其他高校较为重视高校信息公开的工作。

以下是对各级指标进行分项对比分析：

一、组织机构

《办法》第 11 条规定：“高等学校校长领导学校的信息公开工作。校长(学校)办公室为信息公开工作机构，负责学校信息公开的日常工作……高等学校应当向社会公开信息公开工作机构的名称、负责人、办公地址、办公时间、联系电话、传真号码、电子邮箱等。”按照《办法》的规定，由校长领导的校长(学校)办公室为信息公开日常工作机构并负责向社会充分公开该工作机构的各项基本信息。故以下主要观察了组织机构的设置情况以及机构本身信息的公开情况。

(一)组织机构的设置情况

在我们所观察的 46 所高校中，半数以上高校没有开展信息公开工作，更没有明确主管信息公开工作职责的机构；在开展信息公开工作的高校中，有关信息公开组织机构的设置在各高校中差异较大。大致有几种情形：

1. 设置专门的日常工作机构

部分高校设立了主管信息公开的专门机构。这种模式又分为两种情况：第一种是成立信息公开领导小组(委员会)负责信息公开的领导和协调工作，在领导小组(委员会)下设信息公开工作办公室，如北京林业大学设有校务公开工作委员会负责领导、协调，下设信息公开办公室具体负责；又如华北电力大学设有信息公开工作领导小组领导和主管信息公开，下设信息公开办公室具体负责。第二种是没有设立从事领导和协调的领导小组(委员会)，但是设信息公开工作办公室，如中国人民大学单独设置信息公开工作办公室。

2. 只设有领导小组，没有单独的日常工作机构

这类学校如中国地质大学(北京)设有校务公开、政务公开工作领导小组负责公开工作。

3. 无单独的日常工作机构，直接由校长(学校)办公室负责

这种模式又分两种情形：第一种如中国政法大学设置有信息公开领导小组负责领导和协调，再由学校办公室承担信息公开的日常工作；第二种如清华大学没有领导小组，在校长办公室内设置信息科负责履行信息公开的职责。

4. 不设日常工作机构，由多部门联合履行信息公开职责

这种比较少见，如中央民族大学在《中央民族大学校务公开实施办法》中规定：“校务公开的组织领导工作按照学校领导的业务分工，分别由各主管校领导具体分管；各职能部门主要领导负责具体落实。”

5. 没有设置履行信息公开工作职能的机构

在所观察的46所高校中，有25所学校没有设置负责信息公开的日常工作机构，也找不到由哪个部门履行有关信息公开工作的职能。这种情况说明有半数以上的高校还没有开展高校信息公开工作，没有落实《办法》的要求。

(二)组织机构自身的信息公开情况

按照《办法》的要求，不仅仅要有主管信息公开日常工作的机构，还应该向社会公众公开该机构的各种信息，以方便公众查询，确保信息公开工作真正落到实处。但是从以上观察情况来看，只有极少数的学校严格遵守了《办法》的要求。在没有日常工作机构的高校自然没有以上信息的公开。在设有信息公开工作机构的学校中，机构信息公开的程度不一，各高校之间差异很大，主要分以下几种情况：

1. 完全充分公开

《办法》第11条规定："高等学校应当向社会公开信息公开工作机构的名称、负责人、办公地址、办公时间、联系电话、传真号码、电子邮箱等。"在设有日常工作机构的高校中，只有极少数是将《办法》规定的负责信息公开的机构名称、联系电话、办公时间、负责人等七种信息完全公开的。如北京科技大学在《北京科技大学信息公开指南》中集中规定了负责信息公开工作的校长办公室的全部信息，又如北京化工大学在《北京化工大学校务(信息)公开指南》中也公开了校务(信息)公开工作办公室的各项信息。

2. 比较充分公开

比较充分公开是指虽没有完全公开所有法定的七项信息，但是公开了四项以上的内容。如北京林业大学和中国人民大学的信息公开指南中缺少具体的负责人。

3. 部分公开

部分公开指公开了全部信息项中的少量信息，这是绝大部分学校的情况。如华北电力大学向社会公开了信息公开机构的名称、联系电话、办公时间共三项内容；中国农业大学只向社会公开了信息公开工作机构的名称、负责人两项内容，等等，甚至有的高校只公布了信息公开机构的名称。

二、制度规范

制度规范主要考察各高校是否按照《办法》的要求，在信息公开方面建立健全了各项基本制度，以更好地开展信息公开工作。具体来说主要有：是否制定了信息公开实施细则、信息公开指南、信息公开目录；是否建立健全了信息发布保密审查机制；是否建立了内部组织机构的信息公开制度等基本制度。下面具体分析：

(一)信息公开实施细则

《办法》第 31 条规定:“省级教育行政部门可以根据需要制定实施办法。高等学校应当依据本办法制定实施细则。”即各高校依据《办法》制定具体的实施细则是其义务。在没有开展信息公开工作的高校自然没有实施细则。在近半数开展信息(校务)公开工作的高校中,各高校差异较大,具体可分以下四种情形:

1. 依照《办法》的要求,制定信息公开的实施细则

这种情形主要指高校根据《办法》的要求制定的信息公开实施细则。在 46 所高校中只有少数学校属于此种类型。如北京科技大学的《北京科技大学信息公开办法(试行)》、华北电力大学的《华北电力大学信息公开实施细则(试行)》、中国政法大学的《中国政法大学信息公开实施办法(试行)》、北京林业大学的《北京林业大学信息公开实施办法(试行)》、北京航空航天大学的《北京航空航天大学信息公开实施办法(2011)》等。

2. 沿用《办法》颁布之前的校务公开办法

有不少高校属于此种情况,如中国农业大学在 2004 年 4 月颁布的《中国农业大学校务公开实施办法》、中央民族大学在 2007 年 4 月颁布的《中央民族大学校务公开实施办法》、中国地质大学 2008 年 6 月颁布的《中国地质大学(北京)校务公开实施办法》等等。这些校务办法没能与时俱进,与《办法》的具体要求还有不小差距,且两者之间缺少衔接和整合。

3. 在《办法》指导下对校务公开的实施细则进行修订

如北京体育大学的《北京体育大学校务公开工作实施细则》是 2009 年 7 月制定试行的并在 2011 年 7 月根据《办法》的内容进行了相应的修订以适应新的情势。这种情形也是一种不错的模式,但是在各高校中只占极小的比例。

4. 开展了信息公开工作但没有制定本校的实施细则

如中国人民大学、北京化工大学等高校,虽然按照《办法》的规定已经开展了信息公开的相关工作,但是没有制定自己的信息公开实施细则,这种情况也只是占一小部分。

(二)高校信息公开指南

《办法》第 14 条规定:“高等学校应当编制信息公开指南和目录,并及时公布和更新。信息公开指南应当明确信息公开工作机构,信息的分类、编排体系和获取方式,依申请公开的处理和答复流程……”信息公开指南是为保障公众依法获取高校信息,提高工作透明度,根据《办法》的规定而制定的对高校信息公开起指导作用的文件。《办法》对指南的内容也提出了要求。即应当明确信息公开工作机构,信息的分类、编排体系、获取方式,依申请公开的处理和答复流程等法定内容。根据考察对象是否制定了信息公开

指南以及指南是否包含《办法》所要求的各项信息，在开展信息公开工作的高校中，主要分为以下几种情形：

1. 有信息公开指南且完全包含法定内容

只有极少部分的高校严格遵循了《办法》的要求，制定了信息公开指南并且指南中包含了法定内容。如《北京林业大学信息公开指南（试行）》包含信息分类、信息编排体系、信息获取方式三大内容，其中获取方式中包含了信息公开工作的机构、依申请公开的处理和答复流程；又如《北京化工大学校务（信息）公开指南》中包括学校信息分类、学校信息编排体系、学校信息获取方式三大部分，其中还包括了信息公开的工作机构、依申请公开的处理和答复流程。

2. 有信息公开指南但只包含部分法定内容

虽然制定了信息公开指南，但是指南的内容没有完全包含法定内容的情形在开展信息公开工作的高校中占很大一部分比例。如《北京科技大学信息公开指南》中只规定了信息公开的工作机构、信息的获取方式、依申请公开的处理和答复流程，没有规定信息的分类、编排体系；《中国人民大学信息公开指南》同样也没有信息的分类和编排体系。纵观各校，一般都是缺少信息的分类和编排体系这两部分内容，这与各高校对《办法》的理解有很大关系。

3. 没有信息公开指南但开展信息公开工作

在没有开展信息公开工作的学校自然找不到信息公开指南，但是也有近一半的开展信息公开工作的学校里没有制定具体的信息公开指南。如中国政法大学、北京体育大学、中国农业大学等高校都属于此种情形。

（三）高校信息公开目录

《办法》第14条规定："高等学校应当编制信息公开指南和目录，并及时公布和更新……信息公开目录应当包括信息的索引、名称、生成日期、责任部门等内容。"高校信息公开目录是高校制定的，为方便公众查询信息而将其主动公开的信息的名称、生成日期、责任部门等信息集合在一起制作的文件。如上所述，根据是否制定公开目录以及目录是否包含法定内容，也分为以下几种情形：

1. 有信息公开目录且完全包含法定内容

只有极少数高校严格遵循了《办法》的要求，既制定了信息公开目录且目录又包含了法定内容。如北京林业大学信息公开目录中包含了信息索引、生成日期、发文机构、发文字号、信息类别以及内容概要等全部法定内容。

2. 有信息公开目录但包含部分法定内容

虽然制定了信息公开目录，但是目录的内容没有完全包含法定内容的情形在开展信息公开工作的高校中占很大部分。在所观察的各高校中，有信息公开目录的学校普遍没有“信息索引”这一内容，如《北京科技大学信息公开目录》、《华北电力大学信息公开目录》、《中国政法大学信息公开内容》、《北京体育大学信息公开目录》等都属此类情形。

3. 视为没有信息公开目录

此种情形是指在学校网站能找到“信息公开目录”的字眼，但是因客观原因，却查找不到此目录内容的情形。在所观察的高校中，有两所学校即属这种情况：如中央民族大学在校务公开专栏内有《中央民族大学校务公开目录》，但是打开此链接后并无相关内容；还有一种是无权查看的情况，如在北京化工大学信息公开目录专栏中，有相关的信息分类目录，但是需要“输入用户名和密码，才有权限看到特定栏目内容”。以上两种情形虽然原因不同，但是最终都无法查找到相关内容，故视为没有信息公开目录。

4. 没有制定信息公开目录

在没有开展信息公开工作的学校中，自然找不到信息公开目录。但是也有近半数开展信息公开工作的学校，没有制定信息公开目录，如中国人民大学、中国农业大学等便属于此种情形，这种情况在各高校中也占有不少比例。

（四）信息发布保密审查机制

《办法》第 5 条规定：“高等学校应当建立健全信息发布保密审查机制”，即高等学校在积极进行信息公开的情况下，还要对涉及国家秘密、商业秘密、个人隐私和法律、法规、规章，以及学校规定的不予公开的其他信息进行保密审查并应该建立健全保密审查机制。在所观察的各高校中，只有极少数高校真正建立健全了信息发布保密审查机制；还有一部分高校的保密审查虽没有制度化，但是有可供操作的程序规定；绝大部分高校没有保密审查的具体规定。

1. 保密审查制度化

这种情况是指高校专门规定了信息保密审查的制度，建立健全了保密审查机制。但是此种情形只在个别高校存在，如在北京体育大学有《北京体育大学保密工作规程》，中国石油大学（北京）有《中国石油大学（北京）信息公开保密审查暂行规定》等专门制度，对保密审查进行了比较完善的规定。

2. 有基本的保密审查程序

即保密审查虽没能制度化、机制化，但在相关文件中规定了一些可供操作的保密审查程序。这种情形在各高校中占一定比例，如《北京科技大学信息公开办法（试行）》中设专章规定了信息发布的保密审查程序，在第 14 条中提到：“各单位在公开信息前，应当依照《中华人民共和国保守国家秘密法》以及其他法律、法规和学校有关规定对拟公开的信息进行审查。按照‘谁公开，谁负责’的原则，由单位负责人审查确定是否公开。如对信息不能确定是否可以公开时，应当报校长办公室和保密委员会办公室审查。”又如《华北电力大学信息公开实施细则（试行）》第9条到第11条对如何进行保密审查等进行了简单规定。这些都属于虽无专门制度，但已有信息发布保密审查基本程序的情形。

3. 无保密审查的基本规定

即高校没有可操作性的保密审查程序，更没有形成一种制度机制。绝大部分开展信息公开工作的高校属于此类情况，如《北京林业大学信息公开实施办法（试行）》第14条规定：“学校保密工作委员会办公室负责对拟公开的学校信息进行保密审查。”但是未检索到有关保密审查机制的其他具体规定，在北京林业大学网站上以“保密审查”为关键词进行搜索，未检索到相关内容。

（五）内部组织机构的信息公开制度

《办法》第21条规定：“高等学校应当健全内部组织机构的信息公开制度，明确其信息公开的具体内容。”即除了在学校层面上开展信息公开工作，学校的二级及其以下单位也应该建立信息公开制度，明确公开内容。此规定对高校信息公开提出了更高层次的要求。在所观察的各高校中，只有北京科技大学建立了内部组织机构的信息公开制度。在《北京科技大学关于实行校务公开的补充意见》中对推进学校二级单位的院务公开工作进行了相关的规定，包括二级单位院务公开的组织领导、公开标准、内容与形式、监督与检查等内容。其他的高校虽然在其实施细则中提到要推进内部组织机构的信息公开，但是并没有真正落实和开展相应工作。

三、主动公开

按照《办法》的要求，高校对特定信息要积极主动公开，且主动公开要便捷、便利和及时更新。本研究在观察过程中，主要选取了五类重点信息进行考察并对主动公开的便利性和及时性进行了观察。下面进行具体分析：

（一）应主动公开的信息

《办法》第7条明确列举了十一项高校应该主动公开的信息并设置了一条兜底条款，即“法律、法规和规章规定需要公开的其他事项”。在对北京46所高校进行观察的过程中，考虑到信息量大并且各校差异多，所以挑选了五种公众关注度较高，并且与社会公共利益密切相关的信息进行观察，以下分别针对这五类信息的状况进行分析：

1. 招生录取信息

招生录取信息不仅关系到广大考生的切身利益，也直接影响学校的招生工作和长期发展，因此高校公开招生录取信息已经成为常态，所有观察对象对此类信息都是向社会公开的，如在北京林业大学的招生网站上，设置了录取结果查询专栏、招生计划查询专栏、往年分数查询，且各专栏链接均有效可用，只是各学校在公开程度上尚有待于进一步深化。

2. 收费的项目、依据、标准与投诉方式

高校收费信息的公开度较低，多数高校未能做到收费信息的公示公开。完全公布收费项目、依据、标准与投诉方式四类信息的学校只有很少的一部分，如北京科技大学在2010年收费公示中，包含了收费项目名称、计量单位、收费标准、收费范围、执收单位、收费依据以及备注的内容。由此可见，该校主动公开了收费的项目、依据、标准，并公布了举报电话。

3. 学校经费来源、年度经费预算决算方案

高校的经费来源和年度经费预算决算方案是社会公众普遍关注的内容，该类信息的不公开是导致近年来高校财政管理出现问题，甚至出现腐败窝案的原因之一，但是根据课题组的观察，没有一所高校主动公开学校经费来源和年度经费预算决算方案。

4. 财政性资金的使用与管理情况

财务问题同样是高校主动公开信息领域的敏感问题，不公开此类信息是高校腐败事件频发的因素之一，高校普遍未公开学校财政性资金的使用和管理情况，在所观察的高校中，没有一所学校公布了其财政性资金的使用和管理情况。

5. 物资设备采购和重大基建工程的招投标

根据《招标投标法》、《政府采购法》和相关部门规章的规定，招标采购信息必须在指定媒体上进行公告。在所观察的高校中都普遍公开了招标采购信息，公开度相对较高，各高校只是在公开程度上有所差异。比如中国石油大学(北京)在其信息公开主页“信息公开栏目”处设有“招标公告”，打开其链接可以看到各类招标采购信息，信息非常全面和细致。

(二)主动公开的便利性

《办法》第13条规定：“高等学校应当在学校网站开设信息公开意见箱，设置信息公开专栏，建立有效链接，及时更新信息，并通过信息公开意见箱听取对学校信息公开工作的意见和建议。”主动公开的便利性主要指在各高校官网上是否按照《办法》的要求设置了信息公开专栏和信息公开意见箱，以方便公众对信息进行查询和提出建议。总体来说，信息公开专栏和信息公开意见箱的设置率低，普及度不高，尤其是不重视信息公开意见箱的设置。下面进行具体分析：

1. 信息公开专栏的设置

在所观察的46所高校中，绝大部分高校没有严格按照《办法》的要求设置信息公开专栏，其中有三成多的高校只设有校务公开专栏，半数多的高校没有设置任何信息或校务公开专栏。在设置有信息或校务公开专栏的学

校，又可分为以下几种情况：

(1)设置有信息公开专栏。严格按照《办法》的要求设置信息公开专栏的11所高校无一例外的都是在学校首页的明显位置处设置的，方便查找。如北京科技大学、北京林业大学、中国政法大学、华北电力大学、中国人民大学、北京化工大学、中国石油大学(北京)等高校。

(2)设置有校务公开专栏。这些高校的校务公开虽然比没有任何设置的高校要有进步，但是还是停留在《办法》之前的程度上，没有落实《办法》的要求。其中因校务公开专栏设置的位置不同，又可以分为两种情况：

第一种是在其校(党)办公室主页设置“校务公开”专栏，如中国地质大学、中央民族大学、北京体育大学、中国农业大学、北京工业大学、中央财经大学、北京农学院、北京服装学院等高校。

第二种是在其校工会主页设置了“校务公开”专栏，如中央音乐学院、北京邮电大学、北京交通大学等高校。只是在中央音乐学院的校务公开栏里只有《中央音乐学院关于实施校务公开工作的意见(试行)》这一文件，而在北京交通大学的“校务公开”专栏，没有任何内容，这种情况可视为没有设置。

2. 信息公开意见箱的设置

信息公开意见箱主要是听取对学校信息公开工作的意见和建议的载体，不同于听取任何意见的校长信箱或者书记信息。在所观察的46所高校中，只有北京科技大学、北京林业大学、中国政法大学、中国地质大学(北京)、中央戏剧学院5所学校设置了信息公开意见箱，其他的高校都没有设置，设置率相当低。这说明绝大多数的高校没有真正落实《办法》的要求。

(三)主动公开的及时性

《办法》第17条规定：“属于主动公开的信息，高等学校应当自该信息制作完成或者获取之日起20个工作日内予以公开。公开的信息内容发生变更的，应当在变更后20个工作日内予以更新。”故高校应该按照《办法》的要求对信息进行及时的更新以保障信息高效输送。

一般高校只要有信息公开实施细则之类的文件都会有关信息更新的规定，如北京科技大学、北京林业大学、华北电力大学等，但是在沿用校务公开实施办法的几个高校，如中国地质大学(北京)、中国农业大学、中央民族大学都没有依法确定主动公开的时限或者确定的时限不符合《办法》的要求。

四、依申请公开

依申请公开是公众获取信息的重要方式，是有效检测高校信息公开工作实际开展情况的标准。按照《办法》的要求，高校应该为申请人提供依申请公开的途径，不能过度收集申请人的信息，高校在收到申请时应该在法定时限内予以回复。经过网络实测，在依申请公开方面，各高校存在很大的差异，绝大多数高校未建立依申请公开的基本制度。

第一，在申请途径上，各高校差距很大。有的高校为申请人提供了多种申请途径，有的则一种申请途径都没有提供，有悖于便民原则。《北京科技大学信息公开指南》规定：申请途径包括通过电子邮件申请，通过信函、传真申请，当面申请，特别程序，并指出本校不直接受理通过电话方式提出的申请。由此可见，该校规定了电子邮件、信函、传真以及当面申请四种途径。而在北京体育大学网站上仅能检测到诸如“校长信箱”、“办公电话”的相关信息，但不能视为是为申请人提供了依申请公开的途径。

第二，在是否过度收集个人信息方面，主要考察各高校对于信息公开的申请人除要求提供个人基本信息（姓名、单位、身份证号、联系方式、联系地址）之外，是否还过度收集了其他个人信息。在实际检测中，对没有提供任何申请途径的高校是无法判断其是否存在过度收集个人信息问题的；对于提供申请途径的高校进行检测时，没有发现高校存在过度收集个人信息的问题。

第三，高校对依申请问题的回复情况。在依申请公开的问题选择上，考虑到各高校之间情况差异较大、信息掌握情况各异，再加上高校信息公开制度建设正处于起步阶段，课题组在确定问题时首先保证所申请信息的存在，以便高校提供该信息。根据《突发事件应对法》第 24 条的规定：“公共交通工具、公共场所和其他人员密集场所的经营单位或者管理单位应当制定具体应急预案……”高校作为人员密集的公共场所也应该制定本校的应急预案。据此课题组确定把“高校对于自然灾害等突发事件的应急处理预案、处置情况”作为依申请公开的信息，申请理由统一为“进行学校项目课题科研的需要”。

通过亲自发出信息公开的申请，课题组发现，各校普遍存在不重视依申请公开的状况，各高校履行依申请公开职责的情况不容乐观。图 5 可以比较直观地反映出此次依申请公开测评全部观察对象对申请的处理情况：

被申请学校在法定时限内的回复率极低，测评员通过高校提供的信息公开申请邮箱或者校长信箱等途径向各所高校提出了公开信息的申请，只有北京科技大学、北京林业大学、中国人民大学、中国矿业大学（北京）、首都经贸大学这 5 所高校在法定时限内予以回复，前三所高校均同意公开并提供了所申请的信息。拒绝公开所申请信息的中国矿业大学（北京）给出的理由为没有相关文件，但是高校自然灾害等突发事件的应急预案文件是高校应该具备的基本文件，以没有文件作为拒绝理由不甚合理。拒绝公开的首都经贸大学拒绝理由是“按照学校信息公开工作相关规定，我校突发事件

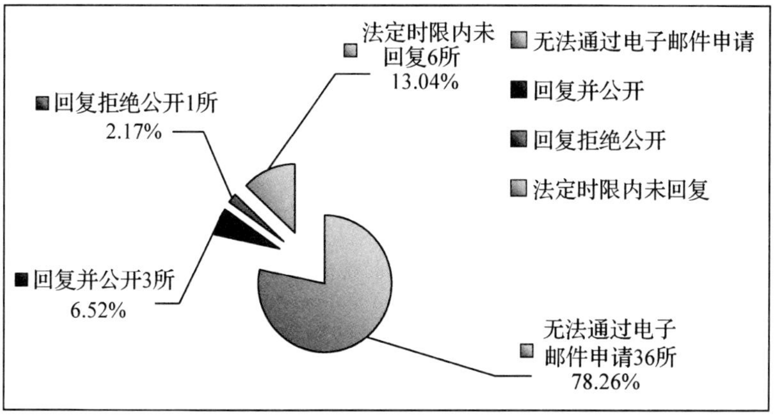

图5　高校依申请公开情况

应急处置预案属于校内公开，处置情况不予公开。”按照《办法》的规定，高校自然灾害等突发事件的应急预案文件是高校向社会公开的信息，故拒绝理由不合法。

五、监督和保障机制

监督与保障部分主要检测学校监察部门是否明确了对本校信息公开工作进行监督检查的职责，是否为公民对未按照规定履行信息公开义务的行为进行举报提供了明确的指引。

第一，半数以上的高校尚未建立信息公开的基本制度，更谈不上监督和保障制度的建设。如中国传媒大学、北京中医药大学、对外经贸大学等等。

第二，在建立信息公开基本制度的高校中，都明确了学校的相关部门对信息公开工作进行监督检查的职责，只是具体负责的单位不同。如华北电力大学由学校监察部门负责组织对学校信息公开工作的监督检查，这是最常见的一种方式；而北京林业大学是由学校校务公开监督委员会对学校各单位信息公开的实施情况定期进行检查、考核；北京体育大学则“成立由纪委牵头，监察、审计、工会、教代会代表、民主党派和无党派代表、党风监督员、学生代表参加的校务公开工作监督办公室”负责监督检查学校校务公开工作的落实情况。

第三，有些高校为公民投诉提供了指引，却没有提供具体的途径。比如只提供可以投诉的机构，但是没有提供该机构的联系方式、地址、负责人等等。如华北电力大学在《华北电力大学信息公开指南》中规定：“公民、法人或其他组织认为学校及其所属部门（单位）未依法履行信息公开义务的，可以向学校信息公开监督办公室或学校行政主管部门投诉或通过法律途径解决。”但是并未在信息公开网或者指南中提供以上投诉机构的联系方式、地址等信息，需要经过多次检索才能查找到。

第四，有些高校并没有为公民投诉提供指引，如在《北京体育大学校务公开工作实施细则》以及其他相关文件中都没有提到公民可以向哪一个机构投诉；又如《北京航空航天大学校务公开工作实施细则》以及其他文件中也没有提到公民投诉的问题。

第五，既明确了监督单位又为公民举报提供明确的指引。这种情形在各高校中为数不多。典型代表如中国石油大学在《中国石油大学(北京)信息公开实施细则(试行)》中明确规定了监察审计处负责组织对本校信息公开工作的监督检查并在信息公开主页的明显位置列有监督机构名称、地址、电话、邮编、电子邮箱等信息；又如中国人民大学在信息公开主页和《中国人民大学信息公开指南(试行)》中都明确了监督部门、电话、地址、邮编和电子邮箱等信息，这些高校的做法是值得提倡的。

六、其他项目

除对《办法》中的强制性要求对各高校进行观察外，同时，为了对高校信息公开做全面的了解，课题组还专门针对年报公开、决策征求意见、规章制度汇编上网、检索完备性四个项目进行了考察。

(一)信息公开年报

《办法》第 24 条规定：“高等学校应当编制学校上一学年信息公开工作年度报告，并于每年 10 月底前报送所在地省级教育行政部门。中央部门所属高校，还应当报送其上级主管部门。”即信息公开年报在《办法》中并不是必须向社会公开的信息，但是向社会公开是值得倡导和鼓励的。在所检测的所有学校中，绝大多数学校未及时主动公开 2010 年信息公开年报。截止到 2011 年 11 月 1 日，46 所北京高校中只有北京科技大学、中国政法大学两所高校公开了 2010 年度的信息公开年报。

(二)征求意见制度

绝大多数学校未主动公开决策征求意见制度。据观察，在 46 所高校中，仅有部分高校能检索到实施决策征求意见制度的个案，如在对外经济贸易大学发展规划处网站检索到“关于做好《国家中长期教育改革和发展规划纲要》公开征求意见工作的通知”以及“关于召开《国家中长期教育改革和发展规划纲要战略专题调研报告》征求意见会议的通知”，又如检索到《北京邮电大学五十五周年校庆系列活动——“十二五”事业发展规划校友征求意见会召开》的新闻报道等这些都视为决策征求意见的个案，但是都仅仅停留在个案的层面上，至今没有一所学校建立健全了决策征求意见的具体制度。

(三)规章制度汇编

按照《办法》第15条的规定，并没有强制要求高校将学校规章制度汇编一起置于学校网站，但是将规章制度汇编会为公众查询相关文件提供便利，是值得倡导的做法。在所观察到的高校中，主要有三种汇编模式：

第一种如中国石油大学(北京)，将规章制度汇编成册设置在信息公开主页上供公众查询，这种模式便捷、清晰，值得提倡。

第二种如北京科技大学，在其党委校长办公室主页设置有“学校规章制度查询系统”，经过检索可以查找到学校的各项规章制度。

第三种是“假汇编”，是各高校中最常见的模式。即虽然在学校(校长)办公室或者学校首页、信息公开主页等位置设有“规章制度”一栏，但是其中内容只是对特定方面的内容或者几个文件进行的汇编，没有达到将学校全部制度汇编成册的程度。

总体来说，绝大多数高校没有将学校的各项规章制度在网站上汇编成册，学校的基本规章制度的汇编非常不完善。虽然大部分高校都能将学校规章制度置于网站内以供查阅，但是从具体内容来看，普遍存在编制工作不完善、信息分散于各部门的情况。

(四)网站检索的完备性

网站检索功能在《办法》中没有相应的规定，但是在网络高度发达的今天，高校为方便公众查询信息应该设置完备的信息检索功能。据观察，大部分高校的门户网站上都设置有检索功能，但是仍有少数高校的网站不支持检索功能，如中国农业大学、北京中医药大学等在学校网站没有设置检(搜)索栏。大多数高校仅在学校主页设置一个检索栏，支持关键词、标题、全文检索，如北京师范大学、北京工业大学。各高校普遍缺乏同时支持标题检索、全文检索、关键词不在标题之首的检索、时间段搜索等多样化的检索功能。

经过对北京46所高校在信息公开组织机构、制度规范、主动公开、依申请公开、监督保障以及信息公开年报、规章制度等项目的观察，发现截止到2011年11月1日，各高校普遍没有真正落实《办法》的各项要求，存在着信息公开水平低、各高校差距大、信息公开与校务公开之间缺乏衔接、信息公开渠道单一、监督保障机制不健全、配套制度设施缺失等诸多问题。这说明各高校普遍没有树立起积极主动公开高校信息的意识，更没有建立健全高校信息公开的基本制度。以上问题的存在不利于保障公众的知情权、高校的透明运作和自主管理，甚至会阻碍高校教育改革的顺利推进。

高校信息公开存在的问题突出表现在以下几个方面：

1. 高校信息公开工作的整体水平较低

在《办法》实施一年之后，仍有80％多的高校未对信息公开工作给予足够的重视，相应制度没有建立。目前，大多数学校的信息公开制度建设处于“尚未起步”或“刚刚起步”阶段，整体水平较低。高校对信息公开工作的认识不够深入，尚未树立“以公开为原则，不公开为例外”的观念。

绝大多数的高校没有实质性的开展信息公开工作。通过对 46 所北京高校在组织机构、制度规范、主动公开、依申请公开和监督保障等方面的观察，发现只有极少数的高校积极落实了《办法》的各项要求，有近半数的高校没有开展信息或校务公开的任何相关工作；在开展信息或校务公开的学校中，大多数高校还是停留在校务公开的层面上，与《办法》的要求还有很大差距，即便是在开展校务公开工作的 9 所高校中，也主要是有基本的校务公开制度，多半没有实质性的内容和进展。

按照《办法》的要求开展信息公开工作的 7 所高校也并非是严格按照《办法》的要求开展信息公开工作，且各高校之间的信息公开工作开展情况差距较大。北京科技大学、北京林业大学、华北电力大学、中国人民大学、中国政法大学等高校是信息公开工作做得比较好的学校，基本建立健全了信息公开基本制度，但是还不够完善。比如它们都普遍对学校经费来源、年度经费预算决算方案、学校财政性资金的使用和管理情况等信息没有任何公开。北京化工大学、北京体育大学等学校虽然开展了信息公开工作，但是在基本制度、配套设施、依申请公开等方面还需要进一步完善。

为保证各高校积极开展信息公开工作，落实《办法》的要求，改变目前低水平发展的状况，需要教育行政部门、高校自身、广大师生职工等多方面的努力。从教育行政部门来讲，要重视对该地区高校信息公开工作的监督和检查，从外部推动高校的制度建设；高校领导和相关责任人应当充分认识推行信息公开对高校发展的重要意义，转变观念，对高校信息公开加强重视，逐步建立健全相应制度；要积极引导广大师生职工树立信息公开的法律观念，提高其主张权利的积极性与主动性。只有多方面一起努力，才能构成推进高校信息公开工作的合力，提高高校信息公开的整体水平。

2. 各高校之间差异较大

各高校信息公开工作的实施情况差异巨大。从目前观察对象的情况来看，大体分化成三种完全不同的状态：(1)依照《办法》要求基本建立信息公开制度的学校；(2)建有校务公开基本制度的学校；(3)至今没有专门的信息或校务公开制度的学校。这三种类型差不多各占到三分之一，但是第一类要少一些。在各类型内部，各高校之间也同样存在很大差距。

类型一的典型如北京科技大学、北京林业大学等，在组织机构、制度规范、配套设施等方面都是比较完备的，并且在逐步落实信息公开工作的各项要求，只是在个别方面还需要完善。类型二的典型学校如中国地质大学(北京)、中国农业大学等，还是按照原来校务公开的各项要求开展工作，没有与《办法》相衔接。而在表现不好的学校，则根本没有开展信息(校务)公开工作，如北京中医药大学、中国传媒大学等，在其学校网站没有找到任何与信息公开相关的制度文件。

之所以各高校之间存在如此大的差异与高校相关部门以及领导对信息公开工作的认识和理解有很大关系，很多高校尚未形成将信息公开作为一项义务和职责的观念。高校领导和相关责任人应当充分认识到在高等教育领域推行信息公开是依法治校、依法治教的必然选择，要彻底摒除人治的观念，以全新的法治观念和理论来指导高校信息公开制度的建立。如果高校领导和责任人员对信息公开有正确的认识并采取积极的态度，高度重视信息公开工作，信息公开工作将会得到顺利的开展。

3. 校务公开制度和信息公开制度缺乏整合

2002 年 2 月 6 日，教育部、中华全国总工会发布了《关于全面推进校务公开工作的意见》(以下简称《意见》)，这是我国校务公开制度的最主要制度规范。因此，高等学校的校务公开工作起步较早并取得一些进展。《办法》颁布实施后，出现《意见》和《办法》并行的局面，导致信息公开工作的混乱。比如，《办法》与《意见》各自规定了负责信息公开的工作机构：《意见》规定校务公开的实施机构为工会、教职工代表大会，《办法》则规定信息公开的实施机构为校长办公室或者学校办公室，也使信息(校务)公开专栏出现设置位置的巨大差异。这可能使高校的信息公开工作出现多头管理或者互相推诿的现象，最终也可能会削弱校务公开与信息公开的实际效果。

校务公开主要是对高校内部事务的公开，信息公开涵盖了校务、党务、教务、校情等信息的全面公开，公开内容更趋丰富，形式更加多样，程序更加规范，在某种程度上可以说，高校信息公开制度是校务公开制度成果的总结与升华，所以校务公开走向信息公开将是发展的必然。而在本次测评活动中，测评员发现仍有个别高校的信息公开工作停留在校务公开的阶段，各高校应当以《办法》的相关规定为依托，利用现有校务公开的制度建设平台和工作成果，扎实推进信息公开工作，实现校务公开向信息公开的过渡。

4. 信息渠道比较单一

我国高等教育信息公开已经走向网络化阶段，通过学校网站、网上留言板、电子邮件、BBS 等网络沟通模式传播高校信息，应该成为首选的信息公开方式，同时也是投入与效益比率最小的方式。但是在所观察的各高校中，很多高校信息公开渠道比较单一，没有有效利用网络资源和发展形式多元的公开形式。

在主动公开方面，高校应当根据自身特点从以下方面加强网络化建设：第一，在学校网站主页设置信息公开专栏，将《办法》要求主动公开的信息全面、及时地在专栏上公布；第二，信息公开专栏中应公布本校信息公开的实施细则、指南和目录，还应开设专门的信息公开意见箱、留言板、BBS和博客等交流反馈系统，保证学校重大事务师生早知道，有关重大事务的反馈信息学校早清楚；第三，逐步建立统一的学校公共信息数据库系统和信息门户，面向社会提供便捷的一站式综合信息检索服务。

在依申请公开方面，高校应当向公众提供多元化的申请途径并保证各种途径的畅通，可以在学校网站开设专门的信息公开申请信箱等，积极鼓励申请人通过网络方式提出信息公开申请，工作人员应将申请人提出的问题分类整理依法进行答复，并及时公布答复情况。

另外，也要充分发挥其他公开渠道的作用，对于向校内公开，图书馆、班级传达、橱窗展示、校广播电台和校报等都是常用的媒体；对于向社会公开，可以通过电视、广播、报刊等大众传媒发布学校信息。

5. 信息公开的监督机制不完善

高校信息公开的核心是“公开”，关键在“真实”，难点在“监督”。没有监督的信息公开必然会走过场，流于形式，时断时续，随意而为；只有加强监督，信息公开工作才能持之以恒，深入开展。但是目前我们所检测的46所北京高校在信息公开的监督机制方面尚不够完善，监督力度不够大，不重视外部监督。对各高校信息公开的监督包括内部监督和外部监督。内部监督主要是高校内部监察部门的监督和教职工的监督；外部监督主要包括行政监督和社会监督。目前高校信息公开的监督机制应当对各种监督方式进行改进：

第一，落实和加强行政监督。根据《办法》第25条规定：“省级教育行政部门应当建立健全高等学校信息公开评议制度，聘请人大代表、政协委员、家长、教师、学生等有关人员成立信息公开评议委员会，或者以其他形式定期对本行政区域内高等学校信息公开工作进行评议，并向社会公布评议结果。”该规定说明《办法》对高校信息公开的监督和约束主要来自教育行政部门，对行政监督的落实和加强可以直接提高信息公开的程度。

第二，要落实内部监察部门的监督工作。《办法》第26条规定：“公民、法人和其他组织认为高等学校未按照本办法规定履行信息公开义务的，可以向学校内设监察部门、省级教育行政部门举报；对于中央部委所属高等学校，还可向其上级主管部门举报。收到举报的部门应当及时处理，并以适当方式向举报人告知处理结果。”该条只是对《政府信息公开条例》第30条规定“政府信息公开工作主管部门和监察机关负责对行政机关政府信息公开的实施情况进行监督检查”的贯彻落实，没有探索出符合高校特点的监督方式，也没有更多的细化规定，使得监察部门的监督缺乏程序和法律保障。因此，高校应建立细化的信息公开监督检查和责任追究办法，明确进行信息公开监督的具体机构和工作程序，落实内部监察部门的监督工作。

第三，充分发挥教职工监督和社会监督的作用。高校信息公开最根本的价值在于实现公民知情权。师生职工享有对高校教育与服务活动中产生的各种信息的请求权利，如果不主动地履行自己的权利，采取无所谓的态度，那么高校就会缺失强有力监督，信息公开的实际成效也会受到影响。为了形成良好的监督机制，高校要明确监督举报途径，保障公民通过批评、建议、检举、揭发、申诉、控告等基本方式对高校信息公开的合法性与合理性进行监督。

6. 配套制度设施缺失

通过2011年度对相关北京公立高校的观察，可以发现，我国高校信息公开的制度建设仍停留在基本规章制度的建设上，但是信息公开的保密审查制度、内部组织机构的信息公开制度、决策征求意见制度等配套制度设施尚未全面建立。因此，各高校应当在建立信息公开基本制度的基础上，加强调查研究，建立信息公开的配套制度和具体制度。具体来说：

第一，建立并公开信息发布保密审查机制、重要信息发布审批机制和虚假或不完整信息澄清机制，明确审查程序、审查标准和审查原则，而不仅仅停留在原则性规定的层面上。此外，还要处理好信息公开与保密审查之间的关系，不要造成保密审查的泛化。

第二，没有一所高校将重大事项的决策征求意见制度化、机制化，仅仅停留在个案的层面上。因此，高校应该建立重大事项决策征求意见制度，对涉及师生员工切身利益的重大事项，应当广泛征求意见，实行决策前信息公开和实施过程的动态信息公开。

第三，仅有个别高校落实学校二级单位的信息公开工作，而绝大多数高校还没有建立内部单位信息公开制度。因此，高校应该建立健全内部组织机构的信息公开制度，全面推进学校内部院(系)、部、所等二级单位的信息公开工作，构建“分级负责、属地为主”的管理格局，形成“多层次、相互结合”的高校信息公开执行和监督机制，丰富公开的内容，拓展公开的范围，增强公开的效果，使信息公开工作深入基层、深入人心，共同推进高校信息公开工作。

七、小　结

高校信息公开制度是保障社会公众和广大教职工知情权的需要，是适应信息社会发展的需要，也是推进高校改革和发展、实现民主管理的需要。《办法》实施一年来，北京46所公立高校，整体而言，信息公开工作刚刚起步，各高校应当在当前工作的基础上认真落实《办法》的要求，完善相应的规章制度，运用科学的工作方法，切实推动信息公开工作健康发展。

（作者：王敬波　法治政府研究基地研究人员　教授）

北京市哲学社会科学规划项目
北京市教育委员会专项资助

北京市哲学社会科学研究基地成果选编 2013 下

beijingshizhexueshehuikexue
yanjiujidichengguoxuanbian

北京市哲学社会科学规划办公室
北京市教育委员会
北京市哲学社会科学研究基地
编

首都师范大学出版社
CAPITAL NORMAL UNIVERSITY PRESS

图书在版编目(CIP)数据

北京市哲学社会科学研究基地成果选编 .2013/北京市哲学社会科学规划办公室，北京市教育委员会，北京市哲学社会科学研究基地编 .—北京：首都师范大学出版社，2013.8

ISBN 978-7-5656-1668-6

Ⅰ.①北… Ⅱ.①北… ②北… ③北… Ⅲ.①哲学社会科学—科技成果—汇编—北京市—2013 Ⅳ.①C121

中国版本图书馆 CIP 数据核字(2013)第 197192 号

BEIJINGSHI ZHEXUE SHEHUI KEXUE YANJIU JIDI CHENGGUO XUANBIAN 2013(XIA)

北京市哲学社会科学研究基地成果选编 2013(下)

北京市哲学社会科学规划办公室
北京市教育委员会　　　　　　　编
北京市哲学社会科学研究基地

责任编辑　马　岩　欧家作
首都师范大学出版社出版发行
地　址　北京西三环北路 105 号
邮　编　100048
电　话　68418523(总编室)　68982468(发行部)
网　址　www.cnupn.com.cn
北京泽明印刷有限责任公司印刷
全国新华书店发行
版　次　2013 年 10 月第 1 版
印　次　2013 年 10 月第 1 次印刷
开　本　787mm×1092mm　1/16
印　张　30.75
字　数　449 千
定　价　140.00 元（全二册）

目　录

北京市经济社会数据分析与监测评价研究基地
（北京市统计局、国家统计局北京调查总队）

马克思主义研究基地（中国人民大学）

北京能源发展研究基地（华北电力大学）

北京新农村建设研究基地（北京农学院）

北京市知识管理研究基地（北京信息科技大学）

北京市经济社会发展政策研究基地（首都经济贸易大学）

北京社会建设研究基地（中国人民大学）

首都国际文化研究基地（北京语言大学）

北京世界城市研究基地（北京市社会科学院）

首都高校党建研究基地（北京航空航天大学）

首都大学生思想政治教育研究基地（北京交通大学）

北京产业安全与发展研究基地（北京交通大学）

北京民族音乐研究与传播基地（中国音乐学院）

北京建筑文化研究基地（北京建筑大学）

北京中医药文化研究基地（北京中医药大学）

马克思主义大众化研究基地（中共北京市委讲师团）

北京社区研究基地

（北京市社会科学院）

基地名称：北京社区研究基地
依托单位：北京市社会科学院
项目类别：研究基地自设项目

政府服务模式的创新与地方治理的实践[①]
——关于杭州上城区复合服务治理模式的调研

杭州上城区，作为新中国第一个居民委员会的诞生地，源远流长的不仅是其民主精神，还有深深扎根于社区之中的基层社会管理创新精神。在对上城区社区建设发展的调研过程中，我们发现“上城模式”作为近年来全国社区管理创新的典型经验，地方政府在基层治理中推行的一系列改革，确实有其独到之处，充分展现了基层政府为顺应市场经济和现代城市发展、居民的实际需求而在社区管理体制中进行的创新。无论是社区党建工作的创新与变革还是“333＋X”社区服务体系的设计，以及“四评一相结合”社区工作评价体系的建立，都在践行着胡锦涛总书记在2012年7月23日于省部级主要领导干部专题研讨班上发表的重要讲话精神，即重民生之声、听民声之意、谋民生之利、解民生之忧。

一、社区治理结构的创新与变革

社区建设的主要推动是靠行政力量，问题是如何推动才能符合社区治理的运行规律，以适应我国社会结构的现代性转型。基层社会的能动性主要取决于其与社会结构的契合程度，这就要求基层政府的引导方式要随着社会结构的变动而适时转型，社区治理的多元化发展，需要有一个权威性组织来承担社区建设的发展规划、制度设计、行动协调等职责。

（一）社区党建领导体制的创新

在现行体制下，社区党组织在社区治理体系中发挥着重要的作用，因为社区治理单纯依靠任何的单个治理主体都无法实现良性的运行，而社区党建的扁平化贯彻了复合治理的基本精神。

上城区党建领导体制的创新紧紧围绕中心、服务大局，不断探索、不断创新、不断总结，先后探索党员学习积分制，创设党员会客厅、功能型党小组，“5A型目标、网格化管理、组团式服务、片组户联系”等党建新载

① 本文是《政府服务模式的创新与地方治理的实践》项目的最终成果摘要。

体，打造“红色港湾”、“雨露小营”、“晴雨工作室”等党建新阵地，开辟“e”家网党务信息管理系统新平台，构建和完善“三行动三共享”、“草根质监站”、“民间改善办”等党建促民生机制。他们积极探索党建引领社会管理创新的方法途径，充分发挥基层党建工作在创新社会管理和优化社区服务中的示范引领作用，着力推动“5A 型”网格管理组团服务、“5A 型”网格管理组团服务是在市委组织部“片组户联系”机制上整合自身特色推出的一项服务模式，是指任何人(Anyone)在任何时候(Anytime)、任何地点(Anywhere)能通过任何方式(Anyway)得到任何服务(Any service)，这既是他们对“片组户联系”服务的具体实践，也是他们深化“网格化管理、组团式服务”作出的郑重承诺和努力方向。“湖滨晴雨工作室”是通过建立“民情气象台”、“民情气象站”，聘请专家学者和领导干部担任民情预报员，党代表、人大代表、政协委员、社区居民等担任民情观察员等做法，开辟出一条社情民意上情下达、下情上报的“绿色通道”，利用这个通道，进一步整合信息，理顺情绪，倾听诉求，化解矛盾，不断加强和推进社会管理创新。“党员邻里值班室”由社区党委牵头，由社区党员、居民小组长、退休人员自管组长等担任值班人员开展邻里守望、参与社区公共事务决策等活动，实现了“小事不出楼道、大事不出社区，矛盾不上交、纠纷不激化”的良好工作局面。

2011 年“七一”期间，习近平副主席给小营街道小营巷社区党委复信，对小营巷社区 8 年来的可喜变化给予充分肯定，这些活动的开展与荣誉的获得充分展示了上城区基层党建工作亮点，体现了近年来上城区基层党建的探索成果。

上城区努力构建区域化大党建网络格局的同时，广泛动员社会力量的参与。因此，构建区域化大党建工作格局，是党的十七大提出的一项战略部署，也是落实中央提出的五个统筹的具体举措。为突破区域面积小、党建资源有限的制约，区委制定出台了《关于进一步加强区域化大党建工作的实施意见》，对区域化大党建工作提出了总体部署。明确了“一会一委六组两平台”的街道党建共建组织体系和“一会一室四网络”的社区党建共建组织网络，进一步完善了组织体系。

在基层党组织建设上，他们针对现有普遍存在的党组织整合困难，建立了以街道党工委为核心、社区党委为主体、小区楼道党支部为基础组成的三级组织架构，形成了网络化发展的组织体系。他们主要着眼于三大方面内容的建设。第一，突出党组织的领导地位。通过由社区党支部书记兼任社区工作站站长，发挥党员参与社区服务的带头作用，增强党组织服务职能。第二，加强党组织自身建设。通过“纵向到底、横向到边”建立纵横交错的社区党组织网络，完善组织设置；通过疏通居民利益表达渠道，树立亲民的组织作风。第三，通过创新党社共建项目，寓领导于管理之中，寓管理于服务之中。

(二)基层民主体制的创新

社区作为利益共同体，相关问题的解决具有区域性、连带性等特点，在传统社区管理体制下，许多职能分散在相关部门，各部门之间缺乏协调，“协同政府”倾向于联合若干政府机构，有时甚至是多级政府一起提供整体化服务，在许多情况下，政府通过网络模式创造出的公共价值会比通过层级模式创造的公共价值要多得多。“协同政府”超越了传统的条块分割，促进了政府部门和机构之间的紧密合作，将公共政策目标的实施监理在政府协同的基础上。社区党建领导体制适应了这一要求。而“协商民主”强调民意的基础，在实践中是一区、街和社区不同层级为载体，体现为不同治理主体在社区共建共享中，通过沟通、协商与合作等方式来落实响应的责任与权力。“参与民主”是一种强调个体平等自由地参与的直接民主形式，社区居民平等自由地参与各类公共事务的追求就蕴含着人民民主权力的价值追求，而社区参与和社区管理，更多地在体制上设置为基层民主。基层民主建设应放在基层治理结构中综合考察，将基层民主建设与社会管理体制、公共服务体制和基层自治制度相结合，在综合治理中设计民主建设的体制框架。

上城区基层民主建设正是遵循以上逻辑，从社区管理体制创新和社区公共服务体制完善两大方面予以设立民主建设目标。首先，建构社区党组织、社区居委会、社区公共服务工作站各尽其能、各负其责的“三位一体”的社区管理新体制。其次，完善基层公共服务，以发展社区其他各类组织为主线，提升居民群众满意率。其具体的改革步骤包括：第一，2009 年，上城区下发了《关于设立社区公共服务工作站创新社区管理体制的实施意见》(上委[2008]46 号)，全区 52 个社区均挂牌设立公共服务工作站，直接承担政府的公共服务职能，使社区居委会抽离出来，真正发挥其作为社区自治组织的职能；第二，明确了社区党组织、社区居委会和社区公共服务工作站各自的职责，为构建“小政府、大社区、小机构、大服务”的管理体制奠定基础；第三，社区公共服务工作站推出“7＋1”岗位设置，“7”为七个必配岗位，“1”为一个试点岗位，即在社区进行社会工作专业岗位试点，开展专业性社会工作，推动社区服务普惠型与专业化发展结合。

在民主管理制度建设上，上城区主要着力于社区民主制度环境建设和居民民主能力建设。社区民主制度的环境建设的途径在于通过推行社区工作准入制，从源头上把关，为社区自治提供有效的制度保障，为社区切实回归自治功能奠定基础。居民民主能力建设主要通过提高居民主体意识和参与能力两方面制度建设实现。一是通过实现直选全面覆盖的“民主选举制度”、民情民意反馈的“四会四公开”制度，提升居民的主体意识；二是通过“楼道自我管理制度、社区自治考核制度、信息公开制度”等推动居民参与和自我管理。

协商民主的核心思想是重视公民乃至整个公民社会在决策过程中的作用，促进国家和公民社会的相互依赖和良好合作。上城区通过问情于民、问需于民、问计于民、问“责”于民、问绩于民五大途径，健全“四会三制度”，通过现代信息技术扩大社区管理信息和服务信息的知晓度和透明度，建立健全了民众有效参与和意见反馈的公共协商机制，夯实了基层民主自治的工作基础。上城实践证明，从制度上保证人民群众自主管理社区事务的权利，参与公共事务管理的权利，拥有对社区公益事业的知情权利，是建设基层民主的重要途径。协商民主作为地方政府治理的一种新理念将大大提高政府的公信力和执行力，加强政府与民间社会的互动，有助于培育公民意识和民主精神，是复合治理的基石。

(三)社会组织体制的创新

社区复合治理的核心是多元组织在公共服务方面的聚合。多元组织的协作是社区复合治理的运作源泉。上城区成立了社区社会组织服务中心，按照重点发展社区服务类社会组织，积极培育社会事务类社会组织，逐步壮大文体健身类社会组织，着力规范社区维权类社会组织，大力倡导社区互助类社会组织的原则，培育了一批基本能满足社区居民生活需求的便民类社区社会组织，发展了一批能够承接政府社会事务的社区社会组织，壮大了一批居民群众喜欢的文体类社区社会组织，规范了一批维权类社区社会组织，支持了一批互助类社区社会组织，奖励了一批活动形式好、居民满意度高的社区社会组织。

上城区实行《上城区社区社会组织备案管理办法》后，对不具有独立登记条件的规模较小的社区社会组织，采取“同类合并”的方法，即相同类别的几个社区社会组织联合成一个规模较大的社区社会组织，为独立登记创造条件。不具备登记条件的，但符合社区服务需求的，则由街道报区民政局备案，民政局按照登记管理的要求审查核准后发给备案证书，并列入社区社会组织规范管理渠道。各街道根据社区社会组织的性质进行了归口管理，制定了规范的财务制度，在业务上进行指导监督，并与本市各相关社会工作专业的高校结对联姻，由高校专业老师指导帮助街道设计项目，使社会工作与社区社会组织服务有效对接。

在培育发展中，他们推行“三化并行”的培育发展理念，即“服务多元化、资源整合化、运作社会化”。注重社区社会组织的“按需培育”，使政府服务社会，社区服务居民的能力得到提高。全区 654 家社区社会组织，服务内容涵盖了居家养老、家庭护理、家电维修、社会治安、文化娱乐、体育健身、纠纷调解、青少年教育、妇女儿童维权和治丧殡葬等领域，成为了社区服务的新生力量。

在社区社会组织培育过程中，上城区注重从提高社会组织的服务能力水平入手，帮助其做大做强自己的品牌，使其以更高的服务水平为社区居民服务。在这一点上，表现最为突出的是望江街道“在水一方互助会”，它是全国第一个由民政部门正式登记注册的民间互助组织。在各级的精心培育下，“在水一方互助会”从一个弱小的社区社会组织，逐步发展成为具有一定经济实力的民办非企业单位。成立以来，按照“以社区为基础，以服务为抓手，以养老为龙头”的发展规划，先后投入600余万元，创办了6家敬老院、3家服务中心和1家管理5个小区12万平方米的物业公司，员工数超过200人，养老床位达到399张，多次被评为社区服务业先进单位，成为了杭州市最具代表性和影响力的民间自治性社区社会组织，走上了一条促进和谐互助的睦邻文化的新路子，取得了良好的成效。

二、社区大服务体系的设计与推广

随着我国经济的发展和社会的进步，社区居民对社区服务需求呈现多元化、特殊化和个性化的发展趋势，社区居民的参与和服务需要新的平台加以实现，服务资源整合利用需要一个共建、共享和共治的格局加以实现。“333＋X”社区大服务体系正是实现了社区居民的基本服务和参与需求。它是以满足社区全体居民不断增长的物质、文化需求为目标，以党委领导、政府主导、多元主体共同参与，以公共性服务、公益性服务和商业服务为载体所组成的多层次、多功能的服务网络体系。这一体系的核心是新的服务理念和新的制度设计。具体而言，“333＋X”社区大服务体系是指三个主体、三个体系、三个载体和X向服务。“三个主体”是政府、社区和社会组织；“三个体系”是公共服务、公益类和自治类服务、商业服务和公益性自治性服务；“三个载体”是指社区公共服务工作站、各类社区居民参与平台、各种居民生活服务平台。

“333＋X”社区大服务体系提倡服务民生为本、主体三位复合、发展分类推进的三大管理理念。确定了三大复合型参与主体：政府(主导)、社区(协同)、社区其他各类组织(参与)。搭建三大服务架构：公共服务工作站提供公共服务、居委会提供公益服务、社区的其他各类组织提供商业服务和公益性自治性服务。通过以上三大管理理念、参与主体和三大服务架构从而衍生出X类服务项目，最终形成包括“理念、主体、功能、服务、路径、保障”在内的大服务网络体系。

“333＋X”社区大服务体系实现了多元主体的合作共治，这种有目标、有组织、有内容的共治，不是空中楼阁的设计，而是具体的、全方位的、全覆盖的为民服务体系，面对政府的公共服务、面对社区居民的需求、面对政府的社会管理、面对社区的自治，上城区政府在社区层面施行了“吸纳供给”与“合作式供给”的社区服务复合供给体系。“吸纳供给”是指政府或派出机构为社区公共服务的供给主体，辖区内的企业、社会组织和志愿者被政府所“吸纳”，共同参与公共服务的供给。“合作式供给”是指社区与住区企业、社会组织、志愿者形成合作伙伴关系，共同提供公共服务。由此“333＋X”社区大服务体系也是对我国公共服务体系的创新和贡献。

“333＋X”社区大服务体系建设的核心在于各参与主体的功能定位以及三者之间的相互关系。其中政府及其职能部门的功能是：引导、保障、评估功能。主要体现在提供政策制定，落实制度保障；制定规划，提供政策引导；提供人、财、物保障；建立评估机制，形成多元化的民意沟通体系。包含社区党组织、社区居委会、社区公共服务工作站三大组织的指责，社区组织的主要职责包括：承接政府的行政职能，提供公共性服务；提供照顾、教育、环境、卫生等各类公益性服务；提供各种居民自治服务。社区的其他各类组织的功能主要体现在通过各种专业协会活跃社区文化，开展咨询、中介、培训等项目服务，以及协助社区维护居民合法权益功能。政府、社区以及社区的其他各类组织这三大主体的关系是相互协调、相互补充和共同发展的关系，政府对社区建设的推动力和社会力量的参与力被有机地结合起来，从而构成了和谐社区建设的新型社区组织体系。“333＋X”的多元主体框架，实现了各参与主体责任区分、功能叠加、内容交叉、人员复合，形成了在政府指导下的“分工协作、联合执行”的社区复合治理模式，构建了“上下联动、区域联动、社会联动”的联动工作机制，实现了从“被动式管理”向“主动式服务”、从“单向约束”向“互动管理”的成功转变，社区公共责任得以共担、共享。

社区大服务体系的协同治理建构，创新了中国社区建设“大社区”的理念。如新中国第一个居委会所在社区——上羊市街社区成立了“社区公共管理委员会”，是由街道办事处、社区党委、社区居委会、社区公共服务工作站、辖区单位、社区社会组织、大专院校等组成的社区公共管理委员会，形成了政府搭台、多位一体、相互协同的新型管理体制；紫阳街道在社区创设的“1＋X”协和式民主自治组织，则是主体多元合作、功能互补融合、目标多重统一、结构网络布局的综合性复合组织。

上城区始终把服务社区居民、扩大基层民主作为社区建设的根本出发点和落脚点，而创建符合上城地方特色的新型社区服务信息沟通体系，是实现上城区的“333＋X”的枢纽，只有这一枢纽的开通，才能盘活复合治理的整盘棋。为此，在“333＋X”社区服务体系的构建中，上城区立足社会资源的整合，以信息化普惠全体社区居民为出发点和最终落脚点，通过讲信息技术“融合”，抓信息化集成，搭建大服务架构、探索传统服务方式的转变、促进了社区服务能力的提高。“一册二化四网一平台”、“5A”社区服务目标的架构设计和做法，不仅开发了新的网络系统，而且搭建了一个资源共享的信息平台；不仅实现了社区管理与服务的信息化，也大大提高了社区管理与服务的效率；不仅体现了尖端的科学思维，也使科学精神与个性化关怀得到完美结合；不仅促进了信息技术的应用，也实现了政府、企业、居民的多方双赢；同时他们把这种先进的理念、先进的技术手段进一步提升，用来管理社会，创造了“三全”模式，即通过信息化手段，实现全方位、全时空、全覆盖的新型基层社会网格化服务管理模式。这个模式可以简称为“九个一”工程，即一个全覆盖的工作系统、一个数字化的综合中心、一个联动的信息平台、一张无缝的虚拟网格、一本规范的工作手册、一批综合的服务团队、一份至诚的服务理念、一套科学的运行机制和一项严密的奖惩制度。“三全”网格化的社会管理模式，是“333＋X”社区大服务体系的眼神和发展，二者的结合最大限度地满足社区居民的多元化需求，从而使居民需求与社区服务资源实现了有效对接，服务与管理实现了有效联动。

“333＋X”社区大服务体系是中国社区治理理论和实践的一种全新模式，实现了基层政府与社区之间多元、整合、协商、合作的新型治理关系。这一治理的实质在于多元主体建立在公共利益基础和认同之上的协商合作、复合治理。

通过“333＋X”社区大服务体系建设，他们实现了党领导下的共建、共治、共享的社区治理新格局，完成了政府、社区和社会组织的垂直责任与社区层面水平责任的良好衔接，形成了复合服务治理的新体制。

三、社区工作评价体系的创新与设立

根据 2011 年胡锦涛总书记在省部级主要领导干部社会管理及其创新专题研讨班开班式上讲话的指示，把群众满意不满意作为加强和创新社会管理的出发点和落脚点。上城区把群众满意度作为衡量社会管理创新成效的依据和标准，并起草了《上城区 2011 年度和谐社区考评办法》(上委办〔2011〕97 号)，建立了“四评一结合”的社区工作评价体系，即基于居民满意这一重要标准建立起来的以下评上、政府管理与居民自治相结合的评价体系。

(一)多元评估机制

“四评一结合”的社区工作评价体系主要是建立一个由政府主导、各方参与的“多元评估主体”模式，逐步理顺和完善政府、社区、各类组织在社区建设中的职责，畅通居民群众参与基层社会管理的渠道。该评价体系是对社区公共服务、社区居民满意度、社区民生实施项目、社区社会组织发展、社区民情联系等方面工作进行综合评价，它强调“公众为本”、“效能为绩”、“质量为上”、“公众(居民)满意”等评价标准，蕴涵了公共责任和公众至上的服务目标，它发挥“以下评上”、“满意为主”的管理方式，通过自我评估、问卷调查、居民评议、部门考核、第三方测评、专家评审等方式，评出示范社区和“十佳居民满意社区”、“十佳公共服务星级社区”，“十佳社区民生实事(品牌)项目”、“十佳社区社会组织”。每一项评价内容都制定了相关的考核标准和评估依据，实现“目标导向服务、结果控制管理”的社区服务管理创新。

多元评估机制畅通居民群众参与基层社会管理的渠道，实现了三个转变：一是从重政府满意到重居民满意的转变；二是“眼睛朝上”、“对上交代”到“眼睛朝下”、“管理落地”的 转变；三是从“完成上级行政任务”到解决民生实事的转变。

“四评一结合”社区的评价体系，创造性地解决了制约我国社区发展的瓶颈问题，即谁来考量？谁是主体、谁是标准？参与什么？怎样参与的问题。建立了政府公共管理与社区自治融合共治的格局。

(二)考评结合机制

考评结合就是通过对社区公共服务的内容、规范、执行等进行指标考核，评选出“公共服务星级社区”；对“满意社区”，“民生实事(品牌)项目”的内容、规范、效果、覆盖面等进行综合评估，评选出让群众满意的社区，让百姓受益和欢迎的服务项目。在考评“公共服务星级社区”、“满意社区”、“民生实事(品牌)项目”的基础上，结合社区社会组织的培育发展、民情民意的反馈情况，综合评出和谐社区示范社区。(四评一结合)“考评结合”原则体现“点面”结合、“考评”分项、“过程”导向等特点，是“重标准、重质量、重能力、重发展”的一种新型评估方式。

(三)居民满意机制

居民满意机制就是把居民满意作为检验社区工作成效的第一标准。在确定评选指标和评选项目时，经过基层社区、相关职能部门、上级同行等的反复讨论和广泛征求意见，最终确定；评选过程充分体现群众意愿，不仅有居民群众的满意不满意评估，还有相关部门及同行的合适不合适评估，有专家学者的优质不优质评估，这些来自广大群众的意见都折算成分值形成结果；评选内容充分体现民生，“三个大类、五个项目”的评估都与老百姓的生活直接相关，与民生相关的评估指标占全部指标的 70%，即使间接性的指标也与公共服务和生活保障相关。倡导“以民为本原则”，真正实现了把“服务居民群众作为和谐社区的根本出发点和落脚点”的社区工作本质。

(四)项目管理机制

项目管理机制，就是高度重视改善民生，强化基层工作，通过政府购买服务、项目化管理等途径，积极引导各种社会组织和各类民间社团参与社会管理和服务，实现民主促民生。2011 年，上城区打破往年社区社会组织“下报材料、上批审核”的评选模式，通过“标准对照、效果反映、现场评价”，即“第三方对照监察执行标准，老百姓反映运作效果，专家及同行评价现场演示服务成效”的方式，进行“立体诊断”，对服务活动成效明显的组织给予资金扶持，既调动社区社会组织参与社区建设的积极性，又确保社区社会组织的服务更加符合居民实际需求。对社区社会组织的服务项目进行“重点立项、立体诊断、综合评估、倾斜扶持”，形成“优质”社区社会组织的“标杆效应”，这是上城区培育社区社会组织的特色之路，也让社区社会组织的考评更具合理性、科学性。

(五)民意权重机制

社区复合服务治理是平等主体之间的共同参与。治理强调的是各主体之间的平等参与，虽然在一定时期内，社区复合服务治理的架构是以政府为核心的，但是，政府应以社区发展中的平等主体的身份参与社区共治。在社区公共事务治理过程中，它们不仅要与其他主体一样承担一定的责任，实现“各司其职，各负其责”，还要作为平等一员接受监督和评议。政府和政党更多的是发挥牵引、启动和媒介平台的作用，但这并不否定政府和政党在社区公共空间中主导作用的发挥，随着社区发展的深入，这种核心主体将逐渐淡化，最终形成社区空间的多方参与治理秩序。因此，对政府公共服务的监督更多地体现在居民满意度测评中，他们特别引入了“第三方”组织测评，在我国社区建设的发展史上第一次将社区评估的指标权重向社区居民和社会组织倾斜，将部门考核权重降低到 30%，居民评议和多元化的民意沟通、参与体系权重上升到了 70%，使政府推动与社区自治真正实现了结合，社区自我管理能力真正得到了进一步提高，社会广泛参与社区建设的格局得到了进一步提升，形成了社会管理和复合治理机制的创新。

总之，上城区的社区管理模式创新循着“参与、合作、共享”，积极支持社区非营利组织、社区普通居民和社区单位等多元主体一起参与社区公共事务的管理，力求社会服务管理的创新达到民有所需，我有所供；民有所求，我有所助，创建了富有中国特色的“现代上城社区模式”，在全国影响巨大。

（作者：于燕燕　北京社区研究基地主任　研究员）

基地名称：北京社区研究基地
依托单位：北京市社会科学院
项目类别：北京市哲学社会科学“十二五”规划项目

“脱域”与再“嵌入”——中国城市社区发展道路之解析[①]

新中国成立后，国家为了集中计划、管理各种社会资源，采取了“单位制”的社会组织模式。单位制将中国城市空间塑造成为生产空间与生活空间相互重合的城市社会结构，而在这样的社会结构中，作为人们居住生活载体的城市社区实际上是深深嵌入在单位之中的。20 世纪 90 年代后随着中国城市化和工业化速度的加快，城市更新改造的步伐也随之加快，城市人口流动的加剧和陌生人的增加，老住宅社区人口的外迁和人群杂化，新形成的商品房社区由于流动人口的增加，导致了社区内部人口的异质性大大增强，社区居民基本社会关系网络结构发生了重大变化，社区的“共同体”属性被大大削弱。因此，在社会大转型的背景下以制度变迁为立足点，从社区居民认知和行动参与层面研究社区功能存在的现状，对于解决我国社会管理体制中存着的问题、提高社区居民自治水平显得既重要而又必要。

一、嵌入在“单位制”中的城市社区

所谓“单位制”，就是按照行政级别，国家把各种资源分配给作为自己延伸的不同单位，各单位然后根据行政级别把资源和机会再分配给对自己有极强依赖性的本单位成员，“单位社会”可以视为改革开放前中国社会结构的标志性特征。本着“先生产后生活”、“最小化通勤距离”原则，以单位为分配主体的城市住房在地理位置上通常紧挨本单位的生产空间且相对集中，这样从整个城市空间格局上来看，体制改革前中国城市社会的空间结构基本上就是由性质、规模、位置等各不相同的单位社区组成的。这些不同的单位社区之间具有明显的异质性，而在每一单位社区内部，同质性较强。许多单位通过“围墙”来实现其空间的封闭性、完整性，并以“院”的形式来组织单位内部的居住设施、生活设施及各项福利设施，单位的这一物

---

① 本文是《悖论与紧张——北京社区公共生活的现状与未来走向研究》项目的阶段成果，项目编号：11CSC009。

质形态与空间载体则被称为"单位大院"。"单位大院"就是中国单位制社会下社区形态的最典型体现，它将作为人们居住生活载体的城市社区深深嵌入到单位之中，生活在"单位大院"之中的居民之间比自然形成的农村社区居民之间同质性更强。因为单位不仅是城市居民的工作空间，而且也是他们的日常生活空间。单位不仅为职工提供生活设施，还提供教育、文化、卫生等社会福利设施，食堂、医院、幼儿园、澡堂、文化宫等公共服务设施，职工不出单位，所有的需求都可以得到满足，一个相对封闭而又自足的单位制生活空间就这样形成了。

不可否认的是，在单位体制居支配地位的特定时期，依托单位形成的单位制社区是具有合理性的时代产物，充分发挥了单位在资源约束条件下如何最大可能地为职工提供理想城市生活的可能，单位充当了体制改革前城市的基本生活单元和社会管理单元。与此相应的是单位呈现出明显的"管治"特色，即采用与政府行政治理手段类似的方法，借助国家权力与单位权力对兼具职工与居民双重身份的居住者进行治理，单位成为多功能的复合体，"单位单位化"和"社区单位化"的双向发展，使"单位社会"在 20 世纪六七十年代的中国进入全盛时期。

二、悖论中发展起来的"社区制"

随着改革开放的推进，经济改革带来的体制变革，社会生产领域与再生产领域开始分离。20 世纪 80 年代后期，各种类型的单位逐渐退出对居民生活领域的直接治理，在城市居民住房商品化制度改革的推动下，城市居民单位制的居住格局逐渐被打破，城市居民的空间集聚逻辑由"单位型"开始向"市场型"转变。

特别是在 1997 年后为了减员增效，大量的企业职工下岗，下岗职工原有的单位消失了，街道、社区不得不承担对下岗职工和无业人员的社会管理职责。另外，住房商品化使得市民的生活半径从"工作场所"向"居住场所"转移。这种转变和转移，不仅意味着社会管理的基础单元的转换，也意味着社会日常生活支持网络的转换，住房商品化这一转变使得基层邻里的社会政治特征发生了巨大变化。为了弥补"单位制"解体后，社会公共服务功能的不足，以民政部牵头大力推动社区服务的行动计划在全国如火如荼地开展起来，这一掀开了中国学者关于中国社会结构正在从"单位制"到"社区制"转换的讨论热潮。但中国学者面临着西方的研究理论与中国经验无法有效对接的问题：（一）中国政治实践中推行的"社区制"并不是在西方学者所指的"社区"概念基础上发展起来的，因为中国的社区是定位于中国城市的基层行政辖区，可以指街道辖区或居委会辖区，而非西方社会自然形成的、具有紧密联系的社会共同体；（二）20 世纪 90 年代后期中国社会进入了一个快速现代化的历史时期，迅速的市场化、现代化与城市化改革必然会带来城市流动性的加剧和陌生人的增加，那么单位制社区和自然形成的农村社区的“亲密圈”都将随着人口流动性和异质性的增加而消退。滕尼斯在《共同体与社会》中对社区与社会两种社会形态进行了比较与思考，其思考隐含了以下假设：社区是发生在农业社会之中，并将在工业化和城市化的发展中逐渐消亡。齐美尔在《大都市与精神生活》一书中也指出大城市的人口规模、社会心理环境刺激强度、社会分工、货币经济与理性对整个社会的人际关系的影响及其所表现出来的特征与传统社会截然不同。伴随着现代社会的来临，地域性的亲密关系将逐步消亡，理性化的、专门化的、没有情感关联的人际关系将占据社会关系的主流。那么中国的“社区制”为何要在中国快速现代化和城市化的历史时期提出，也就是为何要在单位制社区或者传统农村社区开始衰落之时强调“社区”这一概念呢？

“单位制”解体后，公共权力机构逐渐退出对基层城市居民的直接管治，大量的社会事务无人管理，越来越多的社会成员从“单位人”变成自主性越来越强的“社会人”。建立在业缘关系基础之上的居住格局逐渐被打破，那么地缘关系就是市场经济条件下一个相对固定、相对可靠的强社会关系，政府通过城市社会管理体制改革，将基层社会管理权限逐步下放给街道、社区，使基层社区成为社会治理和重新整合的基本载体。但政府一厢情愿的社会管理体制改革面临许多现实问题考验。“国家—社区—个人”的城市社会管理运行体系虽然逐渐确立，但社区作为国家与个人的中间环节，并未发挥基层社区在社会再整合中的作用，社区居委会在社区居民心目中的地位与理想状态差距甚远。

另外，随着人们个体意识的逐渐增强，社区参与意识日渐淡化，邻里关系冷漠和“政治冷漠”现象在城市社区中相当普遍，社区举办的各类活动也已经演变为社区居委会的“剃头挑子——一头热”，社区居民为确保个体、家庭生活不受外界干扰，“躲进小楼成一统”。另外，由于城市内流动性加剧，城市内部个体的“原子化”现象、分散化诉求和偶发性冲突也同样使得国家在基层社会的权力延伸和权威认同遭遇到前所未有之挑战。

三、“脱域”机制下的社区发展困境

在人类进入21世纪之交，随着互联网的蓬勃发展，全球化、个体化的泛滥使得西方学者为人类社会的大转型而忧心忡忡，贝克的“风险社会”，吉登斯的“结构二重性”理论都将全球学者引向了一个关于“全球社会正处于一个大转型的关键时期，我们的国家、我们的社会该何去何从”的思考之中。在社会民主化、生活自主化和诉求多样化潮流的影响下，“曾经指引着人们生活路线的熟悉路标和定位点不见了，社会的执行机构——国家，没有能力影响和调节个体生活的环境，援引现代社会管理理念，试图消除个体选择的风险也是徒劳无功的。此外，权力的全球性与政治的地方性之间、问题的庞大与面对和解决这些问题的手段的有限性之间日益增大的鸿沟，使社会越来越不能成为这样一种整体。”①

新技术的发展与运用对传统社区生活产生了巨大的冲击，信息技术的发展改变了人们的沟通方式，减少了人们参与地方共同体生活的直接需求。社区作为地域性社会生活共同体在现代城市社会中的重要性越来越弱化，随着全球化进程的推进和网络通讯技术的发展，“脱域”机制已经逐步地将人们的社会关系从它们所处的特殊的地域“情境”中提取出来。

“脱域”，指的是社会关系从彼此互动的地域性关联中，从通过对不确定时间的无限穿越而被重构的关联中“脱离出来”。鲍曼认为在20世纪的最后十年，人们开始了这样一个旅程：人们生活在一个在经验上越来越像一系列独立存在、相互重叠而没有缝隙的制度之网的世界，没有明确的期待、一切都是太短暂，总是有“另行通知”。由共同目标和规划而结合在一起的稳定团体消失了，人们再也不可能像以前那样在团体中思考、行动、争吵与合作了。②

另外，“脱域”机制造成了人们对个体生活的过度迷恋，个人生活的意义在消费社会中被放大和改写。富足、安逸、不受打扰的个人生活是当下人们追求的“好生活”标准。在这种消费主义引导的社会风尚下，人们对个人生活的品质以及自己的身体表现出过度的关注和迷恋。于是我们看到，化妆美容、塑形健体、养生美食、家居装修、休闲旅游等产业蓬勃兴起，它们既全方位地呵护着人们的个人生活，也加速着他们对社区公共生活的遗忘。正如首都师范大学陶东风教授所说：“关注生活、呵护身体无可厚非，但是只关注生活呵护身体的社会、时代和个体都是病态的。我们处在一个不正常的公共关怀失落的时代，一个不正常的奉行‘过日子’哲学的时代’。”③在哲学家家的理想境界中，个人生活和公共生活之间应该保持一种微妙的平衡关系，而在“脱域”时代，人们遗忘和拒绝了公共生活。

四、“社区”如何再嵌入？

经济体制改革引发了人际关系疏松，传统联系减弱，全球化与脱域机

① [美]齐格蒙特·鲍曼著，郁建立译：《被围困的社会》，江苏人民出版社，2006年，第27页。

② [德]乌尔里希·贝克、伊丽莎白·贝克—格恩斯海姆著，李荣山等译：《个体化》，北京大学出版社，2011年，第22页。

③ 转引自陈战国：《讨论“好生活”，是为了凸显公共生活的危机——兼与韩东屏教授商榷》，《探索与争鸣》，2011年第12期，第24页。

制的形成导致了我国的社会结构转型不可避免，“熟人社会”的比重逐渐减少，“生人世界”的成分与日俱增。如何在陌生人的世界中进行社会整合与连接成为时代赋予我们的新命题。

(一)构建社区互动网络

近年来各大城市的社区网站纷纷成立，青年一代在这样的社区公共空间中十分活跃，如果我们一定要悲观地认为“社区”衰落了，那么在这上面活跃的跳蚤市场和无所不包的社区内部信息，都让我们不得不正视“网络”正在重构一个虚拟与现实、地域与“脱域”紧密结合的新社区时代。社区互动网络不被老一代社区居委会主任所重视，但它已被一些年轻的居委会主任或者是大学生进社区的社区工作者们所充分重视，在社区互动网站中，年轻的居民在一个地域性的空间内将共同的社区问题——子女教育、环境保护、公共交通设置投下了共同的关注，使得原本没有时间、没有机会紧密联系的一群社区居民联系在一起，从而使得松散、互动性较低、不紧密的社区邻里网络发生了转化，形成了一个社区互动网络，这种网络的形成对居民的个体生活产生重要的支持功能。事实上，这个互动过程将会持续很久，并可以让年轻的社区居民形成路径依赖，在他遇到什么样的问题时候，可以从社区网站中获得信息，社区内部的交流并非一定要面对面，也可以通过网络来实现信息的沟通。当社区居委会、社区工作站、业主委员会、房地产商、物业公司、社区草根团体等所代表的各个社群利益在社区公共网站中公开表达自己的观点和立场，居民与各社区组织之间展开充分的互动，就预示着一个多元、开放、有序的现代社区秩序的形成，现代社区将可以突破传统社区的封闭特征，共享社会开放的资源，社区自身拥有的制度环境、资源等结构因素也可以在这个互动系统中发挥作用。社区互动网络的构建将发挥它在基层社会的整合功能，其整合路径应是从虚拟的世界中寻找解决现实问题的支点，为人们提供一个凝聚共识的空间。

(二)重建共同体精神

在古典社会学理论中，社区实际上是一个包含着社会联系的概念，而这些社会联系则蕴涵了基于亲属关系上的社会团结、一种共同的情感分享模式，以及对于合作的自愿态度等等。在这种社区观念中，情感和生活被共同分享着，并且个人的角色是高度重合的。而在现代社会中分散的个体如何形成这种共同体精神？其动力机制在于居民自主参与住区公共议题的决策过程，并通过参与过程产生对地域空间的认同。

社区在我国的政治实践中，已经被演变为国家的基层治理单元，为什么选取社区而不是别的概念作为国家治理单元？这与社区自身的“共同体”特点有关。地域、互动、认同应是构成社区的基本要素，因为它们一直承载着一种社区所必备的共同体精神：人们可以为了共同利益而产生集体行动。

后单位制下的中国城市社区政治参与主要是由居委会动员的个体化离散参与，参与过程也大多是执行党和国家的政策，实现社会控制目标。而建立在私有产权基础上商品房社区业主的独立性和自主性，不仅反对市场服务过程中的不规范行为，而且天然地排斥外来力量的干预。这也就意味着，行政化、官僚化社区居委会的动员式参与并不能得到业主群体的积极认同，但是市场经济体制下的业主们，出于对私人房产的保值、增值以及生活品质的追求，它内在地预设了业主利益组织化、诉求一致化和行动集体化的前提基础。在诉求和行动的过程中，业主之间不仅加强了彼此的交流、沟通和合作，而且建立起稳定的信任规范和组织网络，并形成了高度的群体认同和权利边界。由此，业主们在社区共同利益的维权过程中，实现了由行政化社区到"共同体"社区的转型，现代社区的"共同体"精神也由此产生。

尽管业委会的成立或维权活动大都是一种对政治权力与市场力量强势结盟的自我保护与反抗运动，它往往以"事件"的形式出现并产生社会影响，在社区居民的日常生活中并非时刻出现，但如果我们能将社区业主群体存在的力量视为社会力量，并能与国家、市场(以物业公司和房地产开发商为代表)进行利益博弈的第三种力量，无疑对我们社会的良性运行和共同体精神的发育与培养产生重要影响，且有利于中产阶级对"社区"的认识由"行政辖区"的概念转向"共同体"意义上的社区概念。

(三)推动地域福利发展计划

单位制解体后，地域福利或者说社区福利的概念在中国一直是重视不够，但我们的近邻日本、韩国近年来十分重视地域福利的发展，日本称它为"社区福祉"的发展，关注社区福利，需要以下从三个视角来加以分析，并在此意义上提出中国的社区福利发展计划。

一是作为中间领域——社区福利重组的视角。社会福利的资源供给，主要是由"国家"、"市场"、"家庭"这三个要素来提供的，但近年来，养老问题、育儿问题、家庭暴力问题已很难把它们归结为某个家庭内部的问题，这些问题的社会化倾向日趋严重，仅仅依靠"国家"、"市场"、"家庭"这样的供给体系已经很难解决此类问题，因为在收入分配不均的中国社会中，中低收入阶层从事的往往是劳动时间长、单位收入低的工作，他们既没有时间照顾老人、小孩，又没有金钱购买市场服务，而他们又不属于民政部门帮扶的特殊贫困群体，这就需要将"社区福利"概念引入到中国社会中，利用地域社会熟悉的人、街道、文化和信任体系，构建新的"社区福利"场域。在社区中，自发地使用和开发社区中不断积累起来的技术、人才、文化、传统、自然、产业等具有特色的地域资源，在社区中实现"少有所教，老有所养，病有所医”成为中国社会福利追求的新模式，从而居民能够安全放心、持续稳定地居住在社区之中。

二是作为社会治理的视角。政府和市场在地方分权化过程中，处于一种相对紧张的契约关系之中，市场为了追求利润的最大化，而政府为了形成稳定的社会环境而追求相对的公平，公平与效率的和谐共存历来是人类孜孜以求的社会理想，在中国当前的政治社会背景下，市场往往是为了追求个体或企业的利润最大化而服膺于政府，政府也往往通过自身的行政权威对市场行为进行监管。但可怕的现实是在“政府失控”和“市场失灵”的情况下，社区中的居民该求助于谁？西方学者纷纷用“地方治理”理论来解决现代社会福利困境，即强调权利也强调责任，这就是说，在获得福利的同时要承担义务，要对社会作出反应。这就转而体现为一系列志愿性的或者说属于第三部门的机构的出现，它们具有种种不同的名称：志愿团体、非赢利性单位、非政府机构、社区企业、合作社、社区互助组织，等等。它们可以在社区中出现，并致力于解决种种不同的社会和经济问题，在出现于市场经济和公共部门之间的、称为“社会经济”的领域中活动。治理理论认为社区福利组织是可以不依靠政府手中的正式资源而形成，而只要为解决社区集体关切的问题作出贡献，因而得到社区居民认可和追随的组织或团体。

三是社区服务多元化的视角。由于社区服务种类繁多，每一个人的生活方式或兴趣取向不尽相同，同是社区，由于人们所处的社会阶层不同，其居住环境、家庭环境、生活环境都存在着差异。独居、老夫妇家庭、核心家庭或大家庭等不同家庭结构中的成员在身心状态或家庭成员之间的关系方面也有所不同，还有这些人与他们的社区联系如何？与邻里之间的交往如何？与政府部门、自治会之间的关系如何？开展地域福利必须在思考各种各样的问题的基础上提供援助，即使是简单的居家养老服务也是非常复杂的事情，需要综合考虑方方面面的情况来提供有针对性的服务。而社区福利往往在这些方面会比广义上的社会福利考虑得更周到、更贴近于居民的实际需求。

五、结　论

中国“社区”的再嵌入道路不是依靠政府单方面的深化与推进社会管理体制即可完成的，而是依靠社区成员，在社区地域范围内部形成一种非正式、非制度化、具有社会和情感支持的以及特殊主义取向的系统和群体，这种系统和群体结构在社区的多元化结构形成中发挥作用，并着力推动社区内部社会、经济组织力量的发展。

参考文献

1. 陈国战：《讨论"好生活"，是为了凸显公共生活的危机——兼与韩东屏教授商榷》，《探索与争鸣》，2011 年第 12 期。

2. 宋梅：《个体化与公民社会——重返公共领域的现代性反思》，《齐齐哈尔大学学报》（哲学社会科学版），2012 年第 1 期。

3. 刘 威：《从"单位化"到"去社区化"——城市基层社会再整合的"结"与"解"》，《学术论坛》，2011 年第 6 期。

4. 王美琴 ：《后单位时代传统单位制社区重建问题新解——基于山东济南某国有企业单位社区的考察》，《学术论坛》，2011 年第 2 期。

5. 陈福平、黎熙元：《当代社区的两种空间：地域与社会网络》，《社会》，2008 年第 5 期。

6. 刘少杰：《城市化进程中的认同分化与风险集聚》，《探索与争鸣》，2011 年第 2 期。

7. 郑杭生：《破解在陌生人世界中建设和谐社区的难题——从社会学视角看社区建设的一些基本问题》，《学习与实践》，2008 年第 7 期。

8. [英]格里·斯托克：《作为理论的治理五个论点》，《国际社会科学杂志》（中文版），1999 年第 1 期。

（作者：宋　梅　北京社区研究基地研究人员　助理研究员）

北京市基层思想文化建设研究基地（北京市思想政治工作研究会）

基地名称：北京市基层思想文化建设研究基地
依托单位：北京市思想政治工作研究会
项目类别：研究基地自设项目

推进社会主义核心价值体系建设调研报告①

按照中宣部通知精神，2012年2月，北京市委宣传部组成专题调研组，先后三次召开座谈会，邀请高校、机关、企业、社区、村镇以及“两新”组织(指新经济组织和新社会组织)等领域的基层干部、群众代表和理论工作者共60余人，就推进社会主义核心价值体系建设问题进行深入座谈和研讨。在此基础上，课题组广泛搜集有关资料深入研究、综合分析，结合北京工作实际，形成该调研报告。

一、北京市推进社会主义核心价值体系建设的主要举措及经验

近年来，北京市高度重视社会主义核心价值体系建设，把它摆上党政工作的重要位置，坚持党政主要领导主抓，宣传思想文化部门主管，其他相关部门积极配合，社会各方面力量广泛参与，牢牢把握首都定位，及时贯彻落实中央关于社会主义核心价值体系建设的一系列重要指示精神和战略部署，充分结合北京实际，制定切实可行的具体措施，建立健全机制体制，改进创新方式方法，深化拓展载体平台，切实把社会主义核心价值体系融入首都国民教育、精神文明建设和党的建设全过程，贯穿首都改革开放和社会主义现代化建设各领域，体现到首都精神文化产品创作生产传播各方面，以创新发展的建设成就夯实社会主义核心价值体系的实践基础，以不断发展的城市精神丰富社会主义核心价值体系的精神内涵，以一脉相承的历史文化彰显社会主义核心价值体系的文化品格，以丰富多彩的群众实践落实社会主义核心价值体系的实践要求，在用社会主义核心价值体系引领社会思潮，努力形成统一指导思想、共同理想信念、强大精神力量、基本道德规范等方面取得了良好效果，为推动首都经济社会又好又快发展提供了坚实的精神基础和思想保障。

(一)理论武装，坚持马克思主义指导地位不断推进马克思主义中国化、时代化、大众化

---

① 本文是《推进社会主义核心价值体系建设研究》项目的最终成果摘要。

马克思主义深刻揭示了人类社会发展规律，坚定维护和发展最广大人民根本利益，是指引人民推动社会进步、创造美好生活的科学理论。近年来，北京市紧紧围绕首都中心工作，坚持用发展着的马克思主义武装头脑、指导实践、推动工作，不断推进马克思主义中国化、时代化、大众化。一是坚持不懈地用中国特色社会主义理论体系武装全党、教育人民。及时学习和贯彻落实中央方针政策，推动学习型党组织建设，强化市委市政府理论中心组学习，充分发挥党校主阵地作用，积极整合首都高校、社科机构、培训机构资源，举办各级各类专题理论研讨班、组织《北京日报》、《前线》等开辟理论学习专栏，确保马克思主义中国化最新成果入脑入心。二是深入推进马克思主义理论研究和建设工程。进一步深化对科学发展观、建设社会主义核心价值体系等重大战略思想的研究，推进北京市中国特色社会主义理论体系研究中心建设，出色地完成中央交办的"马克思主义中国化历史进程及其基本经验"等重大课题研究任务，建立马克思主义大众化研究基地，连续 6 年举办马克思主义中国化论坛，开辟马克思主义理论研究新局面。三是推动首都哲学社会科学事业的繁荣发展。制定下发《贯彻党的十七届六中全会精神推动首都哲学社会科学繁荣发展的几个重大问题的意见》，组织召开"首都理论界学习胡锦涛总书记'七一'重要讲话座谈会"等一系列重大理论研讨，实施哲学社科精品工程，构建哲学社会科学优秀成果评价和激励机制，加大新世纪社科理论人才"百人工程"培养力度，实施"社科人才进区县"计划，编写出版《纪念中国共产党成立 90 周年文库》、《北京市纪念中国共产党成立 90 周年论文集》等并向全市赠书，提高理论宣传的覆盖面和影响力。

(二)突出特质，通过提炼培育践行北京精神打造践行社会主义核心价值体系的生动载体

北京精神体现了社会主义核心价值体系的基本内涵，为首都推进社会主义核心价值体系建设提供了新的实践载体。2011 年，北京市成立北京精神提炼培育工作领导小组及其办公室，扎实有序地开展北京精神提炼培育工作。一是把北京精神融入广大市民的理想信念和价值准则。举办市民投票活动，参与投票市民达 2929709 人，多次召开有清华大学、北京大学、中国人民大学等高校和科研院所知名专家学者参加的研讨会，干部群众研讨会、社区居民恳谈会、非公企业座谈会、干部战士畅谈会、大中学生主题班会，凝聚全市人民的共同思想和智慧，提炼培育北京精神。二是把北京精神贯穿到首都宣传思想文化建设的全过程。组织著名专家学者撰写理论文章，推出《北京精神百家谈》、《北京精神 50 问》、《北京精神青年行》、《践行北京精神》(电视专题片)，创作传播北京精神歌曲和童谣，广泛搭建宣传平台，开设专题、专栏、专版，利用橱窗、板报等宣传资源，举办"北京精神大家谈”、“北京精神社区谈”等活动，大力倡导爱国、创新、包容、厚德的价值追求。三是把北京精神体现到首都科学发展的各方面。统筹市委政法委、市委教育工委、市委农工委、市直机关工委、首都文明办、市国资委、市卫生局、市总工会、团市委、市妇联等部门结合不同行业、不同领域、不同社会群体的实际，开展十大主题教育实践活动，面向基层组织百场北京精神宣讲会、千场群众宣传文化活动。

(三)以文化人，以先进文化建设推进社会主义核心价值体系的传播与内化

社会主义核心价值体系是先进文化的精髓。先进文化建设是推进社会主义核心价值体系建设的重要内容、衡量指标、强大动力和有力支撑。近年来，北京市以高度的文化自觉和文化自信，按照首善的标准，更加自觉地推动先进文化发展，传承优秀传统文化，满足人民群众更高的精神文化需求，提升国家文化软实力。一是坚持以社会主义先进文化前进方向引领社会发展。制定《北京市“十二五”时期人文北京发展建设规划》、《关于发挥文化中心作用加快建设中国特色社会主义先进文化之都的意见》，以建设社会主义核心价值体系为根本任务，以满足人民群众精神文化需求为出发点和落脚点，整体规划首都文化发展战略，着力推动文化体制改革，积极构建公共文化服务体系，加快文化创意产业发展，加强对文化产品创作生产的引导，努力发挥首都全国文化中心示范作用。二是组织实施九大文化工程推动首都文化创新发展。通过文化精品、文化惠民、历史文化名城保护和利用、文化创新、文化创意产业提升、文化科技融合、网络文明引导、文化名家领军、文化走出去等工程，狠抓首都文化品牌建设，切实加强历史文化遗产保护和开发，完善基层公共文化服务，构建现代文化产业体系，推动文化科技融合发展，发展健康向上的网络文化，巩固加强文化人才队伍，加强对外文化交流，推动首都文化大发展大繁荣。三是加强先进文化传播力、影响力、辐射力建设。做大做强市属主流媒体，进一步提高北京电视台卫视频道对全国的辐射力、影响力，积极推进移动电视、楼宇电视、大屏幕电视建设，积极占领新兴传播阵地，扩大信息覆盖面，及时、快捷地传播、宣传社会主义核心价值体系，发挥北京作为国际交往中心的优势，扩大文化交流合作，构建多元文化传播载体和文化营销网络，不断提高在境外落地内容的生产能力，不断扩大海外营销力、传播力、影响力。

(四)落地生根，以精神文明建设活动推动社会主义核心价值体系的大众化践行

精神文明创建是推动群众参与社会主义核心价值体系建设的有效形式。北京市紧紧围绕提升市民文明素质和城市文明程度，大力开展“做文明有礼的北京人”行动，推进首都精神文明建设，树立道德模范新典型，推出创建活动新品牌，建立共建共享新机制，创建公共文明新模式，培育社会道德新风尚，推动全市社会主义核心价值体系建设的深入开展。一是持续开展文明礼仪实践活动。建立健全文明行为规范体系，研究制定各类公共场所文明公约，加大文明行为引导力度，培育弘扬诚信守法为核心的职业道德，持续开展来京务工人员与首都文明同行活动，大力开展志愿服务活动，以垃圾减量分类为突破口推进公共文明引导行动，以“城市文明加油站”为平台完善“假日文明行动”机制，狠抓文明行为习惯养成，将礼仪文明引导行动落实到城市公共生活领域的每个具体场所。二是深入推进未成年人思想道德建设。推动社会主义核心价值体系进学校、进课堂、进学生头脑，推出“蓝天工程”、“英雄在我心中”主题教育、“少年先锋岗”、“奥运文明日记”、“寻找身边的道德榜样”、“社区文明小使者”道德实践活动等一批创新品牌，加大市级爱国主义教育基地和博物馆免费开放力度，建立永久性的未成年人救助保护中心，建立集中整治网吧专项行动和完善网吧管理长效工作机制，持续开展了“文明办网、文明上网”活动，推进互联网文化环境和校园周边环境整治。三是不断提升群众性精神文明创建活动水平。进一步完善全民参与，共建共享文明城市、文明村镇、文明单位的工作格局，建立首都各级各类文明单位与郊区村镇结对共建的长效机制，进一步完善驻京中央单位和市委市政府相关部门组成的首都文明城市创建工作联席会、首都文明行业考评委员会、首都文明单位资格评议委员会、首都创建文明旅游景区工作联席会等综合协调机制。

（五）整合力量，广泛凝聚社会主义核心价值体系建设的社会合力

社会主义核心价值体系源于实践、来自群众、植根基层。整合方方面面力量，宣传和普及社会主义核心价值体系，是社会主义核心价值体系建设的根本路径和必然要求。近年来，北京市在宣传普及社会主义核心价值体系方面，创新思路，拓展载体，努力营造人人理解、自觉践行社会主义核心价值体系的良好舆论氛围，构建社会主义核心价值体系建设的强大社会合力。一是打造党政工团齐抓共管的社会主义核心价值体系建设工作格局。建立健全党委统一领导、党政齐抓共管、宣传部门组织协调、有关部门分工负责、社会力量积极参与的工作格局，统筹社会主义核心价值体系建设中的各种关系。宣传文化领域各部门各单位自觉发挥统筹协调、指导督促的作用，积极推动文联、作协、记协等文化领域人民团体履行职能，共同推进社会主义核心价值体系建设。充分发挥人民群众主体作用，发挥广大党员的先锋模范作用，让蕴藏于人民群众中的智慧和活力得到充分释放。二是开辟多种渠道引导基层群众参与社会主义核心价值体系建设。围绕重要节庆日以及重大历史纪念日，深入开展爱国主义教育，持续开展“爱祖国、爱北京、爱家乡”参观体验系列活动，利用传统节日开展各具特色的文化活动，弘扬中华优秀文化。通过“辅导报告精品超市”、“周末社区大讲堂”、“北京社科普及周”等品牌活动，深入宣传普及社会主义核心价值体系，每年举办各类宣讲报告会和社科普及活动4000多场，受众超过120万人次。三是积极利用新兴媒体弘扬和宣传社会主义核心价值体系。加强千龙网、首都之窗等市属门户网站和“宣讲家”网、“前线网”、“北京文网”等市属重点理论网站的内容建设和基础设施建设，创办理论学习手机报，实施网络文化精品工程，建设“北京文化经典在线文库”，设立“北京市网络文化创新奖”，深入开展“新春短信祝福大赛”、“我们的节日”等健康向上的网络文化活动，积极推动优秀小说、戏剧、影视、绘画、演出、展览等文化产品的数字化、网络化，建立在线图书馆、博物馆、档案馆、影剧院和音乐厅，不断提升宣传社会主义核心价值体系社会参与的广度和深度。

(六)健全机制，确保社会主义核心价值体系建设的各项任务落到实处

社会主义核心价值体系是社会主义的本质反映，规定着政策、法规的性质和方向。建设社会主义核心价值体系不仅要靠思想教育，而且需要制度和机制保障。近年来，北京市适应“四个深刻变动”的新形势，在不断完善经济、政治、社会等各方面体制机制的同时，积极探索社会主义在思想和精神层面的价值实现及其体制机制保障。一是以广覆盖立体化的宣教体系巩固社会主义核心价值体系认知机制。组织专家学者深入基层为广大党员干部群众宣讲社会主义核心价值体系，立体化开展百姓宣讲活动，推进宣讲成果向影视、戏剧、小说等文艺作品转化，全面加强学校德育体系建设，积极推进学校教育、家庭教育、社会教育、网络教育有效衔接，借助微博等新媒体，强化宣传教育效果，开展丰富多彩的爱国主义教育活动，举办传统节日文化活动，大力弘扬传统美德。二是以思想道德引领战略完善社会主义核心价值体系领航机制。坚持用发展着的马克思主义指导新的实践，加强走中国特色社会主义道路的理想信念教育，广泛开展民族精神教育和时代精神教育，深入开展形势政策教育、国情教育、革命传统教育、改革开放教育、国防教育、法制教育，加强大学生思想政治工作和未成年人思想道德建设，深入开展反腐倡廉教育，建立健全文化产品评价体系和激励机制，加大优秀文化产品推广力度。三是以群众自我教育创新社会主义核心价值体系践行机制。从2009年开始，围绕“爱祖国”、“爱人民”、“爱共产党”等主题，创造性地开展百姓宣讲活动，先后举办“我和我的祖国”、“百姓爱心故事”、“党在百姓心中”、“百姓话成就”、“从怎么看到怎么办”、“北京精神”等百姓宣讲活动2000余场，把社会主义核心价值体系教育的讲台交给群众，聚焦百姓身边人、身边事，让群众担纲社会宣传教育主角，在群众话语权得到充分表达的同时，实现主流价值的共建共享，使之具体化为人人皆有可为、皆可操作的实际行动。

二、社会主义核心价值体系建设还需要注意的几个主要问题

社会主义核心价值体系建设是一个长期的过程，还有很多问题需要在长期的建设实践中逐步探索解决，一些规律性的东西还需要不断总结。从全国范围看，当前社会主义核心价值体系建设还存在着需要注意的几个主要问题。

（一）社会主义核心价值体系建设有待更紧密地联系改革实践和群众生活实际，以更加充分地动员调动群众

在座谈中，有基层同志认为，社会主义核心价值体系建设存在着“四多四少”的倾向，即“理论研究多，实际推动少；口头说得多，实际行动少；形式东西多，实际效果少；上级要求多，总结归纳少”。其实质问题就是理论与实践相脱节。具体说，就是社会主义核心价值体系建设与分析解决当地经济社会改革发展中的问题结合得不够紧密，与分析解决人民生活问题结合得不够紧密，没有将社会主义核心价值体系转化为分析问题、解决问题、促进改革、推动发展的清晰思路和举措，没能使广大群众感受到社会主义核心价值体系建设能够怎样改善自己的现实生活，能给自己带来怎样的生活前景，致使广大群众对社会主义核心价值体系及其建设有隔膜感、生疏感、距离感，结果是一边是党政部门号召、宣传，一边是冷漠、旁观。

（二）社会主义核心价值体系有待具象化，以形成更加明确的价值观念和价值取向

在座谈中基层同志普遍提出，社会主义核心价值体系内涵丰富、逻辑严密、理论性很强，理解起来有一定难度；应当考虑干部群众的实际情况，用简明通俗的大众话语阐释其核心理念。只有提炼出容易理解、遵循、贯彻、践行的核心价值观，使社会主义核心价值体系具象化，成为党和政府制定政策、公民日常行为的明确价值取向，才能使社会主义核心价值体系落到实处。

（三）不同社会群体对社会主义核心价值体系的认知有待进一步提高、均衡发展

座谈中有的同志反映：部分基层干部对社会主义核心价值体系建设的重要性、必要性认识不足，对建设社会主义核心价值体系缺乏信心；有的党员对社会主义核心价值体系内涵的整体认知不太清楚或存在疑惑，对社会主义核心价值体系的基本内容答不出来或回答不全；有的则对社会主义核心价值体系的表述不太认同。座谈得知，从群体差异上看，不同社会群体对社会主义核心价值体系的认知存在差距：机关党政干部、企事业单位的领导、高校教师、理论工作者、大学生等社会群体整体上对社会主义核心价值体系的认识较深刻；相对而言，部分基层乡镇干部、社区工作者、

村官、普通群众、自由职业者、“两新”组织从业人员等社会群体对社会主义核心价值体系的认知存在一定差距，特别是一些自由职业者和“两新”组织从业人员还不是很认同，有极个别的甚至存在着抵触情绪。

（四）社会主义核心价值体系建设工作的方式、方法有待进一步创新，以进一步提高实效

座谈中，有不少基层同志认为，社会主义核心价值体系建设方式方法需要创新。有的认为，在当前的社会主义核心价值体系建设中存在着口号化、标语化问题，甚至“空对空”，搞文字游戏；推进社会主义核心价值体系建设，光靠喊口号、贴标语，容易使群众感到宣传者是“居高临下”接受号召，不易为群众所接受，必须通过生动活泼的“具象化”的、贴近群众生活的方法和途径使社会主义核心价值体系建设与群众生活融为一体，让群众感到亲切，感到社会主义核心价值体系建设确实是自己的事情。有不少基层同志还提出，社会主义核心价值体系建设作为思想领域的工作，是春风化雨似的长期性工作，要防止急于求成；要躬下身子深入调查了解群众对党和政府的期待和要求，深入探究核心价值体系建设工作的特殊性与规律性，把握工作规律，掌握主动，积极创新工作理念和方法，提高实效。

三、进一步推进社会主义核心价值体系建设的对策建议

社会主义核心价值体系建设，作为观念上层建筑领域的一项战略性任务，应置于整个社会大系统和社会运动过程中思考和筹划。具体地说，应将社会主义核心价值体系建设与生产力的解放和发展尤其是人的自由全面发展相联系，与经济关系的变革相联系，与政治上层建筑的改革发展相联系，与中国社会的现代转型过程相联系，与经济全球化趋势相联系，一定不能仅局限于思想领域、仅局限于目前。这是马克思主义唯物史观的基本要求，更是由中国经济社会改革发展实际所决定。根据座谈会中基层同志的反映，以及社会主义核心价值体系建设的现实状况，具体提出如下建议。

（一）建议中央加强对地方建设社会主义核心价值体系的统筹和指导

第一，加快提炼核心价值观并写入宪法，使之成为党和政府制定政策价值取向，转化为公民日常行为的基本准则。在内容上，核心价值观应体现马克思主义的基本宗旨和社会主义的本质要求，体现现代性、民族性。在形式上，应简明扼要、通俗易懂。建议将核心价值观写入宪法，成为党和国家制定政策和法律法规的基本遵循和价值目标，转化为公民日常行为的基本准则。第二，中央设立社会主义核心价值体系建设的专门指导统筹机构，负责研究制定社会主义核心价值体系建设的办法措施，并对全国各地方各领域的工作进行指导、督促、考评、总结。第三，制定社会主义核心价值体系建设纲领性文件，以及实施细则和规划、计划，并促使各地方

各领域制定实施相应的贯彻落实方案。第四，研究制定社会主义核心价值体系建设量化评估体系，对全国各地方各领域社会主义核心价值体系建设情况定期评估，定期对典型地区和行业进行表彰，组织经验的总结和交流。

(二)关注群众生活，进一步使人民群众真正成为社会主义核心价值体系坚定的信奉者、拥护者、传播者、践行者、捍卫者

关注群众生活，促进人的发展，这是有效建设社会主义核心价值体系的首要问题，是证明社会主义核心价值体系存在合理性的根本理由。马克思在《〈黑格尔法哲学批判〉导言》中指出："理论只要说服人就能掌握群众；而理论只要彻底，就能说服人。所谓彻底，就是抓住事物的根本。但是，人的根本就是人本身。"也就是说，一种理论只有抓住人的发展、关注人的发展、不断解决人的发展问题这一根本，才能为人们所信服、所拥护、所践行、所捍卫。社会主义核心价值体系，无疑体现了这一根本要求，并且在其指导下通过改革发展，广大群众的物质文化生活达到了中国历史上前所未有的水平。但是，广大群众的生活需求是不断提高的，权益诉求是多方面的。在座谈中，基层同志反映，与这些要求相比，广大群众的生活还存在着不少不尽如人意的问题，如，住房问题、教育问题、医疗问题、食品安全问题、房屋拆迁问题、物价问题、收入公平问题、司法公正问题等一系列的权益诉求和权益保障问题。他们认为，这些问题的存在，不利于社会主义核心价值体系被群众所认知认同，甚至导致群众的疑惑。这就需要党和政府按照社会主义核心价值体系所奉行的全心全意为人民服务的根本宗旨和社会主义的本质要求，贯彻公平正义的原则，加大改革力度，着力解决这些人民群众最关心、最直接、最现实的利益问题，使广大群众真正共享改革成果，走向共同富裕；切实享有宪法和法律赋予的各项权益。只有这样，人民群众才能真正成为社会主义核心价值体系坚定的信奉者、拥护者、传播者、践行者和捍卫者。否则，只能是理论与实践相脱节，与群众相脱节，动摇甚至失去社会主义核心价值体系存在和建设的社会基础和群众基础。

(三)加强干部教育和廉政建设，使各级党员干部真正成为践行社会主义核心价值体系的示范者、引导者

我国有"以吏为师"的传统，官风正则民风纯。在社会主义核心价值体系建设方面，党政干部应该是社会主义核心价值体系的首要践行者、示范者和引导者，应该成为社会主义核心价值体系的人格化象征。只有这样，社会主义核心价值体系对群众才有说服力。但是，随着改革开放和市场经济的深入发展，以及党的队伍的不断扩大，在党员和干部队伍中存在着不容忽视的消极腐败问题。这些问题的存在严重地损害着党员干部的形象，严重损害着党和政府的威望和公信力，严重损害着党和政府与人民群众的血肉联系，严重影响党的执政地位，导致党和政府的声音不易为群众很好地接受并转化为自觉的行动。正如在座谈中，一位基层干部所言："社会主义核心价值体系建设关键在于建设（重建）党和政府的公信力。"第一，要大力加强党和政府的自身建设，深入推进反腐倡廉各项工作。应重点纠正和惩治损害群众利益的不正之风和行政违法行为，进一步加大专项治理力度，切实解决人民群众反映强烈的突出问题；要加强惩治和预防腐败体系建设，加大查办腐败案件力度，加强反腐倡廉教育，深入推进制度建设的改革创新。第二，加强对领导干部的社会监督，特别是群众监督和舆论监督，进一步提高政府公信度。第三，大力树立表彰宣传领导干部廉政典型，既有利于使之在党员干部中发挥表率示范作用，也有利于树立党在群众中的威望，增强党的凝聚力。

（四）按照分层分众要求，推动社会主义核心价值体系在不同地区、不同行业、不同群体中的转化实践

在座谈中，基层同志提出，社会主义核心价值体系以及核心价值观应结合不同地区、不同行业、不同群体的特点层层深化、体现特点、更加具象，转化成更加具体的价值观，深入践行。在不同地区、不同行业、不同群体中的转化要注重层次性。第一，在各地方，应根据本地区经济社会和人的发展状况特别是人的思想道德水平，有针对性地提出地方价值观，以体现本地经济社会和人的发展的特殊要求。第二，各行业，应根据行业发展特点和趋势，本着服务社会的根本宗旨，以全球化的视野，提炼出针对本行业问题、适合行业发展需求的核心价值观。第三，各群体，包括公务员、知识分子（人文和科技）、工人、农民、企业家等，应有各自不同的精神特质和价值取向；中央从顶层设计提炼出这些不同群体的价值观，明确其价值操守，振奋其精神。第四，在推动践行上，不同地区、不同行业、不同群体，要有非常具体的多方面的长期的抓手，创新新鲜活泼的方式方法，切忌表面化、口号化、单一化和一阵风。

（五）吸收和借鉴我国传统社会道德教化和国外价值建设的有益经验

我国传统价值道德教化和国外价值建设无论是在理论和实践上、价值内容和建设方法上都有着非常丰富的资源，可以借鉴。我们应该坚持面向现代化，面向世界，面向未来，以开阔的胸怀、扬弃的态度，对这些资源深入考察，系统研究，批判吸收。建议中央将此列为重大研究课题工程，组织力量实施。一是着力研究中国传统社会道德教化的经验。在研究方法上，应着眼于现代文明建设的要求，特别注意将封建糟粕的价值与具有现代意义价值因素相区分，批判地挖掘和吸收其中具有现代意义的价值理念及教化方法。二是着力研究亚洲儒家文化圈国家和地区价值建设的经验。这些国家和地区主要包括韩国、新加坡、日本，以及中国台湾、香港。应重点研究他们在社会现代转型过程中实现价值现代转型的成功经验，研究儒家文化圈的价值现代转型的规律和特点。三是着力研究欧美发达国家价值建设的经验。欧美诸国作为先行的现代化国家，有着丰富的现代化建设以及思想文化建设的经验和理论成果，我们应结合自己的国情和实际需要，以批判的态度研究和吸收，为我所用。

参考文献

1.《中共中央关于构建社会主义和谐社会若干重大问题的决定》。

2. 中共中央宣传部：《社会主义核心价值体系学习读本》，学习出版社，2009 年。

3.《社会主义核心价值体系教育读本》编写组：《社会主义核心价值体系教育读本》，中央文献出版社，2007 年。

4. 周玉：《社会主义核心价值体系大众化研究》，人民出版社，2012 年。

5. 田海舰：《社会主义核心价值体系培育纲要》，人民出版社，2012 年。

6. 李建华等：《多元文化时代的价值引领：社会主义核心价值体系建设与社会思潮有效引领研究》，人民出版社，2012 年。

（作者：朱华东　北京市基层思想文化建设研究基地　研究部主任）

基地名称：北京市基层思想文化建设研究基地
依托单位：北京市思想政治工作研究会
项目类别：研究基地自设项目

北京市工业化、信息化、城镇化进程对人们价值取向的影响①

工业化、信息化、城镇化是人类文明发展史上不可阻挡的历史进程。近年来，随着“中国特色世界城市”发展战略决策的制定和实施，北京市工业化、信息化、城镇化进程在原有的基础上步伐进一步加快，并呈现鲜明的特征。这一客观过程，已经并将继续引起人们的价值观念深刻的变革，而人们价值观念的变革又将有力地反作用于工业化、信息化、城镇化进程。宣传思想工作，必须在建设“中国特色世界城市”的大背景下，科学地认识工业化、信息化、城镇化进程与人们价值取向变化的辩证关系，尤其是要准确把握工业化、信息化、城镇化进程对人们价值取向的深刻影响，深入培育和践行“北京精神”，使人们的价值观念向更加有利于“中国特色世界城市”建设和工业化、信息化、城镇化的方向发展。

一、北京市工业化、信息化、城镇化发展成效及其带来的主要问题

改革开放30多年来，在北京市委、市政府的坚强领导下，北京人民奋勇拼搏，求实创新，北京市GDP实现年均两位数增长，工业化、信息化、城镇化进程平稳快速推进。

(一)在工业化方面已跨入后工业化时代

由于北京较早就建立了独立完整的工业体系，工业占据着北京经济的主导。在改革开放之初，北京的第二产业就占到70%，完成了工业化进程。改革开放之后，北京市一直在从工业化向信息化过渡，并于1995年实现了“三二一”的产业格局。从2006年开始，北京市第三产业比重超过70%，占据新的主导地位，近几年一直占75%以上，形成了基本稳定的产业结构。以2011年为例，三大产业的结构分布是：第一产业占0.9%，第二产业占23.4%，第三产业占75.7%。这一结构布局与美国、日本基本相近。当前，

① 本文是《工业化、信息化、城镇化进程对人们价值取向的影响》项目的阶段成果。

美国第一产业占1%左右，第二产业占20%左右，第三产业占75%以上；日本的第一产业占1%—2%，第二产业占30%，第三产业占60%—70%。

(二)在城镇化方面已达到西方国家水平

基于首都的特殊地位，北京在新中国成立之初城镇化水平就较全国其他地方更高。1978年，全国的城镇人口比重突破10%，北京达到55%左右。2011年，全国城镇化率首破50%，而北京城镇人口达1740.7万，占86.2%，较全国平均水平超前三十年。2011年年末，北京市常住人口突破特大型都市2000万人的标准而达到2018万人。近十年来，北京每年都新增常住人口60万—70万人，呈现出人口迅速集聚的态势。与西方国家相比，美国城镇人口在80%—90%之间，日本超过90%。与日本相比所不同的是，日本农民只占全国居民的4%，却有20%以上的人口生活在农村。这样的人口分布有利于防治“大城市病”，对于缓解城镇化快速推进与环境资源束缚之间的矛盾，具有镜鉴意义。

(三)在信息化方面已处于世界发展的前列

北京的网民数2011年年底达1400多万，互联网普及率为70.3%。信息服务业增加值达1500多亿元，增速达20%以上，增加值占北京GDP的比重为9.3%。通信计算机等电子设备增加值占北京GDP的比重达1.5%，这两项增加值合计占GDP的比重达到近11%。数据表明，信息产业已经成为北京经济的重要支柱性产业。与美日相比，美国全国互联网普及率也为70%左右，日本超过78%。这表明在信息化大潮中，北京信息化发展水平处于世界发展的前列。

在看到北京市工业化、信息化、城镇化进程带来经济社会迅猛发展的同时，也要看到北京市工业化、信息化、城镇化过程的一些突出问题。第一个突出问题是城乡差距问题。北京在推进工业化、信息化、城镇化的过程中，传统的城乡二元结构造成的城乡差距，不论是居民收入、社会事业还是公共服务，都比全国大多数地方更加突出。农村群众要求加快发展、缩小差距的呼声比其他地方的居民更加强烈。第二个突出问题是外来人口问题。北京的城镇化并不完全是本地居民的城市化，北京的农村居民一直以来数量不多，在300万左右。从1990年开始，北京人口大规模增加主要来自于外来人口介入，这与北京的产业发展有很大联系。这就使得北京社会新增了本地居民和外来居民这样一个二元结构，这是北京二元结构中对人际关系影响更大的结构性因素。以上两个突出问题以及衍生出来的其他问题，成为影响和谐、制约发展的重要因素，给人们精神世界也带来明显影响。从这个角度来说，在中国讨论工业化、信息化、城市化进程对人们价值取向的影响，北京与其他地方相比具有典型性。

二、北京市工业化、信息化、城镇化进程对人们价值取向的影响

工业化、信息化、城镇化进程是北京市经济社会发展的重要推动力量。一方面，随着生产方式变革和生产力极大发展，人口大规模集中，随之出现的身份转换、职业调整、社会交往增加、文化交流碰撞等开阔了人们的视野和胸襟，提升了人们的文明素养。另一方面，工业化、信息化、城镇化进程不均衡、不协调等因素导致的种种乱象，又对人们的道德观念和价值取向形成极大冲击。从对人们价值取向的积极影响看，工业化、信息化、城镇化进程带来首都经济社会的巨大发展，深化了人们对改革开放的认识，增强了继续走中国特色社会主义道路的信心和决心；居民生产方式和生活方式的变化，激发了人们的创造活力，焕发出追求美好生活的热情，形成了拼搏进取、积极上进的社会氛围，推动了社会文明进程；信息化发展使人们的视野更加开阔，分享借鉴人类文明先进成果更加便利，公平、正义、廉洁、友爱等理念更加深入人心，推动了“世界公民”的成长；尤其是互联网的普及和应用，激发了人们的参政议政的热情，提高了人们的政治素养。

在给人们价值取向的带来积极影响的同时，工业化、信息化、城镇化进程也给人们价值取向带来不利影响，使宣传思想工作面临新的挑战。

一是一部分人对财富过度追求，产生了“一切向钱看”、“一夜暴富”等片面财富观和浮躁心理。相对于传统农业，工业化是以现代技术对财富进行更加强烈的创造和追求，而城镇化在一定意义上是在城乡之间进行利益的重新布局。因此，在工业化城镇化过程中，“一切向钱看”、“一夜暴富”的财富观得以滋生。一些不良商人唯利是图、无视法制，侵犯消费者权益，加剧了人们对企业诚信的担心和对生活环境安全的隐忧；一些年轻人“宁愿坐在宝马车里哭，不愿坐在自行车上笑”、一些高校教师“学生十年后没有300万不要来见我”等极端言论，赤裸裸地展现了对金钱的片面追崇，简单以财富论成败的价值观，是道德危机的集中体现。

二是互联网的多样化应用放大了一些社会问题，降低了人们对政府决策和监管执行力的信任度。在网络这个信息交流平台上，腐败案件和公德失范事件屡被曝光，总体上实事求是地反映了少数领导干部和一些社会成员的道德缺失。但是，由于网民的多样性和网络监管的难度，一些社会问题在互联网上往往会被放大，加剧了人们对道德建设和公平正义的担忧，甚至动摇了一些人对党和政府惩治腐败、治理社会的信心，降低了对党和政府的信任度。特别是，北京作为我国的互联网之都，全国各地的消极腐败现象和不道德事件都可能随时通过互联网影响本市市民。比如，从烟草局长腐败、公务员豪华出国游、“萝卜招聘”到官二代为所欲为；从政府公

益组织财务不透明到违法拆迁、与民争利等恶性事件，都通过互联网的渲染更强化了人们对党和政府的负面判断，容易使人们形成背离于主流意识形态的政治价值观。

三是工业化、城镇化进程中的收入分配差距加大，带来人们心理上的不适应、不平衡，放大了人际疏离感。世界银行的报告曾说，中国成为改革开放以来这些年里贫富差距扩大速度最快的国家，已从 20 世纪 80 年代收入分配非常均等的国家变为当前收入分配差距最大的国家之一，尽管这种差距是在社会成员收入普遍提高的情况下出现的。中央党校关于和谐社会研究课题的一项调查表明：人民内部物质利益矛盾是排在首位的突出矛盾，占调查者总数的 51％，60.8％的被调查者认为“贫富差距是应该特别注意防范的社会风险”。分配不公、贫富差距拉大问题，还与人们在社会经济生活中的地位、机会公平以及整个社会规则和机制的公平相联系，涉及公民权利、民主施政、公共服务、社会保障、教育、医疗、安全生产、社会治安等内容。近些年来，社会盛传的近年山西煤老板们比富，温州太太团到处炒房、炒奢侈品，增加了民众的焦虑。在这种背景下成长起来的 80 后、90 后们以“我的地盘我做主”、“我就喜欢”等口号宣扬着自己的新个人主义，体现的正是观念上的独立意识与个体的疏离感日渐强烈。旧有的人际关系体系面临严峻考验，这对社会道德与诚信合作形成挑战，也影响到民族团结奋进的思想基础。

四是城镇化进程带来城镇人口急剧增长，公共服务难以及时配套，使得人们出现较大心理落差。北京的城镇化进程是北京本地农民和外来人口共同城镇化的过程，尤其是外来人口的城镇化，是北京城镇化进程中的明显特点。在城镇人口快速增长的数字背后，既有人们成为北京市民的身份改变，又有新居民基于身份改变对北京居民待遇一致性的渴求。现实情况却是，市民群体内部不同身份人群是一种客观存在，目前均等公共服务仍未建立起来，这种现实难以满足新市民的心理预期，形成心理落差。

五是城镇化进程部分新市民物质财富的快速膨胀与精神世界发展的不同步、不协调，彰显财富观、幸福观的扭曲。成为家庭矛盾甚至恶性事件的重要导火索。对北京大旺金村的调研数据显示，该村自 2009 年顺利完成拆迁以后的一年多时间内，出现三个增加的突出现象：一是拆迁户面对突然降临的财富失去生活目标，参与赌博者明显增多。二是官司明显增加。该村一年以后接连发生上百起官司，多因拆迁后相关家庭财富突然增长，引发财富分配纠纷、投资纠纷等。一些人甚至认为“不如当初没有拆迁”。三是恶性伤亡事件增多。该村拆迁后不到两年的时间，已有 20 多人死亡，尽管原因未进一步调查细分，但如此集中、非同寻常的高死亡率值得关注。而大兴区近年发生的多起家庭灭门惨案，则都跟拆迁之后家庭内部对拆迁款等新增财富的分配引发纠纷所致。

三、工业化、信息化、城镇化进程影响人们价值取向的特点与趋势

工业化、信息化、城镇化对人们价值取向造成的影响，突出体现持续性、复杂性、两面性、异步性等特点；宣传思想工作要增强前瞻性和预见性，就应该科学把握这些特点和趋势。

(一)持续性

工业化、信息化、城镇化是人类演进的潮流和趋势，也是不可阻挡的历史进程。这一进程对不同的国家、地区、城市而言，由于存在具体的历史基础、现实条件、政策力度等差异，其工业化、信息化、城镇化进程也会快慢不一，水平各异。这一过程的持续和漫长，决定其对人们价值取向的影响也绝非一朝一夕，是持续而深远的。

(二)复杂性

工业化、信息化、城镇化进程涉及生产方式改变、人类居住场所和生活工作方式改变、信息传播方式和传播效率改变等方方面面，带给人们思想观念上的激烈碰撞，由此和工业化、信息化、城镇化进程本身都复杂一样，其对人们价值取向的影响也纷繁复杂。这种复杂是物质决定意识这一马克思主义基本原理的具体体现。

(三)两面性

工业化、信息化、城镇化进程对人们价值取向的影响，突出表现在两个方面：既体现提升人们的文明素养，推进社会文明进程的积极作用，同时又体现其不均衡、不协调的特点带给人们的巨大心理落差，滋生其他心理和社会问题的消极作用。工业化带来经济快速发展，激活了人们的创造热情，工业化进程又导致片面的“金钱至上”观蔓延，使一些人屡屡触碰道德底线；城镇化带来人口大量集中，使此前分散居住的土地等资源得到更加高效的利用，但“大城市病”随之发生；信息化带来人们工作生活的更大便利，带来生产方式、生活方式的巨变，同时网络又成为网络色情、网络谣言等相伴而生的温床。

随着工业化、信息化、城镇化进程的不断发展，其对人们价值取向的影响，正呈现如下的一些趋势：

一是从作用的方式上看，工业化、信息化、城镇化进程对人们价值取向的影响将更加复杂。在当今中国，工业化、信息化、城镇化进程不再是孤立的过程，而是相互交织、相互融合、相互促进的过程。加快推进城镇化也已列入我国“十二五”规划，必将为工业化、信息化提供更为广阔的舞台。国家明确提出要用工业化促进信息化，用信息化带动工业化，加快推

动工业化与信息化深度融合。为此，工业化、信息化、城镇化进程的内部更加紧密，必然对人们价值取向产生更加复杂的影响。

二是从作用的过程上看，工业化、信息化、城镇化进程对人们价值取向的影响将更加剧烈。互联网进入中国经过第一个十年之后，自 2004 年左右开始，以博客为代表的网络应用迅速发展，互联网进入 WEB2.0 时代。网民开始真正成为互联网的主角，网民对信息的分享、传递所产生的革命性变化，颠覆了传统的口耳相传。工业化、城镇化中的更多问题，将更会通过网络实现网民全覆盖，迅速形成舆论强势。

三是从作用的效果上看，工业化、信息化、城镇化进程对人们价值取向的影响将更加深远。当前，微博、移动互联网方兴未艾，随着 PDA、手机等网络接入终端的多样化和随时在线，信息对人们思想的影响将无处不在。无论是国际上的大事还是中国穷乡僻壤发生的一件小事，都可以通过网络第一时间送到千千万万网民面前。而网络的聚合功能，也可实现古今中外相关信息的聚集。信息的这种突破时空的传播革命，对于人们价值取向在广度和深度上的影响，将是无法想象的。

四、因势利导，兴利避害，加强工业化、信息化、城镇化进程中的宣传思想工作

面对工业化、信息化、城镇化的推进，在新的时代环境下开展宣传思想工作，应以科学发展观为指导，深入培育和践行“北京精神”，因势利导，兴利避害，围绕新时期工业化、信息化、城镇化进程中人的多样化需求，从影响人们价值取向的各个方面综合开始工作，努力增强工作的针对性、科学性、有效性。

(一)加强官德建设和公务人员作风建设，改善权力群体在群众心目中的形象，为做好群众思想工作打下良好基础

在群众心目中，官员的形象代表着党和政府的形象。官员是否清正廉洁，是否作风正派，决定着党的路线方针政策能否贯彻执行。应重点加强官员的作风建设和官德建设，加强政绩考评的系统性、科学性，规范官员手中权力，使他们“厚”为民之“德”，按照权为民所用、情为民所系、利为民所谋的要求，做到为民用权、公正用权、透明用权，避免权力私用及与民争利，进一步密切党同人民群众的血肉联系，为宣传党的政策主张打下扎实的群众基础。当前，要特别注意提高官员的网络素质。在提升内在修为的同时，正视网络对舆论的放大、发酵和跟风作用，当政府工作出现问题和不足时不回避，以及时有效的信息正面回应社会的关切，引导网络舆论。

(二)加强网络文化建设，打击网络谣言，抵制虚假不实信息，把网络建成全体国民的精神家园

加强互联网发展应用的跟踪研究，提高对互联网环境下意识形态工作的规律性认识，激发和引导网民的“爱国”热情和“包容”之心；对网络文化建设要常抓不懈，积极倡导文明办网、文明上网，长期接受网民对互联网非法信息、黄色网站的举报监管，对低俗虚假信息开展定期清理，对严重危害社会道德的网站要严格关停，不给虚假不良信息提供传播空间。依靠中央和地方重点新闻网站，通过共同发起共同举办“寻找身边的感动”等大型网络活动，发挥网站合力，营造舆论强势，增强吸引力，使网络成为传播主流价值观的有效阵地，成为全体国民共建共享的精神家园。

(三)弘扬优秀传统文化，加强社会主义核心价值观内涵研究，以贴近实际、贴近群众、贴近时代、更加具体生动可感的精神理念口号，积极引领社会群众

中华文化博大精深，加强对传统文化继承发扬的顶层设计，以“经典大家读”等丰富多彩的形式吸引民众广泛参与，使优秀传统文化的精髓在不同时代始终焕发生命活力，增强国民的民族自豪感和民族凝聚力。另一方面，加强社会主义核心价值观的内核研究，有效引领社会舆论。顺应时代发展要求，进一步凝聚更加贴近群众的航天精神、抗震救灾精神等新的时代精神，重点培育和践行“北京精神”，不断增强人们的归宿感，引领主流价值，为经济社会全面发展凝聚共识。

(四)加强人文关怀和心理疏导，帮助人们尤其是特殊人群渡过难关，以良好的心态和健康的心理面对生活，增强工作信心，提升生活幸福感

工业化、信息化、城镇化进程深入推进，社会分化程度加大，利益格局深刻调整，人们的工作和生活节奏明显加快，导致人们生活和工作压力增大，各种心理障碍和精神疾病大幅增加，由此引发的社会问题也日益突出。落实以人为本，加强人文关怀和心理疏导，越来越成为现实的紧迫任务。通过开展丰富多彩的文化活动，满足人们的精神文化需求，用健康的文化生活陶冶人们的情操，调节员工的情感和心理，消除忧郁感、孤独感、失落感，感受到来自单位、同事的关心和关爱，以润物细无声的服务实现以量变促质变，促进人们道德观价值观的改善提升。

(五)推动社会管理创新，加快民间组织建设，使人们在组织中体验到归宿感，消除引发社会矛盾的隐患

合法的民间组织是在党的领导下服务人民的积极力量，也是有效组织社会力量使之有序活动的重要途径。近些年来，民间组织在社会公益事业方面发挥着越来越重要的作用，尤其是汶川特大地震、舟曲特大泥石流灾害等发生后，民间组织在抗震救灾、恢复重建、志愿帮扶等方面，发挥了政府部门难以发挥的积极作用。人民是创造历史的主人，以"创新"精神推动民间组织的发展，不但能够使人们在各类民间组织中找到归宿，更能激发人民为自身服务的主人翁意识，从而使社会管理方式更加积极灵活，为社会发展注入新的活力，从源头上减少引发社会矛盾的隐患。

参考文献

1. 曹淑敏主编：《中国"两化"融合发展报告》，社会科学文献出版社，2012 年。
2. 工业和信息化部：《加快工业转型升级 促进两化深度融合：党的十六大以来工业和信息化改革发展回顾(2002—2012)》，人民出版社，2012 年。
3. 叶连松、靳新彬：《新型工业化与城镇化》，中国经济出版社，2009 年。
4. 工业和信息化部信息化推进司等编著：《工业企业信息化和工业化融合评估研究与实践》，电子工业出版社，2010 年。
5. 吴胜武、沈斌：《信息化与工业化融合：从"中国制造"走向"中国智造"》，浙江大学出版社，2010 年。

（作者：周　欣　北京市基层思想文化建设研究基地负责人　高级政工师
朱华东　北京市基层思想文化建设研究基地　研究部主任）

北京决策研究基地

（首都社会经济发展研究所）

基地名称：北京决策研究基地
依托单位：首都社会经济发展研究所
项目类别：研究基地自设项目

首都城乡一体化和城镇体系研究①

党的十八大报告明确提出，“加快完善城乡发展一体化体制机制，着力在城乡规划、基础设施、公共服务等方面推进一体化”。推进城乡一体化是全面建设小康社会的重要内容，也是先富带后富，最终实现共同富裕的基本要求。城镇体系是城乡一体化的建设重点和承载载体。因此，推动首都城乡一体化和城镇体系研究对于丰富中国特色社会主义内涵和探索完善以工带农、以城带乡的中国特色城乡一体化发展模式具有重要意义。

一、近年来首都城乡一体化和城镇体系发展取得的成绩

(一)逐步形成了现代城镇体系的雏形

随着城市郊区化扩散效应加大，特别是随着2006年北京市委提出城乡经济社会发展一体化目标并于2008年正式形成《关于率先形成城乡经济社会发展一体化新格局的意见》，北京市城乡结构开始融合变化，并依托“两轴—两带—多中心”的城市空间发展规划，逐渐形成“中心城—新城—小城镇—新型农村社区”的现代城镇体系雏形。

1. 通过城市化将一批近城区农村转化为城市

随着城市发展向郊区的扩展，一些离城很近的农村已经实现了城市化。特别是随着城乡结合部重点村“调、拆、建、转、管”等工作的开展，一些原有农村逐步融入了中心城区或新城，成为城市的一部分。

2. 通过城镇化使非农产业迅速向小城镇聚集

随着城乡一体化的逐步发展，根据“产业向园区集中、人口向城镇集中、土地向规模经营集中”的思路，北京的小城镇建设也得到了迅速发展。小城镇是郊区城镇化的重要节点。通过小城镇建设，使非农产业快速向小城镇聚集，农民实现就地城镇化，首都的发展空间得到了拓展，农民的生产生活方式也得到了彻底改变。

---

① 本文是《首都城乡一体化和城镇体系研究》项目的最终成果。

3. 通过新型农村社区建设使原有村庄得到改造升级

新型农村社区是以现状村庄体系规划中的重点村为核心，通过保留原貌、配套提升，原址改造、滚动发展，政策引导、渐进集并，搬迁重组、异地建设等模式，将原有村庄基础设施和公共服务设施改造为具有城镇配套标准，实行社区规范化管理与服务的新型农村社区。

(二)农村产业结构的变革引发了社会结构的全面转型

1. 在社会组织结构上，村庄数量大量减少

随着城乡一体化和城镇体系建设的逐步推进，北京市传统村庄逐渐向城市化社区、城镇化社区和新型农村社区转变，村庄数量大量减少。其中，30%左右通过大量"城中村"、"城边村"被改造上楼，25%左右被纳入镇域二、三产业发展范畴，剩下的大部分通过新农村建设被改造为新型农村社区。

2. 在经济组织结构上，由单一的集体经济组织向多元化的经济形式转变

随着城乡一体化不断发展，原来计划经济体制下单一的乡村两级集体组织逐渐分化，有些集体经济组织实现了向现代公司制转变，有些集体经济组织实现了向现代农业合作经济形式转变。

3. 在人口结构上，农业人口和农业劳动力减少，城市城镇人口增加

1970 年，北京市农业人口 368 万(农业人口最多的年份)，比重达到 47.7%。而 2010 年，北京市的乡村人口为 268.3 万人，占常住人口的 14.0%。

4. 在产业结构和劳动力就业结构上，二、三产业比重上升

在产业结构上，农业逐步向一、二、三产业相融合的方向发展，从业人口比重不断下降。与"十五"期末相比，2010 年年底北京市农村从事一产的农民比重从 32.3%下降为 19.1%，从事二、三产业的比重则从 67.7%上升为 80.9%。

5. 在收入结构上，工资性收入增长、家庭经营收入下降

2011 年前三季度，农民人均工资性收入达到 7343 元，增收贡献率达到 66.7%，拉动总体增收 8.5 个百分点。人均养老金、退休金等转移性收入和财产性收入继续保持快速增长。家庭经营收入有所下降。2011 年 1—9 月，农民人均家庭经营收入 2581 元，同比下降 3.2%。

6. 教育卫生文化社会保障等公共服务得到较大改善

随着教育卫生文化社会保障等公共服务加快向农村延伸，农村特别是小城镇基础设施日趋改善，公共服务和社会发展水平得到提高，生活环境不断改善，对郊区经济社会发展的带动作用，对区域周边地区的辐射作用不断加强，成为有一定集聚力的区域政治、经济和文化中心。

二、北京市推进城乡一体化和城镇体系建设中存在的问题

(一)城镇体系规划还有待完善

北京要率先实现经济社会城乡一体化发展新格局，向建设世界城市的目标迈进，必须建成合理的现代化城市体系和城镇层次，使郊区全面完成经济和社会结构的转型。但是，目前北京市仅对中心城、新城、重点镇的城镇体系规划布局已经比较明确，并已出台城乡结合部、重点小城镇、沟域、新型农村社区发展规划，但对一般建制镇、中心村和一般农村地区的空间体系、布局规划还不够明确。明确一般建制镇、中心村和一般农村的空间布局规划和功能定位，对于正确引导这些地区资源整合和产业发展等具有重要意义。

(二)产业集聚、辐射、带动有待提高

被划入城市功能拓展区、城市发展新区的北京市郊区乡镇，面临由农业经济向现代城市经济，包括现代农业、现代服务业等升级的问题，其在分担城市功能、吸引城市人口和集聚非农产业、吸纳农民就业等方面的作用发挥得不够。表现为：一是没有鲜明的特色，多以民俗旅游、农产品加工、服装加工等低技术含量、低投资强度、低档次产品的行业为主。二是乡镇规模小，对资源的集聚和承载能力差，难以获得规模效益和聚焦效益。三是重点镇的发育不足，限制了郊区农村的城镇水平和农民就业与生活水平的提高。

(三)社会结构转型进程较缓慢

农村的现代化进程不仅表现为产业结构的调整和升级，同时还伴随着农村社会结构的全面转型，这是郊区城镇化进程最后阶段的本质特征。在这种转型中，一是缺乏对城镇化社区和新型农村社区不同性质和标准的区分，导致人们在向城镇化转移或建设新农村社区过程中存在指向不清的问题。二是欠发达地区由于产业结构调整缓慢，仍然维持以农业经济为主的状态，造成集体经济发展乏力，人口和劳动力的外流，新的组织如专业合作社等又发育缓慢，难以成为农村城市化、城镇化转型中的主要载体。

(四)城镇体系建设缺乏体制、组织和政策支撑

城乡一体化在顶层制度设计和政策制定方面的壁垒没有破除。主要表现为：一是城市扩张到的地区农村集体经济组织解体，丧失土地承包权的农民没有农村集体经济组织的保障，难以将国家的补偿款转化为新的资本，成为城市中新的弱势群体。二是没有以乡为单位对土地资源进行统一规划整合利用，导致缺乏总体规划、布局分散、各自为战，不利于基础设施的配套建设，不能体现区位优势。三是没有解决好社会化转型中的农民土地权益去留、转居及土地流转中农民土地权益的保障问题。

（五）城镇土地利用不规范，存在粗放、无序现象

随着首都城乡一体化进程的加快，土地利用问题成为城镇体系建设的关键节点，城乡二元结构带来的深层次矛盾越显突出。主要表现在：一是土地利用总体规划未得到全面落实，城市空间总体上仍以“摊大饼”形式蔓延，并导致大量违法建设、小产权房的出现。二是城镇体系建设过程中大量建设用地行为使耕地保护工作面临巨大压力。三是集体土地利用因缺乏上位法规范，非法流转、违法违规用地现象时有发生，增加了管理的难度。

三、国外在推进城乡一体化和城镇体系建设中的主要经验

（一）依据中心地法则和聚落与梯度推移规律合理规划不同类型城镇

由于城乡一体化的推进是由中心城市逐步向外扩展，这就形成了中心城区与若干郊区城镇不同等级的中心地关系。而这些不同等级的郊区城镇又以转移和承载中心城区的一些职能为发展基础，包括居住职能、承载制造业和商业职能等。因此，各等级城镇间就形成了具有一定向心性的相互联系的城镇体系，而且遵循着由聚居点逐步发展为小城镇，由小城镇发展到区域中心区的梯度推移规律。同时，由于承载功能的不同和满足基本生活需求，如行政、购物、医疗、通勤、上学等日常生活需要的相对聚集要求，各城镇之间就会依据区位不同形成不同产业特色和功能的聚落城镇体系。

（二）正确处理城市扩张与保护农民权益的关系

建设城镇体系首先遇到的问题就是城市扩张与保护农民权益的矛盾。世界上凡是城乡一体化建设成功的国家，都十分重视制定保护农民权益的政策、法规和法律，使农民与工人一样，能够享受所有社会保险等公共服务。很多国家还特别重视农民土地的非农化控制，城乡一体化的过程并不是一个侵占和掠夺农民土地的过程。

（三）注重人与环境的协调发展

发达国家的规划师们在进行小城镇和乡村居民点规划时，特别注意保护周围的环境及保存河流、湖泊、小溪、沼泽、山坡、林木等资源，以便使村镇的布局与其地理环境、历史、经济、文化等各个规划要素的尺度和功能相适应。澳大利亚还将水源地、湿地和生态脆弱地区列为禁止建设的区域。小城镇和村庄的污水处理问题是村镇规划中面临的又一个共性问题，英国小城镇和村庄的污水处理设施是由地方政府与中央政府共同负担的。

（四）强调居民参与村镇规划和设计

发达国家在进行城镇体系规划时，规划师往往会花费大量的时间与当地的居民进行充分的讨论和协调对话，了解他们的想法和需要，收集和掌握信息，以便规划能更好地满足当地居民的需求。特别是很多国家在进行

城镇体系建设时，当地居民具有很大的决策参与权，使城镇体系的建设成为满足居民需要的自发行为，真正体现以人为本。

(五)强化城镇的相对独立性和综合功能

为满足居民生活的便利性，减少不必要的通勤成本，很多发达国家都注重城镇功能的相对独立性和综合性，从而保证村镇居民的就业和基本的社会服务尽可能在当地得到满足。

(六)注重城乡基础设施统筹发展

发达国家城乡差别不大，重要原因之一是城乡的基础设施差别不大。很多国家的乡村都是按照中心城区的标准来建设，如为农村地区配备污水、固废物处置设施等城市生活基础设施等，这为农村的环境和生态建设提供了切实保障。

(七)打造各级城镇的特色影响力

与基础雄厚的中心城区不同，中心镇、一般建制镇的要素集聚能力不强，要想吸引各种资源，确保其对该范围内的服务和影响能力，必须根据自身区位优势和资源禀赋，打造特色的品牌，形成城镇体系这张无形网络上不可或缺的一个节点。

四、首都城乡一体化和城镇体系建设的原则、框架和建设路径

根据市委、市政府《关于率先形成城乡经济社会发展一体化新格局的意见》，“十二五”时期要加快构建以“中心城—新城—小城镇—新型农村社区”为节点的现代城镇体系。

(一)首都城乡一体化和城镇体系建设的原则

1. 双向互动原则

推进城乡一体化和城镇体系建设，需要城乡两个方面的良性互动，既要发挥以城带乡的作用，又要推进农村地区的城镇化转型，加快小城镇建设和新农村建设，使城市的扩散效应与郊区的集聚效应形成合力。

2. 农民主体性原则

农民是推进城乡一体化的重要主体。缩小城乡之间的过大差距，促进传统农业向现代农业的转变、传统农村向现代社区的转变的关键还是要靠农民自身实现从传统农民向现代农民的转变，使农民自觉地提高自身的素质，充分利用政府提供的资金和政策等条件，努力挖掘本地的各种资源优势，探索适合自己的城乡统筹发展的模式，实现从传统农村、农业、农民向现代农村、农业、农民的转变。

3. 保护农民权益原则

在推进城乡一体化和城镇体系建设过程中，必须以保障农民利益为核心，经济上发展农民的物质利益，政治上维护农民的民主权利，使广大农

民实实在在地分享城乡一体化带来的发展成果。

4. 城乡空间发展差异化原则

城乡空间有差异化发展既是国际社会城镇化发展的一般规律，也是中国特色城镇化道路的重要内涵之一。推进城乡经济社会发展一体化和城镇体系建设，并不是要消除城乡空间发展上的差异，熨平职能分工的区别，也绝不是要把农村变为城市，而是要求城市和乡村在发展条件上要尽可能地公平，在发展成果上尽可能地共享。

5. 与首都发展需求和世界城市要求相适应原则

北京作为国家首都，在城市功能定位、产业布局和发展战略方面都有着不同于其他城市的特殊要求。推进首都城乡一体化和城镇体系建设必须和首都的功能定位相一致。特别是市委十届七次全会提出了建设世界城市的目标。推进城乡一体化和城镇体系建设，就必然和世界城市的要求相适应，瞄准高端产业，不断完善和提升城市在全球化竞争发展中的特定功能，提升自身的国际影响力。

(二)首都城乡一体化和城镇体系建设的基本框架和建设路径

1. 中心城

中心城是指《北京城市总体规划(2004—2020 年)》所指的首都功能核心区和城市功能拓展区，它是北京政治、文化等核心功能和重要经济功能集中体现的地区，也是“国家首都、世界城市、文化名城、宜居城市”发展目标的核心承载区。对于包含在中心城范围内的乡镇将通过城市化改造，包括产业结构调整、旧村改造、农民上楼、转居、纳入城市社会保障、乡镇政府改街道办事处等途径，直接融入城市建成区，成为城市市区的一部分。这部分乡镇是城市直接扩张的需要。

此外，为承担北京新的科技产业园区、大型住宅区和承接中心城区文化、教育、科技、卫生等扩散的功能，围绕中心城区，打造部分边缘组团，使其承担中心城市的特定功能，如大型经济技术开发区、文化教育园区、新的大型生活居住区等，同时完成这些地区的农村的城市化转型。这部分边缘组团是主城区的重要组成部分，承担着特定的城市市区的功能。待这些地区的农村全部完成城市化转型后，乡镇体制将撤销，转为街道管理体制。

中心城的建设路径是要率先转变发展模式，不断完善和提升城市在全球化竞争发展中的特定功能，并退出一般性的竞争行业(尤其是低端制造业)，控制外延性扩张，重点发展战略性新兴产业。当前主要是做到“三个提升”，即提升创造功能、服务功能、信息引领功能为主的城市创新能力；提升生态发展、低碳发展、人文发展为主的城市综合承载能力，不断提高城市地区开发建设的成熟程度；提升民生发展、民生保障和市民幸福指数为主的城市公共服务能力。

2. 新城

新城是在原卫星城基础上，承担疏解中心城人口和功能，聚集新的产业，带动区域发展的规模化城市地区，具有相对独立性。北京新城共规划了11个，分别是通州、顺义、亦庄、大兴、房山、昌平、怀柔、密云、平谷、延庆、门头沟。对于包含进新城规划范围内的乡镇和处于新城边缘组团范围内的乡镇，类似于列入中心城区和中心城区边缘组团的乡镇，应通过产业升级，发展城市经济，推进村庄改造以及基础设施并网改造和集体制度改革等途径直接并入新城，实现由传统农业社会向城市社会转型的乡镇。

对于新城的建设路径，是要紧紧围绕加快经济发展方式转变这条主线，产业发展瞄准高端化、低碳化、服务化和特色化，积极承接中心城区的人口和功能，并与中心城区通过快速交通廊道连接，从而形成具有一定独立性和适当综合功能的特色产业和功能发展地区。

3. 小城镇

小城镇在郊区有两种：一种是远郊区县重点镇；另一种是一般建制镇。

(1)远郊区县重点镇。是指郊区新城以下具有相对独立集聚功能的经济增长极，是具有一定集聚腹地的区域政治、经济和文化中心，是郊区工业化和城镇化的重要载体，承担着集聚当地产业和农业人口以及吸纳城市扩散产业和人口的基本功能。其集聚功能效应劣于新城却明显大于一般建制乡镇。这类乡镇主要分布在远郊平原和半山区地区。

其建设路径为合理分析地区发展比较优势，以凝聚区域政治、经济和文化中心功能和提升周边农村发展能力为目标，壮大人口规模，提升产业发展质量，并鼓励与相邻城镇形成分工合作有序、经贸关系密切的城镇群，以增强整体区域的经济实力。

(2)一般建制镇。这部分乡镇包括三个部分：新城外围组团状集聚型乡镇、远郊平原现代农业型乡镇、山区生态服务型乡镇。

① 新城外围城镇化组团。主要分布在区县新城规划范围之外，但距离新城又较近，受城市辐射的程度很强，又不能成为具有相对独立集聚功能的重点镇。但其发展趋势同样具备城镇化特征，只是一般不会形成以镇政府所在地为一个中心的核状集聚，而是形成若干个城镇化组团的空间结构，新型农村社区数量很少甚至完全消失。如通州宋庄镇、房山长阳镇和延庆的大榆树镇等。其地位和作用不会小于重点镇，发展趋势是农村社区逐渐转变、集中为城镇化社区。

② 远郊平原现代农业型乡镇。这类乡镇的发展目标是以都市型现代农业为基础，同时又承担着北京生态环境建设的主要功能。虽然这些乡镇中

心区有一定程度的二、三产业发展和聚焦，但规模小于重点镇，在城镇化集聚上，应接受重点镇和新城的辐射。

③ 山区生态服务型乡镇。该型乡镇可分为两类。一类是处于远郊山区，以生态涵养功能为主，经济发展功能为辅，资源开发和集聚产业、人口能力较弱，劳动力和人口仍呈外流趋势的乡镇。这类乡镇的特点是其主体功能为生态涵养功能，而且，从资源和生态环境条件来看，也不适于形成较大规模的经济和人口聚集。这类乡镇的发展定位应是通过加大政府补贴力度，加强生态环境建设和养护，并转移当地人口向附近小城镇或新城聚集。另一类为远郊的半山区乡镇，具有一定的产业发展和人口集聚潜力，甚至能吸纳部分城市人口的郊区化扩散。此类乡镇的发展定位应以现代农业和生态旅游服务业为主，建设能够传承民族历史文化特色的小城镇和新型农村社区，成为北京环境优美、社会和谐的后花园。

4. 新型农村社区

新型农村社区是指在全市农村发展分化过程中，部分转为城市化社区和城镇化社区，而另一部分则仍然以村庄形式保留，形成新型农村社区。这其中包括两种类型：一种是以发展都市型现代农业为主的都市型现代农业农村社区；另有一种则因为具有传统文化保留价值，按照原生态保护的原则形成了新型的原生态村庄。

对于都市型现代农业农村社区的建设路径是以公共服务城市化、生产生活方式现代化为标准，按照现代城市化社区的管理方式，对传统村庄进行改造，形成基础设施好、公共服务水平高、管理完善的新型农村社区。对于原生态村庄，则以保护村庄原生态特色为基本准则，加大社会保障力度和提升必要的基础设施和公共服务水平，形成安居乐业、原生态特色明显的新型原生态村庄。

五、推进首都城镇体系建设的对策措施

(一)完善城镇体系的规划和布局

城镇体系是否合理，关键是各城镇的功能布局是否合理。因此，根据各类型城镇的功能和该项功能的辐射影响能力，加强城镇体系的系统规划是城镇体系建设的重要保障。特别是要努力引进一些先进的规划思想和方法，在明确功能分区等主要功能的基础上，适当注意各功能区的综合发展，做到既避免由于功能区功能单一而带来的工作、生活及通勤的不便；同时，又能避免功能区主要功能不突出，或缺乏主体功能，而造成的特色不突出，缺乏发展动力的现象。在功能区的具体规划上，要对城市中的商业、交通、文化以及医疗等公共服务设施实行等级分类，并有层次和空间秩序地融合到城市的城市中心区、各级次中心区、功能区和社区中去，形成合理辐射

和承载能力。同时要适时适度推进农村居民点聚落空间调整，下决心再造已经失却的城乡生态环境，形成与城镇合理分布、功能有别、紧密联系的城乡空间布局。

（二）坚持市级、区县和乡镇三个层次协调推进城乡统筹

市级统筹主要表现在总体规划、功能分区定位、产业和重大项目布局、政策制定和调整、财政转移支付、公共服务职能向郊区的延伸等方面。区县统筹主要表现在产业布局和不同乡镇的功能定位、城乡一体化的劳动就业和社会保障、基础设施和社会公益事业发展、土地整理和优化集中配置、村庄的整治合并、农村城镇化进程的推进、城乡经济和社会管理体制改革等方面。乡镇统筹主要表现在农村的城镇化进程、发展镇域经济、新农村建设、产业和人口的城镇化集聚、农村集体建设用地和农民宅基地的整理置换集中、村庄的整治并迁、农村科技文化卫生等事业的发展、农村社会治理等方面。其中，乡镇统筹是城乡一体化的重要支点，是城乡统筹不可缺少的重要基础性环节。

（三）创新推进城乡一体化和城镇体系建设的体制机制

一是创新农民"离土"的退出机制和融入城市的就业、住房及城镇社会保障机制。要将农民的城市化转移和城镇化集聚区别对待。农民的城市化转移是以进入城市的农民离土转居，放弃农村土地权益，退出农村集体经济组织（宅基地可保留）为前提；而城镇化集聚则以农民保留土地承包权益、放弃土地实际经营权为条件，进入本土小城镇，但仍可以分享土地收益和宅基地，因为其物权并未发生变化。农民可以将土地承包权存入土地储备流转中心，从中心领取土地租赁收益，中心统一发包土地推进农业规模化、产业化和现代化经营。对推进城乡一体化和城镇体系建设过程中的农民的"离土"退出机制和农村集体建设用地的集中配置可根据不同情况采取不同的发展模式。

二是建立城乡共管的过渡机制。在传统农村向城市化社区转变的过程中，存在着两种过渡状态。一种是城乡结合部地区，另一种是农居混杂的小城镇状态。其中，城乡结合部是北京市近郊"城中村"和"飞地"地区，农居混杂，传统农村与现代城市社区并存，社会管理城乡交错。融入城市是这一地区的发展趋势。但是，在这些地区的农村未完成转型之前，还不能简单地弱化乡镇政府的职能，而是应该作过渡性的体制安排。例如，可以将地区办事处作为农村地区乡镇向城市街道办事处转变过程中的过渡行政管理主体，成为区政府派出的对地区居民和农民事务统一管理的机构，解决城乡结合部地区管界不清、管理职责不明的混乱现象。对于小城镇，同样也可采取过渡办法，即乡镇政府成立地区办事处，来处理城市及城市居民问题。

三是创新新型集体经济组织机制。经验证明，传统农村社区被改造为城市社区后，土地等集体资产处置、股权化产权制度改革、旧村改造或搬迁、社区社会组织和经济组织的分离、农民城市化后的就业等一系列问题不能依靠开发商，而必须由农民的自我组织来处理。而这要求对农民必须建立新型的合作组织，比如，有的地方就形成了公司化的集体经济组织，使原集体经济组织经过产权制度改革，使农民变成股东，企业改制为公司，通过公司化形式运营集体经济资产。

(四)加快城镇特别是发展滞后地区的基础设施建设

城乡一体化的重要内容是公共财政投入向农村倾斜和公共服务水平与城市发展相均衡。而农村地区与城市的重要差距就是基础设施的落后。因此，加强农村地区乡镇的基础设施建设对于加快城乡一体化发展和城镇体系建设具有重要意义。北京推进城乡一体化和城镇体系建设应密切围绕各城镇集聚效应的增强和辐射空间的拓展，开展公共设施建设，特别是在财政转移支付上，要给予发展滞后地区更多支持。如加大北京市对这类城市基础设施建设的专项补贴的力度；吸引外资和民间资本参加基础设施建设；加大市级财政对郊区公共基础设施的直接投资建设力度等。

(五)进一步加强城镇体系建设中的土地管理

推进城乡一体化和城镇体系建设，应健全严格规范的农村土地管理制度，充分发挥土地作为资源和资产的双重作用，盘活存量、节约集约用地，切实保障农民眼前利益和长远生计。一是要完善土地一级开发模式，重点解决城镇体系建设产业发展中的投融资瓶颈问题。二是要完善土地供应政策，促进产业升级和产业发展。三是要完善征地补偿办法，采取多元化补偿方式着力解决被征地农民的安置和长远生计问题。四是要完善拆迁安置政策，切实保障农民合法权益。五是要完善集体建设用地流转政策，盘活存量，发展壮大集体经济。六是要积极推进农村土地综合整治工作，完善集体建设用地利用方式，并结合土地确权登记颁证工作，妥善化解历史遗留问题。

参考文献

1. 张文茂等：《城镇化与社会转型——北京郊区农村经济社会结构转型研究》，北京燕山出版社，2010 年。
2. 张文茂等：《京郊农村改革 30 年研究》，中国农业科学技术出版社，2009 年。
3. 张文茂、郭子华：《建设小城镇 推进一体化——北京市小沉重建设典型汇编》，研究出版社，2010 年。
4. 陈晓华：《陈晓华副部长在全国农村土地承包管理工作座谈会上的讲话》，《农业部情况通报》，2011 年 9 月 9 日。

5. 陈锡文：《在北京市委农工委、市农委调研座谈会上的讲话》，2011 年 6 月 24 日。
6. 李兵第：《中国城乡统筹规划的实践探索》，中国建筑工业出版社，2011 年。
7. 李兵第：《城乡统筹规划：制度构建与政策思考》，《城市规划》，2010 年第 12 期。
8. 杜漪：《新农村社区建设的路径选择》，《当代经济研究》，2009 年第 8 期。
9. 王孝东：《在市新农村建设领导小组(扩大)会议上的报告》，2011 年 1 月 27 日。

（作者：王鸿春　北京决策研究基地首席专家　研究员
鹿春江　北京决策研究基地研究人员　副研究员
杜梅萍　中共北京市委《前线》杂志社　主任编辑）

基地名称：北京决策研究基地
依托单位：首都社会经济发展研究所
项目类别：北京市哲学社会科学“十二五”规划项目

治理 PM 2.5国际经验及对我市的启示[①]

PM 2.5是指空气中直径小于 2.5 微米（一微米等于百万分之一米）的悬浮颗粒物。它在大气中滞留时间长，传输距离远，富含多种有毒有害物质，对人体健康的危害极大，而且 PM 2.5与其他空气污染物存在着复杂的转化关系，治理难度很高。目前，世界各国大城市普遍针对 PM 2.5污染展开了重点治理，并取得了一定的成效，其成功经验对我市在制定相关政策和措施等方面具有一定的借鉴意义。

一、PM 2.5的构成及危害

根据 PM 2.5的生成机理，可以将其分为两大类：一类是煤炭、石油等化石能源燃烧以及地面扬尘等途径一次生成的 PM 2.5，另一类是大气环境中的二氧化硫、氮氧化物、挥发性有机物等气态污染物在阳光照射下通过化学反应二次生成的 PM 2.5，通常后者的含量会超过前者。按照化学构成，则可以将之划分为硫酸盐、硝酸盐、铵盐、元素碳、重金属、有机物等类属。此外，由于 PM 2.5在大气中悬浮的时间可以达到数天至数周之久，典型传输距离可以达到数百公里，甚至数千公里，其跨区域传输、叠加情况普遍，研究者经常将 PM 2.5按照产生地分为本地排放与外来传输两类。在某些地域，外来 PM 2.5污染甚至可能超过本地产生的 PM 2.5。

PM 2.5对人体健康危害极大。由于它的粒径很小，大约只有头发直径的 1/30，可以直接进入肺泡，亦称“可入肺颗粒物”，长期吸入会增加罹患过敏、哮喘、肺气肿、肺癌、心血管疾病的风险。根据研究，大气中 PM 2.5的浓度若超过 35 微克/立方米，将会对老人、儿童，心肺和心血管疾病、呼吸系统疾病患者等敏感人群带来危害，若浓度超过 65 微克/立方米，将会对所有人群都造成危害。

此外，PM 2.5对阳光的吸收、散射作用很强，当空气中的 PM 2.5浓度

① 本文是《治理 PM2.5 国际经验及对我市的启示》项目的最终成果摘要，项目编号：12ZHA002。

显著上升时，能见度会大大降低，出现灰霾天气，直接影响公众对空气质量的直观感受。

我市近年来面临着较为严重的 PM 2.5污染问题。根据过去 10 年的 PM 2.5研究性观测数据，我市 PM 2.5的年均浓度在 2004 年达到顶峰，随后逐年缓慢降低，但直至 2010 年，其年平均浓度仍高达约 70 微克/立方米，为世界卫生组织为发展中国家设置的三个阶段标准中最低标准的两倍。2011 年下半年，世界卫生组织首次公布了全球 1100 个城市空气污染的调查报告，我市的空气质量排在了第 1035 位，在 100 个首都排名中也是倒数。目前，我市政府已原则性地通过了《北京市 2012—2020 年大气污染治理工作方案》，提出到 2015 年将 PM 2.5的年平均浓度降至 60 微克/立方米，到 2020 年降至 50 微克/立方米。从目前形势来看，这项任务十分艰巨。进一步加强对 PM 2.5治理的工作已经刻不容缓。

表 1　不同国家、地区和组织针对 PM 2.5的标准或行动值

浓度 国家	PM 2.5日平均浓度（微克/立方米）	PM 2.5年平均浓度（微克/立方米）
WHO	25	10
美国	35	15
日本	35	15
欧盟		25
加拿大	30	
中国香港	75	35
澳大利亚	25	8
新西兰	25	
印度	60	40

摘自《大气颗粒物与区域复合污染》①

表 2　世界卫生组织关于 PM 2.5的标准和过渡时期目标

浓度 目标	PM 2.5日平均浓度（微克/立方米）	PM 2.5年平均浓度（微克/立方米）
过渡时期目标—1	75	35
过渡时期目标—2	50	25

① 贺克斌等：《大气颗粒物与区域复合污染》，科学出版社，2011 年。

续表

目标＼浓度	PM 2.5日平均浓度（微克/立方米）	PM 2.5年平均浓度（微克/立方米）
过渡时期目标—3	37.5	15
空气质量准则值	25	10

摘自《大气颗粒物与区域复合污染》。

二、发达国家大城市 PM 2.5的监测、预警和治理经验

大城市 PM 2.5污染的防治是一个世界性的难题。纵观美国、欧洲、日本等国家大城市的治理历程，有如下共同之处：协同运用法律和经济手段，对一次生成的 PM 2.5和二氧化硫、氮氧化物、挥发性有机物等可转化为 PM 2.5的空气污染物进行综合治理；制定长期规划，将 PM 2.5的治理工作与经济发展方式的转变相结合，努力实现经济发展和环境保护的双赢；打破行政区划，建立区域联控联治制度；破除部门界限，将卫生健康、园林绿化等部门纳入 PM 2.5综合治理框架之中；引导环保组织和社会团体，动员全社会力量共同参与改善空气质量。具体经验如下：

经验一：采用综合治理策略，逐步减轻 PM2.5 污染。

欧美等发达国家对 PM 2.5进行了深入细致的来源解析和数谱分布研究，发现在城市环境中，二氧化硫、氮氧化物和挥发性有机物等气态前体物转化产生的 PM 2.5超过生产生活中直接排放的 PM 2.5，是 PM 2.5污染的主要来源。因此，各国普遍采取综合治理的策略，在采取措施减少一次生成的 PM 2.5的同时，重点加强相关前体物的减排工作，并在逐一确定其与 PM 2.5间转化关系的基础上，制定各前体物的减排指标。以欧盟为例，其将减排前体物作为控制 PM 2.5的主要途径，不仅要求二氧化硫、氮氧化物和挥发性有机物等空气污染物达到相应的排放标准，还要求根据 PM 2.5的削减目标来进一步限制二氧化硫、氮氧化物和挥发性有机物等空气污染物的排放总量。

美国南加州大洛杉矶地区的 PM 2.5综合治理规划则更加精细。当地的空气质量管理部门首先通过长期的监测，确定了本地 PM 2.5污染物的主要来源——二氧化硫、氮氧化物和氨气在大气中经光化学反应形成的硝酸铵盐和硫酸铵盐。然后以监测数据为基础，依据当地的地理气候条件，建立起空气质量推演模型，逐一确定二氧化硫、氮氧化物等污染物与二次生成的 PM 2.5之间的转换关系。以氮氧化物为例，根据该部门的测算，每减排 1 吨氮氧化物，就能减少约 0.1273 吨的 PM 2.5，而二氧化硫的比例更高。

最后，在模型数据分析的基础之上，以 2014 年 PM 2.5污染中期治理目标为依据，确定了该地 2014 年时一次生成的 PM 2.5以及二氧化硫、氮氧化物、挥发性有机物等前体物所应达到的量化减排指标，即每日必须减排 192 吨的氮氧化物、24 吨的二氧化硫、15 吨直接排放的 PM 2.5和 59 吨的挥发性有机物。

经验二：利用法律和经济双重手段，控制 PM2.5 的排放总量。

欧盟针对气体和粉尘排放的 PM 2.5等颗粒物，先后出台了《欧共体环境行动计划》、《欧洲空气清洁计划》等近 20 个法规和指令，制定了空气质量标准、机动车和其他污染源的排放标准，区域空气质量监测与评价制度、国家排放上限与核查制度，形成了一套完善的防治 PM 2.5污染的法规体系。

美国环保署先后颁布了《州际空气洁净条例》、《道路机动车排放标准》、《非道路机动车空气清洁规划》等法规，对 PM 2.5的治理进行统一的规范。除了上述适用于全美的法规标准外，美国各地还针对自身具体情况，出台了一系列的地方性法规作为补充，以完善 PM 2.5治理的法规、标准体系。例如纽约市就因地制宜地推出了《抗空转法》等一系列地方性法规，严格规定车辆停驶后发动机空转时间不得超过 3 分钟。这些地方性法规全国性法规紧密结合，有力地推动了 PM 2.5的治理工作。

发达国家大城市所具备的完善法律法规体系为 PM 2.5的治理工作奠定了坚实的制度基础，但在经济持续高速增长时，尽管环保标准和法规已经十分严格，污染物的总量仍会持续增加，此时如果进一步收紧标准，达标成本就会高得令大量企业无法承受，对社会经济产生较大影响。而且，这种“一刀切”的指令性方式没有考虑到企业之间的差异，技术水平较为先进的企业在达到环保标准之后可能会丧失进一步减排的动力，不利于环保工作的进一步推进。为此，发达国家开始尝试在环保工作中引入市场机制，美国最常用的是排污许可权交易制度，欧洲部分国家则借助于排污收费和排污税来约束排污行为。市场机制的引入，不但有效控制了污染物排放总量，而且避免了经济发展与环境保护之间发生直接对立，减轻了环保部门所面临的压力。

以德国为例，为抑制物流运输业的排污行为，政府于 2005 年 1 月针对载重 12 吨以上的货运车辆实施了高速公路分级收费制度。按照该制度，货运车辆按照尾气排放等级被分为四类，每类再根据轴数分为两档。符合欧五排放标准的车辆收费最低，每公里为 14—15.4 欧分，欧二标准以下的车辆收费最高，每公里为 27.3—28.7 欧分，几乎是欧五标准车辆的两倍。制度实施以来效果明显，截至 2011 年 8 月，德国高速公路上达到欧五排放标准货车的行车里程占总里程的百分比已经从不足 0.2%增至 70%以上，欧三排放标准以下的货车行车里程则由 62.9%下降至 18.5%，从而大大减少了一次生成的 PM 2.5和氮氧化物等污染物的排放。

经验三：转变发展方式，实现经济发展和环境保护的双赢。

(1)优化产业结构和布局。

在世界各大城市的发展过程中，火电、钢铁、有色金属、化工等高能耗、高污染行业曾是城市发展的重要支撑。进入 20 世纪六七十年代，随着民众环保意识的增强，加上西方的新一轮产业升级，纽约、伦敦、东京等特大型城市开始将上述重工业行业向外转移，同时大力发展金融服务业、医疗服务业、教育产业和高新技术业等。产业结构的升级，既减少了能源需求和污染物排放，又保证了经济的持续增长和充分就业，较好地解决了环境保护与经济发展之间的矛盾。以东京为例，从 20 世纪 60 年代起，随着日本经济从“贸易立国”逐步向“技术立国”转变，东京将制造企业纷纷迁到横滨一带甚至国外，而以新产品的试制研发为重点，努力发展知识密集型的“高精尖新”工业，并将“批量生产型工厂”改造成为“新产品研发型工厂”，逐步占领产业链价值的高端，不仅使东京的经济保持了 30 年的快速增长，还使东京地区的空气环境质量得到了大幅改善。

(2)改变能源消耗结构，推动节能减排。

以 PM 2.5为代表的各类空气污染物，其主要来源是煤炭、石油等化石燃料燃烧排放的一次和二次产物。为了减少 PM 2.5等空气污染物的排放，世界各国都努力改变能源消耗结构，加大清洁能源的使用力度。欧盟 2008 年提出的《气候变化行动与可再生能源一揽子计划》，规定欧盟成员国每年减少 2 亿—3 亿吨化石燃料消耗，并承诺到 2020 年将煤炭、石油、天然气等一次能源的消耗量减少 20%，可再生能源占能源消耗总量的比例提高到 20%。日本 2009 年首次把发展太阳能正式列入日本经济刺激计划。英国伦敦市则调整能源的供给与配送布局，推广分布式能源供给模式，利用伦敦热电联供系统、小型可再生能源装置(风能和太阳能)等，代替部分由国家电网供应的电力，降低因长距离输电导致的损耗。

(3)提高建筑物能效水平。

从国外特大型城市的经验来看，产业升级之后，其能耗大户已经不再是工业，而是建筑物和机动车。尤其是城市建筑，其能耗已经占到了城市总能耗的约 2/3。为此，各国城市采取了一系列建筑物节能措施。首先是制定绿色建筑规范，对新建建筑能耗标准作出严格规定。巴黎市规定新建建筑年能耗要从当前的 200 千瓦时/平方米降至 50 千瓦时/平方米。其次是推动老建筑节能改造。伦敦市推行“绿色家居计划”，向伦敦市民提供家庭节能咨询服务，帮助其进行节能改造，降低现有建筑物的能耗。伦敦政府估计，节能措施可以在未来二十年替市民节省 10 亿英镑的能源开支。再次是推动建筑物内部照明电器系统的升级改造。各城市普遍提供财政补贴，逐步免费更换白炽灯，鼓励更换节能空调等电器系统。这些措施的实施，有效地降低了城市能源的消耗，减少了煤炭等化石能源的使用，进而减少包括 PM 2.5在内的各种空气污染物的排放。据纽约市测算，依靠其采取的建筑物节能措施，至 2015 年，该市可减少能源消耗 13%左右。

(4)发展公交导向型城市交通。

推动公共交通基础设施建设，减少居民出行对机动车的依赖，从而降低燃油消耗和减少汽车尾气排放的 PM 2.5等空气污染物，也是世界各国大城市的普遍做法。以德国柏林市为例，该市于 2004 年通过的城市交通管理规划，明确提出要将城市核心区的小汽车通行量减少 80%，非核心区的小汽车通行量减少 60%，为此该市将公共交通设施的建设与住宅区的建设纳入统一规划，一方面优先在公交地铁沿线新建住宅，另一方面大力建设地铁和快速公交系统，提高公交路网的密度。此外，柏林市还大力推动自行车道的规划建设，目前建设完成超过 800 公里的自行车道，自行车出行已经占到交通总量的 12%。

经验四：制定中长期治理规划，指引 PM2.5 的防治工作。

PM 2.5的治理是一项长期而艰巨的工作，美国、欧洲等都制定了长期的战略规划和详细的治理路线图对之加以指引。例如伦敦市政府制定了《2010 年清洁空气：伦敦空气质量战略》，美国南加州地区 2007 年推出了《空气质量管理规划》，纽约市政府制定了《2030 城市发展规划》。总体来看，这些规划有以下几个特点：

(1)前瞻性强。

这些规划在制定时综合考虑了城市人口规模的改变、经济发展等领域的中长期发展趋势，在城市长期发展的大背景下确定 PM 2.5治理的中长期目标，具有很强的前瞻性。伦敦在推出《清洁空气：伦敦空气质量战略》之前，首先对“伦敦大气污染物排放数据库”进行了更新。通过这一工作，弄清伦敦所有已知污染源的位置、排放污染物的种类和数量，统计列出了包括 PM 2.5在内的八类主要污染物和六种次要污染物，并对 2011 年和 2015 年伦敦空气污染状况进行了预测。规划小组依据监测数据和预测结果，结合经济、社会发展预测模型，提出了预见性更强的治理措施，以确保 PM 2.5中、长期治理目标按期实现。美国南加州地区的《空气质量管理规划》更加具体，该规划以 2002 年为基准，预测至 2020 年，该地区的人口将增长 22%，住宅数量增加 23%，就业人数增加 21%，车辆运行总里程增加 19%。鉴此，可挥发有机物的排放量将增加 27%，氮氧化物的排放量将增加 35.7%，二氧化硫的排放量将增加 38.9%，直接排放的 PM 2.5将增加 22.6%。规划制定单位充分考虑到这些因素的影响，在规划中提出了更为严格的治理措施，为按时实现空气质量达标打下了坚实基础。

(2)指导性强。

这些规划的制定普遍采用了动态目标分解法，将 PM 2.5治理的总体目标逐步分解，最后落实到具体、明确的措施上，对于实际工作具有很强的指导意义。美国南加州地区的《空气质量管理规划》不仅详细分析了 PM 2.5与二氧化硫等空气污染物的转化关系，确定了每项空气污染物的减排指标，还进一步摸清了各种空气污染物的主要排放来源，以二氧化硫为例，在南加州地区的主要污染源依次为船舶、炼油厂、重型柴油卡车、飞机、工程机械、乘用车、制造业、轻型卡车。在此基础上，规划提出了相应的治理措施，并对每条措施制定了详细的实施路线图和具体的减排指标。以在柴油重型卡车上安装净化器这一措施为例，规划要求这一工作必须在 2014 年前完成，每日实现至少减排 47.3 吨的氮氧化物和 3 吨一次排放的 PM 2.5。

(3)灵活性强。

对于出台的长期规划，政府会定期推出实施情况报告，并根据实施情况进行修订。纽约市的 PM 2.5治理规划作为整个城市长远发展规划的一部分，每两年就会发布一次实施情况报告，公布各个指标的落实情况，如果进度落后于规划中提出的要求，还要列出原因和拟采取的补救措施。如果实践证明某个指标无法落实，要及时剔除或予以替换，并对规划进行相应的修订和调整。这种审核、评估、修订机制使 PM 2.5长期治理规划既能够长期发挥方向上的指导作用，又能够根据实践情况灵活地加以调整，从而达到最佳的治理效果。

经验五：制定区域污染控制政策，实现全区域综合治理。

在解决 PM 2.5及其前体物长距离输送的问题上，欧洲和美国都制定了区域污染控制政策，建立了地区间协调和合作机制，通过多地区间的协作，减少 PM 2.5的排放总量。在欧洲，欧盟各成员国通过签署各类国际公约，提交国家削减计划等方式来达到控制 PM 2.5区域污染的目标。

而美国的做法是双管齐下，一方面是打破行政区域划分，将相对封闭的自然区域统一划为独立的“空气区”，由专门的空气质量管理机构集中进行规划、治理；另一方面，成立政府间协作组织，配合专门的空气质量管理部门，开展空气质量的监测和治理，并取得了较好效果。以美国洛杉矶周边地区为例，这一地区城市化程度很高，工业极其发达，工业污染和汽车尾气污染非常严重，而从地形上看，其西邻太平洋，北部、东部为圣加伯利尔山脉、圣伯纳蒂诺山脉和圣杰森托山脉所阻挡，构成了一个半包围的簸箕形状的地形(见后图)。由于山脉的阻挡，其环绕区域内的空气难以与外界流通，一旦出现不利的气象条件，区域内各城镇排放的包括 PM 2.5在内的诸多空气污染物会相互叠加，使整个区域内的空气质量下降，成为美国空气质量最糟糕的地区之一。

“加利福尼亚州南海岸空气区”涵盖范围示意图[①]

为此，美国加州政府于 1969 年打破行政区域划分，进行全区域综合治理，依据自然地形将奥林芝县全境和洛杉矶县、利沃思德县以及圣伯纳蒂诺县的一部分整合成为“加利福尼亚州南海岸空气区”，划归“加州南海岸空气质量管理局”管理，该机构承担三项职能：一是牵头制定改善区域空气质量的长期规划——《空气质量管理规划》，并制定各种减排规定，对生产过程中使用的设备、原料和工艺流程提出规范标准。二是监督管理全区域固定排放源，例如发电厂、炼油厂等大型企业，以及加油站和生产墙面漆等含有挥发物的小企业，总数超过 28000 家。依据其遵守减排规定的情况向其发放排污许可证。三是全面监测区域空气质量。该机构在辖区的四个县中共设有 38 个空气质量监测点，对区域空气质量进行持续监测，并负责在空气污染严重时向公众发布健康警告。

政府间协作组织“南加州政府联合会”在治理空气污染方面也发挥了重要作用。该组织成立于 1965 年，是根据美国联邦法律成立、由联邦拨款的地方政府间协作组织，其成员除“南海岸空气区”的四个县外，还包括临近的安皮尔县和万图拉县，共覆盖区域内的 189 个城市。该组织与加州南海岸空气质量管理局开展密切合作，为空气质量管理局提供区域的人口、经济、交通数据，协助其制定《空气质量管理规划》，还对汽车、火车、船舶、工

---

① 图中白线包围部分为“空气区”涵盖范围，可见整个大洛杉矶地区处于多条山脉包围之中，自然条件不利于污染物的迅速扩散。图片来源：http：//image.baidu.com/i? tn=baiduimage&ct=201326592&lm=－1&cl=2&fr=ala0&word。

程机械等移动污染源的排放情况进行监管，协助空气质量管理局落实《空气质量管理规划》。由此一来，就在整个区域形成了专门机构统筹规划与地方政府协调合作相结合、“固定污染源”与“移动污染源”排放监管全覆盖的一整套环保体制和机制，为改善该区域的空气质量打下了坚实的基础。

经验六：利用 PM2.5 监测数据帮助医疗卫生部门展开预防性诊治，提高医疗卫生服务水平。

对于世界各国大城市来说，PM 2.5的治理是一个漫长而艰难的过程，而为了最大限度地减少 PM 2.5对城市居民健康的损害，一些发达国家大城市在政府环保部门积极治理 PM 2.5污染的同时，医疗卫生部门也积极采取有效的措施，利用监测数据，深入研究 PM 2.5污染对于人体健康状况的影响，并在此基础上努力实现 PM 2.5易诱发疾病的早期发现和主动干预。

2000—2003 年，法国政府在巴黎、里尔、马赛、鲁昂、图卢兹、阿弗尔六个城市，开展了空气污染与健康状况的调查。调查分析结果显示，空气中 PM 2.5浓度的增加将显著提高呼吸道、心血管等疾病的发病率，PM 2.5每增加 10 微克/立方米，65 岁以上人群中心血管疾病患者数量将增加 1.9%，其他年龄段的患者数量将增加 0.9%；65 岁以上人群中呼吸系统疾病患者数量将增加 0.5%，15—64 岁人群中的患者将增加 0.8%，0—14 岁人群中的患者将增加 0.4%。

纽约市则从 2008 年年底开始，将监控重点转向空气质量对社区人群健康状况的影响，在全市 150 个地点设立监测站，监测空气中 PM 2.5的浓度，并将得到的监测数据与监测点距主要道路的距离、距工厂的距离、附近车辆的通行情况、当地社区居民的健康状况等因素结合起来，建立数学模型，进行深入分析研究。以此为依据，卫生服务部门有的放矢地在重点社区（PM 2.5污染物浓度最高的社区）针对重点人群（老年人和儿童）开展对重点疾病（哮喘、心血管等）的预防性诊治工作，极大地提高了卫生服务的效率。

经验七：提高城市绿化率，强化城市吸尘器的功能。

目前国内外对 PM 2.5减排的主要措施是降低机动车发展速度、提高汽油燃烧值降低挥发性有机物排放量；规范建筑工地施工技术规程减少地面扬尘；禁止秸秆焚烧，强制火电厂脱硫、脱氮，加强有机溶剂回收等。这些措施在控制 PM 2.5排放方面发挥了重要作用。但靠单一减少排放源的控制技术很难在短期内产生明显效果。

与减少污染源控制 PM 2.5排放量的治理方法不同，园林绿化措施利用植物的生物学特性吸附和滞留大气中的颗粒物，达到减少和控制大气中颗粒物含量的目的。它对环境的净化功能非常明显。据测定每公顷绿地平均年滞留粉尘 1.518 吨，绿地上空的浮尘浓度会较非绿地少 10%—50%。提高城市绿化率是世界各国进行 PM 2.5末端治理的重要手段。纽约市政府自

2007 年开始，依据空气质量监测数据，每年投入 1700 万美元，优先在树木覆盖率最低、PM 2.5污染最为严重的社区植树，同时提高新建社区的绿化率标准。

日本东京在 2006 年推出《绿色东京 10 年建设规划》，并打破部门界限，成立了“绿色城市发展促进部”，采取一系列措施推动城市绿化。一是增种道旁树，打造“绿色道路网”，将城市主要绿地连为一体，至 2010 年已经将道旁树从 2005 年的 48 万棵增至 70 万棵，计划至 2015 年增至 100 万棵；二是将学校、幼儿园的操场改建为运动草坪，从而新增 300 公顷绿地，截至 2010 年 3 月，已经完成 342 所学校和幼儿园的改造；三是充分利用城市空间，对屋顶、墙面、停车场进行绿化，截至 2010 年 3 月，仅城市建筑屋顶的绿化面积就已经达到了 119 公顷；四是宣传植树造林理念，建立“绿化东京捐助基金”，对捐助者提供减税等奖励，鼓励市民和企业积极为城市绿化作出贡献。

经验八：加强宣传教育，引导全社会力量参与 PM2.5 防治。

控制 PM 2.5污染不能只依赖政府和环保部门，还需要公众的广泛参与。世界各国城市普遍与环保组织和社会团体展开合作，采取加大公共广告投放、建立警示标示系统、开设绿色环保网站等手段，提高公众对 PM 2.5污染危害的认识，帮助其了解控制 PM 2.5污染的基础知识，促使其从日常生活做起，为 PM 2.5污染的治理工作尽自己的一份力量。日本东京就将宣传“生态驾驶”作为鼓励市民参与的一个切入点，倡导驾驶时缓慢提速，提前减速，尽量避免猛踩油门和急刹车；尽量减少引擎空转；经常检查轮胎的气压；在后备箱里少放物品。据日本有关部门测算，实施“生态驾驶”后，大部分人能将燃油消耗和尾气排放减少 20%左右，最多甚至可以减少 40%。

与此同时，各城市还提供财政补贴，鼓励市民购置混合动力车和纯电动汽车，安装太阳能发电装置。欧盟 27 个成员国中，有 15 个为购置电动汽车提供了减税、免税或补贴。英国 2010 年 4 月 1 日起，针对纯电动轿车，免除前 5 年的企业车辆税，针对纯电动货车，免除前 5 年的货车收益费；2011 年起，购买纯电动汽车和插电式混合动力汽车还可以获得车辆价格 25%，最高额度为 5000 英镑的补贴。

三、对我市治理 PM 2.5的启示

国外大城市治理 PM 2.5的经验表明，要想根治 PM 2.5必须从两个方面入手：一方面，加强 PM 2.5的入口管理，努力减少对化石能源的需求。另一方面，收紧 PM 2.5的出口，严控 PM 2.5的排放总量。而国外空气质量的好转，不仅依靠政府环保部门的空气污染治理，更是经济发展方式的转变，产业结构的调整、化石替代能源的开发利用和人们生活方式转变等综

合作用的结果。所以治理 PM 2.5是一个系统工程，必须从全局的高度，动员全社会的力量，统筹规划，在充分吸收和利用国外先进理念和技术的基础上，努力实现管理体制和机制的创新，走出一条与我市经济社会和地理环境条件相适应的 PM 2.5治理之路。

思路一：加强监测，研究 PM2.5 与挥发性有机物、二氧化硫、氮氧化物等多种大气污染物协同控制的措施。

国外主要通过建立覆盖一次生成的 PM 2.5、二氧化硫、氮氧化物、挥发性有机物等多项控制指标的综合指标体系，实施 PM 2.5的多目标管理，从一次污染物到二次污染物进行全生命周期控制的办法来逐步降低 PM 2.5的浓度，而这需要进一步推动监测—治理工作的精细化。

我市 PM 2.5的监测工作始于 1999 年，先后设立了清华、车公庄、昌平、密云等监测点，通过 10 余年的监测，基本掌握了 PM 2.5污染的状况。按照我市的规划，未来 PM 2.5监测站点将增至 35 个左右，同时建立卫星遥感监测体系，形成立体的空气质量监测网。虽然 10 余年来我市的 PM 2.5监测工作取得了很大成绩，但与国外发达国家相比仍然存在很大的差距，这种差距主要体现在监测和治理的理念和方法上，具体体现为“三多三少”，即实时观测多，分析预测少；定性研究多，定量研究少；措施建议多，评价反馈少。监测及分析研究工作的不足影响了监测的成效，削弱了其对 PM 2.5污染治理工作的量化指引作用。

因此，建议我市应着力重点做好以下四方面的工作：一是完善立体监测网络，掌握 PM 2.5北京地区各种主要空气污染物的排放总量及其来源、污染源的空间分布以及具体排放量；二是完善大气污染普查数据库，建立尽可能详尽的污染源排放清单，选定适用于北京地理气候特征的空气质量模拟模型，结合北京地区大气污染物监测数据，量化不同空气污染物对 PM 2.5的贡献值和不同省市之间的输送通量；三是综合考虑我市实现 PM 2.5空气浓度达标所需减排的各主要污染物数量、各污染源的减排潜力、所需的减排投入及减排对经济发展的影响，量化确定各污染源的减排指标，有的放矢地提出相应治理措施，并对治理效果进行量化预测；四是运用监测数据对治理措施的效果进行定期评估，将评估结果及时反馈给相关部门，以便有效地调整治理方案，从而形成监测—治理的良性循环。

思路二：建立环境空气监测和医疗卫生服务的联动机制，做好居民的健康预警和疾病主动干预。

我市政府已原则性地通过了《北京市 2012—2020 年大气污染治理工作方案》，方案中提出了我市治理 PM 2.5的中长期目标，即到 2015 年将 PM 2.5的年平均浓度降至 60 微克/立方米，到 2020 年降至 50 微克/立方米。而按照这个治理进程，到 2030 年我市 PM 2.5的年平均浓度将达到 35 微克/立方米，亦即 WHO 过渡期的第 1 个阶段的目标值。这意味着在未来的 20 年甚至更长的时间里，我市居民将继续生活在具有 PM 2.5污染的空气中。所以，要减少 PM 2.5对居民身体健康的危害，在环保部门治理的同时，还应当借鉴国外的经验，建立环境空气监测和卫生医疗服务的联动机制，有效地将 PM 2.5的监测数据、地区的气象数据与疾病控制部门掌握的人群死因数据，呼吸系统、心脑血管疾病等疾病门诊和急诊救治数据结合起来。通过整理、分析和研究这些长期的、动态连续的监测数据，掌握不同的暴露水平下，可能对不同的人群造成的健康损害程度。在此基础上，一方面及时发布预警，提醒居民在 PM 2.5污染严重的灰霾天做好防护，减少户外活动，降低呼吸道、心血管等疾病的发生；另一方面由医疗卫生服务部门有针对性地在 PM 2.5污染严重的社区对老年人和儿童等重点人群采取救治措施，开展哮喘、心血管等重点疾病的症状体征监测，从而实现疾病的早期发现，早期预防和早期治疗，进一步提高医疗卫生服务效率，有效地降低医疗支出，减轻政府财政负担，从根本上维护我市居民的身体健康。

思路三：整合城市规划、产业调整、污染治理等各方面的政策，全方位实现 PM 2.5减排。

我市 PM 2.5的来源广泛，据环保部门统计，其中机动车尾气排放占 22%，煤炭燃烧排放占 16.7%，全市 1.5 亿平方米的建筑工地所产生的扬尘占 16%，水泥厂、汽车喷漆等工业喷涂占 16.3%，农村养殖、秸秆焚烧占 4.5%，剩下的 24.5%主要来自周边河北、天津等地区，所以，应对 PM 2.5污染不仅需要环保部门加大监管和治理的力度，还需要政府从城市规划、运行和管理的方方面面着手，全方位实现减排。我市应以治理 PM 2.5为契机，以“人文北京、绿色北京、科技北京”为指引，进一步推动工业转型升级，在加快退出石化、水泥、印染、铸造等高污染、高耗能产业的同时，大力发展金融服务、文化创意、教育科研等北京具有丰富资源和优势的绿色产业，不断完善交通规划，提高建筑物设计标准，加大节能减排新技术的研发和新产品的应用，努力开发太阳能等清洁能源等，实现经济社会发展和环境保护的协调发展。

此外，在污染治理过程中，还要依据我市“十二五”经济发展规划、能源发展规划、交通发展规划、人口增长趋势等，根据产业环保技术政策和污染治理技术，合理预测 PM 2.5等主要空气污染物排放量的变化值，以便对具体治理措施进行有效调整，从而最大限度发挥政府现有的治污能力，让广大群众切实感受到北京空气质量的好转。

思路四：大力推进新技术的研发与应用，加快 PM2.5 的治理进程。

PM 2.5污染是科学技术拉动经济发展到一定阶段的产物，技术的进一步发展则是治理污染的一条根本途径。在 PM 2.5的治理过程中，必须积极研发、利用新技术。以光催化汽车尾气吸收路面这项新技术为例，由于道路表面敷设了二氧化钛等半导体光催化剂，这些光催化剂在紫外线的照射下具有很强的氧化还原能力，可将汽车尾气中的氮氧化物等 PM 2.5的气态前体物转化为无害的水、二氧化碳和盐等，且光催化剂本身不参加氧化还原反应，不随时间而消耗衰减，可以有效抑制污染。目前，比利时安特卫普、英国伦敦、日本东京、意大利贝加莫等城市已经开始试验性应用。在试验路段上，氮氧化物浓度普遍降低了 60%—70%，效果非常显著。北京近年来机动车保有数量持续攀升，汽车尾气对于 PM 2.5污染的贡献值越来越大，发展、引进、应用此类新技术，对于我市的 PM 2.5污染治理工作尤其具有重要意义。

思路五：吸取奥运期间治理经验，建立区域空气质量联防联控的长效机制。

北京西北东三面是海拔 1000 米左右的高山，东南是北京平原，“簸箕”形状的地形不利于空气污染物的扩散，由于东南面与天津及河北省南部绵延的城镇之间缺乏自然屏障，河北、天津等地排放的空气污染物会长驱直入北京，加重北京地区局部的污染。而根据公共环境研究中心[①]近日发布的《中国大气污染定位报告》报告，山东、河北、江苏、山西、内蒙古是废气排放大户最为集中的省区，除江苏省外均为环京省份，从卫星图片上看，江苏、河南、河北和京津冀区域大气灰霾污染经常连成一片。根据统计，目前我市 PM 2.5的重要来源是外源污染，占到了总量的四分之一多，所以防治 PM 2.5，北京不能独善其身，必须打破行政区划界限，进行全区域综合治理，才能取得较好的效果。在这方面，2008 年奥运期间，六省、市、自治区空气污染物联防联控的成功经验为我们提供了宝贵的借鉴。在 2008 年 7 月 20 日—9 月 20 日，北京曾与周边省市为保障 2008 年奥运空气质量，共同实施了减排措施，效果明显。奥运期间，北京各 PM 2.5监测点的 PM 2.5浓度普遍下降了 40%以上。但是当时的联防联控措施从本质上讲属于任务牵引式的短期治理，在残奥会闭幕后即宣告结束。到 2008 年 10 月份，各观测点的 PM 2.5浓度又出现了大幅度的反弹升高。所以，要实现北京 PM 2.5污染的长期持续下降，建立区域联防联控的长效机制势在必行。首先，深入研究，全面掌握京津冀地区 PM 2.5污染现状、排污情况，跨域传输机理。其次，要按照国家环保部《“十二五”重点区域大气污染联防联控规划编制指南》，尽快制定由环保部等部门协调京津冀地区的区域大气污染联防联

---

① 公众环境研究中心(IPE)是一家在北京注册的非营利环境机构。自 2006 年 5 月成立以来，IPE 开发并运行中国水污染地图和中国空气污染地图两个数据库，以推动环境信息公开和公众参与，促进环境治理机制的完善。

控规划。提出区域 PM 2.5的行动目标、减排指标和指标分配方案，编制重点行业、具体工程项目清单，形成以区域大气质量全面改善为核心的多污染物综合治理体系。再次，探索建立由国家环保部牵头、各地方政府间相互协作的沟通协调平台，在区域空气质量联合监测、区域联合执法检查、污染应急响应、排污权有偿使用与交易等方面加强协作，从而将控制 PM 2.5等空气污染物的排放落到实处。

思路六：深化城市绿化与 PM 2.5作用机理的研究，为城市绿化提供科学指导。

作为 PM 2.5末端治理的一项重要手段，我市今年计划在“两环、三带、九楔、多廊”的城市平原地带进行 20 万亩的植树造林，努力实现市区绿地年滞尘量 51879.62 吨。但是由于园林绿化与 PM 2.5的作用机理关系的研究和探索刚处于起步阶段，在推动城市园林绿化工作的同时，需要进一步加强相关方面的研究。例如研究各种植物对 PM 2.5的滞留机理与效率；分析北京地区常用绿化植物对大气 PM 2.5的吸收率，筛选高效吸收 PM 2.5的植物；评估适于我市城区不同绿化条件下的最优控制 PM 2.5污染物方案及其效率、效益；编制北京地区 60 种主要滞尘植物名录；确定不同绿地类型(居住区绿地、公园绿地、防护绿地)的植物配置模式；提出道路两侧绿化带的最佳宽度及植物配置模式、平原地区景观生态林、绿色通道建设绿化模式等，为进一步推动 PM 2.5的末端治理提供科学依据。

思路七：动员全社会力量、综合治理方能见到成效。

治理 PM 2.5不仅需要党和政府的努力，更需要企业承担起相应的社会责任，以及社会广大民众的积极参与。民众的积极参与和广泛监督是治理 PM 2.5污染，实现空气质量持续改善的重要保障。首先，要通过各种媒体，教育宣传市民“从我做起”，采取自我行动参与减排 PM 2.5的重要意义，在全社会营造“北京蓝天，人人有责”的氛围。其次，要支持和鼓励民众参与社会监督。在制定环境保护法规、政策、规划，引进重大工程项目，以及采取重大污染治理行动时充分听取社会民众的意见和建议，定时向社会公布环境质量状况和 PM 2.5污染治理工作的进展信息。立即组织编写“北京清洁空气报告”，改变现在信息零散，重数字，轻解读；重宣传，轻互动的现状，通过系统全面定期发布的清洁空气报告，引导公众进行监督，赢得民众对政府治理大气污染的意愿和能力的信心。最后，探索经济激励约束机制，引导企业和民众节能减排。例如建立健全促进中小企业和家庭节能的各项制度，继续推行政府绿色采购，采用补贴和低息贷款的方式帮助企业和个人减排等。

参考文献

1. Mayor of London，Clearing the Air：The Mayor's Air Quality Strategy，2010.
2. NYC Mayor Michael R. Bloomberg，Plan NYC：A Greener，Greater New York，2007.
3. NYC Mayor Michael R. Bloomberg，Plan NYC：A Greener，Greater New York (updated)，2011.
4. NYC Mayor Michael R. Bloomberg，Plan NYC：Progress Report 2010，2010.
5. City of New York，Mayor's Management Report，2011.
6. Great London，Authority，Powering ahead：Delivering low carbon energy for London，2009.
7. Tokyo Metropolitan Government，Environment White Paper 2010，2010.
8. South Coast Air Quality Management District Governing Board，2007 Air Quality Management Plan，2007.
9. 胡敏等：《北京大气细粒子和超细粒子理化特征、来源及形成机制》，科学出版社，2009 年。
10. 白志鹏等：《空气颗粒物污染与防治》，化学工业出版社，2011 年。
11. 环保部：《"十二五"重点区域大气污染联防联控规划编制指南》，http：//www. caep. org. cn/air/DownLoad. aspx。
12. 王硕：《大气污染治理方案将出台 重污染天部分公车停驶》，《京华时报》，2012 年 2 月 9 日。
13. 彭艳：《应对 PM 2.5 五字诀》，《户外探险》，2012 年第 1 期。

（作者：王鸿春　北京决策研究基地首席专家　研究员
张　燕　北京决策研究基地研究人员　副研究员）

北京人口发展研究中心

（中共北京市委党校）

基地名称：北京人口发展研究中心
依托单位：中共北京市委党校
项目类别：北京市哲学社会科学“十二五”规划项目

国际视角下的中国社会服务体系建设[①]

目前，中国社会发展已经从过去的物质短缺转变为现在的服务短缺。党和政府已经深刻认识到形势的严峻性，在“十二五”规划纲要中明确提出“推进基本公共服务均等化”。作为基本公共服务的重要组成部分，社会服务必然会越来越受到党和政府的高度重视。在2012年第十三次全国民政会议上，温家宝总理和回良玉副总理的重要讲话中“一统四分”的概括，提出要逐步建立和完善符合国情、覆盖城乡、功能齐全、可持续发展的基本社会服务体系。

为此，本文将从社会服务的内涵及体系构成，构建社会服务体系的政治经济学视角，国外社会服务模式，中国社会服务体系建设存在的问题和如何构建中国社会服务体系等四个方面进行阐述。

一、社会服务的内涵及体系构成

1. 社会服务的内涵

社会服务是指，针对那些由于年龄、贫困、健康状况恶化和残疾等原因，在自我照料和他人照料等方面社会处境不利、需要公共援助的人，为了改善这些人的生存状况，自力更生能力，或便利他们日常生活，提高生活质量，所提供社会支持的服务和项目。社会服务有广义和狭义之分。广义的社会服务包括卫生服务、教育服务、福利服务、住房服务、就业服务、个人社会服务等。狭义的社会服务仅仅指个人社会服务。

目前，欧盟和美国等发达国家、新加坡等新兴国家、斯里兰卡等发展中国家，以及中国香港等地区在政府机构设置和政策法规中使用的社会服务概念是“个人社会服务”概念。所以，本文探讨的议题主要指个人社会服务。

---

① 本文是《社会建设中的社会服务和老龄工作模式研究》项目的阶段成果，项目编号：11SHB008。

2. 社会服务体系的主体框架

应当说，已经开展社会服务的国家，都是基于本国的实际来并构建成社会服务体系的。各具特色，但也有许多共性的成分。笔者对此进行了梳理，发现一个完整的社会服务体系包括 7 个关键要素：(1)政府管理机构；(2)政策法规；(3)服务对象；(4)服务设施和项目；(5)财政拨款；(6)多元化服务的提供者；(7)监督管理机制，包括评估等。从已经颁布《社会服务法》的国家来看，社会服务体系的构成要素充分体现在其中，基本做到了依法行政。

3. 构建社会服务体系的原则

从已经开展社会服务的国家来看，构建社会服务体系一般遵循以下四个原则：

(1)政府主导的原则。构建社会服务体系要体现政府在立法、资助等方面主导的责任。

(2)整合的原则。构建社会服务体系要体现整体设计，避免部分利益、条块分割、政策法规冲突矛盾、重复建设、碎片化等问题。

(3)公开透明和民主的决策管理原则。要保证更多的社会成员参与到社会服务计划的决策、管理中去，提高社会服务的效率。

(4)社会保护的原则。要防止社会排斥，保证服务对象的生存和发展权利，以满足服务对象的合理需求为导向，保持服务供给与需求的有效匹配，促进服务对象的社会融合。

二、构建社会服务体系的理论依据：政治经济学的观点

社会科学中，有许多理论可以从不同角度、不同层次解释社会服务体系的构建。本文认为，利用福利经济学、制度主义和混合经济模式三个政治经济社会学的观点来解释社会服务体系的构建，似乎更能够揭示社会服务体系构建的一般特点，更能抓住事物的本质。

1. 福利经济学理论

福利经济学探究的目标是如何使一个社会经济的资源在各部门或不同个体之间的配置或分配达到最优。庇古根据边际效用基数论提出两个基本的福利命题：国民收入总量越大，社会经济福利就越大；国民收入越均等，社会经济福利就越大。他认为经济福利在相当大的程度上取决于国民收入的总量和国民收入在社会成员之间的分配情况。所以，要增加社会福利，在生产上必须增加国民收入总量，在分配上必须消除国民收入的不平等。众所周知，通过 60 多年的努力，中国的经济总量越来越大，已经成为世界第二大经济体，年财政收入已经超过 10 万亿，人均 GDP 超过 4000 美元。

可以说，中国已经具备了发展社会服务的经济条件[①]。在这样一种情况下，如何提高脆弱群体的社会福利服务，就需要政策制定者统筹考虑。

2. 制度主义的视角

在20世纪，制度主义思想被广泛运用于社会政策制定。制度主义的社会政策的特征被描述为：合法权威、公共资金、行政方向和普遍的覆盖。根据Midgley[②]的研究成果，本研究将制度主义对构建社会服务体系具有指导意义的命题归纳为四点：

第一，政府的社会服务干预具有合法性和合理性。制度主义者相信社会服务可以通过政府机构得到最大改善，认为社会服务需求应当通过一系列立法干预来满足，包括财政措施、法律管制、综合的社会服务体系的供给，这些干预可以使社会服务项目制度化。

第二，制度主义本质上是集体主义。大多数制度主义者认为政府不仅仅要增加而且要扩大家庭和社区的传统作用，更要承担社会服务的基本责任。

第三，制度主义要求政府的社会服务项目具有普遍性和选择性。制度主义者赞同采用普遍的社会服务。通过财政措施和立法管理，社会服务应当满足社会需求。这意味着社会服务必须超越传统的安全网功能，成为现代社会生活不可缺少的组成。

第四，制度主义要求保护社会权利。Marshall[③]的社会权利理论为制度观点提供合理解释。通过确保社会权利，政府培育社会公正，迎合福利国家思想。公民自己也要努力满足自己的需求，并对社会服务作贡献。

3. 混合经济的社会照料模式

从1970年开始，混合经济的社会照料模式在社会政策研究和制定中起着越来越突出的作用，它致力于分析社会福利的混合经济模式及其如何运作。"混合经济的社会照料"对于解决失能老年人社会服务问题具有潜在的贡献。

Munday[④]认为，所有国家都有许多公民，在他们不同的生命阶段，需要社会服务支持。需要社会照料的人从无父母的未成年儿童延伸到老年人。任何国家，包括中国，提供社会照料和支持的资源在哪儿呢？由于国家间，

---

① 李兵：《外国社会服务发展历程及其启示》，《中国民政》，2011年第3期。

② Midgley, James, "The Intuitional approach to social Policy", The Handbook of Social Policy, London: Sage, 2009.

③ Marshall, T. H., Citizenship and social class and other essays, Cambridge, UK: Cambridge University press, 1950.

④ 李兵等主编：《社会服务》，知识产权出版社，2011年，"序二"、"精神病老年人机构照料服务研究"。

如经济和社会发展水平的差异，社会照料和支持的主要资源在以下方面被找到：一是家庭、邻里和朋友；二是志愿(非国家)群体和组织；三是国家服务；四是商业社会服务；五是某些职业的服务。在国际上，社会照料的发展趋势不是完全依靠的任何一种资源，如家庭或国家，而是依靠发展被称之为的“混合经济的社会照料”。在“混合经济的社会照料”中，大部分或所有主要资源贡献于社会照料。通过其社会政策制定，每个国家将决定适合本国国情的不同资源贡献于社会照料的特殊组合。

总之，从政治经济学的观点来看，构建社会服务体系，需要把握好有三个理论着眼点：社会服务是一定经济发展的产物，国家在社会服务体系建设中起着主导作用，社会服务要采取混合经济(多元化的)的照料模式。这三点在已经开展社会服务的国家可见一斑。

三、国外社会服务模式

我们将从社会服务的国家模式和社会服务体系构成的各要素模式两个方面论述。

1. 社会服务的国家模式分类

根据上文的政治经济学观点，本文对英国、北欧 5 个国家，捷克、美国、澳大利亚、新加坡、中国香港和澳门这些已经开展社会服务的经济发达或较为发达的国家和地区进行分类，发现有这么 4 种国家模式。

(1)公共服务的斯堪的纳维亚模型(瑞典、丹麦、挪威、冰岛和芬兰)。这种模型建立在普遍主义的原则之上，让处在危险中的儿童、残疾人与老年人等人群便于接受服务，而服务的费用来源于总税收。地方政府在 PSS 的产生和计划上起着关键作用，而 NGO 的贡献有限，营利组织作用微乎其微。由于经济与政治因素近些年被修改，普遍主义不再那么容易被接受，同时作为日益增加的“福利多元主义”政策的一部分的非政府组织(NGO)服务正在不断地成长①。

(2)根据经济情况调查的——有时叫贝弗里奇模型。这种模型主要指英国相关，一定程度上也包括美国。国家日益从直接服务供给的传统角色中抽身，与其他部门的提供者签订合同，服务瞄准“问题个案”、最不能独立的服务用户和有限收入的人。营利服务提供者和 NGO 在这一模型中起着越来越重要的作用②。

(3)东方模型。主要指澳大利亚、新加坡，中国香港和澳门等国家和地区。政府对社会服务给予政策和资金的支持。社会组织，特别是政府支持

---

① 李兵等主编：《社会服务》，“欧洲社会服务：特点与趋势”，知识产权出版社，2011 年。

② 李兵等主编：《社会服务》，“欧洲社会服务：特点与趋势”，知识产权出版社，2011 年。

的社会组织在社会服务中起着重要作用。如新加坡的国家社会服务理事会，虽然是社会组织，但由政府直管，非常类似于中国的事业单位。

(4)东欧模式，以捷克为代表。政府在提供政策和资金上的保障，同时发挥市场的作用。个人和家庭也要承担一定的责任。政府对社会服务提供者的登记注册有严格的规定。

其他国家，像印度、斯里兰卡和孟加拉国等南亚国家，纳米比亚和喀麦隆等非洲国家，虽然人均 GDP 不高，但受到殖民地时期宗主国的影响，也开展了社会服务，他们的社会服务模式基本上可以纳入以上的分类中。中国在构建社会服务模式应当从中吸取哪些合理要素，能否构建出第五种社会服务模式？值得进一步探讨。

2. 社会服务体系各构成要素的模式分析

(1)政府管理机构设置，有三种模式。

集中管理模式，即社会服务主要由一个政府部门主管。丹麦、瑞典、捷克、美国等国采取此模式。以英国为例，卫生部掌管社会服务政策、法律、标准、教育和培训。具体的社会服务业务则由 150 个地方政府所属的政务委员会负责。

分散管理模式，即多个部门主管社会服务业务。以挪威最为典型。挪威的社会服务是按照一种分散模式来组织的。挪威劳动部所属的劳动和福利局主管《社会服务法》。卫生和照料服务部对《社会服务法》的实施负有主要责任。劳动部对《社会服务法》第五章、第五章 A 和第四章的第五节负有主要责任；另外，还负责市政会的资金咨询服务和解决债务的咨询服务。地方政府负责提供服务。无论集中模式还是分散模式，具体的社会服务工作都由地方政府负责。

行政管理与实施分离模式。以新加坡、澳大利亚和中国香港为代表。新加坡负责社会服务的机构主要有新加坡社会发展、青年和体育部，具体工作由其下属的国家社会服务理事会(NCSS)。NCSS 主要通过发展、整合和培训社会服务的组织和机构，开展具体的项目。中国香港的社会服务主管机构主要是社会福利局，具体工作大都由香港社会服务联会等社会组织承担。

(2)政策法规，有三种模式。

统领—分散的法律文本模式，以英国为代表。在英国，管理社会服务的法律主要有《地方当局社会服务法》(1970 年)。该法只规定其他相关法律的哪些内容属于社会服务。相关法律包括《国民援助法》(1948 年)、《残疾人(就业)法 》(1958 年)、《健康服务和公共健康法》(1968 年)、《长期患病和残疾人法》(1970 年)、《精神健康法》(1983 年)、《儿童法》(1989 年)、《国民健康服务和社区照料法》(1990 年)、《照料者法》(1995 年)、《社区照料法》

(1996 年)、《照料标准法》(2000 年)、《照料者和残疾儿童法》(2000 年)等。

完整的法律文本模式，以北欧国家、美国和捷克为代表。社会服务法有详细的条款和规定，自成一体。同时在社会服务法中也指出与相关法律相协调的规定。美国的情况特殊，只在《社会保障法》第二十章——社会服务固定拨款规定社会服务财政拨款上限，及资金支持的项目和使用的方向。

部门政策模式。芬兰、新加坡、纳米比亚、阿尔巴尼耶等国没有立法，只有部门政策。

(3)社会服务对象。

综合英国、美国、捷克、丹麦、瑞典、挪威等欧美国家，以及新加坡和中国香港的经验。社会服务主要为以下人群提供一系列的照料和支持：

①老年人。

②患有身体残疾和学习残疾的人。

③存在精神健康问题的人。

④药物滥用者、酒精依赖者和吸毒者。

⑤家庭，包括无家可归者。

⑥儿童支持、儿童照料和青少年犯罪。

但各个国家和地区的侧重点不同，甚至国家间存在较大的差异，如在法国儿童服务主要是国家的责任，国家对老年人服务责任则少些[①]。挪威的儿童福利服务没有被当做是社会服务的一部分，但是在许多地方政府(特别是在小地方政府)，这些服务常常被作为社会服务的一部分。丹麦、瑞典和挪威这些北欧国家，尤其是挪威对于酗酒者和吸毒者社会服务非常重视。

(4)社会服务项目和设施。

社会服务项目有两种典型模式，一是以捷克为代表的整合模式，即一个服务项目同时面向一类或多类服务对象[②]。二是分人群服务模式，即按老年人、残疾人、儿童和未成年人、家庭、酗酒者和吸毒者、照料者等分类提供服务项目。大多数国家采用此模式，以英国、美国、北欧国家、新加坡、中国香港等国家和地区最为典型。如新加坡[③]。

综合各国的经验，社会服务设施主要包括：日间照料中心、儿童养育院、儿童寄养机构、儿童收养机构、残疾人疗养院、老年人养老院、特殊的生活疗养院、保护性住房、收容所、中途旅社、危机救援中心、无家可归者避难所、治疗型社区、社会咨询设施、社会治疗工作室、社会康复服务中心、早期干预服务中心，等等。

---

① 李兵等主编：《社会服务》，“欧洲社会服务：特点与趋势”，知识产权出版社，2011 年。

② 李兵等主编：《社会服务》，“捷克社会服务”，知识产权出版社，2011 年。

③ 李兵主编：《社会服务研究》，“新加坡社会服务”，知识产权出版社，2012 年。

(5)财政拨款和收费。

财政拨款分为三种模式，一是以英国等为代表的中央拨款为主的财政制度。如英国，地方政府负责社会服务的资金安排。地方政府的资金来源于地方税收、中央政府拨款和使用者的交费，其中75%的支出来源于中央政府拨款。二是以瑞典、挪威、丹麦等为代表的地方财政责任制，中央补贴的财政制度。三是以美国和捷克为代表的两级财政制度。

所有开展社会服务的国家都将社会服务费用分为无偿提供、部分有偿提供或全额有偿提供，并对所适用的服务项目作出规定。

(6)社会服务提供者。

一般有四个：

国家部门。包括由中央、省(州)和地方政府(市、县)提供的服务。个人社会服务可以由独立的个人社会服务部门提供，和/或作为更大部门的一部分，如卫生、社会保障、教育。

赢利部门，包括私立的和商业公司。

志愿部门，包括私人的和非营利的组织。

非正式部门。如家庭、朋友、邻居、同事提供免费的社会照料。

(7)监督管理机制，有两种监管模式。

一是部门内分级监管模式，以英国、丹麦、新加坡等为代表。如英国，《服务提供者》和《作为负责人的机构的地方政府》两个标准保证服务质量。全国照料标准委员会管理社会照料，负责照料机构的登记和检查，资金来源于卫生部。丹麦的社会服务监督主要强调市政委员会和地方市政委员会的责任，而社会事务部要制定管理监督的规则。

二是部门间分级监管模式，以挪威、瑞典等为代表。如挪威，监督机关包括挪威国家卫生监督局、挪威郡级卫生监督局以及郡级政府机关。挪威国家卫生监督局是一个全国性的政府机构，隶属于卫生部这个最高国家卫生监督机关。挪威国家卫生监督局实施分类服务监督。确保所有卫生和社会服务提供单位使用监督结果报告，作为改进管理系统和提高服务质量的信息来源。郡级监督工作由挪威郡级卫生监督局(监督保健服务和医疗人员)以及郡级政府机关(监督儿童福利和社会服务)负责开展。

瑞典的国家健康和福利委员会负责监督全国的社会服务。郡管理委员会负责本郡的监管。

四、中国社会服务体系建设现状和未来方向

1. 中国社会服务体系建设现状

(1)政府管理机构：多头管理，条块分割。

目前，中国没有专门的主管社会服务机构，涉及社会服务的政策法规

和项目设施分属民政、教育、卫生、司法、公安、残联、妇联等各个政府部门管理。总的来看，尽管大部分社会服务服务主要由民政部门负责管理，但社会服务分散在多个部门，存在条块分割、碎片化等特点，有部门利益驱动、各自为战的风险，不利于社会服务的整合。

(2)政策法规：政出多门，碎片化明显。

目前涉及社会服务的政策法规分散在各种法律、法规、政策文件中。从已有的政策法规来看，存在以下几个值得关注的议题：

一是涉及服务对象的社会服务立法少，法规和规范性文件多，而且政策法规过于原则，有的已经不适应现实需要，必须下大力气修改完善。

二是如果把风险群体作为一个整体，可以发现：中国已有的政策法规中涉及社会服务的内容存在着碎片化、部门化、相互扯皮、相互冲突的情况。有时候，单一的政策法规难以解决单个或相互重叠的风险人群的服务问题。新出现的服务需求，已有的政策法规还没有来得及涵盖，如 6—12 岁儿童的课外照料服务等。

三是中国目前还没有出台针对照料社会服务对象的家人、亲属和亲戚朋友等照料者的政策法规，只有零星的关于社会工作者和志愿者的政策法规，如《关于加强社会工作专业人才队伍建设的意见》。

四是虽然提出要“依法行政”，但实际工作更多依据临时性文件，特别是规划。

(3)社会服务对象：不明确。

处于争论和探索阶段。《国家基本公共服务体系“十二五”规划》中“基本社会服务”一章提出的服务对象和服务项目值得商榷。

(4)社会服务设施和项目：重复建设，盲点多。

从目前的情况来看，中国已经有了不少社会服务的项目和设施。如针对老年人的社区照料、机构照料等服务；针对残疾人的康复服务等服务；针对儿童和未成年人的幼儿园、寄养、收养等服务；针对吸毒者的戒毒服务；针对流浪乞讨人员的救助服务等，但仍有完善的余地。

一是虽然有了服务项目，但从落实的情况来看，不少服务项目仅仅停留在政策法规层面和社会呼吁的层面上。而且，地区差异很大，经济发达地区落实得好些，像上海、北京等地，个别服务项目甚至比发达国家都做得好，但仍然没有全面铺开。而中西部欠发达地区和农村地区则难如人意。因此，需要花大力气落实好社会服务是一个长期而艰巨的工作。

二是从已有的实践来看，一个服务项目和服务设施可以满足一个或多个或相互重叠的人群的照料服务需求，如社区照料和机构照料等。而且有些服务是可以整合在一起的，如针对老年人和残疾人的照料。但由于政出多门、部门利益等原因，存在重复建设、碎片化、相互扯皮和效率低下等问题。

三是还有一些服务项目和设施需要填补。如针对照料者的缓解服务，残疾和精神病老人的照料服务等。

(5)财政拨款和收费：制度不完善，缺乏统一规定。

中央和地方预算中没有明确的社会服务科目。由于没有完整的社会服务统计数据，我们无法确定目前中国社会服务的中央预算总额和占中央预算的比例。估计社会服务占中央财政支出的比例不会超过1%。

(6)社会服务提供者：单一。

在中国，家庭始终是第一位的提供者，其次才是政府，同时工作单位、家庭、亲戚、朋友、邻里和同事也提供少量的社会服务。营利组织、非营利组织和志愿组织提供的服务所占的份额少得可怜。

(7)监督管理机制：机制不健全，缺乏操作性手段。

目前，中国已经出台了一些质量标准，如《老年养护院建设标准》、《老年日间照料中心建设标准》、《方便残疾人使用的城市道路和建筑物设计规范》、《儿童福利院建设标准》、《国家级福利院评定标准》等。各种政策法规中也提出要加强监督管理，但实际上中国没有完善的社会服务监督管理体系。

客观地讲，中国目前的社会服务体系建设刚提上日程，如何构建还处于研讨和摸索阶段。因此，我们的基本判断是：中国虽然已经有了社会服务的工作，但社会服务体系还没有建立起来。

2. 立足国情，借鉴国外经验，构建中国社会服务体系

总的思想是，按照科学发展观的要求，坚持社会服务体系构建的四个原则和三个理论着眼点，立足国情，借鉴国外有益经验，构建以政府为主导的、多元化供给的中国社会服务体系。具体来讲，从以下7个方面着手：

(1)成立建立政府管理机构。有必要成立社会事务和社会服务部，下设社会服务局。未来的社会服务管理有两种方案：一是将社会服务业务全部纳入社会服务局统一管理；二是社会服务业务仍然分散个各个部门，但必须由社会服务局统筹部署和协调。

(2)完善政策法规。一是启动社会服务立法。先行制定社会服务工作条例。二是减少临时性政策文件。三是真正做到依法行政。

(3)明确社会服务对象。根据中国实际，除了以上国际上普遍确定的服务对象外，流浪乞讨人员，优抚军人及其亲属，遭受家庭暴力、拐卖和强迫卖淫等危害的妇女等也是社会服务的对象。

(4)合理规划服务设施和项目。一是整合现有的服务项目和设施。二是挖掘新的、亟须填补的服务项目。如需要新建针对精神病老年人和痴呆老人等特殊老年人建立专门的照料服务机构。针对儿童和未成年人，需要新

建 6—12 岁学龄儿童的课外照料服务，需要探索建立儿童庇护中心，建立受暴力伤害儿童问题的预防、强制报告、反应、紧急救助和治疗辅导工作机制，为被解救儿童提供身心康复服务，完善具有严重不良行为儿童的矫治制度等。需要增加针对照料者的社会服务项目，包括为照料者提供援助服务、照料津贴、带薪请假、咨询、缓解照料等服务。

(5)制定财政拨款制度。在各级财政科目中设立社会服务项目，确定中央预算投入的金额和比例，以及地方的财政责任。

(6)多元化服务的提供者。一是完善和加强政府的社会服务职责。二是完善家庭照料政策，继续鼓励家庭照料。三是鼓励和培育社会力量参与社会服务。

(7)建立监督管理机制。一是建立和完善质量和服务标准。二是建立针对服务需求、服务过程的评估体制。三是要建立政府的监管制度。

五、结束语

历史发展到现阶段，国家发展社会服务，已经不是应不应该的问题，而是必须做的问题。确立社会服务的理念，几乎可以说成为了判断一个国家和政府是否具有基本的现代素质的标准之一[①]。未来中国社会服务体系建设，从研究、政策制定到实践工作，需要做大量的工作，需要政府、实践者和学者广泛参与。

（作者：李　兵　北京人口发展研究中心研究人员　副教授）

① 李兵主编：《社会服务研究》，“当代中国社会服务事业的理论基础”，知识产权出版社，2012 年。

基地名称：北京人口发展研究中心
依托单位：中共北京市委党校
项目类别：北京市哲学社会科学“十一五”规划项目

北京市流动人口生育意愿研究①

一、研究背景

(一)研究意义

流动人口数量的巨大和未来进一步增加的趋势，流动人口生育观念的发展变化将在一定程度上加剧城市乃至整个中国生育水平与性别结构等问题的复杂性，对未来婚姻、家庭形态、计划生育工作开展及社会发展将产生深远影响。从理论上讲，正确地把握和判断人口的生育水平，就必须要考察人们的生育行为，而生育行为又与人们的生育意愿有着千丝万缕的联系。从政策角度讲，政府制定人口发展的规划，进行社会政策的决策，必须参考人们的生育意愿。因此，研究流动人口生育意愿和相关影响因素，分析其与城市户籍人口的差异，有重要的理论意义和现实意义。

1. 流动人口管理成为人口计生委重要职责之一

北京市是全国流动人口的主要流入地之一。近年来，流动育龄妇女的在京生育数占全部出生人口相当大的比例。2011 年北京市常住人口的出生人口为 16.5 万，其中流动育龄妇女生育的活产婴儿占 24%。2009 年国家人口计生委颁布《流动人口计划生育工作条例》指出，“县级以上地方人民政府领导本行政区域内流动人口计划生育工作，将流动人口计划生育工作纳入本地经济社会发展规划”。流动人口计划生育管理是流入地政府不可推卸的责任。对流动人口的生育意愿和生育行为进行调查，分析其生育特点和发展趋势，是不可忽视的领域。

2. 流动人口生育意愿是生育政策调整重要参考因素

20 世纪 70 年代以来，北京就已经进入到总和生育率低于更替水平的低生育水平时期。进入到 21 世纪，总和生育率始终在低于 1 的极低生育水平。低生育率已对社会经济发展产生诸多负面影响，调整生育政策的呼声渐起。由于人口的属地化管理，进行政策调查时必须要考虑到流动人口这一群体。

① 本文是《北京市流动人口生育意愿调查》项目的阶段成果，项目编号：09AbSH059。

流动人口来到城市后，随着生活环境和生活方式的巨大转变，原有的生育观念逐渐发生变化，生育意愿逐步接近和融入流入地城市，但同时由于流动人口的流动性强，也存在流动人口利用政府在管理上的“盲点”来规避制度约束，因此流动人口在生育行为上较容易，生育意愿付诸实施的可能性也较大，即流动人口的生育意愿与未来的生育行为可能有着较高的一致性。因此，研究流动人口这个“夹心层”群体的生育意愿对未来生育政策的调整能够提供重要的依据，具有重要的参考价值。

(二)研究重点

本文选取从生育意愿的角度开展对流动人口的生育观念和生育行为进行研究，包括在理想子女数、生育性别偏好及生育时间上有何倾向；在生育动机有无变化、哪些因素会影响其生育意愿；与户籍人口的生育意愿呈现趋同还是差异较大；他们的生育意愿和行为选择将对北京市未来人口变动趋势构成什么样的影响。同时对流动人口接受生育服务现状进行了调查，为有针对性地开展流动人口计划生育工作提供决策参考。

二、研究方法

(一)抽样及调查方法

本研究数据来源于课题组于 2011 年进行的“北京市居民生育意愿调查”的流动人口部分。本次调查的研究对象是在北京市东城区和通州区辖区居住的 1971—1990 出生的 20—39 岁的流动人口，以及和他们同住的父母。首先我们对东城区和通州区各街道的流动人口进行了摸底调查，了解到东城区和通州区流动人口在性别、年龄和婚姻状况的基本结构比例。在东城区以原东城区十个街道 126 个社区为抽样框，按等距抽样的方法抽取了 20 个社区，按摸底调查获取的人口比例确定了每个社区的调查样本数，并按照调查总体的年龄、性别、婚姻结构进行样本配额。以同样的方法在通州区的 15 个乡镇和街道中抽取 28 个社区，每个社区报上调查者名单和备用名单。确定调查者名单后，聘请北京天元慧中市场调查有限责任公司组织专业调查员在社区干部的引导下，进行了入户问卷访问调查。东城区共计回收流动人口调查的有效问卷为 506 份，通州区共计回收流动人口调查的有效问卷为 498 份，共合计有效问卷 1004 份。

(二)样本基本情况

在流动人口的 1004 份问卷中，独生子女占到 17.2%；女性的比例高于男性；20－24 岁占 28.5%，25－29 岁占 30.7%，30－34 岁占 20.6%，35－39 岁占 20.2%；58.2%的人具有初高中文化程度，36.7%的人具有大专及以上的文化程度；31.7%为未婚者，68.3%为已婚；78%的人有正式工作，收入在 2000－2999 元为最多，从样本结构上看，被调查者基本能够代表我们的研究对象的总体情况。被调查者的具体情况见表1。

表1　流动人口样本基本情况

项　目	分　类	样本量(人)	百分比(%)
性别结构	男性	436	43.4
	女性	568	56.6
年龄结构	20—24岁	286	28.5
	25—29岁	308	30.7
	30—34岁	207	20.6
	35—39岁	203	20.2
是否独生子女	独生子女	172	17.2
	非独生子女	827	82.8
婚否	未婚	315	31.7
	已婚(含离异)	678	68.3
生育情况	已婚未育	125	19.4
	已婚已育1孩	402	62.3
	已婚已育2孩	112	17.4
文化程度	小学及以下	52	5.2
	初中	369	36.9
	高中(含中专、中技)	213	21.3
	大专	151	15.1
	大学本科	188	18.8
	研究生及以上	28	2.8
就业情况	参加工作	776	78.0
	在校学生	10	1.0
	待业失业	24	2.4
	自由职业	139	14.0
	家务劳动	32	3.2
	其他	14	1.4

续表

项　目	分　　类	样本量(人)	百分比(%)
收入	无收入	58	5.8
	1—1499 元	122	12.2
	1500—1999 元	214	21.4
	2000—2999 元	266	26.6
	3000—3999 元	171	17.1
	4000—4999 元	63	6.3
	5000—6999 元	60	6.0
	7000—9999 元	25	2.5
	10000 元以上	21	2.1
职业情况	国家机关、党群组织、事业单位负责人	9	1.0
	专业技术人员	165	18.7
	办事人员及有关人员	215	24.3
	商业服务人员	483	54.6
	生产运输设备操作人员	7	0.8
	其他	5	0.6

三、调查结果

流动人口的理想子女数是多少？生育一个孩子后，他们的二孩生育意愿是否强烈？他们继承了传统生育文化的男孩偏好还是已经发生了改变？流动对他们的生育时间是否产生了影响？影响流动人口的生育意愿的主要因素是什么？流动人口的生育意愿的特征与户籍人口存在怎样的差异？本文将分别从以上几个方面，对流动人口的生育意愿作出分析。

(一)流动人口生育意愿基本情况

1. 理想子女数

流动人口对问卷中“不考虑政策因素，您认为一个家庭养育几个孩子最理想”这一问题的回答呈现以下结果(见表 2)：

表 2　2011 年北京市流动人口的理想子女数　　单位:%

项目	分类	样本数（人）	0 个	1 个	2 个	3 个及以上	平均数（个）	显著性检验
全部流动人口样本		985	2.9	45.7	50.8	0.6	1.49	
性别	男	426	1.6	48.6	49.1	0.7	1.49	P>0.05
	女	559	3.9	43.5	52.1	0.5	1.49	
婚姻状况	未婚	307	6.2	47.6	45.6	0.7	1.41	P>0.05
	已婚	667	1.5	44.8	53.1	0.6	1.53	
生育状况	已婚未育	123	7.3	48.8	42.3	1.6	1.38	P<0.05
	已婚已育 1 孩	394	0.3	54.1	45.7	0	1.45	
	已婚已育 2 孩	112	0	14.3	84.8	0.9	1.87	
年龄	20—24 岁	278	3.6	47.8	48.2	0.4	1.45	P>0.05
	25—29 岁	301	4.0	43.9	51.2	1.0	1.49	
	30—34 岁	203	1.5	46.8	51.2	0.5	1.51	
	35—39 岁	203	2.0	44.3	53.2	0.5	1.52	
文化程度	小学及以下	51	0	35.3	64.7	0	1.65	P<0.05
	初中	361	1.1	40.7	57.6	0.6	1.58	
	高中(含中专、中技)	210	1.4	53.3	45.2	0	1.44	
	大专	147	2.7	49.7	46.9	0.7	1.46	
	大学本科	186	9.1	50.0	39.8	1.1	1.33	
	研究生及以上	27	3.7	22.2	70.4	3.7	1.74	
收入分组	无收入	57	5.3	42.1	50.9	1.8	1.49	P>0.05
	1—1499 元	120	0	40.8	58.3	0.8	1.60	
	1500—1999 元	210	1.9	49.0	48.6	0.5	1.48	
	2000—2999 元	261	1.1	44.8	53.6	0.4	1.53	
	3000—3999 元	167	7.2	41.9	50.3	0.6	1.44	
	4000—4999 元	63	4.8	47.6	46.0	1.6	1.44	
	5000—6999 元	58	3.4	56.9	39.7	0	1.36	
	7000—9999 元	25	0	44	56	0	1.56	
	1 万元以上	21	4.8	57.1	38.1	0	1.33	

续表

项目	分类	样本数（人）	0个	1个	2个	3个及以上	平均数（个）	显著性检验
职业	国家机关、企事业负责人	9	11.1	55.6	33.3	0	1.22	P>0.05
	专业技术人员	162	4.9	44.4	50.0	0.6	1.46	
	办事人员和有关人员	207	2.9	46.4	50.2	0.5	1.48	
	商业、服务业人员	479	1.3	45.9	52.4	0.4	1.52	
	生产运输设备操作人员	7	0	42.9	57.1	0	1.57	
	其他	5	0	40	60	0	1.60	
流动类型	乡一城流动	318	0.6	48.7	50.3	0.3	1.50	P>0.05
	城一城流动	153	3.9	56.9	38.6	0.7	1.36	

注：1. P<0.05 表明不同组的差异性显著，P>0.05 表明不显著。以下同。

2. 本报告中，将调查中回答户口性质是农业的流动人口，定义为乡一城流动人口，将调查中回答户口性质是非农业的流动人口，定义为城一城流动人口。以下同。

从统计结果我们可以看出：

其一，北京市流动人口呈现明显的“二孩生育观”。理想子女数为二孩的比例为最高，达到50.8%；其次为一孩，为45.7%；选择不要孩子的为2.9%，理想子女平均数为1.49。可见，流动人口更加倾向于生二胎，但倾向于一孩的比例也占相当份额。

其二，不同婚姻、生育状况的流动人口的理想子女数存在显著差异。和未婚者比，已婚者表现出较强的生育意愿；尤其是已育二孩者，其理想子女数的平均数达到1.87个，显著高于已婚未育1.38的水平；不同分性别、年龄、收入、职业被调查者，其理想子女数量上的差异不显著，但年龄大者比年龄小的理想子女数要高。

其三，文化程度不同，理想子女数存在显著差异。理想子女数随着文化程度的由低到高，基本呈现“两头高、中间低”的趋势。和其他文化层次比较起来，大学本科层次显示了较低的水平。高学历者，尤其是研究生，显示了较强的二孩意愿，理想子女数达到了1.74个，显著高于其他较低学历者。见图1。

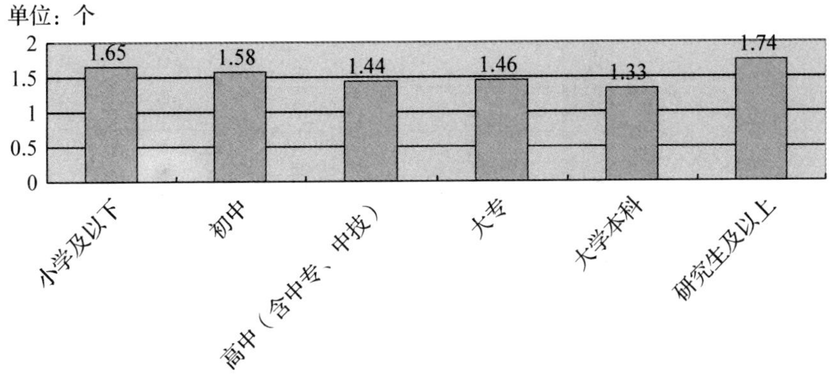

图 1　不同文化程度的流动人口的理想子女平均数

其四，分流动类型来看，城一城流动人口的理想子女数低于乡一城流动人口。城一城流动人口的平均理想子女数为 1.36，而乡一城流动人口为 1.50。与城一城流动人口相比，乡一城流动人口显示了较强的二孩生育意愿，有 50.3%的乡一城流动人口的理想子女数为 2；而城一城流动人口呈现一孩生育观，56.9%的城一城流动人口的理想子女数为 1。

2. 二孩生育意愿

流动人口对“假如根据政策您符合生二胎的条件，您打算要第二个孩子吗?”这一问题的回答见表 3。

表 3　流动人口二孩生育意愿

意愿	数量(人)	比例(%)	户籍人口(%)
要	477	48.0	31.4
不要	306	30.8	48.3
没想好	210	21.1	20.3
总和	993	100	100

其一，流动人口生育二胎的意愿较高，48%被调查者明确表示要第二个孩子。

其二，与城一城流动人口相比，乡一城流动人口的生育二孩的意愿较高，52%的乡一城流动人口希望生育二胎，而城一城流动人口中 32.5%的人口希望生育二胎，35.1%的人不要二胎。但是值得注意的是无论是城一城流动人口还是乡一城流动人口“没想好”的比例也比较高，这部分人的倾向不明，值得关注。见图 2。

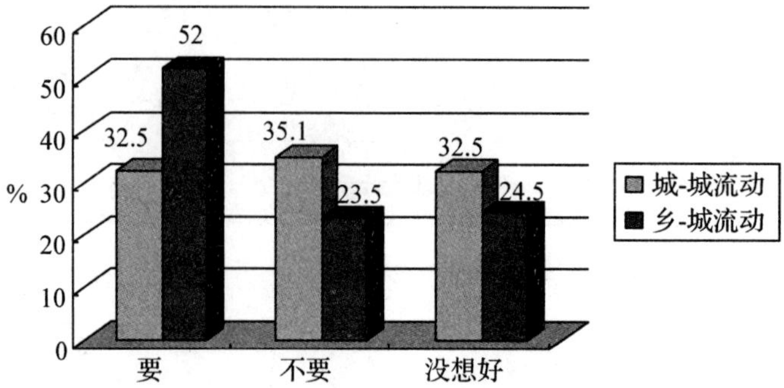

图 2　不同流动类型的流动人口的二孩生育意愿

3. 生育性别偏好

表 4　流动人口生育性别偏好

性别编好	数量(人)	流动人口比例(%)	户籍人口比例(%)
男孩	87	8.7	6.6
女孩	145	14.5	12.4
儿女双全	125	12.5	4.3
男孩女孩都一样	644	64.3	76.7
总和	1001	100.0	100.0

统计结果显示：

其一，流动人口不存在男孩偏好。调查中有高达 64.3%选择了“男孩女孩都一样”，有 8.7%的人选择了“男孩”，有 14.5%的人选择了“女孩”，偏好女孩比偏好男孩高出近 6 个百分点。

其二，城一城流动人口和乡一城流动人口都不存在男孩偏好。调查中城一城流动人口中 56.7%的人选择“男孩女孩都一样”，有 10.2%的人选择了“男孩”，21.7%的人选择了“女孩”。而乡一城流动人口中 59.7%的人选择了“男孩女孩都一样”，有 14.5%的人选择了“男孩”，12%的人选择了“女孩”。

4. 生育时间

对流动人口的生育时间，对已婚没有生育者设置了“您打算几年内要孩子?”的问题，结果显示有 33.9%的已婚未育者选择在“1 年内”要孩子，有 37.9%的选择“1—3 年内”要孩子，还有 16.1%的选择“没想好”，不打算要孩子的比例占到了 3.2%，其中，城一城流动人口已婚未育者有 44.8%的人选择“1 年内”要孩子，17.2%的人选择“1—3 年内”要孩子，乡一城流动人口中已婚未育者 36.4%的人选择“1—3 年内”要孩子，而 33.3%的人选择“1 年内”要孩子。可见已婚未育的乡一城流动人口的生育时间要高于城一城流动人口。

针对流动人口已婚有一个孩子的，则设置了“不考虑政策因素，如果生育第二个孩子，间隔多久合适?”，结果发现平均间隔为 4.34 年，选择“3 年”、“5 年”最多，分别占到 24.7%，23%。城一城流动人口平均间隔为 4.28 年，低于乡一城流动人口的平均 4.32 年。

(二)流动人口生育意愿及与户籍人口的差异比较

在进行流动人口调查的同时，为了进行比较研究，我们也进行了户籍人口生育意愿的调查。

1. 理想子女数的比较

表 5　2011 年北京市户籍人口的理想子女数　　单位:%

项目	分类	样本数(人)	0 个	1 个	2 个	3 个及以上	平均数(个)	显著性检验
全部户籍人口样本		974	9.5	51.5	38.3	0.6	1.30	
性别	男	467	10.5	54.8	34.0	0.6	1.25	P>0.05
	女	507	8.7	48.5	42.2	0.6	1.35	
婚姻状况	未婚	497	11.7	52.3	35.0	1.0	1.25	P<0.05
	已婚	477	7.3	50.7	41.7	0.2	1.35	
生育状况	已婚未育	191	13.1	51.8	34.6	0.5	1.23	P<0.05
	已婚已育一孩	271	3.0	50.2	46.9	0	1.44	
	已婚已育二孩	6	.0	16.7	83.3	0	1.83	
分年龄	20—24 岁	243	9.1	53.9	36.2	0.8	1.29	P>0.05
	25—29 岁	245	11.0	54.7	32.7	1.6	1.25	
	30—34 岁	318	9.1	49.1	41.8	0	1.33	
	35—39 岁	168	8.9	48.2	42.9	0	1.34	
文化程度	小学及以下	8	12.5	62.5	12.5	12.5	1.38	P<0.05
	初中	36	13.9	63.9	22.2	0	1.08	
	高中(含中专、中技)	166	10.8	56.0	33.1	0	1.22	
	大专	263	9.1	51.0	39.9	0	1.31	
	大学本科	448	9.6	49.6	39.7	1.1	1.32	
	研究生及以上	53	3.8	47.2	49.1	0	1.45	

续表

项目	分类	样本数（人）	0 个	1 个	2 个	3 个及以上	平均数（个）	显著性检验
收入分组	无收入	189	10.1	55.0	34.4	0.5	1.25	P>0.05
	1—1499 元	31	19.4	45.2	35.4	0	1.16	
	1500—1999 元	99	9.1	56.6	34.3	0	1.25	
	2000—2999 元	250	10.4	49.6	39.6	0.4	1.30	
	3000—3999 元	188	10.1	48.4	39.9	1.6	1.33	
	4000—4999 元	76	5.3	57.9	36.8	0	1.32	
	5000—6999 元	92	8.7	48.9	42.4	0	1.34	
	7000—9999 元	25	0	44.0	52.0	4.0	1.60	
	10000 元以上	24	8.3	54.2	37.5	0	1.29	
职业	国家机关、企事业负责人	12	16.7	50.0	33.3	0	1.17	P>0.05
	专业技术人员	273	6.6	54.6	38.8	0	1.32	
	办事人员和有关人员	200	11.0	48.5	39.5	1.0	1.31	
	商业、服务业人员	206	12.1	45.6	42.2	0	1.32	
	生产运输设备操作人员	18	11.1	61.1	27.8	0	1.17	
	其他	2	0	100.0	0	0	1.00	

注：P<0.05 表明不同组的差异性显著，P>0.05 表明不显著。以下同。

比较流动人口理想子女数（见表 2）和户籍人口的理想子女数（见表 5）的统计结果发现：

其一，流动人口的理想子女数要高于户籍人口。流动人口的理想子女平均数为 1.49，而户籍人口为 1.3。流动人口呈现明显的“二孩生育观”，理想子女数是 2 的比例占 50.8%，而户籍人口呈现明显的“一孩生育观”，理想子女数是 1 的比例占 51.5%。

其二，流动人口与户籍人口一样，分人口和社会特征群体的理想子女数呈现的规律是一致的。不同婚姻、生育状况的群体的理想子女数存在显著差异。不同性别、年龄、收入、职业的被调查者，其理想子女数量上的差异不显著。年龄越大，理想子女数越高；已婚者比未婚者表现出较强的生育意愿；尤其是已育二孩者，其理想子女数显著高于已婚未育和已婚已育一孩者。

其三，流动人口与户籍人口一样，文化程度不同，理想子女数存在显著差异，户籍人口中理想子女数随着文化程度的提高，呈现了和流动人口一样的“两头高、中间低”的趋势。户籍人口的高学历者尤其是研究生，和流动人口一样显示了较强的二孩意愿，理想子女数达到了 1.45 个，但是低于流动人口的 1.74 个，也与流动人口中大学本科层次呈现较低的水平不同。户籍人口中初中文化层次人群的理想子女数呈现了较低的水平。

2. 二孩生育意愿的比较

对于“假如根据政策您符合生二胎的条件，您打算要第二个孩子吗?”这一问题回答见表 3。

与户籍人口相比，流动人口的二孩生育意愿要高于户籍人口。流动人口明确表示要第二个孩子的比例比户籍人口高 16.6 个百分点。48.3%以上的被调查的户籍人口明确表示即使政策允许，也不打算要第二个孩子，只有 31.4%表示“愿意”，户籍人口的二孩生育意愿并不强烈。

3. 生育性别偏好的比较

流动人口和户籍人口一样，都不存在男孩偏好。调查中流动人口中的 64.3%和户籍人口中的 76.7%的人选择了“男孩女孩都一样”，户籍人口和流动人口偏好女孩比偏好男孩的各自比例都高出近 6 个百分点。跟户籍人口相比，流动人口更倾向于“儿女双全”(见表 4)。

4. 生育时间的比较

无论是流动人口还是户籍人口，已婚没有生育者大部分倾向于 1—3 年内要孩子，户籍人口比流动人口高 6 个百分点；其次是 1 年之内，流动人口比户籍人口高 10 个百分点。有一定比例的人的态度不明确，没有想好，值得关注。流动人口不打算要孩子的比例占到了 3.2%，远远低于户籍人口的 8.4%。

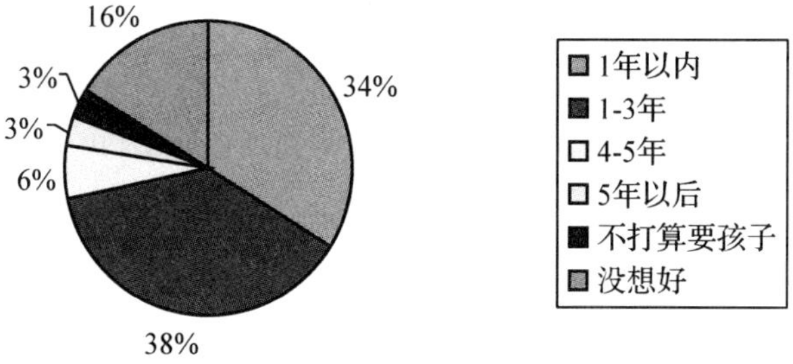

图 3　北京市已婚未育流动人口的生育时间状况

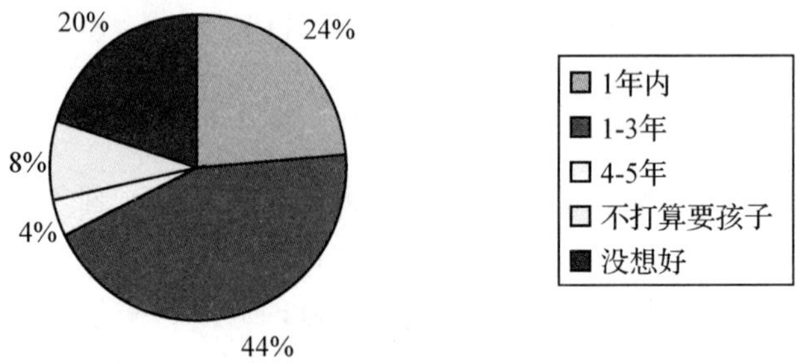

图 4 北京市已婚未育户籍人口的生育时间状况

已婚有一个孩子的，回答“不考虑政策因素，如果生育第二个孩子，间隔多久合适?”这一问题，结果发现流动人口平均间隔为 4.34 年，略长于户籍人口的 3.97 年，流动人口选择“3 年”、“5 年”最多，分别占到 24.7%，23%。户籍人口选择“3 年”、“4 年”最多，分别占到 29.5%和 28.2%。

(三) 流动人口生育意愿的影响因素分析

流动人口在支配自己生育意愿的同时，会受到不同因素的影响。在问卷中，我们主要从两个角度进行说明。

1. 影响生育行为的人的因素

对“谁对你的生育行为影响最大”这一问题的回答，有 61.6%的被调查者选择了“自己”，远远高于其他选项，“配偶”、“自己父母”则排在第二、三位，分别为 18.6%和 12.3%。与户籍人口的情况类似，流动人口在生育行为选择上有独立的选择权。

其中，城一城流动人口中有 54.2%的人选择了“自己”，其次是“配偶”；而乡一城流动人口中 40.1%的人选择了“自己”，其次是 25.7%的人选择了配偶。城一城流动人口比乡一城流动人口有更大的独立选择权。

2. 影响生育意愿的社会环境因素

社会经济方面对生育意愿有着难以忽视的重要影响。本次调查问卷中，设计了“您认为您生育孩子可能会受到那些因素的影响”这一问题，在政策、收入、住房、孩子照料问题、事业发展、社会风气、主观意愿、亲朋好友的选择和其他 9 个因素中，政策影响高居榜首(见表 6)，收入、其他因素、主观意愿因素则排在第二到第四位；而影响户籍人口生育意愿的社会环境因素中收入因素排在首位，政策、住房和其他因素则排在第二到第四位。与户籍人口不同，对流动人口而言，住房因素对其生育意愿的影响只排在最后一位。

表 6　流动人口生育孩子的影响因素重要性排序

排序		得分
1	政策	2.94
2	收入	2.53
3	其他	2.00
4	主观意愿	1.86
5	孩子照料问题	1.62
6	事业发展	1.62
7	社会风气	1.55
8	亲戚朋友生育孩子数量	1.34
9	住房	0.73

注：表中的得分是按照最重要=3、第二重要=2、第三重要=1 分别赋值后计算出的平均得分，显示其重要程度。

其中，对城一城流动人口和乡一城流动人口来讲，处在前三位的影响因素都是收入、政策和主观意愿。亲戚朋友生育孩子的数量都排在最后一位。住房对乡一城流动人口的影响要大于对城一城流动人口的影响(见表 7 和表 8)。

表 7　城一城流动人口生育孩子的影响因素重要性排序

排序		得分
1	收入	2.46
2	政策	2.29
3	主观意愿	2.05
4	社会风气	2.00
5	事业发展	1.71
6	住房	1.65
7	孩子照料问题	1.62
8	亲戚朋友生育孩子数量	1.00

注：1. 表中的得分是按照最重要=3、第二重要=2、第三重要=1 分别赋值后计算出的平均得分，显示其重要程度。

2. 由于回答“其他”的数量较少，本表格内对“其他”忽略不计。

表 8　乡一城流动人口生育孩子的影响因素重要性排序

排序		得分
1	收入	2.52
2	政策	2.19
3	主观意愿	1.95
4	住房	1.80
5	孩子照料问题	1.61
6	社会风气	1.57
7	事业发展	1.55
8	亲戚朋友生育孩子数量	1.17

注：1. 表中的得分是按照最重要＝3、第二重要＝2、第三重要＝1 分别赋值后计算出的平均得分，显示其重要程度。

2. 由于回答“其他”的数量较少，本表格内对“其他”忽略不计。

四、主要结论

从以上的调查结果中，我们可以得出以下结论：

(1)流动人口呈现了较高的二孩生育意愿，选择理想子女数为二孩的比例为 50.8%，一孩为 45.7%。二孩生育意愿调查显示，选择要二孩的比例为 48.0%，明确表示不要的为 30.8%。被调查的户籍人口只有 31.4%表示“愿意”要二孩，可见流动人口的二孩生育意愿明显高于户籍人口。但和国内农村地区相比，生育意愿也明显降低。城一城流动的流动人口的平均理想子女数为 1.36，低于乡一城流动的流动人口的平均理想子女数 1.50。与城一城流动的流动人口相比，乡一城流动的流动人口显示了较强的二孩生育意愿。

(2)和户籍人口一样，北京流动人口在生育孩子性别上不存在男孩偏好问题。城一城流动人口和乡一城流动人口都不存在男孩偏好。

(3)无论户籍人口还是流动人口，选择对生育行为影响最大的人为“自己”的比例分别达到 86.4%和 61.6%，明显高于“父母”和“配偶”，在生育行为上呈现明显的自主意识。城一城流动人口比乡一城流动人口有更大的独立选择权。

(4)在影响生育行为的社会因素上，户籍人口和流动人口的选择趋向基本一致，排在前两位的是收入和政策因素。但是与户籍人口不同，对流动人口来说政策的影响因素更大，住房对流动人口和户籍人口生育行为的影响存在明显的差异。住房对流动人口生育行为的影响仅排在最后一位。对城一城流动人口和乡一城流动人口来讲，处在前三位的影响因素都是收入、政策和主观意愿。亲戚朋友生育孩子的数量都排在最后一位。住房对乡一城流动人口的影响要大于对城一城流动人口的影响。

参考文献

1. 庄渝霞：《不同代别农民工生育意愿及其影响因素——基于厦门市912位农村流动人口的实证研究》，《人口研究》，2008年第1期。
2. 伍海霞、李树茁：《社会网络对农民工生育观念的影响——来自深圳调查的发现》，《人口与发展》，2008年第6期。
3. 尤丹珍、郑真真：《农村外出妇女的生育意愿分析——安徽、四川的实证研究》，《社会学研究》，2002年第6期。
4. 马小红：《趋同的城乡生育意愿对生育政策调整的启示》，《人口与发展》，2011年第6期。
5. 马小红：《从北京调查看生育意愿和生育水平》，《人口研究》，2011年第2期。

（作者简介：闫　萍　北京人口发展研究中心研究人员　博士
马小红　北京人口发展研究中心研究人员　副教授）

北京市政治文明建设研究中心（北京联合大学）

基地名称：北京市政治文明建设研究中心
依托单位：北京联合大学
项目类别：国家哲学社会科学基金项目

人大行使监督职权途径问题研究述评①

早在1954年，第一届全国人民代表大会第一次会议通过的宪法就赋予了人大监督职权。不过，缺乏实现途径的监督制度只能是僵硬死板、空洞无物的制度；人大行使监督职权缺乏实效只能说明制度诚信和政治权威不足。由于人大行使监督职权的实效一直与宪法法律的规定及人民的期待之间有一定的差距，因而学界和人大工作者围绕增强人大监督实效问题进行了多方面的研究和探索。其中，有一些学者和人大工作者从人大行使监督职权的途径角度，就如何增强人大监督实效进行了探索。不过，尽管人大行使监督权的途径与加强或强化人大监督权的途径是两个概念，但是一些学者和人大工作者却往往并不对二者加以区分，不在同一个逻辑层面上所阐述人大行使监督职权的不同途径。这样不仅容易导致理解误区，而且提出的对策建议的针对性和时效性也会受到一定影响。

一、既有研究概述

有的学者和人大工作者在加强、完善或改进人大监督工作，提高对人大监督实效的意义上阐述人大行使监督职权的途径。例如：胡正扬在1996年认为，提高地方人大监督实效的途径有：一是突出监督重点。二是完善监督形式。三是健全监督机制。四是优化监督环境。② 这里，其实只有完善监督形式、健全监督机制才与人大行使监督职权的途径直接相关，其余只是改进人大监督工作、提高对人大监督实效的措施和方法，同人大行使监督职权途径间接相关。

吉雅杰在2001年认为，地方人大行使监督权的完善途径有：一是健全并完善地方人大行使监督权的各相关要素，即：加强地方人大自身的监督职能，增强监督活力；完善地方人大监督的内容，突出监督重点；完善地

① 本文是《加强人大常委会依法行使监督权的途径研究》项目的阶段成果，项目编号：12BZZ010。

② 胡正扬：《提高地方人大监督实效的途径》，《人大研究》，1996年第4期。

方人大监督的方式和程序，探索监督新渠道。二是健全监督立法机制，使地方人大监督权的行使纳入法制轨道。三是加强和改善党对地方人大监督工作的指导，理顺党政关系。① 这里，只有完善地方人大监督的方式和程序，探索监督新途径才与人大行使监督职权的途径直接相关，其余只是加强人大监督工作、提高对人大监督实效的措施和方法，同人大行使监督职权途径间接相关。

贺兴洲在 2004 年认为，加强和改进人大监督工作的途径有：一是尽快出台《监督法》，推动人大监督步入法制化轨道。二是在党的执政过程中保障和支持人大的监督工作。三是健全和完善人大监督机制，增强监督的针对性和实效性。四是以人大监督为中枢，构建公共权力监督体系。② 这里，只有出台《监督法》，健全和完善人大监督机制才与人大行使监督职权的途径直接相关，其余只是加强和改进人大监督工作，提高对人大监督实效的措施和方法，同人大行使监督职权途径间接相关。

盛涛在 2007 年认为，人大监督的完善途径有：第一，深入学习《监督法》，提高对人大监督重要性的认识。第二，健全监督机制，强化人大监督的权威。第三，加强人大组织建设，健全人大监督的自身运行机制。第四，实现人大监督与舆论监督相结合，提高人大监督的社会影响力。③ 这里，只有健全监督机制才与人大行使监督职权的途径直接相关，其余只是加强和完善人大监督工作，提高人大监督实效的措施和方法，同人大行使监督职权途径间接相关。

邓光荣在 2007 年认为，地方人大监督的有效途径有：一是抓住实质，提高监督的针对性。二是选准议题，提高监督的准确性。三是贴近人民，增强监督的公开性。四是督促整改，增强监督的权威性。五是提高素质，增强监督的自觉性。④ 这里讲的全是加强和改进人大监督工作，提高人大监督实效的措施和方法，同人大行使监督职权途径间接相关。

胡连芳在 2008 年认为，树立人大监督权威的途径有：一是以“权”树威。二是以“为”树威。三是以“实”树威。四是以“严”树威。⑤ 这里讲的全是加强人大监督工作，提高人大监督实效的措施和方法，同人大行使监督职权途径间接相关。

倪春纳在 2012 年认为，以往学者认为强化人大监督权力的途径主要有：一是提高对人大监督的认识。二是理顺党与人大的关系。三是完善人大自

① 吉雅杰：《我国地方人大行使监督权的完善途径》，《中国律师》，2001 年第 6 期。
② 贺兴洲：《加强和改进人大监督工作的现实意义及途径》，《求知》，2004 年第 12 期。
③ 盛涛：《人大监督的性质及其完善途径》，《党政干部学刊》，2007 年第 9 期。
④ 邓光荣：《积极探索地方人大监督的有效途径》，《人民之声》，2007 年第 11 期。
⑤ 胡连芳：《浅议树立人大监督权威之途径》，《新疆人大》，2008 年第 5 期。

身监督的制度建设。四是改进人大监督机制。五是探索人大监督形式。[①] 这里，只有改进人大监督机制和探索人大监督形式才与人大行使监督职权的途径直接相关，其余只是加强和改进人大监督工作，提高人大监督实效的措施和方法，同人大行使监督职权途径间接相关。

当然，也有一些学者和人大工作者仅仅把人大行使监督职权的途径看做为人大监督的形式、手段或方式。例如：张文麒在 1996 年认为，新的形势迫使国家权力机关必须寻找一个力度适中、方法灵活、效果良好的监督形式。执法检查就是以其适用性、时效性、灵活性等特点，能够适应当前加强人大法律监督的需要，能够体现我国民众民主意识中所需要的便利、快捷、直接等要求，登上人大法律监督舞台，在实践中不断健全和完善，成为人大法律监督的重要形式和途径。[②]

李洪刚、许柏峰在 1997 年认为，实践中，国家权力机关对检察机关行使监督权的主要方式和途径有以下几项：一、审议人民检察院工作报告制度。二、人大对检察干部的任免权。三、人大对重大事项的决定权。四、执法检查和代表持证视察制度。五、组织人大代表评议检察机关工作。六、对检察长和检察干部进行述职评议。七、对检察机关提出质询和询问。八、通过交办案件和其他工作来监督检察机关的工作。[③]

赵复武在 1998 年认为，人大司法监督的有效途径有：一是必须坚持和完善行之有效的监督方式。二是要遵循正确的原则和方法。三是要在完善工作机制上下工夫。[④]

刘嫣姝在 2002 年认为，人大司法监督完善途径有：首先，制裁性的人事组织控制监督权的适用范围应严加界定，同时应加强人大对法官的评议监督。在条件成熟的地方，可以采取某种追责制的监督方式。其次，决策性事务控制监督权能的应用程序要严格界定。由于现行法律没有明确规定决议权的行使程序，所以造成了人大决议权的行使在某些领域虚置而同时又可能对某些问题滥用的状况。最后，应充实人大司法监督中平等化的沟通性监督权能。[⑤]

显然，上述不同学者、人大工作者，不仅在不同意义上使用人大行使监督职权的途径，把思想认识、体制机制、制度措施、工作策略统称为途径；而且，即使是同一个学者、人大工作者，往往也未能在同一逻辑层面

---

① 倪春纳：《强化人大监督权力途径的研究述评》，《天府新论》，2012 年第 3 期。

② 张文麒：《执法检查：地方人大实施法律监督的重要途径》，《人大研究》，1996 年第 7 期。

③ 李洪刚、许柏峰：《正确认识人大监督的方式和途径 不断提高接受人大监督的自觉性》，《政法战线》，1997 年第 10 期。

④ 赵复武：《积极探索人大司法监督的有效途径》，《人大研究》，1998 年第 4 期。

⑤ 刘嫣姝：《论我国人大司法监督权能的完善途径》，《山东社会科学》，2002 年第 3 期。

上看待人大行使监督职权的途径。

二、简要评价

途径，简单地讲，就是起点和终点之间的通道或管道。对于人大行使监督职权的途径来说，就是由监督活动的启动、监督权力的运行、监督活动的结束等环节组成的系列活动及其程序。人大为了实现不同的监督目的，达到不同的监督目标，要确定监督活动的启动与结束要求，要采取不同的监督权力运行方式，因而形成了不同的监督途径。监督活动的启动包括启动要件的确定(确定要监督的问题和事项及所对应的监督形式)、监督活动方案的确定与组织实施等。监督权力的运行方式主要解决怎样监督(方式、手段、步骤)，其特征体现为对监督事项触及的广度、深度和强度。监督权力触及监督事项的广度、深度和强度不同，直接影响着监督目的的实现和目标的完成。也就是说，划分人大行使监督职权的途径类型的主要依据是监督权力运行的方式。监督活动的结束包括监督的法律后果的确定、监督实效的评估、监督责任(包括监督者和被监督者)的落实等。当然，围绕不同的监督目的和目标，监督活动启动和结束的条件与要求也不同。因此，监督活动的启动的条件与要求、监督权力的运行方式和监督活动的结束条件与要求共同构成了完全意义上的人大行使监督职权的途径。完全意义上的人大行使监督职权的途径包括由谁来监督(主体)，监督谁(对象)，监督什么(内容)，怎样监督(方式、手段、步骤)，如何保证监督效果(效力、责任)等规定和要求。可以说人大行使监督职权的途径是一个在人大制度下的完整的监督制度、规范和程序体系。现行《监督法》规定了人大常委会行使监督职权的七种方式，即：听取和审议人民政府、人民法院和人民检察院的专项工作报告；审查和批准决算，听取和审议国民经济和社会发展计划、预算的执行情况报告，听取和审议审计工作报告；法律法规实施情况的检查；规范性文件的备案审查；询问和质询；特定问题调查；撤职案的审议和决定。也有学者和人大工作者将其称为七种监督形式或手段。甚至有人将其直接称为七种监督途径。[①] 显然，这七种监督方式对监督事项触及的广度、深度和强度有很大的不同。例如，询问虽有广度，但深度和强度明显不足；而特定问题调查主要目的就是要对监督事项进行深度把握。撤职案的审议和决定的强度是所有监督方式中最强的。人们普遍把《监督法》看做是对监督方式，或监督形式与手段的具体规定，而只有个别人称之为监督途径。这就说明这七种监督方式的确是分辨人大行使监督职权途径的重要

---

① 李青灵：《认真贯彻实施监督法 依法规范监督程序》，人民网・中国人大新闻网，http：//npc. people. com. cn/GB/15217/5381742. html。

因素，但不是唯一因素。这也表明这七种监督方式也可以看做是不完全意义上的监督途径。也就是说，这七种监督形式的启动要件、运行过程和方式、法律后果各不相同，基本上涵盖了人大对“人”、“财”、“事”的监督；但要成为完全意义上的监督途径，还需要进一步完善程序，创新方式方法；还需就这些监督方式运行所需的初始和结束条件、要求作出明确的规定。正因为如此，我们才需要不断完善人大行使人大监督职权的途径，以确保人大的监督职权能够真正发挥作用，而不仅仅是文本上的规定。

监督总是相对于被监督者而言的，因而人大行使监督职权的过程，就是人大与“一府两院”的一个互动过程。如果“一府两院”对人大的监督采取回避、不配合、抵制、不回应，甚至反监督的话，那么人大的监督就会受到阻滞，监督的效力就会减弱，甚至没有，监督的途径就会实效。出现这种情况，人大监督的目的就难以实现，目标就难以到达。当然，人大监督的效力也与人大在整个国家政治格局中的地位，人大组成人员的责任意识、行使监督职权的能力与决心有着密切的联系。正因为如此，一些学者、人大工作者，把人大自身与“一府两院”的人大意识、监督意识的强化与自觉，人大与党委关系的完善、人大行使监督职权的制度安排、人大行使监督职权的机制建设及人大行使监督职权措施办法等都看做是人大行使监督职权的途径或加强人大行使监督职权的途径，而且有的还放在了同一个逻辑层面上来论述。加强人大监督职权涉及诸多方面、诸多因素，除了需要进一步完善监督程序、创新监督方法外，还要进一步增强监督意识，完善法律法规，理顺党政关系，等等。也就是说，把人大自身与“一府两院”的人大意识、监督意识的强化与自觉，人大与党委关系的完善、人大机构建设，只是有助于强化人大行使监督职权的效力，增强人大行使监督职权的实效，还并不是人大监督权力运行中的直接环节。因此，上述方面，可以看做是人大行使监督职权的间接途径。我们在说明人大行使监督职权的途径时，应将直接途径和间接途径加以区分，因为它们属于不同的逻辑层面。所谓人大行使监督职权的直接途径，就是指由人大监督活动的启动、开展、结束等环节组成的系列活动、步骤、过程和程序。当然，就目前来说，人大监督活动的启动、开展、结束等环节，无论是在法律法规的规定方面，还是实践探索方面，都存在许多需要细化、明确和完善的方面。也就是说，现有的人大行使监督职权的途径只有通过进一步的完善、延伸，才能成为完全意义上的监督途径。尤其是人大监督权力的运行方式，《监督法》只是对已较为成熟方式的进行了规范。然而，地方人大普遍反映，对于人大权力的运行方式在不违背宪法规定和法律精神的前提下，应该持开放态度。这样，才能扩大和拓宽人大行使监督职权的途径，更加有效地利用人大行使监督职权的途径，进一步增强人大监督的效力和实效。当然，我们把人大行使监督职权的途径分为直接途径和间接途径，并非要说明间接途径不重要。实际上，只有二者共同发挥作用，才能使人大的监督职权真正落到实处，发挥其应有的作用。

（作者：徐永利　北京市政治文明建设研究中心主任　教授
王维国　北京市政治文明建设研究中心研究人员　研究员）

北京马克思主义理论研究与传播基地（北京市社会科学院）

基地名称：北京马克思主义理论研究与传播基地
依托单位：北京市社会科学院
项目类别：研究基地自设项目

论马克思主义分配理论在中国的继承和发展[①]

科学社会主义的创始人马克思很早就对资本主义和社会主义的分配理论作出阐述。由于国际形势和自身政策失误等原因，在社会主义社会分配问题上，苏联和中国等社会主义国家在取得成绩的同时，又都存在不同程度的失误。改革开放后，以邓小平为代表的中国共产党人在探索有中国特色社会主义建设道路的伟大实践中逐渐形成了我国新时期的社会主义分配理论。反思国内外分配实践的经验教训，寻找解决当下问题的对策，对中国未来的发展具有重要的借鉴意义。

一、马克思关于资本主义和社会主义分配理论的深刻内涵

马克思在未来社会分配问题上作出过大胆的设想和初步的探索。马克思的分配理论包括两个组成部分：一部分是关于资本主义经济分配关系的，即为资本主义分配理论；一部分是对未来社会分配制度的设想，包括社会主义按劳分配理论和共产主义按需分配理论，主要是对社会主义的按劳分配有比较详细的阐述。

马克思首先阐述了资本主义分配制度。马克思认为工人的劳动创造了价值，但工人出卖劳动力所获取的工资只是其创造的价值中的一部分，而资本家通过占有生产资料占有了工人创造的剩余价值，并实现了剩余价值在不同资本家之间的瓜分。从中可以看出，马克思所论述的资本主义分配制度实质上是一种按生产要素分配的制度，并认为劳动以外的生产要素参与分配属于剥削性质。

马克思还对共产主义第一阶段即社会主义阶段实行按劳分配作出了设想。马克思的按劳分配理论首先指出了社会主义分配制度的具体形式，即实行“各尽所能，按劳分配”。马克思指出：“我们假定，每个生产者在生活资料中得到的份额是由他的劳动时间决定的。这样，劳动时间就会起双重

---

① 本文是《中国特色的分配政策研究》项目的阶段成果。

作用。劳动时间的社会的有计划的分配，调节着各种劳动职能同各种需要的适当的比例。另一方面，劳动时间又是计量生产者个人在共同劳动中所占份额的尺度，因而也是计量生产者个人在共同产品的个人消费部分中所占份额的尺度。”①他提出，社会主义分配方式的具体形式是按劳分配，即以劳动作为唯一尺度，进行个人消费品分配。他说：“每一个生产者，在作了各项扣除之后，从社会方面领回他所给予社会的一切。他所给予社会的，就是他的劳动量。……他从社会领得一张证书，证明他提供了多少劳动，而他凭这张证书从社会领得他所提供的劳动量相当的一份消费资料。他以一种形式给予社会的劳动量，又以另一种形式全部领回来。”②

马克思的按劳分配理论阐明了社会主义分配方式的本质特征，其内容主要包括以下三个方面。首先是体现按贡献分配的原则。按劳分配通常被表述为：在社会主义经济中，社会按照劳动者提供给社会的劳动数量和质量分配个人消费品。多劳多得、少劳少得、有劳动能力而不参加社会劳动的人没有权利向社会领取报酬。其次是体现形式上的平等和事实上的不平等。马克思认为，社会主义按劳分配通行的是等量劳动获得等量报酬，这种平等的权利按照原则仍然是资产阶级的法权。马克思指出：“生产者的权利是和他们提供的劳动成比例的；平等就在于以同一的尺度——劳动——来计量。”而“这种平等的权利，对不同等的劳动来说是不平等的权利。……所以就它的内容来讲，它像一切权利一样是一种不平等的权利。”③。因此，按劳分配所体现的平等，是形式上的平等掩盖着事实上的不平等。再次是承认劳动力要素的个人所有权。生产要素参与分配的权利，直接来源于生产前各生产要素在不同社会成员间的分配即生产要素的不同所有权，生产要素参与收入分配是生产要素所有权或占有权在经济上的实现。只要存在社会成员在要素占有上的不平等性和分散性，就必然要求按要素分配。在马克思所设想的经典社会主义模式中，由于实行生产资料的公共所有制，每个人“除了自己的劳动，谁都不能提供其他任何东西，另一方面，除了个人的消费资料，没有任何东西可以成为个人的财产”④。

综上可见，马克思按劳分配理论包括社会主义分配形势的具体设想和分配制度的本质特征两方面的基本内容。其中，前者是社会主义生产力水平的必然产物，后者是社会主义生产方式的客观要求。两者都应该根据具体国情和实践要求进行创新发展，确立符合生产力水平和发展要求的社会

---

① ［德］马克思：《资本论》第 1 卷，人民出版社，1975 年，第 95—96 页。

② 《马克思恩格斯选集》第 3 卷，人民出版社，1995 年，第 302 页。

③ 《马克思恩格斯选集》第 3 卷，人民出版社，1995 年，第 305 页。

④ 《马克思恩格斯选集》第 3 卷，人民出版社，1995 年，第 304 页。

主义分配形式。

二、列宁的分配理论与苏联的分配实践

列宁结合本国国情继承并发展了马克思的分配理论。列宁在探索苏联社会主义道路过程中，一方面继承了马克思、恩格斯关于社会主义必须坚持按劳分配的理论观点，另一方面根据俄国的具体实际对这一理论作了创新发展。

列宁关于社会主义分配理论的贡献主要表现在两方面。一是论证了“不劳动者不得食”是按劳分配的前提，“等量劳动领取等量产品”是按劳分配的实质和核心的问题。列宁认为，多劳多得，少劳少得，不劳动者不得食是一种经济上的强制。对劳动者来说，多劳动多得是一种极有效的物质鼓励，它可以充分调动社会主义劳动者的积极性，极大地提高劳动生产率。俄国十月革命胜利后，列宁宣布：“我国将成为劳动的共和国”。“‘不劳动者不得食’——这是工人代表苏维埃掌握政权后能实现而且一定要实现的最重要、最主要的根本原则。”①基于这一认识，列宁曾在新生的苏维埃俄国实践了“不劳动者不得食”的原则，力图使马克思“通过证书领取与劳动量相当的社会产品”的经典含义成为现实，从而推广“普遍劳动义务制”和提倡“共产主义星期六义务劳动”。二是重视个人利益和企业利益，并明确提出了“从个人利益上关心”的原则。进入新经济政策时期，列宁对按劳分配原则有了新的认识。他说：“必须把国民经济的一切大部门建立在同个人利益的关心上面。”认为“从个人利益上关心”的原则具有普遍的适用性，既适用于体力劳动者，也适用于脑力劳动者。强调必须重视专家，给专家以较高的报酬，必须使每个专家也从生产的发展中得到好处。他要求党和苏维埃国家的一切领导机关，都要像爱护眼珠一样保护一切勤恳工作、热爱和精通本行业务的专家，关心他们的物质利益，关心他们的思想进步，使他们“比在资本主义制度下生活得更好”②。列宁提出的“从个人利益上关心”的原则，丰富和发展了马克思主义的按劳分配理论，是维护劳动者利益的主要途径。

斯大林时期，苏联逐渐形成了高度集中的计划经济体制。1936 年 12 月 5 日，全苏苏维埃第八次代表大会通过了《苏维埃社会主义共和国联盟宪法》。该宪法是在斯大林参加和指导下制定的，故又称《斯大林宪法》。它以资本主义在苏联已经被消灭、社会主义制度在苏联已经胜利为出发点，规定：“苏联全部政权属于城乡劳动者”，苏联的经济基础为“社会主义经济体系及生产工具与生产资料社会主义所有制”，实行“各尽所能，按劳分配”的

① 《列宁全集》第 26 卷，人民出版社，1987 年，第 315 页。
② 《列宁全集》第 42 卷，人民出版社，1987 年，第 628 页。

原则。新宪法的规定，标志着斯大林创建的、高度集中的经济政治体制的形成。它在经济方面限制商品货币关系，否定价值规律和市场机制的作用，用行政命令甚至暴力手段管理经济，把一切经济活动置于指令性计划之下。该体制曾发挥了巨大作用，斯大林以此把苏联建成强大的社会主义国家。但它没有解决社会主义民主政治建设和经济运行的一系列根本问题，它忽视社会主义商品经济的要求。后来，它越发严重地阻碍了苏联国民经济的发展。而且，苏联强行把这种模式推行到其他社会主义国家，严重阻碍了各国社会主义独立自主的发展。

三、新中国成立后中国特色分配政策的嬗变与确立

新中国成立后，我国按照马克思的劳动价值论和按劳分配理论，在城乡居民的收入分配政策上实行单一的按劳分配制度。马克思主义认为："一定的生产决定一定的消费、分配、交换和这些不同要素相互间的一定关系。"[①]马克思的按劳分配理论指出了社会主义分配制度的具体形式，即实行"各尽所能，按劳分配"。马克思指出："我们假定，每个生产者在生活资料中得到的份额是由他的劳动时间决定的。这样，劳动时间就会起双重作用。劳动时间的社会的有计划的分配，调节着各种劳动职能同各种需要的适当的比例。另一方面，劳动时间又是计量生产者个人在共同劳动中所占份额的尺度，因而也是计量生产者个人在共同产品的个人消费部分中所占份额的尺度。"[②]马克思提出，在共产主义社会的第一阶段即社会主义社会，社会主义分配方式的具体形式是按劳分配，即以劳动作为唯一尺度，进行个人消费品分配。社会主义之所以要实行按劳分配这一分配形式，主要是由生产资料的公有制、社会主义劳动的特点、计划经济的生产形式和社会主义的生产力水平决定的。

新中国成立后我国的分配政策盛行平均主义，当时的"按劳分配"只有"工资"和"工分"两种形式。在城市的机关和事业单位、全民所有制企业及集体所有制企业，都实行工资制。当时的工资制有三个特点：(1)国家规定各单位的工资等级和工资标准；(2)同一部分、同一行业的工资等级和工资标准全国划一；(3)企业部门职工工资水平与工资级别直接挂钩，与企业的经济效益无关。

在农村的集体经济中实行"工分"制。工分制亦称"劳动日制"，以劳动工分作为计量劳动量和分配个人消费品尺度的制度。计算工分数量的主要

---

① 《中国土地改革》编辑部、中国社会科学院经济研究所现代经济史组编：《中国土地改革史料选编》，国防大学出版社，1988 年，第 525 页。

② 《马克思恩格斯全集》第 46 卷(上册)，人民出版社，1979 年，第 95—96 页。

方法包括四种：(1)按件记工，即按社员完成的工作定额确定应得的工分。(2)“死分活评”，即按照每个公社社员劳动力的强弱和技术高低评定每个工作日应得的工分，再根据劳动中的实际表现进行评议，确定加分、减分或按原定标准记分。(3)“死分死记”，即按社员劳动力强弱和技术高低评定每个工作日应得工分，再根据实际出勤时间记分。(4)包工，即合作社把一定的生产任务，按照工作定额预先计算出来一定数目工分，包给生产队完成。最初是实行季节性包工，以后出现了常年包工称谓。实行工分制时，劳动者所得的劳动报酬，取决于他本人参加集体生产所得的劳动工分和工分值的高低。

工资制和工分制在新中国成立初的一段时间曾经起过积极作用，但长期的实践表明：工资制和工分制是造成分配上平均主义的重要因素。由于这种分配制度完全忽略了实际劳动态度和工作质量，多劳动不能多得，干多干少一个样，因此对人民的劳动积极性造成很大的伤害。

针对新中国成立近30年代长期存在的平均主义倾向，邓小平在1978年年底指出：分配方面的改革首先要打破平均主义的“大锅饭”。“要允许一部分地区、一部分企业、一部分工人农民，由于辛勤努力成本大而收入多一些，生活先好起来。在他们的示范和带动下，就会使国民经济不断地波浪式向前发展，使全国人民都比较快地富裕起来。这是一个大政策，是一个能够影响和带动整个国民经济的政策。”①从此，在我国的城市和农村开始了分配政策改革的步伐。从1978年以来，中国在分配领域内进行了一系列改革，大致可以分为以下几个阶段：

(一)恢复社会主义的按劳分配原则

1978年改革开放到1987年党的十三大召开前，这一阶段在分配政策上主要是恢复社会主义按劳分配的原则。一是从中国的实际出发指明在现阶段并不具备实现马克思设想的按劳分配原则；二是重新界定了社会主义按劳分配原则，在个人收入分配方面引入和体现利益机制，否定了在分配体制上的高度集中和平均主义的分配方式。这些政策体现了按劳分配的基本精神，为后来提出“效率优先，兼顾公平”的原则打下了基础。1984年10月，党的十二届三中全会通过的《中共中央关于经济体制改革的决定》中，第一次提出了要让一部分地区和一部分人通过诚实劳动、合法经营先富起来，然后带动更多的人走向共同富裕；提出了我国经济体制改革的重点要由农村转向城市，把如何增强企业活力作为经济体制改革的中心环节；提出了要“建立多种形式的经济责任制，认真贯彻按劳分配原则”，通过多种形式的经济责任制，做到“责、权、利相结合，国家、集体、个人利益相统

① 《邓小平文选》第3卷，人民出版社，1993年，第167页。

一，职工劳动所得同劳动成果相联系”。

我国“渐进式”的分配改革首先在农村开始并取得突破性进展。这一阶段分配改革的实践是以农村 20 世纪 80 年代初普遍实行家庭联产承包责任制为突破口的。1982 年 1 月 1 日，中央一号文件明确规定：包产到户、包干到户和大包干都是社会主义的生产责任制，是社会主义经济的组成部分。实行家庭联产承包责任制后，农村以家庭为单位进行自主经营，“交够国家的、留够集体的、剩下的都是自己的”。这样，从分配政策方面来说，责任制明确划分了国家、集体、个人的权利、责任和利益关系，最有效地将农民的收入同他们的劳动成果挂起钩来，真正地实现了按劳分配，极大地调动了农民的生产积极性。1985 年 1 月，中共中央和国务院发出了《关于进一步活跃农村经济的十项政策》的文件，其核心内容就是调整农村产业结构，取消了 30 年来农副产品的统购派购制度，对重要农产品采取国家计划合同收购的新政策，并且将农业税由实物改成现金。1986 年 1 月，中共中央、国务院引发的《关于 1986 年农村工作的部署》，再次以一号文件的形式肯定了农村改革方针政策的正确方向，进一步强调了农业在国民经济中的基础性地位。农村分配改革的成功对以后中国分配体制的改革产生了极为深远的影响。

(二)探索社会主义初级阶段分配方式

1987 年党的十三大到 1992 年党的十四大召开之前，这一阶段在分配理论上主要是进行社会主义初级阶段分配方式的探索。1987 年 10 月召开的党的十三大提出了社会主义初级阶段的理论，指出我国的所有制结构是以公有制为主体，多种经济成分并存，确立了“社会主义有计划商品经济体制”的改革目标。在收入分配方面，十三大强调以按劳分配为主体，其他多种分配方式为补充，其中包括合法的非劳动收入。

在分配实践上，这个时期重点是改革国有企业和机关、事业单位工作人员的工资制度。1985 年 1 月，国务院发出《关于国营企业工资问题改革的通知》，通知规定：为了增强企业的活力，充分发挥企业和职工的主动性、积极性和创造性，克服企业工资分配中的平均主义、吃大锅饭的弊病，必须对企业的工资制度进行改革，更好地贯彻按劳分配的原则，使企业职工的工资同企业经济效益挂起钩来，企业工资总额同经济效益挂钩。从 1985 年开始，在国营大中型企业中，实行职工工资总额同企业经济效益按比例浮动的办法。国家对企业的工资，实行分级管理的体制。1985 年 6 月，国务院决定，在机关、事业单位实行结构工资制，把工资分为基础工资、职务工资、工龄工资、奖励工资四个部分，对特殊脏、累、险岗位实行岗位津贴。这在一定程度上较好地体现了按劳分配的原则。

(三)推进适应社会主义市场经济的分配政策改革

1992年党的十四大到2002年党的十六大召开前，这一阶段在分配政策上主要是探索适应社会主义市场经济的分配方式。1992年年初，邓小平在南方谈话中明确提出“社会主义的本质，是解放生产力，发展生产力，消灭剥削，消除两极分化，最终达到共同富裕”，这就明确了分配体制改革的客观评判依据。1993年召开的中共十四届三中全会通过了《关于建立社会主义市场经济体制若干问题的决定》，提出我国的个人收入分配政策要体现“效率优先，兼顾公平”的原则，这在我国的个人收入分配制度方面实现了第二次重大理论突破。1997年9月召开的中共十五大报告明确提出允许和鼓励资本、技术等生产要素参与收益分配，提出要把按劳分配和按生产要素分配结合起来，从而明确按生产要素分配的地位。

在农村，党的十四大以来，适应经济体制改革的需要，国家逐步深化粮食流通体制改革。在非商品粮地区取消了计划合同收购政策。在粮棉油产区，由国家合同收购到国家以保护价敞开收购农民余粮。这些政策使得农民自主性进一步提高，现金收入迅速增长；另外，伴随着这一时期乡镇企业的发展，城乡流动性大大增强，从事非农产业的农民占的比重越来越大，农民的生活水平提高很快。2000年起，国家开始实施西部大开发战略，加大对西部农村基础设施的投入，为农民增收创造必要的条件，逐步开始了城乡、东西部协调发展的历程。

在城市，自从1992年10月召开的中共十四大明确提出建立社会主义市场经济体制后，国有企业改革开始向纵深发展。国家对国有企业进行改组、联合、兼并，抓大放小。公有企业开始成为自主经营、自负盈亏的生产经营者。国有企业进行工资改革，根据企业经济效益、劳动就业供求变化和国家有关政策规定，自主决定工资水平和内部分配方式。1993年，国务院对行政机关和事业单位的工资制度也进行了改革。改革后的机关工作人员实行机构工资制，即把工资分为职务工资、级别工资、基础工资、工龄工资四个部分。改革后的事业单位工资实行分类管理，根据事业单位的行业特点，将工资分为固定部分和活动部分(津贴)，对于全额拨款的事业单位和差额拨款的事业单位津贴也不相同，鼓励有条件的单位实行企业管理，引入竞争机制，使工作人员的报酬和贡献紧密结合起来。

(四)完善按劳分配的原则和明确按要素分配的政策

2002年党的十六大召开后，在分配理论上主要是对按生产要素分配的明确界定以及指出了如何贯彻“效率优先，兼顾公平”的原则。一是明确了劳动、资本、技术和管理是基本的生产要素，同时也没有否认知识、资源、信息等生产要素在财富创造中的积极作用；二是明确了生产要素按贡献分配；三是对效率与公平的关系作出了清晰的回答。十六大报告进一步回答了效率与公平的关系："初次分配注重效率，发挥市场的作用，鼓励一部分人通过诚实劳动、合法经营先富起来。再分配注重公平，加强政府对收入分配的调节职能，调节差距过大的收入。""初次分配注重效率，再分配注重公平"，实际上是对"效率优先、兼顾公平"原则的具体体现，指出了贯彻这一原则的思路以及市场与政府在调节效率与公平相互关系中所应该发挥的作用。2003 年 10 月党的十六届三中全会进一步提出了整顿和规范分配秩序，加大收入分配调节力度，重视解决部分社会成员收入差距过分扩大，加强对垄断行业收入分配监管等具体措施。2007 年党的十七大报告提出，要深化收入分配制度的改革，强调初次分配和再次分配都要处理好效率和公平的关系，这是我国收入分配政策的又一重大理论突破，体现了我党关注民生，注重共同富裕目标的实现。

在农村，自 2000 年开始，中央就开始在安徽等农村实行税费改革，将农业多达 80 项的收费统一为农业税。2002 年，税费改革推广到全国 21 各省，使得农民的负担大大减轻。2004 年，《中共中央关于促进农民增加收入若干问题的意见》，要求继续推进农村税费改革。2005 年，全国已有 26 个省市自治区取消了农业税，2006 年全国取消农业税。农村的税费改革是继家庭联产承包责任制后的又一项重大改革，它贯彻了"效率优先，兼顾公平"的分配原则，进一步减轻了农民负担。

在城市，国家于 2000 年和 2003 年先后两次提高了国家机关、事业单位的工资标准。在部分事业单位开始实行聘任制和年薪制，较好地贯彻了按劳分配的原则。另外，自改革开放以来，我国的个人所得税法不断完善，从而使我国对城镇居民的福利和补贴制度发生根本性变革，一方面增强了国家的经济实力，另一方面也为我国社会保障制度的建立和发展，为实现共同富裕的目标发挥了巨大作用。

四、中国特色分配政策确立的评价

新中国成立以来中国共产党的分配政策不断调整。我国在分配领域进行了一系列改革，从恢复社会主义按劳分配的原则，到进行社会主义初级阶段分配方式的探索，再到探索适应社会主义市场经济的分配方式，这一分配政策的演变具有重大意义。首先，这一政策的演变具有重大的理论意义。它既坚持了马克思的社会主义按劳分配理论，又不盲目地照搬照抄这一分配的具体形式，是对马克思主义分配理论的创新和发展，是马克思主义中国化的具体体现。其次，这一政策的演变具有重大的实践意义。多种分配形式的存在有利于资源的优化配置，使各种生产要素发挥最大经济效益，调动劳动者的积极性。它不但有利于增强我国的生产力，而且有利于提高我国的综合国力和人民的生活水平。

新中国成立60多年来，随着我国的分配政策不断调整和变化，经济建设取得了巨大成就，但也出现了一些急需解决的问题。当前我国收入分配问题最突出地表现为收入差距过分扩大，其中包括城乡居民收入差距、地区之间收入差距、行业之间收入差距。对于我国改革开放以来收入分配变化的总体趋势，世界银行是这样评价的："更富了，但更不平等了。"据世界银行的统计，1979年我国城乡居民的收入比率是2.5，比亚洲其他低收入国家的1.5要高，稍大于中等收入国家的2.2。① 到2007年全国城乡居民人均收入比扩大到了3.33∶1，绝对差距达到9646元。这两个数字为改革开放以来的最大。收入分配差距的过分拉大，容易引发、加剧社会矛盾，甚至危及经济体的安全，不利于我国正在构建的社会主义和谐社会目标的实现，成为影响社会稳定的不利因素。随着社会主义市场经济的发展，我国还必须进行积极的探索，进一步完善初次分配制度，注重公平实现，找到一些积极有效的分配实现形式。

参考文献

1. [德]马克思：《资本论》第1卷，人民出版社，1975年。
2.《马克思恩格斯选集》第3卷，人民出版社，1995年。
3.《列宁全集》第26卷，人民出版社，1987年。
4.《邓小平文选》第3卷，人民出版社，1993年。
5.《中国土地改革》编辑部、中国社会科学院经济研究所现代经济史组编：《中国土地改革史料选编》，国防大学出版社，1988年。
6. 国家统计局：《中国统计年鉴》，中国统计出版社，1996—2009年。
7. 赵人伟、李实：《中国居民收入分配再研究》，中国财政经济出版社，1999年。
8. 陈宗胜：《经济发展中的收入分配》，上海三联书店，1991年。
9. 世界银行：《中国：社会主义经济的发展(1981)》，中国财政经济出版社，1982年。

（作者：尤国珍　北京马克思主义理论研究与传播基地研究人员　副研究员）

① 世界银行：《中国：社会主义经济的发展(1981)》，中国财政经济出版社，1982年，第296页。

基地名称：北京马克思主义理论研究与传播基地
依托单位：北京市社会科学院
项目类别：北京市哲学社会科学“十二五”规划项目

正确处理创先争优的六个辩证关系①

深入开展创建先进基层党组织、争做优秀共产党员活动，是巩固拓展全党深入学习实践科学发展观活动成果的重要举措，是加强党的自身建设的一项重大措施。开展这项活动，必须坚持科学的思想路线和思想方法，正确处理创先争优中的一系列辩证关系；这项活动之所以取得了良好成效，其重要经验之一，也在于正确处理了创先争优中的一系列辩证关系。实践证明：只有全面认识和把握这些辩证关系，才能妥善解决和处理创先争优活动中的各种复杂问题，提高创先争优活动的科学化水平，推动创先争优活动全面协调可持续发展。

一、创先争优与保持党的先进性的关系

创先争优是巩固和发展保持共产党员先进性教育活动的继续，是新形势下保持和发展党的先进性的有效措施。创先争优与保持和发展党的先进性具有紧密的内在联系。

保持和发展先进性是马克思主义政党自身建设的根本任务和永恒课题。从 2005 年 1 月到 2006 年 6 月，全党开展了一场广泛深入的保持共产党员先进性教育活动。这既是长期以来党的先进性建设的继续，又是新的历史条件下加强党的先进性建设的重大探索。这场先进性教育活动主题鲜明、领导有力、措施得当、工作扎实，实现了预期目标，取得了显著成效。2006 年 6 月 30 日，胡锦涛总书记在总结这场教育活动时明确指出：党的先进性，“既是一以贯之的，又是与时俱进的”。“全党同志都必须深刻认识到，加强党的先进性建设是一项长期的历史任务”。新形势下，要“更加突出地把党的先进性建设作为党的各方面建设的主线”，“紧紧围绕党的历史使命和中心任务，进一步推进党的先进性建设”②。

先进性教育活动是先进性建设的一种形式，但并不等于先进性建设的

① 本文是《正确处理创先争优的若干辩证关系》项目的阶段成果，项目编号：11KDB015。
② 见《人民日报》文章，2006 年 7 月 1 日。

全部。先进性教育活动结束了，先进性建设并没有结束。在新的历史条件下，必须不断扩大先进性教育的成果，继续把先进性建设推向前进。所以，党的十七大不仅以党的执政能力建设和先进性建设为主线，进一步规划了党的建设的总体布局，而且明确提出在全党开展深入学习实践科学发展观活动和在党的基层组织和党员中深入开展创先争优活动的任务。

开展创先争优活动，不同于保持共产党员先进性教育活动和学习实践科学发展观活动，但其根本目的都是要保持党的先进性，是新形势下加强党的先进性建设的一种重要措施。在革命、建设、改革的不同历史时期，党的先进性的具体表现形式有所不同，保障措施也有所不同，但落实到党的组织和每一个党员身上，都是要争当先进、创造优秀，充分发挥先锋模范作用。这种精神内涵和不懈追求始终是明确的、一贯的。历史和现实都表明：一个政党过去先进不等于现在先进，现在先进不等于永远先进；马克思主义政党赢得先进性固然不容易，在复杂的国内外环境中和长期执政的条件下保持和发展先进性更不容易。因此，在任何情况下，党的基层组织和全体党员都应该不断地创先争优，持续实现、保持和发展党的先进性。开展创先争优活动，就是针对新形势下基层党的建设和党员队伍建设面临的考验和危险而开展的一项重要举措。创先争优的目的是在基层党组织和党员中保持和发展党的先进性；创先争优的着力点是促进党的先进性建设具体化、实践化、制度化；创先争优的基本要求是通过提高党的基层组织建设科学化水平加强党的先进性建设。因此，创先争优是新形势下保持党的先进性的经常化、普遍化、基层化的行动机制，是党的先进性本质的实现方式和实现过程。

所以，创先争优，必须始终围绕保持和发展党的先进性来进行，贯穿和体现党的先进性建设的思想和要求，把充分发挥基层党组织的战斗堡垒作用和共产党员的先锋模范作用作为最重要的内容和目的。在创先争优活动中，各地各部门各单位都按照“先”和“优”两个字做了大量文章，围绕发展战略创先争优，围绕业务工作创先争优，围绕实际工作创先争优，围绕阶段性重点工作创先争优。北京市提出弘扬“五种精神”：一是为国争光的爱国精神，二是艰苦奋斗的奉献精神，三是精益求精的敬业精神，四是勇攀高峰的创新精神，五是团结协作的团队精神。强调干什么都要有精品意识，干什么都要追求最好。要求全市党员在五个方面争当模范：一是争当学习的模范，二是争当本职岗位的模范，三是争当服务群众的模范，四是争当遵纪守法的模范，五是争当弘扬正气、廉洁自律的模范。上海市以“世博先锋行动”为载体，广泛开展岗位行动、志愿行动、家园行动。广东省以“服务亚运当先锋”为载体，引导党员带头参与志愿服务、维护公共安全、弘扬文明新风。全国人大常委会机关围绕“当好参谋助手创先进，做好服务保障争一流”，扎实推进创先争优活动。全国政协机关开展争当合作共事模范、发扬民主模范、求真务实模范、廉洁奉公模范活动，在创先争优中树立表率形象。安徽省掀起学习沈浩同志先进事迹的高潮。中国石油集团公司开展“石油魂——大庆精神铁人精神”巡回宣讲。通过这些活动，使党的基层组织和党员的先进性得到了进一步的发挥。中央主要新闻媒体集中宣传了郭明义、文建明等一批先进典型人物。在建党 90 周年之际，中央组织部表彰了一批不同类型的先进党组织和先进党员，集中展示了全党的精神风貌和创先争优活动的成果。

二、创先争优与学习实践科学发展观的关系

创先争优既是加强党的先进性建设、保持和发展先进性的有效方式，也是深入贯彻落实科学发展观、推动经济社会又快又好发展的重要举措。创先争优与学习实践科学发展观同样有着紧密的内在联系。

在不同的历史条件下，党的先进性除了有最基本的规定性外，还会有不同的内容和要求。加强党的先进性建设，必须使党的理论和路线方针政策不断与时俱进，保证党的全部工作始终符合实际和社会发展规律。在新的历史起点上，坚持以科学发展观统领经济社会发展全局，切实抓好发展这个党执政兴国的第一要务，推动经济社会又快又好发展，是我们这一代中国共产党人的神圣使命，是党的先进性在当代中国最重要最具体的体现，也是新的历史条件下加强党的先进性建设的重要着力点和衡量标准。所以，贯彻落实科学发展观与加强党的先进性建设是统一的、密不可分的。

2003 年，胡锦涛总书记提出科学发展观的战略思想。2007 年，党的十七大全面阐述科学发展观的科学内涵、精神实质和根本要求。根据十七大的部署，2008 年 9 月到 2010 年 2 月，全党分三批开展了深入学习实践科学发展观活动。370 多万个党组织 7500 多万名党员参加了活动。2010 年 4 月，中央召开全党深入学习实践科学发展观活动总结大会，胡锦涛总书记发表重要讲话，全面总结学习实践科学发展观活动的特点和成果，深刻阐述学习实践活动的经验和启示，对以改革创新精神加强党的建设提出了明确要求。强调要把党的执政能力建设和先进性建设作为主线，以改革创新为动力，以解决影响和制约科学发展的突出问题为重点，把开展学习实践科学发展观活动的成功经验和有效做法运用到经常性工作中去。要把巩固和扩大学习实践活动成果、扎实做好整改落实后续工作、切实健全长效机制作为各级党委贯彻落实党建工作责任制的重要内容，推动学习实践活动有效做法制度化、管用经验长效化，让学习实践活动成果在经常性工作中充分发挥作用。

广泛开展创先争优活动，就是巩固发展学习实践科学发展观教育活动

的继续，是新形势下推动学习实践科学发展观向深度和广度发展的一个重要抓手。党中央明确要求，深入开展创先争优活动，要以深入学习实践科学发展观为主题，坚持从本地区本部门本单位实际出发，改革创新，务求实效，统筹推进党的建设其他经常性工作，充分发挥基层党组织的战斗堡垒作用和共产党员的先锋模范作用，在推动科学发展、促进社会和谐、服务人民群众、加强基层组织的实践中建功立业。

因此，推动科学发展是创先争优的首要目标要求。搞好这项活动，就必须把创先争优作为推动科学发展的动力和保证，通过创先争优把科学发展观的要求转化为推动科学发展的坚强意志、谋划科学发展的正确思路、领导科学发展的实际能力、促进科学发展的政策措施，使创先争优与科学发展相互促进。开展创先争优活动，要紧密结合经济社会发展的实际，推动加快转变发展方式，提高贯彻落实科学发展观的水平。要动员广大党员争科学发展之先、创社会和谐之优，努力服务人民群众，为实现“十二五”时期良好开局提供动力和保证。创先争优活动有没有成效、成效大小，都要在贯彻落实科学发展观的实践中充分体现出来。

在创先争优活动中，各地各部门各单位都紧扣主题主线创先争优，为推动科学发展注入强大动力。一是组织基层党组织和党员对照本地区本单位“十二五”时期的目标任务，进一步明确创先争优的主题和载体，找准创先争优服务科学发展的结合点和着力点；二是通过公开承诺把科学发展的目标任务层层分解落实到每个基层党组织和党员，组织大家立足本职岗位争先进、创一流。三是把解决影响科学发展的突出问题作为创先争优的重点，动员基层党组织和党员在重大项目、重点工程、重要工作中勇挑重担，推动经济结构调整，促进科技创新创业，加强节能环保和生态建设，提高经济发展的质量和效益。北京市大力推动“人文北京、科技北京、绿色北京”建设。河南省提出“做科学发展先锋队，当中原崛起排头兵”。天津市以“打造新滨海、建设新天津、实现新跨越”为主题，广泛开展“党员作承诺，项目大提速”活动，山西省以“创先争优我承诺，转型跨越促发展”为载体，组织各级党组织和党员干部积极投身加快转变经济发展方式，促进转型跨越发展。许多地方、部门和单位，都注意把创先争优同学习实践活动整改落实后续工作相衔接，切实兑现向群众的承诺；注意同已有活动载体相衔接，进一步增强活动实效；注意同党的建设其他经常性工作相衔接，突出重点，统筹推进。

通过创先争优活动，进一步促进了科学发展观的贯彻落实。各地各部门各单位努力把党的政治优势转化为科学发展优势，把党的组织资源转化为科学发展资源，把党的建设成果转化为科学发展成果。许多地方的经济结构调整、科技进步和创新、资源节约和环境保护工作取得了新的成绩。

东部地区率先发展，中部地区迅速崛起，西部地区继续开发，东北地区等老工业基地全面振兴。国家的综合国力大幅提升，国内生产总值跃居世界第二，发展活力不断呈现，国际地位和影响力显著提高。这些成绩当然不能简单归因于创先争优这一个因素，但创先争优对此发挥了促进作用，这应该是一个不争的事实。

三、创先争优基本内容与具体形式的关系

创先争优的基本内容和要求是统一、明确的，但具体形式却可以多种多样。搞好创先争优活动，必须紧紧抓住活动的主题主线，从各地各部门各单位的实际出发，因地制宜、因时制宜，围绕基本内容和要求，创造和运用切合工作实际和群众实际的方式方法，使创先争优活动开展得有声有色，使党组织和党员群众的先进性得到最大程度的发挥。

创先争优活动的主要内容是创建先进基层党组织、争当优秀共产党员，总目标是“推动科学发展、促进社会和谐、服务人民群众、加强基层组织”。先进基层党组织的基本要求是，学习型党组织建设成效明显，出色完成党章规定的基本任务，努力做到“五个好”：一是领导班子好，二是党员队伍好，三是工作机制好，四是工作业绩好，五是群众反映好。优秀共产党员的基本要求是，模范履行党章规定的义务，努力做到“五带头”：一是带头学习提高，二是带头争创佳绩，三是带头服务群众，四是带头遵纪守法，五是带头弘扬正气。这些目标和要求体现了党的先进性的内在本质，体现了党章对于党员先锋模范作用和基层党组织应有作用的要求。

内容和形式是辩证的统一。内容决定形式，形式反映内容。一定的内容需要一定的形式相适应，一定的形式也能在一定程度上更好地体现内容。内容和形式必须紧密地统一起来，坚持形式服从和服务于内容，同时又围绕内容积极创新形式，努力以生动鲜活的形式更好地实现内容的要求。在创先争优活动中，各地各部门各单位都根据内容和主题的需要，既按照中央要求，又结合自身实际，采取适当的形式，把内容与形式、规定动作和自选动作有机地结合了起来。农村党组织把创先争优活动与深化农村基层党建工作三级联创活动有机结合起来，认真落实“一定三有”政策，大力推广“四议两公开”工作法，通过设岗定责、依岗承诺、“一强双带”等形式发挥党员作用，大力推进社会主义新农村建设。街道社区党组织把创先争优活动与开展基层党建工作三级联创活动有机结合起来，认真落实“三有一化”，通过开展党员示范楼院、党员志愿服务等活动发挥党员作用，努力建设文明和谐社区。国有企业和金融机构党组织把开展创先争优活动与深化“四好”领导班子创建活动和开展“四强”党组织、“四优”共产党员创建活动有机结合起来，通过党员责任区、党员品牌工程、党员攻关项目等发挥党

员作用，增强国有经济活力、控制力和影响力。机关党组织把开展创先争优活动与开展讲党性、重品行、作表率活动有机结合起来，通过设立党员先锋岗、党员示范窗口等发挥党员作用，切实改进机关作风，提高工作效能。高等学校党组织围绕推进教育改革、搞好教书育人、加强教师队伍建设，通过设立党员教学科研和后勤服务示范岗、开展党员志愿服务等发挥党员作用，努力办人民满意的高等教育。科研、文化、卫生、体育、中等职业学校和中小学校等事业单位党组织围绕做好职工思想政治工作、促进事业发展设计载体，通过创建课题攻关党员先锋团队，争当德艺双馨艺术家、人民满意的白衣天使、师德标兵等活动发挥党员作用，努力提升工作质量和服务水平。非公有制经济组织和社会组织中的党组织围绕发挥党组织和党员作用，促进生产经营和各项业务工作设计载体，通过开展立足岗位比奉献等活动发挥党员作用，贯彻党的路线方针政策，引导和监督非公有制经济组织和社会组织遵守国家法律法规，团结凝聚职工群众，维护各方合法权益，促进企业事业健康发展。

各地各部门各单位都按照“推动科学发展、促进社会和谐、服务人民群众、加强基层组织”的总体要求，结合自身实际，精心确定主题、设计载体，把规定动作和自选动作结合起来，以多种形式推动创先争优活动全面深入开展，创造了很好的经验。北京市顺义区天竺镇号召全镇党员及入党积极分子做到“五个一”，即学一篇党的文献、写一篇爱党征文、做一件爱民好事、树一个爱岗先进、做一次规范详评，开展“学习创造未来、知识改变天竺——为天竺腾飞而读书”活动。各地各部门各单位都以正在干的事情为中心，引导基层党组织履职尽责创先进，广大党员立足岗位争优秀，采取了公开承诺、领导点评、群众评议、评选表彰等方式，使整个活动搞得有声有色、丰富多彩。

四、创先争优党员参与与领导表率的关系

创先争优是全党的活动。全体党员都要提高认识，积极参与，发挥作用，形成合力。既要调动广大党员群众的积极性，组织广大党员群众共同参与，形成群体效应，营造良好氛围，发挥规模优势；又要做到领导带头，组织实施，以身作则，发挥表率作用。党员参与和领导表率是辩证统一的关系。党员没有积极性、不能广泛参与，就达不到创先争优的基本目的；但领导不能发挥表率作用，整个创先争优就难以开展，也难以取得良好成绩。

搞好创先争优活动，首先需要各级党组织发挥组织、领导作用。各级党委(党组)都要负责本地区本部门本单位的创先争优活动，结合实际制定实施意见，对活动进行动员部署，加强督促检查和工作指导，及时交流工

作经验，确保创先争优活动有计划、有步骤地向前推进。在党中央的正确领导下，中央创先争优活动领导小组认真履行职责，加强统筹谋划和组织指导。地方党委加强领导，行业主管部门分类指导，党员领导干部联点示范，把创先争优作为推动各项工作的重要抓手。

领导干部不仅要在创先争优中发挥组织领导作用，更重要的是在党性、党纪、党风和工作等方面发挥发挥先锋模范作用。领导干部是党员中的佼佼者，是党的骨干和中坚力量，在革命、建设、改革中发挥着巨大的作用。领导干部的素质如何、能力强弱，直接关系着革命建设和改革的得失成败，关系着治国理政的水平和成效。因此，在党章中，除了对所有共产党员都规定了八项义务、八项权利外，对领导干部还规定了六个基本条件。根据这些规定，领导干部理应在先进性方面比普通的共产党员做得更好。在创先争优方面，当然也应该做得更好。所以，开展创先争优，绝不是仅仅是对普通的党员群众讲的，而是对包括领导干部在内的所有共产党员讲的。领导干部必须身先士卒参与创先争优活动，在创先争优方面发挥表率作用。凡是要求党员群众做到的，自己首先要做到，而且要做得更好；凡是党员群众不能做的，自己首先就不能做。只有领导干部发挥了表率作用，才能让群众真正信服，才能使广大党员真心实意地去创先争优。整个创先争优活动才能收到成效。

90年来，我们党的许多领导干部，确实在保持和发展党的先进性方面发挥了模范和带头作用。他们是创先争优的典范。比如杨善洲同志，一生坚守共产党人的精神家园，把自己的一切献给了党的事业，献给了人民的事业，献给了对群众的无私承诺。他的所作所为，堪称一个高尚的人，一个纯粹的人，一个有道德的人，一个脱离低级趣味的人，一个有益于人民的人。他用一生不懈的先进追求回答了入党是为了什么、当干部该干些什么、身后要给人民和后代留下什么的问题。杨善洲同志给所有党员干部尤其是各级领导干部留下了一面镜子，让我们对照自己该如何为政、如何干事、如何做人。在创先争优活动中，中央组织开展向杨善洲同志学习的活动，要求每一个党员、干部，都要以杨善洲同志为榜样，坚定信念、加强党性，实践宗旨、无私奉献，努力做一个让人民满意的好党员、好干部。诸如此类的学习和表彰活动，彰显了领导干部的模范作用，推动了广大党员创先争优活动的开展。

在创先争优活动中，很多地方、部门和单位，都注意把领导干部作为创先争优的重点，注意发挥领导干部的表率作用。一些地方开展领导干部“领航工程”、基层党组织“聚力工程”、共产党员“先锋工程”，动员各级党组织和广大党员干部围绕“十二五”目标任务履职尽责、创先争优。北京市房山区在创先争优活动中，探索建立农村基层组织的“次序动员”机制，以此强化党员干部当先锋、普通群众得实惠的理念和方式。所谓“次序动员”机制，就是将农村党员干部群众按村党支部书记、村委会主任、村党支部委员、村委会委员、农村党员、村民代表和普通群众划分为7种身份，要求在抢险救灾、征地拆迁、维稳安保等任务时，按照农村党组织书记到普通群众的顺序进行动员；凡是涉及福利调整、利益分配、安全保障等工作任务，则相应启动“倒次序”，由普通群众优先享受发展成果。当地干部群众反映：“大家都说党员干部要在关键时刻站出来，但谁先站出来，谁第几个站出来却没有明确规定，‘次序动员’机制就相当于把‘谁先站出来、谁第几个站出来’的原则性要求制度化、明晰化，让党员干部工作起来更加自觉、主动”。这种机制，在拆迁拆违、抢险救灾等实际工作中发挥了重要作用。该区阎村镇大董村拆迁时，村支部书记王庆国第一个签字，拆了自己的房子和商铺，回迁时又让普通群众先选房上楼，他本人最后一个选房。这种“次序动员”机制不管其普遍适用性如何，但它所体现的正是干部和党员必须真正先进、优秀，能够在各项工作总发挥表率作用的精神。

领导干部率先创先争优，广大党员普遍创先争优。各地各部门各单位在发挥领导表率作用的同时，都广泛吸引群众参与，努力在全社会形成学习先进、崇尚先进、争当先进的良好风气。许多基层党组织和党员直接面对群众、直接服务群众。活动方案听取群众意见，向群众作出公开承诺；活动情况向群众通报，请群众评议；评选先进请群众参与推荐，向群众公示，接受群众监督。凡是群众动员、组织工作做得好的地方，创先争优的基础都比较扎实，效果都比较明显。

五、创先争优活动形式与实际效果的关系

创先争优本身是一种活动形式，搞好创先争优活动也需要有一些具体的形式。但无论采用何种形式，都要注重实际效果，使形式的功能落实到效果上，不能为形式而形式。在创先争优活动中，必须始终坚持形式与效果的统一，坚决反对没有效果，甚至让群众反感的形式主义。

形式主义是我们长期以来不断出现的老问题。办事，做工作，本来总要有一定的形式。但形式一旦成为“主义”，就有问题了。形式成为办事的目的，一切都是为了完成某种程序和形式。不问实际效果如何，为形式而形式。各种形式叠床架屋，层层加码，令人不堪重负。结果什么事都流于形式，浮于表面。更有甚者，一旦把形式看得太重，为了装饰门面，取悦领导，各种弄虚作假的行为也就自然产生。工作部署了，但其实没有抓到底。口号提出来了，但其实没有落实。为了炫耀所谓政绩，不惜用各种方式欺骗领导和群众。这种歪风如果不纠正、不煞住，不仅会使党的路线方针政策无法落实，而且会败坏党的风气，腐蚀党的肌体，甚至会出乱子。

因此，在创先争优活动中，必须坚决反对形式主义，坚决刹住任何可能出现的形式主义歪风。

防治形式主义，确保创先争优取得实际效果，首先必须坚持求真务实的科学精神和优良作风。坚持立足于实践，立足于干事。真心实意干实事、干好事、干群众欢迎的事。不要让“先”和“优”停留在口号上、文件上、会议上、墙壁上，而要落实在行动中、干事中、发展中、服务中。通过干事来创造“先”和“优”，通过干事来体现“先”和“优”。要在争科学发展之先、创社会和谐之优的生动实践中充分展现共产党人的先进性。要集中精力、财力办成几件群众普遍期盼的实事，着力解决群众最关心、最直接、最现实的利益问题。只有真心干事，解决实际问题，才能取得实际效果；获得群众真正信任，才是真正的创先争优。

防治形式主义，确保创先争优取得实际效果，要在解决实际问题上下工夫。创先争优是目标，是要求。但这个目标和要求要通过解决实际问题来实现。如果不解决实际问题，那创先争优就可能会隔靴搔痒，或流于形式，达不到预定目的。因此，解决党组织和党员自身存在的问题是创先争优的基础。创先争优的效果如何，很重要的一个方面，就是要看有没有真正解决问题。要通过开展创先争优活动，着力解决党内存在的不适应新形势新任务、不符合党的性质和宗旨的问题，特别是应对和化解“四种危险”。为此，必须加强对基层党组织和基层干部、党员的党性教育、能力培养，推动基层党组织和党员更加自觉地解决自身存在的突出问题和群众反映强烈的突出问题，始终保持蓬勃朝气、昂扬锐气和浩然正气。

创先争优活动要收到实际效果，就要把让群众受益、使群众满意作为创先争优活动的出发点和落脚点。创先争优活动能不能深入人心，受到群众好评，一个重要方面，就是能不能做好新形势下的群众工作，兴办一些顺民意、解民忧、惠民生的实事好事。许多地方部门和单位，在创先争优活动中认真听取群众意见，从群众最需要的地方做起，从群众最不满意的地方改起，认真解决群众反映强烈的教育医疗、环境保护、安全生产、食品药品安全、企业改制、征地拆迁、涉农利益、涉法涉诉等方面的突出问题。许多地方部门和单位，积极组织基层党组织和党员干部落实好保障改善民生的政策举措，把党和政府的温暖关怀送到群众家门口和心坎上。如，国务院办公厅组织 100 多个调研组深入基层听民意、察民情，指导基层在为民办实事解难事中创先争优。黑龙江省成立党员志愿者服务队，组织开展志愿服务。江苏省南京市依托农村现代远程教育网建立党员志愿服务平台，组织党员专家，为群众提供医疗、法律、农业等个性化服务。

窗口单位和服务行业是联系民生最紧密、服务群众最直接的地方。确保创先争优活动收到效果，要突出为民服务这个重点，坚持围绕中心、服务大局，把以人为本、执政为民理念渗透到窗口单位和服务行业各项业务工作中。许多地方部门单位，在创先争优活动中，树立民生为重、服务为先导向，寓管理于服务之中，争创群众满意窗口、优质服务品牌、优秀服务标兵。改进服务态度和作风，积极倡导阳光服务、微笑服务、规范服务、廉洁服务，切实解决门难进、脸难看、事难办等问题。坚持依法行政、公正执法、公平服务，从便民利民出发简化办事程序、提高服务效能。工商系统推行党员挂牌上岗，引导基层单位在转变作风、服务群众、规范执法中创先争优。质检系统努力解决群众反映强烈的食品安全问题。司法行政系统推出10项便民措施，加大法律援助力度。这些做法，虽然很多是具体的形式。但这些形式中包含了丰富的内容，所以受到了人民群众的欢迎。

六、创先争优集中活动与长效机制的关系

创先争优需要有适度规模和时间的集中活动，争取在一定时期之内收到明显的效果。但更重要的是形成长效机制，使广大共产党员和基层党组织在平时的更长时期之内始终坚持不断地创先争优，发挥先锋模范作用。不能活动时一窝蜂，结束后全落空。

从党的先进性来说，先进性本身就是一个动态的矢量概念。先进性根本上是相对于不断进步的时代而言的，是相对于不断发展的生产力、不断丰富的文化生活、人民群众不断增长的物质和文化生活需求而言的。所有这些方面的对象物和参照系，都不是静止的、停滞的，而是始终处在不断地发展变动之中，有时这种发展变动还非常激烈。人类历史上任何一种政治力量的作用和命运，都与时代潮流密不可分。适应和领先时代潮流的就“存”，落后与阻碍时代潮流的就“亡”。从共产党员个人来说，一个人做点好事并不难，难的是一辈子做好事。一个共产党员一时按共产党人的觉悟办事并不难，难的是一辈子按共产党人的觉悟办事。正是从这个意义上，我们才说，一个政党过去先进不等于现在先进，现在先进不等于永远先进。也正是从这个意义上，我们才把保持和发展党的先进性作为党的建设的根本任务和永恒课题。创先争优，既是特定时期集中开展的一项活动，又是需要长期坚持的一个永恒课题，是党的建设的一项经常性任务。我们开展这项活动，当然希望立即取得明显的成效。但是，我们更应该看重的是，要通过这场活动，进一步建立和完善长效机制，确保这种“先”和“优”能够长久保持下去。所以，创先争优活动，必须处理好集中活动与长效机制的关系，立足现实解决问题，着眼长远巩固成绩，完善制度形成机制。

长效机制的载体是制度。制度是规范，是依据，是禁则，是十字路口的红绿灯。制度告诉和规定我们每一个共产党员应该干什么、不能干什么。所有的倡导、反对、褒奖、惩罚，都规定得清清楚楚，人们就有了行为的

规范和依据。坚持它，能得到肯定；违犯它，就要受到惩处。这样，就形成了一种机制——一种择优汰劣的机制、一种惩恶扬善的机制。按照这样的制度和机制办事，就像河水顺着堤岸流动，火车沿着铁道运行。共产党员的言论行动，就能朝着先进的方向展开和发展，逐步养成先进的思想品格和价值观念，甚至使这种先进性成为党员思维和行动的习惯。这样，创先争优就成了日常的行为方式。一旦这种行为方式能够恒久、持续地表现出来，那么，不仅每一个党员的先进性有了保证，党的整体的先进性也有了保证。

所以，把创先争优活动中具有普遍指导意义的好经验、好做法用制度的形式固定下来，坚持下去。努力建立健全基层党组织和党员创先争优长效机制，是巩固和扩大创先争优活动成果的重要途径，也是推进党的建设制度化、规范化、程序化的生动实践。创先争优活动创造了大量先进经验，也创造了良好的氛围。我们一定要充分利用创先争优的有利契机，让“创先进、争优秀”成为一种常态，让“先进”和“优秀”成为一种习惯。

为此，要进一步完善党委统一领导、组织部门牵头协调、行业主管部门具体指导、有关部门齐抓共管的基层党建工作领导体制和工作机制。通过完善公开承诺、领导点评、群众评议等制度，建立健全激发基层党组织和党员创先争优内在动力的长效机制。要进一步发挥先进典型的带动作用和舆论宣传的引导推动作用，大力宣传中央精神、先进典型和基层经验，形成崇尚先进、学习先进、争当先进的良好氛围。还要建立健全科学的考核评价体系，分层分类制定创先争优活动考核评价办法，建立公开承诺、上评下议的有关制度，认真研究和制定与党组织职能和党员岗位职责相适应的奖励措施，制定争创“五个好”先进党组织和争当“五带头”优秀党员的具体奖励办法，使创先争优成为每个党员干部、每个职工群众乃至全社会的价值取向。

事实上，中央对建立创先争优的长效机制问题提出了明确的要求。各地各部门各单位在创先争优活动中，也都及时总结经验，逐步建立和完善创先争优的长效机制。湖北省制定基层组织建设三年规划，着力推进基本组织、基本队伍、基本活动、基本制度、基本保障“五个基本”建设，提升基层党建科学化水平。财政部围绕“五好五带头”公开承诺，把创先争优要求具体化到日常工作中。中组部及时总结各地各部门各单位的经验，制定和完善了一系列涉及创先争优的制度。这些制度及其所体现的机制，在不断丰富和完善的过程中，必将对创先争优的持续推进发挥重要作用。

（作者：左宪民　北京马克思主义研究与传播基地副秘书长　研究员）

北京市经济社会数据分析与监测评价研究基地

（北京市统计局、国家统计局北京调查总队）

基地名称：北京市经济社会数据分析与监测评价研究基地
依托单位：北京市统计局、国家统计局北京调查总队
项目类别：北京市哲学社会科学“十二五”规划项目

北京人均GDP超过1万美元后产业结构发展趋势研究[①]

2010年，北京人均GDP首次突破1万美元，2011年人均GDP达到12643美元，根据相关经济学理论和世界银行最新划分标准，北京已迈入初级发达阶段。在这个新的起点上，北京经济发展有了新特点、新要求，也面临着新机遇、新挑战。2012年11月，党的十八大报告指出“要推进经济结构战略性调整，这是加快转变经济发展方式的主攻方向”，“着力解决制约经济持续健康发展的重大结构性问题”，“推动战略性新兴产业、先进制造业的健康发展”，“推动服务业特别是现代服务业发展壮大”。本文在借鉴国外发达城市和国家人均GDP超过1万美元后产业结构发展历程的经验基础上，研究了北京今后产业结构发展趋势，以期为北京建设世界城市提供借鉴参考。

一、对产业结构调整简单的“退二进三”的反思

从纽约、东京、伦敦、中国香港、新加坡等国际发达城市发展历程来看，经济增长趋势性变化和产业结构调整紧密相关。随着人均GDP的增长，第二产业占比下降，第三产业占比上升是一个大趋势(见图1)。优素福和锅岛郁研究了OECD国家1960—2007年的数据也指出，制造业比重和人均GDP呈现出一种倒U型关系(见图2)，即：在城市化初期，生产要素从效率较低的第一产业流向生产效率较高的第二产业，由此推动经济快速增长；在城市化中后期，第三产业占比逐渐超过第二产业，成为主导产业。

二、三产业一降一升的原因主要有5个方面：①城市土地成本的上升。早期的制造业由于占地面积较大，随着城市土地租金的上涨，二产开始向远郊等土地成本较低的地区转移。②城市人口密度增加和劳动力成本上升。大城市人口密度大有利于三产的发展，因为三产可以为城市带来信息流动

① 本文是《北京人均GDP超1万美元后经济社会发展趋势研究》项目的最终成果摘要，项目编号：12JGB031。

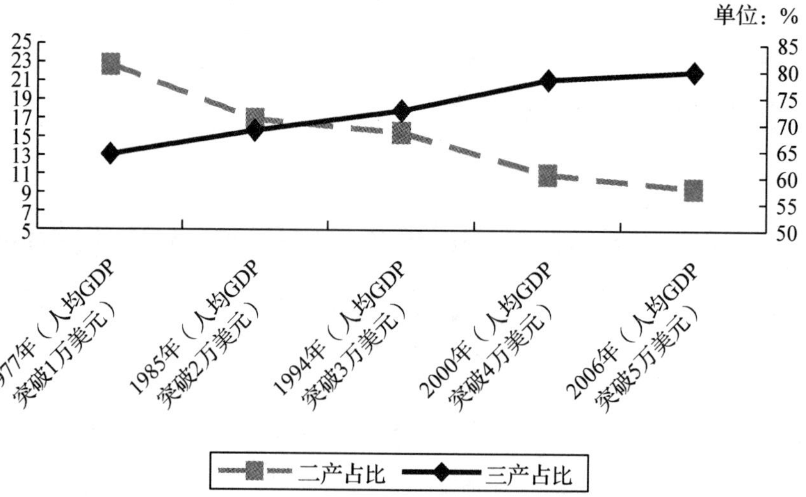

图 1　纽约人均 GDP 不同阶段第二、第三产业的占比

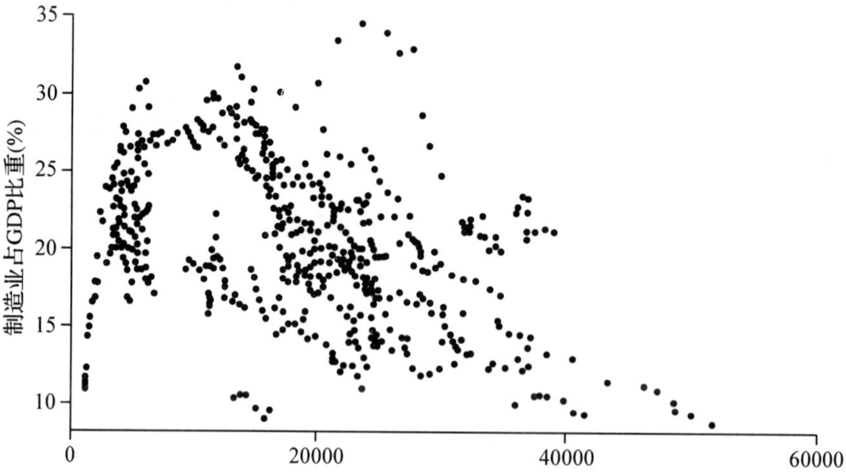

图 2　制造业比重与人均 GDP 的关系(1960—2007 年)

以及运输成本的优势(Glaeser，2005)。同时，城市经济的发展推高了居民生活成本，从而推高了工资成本，迫使劳动密集型的二产企业转移到劳动力更加便宜的地区。③环境压力。早期二产的企业往往是环境污染(如大气、水和噪音污染)严重的企业，受城市日益严格的环保法律的限制，这些企业开始外迁，而对环境污染较轻的三产则成为城市经济的主导产业。④政府的主动调控。如纽约《1916 年城市规划法令》和《1929 年地区规划》将服装制造业和工业企业推到城市的边缘。东京在 20 世纪七八十年代主动调控钢铁和化工企业外迁，布局于东京市外南部地区。北京在 2009 年实施首钢整体向外搬迁工程。⑤收入的增加。根据 Kollmeyer 2009 年的研究，由于居民收入的增加，对服务业的需求迅猛增长，这是三产占经济总量比重提升的首要原因。

有鉴于此，许多人把产业结构优化简单地概括为降低二产比重、提高三产比重，即“退二进三”。但 2008 年金融危机后，一些国家和城市由于过早的“去工业化”，导致产业空心化严重，对外部冲击的抵抗力较弱，严重影响了经济的发展。而制造业由于技术创新活跃度高于服务业，以制造业为主的产业结构能够更好地支撑经济较快发展，因此制造业实力雄厚的国家和城市经济则很快走出低谷。如欧洲由于债务危机的影响，经济整体低迷，但德国经济一枝独秀，这主要得益于其制造业的强劲发展。因此，国际上开始反思产业发展的方向，制造业和服务业“重新平衡”成为新趋势。如美国总统奥巴马提出新经济战略，要求重视国内制造业的发展，推动制造业增长和出口，让美国经济回归实体经济，也就是美国的“再工业化”战略。英国政府改变过去“重金融、轻制造”的观念，2009 年公布“制造业新战略”，提出提高英国制造业竞争力的五大策略。日本将制造业作为产业发展的核心，制定了《制造基础白皮书》，将提升制造业竞争力作为未来产业发展的重点。

制造业的回归，不是简单的数量回归，而是向高端化迈进的回归。如德国的鲁尔区，曾以采煤、钢铁、煤化工和重型机械为主要产业。20 世纪 50 年代以后，由于廉价石油的竞争，经济陷于低迷。20 世纪 80 年代以后，鲁尔地区大力发展信息技术、新材料、生物医药、环保等新兴产业，现在已拥有 8 万多名产业工人和 800 个企业。鲁尔区还是世界上医院最集中的地区之一，所在的北威州拥有德国 1/3 的生物技术企业。鲁尔区已成为德国因制造业升级而竞争力大幅提升的一个缩影。

韩国的首尔都市区也经历“劳动密集型—资本密集型—技术密集型”的制造业高级化发展趋势。20 世纪 80 年代以来，以电子信息为代表的技术产业得到快速发展。整个首尔都市区制造业就业占全国的比重在 1975—1999 年，一直稳定在 45%以上(见表 1)，并没有出现明显下降趋势。信息技术的代表性企业——三星电子公司 2012 年 12 月 7 日市值达到 2180 亿美元，成为全球第 15 大公司，也是首家市值超过 2000 亿美元的韩国公司。在高端制造业的拉动下，2010 年首尔 GDP 增速达到 6.8%。同样，新加坡的制造业始终是经济的三大支柱之一，2010 年占

表 1　首尔都市区制造业就业占韩国全国的比重

单位：%

年份	占比
1975	48.3
1980	45.9
1985	47.3
1990	47.8
1995	46.7
1999	45.3

比达到 20.8%，GDP 增速达到 14.8%。有别于其他国际大都市经济增速的放缓，首尔和新加坡的经济增速较快增长，和其高端制造业发达是暗合的。

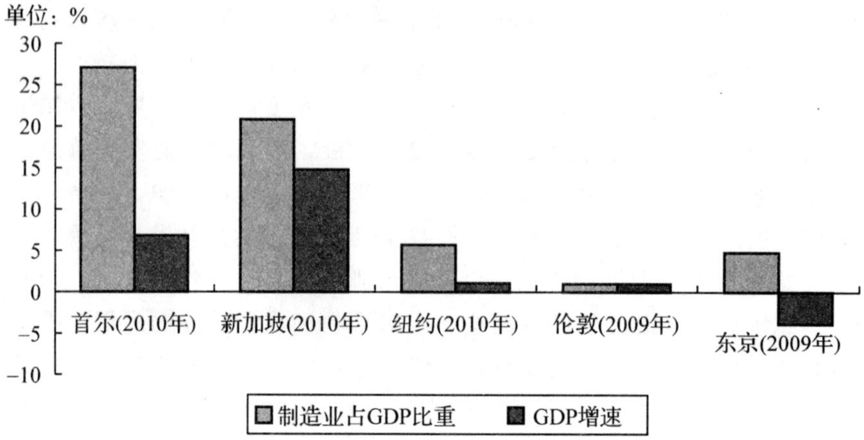

图 3　不同城市 GDP 增速和制造业占 GDP 比重

二、制造业和服务业同时向高端化迈进是北京未来产业结构演化的方向

纽约、伦敦和东京等世界城市服务业高度发达是因为具备两个条件：①它们在 20 世纪 70 年代和 80 年代人均 GDP 就率先突破 1 万美元，在全球城市体系中处于顶层地位，金融、房地产和研发等服务业具有先发优势；②这些城市在全球城市体系中具有明显优势，在此情况下进行产业转型能抵御服务业比重提高所带来的经济增速放缓。

北京在 2010 年人均 GDP 突破 1 万美元，比纽约、伦敦和东京等世界城市晚了 30 多年，在全球城市体系中没有产业结构调整的先发优势。同时由于三产生产效率提高慢于二产，因此北京不具备重复上述三个世界城市产业结构高度服务化的条件。相反，如果一味追求三产占比提高，忽略二产向高端化发展，由于后者的生产率高于前者，还可能降低经济增长速度，出现经济失速和产业断层，陷入过早"去工业化陷阱"。同时，北京也不需要完全重复这些城市的产业结构调整过程，必须根据自身实际情况，借鉴国际产业结构调整的最新趋势，发挥后发优势，实现跨越式发展，才能在世界城市体系中占据更重要的位置，从而实现建设世界城市的目标。具体地说，就是要推动制造业和服务业同时向高端化迈进，两手抓，两手都要硬。

大力推动制造业向高端化迈进，既是"做强二产"、推动经济增长的要求，也是发展高端服务业的基础。一方面，二产和三产并不存在绝对的优劣之分。现代高端制造业技术含量高，创新潜力大，吸引技术工人就业多，耗能低，污染小(见图4)。联合国工业发展组织2011年报告就显示，处于制造业高端的德国和韩国，其制造业就业占总就业的比重近年来不降反升。同时，从德国、新加坡和首尔等国家和城市发展来看，高端制造业可以增强实体经济能力，推进经济较快增长。另一方面，服务业的发展，特别是生产性服务业的业务需求、规模和专业化程度提升依赖于制造业的发达和繁荣。在高端制造业的基础上推进生产性服务业，从而在产业结构维度上保持足够的生产率提升潜力，将有利于大城市在转型期保持经济平稳较快发展。

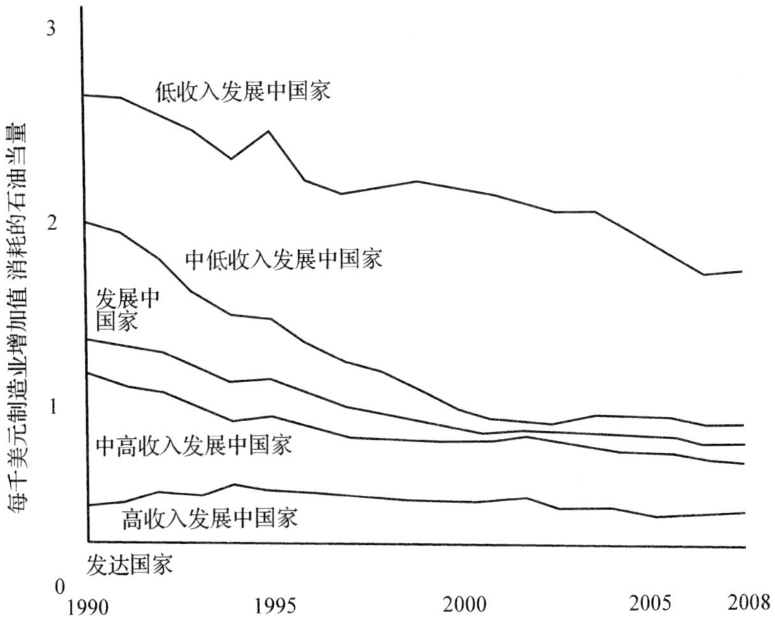

图4　不同收入类别国家的列别能源强度

资料来源：联合国工业发展组织报告2011。

从北京高端制造业的发展现状来看，存在规模小、占比低、对经济增长的拉动力弱的问题。2011年，高技术制造业工业总产值为2904.9亿元，占工业总产值的比重仅为20%。2006—2011年，其增加值占GDP的比重由5.8%降为3.5%，对经济增长的贡献率仅为1.2%。从内部结构来看，电子及通信设备制造业一支独大，2011年占高技术制造业工业总产值的55.6%，但其增加值率逐年走低，由2004年的16.8%下降到2011年的6.9%。R&D人员投入强度和R&D经费投入强度也低于全市高技术制造业平均水平，处于研发能力不足状态。电子及通信设备制造业占比大，自身素质不高，严重制约了北京高端制造业的发展。同时，从微观角度看，企业研发主动性趋弱、实现技术突破的积极性不高，大型企业没有发挥高端引领作用也是北京高端制造业的软肋所在。

因此，发展高端制造业将是未来北京产业结构调整的趋势之一。推进高端制造业的发展，重在“研发”。传统的制造业，如化工、金属冶炼、石油加工等已被现代城市产业结构调整所淘汰。战略性新兴产业，如节能环保、新一代信息技术，生物、高端装备制造，新能源、新材料、新能源汽车等产业是今后北京制造业发展的重点。这些产业的发展，不是简单的数量增加，而是要开展更多的研发活动，使北京成为高端制造业的研发中心，以研究型产业提高社会的全要素生产率，同时孕育新的子学科和新兴企业，以此拓展现有的市场或创造新的市场，形成经济增长新的支撑点，实现经济平稳较快增长。

在制造业向高端化演进的同时，服务业，特别是生产性服务业向高端化迈进将是未来北京产业结构调整的另一个趋势。因为高端生产性服务业既是服务业重要组成部分和人力资本、知识资本进入商品生产的重要通道，也是提升制造业水平和实现产业融合发展的必然要求。因为：①高端生产性服务业为制造业的生产交易发挥着润滑剂的作用；②高端生产性服务业作为人力资本、技术、资金的载体，不断提高制造业的价值链；③在服务业和制造业相融合，形成新的产业体系时，高端生产性服务业将是自主研发和品牌营销的载体，推动产业升级。同时，加快发展高端生产性服务业，可以扩大中等收入群体，防止收入分配的恶化(Glaeser、Resseger 和 Tobio，2008)，并带动高层次、高品位的新型消费的发展，实现经济由投资驱动转为消费驱动。

1994 年，北京服务业占比就已超过二产。到 2011 年，服务业占比已达到 76.1%，是二产的 3.3 倍。但是在服务业内部，生产性服务业的发展还存在不少短板，金融服务业、信息服务业、商务服务业和科技服务业等高端产业并没有发挥出高端引领作用。从 2006 年到 2011 年，北京的生产性服务业增加值占服务业的总比重虽然由 58.4%上升至 65.7%，但处于低端的流通服务占生产性服务业的比重增加最快，为 2 个百分点，而处于高端的商务服务业和科技服务业占生产性服务业的比重仅分别上升 1.2 和 1.1 个百分点，金融服务业、信息服务业则分别下降 2.0 和 1.5 个百分点(见图 5)。即使在高端服务业行业内部，从事劳动密集型、低附加值环节的份额仍较大。如租赁和商务服务业，2010 年限额以上单位从业人员达到 68.1 万人，但其中 28.4%属于职业中介服务、16.7%属于保安服务；而且近年来，职业中介服务就业增长迅猛，就业人数居租赁和商务服务业内部各行业之首，明显超过技术含量较高的咨询与调查(13.3%)、广告(5.8%)、法律服务(1.6%)等行业，表明目前北京商务服务业中劳务派遣占有较大比重，本应为高端之列的行业其实并不够高。北京生产性服务业的发展呈现“量大质低”的特点。

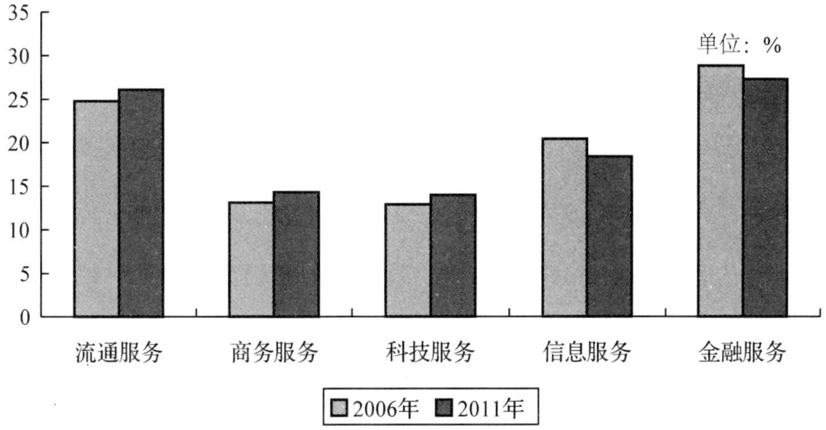

图 5　北京生产性服务业不同行业的占比

因此，推进服务业由“量大”转向“质高”，以高端生产性服务业为重点，将社会生产的中间投入主要由物质要素转向技术和知识要素，深化人力资本和知识资本，提高产品的附加值，进一步延长产业链，这将是北京未来产业发展的重要趋势之一。因此，北京必须在产业精细化发展的过程中，以高端生产性服务业为产业调整的重点，为北京中长期发展创造有利条件。

三、产业深度融合是未来产业发展的潮流

服务业和制造业的关系要经历分立、互动和融合三个阶段。在分立阶段，制造业是经济增长的引擎，服务业虽然带来大量就业，但是只发挥相对次要作用。制造业不断专业化和精细化，开启了生产性服务业的独立化。在互动阶段，服务业开始为工业发展提供技术、信息、资金等生产要素，尤其是生产性服务业是新兴工业化发展的重要组成部分，是工业技术升级和效率提升的重要支撑；在融合阶段，服务业和制造业的界限越来越模糊，形成以创新为顶端，市场、企业、技术和个人整合为一个整体的新兴产业体系。

产业融合实质就是产业价值链的分解和整合。随着产业逐渐发展成熟，专业化程度不断提高，价值链开始重新整合，价值增值环节重新分布，形成了新的附加价值曲线，即“微笑曲线”。附加价值沿“微笑曲线”向两端爬坡或者从一条“微笑曲线”跃升到另外一条附加值更高的“微笑曲线”。企业为提升综合竞争力，将发展重心不断向“微笑曲线”的两端转移。在这个过程中，企业一般情况下会先拓展业务链条，融合多个发展环节，探索培养自己的核心竞争力，将其他链条逐渐剥离、分包出去。众多企业围绕价值链进行业务分解和整合的行为，汇聚起来形成了二、三产业融合现象。

从美国、英国等发达国家产业发展来看，普遍存在着第二产业与第三

产业的融合发展。典型的案例如 IBM 公司信息系统整体解决方案，从原来单纯的高端计算机等硬件制造扩展为提供硬件设备、软件服务、会议服务、咨询服务等全面解决方案，其技术领域从大型计算机一直到纳米技术。还有在全球首屈一指的美国制造业巨头——通用电气公司，运用信息技术，把服务渗透到公司日常各种业务当中，实现制造和服务的一体化。到 1998 年，通用电气公司服务收入占到总收入的 2/3。从 1996 年到 2000 年，服务收入由 86 亿美元上升到 180 亿美元，服务营业利润是平均利润的两倍，呈现爆炸式增长。

近几年，北京随着现代制造业、现代服务业、生产性服务业的不断壮大，产业融合已初具规模。但是，由于工业在经济总量中的比重不断下降，且存在附加值不高、科技含量不高、劳动力素质不高和生产效率不高问题，以及高端服务业引领作用较弱等问题，北京产业融合度依然较低。2010 年，北京二、三产业融合总量为 2391.4 亿元，仅为二、三产业生产总值的 17.1%。

产业要深度融合发展，必须有新的载体。从国外发达城市的发展历程来看，作为知识密集型产业的主力军——创意产业，凭借以文化为核心，以创新为手段，以迎合大众对精神文化产品的消费需求为目的，成为产业融合代表性产业和驱动经济发展的新动力。

如伦敦随着制造业向高附加值方向升级和文化产业的不断发展，二者相融合形成创意产业的雏形，并脱离传统产业迅速发展，使伦敦成为全球著名的创意之都：1995—2000 年，伦敦创意产业总值由 122.6 亿英镑增加到 210.4 亿英镑，年均增长 11.4%，占伦敦 GVA 的比重由 10.5%升至 12.7%；2000 年创意产业从业人员为 52.5 万人，居各产业第三位，创意产业已成为伦敦仅次于金融服务业的重要经济支柱之一。香港作为亚太创意产业最为成熟的地区之一，2002 年从事创意产业的公司有 3 万多家，从业人员 17 万之多。1996—2002 年，在香港经济整体衰退期间，创意产业年均增长率仍达到 6.1%，成为经济走出低谷的一个重要支撑点，新加坡则早在 1998 年就出台了《创意新加坡》计划，致力于把新加坡建成“全球文化和设计中心”。

北京文化创意产业近几年发展较快，2011 年文化创意产业占 GDP 的比重达到 12.2%。但从内部构成来看，超过一半为软件、网络及计算机服务，文化艺术、设计服务和旅游、休闲娱乐等行业占比不足 5%，结构较为单一，产业融合度较低。今后，北京应以文化创意产业作为工业高端化和服务业高端化深度融合的“黏合剂”，让产业间经济活动的功能互补和延伸，扩展原有产业的价值内涵，实现更强的产业增值能力。同时，以文化创意产业作为新的产业价值链，融合不同产业的核心价值，推动产业升级换代，以此实现经济新的增长。

四、民生、环保产业是城市经济重要组成部分

教育、卫生、社会保障和社会福利业、水利、环境和公共设施管理业等民生环保领域近几年一直是政府投入的重点。从 2006 年到 2011 年，在北京市地方财政支出中，教育、医疗卫生、社会保障和就业、节能环保分别增加了 1.5 倍、1.2 倍、1.4 倍、3.7 倍。这些投入在保护环境，改善民生，完善公共设施和服务方面发挥了重要的作用。

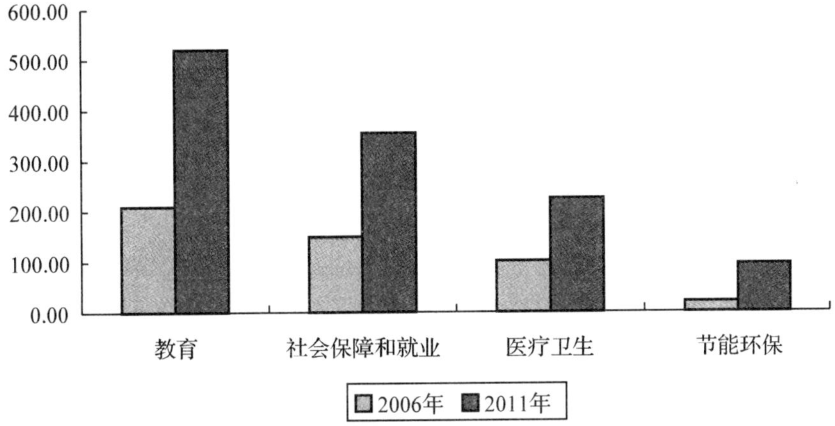

图 6　北京市在部分领域财政预算支出

从纽约、伦敦等国际大都市经济增长和产业结构演变的关系来看，民生环保等领域不仅是政府投入的重点，是改善民生、保护环境的前提条件，同时也是城市经济的重要组成部分和拉动经济增长的重要动力。如纽约在人均 GDP 突破 1 万美元时（1977 年），教育业、卫生业占 GDP 的比重分别为 1%、4.3%，到 2010 年二者的占比①分别达到 1.8%和 7.8%，对经济增长的贡献率到 2010 年分别达到 2.4%和 9.4%②。公共和废物管理业 2010 年占比达到 2.6%，对经济增长的贡献率为 3.0%。以上三个产业对经济增长的合计贡献率达到 14.8%，即纽约从 1997 年到 2010 年经济增量中将近 15%是由民生环保类产业带动的。伦敦在 2009 年仅污水和废物处理行业占 GDP 比重就达到 0.55%，而北京 2011 年水利、环境和公共设施管理行业占 GDP 比重仅为 0.5%，比 2000 年还下降 0.2 个百分点。2000 年以来，教育业、卫生、社会保障和社会福利业、水利、环境和公共设施管理业三者合

① 美国统计局在 1997 年之后将原来的 SIC 方法（国际标准产业分类）改为 NAICS（北美产业分类），原来的卫生业改为卫生与社会救助业。

② 因美国统计局在 1997 年之后将原来的 SIC 方法（国际标准产业分类）改为 NAICS（北美产业分类），此处基期为 1997 年。

计对经济增长的贡献率仅为 6.3%，远远低于纽约、伦敦等发达城市水平。

表 2 北京各产业占 GDP 的比重及贡献率 单位:%

	比重		贡献率（以 2000 年为基期）
	2000 年	2011 年	2011 年
第一产业	2.5	0.8	0.4
第二产业	32.7	23.1	20.8
工业	26.7	18.8	16.8
建筑业	6.0	4.3	3.9
第三产业	64.8	76.1	78.8
交通运输、仓储和邮政业	7.0	5.0	4.5
信息传输、计算机服务和软件业	5.2	9.2	10.2
批发与零售业	11.8	13.2	13.5
住宿和餐饮业	2.6	2.1	2.0
金融业	13.4	13.6	13.7
房地产业	4.6	6.6	7.1
租赁和商务服务业	3.8	7.2	8.0
科学研究、技术服务与地质勘查业	3.9	7.0	7.7
水利、环境和公共设施管理业	0.7	0.5	0.5
居民服务和其他服务业	1.1	0.7	0.6
教育	3.2	3.7	3.8
卫生、社会保障和社会福利业	1.7	1.9	2.0
文化、体育与娱乐业	2.7	2.1	1.9
公共管理与社会组织	3.1	3.3	3.3

世界银行在给北京和上海的发展建议中(《两个龙头——给北京和上海的发展建议》，优素福，锅岛郁著)，明确指出：①医疗卫生是城市发展的支柱。该行业不仅可以直接为城市人口提供社会福利，还可以提供就业机会，提高附加值，进行不同水平的创新、出口服务和推出复杂产品。②将教育作为城市经济的主要行业。因为教育质量直接关系城市工业和服务业的竞争力、创新能力及多元化速度。教育水平较高或素质较高的个人更有可能创立技术型企业，雇佣技术人员，进行创新活动。教育行业还能够通过多种渠道促进大城市经济增长，增强其适应性，抵御个别行业的冲击。

过去，北京在教育业、卫生业、社会保障和社会福利业、水利、环境和公共设施管理业等方面更注重政府投入，而忽视了相关产业的发展对经济增长的拉动作用。北京今后应以这些行业的发展作为“惠民生”、“促增长”的结合点，以经济增长来改善民生、保护环境、提高公共服务水平和社会应急保障能力。同时要将民生、环境和公共设施等相关行业的发展作为经济的新增长点，由政府投入转为扩大行业产出，实现经济、社会和环境的联动协调发展。

参考文献

1. 国务院发展研究中心调查研究报告：《大城市转型发展要避免经济失速和产业断层》，第205号。
2. 北京市统计局、国家统计局北京调查总队统计报告：《北京高技术制造业路在何方》，2010年135号。
3. 北京市统计局、国家统计局北京调查总队统计报告：《高起点上的深度调整——对北京“十二五”开局之年“调结构、转方式”的观察与思考》，2011年137号。
4. 陈宝森、王荣军、罗振兴：《当代美国经济》，社会科学文献出版社，2011年。
5. 北京市统计局、国家统计局北京调查总队课题报告：《北京市二、三产业融合实证分析》。
6. 褚劲风、崔元琪、马吴斌：《后工业化时期伦敦创意产业的发展》，《世界地理研究》，2007年第3期。
7. 盛垒：《创意产业：21世纪新的经济增长点》，《市场研究》，2006年第1期。

（作者：李　纲　北京市经济社会数据分析与监测评价研究基地负责人
　　　　　　　　高级统计师
　　　　丁文斌　北京市经济社会数据分析与监测评价研究基地研究人员
　　　　　　　　高级统计师
　　　　刘立功　北京市经济社会数据分析与监测评价研究基地研究人员
　　　　　　　　中级统计师）

马克思主义研究基地

（中国人民大学）

基地名称：马克思主义研究基地
依托单位：中国人民大学
项目类别：北京市哲学社会科学“十二五”规划项目

马克思的所有制理论在当代中国的运用和发展[①]

改革开放以来中国共产党确立的社会主义基本经济制度即“以公有制为主体、多种经济成分共同发展”的所有制结构，是在中国特色社会主义建设实践中形成和发展的中国化的马克思主义所有制理论。这一理论成果的取得，标志着马克思所有制理论发展到了中国化马克思主义的阶段。

一、马克思关于所有权与占有相统一原理的发展

生产资料所有制，最初表现为生产资料是归个人，还是归阶级、社会集团所有的问题，亦即生产资料的归属问题。这就是我们通常所说的财产的法权关系。马克思指出：“财产最初无非意味着这样一种关系，人把他的生产的自然条件看作是属于他的，看作是自己的。”[②]生产资料的归属反映的是所有权问题。仅此并不能反映出所有制“是一个国家社会制度的根本，是生产关系的基础”的意义。当马克思进一步从财产的法权关系中抽象出生产关系的本质时，对生产资料所有制的理解，就有了“人对生产条件的关系”的认识角度。也就是说，生产资料所有制，是人在占有、使用和处理生产条件时所发生的排斥性的意志性支配，是人们把生产条件当作他的意志支配领域而发生的一系列关系行为。所以，马克思强调：所有制关系是“个人在劳动材料、劳动工具和劳动产品方面的相互关系。”[③]可见，对于所有制，马克思强调了生产资料“所有权”与“占有”的统一性。

“所有权”与“占有”是所有制的两个具有内在逻辑联系的构成要素。“所有权”强调的是使用价值的转让、价值的实现和权利的转化，“占有”强调的是人与自然的物质变换、价值的形成和增殖。显然，“所有权”的运动是在流通领域中进行的，而“占有”则是存在于生产过程的，对生产资料的“所有

① 本文是《马克思主义基本原理在当代中国的发展》项目的阶段成果，项目编号：12KDA005。

② 《马克思恩格斯全集》第46卷(上)，人民出版社，1979年，第491页。

③ 《马克思恩格斯文集》第1卷，人民出版社，2009年，第521页。

权”是对生产资料“占有”的前提，没有“所有权”也就无所谓“占有”了。因此，在任何有阶级的社会中，所有权都涉及个人、阶级、社会集团。

消灭私有制，建立生产资料公有制是马克思所有制理论中的一个根本思想。《共产党宣言》公开宣布：“共产党人可以把自己的理论概括为一句话：消灭私有制。”“把资本变为公共的、属于社会全体成员的财产”。[①]《资本论》第 1 卷明确指出：“从资本主义生产方式产生的资本主义占有方式，从而资本主义的私有制，是对个人的、以自己劳动为基础的私有制的第一个否定。但资本主义生产由于自然过程的必然性，造成了对自身的否定。这是否定的否定。这种否定不是重新建立私有制，而是在资本主义时代的成就的基础上，也就是说在协作和对土地及靠劳动本身的生产的生产资料的共同占有的基础上，重新建立个人所有制。”这就是说，“事实上已经以社会生产为基础的资本主义所有制转化为公有制”[②]。在《哥达纲领批判》中，马克思把未来社会概括为“一个集体的、以生产资料公有为基础的社会”[③]。这就非常清楚地说明了未来社会的所有制是社会所有制。由此可见，马克思所认为的未来社会，其社会所有制中的所有权已没有了任何实际意义。马克思的所有制理论中并未涉及社会主义社会中所有权分类问题。

现实的社会主义所有制并未按照马克思的预想发展。世界上诞生的社会主义国家无一例外的都是在经济文化比较落后的基础上建立的，都未能踏上实践马克思所设想的社会所有制之途。我国在经过了国民经济的恢复和改造、确立了社会主义经济制度之后，开始了社会主义经济建设。特别是在改革开放以后，我们在发展中国特色社会主义经济中，突破了单一的公有制观念，树立了“一主多元”的思想，确立了公有制为主体、多种所有制经济共同发展的基本经济制度，实行了社会主义市场经济体制。在社会主义经济发展中，我们不仅要毫不动摇地巩固和发展公有制经济，也要毫不动摇地鼓励、支持、引导非公有制经济发展，不仅要维护社会主义基本经济制度，也要维护社会主义市场经济秩序，不仅要明确财产的所有权，进行资产的保值增值，也要保护权利人的财产所有权。只有这样，才能推进社会主义市场经济的发展，从而真正发展中国特色社会主义。

我国现阶段社会主义基本经济制度的确立，坚持和发展了马克思关于所有权与占有相统一的原理。首先，所有制是社会主义基本经济制度的核心和基础，决定其性质。我国是社会主义国家，必须坚持公有制的主体地位。公有制经济是我国社会主义现代化建设的支柱和国家进行宏观调控的

---

① 《马克思恩格斯文集》第 2 卷，人民出版社，2009 年，第 45、46 页。

② 《马克思恩格斯文集》第 5 卷，人民出版社，2009 年，第 874 页。

③ 《马克思恩格斯文集》第 3 卷，人民出版社，2009 年，第 433 页。

主要物质基础，是社会主义经济性质的根本体现。坚持公有制的主体地位，对于发挥社会主义制度的优越性具有关键性作用。我国对所有制结构的改革，是以坚持公有制的主体地位为前提的，发展多种所有制经济也是以确保公有制的主体地位为条件的。毫不动摇地巩固和发展公有制经济，是坚持和完善社会主义初级阶段基本经济制度必须遵循的一条基本原则。在所有制中，所有权是所有权人对自己的不动产或动产，依法享有占有、使用、收益和处分的权利，因而是基础性权利。这一基础性权利并非是一种单纯的、脱离社会经济制度的物权，它必然要反映一定社会的经济关系。因此，社会主义基本经济制度的确立，使我们在现实社会主义经济发展中理解所有制，既回避或神话了生产资料的归属，也回避或神话了财产的法权关系。因为“在每个历史时代中所有权是以各种不同的方式、在完全不同的社会关系下面发展起来的”①。任何所有权的存在都是要以一定历史条件下具体存在的生产方式，以一定历史条件下的生产关系、交换关系来加以说明的。

其次，所有权分为国家所有权、集体所有权和私人所有权。在我国的社会主义基本经济制度的公有制和非公有制经济中，必然存在着这三种所有权。国家所有权是国家作为所有权人对法律规定属于国家所有的财产，依法享有占有、使用、收益和处分的权利。国家所有的财产包括专属财产(矿藏、水流、海域等)、法定财产和国家支配的财产。集体所有权是集体经济组织作为所有权人对法律规定属于集体所有的财产，依法享有占有、使用、收益和处分的权利。集体所有的财产包括城镇集体所有的财产和农民集体所有的财产(包括对土地、森林、荒地、滩涂等自然资源的法定财产)。私人所有权是自然人对其合法的财产享有占有、使用、收益和处分的权利。私人所有权的提出意味着保护私人财产法律意识的强化，也意味着对自然人成为独立社会主体的维护。可以看到，所有权的分类在反映我国社会主义经济发展实际的基础上对马克思的所有制理论作出了新的发展。

二、马克思关于所有权与经营权相分离原理的发展

中国特色社会主义发展中“一主多元”的所有制结构的确定，依据了社会主义初级阶段的基本国情。从党的十三大对我国基本国情进行分析、提出社会主义初级阶段理论开始，到党的十五大明确概括了社会主义初级阶段的基本特征、提出党的基本纲领从而把社会主义初级阶段的基本经济制度清晰地定位于以公有制为主体、多种所有制经济共同发展的所有制结构，基本说明了中国共产党是以社会主义初级阶段的基本国情为基调来论述所有制理论的。党的十七大又进一步强调认清社会主义初级阶段基本国情在

① 《马克思恩格斯文集》第1卷，人民出版社，2009年，第638页。

新世纪新阶段所表现出来的阶段性特征，强调坚持和完善公有制为主体、多种所有制经济共同发展的基本经济制度，毫不动摇地巩固和发展公有制经济，毫不动摇地鼓励、支持、引导非公有制经济发展，形成各种所有制经济平等竞争、相互促进的新格局。党的十八大则将其纳入了中国特色社会主义制度的体系框架之中，突出了它在中国特色社会主义伟大实践中的重要作用。党的十八大特别强调，要在“两个毫不动摇”的基础上，“保证各种所有制经济依法平等使用生产要素、公平参与市场竞争、同等受到法律保护”①，这实际上对马克思所有制理论作出了创新性发展。

马克思认为，所有制是随着生产力的发展、生产力与生产关系的矛盾运动而不断发生变化的。“个人必须占有现有的生产力总和，这不仅是为了达到自主活动，而且一般说来是为了保证自己的生存。这种占有首先受到必须占有的对象所制约，受自己发展为一定总和并且只有在普遍交往的范围里才存在的生产力所制约。仅仅由于这一点，占有就必须带有适应生产力和交往的普遍性质。”②随着生产力的发展，不仅“一切所有制关系都遭到了经常发生的历史的更替，都遭到了经常发生的历史的变更”③，而且在所有制的管理方式上，也会发生变更，出现了所有权与经营权的分离。在股份公司内部，“实际执行职能的资本家转化为单纯的经理，即别人的资本的管理人，而资本所有者则转化为单纯的所有者，即单纯的货币资本家”。“资本所有权这样一来现在就同现实再生产过程中的职能完全分离，正像这种职能在经理身上同资本所有权完全分离一样。”④改革开放以来，我国在公有制权利的占有上，突破了越集中越好的观念，确立了所有权、经营权可以分离而且应当分离的思想。“两权分离”作为所有制管理方式的特点，在我国社会主义所有制的发展中已得到极大的显现。所有制的“两权分离”在一定程度上说明了不同经济主体的所有权与不同经济主体在国民经济发展中所起的地位和作用是两个不同的问题。

在中国特色社会主义经济发展中，对不同经济主体所有权的“平等”、“公平”、“同等”的保护，是对公有制经济与非公有制经济在财产法律地位上的平等保护。在我国的以公有制为主体、多种所有制经济共同发展的所有制结构基础上，对不同经济主体所有权的平等保护，是不能回避甚至脱离这一所有制结构中的主体与非主体关系的。公有制经济是主体，国有经济是主导力量，非公有制经济是社会主义市场经济的重要组成部分，强调

---

① 参见胡锦涛：《坚定不移地沿着中国特色社会主义道路前进为全面建成小康社会而奋斗》，人民出版社，2012 年，第 19 页。

② 《马克思恩格斯全集》第 3 卷，人民出版社，1960 年，第 76 页。

③ 《马克思恩格斯文集》第 2 卷，人民出版社，2009 年，第 45 页。

④ 《马克思恩格斯文集》第 7 卷，人民出版社，2009 年，第 495 页。

了不同经济主体在国民经济发展中的不同地位和作用。而对不同经济主体在财产法律地位上的平等保护，并不是针对公有制经济与非公有制经济在国民经济领域中地位和作用而言的，并不是要说明在国民经济发展中公有制经济与非公有制经济具有同等的地位和作用。因此，在强调各种所有制经济依法平等使用生产要素、公平参与市场竞争、同等受到法律保护时，不是不讲公有制经济在国民经济发展中的主体地位和主导作用的，在关系国家安全和国民经济命脉的重要行业和关键领域，确保公有制经济的控制力是不能含糊的，更不能颠倒主体与非主体的位置，这是确保中国特色社会主义经济发展乃至中国特色社会主义总体布局发展的重要方面。

由于所有制是人们在生产中围绕生产资料而建立起来的经济关系，因而它在经济现实中所体现的关系，一是人与物的关系，二是人与人的关系。所有制反映人与物的关系，说明了"一切生产都是个人在一定社会形式中并借这种社会形式而进行的对自然的占有"。"在任何财产形式都不存在的地方，就谈不到任何生产，因此也就谈不到任何社会"。[①] 马克思将之归结为"人对生产条件的关系"。所有制反映人与人的关系，重点说明的是任何生产都是在一定的社会形式中进行的，所有制构成整个社会生产关系和社会经济形态的基础。马克思将之归结为"社会生产中人与人的关系的总和"。人们只有在物质生产中，并以这种生产的社会形式为媒介，才能发生对生产条件的关系。所以，所有制对人与物关系的反映和对人与人关系的反映又是紧密联系在一起的。在社会生产关系和社会经济形态中，分析人与物的关系实质上是为了分析人与人的关系。在分析所有制中，经济关系与自然关系是不可偏废的。对各种所有制经济依法平等使用生产要素、公平参与市场竞争、同等受到法律保护，正是对人与物关系的反映并强化，说明了对现阶段公有制性质和内涵的理解，必须把经济关系与自然关系结合起来。

在中国特色社会主义经济发展现实中，公有制是不完全、不成熟的。因为从占有主体来说，我国现阶段公有制占有主体的劳动者，在劳动能力和劳动者的科技文化素质上存在着极大的差别，达不到人的全面发展的要求，更达不到马克思所预想的未来社会的"人的全面而自由的发展"的要求。这实际上凸现出了公有制的不成熟性。应当说，我国现阶段的公有制是建立在已经认识到人的全面发展的可能性和重要性的基础之上的，我国的公有制是要消灭对人的发展的限制和障碍的。公有制的实行必然成为实现人的全面而自由发展的一种手段。从占有对象方面来看，由于我国现阶段生产力发展水平比较低、发展不平衡，公有制占有对象的物质财富，还不可

① 《马克思恩格斯文集》第8卷，人民出版社，2009年，第11页。

能极大涌流，精神财富即人的才能、人的创造力、人的消费力还不可能得到充分发挥。公有制还面临着通过把资本变为社会的和集体的财富来完善自身、达到最高形态的公有制的重要任务。对中国特色社会主义经济发展现实中公有制不完全、不成熟的理解，深刻说明了两个方面的问题：一是正确理解我国现阶段公有制的内涵，要求我们在认识到了公有制的占有主体的同时还必须充分认识到公有制的占有对象，在认识到了人的发展是公有制的重要内容的同时还必须认识到物质财富和精神财富的发展也是公有制的重要内容；当然，反之相同。二是正确认识我国现阶段公有制中存在的问题，要求我们在充分肯定了私人所有权的同时不能放弃国家所有权和集体所有权，在强化了私有财产保护意识的同时不能抛弃国有财产和集体财产的保护意识；当然，反之相同。

三、马克思关于所有制两种不同形态原理的发展

马克思在《1844 年经济学哲学手稿》、《德意志意识形态》等著作中，对所有制的两种不同形态作了论述，提出了所有制的经济形态和所有制的法律形态问题。这对我们理解在社会主义基本经济制度“两个毫不动摇”的基础上，“保证各种所有制经济依法平等使用生产要素、公平参与市场竞争、同等受到法律保护”具有重要意义；但同时，这种所有制经济的法律保护又进一步丰富和发展了马克思关于所有制两种不同形态的理论原理。

在研究政治经济学中，马克思认识到经济学的研究必须要从财产的法权关系中抽象出生产关系的本质，抽象出所有制一般的概念。所以，马克思认为，研究所有制必须研究它的经济形态。所有制的法律形态是财产的归属关系即我们通常所说的所有权，所有制的经济形态主要是财产归属关系背后的人与人之间的经济关系。经济形态是法律形态的基础和前提；所有制的法律形态是不能没有明确的经济界限和占有对象的，否则，无法给所有者带来经济利益，所有制的法律形态也就没有意义了，它就变成了一种法律幻想。可见，所有制的法律形态只有在有了明确的经济形态以后才有实际意义。法律形态是经济形态的必要保障；经济上的占有关系产生以后，必然会要求法律上的所有制与它相适应，只有制定了所有制的法律制度以后，才能保障财产占有、财产收益的合法性，才能明确财产占有的性质。在所有制的两种形态中，所有制的经济形态是政治经济学研究的范畴。基于这一点，马克思认为，政治经济学“对财产关系的总和，不是从它们的法律表现上即作为意志关系来把握，而是从它们的现实形态上即作为生产关系来把握”[①]。马克思对政治经济学研究对象内涵的阐述，实际上说明了

① 《马克思恩格斯文集》第 3 卷，人民出版社，2009 年，第 18 页。

所有制的经济形态是本质，所有制的法律形态是现象，说明了所有制在现象上就一定是法律关系，而在现实中就一定是占有形式。所有制是通过一定的意志关系和法律关系的形式来表现生产方式的实质的。这是因为，人类社会的发展还处在一定的、特殊的社会形态中，所有制是对社会生产关系的一种反映。而到了未来社会，生产关系变为全社会占有生产资料以后，所有制的法律形态也就失去了意义，这时的所有制剩下的就是人的全面而自由发展的内涵。但是，在我国社会主义初级阶段中，所有制的两种形态以其统一性存在于现实中。我们既不能抛开所有制的经济形态只看到所有制的法律形态，也不能抛开所有制的法律形态只看到所有制的经济形态。必须从两种形态的统一上来认识所有制。党的十八大报告提出的“各种所有制经济的法律保护”问题，实际上强调了在社会主义初级阶段、社会主义市场经济条件下必须从所有制两种形态的结合上来理解所有权保护、公有制内涵问题，我们不能只看归属，或是只看占有关系。

“各种所有制经济的法律保护”问题，是对不同经济主体的“所有权保护”的突出，说明了在讲法律保护时不能脱离社会主义市场经济发展的要求。因为公平竞争、平等保护、优胜劣汰是市场经济的基本内容，而这些内容又内含在“法律保护”之中，成为支撑现代市场体系的一条规则。必须保障所有市场主体的平等法律地位和发展权利，没有这条规则，社会主义市场经济很难得到发展，社会主义以公有制为主体、多种所有制经济共同发展的所有制结构很难得到完善。在我国社会主义建设之初，我们在强调国家利益、集体利益和私人利益根本一致时，过分甚至极端强调保护国家利益、集体利益而忽略、轻视甚至否定保护私人利益；社会主义市场经济建立起来以后，我们在强调国家利益、集体利益和私人利益根本一致时，又不得不充分认可私人利益而舍弃了国家和集体的利益。无论是前一种情况还是后一种情况都给社会主义社会的发展带来了后果，不是侵犯了私人利益就是侵犯了国家和集体利益，不是造成了公民的不满就是造成了国家和集体财产的损失，从而都激化了社会矛盾，带来了国家利益、集体利益和私人利益的不协调状况。所以，各种所有制经济同等受到法律保护，实质上就是平等保护国家、集体和私人的物权，任何一个方面都不可偏废。国家利益、集体利益和私人利益的协调平衡是我国社会主义市场经济发展的要求，也是构建社会主义和谐社会的基本要素。这是对马克思所有制理论的一个重要的丰富和发展。

由于所有制的经济形态与所有制的法律形态是统一的，因而在“各种所有制经济的法律保护”中，保护的重点也是很明确的，它不单单是一个保护国家所有权、集体所有权和个人所有权的问题，必然也会涉及反映所有权的占有关系问题。因此，“各种所有制经济的法律保护”中的保护重点，必须要从所有制上去认识。我国以公有制为主体、多种所有制经济共同发展的所有制格局，决定了公有制是我国社会主义市场经济发展的制度基础，国有经济是国民经济中的主导力量，控制着国民经济的命脉，决定着经济的社会主义性质和发展方向，同时也对非公有制经济起着引导、帮助和制约的重要作用。因此，在当前国有企业改革过程中出现国有资产大量流失的情况下，保护的重点应该是国家所有权，是国有资产，是国家的财产。只有这样，我们才能真正坚持和完善公有制为主体、多种所有制经济共同发展的社会主义基本经济制度，才能真正毫不动摇地巩固和发展公有制经济，毫不动摇地鼓励、支持、引导非公有制经济发展，才能真正保证各种所有制经济依法平等使用生产要素、公平参与市场竞争、同等受到法律保护。

（作者：张雷声　马克思主义研究基地研究人员　教授、博导）

北京能源发展研究基地

（华北电力大学）

基地名称：北京能源发展研究基地
依托单位：华北电力大学
项目类别：国家自然科学基金项目

北京市 CO_2 排放的多因素 Path-STIRPAT 分析模型[①]

一、引　言

面对环境压力，CO_2 排放问题备受关注。我国在 2009 年哥本哈根气候大会承诺至 2020 年单位国内生产总值 CO_2 排放比相对 2005 年下降 40%－45%；实践上则从节能减排、产业结构调整、碳排放交易市场建设等环节推进减排目标的实现。北京市现阶段节能减排进程相对乐观，2010 年如期完成了“十一五”节能目标完成进度，但仍面临着进一步减排的空间相对较小的局面[②]。因此，对于北京市的能源环境政策制定者来说，在国家提出节能减排目标的大背景下，发掘北京市 CO_2 排放的影响因素，纵深研究各因素对 CO_2 排放的影响程度，对均衡经济发展与 CO_2 排放约束的关系，实现北京市经济健康、持续、稳定发展以及环境友好、和谐演变双目标有着实际价值。

关于 CO_2 排放的影响因素的研究，文献[③]基于 STIRPAT 模型研究了城市化对 CO_2 排放的影响；研究结果表明城市化并非影响 CO_2 排放的关键因素，而人均 GDP、能源强度、人口等因素对 CO_2 排放存在显著的正影响；文献[④]以上海为例，分析了各工业部门对 CO_2 排放的影响程度，并指出劳均产出与能源效率是对 CO_2 排放影响最强的因素；文献[⑤]则基于 LMDI 因素分

---

① 本文是《节能减排目标下发电绩效置换交易优化模型与方法研究》项目的阶段成果，项目编号为：71071053。

② 王卉彤、綦淑茹：《北京市能源消费总量、结构与碳排放的趋势研究》，《城市发展研究》，2010 年第 9 期，第 55－61 页。

③ 刘华军：《城市化对二氧化碳排放的影响——来自中国时间序列和省际面板数据的经验证据》，《上海经济研究》，2012 年第 5 期，第 24－35 页。

④ 邵帅、杨莉莉、曹建华：《工业能源消费碳排放影响因素研究——基于 STIRPAT 模型的上海分行业动态面板数据实证分析》，《财经研究》，2010 年第 11 期，第 16－27 页。

⑤ 王栋、潘文卿、刘庆等：《中国产业 CO_2 排放的因素分解：基于 LMDI 模型》，《系统工程理论与实践》，2012 年第 6 期，第 1193－1203 页。

解模型对中国各产业的CO_2排放状况展开了研究。本文采用路径分析(Path analysis)与STIRPAT模型相结合的Path-STIRPAT模型，对影响北京市CO_2排放量的因素进行分析；根据人均地区生产总值、工业结构、人口数量、城市化率、技术水平五项指标构建北京市CO_2排放的计量经济模型，继而研究各指标对北京市CO_2排放的影响程度；最后，根据分析结果提出北京市减少CO_2排放的最主要方法。

二、Path-STIRPAT模型

Dietz和Rosa① 将IPAT重新改变形式，使其成为随机模型，命名为STIRPAT，该模型可以分析因素对环境的非比例影响，其形式如下：

$$C_t = aP_t^b A_t^c T_t^d e_t \tag{1}$$

两边取对数之后，模型如下所示：

$$\ln C_t = \ln a + b(\ln P_t) + c(\ln A_t) + d(\ln T_t) + \ln e_t \tag{2}$$

式(2)将人口(P)、人均消费(A)和技术水平(T)作为排放量(C)的决定因素；t表示年；e_t表示误差项；a是常数项；b、c、d分别是P、A、T的系数。

路径分析(Path Analysis)是美国遗传学家S. Wright② 于1921年首创的一种统计程序，它是通过分析变量之间假设的因果效应，来测试研究人员提出的关于一套观察或者呈现变量之间因果关系的理论；而在统计学中，路径分析是用来描述一组变量之间的直接依赖。本文结合文献③的模型选取人均地区生产总值、人口总数、城市化率、技术水平以及工业结构五项指标结合路径分析与STIRPAT模型对北京市CO_2排放因素进行分析。各指标路径系数的计算如下：

$$P_{i,c} = \alpha_i \times \frac{s_i}{s_c} \tag{3}$$

其中$P_{i,c}$代表自变量i对因变量C的直接通径系数，i表示A、IS、P、R和T；α_i是偏回归系数，可通过经典最小二乘回归计算得到，表示在其他自变量不便的情况下，自变量i对于因变量C的影响程度；s_i是相应变量的标准差。

$$IP_{i,m,c} = r_{m,i} \times P_{m,c} \tag{4}$$

---

① Dietz, T., Rosa, E. A., Rethinking the environmental impact population, affluence and technology. Human Ecology Review, 1994, 1(1): pp. 277—300.

② Wright S., The method of path coefficients, Annals of Mathematical Statistics, 1934, 5(3): pp. 161—215.

③ Huanan Li, Hailin Mu, Ming Zhang, et al, Analysis on influence factors of China's CO_2 emissions based on Path - STIRPAT model. Energy Policy, 2011, 39(11): pp. 6906—6911.

$IP_{i,m,c}$ 表示自变量 i 对于自变量 m 的间接路径系数，m 表示除了 i 以外的其他自变量；$r_{m,i}$ 是 m 与 i 之间的相关系数，$r_{m,i} = r_{i,m}$。

$$r_{i,C} = P_{i,C} + \sum IP_{i,m,C} \tag{5}$$

其他未知的因素对于因变量也有影响。用剩余路径系数 P_{uz} 表示：

$$P_{uz} = \sqrt{1 - \sum P_{i,C} \times r_{i,C}} \tag{6}$$

对公式(2)加以改进，将北京市城镇人口所占总人口比例、工业结构纳入考虑，建立如下的 STIRPAT 模型：

$$\ln C = \ln a + b\ln A + c\ln IS + d\ln P + m\ln R + n\ln T + e \tag{7}$$

直接与间接弹性系数根据路径分析得到：

$$b_{direct} = (P_{i,C}/r_{i,C})b \tag{8}$$

$$b_{indirectm} = (r_{i,m} \times P_{m,C}/r_{i,C})b \tag{9}$$

其中，b_{direct} 是因素 i 的直接弹性系数，表示由于因素 i 的变化对 CO_2 排放量的直接反应。$b_{indirectm}$ 是因素的间接弹性系数，表示因素 i 对于 CO_2 排放的间接影响。

三、Path-STIRPAT 模型基于的数据回归分析模型

(一)数据

参考数据引用于《北京市统计年鉴》，使用变量定义见表 1。燃烧能源转化为相应的标准煤进行 CO_2 排放量的估计，其计算公式为：

$$C = E \times F \times 44/12 \tag{10}$$

其中，C 表示 CO_2 排放量；E 是标准煤消耗量；F 是所消耗能源的碳排放系数，根据文献①的研究，取值为 0.7329 t(C)/t。在估计 CO_2 排放量的过程中，考虑到北京市能源消费结构中电力消耗的特殊性，即大部分消耗电量来自外省运输，因此在估计过程中，从总能源消耗量中减去相应外运部分电量。

表 1　使用变量描述

变　量	定　义	衡量单位	符号
人均地区生产总值	所有国内生产总值	10 元（以 1991 年为基价）	A
工业结构	第二产业在地方生产总值的份额	%	IS
常住人口	年末人口数	10^4	P

---

① 国家发展和改革委员会能源研究所课题组：《中国 2050 年低碳发展之路：能源需求暨碳排放情景分析》，科学出版社，2009 年。

续表

变　量	定　义	衡量单位	符号
城市化率	城镇人口占总人口数比例	%	R
技术水平	万元 GDP 能耗	tce/万元（以 1991 年为基价）	T
能源消费	化石能源消耗	tce	E
CO_2 排放量	化石燃料燃烧带来的 CO_2 排放	10^4 吨	C

（二）Path-STIRPAT 分析

如表 2 所示，所选择的五个自变量对于 CO_2 排放的线性回归是显著的，因此路径分析是有意义的。

表 2　回归变量分析

	df	SS	MS	F	Significance F
回归分析	5	6.8E+07	1.4E+07	838.5	8.0160E−17
残差	14	225790	16127.8		
总计	19	6.8E+07			
R^2	0.997				
Adjusted R^2	0.995				

从表 3 可以看出，影响因素之间存在相关关系，即影响因素之间也会相互影响，对 CO_2 排放量的影响不仅仅是来自因素自身，也包括因素间的协同作用。因此，进行路径分析是追踪 CO_2 排放影响源的必要环节。

表 3　各因素相关系数

	A	*IS*	*P*	*R*	*T*
A	1.000				
IS	−0.921	1.000			
P	0.978	−0.910	1.000		
R	0.985	−0.901	0.958	1.000	
T	−0.927	0.993	−0.917	−0.907	1.000

根据路径系数公式计算各个影响因素的直接路径系数与通过其他因素的间接路径系数以及剩余路径系数，相关系数的分解如表 4 所示，五个影响因素对于北京市 CO_2 排放的直接影响程度大小排序为 $A > IS > R > T > P$，

而对于 CO_2 排放的总影响程度大小排序为 $A > R > P > IS > T$（绝对值）。A 对于 C 的相关系数以及其直接路径系数相对于其他因素来说都较大，但其对于其他因素的间接影响系数都较小，这表明人均地区生产总值对于北京 CO_2 排放的影响主要来自其直接效应。IS 与 R 的直接路径系数较小，但其对于北京 CO_2 排放量的间接影响分别达到－1.1803 和 0.7214，这表明 IS 与 R 对于北京 CO_2 排放量的影响主要来自其通过其他因素的间接影响。同样，P 和 T 的直接影响相对于其间接影响较小，二者对于北京 CO_2 排放量的间接影响总值分别达到 0.8408、－0.6558。

表 4　相关系数的分解

变量	与 C 的相关系数	直接路径系数	间接路径系数				
			A	IS	P	R	T
A	0.996	0.5675	—	－0.1904	0.1638	0.3086	0.1462
IS	－0.907	0.2068	－0.5224	—	－0.1523	－0.2822	－0.1570
P	0.979	0.1675	0.5550	－0.1881	—	0.3001	0.1450
R	0.99	0.3133	0.5589	－0.1863	0.1604	—	0.1434
T	－0.916	－0.1581	－0.5258	0.2053	－0.1535	－0.2841	—

通过计算，剩余路径系数 $P_{uz} = 0.059$ ，这表明剩余影响因素的影响程度只有 5.9%。因此所选择的五个因素是影响北京市 CO_2 排放量的主要因素，具有价格较高的解释能力。

(三)回归方法

采用 PLSR(偏最小二乘回归，partial least squares regression)多元统计分析模型。设有 q 个因变量 $\{y_1, y_2, \cdots, y_q\}$ 和 p 个自变量 $\{x_1, x_2, \cdots, x_p\}$ 。为了研究因变量和自变量的统计关系，观测了 n 个样本的，由此构成了自变量与因变量的数据表 $X = (x_1, x_2, \cdots, x_p)_{n\times p}$ 和 $Y = (y_1, y_2, \cdots, y_q)_{n\times q}$ 。偏最小二乘回归分别在 X 与 Y 中提取出成分 t_1 和 u_1（也就是说，t_1 是 $x_1, x_2, \cdots, x_p$ 的线性组合，u_1 是 $y_1, y_2, \cdots, y_q$ 的线性组合）。在提取这两个成分时，为了回归分析的需要，有下列两个要求：t_1 和 u_1 应尽可能地携带它们各自数据表中变异信息；t_1 和 u_1 的相关程度能够达到最大。这两个要求表明：t_1 和 u_1 应尽可能贴近数据 X 与 Y；同时，自变量的成分 t_1 对因变量的成分 u_1 又有很强的解释能力。

在第一个成分 t_1 和 u_1 被提取后，偏最小二乘回归分别实施 X 对 t_1 的回归以及 Y 对 t_1 的回归。如果回归方程已经达到满意的精度，则算法终止；否则，则利用 X 被 t_1 解释后的残余信息以及 Y 被 t_1 解释后的残余信息进行第二轮的成分提取。如此反复，知道能达到一个较满意的精度为止。若最

终对 X 共提取了 m 个成分 $t_1,t_2,\cdots,t_m$，偏最小二乘回归将通过施行 $y_k(k=1,2,\cdots,q)$ 对 $t_1,t_2,\cdots,t_m$ 的回归，然后表达成 y_k 关于原变量 $x_1,x_2,\cdots,x_p$ 的回归方程。

使用 SIMCA－P 软件对模型进行了偏最小二乘回归分析，得到回归系数如图 1 所示，其中常数项 a 值为 3.573。模型提取了两个主成分，每个成分对于 CO_2 排放量的交叉有效性是 0.98 与 0.55，模型对于 CO_2 排放量的解释能力达到 0.99，精度较高。

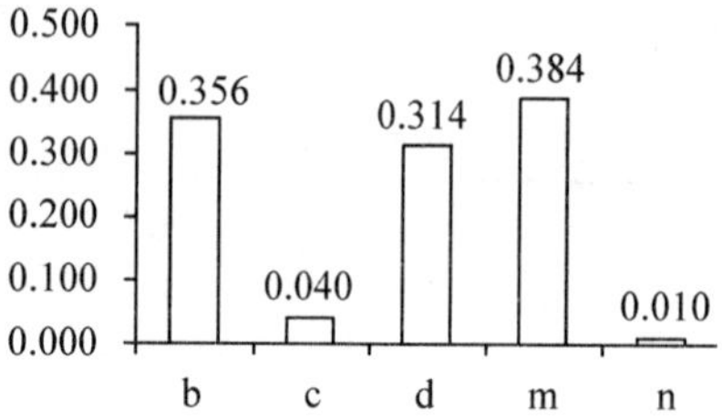

图 1　模型 PLSR 回归系数

（四）自变量与因变量的相关关系分析

在偏最小二乘回归中由于采用成分提取的方式进行建模，因此，可以用 $t_i/u_i(i=1,2,3)$ 平面图来观测 t_i 与 u_i 的线性关系，进而判断自变量和因变量之间的关系，如图 2 所示：

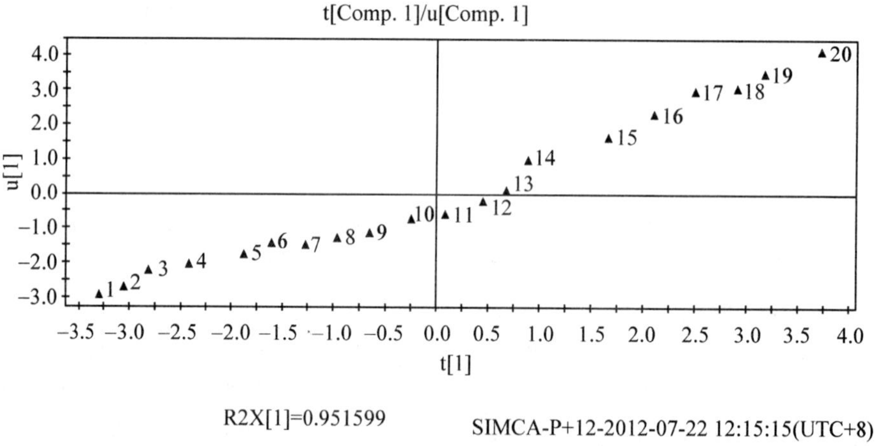

图 2　t_1/u_1 平面图

从图 2 可判断，自变量与因变量存在较强的线性关系，其相关系数 0.982 也证明了这一点。这说明建立线性回归模型是合理的。

（五）自变量在解释因变量时的作用

在 PLS 回归中，变量投影重要性（Variable Importance in Projection，VIP）能更好地反映每个自变量为每个因变量的解释潜力。*VIP* 能显示出每

一个自变量 x_j 对解释因变量集合 Y 的作用。当某一变量显示出一个较小的 VIP 值(小于 0.8 即被认为“较小”①)时，该变量应当考虑删除。VIP 的计算公式如下所示：

$$VIP_j = \sqrt{\frac{P}{Rd(Y;t_1,\cdots,t_m)}\sum_{h=1}^{m}Rd(Y;t_h)w_{hj}^2} \quad (11)$$

VIP_j 表示 x_j 的 VIP 值；p 是因变量的个数；$Rd(Y;t_1,\cdots,t_m)=\sum_{h=1}^{m}Rd(Y;t_h)$ 是累计解释能力；$t_1,\cdots,t_m$ 是变量 X 中提取的成分，是对 Y 的累计解释能力；w_{hj} 是 w_h 的第 j 分量，它用来测量自变量 x_j 表示对构造成分轴 t_h 的边际贡献，$h=1,2,\cdots,m$，对于一个单位轴 w_h 有：

$$\sum_{j}^{p}w_{hj}^2 = w'_h w_h = 1 \quad (12)$$

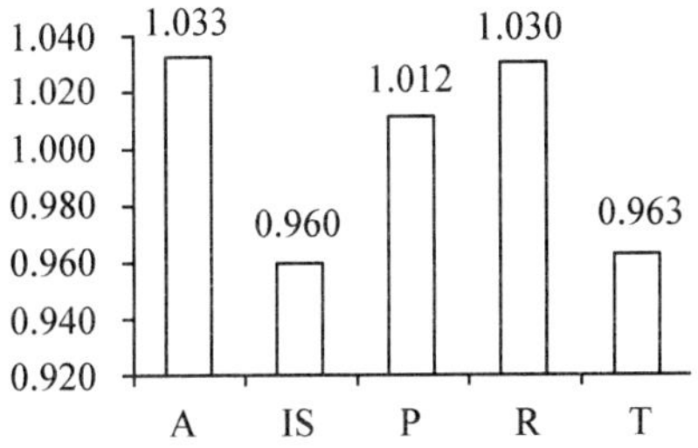

图 3 影响因素的 VIP 值图示

图 3 为每个因素的 VIP 图。人均地区生产总值、工业结构、人口数量、城市化率、技术水平的 VIP 值都大于 0.8，因此，对于北京市 CO_2 排放量的变化影响，每个因素都扮演了重要的角色。

(六) 椭圆图与特异点的发现

图 4 是 T^2 椭圆图，该图是在 t[1]/t[2]平面基础上绘制的，每一个样本点 i 在该图上的坐标为($t_1(i)$，$t_2(i)$)，从而观测样本点在高维空间的分布特征与相似结构。从图 4 可以看出，观测数据不存在异常点。

(七) 模型模拟结果分析

如图 5 所示，CO_2 排放量实际曲线与拟合曲线拟合程度很高，达到 0.98，由此可以看出，模型的拟合效果非常好，且模型基于原始数据具有较强的预测功能。综上所述，所得到的参数估计是有效可靠的。

从图 1 可以看出，A、IS、P、R、T 每发生 1%的变化将分别引起 CO_2 排放量 0.356%、0.04%、0.314%、0.384%、0.01%的变化。图 6—图 10 分别表示每个因素对于北京市 CO_2 排放量的直接与间接的贡献。

---

① 陈希孺、王松桂：《线性模型中的最小二乘法》，上海科学技术出版社，2003 年。

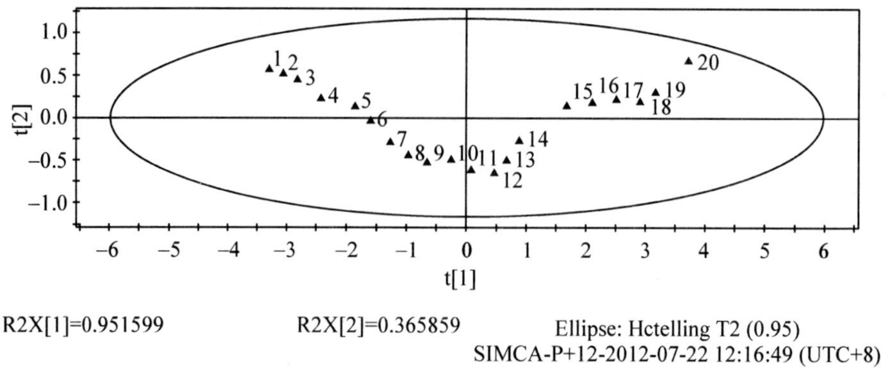

图 4 观测数据的 t[1]/t[2]分布

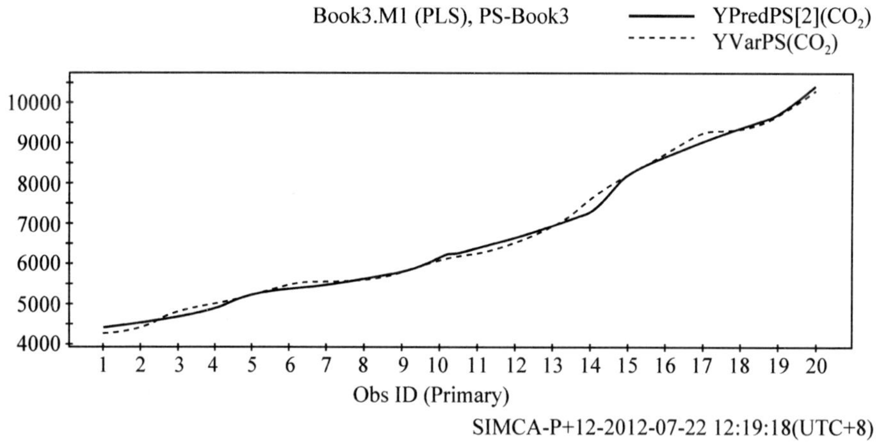

图 5 CO_2排放的实际曲线与预测曲线

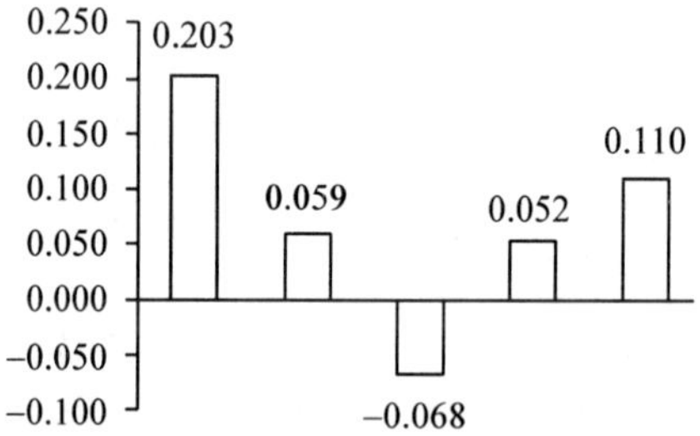

图 6 *A* 的直接贡献以及 *A* 通过 *P*、*IS*、*T*、*R* 的间接贡献

A 对于 CO_2的影响来自自身的直接影响，因素 *A* 的变化对于 CO_2的排放量有较大的正影响，而 *A* 通过其他因素的间接贡献相对于其直接贡献较小，但 *A* 通过 *IS* 的间接贡献为负，即有助于 CO_2的减排；*IS* 对于 CO_2排放的贡献主要来源于其间接贡献，其中，*IS* 通过 *A* 对于 CO_2排放的间接贡

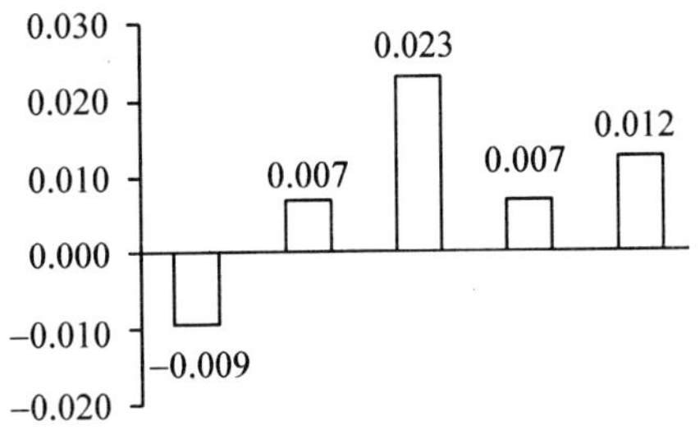

图 7　*IS* 的直接贡献以及 *IS* 通过 *P*、*A*、*T*、*R* 的间接贡献

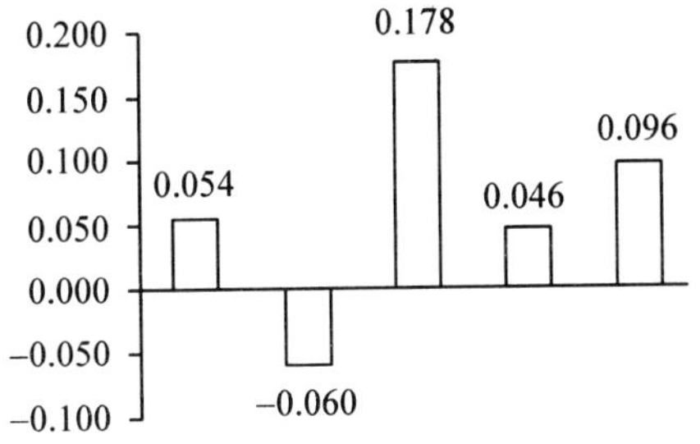

图 8　*P* 的直接贡献以及 *P* 通过 *IS*、*A*、*T*、*R* 的间接贡献

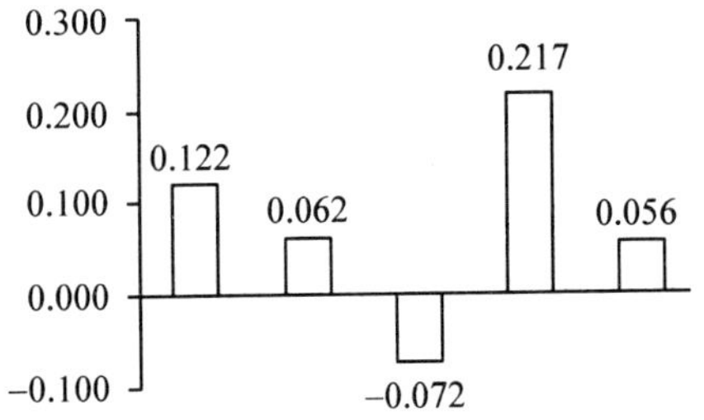

图 9　*R* 的直接贡献以及 *R* 通过 *P*、*IS*、*A*、*T* 的间接贡献

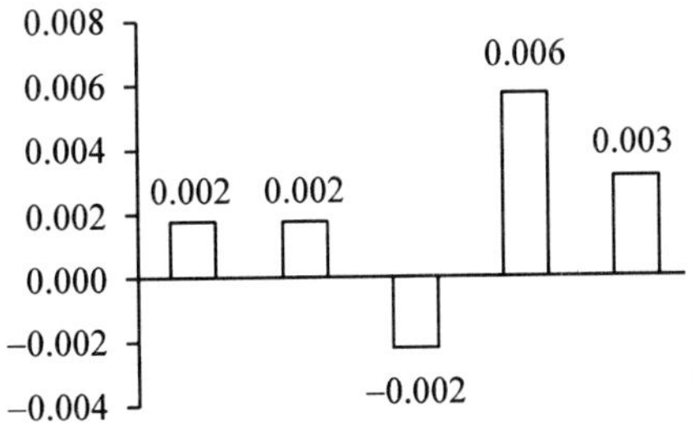

图 10　*T* 的直接贡献以及 *T* 通过 *P*、*IS*、*A*、*R* 的间接贡献

献相对于通过其他因素的贡献来说较大，且其值为正，说明其通过 *A* 将导致 CO_2 排放的增加。人口 *P* 对于 CO_2 排放量的直接影响虽然是正值，但相对于其间接影响来说，直接影响较小，*P* 通过 *A* 所带来的间接影响是所有间接影响中最大的，且将导致 CO_2 排放的增加。而 *R* 对于 CO_2 的排放量带来的直接影响是导致 CO_2 排放的上升，且其值仅次于 R 通过 A 所带来的间接影响。而技术水平 T 对于北京市 CO_2 的排放量的直接贡献是正值，也就是说，随着技术水平的提高，万元 GDP 的能耗量将下降，即有利于 CO_2 的减排，且 T 通过 P、A、R 的间接贡献也是正值，虽然 T 通过 IS 的间接贡献是负值，但总体来说，T 对于 CO_2 减排的贡献是有利的。

通过分析结果可知，其他因素通过 P 与 T 的间接贡献相对于通过其他因素的间接贡献较小，有以下两个原因：其一，近二十年来，人口规模与技术水平一直处于较为平稳的发展状态，与其他因素之间的变化发展不平衡。其二，从路径分析来看，P 与 T 的直接路径系数较小，因此，其他因素通过他们的间接影响相应的也较小。从直接贡献来看，IS 与 T 对于 CO_2 的减排有促进作用，即产业结构变化对减缓北京市 CO_2 排放的增长起到了促进作用，尤其提高技术水平对于北京市来说仍然是节能减排，减少 CO_2 排放的重要措施，能源效率会因为技术水平提高而相应地增长。人均地区生产总值 A 无论是直接贡献还是通过其他因素的间接贡献都是最大的。这表明，推动北京市 CO_2 排放增长的核心因素是经济快速增长，且 A 与其他因素之间的相关系数较高，且其直接路径系数也最大，故其他因素通过 A 的间接贡献也很大。

北京市的城市化率与工业结构是影响 CO_2 排放的两个重要因素，城市化率对于 CO_2 排放的直接影响与直接贡献都较大，故城市化发展进程中应协调经济与环境的关系，全局考虑 CO_2 排放对北京持续发展的负面影响，有效控制 CO_2 排放以实现节能减排任务。关于产业结构，虽然其对 CO_2 排放的直接贡献值并不大，但对于 CO_2 的间接影响较大，因此，应当继续大力发展服务业以及高技术产业这类低耗能高产值的产业。技术水平的提高是北京市 CO_2 减排的最大促进因素，同时，它通过其他因素的间接影响与间接贡献对于 CO_2 的减排也有极大的促进作用。

四、结 语

对 Path－STIRPAT 模型进行偏最小二乘回归得到的结果，阐明了人均地区生产值、人口数量、技术水平、城市化率和工业结构对于北京市 CO_2 排放量的影响，最终得到以下结论：

(1)从分析中明显可以看出，北京市 CO_2 排放量与人均地区生产总值、工业结构、人口、城市化率以及技术水平之间存在高度相关性，并且从 VIP 值可以看出，每个因素对于因变量 CO_2 排放量都有较强的解释能力。

(2)每一个单位 A、IS、P、R 与 T 的增加将会导致 0.235、0.017、0.265、0.451 和－0.075 个单位 CO_2 排放的改变，其中对于 CO_2 的直接贡献为 0.169、－0.005、0.038、0.122、－0.015。

(3)其他因素通过 P 与 T 的间接贡献相对于通过其他因素的间接贡献较小，这是由于 P、T 与其他因素之间的发展不平衡导致这一现象。由于北京市经济发展迅速，增长较快且城市化程度较高，故 A 与 R 对于 CO_2 的直接贡献相对于其他因素较大。技术水平的直接贡献和其他因素通过 T 的间接贡献虽然较小，但其对于 CO_2 的减排是有利的。对于北京市来说，提高技术水平、发展高科技产业仍是最重要的 CO_2 的减排方法。

（作者：邓　娅　日本早稻田大学硕士研究生
谭忠富　北京能源发展研究基地首席专家　教授）

基地名称：北京能源发展研究基地
依托单位：华北电力大学
项目类别：研究基地自设项目

农村居民能源消费类型与结构现状调查①

本课题组于2011年2月初至2012年3月底，针对北京市10个郊区县农村居民家庭生活能源消费情况进行了为期1年的调研。调研采用问卷调查、实地访谈和专项计量相结合的方式进行，共调研、走访了86个行政村1700多户居民；发放问卷1790份，收回有效问卷1757份。本次调查以问卷方式为主，对秸秆、薪柴的调查除问卷外，还辅之以个别计量、称重等方式。通过调研，了解了对北京市农村居民能源消费类型与结构现状，并对农村居民能源消费的影响因素和发展趋势进行了分析。

一、北京居民能源消费类型与结构现状分析

(一)消费类型分析

北京市10个郊区县农村居民生活用能类型的调查结果如表1所示，各类能源使用频度如图1所示，目前北京市农村居民生活用能类型主要包括煤、电、液化石油气、秸秆、薪柴和太阳能，其中电的使用户率最高，达到100%，即所有农村居民家庭都用电；煤的使用户率其次，但最低的区县也在96%以上；液化气的使用户率位居第三，全市平均使用户率为94%；秸秆和薪柴全市平均使用户率分别为38%和34%；太阳能利用情况各区县间差异也较大，使用户率最低的区县为47%，最高的区县达到100%，全市平均为84.6%；沼气的平均使用户率最低，平均不到1%，即每百户家庭中只有不到1户家庭使用沼气。

表1 北京市郊区县农村居民能源消费类型调查统计表

区 县	昌平区	大兴区	房山区	平谷区	顺义区	通州区	怀柔区	延庆县	密云县	门头沟区
发放问卷户数	260	260	120	250	200	180	130	120	150	120
收回有效户数	260	260	113	243	188	173	130	120	150	120

---

① 本文是《北京农村居民能源消费结构现状调查与分析》项目的阶段成果，项目编号：NYJD20110603。

续表

区　县	昌平区	大兴区	房山区	平谷区	顺义区	通州区	怀柔区	延庆县	密云县	门头沟区
统计户数	260	260	113	243	188	173	130	120	150	120
煤使用户数	260	256	113	243	180	171	130	120	150	120
不使用户数	0	4	0	0	8	2	0	0	0	0
合计(户)	260	260	113	243	180	173	130	120	150	120
使用户率%	100%	98%	100%	100%	96%	99%	100%	100%	100%	100%
电使用户数	260	260	113	243	188	173	130	120	150	120
不使用户数	0	0	0	0	0	0	0	0	0	0
合计(户)	260	260	113	243	188	173	130	120	150	120
使用户率%	100%	100%	100%	100%	100%	100%	100%	100%	100%	100%
秸秆使用户数	52	208	15	137	156	64	12	8	94	8
不使用户数	208	52	98	106	32	109	118	112	56	112
合计(户)	260	260	113	243	188	173	130	120	150	120
使用户率%	20%	80%	13%	56%	83%	37%	9%	7%	63%	7%
薪柴使用户数	61	18	77	102	27	36	26	106	72	8
不使用户数	199	242	36	141	161	137	104	14	78	112
合计(户)	260	260	113	243	188	173	130	120	150	120
使用户率%	23%	7%	68%	42%	14%	21%	20%	88%	48%	7%
太阳能使用户数	122	260	68	219	188	144	121	120	110	120
不使用户数	138	0	45	24	0	29	9	0	40	0
合计(户)	260	260	113	243	188	173	130	120	150	120
使用户率%	47%	100%	60%	90%	100%	83%	93%	100%	73%	100%
沼气使用户数	2	0	3	1	0	0	0	5	0	0
不使用户数	257	260	110	235	181	167	126	115	147	118
合计(户)	260	260	113	243	188	173	130	120	150	120
使用户率%	1%	0%	3%	0%	0%	0%	0%	4%	0%	0%
液化气使用户数	256	249	104	226	171	167	119	113	136	112
不使用户数	4	11	9	17	17	6	11	7	14	8
合计(户)	260	260	113	243	188	173	130	120	150	120
使用户率%	98%	96%	92%	93%	91%	97%	92%	94%	91%	93%

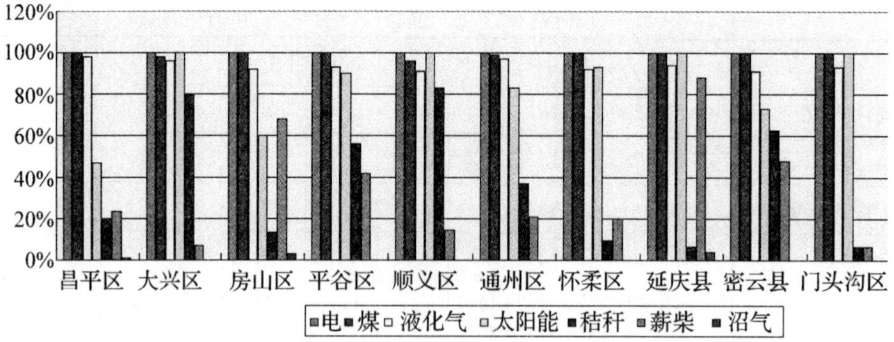

图 1 各区县各类能源使用频度(使用户率%)

(二) 消费用途分析

各类能源消费实际用途如表 2 所示，农村居民冬季采暖主要依靠煤，其次是电。煤采暖主要是家中有老人，或家中长期有人居住的房屋。电采暖主要有两种情况：一是新房，为保持室内环境的清洁采用空调制暖，这种情况多见于年轻人；二是平日在外打工无人居住的房屋，节假日回家休息时房间采用空调制暖。

表 2 能源消费实际用途情况表

区县		昌平区	大兴区	房山区	平谷区	顺义区	通州区	怀柔区	延庆县	密云县	门头沟区
统计户数(户)		260	260	113	243	188	173	130	120	150	120
采暖(户)	煤	260	256	113	243	180	171	130	120	150	120
	电	52	61	44	8	31	23	16	12	33	42
炊事(户)	煤	26	3	68	105	36	171	112	26	34	6
	液化石油气	256	249	104	226	171	167	119	113	136	112
	电	260	260	113	130	144	173	130	120	150	120
	秸秆	12	35	8	81	132	28	8	18	26	8
	薪柴	2	7	6	22	24	14	15	82	56	8
	沼气	2	0	3	0	0	0	0	5	0	0
烧火炕(户)	秸秆	52	208	15	137	156	64	12	8	94	8
	薪柴	61	18	77	102	27	36	26	106	72	8
	火炕用户率%	23%	80%	68%	56%	83%	37%	20%	88%	63%	7%
洗浴(户)	太阳能	122	260	68	219	188	144	121	120	110	120
降温(户)	电(空调)	199	104	12	16	84	92	6	3	56	2
	电(风扇)	231	260	37	243	188	173	130	120	150	109

目前农村多数家庭依然保留有火炕，平均使用户率为53%，即每百户家庭中有53户留有火炕。火炕的主要作用是冬季保温，特别是近年来推出的吊炕，节能且热效率高，深受农户欢迎。

日常炊事用能多以液化石油气和电为主，辅之以煤、秸秆、薪柴和沼气。虽然有多种类型能源可供选择，但近年来农村居民炊事用能依然表现出众多困难。首先，近年来随着城市天然气管道的普遍连通，罐装液化气已流向乡村，这看似为农村居民提供了便利，但价格一涨再涨，使许多农户难以承受；其次，封山造林运动持续经久，山区百姓靠山吃山的传统习俗不得不改变，以往靠上山砍柴做饭的山区居民，如今失去了主要炊事用能源；再次，是平原地区随着蔬菜种植面积的增加，粮食作物耕种面积逐渐减少，特别是玉米耕种面积的大幅度减少，秸秆也越来越少，这也是秸秆作为生活用能逐渐减少的主要原因；最后，沼气虽然是不错的再生能源，但生产沼气需要大量畜、禽粪便，一家一户散养的星点畜、禽难以维持沼气的生产。目前农村居民家庭有沼气池的不少，但真正利用起来的不多。沼气的生产需要规模，且必须形成产业链条。

北京农村居民家庭对太阳能的利用主要限于夏季的太阳能热水器，并且使用时间也仅限于6、7、8三个月，其他时间则赋闲。近年来，门头沟区大力推行太阳能灶，但对太阳能灶的使用多数居民也仅限于做饮用开水。

(三)消费量分析

各区县农户平均每年每户能源消费量调查结果如表3所示。

表3　能源消费量调查结果统计表

区县	昌平区	大兴区	房山区	平谷区	顺义区	通州区	怀柔区	延庆县	密云县	门头沟区	平均
煤(吨/年户)	3.39	2.21	3.98	2.92	1.53	3.02	3.99	3.83	3.62	1.56	3.01
电(度/年户)	1607	1713	2413	603	1392	1951	1923	1570	1729	1614	1651.50
液化气(罐/年户)	10	10	7	8	9	10	7	6	8	7	8.20
秸秆(千克/年户)	146	584	97	514	606	270	84	36	229	24	259
薪柴(千克/年户)	14	4	55	13	6	12	10	97	38	6	25.50
太阳能热水器(平方米/户)	0.84	1.80	1.08	1.62	1.80	1.50	1.68	1.80	1.32	1.80	1.52

沼气因用户较少，每百户家庭中平均使用户数不足1户，且每户的用量也很少，只是在夏季偶尔使用，故不予统计。

从煤的使用量情况看，全市农村每户居民年均用煤量3吨多，其中位于北部山区年均温度较低的怀柔、延庆、昌平等区县用煤量较高，而位于东、南部平原年均温度较高的顺义、大兴等区县用煤量较低。由此可见，煤的主要用途是冬季采暖。

电的使用量全市农户年均为 1652 度/户，主要用于照明、炊事、采暖和制冷等；液化石油气年均每户用量 8 罐多；秸秆年平均每户消费 259 千克；薪柴年平均每户消费 25.5 千克；对太阳能的利用主要是太阳能热水器，目前京郊农村地区使用的太阳能热水器受热面积多为 1.5 平方米—1.8 平方米，本文采用 1.8 平方米计算，平均每户拥有 1.524 平方米太阳能热水器。

（四）消费结构分析

根据国家发改委资源节约和环境保护司、国家标准化管理委员会颁布的《综合能耗计算通则》GB/T2589－2008 的计算方法，将表 3 中能耗数量转换成标煤如表 4 所示，各区县农村居民家庭年均生活能耗在 2200 千克—4300 千克标煤之间，平均为 3370 千克标煤。

表 4　标煤消耗量　　单位：千克标煤

区县	昌平区	大兴区	房山区	平谷区	顺义区	通州区	怀柔区	延庆县	密云县	门头沟区	平均
煤	2418	1581	2844	2084	1094	2157	2851	2732	2586	1116	2146
电	649	692	975	244	562	788	777	634	699	652	667
液化气	270	270	189	216	243	270	189	162	216	189	222
秸秆	77	309	51	272	321	143	44	19	121	13	137
薪柴	8	2	31	7	3	7	6	55	22	3	15
太阳能	101	216	130	194	216	180	202	216	158	216	183
合计	3523	3070	4220	3017	2439	3545	4069	3818	3802	2189	3370

1. 总消费结构分析

京郊农村居民家庭生活用能消费结构和比重如图 2 所示，主要能源是煤、电和液化石油气，三项合计占总消费量的比重达到 90%以上，其中煤的使用量最大，达到六成以上；电占到两成；其他液化石油气、秸秆、薪柴和太阳能热水器合计占两成。

2. 商品能消费量分析

商品能与非商品能消费比例情况如表 5 所示，全市农村居民家庭年均商品能耗占总能耗的比重达到 90%，而非商品能耗只占 10%。商品能耗中煤的消耗比重最大，达到 70.7%；其次是电和液化石油气，分别占总商品能耗的 22%和 7.3%。

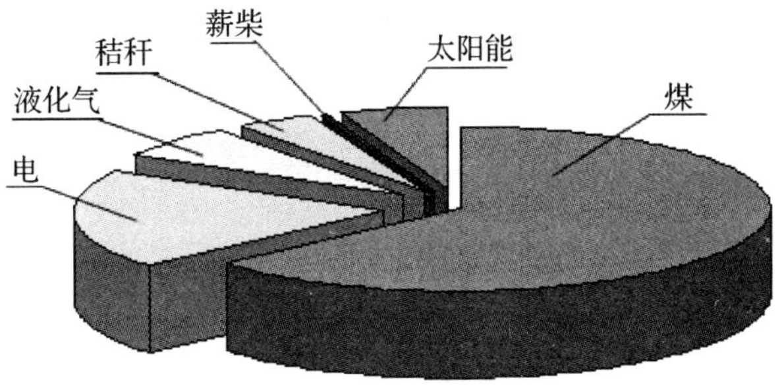

	煤	电	液化气	秸秆	薪柴	太阳能
消耗量	2146	667	222	137	15	183
比重	63.7%	19.8%	6.6%	4.1%	0.4%	5.4%

图 2　能源消费结构图

表 5　商品能与非商品能消费比重表

类别	区县	昌平区	大兴区	房山区	平谷区	顺义区	通州区	怀柔区	延庆县	密云县	门头沟区	合计	平均
商品能耗（千克标煤/年户）	煤	2418	1581	2844	2084	1094	2157	2851	2732	2586	1116	21463	2146
	电	649	692	975	244	562	788	777	634	699	652	6672	667.2
	液化气	270	270	189	216	243	270	189	162	216	189	2214	221.4
	合计	3337	2543	4008	2544	1899	3215	3817	3528	3501	1957	30349	3034.9
	比重%	171%	130%	205%	130%	97%	164%	195%	180%	179%	100%	1551%	90%
非商品能耗（千克标煤/年户）	秸秆	77	309	51	272	321	143	44	19	121	13	1370	137
	薪柴	8	2	31	7	3	7	6	55	22	3	144	14.4
	太阳能	101	216	130	194	216	180	202	216	158	216	1829	182.9
	合计	186	527	212	473	540	330	252	290	301	232	3343	334.3
	比重%	80%	227%	91%	204%	233%	142%	109%	125%	130%	100%	1441%	10%

3. 人均能耗分析

根据本次调研结果，目前农村家庭平均人口为 2.73 人，本研究取整数按每户 3 口人计算，年人均总能耗、商品能耗详细情况如表 6 和表 7 所示，全市各区县农村居民年人均生活能耗在 800 千克—1500 千克标煤之间，其中能耗较高的有房山、怀柔、延庆、密云等区县，能耗较低的有门头沟、顺义、大兴等区县。全市农村居民年人均生活能源消费量为 1234.4 千克标煤，其中商品能消费量为 1111.7 千克标煤，非商品能消费量为 122.5 千克标煤。

表6　各区县农村居民年人均生活总能耗统计表

单位：千克标煤

区县	昌平区	大兴区	房山区	平谷区	顺义区	通州区	怀柔区	延庆县	密云县	门头沟区	人均
煤	2418	1581	2844	2084	1094	2157	2851	2732	2586	1116	2146
电	649	692	975	244	562	788	777	634	699	652	667
液化气	270	270	189	216	243	270	189	162	216	189	222
秸秆	77	309	51	272	321	143	44	19	121	13	137
薪柴	8	2	31	7	3	7	6	55	22	3	15
太阳能	101	216	130	194	216	180	202	216	158	216	183
合计	3523	3070	4220	3017	2439	3545	4069	3818	3802	2189	3370
人均	1290.5	1124.5	1545.8	1105.1	893.4	1298.5	1490.5	1398.5	1392.7	801.8	1234.4

表7　各区县农村居民年人均生活商品能消费表　单位：千克标煤

区县	昌平区	大兴区	房山区	平谷区	顺义区	通州区	怀柔区	延庆县	密云县	门头沟区	合计	人均
商品能	3337	2543	4008	2544	1899	3215	3817	3528	3501	1957	30349	1111.7
非商品能	186	527	212	473	540	330	252	290	301	232	3343	122.5

近10年来有统计数据的京郊农村居民人均商品能消费变动情况如表8和图3所示，京郊农村人均商品能消费量近10年来增长了122%，特别是2004年以后增速较快。

表8　近10年京郊农村居民人均商品能消费变动表

年份	2002	2003	2004	2005	2006	2007	2011
消费量	500	600	600	700	900	1000	1112
定比增量(千克)	0	100	100	200	400	500	612
定比变动(%)	0	20%	20%	40%	80%	100%	122%

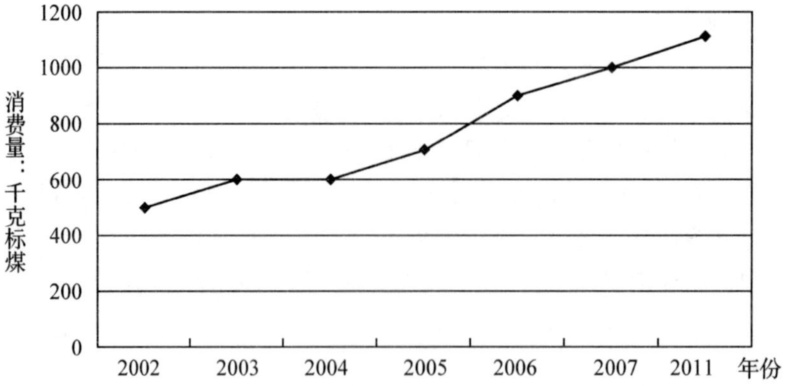

图3　人均商品能消费变动图

二、影响农村居民能源消费主要因素分析

(一)收入增长加大了商品能的消费

近10年来农村居民商品能消费大幅度增长，这与近年来农村居民收入增长密切相关。2004—2011年农村居民个人纯收入增长变动情况如表9所示，2004—2011年的7年中，农村居民个人年纯收入从7172元增长到14736元，增长了7564元，增长率为105%，翻了一番。再结合图4看，自2004年起农村居民商品能消耗大幅度增长，这与收入增长正相吻合，充分说明收入的增加是商品能消费增长的关键因素之一。

表9　农村居民个人年纯收入增长变动情况表

年份	2004	2005	2006	2007	2008	2009	2010	2011
人均纯收入(元)	7172	7860	8620	9559	10747	11986	13262	14736
增加额(元)	0	688	1448	2387	3575	4814	6090	7564
定比增长率%	0	9.6%	20.2%	33.3%	49.8%	67.1%	84.9%	105.5%

资料来源：北京市统计局统计年鉴2005—2011，北京市统计局统计数据发布，2011年12月。

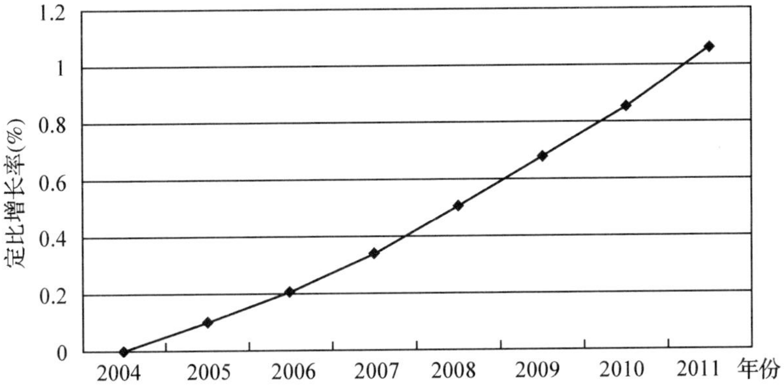

图4　农村居民个人年纯收入增长变动图

(二)居住环境的改善加大了煤的消费

从前面的分析中我们已经看到，各类能源中煤的消费量最大，而煤的主要用途是冬季采暖。近20年来随着农村经济的快速发展，富裕起来的农民对以往低矮、拥挤的住房越来越不满意，因此农村住宅建设进入了更新换代的高峰期。随着新房的落成，采暖设施更加完善，以往只依赖土火炕越冬的农民，现在都纷纷修建了土暖气。根据北京市统计局发布的数据，2009年京郊农村有暖气的家庭是75.3万户，2010年则增加到79.4万户，1

年内增加了 4.1 万户，增长率为 5.5%。居住环境的改善，以及农村居民对舒适、清洁、宽敞环境的追求，自然煤的需求量和消费量呈现大幅度增长态势。

(三)文化素质的提高加大了电的消费

农村居民生活用电是伴随家用电器的增加而增长的，目前农村家庭常用家用电器除电灯、电风扇、洗衣机、电视机、电冰箱等，还包括空调、电饭煲、电磁炉、计算机、电暖器、饮水机等，未来电动自行车、电动摩托车和新能源汽车等也必将逐步进入农村家庭。这些新型家用电器的使用需要观念的更新和改变，而观念的变化是与人的整体文化素质提高密切关联的。因此，随着农村居民文化素质的提高，农村家庭电的使用频度和使用种类还将继续增加，电的消费量自然也会继续增长。

三、农村居民能源消费未来发展趋势分析

(一)人均商品能消费量将持续增长

虽然京郊农村城市化进程推进很快，农业人口数量逐年减少。但预计在近 20 年内，北京市农业人口依然会存在，并随着农村居民收入的增长和文化素质的提高，商品能消费依然会持续增加。通过预测，我们基本上可以了解和掌握未来商品能消费增长变动情况。

对京郊农村居民人均商品能消费量进行预测，可为政府未来能源发展规划和能源科研战略的制定提供依据。本研究选取 1998—2007 年农村居民人均商品能消费时间序列数据，采用趋势外推法，模拟京郊农村居民商品能消费变动趋势，对北京市 2002—2020 年农村居民年人均商品能消费量进行预测，其结果如表 10 所示。

表 10　2012—2020 年北京市农村居民年人均商品能消费量预测值

年份	2012	2013	2014	2015	2016	2017	2018	2019	2020
预测值(千克标煤)	1165	1220	1275	1330	1385	1440	1495	1550	1605

变动趋势如图 5 所示，到 2020 年京郊农村居民年人均商品能消费量将达到 1650 千克标煤。

(二)非商品能消费量将持续减少

京郊农村的非商品能类型主要包括秸秆、薪柴、沼气、太阳能等。其中，传统非商品能主要是秸秆和薪柴。30 年前的京郊农村，居民平日做饭、冬季烧火炕采暖等，平原地区基本上都使用秸秆，山区多为薪柴。改革开放 30 年来，一方面是农村居民收入的增长，生活环境得到根本改善，依靠秸秆、薪柴烟熏火燎的原始生活方式逐渐被农村居民所抛弃，造成非商品

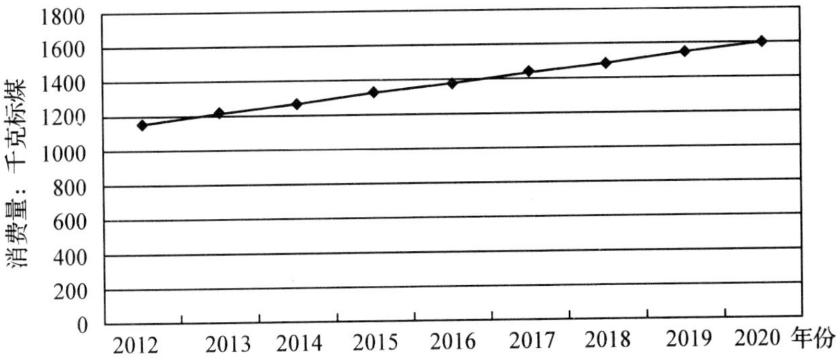

图 5　2012—2020 年北京市农村居民人均商品能消费变动趋势图

能消费大幅度减少；另一方面是农作物，特别是玉米种植面积的大幅度减少，可供使用的秸秆已所剩无几。尤其是山区，退耕还林、封山造林更使得农村居民既无秸秆可用，也无薪柴可砍。

本课题组在对顺义区高丽营镇张喜庄村进行调研时，对被调查的 20 户居民中进行了能源偏好访问，具体结果如表 11 所示。

这个拥有 540 户 1388 人的大村，耕地面积 2900 余亩，而其中粮食作物面积不足 900 亩，大部分耕地种植蔬菜、水果及其他经济作物。从表 11 可以看到：村民在选择能源类型时，愿意使用的能源有煤、电、液化石油气以及太阳能(热水器)；不愿意使用的能源类型有秸秆、薪柴、太阳灶及沼气。在进行能源类型排序时，有 13 户居民首选了煤，所占比重为 65%；5 户居民首选了电，所占比重为 25%；2 户居民首选了液化石油气，所占比重为 10%。列为前 5 项的能源类型为：煤、电、液化石油气、太阳能热水器、薪柴。

表 11　能源类型偏好调查统计表　　单位：户

能源类型	愿意使用	不愿意使用	首选类型	第二类型	第三类型	第四类型	第五类型
秸秆	0	20	0	0	0	1	8
薪柴	0	20	0	0	0	1	10
太阳能热水器	18	2	0	0	0	18	2
太阳灶	0	20	0	0	0	0	0
沼气	2	18	0	0	0	0	0
煤	20	0	13	6	1	0	0
电	20	0	5	11	2	0	0
液化石油气	20	0	2	3	17	0	0

该村有个别家庭建有沼气池，但已多年不用。大家对沼气池并没有多少反感，搁置的共同原因主要是：一是麻烦；二是秸秆、畜禽粪便短缺，产气量不足。薪柴的使用只限于烧火炕，做饭基本不用。薪柴的来源主要是近年来农村拆迁比较多，从建筑垃圾场捡拾得，没有农户专门购买。村里秸秆的数量极为有限，尤其是玉米秸秆，多数情况下是作为青储饲料使用，目前已成为农村的“稀罕物”，根本轮不到烧火做饭。

在对昌平区流村镇瓦窑村进行入户访谈时了解到：这个位于京郊西北部的纯山村，自 2009 年起全部退耕还林，8900 多亩的村域以及 12000 多亩土地，除住宅外全部被植被覆盖。全村 535 户 1365 口人除少量果树枝杈可供使用外，主要能源是煤和电。

对太阳能的利用，目前最为普遍的方式是太阳能热水器，不仅解决了农村居民夏季洗澡问题，更为太阳能合理利用奠定了基础。从目前非商品能发展形势看，太阳能利用应该具有良好前景。

综上所述，随着秸秆、薪柴数量的递减，非商品能利用仍会持续减少。

四、研究结论

通过调研得到以下结论：

(1)从能源消费类型看，目前京郊农村居民生活用能主要类型为：煤、电、液化石油气、太阳能(热水器)、秸秆、薪柴等。其中煤的消费量最大，其次是电、液化石油气。

(2)从能源消费结构看，目前京郊农村居民生活用能结构为：煤 63.7%，电 19.8%，液化石油气 6.6%，秸秆 4.1%，薪柴 0.4%，太阳能热水器 5.4%。其中商品能消费量占 90%，非商品能消费量占 10%。

(3)从能源消费用途看，采暖主要能源是煤，其次是电；炊事主要能源是液化石油气，其次是电，再次是煤；秸秆和薪柴用于火炕；太阳能的利用主要是夏季热水器。

(4)从人均商品能消费水平看，近 10 年来京郊农村居民人均商品能消费量持续增长，2011 年人均为 1112 千克标煤，较 2002 年增长了 122%。

(5)从能源消费影响因素看，农村居民收入的增长、居住环境的改善以及文化素质的提高，都是能源消费量增加的主要影响因素。

(6)从能源消费发展趋势看，农村居民人均商品能消费量仍将持续增长，预计到 2020 年人均年商品能消费量将达到 1065 千克标煤。同时，非商品能消费量将会持续减少。

(7)从太阳能利用情况看，目前京郊农村对太阳能的利用主要是太阳能热水器，并受到普遍拥戴，而太阳能灶及其他利用方式还不普遍。

(8)从沼气利用情况看，一家一户的沼气池不能成为未来发展方向，而发展规模化沼气，特别是沼气的工业化生产，并形成畜禽养殖、沼气生产、沼气利用、沼肥归田的良性循环和完善的沼气产业链，则应是未来发展方向。

（作者：张超英　北京能源发展研究基地研究人员　副教授）

北京新农村建设研究基地

（北京农学院）

基地名称：北京新农村建设研究基地
依托单位：北京农学院
项目类别：研究基地自设项目

"一城两区百园"建设发展战略研究报告[①]

一、研究背景

改革开放以来，我国现代农业科技创新日新月异，现代农业科技园区作为农业科技创新的重要载体，实现了突飞猛进的发展，快速提升了我国农业现代化发展水平。本研究系统总结了我国现代农业科技园区发展的历程、取得的成就，提出了农业科技园区发展存在的问题，指明了现代农业园区发展的趋势，为我国现代农业科技园区未来的创新发展奠定了基础。

(一)我国农业科技园区发展历程

农业科技园区是适应我国农业和农村经济发展新形势而出现的一种新型生产经营方式。从20世纪90年代中期开始，农业科技园区在我国迅速涌现并发展起来，呈现波浪式发展过程。结合已有的研究成果，本研究将其发展历程大体分为开创探索阶段(1994—2000年)、稳步推进阶段(2001—2005年)、快速发展阶段(2006—2009年)和整合提升阶段(2010年至今)。

2012年年初，为贯彻中央1号和6号文件精神，科技部启动"一城两区百园"工程，即北京现代农业科技城、杨凌国家农业高新技术产业示范区、黄河三角洲国家现代农业科技示范区以及120个国家农业科技园区，(简称"121工程")。同年7月12日，科技部会同北京、陕西、山东在杨凌签署了协同创新结盟协议。"一城两区百园"工程，是建设国家科技创新体系的重要举措，是探索中国特色现代农业发展模式的重要途径，标志着国家农业科技园区进入了一个新阶段。

(二)我国农业科技园区发展现状

截至2011年年底，我国各级各类农业科技园区规模以上的数量在5000家以上，其中国家农业科技园区由科技部牵头分四批认定共73家。经过十年的建设与发展，农业科技园区在引进推广农业新品种新技术、促进农业产业升级、拓展农业功能、带动农业增效和农民增收等方面发挥了重要的

① 本文是《"一城两区百园"建设发展战略研究》项目的最终成果。

作用，对引导我国现代农业与农村经济发展、探索现代农业发展新模式有显著的示范带动作用，正日益成为农业科技成果转化基地、企业孵化基地、产业优化示范基地、农民技术培训基地。

1. 取得的成效

(1)促进农业科技成果的转化与孵化；(2)推动农业产业化与区域经济发展；(3)带动农民就业和增收。

2. 存在的问题

(1)区域发展不平衡；(2)园区项目雷同、产业趋同现象普遍；(3)创新与带动能力有待加强；(4)体制机制仍需完善。

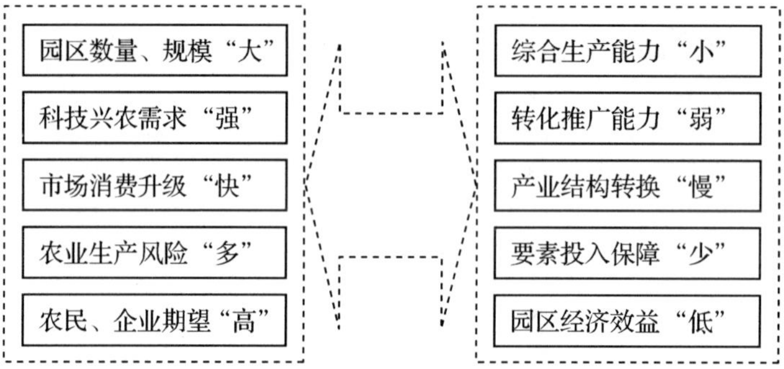

图 1　园区发展存在的五大矛盾

(三)我国农业科技园区的发展趋势

我国农业科技园区的发展趋势表现为：规模扩大化、技术导向化、功能区域化、产业体系化、建设规范化。

农业科技园区对我国农业科技创新、现代农业发展起到了重要的推动作用，园区功能的变化呈现由生产展示向产业开发转变，由单一示范向集成创新、统筹城乡发展转化，由注重社会效益向综合效益转化。但随着土地资源日趋匮乏，资金、信息、科技、物流等关联要素在支撑农业发展中的日趋活跃，农业科技园区面临着新的挑战，园区存在的诸多问题导致园区综合发展能力与快速发展的经济社会步伐、农业科技创新发展间的矛盾愈加明显，亟待一种新方式、新机制、新体系、新模式的出现。“一城两区百园”的构建则成为探索这一模式的重大突破点，是推动农业科技园区发展的创新性举措，是建设国家科技创新体系的重要举措，是探索中国特色现代农业发展模式的重要途径，将对我国现代农业创新发展发挥重要作用。

二、“一城两区百园”的建设框架

“一城两区百园”中的“一城”指北京国家现代农业科技城，“两区”指杨凌农业高新技术产业示范区和黄河三角洲高效生态农业示范区，“百园”指遍布全国的农业科技园区。"一城两区百园"是我国农业生产力发展到一定阶段的必然产物，是在我国进入新时期对农业生产关系的重新调整。

(一)"一城两区百园"建设的战略意义

"一城两区百园"建设机制从行政、产业、科技、金融、信息等领域开展国家层面现代农业科技创新的顶层设计，以"城"、"区"、"园"为创新载体，推动创新资源要素的跨区域整合与协作，实现园区优势互补，提升园区整体发展水平和带动能力。

(二)"一城两区百园"的功能特征

1. 一城：国家创新服务中心

依托首都独特的政治、经济、科技、文化优势，国家现代农业科技城将围绕高端服务、总部经济研发、产业链创业、先导示范四大功能建立"一城两区百园"的国家创新服务中心。"一城"的主要功能有：

(1)农业高端服务功能。围绕农业科技创新和涉农龙头企业发展的需求，围绕国家农业科技园区产业提升、经济提升带动和示范的需要，为企业和社会提供产权交易、期货交易、管理咨询、投融资服务、科技保险、现代物流、会展交流、高端人才培养等服务，建设成为高端服务中心。利用首都信息服务资源优势，通过互联网、物联网服务体系，建立"一城"与"两区"信息互动机制，推动"两区"信息化社会化农村科技服务体系建设。

(2)总部研发功能。瞄准世界农业科技高端，集聚国内外优势农业科技创新资源，通过引进国内外企业、科研院所和高校在农科城建立总部研发机构，促进各类农业科技资源要素的整合、集成与共享，进行技术创新、产品开发及产业化应用研究。

(3)产业链创业功能。国家现代农业科技城围绕全国农业产业链建设的科技需求，以经济实体为载体，将科技、信息、管理、资本等生产要素植入产业链若干环节，通过龙头企业产品创新和高端人才创业推动农业产业链细分和延伸，推动法人科技特派员在"两区"创新创业，建立分支机构及生产基地，形成以法人科技特派员创业为核心的产业链，并吸引社会主体在产业链扩张中创业、就业，为全国农业产业提升提供科技引领和服务。

(4)先导示范功能。国家现代农业科技城瞄准农业高端，以成果应用为重心，从贴近产业、融入市场的角度，以"1＋N"模式(围绕一个品种，展示簇团技术)实现先进科技成果在国家现代农业科技城的集成创新和转化应用。通过网联各省市国家农业科技园区，以成果对接和产业互动的形式向全国辐射推广。

2. 两区：区域集成示范中心

包括以产学研一体化推进现代农业科技创新为主要特征的杨凌农业高新技术产业示范区和以生态高效农业创新发展为主要内容的黄河三角洲高

效生态农业示范区，两区(或更多区域)具有强烈的区域性特征，区域特色优势明显，现代农业发展的针对性较强，具有优越的自然资源条件，聚集大量的现代农业企业的优势，在“一城两区百园”中承担集成创新、先行示范、创业就业三大功能：

(1)集成创新功能。两区在发展中已经或者正在积聚大量的有实力的现代农业企业，它们是现代农业集成创新的主体，能够有效集成各种要素，推进各种要素的优化组合，产生“1＋1＞2”的集成效应。

(2)先行示范功能。两区直接服务具有显著区域特征的农业发展模式，现代农业科技成果的应用、推广具有广阔的市场腹地。围绕区域特点，以突破区域农业发展中存在的资源、技术、制度、组织等瓶颈，有重点的探索科技创新转化为现实生产力的优化方式，将先进的科技成果、模式不断地辐射、扩散到其他地区，带动区域现代农业和经济快速发展。

(3)创业就业功能。两区能够为现代农业创业就业搭建平台，通过一系列的专题活动和推介活动，与国内外的研究机构、团体和个人建立广泛联系，吸引国内外的技术力量进驻园区，并不断培育和组建创新创业团队。

3. 百园：产业创业辐射中心

“百园”分布在全国各地，通过完善的软硬件环境，吸引人才要素聚集，推动产业主体建设，对地区性现代农业发展起到强大的技术示范和产业引领作用，推动当地产业快速发展。“百园”主要功能有：

(1)技术示范功能。

百园在利用人才、技术优势开展科技创新的同时，更加重视技术向生产力的转化。通过创新园区技术推广模式，形成园区＋试验基地，园区(＋合作社/企业)＋农户等多种方式，形成试点示范，推动新技术、新品种的应用和推广。

(2)产业带动功能。

百园发展与当地经济发展具有紧密的联系，园区发展所依托的核心技术，将成为园区企业所从事的主营业务，通过不断的示范和带动，最终将推动该产业纳入地方经济体系，成为地方经济发展的重要产业。

(3)就业带动功能。

现代农业园区的发展紧密围绕园区主导产业，发挥创业孵化作用，带动当地相关产业的发展，形成产业链创业的格局，不断拓展产业发展空间，开展规模化经营，吸纳大量当地劳动力就业，增加农民收入，推进城乡统筹发展。

(三)“一城两区百园”的全价值链构建

本课题提出“一城两区百园”全价值链的概念，即是贯穿于“一城两区百园”体系内、外价值链系统中价值再造和价值转移全过程的一个集合体，是一个价值链不断解构与重构的动态过程，其目的是构建一个可以创造出最大综合价值的现代农业全产业价值链。

"一城两区百园"体系充分体现了协同创新理念，旨在重构现代农业科技创新体系和现代农业产业创新体系，由 8 个价值链组成(如图 2 所示)。

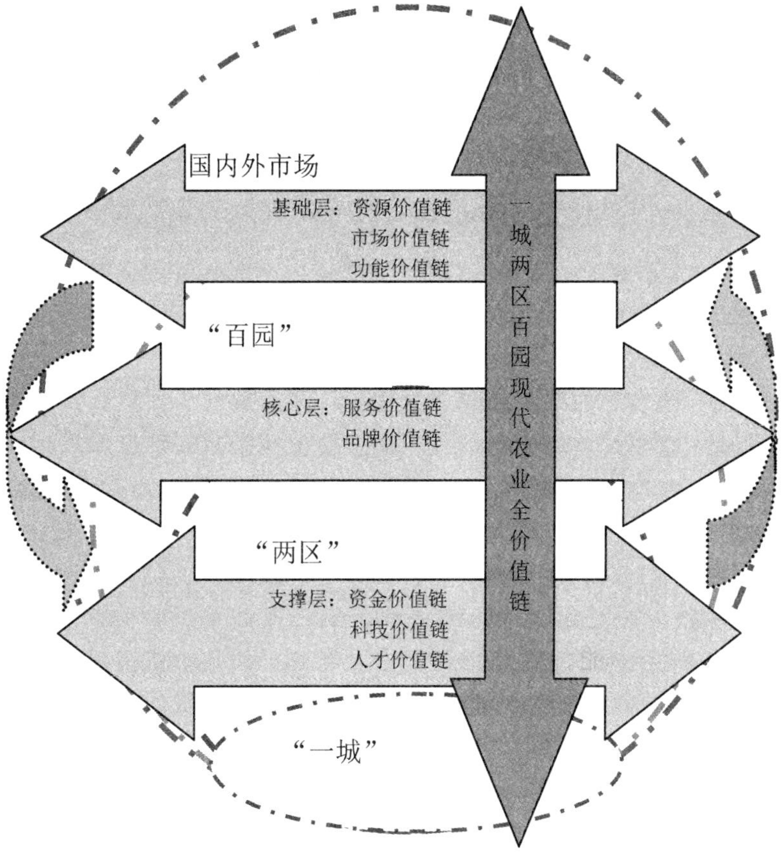

图 2 "一城两区百园"现代农业全价值链结构图

1. 资源价值链

资源不可能自发产生任何价值，它只有经过从业者有目的地利用、开发、管理、经营，才会在生产活动中产生价值。资源价值链通过对不同区域资源的不断利用、开发、转变、盘活、整合、创造等活动，从而形成一个完整、可持续的资源整合价值链。

2. 市场价值链

以市场需求为导向是"一城两区百园"可持续发展的基础，从某种角度来说，"一城两区百园"需要接受市场的考验，不具备市场价值的园区是没有意义的。市场价值链是指通过政策引导、机制创新、服务平台建设，来共享市场，扩大产品和服务的市场份额，从而拓宽市场价值链。

3. 功能价值链

功能价值链是指将“一城”作为国家创新服务中心、“两区”作为区域集成示范中心、“百园”作为产业带动中心的功能结合起来，形成一个复合多功能型价值链。通过良好高效的运作机制，最大价值地发挥功能融合价值。

4. 服务价值链

服务价值链是“一城两区百园”的核心价值链，是“一城”供给产权交易、科技保险、期货交易、管理咨询、投融资服务、现代物流、会展交流、高端人才培养等高端服务过程中所形成的价值增值。

5. 品牌价值链

品牌价值链是指“一城百园两区”的构建，在从科技创新、服务创新到产业发展中能获得更强劲的品牌效益，赢得更多的收益，提高我国现代农业的市场竞争力和国际竞争力。

6. 资金价值链

资金是产业发展的核心支撑要素之一，产业发展中使资金价值最大化是保证产业可持续发展的内生动力。资金价值链是指在产业发展中有效地投融资，最大化地盘活资金存量、提高资金使用率以及加快流动资金周转的一个动态的循环过程，即利用最少的资金，获得最大的经济回报。

7. 科技价值链

科技是第一生产力，是催生产业创新与变革的重要驱动力，科技创新与产业的融合是实现产业转型升级的必要渠道。科技价值链是指农业科技成果从“一城”或“两区”到“两区”或“百园”转化为产品和服务所形成的价值增值。

8. 人才价值链

资源的盘活、技术的创新、资本的增值、产业的升级等都离不开人才的支撑，因此如何将人才价值最大化已成为产业生存与发展的核心战略思考。人才价值链是在“一城两区百园”中从人才培养到人才输送、从农业科技人才到经营管理人才，从农民培训到现代化新型农民培育所构成的完整的人才价值链。延伸人才价值链，形成多层次的复合型农业人才是园区和我国现代农业可持续发展的关键。

“一城两区百园”现代农业全产业链由八大要素构成，共分为三个层次。其中，资源价值链、市场价值链、功能价值链是系统中的基础层；品牌价值链、服务价值链是系统中的核心层；资金价值链、科技价值链、人才价值链是系统中的支撑层。三大子系统间相互作用、相互影响，构成一个复合的全价值链体系。

三、“一城两区百园”发展战略体系

“一城两区百园”是科技部贯彻 1 号文件的创新举措，这一体系的不断完善和发展，将对重构我国现代农业科技创新体系、形成更加高效的现代农业科技创新格局具有非常重要的现实意义。研究在深入分析我国现代农业科技创新现状格局的基础上，根据存在的问题和发展的趋势，结合该战略体系的功能定位，提出并构建了“123456”的“一城两区百园”创新发展的战略体系(见图 3)，为推进战略的实施，增强战略的可操作性奠定了基础。

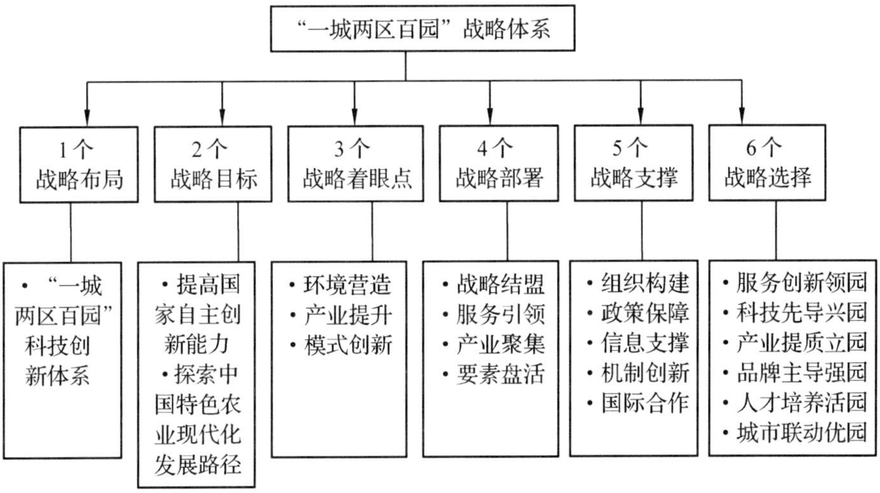

图 3 “一城两区百园”战略体系

四、“一城两区百园”联盟机制

提出了以园区为载体，以产业链创新为核心，以联盟为主要形式的“一城两区百园”推进机制，构建了“一城两区百园”的结盟框架，提出开展结盟的主要形式和主要内容，为“一城两区百园”推进现代农业创新发展提供有力支撑。

(一)联盟机制框架

创新战略结盟协议的主要内容：一是加强行政结盟，实现政策联动和共享；二是开展投资管理结盟，提高农业科技协同创新资源配置效率；三是加快信息结盟，构建现代农业信息服务体系；四是牵头实施种业科技特派员创业专项行动，发展现代种业；五是搭建国际合作交流共享平台，共同推进农业科技国际合作。

(二)结盟方式

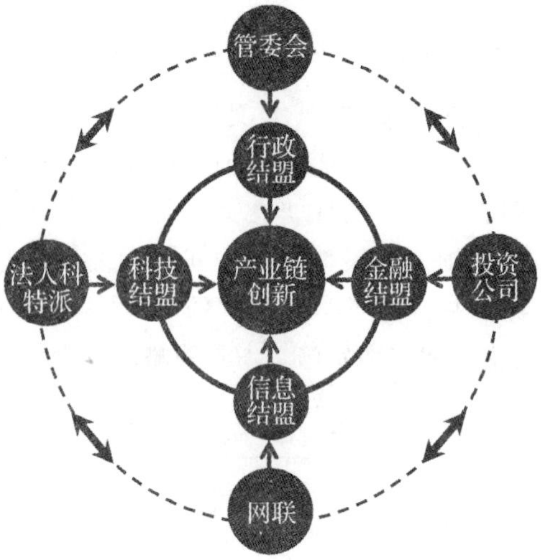

图 4 “一城两区百园”结盟机制示意图

1. 行政结盟

(1)建立高层会商机制；(2)加强政策联动共享；(3)落实督导工作机制；(4)形成校企合作机制。

2. 金融结盟

(1)成立投资管理公司；(2)设立投资管理机构；(3)形成投资基金群；(4)建立金融服务平台。

3. 信息结盟

(1)建立信息网联机制；(2)构建现代农业信息服务体系；(3)建立种业信息服务平台。

4. 科技结盟

(1)明确种业结盟发展；(2)加强农业科技自主创新；(3)建立产业合作网联；(4)开展科特派创业行动；(5)搭建国际交流平台。

五、“一城两区百园”发展模式

“一城两区百园”是我国现代农业科技创新发展的新生事物，没有成型的经验可循。在“一城”、“两区”和“百园”各自的建设和发展过程中，对园区建设与功能发挥开展了积极的探索和实践，积累了丰富的经验，初步形成了各自的发展模式。研究系统总结了“一城”、“两区”和“百园”发展的模式和路径，为在更高水平上推进现代农业园区的创新发展奠定基础。

(一)北京国家现代农业科技城创新服务模式与途径

1. 北京国家现代农业科技城的驱动模式

(1)建设目标。面向世界，立足首都，服务全国，构建起利于现代服务要素聚集和创新创业体制和机制，搭建国际化农业科技创新和综合服务平台，努力研发和转化一批国际领先的农业科技成果，孵化一批具有全球影响力的农业创新型企业，培养和聚集一批优秀法人科技特派员，培育一批战略性新兴产业，通过5—10年建成逐步将其建设成为全国农业科技创新中心和现代农业产业链创业服务中心。

(2)战略体系。现代农业服务体系、科技创新体系、现代化生产体系、产业化经营管理体系。

(3)驱动模式。科技创新带动、龙头企业带动、改革开放带动。

2. 北京国家现代农业科技城"一城多园"布局

(1)"一城"；(2)"多园"；(3)"五中心"。

3. 北京国家现代农业科技城的引领途径

(1)形成农科城与国家农业科技园区的网联；(2)实现农科城面向全国的直接服务；(3)搭建农科城国际交流与合作的平台；(4)服务现代农业，引领新农村建设。

(二)"两区"区域集成示范模式与途径

1. 杨凌农业高新技术产业示范区

(1)示范区政策保障：①产业政策；②金融政策；③企业政策。

(2)主体定位与发展模式：①政府：杨凌模式是主要推广途径；②大学："一体两翼"创出农业推广新天地；③园区：农业科技核心示范基地；④农高会：农业示范推广展会平台；⑤媒体：创建农业科技示范推广基地；⑥企业：建立自己的科技推广体系。

(3)发展方向：①加强创新平台建设，建设开放式的旱作农业技术创新基地；②加强服务平台建设，为园区的创新企业提供有效支撑；③加大对示范区引进高端人才的支持力度；④大力发展农村信息化，建设社会化农业科技推广服务体系；⑤围绕定位与园区建设，强化体制机制创新。

2. 黄河三角洲国家现代农业科技示范区

(1)运行机制：园区建设确立了"1+1+N"机制，形成了"政府搭台、企业运作"的建设发展格局。

(2)驱动模式：①打造核心区农科研发基地；②建设创业园现代农业产业基地；③培植高效生态农业示范集群；④吸引高科技项目落户。

(三)"百园"带动模式与途径

"百园"以其相对于区域内其他地区特有的科技、信息、人才、资金等先进生产要素为基础，以"一城两区"为平台，通过示范先进技术应用、先进模式运营带动周边区域现代农业科技创新和现代农业产业发展。

六、“一城两区百园”建设的对策建议

“一城两区百园”战略联盟是一项艰巨而又复杂的历史任务，其发展要面临着很多困难和挑战，不会一蹴而就，需要采取切实有效的措施，化解矛盾、破解难题，实现各地区、各园区之间实质性的战略合作，促进农业科技协同创新，促进区域社会经济发展深度合作。建议如下：

（一）“一城两区百园”建设要上升到国家战略层面

建议由国务院牵头组建领导小组，负责协调解决工作中的重大问题，以进一步强化“一城两区百园”间的结盟机制，推进协同创新，建立政府主导、市场化运作、企业化管理的运行机制，抓好“一城两区百园”联盟的建设和管理工作。

（二）实施“一城两区百园千企万户”工程

为确保“一城两区百园”战略全面推进，实施“一城两区百园千企万户”工程。通过实施“一城两区百园千企万户”项目，建立一批优势农业企业，富裕广大农民，以“一城”带“两区”，以“两区”促“百园”，以“百园”强“千企”，以“千企”富“万户”，最终实现我国“一城两区百园千企万户”的现代农业产业链和价值链连接、网格化和规模化发展的创新格局。

（三）尽早制订中长期规划，明确阶段任务

制订《“一城两区百园”联盟发展五年规划》，规划要具有战略性、全局性、整体性和可操作性，为后续的建设和管理工作指明方向。

（四）组建专家服务团队，强化战略支撑

以“一城两区百园”创新服务联盟为依托，与涉农国家工程技术研究中心结合、与涉农产业联盟结合、与国家（省）重点实验室结合、与农业部现代农业产业技术体系结合，组建技术研发、推广团队、投资顾问委员会。

（五）建立园区协同创新激励机制

坚持引导性、奖励性和稳定性支持方向，出台“一城两区百园”优惠及激励政策。对园区之间协同开展资源配置、产业创新、研究开发、成果转化等环节，给予持续稳定的支持，确保协同创新计划持续推进；在园区项目申报、资金使用、人员调配上予以优先支持；发挥地方政府的主导作用，建立地方投入和支持的长效机制，确保“一城两区百园”发展战略实施。

七、结论与展望

(一)结论

1. 我国农业科技园区发展已经进入发展的关键时期

在新的历史时期，园区面临新的挑战，发展中存在的诸多问题愈加明显，亟待一种新理念、新机制、新模式、新措施的出现。

2. “一城两区百园”是我国农业生产力发展到一定阶段的必然产物

“一城两区百园”是我国农业生产力发展到一定阶段的必然产物，是在我国进入新时期对农业生产关系的重新调整，是不断变化与动态发展的。通过采用现代化的经营管理和运作模式，建设农业科技协同创新平台，构建全国范围的现代农业全价值链，推动农业科技园区可持续发展，推进中国特色农业现代化建设，为建成小康社会提供强有力的支撑。

3. “一城两区百园”实现了现代农业产业的全价值拓展

采用价值链的战略研究方法，确立“一城两区百园”的战略定位体系。以资源价值链、市场价值链、功能价值链为基础子系统，以品牌价值链、服务价值链为核心子系统，以资金价值链、科技价值链、人才价值链为支撑子系统，三大子系统相互作用、相互影响，构成“一城两区百园”的全价值链体系。以资金、技术与人才为主要内容的支撑子系统，是农业产业可持续发展的保障。以品牌价值链、服务价值链为主的核心子系统是推动现代农业产业提升与发展的关键因素，是保障支撑子系统高效运转的决定因素和联结基础子系统与支撑子系统的纽带，是推动农业全价值全面提升的战略性系统。因此，必须重视现代农业产业链构建中对服务价值链和品牌价值链的延伸和拓展，贯通整个价值网络，以期达到农业产业价值最大化。

4. “一城两区百园”是推动我国农业科技园区发展的有效途径

“一城两区百园”的总体战略体系包括：“1 个战略布局、2 个战略目标、3 个战略着眼点、4 个战略部署、5 个战略支撑、6 个战略选择”，即构建“一城两区百园”科技创新体系，实现提高国家自主创新能力、探索中国特色农业现代化发展路径两大战略目标，着眼于环境营造、产业提升、模式创新，重点做出战略结盟、服务引领、要素盘活、产业聚集四大部署，通过组织构建、政策保障、信息支撑、机制创新、国际合作，重点实施服务创新领园、科技先导兴园、产业提质立园、品牌主导强园、人才培养活园、城市联动优园六大战略。通过行政结盟、金融结盟、信息结盟、科技结盟“四位一体”的结盟机制，实现农业产业链创新，推动“一城两区百园”协同创新。

(二)展望

1. “一城两区百园”将推动我国农业科技园区可持续发展

“一城两区百园”将通过体制机制创新，实现企业园区和科技园区的结合、市场行为和政府行为的结合，降低交易成本和机会成本，实现规模经济与范围经济，从而进一步推动我国农业科技园区可持续发展。

2. “一城两区百园”将率先探索出一条中国特色农业现代化发展路径

“一城两区百园”以农业科技创新、农业服务创新引领现代农业发展，在不断打造创新链和创业链中实现农业科技成果转化，真正实现传统农业向现代农业的根本转变。必然转变农业“弱势产业”的性质，和以二、三产业为龙头的大中城市的发展路径相类似，“一城两区百园”正在积极探索一种以农业资源为核心，推动区域经济发展、推进城乡统筹发展的中国特色农业现代化道路。

3. “一城两区百园”将会为建成全面小康社会提供全方位的支撑

“一城两区百园”不论从布局上讲，还是从功能上讲，将形成政府、企业、科研机构和高等院所、各类团体组织、各类型人才、广大农户共同参与，以科技带动、产业带动、服务带动千家万户增收致富的新局面。通过建立农业科技成果的转化应用、新技术集成创新和应用示范基地，将孵化和培育一大批科技型农业龙头企业，推进农业产业化进程；培养一大批新型农民，拓展农民就业渠道，提高农民增收能力，从经济增长、农民增收、统筹城乡发展等多层次，为建成全面小康社会提供全方位的支撑。

（作者：史亚军　北京新农村建设研究基地研究人员　教授
黄映晖　北京新农村建设研究基地研究人员　副教授
唐　衡　北京新农村建设研究基地研究人员　副教授
徐广才　北京新农村建设研究基地研究人员　讲师）

基地名称：北京新农村建设研究基地
依托单位：北京农学院
项目类别：研究基地自设项目

"7·21"特大暴雨灾害对沟域经济发展的启示与对策①

2012年7月21日，房山区遭受特大强降雨侵袭，对山区基础设施、生态工程、产业项目等造成了严重破坏，给人民群众的生产、生活造成严重影响。同时，也给今后沟域经济发展提供了深刻的教训和宝贵的经验。

一、受灾情况

"7·21"特大暴雨具有降雨量大，历时时间长、雨量集中，破坏力巨大等特点，房山区成为本次暴雨的重灾区。强降雨集中于房山山前地带，径流发展迅速，山区沟域地区成为本次暴雨受灾的重中之重，经济建设与社会发展受到严重冲击。

(一)山区发展遭受巨大损失

截止到7月27日的灾情统计，房山区十四个山区乡镇受到暴雨及积水、山洪和泥石流等次生灾害的影响。因灾转移人口7624户，共计35998人，沟域内基础设施损毁严重，路、沟、桥、渠、电等设施所受破坏随处可见；居民生产生活受到严重影响，部分民房倒塌，农田、果园、鱼塘、养殖场受到严重破坏。据不完全统计，暴雨及次生灾害累计造成直接经济损失近44亿元。

(二)基础设施遭到严重损坏

山区基础设施较为薄弱，在暴雨面前，遭到了严重的破坏。暴雨共冲毁道路67.9万平方米，冲毁桥梁198座，冲毁街道220.2公里，排洪沟474公里、堤堰121.2公里，被毁电线杆1503根，线路195公里，路灯1560盏。基础设施的损毁给抗灾救灾和灾后恢复造成了巨大的困难，部分灾区至今道路尚未完全恢复。

(三)居民生活受到严重影响

暴雨及其衍生灾害对居民生活造成了严重的影响。据统计，暴雨共造

① 本文是《"7·21"特大暴雨灾害对沟域经济发展的启示与对策》项目的最终成果。

成20036户住宅和992户商户被淹，10930所房屋被冲毁，1520辆车辆被冲毁，居民直接经济损失惨重。此外，基础设施、生产和生活设施的损毁给居民生活增添了新的困难。目前大量居民正陆续入住临时安置房。

(四)产业经营遭受巨额损失

山区是房山区沟域经济和都市型现代农业发展的重点区域。此次暴雨灾害对各项产业都造成了巨大的损失。大田和粮经作物受灾面积达12.7万亩，蔬菜8906亩，冲毁果树88.3万棵，材树46.1万棵，77.8%的畜牧养殖场遭到水淹，养殖动物损失达27.3万头(只)；作为沟域内的特色产业，渔业养殖遭到重创，淹没鱼池面积达686亩，池塘鱼损失达146.7万公斤，沟域产业经营损失巨大。

(五)沟域建设受到很大冲击

灾害不仅损害了沟域设施，破坏了产业发展基础，还对在建的部分节点工程造成了严重破坏，其中最严重的是张坊中国·仙栖谷沟域。该沟域2012年被市政府列为重点建设沟域，经过前半年的持续建设，仙栖谷沟域在生态环境、基础设施、产业发展上取得了初步的成效。但由于暴雨引发山洪，沟域内的金鸡岭生态观光园、七彩庄园、月亮湖等节点工程部分受到不同程度的损坏，造成直接经济损失5000万元。

(六)生态环境遭到局部破坏

这次历史罕见的特大暴雨，造成了山洪、泥石流、塌方、山体滑坡等多种次生自然灾害，对多年以来的生态建设成果造成了严重的破坏。部分山区植被被毁，山体重新裸露，霞云岭乡霞云岭村沿途短则间隔三五百米，长则几公里，就会出现崩塌和山体滑坡痕迹，曾经肆虐过的泥石流，给青山留下一道道伤口。

二、深刻教训

(一)思想麻痹缺乏警惕，对突发灾害估计不足

思想麻痹是造成损失的最大人为因素。山区连年缺水，很多河流都已经断流，特别是北沟的大石河流域，已经断流多年。沿河的群众失去了对洪水的警惕性。一些道路、旅游设施、厂房、农业生产设施建在河道上，还有的地方河道已经变成了农田，挤占了河道，阻碍了洪水的迅速下泄，造成了巨大经济损失。沟域建设过程中，个别建设在河道内的旅游休闲工程，虽然也预留了溢洪道，但是却对洪水流量估计严重不足，因此被洪水毁坏，造成大量损失。

(二)山区基础条件脆弱，抵御灾害能力有待提升

房山区山区、半山区面积广布，一是山区给基础设施建设带来很大的不便，造成基础设施建设与平原区相对较差；二是山区经过多年的生态建设，虽然取得了很大的成绩，但受到地质地貌等基础因素的影响，生态环境仍然较为脆弱，仍然存在较多的灾害形成基础；三是灾区居民生活水平、信息化条件相对落后，对突发自然灾害缺乏及时有效的应对措施。这些因素造成了山区基础条件具有较强易损性，抵御突发自然灾害的能力还有待提升。

(三)河道行洪能力减弱，流域管理亟待加强

河道变窄行洪能力减弱，是导致灾害严重的重要原因。从损失严重程度分析，房山区前脸山区自北向南青龙湖北车营沟、城关东西沙河、周口店车场和黄山店沟、大石窝三岔沟、张坊大峪沟及东官上沟由于河道狭窄，行洪能力减弱，小区域遇到短时强降雨，水没出路，必然顺势乱冲，致使前脸山区乡镇损失最大，并殃及下游平原镇村，部分新农村道路、房屋、桥涵等基础设施和农业产业受损。加之部分干部群众防洪观念日益淡化，应急避险能力普遍偏低等，造成重大损失。

(四)部分产业发展无序，应急避险设施缺乏

面对突发自然灾害，部分产业发展项目遭到巨额损失，但也要清醒地看到，有一个项目由于规划合理、选址科学、设计得当、运行有序，并未受到严重影响。如南窖燕山绿谷·丰饶之角沟域内的重要结点，金杏湾红酒庄园项目并没有因为这场大暴雨受到影响。相反部分园区一方面由于违规占用河道进行生产经营活动，在灾害发生时，遭受巨大损失；另一方面，农业园区，特别是旅游景区，在规划设计中，缺乏应急避难场所、缺乏灾害应对预案和应对设施，导致了不能及时处置和应对突发灾害。

科学总结造成房山区山区严重灾害和损失的深刻教训是为了山区未来进一步的科学发展。虽然山区在此次灾害面前遭到了巨大损失，但是也不能忽视长期的山区建设取得的巨大成绩，山区建设的成果在灾害发生时起到了减缓灾害影响、减轻灾害损失，避免了更大范围伤亡的积极作用，并为沟域灾后重建和未来发展打下基础。

一是沟域生态建设提升了水土涵养能力，减轻了灾害破坏损失。近10年来，房山区加大了资源型产业关停力度，实施以恢复植被、畅通河道、环境整治为重点的生态修复工程。近10年来，完成流域治理56条662平方公里；关闭煤矿139家、非煤矿山482家；矿山植被恢复2万亩；绿化造林14万亩。生态环境持续改善，为降低灾害损失，战胜洪涝灾害奠定了坚实基础。

二是沟域产业发展夯实了灾后恢复能力，奠定了灾后重建基础。山区依托山水资源优势，发展了以都市型现代农业为主的特色产业集群，如休闲农业、农家乐、休闲渔业、生态旅游等新兴产业形成了良好的发展基础，虽然这些产业在灾害中受到严重冲击，但是都市型现代农业具有很强的生命力，能够在灾区重建中发挥重要的积极作用。

三是生态移民搬迁确保了生命财产安全，避免了更大范围伤亡。1994年至2011年，山区半山区累计完成搬迁8537户，28030人。搬迁新居没有出现任何人员和财产损失，原搬迁旧址有多处受到山洪、泥石流滑坡等灾害威胁，如不搬迁将会造成不可估量的损失，险户搬迁政策给群众生命和财产安全带来了实实在在的好处。

三、重要启示

(一)必须坚持沟域建设、合理开发的发展思路

从沟域受灾及灾后恢复的长远发展来看，沟域经济仍然是今后推动山区发展的核心模式。“7·21”特大暴雨灾害历史罕见，部分工程因为设计缺乏科学性，遭到破坏，也在所难免。但是只要设计科学、选址得当是可以减少或避免灾害的损失。因此，不能因为灾害受损就否定过去沟域建设的成果。沟域经济发展模式是对山区建设经验成果的科学总结，是山区经济发展的有效模式，有效促进了产业融合，改善了生态环境，推进了民生发展，也为山区更加从容地面对重大自然灾害奠定了基础。因此，未来发展中要更加推进沟域经济发展，不断提升沟域建设的科学化水平。

(二)必须坚持以人为本、人地和谐的核心观念

沟域开发不仅有利于区域经济和社会的发展，也有利于改善山区居民的生产生活，是一项重要的惠民工程。从此次灾害的影响看，沟域开发和建设必须坚持以人为本，将山区群众的生命和财产安全放到第一位，继续开展险区移民搬迁；必须坚持遵循自然规律的基本原则，杜绝违法、违章开发建设、破坏生态环境的行为，科学规划产业发展、持续优化人口布局，进一步推进山区人与自然的和谐发展。

(三)必须坚持生态优先、有序推进的建设方略

良好的生态环境是沟域发展的重要屏障。此次灾害的深刻教训给我们的启示：一是要坚持生态优先，必须将生态建设放在经济和社会发展的首要位置，要加强山区生态建设和环境保护，明确生态安全屏障建设在山区发展中的优先地位；二是要积极推动生态环境由“被动保护”向“主动建设”转变，加大山区生态环境脆弱区的巡查力度，推进山区生态建设的科学化水平，着力构建山区生态安全屏障。

(四)必须坚持科学协同、刚性执行的规划理念

此次灾害暴露了部分产业发展侵占泄洪通道的问题，反映了产业发展与生态发展之间的矛盾。给我们的启示：第一，必须要科学合理地制定产业发展规划和生态保护与建设规划，使之成为产业发展与生态建设的纲领性文件；第二，要加强规划之间的协同与沟通，推进规划的科学协调，避免规划之间的相互抵触；第三，要深入推进发展规划的刚性执行，严格按照规划开展产业发展和生态建设，严格禁止产业发展侵占生态用地，促进二者同步发展。

(五)必须坚持毫不松懈、务实创新的管理机制

防灾减灾涉及政府管理的方方面面，需要多个部门协调配和，不断创

新管理机制。一是毫不放松对灾害的警惕性，各级政府和部门必须时刻紧绷防灾减灾这根弦，在自然灾害易发时段及时作出预防和警示；二是明确责任，明确各个管理部门对灾害预防的管辖范围，确保防灾、减灾、救灾有序开展；三是创新管理，在明确责任的前提下，加强各部门之间的协调配合，尤其是明确生态管理、用地管理和流域管理的职责范围，联合开展山区自然灾害防治。

(六)必须坚持预防为主、防治结合的科学方针

自然灾害防控是一项长期而艰巨的任务，来不得半点松懈，必须坚持预防为主，防治结合的科学方针。一是要科学制定山区防灾减灾规划，采用最先进的技术手段，完成山区生态环境脆弱性摸底工作，提高生态建设与险区搬迁的科学化水平；二是要创新设立山区地质灾害和河道管理巡查制度，确保对山区险区做到提前预防，对各类违法侵占河道、破坏生态的行为做到有效治理。

四、主要对策

(一)深入开展主体功能区划，加大生态建设投入

主体功能区划是国土空间开发的战略性、基础性和约束性规划，对于推进形成人口、经济和资源环境相协调的国土空间开发格局，加快转变经济发展方式，具有重要战略意义。主体功能区划明确区域主体功能定位和差别化区域政策实施，确立重点开发区、优化开发区、限制开发区和禁止开发区。房山区生态环境较为多样，山区面积广布，建议开展主体功能区划，明确各类开发区的范围，确立沟域开发的优先顺序，推进房山沟域经济的科学有序发展。

(二)完善沟域建设评估体系，加强配套设施建设

沟域系统是一个复杂的系统，沟域开发建设需要综合考虑到人口、资源、环境和经济发展的问题。对沟域开发而言，一是要科学评估山区环境承载力，山区生态存在着一定的人口和经济承载力，一旦容纳量超越了承载力，将造成生态压力过大而发生退化。因此，必须科学合理确定山区生态承载力，合理开展沟域建设。二是完善项目建设安全配套体系建设，沟域范围内，要根据人流的密集程度，科学设置安全救助设施，如核心景区附近设置安全疏散点和紧急避难处，在灾害发生时，确保游客的人身安全。

(三)创新建设沟域巡视制度，科学开展资源管理

沟域建设涉及区域发展，政府必须将其纳入统筹管理，不断创新管理方式和制度，科学开展沟域建设管理。一是开展沟域生态与资源保护巡查，对山区沟域内的植被覆盖、河道、矿区等生态保护与建设的重点区域开展定期和不定期巡查，及时纠正违法违章事件，及时开展生态恢复建设。二是加强沟域基础设施巡查，对沟域内道路、管道、沟渠等基础设施开展积极巡查，确保其功能有效发挥。三是加强沟域建设项目巡查，依据产业发展规划和生态规划对沟域内的产业发展项目开展巡视和指导，促进各类项目合理有序建设。

（四）扎实推进基础设施建设，增强抵御灾害能力

此次洪灾，受损最严重的就是沟域内的道路、桥梁、电力、通信等基础设施，暴露出山区沟域基础设施薄弱的问题，也反映出现有基础设施不能满足防灾、救灾的需要。因此，必须进一步推进山区沟域地区基础设施建设。一是要加强农业基础设施的修复和建设，特别是要抓紧农田基础设施、良种繁育设施、畜禽圈舍、温室大篷的建设恢复，尽快恢复灾区的生产能力。二是要高标准、严格要求地开展一批基础设施建设工程，要提高工程建设防洪防灾标准，通过对山区“水网、电网、路网、绿网”及能源、通信等基础设施的建设，夯实发展基础。三是基础设施建设要充分考虑到防灾的需求，如道路建设还要考虑到救灾的需要，景区大型绿地建设必须要考虑到应急避难的需求，增强山区的灾害抵御能力。

（五）加快推进移民搬迁安置，减缓潜在灾害损失

山区险区移民在此次灾害中发挥了巨大的作用，使大量的人财物免于损失，这是对房山区近年来实施的生态修复工程的巨大肯定。但也要清醒看到，山区资源型产业导致的生态失衡局面没有根本扭转，部分山区生态失衡导致土壤侵蚀、水土流失加剧，甚至危及群众生命财产损失的灾害事件仍有可能再次发生。因此，要进一步加快山区险区人口搬迁进程，降低山区生态脆弱地区的人口压力，加大生态环境修复建设力度，最大限度地降低可能发生的灾害损失。

（六）加大灾区重建支持力度，推进沟域全面恢复发展

灾害过后的山区面临着恢复重建的艰巨任务，经济、社会和生态建设需要重新起步。一是要加大灾区重建支持力度，促进灾区迅速恢复生产。山区沟域地区经济发展基础薄弱，灾损严重，恢复起来难度比较大。因此要加大对山区沟域经济恢复生产和灾后恢复重建的扶持力度，建议采取一些特殊的扶持政策，加大财政、金融支持力度，促进灾区生产尽快恢复。二是要灾后重建要将都市型现代农业发展和新农村建设紧密结合起来，特别是要科学规划、统筹考虑。比如农业基础设施、农业生产服务体系、农村建房等，都应该统一规划，与都市型现代农业发展、新农村建设相协调。

（作者：史亚军　北京新农村建设研究基地研究人员　教授
徐广才　北京新农村建设研究基地研究人员　讲师
黄映晖　北京新农村建设研究基地研究人员　副教授
唐　衡　北京新农村建设研究基地研究人员　副教授）

北京市知识管理研究基地

（北京信息科技大学）

基地名称：北京市知识管理研究基地
依托单位：北京信息科技大学
项目类别：北京市哲学社会科学"十二五"规划项目

北京知识服务业精益运营模式研究①

21世纪是知识经济时代，也是服务经济时代。知识经济与服务经济在国民经济中发挥着重要作用。经济合作与发展组织（OECD）认为知识服务业是技术及人力资本投入密度较高、附加值大的服务行业，能促进知识的产生、传播与使用，促进创新系统的良性发展，提高现有产业（包括农业、制造业以及服务业本身）的附加值，取得竞争优势。国家"'十二五'发展规划纲要"提出要加快发展现代服务业，把推动服务业大发展作为产业结构优化升级的战略重点。而现代服务业的发展关键在于发展信息、科技、金融、教育文化等知识密集型服务业（Knowledge-Intensive Business Services，KIBS），即知识服务业。大力发展知识服务业，是我国加强经济实力的重要战略，是经济增长的新引擎。本研究将知识服务业组织定义为以提供知识服务为主要产出的组织，它是现代服务业提高竞争力的关键。

由于我国知识服务业起步晚、基础差、基数小等原因，目前大多数知识服务业组织人力资源和知识管理的水平较低，制约了组织本身和知识服务业整体的发展。知识服务业组织内部一般都不同程度地存在知识管理流程效率低下、管理环节存在严重能力浪费、管理和运作成本过高、技术平台落后、人力资源管理水平低下等问题，加之外联不够，虚拟合作较少，整个知识服务业的产业化和科技水平都比较低，与发达国家和地区相比具有明显的发展劣势。因此，正确认识知识服务业组织的运营规律、优化其组织管理流程、降低运营成本、提高其运营绩效，是我国经济发展所面临的重大现实问题。

本课题在北京市哲学社会科学规划办公室和北京市教育委员会社科计划资助下，根据北京市发展知识服务业现状、发展趋势及特点，基于精益思想，构建知识服务业组织精益运营模式，提出实施对策，对提高北京知

① 本文是《北京高端服务业精益运营模式研究》项目的阶段成果，项目编号：12JGB024。

识服务业组织效率与效益，从而提高北京知识服务业发展水平具有重要实际意义。

主要研究内容包括：

一、从组织运营特点对知识服务业组织进行分类

从组织运营特点对知识服务业组织进行分类可以更好地提高服务组织效率与效益。Sundbo(1998)在 SI4S 报告中剖析了服务业创新中的定制化与标准化特征，根据服务生产的标准化程度，将服务企业的生产方式分为"标准化"、"模块化"和"定制化"生产方式。Tether 等(2001) 也根据企业所提供服务的标准化程度的差异，将服务业分为四类。完全标准化服务，企业的收入全部来自于标准化服务；高度标准化服务，企业收入的 2/3 以上来自于标准化服务；高度定制化服务，企业收入的 1/3 以上来自于标准化服务；完全定制化服务。在"标准化"生产方式下，服务开发流程更加接近传统制造企业的创新过程模式，服务提供商与客户间互动程度相对较低。在"定制化"生产方式下，服务开发涉及大量的专门化创新，服务提供商与客户之间需要保持密切的交互作用。在"模块化"生产方式下，服务提供商与客户之间的互动程度介于"标准化"和"定制化"之间。总体上看服务生产方式的标准化程度与其客户互动程度并行的，如图 1 所示。

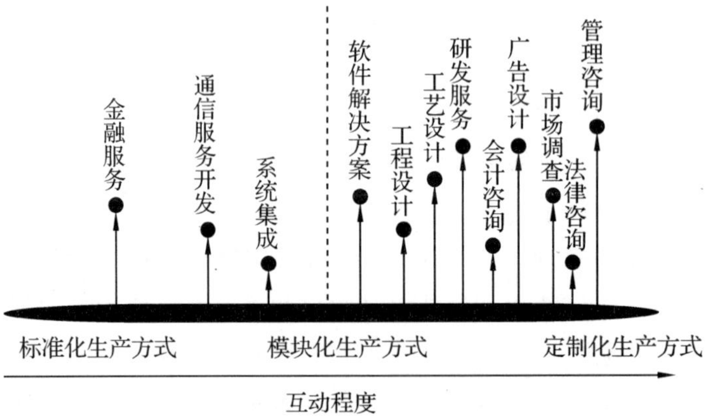

图 1　不同 KIBS 行业的互动程度

基于知识服务业组织与其客户之间互动程度的不同，结合我国国民经济行业分类(GB/T4754－2002)，知识服务业组织可分为："标准化运营模式组织"、"模块化运营模式组织"、"定制化运营模式组织"，如表 1 所示。

表 1　四种性质不同的知识服务业组织

<table>
<tr><th colspan="3">知　识　服　务　型　组　织</th></tr>
<tr><td rowspan="14">标准化服务方式
⇩
定制化服务方式</td><td rowspan="4">金融服务组织</td><td>银行</td></tr>
<tr><td>证券</td></tr>
<tr><td>保险</td></tr>
<tr><td>其他金融服务</td></tr>
<tr><td rowspan="3">信息与通信服务组织</td><td>电信和其他信息传输服务</td></tr>
<tr><td>计算机服务</td></tr>
<tr><td>软件</td></tr>
<tr><td rowspan="4">科技服务组织</td><td>研究与试验发展</td></tr>
<tr><td>专业技术服务</td></tr>
<tr><td>工程技术与规划管理</td></tr>
<tr><td>科技交流和推广服务</td></tr>
<tr><td rowspan="3">商业服务组织</td><td>法律服务</td></tr>
<tr><td>咨询与调查</td></tr>
<tr><td>其他商务服务</td></tr>
</table>

从表 1 中看出，从上往下，即从金融服务组织到商业服务组织，知识服务方式逐渐由标准化服务方式向定制化服务方式转变，知识服务型组织与客户之间的互动程度也逐步加强。这种分类方法与实践结合得更加紧密，也有助于体现不同性质的知识服务型组织之间运营模式的差别。

二、提出精益服务的“五种浪费”

针对精益生产的“七种浪费”，基于精益思想，提出精益服务的“五种浪费”作为精益运营模式分析的基础。

精益服务可以概括为根据市场的状况，围绕顾客的需求，消除产品服务的全过程中的浪费，降低成本，提供更加完美的服务。精益服务是以满足顾客需求为核心的，从企业整体赢利性出发，通过快速响应和及时反馈，动态掌握顾客变化的需要后，经过一系列服务能力、服务质量和服务补救的运作，实现低成本、高效率和高顾客满意度，达到顾客保留的目的。精益服务中的浪费大体可以分为五种：

(一)服务设计浪费

服务设计浪费是指服务的设计出现浪费，没有反映顾客的需求，产生了不需要的多余功能。精益服务是围绕顾客的需求服务的，当然服务设计的时候也要围绕着顾客的需求。如果出现了顾客并不需要的功能，就形成了服务设计浪费。

(二)服务提供浪费

服务提供浪费是指服务的过程存在着瑕疵由此而造成的服务浪费。服务提供的浪费有可能出现返工的情况，导致服务过程的进度减慢，最终成为一种服务的浪费状况。

(三)服务能力浪费

服务能力浪费是指服务的过程中能力没有被充分利用，从而形成了过剩的能力。相对于精益生产的零库存，精益服务强调的也应该是适时的服务，充分利用自身的能力。没有被充分利用的能力就是过剩的能力，这样就造成了服务能力的浪费。

(四)服务流程浪费

服务流程浪费是指服务流程设计的复杂，最终造成低效率的工作。有一些程序可以省略、替代、重组或者合并。存在与总体进度及工作精度无关的不必要的程序，造成最终的工作效率低下。

(五)服务等待浪费

服务等待浪费是指服务的过程中出现服务人员或是顾客的等待的现象。这是由于工作人员技术不足，服务效率低下，上游工作延误，下游工作人员便会出现无事可做的情况；设备发生故障，工作人员等待也出现劳逸不均的现象。服务的程序烦琐，服务的顾客数目有限，使得一些顾客需要等待服务，这同样也是一种服务等待浪费。

三、构建知识服务业精益运营体系

知识服务业精益运营体系如图 2 所示。

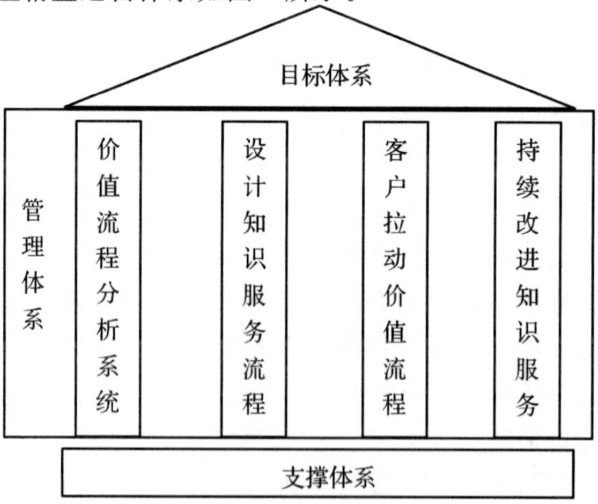

图 2　知识服务业精益运营体系

(一)知识服务业组织精益运营目标体系

企业是以收益的持续增长和成本的有效控制为目的的，知识服务业的特殊性决定了其组织目标应包括知识的持续有效积累和创新；另外，企业的盈利最终都要归结为顾客的有效保留。因此，知识服务业精益运营模式的最终目的就是在实现企业知识价值增值的同时，尽可能地保留顾客。杜斌等(2010)在对精益服务体系的研究中，将知识服务业精益运营目标体系划分为三个子目标，我们在三个子目标的基础之上细化出六个三级子目标，如图 3 所示。

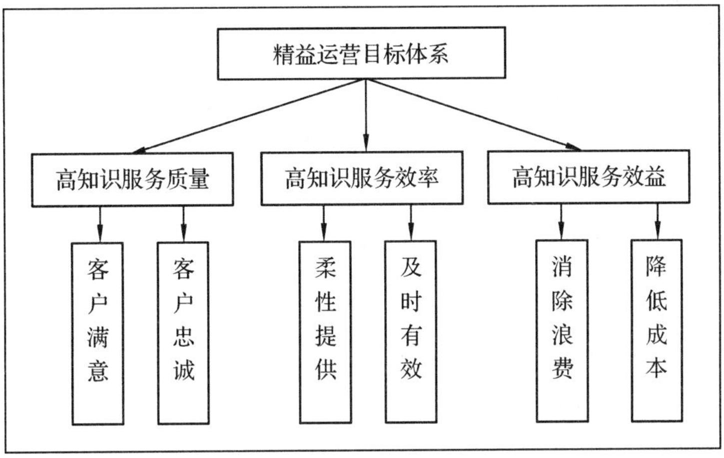

图 3　精益运营目标体系

(二)知识服务业组织精益管理体系

1. 分析识别知识服务价值流程

知识服务价值流程可分为知识获取阶段、知识使用阶段、知识生成及存储阶段和知识传播阶段等四个阶段。因此在知识获取阶段可具体分析与客户的交流是否充分，向客户搜集的知识服务信息是否充分等；知识使用阶段具体分析知识服务人员、组织管理是否有序，知识服务流程是否具有高效率等方面；知识生成及存储阶段应重点关注组织的学习能力与企业内部知识积累的有效性；知识传播阶段可具体分析购买服务后投诉渠道的通畅性、消费后客服的跟踪接触程度、口头宣传的奖励等。从而提高整体的知识服务价值。

2. 设计高效的知识服务流程

高效率的知识服务流程可以减少客户不必要的等待，能够尽快给客户以决策性答复，在知识服务的标准化、熟练度、顾客化等方面给客户留下正面的印象，最终影响知识服务价值。因此，高效的知识服务流程的设计应该综合考虑知识服务标准化程度、与客户交互程度的不同等因素，对知识服务提供方式进行划分，从而更有针对性地设计知识服务业不同行业的精益知识服务流程。

3. 客户拉动知识价值流程

由于知识服务的生产和消费是同时进行的，如果知识服务需求相对于知识服务提供能力不足，结果将导致知识服务人员和资源闲置。知识服务需求的波动性等问题，给在动态环境中管理知识服务业的管理人员提出了很大的挑战。知识服务企业可以通过更好地协调知识服务供给与需求来提高知识服务能力实用率，通过使用主动和被动的方法来调节需求，降低知识服务需求周期性的变化。

4. 持续改进以创造尽善尽美的知识服务

精益服务体系、业务流程设计和修正、实施的指导思想等都是从满足顾客需求为核心的，该体系从企业整体赢利性出发，快速响应和及时反馈。因此需要不断地利用分析知识服务价值流程，找出更隐秘的浪费，做进一步的改进，这样的良性循环成为趋于尽善尽美的过程。对尽善尽美的服务的持续追求，将造就一个永远充满活力、不断进步的服务企业。

(三)知识服务业组织精益运营支撑体系

知识服务业精益运营体系的构建还需要建立高效的知识工作团队和企业全面的质量管理体系作为其支撑体系。高效的知识工作团队要求企业在注重“顾客满意”的同时要兼顾“知识员工满意”，如果知识员工一直处在不满意的状态下，很难想象他们能够给客户提供满意的知识服务。因此，企业管理者必须从工作条件、劳务分配、人事关系等方方面面入手，多做工作，提升知识员工满意度，从而建立高效的知识工作团队，保证客户满意。

四、知识服务业组织运营过程分析

(一)知识服务实现的业务流程描述

知识服务实现的一般业务流程包括知识的搜集和整理、知识的整合和创新、知识的积累与传播，以及知识服务的信息反馈等四个主要环节，具体流程见图 4。

1. 知识的搜集和整理

知识服务的实现是从知识、信息的分类和搜集开始的，知识和信息的搜集是知识服务型组织进行知识创新的起点，此过程既包括显性知识的采集，也包括隐性知识的获取，并从服务对象的商业活动中提取相关信息，建立数据库。搜集到的信息和知识往往是杂乱无章的，而知识服务型组织需要的是对满足客户需求有用的知识，因此必须通过对信息和知识进行分类处理，使无序的知识转化为有序的知识，形成对知识服务型组织有价值的知识源。

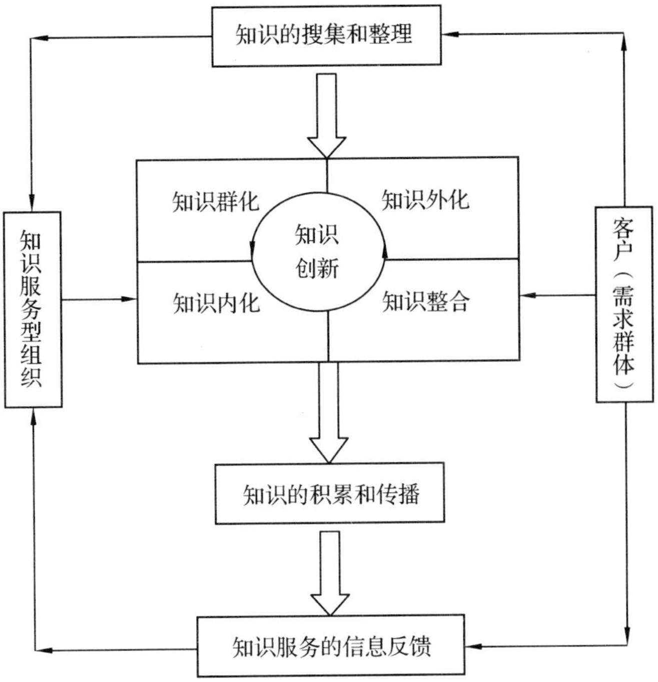

图 4　知识服务实现的业务流程图

2. 知识的整合创新

知识服务人员对收集的相关信息、知识进行筛选、分类、分析和整理等粗加工工作，形成可供知识化的有用信息和可以进一步转化的知识源。知识服务专家以信息分析和整理后的有用知识为基础，结合其专业知识和已有经验，将呈点状分布的信息、知识节点整合成能够直接应用于商业活动的结构化、条理化和系统化的知识。

3. 知识的积累与传播

无论对于知识服务型组织或知识服务人员，知识积累都是进行进一步知识创新的基础。如果没有积累，这些信息和知识就会随着某项服务活动的结束而消失，或者随着知识服务人员的离去而流失。正是这些信息和知识一点一滴的汇集，才构成了知识服务型组织的生存之本，进而形成了知识服务型组织特有的组织文化、组织价值和组织核心力。

4. 知识服务的信息反馈

服务对象根据新知识与实际商业活动的结合情况，向知识服务型组织反馈新知识的使用情况，指出其存在的不足和缺陷。知识服务型组织根据服务对象反馈的信息，修正、完善或重新设计知识产品的功能，以提高原有知识产品的服务效率。

(二)知识服务实现过程的本质分析

知识服务的本质是强化客户参与、交互的知识创新过程，它不仅是对知识和信息的收集整理、加工与传递的服务，而且把握客户知识需求、为客户决策逻辑性地创造出新的知识的过程，从这个意义上讲，知识服务就是知识创新的一种外化形式。在知识服务型组织中，知识服务实现的本质过程包括三个层次的内容：一是知识服务内容：二是知识服务活动；三是知识服务价值。如图 5 所示。

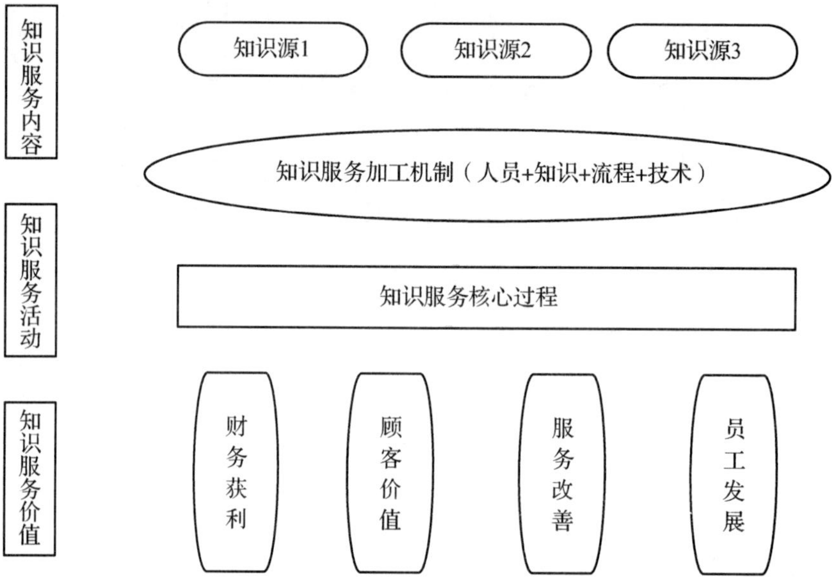

图 5 知识服务实现的本质过程

知识服务价值是指知识服务作为客体呈现在主体(客户)面前时产生的价值。知识服务价值属于精神价值的范围，其检验性与主体(客户)的知识、道德、审美等背景有关。知识服务价值体现为知识服务这一客体对主体(客户)的生存、发展和完善的效应，这是知识服务的本质所在。

同一知识服务在不同的主体(即客户)上会产生不同的效应，即表现为不同的价值。知识服务既包含劳动价值又包括知识价值，具有共享性、时效性及独立性，且知识服务的市场价格是时间的减函数。

知识服务属于知识驱动型服务，而“知识驱动”是一种多元驱动，是更为合理、更为高级的驱动。“知识驱动”的动力是为了获得知识产权，获得知识产权与“利益驱动”有一定的关联，但不完全相同。“知识产权”为了获得公众认可、社会地位的同时，也为了获得新知识。因而，与传统工农业部门的边际收益递减规律相反，知识服务的开发和利用具有边际收益递增的趋势，不断增值是知识服务活动的最大特征。

(三)知识服务型组织的知识价值链分析

通过上述中知识服务实现过程的本质分析，得出知识服务型组织的知识价值链。知识服务型组织的一项重要目标就是尽可能缩短知识价值链，剔除不增值环节，消除浪费，最终实现精益知识服务。

知识价值链以知识为中心，以人为本，强调人的价值。知识服务型组织的知识价值链是以知识服务流程为基础，以满足客户需求为导向，以提高知识服务型组织的知识创新能力为目标，通过高效率的知识服务流程，整合知识服务型组织的知识链与价值链所构建的链式结构模式。

知识服务型组织的知识价值链环节包括知识的搜集与整合、知识的存储与积累、知识的传播与共享、知识的使用与创新。知识服务型组织不仅要对价值链中的各个环节进行管理，而且要优化各个环节之间的关联，加快知识的流动速度，使知识成为知识服务型组织永不枯竭的资源。

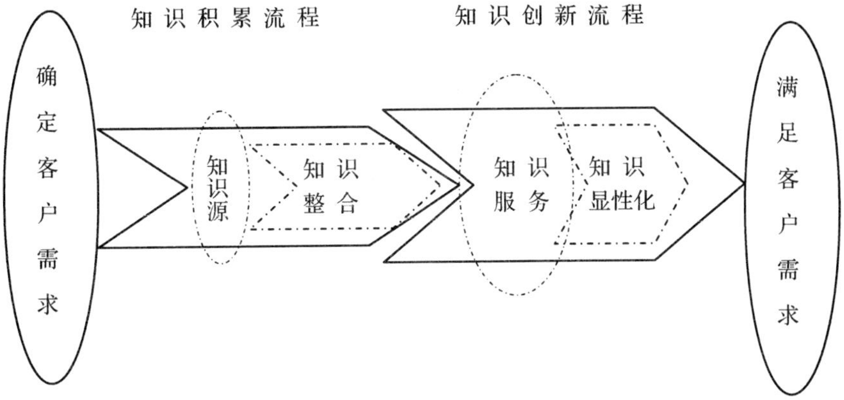

图6　知识服务型组织的知识价值链

知识服务的驱动力来自客户，而非信息，是按客户行为过程来组织服务活动，而不是信息传递模式。所以，对于外界的大量信息，不是盲目地全盘接收，而是有选择、有目的地进行筛选，尽量减少不必要的投入，提高运营效率。首先，确定客户需求。明确客户的定义，对需求群体进行有效客户管理。客户是知识服务型组织利润的来源，如何挖掘和满足客户的需求是知识服务型组织不懈追求的目标。其次，知识累积流程。在确定客户需求后，知识服务型组织将综合利用内部知识和外部知识完成知识的加工整合。再次，知识创新流程。知识创新是指知识服务型组织在已有知识资源基础上开发、创造出新知识的过程。最后，满足客户需求。客户需求是整条链路的链头，也是链尾。知识价值链具有延伸性和无限扩展性，满足客户需求是这一链路的终点，但不是绝对意义的。

根据价值工程分析思想，功能、费用和价值三者的关系为：

价值＝功能/费用

对于知识服务型组织，客户价值与客户效用成正比，与费用成反。因此，本文对知识服务型组织的顾客价值给出如下定义：

客户价值＝客户效用/费用

因此，实现客户价值最大化，有如下几条途径。

一是在保持费用不变的情况下，提高客户效用。即一项知识服务的投入费用是固定的，能否增加某些服务功能，以提高客户效用。二是客户效用不变，降低费用，这需要考虑投入过程中的每一个环节，准确分析资金流程，在保持客户效用不变的情况下，将费用降到最低。三是增加少量费用，使客户效用大大提高。这主要应从知识服务型组织的资金状况与知识服务的必要性方面考虑。

选择提高客户效用和降低费用潜力比较大的知识服务项目，尤其是在高科技领域。或选择运营上迫切需要改进的知识服务项目，如知识服务型组织内部增设各具特色的专业知识服务团队，来缓解知识服务项目供需上的矛盾。大致可以从以下几方面考虑：

(1)知识服务发展方面。应根据知识服务型组织自身的发展战略来选择知识服务项目，如加强知识服务型组织在服务设施方面的建设，进一步做好有效客户管理，设立不同层次的服务流程标准以满足不同客户的需求，等等。

(2)信息资料方面。知识服务项目确定以后，要围绕所选择的知识服务对象(即客户群体)收集相关信息，进行信息、知识的整合创新。

(3)知识服务项目优化方面：要组织有不同知识、不同经验的知识服务人员参加，互相启发，共同提出改进方案，在坚持“改进是无止境的”同时，注意抓住客户、服务目的、服务环境等三项主要因素，这样做比较容易带来明显的效果。

(4)成本(费用)方面：在费用大致能承受的前提下，经过优化知识服务方案、资金准备等，迅速实施对必要知识服务项目的改造。

总之，知识服务型组织实现客户价值最大化，就要注重知识价值链上的每一个节点，充分挖掘节点之间的关联度，确保知识流程、价值流程的和谐统一。

(四)三种精益运营流程的设计方法

1. 工业化的精益运营流程方法

在提供标准化、大量型知识服务的“知识服务工厂”，通常所需的知识服务技术比较简单、规范，要求服务过程对所有的客户具有一致性。使用与制造业生产技术和管理方法相关的精益思想技术和方法，主要解决知识服务过程中的合理明确的分工、知识服务行为规范化、知识服务程序标准化、软硬技术应用等问题，以提高知识服务率、知识服务质量及其稳定性。

2. 顾客化的精益运营流程方法

在提供顾客参与程度高、知识服务内容非标准化、个性化，所需服务技术复杂、不规范的“专业知识服务”时，应根据知识服务人员在服务过程中可能进行的自主判断、自主决策的需要，采用“服务人员授权”的方法。除使用营销管理、人力资源管理的方法外，可借鉴业务流程再设计、团队工作、全面质量管理等一些思想方法，以改变传统的工作和管理方式，制定相关的授权管理措施，从而最大限度地使顾客满意。

3.“技术核”分离的精益运营流程方法

“服务作坊”和“大众化服务”可分为与顾客高接触部分和低接触部分，即前台和后台服务。在后台，运作如同工厂一样，可采用工业化的精益方法合理明确的分工、知识服务行为规范化、服务程序标准化、软硬技术应用等问题，以提高知识服务率、知识服务质量及其稳定性；在前台，则可以采用顾客化的精益方法，采用“服务人员授权”的方法，制定相关的授权管理措施，从而最大限度地使顾客满意。

根据知识服务业和知识服务运营的特殊性，对知识服务运营中交互程度、定制程度和劳动力密集程度不同的知识服务业企业，可以应用以上三种精益设计方法进行具体的知识服务运营流程系统的设计。

五、知识服务型组织三种典型运营模式

通过上一章的分析，对知识服务型组织的运营流程，有了清楚的认识。尽管不同的知识服务型组织，其运营流程也不尽相同，但其运营模式无外乎有以下三种：标准化系统服务运营模式、模块化批量服务运营模式、个性化定制服务运营模式。

(一)标准化系统服务运营模式

标准化系统服务运营模式，是指根据整个服务市场需求者的需求、知识体系、组织方式、活动形式等组合集成了多元式专业化信息资源和服务的数字信息系统，提供标准化的知识服务。一般可通过建立专业网站或网页，在广泛搜集网络信息资源的基础上，定期公布专业信息资源的更新情况、专业领域的最新动态，并集成大量专业或相关专业网址，开辟专业信息资源导航，提供相应的专业化网络检索工具，为专业客户提供及时的最新的专业信息获取窗口。这种模式可满足最为广泛的客户需求群体。

标准化系统服务运营模式，面向整个知识服务市场，有广泛的服务对象，其具体描述可用图 7 表示。知识服务组织中的知识服务专家根据从知识服务市场获取的客户需求信息，结合其专业知识和已有经验，利用现代化的信息分析工具，提炼出标准化的新型知识服务项目，并在此基础上将其进一步推向知识服务市场，以满足客户的需求。直线制知识服务型组织一般采用这种运营模式。

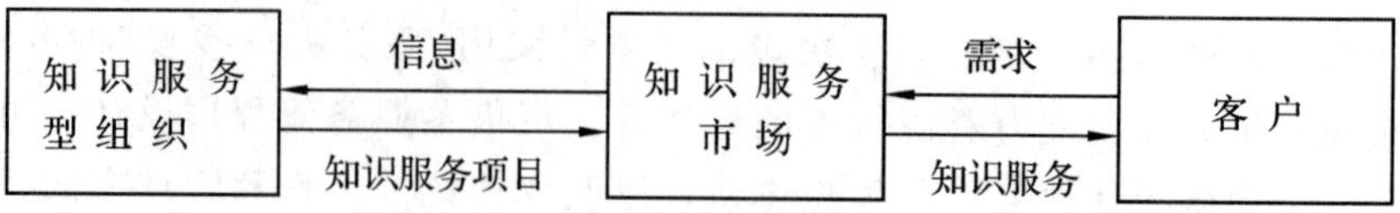

图 7　标准化系统服务运营模式

(二)个性化定制服务运营模式

个性化定制服务运营模式，是指根据特定客户个体的需求、爱好和知识体系而定制一个综合了分层次多元化信息资源、工具和服务的知识体系，并以此为客户提供连续性、系列化的专业信息服务。这种模式要求知识服务人员与客户之间加强交流，建立专门的知识服务记录和针对具体客户及其信息活动全过程记录的体系，以便经常对客户的信息活动进行分析，不断为满足客户变化的需求而改变知识服务内容。显然，个性化定制服务模式的关键之处在于信息的获取及应用，即建立专门的知识服务记录和针对具体用户及其信息活动全过程记录的体系，并不断地更新客户信息。

个性化定制服务模式，主要是针对客户的特殊需求，解决客户具体的个人需求，对客户进行一对一的服务，其具体描述如图 8 所示，知识服务专家根据客户的特点和要求，设计制作高度个性化的知识服务，并帮助客户将新知识应用到其经营活动中。个性化定制服务模式主要运用于专业服务团队制知识服务型组织。

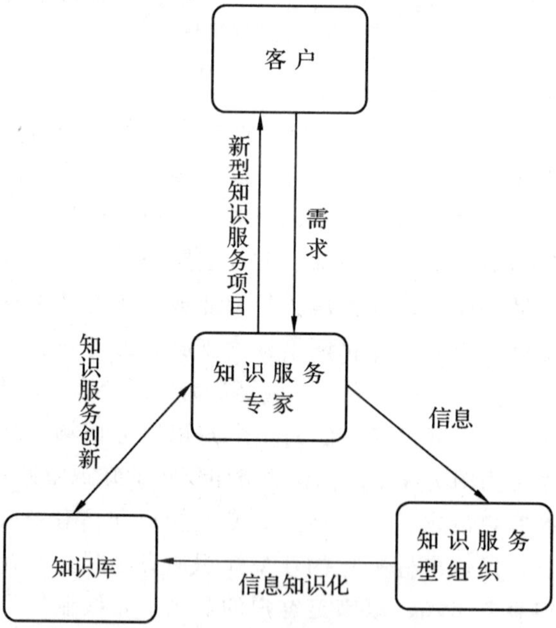

图 8　个性化定制服务运营模式

(三)模块化批量服务运营模式

模块化批量服务运营模式是指根据客户群组及其需求、知识背景、组织结构、活动形式等构建集成了分布式多元化知识信息资源、工具和服务的资源库，并以此为该客户群组提供连续的贯穿始终的专业知识服务。在“模块化批量服务运营模式”下，知识服务型组织与客户之间的互动程度介于“标准化系统服务运营模式”和“个性化定制服务运营模式”之间，可用图9表示。这种运营模式下，知识服务型组织拥有不同的专业知识服务团队，同时受组织领导的直接控制，因而适用于直线团队制知识服务型组织。

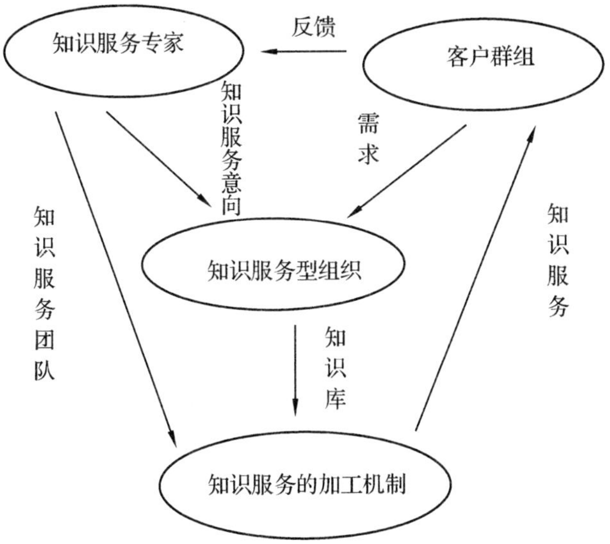

图9　模块化批量服务运营模式

这三种运营模式之间并没有清晰的界限，不同类型的知识服务型组织可以选择不同的运营模式，甚至同一知识服务型组织可以将不同的运营模式相结合，以提高运营效率。

六、北京市知识服务业的发展现状及对策

依据北京统计年鉴和各行业年鉴中相关的知识型服务业数据，对北京知识服务业的总体发展状况和发展趋势分析。通过对近十年北京市知识服务业发展趋势分析，为北京的知识服务业画出一个粗略的轮廓，也为大力发展知识服务业提供了详实的依据。总体上看，知识服务业作为各种智慧型产业的集合体，需要在看到其潜在效益的同时，加大对其各个方面的投入，以提高北京知识服务业的质量，同时积极促进业内地区性借鉴与互补，共同谋求知识服务业的高效高质的未来。

首先从金融业来看，金融业作为北京第三产业中规模最大的行业，在

国内外复杂的环境中，保持了平稳发展的态势，已经成为北京国民经济中的主导产业和优势产业，在首都经济和社会发展中发挥着重要的作用，对整体经济的稳定发展起到了重要支撑作用。而在金融业发展模式和结构过程中，银行、保险、证券作为金融业的三驾马车，已然需要各方面加大力量来投入和监控管理，正如前面分析所指出的，北京需要在已有金融资源优势的同时，吸收和借鉴国外和国内长三角地区的金融资源，实现优势互补。除此之外，金融业的动态前进也要依托有效的防范危机体系，于是建立完善的金融危机防范体系也成为必要；同样的，加大对金融业从业人员的培训，实现金融从业队伍人员的优质化管理，也是发展金融服务业的呼声。

信息与通信服务业作为知识服务业的时代代表性行业，也呼吁更高更完善的制度和体系保障。作为经济的领头羊行业，其扩张势头强劲，并带动着经济增长，对经济增长的贡献日益显著。需要注意的是，正如前面分析所指出的，北京的信息与通信服务业虽然始终处于全国领先水平，但与发达国家还有一定的差距，还具有很大的潜力。进一步提升北京信息服务业竞争力，应该进一步加强投入，加强基础设施建设。如加快城域无线宽带网、光纤到户(FTTH)和下一代通信网络建设，为信息服务企业发展提供通信基础设施和技术保障。而北京拥有发展科技服务业的得天独厚的条件以及坚实的基础，近十年发展迅速，但城市与农村在享受信息通信服务业方面存在很大的差距，而时代的发展及城乡一体化的前进脚步，都对信息与通信服务业的普惠性提出了更高的要求。

科技服务业作为最具潜力的知识密集型产业，在竞争日趋激烈的时代里更加呼吁社会各界的关注，也呼吁更为完善和先进的从业管理体系的诞生。作为研发和创新的主力行业，我们在看到北京科研现状的同时，更需要挖掘其潜在的科研创新能力。需要认识到的是，科技服务业的特殊性和可比性不在乎数量的增加，而在于质量和效率的提升，这种特殊性也要求一支优秀的从业队伍和必要的政策保障，由此也对创新性人才培养模式给予了最大程度的呼吁。

商务服务业尤其是法律服务，不论是从自身发展结构模式还是时代的要求来看，都值得期待更高的行业姿态。正如前面分析所指出的，“在近几年中，随着全球经济一体化和信息技术革命的潮流，又先后出现了国际融资、跨国投资、兼并收购、IT、网络产业、电子商务和生物工程等方面的专门法律服务项目。同时，随着我国成功地入世和法律服务市场的如期开放及跨国投资业务的增多，涉外法律服务日益成为国际法律服务市场的竞争焦点”，于是跟随国际的脚步，加大法律服务的更新，增大涉外法律服务的制度性投入保障，注重提高涉外法律服务的质量等都成为时代的重要课题。

综上所述，知识服务业是新兴的朝阳产业，克服了其研究起步较晚目前理论研究不完善，发展不成熟等问题，在社会经济发展中发挥越来越重要的作用，在国家产业结构中的地位逐渐提升。而北京是我国知识、智力密集区之一，是知识服务业的聚集地，其发展水平为全国最高。知识服务业日益成为北京市经济发展必不可少的重要组成部分。

参考文献

1. Jeroen P. J. De Jong, Determinants Of Co-Workers' Innovative Behavior: An Investigation Into Knowledge Intensive Services, International Journal of Innovation Management, 2003, 7(2).
2. Wong Poh Kam, Annette Singh, The Patten of Innovation in the Knowledge-intensive Business Services Sector of Singapore, Singapore Management Review, Volume 26 No. 1.
3. Drejer, Ina, Vinding, Anker Lund, Location and collaboration: Manufacturing firms' use of Knowledge intensive services in product innovation, European Planning Studies, 2005, 13(6).
4. Chien Tzu Tsai, Pao Long Chang, Tzu Chun Chou, Yih Ping Cheng, An integration framework of innovation assessment for the Knowledge-intensive service industry, International Journal of Technology Management, 2005, 30(1/2).
5. Koch, Andreas, Stahlecker, Thomas, Regional innovation systems and the foundation of Knowledge intensive business services, A comparative study in Bremen, Munich, and Stuttgart, Germany, European Planning Studies, 2006, 14(2).
6. Bryson John, Rusten Grete, Spatial divisions of expertise: Knowledge intensive business service firms and regional development in Norway, Service Industries Journal, 2005, 25(8).
7. Yi-Min Chen, Incomplete global integration and regional Knowledge-intensive service industries, Service Industries Journal, 2006, 26(2).
8. Wood, Peter, The regional significance of Knowledge-intensive services in Europe, Innovation: The European Journal of Social Sciences, 2006, 19(1).
9. Lance A. Beltencourt, Amy L. Ostrom, Stephen W. Brown, Robert I. Roundtree, Client Co-Production in Knowledge-Intensive Business Service, California Management Review, 2002, 44(4).
10. Miozzo Marcela marcela, Grimshaw Damian, Modularity and innovation in Knowledge-Intensive Business Service: IT outsourcing in Germany and the UK, Research Policy, 2005, 34(9).
11. Ramsey Elaine, Ibbotson Patrick, Bell Jim, McCole Patrick, Internet-based business among Knowledge-Intensive Business Service: Some Irish regional evidence, Service Industries Journal, 2005, 25(4).

12. Sundbo J. , Organization and Innovation Strategy, Services and the Knowledge-Based Economy: 2000.
13. Windrum, P. , Knowledge Intensive Services and International Competitiveness: A Four-Country Comparison, Technology Analysis Strategic Management, 1999(11).
14. Kong-Rae Lee, Knowledge Intensive Service Activities(KISA) in Korea' Innovation System, OECD Report, 2003. 2.
15. David A. Tyckoson, What Is The Best Mode l of Reference Service, Library Trends, Fall 2001, 50(2).
16. Charles T. Townley, Knowledge Management and Academic Libraries, College and Research Libraries, 2002, (1).
17. Joseph J. Branin, Knowledge Management in Academic Libraries: Building the Knowledge Bank at the Ohio State University, https: //kb. osu. edu/dspace/bitstream/1811/187/1/KBJAL. pdf, 2006. 9. 18.
18. Anthi Katsirikou, Consortia and Knowledge Management: The Functional Context and an Organizational Model, Library Management, 2003, 24(6—7).
19. Smiti Gandhi, Knowledge Management and Reference Services, The Journal of Academic Librarianship, September 2004, 30(5).
20. Diane Zable, Trends in Reference and Public services Librarianship and the Role of RUSA, Reference & User Services Quarterly, 2005, 45(1).
21. Linda Berube, Digital Reference overview, A Issue Paper from the Networked Services Policy Task Group, February 2003, http: //www. ukoln. ac. uk/public/nsptg/virtual/, 2007. 2. 1.
22. 魏江、王甜:《中国知识密集型服务业国际化策略研究》,《科技进步与对策》,2006年第1期。
23. 吴欣望、夏杰长:《知识密集型服务业与结构转型》,《财贸经济》,2006年第1期。
24. 张波:《北京市知识服务业运营与管理模式研究》,《科技进步与对策》,2008年第11期。
25. 冯之浚:《知识经济与中国发展》,中央党校出版社,1998年。
26. Sundbo, J. , Standardization Vs Customization in Service innovation, The result of SI4S topical paper 3, SI4S project, 1998.
27. 李长玲:《知识价值链模型及其分析》,《现代情报》,2005年第7期。
28. Blackler F. , Knowledge, Knowledge work and organizations: An overview and Interpretation, 1995.
29. Bukh , P. N. , Larsen , H. T. and Muritsen , J. , Constructing intellectual capital statements, Scandinavian Journal of Management, 2000.
30. 王颖晖:《创新内涵下的知识密集型服务业盈利模式研究》,《经济问题》,2009年第1期。
31. 杜也力等:《知识服务模式与创新》,北京图书馆出版社,2005年。
32. 杨志锋、邹珊刚:《知识资源、知识存量和知识流量:概念、特征和测度》,《科研管理》，2000 年第 7 期。

33. [美]厄尔·穆曼、托马斯·艾伦著，徐海乐、王淡森译：《精益企业价值》，经济管理出版社，2005 年。
34. 迟美娜：《精益服务—精益思想在服务运作中的应用研究》，天津科技大学研究生论文，2005 年。
35. Bowen，D.，and Youngdahl，W.，"Lean" service：In defense of a production line approach，International Journal of Service Industry Management，1998，9(3).
36. Holmes，F.，Is your office as lean as your production line，Manufacturing Engineering，2007，39(3).
37. 白长虹、李中、王潇：《西方精益服务理论研究与发展综述》，《外国经济与管理》，2010 年第 10 期。
38. Allway，M.，and Corbett，S.，Shifting to lean service：Stealing a play from manufacturers' playbooks，Journal of Organizational Excellence，2002，21(2).
39. Piercy，N.，and Rich，N.，High quality and low cost：The lean service centre，European Journal of Marketing，2009b，43(11/ 12).
40. Jones，C.，Medlen，N.，Merlo，C.，Robertson，M.，and Shepherdson，J.，The lean enterprise，BT Technology Journal，1999，17(4).
41. Chaneski，W.，Company applies "lean techniques in the office"，Modern Machine Shop，2005，78(6).
42. 孙杰：《全面精益管理概念的界定》，《工业工程与管理》，2009 年第 2 期。
43. 王永升、齐二石：《从精益生产到精益设计》，《现代管理科学》，2010 年第 3 期。
44. 张世和、黄建华：《精益生产管理探索》，《经济师》，2010 年第 10 期。
45. 王爱民、白佳：《基于精益思想的企业价值系统研究》，《武汉理工大学学报》(信息与管理工程版)，2006 年第 5 期。
46. 陈敬武、袁鹏武、苑宏宪：《供应链环境下精益建设模式的研究》，《工业技术经济》，2008 年第 11 期。
47. 胡树华、邓恒进：《基于精益思想的产品创新管理》，《企业经济》，2008 年第 4 期。
48. 吕娟娟：《基于精益管理的组织模式研究》，首都经济贸易大学硕士研究生论文，2009 年。
49. 赵向农：《从精益生产到精益服务》，《企业管理》，2004 年第 12 期。
50. 姜珊：《服务模式：全业务运营环境下的精益服务体系》，《中国电信》，2009 年第 2 期。
51. 白长虹、李中、王潇：《精益服务从运作导向到顾客视角》，《现代管理科学》，2010 年第 8 期。
52. 杜斌、刘伟光、王永康：《浅议精益服务体系及其应用》，《科技信息》，2010 年第 2 卷第 23 期。
53. [美]弗里兹·马克卢普著，孙耀君译：《美国的知识生产与分配》，中国人民大学出版社，2007 年。
54. 李桂华、张晓林、党跃武：《知识服务之运营方式探索》，《图书馆》，2001 年第

1 期。
55. 任庆芳：《知识服务业的特点及运营模式》，《科技情报开发与经济》，2005 年第 9 期。
56. 张波：《北京市知识服务业运营与管理模式研究》，《科技进步与对策》，2008 年第 11 期。
57. 王红军：《基于知识服务业的新服务开发过程模式研究》，《科技进步与对策》，2009 年第 6 期。
58. 卢静：《知识型服务业科学管理模式与创新研究》，天津大学博士学位论文，2007 年。
59. Miles I.，Kastrinos N.，Bilderbeek R.，Knowledge-intensive business service: Their role as users，carriers and sources of innovation，Report to the EC DG Ⅷ Sprint EIMS Programme，1995.
60. Hertog P. D.，Bilderbeek R.，Knowledge intensive business services as co-producers of innovation，International Journal of Innovation Management，1998，4(4).
61. Muller E.，Zenker A.，Business services as actors of knowledge transformation: The role of KIBS in regional and national innovation system，Research Policy，2001，30(10).
62. Kemppil S.，Mettanen P.，Inovations in Knowledge-intensive services，CINet Conference，Sydney，2004.
63. 刘顺忠：《知识密集型服务业在知识系统中的作用机理研究》，科学出版社，2008 年。
64. 潘军：《微利时代服务业企业竞争之道——精益服务》，机械工业出版社，2009 年。
65. 周波：《精益方式在客户定制化业务模式中的应用研究》，苏州大学硕士学位论文，2009 年。
66. Quli，Maman，Zhang Guannan，Waste analysis of lean service，Management and Service Science (MASS)，2011 International Conference on，2011，8.

（作者：曲　立　北京市知识管理研究基地研究人员　副教授）

基地名称：北京市知识管理研究基地
依托单位：北京信息科技大学
项目类别：国家自然科学基金项目

废弃电子产品资源化共生网络治理研究①
——以计算机、手机等消费类电子产品为例

对于废弃电子产品，从时间、地域、产品结构三个维度，采用基于时间序列模型、灰色模型、神经网络模型等预测模型进行了废旧电子产品废弃量、可资源量的预测。在此基础上，利用 Matlab、EViews 等软件设计了可视化废旧电子产品资源化潜力预测系统，基于结构方程模型和 CIPP 评价模式构建了进行电子废弃物资源化的技术经济评价体系。基于价值链方法剖析了我国废弃电子产品资源化参与主体的行为特征和价值流动模式，刻画了基于虚拟共生网络的废旧电子产品逆向物流运营模式，并进行了逆向物流网络优化设计。运用不完全信息动态博弈模型，研究废弃电子产品资源化过程中的利益分配机制和成员协调机制；针对电子废弃物资源化共生网络中存在的关系风险、结构风险以及共生网络投机行为，形成由各利益相关主体相互制衡的废弃电子产品资源化治理对策。

一、电子电气产品中有毒有害物质的污染结构表征研究

电子电气产品污染严重影响了全球生态，欧盟、美国等发达国家通过制定并实施在电子电气产品中限制使用有毒有害物质的指令、法规、标准，来控制生态环境的污染。我国作为全球电子电气产品生产和消费大国，2007 年 3 月开始实施《电子信息产品污染控制管理办法》。电子信息产品污染管理的核心内容是对有毒有害物质的控制，而熟悉电子电气产品污染的结构特征是确定治理重点和制定相关政策措施的先决条件。

电子电气产品污染的特点是涉及有毒有害物质众多，结构复杂，产品中各个部件和单元的差异较大，且数据具有明显的非结构化特点，传统的结构性评价方法，如：Delphi 法、AHP 法、特征向量法等融合了决策者主观偏好，主成分分析、聚类分析等数据挖掘的方法在数据信息量和数据维度的非结构化处理方面尚显薄弱。文献分析表明，投影寻踪（Projection

① 本文是《废弃电子产品资源化共生网络治理研究》项目的阶段成果，项目编号：70873005。

Pursuit)，是一种用来分析和处理高维数据，尤其是处理非线性、非正态分布高维数据的一种新兴方法，通过把高维数据投影到低维子空间，寻找能够反映原高维数据结构或者特征的投影，在低维空间研究数据结构，从而达到研究与分析高维数据的目的。

基于投影寻踪法构建电子电气产品中有毒有害物质的污染结构模型步骤如下：

(1)数据标准化。将原始数据矩阵 X^* 转化为标准化矩阵 X，x_{ij} 为标准化矩阵 X 中的元素，表示第 i 个分析单元的第 j 个指标值。对数据元素采用如下方法对原始数据进行标准化处理：

$$x_{ij}=\frac{\max\limits_{1\leqslant i\leqslant n}\{x_{ij}^*\}-x_{ij}^*}{\max\limits_{1\leqslant i\leqslant n}\{x_{ij}^*\}-\min\limits_{1\leqslant i\leqslant n}\{x_{ij}^*\}}$$

(2)线性投影。即将标准数据 x_{ij} 投影到一维线性空间进行处理。由于数据元素有 p 个，而 p 维数据在空间上观测困难，无法反映数据的真实特点，且易于产生“维数祸根”。当标准数据 x_{ij} 投影到一维线性空间后，观测到的实质上是这 p 维指标数据的投影值，投影值反映了原始指标数据的特点，直观方便。设单位向量 $a=\{a_1,a_2,\cdots,a_p\}$ 为一维线性投影方向，则标准化矩阵 X 投影到投影方向 a 上的一维投影特征值为 z_i：

$$z_i=\sum_{j=1}^{p}a_j\cdot x_{ij}$$

(3)构造投影目标函数。使原始高维数据在一维空间散布的类间距离 S_z 和类内密度 D_z 同时取得最大值。则投影目标函数表示为：

$$Q(a)=S_z\cdot D_z$$

$$S_z=\sqrt{\frac{\sum\limits_{i=1}^{n}(z_i-E(z))^2}{n-1}}$$

$$D_z=\sum_{i=1}^{n}\sum_{k=1}^{n}(R-r_{ik})\cdot f(R-r_{ik})$$

$$r_{ik}=|z_i-z_k|,\ i=1,2,\cdots,n;\ k=1,2,\cdots,n。$$

$$f(t)=\begin{cases}0 & t\geqslant 0\\ 1 & t<0\end{cases}$$

其中，$E(z)$ 为序列 $\{z_i \mid i=1,2,\cdots,n|\}$ 的平均值，R 为密度窗宽，r_{ik} 为投影特征值间的距离，n 为决策单元的个数，p 为指标的个数。

密度窗宽 R 的取值范围为：$\max(r_{ij})+\frac{p}{2}\leqslant R\leqslant 2p$。

(4)优化投影目标函数 $Q(a)$。对于给定的样本集指标值，投影目标函数 $Q(a)$ 随着投影方向 a 的变化而变化，能够使投影目标函数 $Q(a)$ 达到极大值的投影方向即为最佳投影方向 a_j^* 。因此运用目标函数最大化对投影目标函数投影方向 a_j 进行优化：

$$\max Q(a) = S_z \cdot D_z$$

$$s.\ t: \sum_{j=1}^{p} a_j^{\ 2} = 1$$

(5)污染序列 a_j 的计算。按照步骤(2)—(4) 优化的最佳投影方向 a_j^* ，该投影方向即为 p 种有毒有害物质的污染序列，通过评价指标本身所含的信息量获得，反映了各种有毒有害物质的污染程度。

在投影寻踪模型中，投影目标函数的优化是一个复杂的非线性优化问题，宜采用遗传算法进行优化求解。采用遗传算法进行优化求解，将有毒有害物质污染问题域中的可能解看作是群体的一个个体或染色体，并将每一个体编码成符号串形式，模拟达尔文的遗传选择和自然淘汰的生物进化过程，对群体反复进行基于遗传学的操作(遗传、交叉和变异)，根据预定的目标适应度函数对每个个体进行评价，依据适者生存、优胜劣汰的进化规则，不断得到更优的群体，同时以全局并行搜索方式来搜索优化群体中的最优个体。

选取中国质量认证中心近 5 年的电子产品检测 20 万条数据元进行计算，描述了电子产品中有毒有害物质的污染结构，结果表明，电子产品中，铅和汞为有毒有害物质污染的主要物质。该研究为探明我国电子电气产品的治理重点，实施相关电子产品有毒有害物质控制方案提供依据。

二、废旧电子产品资源化潜力预测系统开发

电子工业的迅速发展和电子生产企业的增加在给我们带来便捷生活方式和巨大经济效益的同时，也造成了电子垃圾无序处理、资源大量浪费，使企业成本不断提高，最终引起经济发展受限、社会矛盾激化、资源环境恶化等问题，这就使得废旧电子产品回收利用问题严肃地摆在我们面前。废旧计算机、手机、洗衣机、电冰箱、空调作为普遍使用的电子产品，对其进行资源化潜力分析，可为电子垃圾有序处理、合理回收利用提供借鉴。

根据我国计算机、手机、空调、电视机、洗衣机、冰箱等消费类电子产品生命周期特点，在斯坦福模型、卡内基·梅隆模型、市场供给模型中引入时间、地域梯度因子、依据电子产品主要组成材料，估算了我国不同时间、地域和产品结构的废弃电子产品中铜、铝等有色金属、银、钯、铑等贵重金属以及其他可回收物的资源化潜力分布规律，使用 Matlab、EViews 等软件设计了可视化资源化预测系统。

资源化预测系统共分为信息采集与获取(信息采集、信息预处理、信息编辑和信息管理)、知识组织与挖掘(模型选择、预测模型和模型对比)和知

识管理与服务（知识管理、查询统计、评价分析和图示显示）等三大模块，系统架构图如图 1 所示。

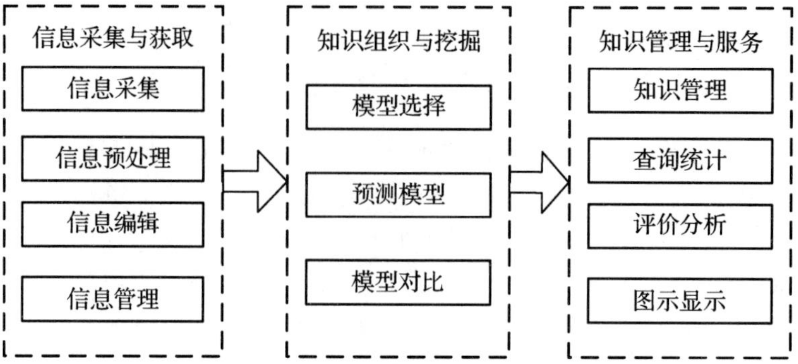

图 1　资源化预测系统总体结构

废旧电子产品资源化潜力预测评价系统的功能包括：登录模块、资源化潜力预测、资源分布、电子产品、可回收资源物、法律法规、资源化技术、系统管理。该系统不仅可以选择不同预测模型，就冰箱、洗衣机、空调、计算机、手机、电视机等电子产品的废弃量进行季度、月度预测，还可进行电子产品资源化评价。图 2 为 2008 年计算机资源物评价分析图。

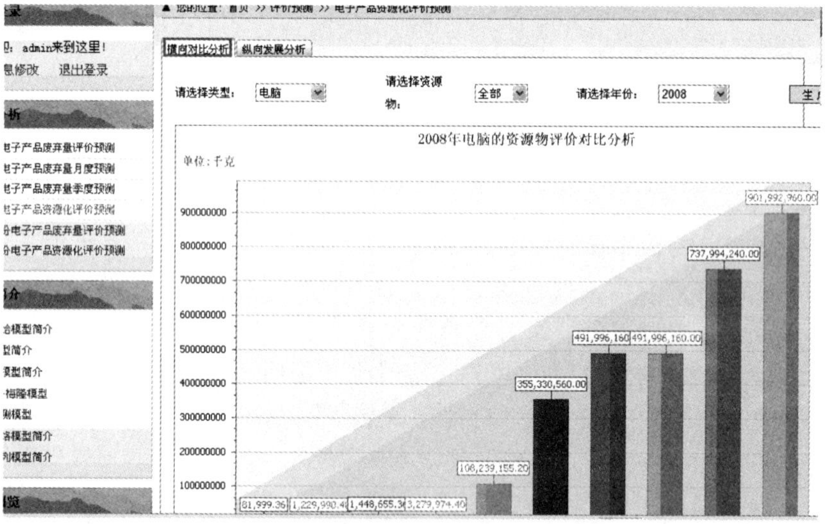

图 2　2008 年计算机资源物评价分析图

将地理信息系统技术（GIS）和知识挖掘的方法整合到资源化潜力预测评价系统，构建了基于 GIS 的电子电器产品资源物时空分布模型，探明了电子电器产品资源物时空分布规律。

三、基于虚拟共生网络的废旧电子产品逆向物流运营模式研究

在总结和借鉴国内外学者关于废弃电子产品逆向物流的运营模式、网络设计规划、库存和生产管理及价值链等方面研究成果的基础上，针对我国废旧电子产品现有回收方式中存在的问题，构建了基于虚拟共生网络的废旧电子产品逆向物流运营模式，如图 3 所示。

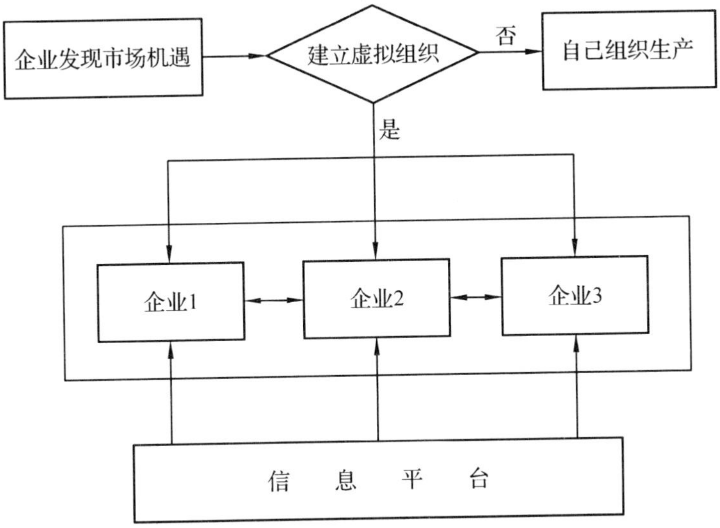

图 3　基于虚拟共生网络的废旧电子产品逆向物流运营模式框架

基于虚拟共生网络的废旧电子产品逆向物流运营模式主要是通过虚拟组织进行废旧电子产品的回收、资源化、再开发、生产和销售等活动来实现的，具有业务专业化、组织的虚拟性、网络的动态性和物理范围的分布广泛性等特点。与传统的运营模式相比，基于共生网络的废旧电子产品逆向物流的运营模式突破了传统的地理界限和具体的实物交流，具有非常强的竞争力和适用性。

为打破传统企业运营模式中各种资源处于“信息孤岛”的状况，实现共生网络中各企业的信息共享和数据交换，构建了基于虚拟共生网络的废旧电子产品逆向物流的信息平台。

根据平台中涉及的主体以及企业的信息数据需要，将信息平台划分为管理模块、共享模块和私有模块三大模块，如图 4 所示。

该信息平台收集并整理与之相关的资源与信息，企业利用该平台提供的网络检索及优选的功能搜寻所需要的信息并通过平台发布企业本身的相关信息。从某种程度上说，信息平台就是供需双方相互交流的平台，企业通过信息平台的沟通，突破了传统的地域限制，进而实现虚拟共生网络的有效运营。

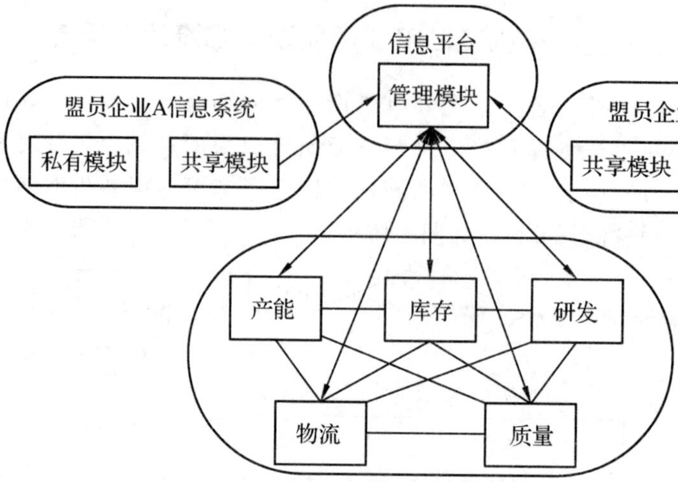

图 4　信息平台的模块构成

在分析虚拟共生网络的特点和运营流程需求的基础上，借鉴业务流程再造思想，构建面向虚拟共生网络废旧电子产品逆向物流的运营流程，如图 5 所示。运用约束理论并结合层次模糊评价方式，建立了虚拟共生网络的运营流程评价方法，提出了确定瓶颈环节的层次模糊综合评价算法。

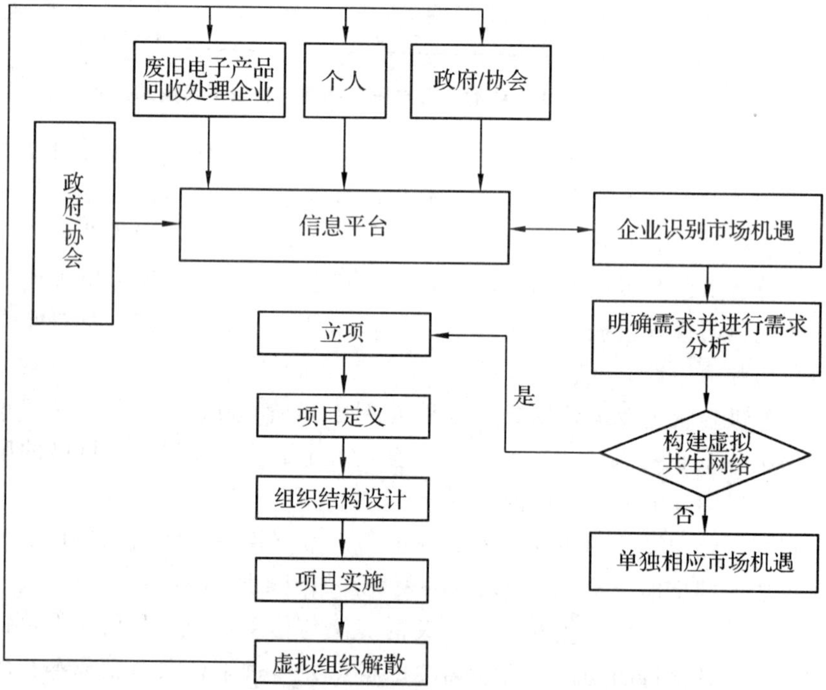

图 5　基于虚拟共生网络的废旧电子产品逆向物流运营流程

四、废弃电子产品的多级逆向物流网络的优化设计

逆向物流广泛应用于废弃电子产品的回收与利用，很多企业已经把它看作是一项能提高企业竞争力的决策活动。本研究综合考虑逆向物流网络结构的设计和回收模式，基于运输距离和财政补贴两方面给出一单级废旧品回收的逆向物流网络设计方法，并在回收物品数量随机不确定性的基础上，以综合成本最低给出最优的补贴策略，建立一个混合整数规划决策模型。

为了分析和说明问题，做如下假设：

(1)有多个备选地址可供建立回收中心和再处理中心；

(2)运输车辆足够多，可完全满足运输任务；

(3)如果给予一定的补贴，消费者愿意让废旧物品被回收，设此补贴服从区间$[a_l, b_l]$上的均匀分布，并将回收的数量与补贴的额度设成正比关系；

(4)单位运输费用与运输距离成线性正比关系。

基于以上假设，下面定义模型中的参数及决策变量。

参数：

i 为废旧物品的消费收集地($i=1, 2, \cdots, I$)；

j 为回收中心的备选地址($j=1, 2, \cdots, J$)；

k 为再处理中心的备选地址($k=1, 2, \cdots, K$)；

l 为废旧物品的类型($l=1, 2, \cdots, L$)；

f_j^C建立回收中心所需要投入的固定成本；

f_k^R建立再处理中心所需要投入的固定成本；

d_{ij} 为从收集地 i 到回收中心 j 的距离；

d_{jk} 为从回收中心 j 到再处理中心 k 的距离；

h 为废旧物品的单位运输成本；

R_l^0 为类型 l 的废旧物品的单位补贴收益；

R_l^C 为类型 l 的废旧物品的单位补贴成本；

Q_{ijl} 为回收中心 j 从收集地 i 收集的类型为 l 的废旧物品的数量。

决策变量：

$x_j=(1, 0)$取值 1 表示在备选地址 j 处建立回收中心，取值 0 表示不建。

$Z_k=(1, 0)$取值 1 表示在备选地址 k 处建立再处理中心，取值 0 表示不建。

目标函数：

$$\min Z = \sum_{j=1}^{J} f_j^C x_j + \sum_{k=1}^{K} f_j^C z_k + \sum_{k=1}^{K}\sum_{j=1}^{J} hd_{jk} Q_{jk} + \sum_{l=1}^{L}\sum_{j=1}^{J}\sum_{i=1}^{I} R_l^C Q_{ijl} + \sum_{j=1}^{J}\sum_{i=1}^{I}\sum_{l=1}^{L} hd_{ij} Q_{ijl} \tag{1}$$

满足约束条件：

$$x_j \in \{0,1\}, \forall j \quad (1,\ 2,\ \cdots,\ j) \tag{2}$$

$$z_k \in \{0,1\}, \forall k \quad (1,\ 2,\ \cdots,\ k) \tag{3}$$

$$\sum_{j=1}^{J} x_j \leqslant J \tag{4}$$

$$\sum_{k=1}^{K} z_k \leqslant K \tag{5}$$

$$a_l \leqslant R_l^C \leqslant R_l^0 \tag{6}$$

目标函数(1)表示基于总成本最小；约束条件(2)与(3)规定了决策变量的取值范围；约束条件(4)和(5)限制了回收中心和再处理中心备选地址的数量；约束条件(6)保证了补贴成本 R_l^C 的取值范围。

选取废旧空调和计算机的回收为实例，通过仿真计算验证了该模型与算法的有效性，并给出了制定合理补贴费用的方法。

五、基于闭环供应链系统的废弃电子产品回收定价策略研究

构建了基于单一制造商和单一分销商双边垄断的市场结构下的废弃电子产品回收系统，剖析了废弃产品回收定价策略问题。

对于某种废弃产品，假设市场上只有一个制造商和一个分销商。制造商委托分销商负责回收该废旧产品，并承诺以一定的回收转移价格全部购入分销商回收的废旧产品。之后，制造商对回收的废旧产品进行加工处理，变成再生产品，重新投入市场。在该模型中，分销商同时肩负着两种角色：正向销售与逆向回收，因此是逆向流入的关键参与者。废旧产品回收再造流程示意图如图 6 所示。

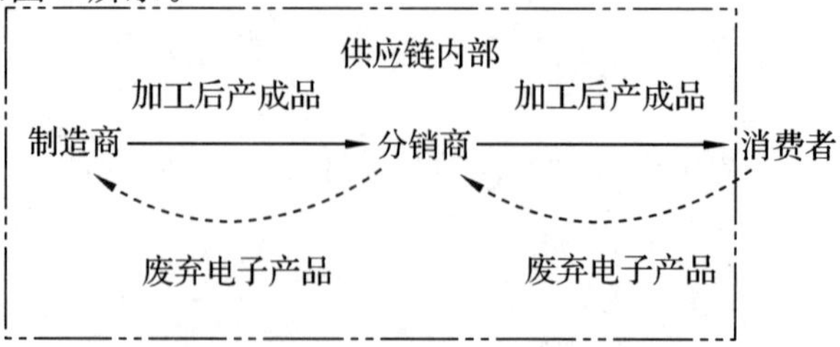

图 6　废旧电子产品回收再造流程示意图

在该模型中，假设制造商和分销商都是独立的决策个体，他们的经营目标是使各自的利润最大化。模型中的决策过程如下：首先制造商根据市场情况，制订废弃电子产品的回收计划，确定回收转移价格，以实现利润最大化；分销商也从利润最大化出发，确定向消费者回收电子产品时的市场回收价。

(一)废弃电子产品回收再造模型参数说明

P_0：制造商对废弃电子产品再生产之后的产品销售价格，是个确定的常量，由制造商根据其成本结构和所要获取的利润决定。

C_0：制造商以废旧产品为原材料进行生产的综合再造单位成本。

P_1：制造商从分销商那里购买废旧电子产品的单位回收价格，是制造商决策变量。

C_2：分销商回收废旧产品的单位运营成本，包括仓储、运输等费用。在模型中，为常量。

P_2：分销商从消费者手中回收废旧产品的单位价格，该参数是分销商决策变量，$P_2=k P_1$，k 为分销商确定的价格系数，$k\in[0，1]$。为在产品回收活动中保本，应有 $P_1\geqslant C_2+P_2$。

q：单位回收价格为 P_2 时，废旧产品的回收量，q 是关于 P_2 的单调增函数，且 $q\leqslant Q$，假设供给函数：$q=f(P_2)$。不失一般性，假设 $f(P_2)=a+bP_2$。

π_1：制造商的利润；π_2：分销商的利润；π：产品回收系统的利润。

在模型中，假设制造商对所有回收的废弃产品都进行加工处理，形成再产品，即分销商不存在产品积压。所以，对于给定的回收价格 P_1 和 P_2，有利润函数如下：

$$\pi_1=(P_0-C_0-P_1)q=(P_0-C_0-P_1)f(P_2)=(P_0-C_0-P_1)f(kP_1)$$

$$\pi_2=(P_1-C_2-P_2)q=(P_1-C_2-P_2)f(P_2)=(P_1-C_2-kP_1)f(kP_1)$$

$$\pi=\pi_1+\pi_2=(P_0-C_0-C_2-kP_1)f(kP_1)$$

由已知，P_0，C_0 和 C_2 都是确定的常量，所以 π_1、π_2 和 π 是 P_1 和 k 的函数，我们称 $(P_1，k)$ 为一个价格策略。

用 S 表策略集，则

$$S=\left\{(P_1,k)\middle|\,0\leqslant P_1\leqslant P_0-C_0,0\leqslant k\leqslant 1-\frac{C_2}{P_1}\right\}$$

当 P_1 和 k 在 S 内时，制造商和分销商才会展开回收活动。否则，制造商或分销商就会因为再造和回收成本太高而无利可图。

(二)非合作博弈分析

首先分析制造商和分销商作为两个利益主体进行决策，追求各自利润最大化的情况。假设闭环供应链中成员的决策方式为完全信息下的非合作斯塔克博格(Stackelberg)博弈，且制造商为博弈的领导者(leader)，在这样的决策条件下，制造商的利润最大化问题为：

$$\begin{cases}\max\pi_1 = (P_0 - C_0 - P_1)f(kP_1) \\ s.t.\ 0 \leqslant P_1 \leqslant P_0 - C_0\end{cases}$$

分销商的利润最大化问题为：

$$\begin{cases}\max\pi_2 = (P_1 - C_2 - kP_1)f(kP_1) \\ s.t.\ 0 \leqslant k \leqslant 1 - C_2/P_1\end{cases}$$

斯塔克博格均衡解为：

$$(P_1^S, k^S) = \left(\frac{bP_0 + bC_2 - bC_0 - a}{2b}, \frac{bP_0 - bC_0 - bC_2 - 3a}{2(bP_0 + bC_2 - bC_0 - a)}\right)$$

(三)合作博弈分析

如果上述模型中，制造商和分销商之间可以达成某种协议，结成垄断联盟，为追求联盟的整体利润最大化，按协议组织电子产品回收，就构成合作博弈。

在这种情况下，博弈问题可用如下模型描述：

$$\begin{cases}\max\pi(P_1, k) \\ s.t.\ (P_1, k) \in S\end{cases}$$

均衡解集为：

$$G = \left\{ (P_1^N, k^N) \,\middle|\, k^N P_1^N = \frac{bP_0 - bC_0 - bC_2 - a}{2b} \right\}$$

对比该系统中可能存在的合作博弈均衡解与非合作博弈均衡解的特性，发现合作博弈均衡解优于斯塔克博格博弈解。由于制造商与分销商存在利益冲突，导致合作博弈均衡解的不稳定，故需引入合理的协调机制促进联盟系统的高效运转。如制造商与分销商通过签署补充协议、收入分享合同、销售回扣合同、风险分担合同和罚款条款合同，从而激励双方达成稳定联盟。

六、大学生电子垃圾回收行为意向的影响因素研究

以大学生为研究对象，探索大学生电子垃圾回收意向的影响因素以及调查他们对各种提高回收参与度做法的偏好。

以 Hwang，Kim & Jeng 所提出的框架模型为理论基础并考虑大学生群体的特点，选择属于认知因素的电子垃圾相关知识，属于情感因素的一般环境态度、对于电子垃圾回收的特定态度、个人规范、控制点等，属于情境因素的社会规范、电子垃圾回收的便利性等，作为影响大学生电子垃圾回收行为意向的前因变量，探索它们之间的关系。基于已有的研究成果，提出以下假设：

H1：大学生所拥有的电子垃圾相关知识与其电子垃圾回收行为意向正相关。

H2：大学生的一般环境态度与其电子垃圾回收行为意向正相关。

H3：大学生对于电子垃圾回收的特定态度与其电子垃圾回收行为意向正相关。

H4：大学生参与电子垃圾回收的个体规范与其电子垃圾回收行为意向正相关。

H5：大学生的内控性特质与其电子垃圾回收行为意向正相关。

H6：参与电子垃圾回收的社会规范与大学生电子垃圾回收行为意向正相关。

H7：电子垃圾回收的便利性与大学生电子垃圾回收行为意向正相关。

选取来自北京、上海、大连、武汉、太原、合肥等六个城市的25所普通本科院校在读的大学本科生作为被试，取得原始调查数据。调查问卷主要分为四个部分：个人基本信息，包括性别、专业、生源地、家庭年收入等7个影响因素的测量；大学生电子垃圾回收行为意向的测量；大学生对于各种增加自己和周围同学参与电子垃圾回收做法有效性的偏好。

电子垃圾相关知识的测量采用由蓝英和朱庆华开发的6条目量表；一般环境态度的测量采用Valle等人在其研究中曾使用的“新环境范式”量表中的6条目“自然平衡和承受极限”量表；对于电子垃圾回收的特定态度的测量采用改编自Valle等人在其研究中所使用的6条目量表。个体规范的测量采用改编自Valle等人在其研究中所使用的5条目量表；内控性特质的测量采用改编自Hwang等人在其研究中所使用的4条目量表。社会规范的测量采用改编自蓝英和朱庆华在其研究中使用的3条目量表。电子垃圾回收的便利性用1个条目测量。电子垃圾回收行为意向用1个条目测量。

对假设的检验，采用层级线性回归的方法进行。以大学生电子垃圾回收行为意向为因变量，以拥有的电子垃圾相关知识、一般环境态度、对于电子垃圾回收的特定态度、参与电子垃圾回收的个体规范、内控性特质、参与电子垃圾回收的社会规范、电子垃圾回收的便利性为自变量。由于性别、专业、生源地、家庭年收入等变量有可能对因变量产生影响，所以把它们作为研究的控制变量，其中将性别和专业构建成虚拟变量进入线性回归模型。层级线性回归的结果如表1所示。

表 1　以电子垃圾回收行为意向为因变量的回归分析

因变量	标准化系数(β)	
第一步		
性别	0.158**	0.094**
专业	−0.106*	−0.062
生源地	−0.062	−0.026
家庭年收入	0.053	0.005
R^2	0.033	
第二步		
拥有的电子垃圾相关知识		0.207**
一般环境态度		0.003
对于电子垃圾回收的特定态度		0.106*
参与回收的个体规范		0.117*
内控性特质		0.376**
参与回收的社会规范		0.119**
回收的便利性		−0.022
ΔR^2		0.645

注：* $p<0.05$；* * <0.01。

实证研究表明，大学生的电子垃圾回收行为意向与他们所拥有的电子垃圾相关知识、对于电子垃圾回收的特定态度、参与回收的个体规范、内控性特质、参与回收的社会规范显著正相关，而与一般环境态度、回收的便利性无关。

七、WEEE 资源化共生网络的收益分配问题研究

WEEE 资源化共生网络是集工业生态学、共生理论、网络组织理论三者于一体的企业组织形式，强调的是企业间的合作关系，普遍存在于生态工业园。不同的生态工业园因它们之间的发展政策、环境因素、社会因素等的不同，导致了 WEEE 资源化共生网络运作模式的多样性。纵观各国的工业网络运作模式，大致可以分为依托型、平等型和嵌入型三种。

以我国某生态工业园区的共生网络为例进行说明。该网络目前是以某著名冰箱厂家为单中心的依托型，由于原料供应商和产品批发商的日益规模化，该网络目前正演变成平等型共生网络，原来的中小企业也不再仅仅依托冰箱厂家了，而是与新的中心节点发生业务关系，从而构成了事实上

的嵌入型网络，如图 7 所示。

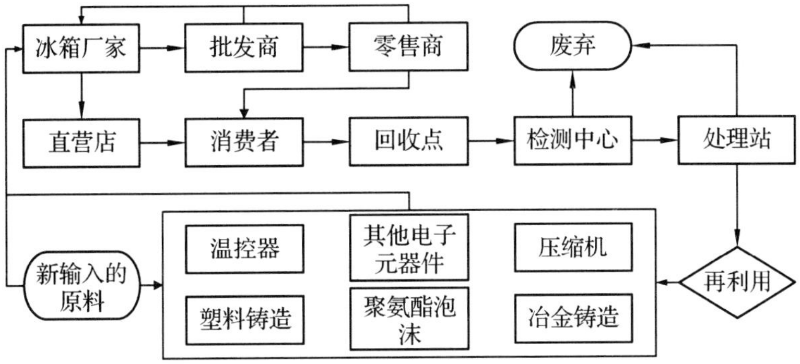

图 7　废弃冰箱资源化的共生网络

以冰箱的资源化共生网络为例，将废弃冰箱资源化的共生网络划分为冰箱厂家、回收处理业者、冰箱原始器件及原料厂家三个主要节点，进行共生网络的收益分析。

从收益相关者理论出发，共生网络是一个围绕核心企业而构建起来的联结包括供应商、生产商、经销商、分销商、零售商、最终客户、回收节点、处理节点等主体的复杂动态网络。其中每个个体既是共生网络整体收益的享有者，也是共生网络的风险源。鉴于上述情况，提出基于成员风险投资额的 WEEE 资源化共生网络收益分配比例测算方法，以提升共生网络的稳定性，降低共生网络的风险水平。

假设有 n 个供应链成员，其中成员 i 的收益分配比例为 a_i，成员 i 所承担的风险系数用 R_i 表示，成员 i 的投资额为 K_i，成员所承担的风险越大，则其分得的收益也越多：

$$\frac{\partial a_i}{\partial R_i} = \partial \left[(K_i \times R_i) / \sum_{i=1}^{n} (K_i \times R_i) \right] / \partial R_i$$

$$= K_i / \sum_{i=1}^{n} (K_i \times R_i) - \left[(K_i \times R_i) / \sum_{i=1}^{n} (K_i \times R_i)^2 \right] \times K_i$$

$$= K_i \times \left[\sum_{i=1}^{i-1} (K_i \times R_i) + \sum_{i+1}^{n} (K_i \times R_i) \right] / \sum_{i=1}^{n} (K_i \times R_i)^2 > 0$$

利润是 WEEE 资源化共生网络各成员能够凝聚在一起的驱动力，在 WEEE 资源化共生网络的整合中，收益的协调要优先于信息的透明。在控制和整合 WEEE 资源化共生网络资源时，总能找到新利润增长点的环节往往能够成为“网主”。WEEE 资源化共生网络各成员都希望成为 WEEE 资源化共生网络上的“网主”企业，在上下游产业资源整合的过程中占据主导地位，控制整个 WEEE 资源化共生网络的成本和速度。在那些还没有建立起良好的“共赢”机制的 WEEE 资源化共生网络中，“网主”似乎意味着可以更多地占用 WEEE 资源化共生网络中的资源，甚至可以占用、挤压乃至“盘剥”上下游资源。在 WEEE 资源化共生网络中，当某一环节“独赢”到一定的时候，必然导致该 WEEE 资源化共生网络中某一个或某些“链节点”断裂，出现整个 WEEE 资源化共生网络崩溃的风险。

当共生网络中的各个节点获得的收益分配比例与风险承担比例相匹配时，会有助于提升共生网络的稳定性，进而降低其风险水平。

八、废弃电子产品资源化的技术经济评价研究

构建了基于结构方程模型进行了电子废弃物资源化的技术经济评价体系。通过与电子废弃物资源化项目的企业、专家和相关管理工作者进行座谈和深度访问，确定了针对电子废弃物资源化的技术经济评价的观测变量及结构方程模型中的潜变量和观测变量，见表 2。

表 2　技术经济评价的结构方程模型潜变量与观测变量表

潜变量	观测变量
ξ_1 经济效益（x_1-x_4）	x_1关注投资回收期、投入产出率
	x_2关注不同种类的电子废弃物资源化的收益
	x_3关注净利润高低
	x_4关注财务状况及财务评价
ξ_2 环境和资源效益（x_5-x_{10}）	x_5保护环境，减少环境污染
	x_6减少生态破坏，利于生态平衡
	x_7防止污染，减少对人类健康的危害
	x_8回收塑料、玻璃、金属等资源
	x_9保护、节约资源
	x_{10}合理利用资源
ξ_3 社会效益（$x_{11}-x_{15}$）	x_{11}创造就业岗位，提高就业率
	x_{12}推动科学技术进步
	x_{13}改善和提高人们生活环境水平
	x_{14}为研究机构提供研究实践的平台
	x_{15}提高行业综合效益，推动行业发展
η_1 技术水平选择应用（y_1）	y_1不同的电子废弃物资源化处理技术评价选择
η_2 企业满意度（y_2、y_3）	y_2持续进行电子废弃物资源化的意愿
	y_3不断发展电子废弃物资源化行业的决心

根据 ACSI 模型及潜在变量对应的观测变量，按照结构方程模型的路径图的符号规则，形成对电子废弃物资源化的技术经济评价的因果关系路径图见图 8。

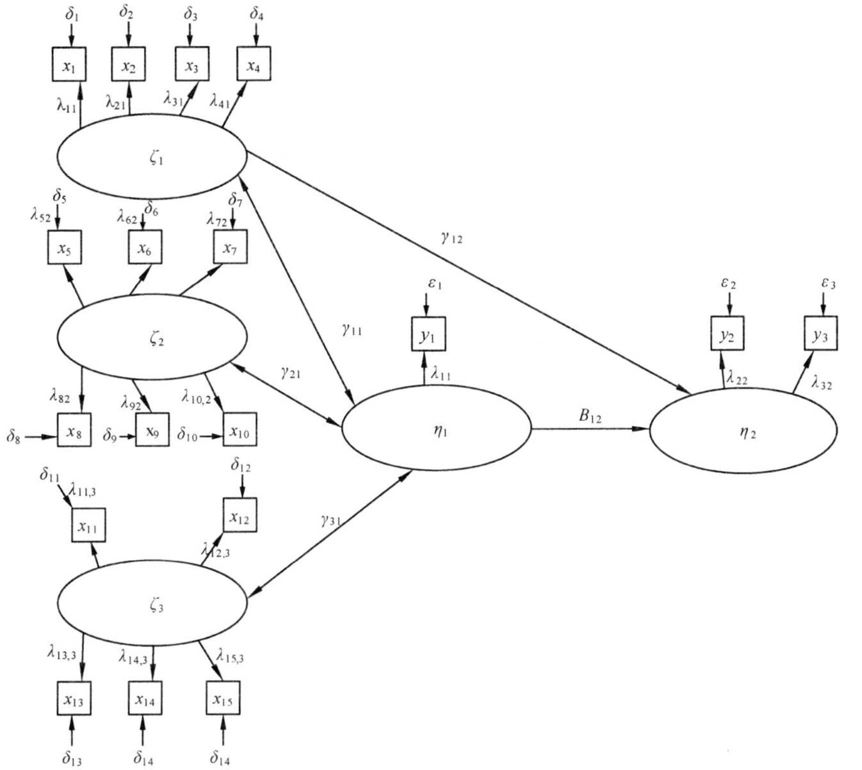

图 8　结构方程模型的路径分析图

由图 9 可看出三个潜在的外生变量：经济效益、环境和资源效益和社会效益，还包括两个潜在的内生变量：技术水平选择应用和企业满意度。三个潜在的外生变量会对技术水平选择应用产生影响，而技术水平选择应用和三个潜在的外生变量会对企业的满意度产生影响。

模型中的内生变量一方也是由两个潜在变量组成，也可以用矩阵符号表示，可以得：

$$\begin{bmatrix} y_1 \\ y_2 \\ y_3 \end{bmatrix} = \begin{bmatrix} \lambda_{11} & 0 \\ 0 & \lambda_{22} \\ 0 & \lambda_{32} \end{bmatrix} \begin{pmatrix} \eta_1 \\ \eta_2 \end{pmatrix} + \begin{bmatrix} \varepsilon_1 \\ \varepsilon_2 \\ \varepsilon_3 \end{bmatrix}$$

测量模型描述了外生潜在变量经济效益、环境和资源效益及社会效益与其测量指标之间的关系，如经济效益与关注投资回收期、投入产出率等指标之间的关系，社会效益与创造就业岗位，提高就业率等指标的关系等。

以上是测量模型，接着我们可以得到结构模型。在电子废弃物资源化的技术经济评价体系中有 5 个潜在变量，其中三个是外生变量（经济效益、环境和资源效益及社会效益）和两个内生变量（技术水平选择应用和企业满意度）。它们之间的关系可以表示为：

$$\begin{pmatrix}\eta_1\\ \eta_2\end{pmatrix}=\begin{pmatrix}B_{11} & 0\\ 0 & 0\end{pmatrix}\begin{pmatrix}\eta_1\\ \eta_2\end{pmatrix}+\begin{pmatrix}\gamma_{11} & \gamma_{12} & \gamma_{31}\\ \gamma_{12} & 0 & 0\end{pmatrix}\begin{pmatrix}\xi_1\\ \xi_2\\ \xi_3\end{pmatrix}+\begin{pmatrix}\xi_1\\ \xi_2\end{pmatrix}$$

至此，结构模型可以很清晰地描述外生潜在变量与内生潜在变量之间的关系，如经济效益对企业满意度的影响，以及技术水平选择应用对其他变量的影响等。由此，我们可以了解经济效益、环境和资源效益和社会效益三个因素对技术水平选择应用和企业满意度的影响程度，进而完成对废弃电子产品资源化的技术经济评价。该方法为科学合理评判废弃电子产品资源化带来的社会、环境和经济效益提供有益借鉴，对促进废弃电子产品资源化行业的健康发展也有积极作用。

九、废弃电子产品资源化共生网络运作模式及治理研究

（一）电子废弃物资源化共生网络的生成机理

将电子废弃物（E-waste）作为一种资源来研究，提出了由 E-waste 的生产者、回收者、分解者、吸收者所组成的 E-waste 资源化共生网络的简单资源循环模型，如图 9 所示。从根本上将传统工业发展的“资源—产品—废物”的线性模式转变为“资源—产品—再生资源—（新）产品”的循环模式。

在电子废弃物资源化产业园的形成及运作过程中会表现出产业集聚和网络组织的相关特性，因此，从产业集聚和网络组织的角度分析电子废弃物资源化共生网络的生成机理，其作用过程如图 10 所示。

影响电子废弃物资源化共生网络生成的因素多种多样，既有内在的动力机制，也有外部环境的推进。外部因素主要表现在成本推动、效益拉动和环境取向；内在动力则主要表现在共生网络内企业间“1＋1＞2”的协同作用机理。通过对电子废弃物资源化共生网络生成的成本推动机理的分析，提出建立该共生网络可以实现总体成本的降低，还可以使参与企业获得集群经济效益、规模经济和范围经济效益；环境取向机理认为共生网络内企业通过协同作用机制，共同致力于解决电子垃圾对环境的污染，保护环境，节约资源，改善与周边社区的关系，提升企业形象与声誉，进而增强共生网络的稳定性和保障企业的健康持续发展。

（二）电子废弃物资源化产业共生模式分析

电子废弃资源化工业共生网络指包含工业共生关系的新型生产组织模式，是一种特殊的网络组织。该共生网络既具有经济特征，又具有生态

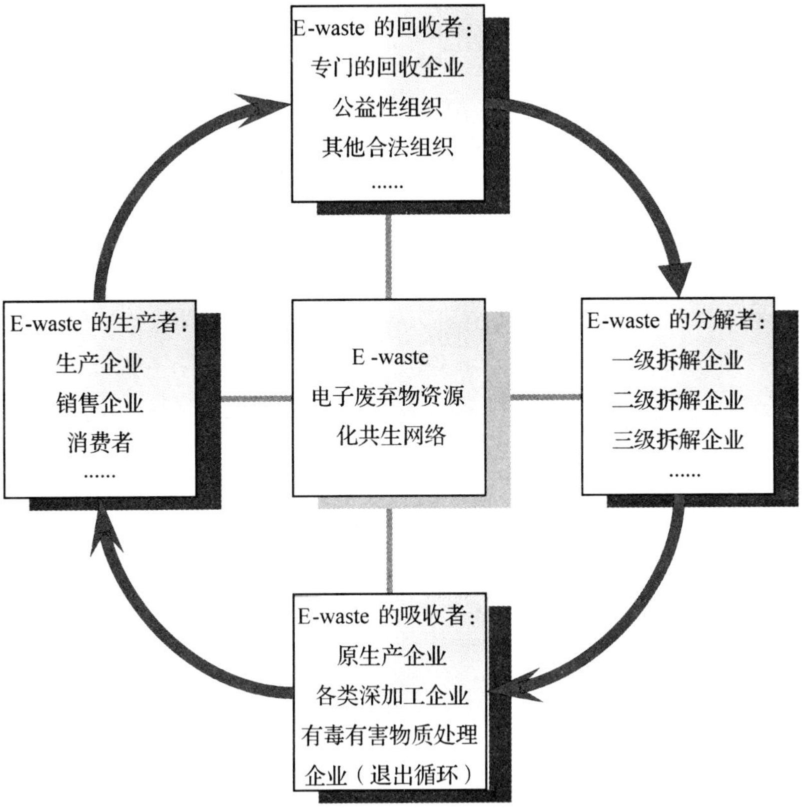

图 9　电子废弃物资源化共生网络中的 E-waste 资源化循环

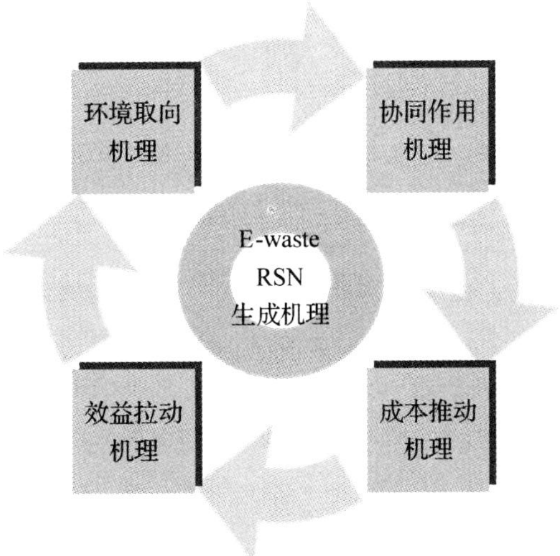

图 10　电子废弃物资源化共生网络生成的机理

特征。

从生态学的角度来分析有三种产业共生模式，分别是共栖共生、互利共生和偏利共生。从产业链上、中、下游关系着手分析电子废弃物资源化产业共生模式，所得结果参见电子废弃物资源化共生产业模式示意图。如图 11 所示，同一纵向产业链条上的企业之间以互利共生为主要模式，各个企业均因为对方的存在而受益。如果其中某一类企业不存在，则其他企业也不能生存，这样的共生关系是永久性的，而且具有义务性；产业链上游和产业链下游的横向企业之间主要以偏利共生为主要模式，这些企业在园区内共存或在园区外虚拟共存，其中一类企业受益，其余企业也不会受到伤害；产业链的中游拆解企业之间为共栖共生模式，各个企业由于从事差别不大的拆解工艺，彼此虽独立生存，但其中一类拆解企业的进步和发展也会随之带动其他拆解企业的共同发展，都因对方的存在而受益。

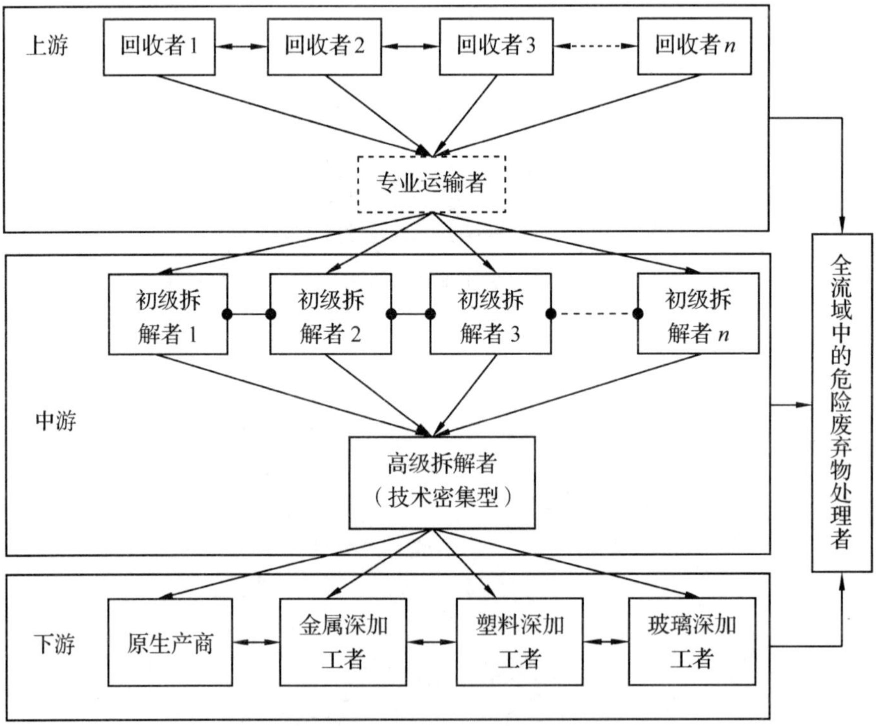

图 11　电子废弃物资源化产业共生模式示意图

图例：●—●共栖共生 ←——→ 偏利共生 →互利共生

基于以上共生产业链的设计和共生模式的分析，结合国外先进的回收处理经验和模式，依据我国电子废弃物回收处理现状，认为构建适合我国国情的共生网络模式可以有以下三种：政府主导型、市场自主型、政府和市场互动型。在此基础上，结合各国工业共生网络运作模式，提出了三种 E-waste 资源化共生网络的运作模式：依托型 E-waste 资源化共生网络、平等型 E-waste 资源化共生网络，嵌套型 E-waste 资源化共生网络。

（三）电子废弃物资源化共生网络治理对策

电子废弃物资源化共生网络中存在的关系风险和结构风险以及共生网络投机行为，对共生网络的安全性构成了巨大的潜在威胁。如由于资产专用性而引发的“敲竹杠”行为；网络内合作企业出于私利，会擅自改变产品原料的成分及数量或者突然中断合作；在相关的监督方法机制不完善的情况下，电子废弃物资源化共生网络中的个别企业可能会出现“搭便车”的行为。

针对上述情况，提出以网络组织理论为指导，发挥园区政府和相关管理部门的在电子废弃物资源化共生网络发展中引导、协调与维护的管理功能，是网络安全运作的重要保障，对于弥补网络自身契约治理的不足，增强企业自我约束的能力，保障网络的稳定性具有非常重要的作用。

（作者：葛新权　北京市知识管理研究基地首席专家　教授
张　健　北京市知识管理研究基地研究人员　副教授
金春华　北京市知识管理研究基地研究人员　副教授）

北京市经济社会发展政策研究基地（首都经济贸易大学）

基地名称：北京市经济社会发展政策研究基地
依托单位：首都经济贸易大学
项目类别：教育部人文社会科学研究规划基金项目

京北生态新城发展的机遇与重点[①]

2012 年 11 月 8 日，胡锦涛在中国共产党十八大报告中提出：面对资源约束趋紧、环境污染严重、生态系统退化的严峻形势，必须树立尊重自然、顺应自然、保护自然的生态文明理念，把生态文明建设放在突出地位，融入经济建设、政治建设、文化建设、社会建设各方面和全过程，努力建设美丽中国，实现中华民族永续发展。国家“十二五”规划提出，推进京津冀区域经济一体化发展，打造首都经济圈，河北省“十二五”规划提出了“环首都绿色经济圈”的蓝图。2011 年年初，河北省在“十二五”规划纲要中把“构筑环首都经济圈”列为指导思想的一部分；并决定在承德、张家口、廊坊、保定四市选择毗邻北京、交通便利的 14 个县(市、区)[②]建设以新兴产业为主体的环首都经济圈。该经济圈未来将形成一环四区六基地的产业空间，建成包括京北生态新城(区)、京东新城、京南新城的三大产业发展新城，建成高层次人才创业园区、科技成果孵化园区、新兴产业示范园区、现代物流园区等四类功能区，建设养老、健身、休闲度假、观光旅游、有机蔬菜、宜居生活六个基地。随后，河北省加快环首都绿色经济圈产业发展协调工作办公室(简称“环首办”)成立，这也是河北省顺应北京提出建设世界城市的发展要求所提出的新的重点区域发展战略。伴随河北省由沿海发展战略、省会发展战略向环首都发展战略的演变，京北生态新城迎来了新的发展机遇。可见，环京津贫困带前沿或环首都贫困带将发展为环首都绿色经济圈。

京北生态新城，包括河北省张家口市怀来县和涿鹿县。该新区位于北京西北，是北京连接张家口乃至山西、内蒙古的门户。京津通过该节点建立京津辐射冀晋蒙的通道，也可以通过该节点、大同、二连浩特、乌兰巴

① 本文是《首都跨界水源地级差生态地租与生态经济布局研究》项目的阶段成果，项目编号：09YJAZH056。

② 环绕北京的 14 县(市)：涿州市、涞水县、涿鹿县、怀来县、赤城县、丰宁满族自治县、滦平县、三河市、大厂回族自治县、香河县、廊坊市广阳区、廊坊市安次区、固安县、兴隆县(增补)。

托、新西伯利亚到达荷兰鹿特丹，有效缩短欧亚路桥距离，使之成为欧亚大陆桥上的重要节点。

一、京津冀都市圈及环首都卫星城的发展机遇

（一）全球竞争区域化与都市圈发展机遇

全球化的不断发展导致区域共同体成为全球竞争的主要单元。以都市圈为基本单位构成的大城市群显示出强大的竞争力。京津冀整体正在崛起。《京津冀都市圈区域规划》、《首都经济圈发展规划》编制完成并相继上报国务院①，为三地合作建立了保障机制。京津冀城市密集区的整体崛起，北京的回应是建设世界城市。世界城市与部分国际城市综合实力排名见表 1。

表 1　2010 年世界城市综合实力排名

排名	1	2	3	4	5	10	15	20
城市	纽约	伦敦	东京	巴黎	香港	首尔	北京	上海

（二）国家实施主体功能区战略与政府购买生态产品的机遇

国家实施主体功能区战略与新的绩效考核体系使政府通过转移支付购买生态产品。2011 年 6 月 8 日出台的《全国主体功能区规划》正在变革我国政绩考核体系，不同的主体功能区将要实行不同的绩效考核评价办法；而且，生态也将成为一种产品，各地政府要通过转移支付来购买。不同地区要根据资源环境的承载能力来确定功能定位和开发模式，据此来控制开发的强度，完善开发的政策，规范开发的次序。

（三）新一轮现代化的机遇

新一轮的现代化，为推进京北生态新区的发展建设带来新的机遇。以（城际）高速铁路、现代通信与信息服务（三网合一、3G 通信、移动互联网、无线城市、物联网、云计算、视频会议系统、远程医疗、远程教育、智能办公、在线培训、电子商务、智能交通、智慧城市、智慧旅游）等的普及为标志的新一轮区域现代化进程方兴未艾。

区域内外高速铁路建设运营推进京津冀都市区域的一体化、现代化进程。区内京津城际高铁已建成运营，京沪高铁（北京南站至上海虹桥站）2011 年 6 月 30 日已通车，经过廊坊、天津，北京到上海最快只需 4 时 48 分，京广高铁于 2012 年 12 月 26 日已全线通车营运（全程时间缩短至 8 小时），沿线经过北京西、保定东站、石家庄站。未来京唐、京张、京承的城际铁路（高铁）也即将建设，并相继通车。这些高铁建设将使唐山、张家口、

---

① 《首都经济圈酝酿扩至河北多地明年 1 月底上报国务院》，《华夏时报》，2012 年 12 月 5 日。

承德陆续进入首都半小时或一小时经济圈。

未来京张城际铁路的建成使用，将使北京至怀来县两地的客运时间由现在的2个多小时缩短为半小时。怀来县也由此进入“首都半小时生活圈”，新建京张铁路极大地缩短了北京与怀来县之间的往来时间，通过城市间距的缩短，满足了两地居民跨城消费、经营往来等需求，使人们同时共享两地资源成为现实。京张城际铁路将为京北生态新区带来丰富的旅游客源。

高铁显著缩短了首都圈或京津冀区域经济联系的时间距离及心理距离，它带给都市圈与区域发展的不只是速度的改变，而且是人的时空观念的转变和生活方式的革命。高铁建设有利于区域经济一体化和统一市场的形成，是新一轮区域现代化的重要标志之一。

(四)新一轮生态化与国际应对气候变化及低碳发展的机遇

低碳时代的到来，为了适应国际应对气候变化和低碳发展的要求，在首都圈发展、生态新城建设的同时，我们要注重节能减排，联防联控，重视森林碳汇的积累。

(五)新一轮的国际化

中国已成为世界第二大经济体，国际地位和全球影响力显著提高。国家地位的迅速上升和影响力的释放，必然要求中国建设世界城市。以建设世界城市为龙头带动区域繁荣和国家发展，是中国利用全球资源和全球市场加快转变经济发展方式的内在要求，是中国在国际关系格局中发挥作用的重要支撑，是中国和平发展的战略制高点。站在未来谋划今天，北京市提出建设国际城市高端形态“世界城市”的新目标。加快实施人文北京、科技北京、绿色北京发展战略，成为北京建设世界城市的基本内涵和鲜明特色。历年北京城市规划建设目标见表2。我国经济形势良好，保证了北京经济的快速发展。北京建设世界城市的目标逐渐明确。要依托京津冀都市圈打造未来的世界城市。

表2　历年北京城市规划建设目标

时　　间	城市建设目标
20世纪80年代	全国政治中心和文化中心
20世纪90年代	在许多方面达到世界一流水平的历史文化名城和现代化国际大都市
2004年总规修编	国家首都、国际城市、文化名城和宜居城市
2008年北京奥运后	人文北京、科技北京、绿色北京

(六)北京市人口、功能区疏解及限购房、限购车调控政策的机遇

从2010年开始的北京市限购房、限购车(摇号)调控政策也为河北“环首都经济圈”的房地产、汽车等产业发展提供了新的机遇。京北新城应该重视发展生态旅游、养老休闲、高等教育及专业培训等产业。

（七）首都及其发展新阶段带来的市场机遇

2009 年北京市人均 GDP 突破 1 万美元大关，2010 年天津市人均 GDP 也超过 1 万美元。按照世界银行划定的最新标准，京津开始步入中等富裕城市行列，特别是北京市的产业结构中服务业已占 75%以上，意味着北京进入城市发展新的战略转型期，后工业时代经济结构将成为发展主流，服务经济和总部经济将主导城市发展，经济发展的速度和方式不再是扩张式的。另外，公众意识的崛起、民众对环境的要求和支付意愿将进一步提高，其他诸如居民收入差距的扩大等社会问题将成为政府关注和着手解决的重点。京北生态新城承接养老、休闲度假、观光旅游等功能，面临生态合作与生态补偿(森林防火、森林病虫害、饮用水资源、污水处理、人工湿地)、绿色农产品、产业转移等机遇。京北生态新城生态环境优越，低碳化、新型工业化和生态城市化，为京北生态新区发展生态型经济带来了机遇。

北京的结构转型以及世界城市的定位，给包括环首都生态卫星城的河北省带来了发展的机遇。北京的企业大量向河北、天津转移。一是北京的商务成本高，尤其是年轻的员工，解决不了住房问题、交通问题，租金也高，员工的生活成本高。河北省抓住北京产业转移这一机遇，提出建设“环首都绿色经济圈”的概念，积极承接北京的产业转移，打造环北京卫星城或新城。尤其是在“打造首都经济圈”列入国家的“十二五”规划之后，首都发展从注重功能集聚为主向疏解、辐射并重转变，从服务首都自身为主向服务区域、服务全国转变。

（八）京北生态新城与北京将实现同城化交通

京北生态新城通过以下城际铁路、高速公路系统及国道的改善实现同城化交通。

京张城际铁路的兴建；在沙城和八达岭设置城际站；市郊铁路 2 号线延长。通过张涿高速的兴建；京新高速(北京)与京张高速(沙城段改线及道路拓宽)的完善；110 国道、109 国道交通条件的改善，促进区域交通系统的完善。包括城铁、市郊铁路以及高速公路与北京对接以后，区域交通组织功能外移，将缓解北京交通压力。在区域城际铁路方面，将增添涿州—北京新机场—廊坊—京东新城(三河、大厂、香河)—首都国际机场/顺义城际铁路路线，实现城际铁路间的互联互通。新区开发紧紧围绕轨道站点以“TOD”的模式，将土地使用与公共交通紧密结合，形成紧凑布局的、功能混合的社区。

二、京北生态新城产业发展的对接与分工

(一) 京北生态新城产业发展与北京对接

北京具有强大的国际影响力，国际经济指挥中心，新兴产业生产和创新的中心，产品和创新技术的市场等优势。未来北京大都市需要广大的腹地支撑，需要建立完整的区域分工，形成高效的产业体系。京北生态新城毗邻北京，可优先接收产业转移。

然而，北京都市目前面临的问题：交通拥堵、资源匮乏、人口众多，急需要在更大的空间统筹协调治理。由于北京限购房、限购车(摇号)政策的出台，以及高速铁路、市郊铁路等建设，许多在京工作但没有能力在京购买房屋的市民，将可能选择价格相对有优势的环首都经济圈来购买，这样必然给怀来、涿鹿县的楼市升温创造了一定条件。京北生态新城产业发展的优势：较大的成本优势。生活成本低、企业经营成本低，见图 1。但水源生态功能又对其人口、发展模式形成一定制约。另外还具有优越的生态资源(桑干河、永定河、官厅水库、燕山山脉、桑园温泉)、深厚的文化底蕴(鸡鸣驿古城、三祖文化、八达岭)、著名的葡萄之乡(长城葡萄酒、北纬 40 度、800 年种植历史)等优势条件。

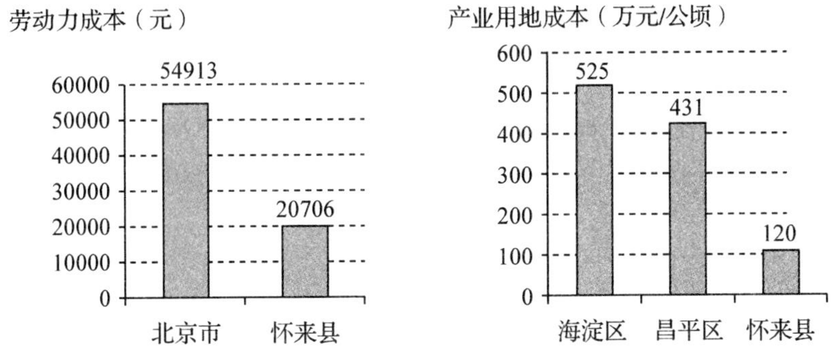

图 1　北京与怀来县产业发展成本对比

京北生态新城与北京的产业对接的切入点如下：中关村科技园已形成一环两线的空间格局，京北生态新城位于西北向沿八达岭高速的辐射线上，将有机会接收来自中关村的产业转移。中关村国家自主创新示范区发展规划纲要(2011—2020 年)出台，规划中关村总收入由 1.5 万亿增至 10 万亿，预示着中关村的快速扩张。“到 2020 年，示范区创新环境更加完善，创新活力显著增强，创新效率和效益明显提高，总收入达到 10 万亿元，在软件及信息服务、生物医药、新能源等领域中形成 2—3 个拥有技术主导权的产业集群，成为具有全球影响力的科技创新中心和高技术产业基地。”中关村科技园区扩张趋势明显，但发展空间受限。京北生态新城具备临近海淀和昌平的优势，应该抓住机遇，接受中关村园区的产业辐射。

表 3　北京产业空间布局表

第一产业	西北发展山区特色农业、观光农业 平原地区发展都市型农业、农产品加工、观光农业
第二产业	高新技术产业和先进制造业： 西北发展科技研发、产业创新、技术孵化 东部、东南发展高新技术制造、工业生产 中心城区重点发展都市型工业
第三产业	金融服务向心聚集 物流向东南、西南、东北发展 旅游：中心城区发展观光商务娱乐旅游业 东部、南部发展大型休闲娱乐 东北、西北发展观光休闲度假旅游业

产业发展生态化，要求区域宜侧重特色农业、科技研发和休闲度假旅游的发展，注重与北京产业的对接。

(二)与环首都经济圈另外两个新城的产业错位发展

环首都经济圈三个新城发展条件对比，见表 4。

表 4　环首都经济圈三个新区发展条件对比

	京北生态新城	京南新城(涿州新区)	京东新城(北三县)
区位特色	京北生态屏障、上风上水区位	靠近北京第二国际机场	京津腹地、北京产业发展的主方向
与北京的距离	100 千米	60 千米	40 千米
特色资源	官厅水库、生态环境、葡萄产业	三国文化、影视产业发达	以家具、包装产业为特色
产业基础	较差	中等	中等
建设条件	中远期可形成规模建设	近期可建设	近期可建设
发展机遇	靠近中关村、昌平(高科技优势)	北京制造业向东南发展，与天津对接(先进制造业优势)	

京北生态新城发展要注意以下几点：①注重科技研发，高新技术产业发展；②产业发展轻型化，污染少；③注重未来产业发展；④注重生态、文化、旅游产业的发展。

(三)与张家口市产业对接

京北生态新城与张家口产业的对接见表 5。京北生态新城轻型、生态、高技术的产业发展方向将对张家口市的产业发展产生积极影响。

京北生态新城产业发展策略为：扩大已有基础产业；做强特色产业；瞄准产业发展的新兴领域，培育国家战略性新兴产业；建设集研发教育、生产制造、会展物流、医疗旅游四大板块于一体的生命之城。以度假旅游、娱乐体验、运动休闲等丰富的活动建设休闲之城。以文化创意产业为核心，建设集内容提供、媒体传播、服务整合三大功能于一体的创意之城。

总之，京北生态新城应充分发挥自身潜力，借助历史机遇，积极与北京对接，做强特色产业，扩大已有产业的基础上，瞄准产业发展的新兴领域，在为未来城市发展预留空间的同时，实现跨越式发展。

表 5　京北生态新城与张家口产业的对接

4+3 产业	张家口 4+3 产业规划	新区对接策略
旅游服务业	以旅游服务业作为第一主导产业，建设京西北运动康体休闲区；着力打造“中华民族摇篮，生态休闲之都”的旅游总体形象	发展度假旅游、医疗旅游、文化旅游
新型能源业	建设百万千瓦级风电基地；太阳能开发与设备制造相结合；发展国家大型风光储输示范工程；适度开发环保型、循环经济型电源点	以新能源作为重点产业
食品加工业	引导食品加工业向“产品结构多元化、品种档次高级化、产业结构基地化、生产技术高新化、企业规模大型化”方向发展；主要发展卷烟产品、葡萄酒加工、乳品产业、种养业基地	以养生、保健为起点，发展葡萄产业
装备制造业	加快煤矿机械装备制造产业园和工程机械制造基地、风电设备制造基地、环保节能设备制造基地、地勘和钻探机械制造基地建设；大力发展整机产品	发展高端装备制造业，以智能装备为发展方向
现代物流业	建设“面向京津、辐射‘三北’、服务全国、连通国际的北方物流枢纽城市”	优化新区交通条件，促进产业发展；发展现代服务业，形成东接京津，西连张家口的现代服务体系
电子信息业	打造涿鹿—怀来—宣化—张家口主城区信息产业带，培育产业集群；逐步形成电子材料、光电子、软件、专用仪器设备四大生产基地	以电子信息为依托，发展高端装备制造业
矿产品精深加工业	加快宣钢技改和地方钢铁改造重组，将钢铁产业建成环保、节能、设备大型化的现代产业	以矿产品作为高端装备制造业的上游产业，形成产业链

三、京北生态新城人口资源环境协调与同城化

基于生态安全格局下的人口预测、水资源约束条件下的人口容量分析，从城市建设用地供给角度，仅中心城区范围理论上可承载的总人口就可以达到 277.3 万—684 万人。因此，城市建设用地供给对未来京北生态新城的发展不存在有效制约；未来，京北生态新城可利用的水资源所能承载的人口数量为 143.2 万—213.1 万人（根据《SL366－2006 城市综合用水标准》、《GBT50331－2002 城市居民生活用水量标准》中的相关说明，京北生态新城城市人口人均综合用水标准应取 $125m^3-155m^3/$（人・a））。因此新城水资源仍将是短板。

怀来、涿鹿两县多年平均可利用水资源总量为 18.34 亿立方米，其中过境径流量约为 13.9 亿立方米（大部分过境水量主要是上游地区径流水量，流经桑干河、洋河汇入官厅水库，主要作为保障首都北京的生活与生产供水水源）。未来京北生态新城的理论可利用水资源主要为区域内自产径流和地下水，共 4.44 亿立方米。其中，怀来、涿鹿两县自产径流量为 2.17 亿立方米，年可利用地下水总量为 2.27 立方米。新区核心区人口规模容纳 100 万—150 万人，满足环境容量及水资源的要求；参照苏州工业园区的发展轨迹，借助北京建设世界城市和河北省打造环首都经济圈的契机，在河北省、张家口市和怀涿两县等不同级别政府的支持下，也必将能挖潜自身资源优势，实现跨越式发展。参照苏州工业园区的案例，经过 10 多年的发展，发挥后发区域的优势，多引进高附加值产业，预计实现 800 亿—1000 亿元的地区生产总值。

结合新城中水回用打造人工净化湿地系统和生态核心。利用人工水系打造湿地净化系统和生态涵养区，将城市中水及收集的雨水进一步净化处理，达标后再排入桑洋水系和官厅水库，确保生态安全。

清洁能源利用。太阳能利用：利用太阳能热水系统为居民提供生活热水，鼓励发展太阳能光伏发电，建设路面太阳能收集系统。风能利用：鼓励采用风电建筑一体化技术为建筑供电。地热能利用：分散供热区内优先利用地热为建筑供热。能源综合利用：加强热电厂余热的回收利用，采用热泵、热电冷三联供以及路面太阳能利用等技术并合理耦合，实现对能源的综合利用，提高利用效率。

京北生态新城的打造遵循“生态优先”的原则，在确保生态承载力的前提下，提高企业入园标准，注重可再生资源的利用，发展循环经济，同时强化生态涵养区的保护利用，着力打造“生态之城”。

总之，京北生态新城将成为冀晋蒙融入北京的门户和纽带城市，成为环首都经济圈中重要的新兴产业基地、高新科技研发和生产服务基地，旅

游休闲度假基地，成为北京西北部重要的生态涵养区。

参考文献

1. 王永生：《环首都经济圈》，http：//baike. baidu. com/view/4574883. htm。
2. 张贵祥：《首都跨界水源地经济与生态协调发展模式与机理》，中国经济出版社，2010 年。
3. 连玉明：《中国特色世界城市“特”在哪里》，《今日国土》，2011 年第 3 期。
4. 谢良兵：《北京消，京津冀才能涨》，《经济观察报》，2010 年 8 月 10 日，http：//finance. sina. com. cn/roll/20120810/213212820064. shtml。
5. 赵海军：《张家口市对接“环首都经济圈”区域经济发展研究》，《经济师》，2011 年第 7 期。
6. 新加坡邦城规划顾问有限公司：《京北生态新区概念性总体规划》，2010 年。

（作者：张贵祥　北京市经济社会发展政策研究基地研究人员　教授）

北京社会建设研究基地

（中国人民大学）

基地名称：北京社会建设研究基地
依托单位：中国人民大学
项目类别：北京市哲学社会科学“十二五”规划项目

北京市社区养老服务的供需失衡问题及对策研究[①]

伴随我国老龄化程度的不断加深，社区养老服务日渐受到社会各界的关注，并取得了一定的发展成就。但在社区养老服务发展过程中，存在着明显的供需失衡现象。因此，本文研究了北京市社区养老服务的供需状况及其差距，探究产生失衡的原因，并就促进社区养老服务的发展提出相关对策建议。

人口老龄化程度的不断加深以及老年人口数量的大幅增加，使得老年人的养老及照料问题成为一个不容忽视的问题。面对逐渐增加的养老服务需求，建立在传统血缘关系基础上的家庭养老伴随社会经济的发展正面临巨大挑战，越来越难以满足老年人的养老需求。同时，受社会经济发展的制约，我国社会养老服务体系建设的长期滞后，实行社会养老也面临巨大困难。在我国目前家庭和社会都无法完全承担养老服务功能的状况下，社区养老服务因其兼有家庭养老的精神慰藉优点又符合社会化养老的趋势，逐渐引起各方的重视。社区养老服务能否满足老年人的多元化需求，是决定社区是否可以真正发挥养老作用、承担社会化养老重任的关键因素。

本研究以北京市的社区养老服务发展为例，旨在呈现我国社区养老服务的发展现状，并针对发展中存在的问题提出对策建议，从而为有针对性地提供社区养老服务提供参考，这对于加快社区养老服务发展、促进养老机构的建设和服务水平的提升、缓解人口老龄化带来的养老问题，都具有十分重要的意义。

本文所使用的数据来源于北京市海淀区老龄办 2010 年 10 月北京市海淀区城乡老年人口状况调查，调查对象为海淀区行政区域内 60 岁及以上的户籍人口。调查采用典型抽样方法，首先选取海淀区 13 个街道/镇中的 48 个村/居委会，然后在所选中的村/居委会内采用系统抽样方法各选取 30 名老年人构成本次调查的样本。调查共发放和回收问卷 1440 份，剔除部分关键

① 本文是《社会建设中的老龄工作模式研究》项目的阶段成果，项目编号：11SHB011。

变量缺失的样本后，最终共得到有效样本 1350 份。

一、北京市社区养老服务发展概况

(一)养老服务基础设施建设

民政部自 20 世纪 80 年代初提出发展社区服务以来，始终把社区服务设施和社区服务项目的开展放在重要位置。“十一五”期间，在民政部门的大力倡导和推动下逐渐建立起了全国和谐社区建设示范单位联系制度，并修订完善了和谐社区建设示范标准，较好地落实完成了《“十一五”社区服务体系发展规划》。

根据北京市民政局的统计数据，截至 2010 年年底，北京市已建成各类社区服务机构 3971 个，其中：社区服务中心 175 个，社区服务站点 3796 个。社区从业人员 18252 人，社区服务志愿者组织 7629 个，城市便民、利民服务网点 11894 个，社区服务机构建筑面积共计 80.3 万平方米。全市共有社区居委会 2717 个，比上年增加 52 个，增长了 2.0%。村委会 3943 个，比上年减少了 7 个。①

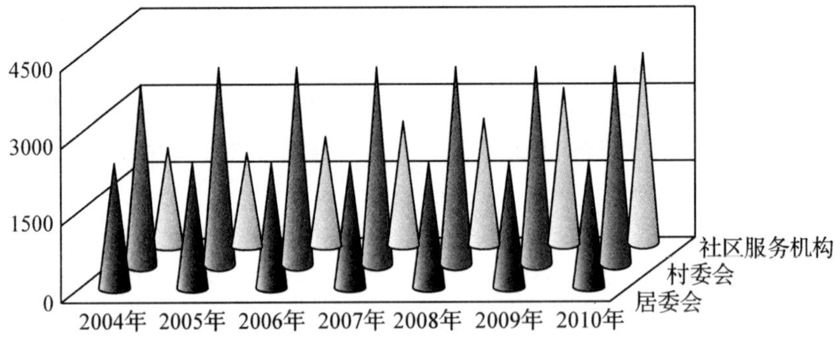

图 1　北京市社区服务设施的设置情况

资料来源：北京市民政局《二〇一〇年北京市民政事业发展统计报告》。

在养老服务基础设施建设方面，北京市也全面落实了“九养政策”和老年优待办法。截至 2010 年，共为 36 万人发放 3.2 亿元养老(助残)券，挂牌养老(助残)餐桌 4584 个，发展托老(残)所 5305 个，基本实现了城乡社区全覆盖。另据北京市 2010 年老年人口信息和老龄事业发展状况报告显示，北京市由各区县文化部门开设的老年大学 29 个，各级老年活动站 6651 个，全年参加活动人数 85.8 万人次，各类老年学校 3150 个，全年参加学习人数累计 30.6 万。

伴随社区服务体系建设的逐步推进，北京市社区网络和基础设施已初

① 北京市民政局：《二〇一〇年北京市民政事业发展统计报告》，http://www.bjmzj.gov.cn/news/root/tjnb/2011-11/102299.shtml? NODE_ID=root。

具规模，社区养老服务设施得到了进一步改善，为全面推进社区养老服务发展，构建和谐社区奠定了坚实的物质基础。

(二)养老服务内容和形式

在社区养老服务项目的开设方面，北京市社区养老服务的内容也正在逐步发展和完善，目前基本涵盖了生活照顾、医疗保健、文化娱乐、心理慰藉、权益维护等一些基本需求。截至 2011 年，北京市民政局、残联、老龄办共同发布了包括生活照料、家政服务、精神慰藉、医疗护理、老年教育及其他服务等 6 大类 110 项居家养老社会服务项目及其价格标准，有效促进了社区养老服务的规范化和市场化。

在社区养老服务的形式方面，目前我国大部分大中城市已经初步形成了以设施服务、定点服务和上门服务为主要形式的社区养老服务体系，从各个方面为老年群体提供帮助和支持。

(三)政策演变

我国的社区养老起步较晚，20 世纪 80 年代初伴随单位制的解体，“单位办福利”的单一模式无法满足人们日益增长的养老需求，这种情况下，民政部率先提出了“社区服务”概念。1991 年在北京召开的“全国社区服务工作研讨会”进一步明确了社区服务的内涵和外延，将社区服务的本质界定为社会福利工作，主要内容包括老年人服务、残疾人服务、优抚对象服务和便民利民服务。[①] 在民政部的倡导下，我国的社区服务在一些地区取得了很好发展。

北京市作为我国人口老龄化程度较为严重的地区之一，向来重视社区养老服务体系的建设。2001 年为响应民政部提出的在全国开展“社区老年福利服务星光计划”的号召，北京市于当年 7 月全面启动了该计划，整合多方力量并通过颁发《关于抓紧做好第三批“社区老年福利服务星光计划”设施建设工作的通知》等文件敦促该计划的落实。2006 年北京市又颁布了《关于资助山区村建设老年福利服务设施的意见》，决定实施“山区星光计划”，以统筹城乡发展，推进城乡一体化进程。之后，为进一步促进养老服务的发展，北京市又相继颁布了《关于北京市市民居家养老(助残)服务(“九养”)办法的通知》(2009 年)、《关于印发〈北京市市民居家养老(助残)券管理使用规定(暂行)〉的通知》(2010)、《关于进一步加强我市养老(助残)精神关怀服务工作的指导意见》(2011)等一系列文件，国务院发布的《中国老龄事业发展“十一五”规划》、《中国老龄事业发展“十二五”规划》中也明确指出要大力发展社区养老服务，促进老年人社会福利服务体系的构建。

---

① 杜翠欣:《我国城市社区养老问题研究》，大连理工大学硕士学位论文，2006 年第 6 期，第 7 页。

在国家政策以及北京市各部门的鼓励和引导下，北京市社区养老服务发展的政策体系正在逐步形成，社区养老服务体系建设取得了长足发展。

二、北京市社区养老服务的供需状况分析

近年来，在党和政府的高度重视下，北京市的社区养老服务在满足老年人的生活照料、文化娱乐、精神慰藉等服务需求方面发挥了重要作用。但总体来看，社区养老服务水平还比较低，发展不平衡，难以满足老年人需求，与快速增长的老年人口及其日益增长的养老需求不相适应。

(一)社区养老服务供给与利用的失衡

1. 社区养老服务供给与利用的总体情况

居民的参与程度是检验社区建设成果的一个重要尺度。社区养老服务涉及社区全体老年人，没有老年人的积极响应和热心参与是难以取得预期效果的。但是目前我国老年人对社区养老服务的利用率仍旧很低。

在社区养老服务基础设施建设方面，调查数据显示：目前北京市海淀区老年人住所附近运动场地以及老年活动室的覆盖率较高，分别为 73.8% 和 68.5%；其他几项服务设施，如老干部活动中心、老年大学以及托老所的设置比率均低于 50.0%，分别为 42.1%、31.0%和 16.6%(参见表 1)。可以看出，多数社区服务设施的覆盖率还是很低的。而在老年人所居住社区附近有服务设施的情况下，老年人对其的利用率也非常有限。在各个社区活动项目中只有参加运动健身和老年活动中心的老年人比例较高，分别为 71.2%和 56.0%，其他几方面都是“从不参加”的占大多数，特别是用过托老所服务的比例只有 4.9%，老年大学的参与率也只有 26.0%。可见，我国老年人对社区服务的利用很不充分，居民参与程度不够。

表 1　老年人社区活动的参与情况　　　　单位：%

活动设施	从不参加	偶尔参加	经常参加
老年活动中心	44.0	29.2	26.8
老干部活动中心	55.0	20.7	24.1
老年大学	73.8	11.2	14.8
托老所	95.1	2.7	2.2
运动场地	28.8	26.2	45.0

资料来源：2010 年海淀区老年人状况调查数据。其中老年人参与社区活动的比例为偶尔参加和经常参加的比例之和。

在社区养老服务项目的供给方面，海淀区各类社区养老服务项目的供给比例仍很低，除上门做家务服务的供给比例为 37.0%以外，其他各项服

务的供给率均在10.0%左右(参见表2)。面对较低的服务供给率，老年人对这些服务项目的利用率则更低，其中利用率较高的上门做家务服务也仅有10.2%，其他则更低，如陪同看病、帮助日常看病以及法律援助服务的利用率仅有0.4%、0.5%和0.5%。利用差方面，即各类服务项目的供给率减去相应项目的利用率，其值越大，表明该项服务越过剩。从数据来看，尽管各项服务的利用差均较低，但是相对于较低的供给率而言，这些数字则非常可观。如上门看病以及老年人服务热线供给率仅为16.5%和13.8%，但是其利用差却达到了13.6%和12.9%，表明这些服务很少被老年人利用，各类社区服务项目仍普遍存在过剩现象。

表2　老年人对各项社区服务的利用情况　　单位:%

服务项目	有	利用率	利用差
上门护理	12.6	0.9	11.7
上门看病	16.5	2.9	13.6
聊天解闷	6.7	2.0	4.7
老年人服务热线	13.8	0.9	12.9
陪同看病	6.2	0.4	5.8
帮助日常购物	5.7	0.5	5.2
康复治疗	8.0	0.8	7.2
法律援助	9.4	0.5	8.9
上门做家务	37.0	10.2	26.8

资料来源：2010年海淀区老年人状况调查数据。

2. 社区养老服务供给与利用情况的城乡比较

伴随社会经济的发展，国家正在加大力度统筹城乡发展，加快推进城乡一体化进程。但由于我国城乡二元结构的长期存在，致使城乡社区养老服务发展不平衡，呈现典型的二元结构。

在社区养老服务设施的设置方面，如图2所示，无论是城市还是农村，老年活动中心和运动场地的设置比率相对较高，而托老所、老年大学等的设置则较少。另外，城市社区养老服务设施的覆盖率普遍高于农村，托老所、老年大学等设施的设置差距尤为明显，表明农村社区养老的基础薄弱，养老服务事业发展滞后。

在社区养老服务项目的供给方面(见表3)，城市社区养老服务提供的项目比较齐全，所调查的九个方面均有提供，而农村尚未提供陪同看病以及帮助日常购物服务。数据显示，尽管目前海淀区城、乡社区养老服务的供

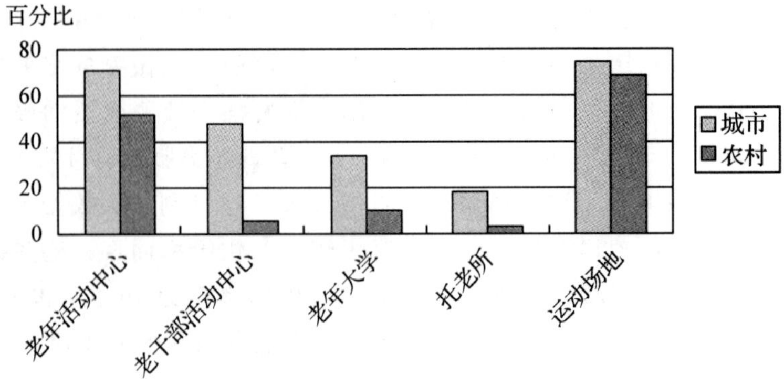

图 2　社区养老服务设施的城乡比较

资料来源：2010 年海淀区老年人状况调查数据。

给比率都较低，但城市社区养老服务项目的供给明显较农村充分，各项目的供给率均高于农村，城乡社区在居家养老服务的供给方面非常不均等。值得注意的是，农村社区提供法律援助、聊天解闷服务的比率均在 3.0%以下。在居民对服务的利用方面，城市社区除对上门做家务服务的利用率超过 10.0%以外，其余服务项目的利用率均低于 3.0%。而农村社区对养老服务的利用率则更低，老年人服务热线、陪同看病、帮助日常购物以及法律援助服务更是无人使用。产生这一现象的原因可能是由于农村的经济落后，目前仍停留于最基本的物质保障层面，同时多数老人可能由于经济原因而无力购买服务。

利用差方面，城市社区的服务过剩问题较之农村社区更为严重，其中上门护理、上门看病、陪同看病、法律援助等的利用差非常接近于供给率，表现出明显的过剩问题。这可能与社区养老服务的品质和价格问题有关，目前一些社区服务项目的市场化、产业化运作模式，使得经营者出于成本和效益的考虑，服务的价格或者质量可能不能使老年人满意，造成老年人对这些服务项目的利用效率不高。

表 3　老年人对各项社区服务利用情况的城乡比较　　单位：%

服务项目	有		利用率		利用差	
	城市	农村	城市	农村	城市	农村
上门护理	13.6	5.6	0.9	1.1	12.7	4.5
上门看病	16.6	15.0	2.6	5.6	14.0	9.4
聊天解闷	7.3	2.8	2.1	1.7	5.2	1.1
老年人服务热线	13.8	12.5	1.1	0	12.7	12.5

续表

服务项目	有		利用率		利用差	
	城市	农村	城市	农村	城市	农村
陪同看病	6.2	0	0.5	0	5.7	0
帮助日常购物	5.7	0	0.6	0	5.1	0
康复治疗	8.7	3.4	0.8	0.6	7.9	2.8
法律援助	10.3	2.2	0.6	0	9.7	2.2
上门做家务	41.7	9.1	12.1	0.6	29.6	8.5

资料来源：2010年海淀区老年人状况调查数据。

（二）社区养老服务供给与需求的失衡

1. 社区养老服务供给与需求的总体情况

随着人们生活质量的提高以及老年人口高龄化趋势的不断发展，北京市老年人的需求逐渐呈现规模扩大化、服务类别多样化和服务要求高质量化趋势。从需求来看，老年人对各类服务项目的需求都比较高。但与其他几类服务项目相比，老年人最为需要的是与医疗护理相关的项目，包括上门看病、上门护理、康复治疗、陪同看病等，需求率分别为28.5%、23.2%、21.0%和17.9%。另外，老年人服务热线、法律援助、聊天解闷等服务的需求率也较高，分别达到了27.3%、22.5%、16.3%（参见表4）。而在服务供给方面，除上门做家务、上门看病的供给率超过15.0%以外，其余各类服务的供给率均在10.0%左右。可见，老年人对各类养老服务的需求明显高于其供给比例，目前的社区服务远不能满足老年人需求，社区养老服务具有广阔的发展空间。

在需求差方面，社区服务普遍存在供给不足问题，供需缺口较大。特别是老年人服务热线、法律援助的供需差距均在13.0%以上，而在上门做家务方面则出现了服务过剩现象。这说明目前北京市老年人最为急需的社区服务已不再仅仅集中于医疗和基本生存层面，而是转向精神以及权益维护方面，同时也说明社区养老服务尚不能有效满足老年人的需求。

表4　老年人对各项社区服务的需求情况　单位：%

服务项目	有	需求率	需求差
上门护理	12.6	23.2	10.6
上门看病	16.5	28.5	12.0
聊天解闷	6.7	16.3	9.6
老年人服务热线	13.8	27.3	13.5

续表

服务项目	有	需求率	需求差
陪同看病	6.2	17.9	10.7
帮助日常购物	5.7	13.7	8.0
康复治疗	8.0	21.0	13.0
法律援助	9.4	22.5	13.1
上门做家务	37.0	21.6	−15.4

资料来源：2010 年海淀区老年人状况调查数据。

2. 社区养老服务供给与需求情况的城乡比较

从需求与供给情况来看，城、乡老年人对各项服务项目的需求水平均在 20.0%左右，其中城市老年人需求率最高的服务排在前四位的依次是：上门看病、老年人服务热线、法律援助和上门做家务，而农村老年人最需要的服务排在前四位的依次是：上门看病、康复治疗、法律援助和老年人服务热线(见表 5)。可以看出，上门看病、法律援助和老年人服务热线已成为城、乡老年人最为急需的服务。

表 5　老年人对各项社区服务需求情况的城乡比较　　单位：%

服务项目	有		需求率		需求差	
	城市	农村	城市	农村	城市	农村
上门护理	13.6	5.6	23.2	23.8	9.6	18.2
上门看病	16.6	15.0	28.1	31.4	11.5	16.4
聊天解闷	7.3	2.8	15.5	22.8	8.2	20.0
老年人服务热线	13.8	12.5	27.5	25.0	13.7	12.5
陪同看病	6.2	0	18.0	17.4	11.8	17.4
帮助日常购物	5.7	0	13.8	13.0	8.1	13.0
康复治疗	8.7	3.4	20.2	27.5	11.5	24.1
法律援助	10.3	2.2	22.2	25.1	11.9	22.9
上门做家务	41.7	9.1	22.2	18.4	−19.5	9.3

资料来源：2010 年海淀区老年人状况调查数据。

在需求差方面，除城市社区上门做家务服务项目出现过剩以外，城、乡社区的其他服务项目的需求都超过了供给，社区服务项目普遍存在缺口。同时农村社区的服务缺口大于城市社区，农村老年人对各种服务的需求比例明显高于现有服务的供给比例，特别是康复治疗和法律援助以及聊天解闷服务，需求差都在 20.0%以上，农村老年人在精神慰藉、医疗服务等方面都有着很高的需求。城乡社区养老服务的发展严重不平衡。

三、北京市社区养老服务供需失衡的原因分析

当前我国的社区养老服务存在着明显的供需失衡问题，主要表现为三类矛盾：一是社区服务项目供给率与利用率之间的矛盾；二是社区服务项目低供给与老年人高需求之间的矛盾；三是老年人对社区服务的低利用与高需求之间的矛盾。供需失衡的原因，值得我们进一步深入探究。

（一）传统家庭养老功能弱化，多数老人寄希望于社区养老

由于家庭养老在我国长期占据主导地位，老年人普遍对家庭有着很深的情感依赖。即使是在我国家庭规模日益小型化，传统家庭养老功能弱化的形势下，多数老年人依然选择居家养老。2011 年度中国老年人状况追踪调查结果显示，有高达 86.6%的老年人表示不愿意入住养老院。一方面是因为我国养老院的总体服务水平较低，不能很好满足老年人需求；另一方面部分养老院高额的入住费用也使一些老年人望而却步。因此，多数老年人仍旧希望在自己所熟悉的社区环境中度过晚年。

但随着我国老龄化程度的加深以及家庭规模的小型化，单纯依靠家庭的养老模式已经很难满足老年人的需求。这种形势下，老年人居家养老的意愿就在客观上为社区养老的发展创造了条件；同时也表明，较之于机构养老，老年人从主观上也更乐于接受社区养老方式。因此，老年人普遍对社区养老服务持有很高的需求愿望，与目前较低的供给率形成鲜明对比。发展社区养老服务成为我国适应老龄化和社会经济发展水平切实可行的战略选择。

（二）社区养老服务供给动力不足，养老服务发展滞后

目前，在我国社区养老服务发展方面，还存在着资金来源单一、专业人员缺乏、市场竞争机制不健全等诸多问题，制约了社区养老服务的发展。

首先，在资金来源方面，来源渠道单一，资金投入不足。目前世界各国社区服务的资金主要来源于政府的财政投入、社会捐助以及社区部分服务项目的盈利三个方面，有些国家还通过博彩业和有奖募捐基金的部分收入作为社区服务的资金来源。[①] 目前，我国社区服务资金来源基本上覆盖了这四个方面。但是由于我国的社区养老服务是在政府的引导和资助下才发展起来的，政府的财政拨款一直是其主要资金来源。仅靠政府投入的单一模式自然无法满足社区服务日益扩大的需求，导致养老服务供给不足。因此，有必要进一步探索发展社会筹资、个人捐赠等形式，促进资金来源渠道的多元化。

其次，在社区服务人员的队伍建设方面，存在着队伍不稳定、缺乏专

① 侯岩：《中国城市社区服务体系建设研究报告》，中国经济出版社，2009 年。

业人员等问题。目前社区服务人员主要包括日常照顾人员和医护人员。其中，社区中的日常照顾人员多为下岗职工以及少数志愿者，成员文化水平普遍不高，同时队伍本身的流动性也较大；尽管社区中医护人员的专业水平相对较好，但是他们所从事的工作要求也相对较高。目前多数老人对社区的医护水平仍旧持怀疑态度，除一些常见疾病以外，他们宁愿"舍近求远"，到较大的医院排队就医。

最后，在供给机制方面，仍以行政机制为主，缺乏有效的竞争机制。我国的社区养老服务自诞生之日起，就是在政府的倡导和组织下发展的。社区组织成为社区养老服务的主要供给主体，使得社区养老服务的发展缺乏有效竞争机制，不利于服务质量的提升。

这些因素的综合作用致使我国的社区养老服务资源匮乏，养老服务设施无法满足老年人的需求，供需矛盾明显。

(三)社区养老服务社会认可度低，老人参与热情不高

虽然部分社区已经提供了老年人急需的养老服务，但是老年人的参与率仍旧不高、满意度不高，这与老年人的传统观念以及养老服务水平与服务质量普遍不高有关。

一方面，受传统观念的束缚，大部分老人对于社区养老的认识不够全面，对社区养老的参与意识有待提高。家庭养老在我国长期占据主导地位，有一定自理能力的老人往往选择家庭养老，不到万不得已他们也不会选择入住养老机构，制约了老年人对社区养老服务这一养老模式的选择。另外，老年人传统观念较重，对服务费用较为敏感，购买服务的意识还不浓厚。我国一些老年人的收入也十分有限，尚不足以满足其基本生活需要。据统计，目前我国各地的平均补贴标准为每人每月 150 元左右，仅够为老年人每天提供不足一小时服务的费用①，因此一些老人无力购买养老服务，这在很大程度上也影响了老年人对社区养老服务的认知和利用，从而造成需求高而利用率较低的现象。

另一方面，社区养老服务的供给内容单一，且层次较低，不能依据具体情况和不同需求而定，也使一些老年人不愿意选择利用其服务。目前我国社区养老服务的供给内容主要集中在低层次的物质生活保障方面，而精神慰藉、法律援助等方面的供给相对较少而随着人们生活水平的提高，老年人的需求层次也逐渐提高并呈现多元化，社区养老保障供给严重不足；同时，社区养老服务的供给也没有依据不同社区、城乡以及老年个体的具体需求而定，在一定程度上造成了养老资源的浪费。

---

① 孙泽宇：《关于我国城市社区居家养老服务问题与对策的思考》，《中国劳动关系学院学报》，2007 年第 1 期，第 99－100 页。

四、促进社区养老服务发展的对策建议

社区养老服务的发展是养老服务资源与养老需求动态匹配的过程。促进社区养老服务和家庭养老的密切结合，使有限的资源效益最大化，是社区养老服务发展的最终目标。因此，以老年人的需求为导向，从需求与供给相结合的角度出发，完善社区养老服务以实现养老服务的供需平衡具有十分重要的现实意义。

(一)加强社区养老服务网络建设，实现规模化发展

近几年，由于政府的大力支持、倡导以及社会各界的关注和重视，我国的社区养老服务已经取得了一定成就。但是，面对巨大的供需缺口，以往的服务供给体系由于各服务网点之间缺乏互动和交流，致使社区养老服务的内容与其服务对象的需求常常脱节，不仅很难满足老年人的需求，同时也造成资源的浪费。因此，供需问题的解决首先需要我们进一步加强社区养老服务的网络建设，实现规模化经营，健全和完善社区养老服务体系。

通过社区养老服务网络建设，可将各个服务网点连接起来，便于各服务网点之间交流信息、调剂余缺、平衡供需，从而实现设施、人力、资金等资源的优势互补。[①] 这样各社区的服务设施和项目都将被纳入社区网络，各社区服务资源相互补充，实现社区服务资源的共享，促进社区养老服务的持续、快速发展。

(二)统筹规划、因地制宜，合理配置服务资源

供需失衡的现状很大程度上是因为政府和社区的统筹不足造成的。因此，社区养老服务的发展和完善需要政府和社区的共同努力。首先，在政府层面，应将社区养老服务的建设纳入社会经济发展的总体规划中去，统一规划，统筹城乡发展，通过政策法规引导以及财政支持等途径，营造适宜社区养老服务发展的环境，促进社区服务的良性发展。

在社区层面，一方面，应注重社区有限资源的整合，并通过多渠道筹集资金、加强人员队伍建设等途径，逐步扩大社区养老服务的覆盖面，提高服务资源的利用效率，实现社区养老服务资源的效益最大化。另一方面，社区相关服务项目的开展和完善也应建立在需求调查和评估的基础之上，从老年人的实际需求出发，因地制宜，才能达到既满足老年人的服务需求又避免盲目发展和重复建设的目的，有效缩小需求、利用与供给之间的缺口，提高老年人对服务的利用率，满足其需求。

(三)转变观念，提高老人的有效需求

现在老年消费服务市场的一个重要特征就是潜在需求大而有效需求小。

---

① 于凤春：《关于社区服务产业化的几点思考》，《学术论坛》，2001 年第 5 期，第 90 页。

从老年人角度而言，主要是因为其收入普遍较低，传统观念较重，导致服务消费能力有限。老年人口的相对贫困将长期制约我国养老服务业的发展。国家可以通过不断提高养老保障水平、转变老年人消费观念、尽快出台长期护理保险等方式逐步提高老年人的消费水平。

(四)加大宣传力度，提高社区工作人员的服务意识和责任感

老年人的参与是社区养老服务持续发展的动力，但由于家庭观念的根深蒂固，人们对社会化养老方式还存在着很大的认识误区，对社区服务是否能够提供专业化养老服务、满足老年人各方面需求、减轻子女压力等方面的认识不足。因此，可以通过加大宣传力度，提高社区工作人员的服务意识和责任感等方式，使更多的老年人意识到发展社区养老服务的重要意义，不断转变观念，逐步认可和接受社区养老。

（作者：姜向群　北京社会建设研究基地　教授
郑研辉　北京社会建设研究基地　博士研究生）

首都国际文化研究基地

（北京语言大学）

基地名称：首都国际文化研究基地
依托单位：北京语言大学
项目类别：研究基地自设项目

古典文学艺术：价值追问与艺术讲求[①]

开宗明义，本文提出“古典文学艺术”这一新概念，包含着以下双重的学术意蕴：其一，在学科建设意义上，鉴于“中国文学”被具体划分为“古代文学”与“现代文学”，而“现代文学”的学科发生原理，分明是以现代社会建设与现代文化建构的“现代性”为核心价值，所以，与此相对应的“古代文学”的学科发生原理，就需要追问其作为“现代性”之对应物的核心价值所在；其二，长期以来，文学研究的正反两面经验提示我们，把文学当作艺术来研究的“文学艺术”研究，相对于知人论世而自成体系的“文学史”研究来说，显然缺乏投入的力度和钻研的深度，有鉴于此，提出“古典文学艺术”这一概念，就意味着确认文学的艺术本质。以上两点的聚合，意味着学术主体自觉的两点论：既要执着于“价值追问”，又须钻研于“艺术讲求”；如果说前者可以归结为“文化诗学”的学术理路，那后者便可以对应性地概括为“艺术诗学”的学术理路。不言而喻，聚合两点论的学术主体自觉，将充分展现人文研究主体的“思想者”意识和“艺术家”本色。

关于“文化诗学”，与其从 20 世纪 80 年代的西方“新历史主义”说起，不如着眼于当下本土学界有意识的倡导与阐发[②]。显而易见，这已经不再是泛泛的“文学—文化”研究，而是以人文关怀和诗意讲求为基本内涵，并特别富于社会批判意识的精神文化实践。笔者以为，这样的“文化诗学”自觉，是当今人文学界主体理性日渐凸显的表现，说明我们所处的这个学术时代，并非沉浸于“泡沫学术”而不知自省，由此也可见，我们并不缺少富有天下意识和忧患意识的“思想者”。

跨世纪的中国学界，以典藏编修和国学研讨彼此推助的学术热潮，证明着文献聚集与思想争锋的双重自觉。在如是学术生态环境中，现代文学

---

① 本文曾发表于《文学遗产》2012 年第 2 期。

② 童庆炳：《走向“文化诗学”》，中央电视台《百家讲坛》。肖明华：《文化诗学：中国文学理论的当代性显现——关于童庆炳先生文化诗学研究的哲学与社会理论思考》，《创作评谭》，2005 年第 10 期。相关论文很多，读者可以广为参照。

研究界遂有“重建学科的合法性”的学术思考①，以近30年来国际和国内学术界反思“现代性”和“全球化”的思想突进为背景，探究中国“现代文学”与中国现代化历史、中国现代性问题的内在联系，关注文学史写作和文学教育等现实问题。笔者相信，正是在这种可以称之为“文化诗学”的人文研究视域里，诸如“新文学”发生以来“中国旧体诗词”承传不衰的现象，以及其“合法性与现代性”问题，才得到了相应的重视②。尽管这只是一个小问题，但其见微知著的意义，却不可小视。一方面，现代文学史家基于“新文学”发生原理的“学理”标准，倾向于拒绝现代作者的“旧体诗词”进入现代文学史，以便维护现代文学的“现代性”；另一方面，“旧体诗词”之“新作”，却以其现实存在的鲜活事实，不仅具有对“新文学”以白话覆盖文言的实践反思意义，而且随着现代学人提出“现代汉诗”这一合成概念，“旧体诗词”进入“现代文学史”的“合法性”也已被提上了“学理”议事日程。笔者以为，在这种看似只属于现代文学史具体问题的表象之下，“古典文学”实质上获得现代承传“合法性”的人文研究态势，已然提供了继续做价值追问的学术基础，而一旦深入追问下去，必将触及许多与中国历史和中华文化“核心价值观”有关的问题。

或许，有人会质疑这种使文学研究向文化研究深度延伸的“文化诗学”理路，认为应该回归并坚守“文学性”。对此，笔者的看法是，如果我们所关注的对象不是形而上的“文学性”，而是那真正体现中国古典文学精神的“文学性”，那就不能不首先面对此“文学性”非彼“文学性”的文学性差异。例如，学界共识所强调的中国“文章学”传统，以及其“道德文章”的核心价值体系，分明烙有超越现代文学理论所确认之“纯文学”的特殊“文学性”，于是问题就在于如何用具有普适阐释力度的理论范畴来具体界定这一非常特殊的“文学性”了。而现实情况是，学界至今没有找到一个可以走出“纯文学”与“杂文学”二元对立思维模式的明确路径，从而也就无法摆脱“杂文学”一个“杂”字所带来的自我贬抑。这显然是一个需要跨学科综合探讨的高端学术问题，是一个既要“通古今之变”又须“辨中西之说”的思想大课题。直面如是课题，需要我们在观念层次上将“古典文学”与“现代文学”的对立关系转换为对应关系，为此，一方面有必要反思彻底弃掷文言而唯尚白话文体的偏执性大众通俗路线，另一方面，在寻找“民族复兴”和“文化传承创新”的现实实践载体时，有必要提醒自己坚持“现代性”的价值追求。值此之际，也许还需要具有一种像当初“娜拉出走以后”的问题意识，而当下的问

① 2005年7月，华东师范大学举办“中国现代文学研究：重建学科的合法性”国际学术研讨会。

② 陈友康：《二十世纪中国旧体诗词的合法性与现代性》，《中国社会科学》，2005年第6期。

题则是“走出‘西学’中心主义以后”。至少，我们总不能刚摆脱了庸俗社会学的束缚，又陷进了“三十年河东，三十年河西”的风水轮转心理机制。以普适人文价值观的阐释理性，确认中国古典文学的“文学性”，给“文章多体”而“美以致用”的中国古典文学传统一个明确的“说法”，应该是新世纪“文化诗学”研究的历史使命。

当然，由于“现代性”与“古典性”的关系，必然涵涉“民族性”和“世界性”的关系，所以，基于文化兼容原则，在更新“杂文学”概念以凸显中国传统“文章多体”特性的同时，又可以在符合“中”“西”普适标准的意义上，展开“纯文学”的探讨。毫无疑义，既能契合于西方“纯文学”观念，又能集中体现中国古典文学精神的中国文学艺术传统，正是那由古典诗、词、曲所组成的诗歌艺术传统。这里之所以说是诗歌艺术传统，而没有说成古代诗歌艺术，自然是考虑到“旧体诗词”的现代发展这一不争的事实。换言之，中国古典文学以“诗歌”为中心，奠定了其自立于世界文学之林的“诗国”地位，并在人类文明史上创造了一个无可替代的艺术高峰。基于此，笔者以为，站在“诗国”的艺术高峰上，正面讨论“纯文学”问题，应该成为中国古典文学与现代文学研究者的共享资源和共同课题。而意味深长的是，恰恰是在中华“诗国”艺术研究的深化问题上，需要提出“艺术诗学”来作为“文化诗学”的必要补充。不仅如此，如果我们能将“艺术诗学”视为“文化诗学”进行到一定深度以后的必要延伸，甚至将“艺术诗学”视为“文化诗学”的内在进境，那将更有意义。笔者以为，沿着当今文化诗学“人文关怀，提倡诗意”的精神追求和价值追问，“文化诗学”的深处就将生长出“艺术诗学”的生命之树。在世人习以为常的思维实践中，文化批评与艺术讲求经常被置于对立的两极，某种程度上，这还是“思想性”与“艺术性”一分为二并且此长彼消的思维模式的遗传，在这种思维模式的推理逻辑中，注重思想精神者必然轻视艺术形式和艺术技巧；反之亦然。而在视人文关怀与诗意追求为一体者看来，艺术讲求乃是人文关怀的一种必要内容，特别是当这里关于人文关怀的讨论是在中华文化传承创新与现代社会文化建设相统一的意义上实际展开的时候，树立如是价值观，实在非常必要。

“艺术诗学”的研究，意味着“文学”与“艺术学”的通观阐释。举例而言，鉴于中国古典诗歌艺术之诗画互补与诗乐相配的传统艺术范式，只有展开文学、美术学、音乐学以及其他相关学科融会而通观的研究，才可能克服单一学科研究难免隔靴搔痒的困难，才有望达到真正融会贯通的学术境界。且再以诗画交融的文学艺术史实为例，从顾恺之自觉到“手挥五弦易，目送归鸿难”开始，如何表现富有言外之意的诗歌意蕴，使诗意形象视觉艺术化，就始终是古典画学的艺术讲求所在。与此相应，自南朝“巧构形似之言”开始，寄托情怀于山水丘壑之间的雅流文士，就坚持不懈地探索着语言艺术的综合表现力，于是，如同古典诗、词、曲的格律讲求是一种内化于文学文本的音乐美，古典诗歌艺术以“状溢目前”为审美理想而长期探索的语言艺术造诣，是否也意味着内化于文学文本的绘画美呢？如若正是这样，那么，同时内化音乐美与绘画美为文学表现力的古典汉语言艺术，就真是一个值得深入开发的艺术富矿！

关键在于，我们只有用心培养自己的综合艺术敏感和多专业艺术分析能力，才有可能去实践开发这一艺术富矿的时代使命。顺便提及，在大学人文学科教育中，贯彻知识灌输与技艺训练相协调的教育方式，因此也将不失为题内应有之义。大学中文系的学习生活，如果是一种吟咏性情而笔墨陶冶的生活，那该多有诗意！须知，讲求诗意的人生态度，恰恰是通向担当时代使命的人文情怀的。在这个意义上，“艺术诗学”与“文化诗学”必然是相互推进、彼此会通的。

比如，任何一种旨在阐发中国古典艺术精神的“艺术诗学”论述，都会在解读古典诗情画意之际关注到传统“文人画”的艺术精神，而对此艺术精神的阐发则又是关系到中国文化精神之提炼的，因为中国文化精神的实践主体，正是传统士大夫文人这一社会历史主体。中国文化博大精深，只有同样“精深”的人文研究才能真正把握其丰富而复杂的内容。相形之下，关于“文人画”的现有理解和阐扬，还远没有实现视域的博大与辨析的精深。让我们关注一个细节，细节的真实往往是还原历史真实的珍贵线索。一般说来，艺术界与学术界在这个问题上的共识，是确认王维为“文人画”之初祖，而其《辋川集》诗与《辋川图》画，则是典型的诗画艺术互补形态。据《蓝田县志》：“王摩诘画其所居辋川，有辋水、华子岗、孟城坳、辋口庄、文杏馆……凡二十一所，与裴迪赋诗，以纪诸景。”清人赵翼《题王摩诘辋川雪溪小幅》诗云：“我闻《辋川图》径丈，幽景二十俱胪陈。”无论是基于西方美术的“风景画”传统，还是基于中国绘画的“山水画”传统，都很难为这种包含着二十个不同景区风貌的作品“定性”。对此，近年凤凰卫视专栏节目在讲述《中国地图学史》时，顺便提到王维《辋川图》，并提示世人注意：中国古代，地图与图画之间，严格的界限并不存在。王维此画模式，后人多所承传，宋世李公麟《山庄图》便是典型代表。这种类型的画作，画面空间内容大都非常丰富和复杂，而构图设计大都具有连续画和叙事性的双重特征，不仅如此，画卷中的每一景观，大都清楚地标示地名，并宛若地图般地标示出相对空间位置，犹如而今之园林全景示意图。就其绘画透视学特性而言，图卷大都采用鸟瞰式的透视，恰好印证了沈括所说的“如人观假山”。值此，笔者想特别指出，正是这种鸟瞰式透视与接续转换式构图的综合艺术表现模式，决定了“中国画”相对于“西方画”的典型特征，全面而又精确地揭示其间种种艺术奥秘，比起笼统地高唱民族特色，不知要艰难多少倍！

但非此不能叩开中国艺术精神的“众妙之门”。艺术学界在阐释中国画“散点透视”原理时，习惯于援引沈括《梦溪笔谈》有关“以大观小”而“如人观假山”的著名论述，如若在这个问题上采取“双重证据法”，以王维《辋川图》对照于沈括“如人观假山”之说，相信会有新的领悟。无论如何，以往我们关于中国绘画“散点透视”的画学原理阐释，以及有关“文人画”之“逸品”境界的人文精神阐释，尚有许多可商榷的地方。

一面是道德文章，一面是诗情画意，两相辉映，集中体现了中国传统文化所造就的古典主义艺术境界。而说到中国古典诗情画意，其艺术形态自然是多元多维的：如欧阳修重申梅尧臣诗学理想之所谓“状难写之景如在目前，含不尽之意见于言外”，乃是诗歌艺术讲求“言外之意”与绘画艺术讲求视觉逼真的艺术合成；而在绘画艺术领域，不仅存在着沈括自身所阐发的“如人观假山”的透视法自觉，而且必然也存在着沈括所批评的著名画家李成所主张的“真山之法”，可以想见，在此“真山之法”与“如人观假山”之间，又将因为彼此冲撞而形成多少艺术思想的灵感？一言以蔽之，“文人画”艺术境界，绝不是古典诗情画意的唯一历史指向。

即便是就“文人画”的艺术自觉而言，除了以文人书卷涵养自觉区别于专业绘画技艺，并特以清雅格调显示其不同流俗之外，其发生于唐宋诗画艺术高度成熟之际的“历史机缘”，就有许多可资讨论的话题。且以苏轼为例，他就不仅是诗画交融艺术的理论倡导者，而且具体表现出诗人、画家艺术地位平等的人文关怀。张彦远《历代名画记》卷九引《国史》载述唐代著名画家阎立本戒其子语云：“吾少好读书属词，今独以丹青见知，躬斯役之务，辱莫大焉！尔宜深戒，勿习此艺。”后代李日华《墨君题语》更有云：“士人以文章德义为贵，若技艺，多一不如少一。……余尝谓王摩诘玉琢才情，若非是吟得数首诗，则琵琶伶人，水墨画匠而已。”若此前后呼应，早已将潜在的价值诉求告诉世人，那就是希望丹青艺人能够获得与属词吟诗同样的社会地位，由此看来，诗画交融的文学艺术史发展轨迹，就具有艺术诗学与文化诗学的双重意味了。苏轼的相关议论生动折射出此中多重内蕴：《欧阳少师令赋所蓄石屏》诗云：“古来画师非俗士，摹写物象略与诗人同。”《次韵吴传正枯木歌》又曰：“古来画师非俗士，妙想实与诗同出。”其中提炼出“妙想”与“摹写”两端，将诗意之妙思与画家之写实合二而一，诗画互补缘此而意味着虚实两极的交合。与此同时，也相应实现了“诗人”和“画师”的身份统一。在此基础上，《书鄢陵王主簿所画折枝二首》进而提出“诗画本一律，天工与清新”。但是，最耐寻味之处，还在于苏轼的自我矛盾，《王维吴道子画》曰：“吴生虽绝妙，犹以画工论。摩诘得之于象外，有如仙翮谢笼樊。吾观二子皆神俊，又于维也敛衽无间言。”足见，即使清旷超达如苏轼，仍然难免于双重价值观的自我矛盾。有鉴于此，我们完全可以说，艺术诗学探讨的深处，往往通向文化诗学的研究课题。

当社会经济为文化发展奠定了物质基础之后，提携大众人格使其良知不泯的人文力量，在笔者眼里，无非思想家与艺术家，所以，才主张叩问于“思想者”与“艺术家”两端以探询古典文学艺术之妙谛。愚者千虑，或有一得，但愿有益于当代学术的健康发展。

（作者：韩经太　首都国际文化研究基地首席专家　教授）

基地名称：首都国际文化研究基地
依托单位：北京语言大学
项目类别：北京市哲学社会科学“十二五”规划项目

国外主流媒体关于“中国文化走出去”的舆情报告[①]

21世纪以来，国际间的经济军事竞争日益凸显为文化竞争，那种可见的国力“硬实力”竞争，已逐渐为更隐蔽的文化“软实力”竞争所遮蔽，关注文化战争与文化安全问题，成为中国发展进程中面临的重要命题。

近十年来，中国政府明确提出“提高国家文化软实力，使人民基本文化权益得到更好保障，使社会文化生活更加丰富多彩，使人民精神风貌更加昂扬向上”。十七届六中全会对这一理念进行了深化，在总结我国文化改革发展的丰富实践和宝贵经验的基础上，提出了推动社会主义文化大发展大繁荣的指导思想，提出“增强国家文化软实力，弘扬中华文化，努力建设社会主义文化强国”的战略任务，提出“建设社会主义文化强国”的战略目标。在中国共产党十八大报告中，明确提出“扎实推进社会主义文化强国建设”，强调“文化实力和竞争力是国家富强、民族振兴的重要标志”。“扩大文化领域的对外开放”是建设社会主义文化强国这一战略目标的重要手段。

从理论层面来看，美国政治家约瑟夫·奈认为，所谓软实力是“运用吸引力和说服力，而不是运用武力或金钱就能达到目的的能力”。根据奈在《美国定能领导世界吗》一书中的表述，可以将软实力集中归纳为四个方面的影响力：文化影响力、意识形态影响力、制度安排上的影响力和外交事务中的影响力。中国人民大学喻国明教授指出：“文化、制度、传媒等被称为软实力。”立足于中国当前的发展，所谓软实力之争，实质上是三个层面——文化发展战略、文化产业机制、文化传播策略——的竞争。

从实践层面来看，一个国家或一个民族的软实力，来源于它的文化和意识形态的感染力和影响力，而文化和意识形态在国际社会中影响力的形成，是基于其文化产业或文化产品本身的对外覆盖能力、对外传播能力的。从这一层面上来看，中国软实力的建设，应起步于做强做大文化产业，发展于中华文化走出去，最终实现文化强国、国家软实力提升的宏观目标。

---

① 本文是《外媒舆情分析与北京“世界城市”建设》项目的阶段成果，项目编号：11KDB018。

本研究依据北京语言大学外媒报道分析中心“外媒报道分析系统”，对55家国外主流媒体网站的涉华报道进行了关键词检索，检索报道的发布时间为北京时间2011年10月15日至2012年6月15日，关键词为“soft power”、“culture industry”、“Chinese culture”(分别对应文化发展战略、文化产业机制、文化传播策略三个层面)。本研究以上述检索结果为研究对象，旨在发现国外主流媒体对中国文化产业发展的再现与评价、对中华文化走出去现状的报道与评价。

一、国外主流媒体报道总体描述

依据北京语言大学外媒报道分析中心“外媒报道分析系统”的统计，自北京时间2011年10月15日中共十七届六中全会召开至2012年6月15日，在国外55家主流媒体网站发布的涉华报道中，以“soft power”、“culture industry”、“Chinese culture”为关键词，人工合并去除重复，得到有效报道共472条。其中报道量最多、关注度最高的五个新闻事件如下：

(一)“胡锦涛发表文章，称西方敌对势力企图西化、分化中国”，报道总量46篇

2012年1月1日《求是》杂志刊登了中国国家主席胡锦涛的文章《坚定不移走中国特色社会主义文化发展道路，努力建设社会主义文化强国》。国外主流媒体迅速报道了这篇文章，1月3日美国《纽约时报》的标题是：“中国国家主席抵制西方文化”，认为这篇文章源于胡锦涛2011年10月在中共十七届六中全会上的演讲，文章鲜明地区分了中西文化，并指出双方的文化战正在升级，《求是》杂志刊登此文，表明中共在2011年10月提出的政策将在2012年延续。英国《每日电讯报》的标题是：“中国国家主席警告西方的文化战”，称在中国政府最近大力宣扬加强“软实力”的背景下，胡锦涛号召8000多万中共党员对抗“国际敌对势力”，以满足人民群众的“文化需求”。美联社、路透社等国际通讯社也发布了这则消息。

西方国家的主流媒体在报道中，都提及中国政府已经采取多种措施增强其在海外的文化影响力，如在世界各地开设孔子学院；投入大量资金支持新华社和中央电视台等大型国家新闻机构在世界各大城市开设分支机构，努力赢得对中国经济成就印象深刻但对其统治心存忌惮的国际受众。

(二)“中国电影产业的发展与好莱坞”，报道总量29篇

2012年2月中国国家副主席习近平访问期间，中美达成协议，中国放松对进口美国电影数量和美国电影公司从中国票房收入中分账比例的限制，中国将每年增加14部3D或IMAX进口影片，同时将外国电影公司从中国电影票房收入中的分账比例从13%提高到25%。2月18日美国多家媒体纷纷报道了这一消息，《洛杉矶时报》的标题为“中国允许美国电影公司进一步

进入并增加赢利”。美联社报道中援引美国副总统拜登的评价，称中美达成的这一“突破性”协议将为美国电影公司和独立制片人进入快速增长的中国电影市场铺平道路；美国电影协会称这一协议是一个“里程碑”，将全面促进美国电影进入中国。

(三)“中国禁止电视黄金时段播出境外影视剧”，报道总量 26 篇

从 2011 年 10 月国家广电总局颁布“限娱令”，到 2011 年 11 月下发通知禁止电视剧插播广告，再到 2012 年 2 月禁止在黄金时段播出境外影视剧，外媒密切关注中国政府对电视业的管理动作。国外媒体关注度最高的是 2 月 13 日国家广电总局通报《广电总局关于进一步加强和改进境外影视剧引进和播出管理的通知》，规定引进境外影视剧的长度原则上控制在 50 集以内；境外影视剧不得在黄金时段播出。2 月 13 日英国广播公司报道称，中国当局对“国际敌对势力”加紧实施西化、分化战略感到紧张之际，加紧了对电视节目内容的整肃，控制境外影视剧显然是这个行动的一部分。2 月 14 日路透社报道称，中国会阶段性地加强对国有电视频道的限制，而这些电视频道将会越来越依赖广告客户而生存。

(四)“大连万达集团收购美国 AMC 影院公司”，报道总量 25 篇

2012 年 5 月 20 日美国主流媒体均报道了中国大连万达集团同意收购美国 AMC 影院公司的消息，据称这一交易金额高达 26 亿美元，是迄今中国企业向美国产业进军的最大手笔之一。《华尔街日报》标题为“中国万达将收购 AMC 影院公司”，认为“随着中国寻求提升与自身增强的经济和军事实力相匹配的软实力，北京一直在努力创建能挑战好莱坞和将中国文化传播到海外的电影制作公司”。《洛杉矶时报》标题为“中国影院企业以 26 亿美元收购美国 AMC 公司”，评价说“对于万达集团来说，收购 AMC 公司使其获得了进入全球最大的两个影院市场的渠道，也使其在与渴望拓展飞速发展的中国市场的好莱坞电影公司谈判时具有更大影响力”，“收购 AMC 符合中国的战略，即与美国企业结盟以增强其国产娱乐业的实力以及扩大全球影响力，或者说‘软实力’”。5 月 22 日《洛杉矶时报》也指出，万达收购美国 AMC，可能促进对美国影院连锁企业和其他美国娱乐产业的类似收购。5 月 24 日《华尔街日报》标题“AMC：对万达来说是一条大鱼”的文章称：“中国高层正在全面加强对电影、动漫和其他流行文化主题的重视。这种重视是为了提升中国的软实力，使中国也拥有美国通过风靡世界的好莱坞电影所享有的那种影响力。”

(五)“《金陵十三钗》在美国遇冷”，报道总量 22 篇

中国电影是中国文化走出去的先遣军，有人说“电影是把中国人和中国文化介绍到外部世界的有力工具”。在西方国家，张艺谋等导演的影片几乎成为中国电影的代名词，而中国电影能否获得好莱坞认可，也是中国电影是否走向国际市场的一个风向标。2011 年 12 月张艺谋导演的《金陵十三钗》在美国遇冷(路透社 2012 年 1 月 27 日报道)，美国媒体评价其“场面奢华但制作粗糙”(《华尔街日报》2011 年 12 月 12 日)。《金陵十三钗》在国际奖项上颗粒无收，国际票房也遭遇惨败，与其冲击奥斯卡奖的高调形成巨大反差。美国著名影评家、哥伦比亚大学教授 Emanuel Levy 曾撰文批评这部电影不是来自真实生活的灵感，而是张艺谋制造的一个杂乱、严重缺少平衡、过度炫耀某些场景的电影大杂烩，是张艺谋发迹以来最糟糕的一部电影。美国影评家普遍认为，在南京大屠杀这样一个灾难中注入性的成分并且以之作为一个核心要素，是不可取的。

二、国外主流媒体报道特点

十七届六中全会召开至今，国外主流媒体涉华报道中，关于“中华文化走出去”方面的报道数量逐步增长，显示了国外媒体对中国文化建设的关注。中外媒体对于十七届六中全会的关注点各有不同，这直接反映在国外媒体报道角度、报道重点、报道倾向等多个方面。国内媒体对于十七届六中全会的重点解读是确定了“文化强国”的发展战略；而国外主流媒体对十七届六中全会的解读是，中共领导人决定捍卫中国的“文化安全”，以“提升国家文化软实力、扩张中华文化国际影响力”来打破西方对话语权的垄断。十七届六中全会召开至今，国外主流媒体关于中华文化走出去的报道，紧密围绕十七届六中全会文化强国战略的实施推进而展开。

(一)国外媒体对六中全会决议的分析，着眼于“中国威胁论”视角

2011 年 10 月 18 日，美联社在报道中称：执政的中国共产党今天批准通过一项计划，旨在提高其在国内的受欢迎程度，并提升中国的海外形象。法新社指出，中国领导人批准通过了新的决定，以捍卫该国的文化安全并扩大其影响力。日本《产经新闻》认为，中国政府提出振兴中华文化的目标，其真正目的在于加强互联网信息管理，也是为了构筑针对欧美文化的“防波堤”。至于中共加强文化建设的目的，西方媒体认为中共试图通过再度重视文化政策来获得意识形态的解释权。10 月 24 日《华尔街日报》标题为“共产党侧重文化改革的背后”的文章指出，在这次党的重大会议中提出以“保护并弘扬中国文化”来统一中国文化战线的目的在于，通过革命怀旧或提供文化引导，将共产党带回人民日常生活的中心。美国媒体大多认为，中国领导人此举旨在通过唤起人们的爱国主义情怀，巩固中共执政的合法地位。

(二)国外媒体将“文化强国”战略，解读为中国启动“软战争”

2012 年 1 月 5 日澳大利亚《悉尼先驱晨报》的标题是：“胡锦涛授权向西方发动文化战”，文章认为胡锦涛在《求实》杂志上发表的文章，显示了中国将在 2012 年继续十七届六中全会的政策，中西方的文化战将不断升级。美国有线新闻网(CNN)的报道《中国视文化为一个重要的战场》，认为中国政府已经取缔了其无线电视和互联网上传播的很多内容，目的在于促进中国文化发展、减少外来文化影响。也许中国可以炫耀其强劲的经济势头和军事实力，但是他的国家领导人却担心它至为脆弱的部分在于一个貌似模糊不清的方面——文化。1月11日英国的《中东报》刊登文章《中国和软战争》，认为当前发生于中美之间的对抗，属于“软战争”，在这场对抗中最重要的武器是软实力，包括金融和文化。1月17日美国的哥伦比亚广播公司网站刊登文章《为什么真人秀节目点燃了中国人的愤怒?》，称胡的行为是“进攻性的”，是对中国“文化安全”的担心，是一个统治集团试图重新掌握其日渐流失的权力的绝望奋争，胡锦涛说：“我们必须清醒地看到，国际敌对势力正在加紧对我国实施西化、分化战略图谋，思想文化领域是他们进行长期渗透的重点领域。”“我们要深刻认识意识形态领域斗争的严重性和复杂性，警钟长鸣、警惕长存，采取有力措施加以防范和应对”。

(三)国外主流媒体对“中国文化走出去”的相关报道，意识形态色彩日渐浓郁

孔子学院是“中华文化走出去”战略中的一个重要部分，自2004年起，中国高等院校开始与国外大学合作建立孔子学院，以教授汉语、传播中华文化为核心。2012年1月5日《今日美国》网站刊登报道《中国资助的孔子学院在美国校园引发担忧》，文中引用批评人士的质疑，认为美国大学不应向作为“中国大外宣格局的重要组成部分”的孔子学院敞开大门；有些学者直接称孔子学院是中国的软实力工具。国外主流媒体在报道中，认为中国在海外发展的孔子学院模式，不仅仅是吸引外国人学习汉语，而且是中国文化的对外拓展。3月4日《纽约时报》网站刊登文章《批评者担心孔子学院对美国校园的影响》，援引宾夕法尼亚大学国际关系学教授林蔚的话说：“一旦在校园里设立孔子学院，就有了另一个舆论与权威源，它归根结底是向中国共产党负责的，而不是取决于学术研究成果。”在5月17日至25日孔子学院中美签证争议的相关报道中，批评者更为严厉地称孔子学院为“中国政府外交政策的宣传工具”(英国广播公司网站，5月22日)。2012年5月发生的美国“孔子学院风波”，在某种层面上具有文化层面的竞争被意识形态化的嫌疑。

2011年11月7日，新华社庆祝建社80周年，中共中央政治局常委李长春发表讲话，希望新华社努力建设为有广泛影响的国际一流媒体，把中国的声音传遍中国，推动软实力发展。当日，《华尔街日报》以“美国建议收紧国有媒体签证”为题，报道美国加利福尼亚州议员达娜·罗拉巴克尔和其他两位共和党议员提出议案，“要求中国国家媒体驻美记者人数不得超过获得中国签证的美国国家媒体记者人数”。

三、舆论走势与热点预测

2012 年 6 月至 10 月十八大召开，国外主流媒体涉华报道中关于中国文化强国战略的报道，可能趋于平稳态势。趋近十八大，外媒关于中国高层人事变动的报道将有所增多；三季度是中国洪涝灾害频发时期，外媒关于中国灾害报道可能有所增多；三季度也是中国经济发展的关键阶段，受国际经济衰退等因素影响，中国经济能否保持平稳增长或是转向衰退的报道将大幅度增长。除了硬实力的相关报道，中国文化软实力建设的成绩是未来外媒关注的一个重点，具体来看，外媒涉及文化强国战略的报道热点有：

(一)中国政府对西方文化产品的管理与政策变动

中国对待外来文化产品的贸易条款与政策，是保障西方文化产品为中国接受的关键。中国政府对于外国文化产品的准入政策、调控政策等，直接影响着西方文化产业在华的拓展。为此，西方媒体会高度关注中国政府对待西方文化产品(影视剧播出、图书报刊进口、文化展览活动等)管理政策的变动。

(二)中国电视节目的对外输出

中国电视是继中国电影之后，又一个新的文化走出去的增长点。在华引起热议的各类电视节目，特别是电视纪录片，是西方社会了解中国当代文化、认识中国社会发展的一个形象、生动的窗口。外媒也乐于报道在华引起热议的各类电视节目，如 2012 年 5 月 28 日《今日美国报》等媒体对《舌尖上的中国》的报道。中国的英语电视节目，直接面对西方观众，其发展动态更是外媒关注的焦点所在。2011 年 11 月 7 日，英国《金融时报》和美国有线电视新闻网(CNN)发布报道《中国启动英语电视业务》，报道称，中央电视台正在仿效半岛电视台的模式，进行全球扩张，它正在华盛顿建造一个演播室，作为它在美国的播放中心。

(三)中西方民众对异国文化产品的接受与反映

文化软实力必然依托文化产品消费来体现，即通过文化产品和文化服务的接受度和影响力来体现。中国市场对于西方文化产业来说，是一块最大的蛋糕，中国民众对西方文化产品的接受与反应决定着西方文化产业的兴衰。2012 年 6 月 14 日《华尔街日报》刊发消息：《好莱坞暑期票房仰仗中国》，洛杉矶的独立电影顾问凯恩说，在中国这个全球增长最快的电影市场，预计今夏人们将络绎不绝地走进电影院，将每部好莱坞电影的票房收入再提高 5000 万美元。加州大学圣巴巴拉分校中国文化研究教授、中国电影专家贝里也指出，由于中国影院数量的增长和让人不可思议的市场规模，好莱坞越来越依赖中国观众，而这一点在暑期档大片上映时只会更加明显。与此同时，中国万达电影公司与西方院线公司购并案的结果，也将通过中国影片及其他文化产品能否在西方国家落地和被接受而呈现出来。这也是中国文化软实力的新的增长点，将是外媒关注的一个重点。

四、外宣方面的建议

2012 年 5 月 23 日英国 BBC 发表题为《爱恨交织的关系》的文章，文章提出随着中国的经济、政治和军事影响力的上升，一个重要的问题摆在眼前：中国将成为一个怎样的国家？它到底是像中国官员所说的那样成为一个和平崛起的国家，还是成为一个咄咄逼人、民族主义情绪严重，甚至有排外思想的国家？这篇文章也揭示了中国对外传播中的一个关键问题：如何塑造一个和平崛起的中国国家形象？如何弱化咄咄逼人、民族主义四溢的中国国家形象？

(一)避开意识形态壁垒，强调文化产品的非政治主题，突出中华文化的亲和力和吸引力

过多强调意识形态上的差异，必然强化了作为西方世界对立面的中国国家形象，无助于中国与国际社会的融合，无助于提升中国正面、积极的国家形象。中国政府在外宣中不宜过多强调意识形态，文化产品中不易过分强调政治主题。2012 年春节期间北京市在南非举办“魅力北京”摄影图片展，以北京的名胜古迹、风俗习惯突出了北京的旅游价值，极大地提升了北京世界城市形象。

(二)充分认识中国市场对于西方文化产业的吸引力，通过“请进来”实现走出去

“请进来”是一个国家和民族文化自信的表现，以开放的姿态、开放的眼光，对外来文化中优秀的部分加以吸收，既能提升中华文化的生命活力，也能提升中华文化的感染力，可以为中国融入世界提供源源不断的动力。2012 年 2 月 18 日，习近平副主席访美期间两国达成协议，中国放松对进口美国电影数量以及美国电影公司从中国票房收入中分账比例的限制，实质上这是中国对外开放文化市场的重要表现，显示了中国文化与外来文化交流的主动姿态。

(三)通过政策导向鼓励外向型文化产业的海外拓展，搭建国外受众了解中国文化的桥梁

文化贸易是深化文化交流与合作的重要路径，是对外传输文化内容的重要渠道。发展文化贸易已经成为中华文化走出去过程中的一个重要方面，努力宣传对外文化贸易的新进展，能够有效地提升国家的文化软实力和影响力。2012 年 5 月 21 日，大连万达集团与美国 AMC 影院公司签署并购协议，万达自此拥有全美排名第二的 AMC 院线和亚洲排名第一的万达院线，有望成为全球规模最大的电影院线运营商，它也将成为国外受众了解中国文化的一个重要渠道。

(四)逐步树立品牌，从量的积累向质的提升转换

尽管中国拥有张艺谋、冯小刚等一批一流导演，而且国内观众对他们的认可度很高，但是这些导演的作品仍然无法与詹姆斯·卡梅隆的《阿凡达》等影片抗衡，中国缺乏好莱坞制作超级英雄片和科幻片的技术。培养品牌，不仅需要技术，更需要品牌公关。应借助熟悉西方市场和西方文化的国际知名公关公司，为北京文化企业或重要的文化产品进行公关策划与推介，帮助北京文化产品在西方受众中形成个性化的区隔，在国际社会树立独特的文化品牌，帮助北京文化企业实现跨越式发展，提升文化产品和文化服务的质量。

(五)寻找国外受众对中国文化的兴趣点，进行精准传播

任何文化交流与传播都是双向的，了解受众需求是开展文化传播的基础。美国好莱坞影片成功的关键，在于以受众为中心、以理解和满足受众需求为基础。中国政府应尽快开展国外受众对中国文化认知的调查，为进行目标清晰的对外传播提供基础和支撑。张艺谋执导的《金陵十三钗》在国内火爆、在美国遇冷，其重要原因在于误读西方文化，西方普遍认为灾难片应重点呈现的是人性，是人性的美照进残酷的现实而呈现的崇高感；而《金陵十三钗》以“战争＋性”的模式来呈现主题，显然不合西方观众的胃口，被称为“极端荒唐的肥皂剧”，“没有说服力”。

2011 年年初美国前国务卿亨利·基辛格的新著《论中国》出版，基辛格自言写作该书的目的是“让美国公众理解中国人是如何理解外交的”。这本书也揭示了美国人对中国的态度、美国人对中国的了解程度。美国人不仅研究中国的政治，也渴望了解中国的文化，但是想要了解中国文化的哪些内容，是需要中国人去探索的。

（作者：高金萍　首都国际文化研究基地研究人员　教授）

北京世界城市研究基地

（北京市社会科学院）

基地名称：北京世界城市研究基地
依托单位：北京市社会科学院
项目类别：研究基地自设项目

建设国际活动聚集之都的管理体制机制研究①

建设国际活动聚集之都，意味着北京对外开放水平大幅提高，成为重大国际活动的重要目标地和国际一流的旅游中心城市。它具有丰富的内涵，涉及经济、政治、文化、社会等诸多领域，需要政府、企业、社会组织共同参与。缺乏完善的管理体制机制是制约国际活动聚集的重要因素。促进国际活动聚集之都建设，需要建立健全国际活动管理体制机制，改变计划经济条件下管理国际活动的做法，按照市场经济规律的要求，实现管理体制机制创新，为国际活动聚集提供可靠的制度保障。

一、改革国际活动管理体制机制的必要性

建设国际活动聚集之都是一项长期的战略任务，现行的相关管理体制机制与实现这一战略任务的目标不相适应，实践的发展迫切需要深化国际活动管理体制机制改革。

(一)建设国际活动聚集之都的主要任务

建设国际活动聚集之都是建设中国特色世界城市的战略目标之一，实现这个战略目标是一项长期的全局性的任务，需要通过不懈的努力创造良好的条件，吸引国际活动在北京举办。从管理与服务的角度看，其主要任务是：

联合国及其专门机构在京设立办事处，其他重要国际组织在京设立总部或办事机构。服务国家重大外交，全面提升为国际交往服务的水平，完善使馆区服务设施，加强生态发展示范区、国际文化会都、国际俱乐部等建设，加强涉外服务机构的管理，为外国驻华使领馆、国际组织驻华代表机构、外国驻京新闻媒体等国际机构与组织提供优质服务。建设国际组织机构集聚区和大型的多元化的会展中心，吸引联合国及其专门机构在京设立办事处，有针对性地吸引国际经济、金融组织入驻，鼓励科技、文化、

① 本文是《建设国际活动聚集之都》项目的阶段成果。

体育、学术等专业类国际组织在京设立分支机构，增加外籍常住人口的比例。不断提高广大市民的文化素质和国际交往能力，培养优秀自愿者队伍，为开展国际交流、举办国际活动提供优质服务。

积极申办联合国及其分支机构和其他重要国际组织的年度大会，就全球或地区热点问题举办国际论坛和会议，并常年举办大型文化、科技、商贸、旅游活动，形成有特色的活动品牌。承办诸如中非合作论坛、世界经济论坛等大型经济、政治、文化、科技、教育国际高端论坛，举办各类国际文化艺术节、国际展览会、国际商品交易会和国际专业会议。举办世界性和州际性体育赛事，打造诸如中国国际网球公开赛、北京国际马拉松赛、北京国际斯诺克赛等赛事的国际品牌；举办大型国际文艺演出活动，吸引世界著名文艺团体助推国际活动产生品牌效应。

基于上述主要任务，为了更好地理解国际活动管理工作的特点，有必要依据国际活动的内容、性质和举办主体、场所，将其划分为不同的类别。按活动内容，可分为大型会展活动、大型赛事活动、大型节庆活动、大型文艺活动等。按活动性质，可分为政治类活动、商务类活动、文艺类活动、体育类活动、旅游类活动等。按举办主体，可分为政府组织的活动、企业组织的活动、社会团体组织的活动等。按活动场所，可分为开放空间的活动、封闭空间的活动。由此不难看出，国际活动的管理是一项跨领域、跨部门的工作，是一个复杂的系统工程。

(二)现行管理体制机制不符合聚集国际活动的要求

与主要任务相比，北京的国际活动管理体制机制存在不相适应的问题，科学地提出并分析这些问题，不仅有利于提高对深化管理体制机制改革必要性的认识，而且对创新管理体制机制具有重要意义。目前，急需解决的问题主要有以下几个方面：

1. 与市场经济体制不相适应

当前，北京的国际活动管理体制是政府包揽一切事务的体制，政府不仅是国际活动的管理者，也是国际活动的主办者乃至承办者，许多本应交给行业协会行使的管理权未能交出，本应由企业通过市场运作来举办的活动却由自己来举办，与国际组织的联系与合作远远不够，相关政策、法规不能满足市场经济条件下举办国际活动的要求。由此导致市场配置国际活动资源的基础性作用未能得到很好地发挥，资源分散、使用效率不高乃至浪费，也就谈不上资源聚集、国际活动聚集。

2. 无统一的规划

建设国际活动聚集之都是一项长远的关系全局性的战略任务，应该从北京的全局来统筹规划，认真梳理北京已经存在的国际活动，根据建设中国特色世界城市的总体部署，精心谋划北京未来国际活动的发展，在发展目标、空间布局、产业导向、资源配置、组织协调等方面提出建设性的意见，并制定相应的法律、法规和政策，形成具有约束力的统一规划。由于建设国际活动聚集之都是近两年来提出的战略目标，可能决策者和有关部门还来不及编制这样的规划，从而导致建设国际活动聚集之都缺乏规划引导。尽管北京的旅游业、会展业等部分相关行业制定了自己的发展规划，但是这些规划相互之间的联系度不高，必然形成发展目标不尽相同、利益诉求差异较大、资源配置重叠浪费、设施设备使用率不高、管理成本居高不下的局面，特别是民间资本缺乏路径引导和产业政策扶持，难以进入该领域，严重影响了建设的效率。

3. 多头分散管理

从管理角度看，北京的国际活动处在条块分割、分散管理的状态，不利于国际活动聚集。这些国际活动是分散的，缺乏彼此之间的联系，也缺乏形成推进国际活动向规模化、高层次发展的合力；它们由不同的部门管理，由不同的制度和政策来规范，甚至一个国际活动由多个部门、多种制度和政策来规范，缺乏统一的标准，也缺乏聚集活动的机制。如在北京举办一项会展活动，要由 3 级政府和 13 个政府部门审批，管理条块分割、多方利益分割，导致审批程序复杂、时间过长，甚至出现寻租现象，不仅浪费行政资源，而且提高了举办成本，以至丧失机遇、使活动流失。在市场经济条件下，政府对国际活动的管理应该主要体现在把住政治关、依法进行规制、提供公共服务上，这需要一个能够统筹各方利益、具有综合管理服务职能的部门来管理，而现在北京缺少这样的部门。

4. 管理机制不健全

在我国，国际活动的属性是事业，还是产业？不仅人们的认识不一，而且在实践中定位模糊。举办国际活动的主体既有政府、企业，还有社会团体。在管理中，过去主要将其作为事业来对待，现在虽然多数活动已经成为产业，但行政管理的色彩很浓，市场机制的作用发挥不够，不能有效地促进相关国际资本、科技、信息等生产要素向北京汇聚，国际活动的辐射能力和带动能力不强，对相关产业的拉动作用低于国际先进水平。如政府有关部门出台的会展业管理文件重点放在活动的报批程序上，对会展业的准入机制、举办主体资质、行业标准、费用标准等缺乏统一的规定，对行业的长远发展缺乏统一的规划，也没有相关产业导向政策和培育著名品牌的战略，有些会展活动完全是政府包办，从而导致业内管理混乱，恶性竞争时有发生，会展活动有所流失。中国国际展览中心分为老展馆和新展馆，老展馆实行事业单位管理模式，新展馆采取公司化的管理办法和经营模式，在展览数量、经济效益、国际影响等方面都远远超过老展馆。它表明会展活动市场化是我国会展业与国际接轨、健康发展的正确道路，政府对会展业的管理要尊重市场经济规律，而不是直接干预市场，更不能既当“裁判员”又当“运动员”。

5. 相关法规不完善

目前，我国与国际活动相关的法规主要有《大型群众性活动安全管理条例》、《营业性演出管理条例》、《烟花爆竹安全管理条例》等，另外工商、税务、外事、海关等法规也涉及国际活动举办主体应有的权利和应尽的责任、义务。由此不难看出，我国没有专门规范国际活动的法规，现有的法规也主要是从安全等角度来规范国际活动举办主体的行为。市场经济是法制经济，要发挥市场机制的作用促进国际活动向高层次、宽领域发展，一定要依靠相关法规来规范国际活动举办主体的行为，严格依法办事。由于相关法规不完善，国际活动举办主体在实际工作中会遇到许多困难。如中华世纪坛在举办大型世界艺术品展览活动的过程中，就遇到向海关缴纳关税保证金的问题。由于世界艺术品价格昂贵，即使外方免费提供艺术品到我国展览，进入我国海关时需要主办方向海关提供巨额关税保证金，中华世纪坛作为公益性事业单位，无力支付保证金，需要通过各种途径借贷这笔资金，严重挫伤了他们举办此类公益性展览的积极性。如果有相关法规对引进世界艺术品到我国展览作出规范，确保世界艺术品保质保量地进出我国海关，就可以减少他们工作中的困难，推动国际活动向高层次、宽领域发展，促进国际活动聚集。

上述问题的存在，表明现行的国际活动管理体制机制存在较大缺陷，既与建设国际活动聚集之都的目标有较大差距，也与实现这个目标的任务不相适应。如何破解这些难题，需要追根溯源，找准问题的症结所在。

(三)改革现行管理体制机制势在必行

存在上述问题的原因是管理体制机制改革滞后于国际活动聚集的要求，这种滞后性主要体现在：由计划经济体制向市场经济体制转变的过程中，我国的公共管理制度还不完善，计划经济体制下的行政管理色彩仍很浓厚；北京除了是我国的政治中心、文化中心外，还是全国的经济和金融管理中心、科技和教育中心、信息中心、交通中心、旅游中心、国际交往中心，城市功能日益丰富，对公共管理提出了更高要求，现在的体制机制还不能完全满足这些要求；北京提出建设中国特色世界城市战略目标后，国际化程度需要大幅提高，公共管理需要与国际接轨，但现在的体制机制还做不到恰当地与之接轨。

这种滞后性一定程度上影响了国际活动聚集。按国际惯例办事是国际组织入住北京并举办国际活动的基本要求，由于我国公共管理制度与国外特别是西方发达国家存在一定差异，加之本身还不够完善，按国际惯例办事尚有一定差距，这就给境外的国际活动向北京聚集带来了困难。我国有自己的国情，在公共管理方面不可能完全与西方发达国家一样，存在差异是必然的，也是合理的。但是应该看到，我国已经进入了世界市场，融入了世界经济体系，在经济全球化时代，我们不仅要参与国际市场的竞争，也需要加强国际合作。为了更好地竞争与合作，一方面要在现有的世界经济秩序框架内求同存异、扬长避短、趋利避害，另一方面要遵循世界经济秩序中合理的成分，改革自身不合理的管理成分。现在改革滞后，不仅对境外的国际活动向北京聚集带来负面影响，而且也阻碍了国内大型活动的聚集。

我国建立了社会主义市场经济体制，按照市场经济规律的要求，通过发挥市场配置资源的基础性作用，辅之以政府的宏观调控来建设国际活动聚集之都，不仅十分必要，也是切实可行的。这就要求政府尽可能将国际活动纳入市场领域，建立健全国际活动市场机制，进一步减少对市场的干预，依法进行公共管理、提供公共服务，提高办事效率，引导各类相关资源有序流动、合理聚集。北京已经进入了后工业化社会，在迈向城市发展更高阶段的过程中，迫切需要聚集国际活动，也具备了聚集国际活动的部分条件，这就对国际活动管理体制机制提出了更高要求。但是北京的国际活动市场还不发达，国际活动的策划、引进能力不足，公共关系能力有限，缺乏通晓国际活动整套运作规律、程序和通行规则的专业人才，按照市场经济规律管理国际活动尚需进一步探索，改革国际活动管理体制机制势在必行。

二、国际活动管理体制机制改革的目标

改革国际活动管理体制机制，关键是将政府包揽一切的传统行政管理体制转变为以政府为核心的公共部门(行业协会、国际组织)共同参与的现代公共管理体制，将与市场脱节的僵化管理机制转变为规范高效的项目管理机制。这种转变，有利于国际活动管理与国际接轨，有利于在管理工作中按国际惯例办事，有利于提升政府管理绩效和公共服务品质，有利于整合社会的各种力量、聚集各种相关要素促进国际活动聚集之都建设。

(一)建立公共部门共同参与的公共管理体制

鉴于国际活动的多样性、复杂性和国际活动管理的跨领域、跨部门特点，要改变政府对国际活动干预过多的状况、充分发挥市场配置相关资源的基础性作用，应当按照国际通行的做法，建立健全公共管理体制。这种管理体制能将政府、市场和社会的力量凝聚起来，将国内市场与国际市场统一起来，为建设国际活动聚集之都服务。

1. 国际活动公共管理体制的基本结构

我国是社会主义国家，中国特色社会主义制度决定了我国的公共管理

体制应该是政府主导型的体制，同时我国又处在社会主义市场经济条件下，发挥市场配置资源的基础性作用决定了政府对市场的干预要遵循市场经济的规律。建设国际活动聚集之都，设计其管理体制，要充分考虑上述因素，即这种体制要在中国特色社会主义制度的框架内，要以社会主义市场经济为基础条件，发挥相关公共部门的作用，与国际接轨。综合以上因素，北京国际活动公共管理体制的基本结构是：以政府为主导、行业协会和国际组织共同参与管理，充分发挥市场在配置资源中的基础性作用、调动企业的积极性(见图1)。

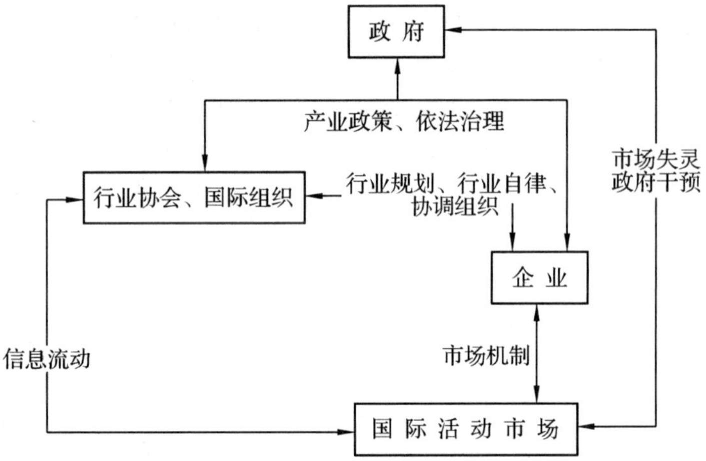

图1　北京国际活动公共管理体制基本结构图

2. 公共部门在国际活动公共管理体制中的职能

在北京国际活动公共管理体制中，主要的公共部门是政府、行业协会和国际组织。它们既是有机联系的整体，又在体制中具有不同的地位，承担着不同的职能。

(1)政府的职能：制定并执行相关产业政策、行政法规和有关法律，策划大型国际活动并主持相关招标工作，提供公共产品和公共服务，依法行使行政许可、行政处罚权，指导行业协会的工作；制定并执行国际组织在北京开展国际活动的管理制度，联系国际组织，与国际组织签订合作协定，为国际组织在北京开展工作提供便利。

(2)行业协会的职能：协助政府制定并执行产业政策、行政法规和有关法律，制定并执行行业发展规划、行规行约和各类标准；受政府委托，进行市场准入资格审查，签发生产许可证、质量检验证和进出口许可证等；向政府传达本行业企业的共同要求，协调企业之间的经营行为；对本行业产品和服务的质量、竞争手段、经营作风等进行监督，维护行业信誉，鼓励公平竞争，打击违法、违规行为；对本行业的基本情况进行统计、分析并发布结果，开展对本行业国内外发展情况的基础调查；研究本行业的重大问题，向政府提出解决建议。

(3)国际组织的职能：与北京市政府签订相关合作协议、建立合作关系，策划、引导本组织管辖范围内的国际活动在北京举办，通过招标或委托的方式确定国际活动的承办企业，监督境外的国际活动承办企业遵守我国的法律法规，传递世界范围内相关的国际活动信息，介绍管理国际活动的先进经验，指导我国行业协会与国际行业协会的合作与交流。

3. 国际活动公共管理体制的基本原则

政府、行业协会和国际组织在国际活动公共管理体制中的职能确定后，还需要明确国际活动公共管理体制的基本原则，通过共同遵循这些基本原则使三者紧密结合成为一个有机整体，共同为实现国际活动公共管理目标服务。

(1)市场经济的原则。除特殊的政治类国际活动外，各类国际活动应纳入市场经济的轨道，通过市场来配置和聚集国际活动资源(特殊的政治类国际活动的某些服务产品也可以通过市场招标外包给企业生产)。政府、行业协会和国际组织不直接举办国际活动，以它们的名义主办国际活动，应委托给企业承办。除市场失灵外，政府不干预市场主体的行为，努力创造等价交换、公平竞争、优胜劣汰、讲求信用、依法管理的市场环境。

(2)统筹管理的原则。建立健全国际活动的法律体系，构建国际活动分类管理体系，实行各行业归口管理责任制，将各类国际活动有序地纳入依法管理的轨道。从实际出发，实事求是，既要发挥政府的核心作用，也要充分调动行业协会、国际组织的积极性；既要有总的管理原则，又要有不同的管理细则；既要有总体规划，也要有不同的行业规划；既要整合资源、步调一致，又要专业分工、突出特色；既要立足开掘国内的资源，也要大力聚集国外的资源。

(3)寓管理于服务的原则。公务员牢固树立“管理就是服务”的观念，切实践行全心全意为人民服务的宗旨。积极探索实行职能有机统一的大部门体制，进一步优化政府结构、职能责任，完善行政审批制度，加快建设市级行政服务中心，加强行政效能督察和监督，完善科学民主决策机制，建立政府绩效评估指标体系，健全行政问责制度，提高政府执行力和公信力。

国际活动公共管理体制的基本结构、公共部门在国际活动公共管理体制中的职能、国际活动公共管理体制的基本原则，是构建国际活动公共管理体制的基本要素，结构、职能和原则的有机统一，政府、行业协会与国际组织的紧密结合，改变了传统的由政府包揽的单一型管理体制，代之以公共部门共同参与的复合型管理体制，必将促进管理效能的提高，调动各方面的积极性，推动国际活动的聚集。

(二)建立规范高效的项目管理机制

每项国际活动都可以作为一个项目来对待。构成项目管理的基本要素是目标管理、过程管理与结果管理，执行项目需要有人员、技术手段和必要的物质条件，它表明几乎所有的项目管理都包括了一些硬性因素和软性因素，即范围管理、时间管理、风险管理、计划管理、资源管理和团队管理等。项目管理是建立在市场经济基础上的，它适应企业在激烈的市场竞争中提高对业务的管理效率，也同样适应公共部门在复杂的市场环境中提高对市场主体的管理效率。改革国际活动管理机制，建立项目管理机制是十分必要的。

1. 国际活动项目管理的模型

国际活动市场的主体是企业，并不意味着所有国际活动都是由企业主办的。国际活动的主办者可以是企业，如演艺公司主办的大型国际演出类活动；也可以是政府和非政府组织，如发展与改革委员会、国际贸易促进会主办的大型国际论坛、专业会议和展览等。这就决定了国际活动市场不仅有市场主体——企业，也有非市场主体——政府和非政府组织。当政府和非政府组织主办国际活动时，他们需要到市场去选择提供国际活动服务的供应商，全部或部分将国际活动服务外包给供应商，也即由企业全部或部分承办国际活动。一般来说，除了涉及国际安全的部分外，政府和非政府组织应将全部国际活动服务外包给企业承办。因此，无论是政府、非政府组织还是企业，都需要有国际活动项目管理的模型，这种模型应反映国际活动的流程、项目管理中的构成要件及其相互之间的关系。借鉴梅勒(1996)的项目管理模型，结合管理工作的实际需要，将北京国际活动项目管理的模型设计如图 2 所示。

2. 国际活动项目管理的分类

从国际活动管理者——公共部门便于管理的角度，需要按国际活动的性质将其分为政治类活动、商务类活动、文艺类活动、体育类活动、旅游类活动等。政治类活动涉及国家安全和政治影响的，应由政府直接管理；政治类的学术活动，应由相应的学术团体管理；管理此类活动，最高可适用宪法，最低可适用学术团体的章程，其间可适用刑法、集会游行示威法等一系列法律。商务类活动、文艺类活动、体育类活动、旅游类活动等，一般以行业协会管理为主、国际组织管理为辅，政府行使行政许可、行政处罚权；管理此类活动，适用的法律很宽泛，一般情况下(指没有违法的情况)，管理工作以行业协会制定的行业标准、行业规定和相关法规为主，辅之以职业道德的约束；遇到涉外纠纷或冲突，必要时也适用国际法。以上只是对国际活动的大部类管理做了简要区分。由于国际活动内容丰富、形式多样、情况复杂，这种区分尚不能完全概括分类管理的内容。如文艺类

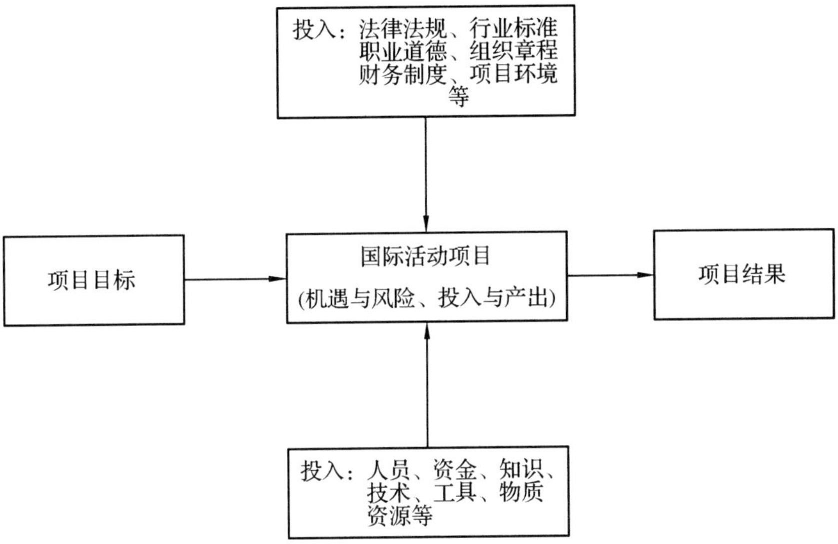

图2　北京国际活动项目管理模型

活动，既可以分出演出、展览等活动，又与旅游类活动、节庆类活动交叉，涉及的面很宽，当举办大型国际文艺类活动时，需要不同的行业协会和国际组织协同管理，这就需要政府来协调它们的关系和行为，政府在一定意义上起着主导作用。因此，国际活动项目的分类管理只是相对的，做出这种区分是为了理清管理的头绪，明确一般情况下的主要管理者，做到责任到位、有章可循、提高管理效率。

3. 国际活动项目管理的效能

实施国际活动项目管理的目标是促进国际活动在北京聚集，从而产生经济效益和社会效益。围绕这个目标，明确国际活动项目管理的主要内容及其效能，对建立项目管理机制具有重要意义。

(1)项目环境管理。国际活动项目是在一定的客观条件和主观条件下实施的，这些条件的总和即是项目环境。公共部门管理国际活动应把握这些条件，在诸如审批等环节中视条件而决定项目的取舍。影响国际活动的主要条件有：法律因素，即法律的许可度；政治因素，即政治的许可度；经济因素，是否有利于经济发展；社会因素，是否有利于社会进步；技术因素，是否具备技术支撑能力；生态因素，是否有利于生态保护；利益相关者因素，是否有利于实现各方利益的协调；企业因素，是否有利于实现成本、质量、时间的均衡。

(2)项目生命周期管理。国际活动项目是在一定的时间段内实施的，从项目策划到完成形成一个完整生命周期。公共部门管理国际活动应把握项目生命周期，针对项目实施过程中不同阶段可能出现的问题加强管理，确保项目的顺利实施。国际活动项目生命周期可以分为以下几个阶段：策划、申报、立项、启动、实施、完成、总结等。公共部门在管理中重点是把握项目实施的时间。一个项目在什么时候举办，是需要根据当时的环境来确定的；如果项目不合时宜，可以提前或推迟举办，也可以取消。一个项目办多长时间，不仅需要根据当时的环境，而且需要根据项目的预期目标、内容、性质等来确定；如果举办时间太短，则达不到预期目标；如果举办时间太长，则浪费资源，甚至造成负外部性。项目生命周期关系到项目的成败，既要全面管理，又要突出重点。

(3)项目风险管理。国际活动项目中存在风险因素，这些风险因素可以与项目环境因素相对应，即：法律风险，有违法违规的潜在因素；政治风险，有不符合政治要求的潜在因素；经济风险，有扰乱经济秩序的潜在因素；社会风险，有影响公民人身财产安全的潜在因素；技术风险，有技术支撑不够或过度利用技术的潜在因素；生态风险，有破坏生态环境的潜在因素；利益风险，有导致利益冲突的潜在因素；企业风险，有导致亏损的潜在因素。公共部门管理国际活动，要能够控制各种风险，采取预防性措施降低风险发生的可能性，加强应急性处置减少风险发生时造成的损失。

(4)项目组织管理。国际活动项目的组织是项目成败的关键因素，也是公共部门需要加强管理的领域。项目组织主要由组织者、组织计划和组织实施等组成。组织者是指组织国际活动的人员或机构，其是否具有组织国际活动的知识水平、能力和资质是需要重点审核的对象，对不符合要求的组织者可要求更换，直至撤消项目。组织计划是指组织国际活动的各项工作安排，包括资源安排、责任安排、应急安排、进度安排、空间安排等；组织计划周密与否也是需要重点审核的对象，对不符合要求的组织计划可要求修改，力求做到细致周密。组织实施是指组织工作按照预定的计划开展，包括组织者及时到位履行职责、组织计划得到顺利执行、组织效果达到预期目标等；如果组织实施过程中出现重大问题而得不到及时解决，可以责令组织者中止项目。

(5)项目资源管理。国际活动项目的资源很多，既有人力、物力、财力等有形资源，也有信息、创意、人际关系等无形资源。公共部门管理国际活动资源，主要是为资源的有序流动、整合直至合理配置创造条件。如国际活动项目与别的项目一样，必然存在人才的竞争，规制人才市场的竞争行为、创造良好的竞争环境，是公共部门的重要责任。为了实现国际活动项目资源管理的目标，公共部门可以通过以下努力提高管理效能：一是建立国际活动信息服务中心。资源的流动是需要信息来引导的，快速、便捷、准确的信息服务能够正确引导国际活动资源有序流动、提高资源配置效率。二是实行签证便利化政策。国际活动市场主体来自许多国家，签证便利化意味着减少不必要的签证程序、缩短签证时间，将增强北京国际活动市场的吸引力。可喜的是，北京市公安局已经宣布，外籍人士来京将获 72 小时免签证，它表明实行签证便利化政策已为时不远。三是改善国际信用卡支付环境。国际活动项目中存在着大量的资金流，使用国际信用卡支付已经成为国际惯例，改善国际信用卡支付环境就是要畅通资金流动的渠道，为国际资金流动提供便捷、高效的服务。四是积极发展国际教育和国际医疗服务。这是国际活动项目资源管理的基础性工作，这项工作做好了，可以为国际活动提供必要的人力资源保障，也可以吸引其他资源为国际活动服务。

(6)项目团队管理。国际活动项目是群体性项目，是需要一个团队来完成的。团队素质的高低决定着项目质量的高低。公共部门，尤其是行业协会，应重视项目团队的管理。一是把协调、组织团队培训作为重要任务。进行经常性的思想品德教育、组织纪律观念培养和业务技能训练，通过在线培训、举办培训班、开展讲座交流等方式，提高团队的整体素质；对团队成员实行持证上岗制度，开展定期综合素质考核，向考核合格的成员颁发上岗证。二是加强团队的知识管理。建立国际活动项目数据库、法律政策系统、专家咨询系统、文档管理系统等知识管理平台，形成知识储备、传播和运用的网络化体系，大力培育知识型的项目团队。三是培养团队精神。一个团队的精神面貌影响着项目的成败，应通过行业文化建设大力培养团队的合作精神、敬业精神、奉献精神，提高团队成员的荣誉感和国际意识，增强团队凝聚力。

建立公共部门共同参与的公共管理体制和规范高效的项目管理机制，就是要综合运用法律、行政、科技等手段提高管理效能，探索具有北京特色的跨行业、跨领域、跨层级的国际活动管理体制和机制，它必将加快政府职能转变，提高政府对国际活动管理的精细化程度，强化政府在国际活动管理中的政策调节、市场监管、社会管理和公共服务职能；推进政企分开，政事分开，理顺政府与非政府组织、企业之间的关系，规范国际活动管理模式，推动国际活动在北京聚集并迈向更高层面。

三、国际活动管理体制机制改革面临的问题

实现国际活动管理体制机制改革的目标，还面临着一些需要切实加以解决的问题，这些问题主要集中在如何充分发挥政府、行业协会和国际组织在国际活动管理中的作用上。科学地提出并分析这些问题，对于寻找并确定改革的正确路径具有重要意义。

(一)政府在国际活动聚集中的公共管理职能实现问题

政府是公共管理的主要承担者。政府公共管理职能，一般是指由政府

部门行使的行政许可、行政处罚和对公共资产的管理等职能。在计划经济体制下，一切经济与社会管理事务由政府承担；在市场经济体制下，市场通过“看不见的手”实现资源的优化配置。市场能够解决的问题，政府就不应干预，只有当市场不能在效率和公平方面带来令人满意的结果，即市场失灵时，政府干预才是合理的。一般来说，市场失灵有四种情况：公共产品、外部性、自然垄断和信息不对称。国际活动作为市场行为，既有一般市场行为的普遍性，也有自己的特殊性。

1. 公共产品问题

根据竞争性与排他性两个特征，不同的产品或服务可分为四类：纯公共产品(具有非排他性、非竞争性)、公共资源产品(具有非排他性、竞争性)、俱乐部产品(具有排他性、非竞争性)和纯私人产品(具有排他性、竞争性)。由于无法避免搭便车行为，纯公共产品通常只能由政府出资生产，公共资源产品和俱乐部产品则可能以某种方式向使用者收费，政府应酌情通过补贴等多种形式解决其消费过度或供给不足的问题。公共产品问题体现在北京的国际活动中，主要是大量的场馆、道路、设施等由政府出资修建，属于国有资产，由于国际活动举办者的市场主体身份不明确，这些国有资产的所有权与经营权未能分离，政府不仅要不断投资维护场馆、道路、设施的正常运行，而且要增加新的公共产品的供给。换言之，缺乏对国际活动产业的界定，纯公共产品、公共资源产品、俱乐部产品的划分不明确、产权不清晰以及没有专门的税收制度等，导致政府在该领域背负着沉重的财政负担，严重影响了公共产品的供给。

2. 外部性问题

外部性指的是一个市场主体(消费者或者生产者)的行为所产生的后果(成本或者收益)，不仅由该主体承受，其他主体也会在一定程度上承受。外部性包括正外部性和负外部性。发生外部性问题时，政府应采取措施使外部成本内部化，解决外部性带来的供给不足或供给过度的问题。这个问题体现在北京的国际活动中，主要是许多活动会带来社会治安、消防安全、交通安全等问题，解决这些问题是政府的职责。由于部分活动主办者的市场主体身份不明确，发生正外部性和负外部性都无法对其进行考核与规制。如中华世纪坛是公益性事业单位，但是它举办大型世界艺术品展览活动会产生外部成本(艺术品的损耗等)，特别是当艺术品在全国巡展时这种成本更大，如果按照外部成本内部化的要求，它只有向政府申请财政资助，而政府财政没有这笔开支。

3. 自然垄断问题

主要是指由于资源集中而无法竞争或不适宜竞争所形成的垄断。我国建立社会主义市场经济体制后，这种情况引起的垄断逐渐减少，主要存在于大型国有企业中。在北京的国际活动领域，由于大部分旅游景点、活动场馆、客户信息、组织关系和联络渠道等仍由行政事业单位和国有企业集中掌握，自然垄断现象比较严重。如故宫、颐和园、奥运场馆等，都由行政事业单位和国有企业掌握，虽然也部分进行市场运作，但无法形成竞争。这就影响了这些资源的使用效率，这些地方成为经常性的国际活动举办地仍有诸多困难。政府如何通过公共管理来实现此类国际活动资源的高效使用，是需要认真加以解决的难题。

4. 信息不对称问题

主要是指在社会政治、经济等活动中，一些成员拥有其他成员无法拥有的信息，造成信息获取的渠道、信息数量、信息真实性等的不对称。这个问题体现在北京的国际活动中，主要是政府没有统一的规划，缺乏发布相关信息的机制，加之多个部门管理却少互通情况、协调不够，导致投资渠道不畅通、供给与需求不衔接、资源浪费、活动分散等现象。如国际会展商看好北京会展市场有着巨大潜力，但是他们缺乏相关产业政策、法律等方面的信息，对我国国内同行业的发展状况了解不多，导致一些外商不敢进入北京会展市场，尤其不敢进行相关的固定资产投资，给国际活动聚集带来了较大的负面影响。

(二)行业协会在国际活动聚集中的公共管理职能实现问题

行业协会在公共管理中扮演着重要角色。它是介于政府、企业之间的社会中介组织，不属于政府的管理机构系列，是政府与企业沟通的桥梁和纽带。国际上将行业协会称为非政府组织(NGO)，属非营利性组织。在我国，行业协会有官办、民办两种，官办行业协会占多数。目前，北京没有专门的国际活动行业协会，只有相关的行业协会，如旅游协会、演艺协会、体育协会和贸促会下属的会展业协会等。由于我国国际活动管理处在由计划经济体制向市场经济体制转轨的过程中，国际活动市场发育不全，相关法律制度还不完善，人们对行业协会性质、地位和作用的认识还不高，导致行业协会不能有效地履行公共管理的职能。

1. 行业协会的发展不平衡

总体而言，参加行业协会的企业占整个行业企业总数的比重偏低，导致行业协会的覆盖率低。尽管存在着数量不少的行业协会，但是官办行业协会的数量多，民办行业协会的数量较少；相对而言，官办行业协会多数运行不良，未能发挥应有的作用，而民办行业协会履行职能情况较好，基本能够起到社会中介作用。不同类型的行业协会的发展也存在差异，如上面提到的旅游协会、演艺协会、体育协会、会展业协会等发展较好，其他协会的发展则相对落后。就国际活动聚集而言，行业协会发展不平衡的关键在于，没有龙头协会引导各类行业协会按照分工协作的原则朝着共同的目标与政府相配合整合资源、统一市场、规范企业行为、加强行业自律，要么是“隔行如隔山”，要么是行业之间无序竞争。

2. 行业协会的自主性不强

大部分行业协会对政府行业主管部门存在较大的依赖性，在人、才、物等方面缺乏自主权，有的甚至变相成为一些政府部门的下属或内设机构，不能真正代表企业的利益，由此产生了一些不良现象：一是人员结构不合理。许多行业协会的领导和工作人员基本上是离退休的政府官员，存在着年龄老化、文化程度低等问题，缺少职业化、专业化、年轻化的领导和工作人员。二是工作机制不健全。有些行业协会缺乏有效的组织制度和工作制度，内部管理水平低，运作机制不顺畅，活动面比较狭窄，工作的随意性比较大。三是作用难以有效发挥。有些行业协会仅仅起着政府部门的“传声筒”和“收费员”的作用，许多工作和活动得不到有效开展，既不能代表企业的利益反映企业的问题和呼声，也不能很好地协助政府搞好宏观调控、规范行业发展。

3. 行业协会的发展面临政府“越位”的尴尬

尽管中央和地方政府对行业协会的重视程度和扶持力度总体上在加大，但是有一些政府部门为了不失去自己的既得利益，没有把必须转变的职能转交给行业协会，有的虽然转交了，可是与行业协会在经济利益上有着千丝万缕的联系，导致行业协会成为“准政府”。由于我国有关法规对行业协会的管理是否必须由政府行业主管部门来担任，还是其他单位也可以担任，没有作出明确的规定，导致一些行业主管部门和单位不经民政部门登记，就擅自批准设立行业协会并允许其开展活动，扰乱了行业协会的管理体制和管理秩序。目前，在行业协会管理体制中，存在着民政部门、行业主管部门、市场监管部门（如工商局、技术监督局）、工商联和贸促会“五驾马车”并驾齐驱的现象，形成了多头管理的状态。体制不顺畅，多头管理，政府部门之间相互扯皮、争利，导致行业协会数量上虽然增多了，质量上却没有提高，而且使得企业重复入会，不堪重负。

4. 行业协会的发展陷入法律“缺位”的困境

市场经济是法制经济，行业协会作为市场经济体系中的一个重要角色，其性质、地位、职能等都需要法律法规来确定，但是到目前为止，国家还没有颁布《行业协会法》。虽然中央和有些省市已先后出台了一些规范社会中介机构的法律法规，它们涉及行业协会，但是有关表述过于笼统，概念过于宽泛，界定不够明确，可操作性不强。1999 年原国家经贸委《关于加快培育和发展行业协会的若干意见》中规定了行业协会的 17 项职能，有的部门在“定职能、定机构、定编制”方案中也曾明确表示将一些职能转给行业协会，但是由于这个“意见”没有法律的强制力，在实际操作中很难真正落实。

缺乏法律依据，导致行业协会的建设不规范，其权威性也大打折扣。

5. 行业协会缺乏对企业的感召力

一些企业在发挥行业协会作用问题上存在认识上的偏差，如：存在不愿意的心理，感受到政府正在转变职能，眼看“媳妇就要熬成婆”，又要来一个新的“婆婆”管着自己，会制约企业的自主经营、自我发展；存在怀疑心理，对行业协会的协调、办事能力不放心，不以为然，有事还是习惯于找政府；存在担忧心理，怕行业协会办事不公正，担心自己的利益受到损失，会吃亏。这些认识上的偏差，导致企业入会意愿不强，入会后参加活动的积极性不高，行业协会的发展基础被削弱。

以上所述因素，已经成为行业协会改革与发展的障碍。不克服这些障碍，行业协会难以作为公共部门发挥公共管理的作用。要克服这些障碍，关键是政府有关部门要切实转变职能，放权让利，把自己不应该管的事情交给行业协会来管，把自己不应该获取的利益还给企业。

（三）国际组织在国际活动聚集中的公共管理职能实现问题

建设国际活动聚集之都的重要内容之一，是联合国及其专门机构在京设立办事处，其他重要国际组织在京设立总部或办事机构。这表明国际组织在国际活动管理中具有重要作用。作为公共部门的国际组织是一种跨国界、超越国家体系的政府或非政府组织形式。在经济全球化的背景下，它在国际公共管理事务中发挥着重要作用，其规模不断增大、体系日益完备，在国际关系中具有非国家行为主体的地位；其内部组织结构、决策程序等运行机制的不断完善，在聚集国际活动中具有其他公共部门不可替代的作用。

随着我国国际地位的不断提高，北京作为国家的国际交往中心，正在成为国际组织的理想入驻地。建设国际活动聚集之都，一方面要大力吸引国际组织，另一方面发挥好国际组织的作用。当前，实现国际组织在国际活动聚集中的公共管理职能存在以下问题：

1. 缺乏与国际组织合作的机制

北京已经与100多个外国城市签订了文化交流协定，与500多个文化团体或文化组织建立了文化交流和合作关系，每年在国外的文化交流计划达到100多个，经市政府批准的中外文化交流项目达200余个。尽管如此，北京与国际组织在国际活动的策划、引进、运作、监管等方面还未形成比较成熟的合作制度，运用国际人才、国际经验、国际规则管理国际活动还做得不够，国际活动的国内市场与国际市场还没有形成有机联系，加强与国际组织合作的机制建设十分紧迫。

2. 没有规制国际组织在北京开展国际活动的专项法

吸引什么样的国际组织入驻，怎样吸引国际组织入驻；国际组织在北京举办什么活动，如何举办活动，都是涉及国家安全和外交关系的敏感问题。建设国际活动聚集之都，既要发挥有益的国际组织的作用，又要抵制不良的国际组织的作用，实行有区别的政策。对此，要制定周密的法律、法规和详细的方案，保证国际组织和国际活动在我国法制的轨道上运行。现在没有这样的法律、法规，更多的是依靠外事方面的行政法规来规制，统得过死、灵活性不够，不利于国际活动的聚集。

3. 对国际组织的调查研究做得不够

目前，国内对国际组织的调查研究成果不多，因此对不同类型的国际组织的认识还不深。开展国际活动方面的合作，不像开展经济技术合作那样相对单纯，它更多地涉及政治、文化等层面的问题，需要对国际组织有更多、更深的调查研究。北京应选择哪些国际组织作为自己的合作对象，是聚集国际活动不容回避的问题。解决这个问题，需要开展大量的调查研究工作，对国际组织的政治倾向、文化背景、经济来源、法律地位、职能范围等进行考察，分门别类地筛选符合条件的国际组织，进行谈判，了解合作意向，洽谈合作条件，商定合作内容，制订合作计划，实施合作方案。而这些恰恰是目前吸引国际组织、聚集国际活动所欠缺的。

发挥国际组织在国际活动聚集中的公共管理作用，需要解决上述问题，为国际组织与北京合作奠定基础，同时也为形成政府、行业协会和国际组织相结合的公共管理体制奠定基础。通过以上分析不难看出，北京国际活动领域存在着政府强、社会弱、市场机制未能充分发挥作用等问题。因此，要改革管理体制机制，努力实现政府与社会管理作用的均衡发展，把政府不应管、管不好的事交给社会组织来管。

四、国际活动管理体制机制改革的路径

解决国际活动管理体制机制改革面临的问题，需要有正确的改革路径。我国仍处在由计划经济体制向市场经济体制转轨的重要时期，国际活动管理体制机制适应市场经济要求的改革任务还相当繁重，“毕其功于一役”的想法和做法都是不可取的，改革路径的选择应立足当前、着眼未来、面向世界，形成政府主导、社会参与、市场化运作的格局，切实改变政府越位管理、效率不高，行业协会缺位虚设、无所作为，国际组织联系甚少、徘徊观望，市场机制未能充分发挥作用的局面。

(一)推进以政府转变职能为基础的行政管理体制机制改革

政府切实转变职能是推进改革的一项基础内容，只有政府的职能转变了，其他改革才能顺利推进。建设市场体系、公共服务体系、公共安全体系、法律体系以及深化文化体制改革、财税体制改革，既是政府转变职能的内在要求，也是推进改革的重要举措。

1. 转变政府职能

政府是建设国际活动聚集之都的组织者，要坚持中国共产党领导下的政府组织原则，重大决策由党组集体讨论作出，同时要适应市场经济条件下对政府工作的新要求，加快政府职能的转变，由管理型政府转变为服务型政府，为建设国际活动聚集之都提供高效的政府服务。

（1）转变职能观念，从传统的管理观念转向服务的观念。建设中国特色世界城市，要围绕以人为本意味着市场机制在社会生活各个方面的作用与影响将进一步强化，市场规则的作用将进一步扩大，这就要求政府要顺应市场经济要求，在市场本位、社会本位的前提下，把管理观念转变为服务观念。

（2）转变职能范围，从“大政府”转向“小政府”。改变全能政府的职能模式，凡是市场能解决的问题，政府就不要插手，并从市场中退出来，主要在城市规划、行政执法、市政管理和公共服务等领域发挥主导作用，以实现“政企分开”、“政事分开”。

（3）转变办事程序和办事规则，从不够透明转向公开透明。除了那些属于国家机密的事物由法律规定不公开外，政府及其职能部门的决策和办事程序、办事规则等应该向社会公众公开，接受他们的监督，以保持政府工作具有较高的透明度。

（4）转变履行职能的方式，从依靠行政命令转向主要依靠法律和规章制度履行职能。通过体制机制创新，降低城市建设的制度成本、市场成本、社会成本、环境成本，提高城市建设的成效。

（5）转变职能部门的结构，积极探索实行职能有机统一的大部门体制。进一步优化政府结构、职能责任，完善行政审批制度，加快建设市级行政服务中心，加强行政效能督察和监督，完善科学民主决策机制，建立政府绩效评估指标体系，健全行政问责制度，提高政府的执行力和公信力。

2. 完善市场体系

坚持市场化改革方向，进一步发挥市场在国际活动资源配置中的基础性作用，努力构建充满活力、富有效率、更加开放的国际活动市场体系，使会展市场、演艺市场、旅游市场以及相关的商品、服务市场有机联系，国内市场与国际市场相互衔接，北京市场与其他市场有效贯通。为此，要重点推进要素市场建设，激发市场主体的活力，形成维系市场体系的纽带。

（1）加快推进要素市场建设。重点培育和发展国际活动高端要素市场，推进全国性场外交易市场建设，充分发挥北京产权交易所和中国技术交易所的示范作用，提升北京文化产权交易所、国际版权交易中心、北京金融资产交易所的影响力和辐射力。发展壮大债券市场，提升价格形成和交易服务功能，构建大宗商品交易平台，逐步成为重要商品价格形成中心，完善重要商品、服务、要素价格形成机制。加快社会信用体系建设，建设和完善实名制信息共享平台，营造诚实守信的社会信用环境。

(2) 激发市场主体活力。坚持和完善基本经济制度，努力营造多种所有制经济依法平等使用生产要素、公平参与国际活动市场竞争、同等受到法律保护的体制环境。完善各类国有资产管理体制，深化国有企业改革，推进国有经济战略性调整，加大企业并购重组力度，培育大型国际活动企业集团和优势产业集群。积极支持世界高端企业总部、国际活动筹划运营中心、结算中心落户北京，积极支持民间资本进入国际活动领域，鼓励和引导民营企业参与国有企业改制重组，拓宽民营企业投资渠道。创新中小企业融资机制，增强中小企业融资能力，多渠道解决中小企业融资难问题。

3. 健全公共服务体系

围绕国际活动对公共产品的需求，重点是不断完善公共服务设施、改革公共服务供给机制、统筹城乡公共服务的发展。

(1)进一步完善政府公共服务体系。政府是公共服务供给的主体，应提升公共领域的公开性和扩展公民与厂商参与公共事务管理的范围，并充分利用信息网络在公共管理中的作用，对公共利益和公共需求进行充分的显示、协商、聚合，提升公共利益分配的公平性与公正性。推进公共事务管理的社会化和市场化，尤其是要通过设计公共产品供给与生产的分离、消费者的自主选择，改进提供公共产品的具体方式，如采取签约外包与服务购买契约、特许经营、合同制、公共基金、多元竞争、对厂商和非营利组织参与的激励与引导等方式，更好地满足公共需求的多样化，提高公共产品的供给能力与供给质量。

(2)建立公共支出项目评估体系。设立国际活动公共支出专门账户，实行专项绩效考评。采取成本——收益分析法等方法，通过比较各种公共项目的全部预期收益和全部预期成本的现值来评价这些项目，以作为公共财政决策的依据或参考。国际活动公共支出专门账户涉及政府的若干个管理部门，需要财政局分门别类制定不同的考核指标进行考评。这些考核指标应该有着内在的联系，并存在层级关系，能够相对真实地反映各部门的情况。在此基础上，形成国际活动公共支出项目评估体系，在总体上反映全市国际活动公共支出项目的绩效。

4. 改进公共安全体系

国际活动安全管理，既要借鉴西方发达国家的有益经验，又要坚持经过实践检验证明行之有效的群防群治体系并不断完善这一体系。

(1)健全安全稳定工作责任体系。完善领导责任制，通过考核评价、督促检查、责任追究机制，强化和落实各级党政主要领导维护稳定的第一责任。建立和完善社会稳定风险评估机制、诉求表达机制、矛盾纠纷滚动排查和预警机制、社会矛盾多元调解体系。健全社会舆情收集反馈机制，推广信访代理制，推动用群众工作统揽信访工作。加强基层综治维稳力量建设，健全网格化社会治安防控体系，完善区域警务合作机制，强化治安重点地区综合治理，严密防范、依法打击各种违法犯罪活动，切实保障人民群众生命财产安全。推进科技创安工程，扩大科技防控覆盖面，实现部门、社会单位的技防设施互联互通、资源共享。完善社会稳定风险预警指标体系，加强突发事件应急处置，加大反恐防暴工作力度，提高应对处置群体性事件、涉外敏感事件的能力和水平。

(2)健全安全生产监管体制，严格落实各项安全监管措施，加大对消防、交通、建筑、危险化学品、高空作业、有限空间、地下空间、地铁、地下管线和食品药品安全等领域的安全隐患排查治理力度，防止重特大安全事故的发生。加强网络等新兴媒体的建设、运用、管理，加强网络监管队伍建设和监管技术创新，确保信息安全，营造和谐的网络舆论环境。

5. 建设法律体系

依法管理国际活动的主要内容有两点：一是要有法可依，二是要有法必依。为此，需要建立法理清晰、逻辑严密、内在统一、切实可行的法律体系，打造一支素质优良的执法队伍，形成良好的执法氛围。

(1)建立健全法律制度。在我国的法律制度中，国际活动涉及的适用法很多，如宪法、刑法、行政诉讼法、集会游行示威法、消防安全法、道路安全法、工商行政管理法、税法等一系列法律以及《北京市大型群众性活动安全管理条例》等地方性法规。现在的问题是，在这些法律法规中，某项法只规制国际活动的某个环节或某个部分，其弊病是分散执法，不仅给执法部门带来困难，而且增加了公共部门和企业的管理成本，也留下了法律规制不到之处。因此，迫切需要制定一部统一规制国际活动的法律或法规，就北京来说，应该制定《北京国际活动聚集管理条例》，同时制定相关的《北京行业协会管理条例》、《北京对驻京国际组织管理条例》等法规。

(2)加强执法队伍建设。在北京的国际活动中，行政执法队伍主要有公安、工商、税务、城管以及文化执法大队等。从中不难看出，执法队伍分散、多头管理，需要建立相关机制，加强协调配合，形成合力，减少执法成本，提高执法效率。国际活动涉外事务多，其中产生的纠纷、矛盾、冲突乃至违法涉及外国人和国际组织也多，这就对执法队伍素质提出了更高要求。应加强执法队伍素质建设，除进一步提高执法人员的政治素质、业务素质外，还要提高他们的国际知识和外语水平，树立良好的执法形象。

(3)加快法治城市建设步伐。全面贯彻依法治国基本方略，进一步加强经济领域、社会领域、生态领域以及城市管理、公共安全等方面的立法，依法推动科学发展、保障人民权益。大力推进依法行政，提高行政执法水平。深化司法体制和工作机制改革，加大执法规范化、公开化、信息化建设力度，加强司法队伍建设，切实维护司法公正。加强法制宣传教育，在全社会形成自觉学法、守法、用法的氛围。

6. 深化文化体制改革

着眼于提升文化软实力，深化公益性文化事业单位内部机制改革，继续推进经营性文化事业单位转企改制，完善国有文化资产管理体系，调动广大文化工作者的积极性，解放和发展文化生产力。

(1)深化公益性文化事业单位内部机制改革。一是要深化财务制度改革，根据各单位的专业性质完善预决算制度，提高财政拨款的使用效率；二是要深化人事制度改革，真正实现用人自主权，形成能上能下、绩效与晋级收入挂钩、激发广大员工积极性和创造力的有效机制。推进经营性文化事业单位转企改制与文化企业管理体制机制改革应统筹安排，文化事业单位转企改制后应享受文化企业同等的待遇，在制度安排上要按照现代企业制度的要求进行。

(2)深化文化创意产业管理体制机制的改革。改变政府大包大揽的做法，实现政府扶持、市场引导、企业自主经营的目标；不断完善投融资服务体系，加快文化与金融和社会资本的对接，鼓励和引导非公有制资本投资文化创意产业，加强各类文化产品市场和要素市场建设，形成一批具有国际影响力的大型文化创意产业集团，不断增强首都文化的竞争力和影响力。

7. 深化财税体制改革

积极构建有利于转变经济发展方式和营造公平竞争市场环境的财税体制。在合理界定事权的基础上，按照财力与事权相匹配的要求，理顺公共管理、公共服务支出与扶持国际活动发展支出的关系，建立国际活动专项扶持资金，带动社会资本进入国际活动领域，形成财政支出激励和约束机制。

(1)完善政府预算体系。实行公共财政预算、国有资本经营预算、政府性基金预算等全口径预算管理，强化预算支出约束和预算执行监督，提高预算规范性和透明度。深化部门预算、国库集中收付、政府采购等管理制度改革，调整优化财政支出结构，提高财政资金使用效益。

(2)完善公共财政体制。加大对公共文化服务、公共安全、生态环境等领域的财政投入。积极探索建立既有中国特色又与国际接轨的税收制度，建立健全适应国际规范的以增值税、所得税和社会保障税为主体税种的税制结构，统一内资企业和外资企业所得税制和纳税人的认定标准，扩大征收范围，调整税收优惠政策思路，营造公平竞争的市场环境。

(二)推进以市场化为导向的行业协会管理体制机制改革

行业协会是在市场经济基础上产生并发展起来的。随着商品生产、流通规模的扩大和生产的社会化程度的提高，企业间的竞争与协作不断增强，为了维护共同的利益和市场秩序，需要建立协调机制，行业协会作为协调机制的载体便应运而生。从本质上讲，行业协会是生产力发展到一定程度后生产关系适应生产力发展的产物，是在同行企业自愿的基础上结成的维护自身利益的联合体。它既不是政府机构，也不是企业，而是处于政府与企业之间、企业与企业之间的市场中介机构。按照市场化要求改革行业协会管理体制机制，主要应按照以下几方面去努力：

1. 按照市场的自组织原则建设行业协会

在市场这个自组织系统中，行业协会作为市场自我约束的主体，是降低交易成本、引导投资方向、避免生产的盲目性和提高生产的社会化程度的有效载体，同时又是追求边际效益最大化、优化经济结构、均衡经济效益与社会效益的组织机构，因此它的建设必须按照市场的自组织原则进行，使其具有自组织的基本特征，即：成立的自发性、身份的民间性、地位的独立性、职能的服务性、机构的开放性、成员的广泛性、管理的民主性、经费的自筹性等，同时还要具有以服务为宗旨的基本职能，即：自律，通过行规行约约束企业行为，规范市场竞争；维权，运用法律等手段维护企业的合法权益；协调，利用自己的中介身份协调企业与企业、企业与政府、本行业与其他行业等方面的关系；指导，依据国家的产业政策制定行业发展规划和相关措施，指导企业的发展；以及收集信息、为政府和企业提供咨询、培训企业员工、开拓产品市场等职能。

2. 通过法制规范行业协会的建设及其作用的发挥

国家应尽快出台《行业协会法》，并在该法中界定行业协会在社会主义市场经济体制中的性质、地位和职能，使行业协会的建设与发展有法律保障，使其运作依法进行。要通过立法，建立健全行业协会的组织制度和工作机制，使民主选举、民主决策、财务公开、业绩考核等纳入法制的轨道；建立健全行业协会管理体制，规范和加强对行业协会的管理，杜绝实际存在的多头管理和管理死角等现象；建立健全行政执法制度，加强对行业协会的监管，并利用市场准入和退出机制，推动行业协会遵守法律法规和各项配套制度。立法时，既要强调行业协会的独立性，又要强调全国市场的统一性，以防止政会不分和行业垄断；既要考虑到企业和协会的利益，又要考虑到国家的利益，以防止行业协会成为某些政府官员的“钱袋子”或政府的对立面；既要借鉴西方发达国家的经验，又要注意适合我国国情，以防止片面强调我国的特殊性和照抄照搬西方的做法。

3. 进一步理顺政府与行业协会的关系

按照市场经济体制的要求，行业协会与政府之间不存在隶属关系，但它是政府搞好宏观调控的助手，有为政府服务的职能。政府有关部门有义务对行业协会进行业务指导，支持行业协会履行正当的管理和服务职能，扶持行业协会的发展。当前要理顺政府部门与行业协会的关系，就必须逐步实现政会分开，对一些官办、半官办的行业协会，要在规范管理的基础上，逐步实现脱钩分离。要扶持行业协会的发展，就必须立足于做大做强行业协会，通过规范行业协会收取会费、接受捐赠、开展有偿服务和承办政府部门委托的事项等，扩大其经费来源，并实行税收优惠政策，增强行业协会的自我发展能力，促进其健康发展。

(三)以国际化为契机推进对外交流与合作制度改革

建设国际活动聚集之都，北京的国际化程度必将大幅提高，需要拓宽公共部门的国际视野，培养国际活动管理者应对国际事务的能力，借鉴世界上国际活动管理的先进经验，深化对外交流与合作制度改革，为国际组织参与国际活动的管理创造良好的条件。

1. 转变与国际组织合作的观念

过去，政府部门与国际组织合作的数量少、合作领域局限于经济技术，主要是担心由于国家的政治制度不同，与国际组织合作会带来敌对势力的渗透，对我国的政治制度造成冲击。这种观念需要转变。在经济全球化的时代，在各个领域开展对话、交流与合作已经成为不可阻挡的潮流，全球性问题的治理，既给了我们展现社会主义制度优越性的机会，也为我们提供了学习、吸收人类优秀文明成果的平台。建设国际活动聚集之都，缺少国际组织的参与是无法实现的，与国际组织合作既有风险，也存在机遇，只要我们加强管理，就能将风险降到最低。因此，公共部门的管理者要熟悉世界经济、政治发展的态势，具有国际金融、国际贸易、全球产业和国际政治等方面的知识，深刻理解全球化加深了各国间的利益相互依存度，世界各国、各个城市之间必须携手合作，从而增强国际合作意识；要加强国际交流，虚心学习世界政务管理和服务的先进经验，高标准要求自己，在自己服务的领域建立现代化的服务平台，提高服务效率和服务质量。

2. 改革与国际组织的合作机制

国际合作有自身的规律，也有通行的规则，其基本点是：相互尊重，在自觉自愿的基础上互通有无，按照国际社会认同的规则办事。这就要求我们要审视自己的规章制度是否符合国际惯例，是否能促进国际合作的开展。由于我国与国际组织的合作机制还不完善，相关法律还不健全，这就提出了改革的要求。就国际活动管理而言，改革的重点有以下几个方面：通过签订协议、相互访问、定期磋商等机制，与国际组织建立良好的合作关系。在国际活动的策划、引进、运作、监管等方面形成成熟的合作制度，做到资源共享、责任共担、利益均沾。运用国际人才、国际经验、国际规则管理国际活动，外籍人士可以在政府、行业协会担任顾问等职务，鼓励国际组织进入国际活动市场。制定国际组织在北京开展国际活动的管理条例，分类指导、依法规制各类国际组织开展国际活动。对国际组织的政治倾向、文化背景、经济来源、法律地位、职能范围等进行考察，分门别类地筛选符合条件的国际组织作为合作对象，制订合作计划，开展实质性合作。改革签证、项目审批等制度，减少不必要的行政审批环节，尽量提供一站式服务。

虽然建设国际活动聚集之都的管理体制机制问题十分复杂，但是一些主要问题还是能够理清并加以解决的，解决的关节点在于改革。通过对改革的必要性、改革的目标、改革面临的问题以及改革的路径分析，得出了一个解决建设国际活动聚集之都的管理体制机制问题的方案。这个方案不是万全之策，只是指导行动的一种基本思路。北京建设国际活动聚集之都需要诸如此类的思路。

（作者：唐　鑫　北京世界城市研究基地秘书长　副研究员）

基地名称：北京世界城市研究基地
依托单位：北京市社会科学院
项目类别：研究基地自设项目

北京建设国际活动聚集之都战略规划研究[①]

当前和今后一段时期，北京处于建设中国特色世界城市的重要阶段。国际活动成为促进北京建设中国特色世界城市的重要抓手。北京国际活动聚集之都建设具备许多有利因素，也面临一系列问题和困境。北京经济实力稳步提高，经济发展方式深度转型，为国际活动的集聚提供了坚实的物质基础；北京精神的提炼为国际活动聚集提供了宝贵的精神文化资源；全社会重视，大力参与各类国际活动的热情高涨，为北京国际活动的举办提供了良好的社会氛围；人民群众对国际活动日益增长的消费需求，为活动产业的发展拓展了空间；我国和北京的国际影响力稳步提升，为北京本土的活动国际化提供了重要契机。同时，北京当前国际活动总量有限，内部结构不尽合理，活动产业发展的产业链与空间布局还存在许多问题，制约国际活动聚集之都建设的体制性因素尚未破除。因此，要准确把握北京建设中国特色世界城市这一战略机遇期，顺应时代发展要求，遵循产业发展规律，全面规划，统筹安排，加快国际活动集聚之都建设进程。

一、北京建设国际活动聚集之都的指导思想、发展目标和战略步骤

(一)指导思想

高举中国特色社会主义伟大旗帜，以马克思列宁主义、毛泽东思想、邓小平理论和“三个代表”重要思想为指导、深入贯彻落实科学发展观，大力弘扬“北京精神”，以实施《北京城市总体规划(2004－2020年)》与为契机，以北京的区位优势、交通优势、产业优势、人才优势、活动设施和对外开放等为依托，紧密围绕北京建设“中国特色世界城市”战略目标，将北京建设成为具有竞争力的国际活动中心城市，着力打造和培育国际活动产业集聚区，形成一批具有中国特色、北京气派的国际活动知名品牌，以满足北京经济和社会建设发展为出发点和落脚点，以加大政府扶持力度、创新机

① 本文是《建设国际活动聚集之都》项目的阶段成果。

制体制、优化活动产业布局与环境为主要手段，构建具有现代意义的活动产业体系。力争将国际活动发展成为推动首都战略性新兴产业快速增长的重要支撑，实现北京建设中国特色世界城市的重要抓手。

——坚持以开拓创新为动力。北京建设国际活动聚集之都还有许多现实问题与差距，克服这些问题关键要靠改革与创新，以改革促发展，以创新促进步。加快北京的国际活动建设步伐，立足于中国经济发展现状、立足北京实际情况，讲求科学、讲求方法，把北京建设国际活动聚集之都的潜能充分发挥出来，全面推动建设理念创新、机制制度创新、产业形态创新、内涵文化创新以及其他各方面创新。

——坚持走产业化道路。活动产业是当今世界服务经济发展的新趋势。北京需要在世界城市建设的背景下实现国际活动的产业化，实现活动上下游产业整合，构筑完整的活动产业链、价值链与创新链。这就要求北京在国际活动聚集之都建设中需要联合各方面的力量，构建出一套完整的活动产业机制，即市场机制为主导，由创新链整合机制、产业链整合机制、政府政策扶持机制、环境配套机制为支撑。

——坚持政府推动和市场运作相结合。北京建设国际活动之都需要“看不见的手”和“看得见的手”的双重推动，两者要实现“合力”，既要政府出台相关政策法规，加大对国际活动聚集与发展的宏观指导和扶持力度，也要充分发挥市场配置资源的基础性作用，调动与国际活动相关的行业协会和相关企业承办、联办国际活动的积极性，让活动产业具有自主运行的功能。

——合理统筹近期突破和长远发展。北京建设国际活动聚集之都不可能一蹴而就，需要在长远目标的指引下，分期分批，有步骤、有重点地完成阶段性任务。既要抓好培养活动人才、搭建信息平台、培育品牌展会、指导招展招商、评估活动成果、开展目标考核等基础性工作，逐步克服要素制约，也要重视研究发展战略、创新管理机制、加大国际合作等工作，努力探索中国特色、北京特色的国际活动聚集的路径。

——坚持国际化发展战略。大力发展面向现代化、面向世界、面向未来的大型国际活动。坚持“走出去”与“请进来”并重的方针，以自我为主，依靠自己的力量，培植具有国际影响力的本土的品牌活动，又要发挥北京的交通和区位的优势，外引内联，借助外力，扩大北京国际活动的规模，提升北京国际活动的档次。

——坚持多元化策略。树立先进、正确的国际活动理念，充分认识国际活动举办主体的丰富性与多样性。在促进国际活动集聚的过程中，实行统筹兼顾的原则，建立适合北京市情的活动市场准入机制，鼓励多种所有制企业参与到国际活动聚集之都的建设中来，形成各类企业齐头并进的大好格局。同时，要坚持国际活动为主业，而且要兼顾国际活动产业上下游的发展，做到产业链的共同进步，联袂前行。

——坚持以人为本，人才推动。国际活动的引进、运行与发展离不开人的因素，北京国际活动聚集之都的建设需要以人才建设为基础战略。充分发挥北京科教资源优势，创新人才培养体制，调整活动人才队伍结构，探索引进方式，吸引国际活动人才来京工作。通过一系列的政策措施造就一批具有国际化视野的高素质国际活动人才队伍，构建出一支门类齐全，结构合理、梯次分明的活动人才队伍，加强职业道德建设和作风建设。

——坚持品牌为先，多方打造。要下大力气，持之以恒，通过各种手段精心培育一批具有中国特色、北京气派的国际品牌活动，积极宣传这些品牌，扩大海内外影响力，做好品牌营销工作。积极引进国外知名活动，“借船出海”，为我所用。建立活动品牌的知识产权保护制度，利用法律法规维护活动品牌的利益。活动主办主体要视品牌为国际活动的核心竞争力，加以重点培育，力争经过数年的努力，使品牌活动成为北京活动经济的支柱。

(二)发展目标

在北京建设中国特色世界城市过程中，本着精心规划、稳步推进的原则将北京建设成为国际大型活动中心城市，聚集一批具有国际知名度的大型品牌国际活动，打造并形成完整的活动产业链、价值链、创新链，使之成为北京生产性服务业的重要支柱，使得大型活动产业成为新的北京经济增长“新引擎”与“动力极”。同时，强调国际活动的经济功能和社会效益的辩证统一，实现经济与文化双丰收，率先形成产业经济与社会协调发展的格局；形成上规模的国际活动经济总量，塑造高层次的国际活动品牌，通过国际活动的聚集实现北京包容式发展，进一步弘扬中华民族的价值理念、社会主义核心价值观与北京精神。

——加快发展北京活动产业。大型活动产业化是产业自身发展的必然规律，产业化进程将大大提高大型活动的经济和社会效益。政府的相关部门制订出一系列促进北京活动产业发展的扶持政策，加强制度建设，构建结构合理、门类齐全、品牌附加值高、国际竞争力强的现代活动产业体系，推动活动产业跨越式发展，使之成为北京经济发展方式深度转变的新抓手。提高活动产业的规模化、集约化和专业化水平，形成多种所有制共同发展的活动产业体系。推进国际活动所需的科技创新，发挥文化与科技相互促进的作用，深入实施科技带动战略，增强国际活动的科技含量。培育一批具有核心竞争力的活动品牌，积极开展宣传，将品牌优势落到实处。增加活动消费总量，提高国际活动的消费水平。创新国际活动的营销模式，拓展广大居民对国际活动的服务消费，培育出新的消费增长点。

——理顺国际活动管理体制机制。深化国际活动管理体制机制改革，加快政府职能转变，提高政府对国际活动管理的精细化程度，强化政府在国际活动管理中的政策调节、市场监管、社会管理和公共服务职能。推进政企分开，政事分开，理顺政府和国际活动举办主体之间的关系。健全北京活动市场综合行政执法机构，进一步规范北京国际活动运营管理模式，落实谁主管谁负责和属地管理原则，严格执行市场监管与监督职能，综合运用法律、行政、经济、科技等手段提高管理效能，探索具有北京特色的跨行业、跨领域、跨层级的活动管理体制和工作机制。与此同时，还要加强活动产业的统计工作，完善分类标准和统计指标，规范统计方法，借鉴"卫星账户"等先进统计理念，增强活动统计数据的科学性和可比性。

——规范国际活动运营管理模式。按照现代企业标准，围绕着运营、宣传、销售三个关键环节开展工作。其中运营规范化、运营制度化是必须要做好的环节，要按照国际惯例和产业自身规律运作国际活动，实现运营管理模式的现代化和国际化；国际活动的宣传与销售环节是国际活动运营管理的核心环节，要依托自身品牌，实现活动宣传与销售相互融合，积极推动品牌宣传。实施目标营销，细分市场，了解不同客户群对国际活动的需求，实现由传统销售模式向现代营销模式转变。

——制定国际活动聚集的区域规划。根据《北京城市总体规划(2004—2020年)》与"十二五"规划，结合近年来北京国际活动的发展趋势及主要大型活动场馆的分布特征，坚持突出重点、率先发展、多点培育的原则，构建和形成"一带、双核、多点"的国际活动聚集的区域发展格局，即"一带"，建设以奥林匹克公园、万事达中心、朝阳公园等为支撑点的环路国际活动聚集带；"双核"，指重点建设以CBD和怀柔区雁栖湖地区为重点的国际活动聚集区；"多点"：指建设以中国国际展览中心、奥林匹克公园、世纪坛、天坛等为代表的国际活动聚集点。依托外围及区(县)特有的产业特点、文化习俗，培育具有特色的国际活动，形成"一带、双核、多点、特色发展"的活动产业空间布局。适时规划建设北京国际组织聚集区、企业总部聚集区和大型国际活动中心。

——完善国际活动所需基础设施。结合北京当前大型活动场馆建设现状，抓紧规划远期大型活动基础设施。在进行基础设施建设中，必须充分考虑到未来国际活动发展的新特点与新内容，着眼长远、科学规划、整体布局、功能合理，有效结合实用性和观赏性，对场馆及周边设施规划用地给予前瞻性的考虑，充分考虑"冗余度"，为未来北京国际活动发展留足场馆扩张及基础设施配套的发展空间。全市要完善大型活动场馆周边的配套服务功能，加强交通、通信、酒店、餐饮和娱乐设施建设，完备邮政、银行、海关、商检、运输、保险、贸易咨询等配套服务设施。在充分考虑各个区县未来经济社会发展的基础上，修改、完善对各个区县的场馆建设规划的布局。

——加强对外交流合作力度。整合各方面资源，充分利用多边和双边机制，开展具有北京特色的国际活动推广工作，打造出一批富含“北京精神”的国际活动新品牌。实施本土活动走出去这一战略规划，完善支持本土活动国际化政策措施，培育一批具有国际竞争力的外向型活动主办机构和中介组织，形成一批有实力、有特色的著名活动品牌。吸收外资进入法律法规许可的活动产业领域，鼓励活动主办和承办企业、机构同国外有实力的活动主办机构进行项目合作，学习先进的活动管理经验与技术。

(三)战略步骤

第一阶段：在时间的划分可以拟定为从现在到 2020 年，在建设内容上可以概括为硬件提升、合理布局阶段。

在北京建设国际活动聚集之都的过程中，要按照统筹规划、合理规划的原则，大力推动国际活动聚集所需的基础设施建设，提高硬件条件的匹配水平，积极为国际活动主办机构和组织创造国际一流的硬件环境；同时对国际活动的区域布局进行调整，形成具有北京特色的活动产业集聚区，大力推动“一带、双核、多点”布局形成，加快“一带联动、双核竞争、多点互补”的活动产业发展新格局。

按照“适度超前、优化设计、提升质量、设施匹配”的要求，加强以特大型活动、体育活动设施为重点的硬件设施建设，提升国际活动举办所需硬件的科技水平，保障北京对国际活动的支撑保障能力。近期准备启动中国国际展览中心三期工程，以期实现展览面积 25 万平方米的国际一流场馆的规划建设目标。同时，对南城区的 30 万平方米超大型活动中心建设项目进行可行性论证。同时，要完善活动场馆周边的配套服务功能，加强交通、通信、酒店、餐饮和娱乐设施建设，完备邮政、银行、海关、商检、运输、保险、贸易咨询等配套服务设施。

优化国际活动的空间布局，建设和形成“一带、双核、多点”的国际活动聚集的区域发展格局，成为首都经济向高端、高效、高辐射发展的重要力量，成为国际活动高端要素和中央优质资源的主要集聚地，成为彰显首都现代化、国际化的核心区域。进一步加快国际活动产业集聚区建设发展，是率先形成首都现代活动产业体系、提高核心竞争力的重要途径，也是集约利用资源、优化产业布局的必然要求。具体建设中，“一带”指的是以国家会议中心、奥林匹克公园、万事达中心、朝阳公园等为支撑点的环路国际活动聚集带；“双核”指的是以中央商务区(CBD)和怀柔区为重点的国际活动发展区域，形成以国际活动为主导，国内活动为辅，加上城市旅游，能够相互依托，相互配套的国际活动聚集区；“多点”指加快发展以中国国际展览中心、工人体育馆、奥林匹克公园、世纪坛、天坛等为代表的国际活

动聚集点。(如图1所示)

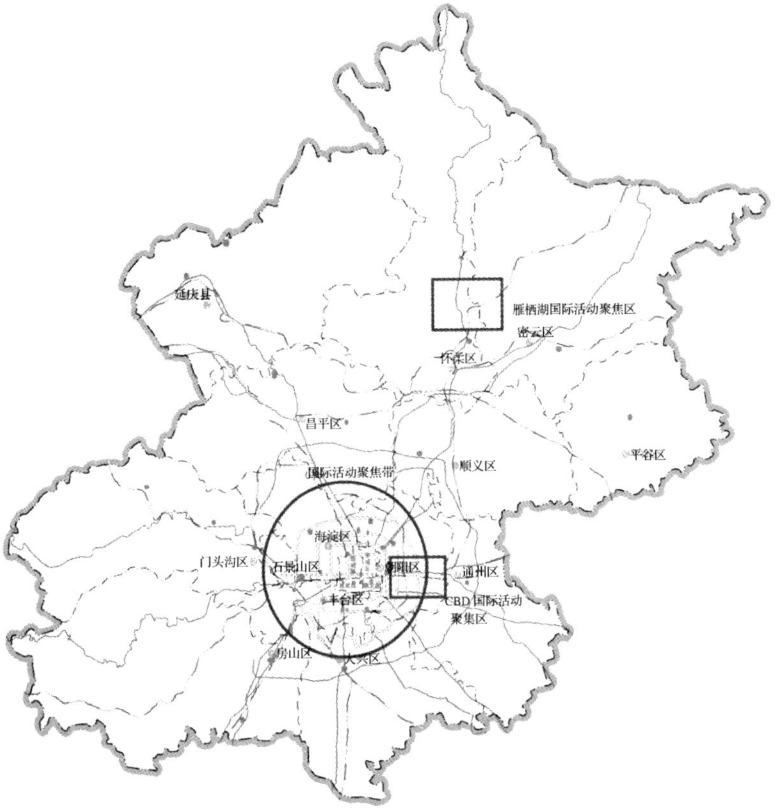

图1　北京市国际活动产业功能区布局

第二阶段：在时间的划分上可以拟定为2020—2030年，在建设内容上可以概括为完善环境、政策扶持阶段。

在这一阶段，大力推动国际活动聚集所需软环境与硬环境建设，提高环境匹配水平，积极为国际活动主办机构和组织营造良好的发展环境和创业氛围；同时对国际活动的管理机制体制进行改革，实现政策扶持体系的创新。

在环境建设上，要探索制定北京国际活动的行业标准。充分发挥北京在国际活动发展方面已具备的良好基础和综合优势，探索制定适合北京市情的国际活动标准，重点推进主、承办企业，展示工程企业、场馆单位的作业行为标准，为规范活动承办、主办机构的经营行为提供重要依据。要建立活动主办机构的评级与规范制度。在国际活动市场中引入自由竞争、优胜劣汰的机制。建立相应的企业评级制度，鼓励企业做大做强。建立国际活动主办、承办机构的信用评估制度，对经营规范、诚信度高的机构，将在申请、政策优惠等方面给予支持；对存在各类违规、违法等不规范行为的机构实施淘汰。探索制定北京国际活动的层级标准，开展国际活动的评级管理。对具有世界知名度高、影响力大的国际活动，将实施申请保护制度。不仅如此，还要大力发展与国际活动配套的上下游产业，建立国际活动的服务配套体系；进一步加强国际活动相关人才培养，积极引进具有经验的国内外活动管理、主办、策划人才，为其提供相应的政策支持和服务；推进国际活动公共服务平台建设，实现信息顺畅、信息共享。

在扶持政策上，对国际活动的发展给予一定的政策引导、资金扶持是推动北京国际活动加快集聚，做大做强的重要保障。这一期间，北京已经基本实现向中高收入水平的过渡，人民群众对国际活动的需求逐步提升，政府要在国际活动的集聚与发展的政策上取得大的突破：制订中长期国际活动发展规划，充分利用北京经济转型带来的机遇，结合北京国际活动集聚的现状及存在的不足，进一步明确未来二十年内北京国际活动产业发展的目标、方向、鼓励政策及扶持重点；建立相应的国际活动扶持基金，主要用于支持本市活动主办、承办企业在项目宣传策划、重大国际活动申办、品牌展会认定及培育、国际活动平台建设，国际活动人才交流与培养以及开展活动产业研究等方面，重点要鼓励培育一批北京本土的，具有国内外影响力的品牌活动；积极争取活动主办与承办机构在税收方面享受优惠。相关机构、组织和企业享受营业税优惠税率，争取对场馆单位和配套服务企业允许享受差额缴纳营业税等，以进一步提升北京吸引国际活动聚集的能力。

第三阶段：在时间的划分上可以拟定为 2030—2040 年，在建设内容上可以概括为四化齐备、全面发展阶段。

在这个阶段，北京基本上被建设成为国际一流的活动中心城市，活动产业实现国际化、专业化、市场化和信息化。在总体上，活动产业规模显著，内部结构合理，市场发育充分，企业竞争激烈，创新环境优越，同时充分吸纳就业，成为北京服务业乃至整个经济的支柱行业。

扶持一批具有北京气派、富含北京精神的活动品牌。积极鼓励北京的活动品牌国际化，通过扩大办展规模和提升办展质量、申请注册商标保护、通过国际认证等提升活动的影响力和品牌优势，逐步培育一批本土大型活动发展成为国际级大型活动。通过政策引导，发展和培育一批有核心竞争力的中小型国际活动。加强与国外活动产业组织和机构的交流与合作。大力吸引国际活动行业组织和国际知名活动企业落户北京，鼓励本市活动企业与国际知名活动企业开展交流与合作。鼓励活动主办机构之间强强合作，提升国际化水平。鼓励本市大型活动企业通过市场化模式兼并重组、合作办展等多种形式，打造国际活动产业“航母集团”，形成一批规模较大、办展能力较强、国际化程度较高、国际竞争力较强的本土品牌活动企业。鼓励本市中小型活动机构开展合并、重组，走联合发展道路，提高国际活动举办能力和经营能力。

培育一批符合国家和地区发展需要的专业活动。加强国际活动与国内新兴产业的融合，鼓励国际活动带动经济的发展。凡是符合国家文化、经济、社会发展导向，符合社会主义核心价值观要求，将优先享受政策优惠，优先享受档期保护。逐步制订活动产业发展的扶持目录，鼓励和培育一批专业化水平较高的精品国际。扶持一批具有国际视野和国际竞争力的活动主办机构与企业。鼓励专业活动主办机构之间形成联合，举办专业性较强的国际活动，扩大招商招展范围，提升国际活动的专业性和影响力。对国际活动的主办方和承办方都将给予一定的政策扶持。

健全活动市场体系。加快发展国际活动的要素市场，打破条块分割的活动市场格局，构建面对全球的、竞争有序的现代活动市场体系，促进活动项目、资金、人才和创意在市场内合理流动。建立适合活动产业发展的市场管理协调体制。在对现行国际活动管理体制和机制进行调整的基础上，建立由相关管理部门组成的管理协调机制，承担国际活动集聚与发展中遇到的重大问题协调、发展规划、目标及政策制定等职责。充分发挥已有的行业协会的作用，进一步明确政府主管部门、活动企业、场馆单位和行业协会等各自的职责，逐步建立政府主管部门监管与国际活动相关行业协会行业自律相结合的管理新模式，建立活动产业发展的长效监管机制和服务体系。逐步建立活动行业的市场化管理制度。尽快完善活动产业的立法保障机制。加强对主办、承办、场馆单位、工程、运输物流等活动企业的管理，充分发挥行业协会作用，加强行业自律，制定并完善北京市活动产业相关企业行为公约，督促活动企业规范经营行为。加强对活动行业的诚信管理。建立活动主办、承办企业的诚信经营承诺制度，树立守合同、重信誉的良好市场环境。建立信息的及时通报制度和信誉评级制度，防止和杜绝活动企业的各类违法、违规行为的发生。加强活动场馆经营行为的规范。加强对场馆及设施的维护，保证大型活动场所、设施施工符合国家相关安全标准和安全技术规范，并提供相应的配套服务。杜绝凭借垄断地位或优势地位操纵出租场馆的资源和价格，杜绝搭售不合理的服务和产品，严格遵守合同。场馆单位遵守所在地的有关管理规定，积极配合有关部门，做好场馆的管理和服务，维护场馆周边环境整洁、交通有序。场馆与活动企业对所举办的展会签订安全责任书，共同承担展会的公共安全责任。对在场馆内发现的各类不安全因素应及时向所在地有关部门和市有关部门反映，并立即开展应急处置，对未取得合法手续的展会应拒绝提供场馆租赁服务。

推进国际活动的信息化建设。大力推进网络平台的搭建，积极配合北京建设中国特色世界城市步伐，利用当今先进的“物联网”、“云计算”、“信息高速公路”技术，打造全国领先、功能齐全、服务水平一流的国际活动的网络平台。大力推进电子商务与人员信息平台、交易平台、商品市场以及专业服务市场等的建设，构建国际活动的数据库，促进引进的国际级品牌活动的网上推广。发挥网络媒体的宣传作用，加强对各类品牌会展、会议和重大节事活动的策划和宣传，提高北京举办的国际活动在虚拟世界的影响力。

二、北京建设国际活动聚集之都的主要任务

（一）将北京建设成为国际会展中心城市

会展业融会议、展览、节庆和奖励旅游于一体，是大型活动的重要组成部分。据有关专家测算，会展业产生的溢出效应是 1∶10。会展活动汇聚的巨大信息流、技术流、资金流、商品流和人才流，不仅能够在扩大贸易、引进技术、吸引投资、发展高新技术产业、促进经济合作与交流等方面发挥重要作用，而且能丰富百姓生活，增加就业机会，提升城市知名度，促进城市经济社会全面发展。随着经济全球化、区域一体化的不断推进，会展业已成为衡量一个城市国际活动集聚程度的重要标志之一，是一个城市综合实力的体现。特别是进入 21 世纪以来，我国在世界经济政治格局中的地位越发重要，这也为会展活动向北京聚集提供较好的外部条件。2008 年奥运会举办之后，大量一流的基础设施得以延续利用，也为国际会展业的“北京集聚”提供了得天独厚的基础。因此，在未来一段时期内，将北京建设成为国际会展中心城市是比较现实的。

《北京市国民经济和社会发展第十二个五年规划纲要》中已经明确要求“吸引国内外大型旅游会展总部或分支机构落户北京，引导形成旅游会展总部经济聚集区”，不仅如此，还对奥林匹克中心区、通州高端商务服务区与怀柔文化科技高端产业新区这三个区域的会展业发展提出了具体的要求。《北京市“十二五”时期会展业发展规划》提出了要把会展业发展成为推动首都战略性新兴产业快速增长的重要支撑，实现北京建设中国特色世界城市目标的重要途径，经过“十二五”期间的奋斗将北京建设成为亚洲会展之都、全球会议五强举办地之一、亚洲排名领先的会展举办地、中国会展行业的引领者，力争实现会展业以高于全市 GDP 增长的倍增速度发展，2015 年全市会展业收入达到 300 亿元以上的目标。北京会展业的发展有着重要的意义，它可以扩大国际活动聚集的总量，优化在京举办的国际活动内部结构，打造具有全球影响力的国际活动品牌、提高国际活动的综合影响力，取得良好的经济效益和社会效益，其特有的文化教育、宣传营销功能是其他类型的国际活动难以实现的。因此，将北京建设成为国际一流的会展中心城

市是实现国际活动集聚的重要抓手。

当前，北京建设国际一流的会展中心还面临着一些困难和制约因素：

第一，比较优势没有得到很好发挥，会展竞争力有所减弱。北京是中国的政治中心、文化中心、科技中心、教育中心，集聚着丰富的物力资源和人力资源。在传统的计划经济体制下，一些行业协会、会展主办企业具有明显的官方背景，形成了“路径依赖”，需要政府业务主管部门出面组织展览，不能面向市场，经营意识薄弱，缺乏整合资源能力，难以发挥资源优势。与此同时，东部沿海经济发达地区利用市场经济比较发达，市场制度比较健全的优势，出台一系列相关会展业扶持政策，大力促进会展业发展，推动会展活动主体多元化，这些地区的比较优势得以较好地发挥，区域会展业竞争力逐年稳步提高。在激烈的竞争中，北京多年来培育的知名国际会展活动正流失到外地。（如表 1 所示）

表 1　近年来北京部分流失或外移专业展会

序号	展览名称	规模(m^2)	移往城市
1	中国国际纺织机械展览会	126500	上海
2	中国数控机床展览会	100000	南京
3	全国五金商品交易会	47500	上海
4	全国药品交易会	60000	成都
5	中国国际医疗器械博览会	26000	上海

第二，管理机制体制尚待理顺。当前，政府对活动管理体制是以多部门审批为主要特征的逐级分类归口管理和层级上报的管理体制，带有较浓厚的计划经济色彩。其弊端主要表现在：管理行政化，过度干预市场，会展的管理体制变革程度滞后于会展经济发展的步伐。原先的管理制度产生环境是高度集中的计划经济体制，各类会展需要经过政府的行政审批方可举办。而相关管理制度变革却并不能及时完成，政府对会展的运行还保留着多方面干预的权力。突出表现为管理条块化、多方利益分割，北京市会展业管理体制审批要面对 3 级政府和 13 个政府部门，条块风格现象严重。会展的举办要面对众多审批部门，审批时间长，要求条件较多，流程安排复杂，相关成本较高，对会展业的健康发展影响较大，北京会展产业潜力难以得到充分释放；法规分散化，尚无统一规范，各部委出台的相关会展业管理法规大都集中在活动的报批程序要求上。而针对会展活动的准入机制、举办主体的举办资质，行业标准、费用标准上缺乏统一的法律法规。认识教条化，缺乏品牌战略，对于大型活动的品牌战略，政府缺乏应有认识，不能意识到品牌创造的意义，也难以通过会展活动打造出具有国际知

名度的会展品牌。而当今世界会展业的发展趋势，已经从单一的经济利益为导向发展到以品牌创造为导向，特别是城市品牌创造，世界城市的会展活动往往与城市品牌塑造密切相关。

第三，基础设施条件难以满足现代会展业发展需要。北京会展活动所需基础设施呈现出总量大，但结构老化。大部分穿管建成时间久远，设施设备比较陈旧，缺乏现代化功能，不能满足现代会展活动的要求。新场馆容量可观，但配套设施不完善，难以实现会展经济的溢出效应。此外，还缺乏功能完备、配套齐备、技术含量高，能够举办特大型展览的单体场馆。

不仅如此，会展发展还面临着区县之间的无序竞争倾向，缺乏统筹布局和特色发展。各个区县急于上项目，建工程，没有打牢会展业发展的基础，练好“内功”，缺乏层次化、差异化和特色化的定位，加剧了会展业重复投资、重复建设的现象。

从以上制约因素可以看出，未来北京要从以下几个方面着手，共同推进北京建设国际一流会展中心城市的步伐：

首先，整合资源，形成合力。在现有品牌展览会的基础上，实施强强联合战略，合并一些内容上具有相似性的展会，形成品牌展览会的合力。鼓励有实力的会展企业以项目为平台，以人员交流为途径，以资本运作为手段，通过收购、兼并、特许经营等多种形式，整合不同部门、不同地区、不同所有制的会展资源，组建大型会展集团，形成北京的会展业“航母”；鼓励政府、商会和行业协会等中间组织联合起来，规范行业展会，创新组织办法，办展机制，推动中间组织等具有资源协调能力的组织围绕着会展经济开展工作；鼓励会展人才的交流与学习，建立会展业内的人才流动机制，实施各种形式的培训计划，提高会展人才的人力资本投资水平，提高会展人才的使用效率，保证会展人才得以发挥才智的环境，加速引进国外会展业人才，提高人才要素在行业内部的流动性。利用北京得天独厚的对外交流优势，积极整合国外资源，引进一批有实力的外资会展企业，加大国际知名会展引进，借助北京国际影响力营造出会展业发展的良好氛围。

其次，理顺机制，管理创新。应切实理顺政府对会展业的管理方式，将其定位为“宏观调控者”，改变行政化管理倾向和部门管理分割局面。可以在北京地区先行先试，设立一个专门的会展管理机构，将不同类型与不同层级的会展审批权力收归起来统一协调、规范大型活动的管理。率先建立协商机制，协调各个政府部门，如公安、消防、海关、旅游、商贸，以及各级政府部门之间的关系，为不同内容的会展活动提供良好的协调服务。主动建立与中央单位的沟通协调机制，加强为中央会展组织机构的服务，争取中央单位更多的支持。通过地方性法律手段确定北京会展市场准入机制、举办主题的市场地位、举办性质、行业标准、活动运行程序及费用标准等的问题，为促进北京地区会展业发展提供完备的法律依据，从法律上为会展业提供一个公平竞争的良好环境。发挥会展行业协会作用，加强会展业自律水平。强化会展行业的中间协调功能，加快制定会展行业标准和经营准则，加强行业协调自律。积极配合政府统筹协调那些内容重复，档期相悖的会展项目，减少重复办展，避免恶性竞争，营造公平、公正、公开的会展环境。除了以上方面，管理创新还需要对会展活动的市场主体进行资质认证、年度审核、信用评级，为他们提供丰富的行业信息和行业规范。品牌创新也是管理创新的一个重要组成部分，实施品牌创新战略，通过现代技术、质量标准、新的商业模式和地方文化注入，增强北京会展品牌生命力，利用社会主义核心价值观与“北京精神”来丰富会展品牌文化和内容，形成品牌的新视点，使北京会展活动的品牌更加立体化。

最后，统一规划，硬件提升。未来北京会展产业发展的空间还很巨大，对基础设施的需求逐年提升，这就需要北京建设一批大容量、高质量的会展场馆。但这并不意味着可以“一哄而上，遍地开花”，北京的会展设施建设要走出无序局面，全市上下要围绕着“一盘棋”，不能“各自为政、各自为战”。因此，要按照《北京城市总体规划(2004—2020年)》与《北京会展业发展“十二五”规划》的要求，本着“精心设计、统一安排，多方统筹，突出特点”的原则，强调整体与局部的辩证关系，引导会展业在四大功能区(首都功能核心区、功能拓展区、城市发展新区和生态涵养区)的合理布局。通过合理规划推进场馆建设，同时又依靠场馆建设引导空间布局优化。对于功能核心区和功能拓展区的会展场馆，通过易地重建的方式加以改造；对于设立在城市发展新区的会展餐馆，可以通过原地改造，实现场馆扩容，实现品质提升，还要注重改善场馆配套设施的条件，按照适度超前的原则加以建设；对于新建的会展场馆，在建筑规模上要充分考虑近二十年北京会展业发展的需要，合理扩大规模，保持领先优势，选址应尽量设在生态涵养区，完善周边配套设施建设，注重会展场馆及其设施的环境友好型，实现场馆功能与环保节约的统一。

(二)着力建设和培育国际活动产业聚集区

要按照《北京城市总体规划(2004—2020年)》和北京市“十二五”规划要求，科学规划国际活动产业聚集区，完善集聚区的产业功能，实现国际活动的集约式发展，逐步形成“一带引领、双核驱动、多点支撑”的活动产业集聚功能区。

“一带引领”要求建设以奥林匹克公园、国家会议中心、奥林匹克公园、万事达中心、工人体育馆、朝阳公园等为支撑点的环路国际商务、体育、节庆活动聚集带；“双核驱动”指的是以中央商务区(CBD)和怀柔区雁栖湖地区为重点的国际商务、休闲活动产业聚集区，目标是形成以国际商务活动为主导，国内商务、旅游与休闲活动为辅的活动经济发展极，“多点支撑”指加快发展以中国国际展览中心、北京展览馆、世纪坛、天坛等为代表的国际综合活动聚集点。（如表 2 所示）

表 2　北京三大国际活动功能区

功能区	主要设施	主要产业内容
国际活动聚集带（一带）	奥林匹克公园、国家会议中心、奥林匹克公园、万事达中心、工人体育馆、朝阳公园	商务会议、展览会、体育赛事、文艺演出、节庆活动
国际活动发展极（双核）	朝阳区中央商务区、怀柔雁栖湖国际会议中心	商务会议、旅游休闲、影视拍摄
国际活动支撑点（多点）	中国国际展览中心、北京展览馆、世纪坛、天坛	行业会展、群众性文体活动、公益活动、艺术展出、节日庆典

三大功能区要充分依托现有基础设施和周边配套设施，细化产业内容，按照各自的优势与特点引进和举办具有国际影响力的活动，同时在发展中要突出发挥各自的比较优势，强调特色与差异化发展。不仅如此，在建设与培育国际活动产业聚集区的过程中，充分发挥活动经济的空间溢出效应，与北京市城市建设战略相结合，与提升完善市区现有展览场馆功能相结合，与调动各区县发展经济积极性相结合，进行全市会展设施活动产业布局。凭借国际活动产业功能集聚和产业辐射的优势，促进和带动区域经济的繁荣，显示出引领北京未来发展的强大动力。

(三)培育形成一批北京国际活动知名品牌

国际活动不仅是城市经济运行的一部分，更是城市的无形资产，它有助于推动城市建设，改善城市营销方式，提升城市的软实力。由于国际活动具有创意性、文化性、经济性和群众性的特点。国际活动的品牌化对于传播城市信息、推介城市形象、促进城市文明、发展城市经济有着不可或缺的作用。当前北京有国际活动，但缺品牌，特别是国际知名的品牌活动。因此，需要培育形成一批国际活动知名品牌。

第一，固本培元，大力扶持一批已有的品牌展会，通过各种经营手段提升其品牌价值。北京现已形成国际汽车展、服装服饰博览会、国际马拉松、北京国际电影节等著名活动品牌，这些活动品牌已经具备相当程度的国际影响力。应积极鼓励这些知名活动通过扩大办展规模和提升办展质量、申请注册商标保护、通过国际认证等提升活动的影响力和品牌优势。不仅如此，还要在宣传上给予一定的重视，通过各种媒介和各种形式开展传播，逐步培育这批已有品牌活动发展成为国际级品牌活动。对于专业化程度较高，影响受众较小的专业活动，如一些行业的展销会等，则通过实施政府财政支持、配套政策优惠等方法保扶持和培育其品牌，形成一批有核心竞争力的中小型国际专业展会。

第二，筑巢引凤，积极引进一批新的活动品牌，为我所用。在扶持好本土知名品牌活动的基础上，进一步完善本市活动产业发展环境、硬件条件与服务水平，积极维护活动产业的繁荣有序，通过良好的基础配套设施、政策优惠、制度保障等手段大力引进一批国际知名品牌活动落户北京，进一步提升本市国际活动的规模和质量。可以充分利用北京经济发达、社会稳定、包容开放、和谐宜居的优势，吸引一批国际知名品牌活动来京开展分活动，用实地举办的效果来吸引主办方选择北京。加强对本市活动产业中的对外服务水平的提升，全面提高综合接待能力。

第三，双管齐下，加强与国外知名活动组织和机构的交流与合作，同时大力吸引国际知名活动主办组织和企业落户北京。鼓励本市活动主办、承办机构与企业与国际知名活动主办机构开展交流与合作。鼓励国际活动之间强强合作，实施“品牌捆绑”营销策略，实现“借船出海”，共同做大做强自身品牌，在共赢中提升国际化水平。吸引国际知名活动主办组织和企业在京设立联络点，有针对性地吸引活动组织、管理人才来京工作，特别要吸引科技、文化、体育、学术等专业类国际组织在京设立分支机构，增加今后专业类活动来京举办的可能性。

第四，有的放矢，积极申办联合国及其分支机构和其他重要国际组织的年度大会，就全球或地区热点问题举办国际论坛和会议。这些会展全球知名度高，影响力广泛，能够广泛吸引海内外媒体的关注，可以起到间接培育品牌的作用，承办诸如中非合作论坛、世界经济论坛等大型经济、政治、文化、科技、教育等高端国际论坛，这些大型国际会议对北京国际活动品牌影响力的提升也是有着重要作用的。

（四）建立健全保障体系

保障体系是指为实现一定的战略目标、保证战略正常进行，面对具体任务实施而提供必需的生产条件、生产要素和管理的配套服务系统。北京国际活动聚集之都建设是一项长期的战略工程。为了保证建设进程的顺利推进，需要考虑当前北京国际活动发展的实际情况，构建一套完整的保障体系，确保建设方向，调节建设发展的节奏与速度，提高建设水平。

1. 组织保障体系建设

坚持和完善党委统一领导，党政齐抓共管、经济部门组织协调，有关部门分工负责，社会力量积极参与的工作体制和工作格局，形成推进北京国际活动聚集之都建设的强大合力。充分发挥各级党委和政府的作用，协调多方力量，群策群力，齐抓共管，建立国际活动管理协调机制，成立相应的国际活动管理领导小组。在国际活动管理领导小组的领导下，统一协调、研究、解决国际活动发展过程中出现的问题。市会展经济领导小组应由主管经济的常务副市长任组长，以便于领导和协调。国际活动管理领导小组应在市政府的直接领导下，平行于各司局的专门机构。全市各职能部门、各区县、行业协会等要积极配合，保障国际活动的聚集。同时，搞好配套服务，与物价、旅游、市政、公安、交通、卫生、海关、商检等部门保持密切沟通，建立顺畅的信息交流机制，为国际活动来京举办提供可靠的保障。

2. 财税保障体系建设

设立国际活动发展专项资金，纳入市级财政预算，确保每年随着上年度财政收入的增长比例同幅增长。主要用于北京知名国际活动的广告宣传、参展、观展商的组织，培育壮大品牌活动；支持新办活动、活动创新、活动整合和国际国内大型活动的引进；支持基础设施建设，国际活动发展研究、信息平台建设、活动人才培养、会展工作的考核表彰等。对特别重大的国际品牌活动，由市政府研究给予特别资金支持。在税收政策上，政府加快促进国际活动聚集的税收优惠政策的制定进程，通过有针对性地免除国际活动主办机构的部分税款，或者按照其缴纳税款的一定比例给予返还等，从而减轻国际活动主办机构的收入负担。还可以通过补贴、退税等多种手段丰富税收优惠政策的内容。对于一些具有代表性的活动品牌主办机构，可以考虑适度减免其营业税与企业所得税，在一段时期内合理控制针对这些机构的税收种类及其征税额度。税收部门还可以根据不同国际活动主办机构的特点、规模大小、效益高低，确定不同的免税期和减税期，并对不同国际活动可能出现的不可抗衡的风险损失允许在税前列支或从当期应纳所得税额中扣减。严格规范行政收费，国际活动审批，各审批单位原则上免收各种费用，按国家有关规定不能免收的费用，只收取工本费或按下限标准收取费用，禁止审批部门以各种名义乱收费用。会展场馆的水电实行工业用水电价格，降低会展场馆经营成本。针对北京非公有制活动主办机构急需金融支持的现状，可以考虑逐步引进外资，鼓励海外资本直接创办国际活动主办机构，为北京国际活动市场竞争发展注入新的活力。应本着“依法审批，逐步开放”的原则，研究制定海外资本进入北京活动市场的管理办法，逐步降低海外资本在北京设立活动主办机构的准入门槛，允许海外资本以直接投资、间接投资、项目融资、兼并收购等形式创办活动机构，循序渐进地取消一些对海外资本进入北京活动市场的限制。建立国际活动发展基金，改善活动产业中小企业的融资环境。允许企业或个人建立活动发展基金，也可由政府出资，吸收社会资本投资参股，建立北京活动产业发展基金。对于有影响力的国际活动项目，特别是民营企业举办的国际活动项目给予资金支持。

3. 法律保障体系建设

抓紧建立和完善会展业的地方立法，加强行业管理，制定促进活动产业健康有序发展的管理制度和政策措施。在《北京市大型活动管理办法》的基础上，加强立法建设，规范全市国际活动的运行秩序。由于国际活动牵涉的部门较多，需要进一步强化执法力度，针对行政执法中可能出现的多头执法，相互龃龉、彼此推卸责任等现象，应当建立权威的行政执法协调机制。建议由各级政府法制部门牵头，建立国际活动管理执法协调制度，以利于执法的协调统一，使多支执法队伍形成合力，提高执法的整体水平和效率。除了立法和执法建设外，相应的法制宣传也具有重要意义。法制宣传部门需要积极创新宣传的形式，利用国际活动举办的档期，通过影视、报刊、网络和广告发布载体等资源，以法制标语、法制宣传画等形式开展国际活动相关的法制宣传活动，将普法活动有机地融入到实际活动中去。

4. 国际活动统计体系建设

把活动产业纳入全市现代服务业的统计范围，加强对活动产业的统计调查和统计指导，建立统计指标体系、定期上报统计制度，为制定产业发展政策和领导决策提供依据。建立大型国际活动抽样调查机制，评估大型国际活动对经济社会发展的带动能力。各区县和市各有关部门、各活动场馆及活动主办、承办企业要积极配合，及时上报统计数据。特别需要指出的是，可以充分借鉴“旅游卫星账户”的构建思想，构建一套适应北京实情的“国际活动卫星账户”，在国民账户之外设立一个虚拟账户，将所有涉及国际活动的部门中由国际活动引起的产出部分分离出来单列入这一账户。这一卫星账户描绘了一个国家国民经济产业结构，估计活动产业经济和服务的尺度。作为一种信息系统，它通过对相关数据和资料的分析，可预测国际活动对北京经济社会发展带来的潜在影响。

5. 规划体系建设

要充分认识到规划的科学性与前瞻性，积极组织相关人员进行国际活动聚集之都建设的规划工作。在规划中，应当本着“科学定位、明确思路、把握重点、坚持原则”的规划思路，着力抓好以下几点工作：以重点项目为抓手，推进规划实施过程。重点项目由政府研究筛选提出建设目录，提请相关部门研究审定后，由发展改革委或有关部门共同组织编制。重点项目规划文本经论证、衔接后，报请政府审定和下达组织实施；国际活动集聚制度建设规划编制，既要突出规划的全局性、前瞻性、战略性，也要突出规划的现实性和可操作性，强调规划的落地。这就要求在规划编制过程中，进一步明确建设中应遵循的具体指导思想和原则、发展目标和主要任务、政策措施与资金保障。对于建设中的重大项目与工程，落实相应的工作方案，项目进程安排以及资金配置方案；组织专业的规划队伍，联合政府各个职能部门，广泛、充分听取活动产业研究人员、国际活动管理、营销、创意人员的意见，将他们吸收到规划队伍中去，集思广益，群策群力，大力发挥活动人才在规划中的导向作用，切实增强规划的现实性和针对性。

三、北京建设国际活动聚集之都的战略构成

(一)国际化战略

国际化是北京国际活动聚集之都建设中重要的指导战略之一，它由活动项目国际化、活动产业主体国际化与活动产业发展环境国际化三个子战略组成。

活动项目国际化包括两层含义：一是指由国外主办者发起的活动项目在京举办，二是指国内主办者面向国际开展的活动项目，前者是引进国际化活动，后者是本土的活动国际化。这两者是辩证统一，相辅相成的，北京建设国际活动聚集之都的进程中，两者都不可有所偏废。引进国际化活动要求北京发挥自身优势，吸引国外活动，特别是国外知名活动来京举办，吸引广大海外活动主办者落户北京。积极开展本土知名活动向海外拓展，打破原有的“从外引进的活动才算国际活动”的陈旧观念，全面推进本土项目的“走出去”进程，利用国外先进的活动营销理念、运行模式对本土活动加以改造，鼓励和扶持本土活动主办方挖掘国际市场，做好活动的国际推广与宣传工作，努力拓展国外客商和国外观众。

活动产业主体国际化指的是，综合运用各种政策手段，营造公开、公平、公正的市场竞争环境，积极引进国内外有实力的知名会展企业，提升活动主办和承办机构、组织和企业的整体运作水平。加强与国外知名活动主办机构的合作，积极邀请来京主办、承办各类活动，并在北京建立分公司或办事处。支持北京活动主办、承办机构、组织和企业与国际知名活动主办企业合资、合作，形成本土与国外企业优势互补的活动产业集团，推动与国际知名机构、企业在经营场馆、举办活动等方面的合作，促使本地企业学习和借鉴国外先进的经营理念和管理技术，在与国际知名活动主办机构和企业的竞争中快速成长。与此同时，鼓励本地活动主办主体走向海外。引导和支持实力较强的大型活动主办主体，在选择合适的国外城市设立办事处，建立招展网络和招展代理，重点推荐品牌活动。鼓励北京的各大活动主办者到发达国家和地区参加国际大型活动，学习国际大型活动的规则、操作方式，吸收、借鉴国外先进的会展经验理念和管理模式。

活动产业发展环境国际化主要包括提高城市外向度，完善城市配套设施与服务，进一步提升城市国际化水平，为国际活动的发展提供良好的发展环境。北京应加强相应硬件设施建设，保证活动产业发展所需的场馆、

配套设施、信息平台等条件跟得上时代要求，与国际先进水平保持一致。同时提高服务水平，全面提升北京的服务国际化和人文国际化水平。引进国外城市管理中先进技术和管理经验，针对市场需求，引进和培育一批熟悉国际规则、精通活动管理、熟悉国际惯例，熟练掌握外语的人才。

(二)品牌化战略

国际活动的品牌化是对北京举办国际活动的认知标准化、宣传标准化，以达到市场突出和市场区别的作用。品牌化战略对于北京建设国际活动聚集之都具有重要的作用，它可以促进北京国际活动的市场影响力，有助于扩大自身内涵，同时还对主办者形成一定的约束，控制其损害品牌的行为。

实施品牌化战略要求实现以下几点内容：

第一，构建目标明确的品牌化发展规划。国际活动除了承担经济社会功能外，更为重要任务就是通过树立国际化品牌实现国家和地区的文化交流展示功能。因此，为了提升北京国际活动品牌影响力，就需要对国际活动的品牌化发展作出超前规划，将国际知名活动的名气、影响力为我所用。

第二，制定具有前瞻性的品牌化扶持政策法规。在发展规划确定后，政府要根据经济、社会、科技的发展，及时出台具有政策指导性的法令，支持国际活动品牌化战略目标的实现。加大政府对品牌建设的投入力度，保证公共财政对活动品牌建设的投入增长幅度高于活动经济总量的增长幅度。重点支持一批具有战略性、前瞻性、带动性品牌建设项目，加速国际活动的品牌化进程。

第三，建立国际化的活动品牌标准及认证体系。北京可以尝试建立的活动项目质量认证、评价标准体系，包括质量标准、影响力标准、安全标准、经济标准等方面，这将在国际上尚属首次，这有可能为北京标准的国际化铺平道路。北京要把握国际活动发展趋势，随着技术的不断进步和国际活动的种类与质量的不断提高，不断修正提升认证标准。北京建立统一的认证制度，设立统一的认证机构，制定统一的认证标准，规定统一的认证程序，并坚守认证工作的公正、公开、公平，保证认证的权威性。有权威的认证体系，才能支撑有价值的品牌，保持品牌的优势地位。认证体系与相关行政、司法体系协调配合，使破坏认证权威、侵害认证权益的行为得到有效遏制，维护公平竞争和市场秩序。

(三)专业化战略

专业化战略强调分工，北京建设国际活动聚集之都要求活动产业部门根据活动项目运行的不同过程而分成各业务部分，这些业务部分互相联合但又相互区别，通过产业链、价值链和创新链将各个部分联合成为一个整体。

第一，打造产业链中的核心层——壮大专业国际活动企业。扶持和壮大专业国际活动企业，使之成为市场主体核心力量，带动国际活动业市场化程度提升。制定政策扶持和引导本地国际活动企业通过采取资产重组、上市经营、参股控股、兼并收购等多样化的资本经营战略，组建大型国际活动企业集团，力争使北京市的一些国际活动主办企业尽快成长为在国内国际活动业内具有较大影响力的专业企业，提高申办国际活动项目的能力，带动北京国际活动市场的发展；引导中小型专业国际活动企业在专长领域做强做大，在东部地区乃至全国同行中具有一定竞争力，成为承办国际活动项目的主体。

第二，完善价值链的扩展层——扶持专业化服务企业。培育若干各具特色的专业化国际活动服务企业，尤其要培育和引进策划、营销等方面的专业企业。鼓励涉及国际活动的企业向专业国际活动服务公司转变，发挥企业各自特点和优势，提供展会策划组织、展馆布置、展位设计制作、招展招商、广告宣传、设备提供、国际活动运输，国际活动市场调研、统计、评估、会议翻译及记录等专业化服务，与专业国际活动企业实现分工合作、优势互补，提高国际活动活动运作效率，以专业化促进国际活动品牌化。

第三，培育创新链的中间层——扶持活动创意机构。创意是国际活动发展不竭的动力，这就需要扶持一批从事活动创意，规划大型活动发展趋势的机构和组织，吸引海内外创新型人才，提供优良的创意环境和物质支持，允许试错，允许失败，使其为北京国际活动的突破式发展贡献力量。不仅如此，还要完善对创意的评价机制和激励机制建设，加大知识产权保护力度，积极开展创意保护及相关服务，维护活动创意者的合法权益。

（四）多元化战略

市场经济要求市场主体多元化，北京活动产业的发展也是如此。非公有制经济参与到北京活动产业中来，可以为北京建设国际活动聚集之都提供了动力。引入多元化的主体，通过竞争，促进整个活动产业的深化发展，外资企业的进入不仅会带来资金、先进的技术和管理经验，而且还会带来一些与国际活动发展规律相适应的经营方式和资本组织形式，可为北京国际活动产业创新提供借鉴。

上海、广州等东部沿海发达城市这些年来会展业发展迅速，各种国际活动纷纷落户于这些城市。究其原因，还是区域性行业协会、商会、外资企业和民营企业等新兴活动企业主体蓬勃发展，一些区域性的活动主办机构在业内具有了较大的影响力。

因此，需要积极培育活动产业市场主体。引导北京活动产业企业通过有序竞争，联合重组，建立符合现代企业制度的多元化的现代活动企业，不断增强竞争实力。在法律政策允许的范围内，扶持社会资本以多种形式投资活动产业，参与国有经营的活动主办单位的转企改制，参与重大国际活动项目实施和国际活动产业聚集区建设，在投资标准，银行信贷、土地审批、财税政策、上市融资、对外贸易和申请专项资金等方面给予支持，营造多元、公平、公正的市场环境。鼓励和引导一些著名的活动品牌面向资本市场融资，促进金融资本、社会资本和活动资源的对接。推动条件成熟的活动主办企业和承办企业上市融资。同时，加快培育活动场馆经营企业、活动策划组织企业、活动设计和活动器材租赁企业、展品运输企业及其他服务配套企业。大力发展活动产业中介服务公司，为国际活动提供广告宣传、组织联络等各类服务。争取十年后，培育并形成一批具有较强实力的活动产业企业和为活动产业提供支持的服务企业。

(五)人才战略

人才是北京建设国际活动聚集之都的核心问题之一。当前世界多极化、经济全球化深入发展，科技进步日新月异，知识经济方兴未艾，北京建设国际活动聚集之都建设所面临的环境日益复杂，各国之间的竞争越发集中在人才领域。北京想要实现自身国际活动的集聚功能，人才的决定性作用更加凸显。

首先，造就高层次的国际活动管理、创意人才队伍。要遵循活动产业发展规律和人才成长规律，建立一支实操性强的国际活动管理、创意人才队伍。完善相关政策措施，重点引进国外富有经验的活动管理人才与优秀的活动创意人才。放手发动人才，鼓励他们主持、管理重大国际活动项目，充分发挥他们的创意能力。积极支持这些高层次国际活动人才创办活动企业，实施扶持创业的优惠政策。

其次，强化实用性专业活动人才培养。充分利用北京高校资源丰富的优势，积极扶持高等院校的会展、旅游、策划、营销、广告等专业的建设和发展，以应用型人才培养为目标，鼓励“开放式办学”和“合作办学”，保证院校活动管理营销人才教育和培养不脱离实际，有计划地培养一批国际活动专业高、中级人才，加速相关行业人才的储备和使用，为北京市国际活动的持续发展提供理论支持和人才保障。

再次，完善国际活动相关职业人才培训机制，组织经常性国际活动职业培训，开展国际活动人才引进和职业资格认证工作。通过鼓励国际活动企业通过委托高校培养、中介机构培训和送国(境)外参加短期培训等方式，提高专业技术与管理人员的技能与职业素质，将国际活动人才建设纳入国际活动企业资质与专业水平考核的范围。要通过院校、中介组织和国际活动企业三条渠道，对现有国际活动从业人员和国际活动管理人员分期分批进行在职培训；要创造条件，输送国际活动职业人才参加国内国外的权威性继续教育，培养涵盖国际活动策划、运作、管理、服务的外向型复合人才。同时，加强我市活动产业从业人员国家认可资历工作，按照国家职业标准，培训活动策划师、活动设计师，开办“国际活动策划师、设计师职业资格认证培训班”，为国际活动企业的分等定级工作提供参考标准，进而形成各个级别和层次的国际活动管理和国际活动技术人才评估机制和专业人员聘用体系。不断壮大国际活动职业人才队伍。尽快建立国际活动行业职业经理人的评价体系，支持从国内外公开招聘有专业办展经验、有较强组织策划能力的经理人才，加快健全国际活动人才合理使用机制。

最后，加强国际活动人力资源规划力度，做好人才储备工作。这就要求政府科学发展观指导思想，高屋建瓴地对北京活动人才队伍建设中的存在诸多问题与难题进行研究、分析，并作出战略性指导，设计出操作性强的阶段性目标。规划需要着眼于国际活动的特殊性，突出人才规划与建设前瞻性与全局性。不仅如此，人才规划不能停留在纸面上，还要进一步明确决策、审批、执行体系，深入推进人才规划监督工作的创新。

参考文献

1. 施昌奎：《会展经济》，中国经济出版社，2006 年。
2. 中国国际贸易促进委员会北京市分会：《北京会展业发展报告 2011》，对外贸易大学出版社，2011 年。
3. 叶洪涛：《我国会展产业布局分析》，《当代经济》，2008 年第 8 期。

（作者：李　茂　北京世界城市研究基地研究人员　助理研究员）

首都高校党建研究基地

（北京航空航天大学）

基地名称：首都高校党建研究基地
依托单位：北京航空航天大学
项目类别：北京市哲学社会科学“十二五”规划项目

党员主体作用与高校党组织创先争优动力源泉分析[①]

创先争优活动的蓬勃开展，对于加强基层党组织建设，围绕中心工作践行科学发展观具有实效性，然而目前的问题是如何实现创先争优活动常态化和长效化。学术理论界对这个问题从各个角度进行了探讨，然而忽略了一点，即创先争优活动的开展，需要借助于一定的主体，需要有推动活动开展的动力。唯有从根本上解决创先争优的动力来源问题，才能真正使创先争优活动常态化和长效化。

一、党员主体作用构成了高校创先争优活动的动力源泉

创先争优活动主体主要由基层党组织和党员队伍两个部分组成。由于党员是党的肌体的细胞和党的活动的主体，因此创先争优活动主体主要由党员领导干部与普通党员两个部分构成。这两个群体在创先争优活动中扮演着重要角色。他们的党员主体作用的发挥，构成了创先争优活动的动力源泉。

从一般的意义上，党员主体作用主要有两重含义。其一，党员是党的构成主体和权力主体。党的各级组织和整个党都是由党员构成的，党的各级领导机关和领导干部是广大党员选举产生的，他们的权力是党员赋予的，他们要对党员负责，向党员报告工作，接受党员的制约和监督。其二，党员是党的活动的行为主体。党的路线方针政策要靠集中广大党员的智慧和经验来制定，靠广大党员的实际行动来贯彻执行；党的各项事业要靠广大党员充分发挥他们的先锋模范作用，团结带领人民群众共同奋斗来完成；党的兴旺发达要靠充分调动广大党员的积极性、主动性、创造性，积极参

① 本文是《首都高校基层党组织创先争优经验及理论思考》项目的阶段成果，项目编号：11KDB010。

与党内事务来实现。[①]

就具体的创先争优活动而言，党员主体作用主要表现为：广大普通党员是推进创先争优活动最基本的力量。他们在实践活动中完成和贯彻创先争优活动的各项规划，推动着创先争优活动的开展，并以他们的智慧推进创先争优活动向更高层次发展。然而由于普通党员人数众多，根据恩格斯的合力论，即“最终的结果总是从许多单个的意志的相互冲突中产生出来的……这样就有无数互相交错的力量，有无数个力的平行四边形，由此就产生出一个合力，即历史结果，而这个结果又可以看作一个作为整体的、不自觉地和不自主地起着作用的力量的产物。因为任何一个人的愿望都会受到任何另一个人的妨碍，而最后出现的结果就是谁都没有希望过的事物”[②]。这种结果的出现与党组织活动要求不相符。为了避免这种谁也意想不到的后果出现，就需要使创先争优活动的开展具有计划和目的性。基层党组织的负责人主要完成这个工作。这个群体充当着创先争优活动的发动、组织和主导的力量。

这两个群体虽然在创先争优活动中所扮演的角色有所差异，但同样需要他们发挥出党员的主体作用。正如毛泽东所感慨的：“人民，只有人民，才是创造世界历史的动力。”[③]创先争优活动开展的初衷就是要把党员在党内生活中的主体地位进一步确立起来，把党员在党的建设中的主体作用充分发挥出来。这是党在新形势下所面临的客观形势的必然要求。根据《中共中央关于加强和改进新形势下党的建设若干重大问题的决定》，当前基层党组织建设存在一些问题，具体表现为“一些基层党组织战斗堡垒作用不强，有的软弱涣散，有的领域党组织覆盖面不广，部分党员意识淡化、先锋模范作用不明显”。这些问题的产生有着复杂的原因，但其中一个重要原因是部分基层党组织不能适应形势的变化，及时实现功能转换和工作方式的变化。在计划经济时代，基层党组织主要依靠体制内的行政约束体系来开展活动，在功能上偏重于管理的职能，忽略党内民主建设，忽略党员主体地位。然而我国市场经济体制改革的稳步推进，不仅对经济生活产生了影响，对社会同样产生了深远的影响。这主要表现在我国逐渐进入一种后单位制社会，公民经历“由身份到契约”的转变，公民意识逐渐觉醒。这要求执政党要逐步推进政治民主化和党内生活的民主化，满足党员群众的政治参与要求。由此，党的十七大报告提出了要“尊重党员主体地位，保障党员民主权利，

---

① 北京市中国特色社会主义理论体系研究中心：《创先争优与党员主体地位》，《求是》，2011年第9期。

② 《马克思恩格斯选集》第4卷，人民出版社，1995年，第697页。

③ 《毛泽东选集》第3集，人民出版社，1991年，第1031页。

推进党务公开。营造党内民主讨论环境”的新要求。这是在党的报告中第一次明确提出党员主体地位的概念，是马克思主义群众观和以人为本思想在党内生活中的重要体现，也是党建理论和实践上的一个重大突破和创新，“党员主体地位”强调的是广大党员在党内生活及党的实践中居于主导的、决定的地位，即党的建设必须以党员为根本为中心，以党员人人平等为原则，把党员作为党的建设的重要组成目标，尊重党员的人格和权利，这超越了传统的党员工具论。

然而一些基层党组织固守旧的工作方式和思维习惯，将自身视为行政组织，把党员视为是党内教育、管理和监督的对象，忽视基层党组织对党员服务的职能，漠视党员对党内事务的民主管理和民主监督的权利，把组织内的党员平等关系，变成类似行政组织中的上下级的关系，使党员长期处于一种被管理与约束的客体地位，甚至在某些基层党组织中，党员沦落为执行和完成党组织各项任务的工具，这影响了党员对党组织的认同，使他们不愿意自觉地参与到党组织的建设活动中，不能发挥出党员的主体作用，党员意识淡薄，久而久之，这些基层党组织变得缺乏凝聚力、号召力和战斗力。

新形势下提出创先争优活动，就是针对上述情况所采取的一种关系全局的重大决策，其目的就在于，根据党的历史方位所发生的新变化和党的建设所遇到的新情况、新问题，重点解决新形势下基层党组织如何发挥战斗堡垒作用和党员如何发挥先锋模范作用的问题。这是通过在党内形成争优创先的良好氛围，调动党员的积极性、能动性和创造性实现的，党员主体地位的发挥从根本上决定着创先争优活动的开展情况和开展质量。

在高校开展创先争优活动，党员主体作用的发挥有着更为重要的价值。高校党员主要由教师党员和学生党员两个群体构成，属于高知群体，他们的权利意识、参与意识都比较强烈，对事物有着自己的判断而较少盲从。要调动这样一个群体参与到创先争优活动中，仅仅依靠纯粹的行政命令显然不能调动他们的积极性。激发他们的活力，只能靠采取切实有效的措施充分发挥这个群体的党员的主体作用，使他们自愿参与到创先争优活动中，才能保证高校基层党组织创先争优活动开展的常态化和长效性。另外，由于这个群体所接受的教育以及自身所具有的较高能力结构，使他们对自我实现、社会承认的需求较其他群体更为强烈，因此高校基层党组织能够利用这个群体的这一特点，调动他们的主体能动性，积极参与到创先争优活动中。

二、创先争优活动中制约高校党员主体作用发挥的因素分析

虽然高校基层党组织创先争优活动的顺利开展有赖于广大普通党员主

体作用的发挥，然而在当前形势下，还存在种种因素制约着高校党员主体作用的发挥。这主要表现如下：

传统因素的影响。在《路易·波拿巴的雾月十八日》，马克思指出："人们自己创造自己的历史，但是他们并不是随心所欲地创造，并不是在他们自己选定的条件下创造，而是在直接碰到的、既定的、从过去继承下来的条件下创造。一切已死先辈们的传统，像梦魇一样纠缠着活人的头脑。"[①]在新形势下开展创先争优活动，同样受着既定传统的党建工作方式和理念的影响。这种传统因素主要由两个要素构成。一是计划经济体制下形成的党建模式，二是我国传统文化中的某些因素。

党在领导传统计划经济过程中形成的观念的影响。我们党关于对国家和社会进行领导的相当一部分观念，是在领导计划经济的实践基础上形成的。尽管我们已经在致力于发展社会主义市场经济，但长期形成的旧观念不可能一下子消除，在不少党员、干部(其中还有不少领导干部)的思想上都还有所反映。例如，我们还习惯于把党的领导理解为党的机关和部门直接掌握行政权力，习惯于把党管干部的原则理解为组织部门和党委一把手说了算，习惯于把民主集中制原则理解为主要是集中和服从，等等。[②]

中国传统政治文化也构成了一定的影响。邓小平在《党和国家领导制度的改革》中分析了中国传统政治文化对党的领导方式的影响，具体表现为官僚主义是："一种长期存在的、复杂的历史现象"，是小生产的产物；家长制是"历史非常悠久的一种陈旧社会现象"；"干部领导职务终身制现象的形成，同封建主义的影响有一定关系"；"上下级关系和干群关系中在身份上的某些不平等现象"；"搞特权，这是封建主义残余影响尚未肃清的表现。旧中国留给我们的，封建专制传统比较多，民主法制传统很少"。[③]

虽然我们党立足于中国特色社会主义建设事业，将党的建设作为一项伟大工程来抓，然而上述两种因素在当前现实的党组织生活中并没有完全祛除，在一定意义上，上述两种因素合力形成某些在当前创先争优活动中实现党员主体作用的障碍因素。例如有些党员领导干部常常用居高临下的态度去对待普通党员，甚至把党内上下级同志之间的平等关系搞成君臣父子关系、人身依附关系、帮派关系。有的党员领导干部家长制作风严重，民主意识淡薄。有的党员领导干部认为党内民主程序烦琐无用，存在对党员不信任，出现民主程序走过场的现象。一些领导班子在进行重大决策时，

---

① 《马克思恩格斯选集》第1卷，人民出版社，1995年，第585页。

② 王长江：《关于时代发展与政党现代化的一些思考》，《当代世界与社会主义》，2002年第1期。

③ 《邓小平文选》第2卷，人民出版社，1994年，第327—334页。

出现不注意听取党员群众意见或表面上听取但基本不采纳。[①] 这种长期形成的不尊重党员主体地位的习惯影响着创先争优活动中党员主体作用的发挥。

高校部分党员先进性意识淡化，对发挥自身主体作用抱着无所谓的态度。市场经济利益原则和高等教育体制改革的影响，使当前高校不再是远离世俗生活的象牙塔。高校学生党员虽然是高校学生群体中的先进部分，然而他们同样面临着就业的压力，这使当前部分高校学生党员甚至将入党当成增加他们就业的砝码。齐卫平等(2007)研究发现，入党动机的功利性(找工作方便、谋求政治发展)为62.7%，而周围同学的评价认为，为工作入党的同学比例高达73%；许亨洪(2009)对华中师大1200名学生的调研发现，有入党愿望的学生比例为75.7%，但信仰型只占21.8%；蒋占峰(2009)对河南16所高校的调研发现，信仰型占33.34%，功利性为80.73%。[②] 这些数据说明，当前高校学生党员对中国共产党的性质和宗旨的认同情况不容乐观，这使他们作为中国共产党党员应具有的先进性大打折扣。

高校基层党组织机制的不完善以及高校考核指标的引导，使高校教师党员主体性意识淡薄，不重视自身主体作用的发挥。从高校基层党组织机制来看，高校教职工党支部的书记和成员一般是由从事教学与管理工作的负责人或高职称且有一定影响力的人来担任，这些人虽然业务素质较高，但工作繁忙，无暇顾及党组织的建设工作，有时会以业务工作冲淡组织学习工作。因此导致长期以来教工党支部的组织生活疏于创新，活动较少，组织生活方式单调。这种不积极的工作模式导致教工党支部凝聚力的下降，特别是在市场经济快速发展的今天，人们生活浮躁，各种社会思潮相互激荡，在这种复杂的情况下，某些党员的党性意识不强。

从高校目前的考核体系看，高校为了在激烈的竞争中站稳脚跟，并获得发展所需要的必备资源，高校侧重业务能力方面的考核，将科研文章与学科建设当成最主要的考核指标。“能够给所在学校带来直接利益的科研经费数量，能够给学校带来声誉的SCI、ISTP和EI索引论文的篇数等，日趋成为一些高校领导者关心的重点内容。这种倾向不仅以显性的形式表现在具体的评价指标上，而且更多的是以隐性的形式存在于评价者和被评价者的意识中。在很多领导的眼里，完成上述任务的多少，也就等同于为学校发展作出贡献的多少，其结果又往往和物质利益紧密相连。”[③]由此，高校教

---

① 周敬青：《创先争优活动中党员主体作用发挥面临的问题、原因及其对策》，《岭南学刊》，2012年第1期。

② 蒋荣、代礼忠：《从政治效能和执政价值看当代大学生的政党认同》，《青年研究》，2011年第3期。

③ 李冲：《当前高校教师学术评价中的问题及其对策》，《高教研究》，2006年第6期。

师的科研能力和教学效果成为评价教师的基本尺度，缺乏对党员发挥党员先锋模范作用的评价。在这种背景下，高校教师党员更愿意将主要精力放于业务工作方面，忽略自身的党性修养和党员主体作用的发挥。

此外，创先争优活动中所存在的一些问题也影响了高校党员主体作用的发挥。首先是在创先争优中所存在的“平均主义”，即在评选先进党组织和优秀党员时，一级级均分指标，搞平衡照顾。这种做法表面上保险，不得罪人，然而选出来的不一定是最优秀的，优秀的反而不一定被选上。由此挫伤党员与基层党组织争创的积极性。其次，创先争优活动中存在的形式主义也影响了党员的积极性。创先争优是一项以基层党组织与党员为主体的活动，然而在高校某些基层党组织，相关负责人在思想上不重视，为了完成工作任务，不是充分调动普通党员的参与积极性，而是将创先争优活动变为支部书记与支部委员之间的工作任务，最后使创先争优活动呈现出雷声大雨点小的效果。这种不能深入到基层党员群众的创先争优，从根本上排除了党员主体作用的发挥。

上述种种原因，导致高校党员在创先争优活动中出现活力不足、动力缺失的问题，这成为使创先争优活动常态化和长效化的根本障碍。

三、在创先争优活动中构建党员主体作用发挥的机制体系

要在高校基层党组织和党员中深入开展创先争优活动，并使创先争优活动常态化和长效化，关键在于发挥广大师生党员的主体作用，使创先争优活动获得可持续动力。然而问题在于，如何实现和发挥党员的主体作用。“我们过去发生的各种错误，固然与某些领导人的思想、作风有关，但是组织制度、工作制度方面的问题更重要。这些方面的制度好可以使坏人无法任意横行，制度不好可以使好人无法充分做好事，甚至会走向反面。”[①]这启示我们，要真正在创先争优活动中发挥党员主体作用，机制体系建设是重要保障。

完善教育学习机制。当前高校部分党员主体意识薄弱，主体作用发挥不充分，很重要的原因在于这部分党员不重视党性修养。对此需要加强对这部分党员的教育，推动他们自觉学习，其核心在于坚定他们的理想信念。一是通过教育，将共产党员的理想信念从外部灌输进去。根据列宁的灌输理论，社会主义先进意识不会自动在工人阶级的脑子中生成，它需要从外部灌输进去。这是对共产党员理想信念教育本质的揭示，时至今日它并没有过时。在全球化趋势不断加强，社会利益主体日益多元化的新形势下，高校更是多种社会思潮争夺的领域。假如社会主义的思想意识不去抢占这

① 《邓小平文选》第 2 卷，人民出版社，1994 年，第 333 页。

个领域，其他形形色色的社会意识和社会思潮就会乘虚而入。当然，坚持理想信念教育的灌输本质，并不意味着在实际的教育活动中，采取填鸭式的机械灌输方法。我们党在长期教育实践中探索出来的典型教育法实际就是一种比较好的教育方法，它将党的教育理念外化到一定的物质载体上，让广大党员在潜移默化的过程中接受教育。当然，典型教育要真正发挥作用，选好典型，用好典型是关键。典型需要实现先进性和群众性的结合。典型首先必须是在某些方面具有超越普通党员的先进之处。然而另一方面，被选出的典型必须是来自群众，为群众所接受。典型的宣传也很重要，典型作为普通党员群众中的先进分子，它不能被塑造为“高大全”式，不食人间烟火的人物，而应该是结合他立足的行业和中心工作，抓取他的闪光之处，以喜闻乐见的方式来宣传。通过诸如此类的教育方式，将社会主义的理想信念灌输进高校师生党员的脑子，使他们将别人要他们创先争优变为他们自觉地追求先进和优秀，形成创先争优的内生动力。除了教育，学习是一种自觉的内化外部信息的过程，是一种更为根本的措施。师生党员通过积极参与学习型党组织建设，广泛学习我们党的历史，确定科学的马克思主义世界观和价值观，使他们能够形成正确的价值判断，增强政治敏锐性，提高他们发挥主体作用的能力，自觉抵制各种不良历史传统和社会思潮的影响，这从根本上保障了党员主体作用的发挥。

完善党内民主机制。党员主体地位是与党员权利相关的范畴。根据十七大党章规定，党员拥有监督权、参与权、选举权、被选举权、建议权等。在传统的控制性等级管理模式下，党组织领导和普通党员的关系被限制为下级服从上级，下级很少可以对上级的相关见解和决定提出质疑。根据党建研究专家王长江的观点，这种传统的管理模式实际是一种不完全的民主集中制，具有过度集中和缺乏民主的特点。它形成于战争革命年代，完成于计划经济时代。然而长期以来，这种缺乏民主机制的民主集中制实践被视为民主集中制的全部内容，把实践中经常出现的缺乏民主的现象简单归结为“原则是好的，只是执行得不好”①，因而忽视了党内民主机制的建设问题，造成部分高校党组织忽视党员的主体地位，讨论、决定本单位重要事项等工作时，搞“一言堂”，与党员干部交流沟通的渠道不畅。党员反映的即使是合理的意见和建议，仍然很难被采纳。在这样的观念支配和氛围中，党的组织生活的民主性气息荡然无存。党组织成员主体性的有效发挥不能离开民主生活的保障；没有真正的民主生活，一个党组织就不可能充满生机和活力，更谈不上发挥党员的主体作用。因此完善党内民主机制，尊重党员主体地位，吸纳和凝聚党员的观点和意见，创造各种渠道让他们参与

① 王长江：《政党现代化论》，江苏人民出版社，2004年，第298页。

到党内事务的决策中，通过党务公开的推行，使他们的知情权和监督权真正得到保障，唯有这样，才能激发广大高校党员的活力。

构建尊重党员主体地位的党内关怀帮扶机制。政党是特定人群利益的代表。作为党员自己的组织，唯有保障他们的基本权利，才能激发他们对党组织的认同。在党员的诸多权利中，生存权和发展权是根本。因此基层党组织应该继承我们党长期以来形成的党内关怀的优良传统，真心关心党内各位成员，帮助有困难的党员解决他们所遇到的困难。以实际的关怀帮扶行动增强党组织的亲和力和凝聚力，使广大党员真正感受到入党后有义务、有责任、有奉献，同时也有权利、有温暖、有荣誉。为了使党内关怀具有长期性和稳定性，高校党组织应该设有专门的党员服务中心、服务点，做到"规划到户、责任到人"，确保关爱帮扶长期、稳定地坚持下去。每年设定相应的调研课题，深入党员生活实际和思想实际，了解党员的所需和所想，使帮扶真正做到雪中送炭。

建立健全激励考核评价机制。深入开展争先创优活动，充分发挥基层党组织推动发展、服务群众、凝聚人心、促进和谐的作用，使党员真正成为牢记宗旨、心系群众的先进分子，需要建立和健全激烈考核评价机制。部分高校党员，特别是教工党员之所以不重视自身主体作用的发挥，其重要原因在于高校的考核评价机制的引导作用。为了获得好的考评成绩，他们将工作重心放在科研方面，忽略了作为党员所承担的为人民服务的职责。为了使高校党员真正愿意投入时间和精力创先争优，首先需要使考核评价机制不仅重视高校党员的业务工作能力考核，也要将他们践行党的宗旨情况纳入考核指标。当然，这两者并非是相互冲突的。高校党员业务能力的提高，有利于他们更好地服务人民，回报社会。另外，为了更好地服务人民，奉献社会，高校党员更需要自觉地提高自身的业务能力。因此，创先争优考核指标应该兼顾这两方面。对于那些在两方面结合比较好的高校党员，学校应该予以物质和精神的奖励。其次考核指标还需要实，不能过虚，将兑现公开承诺、做好学习实践活动后续整改项目、开展党员服务队活动、切实为群众办好事实事、加强基层组织建设等工作单列出来进行考核，避免形式上热闹、实质作用不大的情况。

综上所述，通过建立健全机制体系，保障高校党员主体作用发挥，激发高校师生党员创先争优的内在动力，是推动高校基层党组织创先争优活动健康发展，实现常态化和长效化的根本保障。

参考文献

1. 戴辉礼：《中国执政党认同的概念、功能及构建途径探析》，《江南社会学院学报》，2009 年第 9 期。

2. 张浩：《政党信任：内涵、结构及功能》，《学术探索》，2010 年第 2 期。
3. 王庆兵：《发展中国家政党认同比较研究》，中国经济出版社，2007 年。
4. 丁俊萍、胡永干：《创先争优活动的历史逻辑和理论思考》，《学校党建与思想教育》，2011 年第 8 期。

（作者：姚小玲　首都高校党建研究基地常务副主任　教授
王代月　首都高校党建研究基地研究人员　副教授）

首都大学生思想政治教育研究基地（北京交通大学）

基地名称：首都大学生思想政治教育研究基地
依托单位：北京交通大学
项目类别：国家哲学社会科学基金项目

传播学视域下的思想政治教育话语研究①

思想政治教育话语作为一种符号系统，是传播的载体。只有传播才产生话语，从话语角度研究思想政治教育，也是从传播角度研究思想政治教育。从传播学的角度研究思想政治教育话语的特殊意义在于，能够在思想政治教育话语新功能的认定和实现方面产生重要突破，改变目前多是从语义表述的现状与发展的角度研究思想政治教育话语这样一种简单的、表层的、被动的研究向度。

在过去不到10年的时间里，一些运用话语分析进行思想政治教育研究的成果陆续出现，这是20世纪80年代思想政治教育形成以来，理论研究领域不断拓展的结果。正是随着思想政治教育学科理论的精细化发展，人们逐步发现思想政治教育话语在思想政治教育功能实现上发挥了重要作用，话语研究开始受到相关学者较为积极的响应。但已有相关研究，多从语言学、语义学或实用语用学的角度，围绕词语的发展与变革展开的，从传播学的角度研究思想政治教育话语尚未多见。而思想政治教育实际上就是一种特殊的传播，忽视思想政治教育话语的传播学属性，就无法从根本上解决思想政治教育话语在实际应用中功能受限、话语权失落、效果滞后等问题，这显然是一种研究上的缺憾。

一、基于传播学视角的思想政治教育话语研究

在现有的思想政治教育话语研究中，较有代表性的成果，主要有思想政治教育新话语探析专著，以及其他相关论文，这些成果一般都是从话语的形成和发展、词语的表现形式和变化，以及新话语的发展趋势和要求等方面进行一定的描述和论证。这些研究当然是必要的，也是重要的，因为话语确实具有对信息的描述和陈述功能。但话语首先是作为传播载体而存在的，并由此衍生出更为重要的功能。如果不能对话语所依附的传播载体

① 本文是《马克思主义大众化语境中的思想政治教育话语变革研究》项目的阶段研究成果，项目编号：10cks024。

和传播规律开展跨学科研究，思想政治教育话语研究便无法显示其应有的意义与地位，也难以通过研究路径上的突破实现其功能跨越。任何话语都具有明显的传播学属性。传播学将传播视为信息的沟通与交流，而任何信息的流动都必须借助一定的媒介和载体。与此相对应，所谓话语就是信息沟通和交流过程中，作为传播媒介和信息载体，用于传受双方相互联系沟通和知识建构的一种符号系统。这个界定表征着话语的三个基本要义：第一，话语在性质上就是一种符号系统，在功能上是用于描述、沟通和建构关系的符号系统。第二，作为传播载体的话语既依赖于语言，但又不完全依附于语言，话语是语言实践中一个相对独立的符号系统。第三，传播话语不仅是人们之间进行信息沟通、化解矛盾、促进和谐的桥梁和纽带，更是描述和建构某种知识的能动者。基于以上分析，我们可以认为，从自身的特征和本质看，话语就是传播媒介为了表现其所要传播的信息而运用的载体，一种用于在传播中搭载信息的符号系统。离开了信息的交流、沟通（传播），话语就失去了存在的意义。由此又可以认为，思想政治教育话语是传播的产物，只有传播才产生话语；从话语角度研究思想政治教育，也是从传播角度研究思想政治教育。传播是思想政治教育话语的价值依归，任何思想政治教育话语都是通过传播发挥其功能，实现其价值的。所以基于传播学视角的思想政治教育话语研究是科学的、合规律的。当然，从语言学或语用学的角度研究思想政治教育话语也是有价值的，因为话语的语言结构和逻辑结构都是影响话语效果的重要因素。但要使思想政治教育话语研究真正建立在科学基础上并取得实践上的突破，就不能脱离思想政治教育传播学研究的基础。撇开传播进程，仅仅从话语应用的角度，从语言学或实用语用学的角度对思想政治教育话语开展研究，不仅容易使相关研究停留于语言结构和语意表述的层面上而忽略了其深层价值，甚至可能会因为忽视了话语传播的前端理论和基础理论，而无法把握甚至背离思想政治教育传播话语本身形成和发展的基本规律，也很难从根本上解决思想政治教育话语的发展滞后、功能受限、话语权失落等问题。传播话语作为思想政治教育信息传播的一种基本载体和表现形式，必将在一定程度和多方面改变思想政治教育的理论和实践。从传播学的角度讲，思想政治教育在运行过程、表达形式、构成要素和效果研究等各个方面都与信息传播联系紧密，因而可以说思想政治教育在表现形式上就是一种特定内容的信息传递与交流活动。同时，思想政治教育是一门应用话语进行传播并体现理论说服力的活动，由于其具有使用话语进行传播交流，运用话语表述达到教育目的、提升教育效果的特性，因此无论是从思想政治教育传播研究向纵深发展的内在需求来看，还是从我国现代信息社会发展的历史境遇看，都需要对话语在思想政治教育传播中的运用采取更为有效的观察、解释和研究方法。这也表明思想政治教育学界对话语的研究实现传播学转向是必要的，通过这种研究取向能够获得更为客观、更为科学的分析方法，并在思想政治教育传播的质性研究中独树一帜，显示着思想政治教育现代化发展的广阔前景与活力。

二、思想政治教育传播话语研究的基本路径

传播学视域下的思想政治教育话语研究与应用，虽然目前尚处于起始阶段，但理论界应给予必要的关注，特别是随着社会信息化程度的提高和话语传播研究的发展，这一研究的重要性和迫切性日益凸显，为了从整体上构建思想政治教育传播话语理论，推进思想政治教育传播话语研究的发展，学界应创造必要的条件，适时采取相应对策，以解决思想政治教育传播中长期存在的效果不佳的问题。

首先，需要解决是观念和意识问题。面对当前以先进的科学技术为基础的现代信息传播的发展，思想政治教育理论界和实务工作者亟须强化利用传播话语理论开展思想政治教育的观念和意识。应该认识到，在信息化社会的时空境遇下，传播学理论及其传播话语理论是影响思想政治教育传播及其效果的重要因素。因此思想政治教育理论与实务工作者不仅要提高自身的理论修养，而且必须注重提高利用传播话语的理论和技术开展思想政治教育传播的实际能力，注重将这些传播话语理论与技术有机地融合到自身的知识结构中，注重提升自身思想政治教育传播话语的理论层次、素质水平和传播能力，以适应不断发展的信息化社会对思想政治教育传播的新要求，形成利用新理论开展新形势下思想政治教育的新境界、新思维和新观念。

其次，需要创立一个新的研究论域。目前，尽管传播及其话语理论，特别是话语权研究已经受到重视。但就思想政治教育领域看，对于如何利用现代话语理论和话语传播技术为思想政治教育服务，当前，在一定程度上还知之不深，对如何利用和如何取得话语传播效果的探索还需加强。为此，亟须创设利用现代传播话语理论和技术开展思想政治教育传播的专门研究领域，正确把握传播话语研究的最新成果，努力探索现代传播话语与思想政治教育的内在联系和运行规律，不断解决思想政治教育如何与时俱进，改革创新，使之与现代传播话语形成一种互相补益、相互耦合的关系的问题。只有建立和完善思想政治教育传播话语研究的专门领域，形成新的学科理论，并用以指导思想政治教育新的实践，才能真正将传播话语的科学理论和技术融合到思想政治教育实践中去，真正使思想政治教育传播取得实效。

再次，逐步构建思想政治教育传播话语研究的理论架构与具体形态。任何一门新的研究领域或学科都必须具备三个条件，缺一不可：一是该研

究领域必须有特殊的研究对象；二是必须有指导其研究的理论基础；三是必须具有与研究论域相关的实际研究内容。思想政治教育传播话语研究，也应该围绕这些问题展开：

第一，思想政治教育传播话语的基础理论研究。这方面的内容最主要的就是思想政治教育传播话语的学科概念与学科属性研究。可以将思想政治教育传播话语的概念界定为：思想政治教育传播话语是指一定的团体和个人在思想政治教育传播过程中，遵循一定的传播规则和规律，并在特定的语境中，用来与受众交流沟通和知识建构，并能够承载一定社会主导意识形态支配下的思想观念、政治观点和道德规范的言语符号系统。此外对于思想政治教育传播话语研究对象和研究内容的设定也是基础理论研究的基本内容，这方面的研究对思想政治教育传播话语质的规定性十分重要。一般认为思想政治教育传播话语研究偏重于运用信息传播理论从信息传播系统的角度去探讨、研究话语运行规律。因此，可以认为，思想政治教育传播话语研究的对象就是思想政治教育传播话语系统本身，即研究思想政治教育传播话语运行系统与运行规律。这就必然引申出关于思想政治教育传播话语的基本特征和基本结构、形成和运行过程与规律等研究内容。这些内容包括思想政治教育传播话语的涵义、构成、内容、功能、效果以及发展等问题，正是这些方面的研究，对通过学科交叉达到学科融合奠定了理论基础。

第二，思想政治教育传播话语有效性研究。思想政治教育传播话语效果研究的本质就是把话语意义从文本结构的囚笼中解放出来，注重话语意义的表征实践，重视话语意义的阐释性和建构性等功能性因素。思想政治教育传播话语效果研究的本质所表征的具体内容就是围绕传播话语意义展开的话语符号化及其解读。这里所说的符号化和符号读解显然是在强调话语传播过程中将思想政治教育信息变为话语符号，又将话语符号转变为思想政治教育信息这样一个互相转换的过程，而在这种转换中如何防止思想政治教育传播话语的信息失真，争取效果最大化，就成了一个值得关注的问题。这方面的研究应该包括影响思想政治教育传播话语效果的要素研究；思想政治教育话语传播过程与效果的关联性研究；思想政治教育传播话语效果面临的现实问题与归因分析以及实现思想政治教育传播话语有效性的研究。

第三，思想政治教育传播话语发展研究。所谓思想政治教育传播话语发展问题，实际上就是能够反映思想政治教育传播话语未来走向的问题，或者说是思想政治教育传播话语未来发展必然面对且必须解决的问题。这方面的研究应该包括思想政治教育传播话语发展的动力和本质研究；当前思想政治教育传播话语发展面临的主要机遇与挑战研究；思想政治教育传播话语发展的现实语境与基本要求研究；思想政治教育传播话语理论发展的研究视角等，特别是思想政治教育传播话语权构建研究，等等。

三、思想政治教育传播话语研究的特殊意义

思想政治教育传播话语是思想政治教育传播活动的语言表述，是思想政治教育信息传播的符号载体，并对教育传播和教育信息交流过程与效果具有深刻的影响与制约。将思想政治教育话语置于传播学视域下的研究，其特殊意义在于能在思想政治教育话语新功能的认定和实现方面产生重要突破，改变目前多是从语义表述的现状与发展的角度研究思想政治教育话语这样一种简单、表层、被动的研究向度。思想政治教育传播话语所具有的功效表征着思想政治教育传播话语的基本功能。在一般语言学和语用学中，对话语基本功能的看法是：话语是一种言说活动，与理论形态的语言相对应，它只是对言说对象的直接陈述，并不附有言说者的主观意图，是一种自然行为。[①] 这种认识的局限性在于仅仅将话语作为应用中的语言，一种描述事物和信息的言说过程，如果用于对思想政治教育传播话语功能的认定，起码存在着三个方面的明显误判：一是对思想政治教育传播话语性质的解释仅仅从一般语言学或语用学的思维定式上对语言格式和逻辑演绎给予一定关注，不可能全面科学地阐释思想政治教育传播话语在使思想政治理论转换为人的思想道德品质过程中所具有的影响力与溯及力。二是主观割裂了传播与话语的内在关联性，不经意地遮蔽了作为传播载体的话语本身具有的宣传鼓动和知识与价值构建的特殊意义，进而消解了传播话语的能动性和建构性。三是忽略了传播话语本身具有的传播导引与价值建构的性质，并从性质上将思想政治教育传播话语认定为一种描述事物和信息的中性的言说行为，一种话语应用的自然活动，在无形中化约了传播话语权与观念价值建构的必然关联性。必须肯定，思想政治教育话语首先具有信息传播和阐释与联系功能，话语一般都是由一组相互关联的有意义符号组成的，是能够表达某种完整意义的信息。由此传播关于思想政治教育的信息可以认为是思想政治教育传播话语最明显的功能。如果我们的认识只是停留在这一层面上，显然是忽略了更重要的方面。因为思想政治教育话语与一般话语最重要的区别就在于所传达的信息有些是明确的信息，有些却是隐含的信息，而隐含的信息能够让受众感觉到超越话语表面的隐含的思想认知、政治情感和道德意义。比如爱国主义教育能够使人产生国家民族的崇高感，激发民族认同和民族自豪感。这说明在思想政治教育传播中，传播话语是传播者和受传者之间社会互动的介质，通过话语，二者之间不仅实现信息的交换，还会发生意义的交换，达到互动的目的。也就是说传播话语一旦成为有目的的思想政治教育传播活动的载体，就必然把社会主

---

① 徐俊：《真理彰显与话语权建构》，《黑龙江高教研究》，2009 年第 9 期。

导的价值观积极折射到信息传递之中，帮助受众建构价值追求和信仰境界。作为传播载体的符号系统，思想政治教育传播话语显然依附于传播者的价值倾向，必然带有明确的价值指向性，不可能成为无关价值指涉的价值中立。所以从传播学的角度解读思想政治教育话语，则话语除了描述功能之外，亦能通过阐述和宣传实现人们对价值的认同和信仰的追求。

首先，思想政治教育传播话语能够通过议程设置达到对人的思想意识的认同建构。这种议程设置就是思想政治教育传播者通过话语传播进行的主题选择活动。在现实生活中，对思想政治教育信息的关注不可能面面俱到，思想政治教育传播者必须通过选择确定最重要或最需要的话题，使受众关注于某个问题，同时忽略一些问题。如果思想政治教育传播者对信息内容失去控制，后果将十分严重。思想政治教育传播者通过传播话语使一定范围的受众在某一思想观念、政治观点或道德规范上取得一致的认同，建构相应的思想和理念。对思想政治教育传播话语议程设置的运用，能调节和平衡受众的思想和政治心态，使思想政治教育传播者的思想政治理论的心理框架符合思想政治教育体系中价值取向的要求，从而取得更多受众的认同。其次，思想政治教育传播话语还能产生行为鼓动功能。这一功能是基于建构功能基础上的，一方面是思想政治教育传播者通过话语表达诉求，进行动员、号召和劝说，使受众产生思想政治教育传播者所希望的认识和行动；另一方面也可以通过话语创造情绪，激发行动。

总之，思想政治教育传播系统中的话语，不可能仅仅表现为一种中性的与传播主体所要达成的思想理论体系和价值观倾向无关的单纯的运用中的语言。即使是作为一般言说活动或语言体系，也一定在传播过程中表征着居于主导地位的话语传播者的思想理论观念和价值观倾向。而且在传播系统中，思想政治教育传播话语从一开始就是能够在与各种不同传播话语博弈过程中逐步建构自身理论范式和价值追求的特殊的信息载体和符号系统。所以，思想政治教育传播中的话语不仅是信息传播媒介的特殊载体，对信息具有传递、描述和阐释功能，而且还具有议程设置、理论宣传、价值认同和信仰追求等建构功能，是理论与价值的建构者。

如果思想政治教育传播学与思想政治教育话语这两种本来关联性极强的研究领域之间不能相互交流沟通，而是长期处于一种互不相关、彼此无涉的局面，显然不利于思想政治教育传播话语建构功能的认定和实现[①]。

（作者：杨月霞　首都大学生思想政治教育研究基地研究人员　副教授
吴　琼　首都大学生思想政治教育研究基地研究人员　副教授）

① 鲁杰：《思想政治教育话语的功能定位与实现路径研究》，《理论与改革》，2011 年第 2 期。

基地名称：首都大学生思想政治教育研究基地
依托单位：北京交通大学
项目类别：首都大学生思想政治教育研究战略课题

思想政治教育范式转变探析[①]

随着我国改革开放的深入发展，思想意识领域一系列新的课题不断凸显，思想政治教育范式需要作出调整以适应风云变幻的国际形势与纷繁复杂的时空境遇。思想政治教育工作的基本范式，不应再仅仅局限于其社会功能或政治功能，而应更强调对人的基本的教育和素质培养功能，即思想政治教育的人本范式。

美国科学哲学家托马斯·库恩最先提出范式理论并将其作为科学研究方法论，他指出范式是指科学研究中那些公认的科学成就，它们在一段时间里为实践共同体提供典型的问题和解答。[②] 由此，在思想政治教育研究中，在一定时期内，也有一定的范式。它反映的是思想政治教育在社会中的基本定位以及人们由此引发的对思想政治教育问题的基本思考。它作为在学科范围内的学术共同体，具有在研究问题时公认并共享的世界观和方法论，指导学者按照公认的规范发现问题并且解决问题。因此，研究思想政治教育的范式问题有很重要的理论研究规范意义。

一、历史上思想政治教育范式的形成与发展

每一个范式都包含着它对本学术领域关注范围、关注标准的划定。不同时期的思想政治教育理论研究也在一定程度上局限于多年来形成的研究范式所划定的关注范围之中，呈现出鲜明的定域关注倾向[③]。要研究我国思想政治教育的基本范式，认识我国思想政治教育范式定域关注的倾向，即在思想政治教育这个问题上关注的标准和关注范围是应该怎么划定的，就需要从历史的角度认识我国以往思想政治教育范式形成与发展的基本状况与基本问题。

---

① 本文是《思想政治教育学科建设的创新及实践研究》项目的阶段成果，项目号：LO9I00050。

② [美]托马斯·库恩著，金吾伦、胡新和译：《科学革命的结构》，北京大学出版社，2003年。

③ 沈壮海：《论思想政治教育理论研究的新范式与新形态》，《思想理论教育导刊》，2007年第2期。

首先，从思想政治教育定域关注的结构来看，更多的是将其置于制约各项工作的地位。建党以来党始终坚持的一个重要思想就是：思想政治工作是经济工作和其他一切工作的生命线。鉴于思想政治工作与思想政治教育在一般情况下可以通用，所以生命线也是对思想政治教育地位作用的形象比喻。这一提法说明了一个重要的问题，就是思想政治工作是生命线，是最重要的工作。所以可以认定，对思想政治教育来说，从一开始就已经明确了它领先于其他工作的主导地位。当然，在最初的一段时间，由于主要工作领域的局限性，我们还仅仅是把这个主导地位限定在一定范围和领域，即限定在红军工作的范围。第一个把思想政治工作的主导地位超越出红军工作的是周恩来。1938 年周恩来同志指出：革命的政治工作是民族革命的生命线，以革命主义为基础的革命政治工作是一切革命军队的生命线与灵魂①。新中国成立后，1954 年在中国人民解放军政治工作条例中，毛泽东同志亲笔加上了一句中国共产党在中国人民解放军的政治工作是我军的生命线，此后，他在《中国农村的社会主义高潮》一书的按语中指出：政治工作是一切经济工作的生命线。在 1981 年 6 月党的十一届六中全会上这一思想进一步完善，完整地提出政治工作是经济工作和其他一切工作的生命线。2000 年 7 月 1 日前，中央召开思想政治工作会议，江泽民发表重要讲话，他又特别强调：党的思想政治工作是经济工作和其他一切工作的生命线，是团结全党和全国各族人民实现党和国家各项任务的中心环节，是我们党和社会主义国家的重要政治优势。很显然思想政治工作一直是我党的政治传统和政治优势，始终被置于十分重要的主导地位。

其次，从在思想政治教育问题上定域关注的倾向来看，我们更多的是从政治功能的角度来看待思想政治教育的价值地位，即从政治导向和政治保障来确定思想政治教育的重要地位。这种认识根深蒂固，已经成为一种观念和处理思想政治教育研究和工作的世界观、方法论，即思想政治教育研究的基本范式。政治功能是思想政治教育的传统功能，它涵盖了思想政治教育的导向、保证、凝聚、激励和协调等功能，而后三种功能又基本包含于前两种功能之中。这些功能是相互渗透、形成合力而发挥作用的。在革命战争年代和社会主义建设时期，正是这些功能的综合发挥，为我们取得革命战争的胜利和社会主义建设的重大成就提供了思想上的可靠保证，也为思想政治教育自身确立了崇高的威信和声誉，以至到今天，只要说起思想政治教育的作用和功能，人们首先承认和肯定的还是其政治功能，甚至怀疑否定其他功能。从历史上思想政治教育所发挥的作用看，深刻影响人们思想的就是思想政治教育的政治功能，正是由于这方面功能的出色发

① 中共中央文献编辑委员会：《周恩来选集》(上卷)，人民出版社，1984 年。

挥，成为思想政治教育成功的反映和见证，使得人们对这方面功能的承认和肯定成为必然。比如，在民主革命时期，我们为了夺取政权，敌我之间进行着残酷的斗争，由于敌我力量对比存在巨大的差距，为了战胜强大的敌人，团结一切可以团结的力量，凝聚人心，激发阶级觉悟，我们队伍中的每一个人必须为着共同的政治目标奋斗，每一个人也只有以阶级的、政治的集体一分子的身份参加整个政治的斗争，才能保证每一个人的翻身解放。这种斗争的实质便决定了那个时期我们的思想和观念只能强调每一个人都必须要追求共同的政治目标，都必须要围绕政治目标，抛开个人暂时的、眼前的利益，不这样就无法战胜强大的敌人。这种形势和要求一直延续到改革开放前的革命和建设时期。在这个时期，巩固政权是党和国家的中心任务，特别是在国际上由于两大阵营的冷战，资本主义与社会主义两种意识形态必然处于激烈对抗与尖锐交锋状态，更使我国社会经济、政治、文化发展始终处于特殊阶段。处于这种状态下的思想政治教育，其所能够发挥的基本功能必然是单一的，或者说其政治功能始终发挥着主导作用，这是思想政治教育在当时形势发展中的必然样态。

但是，思想政治教育的定域关注，随着社会的进步和发展，不能总是处于一定的历史封闭圈内，有一个如何加强改善和向现代化发展的问题。特别是在当前的社会转型期，使得思想观念深刻变化所带来的思想意识领域一系列的崭新课题不断凸显，思想政治教育的基本范式开始迈向从以政治为本到以人为本的转变。2001 年江泽民发表著名的“七一”讲话，其中指出我们的一切工作，既要着眼于人民现实的物质文化生活需要，同时又要着眼于促进人民素质的提高，也就是要努力促进人的全面发展，这是马克思主义关于建设社会主义的本质要求。在这里江泽民同志提出了一个十分重要的思想，即促进人的自由全面发展是社会主义的本质、目标和发展动力。以胡锦涛同志为首的新一代中央领导集体在十六届三中全会提出了以人为本的科学发展观，四中全会又提出了以人的全面发展为根本宗旨的构建社会主义和谐社会的命题。这说明从宏观的角度看，作为社会主义发展实践重要一维的思想政治教育，不仅是要从政治上加强社会主义意识形态和精神文明建设，更重要的是从根本上促进人的自由全面发展。这一转变意味着思想政治教育基本范式在发展中的新跨越。

二、我国思想政治教育基本范式转变的战略依据

随着思想政治教育理论研究和学科建设的日渐深化，以及改革发展关键时期我国经济体制深刻变革，社会结构深刻变动，利益格局深刻调整，

思想观念深刻变化[①]所带来的思想意识领域一系列崭新课题的不断凸显，我们究竟需要什么样的思想政治教育，思想政治教育的理论研究如何才能有效应对当代中国发展所面临的重大理论和实际问题，已然成为我们需要面对的重要问题。长期以来，我们强调思想政治工作是一切工作的生命线，其基本依据有三条，这就是：第一，思想政治工作为其他工作确定政治方向；第二，思想政治工作为其他工作提供思想精神动力；第三，思想政治工作为其他工作提供政治服务保证。应该说时至今日，发挥这些政治职能的环境和诉求仍然存在，因此从政治的角度认识思想政治工作生命线命题仍然是必要的。但是，随着思想政治教育学科的建设和发展，随着人们研究的深入，学术界的认识已经开始出现了重大转变。这种转变主要表现为：首先，思想政治教育研究范例不再局限于思想政治教育与其他工作的比较中去认识和评价，更多的是从自身功能的角度加以评价。其次，思想政治教育的基本范式，不再仅仅局限于其社会功能或政治功能，更强调对人的基本的教育和素质培养功能，即思想政治教育的人本范式。这个转变的战略依据和标志就是党的十二届六中全会通过的中共中央关于社会主义精神文明建设指导方针的决议，在这个文件中可以发现，对思想政治教育基本定位已经开始发生转变，并使得对思想政治教育的基本地位和基本作用的认识也同时开始发生转变。决议提出：社会主义精神文建设的根本任务，是适应社会主义现代化建设的需要，培养有理想、有道德、有文化、有纪律的社会主义公民，提高整个中华民族的思想道德素质和科学文化素质。从精神文明建设的根本任务看，把培养“四有”新人、提高全体公民的素质作为根本任务，这是一个带有根本性的战略转变。毛泽东曾提出培养德、智、体全面发展的人，如果我们现在只是提培养“四有”新人，那还不是具有根本变化的战略转变，只能是带有某些具体内容变化的战术上的转变。关键是把这种培养上升为提高全体公民素质的高度，这就完全不同了。也就是说，以前讲培养人的思想素质、政治素质、道德素质，都是从政治需要出发来认识的，是从国家和社会的发展来认识的。而现在是从人自身出发，从人的基本素质出发来认识的，这意味着不能仅仅从社会的、政治的角度去认识思想政治教育的地位，不能仅仅以政治导向作为思想政治教育定域关注的标准，而要从人的角度、从人的发展的角度，准确地说是从人的全面发展必须具有相应素质的角度以及人才竞争的角度，或者更长远地看，是从社会发展对人的素质要求的角度和人的自由全面发展的角度来认识并定位思想政治教育的基本地位和基本作用。这表明我们对这一战略转

① 沈壮海：《论思想政治教育理论研究的新范式与新形态》，《思想理论教育导刊》，2007 年第 2 期。

变的理解，不仅应该放在一个宏观的角度去思考，而且人们已经开始意识到促进人的自由全面发展是思想政治教育的本质要求，是思想政治教育最重要的质的规定性。由于人的素质很重要，作为培养人的思想道德素质的思想政治教育的地位就是十分重要的了。从培养人的素质的角度去理解生命线的地位作用，这种转变既是重要的，也是十分必要的。这种认识和定位不仅意味着对思想政治教育地位作用认识上的转变，而且意味着思想政治教育范式开始了从政治为本到以人为本的转变。过去，由于我们总是习惯于从政治和社会的角度看待思想政治教育的地位作用，因此把加强社会主义意识形态建设与思想政治教育等同就成为必然。这很容易出现两个方面的错误倾向：一是仅仅把人作为手段的工具理性取向，由于思想政治教育的目的是政治意识形态，人自然就被当成了实现目标的手段；二是把社会发展置于人的发展之上。显然，社会是由人构成的，离开了人的发展，就谈不上社会的发展，所以，不仅社会发展能够为人的发展提供条件和手段，更重要的是人的发展是社会发展的前提。而思想政治教育的本质恰恰是以人为核心的，因此思想政治教育就需要从对人的漠视向以人为本转变，从对人的发展的忽视向推进人的全面发展转变。

三、未来思想政治教育范式转变的基本趋向

随着思想政治教育学科建设的发展和研究的深入，思想政治教育基本范式的定域关注开始从以政治为本转变为以人为本，其转变的基本趋向为：

第一，强调人的主体发展需要，注重思想政治教育人本化。以人为本的思想政治教育，不同于以政治为本的思想政治教育，它在不否认思想政治教育的社会价值和政治功能的同时，更注重其育人价值，并将引导主体的人确定价值选择，开展价值创造，提升价值追求，推进价值实现作为思想政治教育活动的基本指向。长期以来，由于我国思想政治教育范式更多地受到计划经济的影响，很大程度上存在着远离人的主体发展需要的倾向，使人对指令性计划、行政命令和长官意志产生很大程度的人格依附。在人们的日常生活领域急剧缩小的同时，思想政治教育必然表现出理论化、统一化、规范化、依附性的特征，并与计划经济的倾向相一致。而市场经济则将人们从计划中解放出来，使人的独特个性和创造才能受到了空前的重视。其实，构建人的自由全面发展的条件，离不开中国特色社会主义社会各个层面的和谐发展，这种和谐发展是推进人的自由全面发展的必由之路和现实选择。思想政治教育作为构建社会主义和谐社会发展实践的重要一维，当然要积极反映这一趋势，自觉地以培养人的独立人格为己任，使人不断增强主体意识和自主能力，成为社会主义现代化建设事业需要的一代新人。

第二，强调发展功能，推进发展性的思想政治教育。如果说思想政治教育的人本化强调的是对人的主体性的尊重，那么，发展性思想政治教育则是为了使主体得到更好、更全面的发展，是主体性思想政治教育的必然趋势和归宿。培养人的主体性离不开促进人的发展，同样，注重发展性又使人的主体性得以更充分地体现。而且，从思想政治教育自身的属性看，思想政治教育不仅具有规范功能，更重要的是具有价值建构和促进人的自由全面发展的功能。为了创造适于人的全面、充分、自由发展，未来的思想政治教育更强调发展性思想政治教育。思想政治教育的规范功能是作为人的生存和发展的背景和必要条件而存在的，引导思想、规范行为只是促进发展的前提。为了最大限度地促进人的自由而全面的发展，最终还是要通过思想政治教育，提高人的综合素质，激发人的精神动力，调动人的主观能动性，发掘人的内在潜能，培养人的创新人格，实现人的发展。

第三，强调超越性本质，推进思想政治教育创新发展。所谓思想政治教育的超越性，就是其面向未来的发展性，对社会实践活动和人的行为的先导性①，它是思想政治教育目的性、实践性的突出体现，是思想政治教育的本质属性。以人为本的思想政治教育范式，最终目标就是要最大限度地满足人们高尚的精神需要以及人们对自身全面自由发展的追求，这一切都依赖社会发展进程中思想政治教育所能够承载的新的理论信息和思想智慧以及优秀的道德成果和真善美的境界，而这都必然源于理论体系和实践模式的与时俱进，都离不开思想政治教育自身基本样态的拓展和理论体系的创新。思想政治教育的发展是一种创造性发展，一种开拓性发展。推进思想政治教育学科及其理论体系的创新，需要解决的问题很多，其中具有根本性作用的还是思想政治教育学科整体上的原创成果和所具有的原创能力。与科学技术上原创能力的不同在于，思想政治教育成果的原创能力主要是指以关乎思想政治教育全局和整体发展方向等理论课题上的自主创造、自主突破能力，是在推动思想政治教育学科发展和改变学科体系重大命题方面的理论创新能力。这种原创成果和原创能力，代表着我国思想政治教育对当今世界相关学科前沿问题的把握与探究，标志着在这一领域形成的对世界具有重大影响的新的理论思维和理论学派，并且完全具备能够影响学科发展的核心竞争力。

第四，强调主体的意义和价值，推动思想政治教育回归生活世界。思想政治教育的重要本质和本源是生活世界。也就是说，教育特别是思想品德的培育往往不是独立于生活之外的、作为工具的理想的教化实现的，而是自然地与人们的生产、生活过程融为一体、以风俗习惯形式完成的。在

① 张耀灿：《现代思想政治教育学》，人民出版社，2006 年。

后来的社会发展变化中，人们开始将思想品德教育作为阶级和政治化的工具，作为独立于社会之外的一种客体。特别是在制度化教育产生以后，思想品德教育逐渐出现了从生活世界中分离并独立于生活之上的倾向，使其工具性价值被不断强化，并日益演变为政治的工具、经济的导向、文化的表征。这表明在现代工业文明的作用下，社会政治生活的日益变化越来越淡化了其满足自身创造升华和人类素质发展需要的主体性价值，相反却日益强化了思想品德教育，保证社会政治、经济、文化发展的工具性价值。这种脱离生活世界的思想政治教育，不仅与经济建设、技术操作、经营管理、公共事务等非日常生活世界形成了两张皮，而且日益蜕变为消极被动的、任人摆布的，甚至被扭曲的客体。这种蜕变的趋势，在科学技术迅猛发展和信息化时代到来的今天，由于社会更为重视科技理性，愈加轻视文化、价值和精神而被进一步强化。思想政治教育与作为意义和价值之源泉的日常生活世界渐行渐远，科技工具理性价值凸显的问题日趋严重。

所谓思想政治教育回归生活世界，主要是指思想政治教育应该从制度教育的工具理性价值中解脱出来，使教育能够与人的生产、生活过程融为一体，使教育能够走进生活世界，走进受教育者的心灵，真正实现“由人育自己”。之所以称为回归，就在于这种变化的要义就是使思想政治教育回到早先的那个通过共同生活的过程来实现对人自己的教育的时期。可以认为，最初的思想政治教育，特别是人的思想品德的形成，是自然的与共同生活的群体的习惯、风尚和风俗这些生活形式相互融合而形成教育影响的。只是到了后来，制度化教育形成之后，特别是社会阶级与政治的出现与强化，思想政治教育日益成为依附于社会经济、政治和文化的附属物，而逐步失去了其提升人的素质，促进人的自由全面发展的目的本真。这种日益变化的社会属性在不断异化思想政治教育的本真属性，其结果是：一方面日益强化了思想政治教育保证社会政治、经济、文化发展的工具性价值，并逐步遮蔽了主体的意义和价值；另一方面由于开始远离了作为意义和价值之源泉的日常生活世界，必然会逐渐消解思想政治教育满足人自身创造超越和提升素质与全面发展需要的主体性价值。这种对政治和社会定域关注的倾向，会把思想政治教育的对象仅仅作为任社会摆布的被动的客体，使思想政治教育开始远离人的日常的、基本的、不断发展的生活世界，成为消极被动甚至被扭曲的一种教育。因此在以人为本的范式指导下，思想政治教育只有回归生活世界，注重思想政治教育主体研究，才能真正提高思想政治教育的接受性与实效性，继续真正发挥思想政治教育生命线的作用。

（作者：王世海　首都大学生思想政治教育研究基地研究人员　副教授）

北京产业安全与发展研究基地（北京交通大学）

基地名称：北京产业安全与发展研究基地
依托单位：北京交通大学
项目类别：教育部人文社科研究专项任务项目

公司治理对银行业安全的影响分析①

自20世纪80年代公司治理兴起以来，公司治理一直是学术界关注和研究的重点，涌现了大量有价值、有意义的研究成果。然而，在国家经济中占据重要地位的金融企业的公司治理问题却是在历次金融危机爆发后才得到相应的重视。20世纪90年代爆发的亚洲金融危机使人们认识到金融机构公司治理的完善对金融体系稳定的重要意义。2007年次贷危机后，人们进一步认识到了金融机构公司治理在危机中暴露的脆弱性及其本质缺陷。特许公认会计师公会(The Association of Chartered Certified Accountants，简称ACCA)指出，信贷危机的主要成因在于公司治理的失败。过于复杂的金融产品的应用妨碍了有效的经管，银行等金融机构缺乏责任地对几乎没有还款希望的群体发放贷款，都显示出对基本公司治理理念的缺乏。公司治理实践中存在的缺陷，如股权结构过度分散、董事会职能发挥不充分、高管激励机制不健全、内部人控制严重等问题，使得股东和经营者更加注重短期收益而忽视了安全性，置广大投资者和社会公众利益于不顾，隐瞒巨大风险，将问题资产层层包装，并最终推向国际市场。公司治理风险不断累积，最终引爆次贷危机。

一、公司治理与银行业安全

公司治理是指通过一整套包括正式或非正式的、内部或外部的制度或机制来解决经理人员的机会主义行为及其他代理问题，协调公司与所有利益相关者之间的利益关系，以保证公司决策的科学性，从而最终维护公司各方面的利益。为了实现以上目标，公司治理理论强调对经理人员进行监督、约束和激励，并由此构建了以董事会建设为核心的内部治理机制和以股票市场、借贷市场、产品市场、经理市场为主要内容的外部治理机制，二者共同构筑完整的公司治理体系，从而使经理人员在内部制度的约束和激励以及外部市场的威胁和压力下，为股东利益最大化努力工作，尽可能

① 本文是《中国产业安全指数研究》项目的阶段成果，项目编号：B09C1100020。

解决所有者——管理者之间的委托代理问题。

从一般意义上讲，对于一般工商企业而言，公司治理的目标是股东权益最大化，而银行在一国国民经济的重要地位，决定了银行公司治理的目标不能仅仅停留在追求股东权益最大化上，而是要在追求股东利益的同时兼顾利益相关者的共同利益；银行所具有的较强的外部性意味着银行业的安全发展对整个国民经济的安全发展意义重大，因此，银行在公司治理方面就有着更高的要求；银行的资本结构较为特殊，资产负债率较高，且主要债权人是分散的储蓄者，由于债权人较为分散、信息不对称及专业知识限制等方面的因素，债权人无法对银行实施有效的监督，因此，适度的政府监管就显得极为重要。越来越多的惨痛教训让人们深刻认识到公司治理对于金融行业安全的重要性，各个国家都加大了对金融机构公司治理的重视，展开了对金融工具、金融机构风险控制等内容的讨论。

1999 年 9 月，巴塞尔银行监管委员会发布了《加强银行机构的公司治理》，这是银行提升公司治理的纲领性文件。2006 年，进一步修订与完善了 2004 年颁布的《新资本协议》中关于银行公司治理的要求，并明确了银行治理的八项原则：(1)董事会成员应称职，清楚理解其在公司治理中的角色，有能力对银行的各项事宜做出正确的判断；(2)董事会应核准银行的战略目标和价值准则并监督其在全行的传达贯彻；(3)董事会应制定并在全行贯彻执行条线清晰的责任制和问责制；(4)董事会应确保高级管理层按照董事会政策实施适当的监督；(5)董事会和高级管理层应有效发挥内部审计部门、外部审计师及各内部控制部门的作用；(6)董事会应确保薪酬政策及其做法与银行的公司文化、长期目标和战略、控制环境相一致；(7)银行应保持公司治理的透明度；(8)董事会和高级管理层应了解银行的运营架构，包括在低透明度国家或在透明度不高的架构下开展业务。

2009 年，巴塞尔银行监管委员会进一步总结了银行公司治理在金融危机中暴露出的种种缺陷以及其解决办法。戴维·沃克爵士(Sir David Walker)代表英国政府对银行公司治理做了深入检查与检讨，并于 2009 年 11 月发布了《英国银行与其他金融实体公司治理报告(最终建议)》。报告指出了英国银行业在公司治理方面存在的根本缺陷：一是董事会成员并没有很好理解所运营机构的真正规模以及其风险；二是非执行董事的监督权威没有得到很好体现；三是银行普遍采用了无视风险的短期盈利模式；四是由于机构投资者过于重视财务报表上的“盈利数字”，从而纵容了银行追求高杠杆的行为。对于华尔街金融机构的公司治理，研究人员指出存在以下问题：过度分散的股权使得投资者忽视对金融机构的监管；董事长与总经理兼任的情形造成了所有权和经营权的集中从而使得公司治理缺乏约束；不恰当的激励机制加剧了公司治理的风险；社会审计和评级机构无法实现公司信息的完全透明；政府金融监管体系的有效性存在问题(李东卫，2011)。金融机构在治理方面存在的隐患日积月累，最终以风险事故的形式爆发可能导致金融机构的破产。如巴林银行的倒闭，源于内部控制机制的缺陷和高管人员的渎职。

二、银行业安全的相关文献综述

在论述银行业产业安全问题时，已有文献关注的重点集中在外资银行进入对东道国银行业的影响方面，包括发达国家外资银行以及发展中国家外资银行对国内银行的影响，其中发展中国家引入外资银行对国内银行的影响是研究的重点。国内也有较多的学者分析了我国银行业引入外资银行对银行业安全发展的影响。如郭妍和张立光(2005)从理论层面就外资银行进入对我国银行业市场竞争效应、技术示范效应、金融稳定效应的分析；李晓峰、王维和严佳佳(2006)，陈立泰和叶长华(2009)，孙兆斌(2009)，刘亚、杨大强和张曙东(2009)，孙彦廷和余露(2010)，谢升峰和李慧珍(2011)利用我国银行业数据所进行的实证研究，大都证实外资银行的引入能够在一定程度上提高银行业的效率，现阶段外资银行的引入并未对我国银行业的安全发展带来威胁。除从外资进入的角度研究银行业安全问题外，近年来学者们从更加宽泛的角度进行了研究，通过构建银行业安全评价体系或预警体系来分析中国的银行业安全问题。叶莉、陈立文和张伟伟(2009)结合预警管理理论与中国金融安全管理的实践，构建了中国金融安全预警管理的基础理论框架结构和实际运行模式；并利用基因遗传算法和人工神经网络技术，首次提出了基于基因遗传的神经网络模型的金融安全预警支持系统。文庆能(2010)在新金融安全观[①]的视角下研究了银行业的控制权问题，构建了银行业外资控制程度指标体系。上海财经大学财经研究所和中国经济研究中心(2010)从国家产业安全的层面系统分析了目前影响中国金融安全的影响因素，并对中国金融安全现状进行了总体评价。从已有文献来看，尽管研究银行业安全问题的文献越来越多，但从公司治理的视角进行深入分析的较少，仅有个别文献就公司治理对银行业安全的影响进行了简要的分析，如徐盛发、唐志军和巴曙松(2009)在分析银行业安全的影响因素时，提到银行的内外部治理对银行业的安全发展具有重要影响并分析了其中的传导机制。

---

① 作者认为所谓的“新金融安全观”应包括分析要素(Analytical Elements)和规范要素(Normative Elements)两部分。中国学者在分析金融安全问题的时候，应该坚持“以国家为中心”的现实的分析视角，特别是在涉及国家主权的部分，不能舍弃现实主义的分析手段；然而在规范要素上，中国学者应以中共中央提出的“互信、互利、平等、协作”为核心内容的“新安全观”为基本价值取向。

因此，本文将从公司治理的视角，结合银行公司治理的特殊性，分析股权结构、董事会治理、高管激励机制、监管机制等公司治理机制对银行业安全的影响。

三、公司治理对银行业安全的影响及传导机制分析

银行在一国国民经济中的重要地位，决定了银行公司治理的目标不再仅仅是追求股东权益的最大化，而是要在追求股东利益的同时兼顾相关利益者的利益；银行所具有的较强的外部性意味着银行业的安全发展对整个国民经济的安全发展意义重大，因此，银行在公司治理方面就有着更高的要求；银行的资本结构较为特殊，资产负债率较高，且主要债权人是分散的储蓄者，由于债权人较为分散、信息不对称及专业知识限制等方面的因素，债权人无法对银行实施有效的监督，因此，适度的政府监管就显得极为重要。从上述已有文献来看，对银行业安全问题的关注越来越多，然而从公司治理的视角对银行业安全问题进行分析的文献却并不多见，因此，本文将从公司治理的视角，结合银行公司治理的特殊性，分析股权结构、董事会治理、高管激励机制、监管机制等公司治理机制对银行业安全的影响。

(一)股权结构对银行业安全的影响

股权结构是公司治理的重要机制之一，反映着企业股东的构成情况，包括持股者身份和股权集中度两个方面。按照持股者身份的不同，股权可以分为国有股、民营股、外资股等。就现阶段我国银行业的发展来看，国有股和外资股对其发展的影响较大。

由 2011 年我国 16 家上市银行的股权数据可知，第一大股东仍为不同种类的国有股东。在我国，国有股东的存在无疑为银行诚信的树立奠定了坚实的基础，有利于广大民众对银行的认可。同时，需要注意的是，对国有股东的存在需要进行辨证的分析。在相当长的一段时间内，国有股东的存在引起了严重的预算软约束问题，预算软约束使银行体系不良资产带来的潜在金融风险不断累加。国际货币基金组织指出，银行不良资产比例过高是造成银行体系不稳定的主要原因；诱发 20 世纪 90 年代亚洲金融危机的一个重要原因也是危机前各国的银行体系积累了大量的不良资产。预算软约束增加了商业银行机会主义行为，使得银行为追求更高的收益而冒更高的风险，进一步加大产生不良资产的概率。此外，预算软约束还打击了商业银行的积极性，因为商业银行对政府事后干预并解救银行有预期，从而产生了对风险较高的项目疯狂的“复活的投机”，推动了商业银行的道德风险，无形中鼓励了商业银行的赌博性行为和机会主义行为，从而在日常经营活动中违背谨慎经营的原则，导致金融体系变得更加脆弱。

外资主要通过市场控制、股权控制、品牌控制等途径对东道国产业的安全产生影响。尤其是通过股权控制，外资可以迅速掌握产业的话语权和控制力，进而影响到外资参与东道国该产业经营决策的深度和广度。如果外资控制了东道国的某产业，则会极大地增强对该产业的控制力和自主权。如果外资控制了一国的金融业，则会带来灾难性的影响。20 世纪 80 年代，阿根廷十大私营银行中，有七家是外资独资银行，两家为外资控股银行，商业银行总资产的 62%—68%被外资银行所控制。外资在爆发危机后迅速撤离该国，引起了严重的金融危机，而大量资金被外资控制也使得该国政府的宏观调控捉襟见肘。时至今日，阿根廷的经济仍深受其害。

股权集中度反映了企业股权的分布状况，过高或过低的股权集中度都不利于公司治理机制的发挥。股权适度的集中，大股东在利益驱动下有动力实施对管理层的监督。但股权过度集中，则会使得大股东为谋取私利而损害中小股东利益，中小股东虽然所占股份比例不高，在公司经营管理中的“话语权”不高，但他们可以选择“用脚投票”，从长远来看，并不利于公司的发展。当股权过于分散时，则又会使得投资者放松对企业的监督，强化内部人控制，损害股东利益，造成公司股权的不稳定。李东卫(2011)指出，华尔街金融机构过度分散的股权使得投资者忽视了对金融机构的监管。

(二)董事会对银行业安全的影响

董事会被看作由市场诱导并演进出来的经济组织，它的中心任务是要协调各种利益矛盾，并最有效率地对代理关系进行控制，其主要职责是决策控制工作，拥有聘任、监督公司经理人员的权力，并对经理人员的经营业绩进行评价，据此对经理人员做出奖惩的决定。而经理人员则负责执行董事会的决策，负责公司的日常经营。也就是说，从理论上讲，董事会在监督经理人方面应该起到主要作用。然而，从现实情况来看，我国银行的董事会还没有完全履行其责任，表现在：董事会成员中内部董事比例较高，因此董事会的运作基本上仍掌握在内部人手中；银行高层管理者的选拔还存在行政任命的方式，经理人市场不成熟，对经理人的监督和约束不强；尽管上市银行都聘请了独立董事，独立董事在董事会中也占到了近三分之一的比例，但独立董事却是董事会中的弱势群体，在董事会集体决策机制下，独立董事很难在决策时施加实质性影响，话语权仍被内部董事所控制。由此，银行董事会的履职能力和治理效果受到了很大的制约，而作为公司治理核心机制和负责决策控制工作的董事会治理效果存在问题，势必影响银行的决策进而影响其正常的运营。

(三)高管激励机制对银行业安全的影响

金融业高管的高薪酬是诱发美国金融危机的重要原因之一。金融危机后，华尔街部分公司的高管依然领着与公司业绩极其不对称的高额的报酬，更是引起了较大的争议。与其他公司相比，在金融业高管的薪酬构成中，基本工资所占比例较低，而包括分红、股票奖励、期权奖励等激励报酬所占比例极高。公司分红的高低与公司短期收益直接相关，而股票和期权奖励则直接取决于公司当下的股价，“高风险高收益”，资本市场高额收益的取得必然要承受高风险。金融业的这种激励机制必然使得高管们为了获得高额的短期报酬，青睐于采取激进的市场策略，投入高风险的产品领域，而这势必会增加整个行业的风险，影响行业的安全发展。

激励机制设计的目的是为了解决所有者和经营者之间的委托代理问题。在两权分离的情形下，所有者和经营者有着各自的目标效用函数，所有者追求股东利益最大化，而经营者则追求物质上的享受、假期等个人效用最大化。鉴于此，就需要设计合理的高管激励机制，来保证既能吸引优秀的管理人才为股东服务，又能最大限度地使得所有者和经营者间的利益趋于一致。而由上述分析可知，现阶段金融业高管所实行的激励机制使得高管人员倾向于追求短期收益而采取短期的激进行为，未能实现长期性的激励，从而会对行业的安全、长期发展造成负面影响。

(四)政府监管对银行业安全的影响

金融行业的高风险性和专业性使得普通投资者很难全面地理解其运行的相关信息，为保护投资者的利益，政府监管就显得极为重要。政府监管既是公司治理的重要的外部机制，又是影响产业安全的重要影响因素。

从我国银行业的监管现状来看，监管的方式、手段、内容和范围较为单一且存在缺陷，不利于银行业的健康发展。金融行业现有的监管方式一直重视对金融机构的合规性监管和现场监管。然而，随着金融市场的快速发展以及金融创新产品的日益增加，金融市场的风险也随之增大，传统的监管方式已无法有效地防范金融风险、维护金融安全。从具体的监管方式来看，非现场监管因数据资料的真实性不足对现场监管的补充性不够，而现场监管也因为人员素质不高和人员数量限制等因素使得最终的监管效果不理想。从监管内容来看，国际经验表明，金融监管应该包括各类金融机构的市场准入、市场经营以及市场退出的全部业务活动，特别是因机构、产品创新而形成的业务边缘的监管。但目前我国金融监管的内容却主要集中在机构的审批即市场准入与合规性上，风险性监管尚不规范和完善；缺乏对金融机构日常的业务运营、资产质量和财务盈亏状况的监管措施，对金融机构市场退出的监管更是严重缺乏。在监管范围上，偏重对国有商业银行的监管，而对其他银行尤其是网络银行、农村金融机构和非银行金融机构的监管重视程度不够。

四、完善银行公司治理，提高产业安全度的对策建议

为进一步提升银行业安全，根据以上分析，结合当前我国银行业公司治理的现状，借鉴巴塞尔协议关于银行公司治理的八项基本原则，就银行业公司治理的完善问题，本文提出以下对策建议：

(一)进一步优化股权结构

当前我国银行业的股权结构中还存在较为集中的问题，从股权多元化的角度看可以通过积极引入民营资本和国际资本的方式进一步分散股权，避免由于单一大股东的存在而出现的股权过度集中而完全控制公司经营，侵害中小股东利益事件的出现。要发展多元的投资主体，注重发挥战略投资者的作用，继续鼓励引入民间资本和战略投资者；在引入外资时，要注意引入的范围和程度，时刻警惕外资对金融业发展的威胁，以产业的安全发展为标准。

(二)加强董事会建设

加强董事会建设的内容包括：强化董事的职责，提升独立董事的独立性，完善内部专业委员会的建设等方面。

强化董事的职责，首先要从道德层面规范董事的行为，确立对其操守及品德的要求，要求董事会成员在法律和相关监管规则的框架下履行其职责，维护银行的利益。同时，董事会职责有效性的发挥还需要进一步优化董事会成员的人员结构，在规模、董事会多元化的组成等方面有所改进。

加强独立董事的独立性，还需要进一步改进独立董事的提名制度，尽可能排除独立董事和大股东、公司主要负责人间的关联关系，积极探索通过监管机构对独立董事的提名选举进行干预；提高独立董事的专业素养，尽量提名拥有金融专业背景或有相关从业经验的人员担当；探索对独立董事的考核机制，对于不尽职的独立董事，取消其任职资格并通过媒体进行公布。

进一步完善银行董事会中专业委员会的设置和职能的发挥。根据银行经营的特点和公司治理的特殊性，设立战略委员会、提名和薪酬委员会、风险管理委员会、审计委员会、关联交易控制委员会等专门委员会，研究商业银行经营管理的重大事项并向董事会提供专业性意见，从而提高董事会的战略决策和控制能力。

(三)探索可持续的高管激励机制

对于银行业及整个金融业高管激励中存在的问题，应尝试探索可持续的能够长期激励高管人员的机制，给予适当剩余索取权，降低代理成本。要建立以公司业绩和公司风险为导向的奖励和约束机制，坚决杜绝以短期经营业绩作为薪酬考核标准。在确定高管薪酬时更加注重公司的可持续发

展能力和风险承担能力。合理限制高管最高工资，当企业经营不善、管理层负有责任时应降低管理层的薪资，以增强管理层的危机感和责任意识。除了完善激励设计外，还应该改进银行内部职位的升迁制度，建立完整的升迁考核标准，并做到公开、公正、透明，建立科学的职业发展路线，改变目前银行升迁难、不公平的问题。

（四）完善政府监管体系

在银行业政府监管方面，应积极推行新的监管理念，尽快实现由传统的合规监管为主转向风险监管为主。监管重点应放在金融机构运营全过程的风险评估、风险控制和风险处置上，并随着经济环境的改变，给予最有可能出现风险的业务领域和环节以特别关注。尽快构建包括风险评估及预警系统在内的全面风险监管机制以准确评估和预警银行风险，尽早发现问题并及时采取有效措施。依照新巴塞尔协议要求和国际通行做法，有选择地借鉴国外监管当局的评级办法，建立与我国国情相适应的内部评级体系，对我国银行机构的经营管理和内控制度状况进行评级，并建立规范的现场监管制度，实施分类监管。

参考文献

1. David Walker, A review of corporate governance in UK banks and other financial industry entities (Final recommendations), 2009.
2. Robinson, G., Dechant, K., Building a Business Case for Diversity, Academy of Management Executive, 1997, 11(3).
3. Watson, W. E., Kumar, K., Michaelsen, L. K., Cultural Diversity's Impact on Interaction Process and Performance: Comparing Homogeneous and Diverse Task Groups, Academy of Management Journal, 1993(36).
4. 何卫东、张家颖：《所有权结构、资本结构、董事会治理与公司价值》，《南开管理评论》，2002 年第 2 期。
5. 胡祖六：《东亚的银行体系与金融危机》，《国际经济评论》，1998 年第 6 期。
6. 李东卫：《国外金融机构公司治理的问题、经验与借鉴》，《贵州农村金融》，2011 年第 4 期。
7. 李孟刚：《产业安全理论研究(第三版)》，经济科学出版社，2012 年。
8. 李维安：《现代公司治理研究》，中国人民大学出版社，2002 年。
9. 廖岷：《国际金融危机中银行公司治理的主要问题及启示》，《国际金融研究》，2010 年第 5 期。
10. 乔颖、彭纪生、孙文祥：《FDI 对我国产业风险的实证研究》，《世界经济研究》，2005 年第 9 期。
11. 上海银行课题组：《中国银行业安全体系问题研究》，《上海金融》，2006 年第 7 期。
12. 上海财经大学财经研究所、中国经济研究中心：《国民经济安全研究——金融安全与金融监管》，上海财经大学出版社，2010 年。

13. 孙永祥、章融：《董事会规模、公司治理与绩效》，《企业经济》，2000 年第 10 期。
14. 文庆能：《基于新金融安全观的银行业控制权研究》，中国金融出版社，2010 年。
15. 徐盛发、唐志军、巴曙松：《银行业安全的主要影响因素及其传导机制》，《西安交通大学学报》(社会科学版)，2009 年第 11 期。
16. 叶莉、陈立文：《中国金融安全运行机制与预警管理研究》，经济科学出版社，2009 年。
17. 张娜、关忠良、郭志光：《董事会特征与银行绩效关系的实证研究——来自我国 14 家上市银行的证据》，《经济经纬》，2011 年第 1 期。

（作者：李孟刚　北京产业安全与发展研究基地首席专家　教授
张　娜　北京产业安全与发展研究基地研究人员　讲师
王　旭　北京产业安全与发展研究基地　博士研究生）

基地名称：北京产业安全与发展研究基地
依托单位：北京交通大学
项目类别：教育部人文社科研究专项任务项目

中国私募股权产业发展历程、安全隐患与对策①

私募股权基金(Private Equity，简称 PE)，又被称为私募股权投资基金，发端于创业投资基金，是金融创新和产业创新的结果。自 1946 年美国成立第一家 PE——美国研究和发展公司(ARD)以来，现代私募股权产业经过六十多年的发展，已经从二战后小规模、非正式的萌芽状态逐渐发展、壮大到目前大规模、多层次的成熟时期。据统计，截止到 2011 年年末，全球共有 1823 个 PE，筹集资金达到 7396 亿美元。2011 年全球 PE 共实现投资案例 2751 起，投资金额达 2582 亿美元。PE 已成为与银行贷款和首次发行新股(IPO)相提并论的重要融资手段，有助于推动世界经济的持续稳定发展。

中国的私募股权产业与欧美等国相比，起步虽晚，却经历了从无到有的快速发展过程。尤其是进入 21 世纪后，PE 已迅速发展为我国资本市场重要的机构投资者之一，而私募股权产业也成长为推动产业结构调整、加速科技创新、拉动就业增长和促进企业家成功的重要力量。

一、中国私募股权产业发展历程

与美国等国私募股权产业的发展历程类似，中国探索和发展私募股权产业同样始于创业投资，并随着中国政治、经济、文化环境的变化，私募股权产业也取得了快速发展。根据不同发展阶段中所呈现的特征，中国私募股权产业的发展可划分为以下三大阶段。

(一)萌芽阶段(20 世纪 80 年代中期—1997 年)

为了推进经济体制改革和促进科技成果的产业化，中国从 20 世纪 80 年代开始探索创业投资的历程，由政府率先破冰发展本土 PE。1986 年 1 月，我国第一个创业投资公司——中国新技术创业投资公司(中创公司)在北京正式成立，标志着我国风险资本市场的萌芽。此后，中国招商技术有限公

① 本文是《中国产业安全指数研究》项目的阶段成果，项目编号：B09C1100020。

司、江苏省高新技术风险投资公司、广州技术创业公司、沈阳科技风险开发投资基金等相继成立。截止到1994年年底，我国已有全国性和区域性的创业投资公司80多家，投资能力达35亿元人民币。但20世纪90年代中期，随着中央开始治理经济过热现象，中国资本市场出现低迷状态，地方政府直接出资设立创业投资机构的热潮有所下降。

另一方面，20世纪90年代以来，伴随中国改革开放的进一步展开，海外PE开始进入中国市场，为中国私募股权产业的发展提供了借鉴与学习的机会。1992年和1994年，美国国际数据集团(IDG)和华登国际投资集团分别在中国设立创业投资基金，这些海外投资基金主要与中国各部委合作共同向国有企业投资。1995年，中国政府通过《设立境外中国产业基金管理办法》，鼓励国外PE来华投资，红杉、华平、新桥、凯雷、鼎晖、戈壁、德同等国际知名私募股权投资机构纷纷进入中国。但是，由于法律体系和市场环境等因素的制约，投资机构一方面受到行政干预过多，难以寻找到优质项目，另一方面缺乏退出途径，投资后找不到出路。因此，海外PE在进入中国后并没有取得预期的发展，大都在1997年之前撤出或解散。

可以说，从20世纪80年代中期中国开始创业投资到此后十几年的时间里，中国的私募股权投资主要依靠政府直接兴办创业投资机构来强力推动，缺乏配套政策及发展环境的支持，整个私募股权投资市场并没有取得实质性进展，一直处于摸索、学习的阶段。

(二)全面起步阶段(1998—2003年)

20世纪90年代以来，美国创业投资所带来的财富创造神话在全球引发效仿热潮。中国私募股权产业在政府的推动下，也开始进入一个全面推进体制建设和制定财税、金融扶持政策的新阶段，私募股权投资在中国得到全面起步。1999年11月科技部、国家计委等七部委联合发布了《关于建立风险投资机制的若干意见》，这是我国第一个有关创业投资发展的战略性、纲领性文件，为创业投资机制建立了相关的原则。国内相继成立了一大批由政府主导的创业投资机构，其中具有代表性的是深圳市政府设立的深圳创新投资集团有限公司和中科院牵头成立的上海联创、中科招商等公司。2000年，北京天绿创业投资中心在中关村成立，这是我国第一家有限合伙制创业投资公司。此后，2002年鼎晖投资在北京市工商局登记为有限合伙企业。

但是此后，由于缺乏配套政策的推出、PE退出渠道不畅以及全球经济调整，一大批PE因无法收回投资而倒闭，中国的创业投资热迅速降温，经历了2001—2003年的调整期。总的来说，这一阶段中国的私募股权产业开始全面起步，但在法律保护和政策扶植方面仍有很大欠缺。并且PE自身运作也很不规范，因此与美国、欧洲等地的私募股权投资相比，中国的发展还极为有限。

(三)高速增长阶段(2004 年至今)

第一，2004—2006 年以国有产业基金和外资基金为主推动发展。2004 年深圳中小企业板正式启动，为中国 PE 的退出新增了一个重要渠道，中国资本市场出现了有利于私募股权产业发展的制度创新，私募股权投资取得成功的案例陆续出现，推动中国私募股权产业迈向高速增长阶段。2005 年，由国家发改委等十部委联合起草的《创业投资企业管理暂行办法》开始实行，对创业投资企业的设立、资金运作、法律保护、政策扶持、监督管理等作出了明确规定，为私募股权投资提供了政策导向和法律依据，标志着中国私募股权投资制度建设取得重大进展。2004 年以来，无论是 PE 募资的数量及规模，还是投资的数量及规模都出现了快速增长。2006 年 12 月 30 日，国务院特批的中国首只私募股权性质的产业基金——渤海产业基金在天津发起设立，基金总规模 200 亿元，首期募集 60.8 亿元，它成为中国本土 PE 发展的一个里程碑。与此同时，外资 PE 在华投资也取得了快速发展。2004 年 6 月，美国著名的新桥资本以 12.53 亿元人民币，从深圳市政府手中收购深圳发展银行 17.89％的控股股权，成为国际并购基金在中国的第一起重大案例，同时产生了第一家由国际资本控股的中国商业银行，业界普遍认为这是中国第一起典型的私募股权投资案例。此后，中国私募股权投资市场渐趋活跃。2004 年年末，美国华平投资集团等机构联手收购哈药集团 55％的股权，创下了第一宗国际并购基金收购中国大型国企的案例。2005 年以来，淡马锡、橡树资本、高盛、凯雷、KKR 等国际著名 PE 投资机构相继参与了中行、建行、工行、民生、太平洋人寿、平安保险等商业银行和保险公司的引资工作，均获得了巨额的投资回报。2005 年 9 月，凯雷投资集团斥资 4.1 亿美元入股中国太平洋人寿保险股份有限公司，凯雷因此获得太保人寿 24.975％的股权，成为当时中国最大的一笔私募股权投资。

第二，2007 年至今国有产业基金、外资基金和民营本土基金三足鼎立，共同推动发展。2007 年 6 月 1 日，新修订的《合伙企业法》正式施行，允许以有限合伙的方式建立 PE，而这是国际 PE 最常采用的组织形式，从而真正推动了中国私募股权产业国际化、规模化发展的进程。2007 年 6 月 26 日，深圳市南海成长创业投资有限合伙企业成立，这是新《合伙企业法》颁布后我国首家以有限合伙方式成立的 PE。此后，国家相继推出一系列有利于私募股权产业发展的政策，从规范 PE 运作到扩展筹资渠道和退出渠道等多个方面出发，加速推动中国私募股权产业的快速发展。相关监管部门先后出台《外商投资创业投资企业管理规定》、《创业投资企业管理暂行办法》、《关于促进股权投资企业规范发展的通知》等一系列规范私募股权产业发展的法律法规，还逐渐放开社保基金、保险公司、证券公司投资 PE 的限制，大大扩展了 PE 的筹资途径。此外，近年来商业银行也逐渐尝试借道混业经营来进行直接股权投资或尝试通过间接方式进行私募股权投资。另一方面，PE 退出渠道也得到了进一步拓展。在酝酿十年之久后，2009 年中国证监会正式批准在深圳证券交易所设立创业板，这为 PE 提供了又一个退出途径，大大推动了中国私募股权产业的发展。同时，场外交易市场的建设也取得了初步发展，我国目前已形成了由代办股份转让系统(包括三板和新三板)、各地产权交易市场、股权交易所等主体构成的场外交易市场。总之，在诸多政策的共同推动下，2007 年以来，许多民营本土 PE 陆续成立，中国私募股权市场呈现出国有产业基金、外资基金和民营本土基金三足鼎立的态势。

二、中国私募股权产业安全隐患

产业安全是指特定行为体自主产业的生存和发展不受威胁的状态。该定义包含三层含义：第一，安全的主体是特定行为体的自主产业；第二，产业安全包括生存安全和发展安全两个方面；第三，产业安全度，可以通过评价产业受威胁的程度加以反推。以 PE 投融资为核心的私募股权产业隶属于金融产业，是一个关联度很高的产业。私募股权产业的安全包括其生存安全和发展安全。私募股权产业的生存安全主要是指该产业生存不受威胁的状态，包括 PE 所处的生存环境、盈利能力、同业竞争等不断变化引起其安全形势的变化情况。私募股权产业的发展安全主要是指该产业发展不受威胁的状态，包括 PE 在未来发展过程中所面临的发展环境、产业成长、社会认知、人力资源竞争不断变化引起其安全形势的变化情况。此外，私募股权产业安全也可以从整个产业链的上游安全、中游安全和下游安全三个方面来理解。私募股权产业链的上游安全主要指投资者的安全，这些投资者是 PE 的资金提供者，包括个人投资者和机构投资者。私募股权产业链的中游安全主要指 PE(包括 FOF)及其管理者的安全，PE 及其管理者是投资者和接受投资企业之间不可缺少的纽带，由它具体操作所募集资金的运行和管理。其中，PE 的运作安全，对于私募股权产业的生存和发展安全来说至关重要，是私募股权产业安全的核心。私募股权产业链的下游安全主要指接受投资的企业及多层次资本市场的安全。接受投资的企业大都是具有较高发展潜力的未上市企业，从 PE 获得直接融资，以求加速本企业发展。而 PE 需要通过在多层次资本市场交易被投资企业的股权，从而实现退出并获利。当然，优化私募股权产业从业人员的学历层次，保证企业人才安全也是私募股权产业安全中的重要内容。

目前，中国已成为全球私募股权资本最看重的投资目的地之一。根据投中集团(China Venture)的数据显示，2011 年中国私募股权投资市场的资金募集保持活跃态势，完成募集(含首轮募资完成)的 PE 共有 503 支，募资完成规模为 494.06 亿美元。投资活动也急速升温，共计发生投资交易 1380 起，投资规模达 379.62 亿美元。2011 年共有 233 家 PE 通过 165 家企业上市发行新股(IPO)实现 393 起退出案例，总计获得账面回报 1065.5 亿元。但是，在中国私募股权产业快速发展的同时，一些潜在的安全隐患也逐渐浮出水面，需要及时防范。

(一)产业政策滞后，监管不明

近年来，中国相继出台了《创业投资企业管理暂行办法》、《外商投资创业投资企业管理规定》、《合伙企业法》(修订)、《关于促进股权投资企业规范发展的通知》等一系列规范 PE 投融资的政策和规定，同时全国性和地方性的自律性行业协会也陆续成立，私募股权产业的政策环境与监管体系日趋完善。

一方面，当前中国政府出台的私募股权产业相关政策普遍缺少配套措施支持，操作性不强。而酝酿已久的《股权投资基金管理办法》至今仍未出台，使得 PE 在运作和管理过程中都缺乏法律依据和规范，制约了中国私募股权产业的进一步发展。

另一方面，相关政策对外资 PE 制约较大。一方面，外资 PE 只能进入符合《外资投资产业指导目录》的行业，美元基金的投资还要经过极为复杂的审核程序。另一方面，境外投资者在进入国内投资时，面临发改委、商务部以及外管局等多个部门审核，其中外管局的审核最为严格。严格的外资准入政策在防止外资控制中国重要产业、保护中国民族产业自主生产和发展能力的同时，也制约了外资对我国私募股权产业发展的推动作用。此外，尽管目前国内已有四个城市开始试点 QFLP(合格境外有限合伙人)政策，但进展却不明显，其中结汇问题成为最大的障碍，使得境外投资者也普遍存观望态度。

再次，由于没有明确的政策指引，因此中国私募股权产业长期处于多头监管的状态下。目前，中国发改委、证监会、人民银行、商务部、财政部、外管局、科技部、税务局、工商局等多个部门等都不同程度地参与到了对 PE 投融资的监管工作中。但与此同时，相关政府部门的监管职责却没有得到明确划分，各部门各自为政，缺乏配合与协调。这导致 PE 有时会面临双重监管甚至多重监管，而有时又会形成“灰色区域”缺乏监管。中国私募股权产业的监管体系还有待进一步梳理并完善。

最后，目前中国的各种私募股权自律性行业协会主要是在官方提议下建立，而并非行业内有影响力的机构自行倡议成立，因此与私募股权产业比较发达的欧美等国相比，在行业自律方面发挥的作用也有限。

(二)资金募集受限，难度加大

近年来，在中国富裕阶层及个人投资者积极参与私募股权投资的同时，国家逐渐放开社保基金、保险公司、证券公司投资PE的限制，商业银行也通过“曲线直投”和“间接参与”的方式积极参与私募股权投资市场，推动中国私募股权产业筹资渠道呈现出多元化的发展趋势。但是，如表1所示，2011年以来，国内PE募资数量和规模的增长率都出现了不同程度的下降，体现了筹资难度逐渐增大，并且这一趋势在2012年进一步延续。

表1 2007—2011年中国私募股权投资市场基金募资数量和规模增长率

	2007年	2008年	2009年	2010年	2011年
募资完成数量增长率	139.24%	41.27%	18.35%	43.99%	10.55%
开始募资数量增长率	40%	150%	17.14%	17.07%	28.47%
募资完成规模增长率	83.71%	45.19%	−37.09%	114.08%	28.65%
开始募资规模增长率	164.02%	186.57%	31.03%	2.63%	−5%

资料来源：根据投中集团《中国创业投资及私募股权投资市场统计分析报告》历年数据计算得出。

出现上述问题的原因，首先是国家对PE监管政策逐渐趋紧。2011年发改委出台的《关于促进股权投资企业规范发展的通知》提高了个人投资者投资PE的门槛，2012年出台的《基金法》修订稿又提出“合格投资者”概念，在进一步规范投资者构成的同时，也提高了进入门槛。而与国外PE以机构投资者为主相比，中国PE的投资者则以富裕阶层及高净值个人为主，机构投资者受到各种因素制约，还难以成为主流。因此，国家加强监管的立法趋势将有可能进一步收窄PE的筹资渠道。其次，PE募资来源中，机构投资者的参与仍然有限。如尽管国家允许全国社保基金总资产的10%可以作为LP投向PE，但目前实际上全国社保基金对PE的投资额仅占总资产的2%左右，距离可投资上限还有很大差距。此外，券商直投、保险公司投资PE也还面临诸多手续，商业银行还不能直接投资PE，地方养老金和企业年金等社会资本都还没有获准进行私募股权投资。此外，中国二级市场持续低迷的状况也使得很多投资者持币观望，而不敢贸然进行投资。因此，目前PE普遍面临募资困难，而资金的缺乏则有可能对中国私募股权产业安全产生不利影响。

(三)投资竞争激烈，增速放缓

中国私募股权产业在近几年取得了高速发展，国内PE在投资数量和规模上都实现了持续增长。不过，自2011年以来，PE的投资增速已经放缓，并且这一趋势在2012年仍在持续，给私募股权产业安全造成了不利影响(参见表2)。

表2　2007—2011年中国私募股权投资市场投资数量和规模增长率

	2007年	2008年	2009年	2010年	2011年
投资数量增长率	87.30%	−5.91%	−7.31%	48.67%	3.14%
投资规模增长率	48.86%	−14.08%	24.24%	31.84%	22.94%

资料来源：根据投中集团《中国创业投资及私募股权投资市场统计分析报告》历年数据计算制成。

目前在中国私募股权投资市场上，众多基金扎堆投资、哄抢项目的现象屡屡出现，这不仅会导致价格战，推高进入成本，而且也使得很多PE的最终收益大幅缩水。与此同时，在很多中小企业面临融资困难、举步维艰的情况下，却难以获得PE的关注。当前的很多PE在选择投资项目时，缺乏长远眼光，仅关注短期收益，纷纷追捧所谓的大项目，而丧失了其原有的投资功能，也降低了投资回报。在二级市场持续疲软、投资空间趋于饱和以及行业竞争日益激烈等诸多因素的共同影响下，PE投资数量和规模的增长都出现了明显的下降趋势，对整个私募股权产业的持续发展形成了制约。

(四)退出途径单一，加剧风险

近年来，随着私募股权产业在中国的快速发展，PE的退出渠道也得到了一定拓展，逐渐形成了以IPO、并购、股权转让为主的退出渠道。但与美国90%以上的投资通过二次并购和股权转让方式退出相比，中国私募股权投资市场上的PE仍多以IPO方式退出为主，而很少选择并购及股权转让等退出方式。PE的退出在整个私募股权产业链上处于重要的位置，只有成功退出才能实现投资者的收益，因此，中国私募股权投资市场上PE退出途径的单一，对整个私募股权产业安全形成了较大隐患。

一方面，中国私募股权投资市场上，85%以上的投资都是通过IPO方式退出，而这种方式在带来高收益的同时也存在较大风险。一方面，上市企业面临着高标准、严要求、多手续等问题，上市过程较为复杂。另一方面，即使企业成功IPO后，根据规定，投资者也还要经历几年的限售期才能转让手中股票以实现完全退出，这期间任何一个环节出现差错都会导致获益的受损。尤其是近年来中国A股市场持续低迷和创业板新股屡屡破发，不仅对PE的退出形成较大制约，也使得其退出收益大幅缩水。再加上国际资本市场上中国概念股表现欠佳，以及美国证券交易委员会出台新政，加强对“反向收购上市”的要求，导致中国企业赴美上市受到影响，进一步制约了PE的退出。

另一方面，从场外交易市场来看，我国目前已形成了由代办股份转让系统(包括三板和新三板)、各地产权交易市场、股权交易所等构成的场外交易主体。2012年1月，在全国证券期货监管工作会议上，中国证监会主席郭树清明确把“要以柜台交易为基础，加快建立统一监管的场外交易市场，为非上市股份公司提供阳光化、规范化的股份转让平台”作为五大工作部署的首条内容，力图为PE的退出提供更多渠道。但是，从当前的实际情况看，目前国内的企业兼并和收购体系还不完善，新三板的建设一波三折，多层次资本市场的建设也还有待进一步完善，这些都导致中国私募股权投资市场上通过二次并购和股权转让实现退出的成功案例较少。2011年有PE背景的中国企业并购案例数量仅为28起，远远低于IPO的数量，通过并购退出的PE数量也仅占总案例数的11.88%。

因此，当前退出渠道的不畅有可能影响PE的资金流转与收益，反过来又会减弱PE产品对投资者的吸引力，形成恶性循环而对私募股权产业安全产生不利影响。

(五)信用机制缺失，制约发展

当前，信用管理机制的缺失严重制约了中国私募股权产业的健康发展，甚至有可能撬动其生存的根基。从国际上来看，对于依托信用关系建立起来的PE而言，良好的信用关系才是其良性发展的根本保障。美国等西方国家已经形成了“信用”、“诚实”为基础的信用运行机制，有利于私募股权产业的健康发展。而在中国则缺乏完善的信用制度，特别是缺乏对不良信用行为的惩戒机制和相关的立法保障，这无疑加大了基金投资人的投资成本和风险，也阻碍了中国私募股权产业的进一步发展。根据国家工商总局的统计，中国企业因为信用缺失而导致的直接和间接经济损失占到全国GDP的10%—20%。因此，信用管理机制的缺失可谓是当前中国私募股权产业发展的一大隐患。一方面，PE自身的信用无法保障，影响社会公众对PE的认知，制约其筹资能力；另一方面，PE所投资的企业因商业欺诈、弄虚作假、合同违约、偷税漏税、虚假广告等问题而出现信用危机，最终会导致PE在企业管理乃至未来的退出中面临难题，甚至最终导致投资失败，给PE乃至投资者带来巨大损失。

三、结论与对策建议

总的来说，中国私募股权产业在经历三十多年发展后，取得了较快速发展，产业安全所处的基本经济环境较好，政策环境得到较大改善，外资安全控制方面也呈现好转趋势，外资基金所占比重从过去较高的水平逐渐降低，外资总资产占整个私募股权产业的比重持续下降，PE的资产增速和利润率也取得了持续增长。

但与此同时，中国私募股权产业安全也面临着诸多隐患。如，私募股权投资机构的无序生长以及随之产生的恶性竞争可能危及整个行业的发展；

整体产业政策的滞后可能制约我国私募股权产业的健康发展；对境外投资者和外资基金的严格监管与控制，制约了外资参与中国私募股权产业发展的热情和动力；PE 退出渠道较为单一，受股市波动的影响较大，有可能影响到整个私募股权产业链的运行；信用管理机制的缺失有可能危及整个中国私募股权产业的生存根基。此外，基金管理人专业技能和素质的良莠不齐也在一定程度上制约了中国私募股权产业的进一步发展。

因此，为维护中国私募股权产业安全，笔者认为今后应该从以下几个方面采取措施，推动该产业的健康有序发展：

第一，进一步完善私募股权产业政策，从规范 PE 的运作、明确 PE 监管部门、制定合格投资者制度、建立信息披露制度以及加强行业自律等方面着手，规范私募股权产业链的运作。

第二，建立健全信用管理机制，形成以“信用”、“诚实”为基础的运行机制，扶植和培育优质私募股权投资机构。

第三，完善 PE 运作环境，推动机构投资者对 PE 的投资，进一步促进筹资渠道的多元化；引导私募股权投资与新兴战略产业相结合，关注实业和中小企业；建立多层次资本市场，完善私募股权投资机构的退出机制。

此外，还有必要从资本募集、项目决策到增值服务、股权退出等各方面综合提高 PE 从业人员专业化水平，走专业化的发展道路。

参考文献

1. Preqin，Private Equity Fundraising Remains Weak in Q4 2011，2012.
2. Preqin，Private Equity-Backed Buyout Deals and Exits Witness Further Decline in Q4 2011，2012.
3. 孙继伟：《企业管理视野中的风险投资：模式与案例》，上海财经大学出版社，2002 年。
4. 李孟刚：《产业安全理论研究(第三版)》，经济科学出版社，2012 年。

（作者：李孟刚　北京产业安全与发展研究基地首席专家　教授
常思纯　北京产业安全与发展研究基地研究人员　讲师）

北京民族音乐研究与传播基地（中国音乐学院）

基地名称：北京民族音乐研究与传播基地
依托单位：中国音乐学院
项目类别：北京市哲学社会科学“十一五”规划项目

中华民族音乐文化当代发展北京示范区建设研究[①]

一、课题概况

中华民族的传统音乐文化是中国历史文明的重要组成部分，是人类智慧和文化的深厚积淀。从古到今，传统音乐文化延续了几千年，源远流长，这归功于中华民族世世代代不懈的努力和传承。

(一)研究意义

北京音乐文化是中华民族音乐文化不可或缺的重要组成部分。对北京音乐文化资源进行研究、保护和开发，其现实意义是多方面的。它有利于保护我国传统文化与民族文化的多样性，有利于促进我国旅游业和文化产业的发展，有利于构建和谐的音乐文化生态环境。北京作为首善之区，本课题的研究成果应用在全国具有示范意义。

随着世界经济一体化发展趋势和现代化进程的加快，世界文化的丰富性和多样性受到了巨大挑战。很多传统音乐形式因不能适应环境的变化而正在快速消失，几十年、十几年甚至几年前还普遍存在的传统音乐形式，在今天已经消亡或处在濒临消亡的危险境地。导致传统音乐各种危机最根本的原因在于生态环境的变化，以及中国音乐文化发展上的不平衡。艺术音乐、流行音乐逐渐占据主流，民族音乐文化发展状况堪忧，可以说影响到了国家的“文化安全”。将“北京”视为一个特殊的时空维度的节点来进行研究，从“文化生态”的视角研究对传统音乐的保护，以及传统音乐与艺术音乐、流行音乐的共容和多元发展，探讨生态系统的人为调控，将可持续发展引入文化艺术领域。以生态学的系统观念看待音乐文化整体，可望形成区域音乐研究的新范式，具有重要的理论意义。

---

① 本文是《中华民族音乐文化当代发展北京示范区建设研究》项目的最终成果摘要，项目编号：10BaWY083。

(二)国内外研究现状

北京是一个具有深厚音乐传统的城市。国内对当代北京音乐文化的研究始于20世纪二三十年代。北京大学成立了“音乐研究会”(1919)、“歌谣研究会”(1920)、“国乐改进社”(1927)等社团，在妙峰山、东岳庙等处进行民俗调查，收集、整理北京地方音乐，取得了一批重要的研究成果。如刘天华筹办的《音乐杂志》(1928—1934)，收集、记录的《梅兰芳歌曲谱》(1930)、《安次县吵子会乐谱》(1931)、《佛曲谱》(未出版)等，开当代民族音乐研究、创作、教育、表演之先河。50年代，查阜西、杨荫浏等学者发掘智化寺京音乐，完成三卷《智化寺京音乐》(杨荫浏、简其华、王迪，1953)；还有王震亚、刘吉典等人的京剧音乐研究，等等。80年代以后启动的集成工程，形成了依省市分卷的各类集成，如《中国民间歌曲集成》、《中国民间器乐曲集成》、《中国戏曲音乐集成》、《中国音乐文物大系》中的北京卷，是目前研究北京的地方音乐最为全面的文献资料。近年来，对单一乐种的研究和音乐文化的背景研究有所加强，如智化寺京音乐(袁静芳，1997；田青，1998)、北京旗人艺术岔曲(金启平、章学楷，2007)、北京传统节令风俗和歌舞(孙景琛、刘思伯，1986)的研究、北京八角鼓岔曲研究(伊增埙，2011)、老北京叫卖调的文化研究(陈树林，2010)，等等。北京民族音乐以及中国民族音乐的研究可谓成果不菲，但相对于音乐文化的丰厚程度和当代民族音乐的复杂状况，研究的深度和广度还远远不够；而且以往的研究成果较为分散，多从乐种、体系的微观角度出发，各自为政，没有以地方性研究的视野对北京音乐进行整体研究。

北京不仅是中国传统音乐的宝库，也是艺术音乐的殿堂。随着西方专业艺术音乐的传入和近代新式教育的兴起，我国进入了艺术音乐教育的时代。目前，北京拥有77所高校、760所中学和1500余所小学，近200万大中小学生，艺术音乐作为学校教育的重要组成部分广泛普及。这些艺术院校和专业演出团体，担负着专业艺术音乐的教育和传播作用，可以说艺术音乐占据了中国专业音乐教育的主流。我国有关艺术音乐的理论研究著述十分丰富，但目前并没有结合北京的地方视角的专题研究。流行音乐在当代音乐生活中也十分重要。自20世纪80年代流行音乐在我国兴起以来，北京一直处在流行音乐的前沿。如中国摇滚乐的“北京新浪潮”，北京举办的多个“流行音乐节”等，以及北京大大小小的音乐赛事，引领着全国社会音乐生活的时尚风标。北京的特殊地位和多元丰富的音乐生活，使得音乐评论十分活跃。除了各种演出、赛事评论，还有学术单位不定期组织的专题研讨，如1986年《人民音乐》杂志社举办的“通俗音乐座谈会”。目前，对艺术音乐和流行音乐的研究，主要是从全国的普遍视野，探讨其发展、存在价值及文化特征。已有的从地方音乐角度观照北京社区音乐文化整体的研究也偏重于资料性(金汕，2011)。总的来说，国内对北京音乐文化整体的理论关注和研究还远远不够。

当代，在经济全球化的影响下，民族音乐文化的传承、传播与发展研究遭遇了新的挑战。以美国和欧洲流行音乐、严肃交响乐为代表的西方强势音乐文化，已经占领了中国音乐的很多市场，我国民族音乐的生存现状堪忧。这对于中国音乐的教育体系、审美观念、产业经济乃至意识形态都产生了相当大的影响。近年来，学界也在不断地进行自我反思，文化自觉达到了一个新的高度。

文化生态理论在近些年被广泛采用。朱利安·斯图尔德所提出的“文化生态学”(cultural ecology)，是从人类生存的整个自然环境和社会环境中的各种因素交互作用研究文化产生、发展、变异规律的一种学说，主张从人、自然、社会、文化的各种变量的交互作用中研究文化产生、发展的规律，用以寻求不同民族文化发展的特殊形貌和模式(Steward，1955)。将特定的非物质文化纳入社会生活的大背景视为一个整体进行，既符合自丹纳《艺术哲学》以来所开创的学术传统，又是对文化生态学理念的应用。在艺术类分支学科的专题研究或者个案研究都采用了这种类比意义的“文化生态”概念。文化生态的概念与民族音乐学“文化中的音乐”(music in culture)或“音乐就是文化”(music as culture)的研究主旨十分契合(Merriam，1964)，在音乐学界也得到了响应。如有学者类比生物多样性与生态平衡的意义说明文化多样性的保持对于民族文化生命力的价值(秦序，2004)。

对地方音乐的文化生态研究也逐步受到关注，如对传统音乐的生态系统及其可持续发展的探讨(蔡际洲，2003)；某一文化生态保护区的民间音乐生态保护问题(王丹丹，2008)；或以区域音乐的视角，对某一地区音乐文化遗产的整体研究(章建刚、王亮，2007)，等等。

北京作为全国的首都、中国的窗口、世界知名的历史文化名城，具有特殊的文化战略地位。若能从文化生态的角度将北京作为一个特定区域进行音乐文化的专题研究，将对社会生活的关注上升到关怀民族国家的文化整体，彰显“以人为本”的理念，促进音乐文化生态的和谐发展，是十分有意义的。

(三)课题研究的主要内容

北京是全国的政治、经济、文化中心，拥有全国音乐文化资源之最，音乐文化形式丰富多样。本课题研究拟从现代音乐生活所涉及的主要类别——传统音乐、艺术音乐、流行音乐出发，建构北京社区音乐文化生态图景，并进行纵向历史分析。主要包括以下内容：(1) 北京社区音乐文化生态概述；(2) 作为遗产的北京传统音乐；(3) 专业艺术音乐在北京的发展与传播；(4) 流行音乐的集散地；(5) 北京音乐文化生态建设的对策建议。

本课题拟从地方性研究、本土化的视角，运用“文化生态”的概念对北京社区音乐文化进行整体研究、深度分析。研究拟从共时性角度出发，考察北京地区现存的传统音乐、艺术音乐、流行音乐等几个主要音乐样式的生存状态。通过田野考察，对北京音乐文化进行个案分析，剖析北京当代音乐的生态环境，阐释北京音乐的文化生态变迁，分析构成其文化生态现状的社会维护系统、历史成因及其内在的动态发展规律，提出保护的合理化建议和对策，从而使北京音乐的文化生态环境逐渐得到保护，以探索民族音乐文化的可持续发展机制。

本课题运用民族音乐学、音乐史学等学科的理论方法，通过田野调查、文献梳理、个案研究，深入了解和掌握北京音乐文化资源的历史蕴藏、文化变迁和现实生存状况以及对其进行保护与开发等方面的活动。调查、了解以北京音乐资源为经济发展平台的开发情况，总结经验与教训，为促进旅游业与文化产业的健康发展提出建议。在此基础上，进一步研究有关非物质文化遗产开发的元理论，促进北京音乐文化资源的开发和建设工作。

(四)课题研究的创新之处

本课题从“文化生态”的研究视角，对北京地区当代活态的音乐文化进行调查和研究，是对以往区域音乐静态研究方式的突破。由于时代的发展，预计在北京地区开展的音乐普查工作，在技术手段、方式方法上与以前的集成工作有所不同，其科学性、合理性和有效性都大有增强。在研究方法上，运用人类学文化生态的整体视角，将音乐样式置入文化背景进行整体研究，研究更具深度。此外，本课题通过普查，可以摸清新时期北京音乐文化的家底，在此基础上形成的“北京社区音乐文化资源库”可填补以往研究的空白，有效地保护和改善北京音乐文化生态环境。

二、中华民族音乐文化当代发展北京示范区概要

(一)北京音乐文化历史、现状的调查与研究

北京作为历史古都，有着悠久的文化传统积淀和丰富的传统音乐遗存，北京音乐的历史，既包含北京传统音乐的历史，也包含北京近代兴起的新音乐的历史。以下从北京传统音乐和北京现代新音乐两方面回顾北京音乐的历史。

古都北京，经历了幽州燕京的古风，元朝大都的兴盛，明朝京城的繁华，清朝帝都的盛衰，近世的变迁，在其三千年的风雨流变中，曾创造了灿烂辉煌的古代文明，积淀了古代音乐的传统精华。

近年来的考古发现证明，今北京房山县琉璃河董家林村古城遗址，曾是西周早期燕国的都邑。西周晚期，燕国都邑迁至今北京外城西北部的蓟城，从北京外城西北角，东经宣武门到和平门一带，以及广安门内外，都

是当时蓟城燕都宫殿和居民的所在范围。古燕国都邑雄踞北方，从西周至春秋战国，在政治、经济、文化各方面都对邻近地区产生过重大影响。燕国的音乐、舞蹈，同样也在与周边诸侯国和其他民族的相互影响中发展起来。西周时期，燕国作为周宗室分封的诸侯国之一，秉承周的礼乐制度，在宫廷雅乐、宴乐等方面都有较大规模建制，民间音乐也在当地得以蓬勃发展。战国时期，燕都蓟城也是当时“富冠天下”的名城，城内市肆繁盛、商业发达，定期的集市不仅引来商贾云集，也吸引了各地民间艺人就地作场，击筑唱歌、鼓琴吟诵，音乐繁荣。

(二)北京音乐文化现状

新中国成立后，国家的各项事业经历了一个由旧变新的过程，文化艺术事业也经历了一系列重大变迁。在1949年新中国建立一直到1966年“文化大革命”运动开始之前的十七年，是中国文化事业最具活力并迅猛发展的时期。北京音乐文化同样是在这十七年间发生了翻天覆地的变化。“文革”十年中，受“左”倾思潮影响，中国文艺界陷入混乱局面，北京音乐文化遭受到史无前例的浩劫，经历了严重致命的扭曲和破坏。

1. 音乐事业的新局面

改革开放以来，新政策的实施为音乐界的思想解放开启了新的思路，使得音乐事业各方面出现了空前活跃和繁荣发展的新局面。这时期随着改革开放及社会主义市场经济的发展，人们对音乐生活提出多方面的需求。现代流行音乐就是在这样的开放局面下重新促生出来的一个音乐新品种。而这一新的音乐形式同样是20世纪80年代初从北京萌生、发展并逐渐繁荣起来的。与此同时，北京的传统音乐在改革开放以来也纷纷恢复，并在国际上“非遗”保护策略和我国政府具体措施的保护下，得到了进一步的繁荣和发展。

2. 专业艺术音乐的新发展

改革开放后，尤其是自1976年“文革”结束至80年代中后期，北京地区再度迎来了歌曲创作的繁荣。这一时期的歌曲创作，呈现出题材丰富、体裁多样、风格各异的新局面。其中，抒情歌曲和爱情歌曲受到大众的喜爱，歌曲内容也已经去除了“文革”中“革命抒情歌曲”的豪言壮语，从庄严神圣的领袖颂歌转向对人民生活的歌唱赞美。

3. 流行音乐的勃兴与发展

改革开放以来，在专业艺术音乐和中国传统音乐以外，一种新的音乐品种——“流行音乐”正式登上了北京乃至全国的音乐舞台。流行音乐有着清新细腻的表达方式、易于传唱的表演形式、便捷的新媒体传播方式、强有力的商业运作机制，从而使其赢得了不同年龄段广大听众的喜爱，拥有了比严肃音乐和传统音乐更为广泛的受众群体，使其成为中国乐坛上更有发展优势的一个新兴音乐品种。

4. 传统音乐的发展现状

北京的传统音乐有着千百年的丰厚积淀，旧日北京人的音乐生活，都是沿袭着千百年遗留下来的传统模式。近代以来，在中国社会发生急剧变革和思想文化经历巨大变迁的过程中，北京人传统的音乐生活和他们的传统音乐也经受了强烈的冲击和重大的变故。大量的传统音乐(如原有的宫廷音乐和旧有民俗音乐)因不能适应新的生活方式和新的社会文化需求而迅速消亡，保留下来的传统音乐也因时代的变迁而以新的方式得以保存和发展。

5. 音乐学术的新繁荣

“文革”结束以后，北京的音乐理论界率先解放思想，参与了关于“真理标准”的讨论，跟随着改革开放国策的步伐，迈向了一个新的历史发展时期。北京地区的音乐研究机构、音乐院校恢复正常工作，加强了音乐理论的研究和音乐学科的建设。各种音乐理论刊物开始复刊为音乐理论研究成果提供了发表园地。这些有利条件，为北京地区音乐理论的建设提供了广阔的发展平台，大量的音乐理论成果不断涌现，音乐学科的建设已向纵深发展，使得北京成为中国音乐理论研究的中心和前沿。

6. 国际音乐文化交流新局面

北京作为中华人民共和国的首都，在政治、文化等方面无疑是全中国的中心。北京音乐 60 年发展的方方面面，都以其典型性和代表性见证着中国音乐 60 年的发展历程。北京 60 年来的音乐发展对中国的国际交往也产生了不可估量的影响。

三、中华民族音乐文化当代发展北京示范区的实践

2011—2012 年北京示范区开展了一系列的传统音乐实践活动，主要目的在于挖掘、整理、传承中华民族的音乐文化，活动内容包括各种类型的音乐表演、不同音乐种类的比赛、开展社区音乐普及、各种音乐大师班、讲座等。这些活动主要由北京市教委、文化部民族民间艺术发展中心主办、中国音乐学院承办，包括以下四项活动：

(一)北京传统音乐节

众所周知，近代由于历史的原因，中国的传统文化几度受到冲击，几近断层，传统音乐亦是。当下，国家大力提倡抢救、保护和弘扬民族民间文化，为传统音乐文化的再生产和创新提供了新的契机。环境促进需求，打造一定的文化空间，形成文化创意产业，是传统音乐融入现代生活的有效途径之一。“文化空间”也称为“文化场所”(Culture Place)，是联合国教科文组织在保护非物质文化遗产时使用的一个专有名词，主要用来指人类口头和非物质遗产代表作的形态和样式。传统音乐的所有者是民众，优秀的

传统音乐理应通过一定的方式使更广范围的人们所享有，成为共享的公共文化。中国音乐学院作为我国唯一一所以传统音乐为学科特色的高等院校，有责任致力于传统音乐的传承和创新，探索传统音乐文化在现代社会中的生存与发展。由于现代化的冲击，传统音乐要进入文化创意产业需要新的"文化空间"构建。2009年，中国音乐学院创建"北京传统音乐节"，并探索在北京的朝阳区和丰台区构建"中华民族音乐文化当代发展北京示范区"，通过从"时间—'节'"和"空间—'示范区'"开展"文化时空"的新探索，已初步取得成果。本文通过对这些实践的陈述来探讨高校在文化创意产业中的"时空构建"中的意义和作用。

本项目共分为三大板块：

(1)音乐会。集中展示北京、中国以及世界各民族优秀传统音乐丰富多彩的原生精品节目及其发展与创新成果；

(2)高端论坛。云集国内及国际顶级专家学者，探讨全球化背景下中国及全球范围内传统音乐的现状及发展策略，展示最新的研究成果；

(3)大师班培训。邀请北京及国内外各类传统音乐大师进行现场授课，传习中国及国外传统音乐文化的精髓。

(二)雅乐研究中心

雅乐作为传承了三千多年的宫廷音乐，在我国传统音乐文化中有着举足轻重的地位，此类型音乐对亚洲地区的各个国家，如日本、韩国等都有深远的影响。由于历史原因雅乐在其发源地——中国已经难寻踪迹，但在曾受其影响的亚洲其他国家仍然得以传承，并受到重视与保护。鉴于此，中国音乐学院成立雅乐研究中心，以统筹雅乐之复建工作，包括学术、教育、展演、对外宣传及出版等相关事宜。通过对中国雅乐的逐步恢复、重建，使人们重新认识雅乐在中国音乐中的重要位置。也致力于使本中心成为研究北京古代音乐文化之标杆。

2010年9月16日和9月27日，在雅乐研究中心谢嘉幸、沈洽两位学者的主持下，中国音乐学院、中国艺术研究院等多位学者参与了两次雅乐研究中心筹备会议。会议对雅乐中心的成立、宗旨及主要工作等经过认真、详细的探讨，初步确定雅乐研究中心的发展方向。

本中心属常设性研究单位(中国雅乐研究核心组织)，主要负责工作有：支持雅乐教学单位(雅乐人才的培训)，雅乐数据搜集单位(雅乐数据中心)、雅乐实验乐队组训中心(中国音乐学院雅乐团)、古代音乐文化产业的企划与输出单位(燕乐培训与输出)、北京文化八百年的音乐执行单位(辽金元明清雅乐的复建)、北京作为首都的唯一雅乐表演支持单位(辽金元明清大乐复建)。

（三）北京社区音乐的发展与实践活动

为积极贯彻党的十七届六中全会提出“推动社会主义文化大发展大繁荣”的行动纲领，十五大提出的《面向 21 世纪教育振兴行动计划》的“开展社区教育实验工作，逐步建立和完善终身教育体系，努力提高全民素质”的要求，使社区教育（包括社区艺术教育、音乐教育）成为全面建设小康社会、构建和谐社会的重要组成部分。

由中国音乐学院、中央广播电视大学、朝阳区社区教育领导小组办公室、教育部社区教育研究培训中心主办、北京朝阳社区学院承办的社区音乐教育高峰论坛，已成功举办两届，为中华民族音乐文化的继承和发展做出了一定的贡献。

以下是 2012 第二届社区音乐高峰论坛：

2012 年的第二届社区音乐高峰论坛活动的学术论坛、讲座、工作坊及音乐表演集中在 10 月 21—22 日。其中传统音乐擂台赛、北京京剧票友擂台赛、民间歌舞擂台赛、民歌擂台赛、曲艺擂台赛等社区音乐活动分别于 10 月 3—5 日在天坛公园举办。内容如下：

1. 校园部分

（1）“音乐天使进校园”系列音乐会。

（2）音乐民生系列讲座。

2. 社区部分

（1）第二届社区音乐高峰论坛。

（2）第二届社区音乐教育展演音乐会。

3. 民俗部分

（1）北京市首届民歌大赛。

（2）北京市首届民间歌舞大赛。

（3）北京市首届民间器乐大赛。

（4）北京市戏曲、曲艺展演。

与 2011 年不同的是，2012 年的社区音乐高峰论坛，不仅增加了具有较高学术水准的讲座、论坛和工作坊，而且，举办了多场具有普及性质的民族民间音乐表演与比赛，充分发挥了社区音乐的属性和特征，鼓励更多的社区群众参与进来，这是本届社区音乐高峰论坛的亮点及创新之处。

4. 工作坊

（1）安华里社区温馨家园中与残障人士进行的音乐活动。由中国音乐学院倡导的，在两位国际社区音乐家的支持下，在北京一家残障人士的社区中心，组建了“包容乐团”。目的是为包括残障人士在内的所有人，得到平等的音乐教育机会。

（2）歌唱音乐的欣赏与学习讲座。为了推进我国艺术教育和社区音乐教育，2001 年由热爱重唱与合唱的音乐爱好者组成了美育四重唱组，这是一个集演唱、普及、表演为一体的音乐组合。此次社区音乐工作坊特意请她们为北京多个社区进行表演和讲座，使社区群众亲身参与了学习和演唱。

(四)太极传统音乐奖

1. 太极传统音乐奖章程

太极传统音乐奖是由中国音乐学院和太极传统音乐基金会共同发起主办的学院奖，通过中国和世界各国、各地区的社会民间力量筹集资金，由中国音乐学院负责实施并组织评奖和颁奖。

此奖每两年颁发一次，每次设四个奖项，每个奖项奖金为 5 万美元。

该奖授予在全球传统音乐的表演、传承、理论与传播各领域，特别是对濒于消亡之传统音乐在抢救、保护、再发现和重建方面，做出杰出贡献和创意性贡献的个人或团队。

获奖的个人或团队不受性别、年龄、种族、国籍和信仰的限制。获奖者仅限于当前在世者；获奖团队仅限于当前存续者。

我们将邀请国际上相关权威机构参与奖项的推荐和评选，同时，不论从任何渠道得知这一评奖信息的个人或团队均可推荐他人参选或自荐报名参选。被推荐的参选者和自荐参选者在评选资格上将获得同等对待。

2. 评委组织

太极传统音乐奖的奖项评委会由通信评委和终审评委构成。其中，每届的通讯评委从组委会建立的一个囊括国内外在传统音乐领域有一定权威性的音乐家、理论家和各有关方面专家组成的专家信息库中随机产生。

终审评委承担奖项的复评和最终审核工作。拟由 10 人组成，6 名来自联合国教科文组织委员会(UNESCO)、国际音理会(IMC)、国际传统音乐学会(ICTM)、国际音乐教育学学会(ISME)、美国民族音乐学会(ASE)、亚太民族音乐学会(APSE)等 6 个权威的国际学术组织，2 名来自中国大陆的学术团体，2 名来自港台地区的学术团体。

3. 评选过程

太极奖的评选过程需要经过三个环节的遴选，具体如下：

(1)提名：组委会对所有申报项目进行资格审核、遴选后召开组委会会议进行提名。

(2)入围：由通信评委从组委会提名的项目中评选出若干入围项目。

(3)获奖：由终审委员会从通讯评审选出的入围项目中进一步遴选出最终获奖项目。

4. 第一届太极传统音乐奖评选

首届太极奖的参评项目多达 50 项，申报者中有来自美国的“美国之旅”电台、加州大学洛杉分校 ALJ. Racy 教授的中东音乐的表演与传承、奥地利的“传统与情感”、芬兰的“俏皮”音乐教学、印度拉维香卡的印西音乐交融，以及国内的赣剧、西安鼓乐、梨园戏，等等。

通过组委会审核后获得提名的有 23 项；之后经由 20 名国内外专家组成的通讯评委的评审，有 12 个项目获得入围资格；最后经过由国际 6 大组织机构推荐（如联合国教科文组织（UNESCO）、国际音乐理事会（IMC）、国际传统音乐学会（ICTM）、国际音乐教育学会（ISME）等）、中国港澳台及内地专家组成的 11 位终审评委的评审后，最终评选出 4 位获奖者。分别是：印度西塔尔琴的演奏、传承和传播大师拉维香卡（Pt. Ravi Shankar）先生；在民族音乐学理论研究领域获得巨大成就的美国民族音乐学家布鲁诺·奈特（Bruno Nettl）教授；致力于中国昆曲艺术创新和传播的华裔文学家白先勇先生；以及为河北屈家营音乐会的传承、复兴做出较大贡献的中国普通农民林中树先生。

（作者：阎拓时　北京民族音乐研究与传播基地研究人员　教授）

北京建筑文化研究基地

（北京建筑大学）

基地名称：北京建筑文化研究基地
依托单位：北京建筑大学
项目类别：国家哲学社会科学基金项目

论建筑的伦理叙事①

建筑如同一本“立体的书”，是以空间为对象的特定文化活动，叙事在建筑艺术中发挥着独特的作用。通过象征手段和空间元素的媒介，建筑叙事把诸多文化形象与精神观念表现在人们面前，让建筑能“载道”、“言志”，甚至“成教化，助人伦”，成为表达某种意义或价值，尤其是伦理意蕴的叙事系统。概言之，营造具有伦理性叙事的建筑空间，是从古至今建筑艺术体现其精神功能的重要手段。

一、建筑作为一种叙事

所谓“叙事”，就是人们把客观世界纳入一套言说系统中来加以认识、解释和把握，其典型形式是讲述故事或事件。在人类的文化中，叙事并非只存在于文学之中，它的表现形式多种多样。罗兰·巴特(Roland Barthes)说：“对人类来说，似乎任何材料都适宜于叙事：叙事承载物可以是口头或书面的有声语言、是固定的或活动的画面、是手势，以及所有这些材料的有机混合；叙事遍布于神话、传说、寓言、民间故事、小说、史诗、历史、悲剧、正剧、喜剧、哑剧、绘画(请想一想卡帕齐奥的《圣徒于絮尔》那幅画)、彩绘玻璃窗、电影、连环画、社会杂闻、会话。而且，以这些几乎无限的形式出现的叙事遍布于一切时代、一切地方、一切社会。”②建筑艺术，作为一种有意味的表达方式，可以通过材料、造型、表皮、色彩、肌理、虚实、路径、边界、空间组织与活动来隐喻与建构其社会文化意义，这意义的表达便犹如讲故事一般。尤其对那些富有艺术创造力的建筑哲匠们来说，他们总是能以建筑这种空间性媒介来达到叙述事件、表达意蕴的目的。

英国学者埃蒙·坎尼夫(Eamonn Canniffe)提出叙事是城市设计的基本元素，而所谓叙事，他认为是指运用对公民而言有重要意义的类比和意义

---

① 本文是《建筑伦理的体系建构与实践研究》项目的阶段成果，项目编号：12BZX074。

② [法]罗兰·巴特著，张寅德译：《叙事作品结构分析导论》，《叙述学研究》，中国社会科学出版社，1989年，第2页。

元素等表达方式，为城市中人类活动的关键角色设定场景，使城市成为一种故事的集合。① 建筑叙事则是范围更广的城市设计叙事的重要构成，它是基于物质媒介，通过象征、类比、场景再现等方式，以及强调隐喻意味的建筑形式语言，营造一个能讲故事的建筑表皮、造型和空间环境，使建筑负载文化和价值信息。

当然，不同的建筑类型，其物质含量或精神含量各有侧重。如一般被人们称之为房子或"构筑物"的建筑，它们以实用功能为基本目标，本质上是不讲故事的。只有那些能称之为艺术，具有象征、传意等精神功能，使人产生情感反应，渲染某种诗意和价值倾向性的建筑，才具有叙事性。据此，从叙事的角度来看，我们可以把建筑区分为叙事性建筑与非叙事性建筑。非叙事性建筑完全是出于使用需要而建造起来的构筑物，主要体现物质功能，而叙事性建筑是"会说话的建筑"，其精神性含量较高，储存的文化信息量较为丰富，主要体现为一种精神意义与文化功能。不同类型的叙事性建筑，其叙事性强度是不同的。有代表性并具有明显伦理意蕴的叙事性建筑主要包括纪念建筑、宗教建筑和政治建筑，下面笔者主要以这三种类型的建筑为例讨论建筑的叙事性问题。

(一)纪念建筑的历史叙事

一般而言，纪念建筑是为纪念有功绩的或显赫的人或重大事件，在有历史或自然特征的地方营造的建筑或建筑艺术品。② 它的形式有纪念碑、纪念塔、纪念堂、纪念馆和陵墓等，是一种供人们拜谒、凭吊、瞻仰、纪念用的人文建筑。纪念建筑以精神功能为主，旨在通过对历史事件、历史人物的展示与再现实现教化的目的与意义。

纪念建筑的存在方式便使其具有较强的叙事性，"纪念建筑用建筑的手段表达纪念情感，它同文学一样是借助物理基础获得确定的外部时空形式的精神存在"③。除表达特定的纪念主题外，纪念建筑作为存储历史的符号，借由时间向度的历史叙述，突显了建筑所具有的不可替代的集体记忆功能。从历史叙事的维度理解，所有具有年代价值的建筑遗址都可称之为一种广义的纪念建筑，它们荷载了可触摸到的文化记忆，是"石头的史书"，如同老祖母向坐在膝上的孩子讲述着很久以前的故事。梁思成和林徽因说："无论哪一个巍峨的古城楼，或一角倾颓的殿基的灵魂里，无形中都在诉说，

① Eamonn Canniffe, Urban Ethic ——Design in the Contemporary City. London and New York: Routledge, 2006. p. 80.

② 中国大百科全书总编辑委员会编：《中国大百科全书(建筑·园林·城市规划卷)》，中国大百科全书出版社，1992 年，第 218 页。

③ 何咏梅、胡绍学：《纪念建筑的"召唤结构"》，《世界建筑》，2005 年第 9 期，第 107 页。

乃至于歌唱，时间上漫不可信的变迁；由温雅的女儿佳话，到流血成渠的杀戮。”[①]约翰·罗斯金(John Ruskin)感叹，没有建筑，我们就会失去记忆，“有了几个相互叠加的石头，我们可以扔掉多少页令人怀疑的记录!”[②]。阿尔多·罗西(Aldo Rossi)认为，建筑形式的力量，被看作集体记忆的宝库，而城市建筑的独特性始于何处？他说：“我们现在可以说，其独特性是从事件和记载事件的标记之中产生的。”[③]显然，作为集体记忆记录与传播的直接物质载体，纪念建筑比其他建筑类型更明确地体现出了罗西所说的建筑的独特性。各类纪念建筑，例如名人故居和名人纪念馆，承载着特定的文化内涵，是名人们生命情感的寄寓之所，是可供精神追忆的历史空间，即使时光变迁，斯人远逝，但往日的文化气息与生活特质仍可能保留在故居的一砖一瓦之中，成为一座城市独特的文化血脉和文化基因的重要载体。当人们在昔日或以文章警世，或以行动影响时代的人杰旧居里留连，就像翻阅写满字迹的历史书卷，会触动你的心灵，潜移默化地实现对理想人格的感召和陶冶。

(二)宗教建筑的教谕叙事

从古代到现代，从东方到西方，宗教建筑都是一种至关重要的建筑类型。古代建筑尤其是古代欧洲建筑、古埃及建筑，更是与宗教仪式与宗教活动紧密联系在一起，承担着重要的仪式与法术功能，成为宗教的另一种象征与表达。海德格尔对古希腊神庙的描述，指出了宗教建筑的神性叙事：“这个建筑作品包含着神的形象，并在这种隐蔽状态中，通过敞开的圆柱式门厅让神的形象进入神圣的领域。贯通这座神庙，神在神庙中在场。神的这种现身在场是在自身中对一个神圣领域的扩展和勾勒。”[④]

宗教建筑不仅表达神性叙事，还具有强烈的教谕性叙事功能。宗教建筑往往以其独特的外部造型、神圣的内部空间及情境氛围，将建筑转换成一种人们凭直觉便可体验到的语言体系，让信徒在具有教导和训诫性的叙事空间中，或祈求祷告，或接受布道，或聚集交流，或共同完成某种宗教仪式，体验人与神的交流，其精神感召力是其他建筑类型所无法比拟的。进言之，在信仰宗教的人眼里，宗教建筑成为了宗教史家伊利亚德(Mircea Eliade)所说的“显圣物”(Hierophanies)，即显现了神圣的器物。显圣物的意义在于，通过它们能够与神沟通，从而使人的生命更充实并超越自己的有

① 梁思成、林徽因：《平郊建筑杂录》，《中国营造学社汇刊》，1932年第4期，第98页。

② [英]约翰·罗斯金著，张璘译：《建筑的七盏明灯》，山东画报出版社，2006年，第159页。

③ [意]阿尔多·罗西著，黄士钧译：《城市建筑学》，中国建筑工业出版社，2006年，第107页。

④ [德]马丁·海德格尔著，孙周兴译：《林中路》，上海译文出版社，2004年，第27页。

限性。作为建筑的显圣物，不仅其外部造型，尤其是其隐秘幽暗的内部空间都充满着“神的诉说”，有时甚至表达了比外部造型更为强烈的精神性效果。在这样的空间里，信仰宗教的人们体验到了不同的存在，体验到了神圣，产生了崇高、神秘、敬仰、畏惧等情感，总之，他们被一种强大的精神力量所征服。这种力量，便是宗教建筑及空间的精神感召力。

同时，宗教建筑还特别善于利用图像进行形象化的叙事，使宗教建筑成为了一种能够提供丰富记录的叙事场所。早在古希腊和古罗马时期，神庙的山花上便布满了诸神雕塑作为表现元素，而中世纪哥特式教堂除了运用特定的建筑技术所构成的垂直向上的建筑形态与光影、色彩、声音等环境因素的相互烘托外，更是辅之以描述圣经故事和圣人传说的各种雕塑、壁画、彩绘玻璃窗，从而使民众尤其是那些目不识丁的民众更好地感受到宗教教义之含义，进而谨遵教谕。

(三)政治建筑的权力叙事

尼采说：“建筑物应该体现骄傲，体现对重力的胜利和权力的意志；建筑艺术是表现为形式的一种权力之能言善辩的种类，它时而诲人不倦，甚至阿谀奉承，时而断然号令。最高的权力感和安全感在伟大的风格中得以表现。”①纵览中外历史，建筑受到政治意识和权力意志的强烈左右，一定程度上变成了权力展示的物质工具。例如，中国古代在“且夫天子以四海为家，非壮丽无以重威，且无令后世有以加也”②的崇拜意识支配下，宫殿建筑成为了反映一定政治秩序的集中代表，几乎每一朝代的皇帝，为了强化所谓“天之骄子”的形象，只要登上王位宝座，就不惜人力财力大修宫殿，以彰显君主威严。法国17世纪下半叶权臣柯尔贝尔(Jean Baptiste Colbert)上书路易十四时也言：“如陛下所知，除赫赫武功而外，唯建筑物最是表现君王之伟大与气概。”③拿破仑也非常懂得建筑的政治伦理作用，尤其重视用雄伟庄严、威风凛凛的凯旋门、纪功柱和军功庙一类的纪念性建筑，以及宏伟的集会或检阅用广场来表彰军队，歌颂他的赫赫战功。一些极权主义者如希特勒、墨索里尼，都将建筑看成表达权力的工具和重要的政治宣传手段，热衷于用建筑来强化自身的权威和巩固对国家暴力工具的掌握。

在现代社会，政治建筑主要包括行使国家权力、对国家事务进行管理的国家机构的行政建筑，以及一些具有政治象征意义的大型公共建筑和具有较强政治色彩的集会广场。虽然当代社会建筑与公共空间作为政治意识形态的象征与政治活动的理想场所的价值有所减弱，但政治建筑的权力叙

① [德]尼采著，卫茂平译：《偶像的黄昏》，华东师范大学出版社，2007年，第126页。

② 《史记·高祖本纪》。

③ 陈志华：《外国建筑史(第三版)》，中国建筑工业出版社，1979年，第145页。

事仍不绝如缕。与古代社会有所不同的是，近现代社会政治建筑的权力叙事，鲜有直接突显统治者的至高权威，而是借由气势宏伟、造型庄严的建筑形式表达国家的自信形象，让民众体会到一种自豪感和民族认同感。托克维尔(Alexis de Tocqueville)在《论美国的民主》一书中提出过一个问题："为什么美国人既建造一些那么平凡的建筑物又建造一些那么宏伟的建筑物?"他认为这是因为在民主社会，每个公民都显得渺小，但是代表众人的国家却非常强大。于是，诸如国会大厦这样的公共建筑一定要造得宏伟才符合国民对于国家的想象。[①] 托克维尔的观点不无道理，这也正是作为一种公共建筑的政治建筑所具有的独特的民族与国家形象的展示功能。

以上三种不同类型的建筑所呈现出的叙事性各有其特定的维度，或者偏重历史性叙事，或者偏重教谕性叙事，或者偏重权力性叙事。但这三种建筑类型所呈现出的叙事元素又是相互重叠的，叙事方式是相辅相成的，它们之间的叙事对象虽然不同，但却具有共同的精神性意蕴，这便是它们所共同体现出的伦理性意蕴。

二、建筑的伦理叙事主题与策略

所有的叙事性建筑都或隐或显地呈现和反映社会伦理观念与伦理秩序这一主题，但不同类型的叙事建筑，其伦理叙事意图的指向又各有侧重，并以特定伦理价值目标为旨归。

(一)纪念建筑的伦理叙事主题与策略

伦理叙事需要有历史和传统的传承和道德示范。纪念建筑的基本功能是通过对重要的历史人物和历史事件的纪念，传承社会伦理文化和道德谱系，树立社会的道德楷模和行为典范，给人们确立美德学习的范例，因而其伦理叙事的主题和基本功能是传承与教化。正如18世纪法国建筑师勒杜(Claude－Nicolas Ledoux)所说："纪念性建筑物的'个性'，正像他们的自然属性一般，可以服务于传播教化与道德净化的作用。"[②]

虽然一些纪念建筑的外观、立面、体量和色彩具有象征或再现意义，但除非是单独的纪念碑，物质形态的象征毕竟有很大的局限性，难以明确表达纪念建筑的伦理意蕴。因而，纪念建筑的主要伦理叙事策略是通过表达特定主题的空间组织、雕塑、文字、影像、装饰、道具等综合手段，营造特定纪念氛围，把一些著名历史人物、历史事件或英雄故事以情节化场景的方式再现出来，参观者通过体验、观看与阅读的方式接受相关信息，

① [法]托克维尔著，董果良译：《论美国的民主》(下卷)，商务印书馆，1996年，第573页。

② [德]汉诺-沃尔特·克鲁夫特著，王贵祥译：《建筑理论史——从维特鲁威到现在》，中国建筑工业出版社，2005年，第116页。

从而达到纪念建筑的教化功能。对此，童寯有一个很好的概括：纪念建筑应“以尽人皆知的语言，打通民族国界局限，用冥顽不灵金石，取得动人的情感效果，把材料与精神功能的要求结为一体。”①

我国古代纪念建筑在建构伦理道德的教化空间、传承和宣扬封建纲常伦理和做人美德方面，有不少成功范例。例如，牌坊是中国古代特有的门洞式纪念建筑，多建于苑囿、寺观、祠庙、陵墓等大型建筑组群的入口处，或立于功臣、名宦、节妇、孝子任职地或出生地及家门口，形制各异，风格多种。牌坊往往集匾、联和碑刻于一身，其所载的匾语、联句和碑刻，把一些人生理想、道德典范的故事通过物质实体的形式再现出来，用以表彰楷模，宣扬忠臣功德、孝子节女等封建礼教，成效显著。此外，一些纪念建筑还通过与诗词文学等典型的叙事性艺术发生关系的形式，使得建筑本身无法表达出的意蕴能够借助诗文来传递，从而达到叙事的目的。例如，中国历史上有许多文人喜欢借一些有纪念意义的亭、台、楼、阁等建筑场所，在细致描绘文人们对环境体验的同时，通过以建筑和建筑环境为比兴的箴言雅论，抒发自己对人生际遇的反思和对崇高美德的追求，从而创造出深远的意境，激发出形象的教化力量，提升了建筑对人的审美品性的陶冶作用。

（二）宗教建筑的伦理叙事主题与策略

宗教建筑的伦理叙事主题很明确，即充分利用建筑艺术的独特功能来使人们更好地感受到宗教的真理。无论是基督教、佛教，还是伊斯兰教，无不充分利用其建筑艺术所营造的独特精神氛围，来宣扬其宗教信仰和宗教伦理。阿兰·德波顿(Alain de Botton)指出，早期神学家们发现了一个令人深思的事实：“他们认为建筑对人类的塑造可能比经文更有效。因为我们是感觉的造物，如果我们经由眼睛而非我们的理智接受精神的律条，我们的灵魂得到强化的概率会更高。通过凝视瓷砖的排列可以比研习福音更易学到谦卑，经由一扇彩绘玻璃窗可能比通过一本圣书更易习得仁慈的本质。”②

为了服务于传播宗教真理和宗教伦理与目标，宗教建筑的主要叙事策略，就是利用建筑与空间语言营造具有强烈情绪感染力的环境氛围。不论是基督教的教堂，佛教的寺院，还是伊斯兰教的清真寺，其外部形式与内部结构无不给人一种神圣、庄严和肃穆的感觉。同时，宗教建筑还特别善于综合利用雕塑、绘画、文学、音乐等其他艺术形式的叙事功能，使建筑与这些叙事性艺术相辅相成，营造一个利用空间讲故事的神圣环境，从而

---

① 童寯：《纪念建筑史话》，中国建筑工业出版社，1992年，第24页。

② ［英］阿兰·德波顿著，冯涛译：《幸福的建筑》，上海译文出版社，2007年，第116页。

使象征的、隐性的教育方式与直接的宗教道德宣教浑然一体。贡布里希(Sir E. H. Gombrich)甚至认为,“装饰”一词对于教堂建筑而言都是容易引起误会的一个词,“因为教堂里的一切东西都有明确的功用,都表达跟基督教的圣训有关的明确思想”①。

试以哥特式教堂为例。黑格尔说哥特式教堂有两大特征:一是在空间上以完全与外界隔开的房屋作为基础。二是整个教堂充满着一种超尘脱世、自由升腾的动感与气势,目的是体现心灵对至高存在与至善境界的永恒追求。② 哥特式教堂的内部与外部无不表现出上述特征。教堂内部是高耸挺拔、筋骨嶙峋的柱廊,由富于升腾动感的垂直线条所贯通,巨大的空间似乎使一切世俗琐碎的事情都显得微不足道;而教堂的外部形状更是昂然高耸,渲染着上帝的崇高和人类的渺小,加上从镶嵌着圣经故事的彩色玻璃窗里射入的迷离光影,更增加了其神圣的气氛。在这样的建筑环境与氛围中,人的内心无不具有一种虔诚的状态,耳闻目睹的一切无不促使宗教精神在人们心灵中内化,连同它所倡导的种种道德准则,不知不觉就会转化为人们的内心信念。

(三)政治建筑的伦理叙事主题与策略

概括地说,政治建筑的伦理叙事主题就是表达某种政治伦理价值,主要体现在两个方面:

第一,作为一种权力展示符号,通过特殊的建筑风格和空间处理方法彰显统治者的至上权威,维护社会的政治秩序。例如,在我国,当以宗法制为基础的社会体系在西周之后逐渐式微,宫殿建筑便代替王室宗庙成为权力的物化象征。自此以后,宫殿建筑与传统的宗庙建筑在教化功能上截然不同,“它们的作用不再是通过程序化的宗庙礼仪来‘教民反古复始’,而是直截了当地展示活着的统治者的世俗权力”③。中国古代宫殿建筑对统治者权力的展示,注重通过抽象形式(点、线、形、色、数字、方位等)及结构法则(对称与均衡、比例与尺度、节奏与韵律、主从结构等)所生成的特殊氛围及象征功能,使建筑走向崇高、庄严和秩序。尤其是在传统建筑的空间序列中,中轴线往往是引导礼仪、表达礼制的一个重要建筑特征。北京故宫便以中轴线与严格对称的平面布局手法,使其呈现出一个“戏剧化”的空间场景,将封建等级秩序的政治伦理意义表达得淋漓尽致。故宫的布局遵循周代礼制理想,依“前朝后寝”的古制,沿南北轴线布局,主要建筑

---

① [英]贡布里希著,范景中译:《艺术的故事》,生活·读书·新知三联书店,1999年,第176页。

② [德]黑格尔著,朱光潜译:《美学》第三卷(上册),商务印书馆,1979年,第88—92页。

③ [美]巫鸿著,李清泉、郑岩等译:《中国古代艺术与建筑中的“纪念碑性”》,上海人民出版社,2009年,第15页。

前朝三大殿(太和殿、中和殿、保和殿)和内廷后三宫(乾清宫、交泰殿、坤宁宫),井然有序又颇富韵律感地排列在中轴线上,建筑空间序列主次分明,尊卑有别。对此,“我们可以说故宫的中轴是一个政治事件,一个指定的存在空间,一个身体的动线;它把我们的意向引向政治意识形态中心,皇帝成为中心目标”①。

第二,通过隐喻性的建筑语言和空间布局表达某些政治理念和政治理想,体现公共建筑与公共空间所具有的隐性的政治伦理功能。迪耶·萨迪奇(Deyan Sudjic)指出:“古希腊的政治遗产至今仍然可以通过大量的政府建筑反映出来,这些建筑提醒着人们议会民主的渊源。”②的确,古希腊时期,一些具有政治意义的公共建筑和公共空间,如市政广场(Agora)、露天剧场和柱廊长厅,承载着人们对民主理想的追求。尤其是市政广场,虽然具有商业与文娱交往等多种社会功能,但从某种意义上说,它首先是一个具有宗教与政治内容的“叙事空间”。一方面,它为公民以敬神的名义所举行的各种仪式提供了一个空间;另一方面,它又是城邦公民共同参政议政、自由发表言论、表达民主权利的政治生活空间,同时城邦的法律法令、议事会的决议等都在此公告。古希腊的露天剧场在城邦的政治民主化过程中也具有特殊意义,因为很多时候作为城邦最高权力机关的公民大会就在此召开,设在山丘上的露天剧场,呈扇形,有着斜坡式的座位,这种空间形式让民主形式得以运作,让议事与投票能够在“众目睽睽”之下进行。

古希腊建筑与公共空间中所包含着的民主理想,延续至今,尤其集中体现在西方最有代表性的政治建筑——议会大厦或国会大厦的设计之中。例如,德国国会大厦建造于 1884—1894 年,是德国 100 多年来重要的历史见证者。1990 年德国重新统一后,德国政府决定对它进行改造。全球招标中,由英国建筑师诺曼·福斯特(Norman Foster)设计的由 25 根支柱构架的穹顶方案最后中标。福斯特不仅在国会大厦与新的办公区域的连接处,有机融入了当年二战的遗迹和史实,还在原有的古典巴洛克风格的建筑上开了一个天井,加建一个人们能够登上去的玻璃穹顶,下面是面积很大的马蹄形会议室,对公众开放,使国民和游客可以居高临下地观察国会的开会情况,从而透明地展现国会议员的工作,隐喻议员的权力来自民众,要接受民众监督。在这里,建筑成了民主政治理念最为直观的呈现。

三、结 语

叙事性建筑并不只局限于本文所阐述的纪念建筑、宗教建筑与政治建

---

① 尹国均:《作为“场所”的中国古建筑》,《建筑学报》,2000 年第 11 期,第 52 页。

② [美]迪耶·萨迪奇、海伦·琼斯著,李白云、任永杰译:《建筑与民主》,上海人民出版社,2006 年,第 18 页。

筑。例如，园林建筑、文化景观类建筑也具有丰富多样的叙事特征。建筑的伦理叙事并不像文本叙事那样可以直接以思想或观点的形式呈现，不可能像小说、戏剧和电影那样直接讲述故事，表达意义。建筑更多体现的是一种依赖于具体语境的“潜在叙述”，它以其独特的“无声语言”向人们暗示某种伦理观念和伦理价值。建筑的伦理叙事功能其实很有限，它最擅长的不过是借用隐喻的力量，综合利用其他叙事艺术，营造一种有利于理念表达、价值传递和情感陶冶的教化环境。在此意义上，雅各布·布克哈特(Jacob Burckhardt)的如下观点对揭示建筑艺术的叙事力量而言是颇为合适的：“只有通过艺术这一媒介，一个时代最秘密的信仰和观念才能传递给后人，而只有这种传递方式才最值得信赖，因为它是无意而为的。”①

（作者：秦红岭　北京建筑文化研究基地研究人员　教授）

① 曹意强：《艺术与历史——哈斯克尔的史学成就和西方艺术史的发展》，中国美术学院出版社，2001年，第59—60页。

基地名称：北京建筑文化研究基地
依托单位：北京建筑大学
项目类别：研究基地自设项目

从西澳大利亚州珀斯市的城市低碳排放模式看澳大利亚的低碳城市空间正义①

一、引　言

(Perth)珀斯是西澳大利亚州(Western Australia)的首府城市，同时又是澳大利亚的重要港口城市之一，东临达令山，西濒印度洋。珀斯市终年日照充足平均，每天有 8 小时日照时间，其绿化覆盖率高达 50%，哥特式与洛可可建筑、古老的有轨电车、艺术画廊、自然博物馆以及绿树成荫的花园、街道构成了该市典雅的风格。在城市规划中，该市将人文理念融入现代建筑之中，同时与自然合理开发相结合，使该市的环境成为了融合自然及特殊人文精神的范例。该市市议会议会于 2011 年 6 月出台的《新碳排放法案》指出，该市在经济能够持续增长的同时，通过征收碳排放费用降低碳排放污染，每户居民碳排放每吨上缴 26 澳元的碳排放量税(约合人民币 160 元)，并且在 2015 年前，该税将以每年 2.5%的比率递增，所征得的税款将被用于建设一项继欧盟与新西兰之后的第三个全国性的“温室气体限额与贸易计划”。该市通过对城市化的合理规范实现了经济、社会和环境三者的协调发展，提高该市在环保方面的竞争力。

二、合理城市规划打造城市空间正义

城市空间可以从物质、制度、文化三个层面理解空间与城市，分为物质性空间、社会性空间与精神性空间。珀斯市也是按照这三度空间进行划分。列斐伏尔认为：“当代城市空间是资本生产的产物，空间的逻辑从属于资本的逻辑。”城市是人们进行空间生产的产物，在现代城市化发展条件下，城市发展具有资本属性。作为现代文明载体，尤其是置于世界资本主义体

---

① 本文是《南太平洋地区城市低碳文化模式对首都北京打造国际化大都市的借鉴意义》项目的阶段成果，曾发表于《建设我们和谐的家园——中国建筑学会 2012 年学术年会论文集》(上、下册)，中国建筑工业出版社，2012 年。

系中的一个城市，珀斯市成为资本集中与循环的空间聚结点，“资本、权力等多种要素都参与了城市空间的生产和创造”(恩格斯，1884)。珀斯市的低碳城市化发展避免了城市空间非正义的三大问题：

(一)避免了由于经济高速增长而导致影响城市可持续发展的问题

珀斯市的低碳城市发展起步很早，在20世纪90年代就采取了“控制市区发展规模，合理发展城市近郊生活区，积极发展生态城市化”的城市发展策略。自2001年以来，珀斯市城市空间发展、绿色覆盖率、降低能耗与生态办公都快速步入低碳轨道。11年间，绿色城市化水平提高了12%。在城市扩张和内部空间重组的双重作用下，珀斯市城市郊区化现象日益明显。城市管理非常合理，城市空间组合避免了城市无序蔓延、耕地流失等问题，减少了城市空间内部差异与市郊差异。

澳大利亚各城市间人文历史、地理环境、城市规模与职能各不相同，但在低碳城市发展这一共同的动力机制下，珀斯市与澳大利亚其他城市发展呈现出共性：城市形态稳定，空间聚集均衡，城市的水平扩展与垂直扩展并存，城市建设与自然和谐，零生态压力，确保城市环境品质，城市在建设中保持历史风貌和传统肌理，市民具有很强的城市识别感以及城市形象多样化。于是，珀斯市在高速城市化进程中实现了可持续发展，构筑起了低碳城市形态。

(二)避免了由于城市化加速带来“空间失配”难题

1964年美国学者Kain(凯恩)首次完整地提出了“空间失配”假设或“空间不匹配”。“空间失配”原指Ghetto(黑人居住区域)比白人居住区域拥有较少工作机会，黑人找工作难度大，工资较低，或者要花费比白人更多的通勤时间，从而造成失业率的增高。珀斯市降低城市基础设施建设投资规模，降低了高速膨胀的城市空间、限制流动人口、保护可耕地资源、减少煤电油运耗损(提倡Home Office，即：每周三天在家办公，每周两天在写字楼办公，以减少公共区域能源消耗)、保护生态环境以及减少工业区的扩张。然而，那种以资本为核心、以利润最大化为导向、以地方政府纯粹为了创造经济财富而不顾生态破坏等行为则被视为对空间正义原则的侵害。如果城市化演变为一部分人对空间权益的剥夺，那么高速城市化就必然导致矛盾的激化与社会的不稳定，这样的城市化是难以持续的。而珀斯市的城市化发展则避免了这样的状况发生。

(三)避免了由于盲目规划而造成城市特色危机

城市化发展必然导致钢筋水泥浇铸的“都市森林”的出现，珀斯市的城市空间中虽不乏现代建筑，但具历史性的建筑保存完好，与现代建筑共处一地，形成了传统与现代的统一。当许多澳大利亚以外的城市沉浸于高楼林立所带来的片刻欢欣的时候，城市化背后的诸多城市特色危机已悄然走进它们，而珀斯市则避免了盲目规划造成的城市特色消失的危机。与此相比，某些亚洲城市面临着严重的城市特色危机，其表现形式为：第一，不切实际的“揠苗助长”，即：不切实际地拔高城市定位，盲目建国际化大都市或国际化城市；第二，不切实际地进行城区改造、搞形象工程；第三，交通体系规划极为不合理，盲目砍伐人行道的树木、拓宽行车道。

三、城市空间正义与低碳城市范式

美国学者 Kain(凯恩)率先提出“范式”这一概念，用以指代某一时期、某一科学“共同体”所公认的研究对象的概念框架、理论方法及其可仿效的科学范例与模式。“城市范式”表示在不同历史时期，由于不同的世界观与方法论的影响，在人类城市发展史上所出现的具有不同城市价值取向、城市形态与功能特征的城市模式。珀斯市的“城市范式”最佳地诠释了城市化低碳发展模式。

城市化运动进程造成的生态危机惊醒了人类，人类开始反思工业文明造成的生态破坏，开始反思现代与自然如何和谐一致，开始反思如何构建“生态城市”。珀斯市并没有简单地把建设“花园城市”、“绿色城市”等视为建设生态城市，并没有单纯追求自然环境的美化，简单增加绿地，而是使绿地建设处于交通与建筑规划的积极地位，在生态意义上真正起到积极的作用，并没有把本城市的舒适建立在把一部分污染转移到了不发达国家的城市中。珀斯市提出以新的思维方式重新认识“生态城市”，同时预言即将建立新“城市范式”。与此相比，在北京广泛开展的创建文明城市活动，正是与人类城市发展趋势相吻合、体现科学发展理念的新范式，即所谓的“低碳城市范式”。因为城市化程度是人类文明成果的积淀，是人类社会发展到一定历史阶段上的产物。城市化作为社会文明的凝聚，承载着人类社会发展所达到的和谐状态。珀斯的城市文明是物质文明、政治文明与精神文明建设协调发展的结果，体现着市民整体素质和较高的城市文明程度。同时，珀斯市是自然、经济、社会和谐的复合型生态平衡城市，是富有市民认同感、凝聚力与归宿感的城市。

四、低碳城市规划模式：人与自然的和谐

就广义而言，任何城市的市中心，尤其是随着城市化运动而成为大型工商业城市的市中心，其高密度建筑群与建筑高度通常会滋生一种城市中

心特有的现象，即“城市热岛效应”①。为了解决“城市热岛效应”，珀斯市在其区中心位置的规划中设置了开放空间，如通风长廊、大片城市绿地等，用以调节气温，降低碳排放，减少热岛效应。同时，该市在城市规划中将横贯该区的自然水系、滨水绿地与市中心规划相结合，使区中心景观环境呈良性态势发展，增强了该区的宜居性。“天鹅河”贯穿珀斯市中心；商业中心圣乔治大道是金融、商业和政府机构的集中地，被大型绿地与城市开放空间包围与分割，形成“城中有绿色，绿色包裹城市，城市妆点绿色”的城市化人文景观。

(一)城市的低碳规划与低碳建筑材料

在该市的城市规划中，充分考虑到水系、森林、绿地三者的有机结合，在保护山脉自然面貌的基础上，以山为中心，鳞次栉比的规划住宅区；同时，在住宅区与城区之间保持方便的交通，自然与低层建筑呼应的绿色城市。珀斯市拥有较长的海岸线，其规划则充分地利用了这一有利的自然条件，在海岸线沿岸的规划中突出了现代与自然和谐交融：绿地与具有文化气息的建筑并存，建筑层数的逐渐增高与其距海岸距离成正比，每排建筑均有舒适的海港视线，从海面眺望城市可见到逐层叠起的建筑景观。民居住宅采用了中空玻璃：中空玻璃不仅可以抵挡热浪与寒潮，更可以隔绝噪声、降低能耗。民居的墙面采用了纤维石膏板：纤维石膏板是具有暖性的建筑材料，具有较小的热收缩值，保温隔热性能极佳，具有透气功能，能够调节室内空气湿度。该区的民居建筑以小户型为主，既能节约建筑材料、节能节电、节省建造成本与使用成本，且其碳排放量也明显变小。

(二)“可持续发展”与城市化：和谐的“A&T”是低碳的“风向标”

城市化是构成城市群体的重要组成因素，是城市有别于其他区域的指标。澳大利亚自19世纪城市工业化以来，城市化运动推动了城市文化和城市现代化的发展。珀斯市的规划包含了城市化必要的要素：第一，其城市化发展进程聚集了城市发展所必需的城市人口，整合了该城市社会模式；第二，创造了珀斯市居民的消费需求，尤其是居民对现代城市文化的精神消费需求；第三，争取到了珀斯市政府的政策支持；第四，推动了该城市的旅游资源。该市的规划强调“城市发展控制论”：充分利用土地，同时侧重“城市化与自然”必须协调发展，即城市规划必须包含反映环境的意识与行为，坚决制止“把城市土地与自然资源耗尽”的思想，要为后人着想，体现了城市规划的可持续发展。尽管该区是地多人少，但建设的土地集约化

---

① 城市热岛效应(Urban Heat Island Effect)是指城市中心气温远远高于市郊气温的城市化现象。在气象图中，城区是一个高温区，如同海面上突出的岛屿一般，由于这种岛屿代表高温城市区域，所以就被形象地称为“城市热岛现象”。

利用程度却很高，为后人和动植物的发展留出了较多的土地资源空间。该市正处于“现代城市化”发展阶段，市议会关注的是如何提高城市土地的集约化利用。另外，市议会制定的《新碳排放法案》保护关键的生态敏感点和敏感区，因为对于这些区域的破坏，将导致整个人文环境与自然环境的失调。该市在《新碳排放法案》中倡导和谐的“A&T”原则：A&T 即 Architecture(建筑)与 Transportation(交通)。珀斯市城市化进程聚集了城市发展所需的两大必要条件：建筑与交通。

1. 传统欧洲建筑风格与自然和谐一致：城市化进程的“绿色指南针”

坐落在珀斯市市中心最古老的标志性建筑就是布莱克斯建筑(Barracks Arch)。整个建筑物建于 1860 年，其设计理念承袭了英国 15 世纪的都铎王朝建筑风格(Tudor-Style)：都铎王朝建筑风格因在英国都铎王朝时期盛极一时而得名。都铎王朝时期大型的宗教建筑修建停止了，英国的新贵族们开始建造舒适的府邸，于是，传统的哥特式建筑与文艺复兴式建筑结合在一起，都铎建筑风格就应运而生了。布莱克斯建筑体形复杂起状，其雉堞与塔楼属于哥特式建筑风格；但其构图中间突出，两旁对称，于是，又兼有文艺复兴式建筑风格。布莱克斯建筑内外墙均用木构架，而在构架之间填以砖或灰泥。漆成深色的木材和淡色墙面形成强烈对比，屋顶为陡峭的双面坡顶。布莱克斯建筑屋具有鲜明的英国盎格鲁-撒克逊民族特色，其周围绿树环绕，虽在市区，但会令人仿佛置身自然之中，这便是建筑与自然共处的典范，加上该建筑采用荷兰传统式建筑手法，是整个澳大利亚独一无二的欧洲式建筑珍品。

位于珀斯市中心海伊(Hay)大街的铸币厂(Perth Mint)是典型的英国文艺复兴式建筑，是珀斯市的又一标志性建筑。该铸币厂建于 18 世纪，镌刻着在英国文艺复兴时期英国本民族建筑风格的发展，是英国在西澳大利亚州殖民的“活化石”。丛林、草地、低矮的山峦及小河从其周围流过，构筑起典型的“生态办公”模式。

该市的圣乔治教堂建成于 1850 年，是西澳大利亚州历史最悠久的基督教教堂，属典型的哥特式建筑。教堂的建筑结构与内部装饰都充满了传统的欧洲特色。目前，西澳大利亚州的大主教办公与生活都在圣乔治教堂内，该教堂成为全州的基督教活动中心。另外，建成于 1937 年的伦敦大街，是该区另一道独特的风景线：街道两旁的民居建筑与购物中心皆仿照 19 世纪佐治亚建筑风格修建而成，其浓厚的英国特色，充分展现了居住在澳大利亚的英国移民对故国的怀念与崇敬。该市的建筑物分别体现了西澳大利亚州在不同历史年代的建筑风格，分属：英国文艺复兴式建筑、哥特式风格、佐治亚建筑与文艺复兴式建筑。这些建筑风格是城市化运动的结果，表明了该区在城市化进程中取得了极高发展。

2. 交通——珀斯的"绿色导航"

就陆路交通而言，珀斯市拥有完善的公路网，包含3条高速公路与9条都会区高速公路。城区的公共运输方式分别为：巴士、铁路与小轮，均由Trans－Perth公司提供。免费的"中央区域运输交通巴士"(Central Area Transit，简称CAT)，方便人们在市区的出行。"中央区交通输运"巴士拥有三条路线，红、蓝、黄三种颜色的巴士贯穿整个市区。此外，为了减少污染，除中央区域运输交通以外，在繁华的市中心也有免费的交通提供。乘搭其他公交车也是免费的，但前提是：乘车者必须上下车都在市中心范围之内。

珀斯市铁路总站是富有古希腊建筑风格的地标性建筑，是该市的交通中转站，提供五条主运输干线，由市中心总站开出至五个Terminals(尾站)，分别为：该市西南的弗莱曼德区(Fremantle)、北面的克拉克森区(Clarkson)、东面的中部区(Midland)、东南面的阿马代尔(Armadale)及南面的曼都拉区(Mandurah)。在阿马代尔区既有火车到达，也有巴士到达，公共运输服务遍布整个区域。珀斯市有两个大型公交车中转站，Bus Port(公交总站)和Wellington Street Bus Station(惠灵顿街公交中转站)，与珀斯市铁路总站相连。99路公交车和98路公交车是环城公交线路，途经该市市内的各大高校。事实上，这些公交线路的设置的目的就是方便学生上下学。该市的公交车票实行"时间制"，公交车票可以在指定时间内无限换乘同一区域内的公交车线路或者铁路线，时效为两小时至三小时之间。

五、"城市化与自然和谐"的城市文化内涵

(一)珀斯的城市文化自然属性

索贾(美国著名城市地理专家)指出："城市人口聚集程度是城市化的基本表象之一。"(Soja，2010)珀斯市人口密度不高，劳动分工较为简单，因而，单位时间内创造出的文化产业较高。赛义德(美国哥伦比亚大学教授)指出："社会控制的城市空间包括教室、法院、火车站、市场、医院、街道、教会，甚至是私人住宅，等等，在日常生活中无处不在。社会控制的空间，从很大程度上讲，一直延伸到地理政治空间、行政管理以及出现在公共建筑的修筑地点与土地分配中诞生的政治产物。"(Edward Said，1983)。就广义的角度而言，无论是物质的城市文化还是非物质的城市文化都是人类改造自然的成就汇总。珀斯市"城市与自然和谐"的城市文化整合了"低碳城市文化"应具有的三个层面，即：绿色覆盖率层面、垃圾管理层面与空气层面。城市物质文化，即古建筑及其风格的保护，需要市民的共同的意识形态的认同和承担，这样才能长久地传承，滋润后人的精神层面。"绿色"城市文化的自然属性体现在："与自然和谐"是城市生活中主导的意识形态，

与该城市居民的意识形态共存。

(二)“低碳城市文化”的自然主题

珀斯市的自然主题是“绿色城市规划”，即：绿地、房屋、道路共存。各类公园近 200 个，绿色覆盖率约占全区总面积的 60%。在环绕居住区的公园与林带中，最突出的当属坐落在天鹅河畔的艾丽兹山(Mt. Eliza)上的 King's Park(国王公园)。该花园占地面积达 400 公顷，其内部森林植被覆盖非常完美。其设计首先保持了原始大自然气息，有古老的观光电车穿梭于公园内部；其次，在该公园增设了现代化设施以方便游客，如设有著名的 5 星级餐厅 Frasers Restaurant 与烧烤设施。自然与现代的和谐构筑起了花园的现代绿色模式。

珀斯市的专业环保组织精心维护公园草地，每逢春夏时节，定期使用割草机修剪草坪，秋冬季则进行机械化松土、喷药、滚压，以消除虫害。另外，该市市民具有低碳生态意识：大学生志愿者经常在居民周围种花植草，甚至有时还在公共场铺设绿色草坪，珀斯市仿佛被绿色环抱，大部分的法国梧桐几乎没有虫害的踪影。19 世纪中后期，随着西澳大利亚经济与社会的发展，西澳大利亚的环境保护开始起步，生态保护的法规也逐渐拓展并延伸至社会生活各个领域。《新碳排放法案》以及其他各类垃圾处理法案均规定了各项城市建设决策均不得破坏自然环境，不可打破“现代与自然”的和谐。珀斯市政府很早就建立起了一个空气质量数据采集与分析中心，严格控制该城市污染源的产生。另外，官方的保护环境专门机构外与民间性的环保组织，如“绿色西澳协会”同时发挥着重要的作用。

(三)自然与现代和谐的“环境代际公平”原理

“现代与自然”和谐共处的低碳城市模式诠释了西方“环境代际公平”的哲学思想。“环境代际公平”，在哲学中又称作“环境世代间公平”，指人类社会的发展要依照可延续性模式，今天与将来的社会成员需形成良性循环整体来共同享有地球的自然资源与文化资源，共同享受宜居的生态环境。目前生活在地球上的人类不仅是未来地球环境的管理人，同时也是上一代人遗留的资源和社会成果的传承者与受益人。因此，目前生活在地球上的人类有义务保护现有地球环境与资源，也有权享用地球资源与环境。“环境代际公平”原理探讨了如何在目前与未来生活在地球上的人类之间合理地进行资源与环境的公平配置问题。目前与未来生活在地球上的人类在三方面的权利均等，即：公平使用自然资源、资源满足个人需求与谋求自身生存与发展。目前生活在地球上的人类必须留给未来生活在地球上的人类生存与发展所需的必要环境资源和自然资源。佩基(Page)在 1988 年最早提出“环境代际公平”思想。“环境代际公平”强调“托管”理念，即人类每一代人都是后代人类的受托人，在后代人的委托之下，目前生活在地球上的人类有责任保护地球环境并将它完好地交给未来生活在地球上的人类。“环境代际公平”原理强调三条重要原则：首先，保存选择原则。现今地球上的人类应该为未来地球上的人类保存多样性自然资源和文化资源，避免未来生活在地球上的人类的权利受限，平等享有目前地球上相似的可供选择的多样性资源。其次，保存质量原则。每代人都有义务保护地球本身的“质量”，在将地球交到下一代手中时，没有破坏或用尽地球“质量”。最后，保存接触与使用原则。代际间的成员有权平行接触与使用上一代地球人类遗留下的遗产，并且为未来地球人类保存接触权与使用权，即：目前地球上人类有权受益于上一代地球人类留下的遗产，同时未来地球人类也能受益于上一代地球人类遗留下来的各类遗产。

六、政府与民众共同行使干预权的城市低碳模式

珀斯市市政府成立了环境保护委员会，负责制定环保标准并有行政执行权。任何城市建设机构、任何城市建设项目，凡是违反了该机构的法案，都会受到相应的严重处罚，处罚的类型包括罚款、限期整改、按原貌恢复原有建筑物与消除污染，有案例证明最高曾有过罚款几百万澳元的先例，甚至有权撤销某个城市设计项目的投资许可证，有权要求任何一个城市建设投资项目在开工前要提供“城市建设对环境的影响评估报告”，让投资人对建筑垃圾的处罚条款充分了解，以及清楚建筑垃圾处理若不达标后造成的后果。

珀斯市市政府要求该城市的各区域都要遵守该机构的各项法案。如果市政府认为某个区的环保措施不健全或执行力度欠缺，那么市政府有权要求该区进行整改。就环境保护而言，该机构的条例凌驾于西澳大利亚州州议会之上，且不受党派的影响。珀斯市市政府资助民间环保组织，这样一来，公众与政府共同参与到低碳城市发展模式之中。例如，“西澳大利亚自然保护协会”，属民间组织，负责指导市民改变不良生活习惯，减少生活垃圾排放，实施垃圾分类处理，推行生活垃圾堆放收费制度。

七、结　语

城市是社会可持续发展与构建和谐的实践载体，在城市化的进程中，提高城市管理水平，通过科学公正的评价体系真正引导低碳城市构建，实现城市的科学发展、现代与自然的和谐。珀斯市的城市规划关注“现代与自然”两大因素的和谐发展，以“环境代际公平”原理为立足点，构筑起“绿色城市文化”模式与“绿色生态城市规划”模式。珀斯市注重环境保护与生态意识，形成了独树一帜的可持续性城市发展模式。珀斯市城市化进程中面临的挑战和政策创新是对大洋洲城市规划研究与实践的缩影。珀斯市“现代与

自然”的和谐发展模式对北京市打造国际化大都市与应对全球化进程颇具借鉴意义。

参考文献

1. Freestone R.，A History of Planning，Sydney：Cambridge University Press，2007.
2. Thompson S.，What is planning?，Sydney：Cambridge University Press，2007.
3. 付宝华：《城市主题文化与特色城市构建》，中国经济出版社，2008 年。
4. 吴伟：《澳大利亚城市设计》，同济大学出版社，2006 年。
5. [法]列斐伏尔：《空间政治学的反思》，《现代性与空间生产》，上海教育出版社，2003 年。

（作者：武 烜 北京建筑文化研究基地研究人员 副教授）

北京中医药文化研究基地

（北京中医药大学）

基地名称：北京中医药文化研究基地
依托单位：北京中医药大学
项目类别：北京市哲学社会科学“十二五”规划项目

房山石经医药养生文献述要[①]

北京房山云居寺石刻佛教大藏经(略称房山石经)，是我国从隋代至明末绵历千年不断刻造的石刻宝库。房山石经不仅是闻名中外的世界文化遗产和佛教历史与典籍的重要宝藏，而且也是开展佛教医药养生史料研究的珍贵文献。在1099部的石刻佛典中，有215部论述或涉及医药养生内容。这些宋代以前的佛教医药养生石刻，具有十分重要的历史价值、文献价值和研究价值。有些文献为其他版本的大藏经所未收录，如《佛说延年益寿经》，填补了佛教医药养生文献之空白。

房山石经不是一部书，与现刊各版大藏经有很大的不同。首先，由于房山石经并非一时一人所编刻，难免存在着版本不一、内容重复的现象，有些重要的经典重刻了数次，甚至数十次；其次，由于房山石经是人工雕刻的文字，难免存在着刀误或磨损的现象，有些刻版甚至已开始风化；最后，房山石经大都为唐、宋、金、辽时期的石刻文字，不存在误排或与错漏的现象，保留了历史的原貌。就以《心经》而言，房山石经共有5种版本，先后刊刻了28次，其中玄奘23次，慈贤1次，不空1次，施护1次，法月2次，此外尚有残刻6部。

现就房山石经医药养生文献略述如次。

一、房山石经中的养生文献

在房山石经中，论及养生之文献非常丰富。据笔者统计。归纳起来，主要有五个方面：一是养心守意与养生；二是延年益寿与养生；三是佛教瑜伽与养生；四是佛教修行与养生；五是佛教仪轨与养生；六是陀罗尼之养生秘诀。

1. 养心守意与养生

调养心神、安般守意是佛教养生的重要方法。在养心方面，主要有《般若波罗蜜多心经》(见图1)、《佛说心明经》、《发觉净心经》、《佛说菩萨内习

① 本文是《房山石经医药养生语词的考释研究》项目的阶段成果，项目编号：11WYB015。

六波罗蜜经》、《出生菩提心经》、《大乘本生心地观经》、《佛说解忧经》、《菩提心观释》等文献。这些经典虽然部帙比较简短，有的甚至只有几百个字，但内涵却是相当的丰富。现以《心经》、《解忧经》、《心明经》为例说明之。三书采用了不同的写作手法，从三个角度来论述养心及开悟的道理，《心经》重在论道，道即觉悟，讲的是开启生命智慧之门的大道理。《心经》全称《般若波罗蜜多心经》，意即"以超越时空的大智慧直指人心，帮助众生脱离生死苦海，最终到达涅槃境界之彼岸的经典"。故《心经》云："观自在菩萨，行深般若波罗蜜多时，照见五蕴皆空，度一切苦厄。"《心经》虽然只有 260 个字，但却囊括了 200 卷本《大般若经》中的精华内容，对佛门之养生起到了提纲挈领的作用。《解忧经》重在说理，该经开宗明义指出："稽首归依正等觉，能度无边大苦海。"什么是正等觉？正等觉就是真正普遍平等的觉悟。佛教认为，只有佛法能解除各种心灵的烦恼，只有佛法能让芸芸众生转迷开悟。因此，解忧就是让一切众生远离贪、嗔、痴"三毒"之大烦大恼，从生死轮回的泥潭和沼泽中解脱出来。《心明经》重在例证，佛陀通过生动的示例和故事，表明内心的觉悟可以超越时空、性别和生死。经曰："种如芥子，生树广大。地之生殖，适无所置，所覆弥广。乃况如来，无上至真等正觉；无量福会，普胜者哉。戒定慧解脱，解脱知见事。"等正觉与正等觉同义，解脱即涅槃，指时间上、空间上与心灵上到达智慧的彼岸。

图 1 《般若波罗蜜多心经》

在守意方面，主要有《大意经》和《佛说坚意经》。《大意经》以佛陀过去世为例，说明积累功德、增长智慧的道理。经云："佛告诸比丘。昔有国名欢乐无忧。王号曰广慈哀。国有居士名摩诃檀。妻名栴陀。生一子姿容端正世间少双。堕地便语。便誓愿言。我当布施天下救济人民。其有孤独贫穷者。我当给护令得安隐。父母因名为大意。"国王名"欢乐无忧"、王号曰"广慈哀"、名士之子名"大意"，这是佛陀讲经说法时有意的安排。意即只有具备慈悲怜悯胸怀的国王，才会有意志坚定、心系苍生的臣民。《佛说坚意经》是一部"明经高洁。开解愚冥"的经典，佛陀告诫弟子要"以忍为先，当如清水"，要懂得"种善得福。种恶获殃"的道理。因此，经中提出了忍让、听法、布施三法，并从禅定、持心的层面来诠释守意的道理。

2. 延年益寿与养生

延年益寿不仅是道家追求的目标，也是佛家十分注重的养生方法。房山石经有关延年益寿的文献主要有：《佛说长寿王经》、《佛说延年益寿王经》、《佛说延年益寿经》、《佛说人本欲生经》、《大乘缘生论》、《佛说较量寿命经》、《妙法圣念处经》、《外道问圣大乘法无我义经》、《中阴经》、《佛说人仙经》、《高上玉皇本行集精髓》、《无上玉皇心印经》等。《佛说长寿王经》以过去世佛陀是长寿王、阿难是长生太子来说明勤修、精进、宽容的道理。经曰："闻如是。一时佛在舍卫国祇树给孤独园。是时佛告诸比丘。昔有菩萨为大国王。名曰长寿。王有太子。名曰长生。"《佛说延年益寿王经》的内容与《佛说长寿王经》基本相同。《佛说延年益寿经》是一部前未见传的佛教经典，虽然只有短短的200多字，但对养生保健与延年益寿哲理的阐述十分到位。经中讲述一位名叫难达的比丘，他在寿命将终之时，求佛陀为其延年益寿，佛陀告诉他说："我今为汝略说十七神名，汝当受持除此病苦。以五色线结作一百八结，即延十八年，其有受百岁者。延命廿年，常得按隐。难诸病害疾病者，得愈痊者，闻言四百四病，应时稍除。佛言：诸有病患及远行者，持此十七神名卓然结缕者，所患稍除。常当持此，经着清静处，若将随身，当使清洁。"不仅讲到了地、水、风、火"四大"所致的四百四病，而且也讲到了十七神护体延命的方法。因此，在药师法门中，对于命悬一线之重症，就有延请十七位高僧诵经加持以续命的方法。《佛说人本欲生经》是一部讲述阿难关于生死感悟的经典，经中讲到了生老病死，讲到了四识止处，讲到了八解脱处。不知身，焉知心？不知生，焉知死？该经通过阿难的言行，对"生"与"身"做了新的诠释。《大乘缘生论》述及因果、五蕴、四谛，《妙法圣念处经》论及轮回、烦恼、善业，《中阴经》论及五道生灭、闻法开悟，所有这些，都是养生延寿的至上法门。此外，在《佛说人仙经》、《高上玉皇本行集精髓》、《无上玉皇心印经》等经典中，也蕴含了丰富的延年益寿内容。

3. 佛教瑜伽与养生

佛教瑜伽与当今社会上流行的瑜伽有着本质的不同。佛教的瑜伽是一种修行的法门，而社会上的瑜伽在某种意义上来讲则可归属健身操之类。瑜伽，语见《解深密经》、《瑜伽师地论》（见图2）。意译作"相应"。依调息（调呼吸）等方法，集中心念于一点，修止观（奢摩他与毗钵舍那）为主之观行，而与正理相应冥合一致。于密教，盛行三密瑜伽相应之说（又作三密相应说）。行此等瑜伽观行者，称为瑜伽师。依瑜伽师而行之境界，称作瑜伽师地。《瑜伽师地论》一书即从五识身相应地说至无余依地之十七地。奉持该论之学派，称为瑜伽派。《瑜伽师地论释》解释"瑜伽"之词义，谓一切乘之境、行、果等诸法，并有方便善巧相应之义，故称为瑜伽。对此，圆测《解深密经疏》卷六立境、行、果、教四种瑜伽之别。(1)境瑜伽：谓“一切境无颠倒”等性，与正理、教、行、果相应，故称瑜伽。(2)行瑜伽：谓一切行更互相顺，称正理，顺正教，趣正果。(3)果瑜伽：谓一切果更互相顺，合正理，顺正教，称正因。(4)教瑜伽：谓三乘圣教称正理，顺正行，引正果。密宗方面，《大日经》等将瑜伽分为“有相”、“无相”二种。有相瑜伽，即心专注于有形相的境缘(如本尊身相等)，在所观想的形相明白显现于意识中，且恒久专注不散时，即为得定，由此而入“无分别”定境，为成就有相瑜伽。无相瑜伽，指观想离言绝相的“心真实”，从而了悟心真实，并定心于心真实上，进入“无相三昧”，此即为成就无相瑜伽。《密宗经论》说“有相瑜伽”为进入“无相瑜伽”的门径，以无相瑜伽成就为究竟。一般认为成就有相瑜伽，只能得治病、驱魔等下等成就。如能进而成就无相瑜伽，才能生延寿、神通等中等以上的功效。

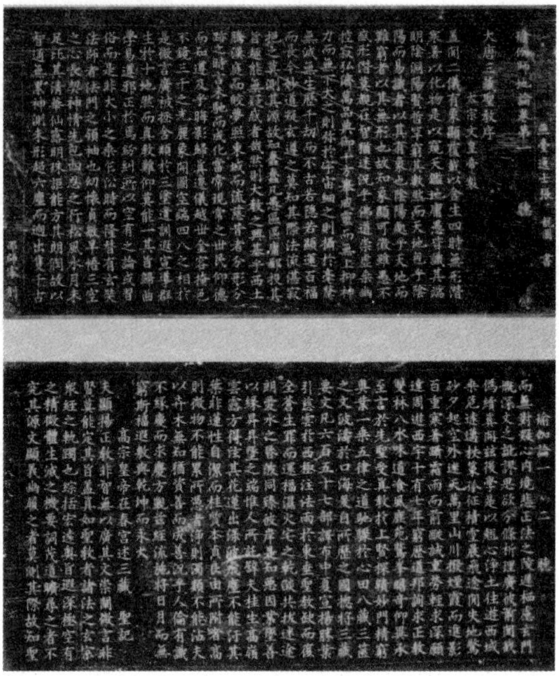

图 2 《瑜伽师地论》

在佛教的瑜伽经典著作中，当首推《瑜伽师地论》。该经为弥勒菩萨说，唐代玄奘译。该书共 100 卷，约 9.4 万字。书中内容大都与养生有关，并涉足部分医药学内容。如“意地”论及四大香(沉香、窣堵鲁迦香、龙脑香、麝香)及香药的种类与使用，“出离地”论及饮食不节而致痈痤干癣、湿癣疥癞、疽疔上气、痎瘷皰浆、哕噎干消、癫痫寒热、黄病热血及阴瘧等各种疾病，以此告诉人们饮食调护的重要性等。此外，《观自在如意轮菩萨瑜伽法要》、《金刚顶经瑜伽观自在王如来修行法》、《金刚顶瑜伽理趣般若经》、《略述金刚顶瑜伽分别圣位修证法门》、《金刚顶经瑜伽十八会指归》、《观自在菩萨如意轮瑜伽》、《佛说瑜伽大教王经》、《尊胜佛顶真言修瑜伽法》等文献也涉及了大量的瑜伽内容。

4. 佛教修行与养生

修行是指具有自我意识的客观存在为了实现自主进化这一目的，而主动对自身施加的一系列约束的总称。佛教的修行，指的是为了修习佛法而调节自己身心的手段和方法。佛教的修行与养生的关系至为密切，无论是佛教的宗派，还是具体法门，都与养生、养心、养性有着紧密的关联。如《菩萨修行经》，讲到了勤听、勤修、观身、精进，以及正知正觉之法门；《佛说诸行有为经》讲到了远离利禄、不贪于味、修习禅定；《正法念经》亦即《正法念处经》，经中讲到了十善业道品、生死品、地狱品、饿鬼品、畜生品（包含阿修罗）、观天品（含四王天、三十三天、夜摩天）等，全经虽涵盖地狱、饿鬼、畜生、诸天等界，但重点则置于三界六道的因果及出家人之修行；《了本生死经》（见图3）讲到缘起、四大、四谛及生老病死，是让人了悟生命的经典著作。此外，《入定不定印经》、《佛说法印经》、《妙吉祥平等秘密最上观门大教王经》、《发菩提心戒》等文献也从不同的角度诠释了佛教修行与养生的内在关系。

图3 《了本生死经》

5. 佛教仪轨与养生

仪轨即礼法规矩。佛教之仪轨原指密部本经所说诸佛、菩萨、天部等，于秘密坛场之密印、供养、三昧耶、曼荼罗、念诵等一切仪式轨则，后转为记述仪式轨则之经典的通称。全称秘密瑜伽观行仪轨、念诵仪轨、秘密仪轨、三摩地仪轨。或称修行法、念诵法、供养法、三摩地法、密轨。佛教之仪轨涉及了许多密宗的成分，这当中也包含了许多密印、咒语、规范等特殊的手段和方法。在佛教仪轨的文献中，涉及养生内容的经典主要有：《金刚顶瑜伽千手千眼观自在菩萨修行仪轨经》、《金刚顶胜初瑜伽普贤菩萨念诵法经》、《无量寿如来念诵修观行仪轨》、《金刚顶经一字顶轮王瑜伽一切时处念诵成佛仪轨》、《金刚顶瑜伽金刚萨埵五秘修行念诵仪轨》、《圣观自在菩萨心真言瑜伽观行轨仪》、《观自在多罗瑜伽念诵法》、《观自在如意轮菩萨念诵法》、《金刚寿命陀罗尼念诵法》、《观自在大悲成就瑜伽莲花部念诵法门》、《修习般若波罗蜜菩萨观行念诵仪轨》、《一字顶轮王瑜伽观行仪轨》、《佛说如意轮莲花心如来修行观门仪》、《妙吉祥平等瑜伽秘密观身成佛仪轨》等。

6. 陀罗尼之养生秘诀

陀罗尼意译为总持、能持、能遮。指能令善法不散失，令恶法不起的作用。后世则多指长咒而言。因此，在佛教的陀罗尼文献中，涉及了大量的佛教咒语，有避邪的、有驱魔的、有治病的、有延寿的，等等。关于佛教的咒语，特别是长咒语，我曾与一些专家探讨过这一问题。我认为，虽然佛教的长咒是否具有沟通天地、沁人肺腑的功能还有待于进一步的研究，但佛教长咒的共鸣效果、声音频率和法音的震撼力，对某些疾病确实能够起到特殊的治疗作用。同时，陀罗尼也是大唐密宗和药师法门的重要组成部分，修持唐密和弘扬药师法门，就必须了解和掌握佛教长咒的规律和特点。佛教长咒具有特殊养生保健与治疗康复的效果，这已得到了业内越来越多认可。当然，佛教长咒是否有效，还与持咒人的修为有着直接的关系。许多咒语在诵读的过程中，能够产生鼻腔共鸣、五官共鸣，甚至全身共鸣，其音色、音质、音频直至人心，对人的心灵能够起到净化和调适的作用。在房山石经中，与养生相关的陀罗尼经典主要有：《护命法门神咒经》、《请观世音菩萨消伏毒害陀罗尼咒经》、《佛说护诸童子陀罗尼咒经》、《诸佛心陀罗尼经》、《拔济苦难陀罗尼经》、《拔除罪障咒王经》、《千手千眼观自在菩萨广大圆满无碍大悲心陀罗尼咒》、《观自在菩萨广大圆满无碍大悲根本陀罗尼》、《佛说一切如来金刚寿命陀罗尼经》、《佛说大威德金轮佛顶炽盛光如来消除一切灾难陀罗尼经》、《息除中夭陀罗尼经》、《无能胜大明心陀罗尼经》、《诸佛心印陀罗尼经》、《佛说宝生陀罗尼经》、《佛说智光灭一切业障陀罗尼经》、《佛说圣六字大明王陀罗尼经》、《增慧陀罗尼经》、《圣六字增寿大明陀罗尼经》、《佛说消除一切灾障宝髻陀罗尼经》、《佛说宿命智陀罗尼经》、《佛说延寿妙门陀罗尼经》、《圣千手千眼观自在菩萨摩诃萨广大圆满无碍大悲心陀罗尼》、《大悲心陀罗尼》、《佛顶心观世音菩萨大陀罗尼经》等。

二、房山石经中的医药文献

在房山石经中，论及医药的著作主要有《续命经》、《佛说续命中经》、《佛说救护身命经》、《佛说胞胎经》、《佛说除一切疾病陀罗尼经》、《佛说能净一切眼疾病陀罗尼经》、《啰嚩拏说救疗小儿疾病经》、《迦叶仙人说医女人经》等。现分而述之。

1.《续命经》

亦即《佛说续命经》，全经共 228 字，主要讲述摩顶、救护、供养、受持、诵佛、解脱等内容，经中还提出了“十愿”及眼、耳、口、手愿与总愿。经云：“一愿三宝恒存立……六愿百病尽消除……眼愿莫见刀光刃，耳愿不闻怨殃声，口愿不用为心语，手愿不杀一众生。”《佛说续命中经》为残卷，主要内容与《续命经》大致相同，但文字的表述当更多一些，该经在其他版本的大藏经中没有见及。

2.《佛说救护身命经》

这是一部旨在“济人疾病苦厄”的佛教经典。该经共一卷，主要讲述诵读佛经以消除疾患的道理。经云：“佛不虚言。此经佛所秘要，甚难可得。比如妙药，能愈毒病，能辟毒气，能断恶毒。有人将行者，诸恶毒虫、众邪蛊毒欲来侵害，闻此药气四向散去，不敢回视。此经亦复如是。若有病痛者，当净洗浴，一心读诵，众患消除……佛即举七佛名字：第一维卫佛、第二式佛、第三随叶佛、第四拘楼秦佛、第五拘那含牟尼佛、第六迦叶佛、第七释迦牟尼佛。若有苦厄病痛者，便当读诵此七佛名字，诸恶蛊毒，悉皆消灭，无能侵近。”

图 4 《佛说胞胎经》

3.《佛说胞胎经》(见图 4)

该经为西晋竺法护译，是一部重要佛医生理学著作。本经约 7000 字，主要讲述胚胎的生长发育过程及胎产期间所患的各种疾病。《佛说胞胎经》不仅对中医、藏医、蒙医和傣医产生了很大的影响，而且为佛医的生理学、解剖学奠定了坚实的基础。该经关于胚胎的生长发育过程的论述与现代医学有着异曲同工之妙，是佛教内观四肢百骸最成功的典范。经中指出：“地水风火，一增则生百病”，若“风寒热聚”，则“四百四病同时俱起”。因此，孕育期间必须切实注意四时寒热及饮食调养。

4.《佛说除一切疾病陀罗尼经》

这是以陀罗尼(长咒)治疗各种疾病的经典著作。佛云：“阿难陀：有陀罗尼能除世间一切疾病，汝当受持，读诵通利，如理作意”，“佛告阿难陀：

此陀罗尼若诵持者，宿食不消、霍乱、风、黄、痰、癊，患痔瘘、淋、上气、嗽、虐、寒热、头痛、半痛、着鬼魅者，悉得除差”。本咒以厚重的发音、鼻音使口腔、鼻窦、头身、躯干产生强烈的共鸣，进而达到治疗疾病的目的。

5.《佛说能净一切眼疾病陀罗尼经》

这是以陀罗尼(长咒)治疗眼科疾病的经典著作。佛门眼科的特色十分鲜明，除了金鎞拨内障、香药治目疾之外，以陀罗尼法来断除各种眼科疾患也有明确的记载。经云：“尔时世尊超越世间耳眼，以天耳闻、以天眼见。尔时世尊告阿难陀言：……以此陀罗尼明加护令净其眼，令彼拔济、令彼摄受、令彼长养、令彼结界，令彼眼无垢翳，得离疾病……眼垢、风垢、黄病、痰病、三集病……持此净眼陀罗尼者，患眼翳瞙浮晕……其眼脉已净，眼耳得见离一切诸垢。”

6.《啰嚩拏说救疗小儿疾病经》

这是一部论述治疗 12 岁以下儿童各种疾病佛医经典。该经认为，儿童“幼稚痴騃”、“神气未足”，易为“鬼魅得便”，“于此之际现作种种差异之相”，“令其失常”。因此，本经根据“小儿年月时分所患疾状”，讲述“大明救疗之法”及“祭祀仪则”。在该经之中，有治疗小儿“先患寒热，身体瘦弱，渐渐干枯，心神荒乱，身常颤掉，啼哭不食者”、有治疗小儿“先患寒热，作荒乱相，合眼不食，手足畜搦，腹内疼痛，吐逆喘息者”、有治疗小儿“忽然惊悸，叫呼啼哭，身体疼痛，寒热无恒，头面颤动，顾视自身渐渐羸弱，不思饮食以至枯瘦者”等不同年龄段所属之疾病，主要治疗方法有咒疗、药浴、香薰、食疗等。如上述的第一组疾患，就有用蓖麻、油麻、荆子、荜茇罗树叶、嚩啰迦药等五药以煎汤，用以沐浴小儿，所患疾病即可除愈。该经采用咒疗、药疗、香疗等多种方法组合治疗儿科疾病，成为佛医小儿科的理论和临床之基础。

7.《迦叶仙人说医女人经》

本经认为，妊娠期间必须做好保护和调养，并详细论述了女人十月怀胎的逐月安胎措施和方法。该经指出：“世间众生皆从女人而生其身。而彼女人从初怀孕至满十月，或复延胎至十二月方始产生。或于中间有其病患，于病患时极受苦痛。我今方便请问于师，禀受方药与作救疗。”于是，经中逐月做了介绍：第一个月胎动不安者，“用栴檀香、莲华、优钵罗花入水，同研后入乳汁、乳糖同煎”；第二个月胎动不安者，“用青色优钵罗花、俱母那花根、棱角仁、羯细噜迦等药，诸药等分，捣筛为末，用乳汁煎，候冷服之”……第十个月，“用绿豆、优钵罗花，等分以水相和，研令极细，复入乳糖及蜜，并乳汁同煎，候冷服之”。对于佛医来说，逐月安胎之法具有十分鲜明的特色，是佛医妇产科学的重要理论和临床知识。

三、房山石经其他文献之涉医内容

在房山石经中，有的经典部帙比较浩大，许多论医内容散在于经籍的各个章节或部类之中。如四阿含经中(长阿含经、中阿含经、杂阿含经、增一阿含经)就有大量的医药养生之论述。有些经典虽然没有讲述医理与临床，但又是佛医中不可或缺的重要经典，如《药师琉璃光如来本愿功德经》、《观药王药上二菩萨经》等。有些经典则通过其他视角和层面来论及佛教的医药与养生，如《菩萨处胎经》、《佛说月光菩萨经》、《佛说戒香经》、《佛说除恐灾患经》、《佛说辟除诸恶陀罗尼经》等。

阿含经不是一部经，而是原始佛教基本经典的汇编。阿含意译为“法归”，指此类基本经典为佛陀教说之所持、所归、所聚。因此，在阿含经中，又包含了有许多具体的经籍。在《长阿含经》中，“十上经”、“本缘品”等品类都记载了大量的医药学内容。在《中阿含经》的“长寿王品”、“增上心经”、“观心经”、“行禅经”和《增一阿含经》的“安般品”、“四意断品”、“苦乐品”、“增上品”等品类中，养生学内容也是非常的丰富。在《杂阿含经》中，我们在卷二、卷三、卷八、卷十二、卷二十、卷二十九、卷四十七等篇章也可寻及许多散在的医药养生的段落。现以《长阿含经》的“十上经”和《中阿含经》中的“增上心经”为例：《十上经》将成、修、觉、灭、退、增、难解、生法、知、证十法分成十个境界来加以论述，该经认为，十法与十个层次是环环相扣、相辅相成的关系，每修完一个层次，人身心就会进入更高的精神境界。经云：“有一成法，一修法，一觉法，一灭法，一退法，一增法，一难解法，一生法，一知法，一证法。云何一成法？谓于诸善法能不放逸。云何一修法？谓常自念身。云何一觉法？谓有漏触。云何一灭法？谓是我慢。云何一退法？谓不恶露观。云何一增法？谓恶露观。云何一难解法？谓无间定。云何一生法？谓有漏解脱。云何一知法？谓诸众生皆仰食存。云何一证法？谓无碍心解脱。”《增上心经》共 1456 个字，主要讲述灭不善之念、增无上之智、修智慧之心的方法，如能遵循“齿齿相着，舌逼上腭，以心修心”等方式修行，就可达到“恶念灭已，心便常住。在内止息，一意得定”。

《药师琉璃光如来本愿功德经》(《药师经》)。房山石经中的《药师经》有两种译本，一种为义净译本，一种为译者不详。药师，又作药师如来、药师琉璃光如来、大医王佛、医王善逝、十二愿王。为东方净琉璃世界之教主。此佛于过去世行菩萨道时，曾发十二大愿，愿为众生解除疾苦，使具足诸根，导入解脱，故依此愿而成佛，住净琉璃世界。《药师经》虽然不讲医药、养生、诊断、治疗等具体的医门法理，但通篇讲的是大医之王的智慧和宏愿，讲的是业因和果报，是修习佛医必知、必诵、必通、必用的重要法门。故有“不知药师法门，不足以为大医”之说。药师佛与药王菩萨是两个世界的佛与菩萨，前者为东方净琉璃世界之教主，后者为阿弥陀佛二十五菩萨之一。《观药王药上二菩萨经》记载了药王、药上二菩萨的生平事迹，经中写道：药王菩萨是西方极乐世界的医药之王，是广施良药，救治众生身、心两种病苦之菩萨。

《菩萨处胎经》(见图 5)共五卷，是一部识生死之本、修清净之道、得知一切法，令至八正道的佛教经典。月光菩萨为药师佛的左右侍从之一，他曾为贤石城的国王，因听了佛陀说法之后，“发菩提心。出生死界”，成为东方净琉璃世界中最有影响的两大菩萨之一。《佛说月光菩萨经》共一卷，主要讲述月光菩萨的出身和经历。此外，《佛说戒香经》、《佛说除恐灾患经》、《佛说辟除诸恶陀罗尼经》等经典也从不同的视角论及了医药与养生的内容。

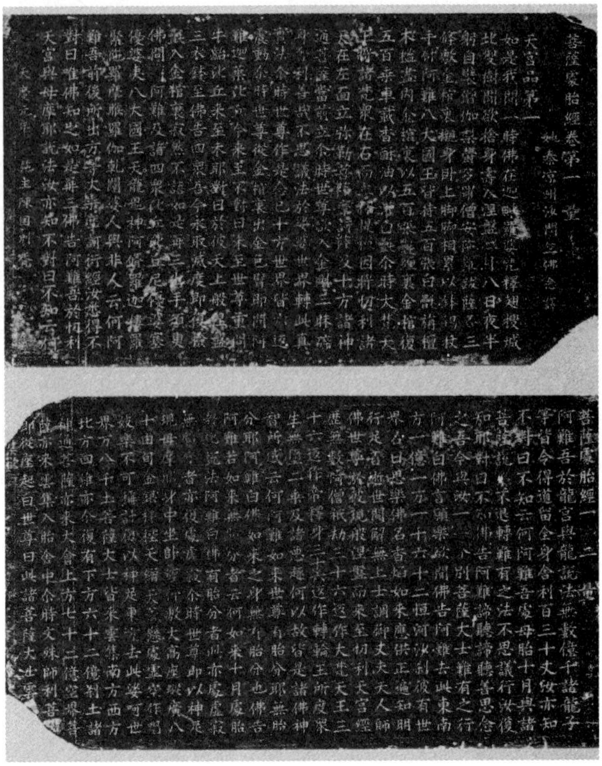

图 5 《菩萨处胎经》

综上所述，房山石经不仅是佛教文化的珍贵宝藏，而且也为我们留下了丰富的医药养生经籍，对于发掘、整理和研究佛教医药和养生智慧，具有重要的理论价值、史料价值和文献价值。因此，房山石经让我们从新的视角来认知佛门医药养生文化，其独特的积极作用不容低估。

参考文献

1. 中国佛教协会等：《房山石经》(全 30 册)，华夏出版社，2000 年。
2. 慈怡：《佛光大辞典》，美国佛光出版社，1989 年。
3. [日]高楠顺次郎等编纂：《大正新修大藏经》(全 100 册)，台北佛陀教育基金会，1990 年。
4. 释一诚：《频伽精舍校刊大藏经》(精装本)，吉林出版集团，2008 年。

5. 释永信、李良松：《中国佛教医药全书》(全 100 册)，中国书店，2011 年。
6. 李良松：《佛教医药知识问答》，香港少林书局，2011 年。
7. 李良松：《佛陀医案》，香港亚洲医药出版社，2012 年。

（作者：李良松　北京中医药文化研究基地研究人员　研究员）

基地名称：北京中医药文化研究基地
依托单位：北京中医药大学
项目类别：北京市哲学社会科学“十二五”规划项目

北京市医疗纠纷人民调解机制现状研究[①]

人民调解制度是一项具有中国特色的民主法律制度，是指在人民调解委员会的主持下，以国家的法律、政策和社会公德为依据，对民间纠纷当事人进行说服教育、规劝疏导，促使纠纷当事人互谅互让、平等协商，从而自愿达成协议，消除纷争的一种群众自治活动[②]。医疗纠纷人民调解，即专业调解医疗纠纷的人民调解机制，是指在医学、法学等专家组成的医疗纠纷人民调解委员会的主持下，只就医疗纠纷问题，对医患双方当事人进行说服教育、规劝疏导，促使双方当事人互谅互让，在平等协商的基础上达成调解协议，消除医疗纠纷的解决机制。

根据我们开展的赴北京市医调委、江苏省鼓楼区医调委、常州市城区医调委、南通市医调委、江阴市医调委等地的实地调研、专家访谈，以及进行的文献研究，就北京市医疗纠纷人民调解机制现状、优势、存在的问题进行总结分析，并就问题的解决、机制的进一步完善，尝试着提出我们的对策建议。

一、医疗纠纷人民调解机制的现状

(一)人民调解引入医疗纠纷的现实需求

医疗纠纷，有广义和狭义之分。广义概念是指患方在就诊过程中与医疗机构及其工作人员，既包括对诊疗护理后果认识产生分歧而引发纠纷，也包括非诊疗护理行为引起的一般民事纠纷；狭义概念仅指医患双方对诊疗护理后果认识不一而引发的民事争议[③]。随着医学技术的快速发展，人们对生命健康的期望值越来越高，与此同时，司法制度日益完善，人们维权意识也越来越强烈，医患之间的冲突已逐渐成为社会关注的热点、媒体报

---

① 本文是《北京市医疗纠纷人民调解机制研究》项目的阶段成果，项目编号：11FXB010。

② 陈志新：《关于在发展人民调解制度中吸纳国外 ADR 成果的思考》，《中国司法》，2005 年第 4 期，第 47—52 页。

③ 林文学：《医疗纠纷解决机制研究》，法律出版社，2008 年。

道的焦点、政府解决的难点。

据最高人民法院研究室统计，全国法院受理的一审医疗事故的案件从2003年的9079件上升到2011年的17237件，呈逐年增多的态势。2011年5月31日《北京日报》报道，北京市医患纠纷以每年35%的速度递增，有72%的医院出现过“医闹”，北京市各基层法院受理的医疗纠纷诉讼案的数量在今年来约以每年30%的速度递增。

医疗纠纷属于平等民事主体之间的民事纠纷，目前有以诉讼为主体的多种解决途径。但实践证明，这些途径并不能有效地解决医疗纠纷、缓和医患之间的紧张关系。如2011年11月同仁医院许文大夫被砍，紧接着2012年3月哈尔滨医科大学附属第一医院研究生被砍等事件。此外，摆花圈、殴打医生等乱象，严重干扰医疗公共秩序，困扰医疗执业。解决机制的不畅进一步加剧了医患关系紧张、双方权益难以保障等现实问题，因此探索医疗纠纷高效率、低成本的解决机制，已成为构建和谐医患关系的迫切要求。

曾经被誉为“东方一枝花”的人民调解制度，因机制本身的架构特点，使其在专业性较强的医疗纠纷调处方面，具有得天独厚的优势。于是人们纷纷开始考虑将人民调解机制引入到医疗纠纷的解决当中来。

(二)医疗纠纷人民调解机制的政策支撑及实践

2010年1月8日，司法部、卫生部、中国保险监督管理委员会联合下发的《关于加强医疗纠纷人民调解工作的意见》倡导以区县为单位设立医疗纠纷人民调解委员会(以下简称“医调委”)，开展医疗纠纷人民调解工作。2011年3月7日，卫生部部长陈竺参加“两会”时表示，两年内，卫生部将把医患纠纷第三方调解机制推向全国。截至目前，医疗纠纷人民调解机制已在全国推广运行，并取得了一定的成效。据2011年12月7—8日，卫生部、中央综治办、公安部、司法部、中国保监会联合召开的全国医患纠纷调处工作经验交流会透露：截至2011年10月，全国已成立医疗纠纷人民调解组织1358家，实现地市级以上全覆盖，县级覆盖面达到73.8%。

北京市于2005年就率先将医疗纠纷专业调解组织调解机制引入医疗纠纷解决领域，但由于其资金来源于保险机构，故其中立性受到一定质疑。于是在2010年12月25日，北京市司法局、卫生局、财政局、公安局、高级人民法院、保监局联合下发了735号文件——《关于加强医疗纠纷人民调解工作的意见》。文件的正式下发，标志着六机关联动推出一种新型的医疗纠纷解决机制，即医疗纠纷人民调解机制。2011年5月30日，北京市医疗纠纷人民调解委员会正式成立，标志着北京市医疗纠纷人民调解工作在全市范围内铺开。

二、北京市医疗纠纷人民调解机制解决纠纷的比较优势

与以往医疗纠纷解决机制相比，北京市医疗纠纷人民调解机制具有极大的优势。

(一)在制度设计上更具中立性和公正性

相比较于卫生行政部门调解，北京市医疗纠纷人民调解机制更具中立性。卫生行政部门调解，是行政机关依照法律规定，在行政职权范围内，以当事人自愿为原则，对特定的民事经济纠纷、一般违法行为和轻微刑事案件进行居中调停，以促使争议当事人协商解决纠纷的行政行为[①]。行政调解解决医疗纠纷，因行政部门的特殊地位，则其中立性、公正性备受患方的质疑，成为该机制的最大诟病。而人民调解组织是依法设立的调解民间纠纷的群众性组织，在制度设计上，是独立于卫生行政机关、医疗卫生单位的第三方组织，与医患双方无利害关系，故其在制度设计上可确保其中立和公正。

北京市医疗纠纷人民调解解决医疗纠纷不收取任何费用，运行资金主要来源于政府财政拨款。相比较于其他地区资金来源于保险机构的专业医疗纠纷调处机构，在经济上具有独立性，纠纷调处和经济利益是相分离的，因而其调处结果更加公正、值得信赖。

(二)在程序设计上更加简便、快捷、经济

相比较于诉讼机制更加简便、快捷及经济。虽然诉讼解决机制具有公正性、权利实现的强制性等优点，但诉讼机制对于患者来说，费时费力，成本较高。曹庆华、曹杰等从法律经济学的成本效益角度出发，历数诉讼机制在经济成本、时间成本和社会效益成本上的不足，阐明人民调解机制的可行性[②]。

医疗纠纷人民调解机制程序简便，当事人可以根据纠纷的具体情况对程序进行删减、越过烦琐程序，患者可在较短的时间内得到赔偿。北京市医调委规定，医调委应当在当事人材料提交齐全之日起四十五个工作日内结案。但经双方当事人申请或因医疗纠纷调解情况确有需要的，可以延长三十个工作日。这与诉讼解决途径持续数月甚至数年相比，节省了大量的时间成本。此外，调解免费，使得医患双方节省了诉讼途径中所要支付的诉讼费、律师费等经济成本。

(三)在调处过程中更具专业性

医疗行业是专业性强、高风险行业，其特殊性、专业性往往使得法官

① 林文学：《医疗纠纷解决机制研究》，法律出版社，2008年，第112页。

② 曹庆华、邓世雄等：《医疗纠纷诉讼程序与非诉讼程序的效益对比分析》，《卫生与法》，2010年第5期，第28—30页。

在责任认定和赔偿的裁量上容易出现外行的困窘，无论患方还是医方，都难免会对法官的裁判心生质疑。而北京市医调委在人员构成上，多是由退休临床医师或法律工作者组成，具有自己的医学专家库，囊括各领域的医学专家，对医疗纠纷的过错认定采取“专家合议制”，故其解决纠纷更具专业性，在一定程度上弥补了患方信息的不足。

(四)调处结果更易被当事人接受

一方面，人民调解在医患双方之间搭起和谐对话的桥梁。医疗纠纷是一种特殊的民事纠纷，当事双方尤其是患方，常常情绪比较激动，处理问题不够理智。李守全、孙忠河研究发现：虽在解决医疗纠纷时，医患双方协商的途径最为常用，但由于双方信息不对称，对同一事件的认知往往存在较大差异，从而可能激化矛盾[①]。即双方若直面接触协商解决纠纷，由于情绪的对立，往往会使事态升级。中立第三方介入，为双方和谐对话提供了可能，双方对峙的激烈情绪也可以在一定程度上得到缓和。另一方面，人民调解是以当事人的利益为首要目标。日本学者棚濑孝雄认为，调解达成的合意基本上是以当事者个人关于是否有利、是否有理的评价标准为基准，使解决能够更贴切地反映当事者所处的实际情况[②]。所以，调解结果就更易被当事人接受。

据北京市医调委刘方主任介绍，北京市医调委从 2011 年 5 月 30 日成立截止到现在，共受理医疗纠纷 2600 余件，在医疗纠纷解决方面发挥了极大的作用，有效缓解了司法压力。所以，在新的时代背景下，为有效解决医疗纠纷，防止“医闹”等恶性事件的发生，“医疗纠纷人民调解机制”不失为解决问题的一项良策。

三、北京市医疗纠纷人民调解机制存在的问题及对策建议

(一)北京市医疗纠纷人民调解机制运行中存在的问题

1. 法律地位不明确

我国现行人民调解制度，具有法律依据。《宪法》第 111 条规定：“居民委员会、村民委员会设人民调解……调解民间纠纷……”。2002 年《最高人民法院、司法部关于进一步加强新时期人民调解工作的意见》中规定乡镇街道设人民调解委员会。2002 年 11 月施行的《最高人民法院关于审理各级人民调解协议的民事案件若干规定》，赋予人民调解协议具有民事合同效力。

---

① 李守全：《引入人民调解化解医患纠纷的实践与思考》，《中国卫生监督杂志》，2010 年第 6 期，第 586－588 页。

② ［日］棚濑孝雄著，王亚新译：《纠纷的解决与审判制度》，中国政法大学出版社，1994 年，第 46 页。

2011 年 1 月正式实施的《中华人民共和国人民调解法》更是以法律的形式对人民调解做了专门的规定。2012 年《民事诉讼法》修正案中，也增加了对人民调解协议司法确认的内容。这些涉及人民调解内容的法律法规，给人民调解解决医疗纠纷提供了强有力的法律保障。

但专门针对医疗纠纷人民调解内容的法律法规还是十分匮乏的。目前，北京市医调委的运行主要依据 2010 年 12 月 25 日北京市六部门联合下发的《关于加强医疗纠纷人民调解工作的意见》，但《意见》仅是规范性文件，其法律层级和效力都较低。

由于对医疗纠纷人民调解机制立法的缺失，导致现阶段医调委法律地位模糊不清。《中华人民共和国人民调解法》规定，有权设立人民调解委员会的主体是村民委员会、居民委员会、企业事业单位、乡镇、街道以及社会团体或者其他组织，所以，医调委的性质不可界定为《人民调解法》第 7 条的“调解民间纠纷的群众性组织”。2010 年国家六部委联合下发的《关于加强医疗纠纷人民调解工作的意见》，将医调委的性质描述为“专业性人民调解组织”，但 2011 年司法部《关于加强行业性、专业性人民调解委员会建设的意见》明确指出，“行业性、专业性人民调解委员会由社会团体或者其他组织设立”。故医调委法律地位和性质仍然不明确。

2. 调解员的专业性、中立性问题

任何诉讼外纠纷解决机制是否具有生命力，关键在于“第三人”是否真正中立[①]。而这当中，调解员的职业道德和专业水准又是调解机制的关键。与大多数地方的医调委一样，北京市医调委主要是通过内部考试对调解员进行考查选任，但选任制度与医疗和法律执业选任相比，并不十分严谨，所考查的内容十分有限。目前医调委的调解员构成现状是，已退休的临床医师占绝大部分，只有少部分退休法官、律师等。虽然具有医学背景的调解员，在上岗之前会有一个短期的法律培训，但培训所得的法律知识毕竟有限，这就为调解工作带来了一定难度。

为便于操作和工作量的均衡，虽然理论上医患双方可以自行选择调解员，但实践操作中，将调解员分组，每一组固定负责某几个行政区域内医院的所有医疗纠纷调解工作，组与组之间的调解员几乎无流动性。长此以往，调解员就有可能与其所管辖区内的医院建立了长期的合作关系，其调解的中立性不免受到质疑。即可谓调解员和医院是“铁打的营盘”，而患者则是“流水的兵”。此外，在对调解员的管理方面，尚无明确法律层级的管理制度，没有相应的具有可操作性的监督机制，没有明确的行为规范及法

① 陈美雅：《医疗纠纷诉讼外解决机制比较研究》，《法律与医学杂志》，2006 年第 3 期，第 181—190 页。

律后果。

3. 受理纠纷范围不明确

北京市医调委在其官方网站上，公布其受理范围为："当事人申请调解，符合下列条件的，医调委应当受理：(1)医患双方自愿申请；(2)在诉讼时效内；(3)当事人与医疗纠纷有直接利害关系；(4)有具体的调解请求、事实依据和理由。"此公示受理范围十分宽泛，引起实践操作中诸多不便。比如，根据此公示，北京市"12320"公共卫生热线将多起医患纠纷咨询引导至医调委解决，这其中相当部分纠纷属于医德医风问题，但医调委称医德医风纠纷并不在自己的调解范围之内，从而让患方产生"被踢皮球"、"纠纷解决无门"的感觉。

在机制构建上，界定医调委所受理的医疗纠纷，是患者与医疗机构及其医务人员在诊疗过程中发生的医疗损害赔偿纠纷。对于"医疗损害赔偿纠纷"的概念，医调委在调解规程中并未明确界定其内涵和外延，于是受案时存在一定的困扰。

随着2010年《侵权责任法》实施，学界逐渐认同将医疗损害划分为三个类型：医疗技术损害、医疗产品损害、医疗伦理损害。对于前两种损害，操作中争议不大，存在模糊的多是面对第三种类型损害。因为此类型损害多发生在诊疗护理行为之外，根据狭义"医疗纠纷"的概念，它并不属于医疗纠纷；此外，受传统观念影响，认为医疗损害即是对患者生命健康权的损害，而不包括知情权、自我决定权、隐私权、名誉权等其他民事权益。但根据广义"医疗纠纷"的概念，医疗纠纷包括非诊疗护理行为引起的一般民事纠纷。

4. 调解缺乏监督、申诉机制

调解过程缺乏内外部监督机制。在调解过程中，为避免医患双方的矛盾激化，若双方未提出特殊要求，一般采取不公开的"背靠背"调解方式。课题组在对不满医调委的患方进行访谈时，绝大多数患方表示对调解机制最大的不满，即是此种调解方式过程不透明，自己没有抗辩、申诉的权利。

他们表示，医调委介入调解纠纷，己方几乎没有话语权，所做的仅是提供材料后等结果而已，和医方及医调委责任认定的专家均无当面对质环节。医调委的医学专家仅根据自己所提交的材料，在不面见当事人的情形下，进行背后合议，给出医疗过错认定结果。由于己方信息不足，在不知自己所提供材料是否全面的情况下，医调委专家即作出不利于自己的合议结果，让人难以信服其公正性。

5. 调解协议司法确认机制不完善

医疗纠纷人民调解协议具有民事合同的效力，不具有强制执行力。医疗纠纷人民调解协议的司法确认程序，是法院运用司法权赋予调解协议强制执行效力的程序。即司法确认程序可以弥补人民调解机制效力不足的缺陷，有利于发挥非诉专业化纠纷解决机制的功效，有利于节约司法资源，有利于构建多元化纠纷解决机制的大格局。

但目前对专业化的医疗纠纷人民调解的司法确认制度研究还不够成熟，实践中也是在不断探索前行，还有一系列问题亟待解决。

比如司法确认过程中的审查问题。司法确认中的法院审查仅采取简易的书面审查形式，与法院立案审查的严格程度无法比拟，但确认后的调解协议却与法院裁决具有同等效力。这就可能导致一味追求效率，而忽视对当事人实体权利利益的关注。

司法确认制度的经费保障问题。《最高人民法院关于人民调解协议司法确认程序的若干规定》第 11 条规定：人民法院办理人民调解协议司法确认案件，不收取费用。而法院并无独立的经费收支，其经费均来源于政府财政，且其经费多少一定程度上是与案件多少成正比的，但司法确认工作必定会导致法院案源的减少，这就导致了司法确认制度的经费保障问题，同时也影响到法院推动此机制的积极性。

社会认知度不高。根据课题组的调研结果，由于北京市医疗纠纷人民调解委员会地处西城区，故其调解案件的司法确认工作多在西城区人民法院进行。北京市医调委自 2011 年 5 月 30 日成立至今，共受理 2600 件医疗纠纷，其中司法确认案件仅 200 件。

(二)完善北京市医疗纠纷人民调解机制的对策建议

1. 完善立法工作

为确保医疗纠纷人民调解工作的顺利进行，建立医疗纠纷人民调解的长效机制，应完善立法工作，明确医调委的法律地位和性质，为机制运行提供高层级的法律依据。具体立法工作，可以仿效劳动争议的立法模式——《中华人民共和国劳动争议调解仲裁法》，制定《中华人民共和国医疗纠纷人民调解法》。与此同时，北京市可以根据本地开展情况和现实条件，仿效浙江和深圳等地，制定地方法规，为医疗纠纷人民调解制度在北京市的顺利开展提供法律保障。

2. 建立专门的医疗纠纷人民调解员制度

严格选任制度，全方位考查调解员的综合素质。在选任时，可以适当考虑现有调解员的知识背景，使得调解员队伍的知识结构搭配合理，确保每个调解小组中都有法律专业人士。机制若想取得长足的发展，应注重对人才培养。考虑到现有调解员的年龄结构及复合型人才匮乏的现状，医调委应着重培养一批年轻调解员，加强对其法学和医学复合知识背景的培养。在制度设计上，要确保机制的中立性和公正性。具体到调解员的工作机制中，就要增加调解员的流动性，即某一调解组或某几个调解员并不固定对接某几所医院的纠纷。在对调解人员的管理制度上，应通过立法明确调解员的权利义务，尤其要建立问责机制，杜绝“肆意调解”现象的发生。

3. 明确受理范围

医调委在受理纠纷之先，应清楚界定相关概念，明确机构的受理范围。随着学界在理论上逐步将“医疗伦理损害”纳入到“医疗损害赔偿纠纷”当中，医调委所受理的“医疗纠纷”应采取广义上的概念，即包括非诊疗护理过程中的医患双方纠纷，即只要是在医疗服务合同存续期间内所发生的医患双方的民事纠纷，医调委在理论上都可受理。这一做法也契合医调委设立的初衷——解决医患纠纷，缓解司法压力，促进医患和谐。

4. 建立纠纷解决的监督机制

若要保证医疗纠纷人民调解机制的活力，就应在制度上确保医调委的公正和中立。鉴于现有调解方式脱离公众的监督，缺乏透明度，医调委应着手建立完善的公众监督机制，如听证制度，并从制度上细化，以确保监督途径的通畅。而不仅仅是在调解规程中原则性规定“接受社会各界的监督”。

5. 完善司法确认程序

医疗纠纷人民调解协议的司法确认制度作为一项有力衔接诉讼与非诉讼的机制，对发挥人民调解解决医疗纠纷的功效具有重要的作用。目前北京市西城区人民法院联合北京市医调委，对此项机制仍在进行不断地探索完善。

在这过程中，首先要严格对申请司法确认案件的审查标准，应将当事人实体权利放在首位，然后再考虑效率问题。其次要争取司法确认机制的专门经费保障，确保机制运行的积极性。最后要充分利用各类传媒的媒介作用，加大对医疗纠纷人民调解司法确认制度的宣传力度，以消除公众对医疗纠纷人民调解制度的疑虑，增强对该机制的认同，让更多纠纷当事人自觉寻求人民调解渠道解决医疗纠纷。

参考文献

1. [日]小岛武司等编，丁婕译：《诉讼外纠纷解决法》，中国政法大学出版社，2005年。
2. 林文学：《医疗纠纷解决机制研究》，法律出版社，2008年。
3. 刘辉、姜昕：《诉调对接中的司法确认制度解析》，《河南教育学院学报》，2010年第29期。
4. 卫彦明、蒋惠岭等：《〈关于人民调解协议司法确认程序的若干规定〉的理解与适用》，《人民司法》，2011年第9期。
5. 刘兰秋：《试论北京市医疗纠纷人民调解制度的完善》，《中国医院》，2012年第16期。
6. 姬文清、任玉峰：《“诉调对接”食物问题分析与规制》，《法律适用》，2009年第8期。

7. 范愉：《诉讼与非诉讼程序衔接的若干问题》，《法律适用》，2011 年第 9 期。
8. 刘兰秋：《试论北京市医疗纠纷人民调解制度的完善》，《中国医院》，2012 年第 16 期。
9. 李年终：《论人民调解制度的完善》，《时代法学》，2007 年第 6 期。
10. 范愉：《诉讼与非诉讼程序衔接的若干问题——以〈民事诉讼法〉的修改为切入点》，《法律适用》，2011 年第 9 期。
11. 杜莹：《“诉调对接”机制相关问题的探析》，《法制与经济》，2011 年第 4 期。
12. 广东省高级人民法院课题组：《关于完善诉讼与非诉讼矛盾处理衔接机制的调研报告》，《司法调研》，2010 年第 8 期。

（作者：王梅红　北京中医药文化研究基地研究人员　教授
霍增辉　北京中医药文化研究基地研究人员　副教授
桂平静　北京中医药大学　硕士研究生）

马克思主义大众化研究基地（中共北京市委讲师团）

基地名称：马克思主义大众化研究基地
依托单位：中共北京市委讲师团
项目类别：北京市哲学社会科学“十二五”规划项目

重视马克思主义思想方法的大众化①

实现马克思主义思想方法的大众化是用中国特色社会主义理论体系武装全党、教育人民，顺利推进社会主义建设事业的重要内容和基本要求。在改革开放新的历史时期做好这一工作特别重要、尤为紧迫，需要认真对待。

一、人民群众掌握正确的思想方法很重要

认识是行动的先导，没有正确的认识也就没有正确的行动，更没有自觉的行动。人民群众是社会主义建设事业的主体，在主观见之于客观的社会实践过程中，人民群众如何认识其改造的客观对象对于实践的成功是具有前提性和基础性意义的。不同的思想方法必然导致不同的认知结果，进而影响社会实践。人民群众只有掌握正确的思想方法，科学理论才能发挥其实践指导作用，人民群众的创造性才能得到实现。否则，对科学理论的认识必然是片面的、肤浅的，对方针政策的执行必然是表面的和盲目的。换言之，科学理论大众化的程度取决于其内含的思想方法大众化的程度。只有让思想方法实现大众化，科学理论的传播才是有效的，才能实现“入脑”、“入心”，掌握群众，进而转化为改造世界的强大动力。

我们党历来重视思想方法大众化，把思想方法的学习掌握作为干部群众马克思主义教育的重要内容。毛泽东、邓小平等党的领袖不但特别强调而且竭力实践思想方法大众化，并成为思想方法大众化的光辉典范，关于思想方法大众化理论和实践贯穿于他们革命的一生。早在革命战争年代，毛泽东就指出：“我们不但要提出任务，而且要解决完成任务的方法问题。我们的任务是过河，但是没有桥或没有船就不能过。不解决桥或船的问题，过河就是一句空话。不解决方法问题，任务也只是瞎说一顿。”②新中国成立

① 本文是《马克思主义大众化研究：理论、历程和基本经验》项目的阶段成果，项目编号：11ZDB14。

② 《毛泽东选集》第1卷，人民出版社，1991年，第139页。

后，他同样反复强调思想方法的重要性，强调“各级党委应当大大提倡学习马克思主义的认识论，使之群众化，为广大干部和人民群众所掌握，让哲学从哲学家的课堂上和书本里解放出来，变为群众手里的尖锐武器”①。邓小平对思想方法大众化的重视和贡献更多地体现在他从世界观、方法论层面上对“什么是社会主义，如何建设社会主义”的卓越的形象概括与传答——直接面向群众的有震撼力和穿透力的传达。他深深了解和充分利用人民群众转变观念、达成共识的强大力量。“三个有利于”的判断标准，即“主要看是否有利于发展社会主义社会的生产力，是否有利于增强社会主义国家的综合国力，是否有利于提高人民的生活水平”②，“两手抓、两手都要硬”，“一手抓物质文明，一手抓精神文明”，“一手抓建设，一手抓法制”，“一手抓改革开放，一手抓惩治腐败”等等，使人们的思想得到了大解放。这些方法论意义上社会主义本质观和发展观对人民群众的影响无论怎样估量都是不过分的。

马克思主义思想方法大众化是和社会主义事业顺利推进紧密相连的，是人民群众发现、掌握并自觉运用社会主义建设规律的关键所在。只有掌握正确的思想方法，才能科学理解和运用整个马克思主义理论和各方面的具体知识。所谓正确的思想方法，从根本而言，就是马克思主义实事求是的方法。在社会主义建设史上，广大人民群众之所以曾受制于教条主义的束缚，在“平均主义”、“剥削”面前犹豫和迷茫，之所以曾迷信于精神的力量，相信“人有多大胆，地有多大产”，或缺乏活力和动力，或脱离客观实际陷入空想和狂热，都与马克思主义思想方法没有被正确地掌握有关。历史告诉我们，在马克思主义思想方法上出现认识误区，不能科学地认识和解决社会主义建设中的问题，人民群众主体地位的尊重和力量的发挥根本无从谈起，甚至会加剧错误路线方针政策所带来的后果，社会主义事业也必然会出现挫折。

再来看看改革开放的成功实践。我们不会忘记，正是一场全民性的真理标准讨论使实践标准和思维深入人心，从而以思想路线的端正拉开了改革开放的序幕；我们不会忘记，在相当程度上成就了改革事业的家庭联产承包责任制、乡镇集体企业等一个个基层人民群众的创造，是同“发展是硬道理”、“三个有利于”标准这些基本的马克思主义思想观点和方法被深入学习、广泛传播并日益深入人心分不开的；我们更不会忘记，在改革开放以来中国面临的“向何处去”的几个重大关口，也正是人民群众在方法论上对道路发展的科学认同，我们才能排除种种干扰，迎接改革开放新时代的到

---

① 《毛泽东文集》第8卷，人民出版社，1999年，第323页。

② 《邓小平文选》第3卷，人民出版社，1993年，第372页。

来。总之，正是由于马克思主义思想方法成功大众化，广大人民群众的积极性、主动性才真正空前高涨，创造活力才真正被空前激发。没有政策，也要闯出一条道路来，成为共识和行动。正是在这生动的群众性实践基础上，改革道路得以越走越宽，中国特色社会主义理论体系得以形成和发展，人民群众实践创造和精神创造双重主体身份得以彰显，以思想方法大众化推进社会主义事业健康发展得到最好诠释。

二、深化改革迫切需要马克思主义思想方法大众化

我国改革开放已经进入一个新的历史阶段，面临的形势更加复杂、任务更加艰巨。要将改革开放伟大事业推向深入，需要进一步加强马克思主义思想方法大众化工作。

当前，世情、国情和党情都发生了重大变化。在新的时代条件与执政环境下，继续深入回答"六个为什么"等重大问题，加强理论阐释，明辨理论是非，引导人们划清马克思主义同反马克思主义的界限，社会主义公有制为主体、多种所有制经济共同发展的基本经济制度同私有化和单一公有制的界限，中国特色社会主义民主同西方资本主义民主的界限，社会主义思想文化同封建主义、资本主义腐朽思想文化的界限成为时代的课题。[①] 与此同时，我国经济社会发展的阶段性特征日益明显。经济实力显著增强的同时，自主创新能力还不强，长期形成的结构性矛盾和粗放型增长方式尚未根本改变；社会主义市场经济体制初步建立，但影响发展的体制机制障碍依然存在；人民生活总体上达到小康水平的同时，收入分配差距拉大趋势还未根本扭转，统筹兼顾各方面利益难度加大；协调发展取得显著成绩，但缩小城乡、区域发展差距和促进经济社会协调发展任务艰巨，等等。

问题是时代的口号。我国当前的重大理论和现实问题以及社会热点、难点问题无不是这个时代提出的实践课题。这些课题需要人民群众给予正确认识，这是解决问题的前提条件。社会前进的动力，改革实践的深入推进仍然需要人民群众在思想方法坚持唯物主义的态度，学会和善于用辩证的、历史的、发展的、联系的观点看待问题。在改革开放的时代大潮中不为任何风险所困，不为任何干扰所惑的关键系于人民群众思想方法的始终如一和创造性运用。人民群众只要掌握改革时代实事求是的方法，成为这个时代的推动者和创造者，就没有不可以克服的困难，改革的前途必然一片光明。

深化改革一要解决精神动力问题。在社会大变革时期，人们思想上的

---

① 刘云山：《架起科学理论与人民大众的桥梁 用马克思主义中国化最新成果掌握群众》，《人民日报》，2010 年 3 月 29 日。

片面性是很容易发生的。在新形势、新任务、新挑战面前，如何引导人民群众正确认识、科学回答当前出现的重大理论和现实问题，实现中国特色社会主义理论体系普及，成为统一思想、凝聚共识，形成推动改革强大精神动力的关键所在。一方面，经济社会转型加速使得各种问题相互交织叠加，矛盾日益错综复杂；另一方面，意识形态领域斗争仍很激烈，各种社会思潮相互激荡，人们思想活动日益多元多样多变。改革复杂性、艰巨性的凸显以及世情、国情、党情的变化使得“引导”工作的任务和难度空前加大。思想方法是马克思主义的精髓，“引导”工作在某种程度上就是把贯穿中国特色社会主义理论体系的马克思主义世界观和方法论这个精髓交给人民群众，让人民群众掌握科学锐利的思想武器去认识和解决问题。只有从思想方法入手，人民群众才能明辨理论是非、澄清模糊认识，不会在重大的理论和现实问题上误读误判，不会在热点、难点问题上迷茫徘徊，从而筑牢思想防线，不为风险所动、不为干扰所惑，坚定信心、全力投身改革实践。

深化改革二要解决创新实践问题。创新是推进改革的不竭动力，就是要解放思想，勇于变革。改革形势越是复杂、任务越是艰巨，就越需要开拓创新。改革开放以来，在正确思想路线的引领下，党带领人民群众不断破除各种错误思想和体制的束缚，“大胆试”、“大胆闯”，以创新求生存、求发展。改革就是走前人未走的路、做前人未做过的事。尽管改革道路已经确立、方向已经明确，但我国经济社会发展阶段性特征以及当前改革复杂性使得全民创新的重要性空前凸显。“深水区”和“攻坚期”的改革对人民群众创新实践的意识和能力提出了更高的要求。掌握正确的思想方法，以实践思维取代本本思维，人民群众就能敢于和善于冲破一切影响自主创新的体制机制弊端、束缚自主创新的做法规定、妨碍自主创新的思想观念，实现创新源泉的充分涌流。

三、马克思主义思想方法大众化面临新的挑战

我们党在思想方法大众化上有许多宝贵的经验和做法。但新的时代条件给这一历史任务提出了新的挑战，其中最根本的两个挑战：一是思想教育环境的改变，二是问题本身的复杂性程度增加。同时，也恰恰因为这两个挑战，才更加凸显思想方法大众化的重要性。

社会环境的改变对思想教育工作的影响是全方位的和深刻的。大变革、大发展的社会给人民群众带来的既有知识的爆炸，更有信息的多元；既有思想理论需求的增加，更有自我认识意识的增强。一方面，信息技术的进步，带来的是海量的信息。当今时代，可以称之为“数字宇宙膨胀”。社会本身复杂性程度的增强加上海量信息的裹挟和冲击对人的认识能力提出了

极大的考验；另一方面，信息技术也对中国社会思想舆论的形成、传播及其机制产生了深刻影响，不再是上情下达，学习领会。现在，人人都是传播者，“自媒体”在社会思想舆论形成中的地位和作用日益增强。更为重要的是，在市场经济对社会和人的冲击以及各种信息包括不同思想意识的全方位影响下，人们思想活动的独立性、选择性、多变性、差异性明显增强，不要说思想意识的不同认知和取舍，甚至是马克思主义都不再是一家之言。换言之，在新的时代条件下，不仅是在价值判断，而且在事实判断上，人民群众的思想认识都面临一个巨大的考验。联系到当前思想意识形态实际，我们可以看到各种“主义”的登场。有人借改革开放中出现的一些局部性的问题否定改革开放的根本道路，声称改革是走了“修正主义”的道路，是走了“资本主义复辟”的道路，进而主张重走所谓的“无产阶级专政路线”；有人从抽象的人道主义出发，大力宣扬所谓的“普世价值”，借对历史问题的反思攻击社会主义的历史观和价值观，开出“民主社会主义”的药方；有人则一如既往地主张“全盘西化”，以美日为师；还有什么“新自由主义”、“新权威主义”、“新左派”等纷纷登场。我们需要擦亮眼睛。

社会热点问题凸显同样对思想方法大众化提出新的要求和挑战。当前，整个社会处于矛盾凸显期。一些诸如收入分配、医疗保障、教育改革、食品安全、司法公正、房价调控等许多问题日益凸显。用邓小平的话来说是“发展以后的问题不比不发展时要少”①。这些社会问题形态多样，既有全局性的，也有局部性的；既有长期积累的，也有新近形成的；既有经济领域的，也有社会领域的。从总体上看，不同的社会热点问题之间关联性强，相互交织、相互影响，许多问题都是“两难问题”。② 可以断言，这些问题的存在将是长期的，而且是日益复杂的。面对着这些问题，人民群众如何看、怎么办就成为事关改革发展全局性的问题。对这些问题的正确认识和解决是同党的理论方针和政策如何赢得人民群众的认可、拥护与支持在根本上是一致的。

四、创造性推进马克思主义思想方法大众化工作

重视马克思主义思想方法的大众化，强调人民群众对思想方法的学习和运用，并以此调动人民群众的积极性、主动性、创造性，是我们党带领人民群众推进社会主义事业前进的一个宝贵经验。在改革开放新的历史时期，我们一定要重视用好这一经验。要适应时代要求、立足改革实践、遵循传播规律、创新形式手段，充分尊重人民群众的主体地位，联系人民群

① 《邓小平年谱》下卷，中央文献出版社，2004 年，第 1364 页。

② 任理轩：《科学对待当前的社会热点问题》，《人民日报》，2011 年 5 月 10 日。

众的思想实际，从重大理论和社会热点、难点问题着手，结合党的路线方针政策的学习，在推进中国特色社会主义理论体系的普及中做好马克思主义思想方法大众化工作。

在回答重大理论和现实问题中贯穿和体现正确的思想方法，把对问题的阐释与实现马克思主义思想方法大众化结合起来。创造性推进马克思主义思想方法大众化的关键是要把世界观和方法论这个马克思主义精髓交给人民群众。改革开放是一项前无古人的伟大创举，其任务的艰巨性、复杂性、繁重性世所罕见，各种问题相互交织叠加，矛盾错综复杂，各种可以预见和难以预见的风险和情况需要我们正确加以应对。我们要用马克思主义思想方法去研究、分析、回答问题，在研究、分析、回答问题中体现和传播这一科学思想方法。要始终坚持把实践标准、生产力标准、人民利益标准贯穿于重大理论和现实问题的阐释中，引导人民群众透过现象看本质，学会和掌握用历史、辩证的方法观察和分析问题。只有掌握马克思主义世界观和方法论，理论才能“管用”，人民群众才能明辨理论是非、澄清模糊认识，才不会在重大的理论和现实问题上误读误判，从而筑牢思想防线，更加自觉地坚持中国特色社会主义不动摇。

社会热点、难点问题是我国经济社会发展新的阶段性特征的具体体现，具有普遍性和典型性特征，形态多样、成因复杂，大多事关群众的切身利益。在如何看待社会分配、医疗、就业、住房等民生问题、党风廉政建设等这些问题上，为群众解疑释惑。尤其是要在运用转化上下工夫，通过摆事实、讲道理，在分析回答问题中体现和传播科学思想方法，引导人民群众透过现象看本质，学会和掌握用全面的、发展的、联系的方法观察和分析问题，避免主观和片面，不仅给群众一个结论，更为重要的是给群众以思想方法，“授人以渔”，让群众既认识到存在问题的复杂性和必然性，又能看到解决问题的基本路径和方法，进而彰显马克思主义思想方法的科学性和价值性。也就是“管用”，而且是管根本性作用的。

党和政府方针政策和决策部署作为科学理论和社会实践连接的中介，贯穿着马克思主义的立场、观点和方法，体现着中国特色社会主义理论体系的根本要求。通过对党和政府的方针政策和决策部署的学习宣传和解读，对其出台的时代背景、重大意义、执行贯彻、具体成效进行全面阐释，让人民群众知其然，更知其所以然，充分认识和了解党和政府是如何以实践标准、生产力标准、人民利益标准制定这些方针政策和决策部署的，在此之中又是如何体现统筹兼顾这个科学发展根本方法的，如何遵循具体问题具体对待这个马克思主义活的灵魂的，等等。有了这些思想方法论上的理解和把握，广大群众在政策的执行上也就更具自觉性和创造性。

推进马克思主义思想方法大众化工作要重视广大群众自我教育。要强调群众对思想理论宣传工作的积极参与，充分发挥隐性教育的功能，改变群众单纯“受教育”的地位，突出群众在问题阐释、理论学习过程中的主体地位。要结合当前正在进行的中国特色社会主义理论普及计划，创新群众参与的手段和形式，把话筒交给群众、把讲台让给群众，群众不仅提出问题，也自己解答问题，不仅谈体会和感受，也谈理解和认识。在此之中，还要加强对群众的自我教育的科学引导，发挥专家和领导的理论和实践专长，用生动形象的大众话语引导群众掌握正确的思想方法，提高他们对问题的理解和把握能力，实现对问题从感性认识到理性认知的跨越。

（作者：崔耀中　马克思主义大众化研究基地首席专家　高级政工师）

基地名称：马克思主义大众化研究基地
依托单位：中共北京市委讲师团
项目类别：北京市哲学社会科学“十二五”规划项目

党的领导是加强社会主义立法的根本保证
——彭真立法思想的启示[①]

彭真是我国社会主义法制的主要奠基人。他坚持以马克思主义为指导，从中国国情出发，创造性地开展工作，为加强社会主义民主法制建设提出了一系列重要思想、观点和理论，并付诸实践，为中国特色社会主义法律体系的形成奠定了坚实基础。彭真在主持全国人大常委会工作期间，不仅亲自领导了包括1982年宪法在内的许多重要法律的制定和修改，而且在长期领导我国立法实践工作中形成了切合中国发展实际需要的立法思想和经验。彭真立法思想非常丰富，本文仅就他关于党领导立法的思想及其重要启示进行探讨。

一、党的领导是加强社会主义立法的根本保证

党的十一届三中全会后，党和国家工作的重心开始转移到社会主义现代化建设上来。随着这个历史性的转变，一方面，针对“文革”的巨大破坏后果，痛定思痛，“人心思法”，加强立法工作成为党和人民的迫切需要。但另一方面，当时“社会上有那么一些人，掀起了怀疑或否定社会主义、无产阶级专政，否定党的领导、马列主义毛泽东思想的自由化思潮和无政府主义思潮”[②]。恢复工作后的彭真面对我国立法发展的这种复杂形势，高度重视并强调党领导人民制定宪法和法律的关键性和迫切性。

党领导立法是巩固党的执政地位的客观要求。就执政党的一般意义而言，执政党是在执掌国家政权后进而治理国家的政治组织。作为执政党，如果不能介入或影响立法，那么作为一个政党角逐和获取国家政权的能力是有限的，也是与政党这一政治组织的性质和职能不相符的。中国共产党作为执政党，“在我们这个国家，要把事情办好，没有党的领导不行。这是

---

① 本文是《党领导立法实证研究——以北京市人大及其常委会为例》项目的阶段成果，项目编号：12FXA002。

② 彭真：《在中央工作会议东北组的发言》，《彭真文选》，1991年，第367页。

历史证明了的。宪法写了四项基本原则，其中一条就是坚持党的领导”[①]。彭真之所以在主持制定宪法的时候，将坚持党的领导写进宪法，是从我国民主政治发展和社会主义现代化建设长远角度考虑的，是巩固党的执政地位的客观要求。在现代民主政治时代，“立法是国家政权的最重要的活动之一，因而为政党所特别关注。各国政党要对政权活动发生作用，必须也必然涉足立法活动，这是由政党的性质和任务所决定的”[②]。彭真作为党和国家领导人，在领导新时期我国社会主义立法实践中，深刻认识到党领导立法的重大意义，为巩固党的执政地位奠定了法理基础。

党领导立法是贯彻执行党的政策的需要。在新民主主义革命和社会主义革命时期，党主要直接依靠发布政策贯彻执行党的意志和主张。十一届三中全会召开，党提出发展社会主义民主，健全社会主义法制的政策要求。在民主政治稳步发展的社会条件下，党执政方式必须转变，不能再仅仅依靠政策命令，而是要将党的政策通过法律的形式上升为国家意志。1982 年宪法制定后，彭真总结性地指出：“我们不仅有党，还有国家。党的政策要经过国家的形式而成为国家的政策，并且要把在实践中证明是正确的政策用法律的形式固定下来。凡是关系国家和人民的大事，光是党内做出决定也不行，还要同人民商量，要通过国家的形式。”[③]党领导立法的过程就是贯彻执行党的政策的过程。“党的政策是立法的根本指导政策，立法以党的政策为依据和基础，遵循党的政策，不与党的政策相抵触。党还通过立法把自己的政策贯彻、体现到具体的法律、法规中去，使党的政策成为具有国家强制性的规范。可以说，在中国，各项立法都是在党的政策指导下制定的。”[④]可见，党的政策指导是中国立法之根本，基于这样一种属性关系，党领导立法成为贯彻执行党的政策的必然途径。

党领导立法是将党的主张与人民意志相统一的过程。在领导我国立法实践工作中，彭真反复强调的一个重要观点就是：“立法要考虑到农民、工人……立法时脑子里要有农民、工人，要有十亿人民，要面向他们，为了他们。”[⑤]也就是说，党领导立法必须坚持走群众路线，要体现广大人民群众的利益和意志，党领导立法的过程就是将党的主张与人民利益、意志取得一致的过程。“坚持共产党的领导，最根本的、最主要的是靠党的思想政治领导的正确，靠党的路线、方针、政策的正确；是靠党和人民群众的密切

---

① 彭真：《加强民主与法制建设，加强人大常委会工作》，《论新时期的社会主义民主与法制建设》，中央文献出版社，1989 年，第 327 页。

② 周旺生：《立法学》，北京大学出版社，1988 年，第 386 页。

③ 彭真：《不仅要靠党的政策，而且要依法办事》，《彭真文选》，1991 年，第 493 页。

④ 周旺生：《中国立法五十年》，《立法研究》第 1 卷，法律出版社，2000 年，第 75 页。

⑤ 彭真：《新中国的政法工作》，中央文献出版社，1993 年，第 268 页。

联系，党的主张经过反复和群众商量，集中群众的意见，反映最大多数人民的最大利益；是靠广大党员的带头和模范作用。同时，共产党在国家生活中的领导和活动，都是在宪法和法律的范围内进行的。宪法修改草案规定，一切权力属于人民，人民行使国家权力的机关是人民代表大会。党和人民的意见全国人大和它的常委会通过和决定，才能成为法律，成为国家意志。在我国，宪法和法律是党的主张和人民意志的统一。"[①]所以，彭真坚信，在领导立法过程中，"为最大多数人民谋求最大利益的中国共产党，一定能够在实践检验中，同人民一起，总结经验，坚持真理，修正错误，不断改善党的领导，加强党的战斗力，把我们的事业推向前进"[②]。

二、党领导立法要坚持的几个原则

(一)坚持民主集中制

中国共产党的根本组织原则是民主集中制。彭真指出，民主集中制就是"必须在集中指导下充分发扬民主，在民主基础上集中正确的意见"[③]。党领导立法必须坚持民主集中制原则，要在高度民主的基础上达到高度的集中。彭真指出："我们的法律是在中共中央领导下，按照人民民主专政、民主集中制这个根本制度，在广泛发扬民主的基础上，由人民代表大会制定的，它既代表了全国人民的利益和意志，也集中反映了党的政策和主张。党员干部遵守和执行法律，就是服从全国人民的意志，就是服从党的领导，就是维护人民的利益。"[④]

立法要代表广大人民的根本利益，要广泛、充分地发扬民主，在民主基础上集中，这是彭真关于党领导立法思想的核心要义并付诸实践。1982年11月26日，彭真在五届全国人大五次会议上作《关于中华人民共和国宪法修改草案的报告》，指出："宪法修改委员会和它的秘书处成立以后，经过广泛征集和认真研究各地方、各部门、各方面的意见，于今年二月提出《中华人民共和国宪法修改草案》讨论稿。宪法修改委员会第二次会议，用九天的时间对那个讨论稿进行了讨论和修改。全国人大常委会委员、全国

---

① 彭真：《关于中华人民共和国宪法修改草案的说明》，《论新时期的社会主义民主与法制建设》，中央文献出版社，1989年，第103—104页。

② 彭真：《关于中华人民共和国宪法修改草案的说明》，《论新时期的社会主义民主与法制建设》，中央文献出版社，1989年，第103页。

③ 彭真：《实现四化一定要有一个生动活泼、安定团结的政治局面》，《论新时期的社会主义民主与法制建设》，中央文献出版社，1989年，第32页。

④ 彭真：《关于七个法律草案的说明》，《论新时期的社会主义民主与法制建设》，中央文献出版社，1989年，第15页。

政协常委会部分委员、各民主党派和人们团体领导人也都提出了修改意见。”[①]并且，“许多重要的合理的意见都得到采纳，原来草案的基本内容没有变动，具体规定作了许多补充和修改，总共有近百处，纯属文字的改动还没有计算在内”[②]。至 1993 年通过的宪法修正案，作为一个重要个案，印证了彭真的这一讲话精神。

该如何贯彻民主集中制原则？关键是立法、人民的意愿和党的领导实现一致。彭真指出：“领导干部要多谋善断。多谋，才能善断。多谋，就要充分发扬民主，遇事多同大家商量，了解各种不同意见，才能集思广益，做到善断，不致武断，工作才能得到群众支持，少犯错误。”[③]这是彭真党领导立法思想提出的贯彻民主集中制原则的具体工作要求。基于立法实践，他进一步强调：“五届人大通过的七个法律的草案，中共中央政治局两次开会专门讨论，原则通过后，又提到人大常委会，人大常委会审议后提到全国人大审议通过。政治局讨论通过，这不是代表党的意见！全国人民代表大会通过，还不是代表全国人民的意见！所以，法、人民的意愿和党的领导是一致的。”[④]

(二)从中国国情和实际出发

彭真确立了立法从中国实际出发，条件成熟的才予以立法的思想。“立法时要吸收古今中外对我们有用的好经验，要解放思想，百家争鸣，但必须从中国的实际出发，根据我国的实践经验。社会实践是检验真理的唯一标准，从实际出发，实事求是，就是唯物论。”[⑤]也就是说，一部法律制定时宁可不完善并待以后条件成熟时给予补充，也不能客观条件不成熟时勉强立法，立法必须从中国的实际出发，调查研究现实的实际和历史的实际。“立法不能只凭愿望和想当然，不能离开实际头脑里想搞什么就搞什么。法是在矛盾的焦点上划杠杠，什么许做，什么不许做，令行禁止，要很明确；而且，法要有稳定性，不是说不能改，立法也必须坚持真理，随时修正错误，但总不能今天立了法明天就改。因此，它只能是社会实践经验的总结，

① 彭真：《关于中华人民共和国宪法修改草案的报告——一九八二年十一月二十六日在第五届全国人民代表大会第五次会议上》，《人民日报》，1982 年 12 月 6 日。

② 彭真：《关于中华人民共和国宪法修改草案的报告——一九八二年十一月二十六日在第五届全国人民代表大会第五次会议上》，《人民日报》，1982 年 12 月 6 日。

③ 彭真：《人大常委会机关要有一个好的思想作风》，《论新时期的社会主义民主与法制建设》，中央文献出版社，1989 年，第 54 页。

④ 彭真：《关于全国选举试点工作的几点意见》，《论新时期的社会主义民主与法制建设》，中央文献出版社，1989 年，第 46 页。

⑤ 彭真：《民事诉讼法起草中的几个问题》，《论新时期的社会主义民主与法制建设》，中央文献出版社，1989 年，第 76 页。

是实践证明是正确的政策的法律化、条文化。”①

党如何领导搞好立法工作？回答是一切要从实际出发。“我们要根据实际的需要和可能，有计划有步骤地进行立法工作，做到既积极又慎重，以保持法律的严肃性和稳定性。”②在制定民法的过程中，彭真提出了具体的立法方法，“如果说什么是民法的母亲的话，就法律体系本身来说是宪法，但归根到底，还是中国的实际是母亲，九百六十万平方公里的十亿人民是母亲”。同时，“研究问题、立法，不能割断历史。我们是父亲生的，父母是祖父母、外祖父母生的，都有个历史。起草民法，除研究现实的社会经济关系外，还要研究我国历史的实际，研究我国的民法史，批判地吸收其中好的有用的东西”③。据此得出结论：“经验证明，对新的重大问题、重要改革，要制定法律，必须先有群众性的探索、试验，即社会实践检验的阶段。在这个基础上，经过对各种典型、各种经验的比较研究，全面权衡利弊，才能制定法律。这是立法的一般性经验，也可以说是规律。”④

党领导立法还要处理好法的体系与实际之间的关系。按照辩证唯物主义的观点，法律、法学是上层建筑，由经济基础决定，并为经济基础服务。“立法要从实际出发，但是法也要有自己的体系，前后、左右不能自相矛盾，不能灵机一动想搞什么法就草率地搞什么法。实际是母亲，法律、法理是儿子。法要有自己的独立的体系，有自己的逻辑，但要从社会实际出发，受社会实践检验。如果法与实际和社会主义发展需要不适应了，就要研究修改。”⑤为此，彭真严肃指出：“立法如果脱离实际，单纯去搞法的体系，没有不犯错误或不失败的。”⑥“我们立法不能没有马克思主义的理论作指导，否则，就会一会儿偏向这边，一会儿偏向那边。理论是从实际中来的。对马列主义的法学理论，要学习，还要发展。把工作经验系统化，从中找出规律性的东西，就是理论。”⑦1982 年宪法的制定与修改是从实际出

① 彭真：《在全国经济法制工作经验交流会上的讲话》，《论新时期的社会主义民主与法制建设》，中央文献出版社，1989 年，第 139 页。

② 彭真：《在第六届全国人民代表大会第一次会议上的讲话》，《论新时期的社会主义民主与法制建设》，中央文献出版社，1989 年，第 190 页。

③ 彭真：《在民法座谈会上的讲话》，《论新时期的社会主义民主与法制建设》，中央文献出版社，1989 年，第 97 页。

④ 中共中央文献编辑委员会编：《彭真文选》(1941—1990 年)，人民出版社，1991 年，第 507 页。

⑤ 彭真：《发展社会主义民主，健全社会主义法制》，《论新时期的社会主义民主与法制建设》，中央文献出版社，1989 年，第 135—136 页。

⑥ 彭真：《在全国经济法制工作经验交流会上的讲话》，《论新时期的社会主义民主与法制建设》，中央文献出版社，1989 年，第 137 页。

⑦ 彭真：《在全国经济法制工作经验交流会上的讲话》，《论新时期的社会主义民主与法制建设》，中央文献出版社，1989 年，第 139 页。

发，全面总结新中国成立 30 多年正反两方面的经验总结，并吸收外国的经验基础上而来。同时，1982 年宪法又有自己的体系和逻辑，克服了自身可能存在的自相矛盾的问题，是新中国成立以来处理宪法体系与实际关系的成功典范。这一成功案例即是在彭真同志亲自主持并领导下完成的。

(三)维护宪法权威和法制统一

宪法是国家的根本大法，在一个国家的法律体系中居于最高地位。在法治国家，宪法权威不容侵犯。1982 年宪法修改是在党的正确领导下进行的。党的十一届三中全会之后，党和国家领导全国人民全面清理“文化大革命”的错误，深入总结新中国成立以来的历史经验，恢复并根据新情况制定一系列正确的方针和政策，使国家的政治生活、经济生活和文化生活发生了巨大的变化。这种情况下，1978 年宪法在许多方面都已经同现实的社会情况和经济发展的需要不相适应，所以，对 1978 年宪法的修改迫切提上党和国家政治生活的重要议事日程。1981 年中国共产党召开十一届六中全会，全面总结了新中国成立以来的党和国家政治生活的重要经验教训，通过了《关于建国以来党的若干历史问题的决议》，直接为新宪法的修订提供了重要依据。“中国共产党去年召开的十一届六中全会通过的《关于建国以来党的若干历史问题的决议》和今年召开的第十二次全国代表大会的文件，得到全国人民的拥护，为宪法修改提供了重要的依据。”①

彭真明确了宪法作为我国十亿人民办事总章程的地位。他指出，中国是一个拥有十亿人口的大国，社会阶层复杂，涉及政治、经济、社会、文化直到人民的吃饭、穿衣等具体问题。那么面对这么多的人，这么多的事，必须要有一个总章程来具体管理国家和社会，那么，“这个总章程就是宪法。党有党章，全体党员都要遵守。国有国法，宪法则是十亿人民办事的总章程，全体人民包括党和政府都要遵守”②。因为“宪法的权威关系到政治的安定和国家的命运，决不容许对宪法根基的任何损害。中国共产党是代表中国人民利益，执行人民意志的工人阶级政党，除了人民的利益之外，没有自己的特殊利益”③。也就是说，党领导人民制定宪法，维护宪法的权威和统领地位，也就是执行人民的意志，维护人民的根本利益。理顺党的领导与宪法统领地位之间的关系，为理顺党的领导与我国法律体系、立法系统之间的关系奠定了基础。

---

① 彭真：《关于中华人民共和国宪法修改草案的报告》，《论新时期的社会主义民主与法制建设》，中央文献出版社，1989 年，第 141—142 页。

② 彭真：《认真组织全国各族人民讨论宪法修改草案》，《论新时期的社会主义民主与法制建设》，中央文献出版社，1989 年，第 117—118 页。

③ 彭真：《关于中华人民共和国宪法修改草案的报告》，《论新时期的社会主义民主与法制建设》，中央文献出版社，1989 年，第 171 页。

（四）科学设置立法权限

建立健全人民代表大会制度，是为了更好地坚持党的领导，二者的根本目的和任务都是一致的，关键是侧重点有所不同。彭真指出："人民代表大会和它的常委会，就是在党的领导下，代表人民直接管理国家的。它的任务是保证宪法、法律，保证党和国家的方针、政策的正确实施。可以说，健全人民管理国家的制度，正是为了更好地实现党的领导。两者的目的、任务是一致的，都是为最大多数人的最大利益服务的。党是管方针、政策和原则问题，至于这样那样的具体问题，党管不了那么多，也不必管那么多。"①

1982 年宪法修改草案中，根据发挥中央和地方两个积极性的原则，在中央的统一领导下，中央与地方要适当分权，加强地方的职权，确定省、自治区、直辖市人大和它的常委会有权制定和颁布地方性法规。因为"我们国家很大，一个省就有几千万以至上亿人，相当一个大、中国家，各地政治、经济、文化发展很不平衡，这样规定，有利于各地因时因地制宜，发挥主动性、积极性，加速整个国家的建设"②。彭真从我国实际出发，直接推动地方立法权的确立，并在五届人大二次会议制定的《地方各级人民代表大会和地方各级人民政府组织法》第 27 条、28 条做出明确规定，省、自治区、直辖市人民代表大会和它的常委会，在和国家宪法、法律、政策、法令、政令不抵触的前提下，可以制定和颁布地方性法规。至于"立法的根据是什么？一是根据当地具体情况；二是省、自治区、直辖市的实际需要。限制只有一条，就是同国家宪法、法律、政策、法令、政令不抵触"③。

人大与行政机构之间是从属关系，应通过制度设计，使人大与行政机构之间相辅相成，共同实现党确立的政策和执政目标。"全国人大和国务院的根本关系，按照宪法规定，全国人大是最高国家权力机关，国务院是最高国家权力机关的执行机关，是最高国家行政机关。它们之间的关系是很清楚的。一个是权力机关，一个是它的执行机关，办事都是以人民利益为根据，以宪法为准绳，都是在中国共产党的领导下，方针、政策、目标是一致的，不能以唱'对台戏'为方针。"④在新的历史时期，行政机构通过制定

① 彭真：《关于地方人大常委会的工作》，《论新时期的社会主义民主与法制建设》，中央文献出版社，1989 年，第 61 页。

② 彭真：《关于中华人民共和国宪法修改草案的说明》，《论新时期的社会主义民主与法制建设》，中央文献出版社，1989 年，第 113 页。

③ 彭真：《关于地方人大常委会的工作》，《论新时期的社会主义民主与法制建设》，中央文献出版社，1989 年，第 60 页。

④ 彭真：《全国人大专门委员会怎么工作》，《论新时期的社会主义民主与法制建设》，中央文献出版社，1989 年，第 184—185 页。

行政法规等履行一定的立法权，但人大作为立法机关，是以其立法职能为标志，而行政机构以执行法律为主要职能，二者之间的职能定位不同，使人大与行政机构之间的从属关系表现得泾渭分明。

三、彭真“党领导立法”思想的重要启示

在新的历史时期，中国共产党审时度势，顺应潮流，确立了依法治国，建设社会主义法治国家的执政方略，执政方式正在发生根本性转变，党领导立法成为党发挥领导核心作用的重要基石。彭真作为新中国社会主义法制奠基人，在党的领导下，他在实践经验基础上形成的重要立法思想对今天中国的立法实践及立法理论和系统的发展起到重要的开创作用，必将产生更为深远的影响。

（一）党领导立法应当促进政策和立法相结合，以党的政策引领立法实践

党的政策为立法提供了方向指引和原则指导，党的正确领导来源于对国家、社会的正确认识并制定切合实践基础的政策。毛泽东曾指出：“一个革命政党的任何行动都是实行政策。不是实行正确的政策，就是实行错误的政策；不是自觉地，就是盲目地实行某种政策。”[①]其实，在现代政党政治时代，政党尤其执政党是国家立法工作中事实上的决策主体，执政党政策在立法活动中往往起到主导性作用。彭真在立法实践中确立了我国法律与政策的本质属性关系。“什么叫法律？我们的法律是党和国家的方针、政策定型化的表现，是把实践证明比较成熟的党和国家的方针、政策用法律的形式固定下来。”[②]可见，党领导立法的过程，就是将党的政策法律化、制度化、具体化的过程，是党实现其在某一时期的执政目标和任务的重要一环。

纵观改革开放以来我国的立法发展，大凡重要的立法，都是在党的政策指导下制定的。比如，党实行改革开放政策后制定的法律，鲜明体现了党从我国社会主义初级阶段的基本路线出发，正确处理国家改革、发展、稳定的关系，发展社会主义市场经济的政策。再如，各级较大市以上的地方人大及其常委会的重要立法、重大事项决定，通常也是贯彻落实中共中央和地方党委重要方针政策的结果。至2010年中国特色社会主义法律体系形成，是改革开放以来党领导立法工作的最高成就。同时，也是彭真立法思想得以实践检验的最新成果。彭真关于正确处理党的政策与法律关系的立法思想，为明确我国党的政策与立法实践之间的关系及如何发挥政策对

① 《毛泽东选集》第4卷，人民出版社，1991年，第1156页。

② 彭真：《在全国检察工作座谈会、全国高级人民法院和军事法院院长会议、第三次全国预审工作会议上的讲话》，《论新时期的社会主义民主与法制建设》，中央文献出版社，1989年，第22—23页。

立法工作的引领作用奠定了坚实的理论基础，产生了深远的影响。

(二)党领导立法应以转变党的领导方式为前提

在不同的历史时期和不同的历史任务条件下，党发挥领导作用的方式必然不同。革命战争时期，党以领导人民夺取国家政权为根本目的，破坏和推翻反动政权的法律规约是其重要目标之一，所以，党主要以直接发布命令的方式发挥领导核心功能。党领导人民取得国家政权，党处于执政地位，党如何实现对国家政权的领导？党在革命战争年代形成的领导方式必然不能再适应新的形势要求，充分认识执政党与法之间的关系，转变党的领导方式是党领导立法的根本前提。"为了实现党对国家的领导，各级党委的一项重要任务就是抓社会主义民主与法制建设这件大事。一个地方的民主与法制搞得怎么样，人大常委会当然有责任，但首先党委要负责。"①党领导立法，要将党的政策切实蕴含在立法机关的立法工作中。针对党与法实质关系之间，曾一度存在这样的疑问，是法大，还是哪一位首长、哪一级地方党委大？彭真明确回答："我看，法大。这次公布的七个法，草案是经过中共中央政治局原则批准，是经过全国人大常委提请全国人民代表大会审议通过的，它是代表党和全国人民的意志和利益的。有谁比党中央还大，比全国人民代表大会还大呢？"②

"党委怎样领导政权？是政治上的领导，还是组织上的隶属关系？在政治上必须坚持党的领导……从组织上说，那就有所不同，政权机关并没有义务服从党委，政权机关对党委不是组织上的隶属关系。相反，对政权机关的决议，所有人都要服从，共产党员也不例外，党委也不例外。"③从另一个角度说："党的领导与依法办事是一致的、统一的。党领导人民制定宪法和法律，党也领导人民遵守、执行宪法和法律。"④彭真这一立法思想明确了今天中国共产党作为执政党也要接受法律约束的主题。也就是说，在我国推进法治的进程中，党的领导是建立在依法执政的基础上，党既要发挥领导核心作用，又需要党适应法治的要求将自己置于宪法和法律的规范约束下。这样，要适应法治的要求而改善党的领导方式和执政方式，避免因党的领导方式不适当而在人民心中造成党不守法律的印象。

要充分发挥国家权力机关的立法职能。人大及其常委会是我国的立法

---

① 彭真：《加强民主与法制建设，加强人大常委会工作》，《论新时期的社会主义民主与法制建设》，中央文献出版社，1989年，第327—328页。

② 彭真：《在全国检察工作座谈会、全国高级人民法院和军事法院院长会议、第三次全国预审工作会议上的讲话》，《论新时期的社会主义民主与法制建设》，中央文献出版社，1989年，第22页。

③ 彭真：《彭真文选》(1941—1990年)，人民出版社，1991年，第227页。

④ 彭真：《彭真文选》(1941—1990年)，人民出版社，1991年，第493页。

机关，是党领导立法的直接载体。在社会结构、社会利益日益多元化的当代中国，为了将党依法治国的政策落到实处，党领导立法必须运用好人大及其常委会这一立法机构。加强民主法治建设，必须加强人大的主导作用，树立人大作为立法主体的权威性。同时，人大及其常委会应借助于法律的强制性和严肃的程序，成为社会利益诉求的主渠道，并不断适应这种利益诉求的变化。“随着形势的发展，情况的变化，经验的丰富，法律的有些规定不适用或者需要补充了，那就必须加以修改。但是，第一，在没改以前，谁也得遵守。第二，要改也得经过法定程序。全国人大或人大常委会制定的法律，只有全国人大或人大常委会才能修改，其他任何机关、任何个人都无权修改。即使中共中央认为需要修改，也是要提交全国人大或人大常委会审议通过修改才能成为法律。”①

（三）党领导立法应当加强调查研究，关注我国民主法制实践

中国法治发展到今天，立法实践经验很丰富，立法理论成果和法律成果比较显著。但是，法学研究与立法实践相脱节的问题长期以来并未得到根本解决；相反，与彭真等老一辈立法实践经验及理论研究状况相比，立法研究与立法实践背道而驰的矛盾却愈演愈烈。“经过几十年的实践，我们发现这种研究方式和思维方式已经远远过时了，中国的法学总体来说，虽然取得了巨大的成就，但是在很多方面还存在着上不沾天、下不着地的情况。上不沾天，就是说你跟国外的最先进、最发达、最前沿的理论大家和法学的阵营相比，我们还有相当大的差距。下不着地，根据我们的中国实践社会土壤来看，又接不了地气，处在中间飘移的状态。这样的发展既没有根源，又没有引导的力量，这样下去肯定有很大的局限。”②

重温彭真关于在党的领导下，立法要加强调查研究、注重实际的思想，给我们的重要启示是，要加强运用实证方法分析当前中国立法建设的实际情况。在研究过程中，以往研究数据和研究资料的来源，往往是二手资料，法学研究进行的是对资料的第二次解读。简而言之，中国立法中最主要的弊端是，主流法学作为新法治的话语产物，特别强调言说者的意识形态立场，而不愿关心事实的真相和细节；其法条主义论述便有“很强的教义倾向”③，立法中的问题往往归因于立法不足或体制滞后，却没有下力气开展调查研究。当前，法学研究者应开始加大自有调研数据的分量，用科学的方法获取第一手的直接的数据，通过亲身的调研挖掘法治发展的实证数据，

① 彭真：《在全国检察工作座谈会、全国高级人民法院和军事法院院长会议、第三次全国预审工作会议上的讲话》，《论新时期的社会主义民主与法制建设》，中央文献出版社，1989年，第23页。

② 李林：《法治蓝皮书这十年——法学研究也能创造社会影响力》，法制网，2012年3月。

③ 苏力：《也许正在发生：转型中国的法学》，法律出版社，2004年，第125页。

从纯粹学术思维逐步转向为比较关注现实，从关注理论论证更多地转向实证研究，从而使立法研究更好地为立法实践服务。

（四）党领导立法应当将民主立法、党的领导、人民利益统一起来

党在十七大报告中指出："要始终把实现好、维护好、发展好最广泛人民的根本利益作为党和国家一切工作的出发点和落脚点，尊重人民主体地位，发挥人民首创精神，保障人民各项权益。"①毫不例外，党领导立法所有的工作最终都要落实到保障人民合法权益上，党领导立法是为了更好地保障人民的根本利益。"在立法过程中，全国人大常委会要同国务院和省、自治区、直辖市的人大常委会分工协作，密切配合。事情是一个，都在中国共产党的领导下，以最大多数人民的最大利益为根据，以宪法为准绳，目标、方针、政策是一致的，只是分工不同。"②

在新的历史时期，要深刻领会彭真关于坚持党对社会主义立法工作的领导，以最大多数人民的最大利益为根据的立法要求，就要深刻理解"党的事业至上、人民利益至上、宪法法律至上"三者的内涵和相互关系，在立法过程中贯彻执行"以人为本"的根本政策，通过立法过程使这一政策的执行更加规范化、程序化、制度化。同时，适应党创新社会管理的要求，加强社会管理领域立法建设的调查研究，在党的坚强领导下，通过立法调研、论证、整合意见等过程逐步实现政府还权于社会，并指导、培育人民在理性维权下的自主、自理及自治，发挥人民对公权力的监督作用，真正实现人民当家做主。

彭真指出，中国的法制建设不是一朝一夕的事情，要真正把法律交给老百姓。他还特别强调"法律要备而不繁，简明扼要，便于群众掌握"，"要使得老百姓打官司"，"法律为人民所掌握就会变成维护社会主义民主和法制的强大力量"。③ 从另一个角度讲，为切实加强社会主义民主法治建设，实现深化立法改革的成效，执政党、政府和人民都必须树立起规则意识，要真正以法律法规约束自身行为。只有法律法规切实得到实施，才能真正发挥中国特色社会主义法律体系在治国理政中的根本性作用，才能更进一步推进社会主义立法建设，才能将中国共产党依法治国、建设社会主义法治国家的基本方略落到实处。

---

① 十七大报告：《高举中国特色社会主义伟大旗帜，为夺取全面建设小康社会新胜利而奋斗》，2007年10月15日。

② 中共中央文献编辑委员会编：《彭真文选》(1941—1990年)，人民出版社，1991年，第508页。

③ 《缅怀彭真》编写组：《缅怀彭真》，中央文献出版社，1998年，第385—386页。

参考文献

1. 彭真：《彭真文选》(1941—1990年)，人民出版社，1991年。
2. 彭真：《论新时期的社会主义民主与法制建设》，中央文献出版社，1989年。
3. 周旺生：《立法学》，北京大学出版社，1988年。
4. 彭真：《新中国的政法工作》，中央文献出版社，1993年。
5. 周旺生：《立法研究》第1卷，法律出版社，2000年。
6. 彭真：《关于中华人民共和国宪法修改草案的报告——一九八二年十一月二十六日在第五届全国人民代表大会第五次会议上》，《人民日报》，1982年12月6日。
7.《毛泽东选集》第4卷，人民出版社，1991年。
8. 李林：《法治蓝皮书这十年——法学研究也能创造社会影响力》，法制网，2012年3月。
9. 苏力：《也许正在发生：转型中国的法学》，法律出版社，2004年。
10. 十七大报告：《高举中国特色社会主义伟大旗帜，为夺取全面建设小康社会新胜利而奋斗》，人民出版社，2007年。
11.《缅怀彭真》编写组：《缅怀彭真》，中央文献出版社，1998年。

（作者：田　侠　马克思主义大众化研究基地研究人员　博士后）

北京企业低碳运营战略研究基地（北京科技大学）

基地名称：北京企业低碳运营战略研究基地
依托单位：北京科技大学
项目类别：国家自然科学基金项目

铁矿石资源谈判的挑战与我国钢铁工业的发展[①]

一、关于铁矿石谈判的困境

铁矿石是钢铁冶炼最主要的原材料，钢铁工业又是国民经济发展的基础产业。因此，铁矿石的稳定供应直接关系到钢铁工业的可持续发展和我国经济的健康运行。1981 年我国进口矿产生铁占全国生铁产量的比重尚不到 10%，自 1996 年我国钢铁产量突破 1 亿吨后，进口矿的比重也快速提高，并于 2004 年超过 50%，2009 年上半年已经超过 70%，如此高的依存度将严重影响我国钢铁工业的产业安全。

可以说，我国旺盛的需求极大地刺激了钢铁工业的投资冲动，至 2008 年年底钢铁产能已超过 6.6 亿吨，粗钢产量也已超过 5 亿吨。以 1.6 吨铁矿石冶炼 1 吨生铁计算，年需求铁矿石达 7.5 亿吨。国内铁矿石品位低、开采难度大的特点使得自有矿的供应远远不能满足钢铁工业发展的趋势，只有依靠大量进口铁矿石的方式来保证钢铁工业的生产。我国早已成为国际铁矿石的最大买主，2008 年共进口 4.44 亿吨铁矿石，占全球海运铁矿石比重约为 52%；日本进口约 1.05 亿吨，占全球海运铁矿石比重约 12.3%；韩国进口 4954 万吨，占全球海运铁矿石比重约 6%。我国从澳大利亚进口 1.83 亿吨、巴西进口 1 亿吨，两国合计占到我国铁矿石进口量的 64%。具体到企业，2008 年力拓产量 1.53 亿吨，出口到我国 8338 万吨；必和必拓产量 1.18 亿吨，出口到我国约 6600 万吨。我国从澳大利亚力拓、必和必拓公司进口的铁矿占其产量的 55%以上。[②]

---

① 本文是《基于模糊测度的钢铁产品环境影响评价理论与方法研究》项目的阶段成果，项目编号：70672102。

② 数据来源于 2008 年力拓、必和必拓公司年报和 2008 年中国钢铁工业协会《中国钢铁统计快报》。

表 1　1981 年以来我国进口铁矿石量及其产铁量和比重表

	铁矿石进口量（万吨）	比上年（%）	进口铁矿石产铁量（万吨）	生铁总产量（万吨）	进口矿产铁占生铁产量比重（%）
1981 年	333.64		215.25	3417	6.30
1986 年	1200.46	18.79	774.49	5064	15.29
1990 年	1419.12	14.34	915.56	6237	14.68
1995 年	4115	10.2	2654.84	10529	25.21
2000 年	6997	26.6	4514	13101	34.46
2001 年	9231	31.92	5955	15554	38.29
2002 年	11150	20.79	7193	17085	42.12
2003 年	14813	32.86	9557	21367	44.73
2004 年	20809	40.48	13526	26831	50.41
2005 年	27526	32.28	17759	34375	51.66
2006 年	32630	18.54	21052	41245	51.04
2007 年	38309	17.40	24715	46993	52.60
2008 年	44366	15.81	28623	47067	60.81
2009 年上半年	29718	29.18	19172	25879	74.09

资料来源：中国海关、历年中国钢铁统计年报。

但是我国在与澳矿谈判过程中却无话语权，连年处于被动的地位。以 2009 年铁矿石长协价格谈判为例，澳方对我国年度合同降价 40%的要求置之不理。力拓于同年 5 月 26 日发表公告称：与日本新日铁达成 2009 年新财年度铁矿石价格，粉矿和块矿分别比上年长期价格下降 32.75%和 44.46%。按照协议规则，如果一方达成长期合同，全球主要钢厂和三大矿山企业都要跟随。这就是说，我国所提的降价幅度是不可能实现的。最后的结果是 2010 年的长协谈判已经开始，2009 年我国铁矿石进口所依据的长协机制最终未能实现预期目标（虽然我国在 2009 年 8 月 17 日与 FMG 达成较大的降价幅度，但 FMG 供应的铁矿石尚不及我国需求的 5%，所以缺乏代表性）。

表 2　2001—2009 年国际长协矿定价情况表

年度	协议达成时间	率先达成协议方	上涨幅度(%)
2001 财年	2001－3－20	CVRD－里瓦	4.31
2002 财年	2002－5－29	CVRD－TKS	－2.4
2003 财年	2003－5－19	CVRD－Arcelor	8.9
2004 财年	2004－1－13	CVRD－Arcelor	18.62
2005 财年	2005－5－22	CVRD－新日铁	71.5
2006 财年	2006－5－15	CVRD－TKS	19
2007 财年	2006－12－21	CVRD－宝钢	9.5
2008 财年	2008－2－15 2008－6－23	CVRD－新日铁 Rio Tinto－宝钢	65 79.88(粉)和 96.5(块)
2009 财年	2009－5－26 2009－8－17	Rio Tinto－新日铁 FMG－宝钢	－32.94(粉)和－44.46(块) －35.02(粉)和－54.42(块)

资料来源：中国钢铁工业协会。

业内反响较大的另一件事情是中铝参股力拓。2008 年 2 月，当时力拓由于大规模并购而带来的巨额债务危机，该公司的股价正处于低点，希望我国企业帮助其解决即将到期的债务问题，所以迫不及待想得到我国的注资，由此与中铝的协议才迅速签订，中铝联姻美铝对力拓注资 140.5 亿美元获得力拓英国公司 12%的股权。一年后的 2009 年 2 月 12 日，中国铝业公司与力拓集团联合发出公告：称双方集团签署战略合作协议，中铝公司将通过建立合资公司和认购可转换债券向力拓集团注资 195 亿美元；注资后，中铝持有力拓澳大利亚公司的股份将升至 14.9%，逼近澳政府 15%持股比例的最高限额。

正是由于我国对力拓注资的消息发布，加上全球经济回暖，力拓的股价此后持续上涨。2009 年 5 月 5 日当天，力拓澳大利亚公司的股价在交易公布后首度突破 52.42 美元，力拓英国公司的股价也升至 45.41 美元，超过中铝购买可转换债券的首批行权股价(每股 45 美元)。转折点发生在同年 6 月 4 日，全球第三大矿产公司之一的力拓单方面宣布：力拓将撤回对中铝向其注资 195 亿美元交易的推荐，而将用 150 亿美元的配股方案取而代之。力拓单方面撕毁与中铝的合作协议。虽说力拓表示支付中铝 1.95 亿美元的“分手费”，以及支付交涉时聘请的投行界、法律界的酬费，但从这一招一式足以让人看清国际垄断寡头的行商原则，他们完全是从自身利益出发而解决问题的，即“各家自扫门前雪，莫管他人瓦上霜”，像力拓这样的国际巨型公司都没有诚信可言。而随着铁矿石价格的波动，以及力拓单方面撕毁协议，加之力拓工作人员在华的间谍案，力拓的信用受到媒体批评，其股价也受到极大影响。力拓又开始向中铝示好，表示继续寻求与中铝合作，愿与中铝商讨铝土矿和氧化铝交易等事宜。

二、铁矿石谈判形成困境的主、客观原因分析

(一)我们内部的原因

我国在对外矿石谈判中缺乏统一的权威领导机构。2009 年政府授权中国钢铁工业协会组织参与国际铁矿石价格谈判，但是自从 1998 年冶金工业部撤销之后，中国钢铁企业基本都是各自为政，无序扩张，无论是贸易还是生产，都没有专门部门进行管制。由于我国正处于工业化和城市化的进程中，对钢铁的需求不断增长，较高的行业盈利水平也吸引了大量的资金进入，最直接的后果便是钢铁产能大幅扩张的同时，大量从国外进口铁矿石原材料。而长协与现货两种价格的存在也造成了我国钢铁企业的不平等竞争格局。特别是国内大部分中小企业对此颇有微词，理由是中小企业和私有企业往往享受不到协议价格的待遇，而多数情况下只能接受比长期协价更高的价格。

从我国钢铁工业的实际情况来看，2005 年是供需矛盾的转折点。2005 年以后我国钢铁工业的产能过剩现象越来越严重，虽然国家曾出台了一系列的措施来抑制钢铁工业的盲目发展，但收效甚微，特别是以中小企业为主的大量能耗高、环保水平低的落后装备未能淘汰出市场。最主要的原因是几乎所有的钢铁企业都是当地的纳税大户，是地方财政收入的中坚力量，直接的利益驱使地方政府大上钢铁，确保地方 GDP 的增长。

(二)从客观上认清铁矿石谈判困境的原因

从国际形势看，发达国家非常警惕新兴发展中国家特别是有着 13 亿人口的中国的迅速崛起，他们担心我们将瓜分他们的资源、掠夺他们的市场，害怕即将丢掉他们垄断寡头的地位和待遇。

从研究历史角度看，西方有些国家的文化是海盗文化，是靠势力向海外豪取掠夺别国财富起家的，与我国的孔孟之道、礼仪之邦文化完全两样。有人说西方人大多信教，讲诚实和信用，但事实未必如此。看看世界上几个著名公司的破产案便可见一斑了。2001 年曾居《财富》500 强第七位的安然公司因会计造假(资产总额近 500 亿美元)宣布破产；1995 年英国巴林银行宣布破产，这家拥有 230 多年历史的银行以 1 英镑的象征性价格被荷兰国际集团收购，这意味着巴林银行的彻底倒闭；2008 年法国最大的银行之一兴业银行，由于一名交易员违反规例，秘密欺瞒进行期指买卖，导致银行损失高达 72 亿美元。这些世界知名企业都是因为诚信出了问题才导致的破

产。当前全球经济危机因美国的次贷引起，而次贷问题归根结底也是诚信的问题。所以，从某种意义上也可以说金融危机实质就是诚信危机。

所以我们在商业贸易谈判上去相信他们讲诚信，相信他们虔诚而对他们毫无保留、毫无防范，最后势必会吃亏。

目前国际铁矿石市场被澳大利亚的力拓、必和必拓和巴西的淡水河谷垄断，三家企业的出口量占国际海运量的比重超过70%，而2008年国际钢铁企业前10家的集中度仅为28%。在这种高度垄断的供给方与近乎完全竞争的需求方的博弈过程中处于弱势的必然是需求方。事实证明，三大铁矿石企业正是采取各个击破的方式逐步瓦解钢铁企业松散的联盟。在我国尤其明显，2009年上半年铁矿石谈判时往往是谈判还没有开始澳方就已知道我国的底线了，因此要想在谈判中处于优势，要么减少企业数量，提高区域产业集中度，要么加大外矿开发力度，瓦解铁矿石产业的垄断特征才是有效的手段和方式。

鉴于我国对铁矿石急剧增加的需求，以及我国钢铁企业不能一致对外的去与三大矿石公司对话，澳矿公司利用各种渠道了解我国钢铁企业信息，这种充满混乱和矛盾的状态必然给了力拓和必和必拓要价的机会。针对目前钢铁工业现状和国际铁矿石资源的竞争态势，我国钢铁工业当务之急是应梳理思路，下定决心进行深层次的改革与调整。

三、钢铁工业当务之急要解决的问题

(一)提高铁矿石资源保障能力，稳定钢铁工业上游供应链体系

要提高我国铁矿石资源的保障能力，建立可靠、经济、高效的铁矿石供应体系，需要从国内到国外、从生产到市场、从战略到战术等多方面进行改革。

1. 加大对国外矿山的投资、开发力度，降低对三大矿业公司的进口

首先，应加强对铁矿石资源国政治、经济、文化的研究，不同国家的风土人情、思维方式等极大地影响着我国海外投资的效果。政府和行业协会应从宏观的角度研究相关国家的投资环境，建立目标国家的风险评价体系，为国内企业走出去提供必要的信息保障和风险应对措施。其次，应对企业获取海外矿山的行为实行政策倾斜，进一步提高企业竞争力；在海外开矿方面我国相关的法规和优惠政策还没有跟上。国外先进企业对外矿业投资往往得到国内政府的支持，比如日本政府的海外探矿备用金制度，允许日本跨国矿业公司将与矿产销售收入有关50%的开采所得作为公积金使用，无需纳税。而行业协会允许将海外矿产勘查的支出加上设备的折旧，或是探矿备用金支出，或是当期的所得收入，在税收处理时作为探矿亏损计算。此外，日本还为海外投资损失专门设立了储备金。我国应当建立政

府、行业协会、金融机构、钢铁企业和资源所属者之间的合作通道，以新的模式进行资源控制和开发，使稳定的资源供应成为我国钢铁产业可持续发展的坚强后盾。

2. 大力开发和节约使用国内矿石资源，配套鼓励政策，包括环保、国土、税收和防止乱采乱挖的措施，新探明的资源在同等条件下应优先交给特大型企业开发经营

要实行对低品位铁矿和共生矿资源的开发利用的税收优惠政策，并对积极投资、收购和参股可开发的新矿山及周边中小矿山的行为实施政策倾斜。目前我国铁矿石资源税征收标准与矿石的市场价值之比明显高于煤炭，与石油基本相当，但煤炭和石油只有开采一个环节，铁矿石则要采出原矿后从每 3 吨左右原矿中选出 1 吨精矿粉，其增加值比例大大低于煤炭和石油。因此，建议国家将铁矿石的资源税征收标准下调至与煤炭相同的水平并按价值比例征收。这样可以降低贫矿、井下矿的边际经济可采标准，从而提高我国矿石自给率。

此外，应鼓励企业加大对贫矿开采和利用的技术研发投入，包括提高尾矿利用率、露天转地下开采以及矿区环境保护等措施，通过技术进步来提高低品位和伴生矿的开采水平，实施矿业所属地的生态保护。

3. 统一进口矿的价格体系

我国钢铁生产和贸易企业数量很多，国家为了规范铁矿石进口市场而采取的进口资质制度虽然起到了一定的积极作用，但也由此形成了长协矿和现货矿的价格体系，这既不利于钢铁企业的公平竞争，也不利于我国对外谈判和进口。必须建立统一的价格体系才能真正规范铁矿石市场。中国钢铁工业协会倡导的代理制具有创新性，但具体实施还需相关政府部门制定配套政策才可能实现。

针对企业追逐自身利益最大化、各自为政、一盘散沙的铁矿石谈判现状，国家应收回企业的进口权，授权一个权威机构负责铁矿石进口工作。国家进行干预，把一盘散沙的铁矿石进口市场整合起来，使我国形成较强的反国际垄断的议价能力。

4. 限制中低档钢材出口

钢铁工业的生产过程中要消耗大量的资源，同时还会产生较大的粉尘和 SO_2 等气体，对环境造成污染，所以我国钢铁工业的发展应以满足国内需求为主。应通过关税等政策措施限制中低档钢材的出口，甚至可考虑增加从俄罗斯、乌克兰等矿石资源丰富国家的普通钢材进口，这样可以减少我国的矿石进口，相对削减三大矿石垄断商的国际市场份额。

(二)支持和培育先进企业，淘汰和兼并落后企业

目前我们国家的知名钢铁企业，如宝钢、鞍钢、武钢、包钢，他们都

是千万吨级的钢材生产企业，其设备和技术也是一流的，他们的产品质量、能源消耗、环境标准远比一些小型落后企业强得多。

下表是钢铁冶炼过程中大小型设备吨钢的能源消耗对比状况。

表 3 小型和大型高炉、转炉、电炉能耗对比表

设备类型 / 能耗	$300m^2$以下高炉 20t 以下转炉、电炉	$1000m^2$以上高炉 120t 以上转炉、电炉
吨铁工序能耗	499kgec/t	420kgec/t
吨钢耗电	500kWh/t	250kWh/t
吨铁烟粉尘排放量	2kg/t	0.1kg/t
吨铁 SO_2 排放量	5.42kg/t	1.23kg/t

资料来源：中国钢铁工业协会。

目前大于 500 万吨的钢铁企业基本都已经换成大型高炉、转炉和电炉，而小于 200 万吨特别是 100 万吨的企业落后装备较多。我国钢铁企业数量较多，一些小企业是在国家明令禁止的情况下生产，所以无法具体测算国内钢铁产能的数量，但可以大体估计落后产能大于 30%，或者说可以落后装备的产量占总产量的比重为 30%，粗劣估计。

也就是说，如果把我国钢铁企业的小型装备生产方式转化为大型化生产，则我国每年少排放 SO_2 近 60 万吨，少排放烟尘近 30 万吨，节约能源超过 1000 万吨标煤。这对钢铁工业的可持续发展和环境保护将是极大的贡献。

另外，需慎提一味地提高产业集中度，像发达国家一个国家一两个钢铁企业就可以生产一国钢产量的 60%—70%，在我国目前不大可能实现，这是因为：一是我国比韩国、日本等多数国家地域和市场范围都大，因此销售网络覆盖大；二是海上交通不方便，建议按地域设置比较合理。例如东北的鞍钢、华东的宝钢、华中的武钢、华北的河北钢铁集团、西北的酒钢，还有华南，是否可在防城港或湛江建一个千万吨级钢铁企业，这样可以覆盖全国，可带动整体钢企发展，更有利于形成一股强劲的力量统一对外进行资源谈判，容易形成核心竞争力。

我国部分重点钢铁企业在一些技术经济指标和管理方面已经接近世界水平，有的甚至比国外好，但是全国平均水平与世界水平相比却仍有较大差距。以我国大中型钢铁企业 2008 年下半年数据为例，从能耗方面来看，我国中厚板生产成本结构中能源和还原剂比例要高于国外企业 4.34%，而棒材成本结构中能源和还原剂比例比国外要高 12.83%。从管理方面来看，我国多数钢材的生产成本中管理和销售费用所占的比重都高于国外企业，虽然我国人工费比重较低，但与美国、日本等国家工资水平联系起来看，我国人力资源的效率还很低下[①]。这些都说明整顿和兼并重组我国钢铁企业的必要性。所以必须扶植先进钢铁企业，下决心迅速兼并或淘汰落后企业。

从国家政策的角度来看，2005 年发布的钢铁产业政策和 2009 年年初发布的钢铁工业调整和振兴规划都以转变我国钢铁工业发展方式为出发点，提高优势企业的竞争力和淘汰落后产能是政策的核心思想，近期发布的钢铁企业联合重组指导意见更是国家扶优淘劣的体现。

但从近年来政策实施效果看，落后产能的淘汰一直未能如愿，最关键原因还在于地方政府对政策的落实，另外也有部分原因是政策是国家层面的，具体到不同地区则是适应性较差一些。

要改革这种现象，首先应根据资源和消费特点对不同地区、不同产品的落后产能规定合理标准。近年我国淘汰落后的标准基本上是按装备大小分类，而没有考虑不同产品的合理流程。目前我国已将高炉的淘汰标准提高至 $400m^3$，转炉提高到 30 吨，建议将这一标准维持若干年，不宜在短期内朝令夕改。由于我国区域经济发展的不平衡性导致某些区域钢材需求和供给的品种、数量等方面存在较大差异，在淘汰落后的过程中可以考虑根据资源和消费结构的特点对不同地区的落后产能制定差别化的政策，在产能过剩严重的地区严格执行相关淘汰落后的政策，而在供给不足的地区可以实行淘汰置换的政策，另外在一些经济不发达而产能又较小的地区，对当地落后工艺和技术应执行适当宽松的政策，或者通过一定的补贴、技术改造等措施扶持当地钢铁工业的发展。

另外要优化地方政府的考核方式。钢铁企业是地方政府利税的重要来源，由于产业关联度高的特点，钢铁业对相关行业的带动作用非常明显，然而落后的工艺和技术装备对环境的危害是长远的，环境一旦遭到破坏往往需要数倍的努力来整治。因此，地方政府应站在可持续发展的角度来重新审视落后产能的淘汰问题。要改变这种现状，除了提高政府的觉悟外最重要也最有效的核心措施是优化地方政府的考核方式，将可持续发展的考核比重加大，对节能减排不达标的地方实行一票否决制，只有这样才能从制度上扫清落后产能存在的保障。

（三）以满足国家经济建设为核心，合理调控钢铁工业生产规模

钢铁工业现阶段应该保持合理的生产规模和适度的增长速度，避免钢铁行业大起大落，是钢铁产业健康和可持续发展的一个重要前提，也是制定发展规划和产业政策的一个重要内容。

我国每年到底需要多少钢铁，从 20 世纪 80 年代初国家计委就组织专家学者进行预测，当时我国钢铁产量才 3000 万吨，专家预测说中国需求量是

---

① 冶金工业经济发展研究中心课题组：《世界钢铁成本对比分析——2008 年下半年国内外钢铁成本对比分析》，《冶金管理》，2009 年第 3 期。

4000 万—6000 万吨；到了 90 年代初我国钢铁产量 5000 万吨，预测是 8000 万吨至 1 亿吨；2000 年我国钢铁产量达到 1.5 亿吨，预测 2 亿吨；2008 年我国钢铁产量 5 亿吨，现在又有专家预测 6 亿—7 亿吨。我国近期每年消费钢材就是 4 亿—5 亿吨，今后按照国家规划，经济要保证 8%的速度增长，要大力发展制造业、基础设施、房地产。一个简单的估算可知：中国广大的农村要城镇化，那么要建多少道路和桥梁，要建多少楼房？现在农村盖房绝大多数仍然用砖瓦，有的甚至是土坯，如果都像城镇用钢筋水泥结构，农民盖了房子又得买家用电器，我国有 9 亿农民，按一家 4 口算，也有两亿户。这样算来钢材消费高峰还在后面。从全国范围来看，我国还没达到工业化的程度。工业化国家每年人均消费钢材超过 500 公斤，按照这种算法我国 13 亿人口按 500 公斤算也要消费 6.5 亿吨钢材。

还有一种算法是：发达国家如美国从 1900 年到 1975 年，日本从 1945 年到 2000 年完成工业化进入后工业化阶段，人均累计消费钢材是 20 吨。而到 2008 年我国人均累计消费钢材 3.4 吨。即使我国每年消费 6 亿吨，就算西部落后，很难达到工业化程度，减少西部 4 亿人的高消费水平，到人均累计消费 20 吨至少还得 20 年，所以中国钢材消费高峰还在后头。总之，我国的钢铁生产今后还要发展，因为工业化进程还待推进，钢材需求量还要加大。那么我国到底每年需要消费多少钢材才能满足现代化的进程呢？可以说，今后几年每年的消费量应保持在 5 亿吨左右，但同时要提高产品质量和调整产品结构，否则 5 亿吨还不够。

（四）积极培养和引进人才，提高我国钢铁工业的软实力

我国对进口铁矿石的高度依存的情况将长期存在。所以对矿石进口的谈判协议也将是长期的工作，要将这些工作做好，在国际经济贸易、交流与合作中要起到主导作用和领先作用，由此对培养和引进人才也提出了更高的要求。更为重要的是，我国钢铁工业正在由粗放式向集约化发展，要转变发展方式没有先进的人才是不可能实现的。

我国是钢铁生产大国，却不是强国，一是因为产品质量与国外发达钢铁国家存在一定差距。二是因为我们生产钢铁的很多核心设备都需进口。比如目前我国一些大企业生产薄板的连轧机都是进口的，全国进了一二十套，每套几十亿甚至上百亿元人民币。我们不得不承认，我国钢铁设备制造水平与国外发达国家还有一定差距。三是因为我国钢铁工业的整体创新能力仍较弱。我国钢铁工业的生产能力大，但技术创新能力并不先进，我们对此应更加重视，看下面的统计数据便知：日本新日铁和韩国浦项钢铁公司每年公开的专利数 2000 多个，而我国除了宝钢、武钢外，最先进的钢铁企业在 2005—2007 年 3 年中申请的专利数都不超过 200 个。

纵观当前现状，我们的技术力量和人才仍不能满足钢铁工业快速发展的需要，尤其缺乏对外贸易能力的人才。外国公司在与我国铁矿石谈判的过程中用了许多中国人，而我国在对外谈判中却很少利用外国人。

所以关于人才的培养和引进，不但要注重各类技术人才，更要注重经营管理、国际贸易、市场营销、资本运作等方面的人才。因为很多一流的跨国企业，往往都是从单一的生产型转变成生产加资本运营型的企业，这样才能更好地规避风险，持续发展。

(五)提高钢铁工业技术创新能力，促进我国由钢铁大国向钢铁强国转变

我国已经成为名副其实的钢铁大国，但离钢铁强国还有一定的差距，最关键的是我国钢铁工业的技术创新能力不足。以我国进出口钢材为例：2008 年进口钢材 1539 万吨，平均到岸价 1517.01 美元/吨；出口钢材 5918 万吨，平均离岸价 1070.79 美元/吨；进出口价差为 446.22 美元/吨，这在很大程度上说明我国钢材附加值仍较低。为了提高我国钢铁工业的技术创新能力，应从以下方面着力加强：

1. 提高产品准入标准，促进钢材实物质量达到国际先进水平

修改用钢标准将极大地提高我国钢铁产品的整体质量，例如螺纹钢由二级到三级不仅强度大幅增强，而且可以节省钢材 15%左右，目前三级螺纹钢的比重仅为 30%左右，可以考虑将这一比重提高到 60%，这一措施如果得到很好的执行，将使我国建筑用钢迈上新的台阶，也可以减少部分铁矿石的进口。同时要提升行业标准技术整体水平，加强国际标准和国外先进标准的引进、吸收和转化工作，跟踪并明确当前科技发展的最新成果和用户、市场的最新需求；还可以考虑建立质量导向的宏观经济政策，促进经济资源配置给竞争力强、成长性好的优势企业，鼓励企业按照国际先进水平产品实物质量标准组织生产，扩大先进实物质量产品数量占本企业本品种总产量的比例，向用户增加有效供给。

2. 建立完善的技术创新可持续发展系统

国家要实施政策倾斜，通过税收、环保、法律等手段促进技术的创新和研发能力。可以考虑设立钢铁产业技术进步与技术改造专项基金，加大技术进步和技术改造的支持力度。通过成熟应用技术的推广、高端产品生产技术和关键钢材品种生产技术等规划专项措施，实施产品结构调整。

3. 加强技术人才的引进和培养工作，建立有效的人才发展和激励机制

加强与高校和科研院所的深度合作，提高人才的专业水平；实施“走出去”战略，将优秀人才送到发达国家、先进企业去学习，使企业走在技术发展的前沿；为人才提供广阔的发展空间，不拘一格降人才，做到人尽其才。

（作者：张　群　北京企业低碳运营战略研究基地首席专家　教授
史慧恩　北京企业低碳运营战略研究基地研究人员　高级工程师）

北京社会管理研究基地

（北京工业大学）

基地名称：北京社会管理研究基地
依托单位：北京工业大学
项目类别：国家社科基金重大项目

中国未来发展的战略重点是建设社会现代化①

现代化是一个国家或地区从传统的农业社会向现代工业社会转变的历史进程。不仅要实现经济现代化，而且还要实现社会现代化、政治现代化、文化现代化，等等。现在，社会建设已在全国各地展开，本文就中国社会建设的动因、现状、目标和发展阶段做一个分析。

一、中国经济已经基本实现现代化，但社会建设还相对滞后

中国改革开放30多年来，坚持以经济建设为中心，艰苦奋斗、几经曲折，终于基本实现了经济现代化。2010年，中国的GDP达到39.8万亿元(约合6.2万亿美元)，按人民币不变价格计算，比1978年的3645亿元，增长20.6倍，年均递增9.9%。三次产业结构由1978年28.2∶47.9∶23.9转变为2010年的10.1∶46.8∶43.1。经济结构已经达到工业社会中期阶段水平。

与此同时，中国的社会建设也取得了很大成就，社会结构发生了深刻的变化。相比较而言，由于多方面的原因，社会建设还相对落后。以就业结构为例，1978年的总就业人口中，一产占70.5%，二产占17.3%，三产占12.2%；2010年变化为一产占38.1%，二产占27.8%，三产占34.1%。目前已经是工业社会的就业结构，但在农业中就业的劳动力仍占38.1%。

在城乡结构中，1978年，中国总人口为96259万人，其中城镇人口只有17245万人，城市化率只有17.9%。2010年总人口达到133972万人，城镇人口达到66557万人，城市化率达到49.7%，比1978年增加31.8个百分点，平均每年增加约1个百分点。

在社会阶层结构中，1978年是两个阶级一个阶层(工人阶级、农民阶级和知识分子阶层)的结构，现在已分化为国家与社会管理者阶层、经理人员阶层、私营企业主阶层、科技专业人员阶层、办事人员阶层、个体工商户阶层、商业服务人员阶层、产业工人阶层、农业劳动者阶层和失业半失业

---

① 本文是《当代中国社会管理体制创新研究》项目的阶段成果，项目编号：80014102201101。

人员阶层等十个阶层，其中中产阶层约为 25%。

改革开放 30 多年来，在经济持续高速发展的推动下，社会大分化、大流动，每年有一千多万农民转化为二、三产业职工，每年有大批农民转为城镇居民，这是中国几千年未有的大变局，社会结构发生了深刻变化，已经由农业国家的社会结构，转型为工业社会的社会结构。中国现在的一切进步皆源于此，都是由这个社会转型派生出来的，当然，中国现在的一切社会矛盾、社会问题也源于此，都是这个社会转型产生的，确切地说，是由这个社会转型还不完善、还未完成而引起的。根据国际学术界关于工业社会阶段发展的指标衡量，我国现在的经济结构已经达到工业社会中期阶段的水平，社会结构则还只是工业社会初期阶段的水平。

经济结构与社会结构是一个国家(或地区)最基本、最重要的两个结构，两者互为前提、相互支撑。一般说来，经济结构变动在先，推动社会结构变化；而社会结构调整了，也会促进经济结构的优化和持续变化，所以经济结构和社会结构必须平衡、协调，相辅相成。国内外的经验和教训说明，经济结构不能孤军独进，社会结构可以稍后于经济结构的变动，但这种滞后有一个合理的限度，超过了这个限度，如果长期滞后，就会阻碍经济结构持续变化，阻碍经济社会的协调发展。

现代化发展过程表明，欧美诸发达国家，在社会转型过程中，经济社会发展也曾长期不平衡、不协调，经过不断的改革、调整，特别是二战以后，这些国家进行社会体制改革、社会政策调整，进行社会治理，才逐步走上经济社会协调发展的道路。战后发展起来的日本和“亚洲四小龙”，接受发达国家的经验和教训，在经济高速发展的阶段，就比较重视社会体制改革、社会政策的调整，较早地进行“社会建设”，所以，这些国家和地区的社会转型比较平稳，转得比较快，经济社会发展比较平衡协调，比较顺利地进入了现代化国家的行列。20 世纪 60 年代，如阿根廷等拉美国家，经济发展也很快，盛极一时，但他们没有及时进行社会体制改革，社会结构长期没有得到相应调整，致使社会矛盾、社会冲突愈演愈烈，社会动荡不安，严重阻碍经济发展，堕入了所谓的“拉美陷阱”。苏联剧变，一个很重要的原因，也是经济搞上去了，经济总量达到世界第二，军事、科技方面也很强，曾经是超级大国，但他们长期不进行社会体制改革，不搞“社会建设”，社会结构是“两个阶级，一个阶层”的结构，经济社会发展长期不平衡、不协调，最终是垮下来了。这样一个超级大国，轰然倒塌，教训是十分惨痛的。正反两方面的实践证明，一个国家(或地区)的现代化事业是一个整体，经济建设是最主要的，首先要实现经济现代化。但仅仅实现经济现代化是不够的，还必须要接着实现社会现代化、政治现代化、文化现代化等，否则，就不能实现现代化，而且经济现代化也有倒退回去的危险。

二、中国进入以社会建设为重点的新阶段

早在20世纪90年代中后期，中国经济社会发展不平衡、不协调的问题已经显现。一方面经济建设突飞猛进，成绩斐然；另一方面社会问题、社会矛盾大量增加，负面的消息频传。原因当然是多方面的。从主观层面说，坚持经济建设为中心，肯定是正确的，但有些地区、有些部门在执行过程中，做成了GDP挂帅，过分偏重经济建设，牺牲了农村，牺牲了资源和环境，压低了消费和人民生活，非经济方面的建设被搁置一边，导致了农村发展落后，资源浪费、环境恶化，城乡、地区贫富差距扩大，社会矛盾、社会冲突、群体事件频繁发生，社会形势严峻。

进入新世纪以来，中国共产党和人民政府高度重视经济社会协调发展的问题。2003年，党中央提出了要贯彻落实科学发展观，强调要以人为本，全面协调可持续发展。2004年提出要构建社会主义和谐社会，要加强社会建设和社会管理。2007年中共十七大会议上，在原来经济建设、政治建设、文化建设三位一体的社会主义建设事业总体布局中，加进了社会建设，发展为“四位一体”的总体布局。这个重要内容，写进了修改后的新党章中。这标志着中国的社会主义现代化事业进入以社会建设为重点的新阶段。

2010年10月和2011年3月，中共十七届五中全会和全国人民代表大会第十一届第四次会议制定并通过了第十二个国民经济和社会发展规划，强调今后要以转变经济发展方式为主线，把保障和改善民生作为加快转变经济发展方式的根本出发点和落脚点，要明显加强社会建设，使社会管理体制更加完善，促进社会和谐。

近几年来，特别是2011年春季以来，全国各地的社会建设和社会管理工作蓬勃展开。例如北京、上海、广东、大庆、南京等省市组建了社会建设工作委员会或办公室，多数省市自治区建立了社会建设领导小组，指定有关部门负责社会建设和管理的调查研究、统筹规划、协调安排、检查监督。

从中央到地方各级政府，大量增加了社会建设和管理的人力、财力、物力的投入，如中央决定把“十二五”经济发展指标定为7%(“十一五”实际增长年均11.2%)，腾出力量，大力增加对科技、教育、卫生、就业、社保、住房等方面的财政投入，重点解决好保障和改善民生问题。出台了教育、医疗卫生的改革、发展方案，解决好群众要求迫切的上学难和看病难问题。提出“十二五”期间要新增城镇二、三产业职工4500万人，要建设4000万套保障性住房，要建立覆盖城乡的社会保障体系，以解决就业难、住房难、养老难等问题。这些规划都在逐步实施，推进状况良好。

中国目前正处在城市化快速发展的新时期，每年约有1200万的农业人

口进入城镇，城市化率 2011 年达到 51.2%(2015 年城市化率预计将达到 53%—54%)，成为城市人口为主的国家。各地正在加强对街道、社区体制的改革和完善工作，把新老市民组织好、安排好，提供更好更方便的公共服务，做好基层社区的治理，促进新老市民的融合，建设互敬互爱、守望相助的和谐社区。

总体来说，新世纪以来，在各方面力量的推动下，中国已进入社会建设为重点的新阶段，社会建设、社会管理已得到各级干部和群众的认同，全国各地各项社会建设和社会管理已经普遍开展起来，并取得了较好的成绩，正在改变“经济这条腿长、社会这条腿短”的尴尬状况，经济社会发展不平衡、不协调的局面有所缓和。但是，由于社会建设诸方面的欠账太多，社会建设滞后于经济建设的时间太长，积累的问题太多、太复杂，加之我们进行社会建设还缺乏经验、理论指导，所以，要做好社会建设，任务还是十分艰巨的，还有很多工作要做，已有的一些成绩，只能说是仅仅开了个头。

现在的社会建设，就像当年的经济建设那样。现阶段，中国发展要以社会建设为重点的历史任务已经提出来了，怎么进行？怎么实现？没有现成的答案，要靠我们去探索，去实践。好在前三十年，中国经济建设的巨大成功已经为进行社会建设奠定了十分雄厚的物质基础；好在三十年经济建设创造了极其成功的经验，可资借鉴；好在前几年在党中央领导下，已经为社会建设开了个好头，方向和任务是明确的。现在的社会建设，就是要在各地、各部门贯彻落实。就各地、各部门来说，要像 20 世纪 80 年代那样，根据中央关于社会建设的指示精神，结合本地的实际，勇于探索、勇于实践，创造出各种像当年进行经济建设的“苏南模式”、“温州模式”那样的新的社会建设模式来。实现本地的社会现代化，并推动全国的社会现代化事业。可以相信，要不了多少年，各种符合社会发展规律又结合本地实际的社会建设的典型经验和好的实践模式就会涌现出来。中国的社会建设也一定会取得成功的。

三、建设社会现代化，是中国未来三十年的战略任务

中国进入新世纪以来，经济持续高速发展，经济总量不断壮大，经济形势大好，但与此同时，社会矛盾、社会冲突凸显。如何保证经济持续、健康快速发展，如何消解社会矛盾，保持社会稳定，国内外有各种议论。下一步是进行社会体制改革，重点推进社会建设，还是进行政治体制改革，重点进行政治体制建设？

党中央全面分析国内国际的大局，审时度势。2004 年中共十六届四中全会提出构建社会主义和谐社会的战略目标，并提出加强社会建设和管理

的任务，很快得到了全国广大干部和群众的热烈响应。从此，社会建设、社会管理就在全国开展起来。

选择社会建设作为下一步发展战略的重点：第一，是实现全面建设小康社会目标的需要。现在很多省市的经济目标已经实现，但是社会指标还没有达到，要补上这一课。第二，是加快转变经济发展方式的需要。社会建设可以为经济发展提供教育、人才、科技和社会保障等方面的支撑，可以大大增加国内消费，为经济发展提供越来越大的市场，改变主要依靠出口拉动的局面。第三，选择社会建设，进行社会体制改革，创新社会政策，完善社会管理本身也是为了化解目前已经产生的诸多社会矛盾、社会冲突，并从源头防止和减少社会问题的产生，化解消极因素，增加和谐因素，保证国家的长治久安。第四，选择社会建设，改革社会体制，建设与社会主义市场经济体制相适应的社会体制，也是为下一步进行政治体制改革，进行政治建设做好准备。各国现代化建设的经验和教训都表明，如果没有社会体制改革为政治建设做准备，先搞社会民主化，再搞政治民主化，在社会矛盾和社会问题突出的时候，贸然进行政治体制改革往往是不成功的。苏联崩溃就是一个失败的典型。从中国的基本国情出发，在经济实现了基本现代化之后，选择社会建设作为下一步发展的战略重点是十分理性的，是符合社会发展规律的。可以预见，中国现代化发展的路径是：第一步，实现经济现代化，使经济持续健康发展；第二步，实现社会现代化；第三步，实现政治现代化；第四步，实现文化现代化，建成富强、民主、文明、和谐的社会主义现代化国家。

社会建设的目标，就是实现社会现代化。社会建设和经济建设一样，是一项宏大、复杂、艰巨的历史任务，显然不是五年、十年能够实现的，需要我们长期努力奋斗才能实现。建设社会现代化，必须实现民生事业现代化（如建立现代社会保障体系）、社会事业现代化（科技现代化、教育现代化、医疗现代化等）、社会组织现代化、社会管理现代化、社会体制现代化和社会结构现代化，等等。可见，建设社会现代化是一个浩大、复杂的大系统工程。在我们这样一个自然条件、社会历史条件都很不平衡的大国，要建成社会现代化，既要统筹协调好同经济建设、政治建设、文化建设等系统外的各种关系，其中特别主要的是要安排好同经济建设的关系，又要统筹协调好本系统内各要素之间的关系，使之能够全面、平衡、协调可持续发展。这是一项在中国还史无前例的重要任务，非常复杂、非常艰巨，对此，我们要有充分的认识。

从国际国内进行现代化建设的经验和教训看，结合中国目前的国情，中国社会建设的发展将经历以下三个阶段。

第一阶段，就是我们现在正在进行的，先从解决好人民群众最关心、最现实、最迫切要求解决的民生问题、社会事业发展问题做起，着力解决好就业难、上学难、看病难、社保难、住房难等基本民生问题；实现城乡一体的公共服务均等化；并从加强和创新社会管理入手，化解社会矛盾，解决社会问题，妥善处理好影响社会稳定的突出问题，确保广大群众安居乐业，促进社会和谐，实现公平、正义，为经济社会发展创造既有活力，又有秩序的社会环境。自十六届四中全会提出构建社会主义和谐社会，加强社会建设以来，特别是十七大提出要加强和改善民生为重点的社会建设以来，这两个方面的工作都受到了各级政府的高度重视，加大了人力、物力、财力的投入，加强了工作力度，已经有了成效，情况正在好转，这是顺民意、得民心的，受到人民群众的欢迎。

“十二五”期间(2011—2012 年)，我们能把保障和改善民生事业，社会事业和创新社会管理这两件大事做好了，就为社会建设奠定了一个良好的基础，开个好头，也是经济社会协调发展前进了一大步，可以顺势转入社会建设的第二阶段。

第二个阶段，是全面改革社会体制，大规模推进社会建设的关键阶段。在一定意义上说，第一阶段做的改善民生、社会事业和加强社会管理工作，实际上都有还账、补课的性质。因为过去我们过于偏重经济发展，各种资源都向经济建设集中，影响社会建设的正常、健康的发展，导致了经济社会发展不平衡、不协调。第一阶段做的两方面工作，弥补了不足，从而为社会体制改革，为大规模推进社会建设准备了基础条件。

从“十三五”(2016—2020 年)开始，要着力进行社会体制改革，创新社会政策，推进新型的城镇化，破解城乡二元结构，逐步实现城乡一体化，拓宽社会流动渠道，大力发展社会组织，培育和壮大中产阶层，构造一个合理、开放和包容的社会结构，使之与经济结构相协调。

中国现行的包括社会事业体制在内的社会体制，还是在计划经济时期形成的，是与计划经济体制相适应的。改革开放之后，多数都经过一定的改革，但改革成功的不多，有的甚至还没有破题。这也是社会建设滞后的一个重要原因。要推进社会建设，创新社会管理，就要像当年推进经济建设，先进行经济体制改革那样，一定要进行社会体制改革。改革社会体制，必须是全方位的，包括户籍体制、城乡体制、就业体制、分配体制和各项社会事业体制都要有计划、有步骤地逐步进行改革，逐步形成一个与社会主义市场经济相适应、相协调的社会体制。

做深层次的观察，我们国家实行社会主义市场经济体制已经十余年，已经成为配置资源和机会的基础性力量，但是社会体制基本上还没有改革好。社会主义市场经济体制和基本上还是计划经济体制的社会体制并存，必然产生许多社会矛盾和问题，而且是久解不决的重要原因。我们现在有

120 多万个事业单位，约 4000 万干部职工，这些单位多数还没有进行实质性的改革，“吃大锅饭”等问题并没很好地得到解决，服务质量不好，效率不高。如果不进行彻底的改革，问题就解决不了。

中国目前正处于改革发展的关键时期，过好这个时期的关键，是要排除一切阻力进行社会体制改革，进而大规模地推进各项社会建设，逐步实现社会现代化。我们目前仍然处于改革发展的关键时期，过好社会体制改革、推进社会建设这一关，是实现社会现代化的必然选择。许多发展中国家过不了社会建设这一关，就进不了现代化国家的行列。中国社会建设的第二阶段，是社会体制改革的攻坚阶段，是一个具有决定意义的阶段，时间约在“十三五”、“十四五”期间。为此，我们从现在起就应该为社会体制改革的成功做准备。

第三阶段，随着社会主义市场经济体制不断完善，中国的经济建设持续健康快速发展，到本世纪 40 年代前后，经济将达到中等发达国家水平，形成现代型的经济结构。经过社会体制改革，中国的各项社会建设将加速发展，科学现代化、教育现代化、医疗卫生现代化等社会事业现代化逐步实现，社会组织广为发展，社会管理更加完善，社会流动渠道更加畅通，中产阶层发展壮大成为社会主体，社会结构优化，形成一个与社会主义市场经济体制相适应、与现代型经济结构相协调的社会结构，形成一个橄榄型社会阶层结构的社会，实现社会现代化。为全面、协调、可持续科学发展提供一个良好的社会基础，建成民主法制、公平正义、诚信友爱、充满活力、安定有序的社会主义和谐社会。

当然，这三个阶段并没有一个截然分开的界限，将会是互有交叉地进行，只是在某一阶段，重点进行某一方面的建设。在不同的阶段、不同的地区，根据各自的实际情况，要采取不同的建设方法。可以预见，通过这三个阶段，到本世纪 40 年代前后，中国将达到中等发达国家水平，进入现代国家行列，现在看来，经济建设方面的趋势很好，国内外的预测都比较乐观。关键是能不能通过社会体制改革，搞好现在已经开始的社会建设，一定要通过社会建设，实现社会现代化，这将是中国未来三十年的主要任务。

（作者：陆学艺　北京社会管理研究基地首席专家　教授、博导）

基地名称：北京社会管理研究基地
依托单位：北京工业大学
项目类别：国家社科基金重大项目

社会管理体制改革与创新的理论思考①

中国的改革开放已经走过了30余年的历程，经济建设取得了巨大的成就，创造了举世公认的“中国奇迹”。中国的GDP从1978年的3645亿元增长到2010年的397983亿元，年均递增超过10%，按不变价格计算，2010年的经济总量是1978年的109倍，而且从2010年第二季度起一举超越日本，成为世界第二经济大国。② 随着GDP的增长，中国的综合国力大幅提高，人民生活普遍改善，社会事业全面发展。但我们必须正视的一个事实是，中国的人口总量巨大、区域差距明显，无论从人均还是综合的角度看，中国都只是一个经济大国，还远未成为一个经济强国。特别是，社会发展极大地滞后于经济增长，经济体制与社会体制不相协调，中国真正进入了发展的关键时期。

为了平稳度过这一关键时期，中国亟待实现生产方式和生活方式的全面转型，需要相应地调整，从而优化产业、人口、城乡等一系列重要结构，最终推动社会进步、增进大众福祉。作为保障所有这些转型有效实现的重要保障，社会管理体制的改革与创新被提到了一个重要的位置之上。

一、社会管理体制改革与创新的基本作用

明确社会管理体制改革与创新对于转型期中国社会发展与经济增长的基本作用，需要首先厘清社会管理的基本内涵。

作为一种大体一致的共识，社会管理是政府机构、社区和社会组织为维持社会系统有序运转，借助公众的参与和协助，使用法律规范、公共舆论及道德习俗等手段，对社会系统的组成部分、社会生活的不同领域以及社会发展的各个环节进行组织、协调、监督和控制的过程或活动；社会管理的基本内容包括了社会行为的规范、社会关系的调整、社会利益的协调、社会问题的解决、社会矛盾的化解、社会风险的防范、社会治安的维护，

---

① 本文是《当代中国社会管理体制创新研究》项目的阶段成果，项目编号：80014102201101。

② 《2010年中国经济“成绩单”公布》，《中国青年报》，2011年1月21日。

等等；社会管理的直接作用是为人与社会的发展创造既有秩序又有活力的良好社会环境，而它的最终目标应当是社会稳定和谐的进步和人全面自由的发展。

从一般意义上说，社会管理体系是一个由组织机构、制度规则和支持资源三个子系统构成的体系，社会管理体制则是以其中的制度规则为核心又结合了组织结构和运作机制在内的体系。[①] 由于社会管理创新滞后于经济管理创新，特别是计划经济体制下形成的价值系统、规则系统和组织系统依然在现行的社会管理体制中发挥作用，而市场经济体制已经逐步取代计划经济体制而出现了民主意识增强、法制作用凸显、社会力量壮大等现实变化，这就使得现行的社会管理体制越来越不适应社会建设实践的需要。改革与创新社会管理体制，正是要变革既有社会管理体制中重监控轻服务的价值理念、重行政轻法律的规则、重国家轻社会的组织方式等核心体系，增强社会管理体制的活力和效力，以更加积极地回应并满足当今中国社会建设的现实需求，这正是社会管理体制改革与创新的重要作用所在。

二、社会管理体制改革与创新的社会背景

如前所述，社会发展与经济增长失衡、社会体制与经济体制失调构成了转型期中国社会进步的巨大障碍，在管理层面也表现为社会管理体制与经济管理体制的不相协调，当这一问题日益严重之后，则会出现社会矛盾、社会冲突的大量增加，它反过来凸显了改革与创新社会管理体制的紧迫性与必要性。

1978 年，全国刑事犯罪 55.7 万件，2009 年为 444.3 万件，增长 7.98 倍；[②] 群体性事件的数量从 1993 年的 1 万起增加到 2003 年的 6 万起，参与人数也由约 73 万增加到约 307 万，[③] 胡鞍钢等学者根据政府公开资料统计出，全国“非法群体性事件数量”呈现出不断增多的趋势，“1997 至 2004 年期间的年均增长速度高达 25.5%”。[④] 特别是类似定州事件、石首事件、瓮安事件、孟连事件、陇南事件、通钢事件等恶性群体性事件就正反映着 21 世纪头一个十年中国社会矛盾激化和社会冲突加剧的风险的增长，也反映

---

① 何增科：《深化十大社会管理体制改革的具体构想》，《北京行政学院学报》，2010 年第 2 期，第 16 页。

② 李程伟：《社会管理体制创新：公共管理学视角的解读》，《当代中国政治研究报告》，社会科学文献出版社，2007 年，第 401—402 页。

③ 陆学艺等：《2010 年中国社会形势分析与预测》，社会科学文献出版社，2009 年，第 85—95 页。

④ 陆学艺等：《2005 年中国社会形势分析与预测》，社会科学文献出版社，2004 年，第 85—95 页。

了当今中国社会转型过程的剧烈和社会管理形势的严峻。

社会管理既然是对处于特定历史阶段、实践特定社会制度、具有特定生产力水平和生产关系方式的社会共同体的调控，社会管理体制因而必然具有应地而异、应时而变的特点。中国人均 GDP 自 2008 年突破 3000 美元关口之后，在 2009 年已经达到 3603 美元，步入中等发达国家行列。尽管人均 GDP3000 美元并不必然意味着社会停滞甚至社会衰退，但前述社会问题多发的现实已经警示我们，随着体制转轨和社会转型的全面推进以及市场化、工业化、城镇化、信息化、国际化进程的不断加快，中国已经进入了社会问题多发期和社会矛盾凸显期，如何避开所谓“拉美陷阱”或“中等收入陷阱”确实构成我们在寻求又好又快发展过程中不容忽视的一个紧迫任务，其中的关键正是社会管理体制的改革与创新。

就体制转轨而言，政企合一的人民公社体制解体以及社会主义市场经济改革开启了中国从“单位社会”转向“公民社会”的历史进程，越来越多的“单位人”在向“社会人”转变，流动人口相应大量增加，继在 2008 年突破 2 亿大关之后，于 2009 年又达到 2.11 亿；[①]多种所有制经济的发展，催生了大量的“新经济组织”；经济、政治、文化领域的全面发展，又孕育了大量的“新社会组织”；而随着对外开放程度的提高，在我国活动的境外非政府组织也越来越多，本土化的环保、教育类非政府组织也大量涌现。如何针对流动人口、广义的“两新组织”等新的社会要素进行有效管理，是社会管理体制迫切需要解决的新课题。

就社会转型而言，着眼就业结构，1978 年时劳动力在三次产业中的就业状况是，一产占 70.5%，二产占 17.3%，三产占 12.2%；2008 年变化为，一产占 39.6%，二产占 27.2%，三产占 33.2%。着眼城乡结构，1978 年，我国的城镇人口有 17245 万人，2008 年达到 60667 万人，平均每年增加 1447 万人；相应地，1978 年我国的城市化率为 17.9%，2008 年达到 45.7%，平均每年提高 0.91 个百分点。[②]总体来说，中国已经初步实现了从农业社会向工业社会、从传统社会向现代社会的转型，相应地，面对县域规模扩大，城市人口的来源、就业方式、生活方式等要素的异质性加强等一系列新现象和新问题，以原有城关镇、居委会为代表的社会管理体制的变革势在必行。

随着市场化的推进，衍生出国企职工下岗转岗、私企外企劳资纠纷增

---

① 胡联合等：《影响社会稳定的社会矛盾变化态势的实证分析》，《社会科学战线》，2006 年第 4 期，第 181 页。

② 中国马克思主义研究基金会：《中国流动人口发展报告 2010 公布——2009 年中国流动人口 2.11 亿》，《领导决策信息》，2010 年第 26 期，第 26 页。

加、城乡居民特别是大学生就业压力加大、阶层利益失调、区域发展失衡、群体性事件频发等负面现象。随着工业化和城镇化的推进，在土地征用、房屋拆迁中产生了大量矛盾，而数以亿计农民从农村流入城市，由于户籍管理、社会保障等方面的体制性障碍，进城农民及其子女在就业、上学、医疗、住房等方面面临许多困难；随着以互联网、手机等为代表的现代高新信息和通讯技术的快速发展，信息化和国际化水平大幅提升，虚拟社会的违法犯罪现象日渐突出，群体性事件的信息化动员和国际化动员(手机短信、QQ、微博)方式也显露出复杂的效应。相对于社会运转极端复杂化的态势，原有社会管理体制由于理念滞后、主体不明、力量单一等历史遗留问题，表现出实际效能的明显不足，亟待创新和改革。

三、社会管理体制改革与创新的基本步骤

显然，转型期中国的体制转轨和社会转型的全面推进以及市场化、工业化、城镇化、信息化、国际化进程的快速延展，已经对社会管理体制的改革和创新提出了紧迫要求。正因如此，改革和创新社会管理体制也就顺理成章地成为中共十六届四中全会后国家事务的一项重要任务，即《中共中央关于加强党的执政能力建设的决定》中提出的“深入研究社会管理规律，完善社会管理体系和政策法规，整合社会管理资源，建立健全党委领导、政府负责、社会协同、公众参与的社会管理格局”，同时，改革和创新社会管理体制也成为受到广大社会成员关注的一项体制建设。

在现有阶段，推进社会管理体制的改革与创新可以在以下两个层面展开。在学理层面，需要细致梳理中外社会管理思想的发展脉络，特别是总结中外社会管理实践的沿革转变，包括蕴含在福利国家、“第三条道路”、治理与善治等理论思想中的社会管理理念，由此出发从学理上阐明社会管理概念的内涵和外延，对社会管理的主体、目标、原则、方式、过程、手段、内容进行系统的组织和说明，进而建构起具有一定特色的社会管理学说体系。在实践层面，需要全面认识中国社会管理体制的既往进程和现实状况，深刻了解现实中国经济社会发展的关键问题和紧迫需求，借鉴世界各国社会管理的现金经验，去科学制定中国社会管理体制的改革路径，解决社会管理体制与经济管理体制不相协调、社会管理体制内部多个政府机构管理活动不相协调、政府主导社会管理活动与公众参与社会管理活动不相协调等突出问题。

就社会管理体制的整体改革与创新的具体步骤而言，社会管理理念的改革与创新应当成为整个体制改革与创新的先导和指针，因为它决定了作为社会管理体制核心的制度系统中的价值子系统和规则子系统，而目前中国的社会管理思想和理论已显陈旧和僵化，突出地表现为重管控堵治、轻

服务疏导，这样的理念不利于新形势下建构合理有效的社会管理体制，故亟待加以解决，从而为社会管理体制的改革与创新确立明确的方向。在此基础之上，社会管理体制的改革与创新可沿以下两个维度展开。

一是社会管理统筹协调体制的改革与创新，这其中的重点之一是社会组织管理体制的改革与创新，它是完善政府调控与公民自治相结合的社会管理体制的关键，要根本改变恐惧心态，避免采取简单的压制和取代的措施，探索积极引导社会组织加入社会管理大体制的良性互动机制，解决社会组织管理积极培育与适度控制之间的矛盾，寻求建立有效的管理体制与机制，其他还可涉及的有社区社会管理、人口社会管理等领域。

二是社会矛盾发现化解体制的改革与创新，这其中的重点之一是社会治安与突发事件处置体制的改革与创新，它是加强社会矛盾发现、化解的前瞻性，做到关口前移、实现源头防治的关键环节，也是实现社会管理从以前的"善后式"向未来的"防患式"转变的关键环节，以防患于未然、标本兼治，其他还可涉及的有舆情引导与监控体制的改革与创新等领域。正是通过类似这些领域的社会管理体制的改革与创新，可望从根本上扭转当下社会矛盾管理手段过多依赖管卡压、捂堵盖的局面，充分探索出有助于实现合理有效社会管理的新手段、新工具、新方式和新途径。

可以预期，以社会管理理念的改革与创新为主导，以社会管理统筹协调体制的改革与创新以及社会矛盾发现化解体制的改革与创新为两大入手点，再分别从诸如社区建设与社会组织管理、流动人口管理以及社会治安与突发事件处置、舆情引导与监控等多个具体侧面去探索社会管理体制改革与创新的方向和途径，可以寻求化解现实突出的社会矛盾、解决现实日益严重的社会问题的方式和手段，为和谐社会的建设和科学发展的推进做出积极的贡献。

当今中国正处于社会发展的一个关键时期，作为和谐社会建设与科学社会发展的重要手段，社会管理体制的改革与创新已经刻不容缓。只要我们能够清醒认识中国社会发展对于社会管理体制改革与创新的迫切需求、深刻把握社会管理体制改革与创新的重要作用、全面谋划社会管理体制改革与创新的路径和内容，社会管理体制改革与创新的事业就能够达到预期的目标。

（作者：唐　军　北京社会管理研究基地研究人员　教授）

北京对外文化交流与
世界文化研究基地

（北京外国语大学）

基地名称：北京对外文化交流与世界文化研究基地
依托单位：北京外国语大学
项目类别：研究基地自设项目

连续性：重塑中国当代话语的前提[①]

中国以人类历史上从未有过的速度崛起，近百年来中国人所追求的梦想即将在我们这一代实现。三千年的历史留给我们宝贵的文化遗产，近四百年的艰苦探索使我们古老的文化涅槃再生，强大富饶的当代中国使我们感到自豪与骄傲。作为人类史上至今唯一延续下来的古代文化大国，作为一个有着超多人口、超大面积的大国，中国有理由对自己的成功作出理论与文化的说明，中国有资格对近四百年来的世界现代化理论作出自己的解释，中国应该建立一套既符合于人类文明价值，又有自己文化特色的话语体系。但是，无论是在国内还是在国外，中国文化都是一个“断裂”的文化。古代文化已经“死亡”，革命文化不符合西方建立的话语体系，改革以来的文化鲜活但却混杂不清。只有揭示出中国文化内在连续性和统一性，我们方能在此基础上重建中国的话语体系。

一、中国现代文化的思想逻辑

中国文化的主体——儒家文化，是一个有宗教性而非严格宗教的思想派别，因而它不像一些具有严格宗教信仰的文化，对其他外来文化具有排他性。中国文化具有伟大的包容精神，是世界上少有的具有罕见吸收外来文化能力的母体文化，中国古代文化对佛教文化的吸收就是一个伟大的例证。正是佛教的传入，才激发出宋明理学这一儒家思想发展的最高峰；而佛教在中国经过六百多年的发展，也产生了自己的中国形态——禅宗；到明代时，中国的儒、释、道则实现了三教合一。

自晚明以来，中国正经历着它第二次最伟大的文化吸收和融合：对西方文化的吸收和融合，从而形成了它的现代文化。这个过程大致可以划分为三个阶段。

第一个阶段，从晚明万历年间到乾隆年间。约三百年的历史，是对西方文化的最初接触和学习阶段。自晚明以来，中国文化和思想面临的最大

---

① 本文曾发表于2012年10月《人民论坛·学术前沿》。

问题，就是如何消化各类西方人所带来的西学。在明末清初之际，西学还是以一种平和的态度在中文的话语环境中扩展影响，文人举子们也是以平和的态度看待西学。虽然期间文化的冲突迭起，但耶稣会“合儒”的传教路线，使士人在读这些“西儒”的书时，尚有自己本土文化的底气。正是在这个意义上，我们才可以理解为何李约瑟(Joseph Needham)将明清之际的中西文化交流称为“两大文明之间文化联系的最高范例”①，以及为何许理和(Erich Zürcher)将其称为“中西关系史上一段最令人陶醉的时期”，“中国和文艺复兴之后的欧洲高层知识界的第一次接触和对话”②。在这个阶段，双方相互慕恋，中西方文化在一种平等状态下相互学习，中国文化从而开始了它的重要变迁。清中期的“乾嘉学派”绝不能仅仅从清初的文字狱、满族人的文化压迫政策来解释，其产生的真正动力是来华的耶稣会所介绍的西学，西学才是清初汉学发生的主要原因之一。今天中国的学术仍受着乾嘉学派的影响。

第二个阶段，从晚清到新中国诞生。这是中国人在西方人的压迫与蹂躏下痛苦地学习西方的阶段，是一段西方作为“老师”不断欺压、侵略自己的“学生”——中国的历史。西方以殖民者的身份来到中国，使中国传统的文化从制度上瓦解。晚清时局巨变，中西文化关系发生了根本性的变化。如美国中国学家任达(Douglas R. Reynolds)所说：“在1898年百日维新前夕，中国的思想和体制都刻板地遵从了中国人特有的源于中国古代的原理。仅仅12年后，到了1910年，中国人的思想和政府体制，由于外国的影响，已经起了根本性的变化。从根本性的含义来说，这些变化是革命性的。在思想方面，中国的新旧名流(从高官到旧绅士、新工商业者与学生界)，改变了语言和思想的内涵，一些机构以至主要传媒也藉此表达思想。在体制方面，他们按照外国模式，改变了中国长期以来建立的政府组织，改变了形成国家和社会的法律制度。”③这种重大的变化在学术上就是“援西入中”，以“六艺”、“四部”为基础的知识体系和框架被解体了，中国现代知识体系和学科建构开始逐步形成。这个阶段的最大成果就是，中国人学习来自西方的马克思主义并将其中国化，在中国共产党的领导下实现了国家独立，完全摆脱了西方的压迫，结束了半殖民地半封建社会的历史。

第三个阶段，从新中国成立到今天。尽管毛泽东在晚年犯了严重的错误，但在他的领导下，中国人赶走了殖民者，恢复了国家的版图，保证了

---

① [英]李约瑟著，《中国科学技术史》翻译小组译：《中国科学技术史》，科学出版社，1975年，第640—641页。

② 张西平：《中国与欧洲早期宗教和哲学交流史》，东方出版社，2001年。

③ [美]任达著，李仲贤译：《新政革命与日本—中国，1898—1912》，江苏人民出版社，1998年，第215页。

国家的独立与民族的自觉，这是他永不可磨灭的功勋。对毛泽东晚年错误的不断反思和批判，是邓小平时代的思想和智慧的主要来源之一。对这段历史和思想作深刻而全面的批判、反思、消化，是当代中国思想健康的重要标志。不能正确地消化毛泽东的思想遗产，就无法理解邓小平以后中国当代社会的发展和思想的进步。费正清认为："毛确信，中国文化是一项伟大的，也许是一项独一无二的历史成就，这种成就加强了他的自豪感。另一方面，他的目标十分明确，就是要用渊源于民族传统的思想和价值去丰富马克思主义，并使它成为革命转变、并最终西方化的强有力的武器，而不是用披着马克思主义外衣的新教条主义取代它。"①

邓小平等人所开辟的改革开放使中国重新焕发出了前所未有的活力和青春。对西方文化的学习和理解在这一时期达到了新阶段。中国经济以每年8%的增长速度取得了人类历史上前所未有的发展，其成就之巨大令世界惊愕，其发展之快令世界刮目相看。伟大的成就必有伟大文化的支撑。西方少数人所鼓吹的"中国崩溃论"一再被历史所嘲笑。中国在西方一些人看来是文化的另类，其实，中国的发展有着自己的逻辑，它所取得的伟大成就并非空中楼阁，中华文化是其伟大成就的思想支撑。

中国的古代、近代和现代文化并不是一个断裂的文化，中国古代文化并未死亡，它以新的形态存活在当代文化中。近代以来，中国传统文化所面临的主要问题是如何消化西方文化的问题，总的来看，这个答卷是令人满意的。中国有着自己的文化和历史，不需要、也不可能完全按照西方的道路实现自己的现代化。学习西方乃至世界各种先进和优秀的文化，为我所用，在自己文化的基础上创造新的文化，近四百年的中国文化的演变大体是沿着这样的逻辑发展的。中国文化并不是博物馆的文化，也不是发古人之幽思的死去的文化，它活着，它是发展的。中国文化从晚明以来的四百年历史有着一个一以贯之的逻辑和思路：学习西方、走自己的路。这样的自觉性使得中国文化获得了新生。

二、中国现代文化的问题意识

作为后发现代化国家，中国近代以来的现代化走出了一条自己的道路，这样一条独特的道路对我们今天生活于其中的中国文化产生了根本性的影响。关于中国文化命运的讨论，从来就是和中国近代的现代化发展道路问题联系在一起，或者说这是一个问题的两个方面。所以，只有认真从思想上梳理近百年的中国知识界关于中国现代化和中国文化命运的讨论，我们

① [美]R. 麦克法夸尔、[美]费正清：《中国革命内部的革命：1966—1982年》，《剑桥中华人民共和国史》下卷，中国社会科学出版社，1992年，第2页。

才能真正认识到当代中国知识界对中国文化与现代化讨论的出发点，才能看清我们今天生活于其中的中国当代文化的本质特点，从而对中国现代化进程的复杂性、艰巨性以及对中国文化在新形势下的创新有一个更为清醒的认识。近百年来，中国知识分子在关于中国文化和西方文化关系的讨论中留给了我们哪些问题呢？

第一，“中国现代化思想运动的一大特色在于它始终是从文化层次来讨论中国出路问题。”①在罗荣渠先生看来，从文化的角度来讨论中国现代出路是没有问题的，但把中国现代化的后发性归结为中国文化就成为一个问题。这样很容易得出“中国的失败自然是文化的失败，西洋的胜利自然亦是文化的胜利”②的结论，这种文化决定论的思路不仅完全否认中国传统文化的现代性意义，而且在思考中国现代化道路时，很自然就会忽略中国社会经济和政治等重大问题。近代中国知识分子这个思想上的弱点，在毛泽东的晚年思考中充分表现出来，最终酿成“文化大革命”的悲剧。因此，走出文化决定论，在更为广阔的角度思考中国现代化之路和中国文化之重建，才是一条正确的道路。

第二，“近百年来中国现代化的过程，是被动适应世界现代化挑战的过程。”这就是说，相对于西方发达国家，中国是一个后发现代化的国家。沿着中国历史自身发展的逻辑，中国也可以完成从农业文明向工业文明的演进，完成从传统向现代的演进。但现代化运动又是和全球化运动相互为表里的综合运动，西方在这个进程中从后者变成了前者，资本的扩张本性促使着已经现代化的西方国家在全球扩张。如马克思所说：“资产阶级，由于开拓了世界市场，使一切国家的生产和消费都成为世界性的了。……过去那种地方和民族的自给自足的闭关自守状态，被各民族的各方面的相互往来和各方面的相互依赖所代替了。物质的生产是如此，精神的生产也是如此。各民族的精神产品成了公关过的财产。民族的片面性和局限性日益不可能，于是由许多民族的和地方的文学形成了一种世界的文学。”③中国原有的自然成长的道路被西方所打断。从而，被动、急迫、短促构成中国走向现代化道路的基本特点。

另一方面，我们要特别注意的是当中国开始走向现代化之路时，西方已经开始有了“后现代”的问题，即后现代的思潮，对现代化的批判与反思。马克思的思想就是立于这个基本点展开的社会理论。这样对中国来说，就

---

① 以下的几个问题均引自罗荣渠先生的《中国近百年来现代化思潮演变的反思》一文，载罗荣渠主编：《从“西化”到现代化》一书，黄山书社，2008 年。

② 梁漱溟：《中国民族自救运动之最后觉悟》，中华书局，1936 年。

③ ［德］马克思：《共产党宣言》，《马克思恩格斯全集》第 4 卷，人民出版社，1962 年，第 470 页。

是双重性问题同时出现在我们的面前，既然要走现代化之路，就要学习西方现代化的理论和思想，批判封建主义，克服农业社会的思想和观念；但当我们面对西方后现代思潮时，我们又要警惕西方的现代化理论和思想。对于在被西方侵略与凌辱的过程中开始现代化之路的中国来说，接受批判西方资本主义的马克思主义是有其历史的根由的。中国是站在后现代的立场上，或者站在马克思主义的立场上来理解现代化的，从而主要是从一个批判的角度来理解西方的现代化思想和历史的。学习西方，同时也会获得西方对自己的批判的思想，在这个意义上，当代中国社会主义思想仍是它的一个重要文化遗产。

这样两个不同的角度使中国的知识分子在认识西方的现代道路时产生了困惑，从而在理解中国文化的现代命运时就会比过去多了一个视角，但却更为彷徨乃至混乱。梁漱溟和梁启超对中西文化的一些认识就是摇摆于二者之间，毛泽东晚年错误的思想根源也与这种双重问题的困扰有一定的联系。这样一个双重性的问题直接影响到包括中国共产党人在内的中国近代优秀知识分子对现代化和中国文化命运的理解。如罗荣渠先生所说："中国知识界还没有来得及对近代资本主义的发展及其历史进步性取得较深入的认识和应有的评价，对资本主义的各种批判已纷至沓来。……由于对资本主义和社会主义两者作为工业社会的共同特征缺少认识，也就很难对现代社会的共同发展规律具有深刻的认识。这是中国现代思想认识上的一个重大弱点。对于现代世界新文明，不论是西方人创造的还是东方人创造的，要想拿来并不那么轻松，必先认真学习，只有深入理解，才能吸收，只有融会贯通才能超越，这在世界文化交流史上大概已成定论。"①

这样双重的矛盾和双重的使命也使得中国的现代化道路不可能照搬西方的道路，从而开始有了文化觉醒。虽然这样的觉醒常常伴随着彷徨，在两种使命、两种任务面前常常使中国人对孰轻孰重、孰先孰后看得不太清楚，常常出现摇摆和争论，但正是在这样的争论中，中国文化的现代化开始自觉，中国的现代化道路开始渐明。因此，西方在看待中国特色的社会主义理论时，绝不能仅仅将其作为一个意识形态符号，它是上面提到的中国现代化进程中所面临的双重矛盾的一个当代解决方案，它的提出有着深刻的历史根基，绝不仅仅是一个政治符号。

第三，"传统与现代性的矛盾，这是现代化运动过程中不可避免的冲突。"一般认为，现代化的历史过程必然造成传统和现代的冲突，传统文化愈深厚的国家，这种冲突就愈加持久。这样的观点从一般性看是正确的，但中国近代的历史证明："中国的现实思想生活却正是沿着折衷的道路在走

---

① 罗荣渠主编：《从"西化"到现代化》，黄山书社，2008年，第38—39、42页。

着，具体的表现为不中不西，半中半西，亦中亦西，甚至是倒中不西。这说明民族传统事实上是既离不开，也摆不脱的。传统与现代性是现代化过程中生生不断的‘连续体’，背弃了传统的现代化是殖民化或半殖民化，而背向现代化的传统则是自取灭亡的传统。”[①]这样的描述既说明了近代中国知识分子对现代化认知的争论所形成的历史现实，也说明了如何处理现代化和传统文化这对矛盾是前辈留给我们的重大课题。

罗荣渠先生认为，前辈并未给我们一个完整的答案。“自从中国在异质文化的冲击下失落了自己天朝传统以来，中国知识界对现代化的认识经历了艰苦的历程，最后才达到朦胧的中国式的现代化认识。……但什么是‘中国化’？什么是‘中国国情’？到底也没有很好解决。要么是鼓吹中国事事不如人，而惟洋是崇；要么是宣扬狭隘民族主义，而盲目排外。前者导致思想浮游无根，产生精神失重现象。后者导致封闭性自满，甚或盲目自大。”[②]

百年探索，百年争论。中国近代知识分子在面对西方文化的传入和中国现代化道路，以及由此所引起的中国文化的现代变革面前表现出了前所未有的活跃，前所未有的彷徨，前所未有的分裂和矛盾。但这样的文化争论最终通过中国共产党人的胜利和掌握政权而得以平息，自此以后，中国文化呈现出新的形态。中国共产党人的不断探索，对自身的不断反思和批判，特别是在对毛泽东晚年的错误的反思中，开拓出了新的道路，使中国文化呈现出新的气象、新的局面。

三、中华文化——我们的精神家园

国家独立、民族自觉是中国文化百年变更的一个最重要成果，中华民族在中国共产党的领导下获得国家的独立和民族文化的再生，有着中国历史和文化的内在逻辑。西方国家不少人总是按照自己的文化传统和意识形态来理解中国的现代史，指责中国的现实。这既有知识上的不足，也有西方文化的傲慢的原因。美国著名中国学家费正清告诫西方人：“要了解中国，不能仅仅靠移植西方的名词，它是一个不同的生命。它的政治只能从其内部进行演变性的了解。”在他看来，“中国的国家和社会的当代的形式，是一个基本上独立的进化过程的最终产品，它可以与希腊—罗马的犹太—基督教的西方相比，但绝不是一样的。”[③]按照费正清的理解，文化民族主义，在西方帝国主义压迫下的国家独立与民族存亡的思想，中国几千年的

---

① 罗荣渠主编：《从“西化”到现代化》，黄山书社，2008 年，第 39 页。

② 罗荣渠主编：《从“西化”到现代化》，黄山书社，2008 年，第 42 页。

③ [美]R. 麦克法夸尔、[美]费正清：《革命的中国兴起：1949—1965 年》，《剑桥中华人民共和国史》上卷，中国社会科学出版社，1990 年，第 14—15 页。

传统文化，所有这些构成了毛泽东为代表的中国共产党人在中国取得政权的重要原因。不管你是否完全认可费正清的结论，但有一点任何人无法否认，中国传统文化在其近代的发展中出现了断裂和裂变，但这种断裂和裂变只是在外在的文化形式上，其内核仍然以新的形态在当代延续了下来。新中国的成立及以毛泽东为代表的中国共产党人所构建的有中国特色的马克思主义成为现代中国的一个现实，并成为今日中国最重要的文化遗产。

尽管经过"文革"后毛泽东所创造的革命文化走过了它的"萌芽、成长、高涨和泡沫化的全过程"①，但作为社会主义的遗产，它仍是我们今天在重建中国文化时所要不断解构和消化的内容，无论是对它的批判反思，还是吸收与转化。改革开放拉开了中国现代化历史最为壮观、最为复杂、也最为深刻的一段历史序幕。中国在短短三十年内几乎完成了西方几百年的发展道路。"中国现在不仅发生了世界最大规模的工业化，也发生了世界最大规模的城市化。今天中国所发生的事情，人类历史上即使发生过，也没有这样大的规模。"②改革开放三十多年来中国人民所取得的重大成就，是整个人类历史上从所未有的在如此大的范围内，在如此众多的人口条件下所发生的社会进步和变迁。每一个中国人都为中国取得这样的伟大成就而感到自豪。但中国经济的快速发展，中国社会的急速转型，中国与外部世界的迅速的结合，这些都使发展中的中国在取得巨大进步的同时也产生了巨大的矛盾。如狄更斯在《双城记》中所说的："这是最好的时代，这是最坏的时代，这是智慧的时代，这是愚蠢的时代；这是信仰的时期，这是怀疑的时期；这是光明的季节，这是黑暗的季节；这是希望之春，这是失望之冬；人们面前有着各样事物，人们面前一无所有；人们正在奔向天堂，人们正在直下地狱。"人类历史上从未有过的如此大规模的进步与发展，人类历史上从未有过的矛盾与问题，所有这一切都在短短的三十多年间一下子涌到了中国人的面前。这给中国人的心理带来了巨大的冲击，无论是喜悦还是苦恼都是前所未有的，同时也给中国文化的现代化转型提出了前所未有的挑战。

中国思想和中国文化在中国社会这艘快速前进的列车上有些眩晕。思想从未像现在这样活跃，观念从未像现在这样多元。但这正是伟大创造的开始，这正是古老文明再生的开始。中国文化从未中断，它今天仍是中国人赖以生存的精神家园，仍然是中国人应对复杂世界的智慧来源。三十多年来，中国取得了人类史上前所未有的进步和成就，同时，中国人的思想

---

① 玛雅：《战略高度：中国思想界访谈录》，生活·读书·新知三联书店，2008年，第343、25—26页。

② 玛雅：《战略高度：中国思想界访谈录》，生活·读书·新知三联书店，2008年，第343、25—26页。

和文化也得到了前所未有的张扬和发展。

那种认为中国当下思想的混乱和争论是传统文化彻底死亡后的表征，是现代中国失去文化根基后的表现的看法，是肤浅的。思想的混乱和思想的彷徨是有的，这正是中国传统文化在新形势下再生前的阵痛；对“文化大革命”中教条的、极“左”的马克思主义的批判后所造成的思想迷失是有的，但这正是形成新的有中国自己民族特色马克思主义的前奏。

一些西方的思想家们完全不知道中华文化在今天存在的方式，也不知道这种思想活跃所带来的思想新生的力量。一个伟大的时代总有着伟大的文化作支撑。我们从不粉饰我们在寻求真理道路上所犯过的错误，我们正是在对自己的错误的反思中成长和进步的；在这点上，中国要比那些把自己在全球化初期所犯下的血淋淋罪恶加以掩饰的一些西方思想家和政客们真诚得多。在西方文化面前，我们从不自卑，我们不仅有着令全世界羡慕的人类唯一保留下来的古代文化，同时，中华民族以其极大的创造力，在发展着这个文化，使其更加灿烂辉煌。在世界多民族的文化中，中华文化为世界文化的发展作出了它杰出的贡献。

今天，发展中的中国以更大的包容性吸收着各种外来文化。在这个“三千年未有之变局”的伟大历史转折中，中国的传统文化作为它的底色，为现代文化的创新提供了智慧和思想，而近现代文化的变迁和发展也成为我们今天创造新文化的出发点。正像经过六百年的消化和吸收，中国彻底完成了对佛教的吸收一样。四百年来，对西方文化的吸收与改造为今天中华文化的涅槃再生打下坚实的基础。中国特有的古代文化资源和现代文化的再生历程，可以向当代世界展示其文化的独特魅力，可以为今天的世界提供一种古代与现代融为一体的智慧与思想。中国传统文化经过近代和当代的洗礼，以新的形态存活在中国人的心中。经过近现代西方文化洗礼后的中华文化，仍是中国人的精神家园。矛盾与苦恼时时缠绕着我们，但是，在探索中行进的中国人并未迷路，在困顿中创新的中国人并未停止探索。因为我们知道，这一切都是崭新的。在向世界学习的过程中，我们的文化观念开始开阔；在消化外来文化之时，我们开始自觉。在发展中我们获得新生，在伟大的历史成就面前，我们有理由为自己的文化感到自豪。中国近三十年所取得的伟大成就完全可以与人类史上任何一段最辉煌的历史相比，我们有理由将自己的精神价值和三千年来的思想积淀介绍给世界，与各国人民分享中国的智慧。

（作者：张西平　北京对外文化交流与世界文化研究基地研究人员
教授、博导）